गुणात्मक अनुसंधान

गुणात्मक अनुसंधान

4e

संपादन

डेविड सिल्वरमैन

अनुवादक: सुनील सिंह चन्देल

SAGE | bhasha

Los Angeles | London | New Delhi
Singapore | Washington DC | Melbourne

Originally Published in 2011 in English by
SAGE Publications, Ltd as *Qualitative Research, 4e*

This edition published in 2018 by

SAGE | bhasha

SAGE Publications India Pvt Ltd
B1/I-1 Mohan Cooperative Industrial Area
Mathura Road, New Delhi 110 044, India
www.sagepub.in

Published by Vivek Mehra for SAGE Publications India Pvt Ltd, typeset in 12/14 pt Kruti Dev 010 by AG Infographics, Delhi and printed at Repro India Ltd., Mumbai.

ISBN: 978-93-528-0862-5 (PB)

Translator: Dr. Sunil Singh Chandel is Associate Professor at M.P. Institute of Social Science Research, Ujjain.
SAGE Team: Syed Husain Naqvi, Vinayak Dubey

लेडी सारा कोहन होम, फ्रीन बार्नेट, लंदन के प्रथम तल पर रहने वाले हेलन, रनी, लूईस, लोरेन्स, सैम, ऐलन, जैकब और ऐश्ली एवं मेरे अन्य मित्रों के लिए

विषय सूची

संपादक और योगदानकर्ता

डेविड सिल्वरमैन गोल्डस्मिथ कॉलेज लन्दन में समाजशास्त्र के एमेरिटस प्रोफेसर, किंग्स कॉलेज लन्दन, यू.के., में प्रबन्धन विभाग एवं प्रौद्योगिकी विश्वविद्यालय, सिडनी के बिज़नेस स्कूल में विज़िटिंग प्रोफेसर और क्वीन्सलैण्ड प्रौद्योगिकी विश्वविद्यालय, ऑस्ट्रेलिया में शिक्षा संकाय के सहायक प्रोफेसर (Adjunct Professor) हैं। उनकी अनुसंधान अभिरूचि चिकित्सीय मुद्दों पर केन्द्रित है। वह गुणात्मक अनुसंधान पर कई पाठ्यपुस्तकों के लेखक हैं एवं कई यूरोपीय एवं ऑस्ट्रेलियाई विश्वविद्यालयों में पीएच.डी. छात्रों और संकाय सदस्यों के लिए गुणात्मक शोध पर कार्यशाला का संचालन करते हैं।

लिब्बी बिशप (Libby Bishop) (पीएच.डी.) एसेक्स विश्वविद्यालय, यू.के. (ब्रिटेन) के यू.के. डेटा आर्काइव में निर्माता सम्बन्धों (Producer Relations) हेतु प्रबन्धक हैं। वह शोधकर्ताओं एवं डेटा उत्पादकों को डेटा प्रबन्धन पर सहमति में विशेषज्ञता, गोपनीयता, अनामिकरण और डेटा तक सुरक्षित प्रवेश के साथ सहयोग और प्रशिक्षण प्रदान करती हैं। वह गुणात्मक डेटा के द्वितीयक (माध्यमिक) विश्लेषण पर कार्यशालाओं में अध्यापन करती हैं। उन्होंने व्यक्तिगत एवं दूसरों के साथ डेटा प्रबन्धन एवं गुणात्मक माध्यमिक विश्लेषण पर एक पुस्तक *Managing and Sharing Research Data* (Sage, 2014) को प्रकाशित किया है एवं बिग डेटा के उपयोग में नैतिक मुद्दों पर लेख प्रकाशित होने वाला है।

माइकल ब्लूर (Michael Bloor) हाल ही में कार्डिफ विश्वविद्यालय, यू.के. (ब्रिटेन) के स्कूल ऑफ सोशल साइन्सेस में सीफारेर्स इन्टरनेशनल रिसर्च सेन्टर में प्रोफेसरियल फेलो थे। *Keywords in Qualitative Methods* (with Fiona Wood, Sage, 2006) और *Focus Groups in Social Research* (with Jane Frankland, Michelle Thomas and Kate Robson, Sage, 2001) उनकी पुस्तकों में शामिल हैं। वह 2013 में सेवानिवृत्त हुए थे।

एंटनी ब्रायंट (Antony Bryant) वर्तमान में लीड्स बेकेट विश्वविद्यालय, यू.के. (ब्रिटेन) में सूचना विज्ञान (Informatics) के प्रोफेसर हैं। उनके अनुसंधान में अन्वेषण के तरीके शामिल हैं, जिसमें ओपन सोर्स मॉडल का उपयोग अधिक व्यापक रूप में किया जा सकता है, और पारस्परिकता 2.0 शब्द का प्रयोग और विभिन्न सन्दर्भों में अवधारणा को विकसित करना, विशेष रूप से यह आर्थिक मंदी के मद्देनजर पुनर्निर्माण वाले वित्तीय क्षेत्र के लिये योगदान देने वाली सुविधा के रूप में विकसित किया जा सकता है। उन्होंने *The SAGE Handbook of Grounded Theory* (co-edited with Kathy Charmaz, Sage, 2007) के वरिष्ठ सम्पादक के तौर पर अनुसंधान विधियों पर व्यापक रूप से लिखा है। ए न्यू कम्पेनियन एडिसन वर्तमान में प्रकाशन हेतु तैयारी के प्रथम चरण में है। उनकी पुस्तक *Grounded Theory and Grounded Theorizing* का प्रकाशन होना है।

मैरी बसकाटो (Marie Buscatto) पेरिस विश्वविद्यालय, 1, पैन्थियान, सोरबोन, फ्रांस में समाजशास्त्र की प्रोफेसर हैं। वह लिंग और कलाओं से जुड़े कार्यों की समाजशास्त्री हैं। प्रजाति लेखन (Ethnography) के उपयोग से सम्बन्धित ज्ञानमीमांसीय (Epistemological) प्रतिबिम्बों को विकसित करती हैं। उनके हालिया अंग्रेजी प्रकाशनों में *Qualitative Sociology Review*, 3 (3), 'Ethnographies of artistic work' (co-edited with Howard S. Becker, 2007) का विशेष संस्करण, 'Artistic practices as gendered practices: ways and reasons' (in T. Zembylas (ed.) *Artistic Practices*, London, 2014, 44–55), और Trying to get in, getting in, staying in: the three challenges for women jazz musicians' (in J. Halley and D. Sonolet (dir.) *Bourdieu in Question: Recent Developments in French Sociology of Art*, forthcoming) अध्याय शामिल हैं।

ह्यू बुशर (Hugh Busher) (पीएच.डी.) लीसेस्टर विश्वविद्यालय, यू.के. (ब्रिटेन) के स्कूल ऑफ एजूकेशन में शिक्षा के वरिष्ठ व्याख्याता हैं। उन्होंने गुणात्मक अनुसंधान के क्षेत्र में बड़े पैमाने पर प्रकाशन किया है, जिसमें लोगों पर महत्वपूर्ण दृष्टिकोण (critical perspectives on people), शिक्षा आधारित समुदायों में शक्ति और संस्कृति,

छात्रों और शिक्षकों की आवाजें एवं पहचान (voices and identities) के प्रतिनिधित्व और मिश्रित अध्ययन समुदाय (hybrid learning communities) शामिल हैं। *Online Interviewing* (co-authored with Nalita James, Sage, 2009) उनकी पुस्तक में शामिल है।

कैथी चर्मज़ (Kathy Charmaz) सोनोमा स्टेट यूनीवर्सिटी यू.एस.ए. में समाजशास्त्र की प्रोफेसर तथा संकाय लेखन कार्यक्रम की निदेशक हैं। उन्होंने 14 पुस्तकों का सह–लेखन या सह–सम्पादन किया है। *Good Days, Bad Days: The Self in Chronic Illness and Time* (1991) और *Constructing Grounded Theory* (Sage, 2006) उनकी पुरस्कार विजेता पुस्तकें हैं जिनका चीनी, जापानी, कोरियाई, पोलिश और पुर्तगाली में अनुवाद किया गया है। *Constructing Grounded Theory* का बहु–विस्तारित द्वितीय संस्करण वर्ष 2014 में प्रकाशित हुआ। ऐसे ही एडेल क्लार्क के साथ Sage Benchmarks in Social Research Methods *Grounded Theory and Situational Analysis* (four-volume set) का सह–सम्पादन किया। पूरे संसार में ग्राउण्डेड थ्योरी, गुणात्मक विधियां, प्रकाशन के लिये लेखन, चिकित्सीय समाजशास्त्र और प्रतीकात्मक बातचीत पर व्याख्यानों और कार्यशालाओं का नेतृत्व प्रोफेसर चर्मज़ करती हैं।

मैरी डिक्सन-वुड्स (Mary Dixon-Woods) (डी.फिल.) लीसेस्टर विश्वविद्यालय, यू.के. (ब्रिटेन) में चिकित्सीय समाजशास्त्र की प्रोफेसर हैं और *BMJ Quality & Safety* की उप–सम्पादक हैं। उनके पास जॉन्स हॉपकिन्स यूनिवर्सिटी, इम्पीरियल कॉलेज, लन्दन और डार्टमाउथ कॉलेज की विज़िटिंग और मानद नियुक्तियां हैं। वह एकाडेमी ऑफ सोशल साइन्सेस और एकाडेमी ऑफ मेडिकल साइन्सेस दोनों में ही फेलो हैं। सामाजिक विज्ञान अनुसंधान की विधियों, नीतिशास्त्र और स्वास्थ्य देखभाल में गुणवत्ता और सुरक्षा में उनकी रुचि है।

थॉमस एस. एबरले (Thomas S. Eberle) समाजशास्त्र के प्रोफेसर एमेरिटस हैं और स्विटज़रलैण्ड के सेंट गैलेन विश्वविद्यालय में समाजशास्त्र संस्थान के पूर्व निदेशक थे। संस्कृति और संगठन का समाजशास्त्र (sociology of culture and of organization), घटना विज्ञान (phenomenology), नृजातिप्रणाली विज्ञान (ethnomethodology), प्रविधि और गुणात्मक विधियां (methodology and qualitative methods) उनके शोध के क्षेत्र हैं। 'Phenomenology as a research method' (*The Sage Handbook of Qualitative Data Analysis*, 2014); 'Exploring another's subjective life-world: a phenomenological approach' (*Journal of Contemporary of Contemporary Ethnography*, 2015); 'Qualitative cultural sociology' (*The Sage Handbook of Cultural Sociology*, 2016); 'Organizational memories – a phenomenological analysis' (*The Routledge International Handbook of Memory Studies*, 2016); *Fotografie und Gesellschaft* (transcript, 2016) उनके वर्तमान प्रकाशनों में शामिल हैं।

माइकल एमिसन (Michael Emmison) एक मानद रिसर्च फेलो हैं। इससे पूर्व वह क्वीन्सलैण्ड विश्वविद्यालय, ऑस्ट्रेलिया के स्कूल ऑफ सोशल साइन्सेस विभाग में समाजशास्त्र के रीडर थे। मुख्य रूप से दृश्य अनुसंधान विधियां एवं भाषा और सामाजिक बातचीत उनकी अभिरूचि है और कई हेल्पलाइनों की मांग पर सलाह देने से सम्बन्धित उनका वर्तमान शोध है। *Accounting for Tastes: Australian Everyday Cultures* (with Tony Bennett and John Frow, 1999), *Researching the Visual* (2nd edn) (with Philip Smith and Margery Mayall, Sage, 2013) और सह–सम्पादित संग्रह *Calling for Help: Language and Social Interaction in Telephone Helplines* (John Benjamins, 2005) उनकी पिछली किताबों में शामिल हैं।

बैरी ग्लासनर (Barry Glassner) समाजशास्त्र के प्रोफेसर हैं और पोर्टलैण्ड ओरेगन, यू.एस.ए. में लुईस एण्ड क्लार्क कॉलेज के अध्यक्ष हैं। *The Culture of Fear* (Basic Books, 1999), *The Gospel of Food* (HarperCollins, 2007) और *Bodies* (1992), उनकी पुस्तकों में शामिल हैं। *American Sociological Review*, *Contemporary Sociology*, *New York Times* और *Wall Street Journal* सहित प्रकाशनों में उनकी टिप्पणियां और विद्वतापूर्ण लेख प्रकाशित हुये हैं।

जियामपीट्रो गोबो (Giampietro Gobo) सामाजिक शोध की विधियों और मूल्यांकन की विधियों के प्रोफेसर हैं और मिलान विश्वविद्यालय, इटली के इनोवेशन एण्ड आर्गेनाइजेशनल चेन्ज इन पब्लिक एडमिनिस्ट्रेशन (आई.सी.ओ.एन.ए.) केन्द्र के पूर्व निदेशक हैं। उन्होंने गुणात्मक और मात्रात्मक पद्धतियों के क्षेत्र में बड़े पैमाने पर प्रकाशन किया है। *Doing Ethnography* (Sage, 2008), *Qualitative Research Practice* (co-edited with C. Seale, J. F. Gubrium and D. Silverman, Sage, 2004) और *Constructing Survey Data: An Interactional Approach* (with S. Mauceri, Sage, 2014) उनकी पुस्तकों में शामिल हैं।

जैबर एफ. गबरियम (Jaber F. Gubrium) मिसौरी विश्वविद्यालय, संयुक्त राज्य अमेरिका में सामाज शास्त्र के प्रोफेसर एवं अध्यक्ष हैं। वह एक नृवंशविद् हैं और कथात्मक संगठनों की सेवाओं एवं लोग–प्रसंस्करण संस्थानों में देखभाल पर शोध का संचालन करते हैं। नर्सिंग होम, भौतिक पुर्नवास, मानसिक स्वास्थ्य, मनोभ्रंश और भावनात्मक रूप से परेशान बच्चों के लिये आवासीय उपचार में रोज़मर्रा के कार्यों के प्रतिरूपों का प्रतिनिधित्व करने में असंन्तुलित प्रथा एवं हस्तक्षेप में रुचि रखते हैं। वह वर्तमान में एक परियोजना में नॉर्वेज़ियन सहकर्मियों के साथ सहयोग कर रहे हैं, जिसका उद्देश्य एक सामाजिक आकार के रूप में सेवा सम्बन्धों को फिर से अनुमानित करना है।

क्रिश्चियन हीथ (Christian Heath) किंग्स कॉलेज, लन्दन, यू.के. में कार्य एवं संगठन के प्रोफेसर तथा कार्य, पारस्परिक विचार–विमर्श एवं तकनीकी अनुसंधान समूह के सह–निदेशक हैं। वर्तमान में वह ऑपरेटिंग थियेटर, मार्केट, संग्रहालयों एवं दीर्घाओं के वीडियो आधारित अध्ययनों पर कार्य कर रहे हैं। *Body Movement and Speech in Medical Interaction* (Cambridge 1986), *Technology in Action* (with Paul Luff, 2000), *Video and Qualitative Research* (with Jon Hindmarsh and Paul Luff, Sage, 2010) एवं *The Dynamics of Auction: Social Interaction and the Sale of Fine Art and Antiques* (2013). इनके प्रकाशनों में शामिल हैं।

जॉन हेरिटेज (John Heritage) यूसीएलए, यू.एस.ए. (संयुक्त राज्य अमेरिका) में समाज शास्त्र के प्रतिष्ठित प्रोफेसर हैं। उनके अनुसंधान दवा और जनसंचार के विशेष सन्दर्भ के साथ–साथ सामाजिक पारस्परिक विचार–विमर्श एवं सामाजिक संस्थानों के साथ इसके अंतराफलक पर केन्द्रित हैं। *Garfinkel and Ethnomethodology* (Polity Press, 1984), *Structures of Social Action* (co-edited with Max Atkinson, Cambridge University Press, 1984), *Talk At Work* (co-edited with Paul Drew, Cambridge University Press, 1992), *The News Interview: Journalists and Public Figures on the Air* (with Steven Clayman, 2002), *Communication in Medical Care* (co-edited with Douglas Maynard, 2006), और *Talk in Action: Interactions, Identities, and Institutions* (with Steven Clayman, Wiley Blackwell, 2010) उनके प्रकाशनों में शामिल हैं।

जेम्स ए. हॉस्टीन (James A. Holstein) संयुक्त राज्य अमेरिका के मार्क्वेट विश्वविद्यालय में सामाजिक एवं सांस्कृतिक विज्ञान विभाग में समाजशास्त्र के प्रोफेसर हैं। उन्होंने गुणात्मक पूछताछ के विभिन्न पहलुओं पर बड़े पैमाने पर लिखा है। *Varieties of Narrative Analysis* (Sage, 2012), *Analyzing Narrative Reality* (Sage, 2009), *The New Language of Qualitative Method* (1997), *The Active Interview* (Sage, 1995), *Handbook of Constructionist Research* (Guildford, 2008), और *Handbook of Interview Research* (Sage, 2012) जैबर एफ. गबरियम के सहयोग से प्रकाशित किया। रिचर्ड जोन्स और जॉर्ज कुन्से के साथ उनकी सबसे नवीन पुस्तक *Is There Life After Football? Surviving the NFL* (2015) है।

कैटरीना जैकबसन (Katarina Jacobsson) स्वीडन के लुण्ड विश्वविद्यालय के स्कूल ऑफ सोशल वर्क में प्रोफेसर हैं। उनकी वर्तमान परियोजना मानव सेवा श्रमिकों के बीच दस्तावेजीकरण के व्यवहारों से सम्बन्धित है। Studies of bribery ('Accounts of honesty' in *Deviant Behavior*, 2012) और medical staff's categorization work ('Categories by heart' in *Professions and Professionalism*, 2014) उनके पूर्व के चयनित प्रकाशनों में शामिल हैं।

प्रणाली संबंधित पाठ, 'Interviewees with An Agenda' (with M. Åkerström), *Qualitative Research* (2013) में प्रकाशित है।

नलिता जैम्स (Nalita James) (एड.डी) ब्रिटेन (यू.के.) के लीसेस्टर विश्वविद्यालय के लाइफलॉन्ग लर्निंग हेतु वॉन सेन्टर पर लाइफलॉन्ग लर्निंग में वरिष्ठ व्याख्याता हैं। उच्च शिक्षा और लर्निंग समुदाय एवं पहचान में पहुंच और भागीदारी पर गुणात्मक अनुसंधान में उन्हें विशेषज्ञता हासिल है। उन्होंने *Online Interviewing* (with Hugh Busher, Sage, 2009) का सह लेखन और गुणात्मक ऑनलाइन अनुसंधान के क्षेत्र में बड़े पैमाने पर प्रकाशन किया है।

माज़िद खोसरावीनिक् (Majid KhosraviNik) ब्रिटेन (यू.के.) के न्यूकैसल विश्वविद्यालय के मीडिया एवं संभाषण अध्ययनों में व्याख्याता और मीडिया में एम.ए. कार्यक्रमों के निदेशक हैं। महत्वपूर्ण संभाषणीय अध्ययनों के सिद्धान्त, पद्धतियों और अनुप्रयोगों के कई विषयों में और संभाषणों के प्रतिच्छेदन और पहचान (राष्ट्रीय/नृजातीय/समूह) सहित मीडिया संभाषणों में उनकी रुचि है। उन्होंने पहले मास मीडिया में आव्रजन पहचान संभाषणों पर व्यापक रूप से प्रकाशित किया है। पिछले कुछ सालों में वह डिजिटल मीडिया पर सीडीए के सिद्धान्त और अनुप्रयोगों पर कार्य कर रहे हैं, उदाहरण के लिये सामाजिक मीडिया। *Critical Discourse Studies* और *Journal of Language and Politics* सहित कई अन्तर्राष्ट्रीय जर्नल्स के बोर्ड में स्थान रखते हैं और न्यूकैसल डिस्कोर्स ग्रुप के सह–संस्थापक हैं। *Right-Wing Populism in Europe: Politics and Discourse* (co-edited with Ruth Wodak and Brigitte Mral, 2013) उनके प्रकाशनों में शामिल हैं और उनकी नई पुस्तक *Discourse, Identity and Legitimacy* (John Benjamins DAPSAC series, forthcoming) है।

क्रिस्टॉफ मीडर (Christoph Maeder) शिक्षा विश्वविद्यालय, ज्यूरिख़, स्विटज़रलैण्ड में समाजशास्त्र के प्रोफेसर हैं। उन्हें लोक प्रसंस्करण संगठनों जैसे कि स्कूलों, कल्याणकारी नौकरशाहों, जेलों और अस्पतालों पर नृवंशविज्ञान अनुसंधान में विशेषज्ञता हासिल है। अंग्रेजी में उनका सबसे हालिया प्रकाशन एक प्राथमिक विद्यालय की कक्षा में कम्प्यूटर प्रौद्योगिकी के उपयोग पर है।

ल्यूकस मार्सीनीक (Lukas Marciniak) पोलैण्ड के लॉड्ज़ विश्वविद्यालय में एसोसिएट प्रोफेसर हैं और अनुसंधान एवं विकास प्रयोगशाला (पीआरके) के निदेशक हैं। वह क्षेत्रीय अनुसंधान और सामाजिक पारस्परिक संवाद के अध्ययनों के विशेषज्ञ हैं और उनकी अभिरूचि अधिकतर पेशेवर पहचान, आर्थिक घटनाओं तथा मौनज्ञान–साझा व्यवहारों (Tacit Knowledge-Sharing Practices) पर केन्द्रित है। उन्होंने हाल ही में स्टडीज़ ऑफ स्ट्रीट वेन्डर्स एक्टिविटी, मार्केट कॉम्पटीशन और कोचिंग एण्ड कॉउन्सिलिंग इनकाउन्टर्स को प्रकाशित किया है। वह गुणात्मक अभिगमों पर आधारित व्यावहारिक समाज विज्ञानों के पक्षधर हैं।

एनेट मार्खम (Annette Markham) एआर्स् विश्वविद्यालय (Aarhus University), डेनमार्क में सूचना अध्ययनों के एसोसिएट प्रोफेसर हैं और लोयोला विश्वविद्यालय, शिकागो, यू.एस.ए. के स्कूल ऑफ कम्यूनिकेशन में डिजिटल एथिक्स के संबद्ध प्रोफेसर हैं। डिजिटल सामाजिकता और सामाजिक अनुसंधान की आचार–संहिता एवं पारस्परिक संवाद अभिकल्पन के अध्ययनों के लिये नवीन गुणात्मक पद्धतियों पर उनके शोध के लिये उन्हें अन्तर्राष्ट्रीय स्तर पर मान्यता प्राप्त है। उनका कार्य कई अन्तर्राष्ट्रीय पत्रिकाओं, पुस्तिकाओं और संपादित संग्रहों में पाया जाता है। *Life Online: Researching Real Experience in Virtual Space* (1998) और *Internet Inquiry: Conversations about Method* (co-edited with Nancy Baym, Sage, 2009) उनकी पुस्तकों में शामिल हैं।

आमिर मार्वास्ति (Amir Marvasti) पेन स्टेट विश्वविद्यालय, अल्तूना, यू.एस.ए. में समाजशास्त्र के एसोसिएट प्रोफेसर हैं। उनके अनुसंधान सामाजिक निर्माण की पहचान में दिन–प्रतिदिन की घटनाक्रमों और संस्थागत हालातों पर केन्द्रित हैं। गुणात्मक अनुसंधान के अध्यापन पर उनके पास सक्रिय प्रकाशन अभिलेख भी हैं। *Qualitative*

Research in Sociology (Sage, 2004) और *Doing Qualitative Research: A Comprehensive Guide* (with David Silverman, Sage, 2008) इस क्षेत्र की उनकी पुस्तकों में शामिल हैं।

जोआन मेरिडिथ (Joanne Meredith) सैलफोर्ड विश्वविद्यालय, मैनचेस्टर, यूनाइटेड किंगडम में मनोविज्ञान की व्याख्याता हैं। ऑनलाइन संचार हेतु बातचीत विश्लेषण और तार्किक (असम्बद्ध) मनोविज्ञान सहित पारस्परिक विचार–विमर्श के तरीकों के उपयोग में वह विशेषज्ञता रखती हैं। त्वरित संदेश संचार के अध्ययनों और बातचीत के अन्य स्वरूपों से इन बातचीतों की तुलना पर मुख्य रूप से उनका अनुसंधान केन्द्रित है। वह ऑनलाइन स्रोतों से गुणात्मक डेटा को एकत्रित करने के लिये नवीन और अभिनव पद्धतियों को विकसित करने में भी रुचि रखती हैं।

जॉडी मिलर (Jody Miller) रटगर्स विश्वविद्यालय, यू.एस.ए. के आपराधिक न्याय विद्यालय (स्कूल ऑफ क्रिमिनल जस्टिस) में प्रोफेसर हैं। गुणात्मक पद्धतियों से उनका अनुसंधान उपयोग करता है कि किस तरह से लिंग, जाति, कामुकता की असमानताओं तथा अपराध में भागीदारी होने की वजह और अत्याचार के लिये जोखिम का पता लगाया जाये? *Getting Played: African American Girls, Urban Inequality, and Gendered Violence* (2008) और *One of the Guys: Girls, Gangs, and Gender* 2001) उनकी पुरुस्कृत पुस्तकों में शामिल हैं। मिलर अमेरिकन सोसाइटी ऑफ क्रिमिनोलॉजी की फेलो हैं।

आंस्सी पेराकिला (Anssi Peräkylä) हेलसिंकी विश्वविद्यालय, फिनलैण्ड में समाजशास्त्र के प्रोफेसर हैं और अन्तर व्यक्तिपरक अनुसंधान पर फिनिश सेन्टर ऑफ एक्सलेन्स के उप–निदेशक हैं। *Conversation Analysis and Psychotherapy* (co-edited with C. Antaki, S. Vehviläinen and I. Leudar, 2008) और *Emotion in Interaction* (co-edited with M.-L. Sorjonen, 2012) उनके प्रकाशनों में शामिल हैं।

जोनाथन पॉटर (Jonathan Potter) अमेरिका के रटगर्स विश्वविद्यालय में स्कूल ऑफ कम्यूनिकेशन एण्ड इनफार्मेशन के प्रतिष्ठित प्रोफेसर एवं डीन हैं। उन्होंने कई पुस्तकों एवं लेखों के माध्यम से तार्किक मनोविज्ञान के क्षेत्र को विकसित किया है और गुणात्मक डेटा के सशक्त विश्लेषण में, उनके योगदानों के लिये जाने जाते हैं।

लिंडसे प्रायर (Lindsay Prior) क्वीन्स विश्वविद्यालय, बेलफास्ट, यू.के. में सार्वजनिक स्वास्थ्य के लिये सेन्टर ऑफ एक्सलेन्स में प्रोफेसर एमरिटस हैं। चार खण्ड में संपादित संग्रह, *Using Documents and Records in Social Research* (Sage, 2011) और *Using Documents in Social Research* (Sage, 2003) उनके पूर्व प्रकाशनों में शामिल हैं। वह वर्तमान में सामाजिक शोध में समन्वेशी पद्धतियों पर एक पुस्तक लिख रहे हैं।

टिम रैपले (Tim Rapley) ब्रिटेन के न्यूकैसल विश्वविद्यालय में इन्स्टीट्यूट ऑफ हैल्थ एण्ड सोसायटी में वरिष्ठ व्याख्याता हैं। उन्होंने *Doing Conversation, Discourse and Document Analysis* (Sage, 2007) पुस्तक लिखी है और गुणात्मक डेटा विश्लेषण पर एक और पुस्तक लिखने हेतु विचार रखते हैं।

कैथरीन कोहलर रिस्समैन (Catherine Kohler Riessman) संयुक्त राज्य अमेरिका के बोस्टन विश्वविद्यालय में चिकित्सा समाजशास्त्री और एमेरिटा प्रोफेसर हैं। उन्होंने बोस्टन कॉलेज में समाजशास्त्र विभाग में रिसर्च प्रोफेसर के रूप में भी कार्य किया है। *Narrative Methods for the Human Sciences* (Sage, 2008) उनकी सबसे हाल ही की पुस्तक है। एक लम्बे करियर के दौरान उन्होंने तलाक, बॉझपन और मध्य जीवन की पुरानी बीमारी समेत, महिला और पुरुष आख्यानों (कथा) में जीवनी अवरोधों की जवाबदेही विकसित करने हेतु तुलना और अध्ययन किया है। उन्होंने हाल के वर्षों में कई जर्नल में लेख और पुस्तकों में अध्याय लिखे हैं। *Divorce Talk* (1990) और *Narrative Analysis* (Sage, 1993) उनकी प्रारम्भिक पुस्तकों में शामिल हैं। उन्हें लेवरहम, ब्रिट्रिश एकेडमी और फुलब्राइट फेलोशिप से सम्मानित किया गया है। उन्होंने लन्दन विश्वविद्यालय, विक्टोरिया विश्वविद्यालय, मेलबोर्न और वेस्टर्न सिडनी विश्वविद्यालय, आस्ट्रेलिया में विज़िटिंग प्रोफेसर के रूप में कार्य किया है।

एनी रायन (Anne Ryen) एगर विश्वविद्यालय, नार्वे में समाजशास्त्र की प्रोफेसर हैं। वह पूर्वी अफ्रीका में दो दशकों से अधिक समय से अनुसंधान कर रही हैं और ज़ाम्बे विश्वविद्यालय, तंजानिया में एक अनुसंधान कार्यक्रम का नेतृत्व भी कर रही हैं। वह pan-European COST Action on Femicide Across Europe में प्रबन्धन समिति की सदस्य और संस्कृति के कार्यकारी समूह में सक्रिय हैं। उन्होंने अफ्रीका, यूरोप और अमेरिका में पुस्तकों और पत्रिकाओं में विशेष रूप से गुणात्मक पद्धति और अन्तर–सांस्कृतिक सन्दर्भों में अनुसंधान नैतिकता पर बड़े पैमाने पर प्रकाशित किये है।

सिमोना स्टाव्रोवा (Simona Stavrova) आरहस विश्वविद्यालय, डेनमार्क में सूचना अध्ययनों और डिजिटल संस्कृति के एक अनुसंधानकर्ता है। किस तरह से पहचान प्रथाएं विवश हैं और इन्टरनेट के एलगोरिथम और अन्य संरचनात्मक पहलुओं को डिजिटल प्लेटफार्म के द्वारा कैसे इनेबल किया जाता है, उनके शोध इस पर केंद्रित है। उन्होंने अंतर्राष्ट्रीय व्यापार संचार में एम.ए. की उपाधि अर्जित की और दूसरे एम.ए. की उपाधि डिजिटल लिविंग/सूचना अध्ययनों में पूरा कर रही हैं।

जोहान डब्लू. उंगर (Johann W. Unger) लैंकस्टर विश्वविद्यालय, ब्रिटेन में भाषा विज्ञान विभाग और अंग्रेजी भाषा में ग्रीष्मकालीन कार्यक्रमों के एक व्याख्याता और अकादमिक निदेशक हैं। वह मुख्य रूप से भाषा नीति के क्षेत्रों में और महत्वपूर्ण संवाद अध्ययनों के परिप्रेक्ष्य से डिजिटल आधारित राजनीति में अनुसंधान करते हैं। *Journal of Language and Politics* (2013) में 'Rebranding the Scottish Executive', पुस्तक *The Discursive Construction of Scots: Education, Politics and Everyday Life* (John Benjamins, 2013), सह–संपादित पुस्तक *Multilingual Encounters in Europe's Institutional Spaces* (2014) और सह–लेखक *Researching Language and Social Media: A Student Guide* (2014) उनके हालिया प्रकाशनों में शामिल हैं। वह पुस्तक माला Discourse Approaches to Politics, Society and Culture के संपादक हैं।

सू विल्किनसन (Sue Wilkinson) लोब्रो विश्वविद्यालय, यू.के. में समाज विज्ञान विभाग में नारीवादी और स्वास्थ्य अनुसंधान के प्रोफेसर हैं। उन्होंने लिंग, कामुकता, स्वास्थ्य और गुणात्मक पद्धतियों के क्षेत्रों में व्यापक रूप से प्रकाशन किया है। उनकी वर्तमान शोध, बातचीतों की हेल्पलाइन के परीक्षण के लिए वार्तालाप विश्लेषण का उपयोग करती है। वह विशेष रूप से संवादीय 'मरम्मत' के कार्यो और व्यवहारों में रुचि रखती हैं।

रूथ वोदक (Ruth Wodak) लैंकस्टर विश्वविद्यालय, यू.के. में संवाद अध्ययन के लब्ध प्रतिष्ठित प्रोफेसर हैं। उनकी अभिरूचि संवाद अध्ययन, पहचान की राजनीति, भाषा और/राजनीति, पूर्वाग्रह और भेदभाव पर केन्द्रित है। वह *Discourse & Society, Critical Discourse Studies* and *Language and Politics* जर्नलों की सह–संपादक हैं। *The Politics of Fear: What Right-Wing Populist Discourses Mean* (Sage, 2015), *Analysing Fascist Discourse: European Fascism in Talk and Text* (with John Richardson, 2013), *Right-Wing Populism in Europe: Politics and Discourse* (with Majid KhosraviNik and Brigitte Mral, 2013) और *The Discourse of Politics in Action: Politics as Usual* (Palgrave, 2011) उनके हाल ही के पुस्तक प्रकाशनों में शामिल हैं।

भाग I
दृश्य की स्थापना

यह परिचयात्मक अनुभाग इस पुस्तक में चर्चित विषयों के लिये सन्दर्भ प्रदान करता। यह बताता है कि, गुणात्मक अनुसंधान से फर्क क्यों पड़ता है और यह निर्णय किसके द्वारा लिया जाना चाहिये।

इस पुस्तक के तीसरे संस्करण के छः वर्षों में गुणात्मक शोधकर्ताओं ने तेजी से स्वीकार किया है कि, हम इलेक्ट्रॉनिक, डिजिटल युग में रह रहे हैं। इसीलिए इन्टरनेट से उभरती नई प्रौद्योगिकियों के साथ यह नया संस्करण बेहद विस्तारित अनुभाग को समर्पित है। अध्याय 1 रूपरेखा और इस पुस्तक के अन्य परिवर्तनों के बारे में बतलाता है। यह भी तर्क प्रस्तुत करता है कि, गुणात्मक अनुसंधान केवल तकनीकों का एक समुच्चय नहीं है, बल्कि एक सैद्धान्तिक रूप से संचालित उद्यम है जो कि, मात्रात्मक अनुसंधान से अलग लेकिन पूरक है।

माइकल ब्लूर का अध्याय व्यापक समुदाय में गुणात्मक अनुसंधान की स्थिति को स्पष्ट करता है। यह बताता है कि, समाज को किस तरह से कार्य करना है या करना चाहिये या प्रभावित किया जा सकता है। एनी रायन के अध्याय में अनुसंधान नैतिकता पर शोधकर्ताओं की जिम्मेदारी को लेकर ब्लूर की चिन्ता के विषय को उठाया गया है। वह कहती हैं कि, उभरती नैतिक दुविधायें क्षेत्र में काम करने में शामिल हैं, जो सर्वेक्षण अनुसंधान से अलग हैं और इन्हें आरम्भ में सुलझाया नहीं जा सकता है। इसका मतलब यह है कि, अधिकांश दिशा–निर्देशों के अन्तर्निहित बायोमेडिकल मॉडल अपने ऑडिट कल्चर के साथ–साथ गुणात्मक शोधकर्ताओं द्वारा समझी जाने वाली सामाजिक दुनिया को सरल रूप से आसान कर सकते हैं।

एक

गुणात्मक अनुसंधान का परिचय

(Introducing Qualitative Research)

डेविड सिल्वरमैन

अपने क्षेत्र में अन्तर्राष्ट्रीय स्तर पर मान्यता प्राप्त लेखकों द्वारा लिखित यह पुस्तक गुणात्मक अनुसंधान में नवीनतम घटनाओं के लिये एक मार्गदर्शिका प्रदान करती है। यह हमारे क्षेत्र के बारे में कई गलत धारणाओं को दूर करने के लिये निर्धारित है, जो शुरूआती शोधकर्ताओं को भ्रमित करती हैं।

- अनुसंधान पूरी तरह से कुछ तकनीकों के सीखने का मामला है और इसीलिये अनुसंधान विधियां नाथिक (Atheoretical) हैं।
- कि गुणात्मक अनुसंधान मात्रात्मक अनुसंधान के साथ प्रतिस्पर्धा में है।
- कि गुणात्मक अनुसंधान लोगों के अनुभवों को समझने के बारे में है।
- कि गुणात्मक अनुसंधान में कुछ भी हो जाता है (अर्थात् गुणात्मक अनुसंधान कठोर नहीं है)

मैनें उन लेखकों का चयन किया है जो इन अनेक मान्यताओं के साथ असहमत हैं। उनमें से अधिकतर मेरे साथ सहमत हैं कि –

- गुणात्मक अनुसंधान एक सैद्धान्तिक रूप से प्रेरित उद्यम है।
- गुणात्मक अनुसंधान मात्रात्मक अनुसंधान की पूरक है। विशेष रूप से ब्लैक बॉक्स में प्रवेश करके वास्तविक समय में सामाजिक घटनायें किस तरह से आकार लेती हैं?
- गुणात्मक अनुसंधान जितना अनुभव के बारे में है उससे कहीं अधिक सामाजिक व्यवहारों के बारे में है।
- गुणात्मक अनुसंधान एक विश्वसनीय, कठोर उद्यम है या होना चाहिए।

हमारे क्षेत्र के अग्रणी विद्वानों द्वारा लिखित यह संस्करण इस तरह के अत्याधुनिक मुद्दों को नवीनतम् एवं अद्यतन बने रहने का परिचय देता है। तीसरे संस्करण के अध्यायों को उनके विशिष्ट लेखकों द्वारा संशोधित और अद्यतन किया गया है। इसके अलावा गुणात्मक अनुसंधान के बदलते चेहरे को दर्शाते हुए, पुस्तक को निम्नलिखित तरह से परिवर्तित किया गया है।

- पिछले कुछ वर्षों में, विशेष रूप से इलेक्ट्रॉनिक डेटा के सम्बन्ध में नई प्रौद्योगिकियों और डेटा के नये स्रोतों का उदय हुआ है। इस बात को प्रतिबिम्बित करने के लिये इन्टरनेट डेटा का विश्लेषण करने हेतु तीन नये अध्यायों को इस क्षेत्र में मान्यता प्राप्त विद्वानों द्वारा लिखे गये हैं (अध्याय 15–17)।
- अपने क्षेत्र के उत्कृष्ट विद्वानों में से आठ नये लेखकों द्वारा शानदार तरीके से मूल अध्यायों को लिखा गया है (अध्याय 10, 15–17 और 24)।
- क्षेत्र के प्रजाति लेखकों या नृवंश विज्ञानियों (इथनोग्राफर्स) के शामिल होने से जुड़े महत्वपूर्ण मुद्दों को प्रतिबिम्बित करने के लिये एक रोमांचक नये अध्याय को लिखा गया है (अध्याय 9 रिफ्लेक्सिविटी पर)।
- अध्याय 25 सभी प्रकार के गुणात्मक अनुसंधान की वैधता पर चर्चा करता है।
- अध्याय 26 लेखन पर है, जिसमें ऑनलाइन प्रकाशन की चर्चा को शामिल किया गया है।
- इससे भी अधिक पाठक मित्रता सुनिश्चित करने के लिये प्रत्येक अध्याय में पूरे सारांश को एक बॉक्स में समाहित कर शामिल किया गया है। प्रत्येक अध्याय भविष्य की सम्भावनाओं, अध्ययन प्रश्नों और अनुशंसित पठन की एनोटेटेड सूची तथा इन्टरनेट लिंक्स की चर्चा के साथ समाप्त होता है।

अपने महत्व को मान्यता प्रदान करने के लिये नैतिकता और गुणात्मक अनुसंधान के व्यावहारिक अनुप्रयोग पर अध्यायों को परिचय के तुरन्त बाद में रखा गया है।

पहले के संस्करणों की तरह यह पाठ अनेक मान्यताओं द्वारा समर्थित हैं, जिन्हें नीचे दिया जा रहा है।

1. विश्लेषणात्मक परिप्रेक्ष्य और पद्धति सम्बन्धी मुद्दों के बीच सम्बन्धों की केन्द्रीयता तथा शोध पद्धतियों के कुक–बुक संस्करण विशुद्ध रूप से परीणामी आवश्यकताओं से परे हैं।
2. गुणात्मक अनुसंधान की हमारी अवधारणा को व्यापक बनाने की आवश्यकता व्यक्तिपरक मुद्दों से परे, जिसका तात्पर्य भाषा, प्रतिनिधित्व और सामाजिक संगठन के मुद्दों की ओर है।
3. सामाजिक विज्ञान परम्पराओं के बीच लिंक बनाने के तरीकों की खोज करने की इच्छा से सशस्त्र शिविरों में रहने के बजाय आन्तरिक लड़ाई लड़े।
4. यह माना जाता है कि, समाज विज्ञान, जो फैन्सी से तथ्यों को हल करने का प्रयास गंभीरता से लेता है, एक मान्य उद्यम बना रहता है।
5. यह अवधारणा है कि, हमें गुणात्मक अनुसंधान के बारे में अनंतिम या कभी प्रारम्भिक अनुमानों पर आधारित नहीं होना चाहिये। इसका कारण यह है कि, ज्ञान के संचयी निकाय को गुणात्मक अध्ययनों के उपयोगी रूप में पहले से ही एकत्रित कर लिया जाता है।
6. सामाजिक विज्ञान और समुदाय के बीच एक सवांद के प्रति प्रतिबद्धता, जो कि सामाजिक समस्याओं के रूप में ली गई है, द्वारा परीभाषित विषयों की सहज स्वीकृति के बजाए उनके विभिन्न शुरूआती बिंदुओं के आधार पर आधारित है।

इन धारणाओं में से प्रत्येक, निहित या स्पष्ट रूप से, समकालीन गुणात्मक अनुसंधान के साथ अत्यधिक प्रतिस्पर्धा में है। काफी हद तक मेरा मानना है कि, इस तरह का अनुसंधान एक ऐसा इलाका बन गया है, जिस पर सामाजिक सिद्धान्त के विभिन्न विद्यालयों ने उनकी नकली लड़ाईयां लड़ी हैं। अंततः यहां पर आधारित धारणायें हमारे क्षेत्र के इलाकों को हर रोज़ संसाधनों के विश्लेषण के लिये स्थानान्तरित करने की कोशिश करती हैं। जिन्हें हम अपने अवलोकनों के निर्माण में उपयोग करते हैं। यह बिन्दु जो इन योगदानों में से कई में निहित है, इस पुस्तक ए वेरी शार्ट, फेअरली इन्टरेस्टिंग, रीजनेबली चीप बुक एबाउट क्वालिटेटिव रिसर्च (सिल्वरमैन, 2011) में विस्तार से गुणात्मक अनुसंधान के बारे में दिया गया है।

बेशक, इस तरह की लड़ाई से बचने, एक संचयी सामाजिक विज्ञान के लिए प्रतिबद्ध होने पर, हमारे व्यापार को व्यापक समुदाय के लिये प्रासंगिक होने की संभावना अधिक है। जैसा कि हम अन्दर की बजाय बाहर की ओर देखते हैं, निराशा के बजाय आत्मविश्वास के साथ, सामाजिक वैज्ञानिकों, संगठनों, पेशेवरों और सामुदायिक समूहों के बीच एक उपयोगी संवाद के लिये रास्ता खुला है।

इसके अलावा ध्यान देने योग्य है कि, हम अपने आप को न केवल व्यापक समुदाय का प्रतिनिधित्व मानते हैं बल्कि छात्रों को भी जिन्हें हम पढ़ाते हैं। डूईंग क्वालिटेटिव रिसर्च (2013) और इन्टरप्रेटिंग क्वालिटेटिव डेटा (2015) मेरी दो अन्य पुस्तकों की तरह स्नातक स्तर से नीचे और स्नातक स्तर तक दोनों के लिये शोध परियोजनाओं के पर्यवेक्षण कार्यप्रणाली पाठ्यक्रम के 30 वर्षों के अध्यापन से गुणात्मक अनुसंधान की उत्पत्ति हुई है। इस अनुभव ने पुराने मकसद के ज्ञान को मजबूत किया है कि, सीखने का सही तरीका काम करने पर आधारित है। व्यवहार में, इसका मतलब है कि, कार्यशालाओं के रूप में पाठ्यक्रमों को पढ़ाया जाये, जिससे छात्रों को डेटा विश्लेषण करने का कौशल प्राप्त हो, जिससे हमारे व्यापार के शिल्प को सीख सकें। अनेक समकालीन शिक्षकों की तरह मेरा मानना है कि, छात्रों की प्रगति का निर्धारण उस परम्परागत निबन्ध के बजाय डेटा अभ्यास के द्वारा उचित होगा, जिसमें छात्रों को अन्य लोगों के द्वारा लिखित चीजों का भावशून्य विवरण देने के लिए कहा जाता है।

यह इस प्रकार है पीएच.डी को परंपरागत तरीके से प्रक्षेपित करने के लिये हमारे पास समय की कमी होती है। जिसमें छात्र अपना पहला वर्ष साहित्य की समीक्षा करने में व्यतीत कर देते हैं और दूसरा वर्ष डेटा संग्रहण

में और उसके बाद वे अपने डेटा के विश्लेषण करने के बारे में तीसरे वर्ष दहशत में रहते हैं। इसके बजाय मेरे छात्र अपने डेटा के विश्लेषण पहले ही वर्ष में आरम्भ कर देते हैं और कभी–कभी एक सप्ताह में भी। इस तरह से, हो सकता है कि उन्होंने पहले वर्ष में शोध कार्य की मूल समस्या का 'हल निकाल' लिया हो। अब शेष वर्षों में पूर्व स्थापित विधि के अनुसार अपने डेटा के माध्यम से गैर समस्याग्रस्त कार्यों को अपेक्षाकृत सुयोग्य तरीके से कर सकते हैं।

मै आशा करता हूं कि इस पुस्तक का उपयोग उन छात्रों द्वारा किया जायेगा जो अभी तक शोध में शामिल दृष्टिकोणों, उनके सैद्धान्तिक आधार और उनके शोध अभ्यास से परिचित नहीं हैं। उदाहरणों के माध्यम से किये गये कार्य शोध अध्ययनों को और अध्ययन के प्रश्नों को तर्क द्वारा सुलभ बनाते हैं। इसके अलावा, अध्याय मानक संपादित संग्रह शैली में नहीं लिखे गये हैं, जबकि अध्याय का संबोधन योगदानकर्ताओं के साथियों ने किया है। लेकिन यह छात्र दर्शकों के लिये दुर्गम है। इसका मतलब यह है कि, अध्यायों की प्रस्तुति शिक्षात्मक है, लेकिन कुक–बुक शैली में नहीं है।

इस पाठ्यपुस्तक का विशेष योगदान यह है कि, इसमें बहुत ही जाने–माने शोधकर्ताओं की अन्तर्राष्ट्रीय टीम का संयोजन किया गया है। जिन्होंने गुणात्मक अनुसंधान को विश्लेषणात्मक रूप से व्युत्पन्न लेकिन गैर–ध्रुवीकृत तरीके से कठोरता से अपनी प्रतिबद्धता के साथ साझा किया है। इसमें 9 अमेरिकी आधारित शोधकर्ता, ब्रिटेन से 15, स्विट्जरलैण्ड से 2 तथा डेनमार्क, फ्रांस, स्वीडन, पोलैण्ड, इटली, नार्वे, फिनलैण्ड और आस्ट्रेलिया से एक – एक शामिल किये गये हैं। योगदानकर्ताओं में समाजशास्त्रियों का बहुमत है, जबकि मनोविज्ञान, नारीवादी अध्ययन, स्वास्थ्य, शिक्षा, संचार, सामाजिक कार्य, मीडिया अध्ययन, सामाजिक–कानूनी अध्ययन और भाषा विज्ञान का भी प्रतिनिधित्व किया है। मेरा मानना है कि किसी भी घटना के लिये अपनी प्रस्तुतियों को बहु–आयामी दर्शकों हेतु सुलभ बनाने में सभी योगदानकर्ता सफल हुए हैं।

प्रत्येक लेखक ने एक अध्याय लिखा है जो कि, इन्टरप्रेटिंग क्वालिटेटिव डेटा में चर्चा किये गये प्रत्येक प्रकार के डेटा के विश्लेषण को दर्शाता है जैसे – अवलोकन, ग्रंथ, बातचीत, दृश्य, डिजिटल डेटा, फोकस समूह और साक्षात्कार। प्रत्येक लेखक डेटा विश्लेषण के विशिष्ट उदाहरणों का उपयोग अग्रिम विश्लेषणात्मक तर्क के लिये करता है। अस्पष्टता के आधार पर केन्द्रित होकर अपनी स्वयं कि विश्लेषणात्मक स्थिति को नकारने के बजाय लेखकों ने उन मान्यताओं को स्पष्ट किया है, जिनसे वे अपने विविध दर्शकों के विविध हितों को बनाये रख सकें।

एक दर्शक हमारे शोध के लिये नीति निर्माताओं, पेशेवरों (प्रैक्टिशनर), मुवक्किलों या अनुसंधान के विषयों के रूप में हो सकता हैं। इस पुस्तक के पहले भाग में, व्यापक समुदाय के साथ गुणात्मक अनुसंधान की स्थिति को बताया गया है। माइकल ब्लर का अध्याय उस विषय से सम्बन्धित है, जो सबसे अधिक गुणात्मक अनुसंधानकर्ताओं के सामाजिक समस्याओं को सम्बोधित करने में उनकी शोध क्षमता के योगदान को बताता है। ब्लर का तर्क है कि रोज़मर्रा की गतिविधियों पर हमारा ध्यान विशेष रूप से कामकाजी प्रथाओं के बारे में सोचने हेतु पेशेवरों की सहायता कर प्रासंगिक बनाता है।

प्रकरण के अध्ययनों (केस स्टडीज़) की विस्तृत चर्चाओं के द्वारा अपने तर्क को प्रदर्शित करता है, जो उसने ग्लासगो में पुरुष वैश्याओं (male prostitutes) और नाविकों के स्वास्थ्य के बारे में किया था। अध्ययन के दोनों गुट ब्लर के बिन्दुओं को कठोर गुणात्मक अनुसंधान के तरीकों के बारे में प्रदर्शित करते हैं जो सेवा प्रावधानों के लिये प्रासंगिक हो सकते हैं। कम से कम ब्रिटेन में, सरकारी स्तर पर नीतिगत बहस में बहुत अधिक प्रभाव डालने की संभावना नहीं होती है। अन्त में, ब्लर इस तर्क की समीक्षा (और अस्वीकार) करता है कि, सामाजिक वैज्ञानिकों को पेशेवरों के सहायकों में नहीं होना चाहिये।

अगले अध्याय में एनी रायन द्वारा यह सम्बोधित किया जाता है कि गुणात्मक अनुसंधान में नैतिक मुद्दों को कैसे उठाया जाता है। जैसा वह दर्शाती है कि नैतिकता में, सूचित सहमति, गोपनीयता और विश्वास के बारे में नैतिक समीक्षा समितियों को सन्तुष्ट करने के लिये फॉर्म–फिलिंग के थकाऊ कारोबार की तुलना में बहुत अधिक रोचक बातें शामिल होती हैं। प्रचुर डेटा के लिये हमारी खोज का मतलब यह हो सकता है कि हम फील्ड में

लम्बे समय तक रहने का आयोजन करें। रायन ने पूर्व अफ्रीका में एशियाई व्यवसायों पर शोध से अपने आंकड़ों का इस्तेमाल किया है। ताकि नृवंशविज्ञान (एथनोग्राफी) में अनुसंधान नैतिकता की जटिलता पर चर्चा की जा सके। इस क्षेत्र में कार्य करना उभरती नैतिक दुविधाओं को शामिल करता है, जो सर्वेक्षण अनुसंधान से अलग हैं और इन्हें आरम्भ में सुलझाया नहीं जा सकता है। इसका मतलब यह है कि अपने ऑडिट संस्कृति के साथ अधिकांश दिशा–निर्देशों के अंतर्निहित बायोमेडिकल मॉडल गुणात्मक अनुसंधानकर्ताओं द्वारा उनकी समझ के अनुसार सामाजिक दुनिया को सरल रूप में सरल कर सकते हैं। इसके बजाय, हमें सम्बन्ध, घुसपैठ और नुक्सान जैसे राजनीतिक मामलों और नैतिकता में शामिल कठिन मुद्दों को फैलाना अवश्य चाहिए जैसा कि वह निष्कर्ष निकालती है कि गुणात्मक अनुसंधान, दुविधाओं के साथ बिखरे हुये क्षेत्र में नैतिक जिम्मेदारी की मांग करता है न कि त्वरित पूर्व निर्धारित उत्तरों की।

रायन के अनुस्मारक अनुसंधानकर्ता–अनुसंधान सम्बन्ध के महत्व के अनुसार साक्षात्कार और फोकस समूहों पर भाग 2 के तीन अध्याय हमें बताते हैं कि उत्तरदाताओं और सामाजिक वैज्ञानिकों, दोनों ही एक–दूसरे की बातचीत में सक्रिय रूप से अर्थ का निर्माण करते हैं। जॉडी मिलर और बैरी ग्लासनर साक्षात्कार खातों में वास्तविकता का पता लगाने वाले मुद्दों को सम्बोधित करते हैं। इन्टरप्रेटिंग क्वालिटेटिव डेटा में मैनें तर्क प्रस्तुत किया है कि कई अनुसंधानकर्ताओं की इच्छा साक्षात्कार के आंकड़ों को बाहरी वास्तविकता से कम या अधिक स्पष्ट चित्रों के रूप में मानने की होती है। यह समझने में विफल हो सकता है कि शब्दों में वास्तविकता का प्रतिनिधित्व कैसे किया जा रहा है। मिलर और ग्लासनर ने एक ऐसी स्थिति निर्धारित की जो इस तर्क से परे साक्षात्कार खातों के अन्दर और बाहर की ओर स्थानान्तरित करना चाहता है। उन्होंने अपना अनुसंधान युवा गिरोहों में लैंगिक असमानता तथा शहरी इलाकों में अफ्रीकी अमेरिकी युवा महिलाओं के खिलाफ हिंसा पर किया हैं। इस अनुसंधान के आधार पर वे तर्क देते हैं कि साक्षात्कार खातों को किशोरों की सामाजिक दुनिया में स्थित तत्वों के रूप में उस दुनिया में उपलब्ध सांस्कृतिक कहानियों को रेखांकित करने, संशोधित करने और उनका पुनर्मूल्यांकन करने के फलस्वरूप व्यवहार में लाया जा सकता है। मिलर और ग्लासनर के अनुसार, साक्षात्कार अनुसंधान करते समय इस बात पर ध्यान केंद्रित किया जाना चाहिये कि कहानियों को कहां और कैसे तैयार किया जाना है।

अपने अध्याय में, जेम्स हॉस्टीन और जैबर गबरियम हमें बताते हैं कि कहानी और कथा संरचना पर ध्यान केन्द्रित करने की मांग किस तरह से है। हम मानते हैं कि दोनों साक्षात्कार डेटा और साक्षात्कार विश्लेषण सक्रिय अवसर हैं, जिसमें अर्थ उत्पन्न किये गये हैं। इसका मतलब है कि हमें अनुसंधान विषयों को स्थिर संस्थाओं के रूप में नहीं देखना चाहिये, बल्कि उनके जवाबों के माध्यम से सक्रिय रूप से निर्माण करना चाहिये। दरअसल, हॉस्टीन और गबरियम के कहने वाले वाक्यांश में, दोनों साक्षात्कारकर्ता (interviewer) और साक्षात्कारदाता (interviewee) रोजमर्रा जिन्दगी के पेशेवर हैं जो साक्षात्कार को जीवित बनाये रखते हैं। जैसा कि वे इसे कहते हैं कि साक्षात्कार प्रक्रिया को अनुशासित (रेजिमेन्ट), मानकीकृत और बेअसर करने के प्रयासों के बावजूद सभी साक्षात्कार सक्रिय हैं। इस प्रकार गुणात्मक अनुसंधानकर्ताओं के सामने यह मुद्दे नहीं हैं कि साक्षात्कार के कारण विकृत हैं या नहीं, बल्कि प्रत्येक साक्षात्कार में व्याख्यात्मक प्रथाओं की मौजूदगी से है।

वे फिर हमें उन व्याख्यात्मक प्रथाओं का पता लगाने के लिए आमंत्रित करते हैं जो एक 'कथात्मक नाटक' का निर्माण करने के लिए साक्षात्कारकर्ता के सहयोग से निर्मित वास्तविकता के पहलुओं के रूप में कैस और क्या अनुभव उत्पन्न करते है। फोकस समूहों पर सुई विल्किनसन का अध्याय हॉस्टीन और गबरियम की सोच के साथ कि अपने उत्तरदाताओं के साथ सामाजिक दुनिया का निर्माण कैसे करते है, की ओर अग्रेषित करता है। स्तन कैंसर रोगियों पर अपने स्वयं के आंकडो से उजागर उद्धरण का उपयोग करते हुए, विल्किनसन ने फोकस समूहों के सदस्यों के बीच जटिल व्याख्यात्मक गतिविधियों का खुलासा किया, क्योंकि वे एक–दूसरें (और शोधकर्ता) की भावना को समझने की कोशिश करते है। डेटा के ब्यौरे पर ध्यान देना इस बात के विपरीत है कि, आमतौर पर किस तरह से फोकस समुह (और साक्षात्कार) अनुसंधान सामान्य तौर पर आयोजित किया जाता है। सैद्धांतिक रूप से संचालित, विस्तृत डेटा विश्लेषण के साथ विल्किनसन की सोच फोकस ग्रुप टॉक का कुछ स्वतंत्र वास्तविकता

तक पहुचंने का सीधा मतलब प्रमुख प्रवृति से अलग है। विल्किनसन हमें बताता हैं कि सामग्री विश्लेषण और यांत्रिकी पर एकाग्रता से सैद्धांतिक रूप से सूचित और विस्तृत बातचीत की प्रक्रिया के डेटा विश्लेषण के लिए फोकस समूह संचालन के तरीके का कोई विकल्प नहीं है। सभी योगदानकर्ताओं की तरह, विल्किनसन इस खण्ड में इस तथ्य को रेखांकित करता है कि हम अपने शोध विषयों के सक्रिय व्याख्यात्मक कौशल को कभी न छिपाए।

नृवंशविज्ञान पर तीनों अध्यायों में केवल विवरण और आलसी (अनुद्योगी) कोडिंग के नुकसान और अवलोकन अनुसंधान के लिए रोमांचक पद्धति और विश्लेषणात्मक दिशाओं की तरफ बढ़ने से अवलोकन कार्य को बचाने की कोशिश करते है। अध्याय 7 में जियामपीट्रो गोबो और ल्यूकस मार्सीनिक दिखाना चाहते है कि कैसे अवलोकन नृवंशविज्ञानी के लिए एक बुनियादी उपकरण है। समकालीन प्रतिभागियों और महत्वपूर्ण नृवंशविज्ञानों द्वारा अद्यतित नृवंशविज्ञान के अध्ययन का वे एक उपयोगी इतिहास प्रदान करते है। वे यह प्रदर्शित करते हैं कि अगर हम व्यवहार और बातचीत को समझना चाहते है तो केवल प्रश्नों को पूछना ही पर्याप्त नहीं है। हमें सामाजिक कर्ताओं की दिनचर्या और प्रथाओं का भी निरीक्षण करना चाहिए और हम इसे विश्वसनीय और सुसंगत तरीके से कर सकते है। इसके अलावा जैसा कि वे मानते है, किसी अन्य पद्धति की तरह नृवंशविज्ञान केवल डाटा संग्रह का एक आसान साधन नहीं है। यह समाज के इतिहास में एक विशेष क्षण में जन्म लेता है और अपनी सांस्कृतिक सुविधाओं में से कुछ का प्रतीक है। गोबो की अवलोकन सोसायटी की अवधारणा इस बात पर केंद्रित है कि नृवंशविज्ञान चलन (फैशन) में क्यों आया।

थॉमस एबरले और क्रिस्टॉफ मीडर के अध्याय हमें और अधिक विशिष्ट जानकारी प्रदान करते है कि, संगठनों के अध्ययन नृवंशविज्ञानियों द्वारा किस तरह से किया जाते है। उनका तर्क है कि अमूर्त संगठन सिद्धांत, अनुसंधान के लिए एक आवश्यक शुरूआती बिंदु नहीं है और सिद्धांत तथा डेटा– मार्गित नृवंशविज्ञान के अध्ययनों के बीच एक निरंतरता है। उनके अध्याय में कुछ रोचक घटनाओं के अध्ययनों को शामिल किया गया हैं, जो संगठनों के भीतर नियमित प्रथाओं का पालन करने की पद्धति की ताकत दर्शाते हैं। वे क्षेत्रीय पहुंच और भागीदारी, डेटा संग्रह और डेटा विश्लेषण, मुखबिर और क्षेत्रीयों संबंधों, वापस रिपोर्टिंग (reporting back), नैतिक प्रश्नों और अंत में लेखन के रूप में संगठनात्मक नृवंशविज्ञान में व्यावहारिक विचारों के सहायक खाते के साथ संपन्न होते हैं।

यदि नृवंशविज्ञान केवल एक कालातीत तकनीक नहीं हैं, लेकिन समय और स्थान पर स्थित है, तो यह कैसे विश्वसनीय हो सकता है। जैसे कि मैरी बसकाटो कहती है कि हम कैसे गारंटी दे सकते हैं कि शोधकर्ता यात्रियों, पत्रकारों या आत्मकथात्मक उपन्यासकार नहीं हो सकते है। जबकि एक ही समय में यह सुनिश्चित करने के लिए कि एक अयोग्य सकारात्मक पद्धति का अनुसरण करते हुए गैर–अनुकूल प्रक्रियाओं और जांच के तरीकों का अभ्यास करने के लिए वे बाध्य नहीं है। वह बताती है कि उस क्षेत्र में पर्यवेक्षक की भागीदारी की पहचान सभी अनुसंधानों का एक सामान्य स्थान है (या होना चाहिए)। रिफलेक्सीविटी पर उसका अध्याय भागीदारी और अलगाव के बीच संतुलन की मांग करता है। उसने महिला जैज़ गायक और संगीतकारों और एक बीमा कंपनी पर अपने शोध से ठोस उदाहरणों का उपयोग करके सहायक ढंग से नृवंशविज्ञान के तीन सिद्धांतों को प्रतिपादित किया है।

भाग 4 में पाठों पर यह दर्शाया गया है कि पाठों और दस्तावेजों का विश्लेषण, विश्लेषणात्मक परंपराओं के विभिन्न सेटों के फलस्वरूप कैसे उपयोगी हो सकता है। चतुर्थ भाग में दोनों अध्याय सामाजिक कार्य से अलग दस्तावेजों को समाजशास्त्र और गुणत्मक शोध में दस्तावेजी आंकड़ों के बहुमत को चुनौती देते हैं। कैटरीना जैकबसन टिप्पणी करती है कि नृवंशविज्ञान के तरीकों ने अपने दस्तावेजों के माध्यम से एक सेटिंग के बारे में हमारे ज्ञान को आगे बढ़ा सकते हैं और इसके साथ ही शोधकर्ता को इसकी सेटिंग में दस्तावेज समझने में सहायता कर सकते है। उनका अध्याय दिखाता है कि दस्तावेजों के साथ लोग क्या करते है यह उतना ही महत्वपूर्ण है जितना कि दस्तावेज सामग्री का विश्लेषण करना। वह कई आकर्षक प्रकरण अध्ययनों का उपयोग यह प्रदर्शित करने के लिए करती है कि हम किस तरह के तरीकों का अध्ययन कर सकते है जिनमें दस्तावेजों का उत्पादन किया जाता है और विशेष रूप से सामाजिक और आर्थिक संदर्भों में उपयोग किया जाता है।

इस विषय के कुछ पहलुओं के सैद्धांतिक स्तरों के उत्थान के विपरीत पूर्व में एक सुंदर, सुलभ अध्याय लिखा गया है, जो जैकबसन के तर्कों को विकसित करता है कि, जब लोग दस्तावेजों के साथ काम करते है तब क्या होता है? विषय को जानने के लिये संदर्भों से बचना पहले हमें दिखाता है कि हम उस तरीकें पर ध्यान केंद्रित कर सकते हैं जिसमें पाठ हमें दुनिया को देखने के लिए निर्देशित करता है। मानसिक बीमारी और एयरलाइन पायलटों की पूर्वव्यापी जांच सूचियों की प्रसार दर के सांख्यिकीय सारांश के रूप में विविध उदाहरणों का उपयोग करते हुए उन्होंने खुलासा किया है कि एक विचारोत्तेजक टूलबॉक्स, जिसे हम पाठ सामग्री के साथ काम करते समय उपयोग कर सकते है।

भाग पांच ऑडियों डेटा से संबंधित है। जोनाथन पॉटर ने अपूर्व मनोविज्ञान की चर्चा की है। जिसे आमतौर पर संभाषण विश्लेषण (डीए) के रूप में जाना जाता है, जो कि स्वाभाविक रूप से होने वाली बात का विश्लेषण करने का एक तरीका है। पॉटर इस तरीके से दिखाता है, जिसमें भाषण विश्लेषण हमें इस बात को संबोधित करने की अनुमति देता है कि वास्तविकता के संस्करणों को वस्तुतः प्रतीत और स्पीकर से अलग करने के लिए किस तरह से उत्पादित किया जाता है। राजकुमारी डायना और सलमान रूश्दी के साथ टेलीविजन साक्षात्कारों और परामर्श सत्र संबंधों से बातचीत के उदाहरणों का उपयोग करते हुए वह दर्शाता है कि हम किस तरह के तरीकों का विश्लेषण कर सकते है। जिसमें वक्ताओं द्वारा उनके कार्यों में हिस्सेदारी को अस्वीकार किया जाता है।

पॉटर के अनुसार भाषण विश्लेषण अनुक्रमिक संगठन के संदर्भ में बयानबाजी संगठन पर केंद्रित है। वार्तालाप विश्लेषण विशेष रूप से अनुकमिक संगठन के साथ संबंधित है। जॉन हैरिटेज का अध्याय एक सुलभ परिचय प्रस्तुत करता है कि रोजाना बातचीत के विश्लेषण में बातचीत के विश्लेषणात्मक तरीकों का उपयोग कैसे किया जा सकता है। वह वार्तालाप विश्लेषण के मूलभूत सिद्धांतों और मान्यताओं को स्पष्ट रूप से प्रस्तुत करता है। एक पद्धतिय दृष्टिकोण से, हेरीटेज तब वार्तालाप विश्लेषण करने की मूल बातों का वर्णन करता है। चर्चा के निष्कर्षों का उपयोग करके वह हमें यह बताता है कि वह कैसे तय करता है कि संवादात्मक अभ्यास विशिष्ट है या नहीं, उसे क्रम में कैसे पता लगाया जाए और फिर उसकी भूमिका या कार्य कैसे निर्धारित किया जाए। उन्होंने समीक्षकों के एक शक्तिशाली उत्तर के साथ निष्कर्ष निकाला कि, वार्तालाप विश्लेषण बात के सामाजिक संदर्भ के साथ नहीं निपट सकता है।

हालांकि, 21 वीं शताब्दी में बातचीत के लिए इंटरनेट वैसा ही है, जैसा कि आमने–सामने बात करना। भाग 6 के अध्यायों से पता चलता है कि इंटरनेट अब शायद एक प्रमुख साइट है जहां शब्दों और चित्रों का प्रसार होता है। एनेट मार्कम और सिमोना स्टाव्रोवा का अध्याय इस अंर्तदृष्टि को विकसित करता है, और ऐसा करने से पाठकों को ऐसे डेटा की व्याख्या करने के लिए अमूल्य मार्गदर्शन प्रदान करता है। वे कहते है कि इंटरनेट न केवल दूरी को कम कर देता है, बल्कि यह उस तरीके को भी बाधित कर सकता है जिसमें समय बातचीत के लिए प्रासंगिक है क्योंकि यह व्यक्तियों और समूहों के बीच दोनों अतुल्यकालिक और तुल्यकालिक संचार को समायोजित कर सकता है। इस तरह से सामाजिक और भौतिक उपस्थिति आवश्यक रूप से जुड़ी नहीं है, और समय बातचीत का एक लचीला चर है। मार्खम और स्टाव्रोवा ने अनुसंधान अध्ययनों के महत्व को दिखाया है, जो इंटरनेट के तरीकों और सामाजिक मीडिया नेटवर्क के अध्ययन से अपने अधिकार में घटना के रूप में (जैसे ऑनलाइन डेटिंग या चैट रूम के यांत्रिकी) डेटा एकत्रित करने के लिए (जैसे ऑनलाइन साक्षात्कार) इंटरनेट का उपयोग एक उपकरण के रूप में करते है। इसके बाद के विकल्प के अनुसार, हम जैसे पाठों पर अन्य अध्यायों में सीखते हैं कि प्रतिभागियों ने सक्रिय अर्थ का निर्माण किस प्रकार से किया है।

नलिता जेम्स और ह्यू बुशर (Hugh Busher) अगले ऑनलाइन साक्षात्कार के यांत्रिकी के सहायक विवरण (खाता) प्रदान करते है। वे ऐसे साक्षात्कारों के बीच के मतभेदों को खारिज करते है, जो पाठ या दृश्य, अतुल्यकालिक या तुल्यकालिक, एक–एक या समूह हो सकते है। शुरूआती लोगों के लिए विशेष रूप से उपयोगी है कि हम ऑनलाइन बातचीत की सुविधा के लिए अनुसंधान संबंध बनाने के बारे में उनकी चर्चा और ऑनलाइन साक्षात्कार करते समय शोधकर्ताओं द्वारा उठाए जा सकने वाले नैतिक विचारों को कैसे हल कर सकते हैं।

बेशक डेटा इकट्ठा करने की यांत्रिकी और नैतिकता को समझना केवल एक सफल शुरूआत है। कुछ संदर्भों में यह जानना जरूरी है कि आपके डेटा का विश्लेषण कैसे किया जाए। जोआन मेरिडिथ का अध्याय इस मुद्दे को सुलझाता है कि ऑनलाइन डेटा के विश्लेषण के लिए वार्तालाप विश्लेषण और कर्कश मनोविज्ञान की विशिष्ट विश्लेषणात्मक फ्रेम का उपयोग किस प्रकार से किया जाए। उसका अध्याय जीवंत सम्बोधन से एक डेटा निकालने के साथ शुरू होता है और बाद में इन फ्रेमों की शक्ति का प्रदर्शन करने हेतु ऑनलाइन मंच और त्वरित संदेश डेटा से कई उदाहरणों का उपयोग करता है ताकि प्रतिभागियों को विशेष ऑनलाइन तकनीकी की सीमाओं और अवसरों के संदर्भो में, अर्थ का निर्माण कैसे स्पष्ट किया जाए। लेकिन वार्तालाप विश्लेषण और कर्कश मनोविज्ञान ऑनलाइन डेटा का विश्लेषण करने के लिए उपलब्ध एक मात्र विश्लेषणात्मक फ्रेम नहीं है।

जोहान डब्ल्यू उंगर रूथ वोडक और माजिद खोसरावीनिक् द्वारा अगले अध्याय में महत्वपूर्ण व्याख्यान अध्ययन के दृष्टिकोण की रूपरेखा दी गई है और सुझाव दिया गया है कि सोशल मीडिया डेटा पर यह कैसे लागू किया जा सकता है। वे मददगार ढंग से समझाते है कि शोधकर्ताओं के लिए डिजिटल मध्यस्थता डेटा को अलग और दिलचस्प बनाता है, जो सामाजिक घटनाओं के लिए महत्वपूर्ण दृष्टिकोण को अपनाता है। यह छात्रों के लिए भी उपयोगी रहेगा कि उनके विवरण कैसे एक दृष्टिकोण से आठ विधिसंबंधी कदम महत्वपूर्ण व्याख्यान अध्ययन से (संभाषण–ऐतिहासिक दृष्टिकोण) सोशल मीडिया डेटा तक के लिए लागू किया जा सकता है। उनके प्रकरण अध्ययन के विरोध में आंदोलनों का विश्लेषण (अरब स्प्रिंग, कब्जा) उनकी चर्चा को उजागर करता है।

दृश्य डेटा पर उंगर, वोदक और खोसरावीनिक् के प्रकरण के अध्ययन को भाग सात में अच्छी तरह से समझाया गया है। माइकल एमिशन दृश्य डेटा के विश्लेषण और पीढ़ी में प्रतिभागियों को शामिल करने की दिशा में बदलाव विश्लेषण करने से आरम्भ करता है। यह उनके तर्क को आगे बढ़ाता है। दृश्य अनुसंधानकर्ताओं ने अपर्याप्त सिद्धान्तों के साथ काम किया है। उदाहरण के लिये अधिकतर दृश्य कलाओं को चित्रों के रूप में और कम हद तक कार्टून और विज्ञापनों के रूप में पहचानते हैं। हालांकि इस तरह के कार्य दिलचस्प हो सकते हैं। एक अर्थ में यह द्वि आयामी है। यदि हम मानते हैं कि दृश्य भी स्थानिक है तो तीन आयामी वस्तुओं का एक नया समूह उभरकर आता है। लोगो को उनके आसपास की दुनिया में वस्तुओं का उपयोग करने के तरीके के आधार पर, हम संस्कृति के भौतिक अवतार का अध्ययन कर सकते हैं (स्ट्रीटमैप से किसी कमरे या शहरी सड़क का लेआउट से अस्पताल के डिजायन तक)।

एमिसन, क्रिश्चियन हीथ के वीडियो प्रौद्योकिकी के उपयाग का हवाला देते हुए पारस्परिक आचरण पर कब्जा करने के लिये एक विस्तृत तरीके से त्रि आयामी डेटा को देखने का एक तरीका बताते हैं। एमिसन की तरह, हीथ समाजशास्त्र और संज्ञानात्मक विषयों के व्यापक हितों में 'दृश्य' को अनुसंधान से अलग करता है, जो स्वाभाविक स्थिति में आचरण और बातचीत के विश्लेषण को दिन–प्रतिदिन की वीडियों रिकार्डिंग में उपयोग करता है। अनुक्रमिक संगठन पर वार्तालाप विश्लेषण के केंद्र बिंदु से आरंभ करके हीथ दर्शाता है कि, दृश्य आचरण का अध्ययन करने के लिये वार्तालाप विश्लेषण का उपयोग कैसे किया जा सकता है और सामाजिक संवाद के दौरान मानव वातावरण के भौतिक गुणों को कैसे प्रासंगिक बनाया जा सकता है। उनका तर्क है कि वीडियो आधारित शोध का सबसे महत्वपूर्ण योगदान काम और संगठन के प्रति हमारी समझ, जिसे 'कार्यस्थल अध्ययन' कहा जाता है।

हीथ, एक नीलामी से आकर्षक ऑडियो–विजुअल डेटा का उपयोग अपने मुक्त पारस्परिक क्रम का विश्लेषण करने के लिये करता है। हीथ वीडियो का उपयोग करते समय क्षेत्र सम्बन्धों के बारे में छात्रों के लिए बेहद व्यावहारिक जानकारी भी प्रदान करता है और इस तरह के डेटा को रिकार्ड एवं ट्रांसक्रिप्ट करने के लिये सर्वोत्तम है। उन्होंने ने कार्यस्थ्ल के अध्ययनों के लिए इन अंतरदृष्टि की प्रासंगिकता को दिखाकर समाप्त किया, जिसमें मानव कम्प्यूटर इंटरैक्शन भी शामिल है।

अगला भाग गुणात्मक अनुसंधान करने के लिये और अधिक बुनियादी वयावहारिक विवरण के मुद्दों सहित गुणात्मक डेटा विश्लेषण से सम्बन्धित है। टिम रैपले ने स्पष्ट और अनऔपचारिक रूप से गुणात्मक डेटा विश्लेषण को व्यावहारिक (प्रैग्मैटिक्स) कहा है। जैसा कि रैपले ने दिखाया है कि जब हम अंतर्निहित या व्यापक (हमारे डेटा

में) या आसवन, सार, अर्थ, मानदंड, आदेश, पैटर्न, नियम, संरचना आदि (अवधारणाओं और विषयों का स्तर) को तलाशने और समझाने की कोशिश करते हैं तब कठिन परिश्रम शुरू होता है। जब आप क्षेत्र से वापस लौटते है तो तब रैपले प्रतिलेखन और डेटा विश्लेषण, एवं अपने अनंतिम विश्लेषण के उपयोग की जानकारी को कैसे एकत्र किया है, श्रेणियों की समीक्षा और परिष्कृत करने, विस्तृत रीडिंग के महत्व पर जोर देने और अच्छे गुणात्मक डेटा विश्लेषण करने के तरीके के बारे में अमूल्य सलह प्रदान करता है। जैसे कि रैपले का तर्क है अच्छा गुणात्मक अनुसंधान 'विस्तार में रहने' के बारे में है। हालांकि किसी भी अच्छे शोध की तरह हमें सामान्यीकरण की पेशकश करने के लिए जल्दी नहीं होना चाहिए, लेकिन प्रतिकूल मामलों को सक्रिय रूप से तलाश करना चाहिए।

रैपले की तरह, 'डेटा से अवधारणाओं और सिद्धांतों का लगभग जादुई उदय कहे जाने से' कैथी चर्मज और एंटनी ब्रायंट घूंघट से पर्दा हटाना चाहते है। उन्होंने ग्राउंडेड थ्योरी (जीटी) के तत्व को स्पष्ट किया और बताया कि उनके विचार में, ग्राउंडेड थ्योरी के अभिगम की आलोचनाओं के बारे में सही और गलत क्या है। फिर वे यह प्रदर्शित करते है कि किस तरह से ग्राउण्डेड थ्योरी पहले से ही शामिल अंतर्निहित रणनीतियां, जो अपनी कार्यप्रणाली की शक्ति और डेटा विश्लेषण की विश्वसनीयता दोनों में वृद्धि करती है। वे इस बात पर ध्यान देते है कि ग्राउंडेड थ्योरी की प्रमुख बुनियादी रणनीतियों से शोधकर्ताओं को उनके डेटा और उभरती हुई विश्लेषण के साथ कैसे संलग्न है। वे बताते है कि पद्धतिगत कठोरता, सैद्धांतिक वादा और आगामी विश्लेषण की शक्ति बढ़ाने के लिए ग्राउंडेड थ्योरी का इस्तेमाल कैसे किया जा सकता है। रैपले की तरह, वे डाटा विश्लेषण के बुनियादी तथ्यों को लाइन–बाय–लाइन प्रारंभिक कोडिंग करने से मेमो लेखन और सैद्धांतिक नमूने के आयोजन को सहायता पूर्वक समझाते है। अपने स्वयं के डेटा विश्लेषणों से चित्रों का उपयोग करते हुए वे यह दर्शाते है कि 'रचनात्मकतावादी' व्यवहार में जीटी पद्धति तरह दिख सकती है, यह पद्धति दिखाती है कि हम वैश्लेषिक और सैद्धांतिक महत्व पर विश्वसनीयता कैसे प्राप्त कर सकते है।

कथात्मक पूछताछ (एनआई) के अपने अध्याय में कैथरीन कोहलर रिस्समैन ने डेटा विश्लेषण की व्यावहारिकता के लिए छात्र–अनुकूल अभिगम पर यह अभ्यास जारी रखा। उनका उद्देश्य ग्राउंडेड थ्योरी और अन्य तरीकों से साक्षात्कार डेटा के विश्लेषण से, इस तरह के काम में अंतर को स्पष्ट करना है। रिस्समैन के लिए, एनआई, मौखिक इतिहास की तरह, प्रकरण–केंद्रित अनुसंधान से संबंधित है। इसलिए व्यापक सिद्धांतो के विषयान्तर (लीप) या सामान्यीकरण को कम करने या यहां तक कि विशेष मामलों में पूछताछ के पक्ष में कार्य के अनुक्रमों, प्रतिभागियों के वार्तालापों में भाषा और कथा शैली के बातचीत के तरीके और एक प्रकरण के अन्य अद्वितीय पहलूओं को टाल दिया जाता है। रिस्समैन के लिए, एनआई में विरोध शामिल है, जिसे वह कहानियों की मोहक शक्ति कहती है। इसके बजाय यह पूछती है कि कहानी इस तरह से क्यों कही गई थी? कथावाचकों / वर्णनकर्ताओं (नरेटर्स) की अपनी कहानियों में स्वयं की स्थिति कैसी है? कथावाचकों के इरादों से परे, अन्य रीडिंग्स क्या संभव हैं? एक लंबे साक्षात्कार का उपयोग करते हुए रिस्समैन दिखाती है कि डेटा के एक खंड को संगठित करने और प्रश्नकर्ता / श्रोता, वार्तालाप की व्यापक धारा में एक अभिव्यक्ति की स्थिति और सेटिंग सहित स्थानीय संदर्भ के परीक्षण से, हम इन सवालों के जवाब कैसे दे सकते है। उनका तर्क है कि अनुसंधान साक्षात्कार एक सहयोगी बातचीत है जो हॉस्टीन और गबरियम के पूर्व के अध्याय 'साक्षात्कार डेटा' पर, अच्छी तरह से संबंध रखता है।

जैसा कि हर छात्र को सिखाया जाता है कि पूर्व अध्ययनों की समीक्षा पर आधारित, परिष्कृत (सुरूचिपूर्ण) डेटा विश्लेषण भलीभॉंति परिभाषित शोध विषय के लिए आवश्यक होता है। मैरी डिक्सन–वुड्स पूछती है कि हम अपनी साहित्यिक समीक्षाओं को और अधिक मजबूत कैसे बना सकते है। वह समेकित संश्लेषण के अंतर को स्पष्ट करती है जो व्याख्यात्मक संश्लेषण से डेटा के सारांशीकरण ध्यान केंद्रित करता है, जिसमें प्राथमिक गुणात्मक शोध के समान प्रक्रियाएं शामिल होती है, जिसमें अधिकतम व्याख्यात्मक मूल्य के विचार उत्पन्न करने वाली अवधारणाएें जुड़ी है। डिक्स्न–बुडस स्पष्ट रूप से उस हद तक मूल्यांकन करती है जिसमें पारंपरिक व्यवस्थित समीक्षा टेम्पलेट गुणात्मक अनुसंधान अध्ययनों के संश्लेषण के लिए उपयुक्त होता है। जैसा कि वह तर्क करती है कि एक महत्वपूर्ण प्रश्न का सम्बन्ध, परंपरागत व्यवस्थित समीक्षा पद्धति, औसतन किसी विशेष हस्तक्षेप की प्रभावशीलता के आकलन

पर इसका लगातार ध्यान केंद्रित होने, अनुसंधान साक्ष्य के निकायों के अवलोकन के अधिक व्याख्यात्मक रूपों का निर्माण करने वालों के आकांक्षाओं के अनुरूप होने के साथ किस सीमा तक है।

एक शोध छात्र के दृष्टिकोण से, समस्या बनी रहती है कि हम साहित्य समीक्षाओं पर इनता समय व्यतीत कर देते है कि डेटा को इकट्ठा और विश्लेषण करने के लिए हमारे पास समय बहुत कम रह जाता है। जैसा कि मैंने 'डूईग क्वालिटेटिव रिसर्च' में सुझाव दिया है कि इस समस्या का एक त्वरित समाधान द्वितीयक डेटा के साथ काम करना है। लिब्बी बिशप, सीखने और शिक्षण, पुनः विश्लेषण और पुनः प्रयोजन, अनुसंधान अभिकल्पन और पद्धतिगत विकास में इनका उपयोग अलग–अलग तरीकों से अन्तर स्पष्ट करने के लिए और इस तरह के डेटा के उपयोग की नैतिकता पर मददगार तरीके से चर्चा करती हैं। वह बताती है कि गुणात्मक डेटा के माध्यमिक विश्लेषण के बारे में व्यक्त मुख्य आरक्षण है कि प्राथमिक शोधकर्ता द्वारा प्राप्त आंकड़ों के संग्रहण की परिस्थितियों के बारे में विस्तृत प्रासंगिक ज्ञान, माध्यमिक विश्लेषकों में उस प्रकार से नहीं होगा। बिशप का तर्क है कि मात्रात्मक डेटा सेट्स के कार्यों के विश्लेषण के तरीकों से एक अप्रत्याशित, रूढ़िबद्ध (स्टीरियोटाइप) भाग बना रहता है। आंकड़ों से प्राप्त जानकारी पूरी तरह से डेटा के करीब होने पर निर्भर नहीं होती है, लेकिन विश्लेषणात्क दूरी के साथ विवेकपूर्ण तरीके से संतुलित अवलोकन पर निर्भर होती है। इसके अलावा कुछ शोध प्रश्नों के लिए संग्रहीत डेटा का तरीकों और उद्देश्यों के लिए विश्लेषण किया जा सकता है, जिनके संदर्भ के गहन ज्ञान की आवश्यकता नहीं होती है। वह स्कूल छोड़ने वालों पर निबंध, प्रवासन और पेरेंटिंग और मौखिक इतिहास साक्षात्कारों के प्रकरण अध्ययनों के साथ उसके तर्क का समर्थन करती है जिसमें व्यापक व्यवस्थित बहस अनुसंधान व्यवहार के इस रूप हेतु प्रासंगिक होने की उस डिग्री को दर्शाती है। एक बार डेटा सेट के साथ शामिल हो जाने के बाद अलोचकों द्वारा कल्पना की गई खामियों में गिरे बिना, माध्यमिक विश्लेषण के मूल्य को अक्सर दिखाना संभव हो जाता है। वह निष्कर्ष निकालती है कि 'उच्च गुणवत्ता के उदाहरणों को पुनः प्रयोग करने के लिए उसने कड़ी तलाश की' लेकिन अब इतने सारे है कि मैं सभी को नए प्रकाशनों के साथ नहीं रख सकती।

विशप और डिक्शन वुड्स की तरह, आंस्सी पेराकिला गुणात्मक अनुसंधान की विश्वसनीयता के साथ जुड़े हुए हैं। वह इस बात में विशेष रूप से रुचि रखते हैं कि गुणात्मक अनुसंधान उसके डेटा को किस प्रकार से विश्वसनीयता और मान्य विवरण प्रदान करता है। हेरिटेज़ के अध्याय का अनुसरण करते हुए, पेराकिला ने सीए अनुसंधान के प्रति अपना तर्क प्रस्तुत किया है। जैसा कि मैंने ए वेरी शार्ट फेअर्ली इन्टरेस्टिंग रीज़नेबली डीप बुक एबाउट क्वालिटेटिव रिसर्च पुस्तक के अध्याय 3 में तर्क प्रस्तुत किया है कि स्पष्ट तौर पर आश्चर्यजनक उदाहरणों के बजाय डेटा के अनुक्रमों को ध्यान में रखना, सीए तक कुछ सीमित होने के बजाय सभी अच्छे गुणात्मक अनुसंधानों की पहचान है। यह मानते हुए कि सीए एक विशेषज्ञ क्षेत्र है, इस नए संशोधित अध्याय में पेराकिला ने अपने तर्क को एक संपूर्ण रूप में गुणात्मक अनुसंधाान के लिए विस्तारित किया है। वैधता वाले प्रश्नों की तुलनात्मक पद्धति और पारम्परिक 'विचलित प्रकरण विश्लेषण' के साथ–साथ विशेष रूप सीए पद्धतियों, जैसे 'अगला ढमढम' के माध्यम से सत्यापन, के रूप में चर्चा की जाती है। वह प्रकरण अध्ययनों से सामान्यीकरण का एक तरीका भी दर्शाता है और गुणात्मक अनुसंधान में मात्रात्मक तकनीकों के इस्तेमाल और सीमाओं पर चर्चा करता है।

अंत में, अच्छे गुणात्मक डेटा विश्लेषण की अभिव्यक्ति है कि हम कितनी अच्छी तरह लिख सकते हैं। आमिर मार्वास्ती का तर्क है कि नौसिखिया शोधकर्ताओं को लेखन के बुनियादी कौशल या शिल्प सीखने की जरूरत होती है। गुणात्मक शोध में, 'मानक वैज्ञानिक पत्र' के प्रारूप जैसी कोई चीज नहीं होती है। मार्वास्ती दर्शाता है कि विभिन्न शैलियां हमारे लिए उपलब्ध है और शैलीगत विकल्पों के उपलब्ध होने एवं उनके फायदे और सीमाओं का वर्णन करता है। वह रणनीतिक विकल्पों पर टिप्पणी भी करता है कि लेखकों को ऐसा विचार करना चाहिए कि वे अपने काम को प्रकाशित करने की कोशिश करें और इसे विभिन्न ऑडियंस के लिए सुलभ बनायें। वह सुझाव देता है कि एक 'परिपूर्ण कागज' वह है जो शिल्प कौशल, शैली और इच्छित दर्शकों के बीच संतुलन पर हमला करता है। अपने अध्याय के इस नए संस्करण में मार्वास्ती ऑनलाइन प्रकाशन की संभावनाओं की रूपरेखा प्रदान करने में सहायक है।

इस खंड में सभी योगदानकर्ताओं की सहमति हर मुद्दे के बारे में नहीं है। बहरहाल, मेरा मानना है कि मेरे लेखकों ने पर्याप्त रूप से सामूहिक भागीदारी कर इस खण्ड को संसक्त बनाया। मुझे संदेह है, इस अध्याय में पहले सूचीबद्ध छह बिन्दुओं में से अधिकांश के साथ बहुत से सहमत होगें। अधिक निश्चितता के साथ मैं दावा करता हूं कि हम अच्छा गुणात्मक अनुसंधान का गठन करने वाले एक सामान्य ज्ञान को साझा करते है। उदाहरण के लिए भले ही हम विभिन्न बौद्धिक परंपराओं से आते है, मुझे आश्चर्य होगा, अगर हमारे बारे में कोई मूलभूत असहमति है, मानाकि एक आलेख का आकलन करने के लिए रैफरिंग हेतु हमारे पास प्रस्तुत किया गया। यह सामान्य बोध कि व्युत्पन्नों की तलाश के लिए हम क्या हैं, मेरा मानना है कि नैतिक विचारों और विभिन्न श्रोताओं के प्रति उत्तरदायी, सैद्धान्तिक रूप से आधारित और कठोर पद्धति के रूप में गुणात्मक अनुसंधान के प्रति हमारी सामान्य प्रतिबद्धता से है।

मेरे 'स्कूलमार्स्टली संदेशों' को समयसीमा के बारे में बर्दाश्त करने के लिए और अध्यायों के प्रारूप पर एक–दूसरे को सुझाव देने में, शानदार काम करने के लिए मैं अपने योगदानकर्ताओं के प्रति आभार व्यक्त करना चाहूंगा। इस खंड के बारे में, मैं अपने सेज संपादक मिला–स्टीले को उनके सहायक सुझावों के लिए धन्यवाद ज्ञापित करता हूं। हमेशा की तरह मेरे साथ काम करने के लिए गिलियन को मेरा धन्यवाद। मेरे लिए काम करने के क्रम में सारा कोर्डेल को भी मेरा धन्यवाद। नर्सरी एन्ड, लॉर्ड्स में अपने दोस्तों को और एससीजी पर उत्तरी और एंटीपीडियन समर्स को देने के लिए धन्यवाद, जो मैं आगे देख सकता हूं।

गुणात्मक अनुसंधान के लिये आपकी मार्गदर्शिका (Your Guide to Qualitative Research)

पाठ्यपुस्तकों का कार्य सवोत्तम होता है जब उनके लेखकों का उद्देश्य छात्रों के विशेष समूहों की जरूरतों पर हो। यह पुस्तक (गाइड) दर्शकों को बताती है कि 'क्वालिटेटिव रिसर्च' उद्देश्ययुक्त है और मेरी अन्य तीन पाठ्यपुस्तकों से अलग है।

मैं समझता हूं कि अकादमिक पुस्तकों को आमतौर पर उपन्यास के रूप में नहीं पढ़ा जा सकता है। उदाहरण के लिए, आप एक जासूसी उपन्यास के अंतिम अध्याय को छोड़ने के प्रलोभन के विरोध में आपकी चाह हो सकती है, लेकिन किसी पाठ्य पुस्तक का उपयोग करते समय ऐसा कोई प्रतिबंध नहीं होता है। अतः उदाहरण के लिए यदि आप वर्तमान में अपने डेटा विश्लेषण के साथ परेशानी का सामना कर रहे है। तो इस पुस्तक में आप टिम रैपले के अध्याय को पढ़ना शुरू कर सकते है। प्रत्येक अध्याय कम या अधिक आत्मनिर्भर है अतः इस पुस्तक के माध्यम से टेढ़े–मेढ़े तरीके से चलने में कोई समस्या नहीं होनी चाहिए।

टेढ़े–मेढ़े तरीके से चलने में भी मतलब होता है क्योंकि गुणात्मक शोध में शायद ही कभी परिकल्पना से निष्कर्षों के लिए एक चिकने प्रक्षेपवक्र का अनुसरण होता हो। नतीजतन अवसर आने पर, पुस्तक में आगे की ओर और पीछे की ओर चलने की चाह अधिकांश पाठकों में होती है। वैकल्पिक रूप से, पुस्तक को आप पहले से ही सरसरी तौर पर पढ़कर उपयोग में ला सकते है और फिर अपने अनुसंधान के विभिन्न चरणों के अनुरूप कुछ अध्यायों को अधिक विस्तृत रूप में उपयोग करके कार्य कर सकते है।

जैसा कि पहले ही उल्लेख किया गया है, कि छात्र–उन्मुख सुविधाओं के लिए सभी अध्याय सहायक हैं। हालांकि मेरे विचार में कुछ अध्याय एक छात्र दर्शकों के लिए विशेष रूप से प्रासंगिक है। अतः यदि आप एक नौखिखिया है तो रायन का अध्याय 'अनुसंधान नैतिकता पर', गोबो का 'नृवंशविज्ञान पर', हॉस्टीन और गब्रीम का 'साक्षात्कार पर', एम्मिसन का 'दृश्य डेटा पर', मार्कम और स्टार्वोवा का 'इंटरनेट अनुसंधान पर', मार्वस्ति का 'डेटा विश्लेषण पर' और रैपले का अध्याय 'लेखन', से आपको पढ़ना अवश्य शुरू कर देना चाहिए।

संपादित पुस्तक के रूप में, यह मास्टर्स के अंतिम वर्ष के छात्रों के साथ ही साथ और डॉक्टरेट कार्यक्रमों को शुरू करने वाले लोगों के लिए एक आदर्श है। यह गुणात्मक अनुसंधान पाठ्यक्रम या परियोजना पर काम कर रहे किसी भी छात्र के लिए एकदम सही, एक में सब साथ, सबसे अधिक व्यापक गुणात्मक शोध पर उपलब्ध पुस्तक

है। अनुसंधान और डेटा विश्लेषण करने, 'क्यों' और 'कैसे' आरम्भ करने कि विधि का चयन करने और दोनों को पढ़ाने के लिए, यह छात्रों के लिए गुणात्मक अनुसंधान की बड़ी तस्वीर से परिचय कराती है। अपने वैश्लेषिक स्थितियों के बारे में बहुत आगे लेकिन प्रारंभिक शोधकर्ताओं, जो शीघ्र ही अपने स्वयं के शोध अध्ययन से निपटेंगे चाहे वे स्नातक या स्नातकोत्तर स्तर पर हो, के लिए एक सुलभ भाषा और प्रारूप तैयार करने के लिए यह विश्व के उच्चतम क्षमता वाले विशेषज्ञों द्वारा लिखे गए है। 'गुणात्मक अनुसंधान' की इस पुस्तक में विशेष रूप से जोड़ा गया अतिरिक्त मूल्य यह है कि क्षेत्र के प्रमुख विशेषज्ञों द्वारा गुणात्मक विधियों में, जिन्हें शोध परियोजनाओं से पहले अपने शोध कौशल को बढ़ाने की आवश्यकता होती है और जो छात्रों की जरूरतों को पूरा करता है, को प्रविष्टि प्रदान करती है।

इसके विपरीत, 'इंटरप्रिटेटीव क्वालिटेटिव डेटा' अंडरग्रेजुएट छात्रों को विभिन्न गुणात्मक विधियों की मूल बातों को पढ़ाने के लिए स्पष्ट रूप से पूर्णतयः लक्षित है। यह विभिन्न प्रकार के गुणात्मक डेटा का विश्लेषण करने के व्यावहारिक तरीकों को प्रदान करती है और यह दर्शाती है कि उस विश्लेषण को विश्वसनीय, नैतिक और बाहरी दुनिया के लिए प्रासंगिक कैसे बनाया जाए।

'डूईंग क्वालिटेटिव रिसर्च' विशेष रूप से, एम.ए. और पीएच.डी. छात्रों के उद्देश्य से एक शोध अध्ययन करने और इसे प्रभावी ढंग से लिखने के लिए, एक आवश्यक कदम–दर–कदम गुणात्मक अनुसंधान करने की गाइड है। इसकी अनूठी अपील यह है कि छात्र की वास्तविक परियोजनाओं के बहुल उदाहरणों पर आधारित होकर, सलाह के लिए प्रत्येक मामले में सहयोगी है।

अनुसंधान अभिकल्पन से आरम्भ करके 'डेटा संग्रहण और विश्लेषण को कैसे करें'? और इन सभी को लिखनें के तरीकों तक आपकी शोध परियोजना को पूरा करने के लिए उठाए जाने वाले कदम को संगठित करती है। यह वह पुस्तक है जो आपको अपनी स्वयं की शोध परियोजना को शुरू करने से लेकर अन्त तक मार्गदर्शन प्रदान करेगी।

मेरी तीन अन्य पुस्तकों से विपरीत, 'ए वेरी शार्ट फेअर्ली इन्टरेस्टिंग रीज़नेबली डीप बुक एबाउट क्वालिटेटिव रिसर्च' नामक पुस्तक छात्रों के उद्देश्य से उनके अध्ययनों के प्रत्येक चरण को ध्यान में रखा गया है। एक पाठ्यपुस्तक के संतुलित तर्कों के विपरीत, यह एक विवादास्पद है जो आपको उत्तेजित कर सकती है या आप को क्रोधित कर सकती है, आपकी स्थिति पर निर्भर करता है।

संदर्भ

Silverman, D. (2011) *A Very Short, Fairly Interesting, Reasonably Cheap Book about Qualitative Research* (2nd edn). London: Sage.

Silverman, D. (2013) *Doing Qualitative Research* (4th edn). London: Sage

Silverman, D. (2015) *Interpreting Qualitative Data: Methods for Analysing Talk, Text and Interaction* (5th edn). London: Sage.

६

गुणात्मक अनुसंधान के माध्यम से सामाजिक समस्याओं का सम्बोधन

(Addressing Social Problems through Qualitative Research)

माइकल ब्लूर

इस अध्याय के बारे में

यह अध्याय, दो प्रकरणों के अध्ययनों को उज़ागर करता है। यह उन अनुसंधानकर्ताओं के लिये विभिन्न दृष्टिकोणों के विवरण प्रदान करता है जो सामाजिक समस्याओं का समाधान करना चाहते हैं तथा नीति–निर्माण समुदाय के बीच व्यापक प्रभाव की संभावनाओं पर भी संशय करते हैं। प्रथम प्रकरण के अध्ययन में नीति निर्माताओं के बजाय पेशेवरों को प्रभावित करने का प्रयास किया गया है और विशेष रूप से गुणात्मक अनुसंधान विधियों के साथ लिंक किया गया है। एक प्रजाति लेखन अनुसंधान परियोजना को सफल व्यवसायी के कार्य के एक एनालॉग या आंशिक प्रतिमान के रूप में देखा जा सकता है, असल में, इस प्रकरण में पुरुष वेश्याओं के बीच पहुँच का कार्य को प्रजाति लेखन के एक प्रदर्शन या पायलट आउटरीच प्रोजेक्ट के रूप में देखा जा सकता है। दूसरे प्रकरण का अध्ययन जनता को सीधे अपील के माध्यम से सामाजिक समस्याओं से निपटने के प्रयासों से सम्बन्धित है और सार्वजनिक वचनबद्धता को प्राप्त करने के लिये समाजशास्त्रियों के लिए कुछ चुनौतियों का वर्णन करता है।

कीवर्ड्स – प्रजाति लेखन (ethnography), सामाजिक समस्यायें (social problems), अभ्यास–सम्बन्धित अनुसंधान (practice-relevant research), नीति–सम्बन्धित अनुसंधान (policy-relevant research), सार्वजनिक समाजशास्त्र (public sociology)

सामाजिक इन्जीनियर्स के रूप में सामाजिक अनुसंधानकर्ता? (Social Researchers As Social Engineers?)

शिकागो स्कूल के समाजशास्त्र के सामाजिक इतिहास में केरी (1975) लिखते हैं कि 1920 के दशक में समाजशास्त्र के प्रमुख विद्यालय के अग्रणी पेशेवरों में इस बात को लेकर मतभेद था कि सामाजिक ज्ञान किस तरह से लागू किया जाना चाहिये? क्या इसे नीति निर्माताओं को प्रभावित करने के लिये उपयोग किया जाना चाहिए? या (और यहां आश्चर्य की बात है) क्या समाजशास्त्रियों को सामाजिक समस्याओं पर प्रत्यक्ष रूप से परामर्श पेशेवरों जैसे – चिकित्सकों या आर्किटेक्ट्स की तरह हस्तक्षेप करना चाहिए? कुछ सौ वर्ष पहले अगस्ट कॉम्टे ने समाजशास्त्रियों के समान पुरोहित कैडर को प्रस्तावित किया था, जो कि समाज का निर्देशन प्रबुद्ध (और आत्मज्ञान) के पथों के साथ करते थे, इसमें विनम्रता की बजाय, शक्ति का अभाव था जिसने 1920 के दशक के सामाजिक अभियंताओं को विफल कर दिया होगाः केरी के विश्लेषण (1975: 71–94) में, यह संस्थागत प्राधिकारी की तरह का अभाव था, तकनीकी क्षमता में या ज्ञान में किसी भी तरह की कमी की स्वीकारता के बजाय, जो ग्राहकों के लिये दवाओं का उपयोग करता था, जो वह मार्ग निर्धारित करता है जिसके साथ समाजशास्त्र का विकास होगा। समाजशास्त्री ने अंततः पेशेवरों की बजाय वैज्ञानिकों के रूप में अपने स्टालों को स्थापित करने का विकल्प चुना और पश्चिम ने बड़े पैमाने पर सामाजिक विशेषज्ञों के निदेशात्मक हस्तक्षेप को छोड़ दिया था (सोवियत संघ के लोग कम भाग्यशाली थे)।

नीति निर्माताओं के 'प्रबोधकों' के रूप में सामाजिक शोधकर्ता? (Social Researchers as 'Enlighteners' of Policy-Makers?)

1960 के दशक से, समाजशास्त्रियों की अधिक सीमित महत्वाकांक्षा भी नीति निर्माताओं को प्रभावित करने वाले आक्षेप के तहत हुई है। विभिन्न आलोचकों ने बताया कि शोधकर्ताओं के द्वारा नीति समुदाय ने शायद ही कभी नीतियों की मांग की होः इसके बजाय, एक पसंदीदा नीति विकल्प की पुष्टि करने के लिए या सम्भवतः एक आवश्यक लेकिन असुविधाजनक हस्तक्षेप में विलंब करने के लिए अनुसंधान चालू किया जायेगा। द यूजेस ऑफ सोशल रिसर्च में, बुल्मर (1982) उन लोगों में से एक थे, जिन्होंने इन आलोचनाओं के सामने सामाजिक विज्ञान के लिए एक प्रभावशाली भूमिका को फिर से परिभाषित किया। बुल्मर ने तर्क दिया कि अनुसंधान नीति में सीधे अभियंतीय बदलाव नहीं कर सकता है लेकिन बौद्धिक संघ और प्रभाव की प्रक्रियाओं के माध्यम से नीति की आबोहवा पर इसका अप्रत्यक्ष प्रभाव पड़ सकता है। सिल्वरमैन (2006) ने इसे स्टेट काउंसलर की भूमिका करार दिया और आहिस्ता से उपहास किया है कि कैसे 'सामाजिक शोध के उपयोग' पर बुल्मर की किताब सिर्फ नीति निर्माताओं के लिए सामाजिक अनुसंधान के उपयोग के बारे में ही बतलाती है।

'प्रबोधन' और 'इंजीनियरिंग' दोनों मॉडलों पर निरंतर हमले किये गये। उदाहरण के लिए, बेकर (1967) ने, जोर–शोर से सवाल खड़ा किया कि 'हम किसकी ओर हैं'? और एक पक्षपातपूर्ण समाजशास्त्र के लिए तर्क दिया जो अभिजात वर्गों के खिलाफ दलितों के लिए बात करता है, वह अभिजात वर्ग जिसमें बड़ी संख्या में नीति निर्माता भी शामिल हैं। अमेरिकन सोशियोलॉजिकल एसोसिएशन के लिये बुरावॉय का अध्यक्षीय अभिभाषण 'सार्वजनिक समाजशास्त्र' के बारे में था जिसमें नीति निर्माताओं के प्रमुखों के लिये सम्बन्धित जनता को संबोधित किया गया था (बुरावाय–2005)।

'प्रबोधन' और 'इंजीनियरिंग' दोनों मॉडलों के अनुयायियों और उनके समीक्षकों को उत्तर–आधुनिकतावादी हमले के अधीन किया गया है। बाद के आधुनिक समाज में इसे सार्वभौमिक रूप से स्वीकार नहीं किया गया कि नियोजित हस्तक्षेप वांछनीय सामाजिक परिवर्तन लाने में सक्षम है या वैज्ञानिक ज्ञान यह सुविधा प्रदान कर सकते हैं या सामाजिक शोध ऐसे ज्ञान का उत्पादन कर सकते हैं। हैमर्सले (1995) की इन उत्तर–आधुनिकतावादी आलोचनाओं की समीक्षा ने उन्हें मूल्यांकन करने के लिए प्रेरित किया कि वे ध्वस्त करने के बजाय, अर्हता प्राप्त करने के लिए सेवा करते हैं, सामाजिक अनुसंधान के लिये एक प्रभाव की संभावनाः के लिये दायरा, और व्यवहार्यता, सफलतापूर्वक नीति हस्तक्षेप का अधिमूल्यांकन किया जाना, और परिवर्तन लाने में अनुसंधान की भूमिका को अतिरंजित और गलत समझा गया है। लेकिन इसका मतलब यह नहीं है कि सामाजिक सुधार असंभव है या सभी प्राधिकरण में ज्ञान का अभाव है।

सामाजिक अनुसंधान के लिए एक पेशेवर प्रेक्षक?

A Practitioner Audience for Social Research?

गुणात्मक सामाजिक अनुसंधान के लिए नीति समुदाय एकमात्र प्रेक्षक (दर्शक) नहीं है। सिल्वरमैन (2010) ने गुणात्मक सामाजिक अनुसंधान के लिए साधारण दर्शकों की जरूरतों के बारे में लिखा हैः सामान्य जनता सुधार के लिये विचारों को चाहती है, 'बेहतर प्रबंधन और बेहतर सेवाओं को किस तरह प्राप्त किया जाये' पर सुझाव, और आश्वासनों जो दूसरों ने उनके स्वयं के समान अनुभवों और समस्याओं को साझा किया है। इसके अलावा, समाजशास्त्रियों जिन्होंने स्वास्थ्य और चिकित्सा के सामाजिक पहलुओं पर शोध किया है। वे लंबे समय से अवगत है कि सामाजिक शोध के लिए पेशेवरों (चिकित्सकों और अन्य स्वास्थ्य पेशेवरों) के दर्शकगण वहां भी हैं।

पेशेवर–उन्मुख सामाजिक अनुसंधान अलग–अलग स्वरूपों को ले सकता है। प्रैक्टिशनरों के रोजमर्रा की कार्यप्रणाली पर नृवंशविज्ञान अनुसंधान के प्रतिवेदन पढ़ने के माध्यम से, अन्य पेशेवरों द्वारा अपने स्वयं के अभ्यासों से मूल्यांकनात्मक निर्णय से, नए अभ्यासों को अपनाने के साथ प्रयोग करने से, एक संभावित दृष्टिकोण पेशेवर

अभ्यास के समृद्ध विवरणों से सम्बन्धित होता है जो नृवंशविज्ञान अनुसंधान में पाया जा सकता है: जहां यह उचित लगता है। उदाहरण के लिए, आठ विभिन्न चिकित्सीय समुदायों का एक तुलनात्मक नृवंशविज्ञान उन समुदायों में से एक या अधिक समुदायों में पाए जाने वाले सफल अभ्यास के सात पहलुओं की एक विस्तृत सूची के साथ संपन्न हुए जिन्हें सफलतापूर्वक कहीं और अपनाया जा सकता है (ब्लर एट आल., 1988: 173–85)। संबंधित रूप से, नृवंशविज्ञानियों और पेशेवर अनुसंधान प्रतिभागियों के बीच नृवंशविज्ञान के कार्यक्षेत्र के कार्यकलापों के बीच घनिष्ठ संबंध हो सकते है, जो शोधकर्ताओं को अनुसंधान अध्ययन में प्रोत्साहित कर सकते हैं और व्यवहार में संभावित परिवतनों का सुझाव देने के लिए ग्रहणशील हो सकते है।

यह अध्याय पेशेवर–उन्मुख सामाजिक अनुसंधान के लिए एक अलग दृष्टिकोण पर विस्तृत रूप से प्रतिवेदन देता है, अर्थात् एक प्रकरण अध्ययन कि कैसे एक सामाजिक कार्य को आगे बढ़ाने की परियोजना (सोशल वर्क आउटरीच प्रोजेक्ट) के लिए संभावित पायलट अध्ययन के रूप में स्ट्रीट एथेनोग्राफी कार्य कर सकती है। ग्लासगो के पुरुष वैश्याओं के बीच एचआईवी से सम्बन्धित जोखिम व्यवहार के स्ट्रीट एथेनोग्राफी का प्रकरण अध्ययन सवाल में था। सुरक्षित और असुरक्षित वाणिज्यिक यौन मुकाबलों (मुठभेड़ों) की तुलना की गई: असुरक्षित मुठभेड़ों को वैश्याओं के ग्राहकों द्वारा यौन मुठभेड़ के नियंत्रण से जुड़ा हुआ पाया गया, सुरक्षित यौन सम्बन्ध वैश्याओं द्वारा उपयोग की जाने वाली शक्ति की विशेष तकनीकों के साथ जुड़ा था। यौन स्वास्थ्य संवर्धन में लगे उन लोगो के लिए सफल हस्तक्षेप की संभावित लाइनों का ये निष्कर्ष संकेत देते है, जबकि कार्यक्षेत्र पद्धतियां और अनुभव, इस क्षेत्र में कार्य को आगे बढ़ाने के लिये अभिकल्पन हेतु सबक की पेशकश करते हैं।

प्रकरण एः पुरूष वैश्याओं का एचआईवी से संबंधित जोखिम व्यवहार
Case A: Male prostitutes' HIV-related risk behavior

सेवाओं की आवश्यकता (The need for services)

एचआईवी महामारी से पहले, यू.के. में पुरुष वैश्याओं के लिए लक्षित सेवायें शायद ही मौजूद थीं और वे ग्लासगो में पूर्णतया मौजूद नहीं थीं। सभी पुरुष वैश्याओं को सेवाओं की बहुत अधिक जरूरत नहीं होती है लेकिन दूसरों के पास (कानूनी समस्यायें, स्वास्थ्य समस्यायें, आवास की समस्यायें, वित्तीय समस्यायें) अनेक और जटिल समस्याएं होती हैं जिन पर सेवा प्रदाताओं द्वारा अपर्याप्त रूप से संबोधित या कभी–कभी ध्यान नहीं दिया जाता है। पुरुष वैश्यावृत्ति की अवैधता विशेषज्ञ सेवा विकास को मुश्किल बना दिया है: हमारे अध्ययन में संपर्क किए गए ग्लासगो के अधिकतर पुरुष वैश्याओं की समलैंगिक कृत्यों के लिए सहमति की उम्र उस समय कम थी और उनमें से कई कृत्यों को अंतरंग (प्रायवेट) नहीं किया गया, हालांकि पुलिस ने महिला मुहल्ले की वैश्यावृत्ति (फीमेल स्ट्रीट प्रोस्टीट्यूशन) के लिए अर्हता प्राप्त सहिष्णुता वाले स्वरूप को अपनाया था, जिससे महिला मुहल्ले की वैश्यावृत्ति को दबाने के बजाय इंतिजाम (पुलिस्ड) किया गया था, उस सहिष्णुता को पुरुष मुहल्ले की वैश्यावृत्ति के लिये कभी भी विस्तारित नहीं किया गया था।

एचआईवी महामारी, जीवन और स्वास्थ्य पर इसके टोल के साथ, पुरुष वैश्यावृत्ति के सम्बन्ध में नीति जलवायु को बदलने के लिये एक अवसर का प्रतिनिधित्व किया। स्थिति उन ड्रग्स की सेवाओं के अनुरूप थी, जहां मौजूदा ड्रग्स इंजेक्टरों के लिए कई तरह की सेवाएं (विशेषरूप से अधिकांश सिरिन्ज एक्सचेंज) दी गई थी, जिन्हें ड्रग्स से बचने के लिये प्रेरित नहीं किया गया था। यह नई ड्रग्स नीति, जो 'हानि में कमी' (हार्म रिडक्शन) के रूप में जानी जाती है, तर्क देती है कि व्यक्तिगत और सार्वजनिक स्वास्थ्य के लिए एचआईवी का प्रसार, नशीली दवाओं के दुरूपयोग से बड़ा खतरा है ... {और वह} सेवायें जिनका उद्देश्य सभी उपलब्ध साधनों से एचआईवी जोखिम व्यवहार को कम करना है, उन्हें विकास योजनाओं में प्राथमिकता देना चाहिए (एडवायज़री काउन्सिल ऑन दि मिसयूज़ ऑफ ड्रग्स, 1988)। इसी तरह, पुरुष वैश्याओं पर लक्षित सेवाओं के मामले में बहस करना संभव हो पाया

जिसमें उनकी प्राथमिकता वेश्यावृत्ति को समाप्त करने की नहीं थी बल्कि व्यक्तिगत और सार्वजनिक स्वास्थ्य से जोखिम को कम करने की थी।

अध्ययन विधियां और सेवा प्रावधान (Study methods and service provision)

अध्ययन के निष्कर्ष और प्रविधि (कार्यप्रणाली) को कहीं और वर्णित किया गया है (ब्लर, 1995, ब्लर, एट आल., 1993)। पायलट कार्य के बाद, छः अलग–अलग स्थलों –दो पार्क, दो पब और दो सार्वजनिक शौचालय को समय–प्रतिदर्श के लिए चुने गये, गैर–स्ट्रीटवर्किंग वेश्याओं (एस्कॉर्टस, मासेउर्स (मालिश करने वाला) और कॉल मेन) को उनके विज्ञापनों के माध्यम से और अध्ययन के स्वयं के विज्ञापन के माध्यम से समलैंगिक प्रेस में संपर्क किया गया। सुरक्षा उद्देश्यों के लिए नृवंशविज्ञान से सम्बन्धित कार्यक्षेत्र को जोड़ें में आयोजित किया गया था। प्रतिभागियों को कोल्ड–कान्टेक्टिंग और स्नोबालिंग के संयोजन से सम्पर्क किया गया था। यह प्रारंभ से ही माना (पहचाना) गया था कि कार्यक्षेत्र (फील्डवर्क) स्वास्थ्य संवर्धन के लिए अवसरों को भी प्रदान करता हैः कार्यक्षेत्र के कार्यकर्ताओं और अनुसंधान प्रतिभागियों के बीच सम्बन्ध वैज्ञानिक तौर पर तटस्थ कभी नहीं हो सकते है और एक काल्पनिक तटस्थता बनाए रखने का प्रयास जीवन को बचाने की कोशिश में नाकाम रहने के लिए एक बहाने के रूप में इस्तेमाल कभी भी नहीं करना चाहिए। ग्रेटर ग्लास्गो हेल्थ बोर्ड ने मौखिक और गुदा सेक्स के लिए उपयुक्त शोधकर्ताओं को कंडोम वितरित करने के लिए प्रदान किये थे (जब फील्डवर्क शुरू किया गया था तो गुदा सेक्स के लिए उपयुक्त कंडोम व्यवसायिक तौर पर स्वतंत्र रूप से उपलब्ध नहीं थे), एक सलाह पत्र भी दिया गया था जिसमें एचआईवी की रोकथाम पर सलाह दी गई थी और एचआईवी/एड्स परामर्श के लिए और कल्याणकारी अधिकारों एवं बेघर होने जैसी अन्य प्रासंगिक सेवाओं के लिए संपर्क नंबर भी दिए गए थे।

अध्ययन निष्कर्ष (Study findings)

यदि कंडोम और सलाह पत्रकों को सौंपने के लिए एक 'पूर्वाग्रह रिपोर्टिंग' उत्पन्न करने के लिए सोचा जा सकता है, असुरक्षित व्यावसायिक यौन सम्बन्ध की रिपोर्टिंग हतोत्सहित कर सकती हैं, तो ऐसी हताशा केवल सीमांत हो सकती है क्योंकि सम्पर्क की गई उन वेश्याओं में से कम से कम तीसरे ने उनके मौजूदा व्यावसायिक भागीदारों के साथ कम से कम कुछ के असुरक्षित यौन सम्बन्ध होने की सूचना दी थी (टेरेन्स हिंगिस ट्रस्ट के अनुसार, कंडोम के बिना या कंडोम के साथ गुदा सेक्स के रूप में असुरक्षित यौन सम्बन्ध परिभाषित किया गया था; क्योंकि गुदा सेक्स में कंडोम के विफल होने के जोखिम अधिक होते हैं)। असुरक्षित व्यावसायिक यौन सम्बन्ध ग्राहक नियंत्रण के साथ जुड़े थे। महिला स्ट्रीट वेश्यावृत्ति के विपरीत, जहां सुरक्षित व्यावसायिक यौन सम्बन्ध लगभग हमेशा प्रचलित (अभ्यास में) था और महिलाओं ने मुठभेड़ पर निदेशात्मक नियंत्रण ग्रहण करना था (मैक–किगनेय और बर्नार्ड, 1992), कई पुरुष वेश्या में–ग्राहक (क्लाइंट) मुठभेड़ों में ग्राहक ही होता था है जिसे नियन्त्रण ग्रहण करना होता है और यौन सम्बन्ध के प्रकार और इसके स्थान जैसे मामलों पर निर्णय लेता है। पुरुष वेश्याओं के बीच सुरक्षित व्यावसायिक यौन सम्बन्ध ग्राहकों की ओर से पहल को दूर करने के लिए विशेष रणनीतियों से जुड़ा था। भुगतान के मोर्चे (अप–फ्रन्ट) की तलाश करना एक ऐसी ही सफल रणनीति थी (सर्वव्यापी अभ्यास महिला वेश्याओं द्वारा किया जाता था)। भुगतान करने वाला मोर्चा ग्राहकों के साथ लोकप्रिय नहीं था, जो डरते थे (कुछ औचित्य के साथ) कि वेश्या भाग (भगोड़ा) सकती है, लेकिन नमूने में पुरुष वेश्या अल्पसंख्यक थे, जो पूर्व भुगतान पर जोर देते थे, वर्तमान में वे सभी सुरक्षित व्यावसायिक यौन सम्बन्ध में अभ्यासरत् थे।

हालांकि, पैसा हासिल करने वाला मोर्चा ही पुरुष वेश्याओं द्वारा सुरक्षित यौन सम्बन्ध पर जोर देने के लिए इस्तेमाल की जाने वाली शक्ति का एकमात्र सफल प्रतिकारी (प्रतिद्वंदी) रणनीति नहीं थी। पुरुष वेश्यावृत्ति अक्सर एक अति गुप्त और अस्पष्ट गतिविधि होती थी, कुछ शब्दों का आदान–प्रदान किया जाता था और दोनों पक्षों को हमेशा यह स्पष्ट नहीं होता था कि यह मुठभेड़ एक व्यावसायिक था। सुरक्षित यौन सम्बन्ध किसी भी तकनीक

से जुड़े होने की संभावना थी जो मुठभेड़ से घिरी अस्पष्टता को दूर करने के लिए कार्य करती थी और यौन सम्बन्ध के प्रकार (और कीमतों) की अपरोक्ष चर्चा के लिए एक विषय बना है, जैसा कि निम्नलिखित फील्ड नोट में दिया गया हैं।

> उनकी प्रक्रिया मूत्रालय पर खड़े होने की थी। ग्राहक आयेगा और उसके बगल में खड़ा हो जायेगा। जब कुछ करने के लिये जगह सुरक्षित होगी तो ग्राहक एक हाथ रखेगा और वह तुरन्त कहेगा मुझे माफ करना लेकिन मैं चार्ज लूंगा। उस बिंदु पर कुछ छोड़ देंगे। दर तय के लिये शेष के साथ वह सशर्त बातचीत करता है। वह 10 पाउंड स्वीकार कर लेता था, लेकिन कभी–कभी 20 पाउंड मिल जाते थे ... उन्होंने हमेशा यौन सम्बन्ध स्थापित करने के कार्य हाथ के द्वारा या मौखिक किये थे अगर किसी ग्राहक ने उन्हें गुदा यौन सम्बन्ध के लिए कहा तो उसने उन्हें बुरी तरीके से जाने को (eff-off) कहा।

वैश्याओं और ग्राहकों के बीच अपरोक्ष सशर्त बातचीत के प्रतिस्थापन अनेक मुठभेड़ों के विशेष लक्षणों को गुप्त रखने और बड़े पैमाने पर गैर–मौखिक आदान–प्रदानों के लिए और इसके अलावा पुरुष वैश्यावृत्ति के आसपास होने वाली हिंसा के स्तरों में मुलाज़िम की कमी सहित अन्य फायदे भी थे। बलात्कारों, लूटों और हमलों (वैश्याओं द्वारा ग्राहकों पर, ग्राहकों द्वारा वैश्याओं पर और तीसरे पक्षों समलैंगिकों (क्वेशर बाशिंग) द्वारा दोनों वैश्याओं और ग्राहकों पर) आम बात थी, फील्डवर्क की अवधि के, 16 महीनों के दौरान, हमारे 32 अनुसंधान विषयों में से, तीन पर हमले के आरोप लगाए गए थे और चौथे को कारावासित किया गया था। इनमें से कई (लेकिन सभी नहीं) हिंसक तकरारें पैसे के बारे में विवाद थीं। विभिन्न यौन सेवाओं को पेश करने के लिए कोई 'जागरण दरें' नहीं थीः वैश्यायें जो पैसा ले सकती थीं, ले लेती थीं, और पूर्व करार किए बिना शुल्क (कभी–कभी बिना किसी पूर्व करार के ही प्रभार लगा दिया जाता था) लगा दिया जाता था, हिंसक विवादों के लिये गुजांइश पर्याप्त थी, जैसा कि निम्नलिखित फील्ड नोट में दर्शाया गया है।

> (सामी ने बताया जो उसके साथ हुआ था) कि उसे उसके पैसों से कभी धोखा नहीं दिया गया थाः वह सुनिश्चित था, उसे हमेशा उसका पैसा मिला, (यह अचानक जोर देकर कहा गया था ...)। वह और केनी ने हंसकर कॉलिन के पंटरों (यानी ग्राहकों) में से एक पंटर के साथ हुई एक तकरार को याद किया। कॉलिन पच्चीस पाउंड की मांग कर रहा था और पन्टर ने कसम खाई कि उसे केवल 15 पौण्ड ही देना शेष थे और अतिरिक्त 10 पौण्ड देने से इनकार कर हाथ खड़े कर दिये। केनी, अपने सनकी तरीके से, कोलिन पर विश्वास करने के लिए विमुख हो गया था। लेकिन सामी ने कहा कि वह किसी गंदे पुराने पंटर की तुलना में एक दोस्त पर विश्वास नहीं करता। सामी ने हस्तक्षेप किया, मारने के लिये एक चाकू बाहर निकाला और उसके चेहरे के सामने लगा दिया (हमारे लाभ के लिए यह अनुकरण किया गया था)। पंटर ने तुरन्त अतिरिक्त नकद बाहर निकाला, वह जल्दी से कहीं निकल गया और उसके बाद शौचालयों में कभी नहीं देखा गया।

सेवा प्रावधान के लिए निहितार्थ (Implications for service provision)

इस परियोजना में दो संभावित नीतिगत फायदे हुये थे। सबसे पहले, इसने यह संकेत दिया कि असुरक्षित व्यावसायिक यौन सम्बन्ध और हिंसा, दोनों को कम कैसे किया जा सकता है, अर्थात् पुरुष वैश्याओं की ग्राहकों के साथ अपरोक्ष सशर्त बातचीत करने में सलंग्न रखने के लिये प्रोत्साहन देने के माध्यम से। और दूसरी बात, उस प्रोत्साहन के लिए एक संभावित माध्यम का संकेत दिया गया, अर्थात नियमित वैश्यावृत्ति वाली जगहों (साइटों) पर कंडोम वितरण से जुड़े हुये आउटरीच कार्य।

आउटरीच का काम, एजेंसियों पर ग्राहकों की उपस्थित की प्रतीक्षा करने के बजाय ग्राहकों को उनके रहने वाले स्थानों पर ही सेवाएं देना है, यह कार्य, केवल उन ग्राहकों को सेवाएं देने का एकमात्र साधन है जो एजेंसियों में भाग लेने में असमर्थ या अनिच्छुक हैं। ग्लासगों में, पुरुष वैश्यावृत्ति पर लक्षित कोई आउटरिच परियोजना नहीं थी। नृवंशविज्ञान के कार्यक्षेत्र, अनुसंधान विषयों के इसके दीर्घ और नियमित सम्पर्कों में, आउटरीच के काम की सेवाओं के साथ में बहुत अधिक समानता है और इसीलिये नृवंशविज्ञान के अध्ययन के लिये एक पुरुष वैश्या हेतु

आउटरीच सेवा के लिये अध्ययन में होने वाले स्थानीय लक्षणों को लेना सम्भव था, यह संदेह प्रदर्शित करता था कि ग्लासगो में पुरुष वैश्याओं की उल्लेखनीय संख्या काम कर रही थी, एचआईवी से सम्बन्धित जोखिम व्यवहार के स्तर उच्च थे और उनसे आउटरीच संपर्क स्थापित किये जा सकते थे। इसके अलावा, फील्डवर्क संपर्क की प्रकृति जिसे आउटरीच सेवा के भविष्य के लिए अच्छी तरह से स्थापित की गई थीः बड़ी मात्रा में कंडोम वितरित किये गये (ग्राहकों के साथ–साथ वैश्याओं के लिए भी), यहां तक कि बहुत ही सामाजिक रूप से पृथक व्यक्तियों जो अन्य वैश्याओं के साथ संपर्क नहीं थे, उन्हें संप्रेषित किया गया था, बार–मालिकों और प्रबंधकों, शौचालय परिचालकों और (उचित दूरी पर) पुलिस जैसे महत्वपूर्ण स्थानीय लोगों के साथ काम करने वाले सम्बन्धों को स्थापित किया गया था।

मैने फील्डवर्क की अवधि के दौरान सार्वजनिक स्वास्थ्य कर्मियों, सामाजिक कार्यकर्ता और एड्स के ख़राती कार्यकर्ताओं को परियोजनाओं के विकास और अनंतिम निष्कर्षों के बारे में बताया था। जब फील्डवर्क समाप्त हुआ, तो मैंने अपने अनुसंधान प्रतिभागियों की अनुमति से एक स्थानीय सामाजिक कार्यकर्ता को उनसे परिचय कराया जो एक आउटरीच कर्मचारी के रूप में कार्यरत था। परिचय पूरा किया गया लेकिन 'चुनाव कर' का भुगतान न करने के साथ जुड़े एक स्थानीय प्राधिकरण के बजटीय संकट के कारण योजनाबद्ध आउटरीच पोस्ट स्थिर (अन्य स्थानीय प्राधिकारी पदों के साथ) था (यानी 'सामुदायिक प्रभार' स्थानीय प्राधिकारी कराधान का एक रूप है जिसे व्यापक अलोकप्रियता और व्यापक गैर–भुगतान की वजह से इसकी शुरूआत के तुरन्त बाद ही छोड़ दिया गया था)। फिर भी एक पुरुष वैश्यावृत्ति आउटरीच सेवा के प्रति प्रतिबद्धता बनायी गई थी और बाद की तारीख में ऐसी सेवा की स्थापना केवल स्थगित कर दी गई थी।

प्रकरण बीः सार्वजनिक समाजशास्त्र और नाविकों का कार्य और प्रशिक्षण (Case B: Public sociology and seafarers' work and training)

सभी समाजशास्त्री विषय क्षेत्रों में अनुसंधान का संचालन नहीं करते हैं जहां व्यवसायिक समुदाय उनके स्वयं के अभ्यासों (प्रथाओं) में शोध निष्कर्षों को लागू करने में सक्षम है। इस प्रकार यहां अनुसधानकर्ताओं के लिये एक सुदृढ़ प्रकरण प्रतीत होता है कि अखबारों और पत्रिकाओं, प्रसारण और सोशल मीडिया के माध्यम से उनके निष्कर्षों के लिये जनता का ध्यान आकर्षित करने का प्रयास किया है। हालांकि, जैसा सिल्वरमैन ने बताया है कि लगभग सभी सामाजिक विज्ञान इस तरह से मीडिया द्वारा प्रतिवेदित नहीं किये जाते हैं (सिल्वरमैन, 2006, 26–9)। विशेषज्ञ पत्रिकायें जो सामाजिक खोजों की रिपोर्ट करती थीं, गायब हो गयी हैं, परन्तु उनके स्थान पर इंटरनेट, अकादमी और जनता के बीच संचार का एक वैकल्पिक चैनल प्रदान करता है, जिसमें काफी संभावनायें हैं। उदाहरण के लिये – माइकल बुरावाय (जिन्होंने समाजशास्त्रीय अनुसंधान में नीति निर्माता के प्रति उदासीनता के लिये प्रतिकारक के रूप में 'सार्वजनिक समाजशास्त्र' को बढ़ावा देने के लिये महान प्रयास किये हैं) का 'व्हाट इज़ पब्लिक सोशियोलॉजी' शीर्षक पर 57 मिनट का व्याख्यान यूट्यूब पर 2012 में अपलोड किया गया था जिसे 32 महीने में 25000 बार देखा गया था (बुरावाय, 2012)।

केवल सीमित सफलता के साथ, सार्वजनिक आडियन्स तक पहुंचने का प्रयास करने के लिये विशेष तकनीकों के उपयोग (और विचारणीय अतिरिक्त प्रयास) का विवरण, मेरा दूसरा प्रकरण अध्ययन है। प्रकरण का अध्ययन एक लेख से सम्बन्धित है जो 2012 में ऑनलाइन प्रकाशित हुआ था और जनवरी 2013 में प्रिन्ट किया गया था। यह लेख एक कविता के रूप में था, 'दि राइम ऑफ दि ग्लोब्लाइज्ड मैरिनर' (ब्लूर, 2013), कोलिरीज़ की प्रसिद्ध कविता 'दि रीम ऑफ दि एनशिएन्ट मेरिनर' की एक कृत्रिम चीज़ के रूप मे लिखी गई थी। समाजशास्त्रीय कवितायें अज्ञात नहीं हैं (डेन्जिन, 1996 में चर्चा देखें), लेकिन लोक प्रसिद्धि (प्रचार उत्पन्न करने) और हित के अवसर के लिये काफी दुर्लभ हैं। चूंकि, तुकांत कविता (राइम) में 404 पंक्तियां थी, इसलिए कविता की पत्रिका में प्रकाशित होना बहुत मुश्किल था और एक अप्रकाशित कवि होने के कारण, पुस्तक प्रकाशक की दिलचस्पी को आकर्षित करने की सर्वाधिक संभावना नहीं रही होगी। सौभाग्य से, यह समाजशास्त्र द्वारा 'दि जर्नल ऑफ द ब्रिट्रिश

सोशियोलॉजिकल एशोसियेशन' में प्रकाशन के लिये स्वीकार कर लिया गया था (अमेरिकन सोशियोलॉजिकल रिव्यू ने बिना इसे बदले हुये रेफरी को भेज दिया था)।

अध्ययन पद्धतियां (Study methods)

12 साल की अवधि में, मैने समुद्री पर्यटन और शिपिंग उद्योग पर कई शोध परियोजनायें संचालित की। विशेष रूप से, तीन परियोजनाओं के निष्कर्षों ने 'दि राइम ऑफ द ग्लोबलाइज्ड मेरिनर' (The rime mariner) के लिये समाजशास्त्रीय पृष्ठभूमि का गठन किया। सबसे पहले, भारत, रूस और ब्रिटेन में पोर्ट–स्टेट कन्ट्रोल के निरीक्षकों द्वारा जहाज निरीक्षणों का एक तुलनात्मक अध्ययन किया गयाः इसमें 104 जहाज निरीक्षणों और 37 निरीक्षकों के अर्द्ध–संरचित साक्षात्कारों के साथ कई उद्योग हितधारकों (स्टैकहोल्डर्स) के अवलोकन शामिल हैं (अधिक जानकारी के लिए, ब्लूर एट आल., 2006 देखें)। दूसरा अध्ययन, छह प्रमुख समुद्री–यात्रा करने वाले आपूर्ति देशों में प्रशिक्षण क्षमता के एक बड़े गुणात्मक और मात्रात्मक अध्ययन का हिस्सा था। अलग–अलग देशों के बीच विभिन्न तरीकों का उपयोग किया गया था और दौरा किये गये प्रत्येक देशों में समुद्री शिक्षा और प्रशिक्षण क्षेत्र के आकार पर निर्भर था। फुलर के विवरण कहीं और उपलब्ध हैं (ब्लर एण्ड सैंपसन, 2009) लेकिन, उदाहरण के तौर पर, मैंने एक प्रमुख आपूर्ति देशों में से 18 समुद्री शिक्षा और प्रशिक्षण संस्थानों का दौरा किया, स्थानीय नौसेना के साथ नौ फोकस समूहों का आयोजन किया, दो परीक्षाओं का निरीक्षण किया और छह नियोक्ताओं, राष्ट्रीय नियामक निकायों के दो कर्मचारियों और एक वरिष्ठ परीक्षक का साक्षात्कार किया। तीसरे प्रासंगिक अध्ययन में, मैंने समुद्री यात्रा करने वालों के साथ उनके काम और उनके स्वास्थ्य के बीच सम्बन्ध पर 37 अर्द्धसंरचित साक्षात्कार किए, अधिकांश साक्षात्कार दो बंदरगाह अभियानों में आयोजित किए गए थे, (जो कि एक महत्वपूर्ण कल्याण कार्य करते हैं और सभी धर्मों के नाविकों के लिए काम करते हैं), जबकि शेष जहाज यात्रा पर एक बंदरगाह पादरी के साथ आयोजित किया गया था (देखें ब्लर, 2011)।

अध्ययन निष्कर्षो का प्रसार (Dissemination of the study findings)

परिणामों को मेरे सह–शोधकर्ताओं और मेरे स्वयं के द्वारा शिपिंग उद्योग और शैक्षिक सम्मेलनों में प्रस्तुत किया गया तथा साथ–साथ पत्रिकाओं में प्रकाशित किया गया। कार्डिफ विश्वविद्यालय के सीफरर्स इंटरनेशनल रिसर्च सेंटर की वेबसाइट पर अनुंसधान रिपोर्ट निःशुल्क उपलब्ध थीं, नीति निर्माताओं से संपर्क किया गया था – मैंने अंतर्राष्ट्रीय श्रम संगठन के संयुक्त समुद्री आयोग के प्रतिनिधि के रूप में सेवा की थी, और मैंने हाउस ऑफ कॉमन ट्रांसपोर्ट कमेटी को सबूत प्रस्तुत कर दिए थे, फिर भी अगर मुझसे यह पूछा गया कि क्या इन सभी रिपोर्टिंग के प्रयासों का प्रभाव सीफरर्स (समुद्री यात्रा करने वालों) के रहन–सहन और कामकाजी परिस्थितियों पर पड़ा हैं तो मुझे यह स्वीकार करना पड़ सकता था कि प्रभाव नाजुक है। इसलिए मैंने 'द राइम ऑफ द ग्लोबलाइज्ड मैरिनर' में प्रकाशन की कोशिश और सार्वजनिक समाजशास्त्र का हिस्सा बनने का फैसला किया, जो एक नये तरीके से उन समाजशास्त्रीय शोध निष्कर्षों में से कुछ के लिये दोबारा कार्य शुरू करेगा।

शिपिंग उद्योग की एक राजनीतिक अर्थव्यवस्था की रूपरेखा तैयार करने के लिए कोलोरिज के गाथागीत प्रारूप (बॉलेड प्रारूप) और कथात्मक दृष्टिकोण को कविता में इस्तेमाल किया। यह समुद्री यात्रा करने वालों के श्रम के आउटसोर्सिंग का, और समुद्री प्रशिक्षण की गुणवत्ता के लिए संबंधित खतरों को, अंतर्राष्ट्रीय प्रशिक्षण मानकों के दोषपूर्ण स्थानीय प्रवर्तन द्वारा बदतर किये जाने का वर्णन करती है। यह दोषपूर्ण स्थानीय विनियमन का वर्णन करती है कि समुद्री यात्रा करने वालों के फ्लैग–स्टेट्स के द्वारा काम के घंटे और विश्राम और आवांछित अत्यधिक घंटे से होने वाले थकान के साथ–साथ कई समुद्री नाविक नियमित रूप से काम करते है। और यह सुझाव दिया कि चार्टरों पर सार्वजनिक दवाब में संभावित उपाय झूठ हो सकता है ताकि शिप ऑपरेटर अपने माल के परिवहन में पर्याप्त श्रम मानकों का प्रदर्शन कर सकें। एक भूतपूर्व–आधुनिक उपभोक्ता, एक निरीक्षक और ग्रीक शिप्पर्स

के एक कोरस (सहगान), फिलिपिनों मारिनेर की आवाजों में एक कविता का इस्तेमाल किया गया है। यह छह भागों में थी और इसमें 404 लाइनें, पार्श्व टिप्पणी (भाष्य) और अंतभाषण था। लोकप्रिय गाथागीत प्रारूप (केवल सम संख्या वाली पंक्तियों का अंत्यानुप्रासण) तार्किक रूप से सुलभ शर्तों में सामाजिक–आर्थिक मुद्दों का भी सामना करने की अनुमति देता है, जैसा कि यूनानी (ग्रीक) शिप्पर्स कोरस में, उनकी स्वयं की रक्षा में बोलते है:

प्रशिक्षण के लिए भुगतान करें? बेहतर मजदूरी?
शिपिंग की सम्पूर्ण अराजकता को याद रखे:
हमें और अधिक उदार होना अच्छा लगेगा।
लेकिन आप बाजार को बर्बाद नहीं कर सकते (ब्लूर, 2013: 37)।

ग्राहकों द्वारा समाजशास्त्र के जर्नल में आलेखों को निशुल्क प्रवेश (एक्सेस) किया जा सकता है (मोटे तौर पर, वे जिनकी पहुंच विश्वविद्यालयीन पुस्तकालयों तक है)। हालांकि, मैं एक सीफरर्स की वेबसाइट पर प्रकाशित की गई कविता (अपने स्वयं की पीडीएफ का उपयोग करते हुए, न कि उस जर्नल की) प्राप्त कर इसकी सार्वजनिक पहुंच बढ़ाने में सक्षम था, ट्रेड यूनियन अखबार, दि नॉटिकल टेलीग्राफ जिसमें इसके मुखपृष्ठ पर तुकबंदी (राइम) के बारे में एक कहानी भी थी, मैंने अपने यूनिवर्सिटी के मीडिया सेंटर और कर्मचारियों से संपर्क किया कि एक सम्मानित समाजशास्त्र के जर्नल में प्रकाशित एक कविता विश्वविद्यालय की वेबसाइट के लिए पर्याप्त रूप से उपयोगी मानी जा सकती हैं जो कि ऑनलाइन प्रकाशन के समय में इसकी प्रमुख खबर बन सकती है। विश्वविद्यालय के मीडिया सेंटर ने ब्रिटिश सोशियोलॉजिकल एसोसिएशन के साथ संयुक्त रूप से एक प्रेस विज्ञप्ति जारी की और मीडिया सेन्टर ने यूट्यूब पर आने के लिये पांच मिनट के वीडियों 'राइम' के उत्पादन की भी व्यवस्था की। फेसबुक पर एक पोस्टिंग ने यूट्यूब क्लिप के लिए एक लिंक भी दिया।

मैं इन सभी विवरणों को और अधिक स्पष्ट रूप से समझाता हूं कि विभिन्न मीडिया के माध्यमों द्वारा वास्तविक प्रयास किए गए थे ताकि अंतर्राष्ट्रीय बेड़े में काम कर रहे लाखों या अधिक समुद्री नाविकों के जीवन और कामकाजी परिस्थितियों में सार्वजनिक हित पैदा हो सके। दो साल बाद, जैसा कि मैंने लिखा है, शायद वह अभी भी उन मजदूरों के परिणामों पर अंतिम निर्णय लेने के लिए असामयिक है, लेकिन कुछ अंतरिम परिणामों को बताया जा सकता है। प्रेस विज्ञप्ति ने बीबीसी वेल्स की वेबसाइट पर और अन्तर्राष्ट्रीय शिपिंग उद्योग के दैनिक समाचार पत्र लॉयड्स सूची में कहानियों को जन्म दिया। खासकर शिपिंग उद्योग की पत्रिकाओं में और शिपिंग उ़द्योग की वेबसाइटों पर, इसके बदले में और अधिक कहानियां उत्पन्न हुई। ट्रेड यूनियन के नेता सहित, कई लोगों ने तुकबंदी (राइम) के बारे में ट्वीट किया। कई ब्लॉगों में भी इसकी चर्चा हुई थी। 'तुकबंदी' की मीडिया कवरेज हेतु क्रूज जहाज उद्योग में काम करने की स्थितियों पर ब्रिटेन के चैनल 4 पर डिस्पैच टीवी कार्यक्रम में हिस्सा लेने के लिए मुझे आमंत्रित किया गया और 2013 में 'राइम' के प्रिंट (ऑनलाइन के विपरीत) प्रकाशन के कारण बीबीसी रेडियो 4 कार्यक्रम पर पांच मिनट के स्लॉट में इसकी चर्चा की गई। इसलिए मीडिया कवरेज उचित मात्रा में किया गया था।

लेकिन जनता की प्रतिक्रिया के बारे में उम्मीद का क्या हुआ? जनता के सदस्यों ने शायद ही कभी अकादमिक समाजशास्त्रियों से उनके अनुसंधान के बारे में संपर्क किया हो, इसीलिए शायद, मुझे ईमेल मिलने के साथ संतुष्ट होना चाहिए (और यहां तक कि कुछ पत्रों में भी) जो मैंने प्राप्त किये थे। निश्चित रूप से वे सभी बहुत ही सकारात्मक थे, लेकिन वे सभी सीफरर्स और सेवानिवृत्त सीफरर्स से थे, बल्कि सम्बन्धित उपभोक्ता नाखुश थे कि उनके माल को उच्च समुद्रों में जहाज पर कैसे भेजा जा रहा था। यू–ट्यूब क्लिप को आज तक सिर्फ 870 लोगों ने देखा था। ऐसा लगता है कि जैसे सार्वजनिक समाजशास्त्र में एक अभ्यास के रूप में 'तुकबंदी' एक महान सफलता नहीं रही। 'तुकबंदी' का उद्देश्य अधिक काम करने वाले सीफरर्स के साथ एकजुटता दिखाने के लिए नहीं था, बल्कि उपभोक्ताओं को श्रम की स्थितियों और प्रशिक्षण में सुधार के लिए उद्योग पर सार्वजनिक दबाव डालने के लिए प्रोत्साहित करना था।

अतः सज्जन उपभोक्ताओं आप सभी आओ
मधु शराब को किसने पिया है।
नाविक पर दया करो,
सावधान रहें कि आपका माल जहाज पर कैसे भेजा जा रहा है (ब्लर, 2013: 41)।

संभवतः औसत अकादमिक को सुसज्जित करने की तुलना में जनमत को जुटाना एक बड़ा और अधिक मुश्किल काम है। बुरावाय (2005), पारम्परिक सार्वजनिक समाजशास्त्र के बीच भेद करता है, जहां शोधकर्ता एक अदृश्य जनता के बीच सार्वजनिक बहस को उकसाता है और (बुरावाय का पंसदीदा विकल्प) एक 'जैविक सार्वजनिक समाजशास्त्र' जिसमें शोधकर्ता एक काउंटर–पब्लिक जैसे पड़ोसी समूहों या मानवाधिकार संगठन के साथ मिलकर काम करता है। इस उदाहरण में, तुकबंदी से श्रमिक आंदोलन में कम से कम कुछ सद्भावना थी, लेकिन वहां श्रम स्थितियों से घनिष्ठतापूर्वक सम्बन्धित कोई उपभोक्ता आन्दोलन नहीं था (और अभी भी), जिसके तहत उनके उपभोक्ता सामानों को जहाज में भेजा जाता है, क्योंकि शिपमेंट से जुड़े ग्रीनहाऊस गैस उत्सर्जन के मामले का विरोध किया गया था। सार्वजनिक समाजशास्त्री के लिए काउन्टर–पब्लिक साझेदार की यह कमी मामलों की एक असामान्य स्थिति नहीं हो सकती है।

निष्कर्ष

सामाजिक शोधकर्ताओं के लिए नीति का प्रभाव सर्वथा संभवतः एक मिथ्या कल्पना है जिसे समय–समय पर सताया (झुकाया) जाता है, लेकिन हमें हमेशा बचा लेती है। कुछ लोग यह कह सकते है कि नीति निर्माता खुद ही मिथ्या कल्पना हैः मेरे परिचित दावों से एक प्रतिष्ठित महामारीविद् ने कभी भी किसी से मुलाकात नहीं की –शायद सुरक्षात्मक रंगाई के कारण से, सभी आश्वस्त है कि वे केवल नीति क्रियान्वयनकर्ता है, बस नीचे दिए गए कुछ और प्रतापी प्राधिकरण से आदेशों की व्याख्या और विस्तृत विवेचना करते है। इसी प्रकार (एनालॉगस), यदि कम रंगीन, नीति प्रक्रियाओं के कुछ अनुभवजन्य तर्क शोधकर्ताओं द्वारा निर्मित किये जाते हैं (जैसे–रॉक, 1987), अर्थात् वह नीति एक स्थापित संभाषण है, मौन मान्यताओं का एक समूह है और विशेष कार्यालयों और व्यवसायिक समूहों में निहित अर्थ पाये गये हैं।

यह नीति संभाषण है, समिति के सहयोगी, गपशप और अनकही मान्यताओं का यह मिश्रण जिन्हें बुलमर विचारों और शोध निष्कर्षों के सौम्य प्रसार के माध्यम से प्रभावित करना चाहता है। लेकिन सामाजिक शोधकर्ता इन गलियारों और समिति कक्षों के दुर्लभ आगन्तुक हैः सांस्कृतिक प्रसार की उनकी क्षमता न्यूनतम है। इस अध्याय में यह तर्क दिया गया है कि सामाजिक अनुसंधान के लिए वास्तविक अवसरों का प्रभाव उनके प्रधान कार्यालय में करने के मुकाबले कॉलफेस (सक्रिय रूप से एक निश्चित कार्य करने) के करीब होता है जो कि प्रभाव के लिए वास्तविक अवसरों का पेशेवरों से सम्बन्ध में है, अभ्यास के प्रबंधकों के साथ नहीं।

व्यवसायिक सहायताकर्ताओं के रूप में गुणात्मक शोधकर्ताओं के लिए यह भूमिका कुछ लोगों के लिये पूरी तरह से संतोषजनक नहीं होगी, सभी व्यवसायी–ग्राहक सम्बन्धों में सत्ता (अधिकार) सम्बन्ध होते हैं। फौकौलियन विश्लेषण में, (उदाहरण के लिए, फॉकाल्ट, 1980 देखें) सत्ता की कामना नहीं की जा सकती या कानून से दूर की जा सकती है यह सभी संबंधों में निहित है। चिकित्सा सम्बन्धी टकटकी पर नियन्त्रण के विस्तार का परिणाम चिकित्सीय प्रगति के रूप में हैं। उदाहरण के लिए – उन्नीसवीं शताब्दी के बाद से सार्वजनिक स्वास्थ्य चिकित्सा की वृद्धि ने बहुत से स्वास्थ्य लाभ दिए हैं, लेकिन बढ़ती निगरानी और विनियमन के लिये यह भी जनसंख्या के अधीन है (आर्मस्ट्रांग, 1983)। निगरानी सत्ता की एक तकनीक के रूप में है जो तेजी से अन्य तकनीकों से पूरित होती है, खासकर कि 'देहाती देखभाल' (फौकाल्ट, 1981), जिससे एजेंसियों के ग्राहकों द्वारा खुद को पेशेवरों के साथ अनुशासनात्मक सम्बन्धों में 'गड़रिया' माना जाता है जिसके स्वीकृत लक्ष्यों को केवल उसकी देखभाल और सलाह के लिये होते हैं। नई आबादी के लिए आउटरीच कार्य के विस्तार में सहायता करना, या चिकित्सकीय हस्तक्षेपों की प्रभावशीलता को बढ़ाने के तरीकों का सुझाव देना, प्रत्येक प्रयासों के रूप में समान रूप से अपनाने योग्य होते है, जो नागरिकों पर

विशेषज्ञों की अनुशासनात्मक पकड़ को मजबूत बनाते हैं। बेकर के पुराने सवाल 'हूज़ साइड आर वी आन?' पर एक नया मोड़ आया, यह तर्क दिया जा सकता है कि शोधकर्ताओं को सत्ता के विस्तार में नहीं बल्कि प्रतिरोध के लिए सहायता करना चाहिए– वैश्याओं में दखल हस्तक्षेप के लिये प्रतिरोध, सड़क पर लेन–देन में और रोगियों के निजी जीवन में आर्केस्ट्रेशन के विशेषज्ञ के प्रतिरोध के लिए। सत्ता के विपरीत इसकी अनुपस्थिति नहीं है, लेकिन प्रतिरोध शोधकर्ताओं उत्तेजित करता है, इसलिए तर्क दिया जाता है, कि विशेषज्ञ की ताकत के विस्तार और प्रभावशीलता को बढ़ावा देने के बजाय नागरिक प्रतिरोध के आधार पर काम करना चाहिए।

फोकौल्ट ने कैदी निगरानी, 'डिसिप्लिन एण्ड पनिश (अनुशासन और दंड)' (फोकौल्ट, 1977), कैदी कर्मचारियों को प्रभावित करने वाले प्रयासों के साथ, लेकिन कैदियों के समूहों के लिये कार्य जैसे–सीएपी, दि प्रिजनर्स एक्शन कमेटी (मेजर पोएट्ज़ल, 1983: 46–54) के लिये अपने मशहूर विश्लेषण का पालन नहीं किया।

हालांकि, पेशेवरों पर सामाजिक प्रभाव का यह महत्वपूर्ण विचार एक पुराने गीत का ही एक नया संस्करण है, लेनिनवादी मोहरा पार्टी का गीत, 'इतिहास से सबक लेने' को हमेशा से ही सबसे अच्छी तरह जानता है। इस महत्वपूर्ण दृष्टि में, यह वजह नहीं है कि पुरुष वैश्याओं को एक ऐसी सेवा के प्रावधान का स्वागत करना चाहिए जहां पहले कोई नहीं था। जो विशेषज्ञों की अनुशासनात्मक शक्ति के लिए प्रतिरोध की वजह हैं। फिर भी यदि महत्वपूर्ण विश्लेषक खुद विशेषज्ञ हैं, तो वे उनके दर्शकों के साथ किस तरह के अनुशासनात्मक संबंध रखते हैं? क्या उन्हें भी विरोध नहीं करना चाहिए? यह इस प्रकार है कि हम इन वादानुवाद (परिष्कारों) से किनारा कर सकते हैः जहां नागरिक खुद पेशेवरों के काम की सराहना करते हैं, फिर यह झूठी चेतना की बड़बड़ाहट करने और पुश्तैनी देखभाल के प्रतिरोध की मांग के लिये शोधकर्ताओं की जगह नहीं है।

यह मुद्दा सामाजिक शोध के ज्ञानमीमांसीय स्थिति के बारे में व्यापक बहस का एक हिस्सा है (कि सामाजिक अनुसंधान में ग्राहकों और रोगियों के प्रतिरोध की सहायता करना चाहिए या नहीं), कि क्या सामाजिक अनुसंधान के बारे में मूल्य तटस्थता कर सकते हैं और सामाजिक अनुसंधान एक सतत सिद्धांत बना रहना चाहिए और रहना चाहिए सकता है। यह दावा किया जाता है कि सामाजिक अनुसंधान का मूल्य तटस्थ होना चाहिए और तटस्थ हो सकता है, दोनों पक्षों से इस पर हमले हो रहे हैं। एक तरफ, लड़ाई में वे लोग शामिल होते हैं जो यह तर्क देते हैं कि अनुसंधान स्पष्ट रूप से राजनीतिक सहभागिता, विशेष राजनीतिक उद्‌देश्यों को सम्मिलित करना, जैसे – नस्लवाद या पितृसत्ता का सामना करना होना चाहिये। दूसरी तरफ, जो तर्क देते हैं कि किसी भी परिस्थिति में शोधकर्ताओं द्वारा कोई अभ्यास या नीति नुस्खे नहीं दिए जा सकते हैं, क्योंकि सभी तरह का ज्ञान सामाजिक रूप से बना हुआ है और शोधकर्ता के लिए श्रेष्ठ ज्ञान का दावा करने के लिए कोई आधार नहीं है।

तलिका 2.1 अनुसंधानकर्ता की भूमिकाएं और संबंधित समस्याएं
(Researcher roles and associated problems)

शोधकर्ताओं के लिए सुझाई गई भूमिकाएं	*समस्याएं*
सामाजिक इंजीनियर के रूप में शोधकर्ता	• कम तकनीकी क्षमता • संस्थागत प्राधिकरण का अभाव
नीति निर्माताओं / मूल्यांकनकर्ताओं के रूप में शोधकर्ता	• नीति निर्माताओं ने शायद ही कभी शोधकर्ताओं से नीतियों की तलाश की हो। • नीति निर्माताओं द्वारा क्रियान्वयन में देरी करने के लिए नीतियों पर शोध में कमीशन लिया जा सकता है।
उद्धारकर्ता के रूप में शोधकर्ता	• एक उद्‌देश्यपूर्ण वास्तविकता के प्रति पूर्व प्रतिबद्धता के साथ शामिल होने के लिये शोधकर्ता को उज़ागर करता है, लेकिन नीति निर्माताओं, पेशेवरों या सामान्य नागरिकों के लिये नहीं।
सार्वजनिक समाजशास्त्रियों के रूप में शोधकर्ता	• मीडिया हित पैदा करना कठिन हो सकता है। • आम उपभोक्ताओं / नागरिकों की तुलना में पीड़ितों को आसानी से जुटाया जा सकता है।

सहभागिता अनुसंधान के बारे में तर्क संभवतः उन प्रतिक्रियाओं में सर्वाधिक स्पष्ट रूप से देखे गये हैं जो ब्रिटिश स्कूलों में नस्लवादी प्रथाओं के साक्ष्य की कमी पर फोस्टर (1990) के निष्कर्षों के प्रकाशन का स्वागत किया था। फोस्टर ने कुछ सबूत पाये कि काले विद्यार्थियों को पाठों में गलत तरीके से व्यवहार किया गया था या वे क्षमता समूहों को गलत तरीके से पेश किए गए थे। अध्ययन ने नस्लवाद–विरोध के कुछ संस्करण के लिए प्रतिबद्ध लोगो से काफी महत्वपूर्ण प्रतिक्रियायें उत्पन्न की। हैमरस्ली (1995) की विवाद के बारे में समीक्षा फॉस्टर की स्थिति के खिलाफ विभिन्न असंदिग्ध और स्पष्ट आरोपों का दृढ़ता से समर्थन करती है खासकर एक मध्यमवर्गीय गोरे पुरुष के रूप में वह संस्थागत नस्लवाद के सबूत इकट्ठा करने और समझने में अनुभव से अक्षम था और अनुसंधान का प्राथमिक उद्देश्य ज्ञान का उत्पादन नहीं है, बल्कि समाज को बदलना है।

'सख्त रचनावादियों' का तर्क (दि टर्म इज़ बेस्ट्स, 1989), जो विल्गर और पावलुच (1985) द्वारा संक्षेप में कहा गया था कि शोधकर्ताओं को सामाजिक समस्याओं पर चुप होना चाहिए (श्रेष्ठ ज्ञान या वास्तविकता के दावों का दावा करने के लिए कोई आधार नहीं है)। 'कठोर रचनावादी' स्थिति के एक 'प्रासंगिक रचनावादी' स्थिति से भेद करने के लिये प्रकरण सर्वश्रेष्ठ तर्क देता है। सर्वश्रेष्ठ (बेस्ट) के बारे में संदेह है कि क्या वस्तुगत सच्चाई के बारे में धारणाओं से पूरी तरह मुक्त होने से 'कठोर रचनावादियों' के लक्ष्य के विश्लेषणों को हासिल करना व्यावहारिक रूप से संभव है। वह विभिन्न उदाहरणों को दर्शाता है कि इस तरह की मान्यतायें ऐसे विश्लेषणों के पिछले दरवाजे पर कैसे रेंग सकती हैं – हमारे सभी लेखन और सोच वास्तविक दावों से संतृप्त हैं। इसके विपरीत, प्रासंगिक रचनावादियों द्वारा प्रतिस्पर्धी नीति के दावों की जांच और बहस में संघ सदस्यों के साथ सहयोग कर सकते है।

अतः ऐसा लगता है कि गुणात्मक शोधकर्ता सामाजिक समस्याओं का समाधान कर सकते हैं और वे पेशेवर अभ्यास को प्रभावित करके सर्वाधिक प्रभावी रूप से उन्हें सम्बोधित कर सकते हैं। गुणात्मक शोधकर्ताओं को ऐसे प्रभाव को प्राप्त करने में कई फायदे हैं। वर्तमान में जहां विशेषज्ञ सेवायें मौजूद नहीं हैं (जैसे–पुरुष वैश्या आउटरीच सेवायें), गुणात्मक शोध संभावित सेवायें उपयोगकर्ताओं की परिस्थितियों और व्यवहार के विस्तृत विवरण को प्रदान कर सकते हैं जैसे कि लक्षित सेवाओं के अभिकल्पन के साथ भौतिक सहायता दी जाती है।

एक अन्य लाभ उन पेशेवरों को प्रभावित करने वालों से संबंधित है जो शोधकर्ताओं के अनुसंधान प्रतिभागियों से हैं और पेशेवरों को प्रभावित करने के लिये जो शोध निष्कर्षों के लिए व्यापक दर्शकों से हैं। पेशेवरों के सम्बन्ध में जो अनुसंन्धान प्रतिभागी हैं। गुणात्मक शोधकर्ताओं द्वारा उनके शोध विषयों के साथ उनके पूर्व–मौजूदा शोध सम्बन्धों पर एक संसाधन के रूप में आह्वान कर सकते हैं ताकि उनके शोध के निष्कर्षों पर ध्यान देने योग्य और सहानुभूतिपूर्ण प्रतिक्रिया को भी सुनिश्चित किया जा सके। अन्य पेशेवरों के सम्बन्ध में (जो अनुसन्धान प्रतिभागी नहीं है), गुणात्मक शोधकर्ता रोजाना अभ्यास के समृद्ध विवरण प्रदान करने में सक्षम है जो अनुसन्धान के विवरण के साथ उनके अपने रोजमर्रा के अभ्यासों को जोड़ने के लिये पेशेवर दर्शकों को कल्पनात्मक रूप से सक्षम बनाता है। इसीलिए पेशेवरों को उनके अपने अभ्यासों के बारे में मूल्यांकन के फैसले करने और शोध निष्कर्षों में वर्णित नए तरीकों को अपनाने के साथ प्रयोग करने का एक अवसर है। शॉ (1996) ने इस तर्क को विकसित किया है कि प्रैक्टिशनरों को उनके कार्य अभ्यासों को प्रतिबिम्बित करने और संशोधित करने की तलाश हेतु गुणात्मक पद्धतियां प्रतिमान या उदाहरण प्रदान कर सकती हैं।

भविष्य की संभावनाएं (Future Prospects)

पेशेवरों को ग्राहकों की नई जनसंख्याओं को लक्षित करने हेतु नई सेवाओं को विकसित करने के लिए हमेशा स्थानीय स्वायत्तता नहीं हो सकती है लेकिन सभी पेशेवरों को अपने रोजमर्रा के कार्य अभ्यासों को संशोधित करने की स्वायत्तता है। समाजशास्त्रियों ने नीति प्रभाव के महत्व की खोज में यह नजरअंदाज किया है कि पेशेवरों के रोजमर्रा के अभ्यासों में संशोधन और विकास के प्रोत्साहन के माध्यम से सामाजिक समस्याओं का समाधान अनुसंधान निष्कर्षों से कैसे किया जा सकता है। शिपिंग उद्योग जैसे विषय क्षेत्रों पर शोध करने में जहां प्रभावित करने वाला कोई शक्तिशाली व्यवसायिक समुदाय नहीं है। शोधकर्ता लोगों तक सीधे पहुंचने का प्रयास कर सकते है लेकिन सफल संपर्क किसी भी तरह से सुनिश्चित नहीं होता है।

अध्याय का सारांश

तालिका 2.2 पेशेवरों के व्यवहारों पर प्रभाव के माध्यम से सामाजिक समस्याओं को संबोधित करने वाले गुणात्मक शोधकर्ता (Qualitative researchers addressing social problems through influence on practitioners' practices)

लाभ	*कथित नुकसान*
गुणात्मक शोधकर्ताओं द्वारा उनके निष्कर्षों में दिलचस्पी को प्रोत्साहित करने के लिए प्रैक्टिशनरों के साथ फील्डवर्क सम्बन्धों पर भरोसा किया जा सकता है।	सेवा प्रदाय में सुधार करने में पेशेवरों की सहायता के लिए सामान्यतः विशेषज्ञों के साथ षड्यंत्र के रूप में देखा सकता है।
गुणात्मक शोध में पाये जाने वाले दिन–प्रतिदिन के अभ्यास के समृद्ध विवरण पेशेवरों को उनके अपने अभ्यासों को उन अनुसंधान में प्रतिवेदित होने के साथ तुलना करने के लिए अनुमति देता है।	श्रेष्ठ ज्ञान के लिए कोई आधार नहीं होने के कारण शोधकर्ताओं को सामाजिक समस्याओं पर चुप होना चाहिये।
अनुसंधान के विवरणों से नई प्रथाओं का अपनाया जा सकता है।	व्यवहार में सफल परिवर्तन की संभावना अक्सर अधिक अनुमानित है।
ईथनोग्राफीस भी नई आउटरीच सेवाओं के लिए एक आंशिक मॉडल प्रदान कर सकते है।	खासकर नई सेवाओं के निर्माण में प्रैक्टिशनर स्वायत्तता सीमित है।

आभार

इस अध्याय के पहले एक मसौदे पर उनकी उपयोगी टिप्पणियों के लिए इयान शॉ, आंस्सी पेराकिला, क्लाइव सील और डेविड सिल्वरमैन को मैं धन्यवाद देना चाहता हूं। यहां पर प्रतिवेदित लगभग सभी शोध सह–कार्यकर्ताओं के साथ संचालित किये गये थे, जिनकी मदद बहुमूल्य थी। उन सह–कार्यकर्ताओं में, मरीना बर्नार्ड, रमेश दत्ता, एंड्रयू फिनले विक्टर गीकर, याकोव गिलिंस्की, नील मैकेगेनी और हेलेन सैंपसन थे।

संदर्भ

Advisory Council on the Misuse of Drugs (1988) *AIDS and Drug Misuse: Part One*. London: Department of Health and Social Security.

Armstrong, D. (1983) *Political Anatomy of the Body: Medical Knowledge in Britain in the Twentieth Century*. Cambridge: Cambridge University Press.

Becker, H. (1967) 'Whose side are we on?' *Social Problems*, 14: 239–48.

Best, J. (ed.) (1989) *Images of Issues: Typifying Contemporary Social Problems*. Hawthorne, NY: Aldine de Gruyter.

Bloor, M. (1995) *The Sociology of HIV Transmission*. London: Sage.

Bloor, M. (2011) 'An essay on health capital and the Faustian bargains struck by workers in the globalised shipping industry', *Sociology of Health & Illness*, 33: 973–86.

Bloor, M. (2012) 'The rime of the globalised mariner'. www.youtube.com/watch?v=vVAwW1cFuwg, uploaded 2 August 2012 (accessed 3 October 2014).

Bloor, M. (2013) 'The rime of the globalised mariner', *Sociology*, 47: 30–50.

Bloor, M., Barnard, M., Finlay, A. and McKeganey, N. (1993) 'HIV-related risk practices among Glasgow male prostitutes: reframing concepts of risk behaviour', *Medical Anthropology Quarterly*, 7: 1–19.

Bloor, M., Datta, R., Gilinskiy, Y. and Horlick-Jones, T. (2006) 'Unicorn among the cedars: on the possibility of effective smart regulation of the globalised shipping industry', *Social & Legal Studies*, 15: 537–54.

Bloor, M., McKeganey, N. and Fonkert, D. (1988) *One Foot in Eden: A Sociological Study of a Range of Therapeutic Community Practice*. London: Routledge.

Bloor, M. and Sampson, H. (2009) 'Regulatory enforcement of labour standards in an outsourcing globalised industry: the case of the shipping industry', *Work, Employment & Society*, 23: 711–26.

Bulmer, M. (1982) *The Uses of Social Research*. London: Allen and Unwin.

Burawoy, M. (2005) 'For public sociology: 2004 presidential address', *American Sociological Review*, 70: 4–28.
Burawoy, M. (2012) 'Lecture 1 – what is public sociology?'. www.youtube.com/watch?v=d29t1Tshc9M (accessed 3 October 2014).
Carey, J. (1975) *Sociology and Public Affairs: The Chicago School*. London: Sage.
Denzin, N. (1996) 'Punishing poets', *Qualitative Sociology*, 19: 525–8.
Foster, P. (1990) *Policy and Practice in Multicultural and Antiracist Education*. London: Routledge.
Foucault, M. (1977) *Discipline and Punish*. London: Allen Lane.
Foucault, M. (1980) 'The eye of power', in *Power/Knowledge: Selected Interviews and Other Writings 1972–1977*, ed. C. Gordon. Brighton: Harvester, pp. 146–65.
Foucault, M. (1981) 'Omnes et singulatim: towards a criticism of political reason', in S. McMurrin (ed.), *The Tanner Lectures on Human Values II*. Salt Lake City: University of Utah Press, pp. 223–54.
Hammersley, M. (1995) *The Politics of Social Research*. London: Sage.
Major-Poetzl, P. (1983) *Michel Foucault's Archaeology of Western Culture*. Chapel Hill: University of North Carolina Press.
McKeganey, N. and Barnard, M. (1992) *AIDS, Drugs and Sexual Risk: Lives in the Balance*. Milton Keynes: Open University Press.
Rock, P. (1987) *A View From the Shadows: Policy Making in the Solicitor General's Office*. Oxford: Oxford University Press.
Shaw, I. (1996) *Evaluating in Practice*. Aldershot: Ashgate.
Silverman, D. (2006) *Interpreting Qualitative Data: Methods of Analysing Talk, Text and Interaction* (3rd edn). London: Sage.
Silverman, D. (2010) *Doing Qualitative Research: A Practical Handbook* (3rd edn). London: Sage.
Woolgar, S. and Pawluch, D. (1985) 'Ontological gerrymandering: the anatomy of social problems explanations', *Social Problems*, 32: 214–27.

3 अनुसंधान नैतिकता और गुणात्मक अनुसंधान

(Research Ethics and Qualitative Research)

एनी रायन

इस अध्याय के बारे में

गुणात्मक अनुसंधान में यह अध्याय कुछ प्रमुख समकालीन नैतिक मुद्दों की संक्षिप्त समीक्षा प्रदान करता है। मात्रात्मक अनुसंधान के विपरीत, अधिक गुणात्मक अनुसंधान के सामान्य रूप से लम्बे समय तक चलने वाले सम्बन्ध इस क्षेत्र में दुविधाओं को उजागर करते हैं। चूंकि ये दुविधायें उभरती हुई और प्रासंगिक हैं वे स्थितिगत प्रतिक्रियाओं को प्रश्रय देते हैं जो कि अधिकांश दिशा–निर्देशों के अन्तर्निहित जैव चिकित्सा मॉडल की मान्यताओं से अलग हैं। यह अनुसंधान नैतिकता को एक सामाजिक रूप से गठित और स्थित क्षेत्र (रायन, 2004) बनाता है। यह अध्याय एक निर्माणवादी स्थिति से लिखा गया है।

कीवर्ड्स - गुणात्मक अनुसंधान (qualitative research), शोध नैतिकता (research ethics), क्षेत्र सम्बन्ध (field relations), ज्ञान–मीमांसा (epistemology), पार–सांस्कृतिक प्रसंग (cross-cultural contexts)

अनुसंधान नैतिकताः एक सतत बढ़ता क्षेत्र (Research Ethics: An Ever Increasing Field)

'जीवन के कुछ अर्थों को समझने के लिये, हमें उस जीवन के करीब होना चाहिये', जैसा कि स्टैक और जेगैथीसन (2008) हमें याद दिलाते हैं। विशेष रूप में, अधिक गुणात्मक अनुसंधान और नृवंशविज्ञान का यह एक बहुत अच्छा विवरण है। समृद्ध आंकड़ों की तलाश में ऐसी चुनौतियों का सामना करना पड़ता है जिनसे गुणात्मक अनुसंधानकर्ताओं का सरोकार अवश्य होना चाहिए। वे हमारे कार्य का अभिन्न अंग हैं और सर्वेक्षण अनुसंधान से विपरीत, उनमें से अधिकतर का कार्यक्षेत्र से पूर्व कार्यालय में समाधान नहीं किया जा सकता है।[1] दिलचस्प बात यह है कि कुछ गुणात्मक अनुसंधानों में खतरों की छवि का आह्वान और शोधित के लिये धमकी (थ्रेट्स) तथा बाहरी नियन्त्रण और प्रतिक्रिया होती है। इस प्रतिक्रिया की आवश्यकता कभी कभी होती है और अधिकतर नहीं भी होती है। दूसरों का तर्क है कि करीब होने से शोधित और सह–शोधकर्ता के सम्मान और संरक्षण के साथ शामिल होने का निमन्त्रण भी मिलता है, और हमें कुछ याद दिलाता है कि गुणात्मक शोधकर्ताओं की क्षमता हानि करने के बजाय ठीक–ठीक (माडरेट) है। हालांकि, अनुसंधान नैतिकता के बारे में सार्वजनिक वार्ता ने स्वयं को गुणात्मक अनुसंधान की परेशानी वाली छवि और सदस्यों के बीच सम्बन्धों, संभावित पीड़ितों और उनके हमलावरों के बीच रिश्तों का निर्माण में सक्रिय भूमिका निभाई है। यही कारण है कि हमें अनुसंधान सम्बन्धों से परे भी देखने की आवश्यकता होती है।

[1] और तथाकथित बाहरीताओं के विरोध में जैसे – ज्वालामुखी विस्फोट, बाढ़ और नागरिक युद्धों को अक्सर आर्थिक मॉडल से बाहर रखा गया – विनाशकारी परिणामों के साथ।

इन मुद्दों पर प्रतिक्रिया देने के लिए, अब मैं क्लासिक अनुसंधान के नैतिक मुद्दों पर विचार करता हूं, क्योंकि हम उन्हें सर्वाधिक दिशा–निर्देशों में पाते हैं। मेरे अपने शोध से इन्हें आंकड़ों द्वारा चित्रित किया गया है। तब फिर से एक बड़ा सवाल पूछता हूं कि विश्वविद्यालयों ने अपने सक्रिय अनुसंधान कर्मचारियों को नियन्त्रित करने के लिये इतना ध्यान क्यों दिया?[2]

अब अनुसंधान नैतिकता में और अधिक पारम्परिक मुद्दों पर संक्षेप में देखें।

क्लासिक और अक्सर उठाये जाने वाले मुद्दे

Classic and Frequently Raised Concerns

पश्चिमी संगठनो में तीन सबसे अधिक बार उठाये गये प्रश्न पेशेवर एसोसिएशन द्वारा तैयार किये गये नैतिक दिशा–निर्देशों से सम्बन्धित हैं।

- कोड और सहमति
- गोपनीयता
- भरोसा (ट्रस्ट)

विभिन्न कारणों से प्रत्येक विषय जवाबों से अधिक प्रश्नों को उठाता है।

कोड और सहमति विशेष रूप से 'सूचित सहमति' दर्शाते हैं। इसका मतलब यह है कि अनुसंधान विषयों को यह जानने का अधिकार है कि उन पर शोध किया जा रहा है, अनुसंधान की प्रकृति और किसी भी समय वापस लेने के अधिकार के बारे में सूचित करने का अधिकार है। कुछ देशों में इसका मतलब यह है कि अनुसंधान के प्रतिभागियों को 'सूचित सहमति फार्म' पर हस्ताक्षर करना अनिवार्य है अन्य स्थानों पर मौखिक सहमति तब तक स्वीकार होती है जब तक कि आप बच्चों, विद्यार्थियों, ग्राहकों, रोगियों आदि जैसे कुछ समूहों के साथ काम नहीं कर रहे हैं। कई मामलों में, अनुसंधानकर्ता को सैद्धान्तिक नमूने के अनुमोदन के लिये विशेष और लम्बी प्रक्रियाओं का पालन करना होगा और संभावित अनुसंधान प्रतिभागियों (समुदायों में मौखिक 'सूचित सहमति' के साथ दुविधाओं के लिये, रायन, 2007, देखें)।

'सूचित सहमति' और 'गुप्त अनुसंधान' के बीच सम्बन्ध डेटा संग्रह में नैतिक दुविधाओं के अंतिम उदाहरण के रूप में कार्य करता है। एक तरफ, जैसा कि राबर्ट डिंगवाल (1980) द्वारा बताया गया है कि खुले और गुप्त अनुंसधान के बीच अंतर अक्सर अस्पष्ट रहता है। दूसरी ओर, जैसा कि पंच (1994) द्वारा तर्क दिया गया है कि लिखित सूचित सहमति अनिवार्य करने का मतलब और अधिक 'स्ट्रीट–स्टाइल' नृवंशविज्ञान का अंत होगा। एक और दुविधा में 'सूचित सहमति' का उल्लेख किया जाता है या फिर 'प्रकिया सहमति' के लिए पूछा जाता है, क्योंकि कोई भी नहीं जानता है कि माध्यमिक विश्लेषण के लिए किस तरह के डेटा को और कैसे उपयोग किया जाएगा, जब डेटा संग्रहीत किया जाता है। इससे अनुसंधान प्रतिभागियों को यह जानना मुश्किल हो जाता है कि वे सहमति क्या दे रहे है। पूर्व अफ्रीका के अपने स्वयं के शोध के आधार पर मैं 'सहमति के स्तरों' का उल्लेख करता हूँ जहां ग्रामीण इलाकों में प्रमुख द्वारपाल, अक्सर एक स्थानीय सरकारी प्रतिनिधि होता है, जो वास्तव में शोधकर्ता को उन लोगों के नमूने के साथ प्रदान करता है, जो हमेशा सहमति दे देते हैं। दूसरे मामलों में, छोटे समुदायों में अतिव्यापी संबंधों के साथ, पूछे जाने वाला व्यक्ति आधिकारिक प्रतिनिधि के फैसले पर निर्भर हो सकता है जो और अधिक जटिल मामले की सहमति देने का निमन्त्रण करता है (रॉयन, 2004 और 2007)। यह गेटकीपिंग, प्रवेश और 'सूचित' सहमति को शक्ति के साथ लिंक करता है (मिलर और बेल, 2012: 62 और मेलिक और फ्लेमिंग, 2010, सामाजिक नेटवर्क में व्यक्तियों की पहचान का खुलासा

[2] 'उनका', नहीं 'हमारा', रिफ्लेक्ट्स द क्रिटिक्स' संगठनात्मक परिवर्तन के बारे में तर्क।

करने के लिए)। अंत में, गूगल मानचित्र में चैट और ब्लॉग्स से आभासी (वर्चुअल) स्थानों और गैर–आभासी वास्तविकताओं और हमारे एकाधिक स्थानों में सहमति जटिलता को जोड़ती है।[3]

अनुसंधान नैतिकता में विशेष ज्ञान और अपने क्षेत्र में अनुभवी शोधकर्ताओं को आपके साथ इन मुद्दों पर चर्चा करने के लिए आमंत्रित करना सदैव सलाह का एक अच्छा हिस्सा है। आगे बढ़ने से पहले आप अपने पर्यवेक्षक या अपने परियोजना के सहयोगियों को बैठक या एक विभागीय सेमिनार के लिए आमंत्रित कर सकते हैं। इसके अलावा, क्षेत्र में चर्चाओं के लिए कुछ मुद्दे उपयुक्त हैं।

गोपनीयता का अर्थ है कि हम प्रत्येक भागीदार की पहचान, स्थानों और अनुसंधान की स्थिति की रक्षा के लिए बाध्य है। हालांकि हम हमेशा यह नहीं मान सकते कि प्रतिभागियो का गुमनाम रूप से व्यवहार करना चाहते है (जो अक्सर तंजानिया में प्रकरण है)। फिर, हमें संस्कृति में अनुभवी शोधकर्ताओं से बात करने की जरूरत होती है, जहां हमारे अनुसंधान को किया जाना है। हालांकि हमें यह भी अवगत होना चाहिए कि पश्चिमी अनुसंधान के नैतिक दिशानिर्देश वैश्विक रूप से जरूरी नहीं हैं (रिस्समैन, 2005, लिआम्पटोंग, 2010, मार्टेंस एट आल., 2013)। अनुशंसित आदेश यह है कि यदि आप किसी दूसरे देश में अपने स्वयं के देश की तुलना में अनुसंधान करते हैं तो अपने गृह देश और उस देश में प्रासंगिक दिशा–निर्देशों की पहचान करना है जिसमें आप अपना अनुसंधान करते हैं (आप दोनों देशों के द्वारा शासित होते हैं), इसके बाद कार्य करने से पहले तुलना और सहकर्मियों के साथ चर्चा करें।

तीसरा उत्कृष्ट मुद्दा ट्रस्ट (भरोसा) हैं जो शोधकर्ता और प्रतिभागियों के बीच के सम्बन्ध को संदर्भित करता है, और शोधकर्ता की जिम्मेदारी है कि दूसरों के लिए इस क्षेत्र को 'खराब' इस अर्थ में न करें, कि संभावित अनुसंधान विषयों का अध्ययन करने के लिए अनिच्छुक हों (रॉयन, 2004)। इस तरीके से प्रतिवेदन या अपरिवर्तनीय प्रथाओं पर भी भरोसा लागू होता है जो शोधकर्ता और कार्य को विश्वसनीय रूप में पेश करने के लिए मानकों को परिभाषित करते है (फिन, 1993)। ट्रस्ट अच्छे क्षेत्र संबंधों की उत्कृष्ट कुंजी है और अनुसंधान प्रकिया के दौरान लगातार एक खुली चुनौती है। हालांकि अन्य प्रकार के फील्डवर्क की तुलना में नृवंशविज्ञान के अध्ययन में ऐसा अधिक है।

कभी–कभी हम नाजुक स्थितियों में आते हैं जिनमें छिपी या समस्याग्रस्त जानकारी शामिल होती है, जहां किसी व्यक्ति को नुकसान पहुंचाया जा सकता है या जोखिम में डाल दिया जाता है (जैसे–अपराधों की योजना बनाई जा रही है) या जहॉं कुछ निष्कर्ष असुविधाजनक (जैसे–नौकरी मूल्यांकन या स्वास्थ्य सूचना) हो सकते है या यहॉं तक कि कुछ विषयों के लिये खतरनाक हो सकते हैं (जैसे–अवैध गतिविधियों के कुछ प्रकार)। इस पर निर्णय लेने की बात है कि हमें ऐसी परियोजनाएं करनी चाहिए या नहीं (अकेले या किसी के साथ), अगर कोई डेटा है जिसे हम नहीं प्राप्त करना चाहते है (हम टेप रिकार्डर या स्मार्टफोन को बंद कर सकते है या बातचीत को दूसरे ट्रेक पर ले जा सकते है या अधिक स्पष्ट हो सकते हैं) अथवा अगर हमें पूरी परियोजना को बंद करने की आवश्यकता है।

निःसंदेह सहमति, गोपनीयता और भरोसा तीनों नैतिक मुद्दों का निकट सम्बन्ध है। यदि आप किसी बाहरी व्यक्ति में कॉल करके हस्तक्षेप करते है तो आप प्रतिभागी को यह दिखाते है कि वह गुमनाम रूप से अब व्यवहार में नहीं लाया जा रहा/रही हैं तो अब आप पर उसका भरोसा और अधिक समय तक नहीं रह सकता है। संभवतः प्रतिभागी बाद में अन्य शोधकर्ता को स्वीकार करने में बहुत संकोच करेंगे। सामान्य सलाह है कि ऐसी दुविधाओं को अपना स्वयं का व्यक्तिगत भार न बनने दें, बल्कि दूसरों को इस बात पर चर्चा करने के लिये आमन्त्रित करना है कि फील्डवर्क से पहले (एक सूचित निर्णय करें), दौरान (संभावित चुनौतियों पर चर्चा करें, सबसे खराब प्रकरण को शामिल करें, और अपने फील्डवर्क की विशेष प्रासंगिक और सांस्कृतिक व्यवस्था करें) या बाद (अपने अनुंसधान का संचार करें) में प्रतिक्रिया के तरीके और तैयार कैसे हों।

हालांकि, इस तरह की अनुशंसाऐं अक्सर गुणात्मक अनुंसधान अभ्यास के लिए अपेक्षाकृत सरल दृष्टिकोण को दर्शाती है। इसलिए हमें उन मूलभूत मान्यताओं पर गौर करना चाहियें जिन पर इस तरह के मुद्दों का संस्थागत प्रबंधन आधारित है।

---

[3] ऑनलाइन शोध में अनुसंधान नैतिकता इस अध्याय की सीमा से परे है। मार्कम, इस खण्ड में देखें।

जटिल वास्तविकताओं में हमारी नैतिक जिम्मेदारी (Our Moral Responsibility in Complex Realities)

इस खंड में हम अनुसंधान नैतिकता की समसामयिक चर्चा में कुछ मुख्य तर्कों को देखेंगे। बाद में यह मुद्दों पर एक चर्चा में फीड होती है जो गुणात्मक अनुसंधान के लिए विशिष्ट है। ये दावों की पृष्ठभूमि भी बनाते हैं कि नैतिक दिशानिर्देश और बहुत अधिक संस्थागत शासन विशेष रूप से नृवंशविज्ञान अनुसंधान में समस्याग्रस्त हैं।

किसी पूर्व निर्धारित, बल्कि अनुभवहीन, आदर्श शोध विषय (या बल्कि वस्तु) के आधार पर कोई भी मॉडल हासिल करने में विफल रहता है जो कि गुणात्मक अनुंसधान के बारे में विशेष है। उत्कृष्ट मुद्दों के संदर्भ में 'क्या हम उन पर भरोसा कर सकते है?, मान्यता और अनुसंधान नैतिकता के प्रश्नों जैसे गोपनीयता और भरोसा विशेष रूप से डेटा संग्रह चरण में बारीकी से उलझे हुये हैं।

सकारात्मकवाद में प्रतिक्रिया इस धारणा पर आधारित है कि भाषा बाहरी वास्तविकता को 'बाहर' बताती है जो कि रखी हुई जानकारी के जलाश्य को महत्वपूर्ण बना देती है। निर्माणवादी मॉडल में, सामाजिक वास्तविकता एक अधिक जटिल घटना है जहां हम जांच करते हैं कि सदस्य किस तरह के पहचानने योग्य रूपों को तैयार करते हैं जिन्हें गबरियम और हॉस्टीन (1997: 42, सिल्वरमैन भी देखें, 2006) को उद्धत करने के लिए वास्तविक या विश्वव्यापी माना जाता है या सरल रूप में उन्होंने इसे कैसे किया। कहानियां जो हमें मिलती हैं, किसी के द्वारा बनायी नहीं जाती हैं, वे प्रासंगिक रूप से उत्पादित होती हैं, विशेष दर्शकों के लिए अभिकल्पित की जाती हैं। स्थानीय रूप में उत्पादित उद्देश्यों को प्रदान करने हेतु और व्यापक सांस्कृतिक प्रसंगों में सन्निहित होती हैं। शोधकर्ताओं के रूप में हमारे पास सख्त अनुसंधान के उत्पादन की जिम्मेदारी है। हालांकि कुछ ऐसे शोध जो कुछ संदिग्ध के रूप में देखे जाते हैं वे हमें अन्यथा मुश्किल से प्राप्त डेटा प्रदान कर सकते हैं (जैसे – गुप्त अनुसंधान में, सूचनादाताओं की भर्ती के दौरान हमारी जानकारी में ठीक संतुलन आदिः फिनेः 1993), क्षेत्र सम्बन्धों के बारे में अनुभवहीन, सरल मान्यतायें एक दूसरी दुविधा पैदा कर सकते हैं।

निर्माणवादी ज्ञानमीमांसाओं और उपयोगी विचारों के अलावा अन्य लोगों द्वारा सूचित गुणात्मक अनुसंधान के लिए सामाजिक वास्तविकता एक अधिक जटिल, बहुआयामी और प्रासंगिक घटना है। यह शोध नैतिकता को अधिक, कम नहीं, जटिल बनाता है। यह दर्शन ज्ञानमीमांसा और अनुसंधान व्यवहार के बीच महत्वपूर्ण बैठक पर आधारित नैतिक उत्तरदायित्व के बारे में बहस की मांग करता है। पूर्व–निर्धारित उत्तरों की अनुपस्थिति शोधकर्ता की नैतिक जिम्मेदारी को निरन्तर बढ़ाती है।

प्रमुख बिन्दु

- अनुसंधान नैतिकता अभिशासन निकायों की नौकरशाही प्रक्रियाएं ज्ञानमीमांसा पर आधारित है जो कि गुणात्मक अनुसंधान के साथ सबसे अधिक असंगत है।
- निर्माणकर्ताओं का तर्क है कि सामाजिक दुनिया को पूरा किया गया है। यह कोड और सहमति, गोपनीयता और भरोसा, और अधिक जटिल घटनाएं बनाता है तथा पद्धतियों और ज्ञानमीमांसा से भी जानकारी प्रदान करता है।
- दिशा–निर्देश, पाठ्यक्रम और साहित्य, अनुभव, और सहकर्मियों, पर्यवेक्षकों और उत्तरदाताओं/सह–शोधकर्ताओं के साथ चर्चा, नैतिक अभ्यास के लिए हमें तैयार कर सकते हैं।

समृद्ध संस्कृतियों के अनुसंधानः एक चित्रण (An Illustration: Researching Across Cultures)

अब मैं, पूर्वी अफ्रीका में अपने शोध से डेटा उद्धरणों का उपयोग करते हुए अब तक की जटिल समस्याओं को स्पष्ट करना चाहता हूं। शोध अभ्यास में नृवंशविज्ञानियों द्वारा अक्सर नैतिक और स्वीकार्य और व्यावहारिक परिभाषाओं

के बीच स्वयं को विवश पाया जाता है। जैसा कि आप देखेंगे कि मैं गैर सार्वभौमिकतावादी अनुसंधान में खुद को नैतिक स्थिति के भीतर पेश करता हूं और हम सभी को अपने बयानों को विश्वसनीय बनाने की जरूरत होती है। मैं ऐसा दो चरणों में करूंगा। सबसे पहले मैं कुछ डेटा उद्धरणों को दिखाऊंगा जो अनुसंधान सम्बन्धों में उभार और लचीलापन दर्शाते हैं। दूसरा, मैं गुणात्मक अनुसंधान में अनुसंधान नैतिकता के लिए निहितार्थों पर चर्चा करूंगा और ये किस तरह के सम्बन्धों और चुनौतियों के संरचित सकारात्मक विचारों की अंतर्निहित मान्यताओं का पालन करते हैं।

भौगोलिक बाधाओं से परे जाना **(Transcending the geographically bound)**

नई प्रौद्योगिकी ने स्थान–जगह (प्लेस-स्पेस) मुद्दे की अधिक लचीली धारणा को सक्षम किया है। स्टेक और रिजवी (2009: 525) के अनुसार भौगोलिक रूप से सीमित क्षेत्र को यह और अधिक जटिल एवं *'यहां* तथा *कहीं और* के बीच स्पष्ट अंतर' के साथ शालीन नहीं बनाता है। पूर्वी अफ्रीका में एशियाई कारोबार पर मेरा डेटा मोबाइल टॉक, टेक्स्ट मैसेजेस, टेप टॉक और सभी संदर्भों में आकस्मिक बातों से टिप्पणियां शामिल करता है। जैसा कि मैनें इसमें स्वीकार किया है कि अपने मुखबिर माहिद के नियमित संपर्कों के नेटवर्क से हम अपनी महीनों की बैठकों के बीच के बावजूद हम एक दूसरे की पूरी नज़र कभी नहीं रख पाते हैं। और अधिक क्लासिक परिप्रेक्ष्य में, गुणात्मक अनुसंधान में यह अधिक प्रसिद्ध और सफल नृवंशविज्ञान क्षेत्र के काम के लिए बहुत महत्वपूर्ण है, जो विरोधाभासी भी अपनी नैतिक सोच के रूप में सम्बन्धों के विकास और उतार चढ़ाव के रूप में पेश करती है।

प्रजाति लेखन सम्बन्धी क्षेत्र सम्बन्धों के उभरते और प्रासंगिक पक्ष **(The emergent and contextual side of ethnographic field relations)**

क्लासिक मॉडल के अनुसार, नृवंशविज्ञानी और उत्तरदाता या मुख्य मुखबिर के बीच कार्यक्षेत्र (फील्डवर्क) एक गतिविधि है। ये पूर्व निर्धारित, संरचनात्मक क्षेत्र की भूमिकाएं है जो अधिकांश पाठ्यपुस्तक प्रोटोकॉल और शोध नैतिकता शासन के मुख्य लक्ष्य हैं। हालांकि, यह दावा है कि सामाजिक दुनिया को पारम्परिक प्रजाति लेखन के रूप में 'वहां' के रूप में खोजा जा सकता है, लंबे समय से उन लोगों ने विवादित किया है जो तर्क देते है कि सामाजिक वास्तविकता पारंगत नहीं बल्कि अनुभवी है। यह इस प्रकार से है कि शोधकर्ता–मुखबिर का अधिक औपचारिक सम्बन्ध है लेकिन मित्र–मित्र जैसे कई रिश्तों का विकास होता है और यह इसे अतिरिक्त नीतिपरक और नैतिक मुद्दों के साथ कार्यक्षेत्र के रूप में खुलासा करती है।

हार्वे सैकस के अनुसार, मुख्य शोध प्रश्न यह है कि सामाजिक सदस्यों द्वारा विशिष्ट गतिविधियों को किस तरह से 'देखते' या 'सुनते' हैं और इसलिए यह सामाजिक जीवन बनाने के लिए व्यक्तियों का उपयोग करने वाली पद्धतियों का वर्णन करने का एक तरीका प्रदान करता है (सैक्स, 1984; सिल्वरमैन, 1998)। बाह्य अर्थों या अनुभवों को स्थानान्तरित करने के लिए यह एक निष्क्रिय माध्यम से अधिक भाषा का निर्माण करता है। और सदस्यों द्वारा सहयोगात्मक रूप से उनकी बातचीत के अनुक्रमों के खुलासे में सामाजिक क्रम बनाते हैं तथा शोधकर्ता का काम वर्णन करना है कि इस वास्तविकता का निर्माण किस तरह से हुआ है। सैकस की सदस्यता वर्गीकरण युक्ति (एमसीडी) (सिल्वरमैन, 1998: अध्याय 5) के उपयोग के द्वारा, हम यह वर्णन कर सकते है कि 'लोग जो कर रहे हैं' इसके बारे में मान्यताओं पर आधारित रोजमर्रा की जिंदगी में उनके काम करने के तरीकों को लोग किस तरह से सुनते हैं। यह संभव है क्योंकि जोड़े (मेम्बरशिप कटेगराइजेशन डिवाइसेस के) या युग्मित पहचानों में से प्रत्येक जैसा कि नीचे उद्धरण में दिखाया गया है कि 'किस तरह की गतिविधि उचित है' के बारे में अनुभवजनित अपेक्षाओं को इंगित करता है। हालांकि, कैरोलिन बेकर ने स्पष्ट रूप से जैसा बताया है कि गुणारोपणों को 'अधिक अन्तर्निहित वर्गीकरण सदस्यता कार्य की सूक्ष्माता और विनम्रता को दर्शाते हुए' स्पष्ट रूप से उच्चारित या संकेत किया जा सकता है (बेकर, 2004: 174)।

माहिद और मेरे द्वारा आह्वान किये गये युग्मित पहचानों वाले जोड़े को मै प्रस्तुत करता हूं। तरीका बदलने से हम क्षेत्र सम्बन्धों को जिस तरह से देखते हैं, जैसा कि गुणात्मक अनुंसधान में अनुसंधान नैतिकता के लिए महत्वपूर्ण निहितार्थों को मैं शीघ्र ही स्पष्ट करता हूं। उत्कृष्ट (क्लासिक) छवि से हम इसका आरम्भ करते हैं।

उभरती हुई सम्बन्धपरक पहचान (Emergent relational identities)

क्लासिक शोधकर्ता–प्रमुख मुखबिर (The classic researcher–key informant)

माहिद मेरा प्रमुख मुखबिर है। इसका अर्थ यह है कि वह अपने व्यापारिक गतिविधियों के बारे में और अपने व्यापारिक जीवन के इतिहास के बारे में असंरचित साक्षात्कारों की बहुत बात दिन–प्रतिदिन करते हैं। अपने व्यवसायों में से किसी एक में एक पेशेवर होटल व्यवसायी को रोजगार देने के बारे में यहां एक अनुक्रम है।

उद्धरण - 1

1 एः तो आपने उस व्यक्ति को भाड़े पर क्यों रखा था?
2 एमः मैंने उस व्यक्ति को किराये पर लिया क्योंकि मुझे यहां एक पेशेवर होटल व्यवसायी की जरूरत थी।
3 एः एह
4 एमः ठीक है, हम में से कोई पेशेवर होटल व्यवसायी नहीं थे, ठीक है। और होटल एक काम (जॉब) है जहां कि रसोई घर की तलाश होती है।
5: जिसके बाद बहुत महत्वपूर्ण है, बार की देखभाल करनी होगी, ग्राहकों के हितों को ध्यान में रखना होगा।
6: के बाद......

(टेप टॉक, केन्याः 2002) (रॉयन, 2008सीः 90)

क्लासिक तरीके से, शोधकर्ता यहां (पंक्ति 1) एक प्रश्न पूछता है और मुख्य जानकारी देने वाला जवाब देता है (पंक्ति 2)। इसके बाद शोधकर्ता के संकेतों के बाद (पंक्ति 3) आगे विस्तारण करने के लिए उकसाते हैं (पंक्ति 4–6)। इस प्रकार हम संयुक्त रूप से शोधकर्ता–प्रमुख मुखबिर को मानक जोड़े को पारम्परिक तौर पर क्षेत्र में एकमात्र वैध भूमिका के रूप में चित्रित करते है (रॉयन, 2004 और 2008ए)। क्योंकि नारीवाद, उत्तर संरचनावाद, उत्तर आधुनिकतावाद और नृजाति प्रणाली विज्ञान (एथनोमैथडोलॉजी) के रूप में निर्माणवाद क्षेत्र सम्बन्धों के गठन के पक्ष पर केंद्रित है जिन्हें क्षेत्र सम्बन्धों के सक्रिय और आकस्मिक चरित्र के रूप में वे खुलासा करते हुए हमें देखने के लिए आमंत्रित करते हैं (इस खण्ड में हॉस्टीन और गबरियम देखे)। मेरे टेप का सावधानीपूर्वक विश्लेषण भी और अधिक युग्मित पहचानें प्रदान करता है। यहां एक उदाहरण है।

दोस्त–दोस्त

कुछ वर्षों के बाद, हम अब हमारे जीवन के साथ जुड़ी स्वास्थ्य और बीमारी की घटनाओं को साझा करते हैं और कॉल के जवाब न देने के लिए भी कारण बताते हैं। एक सुबह, उसके बेटे की कैंसर से मृत्यु होने के बाद रात के मध्य में माहिद ने मेरे मोबाइल पर मुझे यह संदेश भेजा था।

उद्धरण - 2

नमस्ते, एक बुरी खबर है (मेरे बेटे) का निधन हो गया, मैं सदमें में हूं, कल बात करूंगा।

(टेक्स्ट मैसेज 2005, उनके बेटे का नाम बेनामी बना दिया गया है) (रायन, 2008सीः 238)।

जब मैंने उसे अगली सुबह बुलाया तो उसने कहा कि वह मेरे भावनात्मक समर्थन की सराहना करता है। प्रभावी और सुगम संबंधों, लंबे समय तक चलने वाले क्षेत्र संबंधों पर प्रोटोकॉल के बावजूद अनपेक्षित विस्फोटों को भी आमंत्रित करते हैं। असहमति के बाद सम्बन्धों की मरम्मत के मेरे प्रयासों पर माहिद की कोई हास्यपूर्ण प्रतिक्रिया नहीं है, एक पाठ संदेश भेजकर कहता कि वह शायद सही था।

उद्धरण - 3

मैं खुश हूं। मुझे नीचे घुटने टेकना होगा। मैंने आपको महान व्यक्ति की बात सुनने के लिए कहा था।

(पाठ संदेश 26 जनवरी, 2006) (रॉयन, 2008सी: 94)

आइए अब हम देखेंगे कि यह किस तरह से सम्बन्धित है जो गुणात्मक अनुसंधान में शोध नैतिकता के विवरणों के होने का दावा करता है।

अनुसंधान अभ्यास में अनुसंधान नैतिकताः जटिल क्षेत्र (Research Ethics in Research Practice: Complex Fields)

पेशेवर दिशानिर्देशों के अनुसार, सूचित सहमति के लिए, भरोसा और संरक्षण के लिए, गोपनीयता द्वारा अपनी निजता (प्रायवेसी) की रक्षा के लिए शोधकर्ता जिम्मेदार हैं (रॉयन, 2004: 231–6)। एक हस्ताक्षरित सहमति फार्म तब गारंटी बन जाता है जब प्रतिभागियों को भाग लेने के लिए सहमति और शोध के बारे में सूचित कर दिया जाता है। दुर्भाग्य से, यह प्रक्रिया हमें नैतिक जिम्मेदारी को समझने के लिए भ्रमित करती है जैसे कि शुरूआत में कुछ कर लिया गया है, 'किया हुआ' के रूप में कुछ चिन्हित किया जाना चाहिये, अच्छाई का एक प्रतीक है। यह गुणात्मक शोध के गुणात्मक पक्ष को नजरअंदाज करता है (पूर्व अफ्रीका के चित्रण के लिए रायन, 2004 और 2007 देखें)। यह बाहरी पुलिस भी अनुसंधान नैतिकता को या तो बनाती है या मुद्दे बनाती हैः प्रतिभागियों की या तो सहमति होती है या वे सहमति नहीं देते है, चीजें अच्छी हों या खराब, हानिरहित हैं या नहीं और, यह एक स्पष्ट, एक सकारात्मकवादी–सूचित ज्ञान–मीमांसा की विशिष्ट स्थैतिक शोध की समस्या को अनुमानित करती है।

यदि हम गुणात्मक शोध या ज्ञान उत्पादन की रचनात्मक प्रकृति को एक अर्थपूर्ण बनाने की प्रक्रिया के रूप में स्वीकार करते हैं, तो अनिवार्य रूप से मुद्दे हैं अपरिचित या सकारात्मकवादी–सूचित विचारों के सही होने की समस्यात्मकता या स्वीकार्य अनुसंधान सम्बन्धों और जो भी वे इसके बारे में ला सकते हैं। पेशेवर–निजी विभाजन का विचार गुणात्मक पूछताछ और नैतिक जिम्मेदारी के विवरणों को इंगित करने के लिए अच्छी तरह से काम करता है। अच्छे सम्बन्धों से जुड़े दुविधाओं के प्रमुख उदाहरण हैं दोस्ती/धोखा, निजता/घुसपैठ और भावनात्मक तनाव। उनके एक–दूसरे के अन्तर्संयोजनात्मकता के बावजूद, मैं उनसे अलग–अलग उप–वर्गों में चर्चा करूंगा। वे पूरी प्रक्रिया को डेटा एकत्रीकरण और विश्लेषण के लिए क्षेत्र तक पहुंच से बातचीत करने तक के लिए संदर्भित करते है और अनुसंधान नैतिकता की सहमति, गोपनीयता और भरोसा के क्लासिक मुद्दों से वे सब अलग–अलग तरीकों से सम्बन्धित है।

व्यावसायिक-निजी विभाजनः क्या अच्छी घनिष्ठता (तालमेल) एक समस्या है?

The professional–private divide: Is good rapport a problem?

'वहां' तक पहुंचने के लिए क्षेत्र में लंबे समय तक चलने वाले सम्बन्धों के निर्माण साक्षात्कारों और नृवंशविज्ञान के अध्ययनों पर निर्भर हैं। ऐसा करने के लिए हम सांसारिक प्रथाओं पर आकर्षित होते है, हम लोगों के साथ जुड़ते हैं, एक साथ समय बिताते हैं और संयुक्त अनुभवों के एक स्टॉक का निर्माण करते हैं। दोस्त वही करते हैं। यह हमें जटिल मुद्दों पर प्रतिबिंबित करने के लिए आमंत्रित करता है जैसे – दोस्ती में बारीकियां, सुन्दरता और साधन। कुछ साल पहले जब मैंने माहिद को बुलाया था, तब मैंने उसे अकेले मलेरिया के हमले के बीच पाया था, तथा साधारण लोगों से अलग मैं सही समय पर देखने आया और सहायता के लिये बुलाया। इससे यह पता चलता है कि लम्बी अवधि के कार्यक्षेत्र (फील्डवर्क) हमें किस तरह सूचित करते हैं और कार्रवाई के निर्देश देते हैं, हालांकि पिछली पीढ़ी में यह सहायक के रूप में दिखाई दे सकता है।[4]

---

[4] मस्तिष्क मलेरिया से ग्रस्त पाया गया।

डंकॉम्बे और जेसोप (2012) ने 'साक्षात्कार करने के कौशलों' और 'घनिष्ठता बनाने' के बीच समानांतर चर्चा की और मानव अनुभूतियों के व्यावसायीकरण से जुड़े उसके तर्क और 'भावना कार्य' पर होच्सचाइल्ड को देखनें के लिये कहा। वह तर्क करती है कि जो लोग इस तरह के कामों को करते हैं, वे महसूस कर सकते है और यहां तक कि अप्रामाणिक हो सकते हैं जैसे – महिला कर्मचारियों की सेवा हेतु नौकरियों में जब सहानुभूति का अनुकरण करने के लिए लोगों को अच्छा महसूस होता है। यदि सफल साक्षात्कार के लिए पाठ्यपुस्तक के नुस्खे अच्छी घनिष्ठता को प्रोत्साहित करते हैं तो वे ऐसी दोस्ती को अलगाववादी और एन ओकले (Ann Oakley) के नारीवादी शोधकर्ताओं और अनुसंधान विषयों के बीच न्यूनतम सामाजिक दूरी की वकालत के विरोध में में देखते हैं ताकि भावनात्क रूप से जोरदार, समतावादी और पारस्परिक घनिष्ठता की पेशकश की जा सके (1981: 108)। प्रमाणिकता की कुछ भ्रामक धारणा के बावजूद, अनुसंधान नैतिकता के साथ एक अच्छा अनुनाद है।

'सहमति के प्रबंधन' में 'घनिष्ठता बनाकर' साक्षात्कारकर्ता के कौशलों का व्यावसायीकरण, भरोसा निर्माण के लिए अधिक व्यक्तिगत दृष्टिकोण होने का संकेत देता है। हालांकि अगर 'नकली दोस्ती करने में' शक्ति असमानता को नजरअंदाज कर दिया जाता है, तो साक्षात्कार लेने वाला 'साक्षात्कारदाता के न जानने या अपने अंदर के विचारों को प्रस्तुत करने के अधिकार को नुकसान पहुंचाने जोखिम उठाएगा'। (डंकॉम्बे और जेसोप, 2012: 112)। गुणात्मक साक्षात्कारकर्ता आत्मनिरीक्षण में सुधार के लिए साक्षात्कारदाता की व्यक्तिगत जानकारी को बढ़ाने के लिए परामर्श कौशल और भाषा भी अपनाना चाहते है। डंकॉम्बे और जेसोप गंभीरतापूर्वक ठीक ही कहते हैं कि यह एक तरह का प्रकटीकरण है जिसमें साक्षात्कारदाता से सहमति ली जाती है। इसके अलावा, वे बिल्कुल सही हैं कि खतरे मौजूद हैं जो ऐसी चर्चा को अर्ध–चिकित्सीय साक्षात्कार में बढ़ा सकती हैं और मित्रता या अंतरंगता के चारों ओर सीमाओं को चित्रित करने में गंभीर समस्याएं पैदा कर सकती है। इसलिए हम तर्क दे सकते हैं कि किसी के कौशल के बारे में सीमाओं को जानना उतना ही महत्वपूर्ण है जितना कि उसके कौशल को जानना है। नृवंशविज्ञानियों को नृवंशविज्ञान में प्रशिक्षित किया जाता है, न कि चिकित्सा में।

फील्डवर्क ज्ञान के लिए हमारी खोज में दिलचस्प, व्यावहारिक और स्वीकार्य सामग्री के बीच एक नाजुक संतुलन है। विकल्प न तो सख्त नियम हैं, न ही एक समिति में कॉल करने के लिए। मैं कैन्ट के नैतिक सम्बन्धों को समूह से ऊपर व्यक्तिगत रूप में साझा करता हूं (उपयोगितावाद के विरोध के रूप में डीआनटोलॉजी, रॉयन, 2004) – और समितियों से ऊपर शोधकर्ताओं के साथ। हालांकि, विश्लेषणात्मक उद्देश्यों के लिए हमें अवसरों और संदर्भो में खोजना होगा, लेकिन हमें प्रामाणिक अनुभवों के लिए गहराई में जाने की आवश्यकता नहीं हैं। भावनात्मक और निजता के लिए मैं बाद में वापस आऊंगा।

यह गुणात्मक अनुसंधान के लिए गुणात्मक आयाम पर जोर देता हैं, तो हम आगे पता लगायें कि इस तरह के मुद्दे ज्ञान से कैसे संबंधित हैं।

पारस्परिक दूरी और सुगमताः क्या गुणात्मक शोधकर्ता घुसपैठिया हैं?

Interpersonal distance and comprehensibility: Are qualitative researchers intruders?

स्टेक और जेगैथीसन (2008: 1–13) ने दिखाया हैं कि भागीदारी को समझने के लिए रास्ता कम पारस्परिक दूरी के माध्यम से जाना जाता है – इसलिए घनिष्ठता का महत्व है, लेकिन कुछ बिंदु पर हम उस व्यक्ति की निजता के क्षेत्र में घुस सकते है। बिंदु जो इन क्षेत्रों को बाध्य करते हैं, वह बिन्दु बिल्कुल नहीं है। वे छायांकन, मार्ग है..., सहानुभूति, अंतर्ज्ञान, अनुभव, कुछ के माध्यम से, हमें पीछे हटने के लिए खुद पर भरोसा करने की आवश्यकता है (2008: 8) और काफी सही तरीके से वे जोर देते हैं कि निजता केवल प्रकटीकरण की सामग्री द्वारा परिभाषित नहीं हैं बल्कि दर्शकों और परिस्थितियों में शामिल होने के सन्दर्भ में भी (2008: 2)।

नुस्खे (प्रिस्क्रिप्शन) या बाह्य नियंत्रण तंत्र इस दुविधा को हल नहीं कर सकते हैं हालांकि दूसरों की तुलना में कुछ गुणात्मक मानदंडों (जैसे– भावनात्मकता और उत्तर आधुनिकता) में रहस्योद्घाटन की ओर झुकाव

अधिक प्रमुख है (कुछ समकालीन मानदंडों में मूल्यों और नैतिकता के अवलोकन के लिए, रायन, 2004: 244 में तालिका 15.1 देखें)। हालांकि बाहरी वास्तविकता में सकारात्मकवादी–सूचित विश्वास से कोई गारंटी नहीं है कि आप प्रतिभागियों के निजी जीवन में अनुचित आत्मनिरीक्षण या घुसपैठ से बचे रहेगें। उभरती हुई चुनौतियों का जवाब बाह्य नियंत्रण के लिये जरूरी नहीं है।

क्रॉस–सांस्कृतिक संदर्भों में बड़े पैमाने पर कहानियों के 'प्रामाणिक' अनुभवों का चित्रण करने के साथ कुछ चुनौतियों को और अधिक जाहिर करती हैं (मेरे पास कुछ तीन से अधिक घंटे का समय है)। इसके अलावा प्रतिभागी सक्रिय हैं और शोधकर्ता के साथ संबंधों से जानकारी को अति–उत्साह में रोकने हेतु अलग–अलग तरीके से शक्ति का प्रयोग करते हैं (बोर्न–डे और ली ट्रेवीक, 2008)। फिर मुखबिरों के बारे में क्या? क्या माहिद ने मुझे अस्पताल में संदेश भेज दिया क्योंकि उसे डर था कि वह अपने निः शुल्क परामर्शदाता को खो सकता है? जब वह टूट चुका था तो क्या उसके पास रहना मेरे लिए सुविधाजनक था, जिससे कि मैं समय पर लंचों के लिए भुगतान कर सकता था, यहां तक कि उसके सम्पर्कों के साथ? मुखबिर स्वयंसेवक (वालंटियर) क्यों होते है (रायन, 2008c)? अर्थ–निर्माण प्रक्रिया की खोज हमें समस्याग्रस्त क्षेत्रों की पहचान करने में बेहतर सक्षम बनायेगी। वे मानकीकृत नहीं है।

मेरा निष्कर्ष यह है कि, मुझे माहिद के साथ तथाकथित निजी कहानियों को सुनना चाहिए क्योंकि मुझे विस्फोटों के प्रबन्धन हेतु दिनों को व्यतीत करने और सुनने के लिए मंजूर नहीं किया गया है। दिलचस्प बात यह है कि यह निजता के हमारे पश्चिमी विचारों के बारे में, कहानी में किस तरह से परिवर्तन, आदि की बहुत जानकारी प्रदान कर रहा है। यह हमें अपनी स्थिति पर प्रतिबिंबित करने के लिए हमारे दायित्व की याद दिलाता हैं जिससे कि हम देखते हैं क्योंकि श्रेणियों और टैगों को वैकल्पिक ज्ञानमीमांसाओं जैसे – नृजाति प्रणाली विज्ञान, नारीवाद और स्वदेशी अनुसंधान में लंगर किया जाता है। उसने मुझे तीसरी दुनिया के संगठनों के लैंगिक नृवंशविज्ञानों में स्थानीय रंगो या अनुच्छेदों को पहचानने के लिये भी सिखाया है (फ्लिरटेशन, 2008d पर रायन देखें)।

भावनात्मक तनावः क्या गुणात्मक अनुसंधानकर्ताओं से नुकसान होता है?
Emotional stress: Do qualitative researchers cause harm?

यह सामान्य ज्ञान है कि लम्बे समय तक चलने वाले सम्बन्धों में अच्छी 'घनिष्ठता' भावनात्मक अनुभवों को प्रकट करने के लिये प्रतिभागियों को आमन्त्रित कर सकते हैं जैसा कि माहिद ने मुझसे किया था। प्रश्न यह है कि क्या यह हमारे प्रतिभागियों के लिये हानिकारक है या नहीं और इस प्रकार यह नैतिक रूप से समयाग्रस्त है (कभी कभी प्रतिभागियों के प्रयासों के बावजूद भी नृवंशविज्ञानी की निजता में घुस जाते हैं)।

मैक्इन्टोश और मोर्स (2009: 91) का तर्क है कि 'भावनात्मक संकट उद्देश्यपूर्ण सहभागिता को प्रेरित करता है, सम्बन्धपरक जोड़ों का निर्माण करता है, प्रतिभागियों के आत्मज्ञान और उनके अनुभवों को सुविधा प्रदान करता है, और साक्षात्कार द्वारा प्रदान की जाने वाली भावनात्मक जगह में अपनी आवाज व्यक्त करता है'। यह इसे एक अभिन्न भाग बनाता है, अनौपचारिक साक्षात्कार अनुसंधान से, न कि उप–उत्पाद से, और यह दर्शाता है कि पश्चिम में भावनाओं को संयम और ध्रुवीकरण से किस तरह से जोड़ा जाता है। लेकिन दर्द और आनन्द की बहु–आयामी और प्रासंगिक प्रकृति जटिलता का पता लगाने के लिये यह बहुत आसान है।

माहिद की कहानी, उसके अपने आरम्भिक कारोबारी जीवन से उसके दर्दनाक अनुभवों के बारे में भावनात्मक संकट को कार्यक्षेत्र के दौरान पैदा होने वाले प्रतिभागियों की एक व्यापक भावनात्मक प्रदर्शनों की सूची के भाग के रूप में दर्शाती है। पैदा होने वाला दर्द प्रासंगिक है और बतायी गई कहानियों में दिखाया गया है और सभी सन्दर्भों में फिर से बताया गया है। प्राप्तकर्ता–उन्मुख और विशिष्ट श्रोताओं के लिये अनुरूप (tailored), कथनीय कहानी के रूप में अनुभव का विवरण दिया गया है। भावानात्मक तनाव, व्यक्तिपरक और व्याख्यात्मक है तथा कहानी जोड़ने और सम्बन्धित करने के लिये, ध्यान देने और तनाव मुक्त करने लिये कार्य करती है। कुछ साल

बाद उन्होंने एक बैंक की परेशानी के बारे में बिन्दास (सीधे) अनुभवों के रूप में उसी तरह की कहानी वर्णित की, इसीलिये कहानियां अलग–अलग संस्करणों में, भावनात्मक और नहीं, स्थिति पर निर्भरता, श्रोता और सेटिंग पर होती हैं। अनुभवों की 'प्रामाणिकता' के लिये इन चुनौतियों को मान लिया जाता हैं। हमें अभी भी एक तरह से या किसी अन्य के लिये कथाकार के मष्तिष्क की भावनात्मक अवस्था से सम्बन्धित होना होता है जबकि भावनाओं की व्याख्या करने के लिये सांस्कृतिक और स्थित तरीकों से जागरूक होना पड़ता है। इस तरह की कहानियां अलग–अलग अंजाम **(serve ends)** देती हैं और क्षेत्र में जटिल लेनदेनों दर्शाती हैं। जब मै उसकी कई कहानियों को उस समय सुनना बन्द कर देता हूं तब माहिद इसे अहंकार मानता है इसीलिये मैं सुनता हूं। उसी समय ली और ली (2012: 45) हमें 'संवेदनशीलता' और अनुसंधित के साथ उनकी सोच के बारे में सामान्य बोध वाली मान्यताओं के नौकरशाही निकायों की याद दिलाता है। अनुभव बताते है कि अपराध, निर्बलता, हताशा, शारीरिक और भावनात्मक थकावट की अनुभूतियों के आधार पर अनुसंधान प्रक्रिया में व्यक्तिगत वचनबद्धता अनुसंधानकर्ताओं में तनाव का कारण भी बनती हैं। इसीलिये, सीमा रेखाओं के लिये समय भी है लेकिन कोई भी दस्तावेज़ हमें यथार्थ स्थिति कब और कहां नहीं बता सकते हैं। गुणात्मक अनुसंधान और भावनात्मक तनाव के बीच लिंक करने के लिये कोई सरल सूत्र नहीं है। फिर, हाल ही के वर्षों में, अनुसंधान नैतिकता कार्यकाल द्वारा हस्तक्षेपों की और अधिक गहन आलोचना के बारे में हम संक्षेप में देखेगें। गुणात्मक अनुसंधानकर्ताओं को उनके द्वारा उपयोग की जाने वाली शक्ति उनकी वैधता पर उचित सवाल खड़ा करती है।

सामरिक अनुसंधान नैतिक शासन-पद्धति पर विवाद (Controversies Over the Contemporary Research Ethical Regime)

गुणात्मक अनुसंधानकर्ताओं से व्यापक प्रतिक्रियाओं और चेतावनियों के बावजूद, कई देशों ने स्थानीय, बल्कि जैव चिकित्सा वर्चस्व वाली अनुसंधान नैतिक समितियों के साथ एक नई अनुसंधान नैतिक शासन–पद्धति को संस्थागत किया है (उदाहरण के लिये – गबरियम एट आल., 2012, खण्ड 6, हैम्मर्सले, 2009, यू.के. और मर्टेन्स और गिन्सबर्ग, 2009, यू. एस. पर देखें)। गुणात्मक अनुसंधानकर्ताओं को यह सबसे अजीब लगता है कि एक सकारात्मकवादी–सूचित बाहरी समिति इन मामलों में एक विशेष योग्यता का दावा करती है। प्रणाली को 'ऑडिट संस्कृति', एक निगरानी तन्त्र और एक प्रशासनिक एवं नौकरशाही बोझ के रूप में वर्णित किया गया है (रायन, 2012)। चिकित्सा पेशे की नकल करने के लिये लागत के साथ आया। विपक्ष स्वयं की शोध नैतिकता की बजाय नई समिति निकाय को संदर्भित करता है[5]।

आलोचकों का तर्क है कि नई शासन–पद्धति भी वैध विषयों और विधियों के चयन को सीमित करके ज्ञान उत्पादन को रोकती है (जब जैव–चिकित्सा परम्पराओं से विचलित होती है तब समस्याग्रस्त होती है जैसे –गुप्त अवलोकन और अभिनव विधियां)। इसने कुछ समूहों या विषयों तक पहुंच को भी अधिक समस्याग्रस्त बना दिया है (उदाहरण के लिए– जब वे मानसिक रूप से बीमार और बुजुर्गों जैसे 'भेद्य' की जैव–चिकित्सा छवि को माकूल बनाते हैं), (हैम्मर्सले, 2009, हैम्मर्सले और ट्रियानोऊ, 2012)।

हम पूछ सकते है कि गुणात्मक अनुसंधान की समझ में कमी क्यों है? जबकि दिन–प्रतिदिन की मान्यताओं और संशयात्मकता के द्वारा शासन–प्रणालियों के निर्णयों को स्वयं ही ग्रसित होना पड़ता हैं। हेनरी ए. गिरॉक्स अमेरिका के अधिकार विंग विरोधी बौद्धिकवाद और उच्च शिक्षा एवं ज्ञान में एक करणवाद के साथ जुड़े परिदृश्य का वर्णन करता है। विश्वविद्यालयों में व्यापारिक दुनिया और कॉर्पोरेट हितों के बाद तैयार किये गये, संकाय उनकी स्वायत्तता और महत्वपूर्ण पहलुओं को तेजी से छीन लिया जा रहा है (2007: 8)। शैक्षणिक पूंजीवाद में उच्च शिक्षा और अनुसंधान एक नये वैश्विक

[5] अनुसंधान और अनुसंधित के बीच के आलावा भी कई अन्य व्यापक मुद्दों को अनुसंधान नैतिकताओं के उलंघनों के लिये दर्शाता है।

वाणिज्यिक विकास उद्योग का हिस्सा बन गए हैं (केजेस्टैडली, 2010)। बाह्य वित्तपोषण के लिये दबाव मुकदमेबाजी या मुकदमों के बारे में चिन्ताओं से होता है जो अनुसंधान नैतिकता के नये नियामक अभ्यास में उनकी रुचि को बढ़ावा देता है (रायन, 2012)। यह पुनः हमारे अनुसंधान प्रतिभागियों के साथ हमारे ठेके को कमजोर बना देता है और संभावित रूप से शासन हानिकारक हो जाता है। आलोचकों ने भी इन मांगों और अकादमिक आजादी के बीच असन्तुलन को इंगित किया है।

ऐसा लगता है कि गुणात्मक अनुसंधान से परे जाना होगा। ईरान और चीनी के पीएच.डी. के छात्रों को अनुमानों के आधार पर नार्वे से बेदखल किया गया है कि उनकी घरेलू शासन–पद्धतियां भविष्य में अपने ज्ञान का उपयोग/दुरूपयोग कर सकती हैं और कई फिल्मों के लिये जाने माने निर्देशक और लेखक उलरिक इम्तियाज़ रोल्फेन्सन ने, अपने घर में गुप्त पुलिस सेवा के छापे के प्रदर्शन का अनुभव किया, जब उन्होंने एक युवा इस्लामवादी पर अपनी वृत्तचित्र सामग्री ले रहे थे, साक्षात्कारदाता तक पहुचनें में कठिनाई थी[6]।

अध्याय सारांश और भविष्य की संभावनाएं

अनुसंधान प्रतिभागियों के प्रति नैतिक जिम्मेदारी से ज्ञान का उत्पादन होता है। अनुसंधान नैतिकता और गुणात्मक अनुसंधान पर समृद्ध साहित्य समान्तर, वैकल्पिक ज्ञानमीमांसाओं के द्वारा सूचित कई दृष्टिकोणों को दर्शाता है। इससे प्रश्न यह उठता है कि नैतिक जिम्मेदारी सबसे अच्छी कैसे हो सकती है? यह एक विवादास्पद भू–भाग है (contested terrain)। अनुसंधान नैतिकता के समकालीन शासन स्वयं एक कमजोर क्षेत्र के रूप में गुणात्मक अनुसंधान के गठन में सक्रिय रूप से भाग ले सकते हैं। गुणात्मक अनुसंधान में नैतिक दुविधाओं की प्रकृति के बारे में भ्रामक मान्यताओं से बचने का दूसरा प्रयास मेरा अध्याय है। अनुसंधान नैतिकता की जटिलता को कम आंकना अनैतिक होगा। अभ्यास में अनुसंधान नैतिकता में दुविधाओं की चुनौतियों और समाधानों के रूप में हम जो देखते हैं वे ज्ञानमीमांसा द्वारा सूचित हैं (रायन, 2008b और 2011) और सामाजिक रूप से गठित और स्थित नैतिकता स्वयं एक क्षेत्र है (रायन, 2004)।

हमारे वैश्विक समय में, नैतिकता और अनुसंधान नैतिकता में विविधता के बारे में हमें अधिक जागरूक होने की आवश्यकता होगी। अगर हमारा अनुसंधान हमारे किसी अन्य संस्कृति से है तो हम पूछ सकते हैं कि हम नैतिक दृष्टि से सम्मानजनक तरीकों से सर्वोत्तम काम कैसे कर सकते हैं। हमारे अनुसंधान के नैतिक दिशा निर्देश अक्सर कम होते हैं हमारे अपने अनुसंधान के नैतिक दिशा निर्देशों के समूह अपर्याप्त हैं या परस्पर विरोधी हैं तो हमें यह तय करने की आवश्यकता है कि करना क्या है। यदि स्थानीय दिशानिर्देश डेटा के राष्ट्रीय स्वामित्व का दावा दूसरे संसाधनों के लिये करते हैं तो हमें यह जानने की आवश्यकता है कि हम अपने गृह देश में डेटा को आगे विश्लेषण करने के लिये किन शर्तो पर ला सकते हैं। यह सवालों के साथ सम्बन्धित है कि यह क्षेत्र किसका है? और नैतिकता किसकी है? और हमें इस बात पर प्रतिबिम्बित करता है कि अनुसंधान नैतिकता सत्ता के साथ एक दूसरे से किस प्रकार मिले हुए हैं (रायन, 2008b)। दर्शन और संस्कृति के सन्दर्भ के लिए हमारे अनुसंधान को और अधिक ज्ञान की आवश्यकता होती है चाहें विदेश में या घर पर। इन मुद्दों को समकालीन बहस में जोड़ दिया जायेगा, जब हम 'लापरवाही भरे व्यवहार को' (the-taken-for-granted) अधिक समय तक स्वीकृत नहीं कर सकते हैं (रायन, 2007)। कथिततौर पर सार्वभौमिक पश्चिमी अनुसंधान नैतिकता के प्रासंगिक पक्ष की या तो सीमाओं को या प्ररिप्रेक्ष्य को दर्शाता है।

गुणात्मक अनुसंधानकर्ताओं के रूप में हमें सामाजिक प्रक्रियाओं को पहचानने की आवश्यकता होती है, जिनके माध्यम से चीजें नैतिक रूप में देखी जा सकती हैं या नहीं। जैसा कि जिगमंट बौमन द्वारा दावा किया गया है:

[6] सीक्रेट पोलिस सर्विस (नार्वे) एण्ड राल्फसेन (2015) के सन्दर्भों में देखें। इसके होने के बाद नार्वे को एक नई उदारवादी दोस्ताना सरकार मिली। अपमानित (आफेन्डेड) अपने प्रकरण अदालत में ले गए (पीएच.डी. के छात्रों ने अन्य आवेदकों के साथ सामान्य शर्तो पर उनके अनुदान हेतु प्रतिस्पर्धा की और उनकी अवधि के अंत में बेदखल कर दिया गया)।

निर्बुद्धि–सार्वभौमिक और अप्रभावी रूप से स्थापित– नैतिक कोड कभी नहीं मिलेगा (1993: 2–27)। ये मूलभूत मुद्दे हैं जिन्हें मैनें उठाने की कोशिश की है। गुणात्मक अनुसंधान दुविधाओं के साथ बिखरे हुए क्षेत्र में नैतिक जिम्मेदारी की मांग करता है, न कि त्वरित पूर्व निर्धारित उत्तरों के लिये।

आभार

माइक एमिसन और डेविड सिल्वरमैन को इस अध्याय के पूर्व ड्राफ्ट हेतु उनके सर्वाधिक प्रासंगिक टिप्पणियों के लिए धन्यवाद।

संदर्भ

Baker, C. D. (2004) 'Membership categorization and interview accounts', in D. Silverman (ed.), *Qualitative Research: Theory, Method and Practice*. London: Sage, pp. 162–76.

Bauman, Z. (1993) *Postmodern Ethics*. Oxford: Blackwell.

Bourne-Day, J. and Lee-Treweek, G. (2008) 'Interconnected lives: examining privacy as a shared concern for the researched and the researchers', in B. Jegatheesan (ed.), *Access: A Zone of Comprehension, and Intrusion.* Bingley: Emerald, pp. 29–60.

Dingwall, R. (1980) 'Ethics and ethnography', *Sociological Review*, 28 (4): 871–92.

Duncombe, J. and Jessop, J. (2012) '"Doing rapport" and the ethics of "faking friendship"', in T. Miller, M. Birch, M. Mauthner and J. Jessop (eds), *Ethics in Qualitative Research*. London: Sage, pp. 108–21.

Fine, G. A. (1993) 'Ten lies of ethnography: moral dilemmas in field research', *Journal of Contemporary Ethnography*, (22) 3: 267–94.

Giroux, H. A. (2007) *The University in Chains: Confronting the Military-Industrial-Academic Complex*. Boulder, CO: Paradigm Publishers.

Gubrium. J. F. and J. A. Holstein (1997) *The New Language of Qualitative Research*. New York: Oxford University Press.

Gubrium, J. A., Holstein, J. A., Marvasti, A. B. and McKinney, K. D. (eds) (2012) *The Sage Handbook of Interview Research: The Complexity of the Craft.* Thousand Oaks, CA: Sage.

Hammersley, M. (2009) 'Against the ethicists: on the evils of ethical regulation', *International Journal of Social Research Methodology*, 12 (3): 211–25.

Hammersley, M. and Traianou, A. (2012) *Ethics in Qualitative Research: Controversies and Contexts*. London: Sage.

Kjeldstadli, K. (2010) *Akademisk kapitalisme*. Oslo, Norway: Res publica.

Lee, Y.-O. and Lee, R. M. (2012) 'Methodological research on "sensitive" topics: a decade review', *BMS/Bulletin of Sociological Methodology*, 114: 35–49.

Liamputtong, P. (2010) *Performing Qualitative Cross-Cultural Research*. Cambridge: Cambridge University Press.

McIntosh, M. J. and Morse, J. (2009) 'Institutional review boards and the ethics of emotion', in N. K. Denzin and M. D. Giardina (eds), *Qualitative Inquiry and Social Justice.* Walnut Creek, CA: Left Coast Press, pp. 81–107.

Mellick, M. and Fleming, S. (2010) 'Personal narrative and the ethics of disclosure: a case study from elite sport', *Qualitative Research*, 10 (3): 299–314.

Mertens, D. M., Cram, F. and Chilisa, B. (eds) (2013) *Indigenous Pathways into Social Research: Voices of a New Generation.* Walnut Creek, CA: Left Coast Press.

Mertens, D. M. and Ginsberg, P. E. (eds) (2009) *The Handbook of Social Research Ethics.* Los Angeles, CA: Sage.

Miller, T. and Bell, L. (2012) 'Consenting to what? Issues of access, gate-keeping and "informed" consent', in M. Mauthner, M. Birch, J. Jessop, and T. Miller (eds), *Ethics in Qualitative Research*. London: Sage, pp. 61–75.

Oakley, A. (1981) 'Interviewing women: a contradiction in terms', in H. Roberts (ed.), *Doing Feminist Research.* London: Routledge & Kegan Paul, pp. 30–61.

Punch, M. (1994) 'Politics and ethics in qualitative research', in N. K. Denzin and Y. S. Lincoln (eds), *Handbook of Qualitative Research.* Thousand Oaks, CA: Sage, pp. 83–97.

Riessman, C. K. (2005) 'Exporting ethics: a narrative about a narrative research in South India', *Health: An Interdisciplinary Journal for the Study of Health, Illness and Medicine*, 9 (4): 473–90.

Rolfsen, U. I. (2015) www.dagbladet.no/tag/ulrik_imtiaz_rolfsen (accessed 22 June 2015).

Ryen, A. (2004) 'Ethical issues', in C. Seale, G. Gobo, J. F. Gubrium and D. Silverman (eds), *Qualitative Research Practice*. London: Sage, pp. 158–74.

Ryen, A. (2007) 'Do Western research ethics work in Africa? A discussion about not taking "the taken-for-granted" for granted', *Mosenodi*, 15 (1/2): 31–45.

Ryen, A. (ed.) (2008a) A special issue on research ethics, *Qualitative Social Work, Research and Practice*, 7 (4). http://qsw.sagepub.com/content/7/4.toc (accessed 25 June 2015).

Ryen, A. (2008b) 'Trust in cross-cultural research: the puzzle of epistemology, research ethics and context', *Qualitative Social Work*, 7 (4): 448–65.

Ryen, A. (2008c) 'Wading the field with my key informant: exploring field relations', *Qualitative Sociology Review*, 4 (3). www.qualitativesociologyreview.org/ENG/archive_eng.php (accessed 10 January 2010).

Ryen, A. (2008d) 'Crossing borders? Doing gendered ethnographies of third-world organisations', in B. Jegatheesan (ed.), *Access: A Zone of Comprehension, and Intrusion*. Bingley: Emerald, pp. 141–64.

Ryen, A. (2011) 'Exploring or exporting? Qualitative methods in times of globalisation', *International Journal of Social Research Methodology*, 14 (6): 439–52.

Ryen, A. (2012) 'Assessing the risk of being interviewed', in J. F. Gubrium, J. A. Holstein, A. B. Marvasti and K. D. McKinney (eds), *The Sage Handbook of Interview Research: The Complexity of the Craft*. Thousand Oaks, CA: Sage, pp. 477–93.

Sacks, H. (1984) 'Notes on methodology', in J. M. Atkinson and J. Heritage (eds), *Structures of Social Action: Studies in Conversational Analysis*. Cambridge: Cambridge University Press, pp. 21–7.

Secret Police Service (Norway) www.bbc.com/news/world-middle-east-28488024; www.thelocal.no/20150312/expelled-chinese-phd-did-illegal-missile-research; www.dagbladet.no/tag/ulrik_imtiaz_rolfsen (all accessed 26 June 2015).

Silverman, D. (1998) *Harvey Sacks: Social Sciences and Conversational Analysis*. Cambridge: Polity Press.

Silverman, D. (2006) *Interpreting Qualitative Data*. London: Sage.

Stake, R. and Jegatheesan, B. (2008) 'Access: a zone of comprehension, and intrusion', in B. Jegatheesan (ed.), *Access: A Zone of Comprehension, and Intrusion*. Bingley: Emerald, pp. 1–13.

Stake, R. and Rizvi, F. (2009) 'Research ethics in transnational spaces', in D. M. Mertens and P. Ginsberg (eds), *Handbook of Social Science Research in Ethics*. Thousand Oaks, CA: Sage, pp. 521–36.

भाग II

साक्षात्कार और संकेन्द्रित समूह

(Interviews and Focus Groups)

अनुसंधानकर्ता–अनुसंधानित के सम्बन्ध के महत्व पर रायन के अनुस्मारक के बाद, साक्षात्कारों और संकेन्द्रित समूहों पर भाग 2 के तीनों अध्यायों में हमें बताया गया है कि उत्तरदाता और सामाजिक वैज्ञानिक, दोनों एक दूसरे से बात करने में सक्रियता से अर्थ का निर्माण करते हैं। जॉडी मिलर और बैरी ग्लासनर ने साक्षात्कार के विवरणों में 'वास्तविकता' का पता लगाने वाले मुद्दे को सम्बोधित किया है। मिलर और ग्लासनर के अनुसार, साक्षात्कार अनुसंधान का ध्यान इस बात पर केन्द्रित होना चाहिए कि कौन सी कहानियां सुनाई जा रही हैं और उनका निर्माण कैसे तथा कहां हो रहा है। जेम्स हॉस्टीन और जैबर गबरियम ने उनके अध्याय में हमें बताया है कि कहानी और कथा संरचना पर ध्यान किस तरह से केन्द्रित करने की आवश्यकता होती है जिससे हम यह मानते हैं कि साक्षात्कार डेटा का संग्रहण और साक्षात्कार विश्लेषण दोनों सक्रिय अवसर हैं जिनमें अर्थ उत्पन्न किये जाते हैं। इसका मतलब यह है कि हमें अनुसंधान 'विषयों' को स्थिर संस्थाओं के रूप मे नहीं देखना चाहिए, लेकिन सक्रिय रूप से उनके उत्तर के जरिये निर्माण करना चाहिये। संकेन्द्रित समूहों पर सू विल्किनसन का अध्याय हॉस्टीन और गबरियम के विचारों को आगे ले जाता है कि हम अपने उत्तरदाताओं के साथ सामाजिक दुनिया का निर्माण कैसे करें। विल्किनसन हमें दिखाती हैं कि एक संकेन्द्रित समूह चलाने के लिए सामग्री विश्लेषण और यांत्रिकी पर एकाग्रता, प्रक्रिया–में–बात (टॉक–इन–प्रोसेस) के सूचित तथा विस्तृत डेटा विश्लेषण का विकल्प नहीं हो सकती हैं।

चार

साक्षात्कारों में वास्तविकताओं की खोजः 'आन्तरिक' और 'बाहरी'

(The 'Inside' and the 'Outside': Finding Realities in Interviews)

जॉडी मिलर और बैरी ग्लासनर

इस अध्याय के बारे में

इस अध्याय में, हम तर्क करते हैं कि गहन साक्षात्कार के विवरणों से सामाजिक दुनिया के बारे में अध्ययन और मूल सिद्धान्तों के लिये एक सार्थक अवसर प्रदान होते हैं। हम उद्देश्यवादी–रचनावादी विभाजन को अस्वीकार करते हैं और यह दर्शाया जाता है कि गहन साक्षात्कारों के माध्यम से वास्तविकताओं तक पहुंच प्रदान करने वाले वर्णनात्मक विवरणों को किस तरह से उत्पादित किया जाता है। विशेष रूप से, हम सुझाव देते हैं कि सन्दर्भों और परिस्थितियों जिसमें से उनका आर्विभाव होता हो, साथ ही सांस्कृतिक ढाचों में अन्तर्दृष्टि जिसे लोग इन अनुभवों और उनके सामाजिक संसारों को समझने हेतु उपयोग करने सहित, साक्षात्कारों से जांच के तहत घटनाओं की प्रकृति के सबूत प्रकट होते हैं। हम लेखकों में से एक के द्वारा पूरी की गई दो परियोजनाओं पर चर्चा करके समझाते हैं।

कीवर्ड्स- गहन साक्षात्कार करना (in-depth interviewing), प्रतीकात्मक बातचीतवाद (पारस्परिकविचार–विमर्शवाद) (symbolic interactionism), कथा विवरण (narrative accounts), सामाजिक संसार (social worlds)

सिल्वरमैन (2001) उनकी पुस्तक 'इन्टरप्रेटिंग क्वालिटेटिव डेटा' में अनुसंधानकर्ताओं द्वारा साक्षात्कार से जुड़े उनके डेटा से होने वाली दुविधाओं का सामना, के बारे में बताते हैं। एक तरफ, प्रत्यक्षवादी (पाजिटिविस्ट) 'शुद्ध' साक्षात्कार बनाने का प्रयास इस तरह से करते हैं–कि सामाजिक दुनिया में मौजूद वास्तविकता का 'दर्पण प्रतिबिंब' प्रदान कर सकें, जितना संभव हो उतना करीब। इसकी व्यवहार्यता और इसकी वांछनीयता के संदर्भ में इस स्थिति को पूरी तरह से वर्षों तक समीक्षित किया गया है। दूसरी ओर, भावुकतावादियों द्वारा सुझाव दिया जाता है कि असंरचित, मुक्त (ओपन–इन्डेड) साक्षात्कार करना 'व्यक्तिपरक अनुभव के प्रामाणिक विवरणों' को दर्शाता है। हालांकि यह दृष्टिकोण 'मोहक' है, एक महत्वपूर्ण समस्या के प्रश्न में यह निहित है कि परिचित सांस्कृतिक कहानियों की पुनरावृत्ति के बजाय क्या 'प्रामाणिक विवरण' वास्तव में हैं। अंत में, कट्टरपंथी सामाजिक निर्माणवादियों द्वारा सलाह दी जाती है कि साक्षात्कार से सामाजिक दुनिया में 'बाहरी अर्थात् अजीब (बहुत अलग)' की वास्तविकता के बारे में कोई भी जानकारी नहीं ली जा सकती है, क्योंकि साक्षात्कार केवल साक्षात्कारकर्ता और साक्षात्कारदाता के बीच बातचीत है, जिसमें दोनों सामाजिक दुनिया के कथात्मक संस्करणों का निर्माण करते हैं। इन विद्वानों के अनुसार, 'सत्य' के प्रतिनिधि के रूप में इन कथाओं को देखने पर कुछ समस्या यह है कि वे सन्दर्भ–विशिष्ट हैं, साक्षात्कार के पारस्परिक बातचीत के संदर्भ के लिए आविष्कार किया गया है, और कुछ अधिक या कम के प्रतिनिधि नहीं है।

हम में से उन लोगों के लिए, जो सामाजिक दुनिया के बारे में जानने के लिए उम्मीद रखते हैं और उस ज्ञान का योगदान जो समझ विस्तार कर सकता है और जो सामाजिक परिवर्तन को बढ़ावा देने में सहायता कर सकता है, यह प्रस्ताव है कि सन्दर्भ से परे हमारे साक्षात्कार अर्थहीन होते हैं जिनमें वे होते हैं, चुनौतीपूर्ण हैं। कहना

यह नहीं है कि हम मानकीकृत साक्षात्कार करने के माध्यम से उपलब्ध अछूते डेटा की संभावना के सकारात्मक दृष्टिकोण को स्वीकार करते है, न ही हम कथात्मक विवरणों से उत्पन्न होने वाली सहज प्रामाणिकता के रोमांटिक दृष्टिकोण को देखते है। इसके बजाय, हम साक्षात्कार डेटा के हमारे विश्लेषण में साक्षात्कार से परे सामाजिक दुनिया के बारे में सीखने की संभावना को कम करने के लिए तैयार नहीं है।

इस अध्याय में, हम आक्षेपवादी–रचनावादी निरंतरता के बाहर की स्थिति की पहचान करने का प्रयास करते हैं, फिर भी अपने दोनों ध्रुवों पर अनुसंधानकर्ताओं के लक्ष्यों और आलोचनाओं को गंभीरता से लेते हैं। हम यह तर्क देंगे कि गहन साक्षात्कार करने के माध्यम से सामाजिक दुनिया के बारे में जानकारी प्राप्त की जा सकती है। जिस स्थिति पर हम आगे बढ़ने का प्रयास कर रहे हैं वह हार्डिंग(उदाहरणार्थ, 1987) और लाटूर (उदाहरणार्थ, 1993) जैसे लेखकों से प्रेरित है, जो पद्धतिय और सिद्धान्तवादी प्रथाओं के लिए द्वैधवादी–विरोधी विकल्पों को स्पष्ट रूप से व्यक्त करते हैं– विकल्पों जिनमें माना जाता है कि प्रमुख प्रवचनों के अनुकरण और अस्वीकृति दोनों जैसे कि सकारात्मकवाद में कुछ गंभीर रूप से महत्वपूर्ण अभाव (कमी) है। प्रमुख प्रवचन कुल मिला कर केवल उन लोगों के लिए है जो उन्हें इस तरह देखते हैं कि वे उथल–पुथल और गैरउपनिवेशित (अनकोलोनाइज्ड) स्थान से परिपूर्ण है जिनके अंदर लोग ज्ञान निर्माण की बेहत संतोषजनक और प्रतिरोधी प्रथाओं में संलग्न है। हम सैडर्स के साथ सहमत है कि:

> सच्चाई के दावों के आधार के बारे में संदेह होने के बीच काफी अंतर है, जबकि इन दावों के आधार पर सावधानी से जांच करने के तरीकों की स्थापना की जाती है (एक पारम्परिक इन्टरैक्टिव एन्टरप्राइज) और उस सत्य को नकारते हुए–एक उपयोगितावादी और मुक्ति उन्मुखीकरण के रूप में –सभी में मौजूद है। (1995: 93, 97)

संक्षेप में, हम मानते हैं कि गुणात्मक साक्षात्कार हमें सामाजिक संसारों तक पहुंच प्रदान करते है, कि उनके भीतर 'क्या होता है' और व्यक्तियों को स्वयं के बारे में किस तरह से पता चलता है, इन सामाजिक संसारों के भीतर उनके अनुभवों और उनके स्थान, दोनों के सूबत के रूप में। अगला, हम उन आधारों के बारे में चर्चा करते है, जिन पर हम अपनी स्थिति का दावा करते हैं।

कथाएं और दुनिया (Narratives and Worlds)

'कथाएं मानव अस्तित्व के लिए केन्द्र है' (प्रेस और सैंडबर्ग, 2015: 1)। कहानियों को बताते हुए, साक्षात्कार विषयों से सामाजिक संसारों का निर्माण होता है। अंतःक्रियावादी परंपरा में शोधकर्ताओं के लिए, तब, प्राथमिक मुद्दा डेटा उत्पन्न करना है, जो लोगों के अनुभवों में एक प्रामाणिक अंर्तदृष्टि प्रदान करता है (सिल्वरमैन, 2001: XX)। पारस्परिक विचार–विमर्शवादियों द्वारा सुझाव नहीं दिया जाता है कि:

> 'एक एकमात्र उद्देश्य या सम्पूर्ण दुनिया सामने है' .... (लेकिन वे) 'वास्तवीकृत दुनिया' को मानते हैं। दरअसल, वे तर्क करते है कि मानव आचरण पूरा करने के लिए कुछ वास्तवीकरण (ऑब्जेक्टीफिकेशन) आवश्यक है। निष्पक्षता मौजूद है, एक पूर्ण या स्वाभाविक रूप से अर्थपूर्ण स्थिति के रूप में नहीं, लेकिन मानव जीवन के अनुभव के एक सिद्ध पहलू के रूप में, जो मानव प्रतिक्रिया करते हैं। (डावसन एंड प्रस, 1995: 113)।

सकारात्मकवादियों के प्रयास के लिये, अनुसंधान सामाजिक दुनिया का दर्पणप्रतिबिंब प्रदान नहीं कर सकता है, लेकिन यह लोगों को उनके अनुभवों के गुणों और सामाजिक संसारों के लिए अर्थों तक पहुंच प्रदान कर सकता है। हालांकि साक्षात्कार ही एक प्रतीकात्मक संवाद है। पारस्परिक विचार–विमर्श से परे सामाजिक दुनिया का ज्ञान अभी भी प्राप्त किया जा सकता है। वास्तव में, यह केवल गैर प्रत्यक्षवादी साक्षात्कारों के संदर्भ में है, जो उनके पारस्परिक विचारविमर्श के घटकों पर पहचान और निर्माण करते हैं (उन्हें नियंत्रित या कम करने की कोशिश करने के बजाय), जिससे कि 'अन्तरविषयी गहराई' प्राप्त की जा सकती है (और, इसके साथ, सामाजिक दुनियाओं के ज्ञान की उपलब्धि)।

हममें से वो जिनका उद्देश्य दूसरों को समझना होता हैं वे गुणात्मक साक्षात्कार करने का चुनाव करते हैं क्योंकि यह हमारे अनुसंधान विषयों के विचारों को उजागर करने के साधन प्रदान करता है, जबकि इन विचारों को वास्तविकता की सांस्कृतिक रूप से सम्मानित स्थिति प्रदान करता है। जैसा कि चर्मज़ बताती हैः

> हम अनुभव वाले व्यक्ति से शुरू करते है और उसके व्यक्तिपरक विचारों को साझा करने का प्रयास करते है। इस अर्थ में हमारा काम वस्तुनिष्ठ है कि हम इसे गहराई और विस्तार से वर्णन करने का प्रयास करते हैं। ऐसा करने में हम उस व्यक्ति के विचार को दर्शाने का प्रयास करते है और उसके अर्थ के अनुरूप चित्रित करने का प्रयास करते हैं। (1995: 54)

सिल्वरमैन और दूसरों ने सहीं ढंग से सुझाव दिया है कि हम जो कुछ करते हैं उसका चित्रण कुछ तरीकों से रोमांटिक है हम उन समस्याओं में से कुछ को सम्बोधित करेंगे, जो इस मामले का निर्माण करते हैं। लेकिन प्रस्थापना (कथन) है जिसे चर्मज़ परिभाषित करती है कि रोमांटिक होने वाले कथन वस्तुनिष्ठता को नकारते है, या जिन चीजों के साथ हम काम करते है, उनका पालन नहीं होता है।

उदाहरण के लिए, हम स्वीकार करते है कि साक्षात्कारदाताओं द्वारा कभी–कभी साक्षात्कारकर्ताओं को उनके व्यक्तिपरक दृष्टिकोण में सार्थक अंर्तदृष्टि प्रदान करने के बजाय परिचित कथा रचनाओं के उपयोग के माध्यम से जवाब दिया जाता है, दरअसल, जैसे – डेजिन के नोट्स।

> विषय एक पाठ में निहित होने से कहीं और अधिक हो सकता है, और पाठ केवल उस विषय का पुनरूत्पादन है जिसे विषय ने हमें बताया है। विषय जो हमें बताता है कि वह कुछ ऐसा है जो पूर्व सांस्कृतिक समझों के आधार पर बनाया गया है। सबसे महत्वपूर्ण भाषा है जो विषय की दुनिया (और हमारी दुनिया) में हमारी खिड़की है, चालें चलती है, ... जो हमेशा दिया जाता है वह अन्य चीजों के लिये अनुरेखण (सुराग़) है, न कि चीज – जीवित अनुभव– स्वयं। (1991: 68)।

साक्षात्कार होने की भाषा (जैसा अन्य सभी कह रहे हैं) से बतायी जा रही कहानियों का भंजन होता है। यह एक कथाकार की कथा के भीतर अनिवार्य रूप से होता है, क्योंकि कहानियां हमेशा 'क्या हुआ' और 'क्यों' के आंशिक और विशिष्ट बयान होते हैं। गुणात्मक साक्षात्कार के साथ शोध में भी आगे इसी तरह से भंजन होता है। कहानियों की कोडिंग, वर्गीकरण और टाइपोलाजिंग उन्हें उनकी 'सम्पूर्णता' में प्रस्तुत करने के बजाय, कहानियों के केवल कुछ हिस्सों को बताती हैं (चर्मज़ 1995: 60)। 'प्राथमिक अनुभव' के क्षण से शोधकर्ताओं के पठन तक निष्कर्षों के शाब्दिक प्रस्तुतीकरण में, प्रतिलेखन और जो कहा गया है उसका विश्लेषण करने और पठन, शोधकर्ता को इसे बताने, अनुभव में भाग लेने सहित प्रतिनिधित्व के कई स्तर होते हैं।

गुणात्मक साक्षात्कारकर्ताओं द्वारा इस तरह के विवादों (दरारों), टिप्पणियों को मान्य किया जाता है, उदाहरण के लिए, कि विशेष लोगों को कहानियां बतायी जाती हैं और ये अन्य श्रोताओं के साथ अलग–अलग रूप ले सकती हैं (देखें, मिलर, 2010)। साक्षात्कारदाताओं द्वारा हमें जबाव किस तरह से दिया जाता है, यह मुद्दा इस बात पर आधारित होता है कि उनके जीवन में हम कौन .... हैं, साथ ही साथ सामाजिक श्रेणियां जिसमें हम रहते हैं जैसे – उम्र, लिंग, वर्ग और जाति, ... जो कि एक व्यावहारिक सोच है और साथ ही साथ एक ज्ञानमीमांसीय या सैद्धांतिक भी है। उदाहरण के लिए, जब हम ऐसे समूहों का अध्ययन करते हैं जिनके साथ हम सदस्यता साझा नहीं करते हैं, साक्षात्कारदाताओं द्वारा हम पर भरोसा नहीं किया जा सकता है, वे हमारे प्रश्नों को समझ नहीं सकते है या वे जानबूझकर उनके जवाबों के द्वारा हमें भ्रमित कर सकते हैं। इसी तरह, उनके प्राथमिक समूहों में सदस्यता की कमी होने से, अध्ययन के तहत घटना के बारे में सही सवालों को पूछने के लिए हमें पर्याप्त जानकारी नहीं हो सकती है।

किशोरों का अध्ययन करना, जैसा कि हमने अपने अनुसंधान में किया है, एक अच्छा उदाहरण प्रदान करता है। एक तरफ, किशोरावस्था को समझने की पद्धतियां वयस्कों से भिन्न होती हैं और प्रौढ़ अनुसंधानकर्ताओं को

यह सोचनें में सावधानी बरतनी चाहिए कि वे किशोर की संस्कृतियों को समझते है क्योंकि वे वहां रह चुके हैं। दूसरी तरफ, किशोरों की जीवन अवधि संक्रमणकालीन होती है, जो तेजी से प्रौढ़ संसारों में उन्मुख हो रही होती है, हालांकि अच्छे से नहीं (फाइन और सैंडस्ट्रॉम, 1988: 60)। एक परिणाम के रूप में, अपने आप को अलग करने के साधन के रूप में आयु में कमी शुरू हो जाती है और सांस्कृतिक भेदभाव के अन्य आयाम जैसे लिंग और वर्ग (और जाति), अधिक महत्वूपर्ण हो जाते हैं (फाइन और सैंडस्ट्रॉम, 1988: 66)। इसीलिये अनुसंधान सम्बन्धों, तालमेल और विश्वास की स्थापना के लिए और प्राप्त सूचना के मूल्यांकन करने और गहन साक्षात्कारों में होने वाली बातचीतों के लिये ये आयाम गम्भीर रूप से महत्वपूर्ण हैं।

एक युवा व्यक्ति (महिला या पुरुष) की उम्र उसके अनुभवों के निर्धारक या भविष्यवक्ता के रूप में अच्छी तरह से एक अन्य प्रमुख बिंदु उम्र–क्रम के बारे में उपेक्षा करती है।

> बचपन के समाप्त होने का विचार एक आदर्श प्रणाली पर आधारित होता है जिसमें बचपन स्वयं ही सच (वास्तविक) माना जाता है लेकिन बचपन को व्यक्तिगत या सामाजिक 'विचलनों' की कथाओं या बचपन के स्वयं की मॉडलिंग के पुर्नगठन की नई कहानियों के द्वारा भी समाप्त किया जा सकता है (रोजर्स एंड रोजर्स, 1992: 153)।

हमारे अनुभव में, खुले साक्षात्कारों में किशोरों के बारे में जो बातें अधिकतर होती हैं, निश्चित रूप से कि उनके कार्य किस तरह से स्वच्छन्द, अपराधी, असामयिक प्रतीत होते है या अन्यथा उपयुक्त युवापूर्ण व्यवहार नहीं करते हैं। उनका संभाषण उनके और हमारे साथ (और उनके खुद के लिए) बहुत अधिक इस बारे में है कि वे कहां और कौन हैं। यह सामाजिक स्थानों और पहचानों की कोशिश करने के बारे में है:

> हमारा दृष्टिकोण किशोरों के प्रतिवेदनों को सामाजिक दुनिया में स्थित तत्वों के रूप में व्यवहार में लाना हैं ... प्रतिलिपियों को कोई नहीं पढ़ सकता हैं और पहचानने में विफल रहता है कि जो कुछ भी चल रहा है वह दो व्यक्तियों द्वारा विषयों को समझने की कोशिश करना है ऐसी विशेष परिस्थितियों को छोड़कर जो न तो इस तरीके से या विस्तार से विचार करेंगे। साक्षात्कारदाताओं द्वारा आमतौर पर इस तरह के मामलों के बारे में 'आत्मभाषण' के अवसर का आनन्द लेते प्रतीत होते हैं और अक्सर वे साक्षात्कारकर्ता को यह कहते भी हैं। इस सोच का ज्यादातर हिस्सा उनके वर्तमान जीवन की एक प्रमुख परियोजना पर निर्देशित है– यह पता लगाया जा रहा है कि वे किस प्रकार के व्यक्ति हैं और किस प्रकार के बनना चाहते हैं। साक्षात्कार में इस पुराने छात्र पर विभिन्न संभावनाएं तलाशने का मौका दिया गया है जो प्रश्नों को पूछ रहा है और संदर्भ के साथ यह किस तरह से किसी की स्वयं की छवि के साथ अनुकूल हो सकता है या अन्य दर्शकों पर निर्देशित होने से परिणाम मिल सकता है। दूसरी ओर, स्वयं और दुनिया को देखने और खुद को सामाजिक दुनिया में बनाने के इन तरीकों से आये हैं। दैनिक अनुभवों से सोचने और बातचीत करने के तरीके निकाले जाते हैं (ग्लासनर एंड लोफलिन, 1987: 34–5)।

इन संभावित चुनौतियों की कुंजी यह है कि हमारे साक्षात्कारदाताओं के संबंध में और अधिक समझने के लिए 'हम कौन हैं' का उपयोग हम किस तरह से करते हैं (मिलर, 2010)। जैसा कि नीचे दिए गए उदाहरणों से स्पष्ट होगा।

साक्षात्कार के बाहर जीवन (Life Outside the Interview)

परस्पर विचार–विमर्शवादी (इंटरैक्शनिस्ट) अनुसंधान एक विश्वास से शुरू होता है, लोग सार्थक दुनिया का निर्माण और संधारण करते है जैसा कि किशोरों के साथ परस्पर विचार–विमर्शवादी अनुसंधान दिखाता है कि इस विश्वास को स्वीकार किया जा सकता है 'बिना किसी एकल अस्तित्व को मानते हुए, अपर्याप्त वास्तविकता को शामिल करके' (चर्मज़ 1995: 62)। यह माना जाता है कि साक्षात्कार के संदर्भ से परे वास्तविकताओं को शामिल नहीं किया जा सकता है और कथा की सर्वव्यापकता की स्वीकृति को उज़ागर करना है। इन वास्तविकताओं की जड़े अधिक 'मौलिक और व्यापक' है। (डावसन एंड प्रस, 1995: 121, प्रेसर और सैंडबर्ग, 2015, भी देखें)। लंबे समय से रूग्ण चर्मज़ का काम एक स्पष्ट उदाहरण प्रदान करता है। भले ही वे उनके अपने साक्षात्कारों में भाग लें या

न लें, वे बीमारी का अनुभव करते हैं, वह टिप्पणी करती हैं (1995: 50)। इसी तरह, हमारे अध्ययनों में किशोरों ने अपनी उम्र, लिंग और नस्लीय/नृजातीय–आधारित पहचानों और पहचान की तरलता का अनुभव किया है, चाहें हमने उनका साक्षात्कार किया हो या नहीं, – और हमारे साक्षात्कारों में।

भाषा अर्थ का आकार देती है लेकिन अंतर–आत्मीयता और व्यक्तियों की क्षमता को अर्थपूर्ण दुनिया बनाने के लिए यह अनुमति भी देती है (प्रेसेर और सैंडबर्ग, 2015)। यह मानते हुए कि हम इस प्रस्ताव को स्वीकार नहीं कर सकते हैं कि साक्षात्कारों से सामाजिक दुनिया के बारे में जानकारी नहीं होती है, बल्कि, हम इसे मानते हैं कि दो व्यक्तियों की उनकी अपनी धारणाओं को एक दूसरे के साथ संचार कर सकते हैं। अच्छी तरह से जानते हुये कि किसी भी चर्चा में संरचनाएं और प्रदूषक दोनों हैं, उस चर्चा में जो कहा गया है हम उसका अध्ययन करने के लिए चुनाव करते हैं (ग्लासनर एंड लोफलिन, 1987: 33)। हालांकि निश्चित रूप से, एक पाठ के दो आवरणों के बीच एक वास्तविक जीवित व्यक्ति को सामान देने का कोई रास्ता नहीं है जैसा कि डेजिन ने लिखा है (स्मिट, 1993: 130 में)। हम सच्चाई से, वास्तविक जीवित लोगों के जीवनों के सीमांकित खंडो का वर्णन कर सकते हैं। दरअसल, सीमांकन में भी हम लोगों के रहने वाले अनुभव के करीब पहुंच सकते हैं। जैसा कि चर्मज़ (1995) कहती हैं, बहुत से लोग खुद को अपनी संपूर्णता में प्रकट नहीं करना चाहते। यह मानते हुए और तदनुसार जवाब देने के गहन परिणाम हो सकते हैं कि लोगों के जीवनों के उन पहलुओं की पूरी अवधारणाओं को समझने में हम अधिक रुचि रख सकते हैं।

साक्षात्कार के संदर्भ में जगह के बारे में और उसके जीवन की पूर्णता के विषय में परस्पर विचार–विमर्शवादी शोधकर्ता के बारे में बहुत कुछ कहा जाना चाहिए। छात्रवृत्ति (स्कॉलरशिप) को इसकी मौजूदगी में, विचारों और शोधकर्ता के अनुभव को जानकार और खोजकर्ता के रूप में को संरक्षित करना चाहिए (स्मिथ 1987: 92) ताकि सभी सामाजिक अनुसंधान में मौजूद व्यक्तित्व इस परियोजना का एक दृश्य हिस्सा हो, और इस प्रकार पाठक को परीक्षण के लिए उपल्ब्ध हो। हार्डिंग (1987: 9) की टिप्पणी के रूप में, जब शोधकर्ता हमें अदृश्य, अज्ञात आवाज के रूप में प्रतीत नहीं होता है बल्कि वास्तविक रूप में, यर्थाथपूर्ण ऐतिहासिक व्यक्ति, विशिष्ट इच्छाओं और हितों के रूप में अनुसंधान प्रक्रिया की छानबीन की जा सकती है।

इसके अलावा, 'एक अच्छा श्रोता होने के नाते' – समृद्ध साक्षात्कार विवरणों का उत्पादन करना आवश्यक होता है – हमें ध्यान देना चाहिए कि गुणात्मक साक्षात्कार के आंकड़ों के उत्पादन पर हमारी स्थिति कैसे प्रभावित हो सकती है। सामाजिक कार्य के उदाहरणों, भाषण–कार्यों या सामान्य गुणों के साथ घटनाएं, आवर्त संरचनाएं, सांस्कृतिक सम्मेलनों और पहचानने योग्य शैलियां, साक्षात्कार हैं (एटकिन्सन, 2005: 6 प्रेसेर और सैंडबर्ग, 2015 भी देखें)। इसके अलावा, साक्षात्कारदाताओं द्वारा जो कहानियां हमारे साथ साझा की जाती हैं और वे अपनी कहानियों को कैसे बताते हैं, न केवल स्थापित सम्बन्धों के द्वारा आकार ले सकते हैं बल्कि सामाजिक समानताओं के द्वारा भी और हमारे और उन लोगों के बीच की दूरियां जिनका हमनें साक्षात्कार किया है। फिर भी, यह तर्क देने के बजाय कि यह पूर्वाग्रह बनाता है या सीमित उपयोगिता के डेटा बनाता हैं हमारा सुझाव है कि इस पर ध्यान देना चाहिये कि साक्षात्कार विनिमय पर किस प्रकार हमारी सामाजिक स्थिति प्रभावित होती है, सामाजिक पूछताछ के लिए एक महत्वपूर्ण स्थल प्रदान करता है। (देखे – ग्रैन्ज, 2005, मिलर 2010, पैनफिल 2015)।

हमारे अनुभव में, साक्षात्कारदाता (इन्टरव्यूइस) हमें बताएंगे, अगर मौका दिया जाता हैं तो वे हमारे हितों और नियमनों में से उन्हें समझ पाते हैं और समझ नहीं पाते हैं। अपने सम्बन्धित अध्ययनों में, हमने प्रत्येक को ऐसे उदाहरणों को वर्णित किया है जिसमें साक्षात्कारकर्ता ने विषय को अप्रासंगिक या गलत व्याख्या के रूप में देखा था, और उन्होंने सुधार की पेशकश की थी (ग्लासनर एंड लोफलिन, 1987: 36, मिलर, 2001)।

हम अपने आप को कैसे (और कितना) प्रस्तुत करते हैं इसके बारे में सर्वोपरि महत्व यह है कि इस प्रस्तुति में साक्षात्कारदाता की क्षमता और कहानियों के विभिन्न प्रकारों को बताने की इच्छा है। रिचर्डसन की टिप्पणी में, लोग अपनी व्यक्तिगत आत्मकथाएं व्यवस्थित करते हैं और कहानियों के माध्यम से उन्हें समझते हैं जिसे उन्होने उनके

जीवन के अनुभवों को समझाने और उन्हें सहीं ठहराने के लिए तैयार किया है। (1990: 23, प्रेसेर और सैंडबर्ग 2015 भी देखें)। हमारा मानना है कि कहानियों को कहने के लिये, साक्षात्कार विषयों के बीच स्व–प्रतिबिम्बित (सेल्फ–रिफ्लेक्सिविटी) करने की इसकी अपनी क्षमता, गुणात्मक साक्षात्कार करने की ताकत है जो हमें सामाजिक दुनिया को समझने और सैद्धान्तिक बनाने की अनुमति देता है।

अनुसंधान भागीदारों के विचारों से सामाजिक दुनिया का परीक्षण करने के लिए गहन साक्षात्कार एक विशेष रूप से उपयोगी तरीका है। जैसा कि ओर्बच (1997: 455) ने स्पष्ट किया है कि साक्षात्कार के विवरणों में सांस्कृतिक रूप से जुड़ी मानक व्याख्याओं घटनाओं और व्यवहारों की पहचान करने का एक साधन प्रदान करते हैं, क्योंकि वे ऐसे तरीके का प्रतिनिधित्व करते हैं, जिनमें लोग खुद को, दूसरों के और उनके सामाजिक संसारों के विचारों को व्यवस्थित करते हैं। फिर भी, हम यहां तर्क करते हैं कि वे सांस्कृतिक और व्यक्तिपरक अर्थों पर जानकारी से कहीं और अधिक प्रदान करते हैं। विवरणों के कठोर विश्लेषण में निष्कर्षों के दो अंतर्निहित समूह मिलते हैं: संदर्भों और परिस्थितियों सहित, अन्वेषण के तहत घटना की प्रकृति के प्रमाण, जिसमें से यह उभरकर आते हैं, साथ ही सांस्कृतिक फ्रेम में अंर्तदृष्टि जिसे लोग इन अनुभवों को समझने के लिए उपयोग करते हैं। संयुक्त रूप से, वे सैद्धांतिक समझ के लिए महत्वपूर्ण अंर्तदृष्टि प्रदान करते है।

दो चित्रण (Two Illustrations)

हमने सुझाव दिया है कि साक्षात्कारों से उत्पन्न होने वाली कथाएं सामाजिक दुनियाओं में स्थित होती हैं, वे संसारों से बाहर निकलती हैं जो स्वयं साक्षात्कार के बाहर मौजूद होती हैं। हम न केवल इन संसारों के अस्तित्व के लिए तर्क करते हैं, बल्कि हमारी क्षमता के लिए भी शोधकर्ताओं के रूप में हमारी छात्रवृत्ति में इन संसारों के तत्वों को पकड़ना है। परस्पर विचार–विमर्शवादी की रणनीतियों के कुछ चित्रण की उस तक पहुंच प्राप्त करने के लिए हम पहले लेखक के दो शोध प्रयासों की ओर चलते हैं (मिलर, 2001; 2008)।

युवा गिरोहों में लैंगिक असमानता और लैंगिक विचारधाराओं का अध्ययन करना: लड़कों में से एक (One of the guys: Studying gender inequality and gender ideologies in youth gangs)

गिरोहों में युवा महिलाओं के अनुभवों के अध्ययन में गहन साक्षात्कारों का विश्लेषण करते समय, मिलर को एक महत्वपूर्ण विसंगति का सामना करना पड़ा था जिसे सम्बोधन की आवश्यकता थी। जबकि ज्यादातर लड़कियां अडिग (हठी) थीं कि वे उनके गिरोहों में लड़कों के 'बराबर' थीं, उन्होंने एक साथ इन समूहों के भीतर व्यवस्थित लिंग असमानताओं का वर्णन किया, जिसमें उन्होंने खुद को अक्सर अन्य लड़कियों के बारे में उनके स्वयं के रूख(मनोभावों) को कायम रखा। इसीलिये, उनके विश्लेषण के लिए उन्हें लड़कियों के दावों के बीच का संबंध बनाने की आवश्यकता होती थी कि वे 'उनमें (लड़कों) से एक' (एक सांस्कृतिक फ्रेम जिसका उपयोग वे खुद को गिरोह में बनाये रखने के लिये करते थे) और उनके असमानता के विवरण हैं (गिरोह के संदर्भ में स्थित अनुभवों)।

अप्रासंगिक विशिष्ट विषयों के लेबल हेतु, गलत व्याख्याओं को इंगित करने हेतु और सुधार की पेशकश करने हेतु –'बातचीत बैक' (असल में जवाब देना या मुखर होना) के लिये, सफल साक्षात्कार करने में साक्षात्कारदाता की बातचीत में पर्याप्त सहज और सक्षम अनुभूति को शामिल करता है (ब्लूमर, 1969: 22)। जब उत्तरदाताओं द्वारा मुखर होकर बात की जाती है तो वे उनके सामाजिक संसारों के अर्थों और उन संसारों के भीतर उनके अपने अनुभवों में अंतर्दृष्टि प्रदान करते हैं। मिलर का साक्षात्कारदाताओं से मुखर बातचीत का एक तरीका– वह और उसके जैसे दर्शकों की कल्पना कीजिये – उनकी चर्चा के लिये उनके प्रयासों का प्रतिरोध था कि गिरोहों में लिंग असमानता ने उनके अपने अनुभवों को किस तरह से आकार दिया। ऐसा करने में, वे गिरोहों में लड़कियों के बारे में बड़ी सांस्कृतिक कहानियों से, इन कहानियों को सतर्कतापूर्वक चुनौती देने से और 'अन्य' लड़कियों से उनकी चर्चा में उन्हें सम्मिलित करके, दोनों के द्वारा अपने निजी कथाएं बनाती हैं।

मिलर के साक्षात्कार में, एक प्रमुख विषय लड़कियों का आग्रह था कि उनके गिरोहों में लैंगिक समानता की जगह थी, जहां पुरुषों और महिलाओं को बराबर माना जाता था। जैसा कि एक ने समझाया, वे हम में से हर आखिरी एक को सम्मान देते हैं जिस तरह से वे पुरुषों को देते हैं। अन्य, लिंग के बारे में उसके अपने प्रश्नों से स्पष्ट रूप से निराश थी, और प्रतिक्रिया (उत्तर) देने में बार–बार अपने को अलग कर रही थीः

JM: You said before that the gang was about half girls and half guys? Can you tell me more about that? Like you said you don't think there are any differences in terms of what –

Interviewee: There isn't!

JM: Ok, can you tell me more –

Interviewee: Like what? There isn't, there isn't like, there's nothing – boy, girl, white, black, Mexican, Chinese.

ऐसे विनिमयों के लिये गिरोहों में लड़कियों के बारे में एक प्रकार की सांस्कृतिक कहानी के लिए एक सीधी चुनौती थी। गिरोहों में लड़कियों की भूमिकाओं की एक पुरानी सांस्कृतिक रूढ़िवादी धारणा यह है कि वे परिधीय या सहायक सदस्य हैं, जिनके प्राथमिक कार्य पुरुष गिरोह के सदस्यों के लिए यौन आउटलेट के रूप में हैं (कैंपबेल, 1984)। मिलर के अध्ययन में युवा महिलाओं के लिए, समानता के एक आदर्श स्थान का दावा करना उनके अनुभवों की इस व्याख्या को खारिज करने का एक महत्वपूर्ण साधन था।

लैंगिक समानता की इस प्रचलित कहानी के बावजूद, युवा महिलाओं की गतिविधियों और गिरोह के सदस्यों के व्यवहारों के विवरणों ने इन बयानों का खुलकर विरोध किया। इसके बजाय, बिना किसी अपवाद के, लड़कियों ने मिश्रित–लिंग गिरोहों के भीतर एक अलग लिंग पदानुक्रम का वर्णन किया था जिसमें पुरुष नेतृत्व, यौन हेतु दोहरा मापदण्ड, कुछ लड़कियों का यौन शोषण, लड़कियों को 'कमजोर' और लड़कों को 'मजबूत' होने के रूप में धारणाएं और गंभीर अपराध गिरोह से अधिकतर लड़कियों का अपवर्जन (बहिष्करण) – विशेष रूप से, वे कृत्य जो उनके समूहों के भीतर प्रतिष्ठा और हैसियत का निर्माण करते हैं, शामिल थे (मिलर, 2001)।

लिंग समानता के लड़कियों के दावों को गलत या गुमराह किये जाने के रूप में छूट देना आसान होगा। इसके बजाय, इस तरह के विरोधाभासों की भावना को सैद्धांतिक अंतर्दृष्टि के निर्माण के लिए एक महत्वपूर्ण आधार प्रदान करता है। तब, मिलर का कार्य, लड़कियों ने जिस आधार पर लैंगिक समानता के लिये दावों को किया था और ऐसे कार्यों को जिनसे दावों को पूरा किया गया, उनकी व्याख्या करना था। सबसे पहले, उसने ध्यान से देखा कि लड़कियों ने प्रकरण किस तरह से बनाया था कि उन्हें 'बराबर' माना जाता था। उनके विवरणों को बारीकी से जांच करने पर, यह स्पष्ट हो गया कि जिसके द्वारा इसे पूरा किया गया था, व्यापक दावों को नहीं बनाता जिससे कि सभी महिलाओं को बराबर माना जाना चाहिए, लेकिन अन्य लड़कियों से खुद को अलग करने के लिए – और इस प्रक्रिया में, उनके समूहों के मानदंडों की मर्दाना स्थिति को कायम रखें जैसा कि एक ने समझायाः

> A lot of girls get scared. Don't wanna break their nails and stuff like that. So, ain't no need for them to try to be in no gang. And the ones that's in it, most of the girls that's in act like boys. That's why they in, 'cause they like to fight and stuff. They know how to fight and they use guns and stuff.

इसके अलावा, चूंकि मिलर से मुलाकात की गई युवा महिलाओं ने उनके गिरोहों में कई लिंग असमानताओं का वर्णन भी किया है, लड़कियों के दुर्व्यवहार के इन विवरणों के लिए वे कारण थी, और इन तरीकों से ऐसा करना था जो लैंगिक समानता के प्रतिमान में उनके केंद्रीय विश्वास के अनुरूप थे। फिर, यह देखने की आवश्यकता नहीं थी कि सिर्फ लड़कियों के दुर्व्यवहार के बारे में क्या कहा, बल्कि उनकी भावना भी इस बारे में क्या थी। मिलर ने उनके विवरणों का विश्लेषण करते हुए पाया कि युवा महिलाओं ने दो प्रकार की फ्रेमों पर काम कियाः

पहला, वे महिलाओं के दुर्व्यवहार से जुड़े हुए कृत्यों को व्यक्तिगत बताती हैं, अद्वितीय या असाधारण मामलों के रूप में उनका वर्णन करती हैं। जब यह संभव नहीं था – उदाहरण के लिए, जब दुर्व्यवहार आवर्ती या नियमित था – उन्होंने लड़कियों को उनके दुर्व्यवहार के लिए जवाबदेही तय करने के तरीकों की तलाश की, लड़कियों के व्यवहारों पर प्रश्नचिह्न की वजह से उन्होंने विशेष कृत्यों को उचित ठहराते हुये ऐसा किया और अन्य युवा महिलाओं को विशेष रूप से नकारात्मक लक्षणों को रखने वाली 'महिला' के रूप में चित्रित किया – 'बड़े मुंह वाली', 'परेशानी' खड़ी करने वाली, या 'वैश्या' या 'रैक्स'।[1]

पहेली का दूसरा भाग जिसका स्पष्टीकरण आवश्यक था कि क्यों युवा महिलाओं ने उनकी समानता और दृढ़ता दोनों पर जोर दिया और अन्य लड़कियों से स्वयं को विभेदित किया। इस प्रश्न का उत्तर देना एक विश्लेषणात्मक रूपरेखा प्रदान करने के लिए महत्वपूर्ण था जो कि उन प्रक्रियाओं के लिये गिरोहों में लिंग असमानता की संरचनाओं को जोड़ सकता है जिसके द्वारा उन्हें पुनरुत्पादित और अनुरक्षित किया गया था। मिलर ने उनके वातावरणों और जीवन के अनुभवों के व्यापक संदर्भों में उनकी गिरोह भागीदारी द्वारा यह निष्कर्ष निकाला कि लड़कियों के गिरोहों में व्यापक लिंग अनुक्रम अद्वितीय नहीं था, बल्कि एक व्यापक सामाजिक वातावरण में अन्तर्निहित किया गया था जिसमें लिंग असमानताओं की घुसपैठ की गई थीं।[2]

इस प्रकार, 'लिंग समानता' के लिए गिरोहों के भीतर एक हद तक आदर्श स्थान था – हालांकि संकीर्णता से परिभाषित – युवा महिलाओं को सामूहिक भागीदारी ने सशक्तिकरण और आत्म–परिभाषा प्रदान की थी जो अन्य संदर्भों में उपलब्ध नहीं थी। लेकिन इसके लिए उन्हें एक 'पितृसत्तात्मक सौदेबाजी' स्वीकार करने की आवश्यकता थी (कंडियोटि, 1988), जिसके द्वारा वे अन्य लड़कियों के दुर्व्यवहार को समर्थन और उचित ठहराने के द्वारा केवल 'लड़कों में से एक' के होने का दावा कर सकते थे। महिलाओं के बारे में प्रमुख विश्वासों की पहचान करना, और उनके स्वयं के लिए ऐसी छवियों को खारिज करना, उन्हें उनके लिए लैंगिक समानता का स्थान बनाने की अनुमति मिलना, और उनके गिरोहों से विशेष फायदे मिलना जो कि उनके जीवन में अन्य सामाजिक स्थानों में कम उपलब्ध थे (देखें – मिलर, 2001, अध्याय 8, विश्लेषण के और अधिक विस्तृत विवरण के लिए)।

मिलर को एक अन्य चुनौती का सामना करना पड़ रहा था कि उसके निष्कर्ष गिरोहों में युवा महिलाओं पर पिछले शोध के विरोध में थे, जिसकी प्रवृत्ति युवा महिलाओं के बीच एकजुटता के बंधन को उजागर करने की थी। इसके स्पष्टीकरण की भी आवश्यकता है। उसने बारीकी से देखकर शुरू किया कि पिछले शोधकर्ताओं ने जिन गिरोहों का अध्ययन किया था, उनके बीच में क्या अन्तर मौजूद हो सकता है और वे जो उसके नमूने में हैं। उसने देखा कि पुरुष सदस्यों की प्रधानता के साथ, उसके नमूने में अधिकतर गिरोहों की लिंग संरचना 'विषम' थी। इसके विपरीत, गिरोहों पर प्रतिवेदित अन्य अध्ययनों में लैंगिक–संतुलन या समस्त महिलाएं थीं। इससे उसने परिकल्पना की कि गिराहों में समूह अनुपात लिंग गतिशीलता को आकार प्रदान करता है।

ऐसा करने के लिए, वह उसके डेटा में एक निरंतर तुलनात्मक पद्धति का नियोजन किया, जिसके माध्यम से वह लगातार एक दूसरे मामले को खोजने के लिए प्रयासरत् रही, जिसके द्वारा उसने अनंतिम अवधारणा का परीक्षण किया था (सिल्वरमैन, 2006: 296)। वह सावधानीपूर्वक उसके डेटा में से उदाहरणों की तलाश की, जिसमें लड़कियों ने 'लड़कों में से एक' के रूप में उसकी स्थिति स्पष्ट रूप से व्यक्त की, साथ ही ऐसे उदाहरणों में लड़कियों में लिंग असमानता की आलोचना की गई और अन्य लड़कियों के साथ सहयोगी सम्बन्धों का समर्थन किया। उसने जो कुछ पाया, वह उसकी परिकल्पना का समर्थन करती थी– लिंग–संतुलित या अखिल महिला गिरोहों में उसके अध्ययन में कुछ लड़कियां उस पैटर्न से मेल नहीं खाती थीं जिन्हें उसने पहले अनावरित किया था। 'लड़कों में से

[1] रैक (Wreck) एक बदज़बानी (कठबोली) शब्द था जिसका इस्तेमाल लड़कियों को नामांकित करने के लिए किया जाता था, जिन्हें अनेक प्रकार के यौन सम्बन्ध की दृष्टि से देखा जाता था।

[2] लड़कियों द्वारा बतायी गई कहानियों से उत्पन्न अंतर्दृष्टि यह है कि वे उनके गिरोहों के लिए परिधीय थी, और अन्य अनुसंधान के भीतर इन कहानियों को रखने से है।

एक' के बारे में उसके विशिष्ट निष्कर्षों को लड़कियों के गिरोहों से लिंग संयोजन द्वारा आकार प्रदान किये गये थे। इस पद्धति के साथ विश्लेषणात्मक प्रक्रिया में लगातार तुलनात्मक पद्धति के माध्यम से पता चलता है।

संयुक्त उपलब्धि के रूप में साक्षात्कारः रनिंग ट्रेन्स (Running trains: the interview as joint accomplishment)

कुछ विद्वानों का तर्क है कि शोधकर्ताओं को उनके अध्ययन के समूहों के सदस्य होने चाहिए ताकि उनके जीवन के अनुभवों को समझने के लिए आवश्यक व्यक्तिपरक ज्ञान प्राप्त कर सकें (कोलिन्स, 1990, टेलर, एट आल., 1995)। अभ्यस्त बने रहने के लिए इस तरह की अंतर्दृष्टि महत्वपूर्ण हैं, हालांकि, हम सुझाव देते हैं कि सामाजिक संसारों के विश्लेषण में सामाजिक मतभेद और समानता दोनों का उपयोग किया जा सकता है। हम शहरी इलाकों में अफ्रीकी अमेरिकी युवा महिलाओं के खिलाफ हिंसा पर मिलर (2008) की परियोजना से रेखांकन द्वारा उदाहरण दे सकते हैं, जिसमें साक्षात्कारदाताओं से समानता और अंतर की भिन्न–भिन्न स्थितियों के साथ, कई साक्षात्कारकर्ताओं द्वारा साक्षात्कारों का संचालन किया गया था।

मिलर के शोध ने इस व्यवहार का पर्दाफाश किया, जैसा कि युवा पुरुषों द्वारा वर्णित 'रनिंग ट्रेन्स' में लड़कियों सेः यौन मुठभेड़ पर जिसमें एक युवा महिला के साथ छेड़छाड़ करने वाले यौनकृत्य में दो या दो से अधिक युवा पुरुषों के शामिल होते हैं। इस तरह के व्यवहारों में संलग्न लगभग आधे युवा पुरुषों के साक्षात्कार का वर्णन किया गया। और जब शोधकर्ताओं द्वारा इस तरह की घटनाओं को सामूहिक बलात्कार के रूप में वर्गीकृत किया जाता है, और इस परियोजना के लिए युवा महिलाओं का साक्षात्कार किया गया जो उन्होंने अच्छी तरह से दिया, तो भी युवा पुरुषों ने लड़कियों की 'ट्रेन्स में भागीदारी' को सहमति के रूप में परिभाषित किया। इस प्रकार, यह जांचना जरूरी था कि युवा पुरुषों ने 'रनिंग ट्रेन्स' की घटना को किस तरह से समझा था, और विशेष रूप से, इन व्यवहारों को उन्होंने सहमति के रूप में किस प्रकार बनाया था।

इस मामले में, दो शोध सहायकों द्वारा साक्षात्कारों का आयोजन किया गया – एक गोरे यूरोपीय आदमी (डेनिस), एक अन्य अफ्रीकी अमेरिकी महिला जो एक ही समुदाय में अनुसंधान सहभागियों (टोया) के रूप में विकसित हुई – जो व्यवहार के दो अलग–अलग प्रकार के विवरणों का खुलासा करती है, जिनमें से प्रत्येक अर्थ के विभिन्न आयामों और युवा पुरुषों के लिए 'रनिंग ट्रेन्स' के अधिनियमन का खुलासा करती है।

डेनिस को दिए गए विवरणों की एक विचित्र विशेषता हठ (अड़ियलपन) थी जिसके साथ लड़कों ने दावा किया कि लड़कियां तैयार थी, यहां तक कि उत्सुक, प्रतिभागी थीं। इसके अलावा, उनके विवरण विशेष रूप से ग्राफिक थे, जो उनके यौन प्रदर्शनों के विवरणों पर विशेष ध्यान केन्द्रित करते थे। निम्नलिखित उदाहरण पर विचार करेंः

> I mean, one be in front, one be in back. You know sometimes, you know like, say, you getting in her ass and she might be sucking the other dude dick. Then you probably get her, you probably get her to suck your dick while he get her in the ass. Or he probably, either I'll watch, and so she sucking your dick, or while you fuck her in the ass. It, I mean, it's a lot of ways you can do it.

यह विवरण, जो एक गोरे पुरुष साक्षात्कारकर्ता द्वारा आयोजित साक्षात्कार में उभरा, जो यौन ग्राफिक और युवा पुरुषों के प्रदर्शन पर जोर देता था। सामूहिक बलात्कार पर अनुसंधान से पता चलता है कि समूह की प्रक्रियाएं एक केंद्रीय भूमिका निभाती हैंः इसके अधिनियमन से युवा पुरुषों के समूहों के बीच एकजुटता बढ़ जाती है, और पीड़ित को वस्तु के रूप में माना जाता है (फ्रैंकलिन, 2004)। जैसे ही प्रदर्शन ने इन घटनाओं के विवरणों में युवा पुरुषों की एक केंद्रीय भूमिका निभाई, साक्षात्कार विनिमय के संदर्भ में उनके विवरणों में उनके स्वयं एक विशिष्ट प्रकार के मर्दाना प्रदर्शन थे।

इसके विपरीत, टोया – अफ्रीकी अमेरिकी महिला साक्षात्कारकर्ता द्वारा जब 'रनिंग ट्रेन्स' पर युवा पुरुषों की उनकी भागीदारी के बारे में साक्षात्कार किये गये थे तब दो अलग–अलग विशेषताएं उभरीं। पहला, यौन ग्राफिक उनके

विवरणों में बहुत कम थे। दूसरा, सहमति के मुद्दों पर टोया की चिंताओं के चलते, उसने अनुवर्ती सवालों के बारे में पूछा, जिसमें 'सहमति' के रूप में घटनाओं के निर्माण में युवा पुरुषों को चुनौती दी गयी थी। इससे यह खुलासा होने में सहायता मिली कि युवा पुरुषों ने यह काम कैसे पूरा किया। टेरेन्स के साथ बातचीत के उदाहरण निम्नलिखित है:

Terence: It was some girl that my friend had knew for a minute, and he, I guess he just came to her and asked her, 'is you gon' do everybody?' or whatever and she said 'yeah'. So he went first and then, I think my other partner went, then I went, then it was like two other dudes behind me … It was at [my friend's] crib.
Toya: Were you all like there for a get together or party or something?
Terence: It was specifically for that for real, 'cause he had already let us know that she was gon' do that, so.
Toya: So it was five boys and just her?
Terence: Yeah.
Toya: And so he asked her first, and then he told you all to come over that day?
Terence: We had already came over. 'Cause I guess he knew she was already gon' say yeah or whatever. We was already there when she got there.
Toya: Did you know the girl?
Terence: Naw, I ain't know her, know her like for real know her. But I knew her name or whatever. I had seen her before. That was it though.
Toya: So when you all got there, she was in the room already?
Terence: Naw, when we got there, she hadn't even got there yet. And when she came, she went in the room with my friend, the one she had already knew. And then after they was in there for a minute, he came out and let us know that she was 'gon, you know, run a train or whatever. So after that, we just went one by one.

टेरेन्स के विवरणों से – टोया के प्रश्नों के माध्यम से खुलासा किया गया – एक जवान औरत एक लड़के के घर पहुंची जो वह लड़की जानती थी कि इसमें दिलचस्पी हो सकती है। चार अतिरिक्त युवा पुरूषों द्वारा उस लड़की के आगमन के लिए प्रतीक्षा की जा रही थी जिन्हें वह नहीं जानती थी या अच्छी तरह से पता था। और वे विशेष रूप से 'चलती ट्रेन' पर पहले से ही उसी लड़की के उद्देश्य से आए थे। जबकि टेरेंस ने इस सम्बन्ध को 'सहमति' के रूप में वर्णित किया – क्योंकि उसके दोस्त ने कहा कि वह लड़की नीचे थी, उसके बारे में जो विवरण दिये गये थे उसके सबूत बताते हैं कि युवा महिला ने स्वतंत्र रूप से सहमति नहीं दी थी। टेरेंस ने अपने दोस्त के शब्द के आधार पर 'सहमति' के रूप में कार्य का निर्माण किया, यह पहचानने के बजाय कि अप्रत्याशित रूप से अधिक संख्या में, लड़की के साथ, बलपूर्वक संदर्भ में किया जा रहा था[3]।

इसी तरह, टाइरेल ने 'एक चलित ट्रेन' में एक लड़की पर वर्णन किया है, और इसे भी सहमति के रूप में वर्णित किया है टोया के सवाल पर इस घटना के विवरण के बारे में विरोधाभासी सबूत सामने आए, इसलिए उसने उनसे पूछा कि क्या उसने सोचा कि जो हुआ लड़की को उसके बारे में बुरा लगा। टाइरेल ने उत्तर दिया:

Tyrell: I can't even say. I don't even know her like that. I really can't say. She do that kinda stuff all the time.
Toya: She does?
Tyrell: No. I'm just saying. I don't know. If she don't she probably did feel bad, but if she do she probably wouldn't feel bad … But if she didn't really wanna do it, she shouldn't have did it.

[3] यह व्याख्या उन युवा महिलाओं के विवरणों के अनुरूप है जो 'ट्रेन्स' पर चलती हैं, जिनके बारे में वे गैर–सहमति के रूप में वर्णित हैं।

टाइरेल यह टिप्पणी करने में सरलता से फिसल गया कि 'वह हर समय उस तरह का अनर्थक बकवाद करती है', सांस्कृतिक लिपियों का ध्यान रखते हुये जो महिलाओं को उनके उत्पीड़न के लिए दोषी ठहराते हैं। जब दबाया जाता है, हालांकि, उन्होंने स्वीकार किया कि उसका कोई आधार नहीं है जिस पर इस प्रकार के निष्कर्ष निकाले जाते है।

साक्षात्कारकर्ताओं और साक्षात्कारदाताओं के बीच सामाजिक समानताएं और मतभेदों की ऐसी भूमिका जो एक ही तरह की घटना के इन अलग–अलग विवरणों का उत्पादन करने में निभाई जाती है और इसमें छूट प्रदान नहीं की जा सकती है, दोनों 'रनिंग ट्रेन' की प्रकृति के पहलुओं को उजागर करती हैं। डेनिस के साक्षात्कारों में उनके कार्य को मर्दाना प्रदर्शन के रूप में प्रदर्शित किया। वास्तव में, डेनिस को घटनाओं के बारे में बताने के युवा पुरुषों के कृत्य मर्दाना प्रदर्शन थे, जिनके जवाब में वे कह रहे थे, उनके प्रत्युत्तर में निर्माण किया गया था। इसके विपरीत, टोया के साक्षात्कारों से उन प्रक्रियाओं के सबूत सामने आये, जिनके द्वारा युवा पुरुषों ने लड़कियों की सहमति के बारे में उन्होंने अपनी व्याख्याएं तैयार कीं, और यह उजागर किया कि वे अपने महिला पीड़ितों के विचारों में कमी करके किस तरह से ऐसा कार्य करते हैं (किंग, 2003 देखें)। यह उदाहरण सुझाव प्रदान करता है कि साक्षात्कार संदर्भ विवरणों को किस तरह से आकार प्रदान करता है, यह विशेष ध्यान देने योग्य है कि यह आवश्यक और उपयोगी है। ऐसा करने से व्यवहार और उनके अर्थ की बहुमुखी विशेषताएं प्रकट हो सकती हैं। इसके अलावा, यह डेटा विश्लेषण के लिए होने वाले लाभ का खुलासा करता है जो विविध शोध टीमों का उपयोग करके और विश्लेषण को आगे बढ़ाने के एक साधन के रूप में इस विविधता का उपयोग करके उभर सकता है (मिलर, 2010)।

साक्षात्कारों में वास्तविकताओं की तलाश (Finding realities in interviews)

हमने सुझाव दिया है कि गुणात्मक साक्षात्कार की ताकत सामाजिक दुनियाओं के कथनात्मक विवरणों को एकत्रित करने और सख्ती से जांचने के अवसर प्रदान करता है। मिलर के उदाहरणों में, साक्षात्कारों के कई पहलुओं – अनुभवों के विवरण और अपनाये गये सांस्कृतिक फ्रेमों के बीच के प्रथक्करण और विभिन्न प्रकार के विवरणों, जो विभिन्न साक्षात्कारकर्ताओं के साक्षात्कार से निकलते हैं – महत्वपूर्ण जानकारी प्रदान करते हैं कि युवा लोग गिरोहों में, परेशान करने वाले व्यवहारों में उनकी भागीदारी और व्यापक सामाजिक दुनियाओं जिसमें वे रहते हैं, में उनकी अपनी जगह को किस तरह से समझते हैं। हमने सुझाव दिया है कि साक्षात्कारों में वास्तविकताओं के मिलने की सम्भावना हो सकती है – कहानियां जो 'सांस्कृतिक रूप से अंतः स्थापित (एम्बेडेड) प्रामाणिक स्पष्टीकरणों' को उजागर करती हैं (ऑरबच, 1997ः 455), इस वास्तविकता के महत्वपूर्ण पहलू हैं, लेकिन ये ऐसे घटनाओं और गतिविधियों के विवरण हैं जो अंततः इन कहानियों के विरोधाभासी हैं (मिलर और कार्बोन–लोपेज, 2015 भी देखें)। मिलर (2001) ने लैंगिक असमानता के असंगत विवरणों के साथ गिरोह की लड़कियों की कहानियों की समानता का मिलान करके, गिरोहों के भीतर लिंग के विरोधाभासी संचालन के बारे में सैद्धांतिक चर्चा का निर्माण किया। इसी तरह, युवा पुरुषों के 'रनिंग ट्रेन्स' के विवरणों की तुलना करते हुए, उन्हें अलग–अलग साक्षात्कारकर्ताओं को बताया गया था – एक वे जिन्होंने अपने लिंग को साझा किया था, लेकिन उनकी जाति नहीं की थी, और दूसरे जिन्होंने अपनी जाति को साझा किया था, लेकिन लिंग नहीं – इस व्यवहार में मर्दानगी की भूमिका में अंतर्दृष्टि प्रदान की है, इस तरह की घटनाओं को कैसे किया गया और वे तरीके जिन्हें युवा पुरुषों ने उन्हें सहमति के रूप में निर्माण किया।

अध्याय का सारांश

सिल्वरमैन का तर्क है कि 'मुक्त' साक्षात्कार उपयोगी हो सकते हैं, हमें स्वाभाविक रूप से होने वाले डेटा से प्रस्थान करने और 'रोमांटिक' आवेग के बारे में सतर्क रहने की आवश्यकता है जो 'प्रामाणिकता' के साथ 'अनुभव' को पहचानती है (2001ः xx) हम सहमत हैं, लेकिन डराने वाले उद्धरणों में अलग–अलग शब्दों के साथ।

एक तरफ, हमने सुझाव दिया है कि साक्षात्कारकर्ताओं को 'रोमांटिकतावाद, या प्रामाणिकता के रूप में अनुभव की पहचान करने के लिए, साक्षात्कारदाताओं की कहानियों का उपयोग करने के लिए सामाजिक दुनियाओं के प्रामाणिक विवरणों का उत्पादन करने के लिए' सहारा लेने की जरूरत नहीं है। दूसरी तरफ, हम 'स्वाभाविक रूप से होने वाले डेटा' में डराने वाले उद्धरण डाल देंगे, क्योंकि हम कई अन्य जगहों के रूप में सामाजिक डेटा में प्राकृतिक और सांस्कृतिक के बीच किसी भी सुस्पष्ट अंतर के लिये आधार पर सवाल करते हैं (जैसे– डगलस, 1986)। ऐसे दावों को बनाने में, ऐसा नहीं है कि हम यह भी सुनिश्चित नहीं कर पाते हैं कि साक्षात्कार केवल स्थानीय घटनाएं हैं या अंतर्निहित बाह्य वास्तविकताओं को व्यक्त करते हैं, जैसा कि सिल्वरमैन (2001: xx) ने सुझाव दिया है। इसके बजाय, हम द्वैतवादी अनिवार्यता के खिलाफ तर्क देते हैं ताकि उन्हें एक या दूसरे के रूप में वर्गीकृत किया जा सके।

भविष्य की संभावनाएं

गुणात्मक साक्षात्कार ऐसे विवरणों को पैदा करता है, जो शोधकर्ताओं को निष्कर्षों के मिलते–जुलते समूहों की जांच करने का एक साधन प्रदान करते हैं: संदर्भों और परिस्थितियों जिनमें यह उभर कर आते हैं उनके सहित, अन्वेषण के तहत घटनाओं की प्रकृति के सबूत, साथ ही सांस्कृतिक फ्रेम में अंतर्दृष्टि भी लोग इन अनुभवों को समझने के लिए उपयोग करते हैं। संयुक्त, वे सैद्धान्तिक समझ के लिये महत्वपूर्ण अंतर्दृष्टि प्रदान करते हैं। इस पद्धतीय अभिगम का अनुसंधान के लिए उपयोग करके भविष्य के दिशा–निर्देशों के लिए डेटा संग्रह और विश्लेषण बिंदु के दो दृष्टिकोण हैं। तुलनात्मक नमूनों का उपयोग एक ही है। यह रणनीति सामाजिक प्रक्रिया और समूहों में पद्धतियों से तात्पर्य, सेटिंग्स, और या अतिसमय(ओवरटाइम) में समानताएं और विविधताओं के कुछ विनिर्देशों के लिए अनुमति देता है। दूसरा, साक्षात्कार–आधारित शोध को बढ़ाया जा सकता है जब इसमें विविध शोध टीम शामिल होती है, और डेटा विश्लेषण में इस विविधता को ध्यान में रखा जाता है। दोनों रणनीतियां अधिक परिष्कृत विश्लेषण और अधिक प्रासंगिक विनिर्देश के लिए अनुमति देकर आंतरिक वैधता को मजबूत कर सकती हैं।

हम सभी समाजशास्त्रियों के पास कहानियां हैं कुछ अन्य लोगों से आती हैं, कुछ हममें से, कुछ दूसरों के साथ हमारी बातचीत से। यह समझने के मायने क्या रखता है कि कहानियों का निर्माण कैसे और किस प्रकार किया जाता है, वे किस तरह की कहानियाँ हैं, और हम उन्हें सामाजिक जीवन के बारे में सैद्धान्तिक निर्माण हेतु ईमानदार और बुद्धिमतापूर्ण उपयोग कैसे कर सकते हैं।

संदर्भ

Atkinson, P. (2005) 'Qualitative research – unity and diversity', *Forum: Qualitative Social Research*, 6 (3). www.qualitative-research.net/index.php/fqs/issue/view/4/10 (accessed 1 December 2015).

Blumer, H. (1969) *Symbolic Interactionism: Perspective and Method*. Englewood Cliffs, NJ: Prentice Hall.

Campbell, A. (1984) *The Girls in the Gang*. New York: Basil Blackwell.

Charmaz, K. (1995) 'Between positivism and postmodernism: implications for methods', *Studies in Symbolic Interaction*, 17: 43–72.

Collins, P. H. (1990) *Black Feminist Thought*. Boston, MA: Unwin Hyman.

Dawson, L. L. and Prus, R. C. (1995) 'Postmodernism and linguistic reality versus symbolic interactionism and obdurate reality', *Studies in Symbolic Interaction*, 17: 105–24.

Denzin, N. K. (1991) 'Representing lived experiences in ethnographic texts', *Studies in Symbolic Interaction*, 12: 59–70.

Douglas, M. (1986) *Risk Acceptability According to the Social Sciences*. New York: Russell Sage Foundation.

Fine, G. A. and Sandstrom, K. L. (1988) *Knowing Children: Participant Observation with Minors*. Newbury Park, CA: Sage.

Franklin, K. (2004) 'Enacting masculinity: antigay violence and group rape as participatory theater', *Sexuality Research & Social Policy*, 1: 25–40.

Glassner, B. and Loughlin, J. (1987) *Drugs in Adolescent Worlds: Burnouts to Straights*. New York: St Martin's Press.

Grenz, S. (2005) 'Intersections of sex and power in research on prostitution: a female researcher interviewing male heterosexual clients', *Signs*, 30: 2092–113.

Harding, S. (1987) *Feminism and Methodology*. Bloomington: Indiana University Press.

Kandiyoti, D. (1988) 'Bargaining with patriarchy', *Gender & Society*, 2: 274–90.

King, N. (2003) 'Knowing women: straight men and sexual certainty', *Gender & Society*, 17: 861–77.

Latour, B. (1993) *We Have Never Been Modern*. Cambridge, MA: Harvard University Press.

Miller, J. (2001) *One of the Guys: Girls, Gangs and Gender*. New York: Oxford University Press.

Miller, J. (2008) *Getting Played: African American Girls, Urban Inequality, and Gendered Violence*. New York: New York University Press.

Miller, J. (2010) 'The impact of gender when studying "offenders on offending"', in W. Bernasco and M. Tonry (eds), *Offenders on Offending: Learning about Crime from Criminals*. London: Willan Press, pp. 161–83.

Miller, J. and Carbone-Lopez, K. (2015) 'Beyond "doing gender": incorporating race, class, place and life transitions into feminist drug research', *Substance Use and Misuse*, Early Online: 1–15. DOI: 10.3109/10826084.2015.978646.

Orbuch, T. L. (1997) 'People's accounts count: the sociology of accounts', *Annual Review of Sociology*, 23: 455–78.

Panfil, V. R. (2015) 'Queer anomalies? Overcoming assumptions in criminological research with gay men', in J. Miller and W. Palacios (eds), *Qualitative Research in Criminology*. Piscataway, NJ: Transaction Publishers, pp. 169–89.

Presser, L. and Sandberg, S. (eds) (2015) *Narrative Criminology: Understanding Stories of Crime*. New York: New York University Press.

Richardson, L. (1990) *Writing Strategies: Reaching Diverse Audiences*. Newbury Park, CA: Sage.

Rogers, R. S. and Rogers, W. S. (1992) *Stories of Childhood*. Toronto: University of Toronto Press.

Sanders, C. R. (1995) 'Stranger than fiction: insights and pitfalls in post-modern ethnography', *Studies in Symbolic Interaction*, 17: 89–104.

Schmitt, R. L. (1993) 'Cornerville as obdurate reality: retooling the research act through postmodernism', *Studies in Symbolic Interaction*, 15: 121–45.

Silverman, D. (2001) *Interpreting Qualitative Data: Methods for Analysing Talk, Text and Interaction*. London: Sage.

Silverman, D. (2006) *Interpreting Qualitative Data: Methods for Analyzing Talk, Text, and Interaction* (3rd edn). Thousand Oaks, CA: Sage Publications.

Smith, D. E. (1987) 'Women's perspective as a radical critique of sociology', in S. Harding (ed.), *Feminism and Methodology*. Bloomington: Indiana University Press. pp. 84–96.

Taylor, J. M., Gilligan, C. and Sullivan, A. M. (1995) *Between Voice and Silence: Women and Girls, Race and Relationship*. Cambridge, MA: Harvard University Press.

पांच

कथनात्मक (विवरणात्मक) व्यवहार और सक्रिय साक्षात्कार

(Narrative Practice and the Active Interview)

जेम्स ए. हॉस्टीन और जैबर एफ. गबरियम

इस अध्याय के बारे में

यह अध्याय साक्षात्कार को एक सक्रिय रूप से निर्मित बातचीत के रूप में ढांचा (फ्रेम) प्रदान करता है जिसके माध्यम से कथनात्मक डेटा तैयार किया जाता है। इसके परिणामस्वरूप आंकड़ों को कथनात्मक अभ्यास के उत्पादों के रूप में देखा जाता है, साक्षात्कार के प्रतिभागियों के पीछे सक्रिय व्यक्तिपरक होने के साथ–साथ एक संवादात्मक प्रक्रिया के क्या और कैसे का भेद किया जाता है। सक्रिय साक्षात्कार के इस दृष्टिकोण का गहरा प्रभाव है कि साक्षात्कार डेटा का विश्लेषण कैसे किया जाता है।

कीवर्ड्स – सक्रिय साक्षात्कार (active interview), कथनात्मक व्यवहार (narrative practice), कथनात्मक कार्य (narrative work), कथनात्मक वातावरण (narrative environments), प्रतिभागी एजेंसी (participant agency), साक्षात्कार की कथायें (interview narratives), साक्षात्कार के पारस्परिक विचार–विमर्श (interview interaction), पूर्वाग्रह और कठोरता (bias and rigour), गुणात्मक डेटा विश्लेषण (qualitative data analysis)।

गुणात्मक शोध के बढ़ते परिष्कार में अनुभवजन्य सामग्री का निर्माण और विश्लेषण करने के तरीके के लिए एक ठोस प्रशंसा शामिल है। एक मोर्चे पर, इस उच्च संवेदनशीलता ने कथनात्मक उत्पादन के लिए एक अवसर के रूप में साक्षात्कार को फिर से संशोधित कर दिया है, जिसमें वर्णनात्मक विश्लेषण के नए रूपों को आमंत्रित किया गया है। उदाहरण के लिए, चार्ल्स ब्रिग्स (2007: 552) ने शोधकर्ताओं को फिर से सोचने के लिये प्रोत्साहित किया है कि विषयों, मूल पाठों, ज्ञान और प्राधिकारों का उत्पादन साक्षात्कारों से कैसे करते हैं, हमें इंगित करते हैं कि साक्षात्कार सामग्री इसके भिन्न कार्यों और परिणामों के साथ ही साथ विशिष्ट हालातों में किस तरह से एकत्रित, संचारित और प्रसारित की जाती है, ये मामलों की विशेषता है जिसे सुसान चेज (आगामी) ने कथनात्मक विश्लेषण की उभरती 'परिपक्वता' कहा है। जैसा कि पॉल एटकिंसन (1997: 341) जोर देकर कहते हैं, शोधकर्ता अब उनके 'उपयोग में निर्माण' के लिए कथनात्मक जांच करने के लिए बाध्य हैं: कर्ताओं द्वारा उनकी निजी कथाओं की तात्कालिक व्यवस्था किस तरह से की जाती हैं' वह कैसे सामाजिक रूप से बयानबाजी के संसाधनों को साझा करने और कथा को पहचाने जाने योग्य, सुगम, और सांस्कृतिक रूप से अच्छी तरह से सूचित विवरणों को उत्पन्न करने हेतु तैनात किए जाने में शामिल होने के महत्व को रेखांकित करता है।

यह अध्याय कथनात्मक प्रथा के संदर्भ में साक्षात्कार की प्रक्रिया को ढांचा प्रदान करता है और इसके विश्लेषणात्मक प्रभावों पर चर्चा करता है। रेजिमेंट, मानकीकरण और प्रक्रिया को बेअसर करने के प्रयासों के बावजूद, हम तर्क देते हैं कि सभी साक्षात्कारों में सक्रिय हैं। साक्षात्कारकर्ताओं ने साक्षात्कार विनिमय में उनकी उपस्थिति को नियंत्रित करने में कितना प्रयास किया है, और इससे कोई फर्क नहीं पड़ता कि स्पष्ट उत्तरदाताओं ने अपने विचारों को किस तरह से प्रस्तुत किया है, परिणामस्वरूप कथाएँ पारस्परिक विचार विमर्श सम्बन्धी उपलब्धियां हैं, संचारित तटस्थ कलाकृतियां नहीं हैं। इस दृश्य को रेखांकित करते हुए, हम सक्रिय साक्षात्कार के चरित्रचित्रण का उपयोग साक्षात्कार प्रक्रिया के निष्क्रिय मॉडल से, और अधिक सामान्य चर्चा किए जाने में भेद

करने के लिए करते हैं। हालांकि, यह पद एक विशिष्ट प्रकार का साक्षात्कार नहीं दर्शाता है, जैसे कि, मानकीकृत सर्वेक्षण साक्षात्कार या न्यूनतम निर्देश जीवन कथा साक्षात्कार से अलग–अलग बताता है। इसके बजाय, यह सभी साक्षात्कार की अंतर्निहित व्याख्यात्मक गतिविधि को स्पष्ट करता है (देखें हॉस्टीन और गबरियम, 1995), जिसे विश्लेषणात्मक रूप से जवाबदारी लेना होगी।

पारस्परिक विचार-विमर्श के आधार पर साक्षात्कार करना (The Interactional Basis of Interviewing)

अर्ध–औपचारिक निर्देशित वार्तालापों के लिये, सूचनात्मक विनिमयों के मुक्त–प्रवाह के लिये, साक्षात्कार अत्यधिक संरचित, मानकीकृत, मात्रात्मक रूप से उन्मुख सर्वेक्षण साक्षात्कारों से भिन्न होते हैं। वे लोगों के जीवन और परिस्थितियों के बयान का उत्पादन सहयोगात्मक रूप में करते हैं। इन कथनों को मजबूर–पसंद वाले सर्वेक्षण के उत्तर या मौखिक जीवन के इतिहास के रूप में विस्तृत कर खण्डित किया जा सकता है, लेकिन वे सभी साक्षात्कार की प्रक्रिया से प्रेरित होते हैं और आकार प्राप्त करते हैं। परंपरागत रूप से, अनुसंधान साक्षात्कार अपेक्षाकृत सीधे डेटा खुदाई प्रक्रिया के रूप में देखा जा रहा है। उत्तरदाताओं से संपर्क किया गया, साक्षात्कारों को अनुसूचित किया गया, स्थान का निर्धारण किया गया, बुनियादी नियमों को सेट किया गया और साक्षात्कारों की कार्यवाही की गईं। एक प्रत्याशित प्रारूप में, उत्तरदाताओं के उत्तरों को जानने के लिए प्रश्न तैयार किए गए थे। प्रतिवादी का काम अनुसंधान परियोजना के लिए प्रासंगिक जानकारी प्रदान करना था, जवाब देने से पहले प्रश्न पूछे जाने तक, उसकी भूमिका को जानने के लिए, प्रतिवादी इंतजार कर रहे थे। उनके अपने खुद के प्रश्नों को उठाने के लिए या मुठभेड़ प्रबंधन के लिये कर्तव्यों को विस्तारित नहीं किया था। यह साक्षात्कारकर्ता की जिम्मेदारी थी कि यदि प्रतिवादी ने सवाल पूछे, तो उन्हें स्पष्टीकरण के लिए अनुरोध के रूप में माना जायेगा।

साक्षात्कार के इस मॉडल ने दशकों तक सामाजिक शोध को सूचित किया है। अधिकांश लोग अब अच्छी तरह से परिचित हो गये हैं कि भूमिका निभाने के लिए क्या जरूरी है, या पहचान लेना कि किसी के साक्षात्कार करने का क्या अर्थ है और व्यापक रूप से साक्षात्कार प्रक्रिया के उद्देश्य का पता करना है। साक्षात्कार करने की आवश्यकतायें परिचित हैं, चाहे वे जनसांख्यिकीय प्रश्नावली, उत्पाद उपयोग सर्वेक्षण, इंटरनेट चुनाव या स्वास्थ्य सूची के रूप में हों। भूमिकाएं और अपेक्षाएं वैज्ञानिक और पेशेवर साक्षात्कार करने की सीमाओं से पार होती हैं।

हालांकि यह मॉडल विशिष्ट (मूल आदर्श–विषयक) है, अधिकांश शोधकर्ता भी साक्षात्कार करने के पारस्परिक विचार–विमर्श के आधार को स्वीकार करते हैं (देखें– वॉरेन और कार्नेर, 2005; कॉनराड और शॉबर, 2008)। तकनीकी साहित्य, हालांकि, आमतौर पर जांच में बातचीतात्मक पूर्वाग्रह को रखने की आवश्यकता पर बल देता है। साक्षात्कार करने के लिए मार्गदर्शिकाएँ – विशेषकर उन मानकीकृत सर्वेक्षणों के लिए उन्मुख – मुख्य रूप से मान्य, विश्वसनीय जानकारी के प्रवाह को अधिकतम करने से सम्बन्धित हैं, जबकि प्रतिवादी जो जानता है उसके विरूपण को कम करने से सम्बन्धित हैं (गॉर्डन, 1987; फॉलर और मंगियांन, 1990)। लेकिन संचार के गठित गुणों की बढ़ती संवेदनशीलता ने साक्षात्कारों की सक्रियता के उचित स्थान पर पुनः ध्यान केंद्रित किया है (जैसे– कावैल, 1996; हाउटकूप–स्टीनस्ट्रा, 2000)। इन दृष्टिकोणों का अर्थ सामाजिकता के रूप से गठित होता है; इसे उत्पादन करने और समझने के लिए किए गए कार्यों का उत्पाद अनुभव है (सिकोऊरेल, 1964, गारफिंकल, 1967, सिकोउरेल, 1974)। साक्षात्कार करने का व्यवहार एक सामाजिक मुठभेड़ के रूप में है जिसमें जानकारी सक्रिय रूप से बनाई जाती है और आकार प्रदान किया जाता है जिसका मतलब है कि साक्षात्कार, अनुभवात्मक ज्ञान के निर्माण के अवसर के रूप में एक तटस्थ वाहक नाली या विरूपण का संभावित स्रोत नहीं है (गबरियम और हॉस्टीन, 1995; हॉस्टीन और गबरियम, 1995, गबरियम और हॉस्टीन, 2012)।

साक्षात्कार स्थितियां स्वाभाविक रूप से – संयोगवश नहीं – जो कहा गया है उसके स्वरूप और विषय सामग्री को आकार प्रदान करती हैं। स्थानीय रूप से उचित कथाओं में साक्षात्कारों का परिणाम होता है – कुछ अन्य लोगों की तुलना में कुछ अधिक है – जो राय, व्यक्तियों, घटनाओं और बड़े पैमाने पर दुनिया के संस्करणों का

प्रतिनिधित्व करते हैं। दरअसल, हारून सिकोउरेल (1974) ने कहा है कि साक्षात्कारों में विषयों की प्रतिक्रियाओं पर वास्तविकता को समझने के विशेष तरीके लगाये जाते हैं। इस प्रकार, वर्णनात्मक उत्पादन की परिस्थितियां गहन और अपरिहार्य रूप से उन अर्थों को बनाने में फंसाती हैं जो व्यक्तिगत अनुभवों में स्पष्ट रूप से रहते हैं। अर्थ केवल कुशल कसौटी से सीधे ही नहीं निकलता है, न ही यह केवल सच्चाई के जवाब में पहुंचाया जाता है, इसे साक्षात्कार प्रक्रिया में रणनीतिक रूप से इकट्ठा किया जाता है (हॉस्टीन और गबरियम, 1995)। साक्षात्कार प्रतिभागियों को अनुभवात्मक जानकारी के निर्माण के लिये जितना पेशेवर माना जाता है उतना उन्हें रिपॉजिटरी या अनुभवात्मक ज्ञान के उत्खनकों के रूप में माना जाता हैं।

नतीजतन, उनके पारस्परिक विचार–विमर्श सम्बन्धी घटकों के साक्षात्कारों को वंचित रखने के तकनीकी प्रयास व्यर्थ हैं (हाउट्कूप–स्टीनस्ट्रॉ, 2000, मेनार्ड एट आल., 2002)। पद्धतिगत बाधाओं की लंबी सूची को परिशोधित करने के बजाय जिसके तहत मानकीकृत साक्षात्कार आयोजित किए जाने चाहिये, शोधकर्ताओं को इस दृष्टिकोण को गले लगाना चाहिए कि साक्षात्कार एक सक्रिय, पारस्परिक प्रक्रिया सक्रियण है और साक्षात्कार के आंकड़ों के उत्पादन के लिये साक्षात्कारकर्ताओं और उत्तरदाताओं के गठित योगदानों पर विश्लेषणात्मक रूप से पूंजीकरण करते हैं। यह सचेतक रूप से साक्षात्कार प्रक्रिया में वर्णनात्मक प्रथा के रूप में भाग लेता है जो न केवल परिणामों का उत्पादन करता है, बल्कि विभिन्न साक्षात्कार के मुठभेड़ों में काम कर रहे रचनात्मक कार्य और तत्वावधानों को भी इंगित करता है (गबरियम और हॉस्टीन, 2009)।

इन शब्दों में साक्षात्कारों के लिये पुनः विचार करने में, शोधकर्ताओं को व्यावहारिक तरीके से साक्षात्कार करने की मूल बातों में 'क्या' की मौलिकता और 'कैसे' दोनों पर स्पष्ट ध्यान देने की जरूरत होती है, उन्हें अनुसंधान प्रक्रिया और रिपोर्टिंग परिणामों दोनों में समान दर्जा देने के लिए ध्यान रखना चाहिए (देखें, गबरियम और हॉस्टीन, 1997, 2009)। समझना और वर्णन करना कि साक्षात्कार में वर्णनात्मक प्रक्रिया कैसे सामने आती है, वह उतना ही महत्वपूर्ण है, 'जितना' वास्तव में कहा गया है। जैसे, बातचीत, तात्कालिक स्थिति और संस्थागत संदर्भ समान रूप से महत्वपूर्ण हैं। 'कैसे' और 'क्या' दोनों हमेशा साक्षात्कार की परिस्थितियों और संचार प्रथाओं को प्रतिबिंबित करते हैं।

यह अभिमूल्यन नृजाति कार्यप्रणाली के वैज्ञानिकीय ढंग से सूचित, सामाजिक निर्माणवादी और नृवंशविज्ञान की संवेदनशीलताओं से व्युत्पन्न हुआ है (देखें, हॉस्टीन और गबरियम, 2008)। नृजाति कार्यप्रणाली, निर्माणवाद, उत्तर–संरचनावाद, उत्तर –आधुनिकतावाद और नारीवाद के कुछ संस्करण सभी गतिविधियों, सापेक्षिकता, जटिलता, परिप्रेक्ष्य और अर्थ–निर्माण के लिए अलग–अलग अभ्यस्त हैं। एक या किसी अन्य तरीके से, सभी वर्णनात्मक अभ्यास पर एक विश्लेषणात्मक नजर डालते हैं। अगर उनकी चिंताएं और वाद–विवाद अक्सर साक्षात्कार के आंकड़ों की ज्ञानमीमांसीय स्थिति से सम्बन्धित होते हैं, तो वे अनुभव के हर रोज के पहलुओं की दृष्टि को नहीं खोने देते हैं। उसी समय, जबकि हमारे द्वारा वर्णित परिप्रेक्ष्य में पोस्ट–मॉडर्न संवेदनायें हैं, यह इस बात का पालन नहीं करते है कि साक्षात्कार केवल संकेतकों का एक और अनियंत्रित बवंडर है (देखें, गबरियम और हॉस्टीन, 1997)। बल्कि, जितने हो सकते हैं उतने एनिमेटेड हैं, साक्षात्कार विवरण सामाजिक रूप से आधारित व्याख्यात्मक प्रथाओं और उनके विषय वस्तु को दर्शाते है जिनके साथ प्रथायें सम्बन्धित हैं।

प्रमुख बिंदु

- आदर्श साक्षात्कार का एक पारम्परिक दृष्टिकोण है कि अव्यवस्थित ज्ञान का उत्खनन और संदेशित करने के लिए एक तटस्थ वाहक नाली है।
- शोधकर्ता अब साक्षात्कार को एक अर्थ बनाने वाली बातचीत के रूप में पहचानते हैं – कथनात्मक व्यवहार का एक स्थल।
- साक्षात्कार करना अनिवार्य रूप से पारस्परिक विचार विमर्श सम्बन्धी और रचनात्मक है। एक शब्द में, साक्षात्कार सक्रिय रूप से ज्ञान पैदा करता है।

मनोवाद (आत्मवाद) की छवियां (Images of Subjectivity)

साक्षात्कार के सभी मॉडल साक्षात्कार प्रतिभागियों के पीछे के विषयों की छवियों से उत्पन्न होते हैं (हॉस्टीन और गबरियम, 1995)। ये छवियां साक्षात्कार की प्रक्रिया को उजागर करने के लिए आधार प्रदान करती है, साथ ही साथ साक्षात्कार प्रतिभागियों पर ज्ञानमीमांसीय एजेन्सी की डिग्रियों को विभिन्नता प्रदान करती हैं। साक्षात्कार की अवधारणा बनाने में मौलिक रूप से मनोवादी साक्षात्कार की सक्रियता से मौलिक रूप से निष्क्रिय होने से सम्मिलित रूप से सक्रिय और एजेंटिक होने तक में बदल जाती है। परम्परागत तरीके से साक्षात्कार करने में, उत्तरदाताओं को जवाब देने वाले पात्रों के रूप में कल्पना की जाती है जिनसे साक्षात्कारकर्ता उनके अपने प्रश्नों का निर्देशन करते हैं उत्तरदाताओं को तथ्यों, प्रतिबिम्ब, राय, भावनाओं और अनुभव के अन्य निशानों के खजाने के रूप में देखा जाता है। उदाहरण के लिए, पौराणिक पत्रकारिता के साक्षात्कारकर्ता स्टड टेरेल ने पारम्परिक छवि के साथ काम किया, और अपने टेप रिकॉर्डर को चालू करके लोगों से बात करने के लिए कहा। उसने अपनी उत्कृष्ट पुस्तक, वर्किंग, टेर्केल (1972: xxv) के लिए साक्षात्कारों का लेखन का प्रतिपादन किया:

> जाहिर है, सवाल थे। लेकिन वे स्वभावतः आकस्मिक थे ... जिस तरह से आप पूछेंगे, जब किसी के साथ पी रहे हों। जिस तरह से वह आप से पूछेंगा ... संक्षेप में, यह एक वार्तालाप था। समय के साथ समय के साथ जमा हो गए कष्टों और सपनों के दरवाजे खुल जाएंगे।

दूसरों ने प्रतिवादी के भीतर रहने वाले सच्चे तथ्यों और भावनाओं के लिए 'पूर्वेक्षण' हेतु परम्परागत साक्षात्कार करने की तुलना की है (देखें – कावेल, 1996)। पूर्वेक्षण की छवि साक्षात्कार को तलाश–और–अन्वेषण मिशन (Search-and-discovery mission) में बदल देती है। साक्षात्कारकर्ता के इरादे से पता चलता है कि सहकारी उत्तरदाताओं के बीच पहले से कम या ज्यादा क्या है। इसे दूषित किये बिना जितना सम्भव हो उतनी कुशलता से सूचनाओं का उत्खनन चुनौती है। बेहद परिष्कृत साक्षात्कार तकनीकों का प्रवाह की दिशा में प्रकटीकरण, प्रक्रिया को व्यवस्थित और स्वच्छ करती है। कभी–कभी, शोधकर्ता यह स्वीकार करते हैं कि सटीक या ईमानदार जानकारी प्राप्त करना मुश्किल हो सकता है, लेकिन जानकारी की कल्पना अभी भी की जाती है, सिद्धांत रूप में, प्रतिवादी के जवाबों के पात्र के भीतर प्राचीन रूप में निहित है। चुनौती यह है कि विश्वसनीय प्रश्न तैयार करें और साक्षात्कारकर्ता और प्रतिवादी के बीच संचार खोलने के लिए अनुकूल माहौल प्रदान करें। चुनौती सभी ओर है, अड़ियल उत्तरदाताओं और बेफिक्र साक्षात्कारकर्ताओं में, जवाबों के पात्र में नहीं।

जवाबों के पात्र के अभिगम में, विषय की छवि प्रतिवादी के पीछे निष्क्रिय है, भले ही विषय का प्रतिवादी किसी भी सहकारी, अन्यथा मुश्किल से निपटने के लिए या अनिच्छुक हो सकता है (एडलर और एडलर, 2002, देखें)। ये विषय स्वयं ज्ञान के उत्पादन में शामिल नहीं हैं। यदि साक्षात्कार करने की प्रक्रिया पुस्तक 'द्वारा' की जाती है तथा गैर निदेशात्मक और निष्पक्ष है, तो उत्तरदाता वैध और भरोसेमन्द तरीके से अपने विषयों के अनुभव के मिलावट रहित तथ्यों के साथ बात करेंगे। साक्षात्कार की स्थापना से, उसके प्रतिभागियों और उनकी बातचीत से मलिनता आने लगती है। इसके विपरीत, कल्पित विषय अधिक या कम संचार वाले होते हैं, और आदर्श परिस्थितियों में उसका प्रतिवादी सटीक, प्रामाणिक रिपोर्ट प्रस्तुत करता/करती है जब इशारे से बुलाया जाता है।

साक्षात्कार करने से संबंधित अधिकांश परम्परागत पद्धतिय साहित्य एक निष्क्रिय व्यक्तिपरकता के साथ उत्तरदाताओं को संरेखित करने की बारीकियों के विवरण प्रदान करता है। जाहिर है, जवाबों के पात्र में साक्षात्कारकर्ताओं को सवाल उठाने में सावधानी बरतने की ओर अग्रसर होते दिखायी देना चाहिये, ऐसा न हो कि उनके जांच पड़ताल की पद्धति प्रदूषित या पूर्वाग्रहयुक्त हो जो विषय में निहित है। यह अनधिकृत सूचना प्राप्त करने के लिए असंख्य प्रक्रियाओं के विकास को प्रेरित करती है, जिनमें से अधिकांश साक्षात्कारकर्ता और प्रश्न तटस्थता पर भरोसा करते हैं। तटस्थ प्रथाओं को सफलतापूर्वक कार्यान्वित करने से जवाबों के इस पात्र में अदूषित सत्य को प्रकाश में लाता है। इन तकनीकों के सफल अनुप्रयोग से 'अच्छा डेटा' के परिणाम मिलते हैं।

यह छवि साक्षात्कारकर्ता के पीछे विषय का एक पूरक मॉडल पेश करती है, क्योंकि साक्षात्कारकर्ता का लक्ष्य जानकारी निकालना है, वह वास्तविक डेटा से अलग होता/होती है, साक्षात्कारकर्ता केवल उजागर करता है और इकट्ठा करता है, जो पहले से मौजूद है। साक्षात्कारकर्ताओं से अपेक्षा की जाती है कि वे सूचना/जानकारी को गढ़ने से बचें जो उन्होंने उद्धरित की है। यह एक साक्षात्कारकर्ता के रूप में किसी के विचारों को नियंत्रित करना शामिल करता है, जिससे कि निष्क्रिय साक्षात्कार विषय के संवाद को प्रभावित न किया जा सके। साक्षात्कारकर्ताओं द्वारा साक्षात्कार में संदर्भ या व्यक्तिगत जानकारी के विशेष फ्रेम्स की आपूर्ति का विरोध किया जाता है। साक्षात्कारकर्ताओं से उम्मीद की जाती है कि वे कम से कम प्रतिक्रियाशील हों– साक्षात्कार की बातचीत से खुद को और उनकी प्राथमिकताओं को दूर रखें। तटस्थता एक कहावत है। आदर्श रूप से, साक्षात्कारकर्ता केवल अपने अभिव्यक्ति को प्रोत्साहित करने के लिए अपने पारस्परिक कौशल का उपयोग करता है, लेकिन विचाराधीन दृष्टिकोण, भावनाओं और व्यवहारों के निर्माण में मदद नहीं करता है। उचित जानकारी के लिये आदर्श साक्षात्कारकर्ता एक सहयोगी है, एक सह–निर्माता नहीं है। एक अनिवार्य रूप से निरोधित, पूर्वनिर्धारित भूमिका जो एक साक्षात्कार से दूसरे तक स्थिर होता है उसका यह रुख साक्षात्कार में साक्षात्कारकर्ता की भागीदारी को हटा देता है, अगर साक्षात्कारकर्ता पूर्व–विशिष्ट प्रश्नों पर मामूली भिन्नताओं के अलावा कुछ भी पेश करता है, तो साक्षात्कार की व्यवहार्यता के साथ समझौता होना चाहिए।

जैसा कि शोधकर्ताओं ने साक्षात्कार प्रतिभागियों के पीछे विषयों के कथनात्मक एजेंसी की सराहना की है, सूचना के उत्खनन के बजाय, साक्षात्कार का सक्रिय रूप से निर्माण करने के अवसर के रूप में पुनर्रचना की जा रही है। विचाराधीन अनुभव को पहचानने योग्य और व्यवस्थित सुविधाओं को पहचानने और निर्दिष्ट करने के लिए मिलकर काम करने हेतु प्रतिभागियों को उद्यम में वर्णनात्मक पेशेवरों के रूप में देखा जाता है। (देखें क्लैंडिनिन, 2007, रिस्समैन, 2008, गबरियम और हॉस्टीन, 2009, बैम्बर्ग, 2012, चेज, (आगामी), रिस्समैन, इस वॉल्यूम में)। यह प्रतिवादी के पीछे विषय की जानकारी को एक कोष (रिपॉजिटरी) से वर्णनात्मक ज्ञान के एक जीवित (एनिमेटेड), उत्पादक स्रोत में बदल देता है (देखें पोकिंगहार्न, 1988)। यदि प्रतिवादी के पीछे का विषय उसके आंतरिक जीवन और सामाजिक दुनिया का विवरण बरकरार रखता/रखती है, तो उन्हें साक्षात्कारकर्ता के समक्ष प्रस्तुत करने की प्रक्रिया में, वह उन्हें एक सुसंगत विवरण में कथनात्मक तरीके से एकत्रित करता/करती है, उत्तरदाता ने जो अन्यथा विषयपरक निर्माण किया है, शायद ही खराब कर सकता है।

साक्षात्कारकर्ता के पीछे सक्रिय सामुदायिकता (मनोवाद) का साथ भी छिपा है, उसका या उसकी भागीदारी मानकीकरण या बाध्यता की बात नहीं है, तटस्थता का मुद्दा नहीं है। कोई भी जानकारी सानुरोध आग्रह पर मिलावटी नहीं हो सकती है, अगर यह संचार की प्रक्रिया के अलावा कुछ शुद्ध रूप में ज्ञान मौजूद नहीं है। बल्कि, साक्षात्कारकर्ता के पीछे सक्रिय विषय उत्तरदाता के पीछे सक्रिय विषय एक कामकाजी कथनात्मक साझेदारी है। कोई व्याक्त एक अनुसंधान विषय की समय से पहचान करता है, उत्तरदाता का चुनाव, प्रश्न करना और जवाब लेना, और अंत में, प्रतिक्रियाओं की व्याख्या करना, साक्षात्कार करने के उद्यम हेतु एक कथनात्मक परियोजना है।

प्रमुख बिंदु

- साक्षात्कार करने के लिए सभी दृष्टिकोण, उत्तरदाताओं और साक्षात्कारकर्ताओं के पीछे विषयों की छवियों पर स्थिर होते हैं।
- परम्परागत दृष्टिकोण प्रतिवादी के पीछे विषय को आवश्यकतानुसार निष्क्रिय रूप में देखते हैं।
- साक्षात्कार की प्रक्रिया को कैसे आयोजित किया जाता है और साक्षात्कार के आंकड़ों पर कैसे टीका किया जाता है, इसके लिये साक्षात्कार प्रतिभागियों के पीछे के विषयों की छवियों का महत्वपूर्ण निहितार्थ (प्रभाव) है।

कथनात्मक व्यवहार (Narrative Practice)

साक्षात्कार परियोजना के कामकाजी आकस्मिकताओं के प्रकाश में, संक्षेप या जितना उन्हें विस्तारित किया जा सकता है उतना ही, साक्षात्कार का वर्णन प्राप्त व्याख्यात्मक संसाधनों का उपयोग करके सक्रिय रूप से एकत्रित किया जाता है। फिर भी, अर्थ लगातार नए सिरे से तैयार नहीं होते हैं, लेकिन अर्थ के अपेक्षाकृत स्थायी और पहचानने योग्य रूपों को दर्शाता है (फौकाल्ट, 1979), जैसे कि साक्षात्कारकर्ता द्वारा प्रस्तुत शोध विषय, उन विषयों को उन्मुख करने के लिये स्थानीय रूप से स्वीकार किए गये तरीके, विषयों के बारे में समझना और बात करना, प्रतिभागियों के जीवनी सम्बन्धी विवरणों, बड़े पैमाने पर संभाषणों की तैनाती और 'जो हर कोई जानता है' इसके संस्थागत साधन हैं (गबरियम और हॉस्टीन, 1997)। अवसर की मांगों के लिये उन संसाधनों को चतुराई और साहस के साथ अनुकूल किया जाता है, इसलिए इसका अर्थ न तो पूर्व निर्धारित है और न ही बिल्कुल अद्वितीय है, न तो स्थापित प्रतिरूप (पैटर्न) और न ही नवीनता के लिये प्रबल है।

क्या और कैसे (The whats and the hows)

शोध उद्यमों की वास्तविक मांगों और परिस्थितियों से निपटने के लिये कामकाजी आकस्मिकताओं के एक परिवार में साक्षात्कार करने के लिए क्या शामिल है। वे साक्षात्कार कथाओं के विकास के लिए व्याख्यात्मक संकेत और संसाधन प्रदान करते हैं। कुछ हद तक, अन्तिम कथा साक्षात्कारकर्ता के माध्यम से अनुसंधान परियोजना द्वारा प्रेरित प्रतिक्रिया की तरह हमेशा पहले से मौजूद है। वहां से, इसे रचनात्मक रूप से शब्दों में विस्तारित किया गया है जो साक्षात्कार की प्रक्रिया में शामिल प्रमुख परिस्थितियों के साथ प्रतिध्वनित और विकसित होते हैं, इन परिस्थितियों में साक्षात्कार के वर्णनात्मक वातावरण का निर्माण होता है, जिसकी चर्चा नीचे की गई है। जैसे साक्षात्कार करने की प्रथायें तैनात की जाती हैं, प्रतिभागियों के रुचि के विषयों को कथानात्मक रूप से लेकर जीवनचर्यात्मक विवरणों के लिए लिंक करने के लिए प्रोत्साहित किया जाता है, साक्षात्कार की प्रक्रिया के परिस्थितिजन्य आकस्मिकताओं के विवरण लेना, ऐसे विषय का निर्माण करना जो दोनों कथनात्मक पर्यावरण से प्रभावित होता है और प्रतिक्रिया करता है। विश्लेषण के इन परिवेशों को ध्यान में रखना चाहिए ताकि संदर्भ के बिना परिणामों को न केवल अनुभव किया जा सके, बल्कि परिस्थितिजन्य और सांस्कृतिक अनुनादों के लिए जांच भी की जा सके।

कामकाजी आकस्मिकताओं के एक अन्य समूह में साक्षात्कार की प्रक्रिया के लिये कैसे को रचनात्मक बनाता हैं। साक्षात्कार कथाएं चल रही बातचीत के भीतर विकसित होती हैं। बातचीत केवल प्रासंगिक नहीं है, यह उभरे हुए अर्थों और विवरणों का एक गठित हिस्सा है इस संदर्भ में, बयानों का केवल आगे निकलना नहीं हैं, बल्कि प्रतिवादी और साक्षात्कारकर्ता के बीच सहयोग में आकार देना और तैयार करना हैं। प्रतिभागियों ने लगातार प्रश्नों और उत्तरों के आदान–प्रदान में उनकी भूमिकाओं का निर्माण और रवैयात्मक रूप से संशोधित किया है जैसा कि साक्षात्कार के रूप में सामने आता है। साक्षात्कार के लिए क्या को पारस्परिक विचार–विमर्श के रूप से प्रबंधित और निरंतर (टिकाऊ) जगह में रखा जाना चाहिए।

साक्षात्कार की प्रक्रिया के क्या और कैसे के बीच अंतर बड़े पैमाने पर अलग–अलग पद्धतियों से संबंधित है, जो कि वर्णनात्मक अभ्यास (कथाप्रथा) का अध्ययन करने के लिए उचित विश्लेषणात्मक दृष्टिकोण के साथ, एक प्रतिवर्त रूप से (खुद ब खुद) एक साथ लागू किया जा सकता है (गबरियम और हॉस्टीन, 2009)। 'कैसे' अभ्यास के रोजमर्रा के काम का गठन करता है, प्रक्रिया, जिसके माध्यम से, साक्षात्कारों के मामले में, साक्षात्कार 'किया जाता है', इतना बोलने के लिए। इस मोर्चे पर उचित कार्यप्रणाली बातचीत और पारस्परिक विचार विमर्श के अर्थ–निर्माण के कार्य का विश्लेषण करने के लिए तकनीकें शामिल हैं। 'क्या' बातचीत और पारस्परिक विचार विमर्श के हर रोज के पदार्थों का गठन करता है। इस मोर्चे पर उपयुक्त पद्धति उपलब्ध विवरणों के नृवंश–सम्बन्धी परीक्षण, उनके परिसंचरण, स्टेक्स, सशर्त बातचीत और उचित कथा वातावरण के भीतर होने वाले संभावित परिणामों पर जोर देती है।

कथात्मक कार्य (Narrative work)

साक्षात्कार की सक्रिय दृष्टि कथात्मक कार्य को स्पष्ट करती है जो साक्षात्कार की बातचीतों का गठन करती है। वर्णनात्मक कार्य का अध्ययन करने के लिए उपयुक्त विश्लेषणात्मक अभिवृत्ति ब्रैकेट के लिए है या 'क्या' के मामले में अस्थायी रूप से रुचि को अलग रखा गया है इस बात पर ध्यान देने के लिए कि विशिष्ट 'क्या' का निर्माण कैसे कर रहे हैं। यह अस्थायी रूप से पारस्परिक विचार विमर्श सम्बन्धी गतिविधि पर ध्यान केंद्रित करती है जिसके माध्यम से कथाएँ एकत्रित और निरन्तर या पुनः विन्यासित की जाती हैं। कथात्मक कार्य में साक्षात्कार विवरणों के निर्माण में शामिल किसी भी संचार गतिविधि को शामिल किया जाता हैः साक्षात्कार के प्रतिभागियों ने पर्याप्त प्रतिक्रियाओं के लिये कैसे काम किया और प्रक्रिया पूरा करने के लिये प्रयास क्या किया। जैसा कि 'काम' शब्द का सुझाव है, साक्षात्कार प्रतिभागियों को उद्देश्यपूर्ण के लिए और सम्मिलित रूप से एक विशिष्ट कार्य को उन्मुख करना है। यह एक सहयोग है जो संचार कौशल के निपुण अनुप्रयोग पर निर्भर करता है। सामान्य तौर पर, वर्णनात्मक कार्य स्वतः जानबूझकर नहीं किया जाता है, यह ज्यादातर देखा जाता है लेकिन ध्यान नहीं दिया जाता है। सक्रिय साक्षात्कार की दृष्टि में, शोधकर्ताओं के लिए एक लक्ष्य यह है कि देखने के लिये इस कार्य को खोलना, उसके यांत्रिकी और स्थानीय आकस्मिकताओं को प्रदर्शित करना और इसका वर्णन करना कि यह कैसे कार्य करता है।

अलग तरीके से कहें तो, साक्षात्कार के प्रतिभागियों को केवल सवालों का उत्तर देने और पूछने के लिए नहीं जाना जाता है, बल्कि साथ ही साथ 'भाषण गतिविधियों' में भी शामिल किया जाता है – समेकित और कठोर कथात्मक कार्य यहां तक कि सर्वे में भी साक्षात्कार के प्रतिभागियों को शामिल किया जाता है क्योंकि उनसे पूछताछ की जाती है और सवालों के जवाब भी देते हैं (मिशेलर, 1986, मेनार्ड एट आल., 2002, शैफर और मेनार्ड, 2002)। इस काम के कुछ पहलुओं में साक्षात्कारकर्ता और प्रतिवादी को आवश्यक संवादात्मक संरचनाओं और दुराग्रही मशीनरी तथा भाषण विनिमयों पर पारस्परिक रूप से निर्माण और मॉनिटर करने के लिए शामिल करना होता है। इन तरीकों पर ध्यान केंद्रित करने से, शोधकर्ता उन तरीकों का पता लगा सकते हैं जिनमें भाग लेने वाले सहयोगी विकासशील साक्षात्कार एजेंडे की अपनी समझ (अर्थ) का उत्पादन करते हैं। यहां तक कि थोड़ी सी भी या सबसे सूक्ष्म, सांसारिक भाषण का कार्य एक खुली कथा से अभिन्न अंग हो सकता है। उन्हें समाप्त करने के लिए, प्रभाव में, बातचीत को रोक सकते हैं, इसलिए साक्षात्कार होता है। इस प्रकार, शोधकर्ताओं को प्रतिभागियों की नियमित पारस्परिक विचार विमर्श सम्बन्धी प्रथाओं को साक्षात्कार करने के लिए विश्लेषणात्मक रूप से संवेदनशील होना चाहिए।

उदाहरण के लिए, शोधकर्ताओं द्वारा कथनात्मक सक्रियण के परीक्षण का आरम्भ किया जा सकता है – कार्य और तंत्र जो साक्षात्कार कथाओं को उज़ागर और प्रोत्साहित करते हैं। जबकि उत्तरदाता सक्रिय रूप से निर्माण करता है और साक्षात्कार के बयान को एकत्रित करता है, वह केवल 'अवांछनीय' या निरन्तर बात नहीं करता/करती है शह और संवादात्मक सुविधा के बिना न तो कहानियों का विस्तार हो पाता है और न ही एक शब्द का उत्तर उभरकर आ पाता है। साक्षात्कार करने के एक जीवित भाव से पता चलता है कि शोधकर्ताओं की तल्लीनता 'यह कैसे होता है' की खोज में होती है। वैकल्पिक रूप से, शोधकर्ता व्यापक यान्त्रिकी और अर्थ–निर्माण की गतिविधियों, एक साथ जोड़ने और सार्थक साक्षात्कार के विवरणों का निर्माण करने की प्रक्रिया पर विचार कर सकते हैं। उनके ध्यान में उन चीजों के बीच खींचे जाने वाले सम्पर्कों को शामिल करते है जो कहा गया और किया गया है, और इन सम्बन्धों को सार्थक प्रतिरूपों (पैटर्न्स) में विस्तार किया जाता है। या वे कथनात्मक प्रस्तुति को निष्पादित करने वाली रूपरेखा, प्रतिभागियों की युक्ति और/या सम्मिलित सहयोग, या पारस्परिक विचार विमर्श सम्बन्धी नियंत्रण जो प्रतिभागियों ने विवरणों को सीमित करने के लिए उपयोग किये हैं, उनकी जांच कर सकते हैं। जैसा कि वे आगे बढ़ते हैं, साक्षात्कार के शोधकर्ता प्रमुख विश्लेषणात्मक प्रश्नों द्वारा निर्देशित होते हैं: 'साक्षात्कार के विवरणों का निर्माण कैसे किया जा सकता है?' और 'अनुभवजन्य प्रक्रिया कैसे वर्णित की जा सकती है?

कथात्मक वातावरण (Narrative environments)

जब सक्रिय रूप से निर्मित साक्षात्कार के कथनात्मक वर्णन, व्यक्तिगत एजेंसी और सहजता की भावना व्यक्त करते हैं, कि वे अपने वास्तविक आधार के बिना नहीं हैं। अनुभव के विवरणों में वर्णनात्मक वातावरणों की आकृति के तरीकों के अध्ययन के लिए लागू विश्लेषणात्मक दृष्टिकोण निर्माण प्रक्रिया में दांव पर लगाये गये कार्यों पर ध्यान देने के लिये कथात्मक अभ्यास के तरीकों के हित में ब्रैकेट या अस्थायी रूप से अलग करता है। इरविंग गॉफमैन (1981, 1967) के अनुसार, व्यक्ति विभिन्न स्तरों के नैतिक वातावरण के माध्यम से चलते हुए वर्णनात्मक स्थिति प्राप्त करते हैं। इन वातावरणों से अनुभव को समझने और संदेश देने के लिए अपेक्षाओं, जवाबदेही संरचनाओं और व्याख्यात्मक संसाधन प्रदान किये जाते हैं। नैतिक वातावरण भी कथात्मक वातावरण हैं। एवरेट ह्यूजेस (1984, 1942,) इस अवलोकन को बड़े पैमाने पर संस्थागत दुनिया के लिये विस्तारित करते हुए कहते हैं कि प्रतिदिन की वास्तविकताओं से निर्मित भावना के उचित तरीके हर रोज 'काम करने और उससे फायदा लेने' को बताते हैं। ह्यूजेस यह सुझाव दे रहे हैं कि व्यापक रूप से टीका किये गये सामाजिक संस्थानों से पसंदीदा और अपेक्षित कथा विकल्पों को प्रदान किया जाता हैं – विशेष सामाजिक परिस्थितियों से सम्बन्धित अपेक्षाकृत और अधिक या कम वर्णनात्मक संभावनाओं के परिदृश्य।

प्रतिदिन, काम करने और उससे फायदा लेने की आड़ में, असंख्य अनौपचारिक संगठनों से जिसमें हम काम करते हैं, अध्ययन करते हैं, खेलते हैं और ठीक होते हैं, अनगिनत अनौपचारिक संघों और नेटवर्कों के लिये जिसमें हम रहते हैं, नस्लीय, जातीय और लैंगिक समुदायों में हमारी सदस्यता के लिए, हम खुद को प्रस्तुत करते हैं। सभी को साथ मे रखने पर, इन विचारों से अनुभव के निर्माण के लिए संभाव्यता की स्थितियां स्थापित होती हैं (फॉकाल्ट, 1979)। उदाहरण के लिए, मानव सेवा एजेंसियां, व्यक्तिगत और सामाजिक समस्याओं को सुदृढ़ बनाने के लिए स्वयं के गहनतम उत्खनन को कथनात्मक रूप से तैयार करती हैं। दोनों ही औपचारिक और अनौपचारिक संस्थागत दिशाओं के साथ इस प्रक्रिया में जिन्दगियों को कहानीबद्ध किया जाता है। स्व–सहायता संगठनों की संख्या बढ़ती है, और उनसे सम्बन्धित साहित्य अधिकांश सुपरमार्केट के लघु समाचार पत्रों की रैक से और प्रत्येक किताबों की दुकानों की निधानी से हम पर शोरगुल करते हैं। रेडियो और टीवी बातचीत शो पर 'साइकोबैब्बल' हमें लगातार अपनी कहानियों को तैयार (या सुधारने) करने के लिए प्रेरित करता है, जिसे हम खुद को स्वर देने या जीने के लक्ष्य से रखते हैं। राजनीतिक बातों के शो पेश करते हैं, कथात्मक टेम्पलेट्स की विषमता, रेलिंग जिन व्यक्तियों की व्यक्तिगत बेदखली है या नैतिक जवाबदेही से वंचित हैं या सामाजिक शक्तियां वंचित लोगों के लिए एक उचित मंथन पाने के लिये इसे असंभव बना देती हैं। साक्षात्कार करने की बातचीतें इन सभी प्रभावों के अधीन हैं।

इन आकस्मिकताओं को स्पष्ट रूप से कथात्मक वातावरणों में शामिल किया जाता है जो उत्तरदाताओं के लिए प्रासंगिक सवालों और उत्तरदाताओं के लिए उचित उत्तरों का सुझाव देते हैं। व्यक्तिगत प्रत्युत्तरों को आरोपित नहीं किया जाता हैं, लेकिन स्थितिजन्य रूप से उचित और जवाबदेह उत्तरों की संभावनाओं की स्थिति निश्चित रूप से स्थान पाती हैं। ये कथात्मक वातावरण साक्षात्कार की बातचीत के अनुक्रमिक संदर्भ के रूप में अनौपचारिक या जनगणना सर्वेक्षण साक्षात्कार के रूप में औपचारिक हो सकते हैं। सेटिंग के बावजूद, साक्षात्कार करने की प्रक्रिया के कथनात्मक वातावरणों की वरीयताओं की पेशकश करते हैं जो प्रस्तावित करते है कि विचाराधीन मामलों के बारे में 'क्या'(*whats*) के साथ–साथ कथनात्मक निर्माण के 'तरीकों' (*hows*) को आकार देते हैं। हालांकि कथनात्मक कार्य साक्षात्कार करने का एक महत्वपूर्ण संचालन करने वाला घटक है, साक्षात्कार कथाओं की मध्यस्थता हेतु स्थानीय प्रासंगिकता के उन तरीकों के बारे में बताता है जो कहानी का केवल एक हिस्सा है। शोधकर्ताओं को जांचने के लिए बाध्य किया जाता है कि क्या साक्षात्कार के विवरणों का मतलब चीजों की वास्तविक योजना के साथ–साथ परिस्थितियों के अनुसार उन विवरणों को आकार देना है।

परिणामतः कथनात्मक वातावरणों के परिदृश्य जो साक्षात्कार के शोधकर्ताओं पर विचार कर सकते हैं, वस्तुतः अंतहीन है। वे इस बात पर विचार कर सकते हैं कि सम्बन्धों या पारिवारिक जीवन को सूचित करने

के लिये विभिन्न नीतियां कैसे आकार ले सकती हैं जो घर के मालिकों या घरेलू व्यवस्थाओं के सामाजिक और/या भावनात्मक रूपों के बारे में उत्तरदाताओं से हमें बताया जा सकता है। वैकल्पिक रूप से, शोधकर्ता परीक्षण कर सकते हैं कि किस तरह से स्थानीय संस्कृति, सामाजिक स्थिति, नौकरियां और व्यवसाय, और औपचारिक संगठनात्मक सदस्यता साक्षात्कार विवरणों के उत्पादन में मध्यस्थता करते हैं। आवश्यक रूप से, साक्षात्कार विवरणों की एक विस्तृत विविधता को समझने के लिए वंश, जातीयता, लिंग और कामुकता के कथनात्मक वातावरणों को निश्चित रूप से विश्लेषणात्मक प्रोत्साहन प्रदान कर सकते हैं। साक्षात्कार सेटिंग्स को पार करने वाले प्रासंगिक मामलों को ध्यान में रखते हुए, शोधकर्ता विश्लेषकों का विश्लेषण कर सकते हैं कि विशिष्ट सेटिंग्स के प्रतिभागियों के दूसरी सेटिंग्स में उज़ागर करने और तैयार करने के लिये विवरणों के आकार और जवाब कैसे मिल सकता है।

साक्षात्कार विवरणों के उत्पादन में या तो वर्णनात्मक वातावरणों या वर्णनात्मक कार्य की भूमिका के अति निर्धारण करने के विरूद्ध सुरक्षा के लिए, हमें उस साक्षात्कार करने के दिशा परिवर्तन पर जोर देना चाहिए, लेकिन किसी फायदे से कथनों को परियोजित करने के लिये पुनः उत्पादन नहीं करना चाहिए। साक्षात्कार प्रतिभागियों द्वारा, खुद को, साक्षात्कार प्रक्रिया के संस्थागत मध्यस्थता के जवाब देने में जीवनी के रूप से सक्रिय रखते हैं। जबकि संस्थागत तत्वावधान प्रश्नों को पूछने और उत्तरों को तैयार करने हेतु दोनों के लिए संसाधन प्रदान करते हैं, साक्षात्कार प्रतिभागियों के लिए संभावित भूमिकाएं निर्धारित करते हैं, और कुछ विवरणों को विशेषाधिकार या हाशिये पर रखते हैं, व्यवहार में इन संसाधनों और भूमिकाओं को स्वतः अपनाया और पुनरूत्पादित नहीं किया जाता है। अगर प्रतिभागियों को विशेष परिस्थितियों, जैसे सामाजिक–वैज्ञानिक अनुसंधान आयोजित करने, नौकरी के साक्षात्कारों को पूरा करने या आपराधिक प्रक्रियाओं में संदिग्धों की पूछताछ करने के लिए जवाबदेह मानते हैं, तो उनके लिए उपलब्ध विविध प्रकार के संसाधनों से वे उधार लेते हैं। वे अपनी भूमिकाओं के प्रबंधन और अनुभव को स्वर देने में यान्त्रिकीवाद की तुलना में अधिक 'कलात्मक' हैं (गारफींकल, 1967)।

कथनात्मक अभ्यास की जैज़ संगीत, विषय (थीम) और कामचलाऊ व्यवस्था के उत्पादन के रूप में प्रमाणक (हालमार्क्स) हैं। साक्षात्कार कथाएं कलात्मक रूप से एकत्रित की जाती हैं, अवज्ञात्मक रूप से सूचित की जाती हैं और परिस्थितिजन्य रूप से वातानुकूलित होती हैं। उनमें व्यक्तिगत एजेंसी, नवीनता और नवाचार की विशिष्टता होती है, जबकि एक ही समय पर संस्थागत किये गये प्रतिमानों को प्रकट करते हैं (गबरियम और हॉस्टीन, आगामी)। क्योंकि प्रतिस्पर्धा की दुनिया के फायदे हेतु दिशा परिवर्तन द्वारा जिन कहानियों को हम जीते हैं, वे विवरणों के संग्रह को समान रूप से पुनः उत्पादित नहीं करती हैं। कथनात्मक कार्य और कथनात्मक वातावरणों की परस्पर क्रिया – मामले के रचनात्मक 'तरीके' (*hows*) और मूल 'बातें' (*whats*) जो विश्लेषणात्मक ब्रैकेटिंग द्वारा वैकल्पिक रूप से दिखाई देने योग्य बनायी जाती हैं (गबरियम और हॉस्टीन, 1997) – जैसे हम क्या हैं और हमारी दुनियायें क्या हैं, इसके बारे में सवालों को पूंछने और जवाब देने के लिए संभावनाओं की एक स्पष्ट सीमा के साथ साक्षात्कार प्रदान करता है। जैसा कि यह कार्ल मार्क्स (1956) द्वारा दिया गया हो सकता है, कि लोग सक्रिय रूप से उनके जीवन की रूपरेखा का वर्णन करते हैं, लेकिन अनिवार्य रूप से, या पूरी तरह से, या इनकी अपनी शर्तों में नहीं।

प्रमुख बिंदु

- साक्षात्कार प्रतिभागियों को सम्मिलित रूप से कथनात्मक कार्य में संलग्न किया जाता हैं।
- यह काम वर्णनात्मक वातावरणों के आकलन के तहत किया जाता है, जो सुगम और जवाबदेह साक्षात्कार कथाओं की संभावनाओं को प्रदान करता है।
- साक्षात्कारों से उभरकर आने वाले सार्थक अनुभव के संस्करणों को प्रक्रिया के तरीकों (*hows*) और बातों (*whats*) में आत्म–अभिव्यक्तिपूर्ण परस्पर क्रिया में गठित किया जाता है।

कठोरता के रूप (Forms of Rigour)

साक्षात्कार के सक्रिय चरित्र पर प्रमुखता से किसी को सुझाव दिया जा सकता है कि अस्वीकार्य पूर्वाग्रह को जानकारी–एकत्रित करने की प्रक्रिया में अपरिहार्य रूप से प्रस्तुत किया जाये। 'संदूषण' हर जगह दिखता है और स्पष्ट रूप से कड़ाई से नियंत्रित होने की आवश्यकता होती है। लेकिन यह आलोचना केवल तब होती (धारण करती) है जब निष्क्रिय प्रतिभागी व्यक्तिपरकता की एक छवि और उत्तरों का एक मौलिक पात्र किसी का प्रस्थान बिन्दु है। पूर्वाग्रह समस्याग्रस्त है यदि साक्षात्कार प्रतिभागियों को विशुद्ध सूचना–उत्पादक वस्तुओं के रूप में देखा जाता है।

यदि साक्षात्कारकर्ता के प्रत्युत्तरों के सार को साक्षात्कार करने के तरीके (*hows*) और बातों (*whats*) के एक कथा उत्पाद के रूप में देखा जाता है, तो साक्षात्कार के आंकड़े न तो पहले से ही बनाये जाते हैं और न ही कभी भी उन्हें मौलिक रूप से सूचित किया जाता है। इस प्रकार, कठोरता का एक अलग रूप लागू होता है। साक्षात्कार की किसी भी स्थिति पर – कोई फर्क नहीं पड़ता कि वह औपचारिक, प्रतिबंधित या मानकीकृत है – प्रतिभागियों के बीच बातचीत पर निर्भर करता है जो लगातार व्याख्यात्मक अभ्यास में लगे हुए हैं। क्योंकि साक्षात्कार करना अपरिहार्य रूप से सहयोगात्मक है, कारकों से निर्बाध पारस्परिक विचार विमर्श असल में असंभव है जो कि संदूषकों के रूप में टीका किये जा सकते हैं। एक साक्षात्कार में सभी प्रतिभागियों को अनिवार्य रूप से अर्थ–निर्माण में फंसाया जाता है, भले ही कभी–कभी एक अत्यधिक संकुचित रूप ले लेते हों।

जबकि स्वाभाविक रूप से बात हो रही है और एक साक्षात्कार में जो कुछ प्रकट होता है, पारस्परिक विचार विमर्श उससे अधिक सहज महसूस हो सकता है, यह केवल इस मायने में सही है कि इस तरह के पारस्परिक विचार विमर्श एक साक्षात्कारकर्ता के अलावा अन्य लोगों द्वारा किये गये होते हैं, प्रतीत होता है कि सहज रूप से बातचीत करना अधिक प्रामाणिक, पूर्वाग्रह–मुक्त या असंरचित नहीं है। वे पारंपरिक रूप से गैर–साक्षात्कार सेटिंग्स के रूप में पहचाने गए हैं। लेकिन ये सेटिंग्स भी, अनुभवात्मक ज्ञान के उत्पादन में एक निश्चित भूमिका निभाती हैं – जैसे साक्षात्कार की स्थितियां। फिर भी, आज के 'साक्षात्कार समाज' के विकास के साथ, और व्यक्तिगत अनुभव के गैर–निजीकरण (*deprivatization*) के इज़ाफे से सम्बन्धित, साक्षात्कार अधिक से अधिक सामान्य हो गया है, और यह तेजी से अपने अधिकार में एक स्वाभाविक रूप से होने वाला अवसर बन गया है (देखें: गबरियम और हॉस्टीन, 1995, 2002)।

सक्रिय साक्षात्कार का अभिमुखीकरण करने से, साक्षात्कार के आंकड़ों की वैधता का एहसास कैसे हो सकता है? एक बार जब हम यह मानते हैं कि सभी पारस्परिक विचार विमर्श सम्बन्धी और असम्बद्ध डेटा, व्याख्यात्मक प्रथाओं के उत्पाद हैं, तो विश्लेषण साक्षात्कार करने के तरीकों (*hows*) और बातों (*whats*) की परस्पर क्रिया पर केंद्रित होता है। यह अधिक पारंपरिक प्राकृतिक अनुसंधान के विपरीत है, जो मुख्य रूप से साक्षात्कारों में वर्णित सामाजिक दुनिया के बारे में केंद्रित होता है (देखें, गबरियम और हॉस्टीन, 1997)। इन साक्षात्कारों को आमतौर पर अनुभव के अधिक या कम सटीक विवरण के रूप में विश्लेषित किया जाता है, जैसा कि प्रतिवेदनों या पुनः प्रस्तुतीकरण की वास्तविकता, जो लेखक की संवेदनाओं के उत्तर–आधुनिकता पर निर्भर होती है। विश्लेषण व्यवस्थित रूप से समूहीकरण और विवरणों को सारांशित करने का एक रूप धारण कर लेता है, और एक सुसंगत संगठनात्मक रूपरेखा प्रदान करता है जिसे वह समाहित करता है और अनुभव की समझ या सामाजिक दुनिया के उत्तरदाताओं की तस्वीर पेश करता है।

जब शोधकर्ताओं द्वारा भी साक्षात्कार प्रक्रिया में रचनात्मक गतिविधि के संचालन पर विचार किया जाता है, वैधता का सवाल मामले के तरीकों (*hows*) में विस्तारित होता है, क्योंकि वे बातों (*whats*) से सम्बन्धित हैं। उत्तरदाताओं की टिप्पणियों को एक निश्चित कोष (रिपॉजिटरी) से प्रदत्त वास्तविकता के प्रतिवेदनों के रूप में नहीं देखा जाता है। इसके बजाय, उन साक्षात्कारकर्ताओं के सहयोग से उन तरीकों के लिए विचार किया जाता है जिनसे वे अनुभवात्मक वास्तविकता का निर्माण करते हैं। जनसमूह को एकत्रित करने की प्रक्रिया पर जितना ज्यादा ध्यान दिया जाता है उतना ही उस पर जो भी इकट्ठा और व्यक्त किया गया है। इस संदर्भ में जो मान्य है वह केवल उससे निकाला गया नहीं है जो उत्पादित किया गया है, बल्कि इसके उत्पादन के अभ्यास से भी।

प्रमुख बिंदु

- सक्रिय साक्षात्कार की अवधारणा एक नए प्रकाश में साक्षात्कार 'पूर्वाग्रह' का आह्वान करती है। एक साक्षात्कार में सभी प्रतिभागियों को कथनात्मक वास्तविकता के निर्माण में शामिल किया गया है। वे कथनात्मक उत्पादन में शामिल हैं, संदूषण में नहीं।
- मार्गदर्शक प्रश्न यह नहीं होना चाहिए कि साक्षात्कार प्रक्रियाएं डेटा को दूषित करें, बल्कि यह साक्षात्कार रचनात्मक रूप से यह जानकारी कैसे उत्पादित करता है।
- क्योंकि साक्षात्कार के आंकड़े कथनात्मक प्रथाओं के उत्पाद हैं, डेटा विश्लेषण साक्षात्कार प्रक्रिया के तरीकों (*hows*) और बातों (*whats*) दोनों की कठोर संवेदनशीलता की मांग करता है।

दिशा निर्देशों का पूर्वाभिमुखीकरण (Orienting Guidelines)

साक्षात्कार की एक सक्रिय दृष्टि का अनुसरण करते हुये, हम साक्षात्कारों का कथनात्मक अभ्यास के रूप में उन्मुखीकरण करने के लिए कुछ सामान्य दिशानिर्देशों के साथ निष्कर्ष निकालते हैं।

1. साक्षात्कार की प्रक्रिया और इसके सूचनात्मक बाय–उत्पादों का साक्षात्कार प्रतिभागियों की स्थापित, सहयोगात्मक, कथनात्मक उपलब्धियों के रूप में, दोनों उत्तरदाताओं और साक्षात्कारकर्ताओं का व्यवहार करें।
2. संवादात्मक मशीनरी से सतर्क रहें, जिसके माध्यम से साक्षात्कार की कथाओं को उत्पादित किया जाता है। साक्षात्कार की बातचीत के संदर्भ में कथाएं कैसे सक्रिय और कर्षित की जाती हैं, इस पर विचार करें।
3. ध्यान रखें, ऐसा अनुमान नहीं लगाया जाये कि साक्षात्कार कथाओं के अर्थ स्वयं–स्पष्ट हैं। सक्रिय रूप से विशेष परिस्थितियों में कथाएं लिखने के लिए उपयोग किए जाने वाले संबंधों को देखें।
4. अर्थ–निर्माण, इसके प्रासंगिक प्राचलों का दस्तावेजीकरण करने के काम पर ध्यान दें। यह मत मान लें कि यह लिंक सीधे आंतरिक योगों से खींची जायेगी या सांस्कृतिक या ऐतिहासिक समझ को स्वचालित रूप से पुनः उत्पादित कर देगी।
5. दस्तावेज करें कि कैसे परिस्थितियों साक्षात्कार कथाओं की रचना की प्रक्रिया में प्रवेश करती हैं। संयोजन और अनुबन्धन के विशिष्ट पैटर्न के लिए, परिस्थितियों के भीतर और पार के विषयों और सूचनात्मक सामग्री के प्रकारों की तुलना और उसके विपरीत करने के लिये देखें।
6. सावधान रहें, कि विवरणों के उत्पादन में साक्षात्कारकर्ता और उत्तरदाता सहयोग कैसे करते हैं। इस तरीके को पूरा करने के बारे में विचार करें और साथ ही साथ कथाओं में इसका अर्थ सहयोगात्मक रूप से किस तरह आकार लेता है।
7. विशिष्ट कथनात्मक वातावरणों में साक्षात्कार कथाओं की दिशा बदलने वाले तरीकों के प्रति संवेदनशील रहें और नैतिक दृष्टि से दस्तावेज बनायें।
8. चित्र जिन्हें यहां तक कि सबसे कमजोर या सर्वाधिक अस्थिर रिश्तों के कथनात्मक वातावरणों के रूप में देखा जा सकता है। तरीके को दिशा निर्देशित करने के लिये इन संबंधों को उनके संगठन के विवरणों में चरित्र चित्रण किया जाता है, उनके समग्र लक्षणों का वर्णन तथा उनके भीतर और बाहर के विशेष तत्वों के बीच खींचे गए संपर्कों पर ध्यान देना होता है।
9. संगठनात्मक सदस्यता जैसी औपचारिक संस्थागत परिस्थितियों का निरीक्षण करें, उदाहरण के लिए, संगठनात्मक संसाधनों और अभिविन्यासों की पहचान करें जो विवरणों को आकार प्रदान करते हैं। यह दिखाने के उद्देश्य से कथायें सुनें कि संगठनात्मक अभिविन्यासों और स्थानों के लिये वे किस तरह से

विलक्षण हैं, यह दर्शाते हुए कि कैसे औपचारिक श्रेणियों को 'प्रमाणीकरण' या 'प्राधिकृत' विवरणों और सेटिंग के भीतर और उससे परे के विवरणों के लिए उपयोग किया जाता है।

10. संगठनात्मक जीवन में साक्षात्कार के विवरणों से अनौपचारिक रूप से जुड़े तरीकों को सावधानी से ध्यान दें, व्यक्तिगत आवाजों में सुनाई देने वाली संस्थागत आवाजों और वरीयताओं को ध्यान में रखें। यदि संभव हो, व्यक्तिगत साक्षात्कार विवरणों के निर्माण में अंतर और समानता के लिए विभिन्न साइटों के संगठनात्मक बयान की तुलना करें।

अध्याय सारांश और भविष्य की संभावनाएं

सारांश के अनुसार, अध्याय के प्रमुख बिंदुओं को उजागर करते हैं। सबसे पहले, साक्षात्कार के अन्य रूपों से अलग होने के लिए सक्रिय साक्षात्कार, एक विशेष प्रकार का साक्षात्कार नहीं है। इसके बजाय, हम इस विचार को रेखांकित करने के लिए 'सक्रिय' शब्द का उपयोग करते हैं, सभी साक्षात्कार अपरिहार्य रूप से सक्रिय संचार उद्यम हैं। यहां तक कि मानकीकृत सर्वेक्षण साक्षात्कार भी सक्रिय है, क्योंकि मानकीकरण सक्रिय रूप से साक्षात्कारकर्ता के इनपुट को संरचित करता है और उत्तरदाता की प्रतिक्रियाओं की सीमा को प्रतिबंधित करता है।

दूसरा, एक सक्रिय, एनिमेटेड साक्षात्कार के दृष्टिकोण को निर्दिष्ट करके, हम परंपरागत या मानकीकृत साक्षात्कार विधियों की तिरछी आलोचना नहीं कर रहे हैं। दरअसल, साक्षात्कार के सभी रूपों में अंतर्निहित कथात्मक गतिविधि पर ध्यान देने के द्वारा, हम साक्षात्कार की विस्तृत श्रृंखला की ओर इशारा करते हैं जो साक्षात्कार के किसी विशेष संस्करण या मूलभूत मॉडल को विशेषाधिकार देने के बजाय अनुभव का निर्माण करते हैं। हम सुझाव नहीं दे रहे हैं कि साक्षात्कारों के अभिकल्पन के लिए यह एक स्वर्ण मानक है।

तीसरा, एक ही समय में, साक्षात्कार कथाओं के सक्रिय चरित्र पर ध्यान केंद्रित करके, हम यह नहीं कह रहे हैं कि 'सभी कुछ स्वीकार्य है'। यह जगह रखो, कि व्यक्तिपरकता की हर छवि अपने ऑपरेटिंग नियमों का उत्पादन करती है। सक्रिय साक्षात्कार की अवधारणा एक विशिष्ट तरीके से जानकारी का संग्रह और विश्लेषण, उत्पादन का टीका करने (अनुमान लगाने) के लिए एक सत्तामूलक रूप से अधिपत्रित (warranted) आधार से व्युत्पन्न किये जाते हैं, और प्रक्रियात्मक और विश्लेषणात्मक दिशानिर्देशों के अपने सेट की माग करते हैं।

कथनात्मक रूप से जीवित (एनिमेटेड) साक्षात्कार के दृष्टिकोण साक्षात्कार अनुसंधान के विश्लेषणात्मक दायरे को व्यापक बनाता है ताकि आम तौर पर अधिक पारम्परिक दृष्टिकोणों पर विचार किया जा सके। एक साक्षात्कार में उत्तरदाताओं का कहना है कि शोधकर्ताओं को अब बस विषय सामग्री तक सूचीबद्ध नहीं होना चाहिए। एक अच्छी तरह से सक्रिय प्रक्रिया के रूप में साक्षात्कार तैयार करने की चुनौती को सावधानीपूर्वक विचार करना है जो इस सम्बन्ध में कहा जाता है कि किस तरह से, कब, कहां और किसके द्वारा कहानियां संप्रेषित की जाती हैं, और अंत में क्या है। सक्रिय रूप से साक्षात्कार का सृजन पहले से कहीं अधिक पूछताछ के विविधतापूर्ण क्षेत्र प्रदान करता है। इसमें वर्णनात्मक विश्लेषण के प्रासंगिक रूप से संवेदनशील रूपों के निरंतर विकास की आवश्यकता होगी जो विचाराधीन वास्तविकताओं की जटिलताओं को ध्यान में रखते हैं (देखें, हॉस्टीन और गबरियम, 2012, चेस, आगामी)।

संदर्भ

Adler, P. A. and Adler, P. (2002) 'The reluctant respondent', in J. F. Gubrium and J. A. Holstein (eds), *Handbook of Interview Research*. Thousand Oaks, CA: Sage, pp. 515–36.

Atkinson, P. (1997) 'Narrative turn or blind alley?', *Qualitative Health Research*, 7: 325–44.

Bamberg, M. (2012) 'Narrative practice and identity negotiation', in J. A. Holstein and J. F. Gubrium (eds), *Varieties of Narrative Analysis*. Thousand Oaks, CA: Sage, p. 99–124.

Briggs, C. L. (2007) 'Anthropology, interviewing, and communicability in contemporary society', *Current Anthropology*, 48: 551–80.

Chase, S. E. (forthcoming) 'Narrative inquiry: toward theoretical and methodological maturity', in N. K. Denzin and Y. S. Lincoln (eds), *The Sage Handbook of Qualitative Research* (5th edn). Thousand Oaks, CA: Sage.

Cicourel, A. V. (1964) *Method and Measurement in Sociology*. New York: Free Press.

Cicourel, A. V. (1974) *Theory and Method in a Study of Argentine Fertility*. New York: Wiley.

Clandinin, D. J. (ed.) (2007) *Handbook of Narrative Inquiry*. Thousand Oaks, CA: Sage.

Conrad, F. G. and Schober, M. F. (2008) 'New frontiers in standardized survey interviewing', in S. N. Hesse-Biber and P. Leavy (eds), *Handbook of Emergent Methods*. New York: Guilford Press, pp. 173–88.

Foucault, M. (1979) *Discipline and Punish*. New York: Vintage.

Fowler, F. J. and Mangione, T. W. (1990) *Standardized Survey Interviewing*. Newbury Park, CA: Sage.

Garfinkel, H. (1967) *Studies in Ethnomethodology*. Englewood Cliffs, NJ: Prentice Hall.

Gorden, R. L. (1987) *Interviewing: Strategy, Techniques, and Tactics*. Homewood, IL: Dorsey.

Gubrium, J. F. and Holstein, J. A. (1995) 'Biographical work and new ethnography', in R. Josselson and A. Lieblich (eds), *The Narrative Study of Lives*, Vol. 3. Newbury Park, CA: Sage, pp. 45–58.

Gubrium, J. F. and Holstein, J. A. (1997) *The New Language of Qualitative Method*. New York: Oxford University Press.

Gubrium, J. F. and Holstein, J. A. (2002) 'From the individual interview to the interview society', in J. F. Gubrium and J. A. Holstein (eds), *Handbook of Interview Research*. Thousand Oaks, CA: Sage, pp. 3–32.

Gubrium, J. F. and Holstein, J. A. (2009) *Analyzing Narrative Reality*. Thousand Oaks, CA: Sage.

Gubrium, J. F. and Holstein, J. A. (2012) 'Narrative practice and the transformation of interview subjectivity', in J. F. Gubrium, J. A. Holstein, A. B. Marvasti and K. D. McKinney (eds), *The Sage Handbook of Interview Research: The Complexity of the Craft* (2nd edn). Thousand Oaks, CA: Sage, pp. 3–32.

Gubrium, J. F and Holstein, J. A (forthcoming) 'Analyzing novelty and pattern in institutional life narratives', in I. Goodson, A. Antikainen, M. Andrews and P. Skiles (eds), *International Handbook on Narrative and Life History*. London: Routledge.

Holstein, J. A. and Gubrium, J. F. (1995) *The Active Interview*. Newbury Park, CA: Sage.

Holstein, J. A. and Gubrium, J. F. (eds) (2008) *Handbook of Constructionist Research*. New York: Guilford.

Holstein, J. A. and Gubrium, J. F. (eds) (2012) *Varieties of Narrative Analysis*. Thousand Oaks, CA: Sage.

Houtkoop-Steenstra, H. (2000) *Interaction and the Standardized Survey Interview*. Cambridge: Cambridge University Press.

Hughes, E. C. (1984 [1942]) *The Sociological Eye: Selected Papers*. Chicago: Aldine.

Kvale, S. (1996) *InterViews*. London: Sage.

Marx, K. (1956) *Selected Writings in Sociology and Social Philosophy*, ed. T. Bottomore. New York: McGraw-Hill.

Maynard, D. W., Houtkoop-Steenstra, H., van der Zouwen, J. and Schaeffer, N. C. (eds) (2002) *Standardization and Tacit Knowledge: Interaction and Practice in the Survey Interview*. New York: John Wiley.

Mishler, E. G. (1986) *Research Interviewing: Context and Narrative.* Cambridge, MA: Harvard University Press.

Polkinghorne, D. E. (1988) *Narrative Knowing and the Human Sciences*. Albany: SUNY Press.

Riessman, C. K. (2008) *Narrative Methods for the Human Sciences*. Thousand Oaks, CA: Sage.

Schaeffer, N. C. and Maynard, D. W. (2002) 'Standardization and interaction in the survey interview', in J. F. Gubrium and J. A. Holstein (eds), *Handbook of Interview Research*. Thousand Oaks, CA: Sage, pp. 577–602.

Terkel, S. (1972) *Working*. New York: Avon.

Warren, C. A. B and Karner, T. (2005) *Discovering Qualitative Methods*. Los Angeles, CA: Roxbury.

छह

संकेन्द्रित समूह दत्तों का विश्लेषण

(Analysing Focus Group Data)

सू विल्किनसन

इस अध्याय के बारे में

संकेन्द्रित समूह समंकों का विश्लेषण करने के लिए यह अध्याय दो अलग–अलग दृष्टिकोणों की जांच करता है: सामग्री विश्लेषण और प्रजाति लेखन सम्बन्धी विश्लेषण। यह प्रत्येक के साथ जुड़े प्रमुख सैद्धांतिक और ज्ञानमीमांसीय मुद्दों की रूपरेखा प्रदान करता है। यह एक विशेष फोकस समूह के एक अनुभाग के विश्लेषण में प्रत्येक दृष्टिकोण के उपयोग के उदाहरण प्रदान करता है, जिसमें स्तन कैंसर वाली महिलाओं को उनके कैंसर के संभावित कारणों के बारे में बात की जाती है। अंत में, संक्षेप में यह माना जाता है कि संभवतः फोकस समूह अनुसंधान में भविष्य के घटनाक्रमों के लिए फोकस समूह का उपयोग करना सबसे उपयुक्त है।

कीवर्ड्स - स्तन कैंसर (breast cancer), सामग्री विश्लेषण (content analysis), बातचीत विश्लेषण (conversation analysis), प्रजाति लेखन सम्बन्धी विश्लेषण (ethnographic analysis), फोकस समूह (focus groups), पारस्परिक विचार–विमर्श (focus groups, interaction)।

यद्यपि फोकस समूहों के 'आविष्कार' को 1920 के दशक में देखा जा सकता है, हालांकि 1990 के दशक तक वे शिक्षा, संचार और मीडिया अध्ययन, स्वास्थ्य अध्ययन, नारीवादी अनुसंधान, समाजशास्त्र और सामाजिक मनोविज्ञान सहित कई विषयों में एक आम शोध पद्धति बन गए थे (समीक्षा के लिए देखें – मॉर्गन, 1996, विल्किनसन, 1998ए, 1998बी, 1998सी, 1999)। पिछले तीन वर्षों में सामाजिक विज्ञानों में प्रकाशित 8,600 फोकस समूह अध्ययनों के साथ फोकस समूह अनुसंधान की लोकप्रियता बढ़ रही है, इनमें से लगभग एक तिहाई स्वास्थ्य के क्षेत्र में हैं।

फोकस समूह पद्धति गुणात्मक डेटा एकत्रित करने का एक तरीका है, आमतौर पर किसी विशेष विषय या मुद्दों के समूह के आसपास केंद्रित एक अनौपचारिक समूह चर्चा (या चर्चा) में लोगों को एक छोटी संख्या में शामिल किया जाता है, उदाहरण के लिए – युवा महिलाओं के शरीर में संशोधन प्रथाओं के अनुभवों को साझा करने के लिये, नई माताओं द्वारा मातृत्व सेवाओं के उनके अनुभवों की तुलना और विषमता करने के लिये, या अभिजात एथलीटों द्वारा अलग–अलग प्रेरक तकनीकों का मूल्यांकन करने के लिये यह किया जा सकता है। चर्चा आमतौर पर, सवालों की एक श्रृंखला (फोकस समूह 'अनुसूची') पर आधारित होती है, और शोधकर्ता सामान्यतया समूह के लिए एक मॉडरेटर के रूप में कार्य करता है: प्रश्नों को खड़ा करता है, चर्चा को जारी रखते हुए और समूह के सदस्यों को पूरी तरह से भाग लेने के लिए सक्षम बनाता है।

यद्यपि फोकस समूहों को कभी–कभी 'समूह साक्षात्कारों' के रूप में जाना जाता है, मॉडरेटर बदले में प्रत्येक फोकस समूह प्रतिभागी से सवाल नहीं पूछता, बल्कि समूह चर्चा की सुविधा देता है, समूह सदस्यों को सक्रिय रूप से एक दूसरे के साथ बातचीत करने के लिए प्रोत्साहित करता है। अनुसंधान प्रतिभागियों के बीच यह पारस्परिक विचार विमर्श – और इस तरह के पारस्परिक विचार विमर्श का संभावित विश्लेषणात्मक उपयोग – को फोकस समूह अनुसंधान के हालमार्क(पहचान) के रूप में वर्णित किया गया है (मॉर्गन, 1988: 12)।

आमतौर पर, चर्चा को अभिलिखित और प्रतिलिपिबद्ध किया जाता है और इसके उपरान्त फिर गुणात्मक डेटा के लिए पारंपरिक तकनीक का उपयोग करके विश्लेषण किया जाता है: सबसे अधिक, सामग्री या विषयगत विश्लेषण।

डेटा विश्लेषण की पद्धति के बजाय, मुख्य रूप से डेटा संग्रह की विधि (यानी अनौपचारिक समूह चर्चा) के लिए फोकस समूह विशिष्ट हैं। परिणाम देने वाले डेटा का विश्लेषण कैसे किया जाए, के बजाय, यह एक प्रभावी फोकस समूह को कैसे चलाया जाए, के बारे में जोर देने के लिए विधि के अधिकांश विवरणों को प्रेरित करता है। फोकस समूह की स्थापना और संचालन करने के लिये पद्धति संबंधी और प्रक्रियात्मक विकल्पों पर सलाह बहुतायत हैं – उदा. विल्किनसन (2003), कामबेरेलिस और दिमित्रियादिस (2013), हेन्नीन्क (2014), क्रेजेर और केसे (2014), स्टीवर्ट एट आल., (2014), विल्किनसन (2015) – लेकिन फोकस समूह डेटा का विश्लेषण और व्याख्या करने में लगे सैद्धांतिक और ज्ञानमीमांसीय विकल्पों पर काफी कम हैं। अपने स्वयं के फोकस समूह अनुसंधान पर आरेखण करके मैं यहाँ असंतुलन का निवारण करना शुरू कर रहा हूं।

डेटा विश्लेषण के लिए दो दृष्टिकोण (Two Approaches to Data Analysis)

फोकस समूह डेटा का विश्लेषण करने के कई तरीके हैंः उदाहरण के लिए, सामग्री, विषयगत, प्रजाति लेखन सम्बन्धी, घटना–क्रिया, कथनात्मक, अनुभवगत, जीवनी सम्बन्धी, संभाषण या वार्तालाप विश्लेषण (इस खंड में अन्य अध्यायों को देखें)। यहां, मैं इन दृष्टिकोणों में से केवल दो की तुलना करूँगा – सामग्री विश्लेषण और प्रजाति लेखन सम्बन्धी विश्लेषण – जो प्रत्येक के बारे में विशिष्ट क्या है, प्रत्येक में कौन सी सैद्धांतिक और ज्ञानमीमांसीय मान्यताओं को शामिल करता है, और प्रत्येक में शोधकर्ता के लिए क्या पेशकश है, पर प्रकाश डालता है।

सामग्री विश्लेषण एक अपेक्षाकृत संपूर्ण डेटा समूह के लिये व्यवस्थित और व्यापक सारांश या सिंहावलोकन का उत्पादन करता है, कभी–कभी एक मात्रात्मक तत्व को शामिल करता है प्रजाति लेखन सम्बन्धी विश्लेषण अधिक चयनात्मक होता है, आमतौर पर, अधिक से अधिक विश्लेषणात्मक गहराई और विस्तार में डेटा के कुछ अनुभाग (या अनुभागों) में प्रतिभागियों के बीच 'क्या चल रहा है' के मुद्दे को संबोधित किया जाता है। दो अलग–अलग दृष्टिकोण अलग–अलग शोध प्रश्नों से संबंधित हैं और दो प्रकार के विश्लेषण द्वारा उत्पादित 'परिणाम' बहुत अलग दिखते हैं।

उन दोनों के बीच भेद की प्रारंभिक जानकारी को हृदयाघात के जोखिम वाले कारकों पर एक परियोजना से प्राप्त किया जा सकता है, जो दोनों प्रकार के विश्लेषण का उपयोग करता है (मॉर्गन और स्पैनिश, 1984)। यहाँ, सामग्री विश्लेषण का उपयोग इस प्रश्न को सम्बोधित करने के लिये किया जाता है कि दिल के दौरे के लिए अलग–अलग प्रकार के जोखिम वाले कारकों का कितनी बार उल्लेख किया गया है, और ये कारक क्या हैं, जबकि प्रजाति लेखन सम्बन्धी विश्लेषण का उपयोग इस प्रश्न को सम्बोधित करने के लिए किया जाता है कि (और शायद 'क्यों' भी सम्बोधित हो सकता है) इस विशेष संदर्भ में जोखिम कारक की जानकारी को किस तरह से प्रस्तुत किया गया है और इसकी चर्चा किस तरह से की गई है।

सामग्री विश्लेषण किसी प्रकार के पुनरावर्ती उदाहरणों के लिए डेटा की जांच करने पर आधारित है, इन उदाहरणों को तब डेटा सेट में व्यवस्थित रूप से पहचाना जाता है, और एक कोडिंग सिस्टम के माध्यम से एक साथ समूहीकृत किया जाता है। शोधकर्ता सबसे पहले 'विश्लेषण की इकाई' पर निर्णय लेता हैः यह पूरे समूह, समूह की गतिशीलता, व्यक्तिगत प्रतिभागियों या (जो प्रकरण में सबसे अधिक बार होते हैं) प्रतिभागियों के बयान हो सकते हैं (कैरी एंड स्मिथ, 1994, मॉर्गन, 1995)। विश्लेषण की इकाई एक कोडिंग प्रणाली विकसित करने के लिए आधार प्रदान करती है, और फिर कोड को प्रतिलिपि (या प्रतिलिपियों) में व्यवस्थित रूप से लागू किया जाता है। एक बार आंकडें कोडित हो जाते हैं, तब आगे मुद्दा होता है कि क्या उन्हें गिनती के उदाहरणों के माध्यम से मापना है (निश्चित रूप से कई गुणात्मक शोधकर्ता तर्क देंगे कि यह गुणात्मक डेटा की सबसे मूल्यवान विशेषताओं को खो देता है) हालांकि, इस तरह की गणनांए पूरी तरह से डेटा समूहों के सारांश या अवलोकन प्रदान करने का एक प्रभावी तरीका है।

सामग्री विश्लेषण के विपरीत, प्रजाति लेखन सम्बन्धी विश्लेषण शायद ही कभी व्यवस्थित या व्यापक होता है: बल्कि, यह अधिक चयनात्मक और सीमित होता है। इसका मुख्य लाभ, एक विस्तृत – अधिक या कम व्याख्यात्मक – सामाजिक दुनिया की सांसारिक विशेषताओं के विवरणों को अनुमति देना है। यह विवरण केवल फोकस समूह के भीतर प्रक्रियाओं तक सीमित हो सकता है, या (अधिकतर) यह प्रतिभागियों के जीवन पर एक 'खिड़की' की पेशकश के रूप में फोकस समूह चर्चा हो सकती है। प्रजाति लेखन सम्बन्धी विश्लेषण का उद्देश्य अध्ययन के तहत स्थिति की विशेषताओं में व्याख्या, और प्रतिभागियों (विश्लेषकों के बजाय) के परिप्रेक्ष्य में आधार देना है। डेटा आमतौर पर सामाजिक घटनाओं या सामाजिक प्रथाओं के विवरणों के रूप में प्रस्तुत किए जाते हैं, जो फोकस समूह चर्चा से व्याख्यात्मक उद्धरणों द्वारा प्रमाणित किये जाते हैं। प्रजाति लेखन सम्बन्धी विश्लेषण में प्रमुख मुद्दे हैं:

- प्रस्तुत करने के लिए सामग्री का चयन कैसे करें।
- विशिष्ट संदर्भ के लिए उचित भार कैसे प्रदान करें, जिसमें से सामग्री को उत्पादित किया गया था, जबकि पूरा का पूरा समूह चर्चा के कुछ अर्थ बने हुए थे।
- किसी व्याख्यात्मक विवरणों को प्रस्तुत करने में प्रतिभागियों की अभिमुखताओं हेतु प्राथमिकता सर्वोत्तम कैसे हो?

फोकस समूह डेटा की परस्पर संवादात्मक प्रकृति को संबोधित करना एक विशेष चुनौती है: फोकस समूह अनुसंधान की एक आश्चर्यजनक सीमा दुर्लभता है जिसके साथ समूह के पारस्परिक विचार विमर्शों को विश्लेषित या प्रतिवेदित किया जाता है (कित्ज़िंगर, 1994, विल्किनसन, 1999)। उदाहरण हेतु, अपवादों के लिए देखें, डगलेबी (2005) और वॉर (2005)।

सामग्री विश्लेषण (Content Analysis)

अधिकांश फोकस समूह अध्ययनों में कुछ प्रकार के सामग्री विश्लेषण का उपयोग किया जाता हैं। अपने सबसे बुनियादी, सामग्री विश्लेषण में बस कुछ तरह के आवर्तक उदाहरणों के लिए डेटा का निरीक्षण करना शामिल है। यह उदाहरण के प्रकार के बावजूद है (उदा. शब्द, वाक्यांश, अर्थ की कुछ बड़ी इकाई), ऐसे उदाहरणों के लिए पसंदीदा लेबल (उदाहरण –मदों, विषयों, संभाषणों), क्या उदाहरणों को बाद में बड़ी इकाइयों में बांटा जाता है, विभिन्न लेबल भी दिये जाते हैं (जैसे– श्रेणियां, विषयों का आयोजन, व्याख्यात्मक प्रदर्शनों), और उदाहरणों – या बड़ी इकाइयों – को क्या गिना जाता है या नहीं। फोकस समूह डेटा का अधिकांश विश्लेषण किसी प्रकार के आवर्तक उदाहरणों को और अधिक या कम व्यवस्थित तरीके से प्रतिवेदित करता है, इसलिए वे अनिवार्य रूप से सामग्री विश्लेषण कर रहे हैं।

इसे स्पष्ट करने के लिए, मैं दो अलग–अलग सामग्री विश्लेषण – एक मात्रात्मक, एक गुणात्मक – फोकस समूह डेटा के एक ही भाग से (बॉक्स 6.1 में) दिखाता हूं। मात्रात्मक सामग्री विश्लेषण के परिणामों को आवृत्ति गणना के रूप में प्रस्तुत किया जाता है, जबकि गुणात्मक सामग्री विश्लेषण के परिणामों को अर्थपूर्ण उद्धरणों के रूप में प्रस्तुत किया जाता है। डेटा एक फोकस समूह के एक अनुभाग से आया है जिसमें स्तन कैंसर वाली तीन महिलाओं की बीमारी के संभावित कारणों के बारे में बात हो रही हैं (अधिक संदर्भ के लिए विल्किनसन, 2000 देखें)। दोनों विश्लेषणों में विश्लेषण की इकाई के रूप में एक कारण का 'उल्लेख' होता है, और स्वास्थ्य और बीमारी के कारणों के बारे में ब्लेक्सटर (1983) के बातचीत के क्लासिक अध्ययन से प्राप्त श्रेणी योजना का उपयोग करके इन उल्लेखों को व्यवस्थित किया जाता है। हालांकि, पहला विश्लेषण व्यवस्थित रूप से प्रत्येक श्रेणी (शून्य श्रेणियों सहित) के उल्लेखों की संख्या को अभिलिखित करता है, सारांश में इन उल्लेखों का क्या है, जबकि दूसरा शब्दों को अभिलिखित करता है जिसमें इन 'उल्लेखों' को तह किया गया है, उन्हें प्रत्येक श्रेणी के शीर्षक के तहत उद्धरण के रूप में प्रस्तुत किया गया है (रिक्त श्रेणियों को छोड़कर)।

बॉक्स 6.1 सामग्री विश्लेषण (causes of breast cancer)

(1) मात्रात्मक संस्करण

1. *Infection*: 0 instances
2. *Heredity or familial tendencies*: 2 instances – family history (×2)
3. *Agents in the environment*:
   a) *'poisons', working condition, climate*: 3 instances – aluminium pans; exposure to sun; chemicals in food
   b) *drugs or the contraceptive pill*: 1 instance – taking the contraceptive pill
4. *Secondary to other diseases*: 0 instances
5. *Stress, strain and worry*: 0 instances
6. *Caused by childbearing, menopause*: 22 instances – not breast feeding; late childbearing (×3); having only one child; being single/not having children; hormonal; trouble with breast feeding – unspecified (×4); flattened nipples (×2); inverted nipples (×7); nipple discharge (×2)
7. *Secondary to trauma or to surgery*: 9 instances – knocks (×4); unspecified injury; air getting inside body (×4)
8. *Neglect, the constraints of poverty*: 0 instances
9. *Inherent susceptibility, individual and not hereditary*: 0 instances
10. *Behaviour, own responsibility*: 1 instance – mixing specific foods
11. *Ageing, natural degeneration*: 0 instances
12. *Other*: 5 instances – 'several things'; 'a lot'; 'multi-factorial'; everybody has a 'dormant' cancer; 'anything' could wake a dormant cancer

(2) गुणात्मक संस्करण

Heredity or familial tendencies

- 'I mean there's no family history'

Agents in the environment:

a) *'poisons', working condition, climate*

- 'I was once told that if you use them aluminium pans that cause cancer'
- 'Looking years and years ago, I mean, everybody used to sit about sunning themselves on the beach and now all of a sudden you get cancer from sunshine'
- 'I don't know [about] all the chemicals in what you're eating and things these days as well, and how cultivated and everything'

b) *drugs or the contraceptive pill*

- 'You know, obviously I took the pill at a younger age'

Caused by childbearing, menopause

- 'Inverted nipples, they say that that is one thing that you could be wary of'
- 'Until I came to the point of actually trying to breast feed I didn't realize I had flattened nipples and one of them was nearly inverted or whatever, so I had a lot of trouble breast feeding,

and it, and I was several weeks with a breast pump trying to get it right, so that he could suckle on my nipple, I did have that problem'

- 'Over the years, every, I couldn't say it happened monthly or anything like that, it would just start throbbing, this leakage, nothing to put a dressing on or anything like that, but there it was, it was coming from somewhere and it were just kind of gently crust over'
- 'I mean, I don't know whether the age at which you have children makes a difference as well because I had my eight year old relatively <u>late</u>, I was an old mum'
- 'They say that if you've only had <u>one</u> that you're more likely to get it than if you have a <u>big</u> family'

Secondary to trauma or to surgery

- 'Sometimes I've heard that <u>knocks</u> can bring one on'
- 'I then remembered that I'd <u>banged</u> my breast with this ... you know these shopping bags with a wooden rod thing, those big trolley bags?'
- 'I always think that people go into hospital, even for an exploratory, it may be all wrong, but I do think, well the <u>air</u> gets to it, it seems to me that it's not long afterwards before they simply find that there's more to it than they thought, you know, and I often wonder if the <u>air</u> getting to your inside ... brings on cancer in any form'

Behaviour, own responsibility

- 'I was also told that if you eat tomatoes and plums at the same meal'

Other

- 'He told them nurses in his lectures that <u>every</u>body has a cancer, <u>and</u> it's a case of whether it lays dormant'
- 'I don't think it could be one cause, can it? It must be multi-factorial'

ये दोनों सामग्री विश्लेषण बहुत अलग–अलग दिखते हैं, हालांकि वे डेटा के एक ही हिस्से से प्राप्त किये गये हैं, और एक अंतर्निहित सैद्धांतिक ढांचे को साझा करते हैं। दूसरे प्रकार को अक्सर विषयगत विश्लेषण (कभी–कभी 'संभाषण विश्लेषण' के रूप में) के रूप में वर्णित किया जाता है और सारणीबद्ध रूप के बजाय पाठ में एकीकृत उद्धरण के साथ प्रस्तुत किया जा सकता है (जैसे– ब्रौन और विल्किनसन, 2003)। इनमें से किसी भी विश्लेषण ने फोकस समूह की बातचीत को संरक्षित नहीं किया है – हालांकि विषयगत विश्लेषण हेतु ऐसा करना संभव है (उदाहरण के लिए, एलिस, 2002, ब्रौन और विल्किनसन, 2005)।

प्रजाति लेखन सम्बन्धी विश्लेषण (Ethnographic Analysis)

अब तक, हमने देखा है कि सामग्री विश्लेषण जो बहुत अलग दिखते हैं (यानी मात्रात्मक या गुणात्मक 'परिणाम' प्रदान करता है) वास्तव में डेटा को उसी प्रकार के तरीके से व्यवहार में लाते हैं (यानी आवर्ती उदाहरणों के लिए व्यवस्थित रूप में डेटा का निरीक्षण करता है)। हम आगे ध्यान दें सकते हैं कि इन दो प्रकारों के सामग्री विश्लेषण एक समान अंतर्निहित ज्ञानमीमांसा की साझेदारी करते हैं: एक जिसमें अनुसंधान प्रतिभागियों की बात को कुछ के लिये 'पहुंच के साधन' प्रदान करने के रूप में लिया जाता है जो इसके पीछे या इससे परे (तत्ववाद) है। स्तन कैंसर के कारणों के बारे में महिलाओं की बातों का मेरे सामग्री विश्लेषण में, फोकस समूह

प्रतिभागियों के शब्दों को 'पारदर्शी खिड़की' प्रदान करने के लिए लिया जाता है, जो कि वे समझते हैं, सोचते हैं या इसके बारे में विश्वास करते हैं – माना कि – स्तन कैंसर के व्याधिनिदान–विज्ञान (एटियोलॉजी) में प्रजनन कारकों की भूमिका। आत्म–प्रतिवेदन अपेक्षाकृत स्थिर 'अनुभूतियां' (विश्वासों, अभिवृत्तियों या मतों) का अनुमान लगाने के लिए उपयोग किया जाता है, जो लोगों के भाषण (और – कम से कम कभी कभी – उनके बाद के व्यवहार को सूचित करने के लिए) को ग्रहण करने के लिए माना जाते हैं, जिसके लिए शोधकर्ता का कोई स्वतंत्र उपयोग नहीं होता है।

एक समान (तत्ववादी) ज्ञानमीमांसीय स्थिति आम तौर पर फोकस समूह अध्ययनों में बात करने के लिए दी जाती है, जो प्रकृति में अभिकल्पित किए गए नृवंशविज्ञान (सामग्री विश्लेषणात्मक होने के बजाय) हैं – अर्थात, अध्ययनों जिनका उद्‌देश्य उनके प्रतिभागियों के सामाजिक संसारों के प्रासंगिक, व्याख्यात्मक विवरणों को प्रदान करना होता है। उदाहरण के लिए, लियोन्स एट आल., (1995) में बहु काठिन्य (मल्टीपल सेलेरोसिस) वाली महिलाओं का अध्ययन, फोकस समूह की बात(बातचीत) को एक गंभीर शारीरिक बीमारी वाले लोगों के लिए दैनिक जीवन की प्रकृति को 'उज़ागर करने' के रूप में लिया जाता है और एगार और मैकडोनाल्ड (1995) में एलएसडी के पूर्व उपयोगकर्ताओं के अध्ययन में, उनकी बात को जीवन क्षेत्र में ड्रग अनुभवी युवा के एक महत्वपूर्ण मुद्दे के रूप में देखा जाता है। इन दोनों अध्ययनों में, फोकस समूह चर्चा का भीतर और बाहरी पहुंच के साधन के रूप में उपयोग किया जाता है– इसके अपने अधिकार में हित के बजाय अनुसंधान प्रतिभागियों के जीवन को व्यवहार में लाया जाता है (इस खण्ड में देखें –मिलर और ग्लास्नर और हॉस्टीन और गबरियम)।

मैं एक विकल्प के साथ बात के इस दृष्टिकोण का विरोध करूंगा (यानी पूर्व–प्रदत्त सामाजिक या मनोवैज्ञानिक दुनिया तक पहुंचने के साधन के रूप में बोलना): पल–दर–पल के आधार पर सामाजिक दुनिया के गठन के रूप में बात (सामाजिक निर्माणवाद)। बहुत ही अलग ज्ञानमीमांसीय स्थिति, पूर्ण किए गए अध्ययन और प्राप्त परिणाम के प्रकार दोनों को मौलिक रूप से प्रभावित करती है। यह फोकस समूह चर्चा को अपने ही अधिकार में सामाजिक संदर्भ के रूप में देखने की संभावना की अनुमति देता है, और इसके आगे, उसे प्रत्यक्ष अवलोकन के अधीन रखने की संभावना होती है (इसे अध्ययन करने के बजाय, सामाजिक–या मनोवैज्ञानिक–घटनाओं का अधिक दूरस्थ अनुमान लगाने के लिए)। परिणामस्वरूप अध्ययन अनिवार्य रूप से नृवंशविज्ञान होगा, और सामाजिक प्रक्रियाओं के प्रासंगिक विवरणों को विस्तृत रूप प्रदान करेगा। यह अधिकांश फोकस समूह शोधकर्ताओं के लिए एक क्रांतिकारी प्रस्ताव है, जिसमें नृवंशविज्ञान की परम्परा के भीतर काम करने वाले शामिल हैं। हालांकि (अधिकांश) नृवंशविज्ञान को प्रत्यक्ष अवलोकन के आधार पर प्रतिपादित किया गया है, कुछ फोकस समूह शोधकर्ताओं ने (मोटे तौर पर) नृवंशविज्ञान विश्लेषण का संचालन करते हुये, फोकस समूह में ही 'क्या चल रहा है' का अवलोकन करने पर ध्यान देने लगे हैं, सामाजिक या मनोवैज्ञानिक–जीवन के गठित होने के रूप में फोकस समूह टॉक पर अभी भी बहुत कम ध्यान दिया गया है।

इस तरह के दृष्टिकोण लेने में (सामाजिक निर्माणवादी), मैंने नैदानिक विधि (एथनोमैथडोलॉजी) और वार्तालाप विश्लेषण द्वारा प्रस्तुत सैद्धांतिक रूपरेखा पर तैयार किया है (इस वॉल्यूम में देखें हेरिटेज, सिडनेल और स्टॉवर्स, 2013)। वार्तालाप विश्लेषण यह मानता है कि यह मौलिक रूप से प्रतिभागियों ने सामाजिक संदर्भ का निर्माण बातचीत के माध्यम से किया है। इसके फ्रेमवर्क के केंद्र में कार्य के रूप में बात करने की धारणा है – जो कि विशेष रूप से किसी विशेष बातचीत के भीतर विशेष बातें करने के लिए डिजाइन किया गया है। एक फोकस समूह के भीतर हम देख सकते हैं कि लोग कैसे (उदाहरण के लिए) कहानियां, मजाक, सहमत, बहस, तर्क, चुनौती या राजी करने का प्रयास करते हैं। हम उन तरीकों को देख सकते हैं जिनमें वे विशेष रूप से पारस्परिक प्रयोजनों के लिए स्वयं (और अन्य) के विशेष संस्करणों को प्रस्तुत करते हैं (उदाहरण के लिए) प्रभावित करने, चापलूसी करने, चिढ़ाने, उपहास करने, शिकायत करने, सजा देने या माफ करने। प्रतिभागियों ने पल–दर–पल के आधार पर अपनी बात (भाषण) में और उस बात के माध्यम से खुद ही बात के सन्दर्भ का निर्माण करते हैं।

बातचीत स्वयं ही, इसके अंतःक्रियात्मक संदर्भ में, विश्लेषण के लिए प्राथमिक डेटा प्रदान करता है। इसके अलावा, विश्लेषणात्मक संसाधनों को डेटा के लिए आंतरिक रूप से सम्मिलित करना संभव हैः प्रतिभागियों की बातचीत की अपनी समझ पर ध्यान केंद्रित करके – जैसा कि उनकी बात में सीधा दिखायी देता है, संवादात्मक प्रथाओं के माध्यम से वे उपयोग करते हैं। इस प्रकार से, वार्तालाप की विश्लेषणात्मक दृष्टिकोण प्रतिभागियों (विश्लेषकों के बजाय) के पारस्परिक विचारविमर्श के विश्लेषण को प्राथमिकता देता है।

नृजाति कार्यप्रणाली (एथनोमैथडोलॉजी) और वार्तालाप विश्लेषण की परम्पराएं प्राथमिक तौर पर स्वाभाविक रूप से होने वाले डेटा के इस्तेमाल पर भरोसा करती हैं, अर्थात् शोधकर्ता से स्वतंत्र डेटा का उत्पादन होता है। हालांकि, इन आंकड़ों में कई संस्थागत संदर्भों को शामिल किया जाता है (उदाहरण के लिए– कक्षाएं, कोर्टरूम्स, डॉक्टरों की सर्जरीज़), जिसमें बात को हर रोज की वार्ता के सम्मेलनों और व्यवस्थित रूप से इनसे हटाने हेतु दोनों का अनुसरण करने के लिये दिखाया गया है (हेरिटेज एंड क्लेमैन, 2010)। इसी तरह, फोकस समूहों से आंकड़ों में हर रोज के सामाजिक कार्यों (जैसे कि बहस करना, मजाक करना, चिढ़ाना, शिकायत करना) और कार्यों में विशेष (अनुसंधान) संदर्भ के लिए विशिष्ट होने की संभावना में दोनों के बीच सीमा होती है, उदाहरण– विस्तृत प्रश्न पूछनें (पुच्टा और पॉटर, 1999) या राय प्रदर्शित करने (मायर्स, 1998)। हालांकि, जबकि यह मानना उपयोगी हो सकता है कि फोकस समूह से फोकस समूह में क्या हो रहा है, इस विशिष्ट संदर्भ की विशिष्टता द्वारा विश्लेषण के सीमित नहीं होने की आवश्यकता हैः इससे और अधिक सामान्य संवादी घटनाओं को भी संबोधित कर सकते हैं (उदाहरण– शेग्लॉफ, 1997)।

इस अभिगम को स्पष्ट करने के लिए, प्रजाति लेखन के डेटा विश्लेषण का यहां एक नमूना है, जो कि एथनोमैथडोलॉजी और वार्तालाप विश्लेषण के सिद्धांतों पर आधारित है। यह बातचीत के भीतर 'क्या चल रहा है' का एक विस्तृत व्याख्यात्मक विवरण प्रदान करना चाहता है, जो फोकस समूह का गठन करता है तथा यह विशेष रूप से, स्थानीय पारस्परिक लक्ष्यों की खोज में – इस बात को क्रिया–उन्मुख के रूप में सिद्धान्त प्रतिपादित करता है।

इस विश्लेषण के लिए आंकड़ो के उद्धरणों को नीचे बॉक्स 6.2 और 6.3 में प्रस्तुत किया गया है। उपरोक्त सामग्री विश्लेषणों में उपयोग किए गए उसी फोकस समूह के उसी अनुभाग से दो उद्धरणों को लिया गया है, यानी वह भाग जिसमें तीन महिलायें स्तन कैंसर के संभावित कारणों के बारे में बात कर रही हैं। यहां, मैंने फोकस समूह के माडरेटर (मध्यस्थ) के रूप में मेरी खुद की पहचान (एसडब्लू) की है, और मैंने प्रतिभागियों को फ्रेड, डोरेन और गर्टी के नाम से बुलाया है। प्रतिलेख में प्रस्तुत किए गए विवरण का स्तर विश्लेषण के स्तर के लिए उपयुक्त है जो निम्नानुसार हैः एक सरल लेखन अभिव्यक्ति (साधारण शब्दबद्ध प्रस्तुति) और एक पूर्ण जेफरसोनियन प्रतिलेखन (विश्लेषणात्मक बातचीत) के बीच कहीं (प्रतिलेखन सम्मेलनों के लिए परिशिष्ट देखें)।

बॉक्स 6.2 के डेटा उद्धरण– 1 में कारणों के बारे में मेरे प्रश्न से (मध्यस्थ के रूप में) और इस प्रश्न से फ्रेड और गर्टी की प्रतिक्रियाओं से आरम्भ होता है, एक सामग्री विश्लेषण (पहले की तरह प्रस्तुत किए गए) में कोड हो सकते हैं, फ्रेड की प्रारंभिक प्रतिक्रिया (लाइन 2 को) 'मैं नहीं जानता' के रूप में, और इसके बाद गर्टी के जवाब (पंक्तियां 4–6 को) 'पर्यावरण में एजेंट्स' (एल्यूमीनियम पैन) और 'व्यवहार, खुद की जिम्मेदारी' (एक ही भोजन में टमाटर और प्लम खाने के लिए चुनना) की श्रेणियों में मदों के रूप में कोड कर सकता है। इसके विपरीत, एक नृवंशविज्ञान विश्लेषण में तात्कालिक पारस्परिक विचार–विमर्श सम्बन्धी संदर्भों पर केन्द्रित किया जाता है। कारणों के बारे में बात करना पारस्परिक विचार–विमर्शीय रूप से मुश्किल हो सकता है – खासकर जब एक अनुमानित विशेषज्ञ प्रश्न पूछ रहा हो, या जब संभवतः समान रूप से जानकार अन्य लोगों के पास अलग–अलग या फिर विवादित राय हो सकती है। वार्तालाप विश्लेषकों (जैसे, सैकस, 1992ः 340–7) ने पहला एक राय व्यक्त करने और दूसरा होने के बीच असमानता का उल्लेख किया हैः पहला का मतलब है कि आपको अपनी राय लाइन पर रखना होगा, जबकि दूसरा एक समझौते के लिए या संभावित चुनौती के लिए अवसर प्रदान करता है। नतीजतन, वक्ताओं द्वारा अक्सर पहली स्थिति से बचने का प्रयास किया जाता है – और यह ठीक है कि मध्यस्थ के प्रश्न

बॉक्स 6.2 डेटा उद्धरण – 1

SW: BCP12 (Causes extracts 1+2)
SW: D'you have any idea what caused your breast cancer [pause] any of you?
Fre: No- What does cause breast cancer do you think?
SW: What do you think it might be?
Ger: [cuts in] There's a lot of stories going about.=I was once told that
if you use them aluminium pans that cause cancer..hh I was also told
that if you- if you eat tomatoes and plums at the same meal that-
Dor: [laughs]
Ger: [to Doreen] Have you heard all these those things?
Dor: [laughs] No
Ger: Now that's what I heard and-
Dor: [laughs] Mm
Ger: Oh there's several things that if you listen to people [pause] we::ll-
Dor: Mm
SW: [to Gertie, laughingly] What else have they told you?
Ger: Pardon?
SW: [to Gertie, laughingly] What else have they told you?
D/SW: [laughter]
Ger: I can't think off hand I knew a- I knew a lot that I've heard over the
years from people who've passed on 'Oh yeah well that causes cancer'.
Dor: Mm
Ger: But I don't know but-
Dor: [cuts in] I mean uhm-
Ger: Now I've no views on this [To Doreen] have you?

के ज़वाब में फ्रेड ने जो किया। वह राय देने से इनकार कर देती है और एक विरोधी (काउंटर) के रूप में, वापस मॉडरेटर से सवाल उठाती है (शेगलॉफ, 2007: 16–19)। फिर केवल यह नहीं है, क्योंकि एक (आवश्यकतावादी) सामग्री विश्लेषण का सुझाव हो सकता है, कि फ्रेड 'नहीं जानती' स्तन कैंसर का कारण क्या है: एक (सामाजिक निर्माणवादी) नृवंशविज्ञान विश्लेषण के परिप्रेक्ष्य से, वह यहां एक मन की स्थिति को प्रतिवेदित नहीं कर रही है, बल्कि स्थानीय पारस्परिक विचार–विमर्श सम्बन्धी व्यवसाय के एक भाग में संलग्न है।

मॉडरेटर (एसडब्ल्यू) फ्रेड के प्रत्यक्ष प्रश्न का जवाब देने से टाल जाती है: इसके बजाय वह इसे (फोकस समूह मॉडरेटर्स के लिए आमतौर पर अनुशंसित किये जाने के क्रम में) स्पष्ट करने के लिए फिर से सूत्रबद्ध करती है, वह स्तन कैंसर के किसी भी कथित के बजाय 'वास्तविक' (यानी वैज्ञानिक) कारण में, प्रतिभागियों ने जो स्वयं (पंक्ति 3) में व्यक्त किया है 'लगता है कि यह हो सकता है' में दिलचस्पी रखती है। फिर से इस आश्वासन के साथ, गर्टी कुछ कहानियां (यानी लोक ज्ञान, वैसे ही लेबल किया हुआ) पेश करती है, जिसके चलते उसने खुद को पहले बोलने की कमजोर स्थिति में रखा, और केवल दूसरे वक्ता की असहमति के प्रकार को आकर्षित करने के लिए जो फ्रेड के विरोध से बचने के लिए उसे सक्षम बनाता है: डोरेन, समूह का तीसरा सदस्य, गर्टी की प्रतिक्रिया पर हंसती है।

अधिकांश अन्य अभिगमों के भीतर, 'कहानियों' के लिये गर्टी के संदर्भों, और 'वर्षों से सुना हैं' जो उसके पास है, उसके विचारों के स्रोत को कारणों के बारे में पारदर्शी प्रतिवेदन के रूप में लिया जाएगा, अर्थात् लोक ज्ञान पर

भरोसा दर्शाते हुए। हालांकि, इस ढांचे के भीतर, लोक ज्ञान के कारणों के बारे में विचारों के गुणों का आरोपण वक्ता को चुनौती से बचाने के लिए एक पारस्परिक विचार विमर्श सम्बन्धी तरकीब के रूप में देखा जाता है (यद्यपि, यहां यह उपहास का निवारण करने में विफल रहता है)।

तब फिर, गर्टी के उम्मीदवार के कारणों को कहानियों के रूप में प्रस्तुत किया जाता है हालांकि, केवल कुछ ही पलों के बाद, इन कहानियों को भी वापस ले लिया जाता है। डोरेन और गर्टी के आगामी विनिमय के समाप्त होने तक (23 लाइन में), गर्टी, फ्रेड जैसे ही उससे पहले, स्तन कैंसर के कारणों 'कोई विचार नहीं' पर दावा करती है।

पुनः – इस दृष्टिकोण के भीतर – यह सिर्फ एक संज्ञानात्मक स्थिति का सीधा प्रतिवेदन नहीं है। इसके बजाय, यह पारस्परिक विचार विमर्श सम्बन्धी अनुक्रम से उत्पन्न होता है जिसके भीतर यह अंतर्निहित होता है, डोरेन और मध्यस्थ दोनों की उनके हंसी के माध्यम से वार्ता जो निहित है, गर्टी के उम्मीदवार का कारण अकल्पनीय है (वास्तव में, मॉडरेटर की जांच (लाइन 14) 'स्थिति निर्धारण' (विल्किनसन और कित्जिंगर, 2003) के रूप में सुना जा सकता है, उसे बताया गया है गर्टी आसानी से धोखा खाने वालों की तरह के व्यक्ति के रूप में है जो किसी चीज पर विश्वास कर लेती है)। गर्टी सभी को याद दिलाते हुए पहले जवाब देती है कि वह अपने विचारों को प्रतिवेदित नहीं कर रही है, लेकिन दूसरों के, और फिर वह आगे के उम्मीदवार के जवाबों को देने के लिए साफ–साफ इनकार कर देती हैं, स्पष्ट रूप से मंजिल को डोरेन के लिये सौंप देती है (लाइन 23) पर।

बॉक्स 6.3 के उद्धरण 2 की लाइन 65 में, एक उम्मीदवार के कारण के आगामी के सुझाव के साथ जब गर्टी फिर से वार्तालाप में प्रवेश करती है (सिद्धांत है कि कैंसर जागृत होने तक निष्क्रिय है), वह अभी भी उस पर हंसी होने के जोखिम पर ध्यान दे रही है। हालांकि, यहां पर वह एक बहुत ही अलग तरह के नींव (फुटिंग) का उपयोग करके उपहास का जोखिम मानती है (गॉफमैन, 1981; 1967): निष्क्रिय कैंसर सिद्धांत श्रमसाध्यपूर्वक किसी और की राय के रूप में निर्मित किया जाता है– जो कि एक विशिष्ट चिकित्सकीय विशेषज्ञ डॉ. पैटरसन, स्प्रिंगफील्ड जनरल अस्पताल में होता है (अस्पताल जहां इन महिलाओं में से अधिकांश ने उपचार प्राप्त किए हैं), वह इस सिद्धांत के रिसेप्शन पर ध्यानपूर्वक नजर रखती है, और हालांकि फ्रेड और डोरेन इस विचार के साथ संबद्ध रखती हैं (लाइन 71 और 72 पर), वह यह सुनिश्चित करने के लिए जांच करती है कि उसे उनका समर्थन है (पंक्ति 73), और बार–बार निरन्तर दबाव बनाती रहती है कि यह सिद्धांत उसकी बहन के नर्सिंग प्रशिक्षण से लिया गया है: 'उसने हमें बताया कि, और जो उनके व्याख्यानों में आया है' (लाइन 75); उसके अनुसार (पंक्ति 76); 'यह वही है जो उसे बताया गया था' (लाइन 81)। इन सभी चरणों का प्रभाव इस

बॉक्स 6.3 डेटा उद्धरण – 2

SW: BCP12 (Causes extracts 4+5)

Ger: My sister was a nurse [pause] wa:y back in the 1920s she [indistinct].
And she-she was at what is Springfield General now.=She did her
training there and there was a doctor Patterson at the time.hh who
used to lecture to the nurses.hh and he told them nurses in his
lectures that everybody has a cancer [pause] and [pause] it's a case
of whether it lays dormant

Fre: Yes I've heard that

Dor: Mm

Ger: Have you heard that?

Fre: Mm

Ger: Well yes that she told us that and that came in her lectures.hh and [pause] according to him anything could wake it up
Dor: Mm
Ger: a knock or whatever in the appropriate place.hh and then it would develop but that's what-
Dor: Mm
Ger: that's what she was told
Dor: Mm
Ger: But when I-
Fre: [cuts in] Sometimes I've heard that knocks can bring one on but I've never (had any knocks) [indistinct]
Ger: No
Fre: [cuts in] (I don't think that) [indistinct]
Dor: [cuts in] Well I'd heard that from somebody else and so when I- when obviously this was sus- my lump was suspicious I then- I then remembered I'd banged my breast with this.hh uhm [tch] you know these shopping bags with a wooden rod thing.hh those big trolley bags?
Fre: Mm
Dor: I-I-I >don't ask me how I do these stupid things< but I got it wedged between the car door as I was getting out of the car I got it wedged in the car door so it- so this [pause] appropriately sized *rod* that was the size of this lump you know went into my breast and I- and I queried that.hh and Mr Fell [consultant surgeon] said you know 'You're always looking for a reason' [laughs] d'you know 'You've always got to find something that might be the cause of it' you know.hh but I thought 'Well I'd just better mention it' in case it turned out to be.hh you know sort of they'll say-, they then come round to me afterwards and say 'Are you sure you haven't d- done some injury to yourself' >or that sort of thing< 'cos you know, it just sprung to mind..hh 'Cos I-I'd mentioned it to the GP and she'd sort of said 'No no.hh it's nearly always hormonal' so it'd gone out of my head and an- but- but then she was saying 'No it'll be be a *cyst*' >whatever< and when it wasn't a cyst then I started to think of another cause you see but-.hh
Ger: Mm
Dor: uh:m I-I mean I sup- if-if they knew what the cause was they would- they would be able to treat it wouldn't they.
Ger: Well you know I-
Dor: [cuts in]I don't think it could be one cause can it? It must be multi
Ger: Mm
Dor: .hh multi-factorial
Ger: [cuts in] You've heard them say-
Dor: whatever the word is

बात पर जोर देता है कि ये विचार उसके स्वयं के नहीं हैं, और उन पर विश्वास करने के लिए उसे जिम्मेदार नहीं ठहराया जाना चाहिए।

फिर, एक सामाजिक निर्माणवादी ढांचे के भीतर, दूसरों को विचारों के गुणों का आरोपण (एट्रिब्यूशन) गर्टी के विश्वास पर न तो एक 'पारदर्शी खिड़की' की पेशकश करता है, और न यह संकेत देता है कि यह उसकी जानकारी का स्रोत है। गर्टी केवल यह दोहराती ही नहीं है जो उसकी बहन उसे बता सकती है या नहीं बता सकती है, डॉ. पैटरसन ने कहा था – बल्कि, वह अज्ञानी या बेवकूफ लगे बिना, नाजुक विचार विमर्श सम्बन्धी व्यवसाय की एक राय को प्रस्तुत करने हेतु प्रबंधित करने के क्रम में, एक संवादात्मक संसाधन के रूप में फुटिंग का उपयोग कर रही है।

एक और दूसरे उम्मीदवार के कारण – 'उसके स्तन पर एक जोरदार दस्तक(बैंग)' को पेश करने के लिए डोरेन फिर वार्तालाप से जुड़ जाती है (लाइन 88 पर)। पंक्तियों 88–105 में उसकी कहानी को विस्तारित किया गया है, जाहिर तौर पर 'एक दस्तक या उपयुक्त जगह में जो कुछ भी हो' का उल्लेख करते हुए गर्टी द्वारा 'एक स्थूल वर्णन' है, जिससे कैंसर के बढ़ने का कारण हो सकता है (लाइन 78), फ्रेड की आगामी अभिस्वीकृति के सिद्धांत के अनुसार कि 'दस्तक एक पर ला सकता है' (पंक्ति 84)। अभी अभी थोड़ा सा पहले डोरेन उसकी कहानी शुरू करती है, गर्टी और फ्रेड ने दोनों ने उनके और 'दस्तक' सिद्धांत के बीच पर्याप्त दूरी बना लीः फ्रेड ने कहा कि यह एक सिद्धांत है उसने कभी–कभी सुना है, लेकिन उसने कभी भी उसके स्वयं के लिये 'दस्तक' नहीं दिया (लाइन 84–85), और गर्टी ने उसकी बहन के नर्सिंग प्रशिक्षण के सिद्धांत के गुणों का आरोपण किया, कुछ 70 साल पहले (लाइन 65–68 और 78–81)। उसने अपने दस्तक के बारे में एक कहानी कही, तब फिर, डोरेन को दस्तकों में विश्वास के साथ खुद को संरेखित करने के जोखिम में भाग लेने के लिए देखा जा सकता है, और इस प्रकार संभवतया घृणा या निंदा को आकर्षित कर सकती है (देखेंः पॉटर, 1996ः 142–7, दूरी बनाये रखने, तटस्थता और संरेखण की विस्तृत चर्चा के लिए, इस खण्ड में पॉटर भी)।

वास्तव में डोरेन ने सीधे तौर पर कभी नहीं कहा कि उसका यह मानना है कि उसके स्तन में दस्तक के कारण उसे स्तन कैंसर हुआ है। उसने केवल स्मरण किया (पंक्ति 90) कि उसके स्तन को बंग हुआ था, और उसने उसके सर्जन के लिए, इसका उल्लेख करना आवश्यक महसूस किया (पंक्ति 101), जिससे उसके सह–संवादीवादियों को यह दर्शाया जा सके कि वह एक तर्कसंगत व्यक्ति है जिसने सभी संभावनाओं को जांचने के लिए दस्तक के एक चिकित्सकीय पेशेवर को सूचित किया। सर्जन का प्रतिवेदित जवाब, आप हमेशा एक कारण के लिये तलाश कर रहे हैं (पंक्ति 99), एक सामान्यीकृत सूत्रीकरण है जो दस्तक सिद्धांत को खास तौर पर खारिज नहीं करता है, बल्कि वह डोरेन द्वारा प्रस्तुत किसी भी सिद्धांत (वास्तव में या संभावित रूप से) को निष्पक्षता से खारिज करता है – और निहितार्थ से, किसी और से। तरह तरह की आवाजों से (वेन्ट्रिलोक्विजिंग) सर्जन डोरेन को 'दस्तक' सिद्धांत प्रस्तुत करने में इस तरह से सक्षम बनाता है जो किसी अन्य सिद्धांत की तुलना में अधिक या कम प्रशंसनीय नहीं है (जिसके लिए 'हमेशा एक कारण की तलाश' बर्खास्तगी समान रूप से लागू होती है)।

सर्जन की प्रतिक्रिया, इसके अंतर्निहित सुझाव के साथ कि 'कारणों की तलाश' और 'कारण' व्यर्थ है, डोरेन का बाद का दावा कि 'वे' (डॉक्टर) स्तन कैंसर के कारण नहीं जानते' के सबूत भी प्रदान करते हैं (पंक्ति 111)। यदि वे नहीं करते हैं, और यदि कारणों की तलाश में कोई मतलब नहीं है, तो फिर 'दस्तक' सिद्धांत उतना ही प्रशंसनीय है जितना कोई अन्य। इसी तरह, डोरेन्स के सिद्धांत से जीपी की बर्खास्तगी भी इस प्रकार से प्रतिवेदित होता है कि दस्तक सिद्धांत को एक संभावित कारण के रूप में खुला रखा गया हैः जीपी द्वारा प्रस्तावित प्रतिस्पर्धात्मक कारण को समझाया गया है (लगभग हमेशा हार्मोनल होता है, पंक्ति 106), यह कैंसर के लिये नहीं, पुटी के लिए एक कारण के रूप में पेश किया गया है। चिकित्सा पेशे की गिरावट की ओर इशारा करते हुए प्रतिवेदित गलत निदान से अतिरिक्त लाभ हैं (111–112 लाइनों पर फिर से जोर दिया गया है)।

एक सामाजिक निर्माणवादी ढांचे के भीतर चिंता का विषय यह नहीं है कि क्या डोरेन 'वास्तव में' दस्तक सिद्धांत पर विश्वास करती है या नहीं, या फिर चिकित्सकीय पेशेवरों ने उसके संभावित स्पष्टीकरण को वास्तव में खारिज कर दिया है या नहीं। इसके बजाय, यह है कि डोरेन अपनी बात का वर्णन करने के लिए किस तरह से अभिकलिपत करती हैः (अ) उसकी अपनी समझदारी (दस्तक की रिपोर्टिंग और एक सिद्धांत के रूप में इसके गुणों और दोषों का आकलन करने के लिये दोनों में); (ब) विशेषज्ञ, दूसरों की राय सुनने की उसकी अपनी इच्छायें (स) मेडिकल पेशे की गिरावट; और (द) स्तन कैंसर के कारण के रूप में एक दस्तक की संभावना।

डोरेन के अंतिम वक्तव्य – स्तन कैंसर के कारणों को 'बहु–कारकीय' होना चाहिए (पंक्ति 116) – उसे इस संभावना बनाए रखने के लिए सक्षम बनाती है कि उसकी चोट कारणतः फंसाने से हुयी थी, जबकि अन्य कारणों की संभावित प्रासंगिकता को नकारते हुए (और अधिक चिकित्सीय रूप से स्वीकार्य)। इस बातचीत में, तब फिर, डोरेन ने उसके सह–संवादवादी लोगों को दिखाने के लिए उसकी बातचीत को अभिकल्पित किया कि वह तर्कसंगत और खुले दिमाग वाली शख़्सियत हैं।

अध्याय सारांश और भविष्य की संभावनाएं

इस अध्याय में, मैंने रेखांकित किया है कि फोकस समूह डेटा का विश्लेषण करने में क्या शामिल है, सैद्धांतिक और ज्ञानमीमांसीय मुद्दों के विशेष संदर्भ में दो अलग–अलग प्रकार के विश्लेषण में शामिल हैंः सामग्री विश्लेषण और प्रजाति लेखन विश्लेषण। यद्यपि मैं फोकस समूहों का गहन वकील हूं, मैं यह दावा नहीं करना चाहता कि वे हमेशा उपयुक्त होते हैं। फोकस समूह एक पसंद की पद्धति है, जब शोध का उद्देश्य मुख्य रूप से चर्चा का अध्ययन करना है, तब या तो प्रतिभागियों के जीवन या उनके अंतर्निहित मान्यताओं और मतों पर 'खिड़की' के रूप में अवधारणा है, या – एक अधिक सीमित तरीके से – अपने अधिकार में एक सामाजिक संदर्भ का गठन करने के रूप में, सीधे अवलोकन करने के लिए उत्तरदायी है। इसके विपरीत, यदि, अनुसंधान का उद्देश्य व्यक्तियों या सामाजिक समूहों के प्रकारों को वर्गीकृत करने या उन लोगों के विचारों की तुलना करना है, जिनके जीवन में वे रहते हैं या उनके विचारों को देखते हैं, तो फोकस समूह कम उपयुक्त होते हैं (हालांकि उन्हें असामान्य रूप से इस तरह से उपयोग नहीं किया जाता है)।

फोकस समूह डेटा सामग्री विश्लेषणात्मक या नृवंशविज्ञान विधियों, साथ ही अन्य गुणात्मक तकनीकों द्वारा विश्लेषण के लिए खुद को समायोजित कर लेते हैं, और परिणाम देने वाले विश्लेषणों को विभिन्न तरीकों से प्रस्तुत किया जा सकता है, एक संपूर्ण डेटा सेट का सारांश करने वाली संख्यात्मक तालिकाओं से लेकर, उदाहरणात्मक उद्धरणों को शामिल करते हुये गद्य विवरणों के माध्यम से, जिसमें एक अपेक्षाकृत परिबद्ध एकल डेटा निकालने के विस्तृत व्याख्यात्मक विवरण होते हैं। फोकस समूह अनुसंधान प्रतिभागियों के बीच बातचीत के अध्ययन के लिए विशेष अवसर प्रदान करते हैं, और ज्ञानमीमांसीय पद्धति और बातचीत विश्लेषणात्मक दृष्टिकोण बातचीत के निरंतर विश्लेषण के विकास के लिए विशेष रूप से उपयोगी साबित हो सकते हैं। फोकस समूह अनुसंधान के लिए भविष्य की यह एक संभावित दिशा है। अन्य तरीकों से जिसमें फोकस समूह अनुसंधान को विकसित करने की संभावना लगती है, इसमें पद्धति के उपयोग को बढ़ाना शामिल है – पश्चिमी, विकसित देशों के बाहर सामाजिक और सामुदायिक संदर्भों में उचित तरीके से अनुकूलित (हेन्निन्क, 2007 देखें), और आभासी (जैसे कंप्यूटर–मध्यस्थता) फोकस समूह पर निर्भरता बढ़ रही है (जैसे स्टीवर्ट और विलियम्स, 2005; फॉक्स एट आल., 2007; गैयसर, 2008)।

संदर्भ

Agar, M. and MacDonald, J. (1995) 'Focus groups and ethnography', *Human Organization*, 54 (1): 78–86.
Blaxter, M. (1983) 'The causes of disease: women talking', *Social Science & Medicine*, 17: 59–69.
Braun, V. and Wilkinson, S. (2003) 'The vagina: liability or asset?', *Psychology of Women Section Review*, 5: 28–42.

Braun, V. and Wilkinson, S. (2005) 'Vagina equals woman? On genitals and gendered identity', *Women's Studies International Forum*, 28 (6): 509–22.

Carey, M. A. and Smith, M. W. (1994) 'Capturing the group effect in focus groups: a special concern in analysis', *Qualitative Health Research*, 4 (1): 123–7.

Duggleby, W. (2005) 'What about focus group interaction data?', *Qualitative Health Research*, 15: 832–40.

Ellis, S. (2002) 'Doing being liberal: implicit prejudice in focus group talk about lesbian and gay human rights issues', *Lesbian and Gay Psychology Review*, 2 (2): 43–9.

Fox, F. E., Morris, M. and Rumsey, N. (2007) 'Doing synchronous online focus groups with young people: methodological reflections', *Qualitative Health Research*, 17: 539–47.

Gaiser, T. J. (2008) 'Online focus groups', in N. G. Fielding, R. M. Lee and G. Blank (eds), *Sage Handbook of Online Research Methods.* Thousand Oaks, CA: Sage, pp. 290–306.

Goffman, E. (1981 [1967]) *Forms of Talk*. Oxford: Basil Blackwell.

Hennink, M. M. (2007) *International Focus Group Research: A Handbook for the Health and Social Sciences*. Cambridge: Cambridge University Press.

Hennink, M. M. (2014) *Focus Group Discussions*. New York: Oxford University Press.

Heritage, J. and Clayman, S. (2010) *Talk in Action: Interactions, Identities and Institutions.* Chichester: Wiley-Blackwell.

Kamberelis, G. and Dimitriadis, G. (2013) *Focus Groups: From Structured Interviews to Collective Conversations.* Abingdon: Routledge.

Kitzinger, J. (1994) 'The methodology of focus groups: the importance of interaction between research participants', *Sociology of Health and Illness*, 16: 103–21.

Krueger, R. A. and Casey, M. A. (2014) *Focus Groups: A Practical Guide for Applied Research* (5th edn). Thousand Oaks, CA: Sage.

Lyons, R. F., Sullivan, M. J. L., Ritvo, P. G. with Coyne, J. C. (1995) *Relationships in Chronic Illness and Disability*. Thousand Oaks, CA: Sage.

Morgan, D. L. (1988) *Focus Groups as Qualitative Research*. Newbury Park, CA: Sage.

Morgan, D. L. (1995) 'Why things (sometimes) go wrong in focus groups', *Qualitative Health Research*, 5: 515–22.

Morgan, D. L. (1996) 'Focus groups', *Annual Review of Sociology*, 22: 129–52.

Morgan, D. L. and Spanish, M. T. (1984) 'Focus groups: a new tool for qualitative research', *Qualitative Sociology*, 7 (3): 253–70.

Myers, G. (1998) 'Displaying opinions: topics and disagreement in focus groups', *Language in Society*, 27: 85–111.

Potter, J. (1996) *Representing Reality: Discourse, Rhetoric and Social Construction*. London: Sage.

Puchta, C. and Potter, J. (1999) 'Asking elaborate questions: focus groups and the management of spontaneity', *Journal of Sociolinguistics*, 3: 314–35.

Sacks, H. (1992) *Lectures on Conversation*, ed. G. Jefferson. Oxford: Basil Blackwell.

Schegloff, E. A. (1997) 'Practices and actions: boundary cases of other-initiated repair', *Discourse Processes*, 23 (3): 499–545.

Schegloff, E. A. (2007) *Sequence Organization in Interaction: A Primer in Conversation Analysis*. Cambridge: Cambridge University Press.

Sidnell, J. and Stivers, T. (eds) (2013) *The Handbook of Conversation Analysis.* Oxford: Wiley-Blackwell.

Stewart, D. W., Shamdasani, P. N. and Rook, D. W. (2014) *Focus Groups: Theory and Practice* (3rd edn). Thousand Oaks, CA: Sage.

Stewart, K. and Williams, M. (2005) 'Researching online populations: the use of online focus groups for social research', *Qualitative Research*, 5 (4): 395–416.

Warr, D. J. (2005) '"It was fun ... but we don't usually talk about these things": analyzing sociable interaction in focus groups', *Qualitative Inquiry*, 11 (2): 200–25.

Wilkinson, S. (1998a) 'Focus groups in health research: exploring the meanings of health and illness', *Journal of Health Psychology*, 3 (3): 329–48.

Wilkinson, S. (1998b) 'Focus group methodology: a review', *International Journal of Social Research Methodology*, 1 (3): 181–203.

Wilkinson, S. (1998c) 'Focus groups in feminist research: power, interaction, and the co-construction of meaning', *Women's Studies International Forum*, 21 (1): 111–25.

Wilkinson, S. (1999) 'Focus groups: a feminist method', *Psychology of Women Quarterly*, 23: 221–44.

Wilkinson, S. (2000) 'Women with breast cancer talking causes: comparing content, biographical and discursive analyses', *Feminism & Psychology*, 10 (4): 431–60.

Wilkinson, S. (2003) 'Focus groups', in G. M. Breakwell (ed.), *Doing Social Psychology*. Oxford: Blackwell, pp. 344–76.

Wilkinson, S. (2015) 'Focus groups', in J. A. Smith (ed.), *Qualitative Psychology: A Practical Guide to Research Methods* (3rd edn). London: Sage, pp. 199–221.

Wilkinson, S. and Kitzinger, C. (2003) 'Constructing identities: a feminist conversation analytic approach to positioning in action', in R. Harré and F. Moghaddam (eds), *The Self and Others: Positioning Individuals and Groups in Personal, Political and Cultural Contexts*. New York: Praeger/Greenwood, pp. 157–80.

भाग III
प्रजाति लेखन

प्रजाति लेखन के तीनों अध्याय केवल 'विवरण' और आलसी कोडिंग के नुकसान से अवलोकन कार्य को बचाने की कोशिश करते हैं और अवलोकनात्मक अनुसंधान के लिए रोमांचक पद्धति और विश्लेषणात्मक निर्देशों की ओर दृष्टि रखते हैं। अध्याय 7 में, जियामपीट्रो गोबो और ल्यूकस मार्सीनीक यह दिखाते हैं कि अवलोकन किस तरह से प्रजाति लेखकों का मूल उपकरण है। वे यह प्रदर्शित करते हैं कि अगर हम बातचीत और व्यवहार को समझना चाहते हैं, तो सवाल पूछना ही पर्याप्त नहीं है। हमें सामाजिक कर्ताओं की नियमितताओं और प्रथाओं का भी मजबूती से पालन और निरन्तरता बनाये रखना चाहिए। इसके अलावा, जैसा कि वे ध्यान देते हैं, किसी भी अन्य पद्धति की तरह, प्रजाति लेखन, केवल डेटा संग्रह का एक साधन मात्र नहीं है। एक विशेष क्षण में इसका जन्म समाज के इतिहास में हुआ है। थॉमस एबरले और क्रिस्टॉफ मीडर के अध्याय हमें अधिक विशिष्ट जानकारी प्रदान करते हैं कि प्रजाति लेखकों द्वारा संगठनों के बारे में अध्ययन किस तरह से किया जाता है। उनके अध्याय में कुछ रोचक घटनाओं के अध्ययन शामिल हैं जो संगठनों के भीतर नियमित प्रथाओं का पालन करने की पद्धति की ताकत को दर्शाते हैं। वे संगठनात्मक प्रजाति लेखन, पहुंच और भागीदारी, डेटा एकत्रित करने और विश्लेषण करने के तरीके, बहुसंख्यक प्रजाति लेखन, अनौपचारिक और क्षेत्रीय सम्बन्धों, वापस रिपोर्टिंग, नैतिक प्रश्नों और अंत में लिखने में व्यावहारिक विचारों के सहायक विवरणों से समाप्त होते हैं। मैरी बसकाटो ने प्रजाति लेखन अनुसंधान की विश्वसनीयता के साथ पूर्ववर्ती अध्यायों की चिंताओं को उठाया है। वह बताती है कि वह उस क्षेत्र में पर्यवेक्षक की भागीदारी की एक मान्यता है जो वह पढ़ती है (या होना चाहिए) सभी शोधों का एक सामान्य स्थान है। परावर्तकता (रिफ्लेक्सीविटी) का उसका अध्याय भागीदारी और अलगाव के बीच संतुलन की मांग करता है। वह सहायक रूप से प्रजाति लेखन के तीन सिद्धांतों को निर्धारित करती हैं।

सात

प्रजाति लेखन क्या है?

(What Is Ethnography?)

जियामपीट्रो गोबो और ल्यूकस मार्सीनीक

इस अध्याय के बारे में

प्रजाति लेखन प्रत्यक्ष अवलोकन पर आधारित एक पद्धति है बेशक, प्रजाति लेखन के लिए, 'मंच पर' कर्ताओं की बातचीत को सुनना, अध्ययन के तहत क्षेत्र में दिए गए दस्तावेजों को पढ़ना, और लोगों से सवाल पूछना भी आवश्यक है। फिर भी प्रजाति लेखन को जो अन्य पद्धतियों से सर्वाधिक अलग करता है वह निरीक्षण करना (Observing), निगरानी करना (Watching), किसी के प्रति जागरूक होकर आंखों द्वारा देखना (Seeing), निश्चित दिशा में प्रत्यक्ष आंखों से देखना (Looking) और छानबीन करने (Scrutinizing) के संज्ञानात्मक तरीकों की एक अधिक सक्रिय भूमिका है।

किसी भी अन्य कार्यप्रणाली की तरह प्रजाति लेखन, केवल डेटा संग्रह का एक साधन मात्र नहीं है। यह एक विशेष क्षण में समाज के इतिहास में उत्पन्न हुई और अपनी सांस्कृतिक सुविधाओं में से कुछ की प्रतीक है। इस अध्याय के अंत में, पद्धति के सिद्धांत को सम्मिलित करते हुए इस बात पर ध्यान केंद्रित किया जाता है कि प्रजाति लेखन फैशन में क्यों (अभी तक, इतिहास की एक सदी से भी अधिक होने के बावजूद) आ गया है।

कीवर्ड्स - अवलोकन (observation), प्रजाति लेखन (ethnography), कार्यप्रणाली (methodology), पद्धति का सिद्धांत (theory of method), लागू विधियां (applied methods)।

प्रजाति लेखन इतिहास के एक सौ से अधिक वर्षों की पुरानी एक पद्धति है यह पश्चिमी दुनिया में दूर संस्कृतियों (आम तौर पर गैर–पश्चिमी लोगों) के बारे में ज्ञान के विशेष रूप है, जो विश्लेषण के लिए अभेद्य थे, क्योंकि हमारे पास केवल क्षणभंगुर संपर्क या संक्षिप्त बातचीत थी। अपने अच्छे इरादों के बावजूद (गहरी समझ हासिल करने के लिए), प्रजाति लेखन अभी भी एक औपनिवेशिक पद्धति है जिसे अवमाननात्मक होना चाहिए (इसके विस्तृत विश्लेषण के लिए देखें, गोबो, 2011)।

प्रजाति लेखन की प्रतिस्पर्धीय परिभाषाएं (Competing Definitions of Ethnography)

1980 के दशक से प्रजाति लेखन के अर्थ को ऐसे हद तक विस्तारित किया गया है कि इसमें अनुसंधान के उन स्वरूपों को शामिल किया गया है जो पद्धतिय दृष्टिकोण से बेहद विविधतापूर्ण है। अब सब कुछ प्रजाति लेखन हैः जीवन कथाओं से लेकर पत्रों और प्रश्नावलियों के विश्लेषण तक, आत्मकथा से लेकर कथनात्मक विश्लेषण तक, क्रियात्मक अनुसंधान से लेकर निष्पादन (प्रदर्शन) तक, कई वर्षों से पिछले कुछ दिनों तक क्षेत्र अनुसंधान करने तक (देखेंः नाबलाच, 2005)।

जेम्स लूल और डेविड मॉर्ले जैसे प्रमुख विद्वानों ने यह बताया है कि सांस्कृतिक अध्ययन में प्रजाति लेखन के रूप में जो गुजरता है वह डेटा संग्रह की मूलभूत आवश्यकताओं को पूरा करने में विफल रहता है और अधिकांश मानवशास्त्रीय और समाजशास्त्रीय प्रजाति लेखन सम्बन्धी अनुसंधानों के प्रतिवेदन देता है। प्रजाति लेखन एक दुरूपयोग किया जाने वाला फैशनेबल (बहसपूर्ण चर्चा वाला) शब्द बन गया है और कभी–कभी विषमतापूर्ण और विरोधाभासी अर्थों की बाहुल्यता में मन्द हो गया है तथा कभी–कभी गुणात्मक अध्ययनों का पर्याय बन गया है।

इन अनेक अर्थों के बीच, कम से कम तीन शब्द हैं जो 'प्रजाति लेखन' के साथ विलय कर रहे हैं: 'प्रतिभागी अवलोकन', 'फील्डवर्क' और 'केस स्टडी'। हालांकि इन पदों का इस्तेमाल, कई शोधकर्ताओं के लिए सभी तरह से किया जा सकता है, उन्हें मिश्रित नहीं किया जाना चाहिए (डेल्मान्ट, 2004)। उनके पास कई सामान्य विशेषताएं हैं लेकिन अभी भी विभिन्न अवधारणाओं और प्रथाओं का प्रतिनिधित्व करते हैं।

- प्रकरण अध्ययन (केस स्टडी) अंतरिक्ष और समय में निकायबद्ध होकर किसी विशेष भौतिक और सामाजिक–सांस्कृतिक संदर्भ से जुड़े अनुसंधान को दर्शाता है। विधियों और डेटा स्रोतों, जैसे प्रतिभागियों का अवलोकन, साक्षात्कारों, दृश्य–श्रव्य सामग्रियों, दस्तावेजों इत्यादि से विभिन्न पद्धतियों का उपयोग करके अनुसंधान का संचालन किया जाता है।
- फील्डवर्क क्षेत्र में शोधकर्ता की निरंतर उपस्थिति पर बल देता है, *'हड़पने और भागने* (grab-it-and-run)' *जैसी पद्धतियों* का विरोध करती है जैसे – सर्वेक्षण, गहन साक्षात्कार या दस्तावेजों और रिकॉर्डिंग्स के विश्लेषण।
- प्रतिभागी का अवलोकन एक विशिष्ट अनुसंधान रणनीति है। प्रतिभागी के अवलोकन और फील्डवर्क का अभ्यास केवल एक तकनीक के रूप में होता है, जबकि शब्द 'प्रजाति लेखन' एक विशेष इतिहास और परम्परा से उत्पन्न ऐसे काम के सैद्धांतिक आधार पर जोर देता है।

एक अद्यतन परिभाषा (An Updated Definition)

'प्रजाति लेखन' पद के विस्तारित होने से इसके मूल अर्थ को खाली कर दिया गया है। प्रजाति लेखन की उत्पत्ति प्रत्यक्ष अवलोकन के आधार पर एक तकनीक के रूप में हुई थी। इसके विपरीत, साक्षात्कार और सर्वे मुख्य रूप से सुनने और सवाल पूछने पर आधारित होते हैं। बेशक, प्रजाति लेखन के लिए भी 'मंच पर' कर्ताओं की बातचीत सुनना और उनके द्वारा उत्पादित किए गए दस्तावेजों को पढ़ना (डायरी, पत्र, कक्षा निबंध, प्रशासनिक दस्तावेज, समाचार पत्र, फोटो और दृश्य–श्रव्य सहायता), और लोगों से सवाल पूछना इत्यादि आवश्यक है। हालांकि वे सूचना के सहायक स्रोत हैं क्योंकि अन्य पद्धतियों से प्रजाति लेखन को अलग करने के कारण अवलोकन के लिए एक अधिक सक्रिय भूमिका निभाई जाना है।

प्रजाति लेखन के सम्बन्ध में दो शोध रणनीतियां शामिल हैं: गैर–प्रतिभागियों का अवलोकन और प्रतिभागियों का अवलोकन। पहले मामले में, शोधकर्ता उनके साथ बातचीत किए बिना 'एक दूरी से' विषयों का अवलोकन करता है। जो लोग इस रणनीति का इस्तेमाल करते हैं वे प्रतीकात्मक क्षेत्र के अन्वेषण में निषिद्ध होते हैं, और वे सुनिश्चित करते हैं कि विषयों के कार्यों में हस्तक्षेप न करें ताकि उनके व्यवहार प्रभावित न हों। सहभागिता के अवलोकन में शोधकर्ता एक समूह और उनकी गतिविधियों में शामिल हो जाता है, समूह का एक हिस्सा बन जाता है और इस तथ्य का अध्ययन किया जाता है, जबकि एक ही समय में सामाजिक सेटिंग के सभी घटनाओं, व्यवहारों और कलाकृतियों का पालन करने और उनका वर्णन करने के लिए देखभाल की जाती है। अनुसंधानकर्ता से स्थापित प्रतिभागी की भूमिका का स्तर, पूर्ण पर्यवेक्षक, प्रतिभागी के रूप में पर्यवेक्षक के माध्यम से, पर्यवेक्षक के रूप में प्रतिभागी, प्रतिभागी को पूरा होने तक से कम से कम चार गुना हो सकता है, (गोल्ड, 1958, जंकर, 1960)।

तथापि, हालांकि ज्यादातर प्रजाति लेखनों में इस क्षेत्र तक पहुंचने की आवश्यकता शामिल है (इस किताब में, संबंधित नैतिक मुद्दों के लिए, रायन, देखें), ऐसी स्थितियां हैं जब पहुंच कोई मुद्दा नहीं है। जब भी दुनिया में लोगों के द्वारा उत्पादित विवरणों पर और उनके देखने, बातचीत करने और पहचानने की गतिविधियों पर प्रजाति लेखकों द्वारा ध्यान केंद्रित किया जाता है, तब कोई खास भागीदारी नहीं होती है। शोधकर्ता न तो प्रजाति लेखन करने के लिए एक पक्ष का चुनाव करता है और न ही एक समूह या गतिविधि का हिस्सा बनने के लिए चयन करता है। सेटिंग पहले ही परिभाषित और सार्वजनिक रूप से उपलब्ध है इसलिए रोजमर्रा की दुनिया में लोग रहने का विषय बन जाते हैं जैसा कि एडवर्ड रोज़ ने प्रजाति लेखन के अपने कार्यक्रम में इसके महत्व पर जोर दिया है (रोज़, 1960, 1997)।

प्रतिभागी अवलोकन के पांच विशिष्ट लक्षण (Five distinctive characteristics of participant observation)

- शोधकर्ता सामाजिक कर्ताओं के साथ सीधा सम्बन्ध स्थापित करता है।
- अपने प्राकृतिक वातावरण में लंबे समय तक रहता है।
- उनके सामाजिक कार्यों को देखने और उनका वर्णन करने का उद्देश्य होता है।
- उनके साथ बातचीत करके और अपने दैनिक औपनिवेशिक और अनुष्ठान में भाग लेते हुए, और
- अपने कार्यों के अर्थ को समझने के लिए उनके कोड (या कम से कम इसके कुछ हिस्सों) को सीखना

मानवशास्त्र में प्रजाति लेखन के सम्बन्ध के परिप्रेक्ष्य में प्रादुर्भाव

The Advent of the Ethnographic Perspective in Anthropology

प्रजाति लेखन सम्बन्धी पद्धतियों का जन्म आमतौर पर उन्नीसवीं सदी के उत्तरार्ध और बीसवीं सदी के शुरुआती दिनों के बीच होता है। प्रजातिलेखन को आंतरिक रूप से प्रजातिशास्त्र (एथनोलॉजी) से विकसित किया गया, एक विषय जो 1800वीं के दशक की पहली छमाही में पारम्परिक मानवशास्त्र से अलग हो गया था, तब जो भौतिक और जैविक मान्यताओं के प्रभुत्व में था। प्रजातिशास्त्र लोगों (उनके भौतिक कलाकृतियों की तुलना के माध्यम से) और उनकी संस्कृतियों तथा उनकी प्रमुख विशेषताओं का वर्गीकरण करने के अध्ययन से सम्बन्धित था। प्रजाति लेखन सम्बन्धी पद्धति के आगमन से पहले, प्रजातिशास्त्रियों द्वारा प्रत्यक्ष अवलोकन के माध्यम से जानकारी एकत्रित नहीं की जाती थी, इसके बजाय, वे आँकड़े, सरकारी कार्यालयों और मिशनों के अभिलेखागार, दस्तावेजीकरण केंद्र, यात्रा के विवरणों, पुरातात्विक खोजों, देशी निर्माण या विदेशी कला के कलेक्टरों द्वारा प्रस्तुत वस्तुओं की जांच करके, या वे यात्रियों, मिशनरियों और खोजकर्ताओं के साथ बातचीत करके जानकारी एकत्रित करते थे। इन मानवशास्त्रियों द्वारा देशी लोगों के सदस्यों को 'पुरातन' होने के लिए माना जाना चाहियेः वे असभ्य थे इसलिये शिक्षित किया जाना चाहिये, और उन्हें प्रत्यक्ष मुखबिरों (सूचनादाता) के रूप में इस्तेमाल नहीं किया जा सकता था क्योंकि वस्तुनिष्ठ जानकारी प्रदान करने के लिए उन पर भरोसा नहीं किया जा सकता था।

मानवशास्त्र में प्रजाति लेखन सम्बन्धी पद्धति अचानक से प्रस्फुटित नहीं हुई, बल्कि यह विभिन्न लेखकों के काम के माध्यम से धीरे–धीरे उठी, उनमें से अंग्रेजी मानवशास्त्री पोलिश आरिजिन, ब्रोनिस्लाव के. मालिनोवस्की (1884–1942), और अंग्रेजी मानवशास्त्री अल्फ्रेड आर. रैडक्लिफ–ब्राउन (1881–1955) थे। एक प्रजाति लेखन सम्बन्धी टिकट के ब्रिटिश सामाजिक मानवशास्त्र ने अपने समय की सकारात्मक बौद्धिक जलवायु को आत्मसात कर लिया और अपने आप को आगे बढ़ाया, रैडक्लिफ–ब्राउन (1948) के अनुसार, 'प्राकृतिक विज्ञान की सोसायटी' के रूप में, जो उस समय पर मानवशास्त्रियों द्वारा उपयोग की जाने वाली अन्य पद्धतियों की तुलना में किसी संस्कृति के वास्तविक वर्णन को बेहतर ढंग से प्रस्तुत करने में सक्षम थी। रैडक्लिफ–ब्राउन के विवादास्पद कथन को तत्कालीन प्रमुख काल्पनिक या 'डेस्क' मानवशास्त्र के खिलाफ निर्देशित किया गया था, जो कि समाज का नियन्त्रित करने वाले 'कानून' को उजागर करने के लिए सामाजिक तथ्यों (रिवाजों, अनुष्ठानों, समारोहों) का प्रत्यक्ष अवलोकन करने के बजाय माध्यमिक स्रोतों पर भरोसा करना पसंद करता था।

मालिनोवस्की को आमतौर पर प्रजाति लेखन सम्बन्धी पद्धति को व्यवस्थित करने वाला पहला व्यक्ति माना जाता है। पश्चिमी प्रशांत के आर्गनॉट्स के लिए अपने प्रसिद्ध 'परिचय' में – पूर्वी न्यूगिनी से मेलानेसियन द्वीप–पुंज से ट्रोब्रिएण्ड द्वीप समूह में किए गए उनके अपने शोध को निर्धारित करने वाली यह पुस्तक है – मालिनोवस्की ने प्रजातिलेखन के मुख्य लक्ष्य को मजबूती प्रदान करने के लिये पद्धतिय सिद्धांतों का वर्णन किया है, जो उसकी दुनिया की उसकी दृष्टि का एहसास करने के लिए, उसके अपने जीवन के सम्बन्ध में, मूल के दृष्टिकोण को समझने के लिये हैं। इस समापन के साथ, मालिनोव्स्की ट्रोब्रिएण्ड द्वीप समूह के कुला के बीच कुल दो साल (1914 से 1918 के बीच) के लिए जीवित रहा। उसने उनकी भाषा (किरीविन्नी) सीखी, मुखबिर के रूप में मूल

निवासी होने का इस्तेमाल किया और अपनी रोजमर्रा की गतिविधियों में भाग लेते हुये, एक गांव के सामाजिक जीवन का प्रत्यक्ष रूप से अवलोकन किया। मालिनोवस्की ने 'भीतर से' एक दृष्टिकोण का उद्घाटन किया जिसमें 1950 के दशक के अमेरिकी मानवशास्त्रियों को 'एमीक' परिप्रेक्ष्य के लिये बुलाया गया – 'एटिक' या तुलनात्मक परिप्रेक्ष्य के विपरीत, जो इसके बजाय श्रेणियों को स्थापित करना चाहता था, जो विश्लेषक के लिये उपयोगी, लेकिन अध्ययन किये गये संस्कृति के सदस्यों के लिये जरूरी नहीं था।

समाजशास्त्रीय दृष्टिकोण के लिए प्रजाति लेखन (Sociological Approaches to Ethnography)

1920 के दशक के बाद से, प्रजाति लेखन सम्बन्धी पद्धति समाजशास्त्र में भी विकसित हुयी हैं – शोधकर्ताओं द्वारा इसे जहां अपनाया गया था, उसमें ज्यादातर शिकागो विश्वविद्यालय के समाजशास्त्र विभाग (शिकागो स्कूल) के थे – और फिर मनोविज्ञान और (हाल ही में) राजनीति विज्ञान में। इसके पहले, फ्रांसीसी खनन इंजीनियर और बाद के समाजशास्त्री फ्रेडरिक ली प्ले (1806–1882), 1840 के दशक के अंत में, और 1886 के बाद से अंग्रेज समाजसेवी (फिलान्थ्रोपिस्ट) सीबॉम बी. रॉन्ट्री (1871–1954) ने, श्रमिक (मजदूर) वर्ग के रहने की स्थिति और गरीबी के बारे में उनसे पूछताछ के लिए प्रतिभागियों के अवलोकन के प्रारंभिक रूपों का इस्तेमाल किया। यद्यपि समाजशास्त्र में प्रजाति लेखन की एक लंबी परंपरा है, लेकिन एक अद्वितीय साझा तरकीब (Mode) मौजूद नहीं है, बल्कि कई बार कभी–कभी विरोधाभासी दृष्टिकोण होते हैं।

जानकारी तलाशने की कोशिश (नोजिंग अराउन्ड) की अवधि और पूर्वव्यापी (कार्योत्तर) मिथक का निर्माणः 'पहला' शिकागो स्कूल (The period of 'nosing around' and the ex-post facto construction of a myth: the 'first' Chicago School)

प्रजाति लेखन सम्बन्धी पद्धति को शिकागो विश्वविद्यालय में समाजशास्त्र विभाग के शिक्षकों और शोधकर्ताओं द्वारा 1910 के दशक के अंत में समाजशास्त्र में पहली बार पेश किया गया था। इसके निर्देशक, रॉबर्ट पार्क (1864–1944) ने अपने छात्रों को निम्नलिखित तरीके से निर्देश दिया थाः

> आपको पुस्तकालय में कुछ अनावश्यक और अनौपचारिक तरीके से खोज करने के लिए कहा गया है, जिसमें जमी हुई कीट की उदार कोटिंग और बड़े पैमाने पर नोट्स के ढेर लगे होते हैं। आपको समस्याएं चुनने के लिए कहा गया है जहां आप अनिच्छुक आवेदकों द्वारा सहायता के लिए या भ्रामक काम करने वालों या उदासीन क्लर्कों के लिए भरे गये और शिथिल नौकरशाहों द्वारा तैयार किए गए तुच्छ कार्यक्रमों के आधार पर नियमित अभिलेखों की बासी स्टैक्स पा सकते हैं। इसे 'असली अनुसंधान में अपने हाथों को गंदे करना' कहा जाता है। जो लोग आपको सलाह देते हैं वे बुद्धिमान और आदरणीय होते हैं, वे जिन कारणों को वे पेश करते हैं, उनके मूल्य महान होते हैं। लेकिन एक और बात जरूरी हैः प्रथम अवलोकन। लक्जरी होटल के लांज में और सस्ती होटल (फ्लॉप हाऊसेस) के दरवाजे पर बैठें, गोल्ड कोस्ट सोफा (सेटीस) पर और झुग्गी बस्ती के शेकडाउन्स पर बैठें, ऑर्केस्ट्रा हॉल और स्टार और गार्टर बर्लेस्क्यू में बैठें। संक्षेप में, सज्जनों, वास्तविक शोध में आपके पैंट की सीट गंदी हो जायेगी। (पार्क के छात्रों में से किसी एक के व्यक्तिगत टिप्पणी, बुल्मर, 1984: 97 में प्रतिवेदित)।

हालांकि, फ्रेडरिक एम. थ्रेशेर और क्लिफोर्ड शॉ जैसे कुछ विशेष रूप से ईमानदार और व्यवस्थित शोधकर्ताओं को छोड़कर, ज्यादातर शिकागो स्कूल के सदस्यों द्वारा उपयोग की जाने वाली अनुसंधान विधियां आदिम थी। जैसा कि माडगे (1962) याद करता है, 'प्रत्येक अन्वेषक की बहुत ज्यादा पहल के लिए पद्धति के साथ एक सोच का विषय छोड़ दिया गया था' (1962: 117) क्योंकि 'स्थायी तथ्य (...), यह है कि यह अपने पद्धतियों के बजाय अपने हित के क्षेत्र द्वारा एकीकृत है (1962: 125), जो हमेशा माध्यमिक सोच का विषय थे। शिकागो स्कूल द्वारा इस्तेमाल किए जाने वाले कई तरीकों में से एक होने के कारण प्रतिभागी अवलोकन को कोई विशेष महत्व नहीं

दिया गया था। वास्तव में, सख्ती से बोलते हुए, शिकागो स्कूल के तरीकों को 'प्रजाति लेखन' नहीं कहा जा सकता, और 1940 के दशक के बाद ही इसके सदस्यों ने केवल 'प्रजाति लेखन और प्रतिभागी अवलोकन' शब्दों का इस्तेमाल किया था।

1960 के दशक के बाद से लेखकों द्वारा जिसे पूर्वव्यापकता से 'प्रजाति लेखन' कहा गया, वह कुछ भी नहीं था बल्कि गुणात्मक अनुसंधान का एक सामान्य रूप था (इस प्रकार एक मिथक निर्माण हेतु देखें – प्लैट, 1983, हेमर्सली, 1989)। अगर कुछ भी था, तो शिकागो के शोधकर्ताओं ने केस स्टडीज का निर्माण किया (प्लैट, 1983, हैमरस्ले, 1989), प्रविधियों और तरीकों के मिश्रण का उपयोग करते हुए मोनोग्राफ लिखे। लेकिन शिकागो स्कूल के चिन्हित पद्धतिय बहुलवाद एक जानबूझकर पसन्द करने का नतीजा नहीं था। पद्धतियों में से एक अवलोकन था जिसे क्रिमिनोलॉजिस्ट शेल्डन मेसिंगर (1925–2002) ने 'नोजिंग अराउंड' कहा था (देखें, लोफलैंड, 1980: 4)। काफी समय के बाद में पद्धति सम्बन्धी समस्याओं पर काम हुआ– क्षेत्र तक पहुंच, शोध की नैतिकता, सूचनादाताओं की सापेक्षता के दृष्टिकोण – महत्वपूर्ण बनें।

प्रजाति लेखन की संस्थानीकरण: 'दूसरा' शिकागो स्कूल (The institutionalization of ethnography: the 'second' Chicago School)

1930 के दशक के दौरान, शिकागो के समाजशास्त्र संकाय के कर्मचारियों के नए सदस्यों को शामिल किया गया था, उनमें से लुई विर्थ (1897–1952), हर्बर्ट ब्लूमर, लॉयड डब्ल्यू वार्नर (1898–1970) और एवरेट चेरिंगटन ह्यूजेस थे। इन विद्वानों को अन्य तरीकों के अलावा, पद्धति संबंधी अधिक जागरूकता द्वारा प्रतिष्ठित किया गया, जिसका उनके विद्यार्थियों और अनुयायियों पर मजबूत असर पड़ा (विलियम फुट व्हाईट, हॉवर्ड बेकर, ब्लैंच गेर, एन्सेलम स्ट्रॉस, मेलविल डाल्टन, इरविंग गॉफमैन, फ्रेड डेविस और रोजली वैक्स सर्वाधिक उल्लेखनीय थे), जिन्होने द्वितीय विश्व युद्ध के बाद से कई अध्ययनों का उत्पादन किया, जिससे विचलन, शिक्षा और काम के मौजूदा सिद्धांतों में क्रांतिकारी बदलाव आया। और यह इस अवधि में भी था, कि प्रजाति लेखन सम्बन्धी अनुसंधान, सिखाये जाने के, लेखों में वर्णित करने के, पद्धतिगत प्रतिबिंब के अधीन करने के, और अन्त में पाठ्यपुस्तकों में संहिताबद्ध किये जाने के द्वारा संस्थापित हो गये (1960 के दशक के बाद)।

जैसा कि हम जानते हैं कि आज एवरेट चेरिंगटन ह्यूजेस (1897–1983) के काम के माध्यम से बड़े पैमाने पर प्रजाति लेखन सम्बन्धी कार्यप्रणाली आयी, विशेष रूप से जिनकी नियुक्ति विश्वविद्यालय में क्षेत्रीयकार्य (फील्डवर्क) पढ़ाने के लिए हुई थी। वह आश्वस्त थे कि प्रतिभागी अवलोकन डेटा एकत्र करने का एक तरीका था, जिससे हमें कुछ कर्ताओं की गतिविधियों और अनुभवों को समझने की अनुमति मिल गई। सहभागिता इस अर्थ में अवलोकन के लिये सहायक थी, हालांकि सैद्धांतिक सामग्री के सही उत्पादन के लिए यह पूरक था।

पारस्परिक विचार-विमर्शवाद (Interactionism)

सहभागी अवलोकन पद्धति को पारस्परिक विचार–विमर्शवाद द्वारा एक विशेषाधिकृत भूमिका और विशिष्ट सैद्धांतिक महत्व दिया गया था, जो हर्बर्ट ब्लूमर (1900–1987) द्वारा 1930 और 1950 के बीच विकसित किया गया एक दृष्टिकोण था। उनका मानना था कि सामाजिक अनुसंधान को एक 'प्राकृतिक दृष्टिकोण' अपनाना चाहिए और सामाजिक कार्यकर्ताओं के परिप्रेक्ष्य को समझने के लिए क्षेत्रीय कार्य पर निर्भर होना चाहिए और वास्तविकता को उनके दृष्टिकोण से देखना चाहिये। ब्लूमर ने इस प्रकार एक अनुसंधान अभ्यास के लिए सैद्धांतिक–पद्धतिगत आधार को प्रस्तुत किया था, इसे पहले शिकागो स्कूल ने सराहनीय रूप से पेश किया था, लेकिन इसके उपयोग करने में भ्रमित किया गया था। डेन्जिन (1970: 7–19) और सिल्वरमैन (1993: 48, तालिका 3.2) द्वारा विचार–विमर्शवाद के कार्यप्रणालीय सिद्धांतों को सारांशित किया गया है। बेहद संक्षेप में बताया गया है, वे हैं:

1. प्रतीकों और पारस्परिक विचार–विमर्श से सम्बन्धित करते हुये, यह दर्शाते हुए कि व्यवहार के संदर्भ में अर्थ किस तरह से उत्पन्न होते हैं।
2. कर्ताओं के दृष्टिकोण को देखने के लिए।
3. पारस्परिक विचार–विमर्श के 'स्थित' चरित्र का अध्ययन करना
4. वर्ग, लिंग, जाति और इसी तरह से व्यवहार की भविष्यवाणी करने के नियतिवाद से परहेज करते हुये संरचनाओं के बजाय प्रक्रियाओं का विश्लेषण करना।
5. विवरणों से लेकर सिद्धांतों तक सामान्यीकरण।

आधारभूत (जमीनी) सिद्धांत (Grounded theory)

बार्नी जी. ग्लासेर और एनेस्लम स्ट्रॉस (1916–1996): कार्यप्रणाली सम्बन्धी नियमों को पेश करने और पारस्परिक विचार–विमर्शवाद में प्रक्रियात्मक कठोरता का कार्य चिकित्सा के दो समाजशास्त्रियों पर आया। उनकी पुस्तक 'द डिस्कवरी ऑफ ग्राउंडेड थ्योरी: स्ट्रैटेजीज फॉर क्वालिटेटिव रिसर्च (1967)' तेजी से मानक कार्यप्रणाली सम्बन्धी संदर्भ कार्य बन गई। यह प्रजाति लेखन सम्बन्धी कार्यप्रणाली को अपने विभिन्न चरणों में व्यवस्थित करने के लिए पहला अध्ययन था: सूचनाओं का संग्रह, इसके वर्गीकरण और फिर इसके विश्लेषण। एक व्यापक अनुभव के आधार पर यह स्ट्रॉस का एक प्रजाति लेखक के रूप में सद्‌गुण था (इस खण्ड में, चर्मज़ और ब्रायंट को देखें)।

संरचनावादी प्रजाति लेखन (Structuralist ethnography)

प्रजाति लेखन की प्रतिष्ठा में योगदान देने वाला एक और उपयोगी दृष्टिकोण 'संरचनात्मक विश्लेषण' है। यह शब्द अपने सामाजिक संदर्भों की तुलना में कार्रवाई के व्यक्तिपरक पहलुओं (पारस्परिक विचार–विमर्शवाद के विपरीत) में कम दिलचस्पी को दर्शाता है। गॉफमैन (1967) (इस दृष्टिकोण के एक प्रतिनिधि) के एक मशहूर वाक्यांश का उपयोग करते हुये इस एक दृष्टिकोण से संबंधित किया गया है: कि 'नहीं, फिर, पुरुषों और उनके पल, बल्कि पल और उनके पुरुषों' (1967: 3)।

विलियम फुटे व्हाइटे (1914–2000) संरचनावादी प्रजातिलेखन के समर्थक (नायक) थे। 1936 और 1940 के बीच, उन्होंने उत्तरी अंत में, प्रजातिलेखन का आयोजन किया, जो कि बोस्टन के एक गरीब जिला था (जिसे उन्होंने पुनः कॉर्नरविले का नाम दिया) जिसमें बड़ी संख्या में इतालवी आप्रवासियों का निवास था। उनका उद्देश्य बोस्टन के किशोर गिरोहों में रोजमर्रा की जिंदगी, झुग्गियों (मलिन बस्तियों) में राजनीति और उनके नेतृत्व के गठन के बीच सम्बन्धों का अध्ययन करना था। 'स्ट्रीट कॉर्नर सोसाइटी' (1943) नामक मर्मभेदी शीर्षक से प्रकाशित उनका मोनोग्राफ, प्रजातिलेखन का शायद पहला शहरी उत्पादन था। राजनीतिक गतिविधियों के निचले हिस्से में विकास और सामान्य रूप से शहर की राजनीति के साथ उनके सम्बन्धों पर ध्यान केंद्रित करते हुए, व्हाइटे ने व्यापक शहरी संदर्भ के साथ अपने निर्भर सम्बन्ध के प्रकाश में कार्नरविले को अवलोकित किया। इस संबंध में, उनका दृष्टिकोण शिकागो स्कूल द्वारा आयोजित शहरी अध्ययनों से अलग था, जिसमें झुग्गियों को स्वायत्त और पृथक रिक्त स्थान के रूप में वर्णित किया था।

व्हाइटे का प्रजातिलेखन मौलिक एवं संरचनात्मक स्तर पर और इसके कार्यप्रणाली से सम्बन्धित प्रभावों दोनों के लिए महत्वपूर्ण है। व्हाइटे ने जिसे प्रस्तावित किया उसे आज परावर्तकता (रिफ्लेक्सिविटी) कहा जाता है: शोधकर्ता और प्रतिभागियों के बीच की गतिशीलता का आत्म–जागरूक विश्लेषण, क्षेत्र में पर्यवेक्षक द्वारा स्थिति को स्पष्ट करने की महत्वपूर्ण क्षमता, और वे तरीके जिसमें शोध प्रक्रिया पर शोधकर्ता की स्थिति निर्धारण से प्रभाव पड़ता है (इस वॉल्यूम में देखें, बसकाटो)।

संरचनात्मक प्रजातिलेखन के एक अन्य प्रमुख प्रतिनिधि कनाडाई एरिंग गॉफमैन (1922–1982) थे। अनुभवजन्य शोध का उनका तरीका लगभग अनन्य रूप से प्रजातिलेखन सम्बन्धी अवलोकन था। हालांकि, वह एक व्यवस्थित

शोधकर्ता नहीं थे, और उनके कार्यों (कुछ अपवादों के साथ) में विशिष्ट सेटिंग्स से सम्बद्धता नहीं थी, उनके अनुसंधान की रणनीति 'ह्यूजेस' के दृष्टिकोण को दर्शाती थी, जो जाहिर तौर पर एंटीथेटिकल श्रेणियों, व्यवहारों और व्यवसायों के बीच अपनी असामान्य तुलना के साथ थीः सभी एक गैर–प्रणालीगत प्रक्रिया और एक प्रभाववादी शैली से मिश्रित होती थी, जिससे कि गॉफमैन स्वयं के प्रवेश पर, उन्नीसवीं सदी के जर्मन समाजशास्त्री जॉर्ज सिमेल का अनुकरण जानबूझकर करते थे। इसलिए, परिणामतः कार्यप्रणाली में गॉफमैन के मुख्य विचार नहीं थे।

नृजातीय पद्धति या लोक पद्धति विज्ञान (Ethnomethodology)

1950 के दशक के दौरान, पारस्परिक विचार–विमर्श वाद और गॉफमैन के कामों के साथ, हेरोल्ड गारफिंकेल (1917–2011) द्वारा विकसित एक नये दृष्टिकोण का उदय हुआ, जिसे उन्होंने बाद में लोक पद्धति विज्ञान (एथनोमैथडोलॉजी) कहा। इस अवधि तक, उनका मतलब साधनों (पद्धतियों) का अध्ययन था जिनसे लोग (एथनो) अपने रोजमर्रा के जीवन में अपने स्वयं के और दूसरों के कार्यों को पहचानने, व्याख्या करने और वर्गीकृत करने के लिए उपयोग करते हैं। 1950 के दशक के उत्तरार्ध में, गारफिंकल ने संस्थागत सेटिंग्स में प्रजातिलेखन सम्बन्धी अवलोकनों की एक श्रृंखला को संचालित कियाः उदाहरण के लिए, एक अदालत जूरी (शाऊल मेंडलोविट्ज के साथ) और यूसीएलए स्कूल ऑफ मेडिसिन के मनोचिकित्सीय स्टाफ (एगॉन बिट्टनेर के साथ) का उन्होंने अध्ययन किया। सम्भवतः इन प्रजातिलेखनों को विधिवत और व्यवस्थित रूप से आयोजित नहीं किया गया था क्योंकि वे प्रत्याशित निष्कर्षों की बजाय हर रोज के कार्यों की अपरिहार्य प्रसंग–सीमा के प्रदर्शन के रूप में अभिप्रेत थे। लेकिन फिर भी उन्होंने एक नए प्रकार की प्रक्रिया आधारित प्रजातिलेखन के लिए रास्ता खोल दिया, जिसने घटनाओं को समझने की कोशिश की, जैसा कि उन्होंने खुलासा किया। इस दृष्टिकोण ने 1960 और 1970 के दशक में विभिन्न संस्थागत सेटिंग्स में गारफींकल के सहयोगियों, सहायकों और विद्यार्थियों द्वारा आयोजित किए गए प्रजातिलेखन सम्बन्धी अध्ययनों की एक श्रृंखला को प्रेरित कियाः पुलिस विभागों, अखबार के संपादकीय कार्यालयों, कानूनी अदालतों, चिकित्सा सत्रों, अस्पतालों, आधे रास्ते के घरों इत्यादि।

सांस्कृतिक अध्ययन और अभिग्रहणवादी प्रजातिलेखन (Cultural studies and reception ethnography)

1970 के दशक के अंत तक पहले भाग में वर्णित दृष्टिकोण एकान्तर में भाग्य के साथ चालू थे। इसके बाद नए दृष्टिकोणों का उदय हुआ (अभिग्रहणवादी प्रजातिलेखन, उत्तर–आधुनिकतावादी प्रजातिलेखन, नारीवादी प्रजातिलेखन इत्यादि), जो पिछली प्रजाति लेखन सम्बन्धी परम्पराओं से खुद को दूर कर चुके थे, हालांकि बाद में भी प्रत्यक्ष रूप से गायब नहीं हुये थे और नए अभिगमों के साथ समानांतर निरन्तर चलते रहे। इसके परिणामस्वरूप, प्रजातिलेखन सम्बन्धी परिदृश्य (पैनोरमा) में, अत्यधिक विविधता प्राप्त हुई।

'प्रजातिलेखन सम्बन्धी बारी' से पहले, मीडिया विश्लेषकों ने लोगों के झुकाव और राय के अनुकूलन में टेलीविजन को भारी शक्ति का श्रेय दिया था (एल्थुसेर के मार्क्सवादी सिद्धांत और एडोर्नो, होर्खीमेर और फ्रैंकफर्ट स्कूल के अनुसार), जिसमें यह कहा गया था कि राज्य द्वारा प्रमुख विचारधारा का प्रचार करने के लिए संचार मीडिया उपयोग का एक उपकरण था। सांस्कृतिक अध्ययन के क्षेत्र में काम करने वाले विद्वान पूरी तरह से इस दृष्टिकोण का विरोध नहीं कर रहे थे, जहां तक उन्होंने स्वीकार कर लिया था कि टेलीविजन अनुनय का एक शक्तिशाली माध्यम था, लेकिन उन्होंने 'शाब्दिक नियतिवाद' के सिद्धांत की आलोचना की और इसका दावा किया कि दर असल एक टेलीविजन कार्यक्रम अपने दर्शकों की राय को प्रभावित या पूर्व निर्धारित करने के लिए सक्षम था (तत्काल और स्वचालित रूप से, जैसे कि वास्तव में सरल आधान द्वारा)। इसके बजाय, सांस्कृतिक अध्ययनों के एक अन्य प्रमुख प्रतिनिधि, स्टुअर्ट हॉल के अनुसार, उपभोक्ता अर्थों के निष्क्रिय प्राप्तकर्ताओं में बिल्कुल नहीं थेः उन्होंने सक्रिय रूप से अपने अर्थ का निर्माण किया, और टेलीविजुअल पाठ द्वारा प्रस्तावित उन लोगों को

भी वे अस्वीकार कर सकते थे। शिक्षाविदों ने इसकी कल्पना की, कि पूर्ण चुप्पी में, एक अंधेरे कमरे में अकेले, टेलीविजन देखना एकदम अलग की हुयी गतिविधि नहीं थी (होबसन, 1982: 110)। इसके बजाए, इसे एक व्यापक घरेलू संदर्भ में लेना चाहिये था, जिसने इसके अभिग्रहण को वातानुकूलित किया: उदाहरण के तौर पर, टेलीविजन कार्यक्रम रात के खाने के दौरान देखे जा सकते हैं जब वे मेज पर चर्चा करते हों, बीच में हस्तक्षेप करते हों और इस तरह मीडिया प्रवाह के बीच में आते हों। परिणामस्वरूप उत्पादक (कार्यक्रम के) और अंतिम उपभोक्ता (दर्शक) के बीच एक स्थान है जहां घरेलू गतिविधियों के कार्यक्रम के अभिग्रहण की स्थिति होती है, परिणाम के साथ भविष्यवाणी करना आसान नहीं होता है। प्रजातिलेखन में अर्थों को चित्रित करते हुए उपभोग व्यवहारों का वर्णन कर सकते हैं जो मीडिया के उपभोक्ता ग्रंथों और प्रौद्योगिकियों को विशेषता देते हैं जिसे वे अपने रोजमर्रा के जीवन में अनुभव करते हैं (एंग, 1991: 165)।

पिछले दशकों में कई अन्य दृष्टिकोण उभरकर आये: नारीवादी प्रजातिलेखन, व्याख्यात्मक प्रजातिलेखन (डेन्जिन, 1997), उत्तर–आधुनिक प्रजातिलेखन, आधिकारिक प्रजातिलेखन (मेहान, 1979), संस्थागत प्रजातिलेखन (स्मिथ, 1986), प्रदर्शन प्रजातिलेखन (मैक्कॉल, 2000), वैश्विक प्रजातिलेखन (बुरावॉय इत्यादि, 2000)। उनमें से प्रत्येक ने नई सुविधाओं का परिचय दिया, जिसने इस पद्धति को सशक्त बनाया (देखें, गोबो, 2008)।

सहभागितात्मक, सहयोगात्मक और आलोचनात्मक प्रजाति लेखन (Participatory, collaborative and critical ethnographies)

दो हाल के दिशानिर्देश अधिक से अधिक दृश्यमान हैं: सहयोगात्मक रणनीति और इसकी प्रतिबद्ध प्रकृति। प्रजातिलेखन सम्बन्धी अनुसंधान के सहयोग और भागीदारी दोनों अनिवार्य पहलुओं में हैं, क्योंकि हम अपने जीवन के हर रोज के संदर्भ में दूसरों को और उनके कार्यों को उलझाए बिना निष्कर्षों को पूरा नहीं कर सकते। सहयोगात्मक प्रजातिलेखन सहयोग को केंद्रीय सुविधा से जोड़ता है, जैसा कि लासिस्टर (2005) ने वर्णन किया है, इसमें जानबूझकर और स्पष्ट रूप से प्रजातिलेखन सम्बन्धी प्रक्रिया में प्रत्येक बिंदु पर सहयोग के लिये जोर दिया गया है। इसलिए यह सहयोग के साथ प्रजातिलेखन की प्रक्रिया (डूईंग एथनोग्राफी जैसे फील्ड रिसर्च) के बारे में नहीं बल्कि सामाजिक सेटिंग में अध्ययन किए जाने वाले स्थानीय और देशी (मूल) लोगों के लगातार समावेश और भागीदारी के माध्यम के बारे में है।

इस तरह के प्रजातिलेखन को अक्सर समुदाय–आधारित शोध के रूप में पहचाना जाता है और इसके सहभागी चरित्र के अलावा, दृश्य वचनबद्धता और असमानता या अन्याय को संबोधित करने के लिए एक विचारधारात्मक रूप से प्रेरित केन्द्र है। सहयोगात्मक और आलोचनात्मक प्रजातिलेखकों ने अपने शोध को अपने कर्तव्य की भावना से संचालित किया हैं, वे न केवल अनुसंधान की कार्यप्रणाली की तरफदारी के लिए जिम्मेदारी लेते हैं बल्कि उनके अध्ययन के व्यावहारिक परिणामों के लिए भी जिम्मेदारी लेते हैं और उस प्रभाव से दूसरों का उपयोग करते हैं (थॉमस, 1992, मैडिसन, 2012)। सहयोगात्मक और आलोचनात्मक प्रजातिलेखन, दोनों पद्धतिगत तो हैं, लेकिन प्रजातिलेखन की प्रक्रिया जैसे फील्ड रिसर्च (डूईंग एथनोग्राफी) और प्रजातिलेखन के उत्पादों जैसे एथनोग्राफी टेक्स्ट्स (रायटिंग एथनोग्राफी) के लिए सैद्धांतिक दृष्टिकोण भी हैं।

'समाज अवलोकन': पद्धति के एक सिद्धान्त की ओर (The 'Observation Society': Towards a Theory of Method)

जैसा कि ऊपर बताया गया है, पिछले 20 सालों में एक प्रवृत्ति (या एक फैशन) चली आ रही है जिसने प्रजाति लेखन सम्बन्धी कार्यप्रणाली को प्रचारित और सुप्रसिद्ध दोनों बनाया है। यह क्यों हुआ है? एक सौ से अधिक वर्षों के इतिहास वाली एक कार्यप्रणाली केवल हाल ही में सामने क्यों आती है? क्यों अब और पहले नहीं?

तालिका 7.1 पारम्परिक बनाम सहभागी, आलोचनात्मक और सहयोगात्मक प्रजाति लेखन के बीच तुलना
(Comparison between traditional versus participatory, critical and collaborative ethnography)

परम्परागत	*सहभागी, आलोचनात्मक और सहयोगात्मक*
✓ पुनर्निर्माण 'क्या है'?	✓ 'जो हो सकता है' उसका खुलासा करता है
✓ कलाकृतियों, पारस्परिक विचार–विमर्शों, प्रक्रियाओं और संस्कृतियों के वर्णन करने का अभिप्राय	✓ शक्ति, नियंत्रण और असमानता के अस्पष्ट प्रभाव की पहचान करने का अभिप्राय
✓ ज्ञान और शोध डोमेन से संबंधित अधिकांश मुद्दों के लिए योगदान देता है	✓ ज्यादातर मुक्ति ज्ञान और सामाजिक न्याय के लिए योगदान देता है
✓ शोधकर्ता के रूप में प्रजातिलेखक (पर्यवेक्षक – प्रतिभागी)	✓ एक कार्यकर्ता के रूप में प्रजातिलेखक (सलाहकार – प्रचारक)
✓ विषयों को केवल डेटा प्रदान करने वाले मुखबिरों के रूप में	✓ विषयों को संयुक्त रूप से अवधारणाओं का विस्तार करने हेतु सह–शोधकर्ताओं के रूप में
✓ सामाजिक यन्त्ररचना, अध्ययन की गई घटना के प्रासंगिक पहलुओं और प्रक्रियाओं की गहरी समझ के लिए आगे बढ़ता है	✓ चुनौतीपूर्ण संस्थाओं और सामाजिक प्रथाओं की संभावनाओं की जांच–पड़ताल जो व्यक्तियों और समुदायों को बाधित करती हैं
✓ नैतिक मानकों के कारण लोगों की जरूरतों का सम्मान करना	✓ अनुसंधान के लक्ष्यों के साथ लोगों की जरूरतों को एकजुट करता है

किसी ऐतिहासिक अवधि में कुछ अनुसंधान पद्धतियों की विशेष सफलता और प्रसार को समझाते हुए एक ज्ञानमीमांसीय मुद्दे की ओर अग्रेसित होते हैं। वास्तव में यदि हम स्वीकार करते हैं कि विज्ञान और समाज या प्रौद्योगिकी और समाज के बीच, एक परिपत्र और आत्मिक (रिफ्लेक्सिव) सम्बन्ध मौजूद है (सामाजिक मान्यताओं ने ज्ञान और वैज्ञानिक सिद्धांतों को किस तरह से प्रभावित किया है, या इसके विपरीत) तो इस परिप्रेक्ष्य के साथ समाज और सामाजिक शोध विधियों के बीच सम्बन्धों का भी विश्लेषण किया जा सकता है।

पहले सिल्वरमैन (1997: 248) ने बताया कि साक्षात्कार और समाज पारस्परिक रूप से गठित (एकमत) थे: एक तरफ, सर्वेक्षण और गहराई से साक्षात्कार करने की प्रक्रिया में उन्हें अस्तित्व में बने रहने और विकास करने के लिये एक विशेष प्रकार के समाज की जरूरत होती है। दूसरी तरफ, इन शोध पद्धतियों ने समाज को मजबूत किया है, जिसने उन्हें उत्पन्न किया है। एटकिंसन और सिल्वरमैन (1997) ने कहा है कि हम एक 'साक्षात्कार सोसायटी' में रहते हैं, एक ऐसा समाज जिसमें साक्षात्कार करने की प्रक्रिया एक मौलिक गतिविधि बन गया है, और लोगों को उनकी जिन्दगियों का अर्थ समझने के लिए साक्षात्कारों का महत्वपूर्ण होना प्रतीत होता है।

प्रजाति लेखन उतना ही फैशनेबल हो रहा है जितना कि 1920 के दशक से साक्षात्कार। यदि 'साक्षात्कार समाज' अभी भी समाज से जुड़ा प्रभावशाली प्रतिमान(मॉडल) है, तो हाल ही में प्रजाति लेखन की अचानक वृद्धि को इस परिकल्पना के साथ समझाया जा सकता है कि हम एक 'अवलोकन सोसायटी' में प्रवेश कर रहे हैं, एक समाज जिसमें पर्यवेक्षण करना (साक्षात्कार करने के रूप में) एक मूलभूत गतिविधि बन गई है, और निगरानी करना तथा जांच करना दूसरों के साथ महत्वपूर्ण संज्ञानात्मक तरीके होते जा रहे हैं, जैसे कि ध्यान देकर सुनना, महसूस करना, सुनवाई और छिपाने की आवाज, जो कि 'साक्षात्कार समाज' की विशिष्टता है।

हम एक 'अवलोकन सोसाइटी' में रह रहे हैं जिसके बहुत से संकेत हैं: जहां भी हम जाते हैं, वहां हमेशा एक टीवी कैमरा होता है (जिससे हम अनजान होते हैं) जो हमारी गतिविधियों की फिल्म बनाने के लिए तैयार रहता है: यहां तक कि सर्वाधिक व्यक्तिगत और अंतरंग स्थितियों की वीडियो रिकॉर्डिंग के लिए और उन्हें इंटरनेट पर पोस्ट करने के लिये वर्तमान फैशन और फोन कैमरा हैं, या आन्दोलनों, विकास और परिवर्तनों का अवलोकन करने के लिए शहर की सड़कों, स्मारकों, परिदृश्यों, पौधों, पक्षियों के घोंसले, कॉफी के बर्तन इत्यादि वेबकैम पर लॉगिन

कर इंगित करते हैं। समकालीन पश्चिमी समाज की दो महत्वपूर्ण विशेषताएं अवलोकन करना और अवलोकित किये जाना हैं। नतीजतन, समाज के विभिन्न क्षेत्रों में मांग बढ़ती जा रही है– विपणन से लेकर सुरक्षा तक, टेलीविजन से लेकर फैशन उद्योग तक[1] – अवलोकन और प्रजाति लेखन के लिए। उनमें से सभी सुझाव देते हैं कि हम लोग 'अवलोकन समाज' बना रहे हैं।

प्रजाति लेखन का युग्मित मूल्य (The Added Value of Ethnography)

जैसा कि पहले से ही उल्लेख किया जा चुका है कि प्रजातिलेखन सम्बन्धी कार्यप्रणाली सूचना के प्राथमिक स्रोत के रूप में अवलोकन को प्राथमिकता देती है। अधिरोपित करने वाला विचार हमेशा कार्रवाईयों का अवलोकन करता है जैसा कि वे मूर्त सेटिंग्स में निष्पादित किये जाते हैं। इस दृष्टिकोण से, सामुदायिक अध्ययन आमतौर पर प्रजातिलेखनों में नहीं आते हैं, हालांकि शोधकर्ता अध्ययन किये गये समूह के वातावरण में अपेक्षाकृत लंबी अवधि तक रह सकते हैं, उनके विश्लेषण अक्सर मुख्य रूप से साक्षात्कार, सर्वेक्षण और दस्तावेजों पर आधारित होते हैं। जैसा कि हेरिटेज़ इस बात पर जोर देती है कि अगर कोई कार्रवाई करने में दिलचस्पी रखता है, तो साक्षात्कार के दौरान सामाजिक कलाकारों द्वारा दिए गए बयानों को वास्तविक व्यवहार के अवलोकन के लिए उपयुक्त विकल्प के रूप में नहीं माना जा सकता (1984: 236)। वास्तव में, लोग जो कहते हैं और वे करते क्या हैं के बीच, दृष्टिकोण और सामाजिक कार्रवाईयों के बीच (ला पियरे, 1934) एक बहुत अधिक दस्तावेज़ीय अंतर है (गिल्बर्ट और मुलके, 1983)।

क्षेत्र में शोधकर्ताओं की उपस्थिति सामाजिक कर्ताओं और उनके दृष्टिकोण (इमिक), उनकी कार्रवाईयों तथा व्यवहार के अर्थ और सामाजिक एवं राजनीतिक प्रक्रियाओं की वैचारिक श्रेणियों की बेहतर समझ हासिल करने में उन्हें सक्षम बनाता है। यह अन्य पद्धतियों की तुलना में इस पद्धति का मुख्य युग्मित मूल्य है: केवल मतों और मनोभावों के बजाय कार्रवाईयों और व्यवहारों का अवलोकन करते हैं। परिणाम न केवल सैद्धांतिक बल्कि व्यावहारिक भी हैं (नए या अलग–अलग परिणामों की तलाश करना), क्योंकि सामाजिक कलाकारों की दिनचर्याओं और व्यवहारों को करीब से देखने पर सामाजिक समस्याओं के उपचारों एवं समाधानों के कारीगरी को सुविधा मिलती है। दूसरे शब्दों में, प्रत्यक्ष रूप से अवलोकित किये गये प्रतिभागियों की वास्तविक सामाजिक कार्रवाईयों के होने के बाद प्रस्तावित सामाजिक, राजनैतिक या संगठनात्मक परिवर्तनों की रूपरेखा देना आसान है (देखें, इस खंड में ब्लर)।

प्रजाति लेखन आजकल संगठनात्मक परिवर्तन प्रबंधन के लिए एक मानने योग्य दृष्टिकोण है जो संगठनात्मक संस्कृति और व्यवसाय प्रदर्शन के गहन अन्वेषण के लिए एक रणनीति के रूप में कार्य करता है। यह बहुधा शिक्षा, सामाजिक नीति या स्थानीय स्वशासन, राजनीति विज्ञान या समूहों के व्यवस्थित अध्ययन के माध्यम से स्वास्थ्य देखभाल, समुदायों और संगठनों एवं उनकी जरूरतों, कार्रवाईयों और संसाधनों के नए विकास की शुरुआत करने के लिए पहली पसंद वाली पद्धति है। प्रजाति लेखन सफलतापूर्वक रणनीतियों और नीतियों की रूपरेखा बनाने में सरकारों और संस्थानों की सहायता करती है उदाहरण के तौर पर, जेल प्रणाली (जेनेस, 2010, चॉमस्जिन्स्की, 2015) या स्वास्थ्य देखभाल (हेल्थकेयर) में (सैवेज, 2000)।

---

[1] प्रजाति लेखन की नई मांग और अवलोकन के आधार पर व्यवसायों की अभिवृद्धि वाणिज्यिक प्रजाति लेखन के साथ विपणन में (दुकानदार और संबंधित तकनीकों की रहस्यमयता), फैशन उद्योग (दि कूल हन्टर – एक व्यक्ति जिसका काम नई शैलियों और प्रवृत्तियों के बारे में टिप्पणियां या भविष्यवाणी करना) में, प्रबन्धन अध्ययनों, आईटीसी, एर्गोनॉमिक्स और एक्शन–रिसर्च, औद्योगिक अभिकल्पन (छायांकन, फ्लैकिंग, केंद्रित प्रजातिलेखन), पत्रकारिता (खोजी और गपशप पत्रकारिता), प्राकृतिक विज्ञान (विहंगम दृश्य), अवकाशीय गतिविधियों की निगरानी (लाइफगार्डी), पुलिस की जांच और सुरक्षा की राजनीति, अस्थिरता की राजनीति (अपराध और आतंकवाद)), कला (फोटोग्राफी, फिल्म और वृत्तचित्र) में, कर (टैक्स) के अन्वेषणों में, बाल चिकित्सा इत्यादि में दिखाई दे रही है।

प्रजाति लेखन और इसके शत्रु (Ethnography and its Enemies)

हालांकि, प्रजाति लेखन की स्वीकृत उपयोगिता के बावजूद, यह अभी भी निम्न प्रसिद्ध रूढ़िवादी और पूर्वाग्रहों से युक्त ज्ञानियों के अधीन है।

प्रजाति लेखन के विषय में कुछ लोकप्रिय गलतफहमियां
(Some popular misunderstandings concerning ethnography)

- अवलोकन के दौरान प्रतिभागियों द्वारा आदर्श/अवास्तविक व्यवहार पेश किये जाते हैं।
- अनुसंधान के संदर्भ तक परिणामों को सख्ती से सीमित किया जाता है।
- परिणाम अधिकतर वर्णनात्मक होते हैं और लागू करने योग्य नहीं होते हैं।
- अनुसंधान अनुकरणीय नहीं होता है इसीलिये विधिवत रूप से संदिग्ध लगता है।
- अनुसंधान प्रक्रिया गड़बड़ (अराजक) और अप्रत्याशित लगती है।
- प्रजाति लेखन एक अत्यधिक व्यक्तिपरक विधि है।

क्या प्रजातिलेखन एक अत्यंत व्यक्तिपरक विधि है? (Is ethnography a highly subjective method?)

अक्सर यह तर्क दिया जाता है कि प्रजातिलेखन एक अत्यधिक व्यक्तिपरक विधि है, इसका तात्पर्य यह है कि यह शोधकर्ता के दृष्टिकोण और धारणाओं के प्रति बहुत संवेदनशील है। दूसरे शब्दों में, यदि अलग–अलग शोधकर्ताओं द्वारा एक ही तरह की सेटिंग की जांच की जाये, तो वे अलग–अलग चीजें देखेंगे, और उनकी प्रजाति लेखन सम्बन्धी टिप्पणियां अलग–अलग पहलुओं को अभिलेखित करेंगी। इसके बजाय, प्रश्नावली या गहन साक्षात्कार, यदि सही तरीके से आयोजित किया जाता है, तो समान उत्तर प्राप्त करने की संभावना (विश्वसनीयता) अधिक रहती है, चाहें साक्षात्कारकर्ता कोई भी हो। और फिर भी अनुभव से पता चलता है कि इस विचार में अनुभवजन्य आधार बहुत कम हैं (गोबो, 2008)।

थोड़ी देर पहले, गोबो के कुछ छात्रों ने एक मधुशाला (बार) में उनके प्रजातिलेखन का आयोजन किया था। दो समूहों (प्रत्येक में तीन छात्रों का गठन) एक दूसरे से कुछ दिनों की दूरी पर एक ही बार का दौरा किया। तथ्य यह है कि उन्होंने एक ही मधुशाला को चुना था, यह बिल्कुल संयोग था, तात्पर्य यह है कि वे पहले से इस पर सहमत नहीं थे। इसके बावजूद, दोनों समूहों में शोध अभिकल्पन विशिष्ट थाः मधुशाला की खपत से अनुष्ठानों, समारोहों और सामाजिक कार्रवाईयों का अध्ययन किया। इसके बाद उन्होंने एक प्रतिवेदन पेश किया और, उनके प्रतिवेदनों को पढ़ते हुए, गोबो ने यह पाया कि उन्होंने जिनका अवलोकन किया था, वास्तव में उन्हें वही चीजें प्राप्त हुयी हैं।

इसलिए शोधकर्ताओं के खुद के द्वारा जो किया जाता है उसकी तुलना में शोध अभिकल्पन खोज (या डेटा के निर्माण) में बड़ा योगदान करते हैं। इसलिए, प्रजाति लेखन, चाहे कुछ भी हो लेकिन एक अत्यन्त व्यक्तिपरक कार्यप्रणाली है (भले ही व्यक्तिपरकता कभी–कभी मौजूद हो, जैसे सभी तरीकों में)।

मनोभावों और मतों से व्यवहार अधिक सुसंगत हैं (Behaviours are more consistent than attitudes and opinions)

हमें सैद्धांतिक रूप से बताओ कि अनुभव क्या बताता है? दूसरे शब्दों में, एक ही मधुशाला में छह अलग–अलग पर्यवेक्षकों ने वस्तुतः वही बातें क्यों नोटिस की? क्योंकि प्रजातिलेखन में मुख्य रूप से जो अवलोकित किया जाता है, वह व्यवहार (अनुष्ठान, दिनचर्या, समारोह) होते हैं, और समय के साथ ये मनोभावों और मतों से अधिक स्थिर होते हैं। जो संगठनों के साथ काम करते हैं वे बहुत अच्छी तरह से जानते हैं कि किसी व्यवहार को बदलने के

लिए मनोभाव बदलने से अधिक समय लगता है, मतों का उल्लेख नहीं करना है, जो कभी–कभी इतने अस्थिर होते हैं कि वे एक दिन से दूसरे दिन तक बदल जाते हैं।

क्या प्रजाति लेखन सम्बन्धी अनुसंधान को दोहराया या पुनरुत्पादित किया जा सकता है?

Can ethnographic research be replicated or reproduced?

इससे यह अनुसरण करता है, क्योंकि व्यवहार अस्थायी रूप से स्थिर नहीं हैं, इसलिए प्रजातिलेखन सम्बन्धी अनुसंधान के परिणाम दोहराए जा सकते हैं और पुनः उत्पादित किए जा सकते हैं। यह दो कारकों पर निर्भर करता है:

- एक सटीक शोध अभिकल्पन की उपस्थिति जिसने अनुसंधान को निर्देशित किया है।
- कि एक और अगले (अन्य) अध्ययन के बीच कोई महत्वपूर्ण बदलाव नहीं हुआ है।

प्रजाति लेखन और सामान्यीकरण (Ethnography and generalization)

प्रजाति लेखन सम्बन्धी पद्धतियों से बार–बार होने वाली (पुनरावर्ती) आलोचना यह है कि उनके परिणामों का सामान्यीकरण करना असंभव है क्योंकि वे कुछ मामलों पर ही आधारित होते हैं, और कभी–कभी केवल एक पर ही। हालांकि, ऐसे कई विषयों हैं, जो मामलों की सीमित संख्या में काम करते हैं: उदाहरण के लिए– जीवाश्मिकी(पैलेइओंटोलॉजी), पुरातत्व–शास्त्र, भूविज्ञान, आचारशास्त्र (एथोलॉजी), जीव विज्ञान, खगोल भौतिकी, इतिहास, आनुवंशिकी, मानव विज्ञान, भाषा विज्ञान, संज्ञानात्मक विज्ञान, मनोविज्ञान (जिनके सिद्धान्त बड़े पैमाने पर प्रयोगों पर आधारित होते हैं, और इसलिए गैर–संभाव्य नमूनों एवं कुछ मामलों पर किए गए शोध पर पर आधारित होते हैं)। बेकर (1998) के अनुसार, हजारों लोगों, जानवरों, पौधों और अन्य वस्तुओं के बारे में सामान्यीकरण और निष्कर्ष निकालने के लिये उनके बारे में केवल एक मुट्ठी भर मामलों का उपयोग करके इन विषयों को निराश नहीं किया जाता हैं। इसके अलावा, विज्ञान अपने आप में नहीं बल्कि व्यक्तिगत वस्तु/घटना का अध्ययन करता है, लेकिन विशिष्ट विशेषताओं/गुणों के साथ वस्तुओं/घटनाओं के व्यापक वर्ग के सदस्य के रूप में अध्ययन करता है (विलियम्स, 2000, पायने और विलियम्स, 2005)।

इन कारणों से यह सोचने के लिए कुछ अजीब सा लगता है कि प्रजाति लेखन सम्बन्धी अनुसंधान के परिणामों का सामान्यीकरण किया जा सकता है। जैसा कि कोलिन्स (1988) ने कहा है कि सांख्यिकीय परीक्षणों के बिना, गुणात्मक विधियों का उपयोग करके समाजशास्त्र में सबसे अच्छा काम किया गया है। यह संगठनात्मक और सामुदायिक अध्ययनों से लेकर आमने–सामने के पारस्परिक विचार विमर्श के सूक्ष्म अध्ययनों तक एवं विश्व व्यवस्था के स्थूल अध्ययनों तक अनुसंधान क्षेत्रों के बारे में सच हो रहे हैं। इसके अलावा, यदि प्रजातिलेखन का ध्यान व्यवहार पर है, और यह समय में स्थिर है, तो सामान्यीकरण संभव हो सकता है। जाहिर है, नमूनों की पसंद में सटीक मानदण्डों का पालन किया जाना चाहिए (गोबो, 2008)। फिर भी सामान्यीकरण करने की प्रक्रिया से प्रजातिलेखन को बन्द नहीं किया गया है।

प्रजाति लेखन को मजबूत करने के उद्देश्य से अपने परिणामों का सामान्यीकरण करने हेतु सक्षम पद्धति के रूप में, यहां पर दो उपक्रम (पहल) ध्यान देने योग्य हैं:

- विश्लेषणात्मक प्रजाति लेखन की अवधारणा को प्रारम्भिक रूप में लोफलैण्ड (1995) द्वारा वर्णित किया गया और फिर स्नो, मोरिल एवं एन्डरसन (2003) द्वारा विस्तारित किया गया। विश्लेषणात्मक प्रजाति लेखन सामाजिक प्रक्रियाओं से सम्बन्धित सामान्य समझ और वैचारिक प्रस्तावों के उत्पादन की तलाश करता है। सैद्धांतिक विस्तार के माध्यम से सामान्यीकरण संभव है, जिसमें एक विशेष क्षेत्र से विकसित अवधारणाओं को दूसरे क्षेत्र में स्थानान्तरित किया जाता है। शोधकर्ताओं को अध्ययन की गई घटनाओं के पहलुओं की

लगातार खोज करने की जरूरत होती है जो विभिन्न सन्दर्भों में प्रक्रियाओं के विश्लेषणात्मक पुनर्निर्माण एवं इसके विस्तार के साथ स्थिति के 'स्थूल विवरणों' का प्रतिस्थापन करने से, अधिक या कम अप्रासंगिक होते हैं।

- प्रजाति लेखकों को उन अवधारणाओं को विकसित करना चाहिए जो प्रत्येक सेटिंग की प्रासंगिक विशिष्टता को पार करते हैं और हमें एक दूसरे के साथ प्रजाति लेखन सम्बन्धी पूछताछ को जोड़ने में सक्षम बनाती हैं। प्रस (1997) के एजेंडे के अनुसार प्रजाति लेखन के संचालन के लिए, शोधकर्ताओं को एक ही समय पर लिखने के तरीकों की स्थापना के साथ जानकारी प्राप्त करने और तुलनाओं, विरोधाभासों और पूरकों के स्रोत के रूप में अन्य संदर्भों से व्युत्पन्न धारणात्मक विचारों का उपयोग करने की आवश्यकता होती है।

परिणामों और अवधारणाओं को एक सेटिंग से दूसरे स्थान पर स्थानांतरित कर दिया जाता है, जैसे कि मोरिल (1995) का 'प्रबंधकों के बीच संघर्ष का प्रजाति लेखन' या प्रस एण्ड ग्रिल्स (2003) का 'विचित्र व्यवहारों का अध्ययन'। परिणामों और अवधारणाओं को आमतौर पर स्थानीय संदर्भ से सामान्य स्तर तक ले जाया जाता है, जैसे हो (2009) की 'एथनोग्रॉफी ऑफ वॉल स्ट्रीट' जो वैश्विक वित्तीय बाजार पर प्रतिबिम्ब के लिये आधार के रूप में है, या मार्सीनीआक (2015) की 'एथनोग्रॉफी ऑफ ए बाजार' जो बाजार की प्रतिस्पर्धा के सामान्य सामाजिक तंत्र में अन्तर्दृष्टि प्रदान करती है।

निष्कर्ष

हमने विभिन्न सामाजिक दुनियाओं में अवलोकन और प्रजाति लेखन की उभरती हुई मांग के बारे में कुछ सुरागों का वर्णन किया है। विभिन्न प्रकार के दृष्टिकोणों के साथ, सहयोगात्मक एवं आलोचनात्मक प्रजाति लेखन से लेकर बहुसंख्यक एवं विश्लेषणात्मक रूपों तक, तथा विकल्पों की एक विस्तृत श्रृंखला के साथ गैर–प्रतिभागी अवलोकन से प्राकृतिक नैतिक–जांच(एथनो–इनक्वायरी) तक, प्रजाति लेखन की पेशकश करने के लिए आजकल बहुत कुछ है। विकासशील सिद्धांत और सामाजिक अमल (प्राक्सिस) दोनों के लिए एक पद्धति के रूप में प्रजाति लेखन की मांग हर दिन बढ़ रही है।

हमने परिकल्पना के आधार पर इस घटना को समझाने का प्रयास किया है कि हम 'समाज अवलोकन' में प्रवेश कर रहे हैं। फिर भी, यह एक परिकल्पना से अधिक कुछ भी नहीं हैः केवल भविष्य हमें बताएगा कि यह कितनी अच्छी तरह से स्थापित है।

अध्याय का सारांश

- प्रजाति लेखन प्रत्यक्ष अवलोकन पर आधारित एक कार्यप्रणाली है, जानकारी के अन्य स्रोत सहायक हैं (जैसे – प्रतिभागियों के साथ साक्षात्कार या दस्तावेजों)।
- हम एक 'समाज अवलोकन' में प्रवेश कर रहे हैं, एक ऐसा समाज जिसमें अवलोकन करना एक मौलिक गतिविधि बन गया है, और निगरानी करना एवं जांच–पड़ताल करना महत्वपूर्ण संज्ञानात्मक तरीके होते जा रहे हैं।

भविष्य की संभावनाएं

प्रजाति लेखन के अतिरिक्त मूल्य के कारण इस कार्यप्रणाली के प्रयुक्त अनुसंधान में एक प्रमुख दृष्टिकोण बनने की क्षमता है (क्षेत्र में शोधकर्ताओं की उपस्थिति, जो उन्हें सामाजिक कर्ताओं के सामाजिक कार्रवाईयों के अर्थों की बेहतर समझ प्राप्त करने में सक्षम बनाता है)।

संदर्भ

Ang, I. (1991) *Desperately Seeking the Audience*. London: Routledge.

Atkinson, P. and Silverman, D. (1997) 'Kundera's *Immortality*: the interview society and the invention of self', *Qualitative Inquiry*, 3 (3): 324–45.

Becker, H. S. (1998) *Trick of the Trade*. Chicago and London: University of Chicago Press.

Bulmer, M. (1984) *The Chicago School of Sociology: Institutionalization, Diversity, and the Rise of Sociological Research*. Chicago: University of Chicago Press.

Burawoy, M., Blum, J. A., George S., Gille, Z., Gowan, T., Haney, L., Klawiter, M., Lopez, S. H., Riain, S. O. and Thayer, M. (2000) *Global Ethnography*. Berkeley: University of California Press.

Chomczynski, P. (2015) *Działania wychowanków schronisk dla nieletnich* [Juveniles and their activity in detention centers]. Lodz: Lodz University Press.

Collins, R. (1988) *Theoretical Sociology*. San Diego, CA: Harcourt, Brace, Jovanovich.

Delamont, S. (2004) 'Ethnography and participant observation', in C. Seale, G. Gobo, J. F. Gubrium and D. Silverman (eds), *Qualitative Research Practice*. London Sage, pp. 217–29.

Denzin, N. K. (1970) *The Research Act*. New York: McGraw Hill.

Denzin, N. K. (1997) *Interpretive Ethnography*. Thousand Oaks, CA: Sage

Gilbert, N. and Mulkay, M. (1983) 'In search of the action', in N. Gilbert and P. Abell (eds), *Accounts and Action*. Aldershot: Gower, pp. 8–34.

Glaser, B. G. and Strauss, A. L. (1967) *The Discovery of Grounded Theory: Strategies for Qualitative Research*. Chicago, IL: Aldine.

Gobo, G. (2008) *Doing Ethnography*. London: Sage.

Gobo, G. (2011) 'Glocalizing methodology? The encounter between local methodologies', *International Journal of Social Research Methodology*, 14 (6): 417–37.

Goffman, E. (1967) *Interaction Ritual*. New York: Doubleday Anchor.

Gold, R. (1958) 'Roles in the sociological field observations', *Social Forces*, 36: 217–23.

Hammersley, M. (1989) *The Dilemma of Qualitative Method*. London: Routledge.

Heritage, J. (1984) *Garfinkel and Ethnomethodology*. Cambridge: Polity.

Ho, K. (2009) *Liquidated: An Ethnography of Wall Street*. Durham, NC: Duke University Press.

Hobson, D. (1982) *'Crossroads': The Drama of Soap Opera*. London: Methuen.

Jenness, V. (2010) 'From policy to prisoners to people: a 'soft mixed methods' approach to studying transgender prisoners', *Journal of Contemporary Ethnography* 39 (5): 517–53.

Junker, B. (1960) *Field Work*. Chicago: Chicago University Press.

Knoblauch, H. (2005) 'Focused ethnography', *Forum: Qualitative Social Research*, 6 (3). www.qualitative-research.net/index.php/fqs/article/view/20/43 (accessed 2 December 2015).

La Piere, R. T. (1934) 'Attitudes vs. action', *Social Force*, 12: 230–7.

Lassiter, L. (2005) *The Chicago Guide to Collaborative Ethnography*. Chicago: Chicago University Press.

Lofland, J. (1995) 'Analytic ethnography', *Journal of Contemporary Ethnography*, 24: 30–67.

Lofland, L. H. (1980) 'Reminiscences of classic Chicago: "The Blumer-Hughes Talk"', *Urban Life*, 9 (3): 251–81.

Madge, J. (1962) *The Origins of Scientific Sociology*. New York: The Free Press of Glencoe.

Madison, S. (2012) *Critical Ethnography: Method, Ethics, and Performance*. London: Sage.

Marciniak, L. (2015) *Social Organization of the Vendors' Activities*. Lodz: Lodz University Press.

McCall, M. (2000) 'Performance ethnography', in N. Denzin and Y. Lincoln (eds), *Handbook of Qualitative Research* (2nd edn). London: Sage, pp. 421–35.

Mehan, H. (1979) *Learning Lessons*. Cambridge, MA: Harvard University Press.

Morrill, C. (1995) *The Executive Way: Conflict Management in Corporations*. Chicago: University of Chicago Press.

Payne, G. and Williams, M. (2005) 'Generalization in qualitative research', *Sociology*, 39 (2): 295–314.

Platt, J. (1983) 'The development of the "participant observation" method in sociology: origin, myth and history', *Journal of the History of the Behavioural Sciences*, 19 (4): 379–93.

Prus, R. (1997) *Subcultural Mosaics and Intersubjective Realities: An Ethnographic Research Agenda for Pragmatizing the Social Sciences.* Albany, NY: State University of New York Press.
Prus, R. and Grills, S. (2003) *The Deviant Mystique: Involvements, Realities, and Regulation*. Westport, CT: Praeger (Greenwood) Press.
Radcliffe-Brown, A. R. (1948) *A Natural Science of Society*. New York: Free Press.
Rose, E. (1960) 'The English record of a natural sociology', *American Sociological Review*, 25: 193–208.
Rose, E. (1997) 'The unattached society', *Ethnographic Studies*, 1: xv–43.
Savage, J. (2000) 'Ethnography and health care', *British Medical Journal*, 321: 1400–2.
Silverman, D. (1993) *Interpreting Qualitative Data*. London: Sage.
Silverman, D. (1997) *Qualitative Research: Theory, Method and Practice*. London: Sage.
Smith, D. E. (1986) 'Institutional ethnography: a feminist method', *Resource for Feminist Research*, 15: 6–13.
Snow, D., Morrill, C. and Anderson, L. (2003) 'Elaborating analytic ethnography', *Ethnography*, 4 (2): 181–200.
Thomas, J. (1992) *Doing Critical Ethnography*. London: Sage.
Whyte, W. F. (1943) *Street Corner Society*. Chicago: Chicago University Press.
Williams, M. (2000) 'Interpretativism and generalization', *Sociology*, 34 (2): 209–24.

आठ

संगठनात्मक प्रजाति लेखन

(Organizational Ethnography)

थॉमस एस. एबरले और क्रिस्टॉफ मीडर

इस अध्याय के बारे में

संगठनात्मक प्रजाति लेखन का अर्थ संगठनों का और संगठनों में प्रजाति लेखन करने से है। हम उन विशेषताओं पर चर्चा करते हैं जो सामान्य प्रजाति लेखन से संगठनात्मक प्रजाति लेखन के अन्तर को स्पष्ट करते हैं और विचार करते हैं कि यह कैसे (संगठनात्मक) सिद्धांत से संबंधित है। हम सिद्धांत–और डेटा–निर्देशित पोल के बीच निरन्तरता के साथ संगठनात्मक अध्ययनों में सैद्धांतिक और पद्धतिगत तरीकों की महान बहुलता को वर्गीकृत करने का सुझाव देते हैं, और संगठनात्मक प्रजाति लेखन के कुछ महत्वपूर्ण सामाजिक दृष्टिकोण पेश करते हैं। फिर हम संगठनात्मक प्रजाति लेखन जैसे क्षेत्रीय पहुंच और भागीदारी, डेटा संग्रह और डेटा विश्लेषण, अंतरिक्ष के भीतर संगठनात्मक अभ्यास का वितरण (बहुस्तरीय प्रजाति लेखन), मुखबिर और क्षेत्र संबंधों, वापसी रिपोर्टिंग, नैतिक प्रश्नों और अंत में लिखने के बारे में व्यावहारिक विचारों पर चर्चा करते हैं। हम दो प्रमुख वर्तमान विकास और भविष्य की संभावनाओं को उजागर करके समापन करते हैं।

कीवर्ड्स - संगठन (organization), प्रजाति लेखन (ethnography), संगठनात्मक सिद्धान्त (organizational theory), अनुसंधान पद्धतियां (research methods)।

इस अध्याय का उद्देश्य संगठनात्मक प्रजाति लेखन के क्षेत्र का परिचय देना और अपनी केन्द्रीय सुविधाओं और मुद्दों को रूपरेखा प्रदान करना है। विशेष रूप से, हम निम्नलिखित क्षेत्रों पर ध्यान देंगे:

- संगठनात्मक प्रजाति लेखन क्या है? क्षेत्र की विशेष विशेषताओं क्या हैं?
- संगठनात्मक प्रजाति लेखन के मुख्य सैद्धांतिक और पद्धतिगत दृष्टिकोण क्या हैं?
- संगठनात्मक प्रजाति लेखन की प्रक्रिया की व्यावहारिक समस्याएं।

संगठनात्मक प्रजाति लेखन क्या है? (What is Organizational Ethnography?)

संगठनात्मक प्रजाति लेखन एक बहु–विधि दृष्टिकोण है (अवलोकन करना, साक्षात्कार करना, दस्तावेज विश्लेषण, कलाकृतियों के उपयोग की जांच करना), जिनकी मुख्य विशेषता नैसर्गिक सेटिंग्स में कार्रवाईयों और प्रथाओं के प्रतिभागी या गैर–प्रतिभागी अवलोकन हैं (इस खंड में गोबो और मार्सीनीयाक देखें)[1]। संगठनात्मक प्रजाति लेखन की कार्यप्रणाली पर जो कुछ भी लिखा गया है, उनमें से अधिकांश किसी भी प्रकार के प्रजाति लेखन के लिए मान्य है। डैनियल नेलैंड (2008) की 'हाऊ टू बिकम ऐन आर्गेनाइजेशनल एथनोग्राफर' मार्गदर्शन करने वाली पुस्तक के माध्यम से यह अच्छी तरह से चित्रित किया जा सकता है। 'प्रजाति लेखन कैसे करें' पर चूंकि निर्देशों, नियमों और प्रक्रियाओं का एक निश्चित सेट तैयार करना असंभव है (एटकिंसन, 1990), नीलैंड 'संवेदनशीलता' के रूप में महत्वपूर्ण मुद्दों पर चर्चा करता है। संवेदनशीलताओं के पास व्यंजनों या निर्देशों जैसी समान स्थिति नहीं है लेकिन ये अस्पष्ट या असंगत नहीं हैं। वे जानकारी और पृष्ठभूमि, प्रश्नों तथा उत्तरों की एक श्रृंखला और प्रजाति लेखन सम्बन्धी विचार के लिए उपलब्ध व्यापार की चालें प्रदान करते हैं (बेकर, 1998: 11)। लेखक ने दस संवेदनशीलताओं के वर्णन किये है:

[1] संगठनात्मक प्रजाति लेखन के इतिहास के लिए Schwartzman, 1993 देखें।

1. समूह या गतिविधि के प्रकार के बारे में प्रारंभिक विकल्प बनाना, जगह, भौतिक वस्तु या एक बहुत विशिष्ट प्रश्न, लेकिन इसे प्रवाही और नम्य बनाये रखते हुये, स्थिति के साथ अग्रानुक्रम में एक प्रजाति लेखन सम्बन्धी रणनीति का विकास करना।
2. ज्ञान के तीन प्रमुख तरीकों में से चुननाः एक यथार्थवादी प्रजाति लेखन जो उद्देश्य प्रतिनिधित्व के लिए प्रयास करता है, एक कथनात्मक प्रजाति लेखन जो यह स्वीकार करता है कि विभिन्न व्याख्याओं और विवरणों का होना संभव हैं, और एक परावर्तक प्रजाति लेखन जो इस बात को प्रतिबिम्बित करता है कि डेटा एकत्रित करने, व्यवस्थित करने और विश्लेषण करने की प्रक्रिया परिणाम का उत्पादन करती है।
3. स्थान का चयन करना और पहुंच की सशर्त बातचीत करना।
4. प्रमुख मुखबिरों और द्वारपालों, या समूह के सदस्य बनकर के साथ घनिष्ठता से मिलकर क्षेत्रीय सम्बन्ध स्थापित करना। विश्वास स्थापित करना, लेकिन बहुत करीबी नहीं होना।
5. एक प्रजाति लेखन अध्ययन या क्षेत्र की पहुंच की समय सीमा मोटे या त्वरित विवरणों के उत्पादन के लिए शोध का नेतृत्व कर सकती है।
6. अवलोकनात्मक कौशलों का होना और अच्छी तरह से संगठित फील्ड नोट्स लिखना महत्वपूर्ण है, साथ ही सामान्य दिखने के लिए एक प्रकार का अजीब व्यवहार करना।
7. साक्षात्कारों, ऑडियो–विजुअल रिकॉर्डिंग और कंप्यूटर की आभासी दुनिया की तरह अन्य प्रौद्योगिकियों का अध्ययन करते हुये अवलोकन के बारे में विकल्प बनाना।
8. या तो एक व्यापक (संगठनात्मक) दर्शकों के लिए या विद्वानों की खोज के लिए लेखन के रूप का चयन करना।
9. नैतिक विचारों में विशेषतायें होनी चाहिये जिनका अध्ययन किया गया हो, शोध में किसे शामिल किया जाता है? अवलोकनात्मक सम्बन्धी डेटा के साथ कैसे और क्या किया जाएगा और यदि किये गये शोध की उन तक पहुंच हो (उदाहरण – फील्ड नोट्स या रिकॉर्डिंग के लिए)।
10. निकासियों को प्रजाति लेखन के शुरुआती चरण में और अध्ययन की समय–सीमा, घटना और क्षेत्र की पहुंच के सम्बन्ध में विचार करना चाहिए।

नीलैंड (2008) संगठनों में प्रजाति लेखन सम्बन्धी फील्डवर्क से उदाहरणों की एक श्रृंखला के माध्यम से प्रत्येक संवेदनशीलता को दिखाता है जो संगठनात्मक प्रजाति लेखन की कार्यप्रणाली में शामिल व्यावहारिक कार्यों में अंतर्दृष्टि प्रदान करते हैं (और जो उपयुक्त पठन हैं)।

आधुनिक संगठनों बनाम आदिवासी समाजों का प्रजाति लेखन करने (टोटा, 2004) के बीच एक मूलभूत अन्तर भौगोलिक और सांस्कृतिक दूरी लगता है एक विदेशी जनजाति के शोध के लिए यह मान लिया गया है कि मानवशास्त्रीय प्रजाति लेखक घर से बहुत दूर तक यात्रा करेगा, दो साल तक रह सकता है, उसे अपर्याप्त संस्कृति में विसर्जित कर सकता या सकती है, विदेशी भाषा सीख सकता है और कई कठिनाइयों के साथ रह सकता है। एक संगठनात्मक प्रजाति लेखक को घर छोड़ने पर टूथब्रश की आवश्यकता नहीं होती है (बेट, 1997: 1150), क्योंकि वह आमतौर पर उनकी वापसी रात को होती है प्रजाति लेखकों द्वारा नियमित घंटों तक काम किया जा सकता है और संगठन के अन्य सदस्यों के बीच में बहुसंख्यीय अवकाश के समय की गतिविधियों का आनंद ले सकते हैं। यह संभव भी है – और सामान्य व्यवहार भी – केवल यत्र तत्र क्षेत्र में प्रवेश के लिए, केवल थोड़े समय के लिए आगे बढ़ने और फिर से बाहर निकल जाने के लिए।

हालांकि, प्रजाति लेखकों ने आधुनिक समाजों में सांस्कृतिक वातावरण पाया है जो नियमित जीवनशैली से बहुत भिन्न हैं और जांच करने के लिए पर्याप्त समय लेते हैं। इसी तरह, हाई–टेक उपकरण के साथ परिष्कृत काम की सेटिंग्स, जैसे कि वैज्ञानिक प्रयोगशालाओं या निगरानी और नियंत्रण कक्षों के लिए, क्या हो रहा है इसकी पर्याप्त समझ बनाने के लिये बहुत सारे फील्डवर्क की आवश्यकता होती है (लाटूर और वूलगार (1979), नॉर– सेटिना, 1999, नोब्लौच एट आल., 2000, लफ एट आल., 2000)।

संगठनात्मक प्रजाति लेखन के मुख्य सैद्धांतिक और पद्धतीय दृष्टिकोण क्या हैं?
What are the Main Theoretical and Methodological Approaches of Organizational Ethnography

संगठनात्मक अध्ययनों की निदर्शनात्मक विविधता (The paradigmatic diversity of organizational studies)

संगठनात्मक प्रजाति लेखकों को सैद्धांतिक रूपरेखा के सम्बन्ध में अपने डेटा की व्याख्या करना चाहिए, जैसा कि वे व्यावहारिक समस्या का सामना करते हैं कि इस विविधता के साथ कैसे आना चाहिए। गैरेथ मॉर्गन (2006, 1986) ने इस समस्या का हल प्रस्तावित किया जो आज भी प्रासंगिक है। उन्होंने बहुसंख्यक छवियों के संग्रह के रूप में सैद्धांतिक परिदृश्य को समझने का सुझाव दिया। प्रत्येक सिद्धान्त एक छवि का प्रतिनिधित्व करता है जिसमें इसकी शक्तियां और कमजोरियां रहती हैं। प्रत्येक एक रूपक की तरह काम करता है, किसी घटना के कुछ पहलुओं को दिखने योग्य बनाता है और दूसरों के संबंध में कमजोरियां बताता है। यदि आप संगठनों को मशीनों के रूप में मानते हैं, तो आप अपने सभी यन्त्र सम्बन्धी पहलुओं को देखेंगे और गैर–यंत्रवत् गुणों को अनदेखा करेंगे या उन्हें गड़बड़ या धमकियों के रूप में देखेंगे। यंत्रवत् छवि तकनीकी परिशुद्धता, दक्षता और तर्कसंगतता पर जोर देती है और किसी संगठन के नौकरशाही पक्ष, नियम की तरह का विश्लेषण करने या कन्वेयर बेल्ट के निर्माण के लिए उपयुक्त है, लेकिन इसमें 'मानव कारक' के विवरण लेकर कठिनाई होती है। टेलर का 'वैज्ञानिक प्रबन्धन' (1947) इस तरह के विचार का एक उदाहरण है हालांकि, यदि आप एक अलग छवि चुनते हैं और संगठनों को होलोग्राफिक दिमाग के रूप में चुनते हैं, उदाहरण के लिए, इसके बजाय, आप सूचना प्रक्रियाओं, साइबरनेटिक प्रतिक्रिया लूप, नेटवर्क डिजाइन, अतिरेक और विविधता, स्व–संदर्भ और स्वयं–संगठन के संदर्भ में सोचेंगे। संगठनों के सीखने के तरीके, सीखने के लिये उनके सीखने के तरीके, स्वयं–संगठन की प्रक्रिया के उभरकर आने के तरीके इत्यादि के बारे में प्रत्येक दृष्टिकोण से आप विभिन्न प्रकार के प्रश्नों को पूछ सकते हैं। इसी तरह से, कोई संगठनों को जीवों के रूप में, राजनीतिक व्यवस्था के रूप में, मानसिक जेलों के रूप में, वर्चस्व के साधनों के रूप में या संस्कृतियों के रूप में मान सकता है। इन रूपकों से संगठनात्मक जीवन को देखने और आकार देने के तरीकों को बनाया जाता है। संगठनात्मक समस्या का विश्लेषण करते समय अलग–अलग दृष्टिकोण लेते हुए मॉर्गन ने सुझाव दिया है कि अभिनव समाधानों की पहचान करने में सहायता करता है।

हालांकि संगठनों के बहुत अधिक प्रजाति लेखन इस तरह के एक संगठनात्मक सिद्धान्त (या छवि) को संदर्भित करते हैं, संगठनों में प्रजाति लेखन करने के लिए कई दृष्टिकोण हैं जो विभिन्न सैद्धांतिक अवधारणाओं के आयोजन और प्रयोग करने के तरीकों पर ध्यान केंद्रित करते हैं। कुल मिलाकर, हम अधिक सिद्धांत–निर्देशित और अधिक डेटा–निर्देशित दृष्टिकोणों के बीच अंतर कर सकते हैं। डेटा–निर्देशित दृष्टिकोणों में जैसे– लोकपद्धति विज्ञान(एथनोमैथडोलॉजी) 'संगठन' शब्द को एक वैज्ञानिक के रूप में नहीं मानती है बल्कि एक व्यावहारिक ज्ञान (कॉमनसेन्स) निर्माण के रूप में मानती है (जैसे– सिल्वरमैन एण्ड जोन्स, 1976), वे सैद्धांतिक अवधारणाओं का इस्तेमाल करने से रोकते हैं और डेटा के प्रकट होने पर उनका ध्यान केन्द्रित करते हैं।

संगठनात्मक प्रजाति लेखन के चयनित समाजशास्त्रीय दृष्टिकोण (Selected sociological approaches of organizational ethnography)

संगठनात्मक प्रजाति लेखन के सभी विविध अभिगमों के लिए विवरणों का प्रयास करना बेकार होगा। लेकिन कम से कम यह संगठनात्मक प्रजाति लेखन सम्बन्धी अनुसंधान में कुछ महत्त्वपूर्ण शाखाओं का उल्लेख करने से हमें छुटकारा नहीं मिलता है। 'सामाजिक रचनात्मकता' के लिए 'व्याख्यात्मक' और सैद्धांतिक सम्बन्ध होते हैं जिनके अभिगमों के लिए हमारी प्राथमिकता होती हैः यह विचार है कि रोजमर्रा की जिंदगी और कार्रवाईयों एवं पारस्परिक विचारविमर्श की अपनी दिनचर्या में सामाजिक वास्तविकता अतुलनीय रूप से उत्पादित है (बर्जर और लकमैन,

1966, गॉफमैन, 1983)। यद्यपि ऐसी सूची हमेशा कुछ हद तक मनमाना करती है और आवश्यक रूप से जो कुछ भी मायने रखता है वह सब कुछ शामिल नहीं किया जा सकता है, यह छात्र पाठक को संभव रेंज के बारे में और इस तरह के अनुसंधान के कुछ केन्द्र बिंदुओं को उन्मुख करने में मदद कर सकता है। यहाँ कुछ उदाहरण हैः

- सामाजिक संगठन जहां एक विशिष्ट संगठन के साथ जीवन के आवश्यक सामाजिक पहलुओं को सामाजिक उत्पादन का अवलोकन करने के लिए संगठन को एक संदर्भ के रूप में माना जाता है। इस अवधारणा को आम तौर पर 'X का सामाजिक संगठन' कहा जाता है। सुडनॉव की पासिंग ऑन (1967), जेरुबावेल की पैटर्न्स ऑफ टाइम इन हॉस्पिटल लाइफ (1979), गबरियम की ओल्डटाइमर्स एंड अल्जाइमर्स (1986) हैं, लेकिन कुछ मेडिकल संगठनों के दायरे में इस रणनीति के क्लासिक उदाहरण हैं। इन अध्ययनों में – इस परम्परा में अधिकांशतः दूसरों की तरह – महत्वपूर्ण मुद्दों और उनकी विशेषताओं को उठाना और उजागर करना, जो हमें लगभग केवल विशिष्ट संगठनों में संलग्न मिल सकते हैं।
- संगठनात्मक संस्कृति संगठनात्मक प्रजाति लेखन के लिए एक और संभवतः परिभाषित विषय है (जेलीनेक एट आल., 1983)। यह भाषा के उपयोग के अवलोकन के माध्यम से संगठनों को समझने का प्रयास करता है। भाषाई अवधारणाओं जैसे रूपकों, कहानियों, कथाओं, बातों के रूपों और अन्य को शोधकर्ताओं द्वारा संगठनों में वास्तविकता निर्माण का प्रतिनिधित्व एवं विश्लेषण करने के लिए नियोजित किया गया है और सामाजिक अनुसंधान के लिए 'साझा अर्थ के रूप में संगठनों' की उपलब्धता हो गयी है (स्मरसिच, 1983)। एक बैंक (वीक्स, 2004) या एक कैट शेल्टर मे होती है (अल्जेर और अल्जेर, 2003)।
- लाटूर और वुल्गार (1979) द्वारा विज्ञान और प्रयोगशाला अध्ययनों को पेश किया गया जो एक प्रयोगशाला की संगठनात्मक स्थितियों के तहत, निर्मित किये गये वैज्ञानिक तथ्यों का, न्यायसंगत पुनर्निर्माण से किस तरह सम्बन्धित हैं। लोक पद्धति विज्ञान (नृजातीय पद्धति) सम्बन्धी अवधारणाओं को वैज्ञानिकों द्वारा एक शुरुआती बिंदु के रूप में उपलब्धियों के संयुक्त उत्पादन के रूप में पारस्परिक विचारविमर्श और संगठन में अर्थ–निर्माण की तरह लिया गया, इस दृष्टिकोण ने ज्ञानमीमांसा सम्बन्धी संस्कृतियों और सामान्य तौर पर वैज्ञानिक ज्ञान के उत्पादन को और अधिक सामान्य विषय बना दिया (नॉर–सेटिना, 1999)।
- अक्सर तकनीकी तौर पर परिष्कृत संदर्भ में, कर्ताओं की उपलब्धियों से सम्बन्धित की गई बातचीत के सन्दर्भ के रूप में कार्यस्थल अध्ययनों से कार्य और संगठन को अवधारणात्मक बनाया जाता है (देखें–नोबलॉच एट आल., 2000; लॅफ एट आल., 2000)।
- बार्नी ग्लेसर और एनेस्लम स्ट्रॉस (1967) द्वारा मुख्य रूप से ग्राउण्डेड थ्योरी का विकास किया गया, जो आज भी कई अवधारणाओं का परिचय देता है और आज भी प्रयोग किया जाता है। जैसे कि पारस्परिक विचार विमर्श और प्रक्रियाओं से जुड़े हुए श्रृंखलाओं के प्रक्षेपपथों के विचार, किसी संगठन या पेशे के सदस्यों की विचारों को लेकर, बातें करने के लिए जागरूकता संदर्भों, इत्यादि (चर्मज़ और ब्रायंट, इस खण्ड में देखें)। शायद इस दृष्टिकोण से सबसे प्रभावशाली प्रस्तावों में से एक यह है कि सशर्त बातचीत करने की प्रक्रिया को देखने के विचार प्रत्येक सामाजिक सेटिंग में लगभग स्थायी रूप से चलते जाते हैं। जबकि किसी दी हुयी स्थिति में प्रत्येक वस्तु परक्राम्य नहीं होती है, दांव पर सम्पत्तियों के निर्णयों की संख्या आश्चर्यजनक होती है। मानव संचार की मौलिक सम्पत्ति के रूप में बातचीत करने का विचार आज एक 'वार्ताकृत क्रम दृष्टिकोण' के रूप में जाना जाता है (स्ट्रॉस, 1978; फाइन, 1984; मेन्स, 1985) और प्रजातिलेखन सम्बन्धी संगठनात्मक अनुसंधान को प्रेरित करना जारी रखता है।
- बीच और कार्लसन (2004) के काम में संगठनात्मक योजनाओं और सम्भाषणों को व्यापक रूप से देखा गया है जहां समन्वय के साधन के रूप में बाजारों की शुरुआत से प्रौढ़ शिक्षा प्रणाली के पुनर्गठन का प्रभाव प्रजातिलेखन सम्बन्धी प्रकरण अध्ययनों के उपयोग से विश्लेषण किया गया है। वे सावधानीपूर्वक संगठनों में निहित स्थानीय प्रथाओं पर एक विचारधारा के प्रभाव को उनके कार्यों में देखते हैं। हैमर्सले (1999) और

ट्रॉमेन एट आल., (2006) द्वारा शैक्षिक नीतियों और स्कूल संगठनों, कक्षाओं इत्यादि के बीच संयोजन के समान और यहां तक कि अधिक सामान्य विश्लेषण प्रदान किये गये हैं।

- संगठन, कार्य और प्रजाति लेखन के इस दायरे में एक उपयोगी शुरुआत के रूप में श्विंग्रुबर और बर्न (2005) की टैक्स्ट्स ऑन दि इमोशन मैनेजमेन्ट ऑफ यंग सेल्सपीपुल और गैरोट्स (2004) की रिसर्च ऑन इमोशन्स एण्ड ब्यूरोक्रेसी में भावना और संगठन पाया जा सकता है, जबकि फाइनमैन (2003) की लोकस क्लासिकस है।
- संगठनात्मक यादें किसी संगठन के अतीत ज्ञान का प्रतिनिधित्व करती हैं जैसे कि सदस्यों की व्यक्तिगत यादों के साथ–साथ सामूहिक रूप से साझा यादें जो संगठनात्मक अभिलेखागार और सामूहिक यादों की प्रथाओं के साथ–साथ सन्निहित दिनचर्याओं के माध्यम से साझा की जाती हैं (जिसमें अंतर्निहित या मौन ज्ञान शामिल हैं)। संगठनात्मक यादें सामाजिक रूप से वितरित और रिक्त स्थान से जुड़ी हैं (मिडल्टन और एडवार्ड्स, 1990, वाल्श और उंगसन, 1991, एबरले 2016)। हार्डवेयर और सॉफ्टवेयर के अप्रचलन की वजह से डिजिटल मेमोरी में सामाजिक समस्याएं शामिल हो जाती हैः क्या पुराने डेटाबेस अभी भी पठनीय हैं? (रूढ़ोक्ति प्रश्नः क्या नासा अभी भी चंद्रमा के लिए उड़ सकता है? (लिण्डे, 2006).

संगठनात्मक प्रजातिलेखन के व्यावहारिक मुद्दे (Practical Issues of Doing Organizational Ethnography)

शोधकर्ता की भौतिक सह–उपस्थिति के प्रयोग से किसी संगठन के भीतर 'लाइव सेटिंग्स' या विवो में अनुसंधान के, आमतौर पर किये गये अनुसंधान को शामिल करते हुये, और कम से कम, निम्नलिखित कार्य होते हैं: (1) संगठन तक पहुंच प्राप्त करना और उपयुक्त सामाजिक भूमिका की खोज करना (2) डेटा विश्लेषण के लिए एक उपयोगी डेटा संग्रहण प्रक्रिया स्थापित करना और विश्लेषणात्मक ढांचे को परिभाषित करना, (3) कम से कम संगठन के कुछ सदस्यों के साथ एक कार्य सम्बन्ध स्थापित करना, (4) प्रजातिलेखन सम्बन्धी पाठ के लिए लेखन की शैली ढूंढना, (5) लोगों और उनके संगठन के प्रति नैतिक रूप से सतर्क और ईमानदार बने रहने के दौरान क्षेत्र में वापस निष्कर्षों की रिपोर्टिंग और विश्लेषण करना। इन कार्यों को रैखिक क्रम में नहीं देखा जाना चाहिए, बल्कि संगठनात्मक प्रजातिलेखन में अनुसंधान की प्रक्रिया के दौरान 'किसी भी तरह से' के अभ्यास के सतत् तत्वों के रूप में नहीं होना चाहिए। इसी कारण से प्रजातिलेखकों द्वारा कभी–कभी अपने कार्य को 'गन्दा फील्डवर्क' के रूप में ताने के तौर पर सन्दर्भित किया जाता है।

फील्ड पहुंच और भागीदारी (Field access and participation)

संगठनों द्वारा आमतौर पर सदस्यता को विनियमित किया जाता है और सावधानी से प्रवेश करते हैं। प्रजाति लेखन सम्बन्धी अनुसंधान के लिए यह उन्हें कठिन जगह बना सकता है और कभी–कभी यह असंभव भी बना देता है उदाहरण के लिए, गुप्त सेवा या परमाणु पनडुब्बी के प्रजातिलेखन को सोचें। वह जिस संगठन का अध्ययन करना चाहता या चाहती है, शोधकर्ता द्वारा उस संगठन की पहचान कर लेने के बाद भी, प्रवेश करने, रहने और डेटा एकत्रित करने के लिए स्थानीय अधिकारियों से अनुमति लेने हेतु एक अच्छे कारण की आवश्यकता होती है।

यही कारण है कि कुछ प्रजातिलेखकों ने इस क्षेत्र में पूर्ण विसर्जन के द्वारा उसका चयन करते हैं जिसे प्रतिभागी अवलोकन कहा जाता है। इसका अर्थ यह है कि प्रजातिलेखक काम (जॉब) और कर्तव्यों के साथ, संगठन का एक पूर्ण सदस्य बनने की कोशिश करता है, जिसके खिलाफ उसका या उसकी छानबीन करनी होगी। किसी संगठन में नियमित कार्यक्रमों की सभी प्रविष्टियों एवं अन्य सदस्यों के साथ और वह जो पूर्ण सदस्यता की स्थिति प्राप्त करता या करती हैं ऐसे मामले में प्रजाति लेखक उनका दायित्व लेता है।

'रेस्तरां के रसोईघरों में काम करने की संस्कृति' पर गैरी एलन फाइन (1996) का पाठ, एक क्षेत्र में पूर्ण विसर्जन की इस रणनीति का एक उदाहरण है। उन्होंने रसोई सहायक के रूप में चार अलग–अलग रेस्तरां में काम किया जबकि उन्होंने अपने शोध की दिलचस्पी को नहीं छिपाया, उन्होंने पूरी तरह से काम में भाग लिया और सीमित समय के लिए एक सच्चे सदस्य बन गये। इस तरह के दृष्टिकोण संगठनों के छिपे हुये पक्ष पर या सार्वजनिक दृश्य से बाहर के पक्ष पर प्रत्यक्ष (नये) ज्ञान को एकत्रित करने का अनूठा अवसर प्रदान करता है। यह सामाजिक सम्बन्धों के अनौपचारिक पहलुओं को प्रकट कर सकता है और प्रजाति लेखक को संगठन के कुछ कम स्पष्ट पहलुओं का अनुभव प्राप्त करने का मौका देता है, उदाहरण के लिए, काम में गर्व या आर्थिक शोषण।

हालांकि, 'वहां होने वाला' यह आदर्श प्रारूप प्रत्येक मामले में काम नहीं करता है। उसी लेखक ने संगठनात्मक अनुसंधान में एक और आम दृष्टिकोण का प्रयोग किया जब वह मौसमविज्ञानी (Meteorologists) पर प्रजाति लेखन कर रहा था: उन्होंने किसी भी कामकाज की जिम्मेदारियों को नहीं लेते हुए एक पर्यवेक्षक के रूप में भाग लिया (फाइन, 2007)। संगठनों के अधिक विशिष्ट और व्यावसायिक रूप से जुड़े काम में, अधिक संभावना हो जाती है कि शोधकर्ता को इस दूसरे दृष्टिकोण का ही उपयोग करना होगा। खतरा यह है कि हम उसी के साथ समापन करते हैं जिसे 'त्वरित और गन्दा' प्रजाति लेखन कहते हैं। विशेष रूप से व्यवसाय के क्षेत्र में और प्रबंधन अध्ययनों से संबंधित क्षेत्र में, जहां समय पैसा है, यह स्थिति एक निराशाजनक धमकी बन गयी है। यह अधिक गम्भीर प्रजाति लेखन सम्बन्धी अध्ययनों की प्रतिष्ठा के लिये भी खतरा पैदा करता है, क्योंकि इस तरह का 'त्वरित और गन्दा' अध्ययन प्रजाति लेखन से सम्बन्धित होने का दिखावा करते हैं, लेकिन वास्तव में वे किसी भी सैद्धांतिक महत्वाकांक्षाओं के बिना केवल छद्म छाप हैं। प्रत्येक गंभीर व्यवसाय की तरह, एक पद्धति और एक वैज्ञानिक प्रयास के रूप में संगठनात्मक प्रजाति लेखन के पूर्ण प्रशिक्षण और समय की बहुत अधिक आवश्यकता होती है। यह हमें केवल 'मोटे वर्णन' (गीर्टज, 1973), एमिक (प्रतिभागियों के) विचारों के पॉलिफोनिक पुनर्निर्माण और अनुसंधान के क्षेत्र में सामाजिक व्यवस्था के व्यवहार के लिये उनके सम्बन्ध की अगुआई करने की अनुमति मिलती है।

बेशक, कई मामलों में हम संगठनों के लिए एक सार्वजनिक, पहुंच और खुला पक्ष भी पा सकते हैं। और इन अभिगमों को अनुसंधान स्थलों और विषयों के रूप में भी इस्तेमाल किया जा सकता है, जैसा कि फ्रेंच प्रजातिलेखकों डूबॉइस (2010) और वेलेर (1999) ने राज्य नौकरशाही के अपने अध्ययनों 'एट दि काउन्टर विंडो' में प्रदर्शित किया था। परन्तु अनुसंधान प्रश्न और सेटिंग की अभिगम्यता (पहुंच) का ऐसा संयोग एक दुर्लभ छूट है। उदाहरण के लिए, जब पॉल एटकिंसन (2006) ने उसके सेमिनल वर्क ऑन दि ओपेरा में या बुसकैटो ने (इस वॉल्यूम में) महिला जैज़ गायकों पर उसके अपने शोध में प्रदर्शन के सार्वजनिक हिस्से की प्रस्तुति के लिए खुद को प्रतिबंधित कर दिया था, तो उनके सबसे अधिक व्यावहारिक बिन्दुओं को हम याद करते हैं। और कभी–कभी प्रजातिलेखक को भी क्षेत्र में पहुंच पाने के मूल्य के रूप में जीवन के लिए वास्तविक खतरे को स्वीकार करना पड़ता है। इसका बहुत अच्छा एक उदाहरण, वान मानेन की रिपोर्ट (1988: 109–15) में पुलिस पैट्रोल वर्क में उनकी भागीदारी पर पाया जा सकता है, जहां उन्होंने 'फील्डवर्कर को शूट न करें' की उनकी अपनी इच्छा पूरी कर ली (1988: 112)।

संभावित और/या आवश्यक भागीदारी की डिग्री के अलावा एक अन्य महत्वपूर्ण प्रश्न को सन्दर्भित करता है जिसे 'रिसर्चिंग अप' या 'रिसर्चिंग डाउन' कहा जाता है। ऊपर से एक संगठन को देखने से नीचे डेटा का एक और सेट बनाता है, प्रासंगिकता की अन्य संरचना को दिखाता है, और 'तल पर' अनुसंधान करने से विभिन्न प्रथाओं को प्रदर्शित करता है। आखिरी रणनीति को 'रिसर्चिंग अप' कहा जाता है, पहली नजर में यह 'प्रमुखों के साथ होने' की तुलना में अधिक सहानुभूति दिखायी देने वाला लग सकता है लेकिन सहानुभूति यहाँ मुद्दा नहीं है, क्योंकि विवरण के एक प्रारूप के रूप में प्रजातिलेखन हमेशा एक निश्चित डिग्री के शोध से शोधकर्ता को दूरी प्रदान करता है। यहां तक कि एक अध्ययन जैसे होटल वर्क पर एडलर और एडलर (2004) की पुस्तक, एथनोग्राफी ऑफ लक्जरी रिसॉर्ट्स, जिसमें उन्होंने श्रमिक के नजरिए से 'रिसर्च अप' किया है, शोधकर्ताओं और किये गये शोध के बीच एक उल्लेखनीय दूरी रखता है। और, मेलविल डाल्टन का क्लासिक अध्ययन 'मेन हू

मैनेज' (1959) शानदार ढंग से प्रस्तुत दस्तावेज, ऊपरी सोपानकों में अनुसंधान संगठनों के दिलचस्प और महत्वपूर्ण विशेषताओं को भी दिखाता है। इसलिए, शक्ति संरचना के संदर्भ में, संगठनात्मक प्रजातिलेखक को यह अवश्य पता होना चाहिए कि संगठन के भीतर विभिन्न पदानुक्रमित और कार्यात्मक पदों के विभिन्न अर्थों, विभिन्न प्रथाओं, विभिन्न दृष्टिकोणों और आवाजों के उद्भव होते हैं। लेकिन कौन सी रणनीति का चयन करे यह शोध के प्रश्नों और क्षेत्रीय पहुंच के लिए उपलब्ध संपर्कों पर निर्भर करता है।

डेटा संग्रह और डेटा विश्लेषण (Data collection and data analysis)

फील्ड नोट्स के एकमात्र उपयोग द्वारा संगठनात्मक प्रजातिलेखन में प्रतिभागी अवलोकन करने की लंबी–लंबी चुनौतियों में से एक यह है कि अन्य लोगों को प्रजातिलेखक पर विश्वास क्यों करना चाहिये जबकि वह प्रतिवेदन करता/करती है। क्या दूसरे शोधकर्ता अलग–अलग निष्कर्षों तक नहीं पहुंचेंगे, अगर वह उसी स्थान पर जाता या जाती है, और अपने फील्ड नोट्स बनाता या बनाती है? हालांकि हमें नहीं लगता है कि गंभीर फील्डवर्क की प्रक्रिया में प्राप्त ज्ञान मनमाना या अधूरा है, जैसा कि यह प्रश्न सुझाव देता है, एक व्याख्या को जांचने और पुनः जांचने के लिए ऑडियो या वीडियो रिकॉर्डिंग करने के फायदे को समझना उचित हैं। दूसरी तरफ इलेक्ट्रॉनिक उपकरणों में मुश्किल चुनौतियों का सामना करना पड़ता है यहां तक कि प्रजातिलेखक को इस तकनीक का इस्तेमाल करने के लिए संगठन की अनुमति की आवश्यकता होती है। यह हमेशा प्राप्य नहीं होता है क्योंकि किसी संगठन में मौजूद लोग तकनीकी रूप से अभिलेखित बुलेटप्रूफ सबूत एवं अनन्त रूप से पुनरूत्पादनीय आंकड़ों की स्ट्रिप और एक शोधकर्ता की स्मृति के बीच भेद कर सकते हैं। विशेष रूप से, यदि आप अनौपचारिक नेटवर्क, अव्यावहारिक प्रथाओं इत्यादि जैसे अन्य संवेदनशील मुद्दों पर स्पर्श करते हैं, तो यह तनाव लागू होगा।

इसीलिए इस तरह की परियोजना करते समय यह सलाह दी जाती है कि जैसे ही आप क्षेत्र में प्रवेश करें एवं इससे पहले सहयोगियों के साथ अपने संभावित अनुभवजन्य केन्द्र बिन्दु पर चर्चा करें। इसका मतलब यह नहीं है कि शोधकर्ता क्षेत्र की अनपेक्षित लेकिन उभरते हुये और विशेष रूप से रोचक विशेषताओं के अनुकूल नहीं कर सकता है। वास्तव में यह आम तौर पर होता है और यहाँ संगठनात्मक प्रजातिलेखन की शक्तियों में से एक माना जाता है। मानव संसाधनों के प्रबंधन पर लेखकों के अपने शोध एक उपयोगी उदाहरण के रूप में कार्य करते हैं। हमने एक बहुराष्ट्रीय कंपनी के एक बहुत ही लड़ाकू शब्दों को पाया, जब यह उनके कर्मचारियों के विवरण देने के लिए आयेः 'प्रतिभा के लिए युद्ध', 'हर किसी के लिए एक लक्ष्य के रूप में उच्च प्रदर्शन' इत्यादि, इसलिए हम संस्कृति के साथ बहुत से लोगों को खारिज करने की ताकत की उम्मीद रखते हैं। लेकिन हमें आश्चर्य हुआ कि ध्यान देने योग्य प्रथायें बहुत अलग थी। कंपनी ने प्रबंधन के लक्ष्यों का निष्पादन पूरा नहीं कर पाने वाले लोगों के लिए प्रशिक्षण, सहायता और देखभाल की बहुत पेशकश की थी और आमतौर पर किसी को छुट्टी मिलने से पहले इसमें बहुत लंबा समय लगा था (चार सालों तक)। उपयोग की जाने वाली आधिकारिक भाषा और अनुपालनीय अभ्यास के बीच यह एक आश्चर्यजनक और दिलचस्प विरोधाभास था (नादै और मीडर, 2008)।

इस तरह की किसी परियोजना में डेटा विश्लेषण एक और मुश्किल काम है। जिसकी अवधारणाओं को नियोजित किया जाता है और उपयोगी हैं, किसी को करने के लिये प्रजातिलेखन के प्रकार से घनिष्ठता से जुड़ी हैं। मिसाल के तौर पर, ग्राउण्डेड थ्योरी में विश्लेषण के दौरान प्रक्षेपवक्रों के संबंध में कोड और श्रेणियां उत्पन्न हो सकती हैं (इस वॉल्यूम में देखें, चर्मज़ और ब्रायंट), काम करने एवं लाभ कमाने वाला व्यवसाय या सशर्त मैट्रिक्स के संबंध में, सदस्यता वर्गीकरण विश्लेषण की तरह एक और अधिक नृजातीय पद्धतीय रूप से उन्मुख परियोजना (सदस्यता वर्गीकरण डिवाइस विश्लेषण, सिल्वरमैन, 2011ः 256–70) संगठनों के विशेष रूप से केंद्रित तत्वों के कामकाज और गुणों पर जोर देती है (जैसे– सीईओ)। संगठनात्मक प्रजातिलेखन में फील्ड नोट्स, दस्तावेजों और अन्य डेटा का विश्लेषण करने के कई तरीके हैं और हम अक्सर उन्हें संयुक्त रूप से पाते हैं (सांकेतिकता, व्याख्यान विश्लेषणात्मक दृष्टिकोण, सामाजिक–भाषाविज्ञान, आदि)। इस तरह के

अनुसंधान को ठीक से डिजाइन और संचालन करने के लिए एक से अधिक तरीके हैं, लेकिन दृष्टिकोण को ध्यान से और जानबूझकर चुना जाना चाहिए।

संगठनात्मक प्रजातिलेखन में विश्लेषण के लिए एक सर्वकालिक चुनौती एक संगठन के आकार का संचालन (हैण्डलिंग) है। एक उदाहरण के रूप में, एक विशाल बहुराष्ट्रीय कम्पनी में अनुसंधान करने के बारे में विचार करें, जो कार्यात्मक डिवीजनों में संरचित है और विभिन्न राष्ट्रीय सीमाओं पर पदानुक्रम की लंबी श्रृंखलाओं के साथ तितर–बितर है। यहां तक कि अगर प्रजातिलेखक को चारों ओर घूमने की आजादी संगठन द्वारा स्वयं बाधित नहीं की जाती है, 'सम्पूर्ण तस्वीर' की तरह यह वास्तविक आकार कुछ हासिल करना असंभव बना देता है। विश्लेषणात्मक स्तर पर संगठनात्मक प्रजातिलेखन करने के लिए, किसी को भी केवल स्थानीयकृत प्रजातिलेखन सम्बन्धी कार्यक्षेत्र (फील्डवर्क) के आदर्शों को अतिरंजित करने से बचना चाहिए, जहां स्थानीय घटनाएं सामाजिक वास्तविकता के अनन्य विशेषताओं के रूप में ली जाती हैं और बाकी दुनिया को अच्छे या एक कथा के रूप में माना जाता है। ऐसे संगठनों के भीतर विशिष्ट स्थानों की बहुलता हमेशा होती है जहां प्रासंगिक चीजें ले जायी जा रही हैं, घटित, लॉन्च, निष्पादित, क्रियान्वित, समन्वयित, इत्यादि हो रही हैं। संगठनों के भीतर समन्वित या कम से कम व्यवस्थित वस्तुओं के वितरण की यह विशेषता एक 'बहु–स्थलीय प्रजातिलेखन' के विचार को जन्म देती है। जॉर्ज मार्कस (1995) द्वारा मानवशास्त्र में इस शब्द को चर्चा के लिये पुनः शुरू किया गया था, जहां पर यह सवाल उठता है कि भूमण्डलीकृत विश्व व्यवस्था में प्रजातिलेखन कैसे किया जाए। निम्नलिखित बहस ने सामान्यतः बड़े सामाजिक प्रणालियों पर प्रजातिलेखन में न केवल होने वाले (वादात्मक) विकास को प्रेरित किया है (देखें फल्जोन, 2009), बल्कि विशेष रूप से संगठनात्मक प्रजातिलेखन को भी (नादै एवं मीडर, 2009) प्रेरित किया है। अभिनेता या कर्ताओं के समूह का अनुसरण करने का विचार या संगठन के माध्यम से पथ पर यहां तक कि एक कलाकृति का अनुसरण करने का विचार है (उदाहरण के लिए, एक दस्तावेज, उपकरण), लेकिन इस सम्बन्ध में कोई एक रणनीति लागू कर सकता है। ऐसा करने से जो दिखाया जाता है वह प्रथाओं, कार्यों, कलाकृतियों और संगठनों नियमों के बीच में जुड़ाव एवं समन्वय है।

मुखबिर और क्षेत्र सम्बन्ध, रिपोर्टिंग बैक और नीतिपरक प्रश्न (Informant and field relations; reporting back and ethical questions)

जैसा कि पहले ही उल्लेख किया गया है, संगठनों की सीमाएं होती हैं और आमतौर पर पहुंच नियन्त्रित होती है। किसी संगठन के छात्र को इन बाधाओं को पार करने का एक रास्ता खोजना की जरूरत होती है। सामान्य तरीके से उस व्यक्ति को ढूंढना है जो संगठन का सदस्य है और इसे पहुंच प्रदान कर सकता है। इस तरह के लोगों को प्रजातिलेखन सम्बन्धित दृष्टिकोण से 'मुखबिर' कहा जाता है और संगठनात्मक दृष्टिकोण से 'सदस्य' कहा जाता है। जब भी ऐसा कोई सदस्य प्रजातिलेखक के लिए एक मुखबिर बन जाता है, तो वह एक निश्चित जोखिम का अंश ले लेता या लेती है। यह जोखिम इसलिये होता है क्योंकि मुखबिरों को परिचित होने की संभावना नहीं है कि शोध वाला व्यक्ति क्या करता है और प्रजातिलेखकों को जानकारी प्रदान करने के परिणामस्वरूप मुखबिर आमतौर पर संगठन में अपनी स्थिति के लिये जोखिम नहीं लेना चाहते हैं। यह विशेष रूप से ऐसा मामला है जब प्रजातिलेखकों ने अनौपचारिक आदतों, मौन ज्ञान, आधिकारिक नियमों के आसपास काम करने के लिए सामान्य पद्धतियों या संगठन के किसी भी अन्य पहलुओं का पुनर्निर्माण किया जो मंच के पीछे हैं और जनता से नियमित रूप से छिपे हुये हैं। यद्यपि एक संगठन के रोजमर्रा के कामकाज को समझने के लिए इस तरह की जानकारी बहुत महत्वपूर्ण हो सकती है, लेकिन यह प्रतिवेदन करने के लिए नाजुक है इसके अलावा, एक प्रजातिलेखक और मुखबिर कभी–कभी एक साथ बिताए गए समय के कारण निकट सम्बन्धों का विकास करेंगे। इसलिए अच्छे क्षेत्र सम्बन्धों को बनाये रखना कठिन हो जाता है और संगठनात्मक प्रजातिलेखन में अक्सर द्वैधवृत्तिक (उभयभावी) कार्य हो जाता है। परिणामस्वरूप हम दृढ़ता से अनुशंसा करते हैं कि संगठनों के छात्र प्रजातिलेखक केवल आकड़ों के स्रोतों के रूप में मुखबिरों को नहीं मानते हैं, बल्कि विशेष प्रकार के क्षणिक पेशेवर मित्रों के रूप में मानते हैं, जो कई मामलों में मित्रवत् व्यवहार रखने के हकदार होते हैं (इस खंड में रायन, देखें)।

मुखबिरों के साथ संपर्क निर्माण करना एवं उसे बनाए रखने के लिये एक अन्य चुनौती की हकीकत यह है कि उनमें से अधिकतर प्रजातिलेखन सम्बन्धी अनुसंधान के परिणाम में रुचि रखते हैं। लेकिन प्रजातिलेखन सम्बन्धी पाठों और विश्लेषणों से शोधकर्ता और शोधित के बीच नियमित रूप से दूरी तय करते हैं। हालांकि, मुखबिरों द्वारा उनके संगठन को इस तरह के विवरण में पहचान मिलेगी, हालांकि, वे इस बात से सहमत नहीं हो सकते हैं, उदाहरण के लिए – प्रजातिलेखक द्वारा उल्लिखित महत्व के साथ संगठन के कुछ विशेष गुणों पर। सैद्धांतिक धारणा को देखते हुए कि संगठन के भीतर कई आवाजें और दृष्टिकोण हो सकते हैं, प्रजातिलेखक की आवाज को निश्चित रूप से अलग होने की अनुमति होती है लेकिन कभी–कभी 'क्षेत्र की पॉलिफोनी' (तथ्य यह है कि शायद ही कभी एक वैध परिप्रेक्ष्य है) वैज्ञानिक प्रकाशनों के लिए उन लोगों के अलावा शोध किये गये संगठन के सदस्यों पर लक्षित अतिरिक्त पाठों को लिखना आवश्यक बना सकती है।

प्रजाति लेखन का लेखन (Writing ethnography)

व्यापक अर्थों में, संगठनात्मक प्रजातिलेखन संस्कृति और रोजमर्रा की जिंदगी का विवरण है जिसे लोग संगठनों में साझा करते हैं। इसलिए 'प्रजातिलेखन' शब्द उस संस्कृति का शाब्दिक प्रतिनिधित्व प्राप्त करने के लिए एक विधि का उपयोग करने और लेखन की चुनौती को इंगित करता है। अतः एक संगठनात्मक प्रजातिलेखन का लेखन कार्य, किसी भी अन्य समाजशास्त्रीय प्रजातिलेखन के लेखन कार्य से भिन्न नहीं है और लेखन शैलियों में विभेद करने के लिए सामान्य श्रेणियों में प्रजातिलेखन लागू होता है। वान मैनेन के अनुसार (1988: 4–23) सुप्रसिद्ध प्रस्ताव, 'प्रजातिलेखन सम्बन्धी यथार्थवाद (Realism)', 'इकबालिया (Confessional) प्रजातिलेखन', 'नाटकीय (Dramatic) प्रजातिलेखन', 'महत्वपूर्ण (Critical) प्रजातिलेखनों' और 'आत्म' या 'स्व (Self or Auto) प्रजातिलेखन' की शैलियों में हम भेद करते हैं। लेकिन हम यहां इन शैलियों को विस्तृत नहीं करते हैं (इस वॉल्यूम में देखें, मार्वास्ति), लेकिन हमारे पाठकों का ध्यान इस तथ्य की ओर लाना चाहते हैं कि संगठनात्मक प्रजातिलेखनों का लेखन कार्य न केवल वैज्ञानिक है, बल्कि एक निश्चित अंश के लिए एक साहित्यिक चुनौती भी है। लेखन करते समय, हमें एक दर्शक चुनना होगा, एक शोध का चयन करना होगा और लेखन शैली का अनुकूलन करना होगा। बेशक, लेखन प्रक्रिया का यह अपूर्ण विवरण यह सब नहीं बताता है लेकिन यह कुछ संरचना प्रदान करता है और संगठनों के छात्र को लगभग प्रत्येक संगठनात्मक प्रजातिलेखन की कहानी कहने वाले चरित्र के बारे में जागरूक होना चाहिए। यहां 'संस्थागत बात' का अध्ययन केवल एकमात्र अपवाद है, बातचीत विश्लेषण द्वारा बताया गया है (इस खंड में हेरिटेज़), जहां लेखन में अधिक 'वैज्ञानिक' प्रारूप होता है क्योंकि यह ऑडियो और वीडियो रिकॉर्डिंग के सशक्त विश्लेषण पर आधारित होता है।

अध्याय का सारांश

संगठनात्मक प्रजातिलेखन एक बहु–विधि दृष्टिकोण है (अवलोकन, साक्षात्कार, दस्तावेज विश्लेषण, कलाकृतियों के उपयोग की परीक्षा) जिसकी महत्वपूर्ण विशेषतायें प्राकृतिक सेटिंग्स में कार्रवाईयों और प्रथाओं के प्रतिभागी या गैर–प्रतिभागी अवलोकन है। शब्द 'संगठन' इस तरह की सामाजिक संरचना के भीतर चलने वाली रोजमर्रा की प्रथाओं और नियमित कार्यक्रमों की कार्रवाईयों का उल्लेख कर सकता है ('संगठन में प्रजातिलेखन'), या क्षेत्र में शब्द और अवलोकनों को संगठन के सामाजिक सिद्धान्त से जोड़ा जा सकता हैं ('संगठन का प्रजातिलेखन')। जब आप संगठनात्मक प्रजातिलेखन करते हैं, तो आपको इन पर विचार करना चाहिएः

- संगठनात्मक प्रजातिलेखन के विभिन्न किस्में, कुछ सिद्धांत–निर्देशित और कुछ डेटा–निर्देशित।
- आधुनिक संगठनों के जीवंत परिवर्तन एवं उनके वातावरणों और नई प्रौद्योगिकियों के प्रभाव।
- इस तरह के शोध में उत्पन्न होने वाले व्यावहारिक सवालों के झुण्ड (क्लस्टर), जब यह फील्ड एक्सेस, मुखबिर सम्बन्धों, अनुसंधान नैतिकताओं, डेटा संग्रह और प्रजातिलेखन के लेखन कार्य से आते हैं।
- इस तरह के शोध अपेक्षाकृत धीमे होते हैं, क्योंकि शोधकर्ता को स्वयं क्षेत्र में सामाजिक होना चाहिए।

भविष्य की संभावनाएं

संगठनात्मक प्रजातिलेखन में वर्तमान प्रमुख मुद्दे क्या हैं? सबसे पहले, सूचना और संचार प्रौद्योगिकी जैसे कम्प्यूटर, इन्टरनेट, ईमेल, मोबाइल फोन, वीडियो सम्मेलनों, सोशल मीडिया, सर्वव्यापक वेब एक्सेस इत्यादि के उपयोग से संगठन तेजी से बदल रहे हैं। इसीलिए नए अनुसंधान विधियों की आवश्यकता हो रही है। कोजिनेट्स (2010) ने गुणात्मक अनुसंधान में एक नए दृष्टिकोण को परिभाषित करने के लिए नेटनोग्राफी (Netnography) की संज्ञा दी है, जो 'इंटरनेट' और 'एथनोग्रॉफी' शब्दों से मिलकर बना है। नेटनोग्राफरों को अत्याधुनिक हार्डवेयर और सॉफ्टवेयर एवं वेब पर वर्तमान विकास के बारे में कम्प्यूटर प्रेमी और अद्यतित होने की आवश्यकता होती है (उदाहरण– हाइन, 2015, इस वॉल्यूम में भाग 6 देखें)। दूसरों ने एक बहु–स्थल दृष्टिकोण को बढ़ावा देने के रूप में (मारकस, 1998) बड़े निगमों ने तेजी से विस्तार करके वैश्विक हो गये है, और इस बीच कई संगठनात्मक प्रजातिलेखकों द्वारा कभी–कभी एक कंपनी के विभिन्न स्थानों पर, अनुसंधान टीमों में काम किया जाता है जिनके सदस्य दुनिया भर में बिखरे हुए होते हैं। नोबलॉच (2005) एक 'केंद्रित प्रजातिलेखन' के पक्ष में होते हैं, उदाहरण के लिए वीडियोग्राफी के साथ संयुक्त, वास्तव में, यदि कोई संगठनात्मक साइट तेजी से बदलती है, तो उसी सेटिंग में लंबे समय तक रहने का फायदा क्या है?

दूसरा, नये दृष्टिकोण विकसित किए गए हैं। सबसे महत्वपूर्ण संभवतया पूर्ववर्ती (पोस्ट–मॉडर्न) लेखकों (क्लिफर्ड और मारकस, 1986), द्वारा घोषित तथाकथित 'प्रतिनिधित्व संकट' होते हैं जो अंततः 'गैर–प्रतिनिधित्ववादी पद्धतियों' के लिए नेतृत्व करते हैं (वाननिनी, 2015)। ऐसे परिप्रेक्ष्य में, संगठनात्मक प्रजातिलेखनों में किसी भी प्रकार के 'वस्तुनिष्ठ' प्रतिनिधित्व के लिए प्रयास नहीं करते हैं, बल्कि नए विचारों, नए परिप्रेक्ष्यों, नई अंतर्दृष्टि के लिए प्रयास करते हैं। रचनात्मकता, नवाचार और सीखने के नए तरीके उनके पसंदीदा लक्ष्यों में हैं। बेयस और स्टेयार्ट (2011, 2012, 2013), जो तेज भेद और बोलने से बचने के लिए, लोरिमेर (2005) का अनुसरण करके, अधिक से अधिक प्रतिनिधित्व सम्बन्धी दृष्टिकोण के अंतरिक्ष एवं सौंदर्यशास्त्र से, प्रभावों से एक संगठनात्मक प्रजातिलेखन का विकास किया। इसके अलावा, अभ्यास–आधारित अध्ययनों (घेरार्डी, 2013) और विचलित दृष्टिकोणों (रोउलीयू एट आल., 2014: 4) की प्रधानता है। व्यापक रूप से उपयोग किया जाने वाला एक दूसरा दृष्टिकोण जो सामाजिक रचनात्मकता को प्रतिस्थापित करने की कोशिश करता है, वह ऐक्टर–नेटवर्क थ्योरी (एएनटी) है। निम्मो (2011) एएनटी और प्रजातिलेखन के बीच के सम्बन्धों की चर्चा करते हैं जो निम्न हैः वे प्रथाओं पर साझेदारी करने के लिये जोर देते हैं, जिसमें जानबूझकर एक 'गड़बड़' पद्धति, एक विविधता और बहुलता के प्रति संवेदनशीलता और खुलापन की आवश्यकता होती है। वस्तुओं और वातावरणों, सामग्रियों और तकनीकों, वर्गीकरण विज्ञानों (टैक्सोनोमीज), श्रेणियों और प्रतीकात्मक प्रणालियों जैसे पृथक तत्वों को प्रथाओं के साथ अलंघनीय रूप से मिलाये जाते हैं ताकि व्यक्तिपरक और उद्देश्यपरक या सामाजिक और प्राकृतिक आयामों के बीच किसी भी पूर्ण भेद को बेतुके ढंग से (अनावश्यक रूप से) प्रस्तुत किया जा सके (मोल, 1998: 31, निम्मो, 2011: 113)। एएनटी की सामान्यीकृत समरूपता अधिकांश प्रजातिलेखन सम्बन्धी दृष्टिकोणों की तुलना में गैर–मानव कलाकारों को और अधिक एजेंसी देती है। हालांकि, पोस्टमॉडर्न सिद्धांतों ने मौलिक बहस और उन्नत रिफ्लेक्सीविटी को प्रेरित किया, हमारी अपनी स्थिति 'कुछ भी नहीं' से दूर है – हम व्याख्यात्मक प्रतिमान के परिसर के भीतर, अनुभवजन्य शोध में वैज्ञानिक कठोरता के आदर्श, संगठनात्मक प्रजातिलेखन में रिफ्लेक्सीविटी का अभ्यास करना, बनाये रखते हैं (देखें बसेकोटो, 2008, और इस खंड में)।

यह देखते हुए कि आधुनिक समाजों में संगठन को एक असमानान्तर स्तर का दिखाते हैं और आधुनिक जीवन के अधिकांश पहलुओं को संगठनों द्वारा नियंत्रित और विनियमित किया जाता है, हम निश्चित रूप से भविष्य में संगठनात्मक प्रजातिलेखन के प्रति अधिक ध्यान दिये जाने की संभावना देख सकते हैं। प्रजातिलेखन सम्बन्धी पाठों ने इस विवरण को समृद्ध किया है और संगठनात्मक दुनिया की समझ को विस्तारित किया है, जिसमें हम रहते हैं। इस अर्थ में आज संगठनात्मक प्रजातिलेखन पहले से ही 'ट्रेल्स से कहानियां' से बहुत अधिक है। पारस्परिक

विचार विमर्श–उन्मुख एथनोमैथडोलॉजी से, संगठनों को अर्थ और संस्कृतियों के रूप में साझा किये गये, बातचीत के क्रम के विचार के माध्यम से, सैद्धांतिक आधार और अनुभवजन्य अवलोकन के लिए भविष्य की संभावनाओं का व्यापक क्रम उभर कर आता है।

संगठनात्मक प्रजातिलेखन निश्चित रूप से हमेशा अनुभवतः स्थानीय रहेगा, समय और स्थान के कुछ संदर्भों में एम्बेडेड रहेगा, दायरे में सीमित होगा, और संगठनों के सामाजिक पहलुओं की खोज में इसकी पद्धतिय नींव (और धीमेपन) के कारण शीघ्र सुधार के लिए शायद ही कभी उपयोगी साबित हो सकता है। यह विचार है कि किसी भी सामाजिक क्रम को लोगों की कार्रवाईयों और प्रथाओं द्वारा किसी संदर्भ में उत्पादित और निर्मित किया जाता है तो इस तरह के प्रयास का यह आरम्भ और अन्तिम बिंदु होता है।

संदर्भ

Adler, P. A. and Adler, P. (2004) *Paradise Laborers: Hotel Work in the Global Economy.* Ithaca, NY: ILR Press.

Alger, J. M. and Alger, S. (2003) *Cat Culture: The Social World of a Cat Shelter.* Philadelphia: Temple University Press.

Atkinson, P. (1990) *The Ethnographic Imagination: Textual Constructions of Reality*. London: Routledge.

Atkinson, P. (2006) *Everyday Arias: An Operatic Ethnography.* Lanham, MD: Altamira Press.

Bate, S. (1997) 'Whatever happened to organizational anthropology? A review of the field of organizational ethnography and anthropological studies', *Human Relations,* 50 (9): 1147–76.

Beach, D. and Carlson, M. (2004) 'Adult education goes to market: an ethnographic case study of the restructuring and reculturing of adult education', *European Educational Research Journal*, 3 (3): 673–91.

Becker, H. S. (1998) *Tricks of the Trade.* Chicago: Chicago University Press.

Berger, P. L. and Luckmann, T. (1966) *The Social Construction of Reality: A Treatise in the Sociology of Knowledge.* London and New York: Penguin Books.

Beyes, T. and Steyaert, C. (2011) 'The ontological politics of artistic interventions: implications for performing action research', *Action Research Journal*, 9 (1): 100–15.

Beyes, T. and Steyaert, C. (2012) 'Spacing organization: non-representational theorizing and the spatial turn in organizational research', *Organization*, 19 (1): 45–61.

Beyes, T. and Steyaert, C. (2013) 'Strangely familiar: the uncanny and unsiting organizational analysis', *Organization Studies*, 34 (10): 1445–65.

Buscatto, M. (2008) 'Who allowed you to observe? A reflexive overt organizational ethnography', *Qualitative Sociology Review*, 4 (3): 29–48.

Clifford, J. and Marcus, G. E. (eds) (1986) *Writing Culture: The Poetics and Politics of Ethnography.* Berkeley: University of California Press.

Dalton, M. (1959) *Men Who Manage: Fusions of Feeling and Theory in Administration*. New York: Wiley.

Dubois, V. (2010) *The Bureaucrat and the Poor: Encounters in French Welfare Offices*. Aldershot: Ashgate.

Eberle, T. S. (2016) 'Organizational memories – a phenomenological analysis', in A. L. Tota and T. Hagen (eds), *The Routledge International Handbook of Memory Studies*. London: Routledge, pp. 93–108.

Falzon, M.-A. (ed.) (2009) *Multi-sited Ethnography: Theory, Practice and Locality in Contemporary Social Research*. Aldershot: Ashgate.

Fine, G. A. (1984) 'Negotiated orders and organizational cultures', *Annual Review of Sociology*, 10: 239–62.

Fine, G. A. (1996) *Kitchens: The Culture of Restaurant Work.* Berkeley: University of California Press.

Fine, G. A. (2007) *Authors of the Storm: Meteorologists and the Culture of Prediction*. Chicago: University of Chicago Press.

Fineman, S. (2003) *Understanding Emotion at Work*. London: Sage.

Garot, R. (2004) '"You're not a stone": emotional sensitivity in a bureaucratic setting', *Journal of Contemporary Ethnography*, 33: 735–66.

Geertz, C. (1973) *The Interpretation of Culture.* New York: Basic Books.

Gherardi, S. (2013) *How to Conduct a Practice-based Study: Problems and Methods.* Cheltenham: Edward Elgar Publishing.

Glaser, B. G. and Strauss, A. L. (1967) *The Discovery of Grounded Theory: Strategies for Qualitative Research.* Chicago, IL: Aldine.

Goffman, E. (1983) 'The interaction order', *American Sociological Review*, 48: 1–17.

Gubrium, J. F. (1986) *Oldtimers and Alzheimer's: The Descriptive Organization of Senility*. Greenwich, CT: JAI Press.

Hammersley, M. (ed.) (1999) *Researching School Experience: Ethnographic Studies of Teaching and Learning.* London: Routledge.

Hine, C. (2015) *Ethnography for the Internet: Embedded, Embodied and Everyday*. London: Bloomsbury Academic.

Jelinek, M., Smircich, L. and Hirsch, P. (1983) 'Introduction: a code of many colors', *Administrative Science Quarterly*, 28 (3): 331–8.

Knoblauch, H. (2005) 'Focused ethnography', *Forum: Qualitative Social Research*, 6 (3). www.qualitative-research.net/index.php/fqs/article/view/20/43 (accessed 2 December 2015).

Knoblauch, H., Heath, C. and Luff, P. (2000) 'Technology and social interaction: the emergence of "workplace studies"', *British Journal of Sociology*, 51 (2): 299–320.

Knorr-Cetina, K. (1999) *Epistemic Cultures: How the Sciences Make Knowledge.* Cambridge, MA: Harvard University Press.

Kozinets, R. V. (2010) *Netnography: Doing Ethnographic Research Online*. Thousand Oaks, CA: Sage.

Latour, B. and Woolgar, S. (1979) *Laboratory Life: The Social Construction of Scientific Facts.* Thousand Oaks, CA: Sage.

Linde, C. (2006) 'Remembering the Moon: memory issues in NASA's lunar return', talk given at the annual meeting of the Society for the Sociological Study of Science, Vancouver.

Lorimer, H. (2005) 'Cultural geography: the busyness of being "more-than-representational"', *Progress in Human Geography*, 29: 83–94.

Luff, P., Hindmarsh, J. and Heath, C. (2000) *Workplace Studies: Recovering Work Practice and Informing System Design.* Cambridge: Cambridge University Press.

Maines, D. R. (1985) 'Social organization and social structure in symbolic interactionist thought', *Annual Review of Sociology*, 3: 235–59.

Marcus, G. E. (1995) 'Ethnography in/of the world system: the emergence of multi-sited ethnography', *Annual Review of Anthropology*, 24: 95–117.

Marcus, G. E. (1998) *Ethnography Through Thick and Thin*. Princeton, NJ: Princeton University Press.

Middleton, D. and Edwards, D. (eds) (1990) *Collective Remembering*. London: Sage.

Mol, A. (1998) 'Ontological politics: a word and some questions', *The Sociological Review*, 46: 74–89.

Morgan, G. (2006 [1986]) *Images of Organizations* (updated edn). Thousand Oaks, CA: Sage.

Nadai, E. and Maeder, C. (2008) 'Negotiations at all points? Interaction and organization', *Forum Qualitative Research*, 9 (1). www.qualitative-research.net/index.php/fqs/article/view/337/735 (accessed 2 December 2015).

Nadai, E. and Maeder, C. (2009) 'Contours of the field(s): multi-sited ethnography as a theory-driven research strategy for sociology', in M.-A. Falzon (ed.), *Multi-sited Ethnography: Theory, Practice and Locality in Contemporary Research*. Aldershot: Ashgate, pp. 233–50.

Neyland, D. (2008) *Organizational Ethnography*. London: Sage.

Nimmo, R. (2011) 'Actor-network theory and methodology: social research in a more-than-human world', *Methodological Innovations Online*, 6 (3): 108–19.

Rouleau, L., de Rond, M. and Musca, G. (2014) 'From the ethnographic turn to new forms of organizational ethnography', guest editorial, *Journal of Organizational Ethnography*, 3 (1): 2–9.

Schwartzman, H. B. (1993) *Ethnography in Organizations*. Thousand Oaks, CA: Sage.

Schweingruber, D. and Berns, N. (2005) 'Shaping the selves of young salespeople through emotion management', *Journal of Contemporary Ethnography*, 34: 679–706.

Silverman, D. (2011) *Interpreting Qualitative Data: Methods for Analysing Talk, Text and Interaction*. London: Sage.

Silverman, D. and Jones, J. (1976) *Organizational Work.* London: Collier Macmillan.

Smircich, L. (1983) 'Organizations as shared meanings', in L. R. Pondy, P. J. Frost, G. Morgan and T. C. Dandridge (eds), *Organizational Symbolism*. Greenwich, CT: JAI Press, pp. 55–65.

Strauss, A. L. (1978) *Negotiations: Varieties, Contexts, Processes, and Social Order*. San Francisco, CA: Jossey-Bass.

Sudnow, D. (1967) *Passing On: The Social Organization of Dying.* Englewood Cliffs, NJ: Prentice Hall.

Taylor, F. (1947) *Scientific Management*. New York: Harper.

Tota, A. L. (2004) 'Ethnographying public memory: the commemorative genre for the victims of terrorism in Italy', *Qualitative Research*, 4: 131–59.

Troman, G., Jeffrey, B. and Beach, D. (2006) *Researching Education Policy: Ethnographic Experiences.* London: Tufnell.

Van Maanen, J. (1988) *Tales of the Field: On Writing Ethnography.* Chicago: University of Chicago Press.

Vannini, P. (ed.) (2015) *Non-representational Methodologies: Re-envisioning Research.* New York: Routledge.

Walsh, J. P. and Ungson, G. R. (1991) 'Organizational Memory', *Academy of Management* Review, 16: 57–91.

Weeks, J. (2004) *Unpopular Culture: The Ritual of Complaint in a British Bank.* Chicago: University of Chicago Press.

Weller, J.-M. (1999) *L'État au guichet: sociologie cognitive du travail et modernisation administrative des services publics*. Paris: Desclée de Brouwer.

Zerubavel, E. (1979) *Patterns of Time in Hospital Life: A Sociological Perspective.* Chicago: University of Chicago Press.

प्रजाति लेखन में आत्मवाचकता (रिफ्लेक्सीविटी) का अभ्यास

(Practising Reflexivity in Ethnography)

मैरी बसकाटो

इस अध्याय के बारे में

इस अध्याय में मैंनें एक सशक्त (रिफ्लेक्सिव) ज्ञानमीमांसीय ढांचे की सामान्य परिभाषा वाले सिद्धान्तों की चर्चा की है जो समाजशास्त्रियों को प्रजातिलेखन सम्बन्धी पद्धतियों के अभ्यास के लिए उपयोगी हो सकते हैं। इस चर्चा में विशिष्ट तकनीकों की प्रस्तुति की गई है जो कि प्रजातिलेखन सम्बन्धी 'डेटा' के आधार पर समाजशास्त्रीय निष्कर्षों की वैज्ञानिक गुणवत्ता को सुनिश्चित करने के लिए शोध प्रक्रिया के दौरान उपयोग में लायी जा सकती है। रिफ्लेक्सिव ढांचा, जो पहले से ही सम्बन्धित विषयों में कार्यरत हैं – विशेषकर इतिहास और मानवशास्त्र में – कुछ अनुभवजन्य उदाहरणों से स्पष्ट किया जाएगा, जिन्हें विद्यार्थियों की मदद करने के लिए उनके प्रजातिलेखन सम्बन्धी समाजशास्त्रीय अध्ययनों का संचालन करने हेतु डिजाइन किया गया है।

कीवर्ड्स – प्रजातिलेखन (ethnography), गुणात्मक विधियां (qualitative methods), रिफ्लेक्सिविटी (reflexivity), कलाकृतियां (artefacts), ज्ञान–मीमांसा (epistemology), सहभागिता (involvement) और अलगाव (detachment)।

> मैं इस तर्क से कभी भी प्रभावित नहीं हुआ कि इन मामलों में (जैसे, निश्चित रूप से, यह है) पूरी तरह से निष्पक्षता (वस्तुनिष्ठता) असंभव है, कोई व्यक्ति किसी की भावनाओं को शिथिल कर सकता है। जैसा कि रॉबर्ट सोलो ने इस तरह से कहते हुये टिप्पणी की है, कि पूर्णतया सड़न रोकने वाला वातावरण असंभव है, कोई भी सीवर में सर्जरी किसी एक रूप में कर सकता है (गीर्टज, 1973: 30)।

मानवशास्त्रियों (एन्थ्रोपोलॉजिस्ट्स) ने उन्नीसवीं सदी के उत्तरार्ध में फील्ड के अध्ययनों का आविष्कार किया, ब्रोनिस्लाव मालिनोवस्की और एडवर्ड ई. इवांस प्रीचर्ड ने सर्वाधिक विशेष रूप से वैज्ञानिक होने की कार्यवाही को उनके तरीके से परिभाषित किया। प्रजाति लेखन सम्बन्धी डेटा को एक वस्तुनिष्ठ तरीके से एकत्रित करना कथित उद्देश्य था। लेकिन मानवशास्त्र (एंथ्रोपोलॉजी) सकारात्मकवादी वैज्ञानिक मॉडल को अस्थिर कर रहा था – पहले अभ्यास में, फिर संभाषण में। जैसे – प्रजाति लेखन, इतिहास में पुरालेख कार्य – मूल रूप से समय पर प्रत्यक्ष निरीक्षण करने के रूप में परिभाषित किया गया (विवरण के लिए, इस खण्ड में गोबो और मार्सिनिक देखें) – शीघ्र ही अधूरा, अभावपूर्ण और दोषपूर्ण प्रतीत होने लगा। इस प्रकार परिकल्पनात्मक–निगमनात्मक (हाइपोथेटिको–डिडक्टिव) मॉडल और समझ की अनुमानित श्रेष्ठता पर आधारित सकारात्मकवादी पद्धति के लिए एक अंधाधुंध तरीके से अभ्यास नहीं किया जा सकता है, जिससे यह संग्रहीत 'डेटा' के लिए वस्तुनिष्ठता सुनिश्चित करेगा। इसे महसूस करते हुए, इतिहासकारों और मानवशास्त्रियों ने एक रिफ्लेक्सिव वैज्ञानिक दृष्टिकोण का निर्माण करने के लिए शीघ्रता से काम किया। यह अब सकारात्मकवादी मॉडल का पालन नहीं करता, जबकि वैज्ञानिक परिणामों के उत्पादित होने की संभावना से इसका बचाव किया गया, जैसा क्लिफर्ड गीर्टज द्वारा उपरोक्त उद्धृत की गई प्रसिद्ध टिप्पणी में स्पष्ट है।

एक वैज्ञानिक अभ्यास के रूप में रिफ्लेक्सिविटी (Reflexivity as a Scientific Practice)

इतिहासकारों और मानवशास्त्रियों की तरह, प्रजातिलेखन सम्बन्धी समाजशास्त्रियों ने बहुत जल्दी मान लिया कि प्रजातिलेखन, दीर्घकालिक प्रत्यक्ष अवलोकनों के रूप में परिभाषित, सकारात्मकवादी ढांचे के साथ असंगत था। मानव सम्बन्धों के कारण जो शोधकर्ता(ओं) और अवलोकित लोगों के बीच स्थापित हो जाते हैं, इन विषयों में शोधकर्ताओं ने महसूस किया कि वे एक पूर्वनिर्धारित पथ का पालन नहीं कर सकते 'जैसा कि लारेओ (1989: 189) ने देखा, गुणात्मक पद्धतियों का प्रयोग करने से तात्पर्य यह है कि एक समय में कभी–कभी हफ्तों के लिए, अनिश्चितता के साथ रहने की सीख, अस्पष्टता, और भ्रम। इसका अर्थ यह भी है कि कई फैसले करके एक रास्ता तैयार करना, केवल अस्पष्ट दिशा–निर्देश पट्टों के साथ (ग्रिन्डस्टॉफ, 2002: 277)।

इसके शुरुआत से ही, एथनोग्राफिक पद्धति अनिवार्य व्यक्तिपरक के रूप में प्रकट हुई, यह सकारात्मकवादी मानदंडों के आधार पर आगे नहीं बढ़ सकती थी, जिन्हें तब प्रश्नावलियों, सांख्यिकी या व्यवस्थित अभिलेखों पर आधारित सामाजिक अध्ययनों में अनुगृहीत किया गया था (इस खण्ड में देखें, गोबो और मार्सीनीक)। सकारात्मकवादी पद्धति में, शोधकर्ताओं ने यह सुनिश्चित करने के लिए परिकल्पनाओं, संकेतकों और प्रश्नों का निर्माण करते है कि वे पकड़े नहीं जायेंगे या पूर्वकल्पनाओं में उलझेगें जिससे वे प्रायोगिक पद्धति की निष्पक्षता के साथ टकरा सकते हैं। लेकिन बहुत जल्द, प्रजातिलेखन सम्बन्धी शोधकर्ताओं को उनके सैद्धांतिक या व्यक्तिगत पूर्वाग्रहों से सुरक्षित नहीं माना जा सकता है। संभावित रूप से – पत्रकारों, उपन्यासकारों या यात्रियों की तरह सम्भवतः उन्हें व्यवस्थित रूप से क्षतिग्रस्त माना जाता था। और जो वे अध्ययन कर रहे थे उन्हें समुदायों में एकीकृत किया जा रहा है, कोई बाहरी गारंटी नहीं दी गई कि वे अपनी विचारधारा, धारणा या पूर्वकल्पना से अवरोध मुक्त होने में सक्षम हो पाएंगे। यह माना लेना जल्द था कि शोधकर्ताओं के अतीत के अनुभव, व्यक्तित्व और सांस्कृतिक अभिविन्यास उन पर प्रभाव जरूर डालते हैं जो वे देखते हैं और किस तरह से वे इसकी व्याख्या करते हैं:

> प्रजातिलेखन, इसलिए – प्रत्येक गैर–मानकीकृत प्रकार के सामाजिक अनुसंधान की तरह [...] अब और, लंबे समय तक अन्य लोगों द्वारा प्रदान किए गए डेटा की गुणवत्ता के बारे में मौलिक संदेह से चिन्हित किया जाना चाहिए। (होनेर, 2004: 114)

पोस्ट–मॉडर्न पथ की अस्वीकृति (Rejection of the 'postmodern' path)

सकारात्मकवादी आदर्श प्राप्त करने की असम्भावना का सामना करने के साथ, नॉर्मन डेन्जिन (1999), जेम्स क्लिफर्ड और जॉर्ज ई मारकस (1986) या पेट्रीसिया क्लॉ (1992) सहित कुछ मानवशास्त्रियों और प्रजातिलेखन सम्बन्धी समाजशास्त्रियों ने 'पोस्टमॉडर्न' पथ चुना, जिसमें उनके लेख न सिर्फ वैज्ञानिक कार्य होते है बल्कि साहित्यिक भी होते हैं, जहां प्रथम–व्यक्ति लेखक शोधकर्ता के विवरणों का केन्द्र होता है। यहां इस तर्क को इस तरह के अध्ययन की प्रकृति से संबंधित माना जाता है – इतना अधिक व्यक्तिपरक कि उसे वस्तुपरक नहीं किया जा सकता – और समझ यह है कि दुनिया की जटिलता को समझना असंभव है जैसा कि वैश्विक, आधुनिक, बहुत–पक्षीय समाजों में यह चल रहा है। इन परिस्थितियों के तहत, यह तर्क दिये गये कि प्रजातिलेखकों को उन समाजों में उपस्थित सभी आवाजों को प्रस्तुत करने का उद्देश्य अवश्य होना चाहिये, जिनका वे अध्ययन करते हैं, क्योंकि यह मानवशास्त्रीय अनुसंधान के मौलिक रूप से असमतावादी चरित्र को खत्म करेगा, यह शोध 'स्वाभाविक रूप से' प्रभावी दृष्टिकोणों को प्राथमिकता देता है।

> एक अस्तित्वगत प्रजातिलेखन सांस्कृतिक आलोचना के लिए एक खाका प्रदान करता है, विशिष्ट दुनिया में स्थापित आलोचना प्रजातिलेखन में प्रकट होती है। यह समझता है कि कोई मूल्य–मुक्त, उद्देश्य, निपुण, एक संस्कृति के मूल्य–तटस्थ विवरण और इसके तरीके हो सकते हैं। [...] कला की तरह प्रजातिलेखन हमेशा राजनीतिक होता है (डेन्जिन, 1999: 512)।

पोस्टमॉर्डन पाथ की पसन्द का उपयोग किसी सहकर्मी के काम को 'गैर–वैज्ञानिक' रूप में बदनाम करने के लिए भी किया जा सकता है जैसा कि ल्यूक वॅाकक्वेंट के 'कामुक समाजशास्त्र' की आलोचना में गैरी एलन फाइन द्वारा किया था। जैसा कि नीचे दिखाया गया है कि ज्यादातर प्रजातिलेखकों द्वारा ऐसी टिप्पणियों को पसंद नहीं किया जाता हैः किसी के काम की लेबलिंग 'पोस्टमॉडर्न' रूप में, वास्तव में इस कार्य से 'गैर–वैज्ञानिक' होने के रूप में सम्बद्ध है।

> 'रिफलेक्सिव ऑटोएथनोग्राफी का प्रथम समाजशास्त्रीय क्लासिक' के रूप में गैरी फिन (2004b: 505) की शरीर और आत्मा की घोषणा के साथ मुझे असहमत अवश्य होना चाहिये। मेरी किताब आत्मक्षेपी (रिफ्लेक्सिव) है जिसमें यह प्रजातिलेखक को जानबूझकर चित्र में विशेषता प्रदान करता है और वह अपने क्षेत्र के अनुभवों पर इससे पुनः विकसित होने वाले समाजशास्त्रीय सिद्धान्त को बदलता है, लेकिन यह उस दुर्भावनापूर्ण शैली के किसी भी मौजूदा आशंका के द्वारा निश्चित रूप से ऑटोएथनोग्राफिक नहीं है। [...] शरीर और आत्मा, हालांकि पोस्टमॉर्डनिज्म (उत्तरआधुनिकतावाद) के स्वभाव के खिलाफ और आत्मशक्तिय अतर्कवाद के साथ प्रतिकूल प्रवाह पर लिखा गया है जिसके ऑटोएथनोग्राफिक प्रयासों को पिछले दशक में सूचित किया गया है। (वैकक्वेंट, 2005: 469–70)।

प्रजातिलेखकों का एक विशाल बहुमत पोस्टमॉर्डन पाथ को अस्वीकार करता है क्योंकि यह वैज्ञानिक अनुसंधान करने को असंभव बनाता है चूंकि पोस्टमॉडर्न अध्ययनों द्वारा कर्ताओं की आवाजों एवं अनोखे और विशेष स्वभाव के (इडियोसिन्क्रेटिक) विचारों के रूप में दृष्टिकोणों को बहाल करने का पक्ष लिया जाता है, इसलिए वे अवलोकित सामाजिक घटना के व्यवस्थित, कठोर और अनुभवजनित विश्लेषणों के उत्पादन की संभावना को अस्वीकार करते हैं। एक दूसरे पाथ रिफ्लेक्सिव दृष्टिकोण को अधिकांश शैक्षणिक प्रजातिलेखकों द्वारा प्राथमिकता दी जाती है, जो यहां प्रस्तुत हैं। इसलिए प्रजातिलेखन सम्बन्धी समाजशास्त्रियों जैसे ह्वाइटे (1955, [1943]), ग्लासेर एण्ड स्ट्रॉउस (1967), हैमर्सले (1999), हर्ट्ज (1997), टेलर (2002) या बुरावोय (2003) सभी ने एक ही तरह के रिफ्लेक्सिव अभ्यास को विकसित और तैयार किया। आत्मक्षेपी प्रजातिलेखन (रिफ्लेक्सिव एथनोग्राफी) अर्थात् प्रतिभागी अवलोकन के लिए एक दृष्टिकोण है जो यह मान्य करता है कि 'हम दुनिया का हिस्सा हैं जिसका हम अध्ययन करते हैं' (बुरावोय, 2003: 655), गुणात्मक पद्धतियों और स्रोतों जैसे – अवलोकन, साक्षात्कार और अभिलेखागार के अधिवक्ताओं और पेशेवरों के लिए कम से कम, समाजशास्त्रीय अभ्यास की नींव होने की समझ रखता है।

भागीदारी और अलगाव के बीच संतुलन (A balance between involvement and detachment)

तो, हम यह गारंटी कैसे दे सकते हैं कि *शोधकर्ता यात्री, पत्रकार या आत्मकथात्मक उपन्यासकार नहीं बन जाएंगे,* जबकि एक ही समय में यह सुनिश्चित करने के लिए कि वे एक अयोग्य सकारात्मक पद्धति का अनुसरण करते हुये दुर्भावनायुक्त प्रक्रियाओं और जांच–पड़ताल की पद्धतियों का अभ्यास करने के लिए बाध्य नहीं हैं? भागीदारी और अलगाव के विरोध के साथ समन्वय करने की आवश्यकता ऊपरोक्त सभी में है (एलियास, 1956, ह्यूजेस, 1971)। इस सिद्धांत का लगातार और कठोर अनुपालन उसकी प्राथमिक गुणवत्ता को नष्ट किए बिना अनुसंधान के लिए एक ठोस आधार प्रदान करेगाः शोधकर्ता की उन लोगों के अनुभव और वास्तविकताओं को अनुकूल करने की क्षमता, जिसका वे अवलोकन कर रहे या रही हैं। यद्यपि प्रजातिलेखन सम्बन्धी शोधकर्ताओं की ओर से भागीदारी ने लगातार लचीलेपन और अनुकूलन क्षमता का संकेत दिया है, शेष अलग किये हुये, दूरी बनाए रखने के बारे में फिर भी उन्हें सावधानी बरतनी चाहिए। सहभागिता वास्तव में एक और निर्माण है जिसमें शोधकर्ता को सामाजिक व्यवस्था को संरचित करने वाले नियमों के संबंध में कर्ताओं के साथ विश्लेषण और सशर्त बातचीत करने की जरूरत होती है, जिसमें वे काम करते हैं।

एक आदर्श दुनिया में, अलगाव एक सतत गतिविधि है, क्योंकि ग्लासेर और स्ट्रॉउस 'ग्राउण्डेड थ्योरी' के अभ्यास की सिफारिश करते हैं। यह उनकी सहभागिता के सभी चरणों में शोधकर्ता के विकल्पों के लिये मार्गदर्शन प्रदान करते हैः व्यवहार करने के तरीके का निर्धारण करना, कौन सी रणनीतियों को कार्यान्वित किया जाये, उनकी

कार्रवाई पर आरोपित सीमाएं और निभाई गई भूमिकाओं के सम्बन्ध में एकत्रित अवलोकनों का विश्लेषण करना। लेकिन उनकी भागीदारी में शोधकर्ता तीव्र पहचान के चरणों के माध्यम से जा सकता है, यह तब हुआ जब बेकर और फॉल्कनर (2008) जैज़ दुनिया का अध्ययन कर रहे थे (नीचे देखें)। उस प्रकार की पहचान की अन्तर्निहित प्रक्रियाओं के बाद विश्लेषण करना चाहिये, गूढ़ अर्थ और प्रासंगिकता के रूप में अनुभव होना चाहिए, ताकि इस तथ्य के बाद ही, शोधकर्ता और प्रेक्षित कर्ताओं के बीच सशर्त सम्बन्धों को संरचित करने की कार्रवाई के कामकाज और अध्ययन हेतु उनके निहितार्थों का आकलन करें। ये आखिरी गतिविधियां हैं जिसका मतलब अलगाव से है।

अलगाव के तीन सिद्धान्त (Three Principles of Detachment)

इस प्रकार अलगाव के लिए शोधकर्ता को विश्व और सामाजिक स्थितियों को देखने के अपने तरीके का वर्णन और गंभीर रूप से प्रश्न या जांच करने की आवश्यकता होती है, जिसमें अनुसंधान अधिनियम में 'डेटा' का उत्पादन किया जाता है। लेकिन उसका अक्षरशः अर्थ क्या है? इसके लिये कोई भी सूत्र या व्यावहारिक दिशानिर्देश नहीं है जो वांछित वैज्ञानिक गुणवत्ता या लक्ष्य हासिल करने के लिए पर्याप्त होगा। शोधकर्ताओं को सहायता करने के लिए सशक्त, नियंत्रित प्रथा को प्राप्त करने में सूक्ष्म रूप से विस्तृत तकनीकों को विकसित किया जा सकता है। लेकिन रिफ्लेक्सिव दृष्टिकोण में उन तकनीकों को मात्र प्रक्रियाओं के, मूल्यांकन करने के लिए मानकों या नियमों का पालन करने और चेक करने के रूप में नहीं देखा जा सकता हैः 'डेटा संग्रहीत करने की दिशा में एक कुकबुक अभिगम (कदम–दर–कदम प्रक्रिया) और किसी के परिणामों को लिखना यहां अस्वीकार कर दिया गया है (रोजेन, 1991ः 11)।

इस विषय पर प्रचुर मात्रा में साहित्य के भीतर, कम से कम तीन सिद्धान्तों को वैज्ञानिक गतिविधियों के प्रति रिफ्लेक्सिव दृष्टिकोणों के समान अन्तर करना संभव है।

1. एक धारणा है कि सच्चाई अधिक या कम सत्य है।
2. सामाजिक परिस्थितियों के विश्लेषण करने का एक प्रयास करना जिसके तहत एक शोध अध्ययन का उत्पादन किया जाता है।
3. विशिष्ट अध्ययनों के लिए विशेष तकनीकों के उपयोग पर एक प्रतिबिम्ब (रिफ्लेक्सन)।

उन सिद्धांतों को शोधकर्ता की दैनिक गतिविधि का न केवल क्षेत्र में मार्गदर्शन करना चाहिए बल्कि उनके विवरण के तरीकों और निष्कर्षों के प्रस्तुतीकरण पर भी मार्गदर्शन करना चाहिए। वैज्ञानिक बहस जो अनुसंधान करने की बहुत सी कार्रवाई में निहित होती है, जो न केवल साक्ष्य उत्पादन और प्रदर्शन पर बल्कि शोधकर्ता की अवधारणा की वैधता पर भी व्यवहार में लाया जाता है। उन्हें उनके अध्ययन के सभी चरणों में शोधकर्ता द्वारा उपयोग किया जाता है।

1. सच्चाई जो 'अधिक या कम सत्य' है (Truth that is 'more or less true')

अनुसंधान जो विरोधाभासी है और अनिवार्य रूप से अधूरा है (Research that is contradictory and necessarily incomplete)

असल में रिफ्लेक्सिव दृष्टिकोण में सच्चाई को एक प्राप्य लक्ष्य नहीं माना जाता है, कम से कम पूर्ण लक्ष्य में नहीं वह सकारात्मकवादी आदर्श में प्रतिनिधित्व करता है। एक बार फिर, वर्णित तथ्य कभी भी पूर्ण, विशाल या कठोर वस्तुनिष्ठ नहीं होते हैं।

> हार्डिंग की तरह, हम तर्क देते हैं कि सच्चाई के दावों को 'बेहतर' और 'बदतर' प्रवणता के साथ संगठित किया जाता है ज्ञान के एजेंट के रूप में खुद को पता लगाने और प्रजातिलेखन के अभ्यास पर हमारी स्थिति के प्रभाव की

> छानबीन करने में, हमें एक मजबूत वस्तुनिष्ठता (निष्पक्षता) प्राप्त करने का प्रयास करना है – एक 'वस्तुनिष्ठता' जो सकारात्मकवाद द्वारा प्रस्तुत या स्टैंडपॉइंट पद्धति के पूर्व संस्करणों की तुलना में 'बेहतर', अधिक यथार्थवादी दावा उत्पन्न करती है (मैक्कारकेल और मायर्स, 2003: 229)।

सभी प्रकार के शोध में विरोधाभासों, सामग्री का भूलना या गुम होना, विशेष क्षेत्र की सीमाओं से निपटना शामिल होता है। अभिनेता खुद का और एक दूसरे का विरोध करते हैं, जानकारी खो जाती है, स्थानों में परिवर्तन हो जाता है, नई अवलोकन पोस्टें दिखाई देती हैं। किसी ने जो कुछ अवलोकित किया है अनिवार्य रूप से उसकी कई व्याख्याएं संभव हैं। इसके लिए शोधकर्ताओं को सावधान और अनुशासित होना चाहिए, जैसे एक छवि का पुनर्गठन करने के लिए आवेगपूर्ण पहेली को सुलझाने वालों को निरन्तर कार्य करते रहना पड़ता है जो आसानी से सुलभ नहीं होता है – बल्कि उनके प्रकरण के साथ अतिरिक्त कठिनाइयां होती हैं: कई टुकड़े गायब हैं, एक से अधिक छवि संभव है, और 'क्षेत्र' व्याकुलता का एक निरंतर स्रोत दर्शाता है। जासूसी या पहेली सुलझानें वाले के रूपक का प्रयोग अक्सर सावधानीपूर्वक, निरंतर सतर्कता बरतने और सिद्धान्त और अनुभवजन्य डेटा के बीच द्वितरफा पड़ताल करके (क्रॉस–चेकिंग) इसे उदाहरण द्वारा स्पष्ट किया जाता है, जिसे शोधकर्ता को अभ्यास करना चाहिए – अनुसंधान गुणवत्ता सुनिश्चित करने का एकमात्र साधन है।

इस सिद्धांत का पूरी तरह से 1960 के दशक में बार्नी ग्लासेर और एन्सलम स्ट्रॉउस द्वारा विकसित 'ग्राउण्डेड थ्योरी' में प्रतिनिधित्व किया गया है (ब्रीएन्ट और चर्मज़, इस खण्ड में देखें)। जांच करने के सकारात्मकवादी सिद्धान्त के प्रत्यक्ष विरोध में कि क्या अनुभवजन्य सामग्री 'पूर्व–विद्यमान' – अर्थात् पहले से ही निर्मित–सिद्धांत की पुष्टि करती है, ग्लासेर और स्ट्रॉउस ने समझाया कि शोधकर्ता को सबसे पहले 'डेटा' में स्थापित (ग्राउण्डेड) सिद्धांत का निर्माण करने के लिये ध्यान रखना चाहिए जिसे 'उन्हें क्षेत्र में इकट्ठा करना है। लेकिन इस प्रेरक कार्यवाही को अब भी वैज्ञानिक कठोरता के आदर्श के साथ पूरा किया गया था, और इसे उन शब्दों के रूप में तैयार किया गया, जो उस समय स्वीकार्य होगें जब लेखकों ने सकारात्मकवादी वैज्ञानिक मॉडल के समान शब्द इस्तेमाल किए। सिद्धांत निर्माण कठोरता और सावधानीपूर्वक मूल्यांकित किया जाना चाहिये था, व्यवस्थित, सतत डेटा संग्रह, कोडिंग और विश्लेषण के आधार पर सिद्धांत निर्माण किया जाना चाहिये। 'इस दृष्टिकोण को आगे बढ़ाने के लिए, सिद्धांत की उत्पत्ति हेतु गुणात्मक डेटा के संकलन, कोडिंग और विश्लेषण को व्यवस्थित करने के लिए हम इस पुस्तक में तलाश करते हैं (ग्लासेर एण्ड स्ट्रॉउस, 1967: 18)। प्रजातिलेखन सम्बन्धी विश्लेषण का कठोर, अनुशासित चरित्र स्पष्ट रूप से इस समझ से ही चलता है कि अनुभवजन्य अनुसंधान निष्कर्षों के विश्लेषण की एक सतत, संचयी प्रक्रिया होना चाहिए (प्रस, 1987)।

कई उपयोगों के साथ विविध तकनीकें (Varied techniques with many uses)

इस तरह के पहले से ही कई लेख और मार्गदर्शी पुस्तकें (गाइडबुक्स) हैं जो कठोर प्रजातिलेखन सम्बन्धी अनुसंधान और विश्लेषण को सुनिश्चित करने के लिए विशिष्ट तकनीकों का वर्णन करते हैं (इस खण्ड में पेराकिला को देखें)। उन तकनीकों में 'संतृप्तिकरण' (Saturation), 'त्रिकोणीकरण' (Triangulation), गणना करना और मापना, सामाजिक स्थितियों का विश्लेषण जिसमें 'डेटा' का उत्पादन किया जाता है, सामूहिक अनुसंधान, तुलनीय प्रकरणों का संयोजन करना, नोट लेने की तकनीक एवं अवलोकित कर्ताओं के साथ शोध निष्कर्षों की साझेदारी करना और 'चर्चा करना' शामिल हैं। रिफ्लेक्सिव दृष्टिकोण का अभ्यास कैसे किया जाता है, इसको अभिव्यक्त करने के लिए मैं पहले कुछ तरीकों की संक्षेप में समीक्षा करता हूं जिसमें शोधकर्ताओं ने इन तकनीकों का इस्तेमाल किया है, इसके बाद ऊपर सूचीबद्ध किये गये आखिर का विस्तृत उदाहरण प्रस्तुत करें: अवलोकित के साथ शोध निष्कर्षों पर 'चर्चा करना'।

कम्पनियों में तकनीशियनों के काम के अपने अध्ययन में, स्टीफन आर. बार्ले ने तकनीशियनों के 'काम' का एक अनुभवजन्य ग्राउण्डेड मॉडल का प्रस्ताव करने के लिए प्रजातिलेखनों के एक समूह पर ध्यान आकर्षित

किया (बार्ले, 1996: 404)। आठ शोधकर्ताओं ने पांच साल की अवधि में एक सवाल का अध्ययन किया। बार्ले की व्याख्या को तकनीशियनों का काम समकालीन उत्तरी अमेरिका में हो गया था, इसलिए उन निर्मित प्रकरणों के व्यवस्थित तुलनात्मक विश्लेषण पर स्थापित किया गया है। उसी रास्ते का अनुसरण करते हुये, रैन्डी हॉडसन ने उत्तरी अमेरिकी संगठनों की अगुआई में 122 प्रजातिलेखनों की तुलना संगठन में श्रमिकों की भागीदारी पर उनके अनुभवजन्य निष्कर्षों के आधार पर की थी (हॉडसन, 2002)।

कुछ शोधकर्ता परिमाणन की तकनीक का उपयोग करते हैं, यह सुनिश्चित करने के लिए नहीं कि अवलोकित प्रथायें सांख्यिकीय रूप से प्रतिनिधि है, बल्कि यथासंभव सख्ती से उनके अवलोकनों और व्याख्याओं की जांच करने के लिये। जीन पैनेफ (1995) ने सिफारिश की है कि शोधकर्ताओं द्वारा अध्ययन किये जा रहे कार्य गतिविधि की अलग–अलग विशेषताओं की गिनती और माप की जाती है ताकि बेहतरीन सम्भव विवरण का वर्णन किया जा सके कि किसी खास संगठन में श्रम कैसे विभाजित है: कार्य समय, बातचीत की आवृत्ति और अवधि, गतिविधियों के प्रकारों, कार्रवाई और ग्राहक सम्बन्धों में इस्तेमाल किये जाने वाले दिशानिर्देश। जीन पियरे हासोन (2000) ने इस विशिष्ट सामाजिक संदर्भ में उनके सामाजिक और प्रतीकात्मक अर्थों पर विश्वसनीय निष्कर्षों को प्राप्त करने के लिए फ्रांसीसी वित्तीय दुनिया में अवलोकित कर्ताओं के सभी उपनामों का संकलन, गणना, और उनकी तुलना की। और फ्रांस में महिला जैज़ गायिकाओं के मेरे अध्ययन में (बसकाटो, 2003), मैंने कुछ सामाजिक और संगीत सम्बन्धी विशेषताओं द्वारा अवलोकित जैज़ संगीतकारों की गणना, मापन और उन्हें वर्गीकृत किया – लिंग और आयु, संगीत सम्बन्धी शैली और प्रतिष्ठा स्तर – सामाजिक प्रक्रियाओं का बेहतर ढंग से निर्धारण करने के लिए जो फ्रांस में महिला जैज़ गायिकाओं की सीमांत स्थिति के लिए कारण हैं। इन मानदंडों के अनुसार संगीतकारों की गिनती करने और मापने से मुझे यह पता चला कि संगीत सम्बन्धी शैली का महिला जैज़ गायिका की सीमान्तता पर कम असर पड़ता है और इसके विपरीत, पुरुष संगीतकारों का प्रतिष्ठा स्तर महिला जैज़ गायिकाओं के साथ खेलने के लिए व्यतीत किये गये समय की तुलना में व्युत्क्रमानुपातिक था: अधिक प्रसिद्ध वादक, महिला गायिकाओं के साथ वह कम ही संगीत देते हैं, जबकि बहुत कम संगीतकार अक्सर ऐसा करने के लिए खुद को विवश करते हैं।

अवलोकित कर्ताओं के साथ निष्कर्षों की साझेदारी: एक प्रजातिलेखन सम्बन्धी उदाहरण
Sharing findings with observed actors: an ethnographic example

मेरा आखिरी, और अधिक विस्तृत उदाहरण यह दर्शाएगा कि एक विशिष्ट तकनीक का प्रयोग या तो पश्च–अवलोकन (पोस्ट–आब्जर्वेशन) विश्लेषणों की प्रासंगिकता सुनिश्चित करने या उन्हें बढ़ाने के लिए रिफ्लेक्सिव अभ्यास के ढांचे में कैसे किया जा सकता है। लोगों के साथ निर्मित किये गये समाजशास्त्रीय निष्कर्षों की साझेदारी जिसका किसी ने अवलोकन किया है, वह जांच और निष्कर्षों को उत्पादित, समेकित या गुणात्मक रूप से बदल सकती है। वास्तव में इसका मतलब क्या है?

प्रजातिलेखक का कार्य यह है कि जो लोगों को यह पहचानने के लिए कि वे अभिनय के तरीके का अवलोकन कर रहे हैं, कर्ताओं के लिए, जिसे वे स्पष्ट रूप से बताते हैं, आमतौर पर निहित होते है, अर्थात् अलग दृष्टिकोण से, कार्यवाही और कार्रवाई के विकल्पों के तरीके जो कि क्षेत्र (फील्ड) में संचालित और परस्पर प्रभाव डालते हैं। कर्ताओं के साथ उनके समाजशास्त्रीय निष्कर्षों को साझा करके और तर्कों के साथ उनके विश्लेषणों की वकालत (बचाव) करते हुए, प्रजातिलेखक यह खोज कर सकता है कि उन निष्कर्षों में से कितने और कौन से उनके साथ अनुनादित हो जाते हैं, वैज्ञानिक मानदण्डों के प्रकाश में उनकी तर्कें किस अंश तक प्राप्य हैं, किसी दिये गये हालात की जटिलता को उन्होंने पूरी तरह से कैसे समझा है। शोधकर्ताओं के कर्ताओं के साथ विनिमयों (एक्सचेंजों) के माध्यम से, उनके प्रश्नों के माध्यम से, प्रतिरोध के बिन्दुओं और यहां तक कि जो वे उनके विश्लेषण में अस्वीकार करते हैं, वे इसे समृद्ध कर सकते हैं, इसे परिष्कृत कर सकते हैं या इसे पूरी तरह से त्याग भी सकते हैं। अवलोकित क्षेत्र में कार्रवाई किस तरह से कार्य करती है वे उनके विश्लेषण का नवीनीकरण और सुधार कर सकते हैं। अवलोकित कर्ताओं के साथ प्रजातिलेखन सम्बन्धी निष्कर्षों को साझा करने से, निश्चित रूप से

क्रियान्मुखी अनुसंधान (एक्शन रिसर्च) के एक घटक का गठन हो सकता है, जो इस मामले में उनका उद्देश्य उनके वास्तविक प्रभावों के बारे में जागरूकता बढ़ाने के द्वारा अवलोकित की उनके अपने व्यवहार को सुधारने में मदद करना है। लेकिन यह प्रजातिलेखक के लिए भी उपयोगी है, क्योंकि यह उन निष्कर्षों से सहमत होने या न होने के बावजूद भी, अवलोकित कर्ताओं के सामने आने वाले कार्य में निहित अलगाव के माध्यम से विश्लेषण की गुणवत्ता सुनिश्चित करने के लिए सक्षम बनाता है। उनके विश्लेषण के लिए कर्ताओं की प्रतिक्रियाओं की समझ को प्राप्त करने के द्वारा, प्रजातिलेखकों को आगे उत्तेजित करने, परिशोधित, परिणत, बढ़ाने और वास्तव में उस विश्लेषण को मजबूत करने में सक्षम बनाएगा।

जून 1998 के आसपास में विकसित किये गये एक टकराव के उदाहरण पर विचार करें जिसे मैंने हर्मस बीमा कंपनी पर किए गए एक अध्ययन के अंत में साझा किया है (बसकाटो, 2008ए)। मुकाबला (मुठभेड़) विशेष रूप से समस्याग्रस्त था क्योंकि लिखित प्रतिवेदनों में से एक जिसे मैंने हर्मस ऑपरेशन मैनेजर्स को पेश किया था, इस पर उन्होंने अपने विरोध को उकसाया और इस कट्टरपंथी मांग को जन्म दिया कि प्रतिवेदन (रिपोर्ट) को या तो हटा दिया जाये या मौलिक रूप से बदल इसे दिया जाये। टेलीफोन विनिमयों में कड़वाहट के साथ पहला पूर्ण विरोध था, एक निर्देशक ने मुझ पर गैर जिम्मेदार होने और लेखन के विश्लेषण का कोई आधार न होने का आरोप लगाया। विनिमय के अंत में, हर्मस में, मुझे प्रशिक्षण विभाग के प्रमुख अपने प्रमुख मुखबिर से एक टेलीफोन कॉल प्राप्त हुई, जिसे वह पहले से ही जानती थी कि क्या हो रहा था। मैंने समझाया कि मैं कितना परेशान था, और मैं ऐसे आरोपों को समझ नहीं पा रहा था। उसने मुझे आश्वस्त किया और बाद में ऑपरेशंस मैनेजर्स से संपर्क किया, उसने उन्हें यह आश्वासन दिया कि रिपोर्ट गोपनीय थी, लेकिन वह यह भी अनुरोध करती है कि वे इस पर चर्चा करने के लिए मुझसे मिलें। इस बिन्दु पर परिचालन (ऑपरेशंस) प्रबन्धकों ने एक बैठक का आयोजन किया, जिसमें यह स्पष्ट हो गया कि संगठन में पर्यवेक्षकों की भूमिका के मेरे अपने विश्लेषण के कारण उन्होंने मेरी रिपोर्ट को खारिज कर दिया था, जिसे मैंने वास्तव में अस्तित्वहीन होना पाया था। हमारी चर्चा के दौरान मैंने देखा कि निदेशकों ने पर्यवेक्षकों की भूमिका के बारे में मेरे निष्कर्ष को अस्वीकार नहीं किया ('आपका अवलोकन सच है', उन्होंने बार–बार स्वीकार किया), परन्तु वे उन ऐतिहासिक और मनोवैज्ञानिक स्पष्टीकरणों को शामिल करना चाहते थे जो उनके प्रबंधकीय विकल्पों के लिये वैध हों। जबकि ऑपरेशंस प्रबंधकों के लिए पर्यवेक्षकों के करियर एडवांसमेन्ट को धीमा कर दिया गया और संक्षेप में उनके अपने मनोवैज्ञानिक और संज्ञानात्मक कठिनाइयों के कारण अवरुद्ध किया गया था – प्रबंधकों ने पर्यवेक्षकों को पुराने–जमाने के रूप में देखा, अयोग्य रूप से देखा – मेरा स्पष्टीकरण इस विशेष संगठन में जटिल सामूहिक कार्रवाई तर्क ऑपरेटिव से सम्बन्धित है, जिसने पर्यवेक्षकों की गतिविधि को विशुद्ध रूप से औपचारिक निष्पादन के मामले में घटा दिया था। पर्यवेक्षक के रूप में मैं स्वयं और प्रेक्षित के रूप में प्रबंधकों के बीच समझौता असंभव था, लेकिन बाद में मैंने अपनी रिपोर्ट और हालातों की वास्तविकता के बीच एक सापेक्ष समझौता स्वीकार किया गया। इसके अलावा, हम जिन तर्कों का आदान–प्रदान करते थे, मेरे विश्लेषण को और अधिक आगे बढ़ाया, अर्थात् हर्मस में 'सामाजिक मनोविज्ञानीकरण' की घटना के संबंध में। ऑपरेशंस मैनेजमेंट ऑफिस ने रिपोर्ट को प्रबंधकीय गुणों की कट्टरपंथी आलोचना के रूप में माना जो कि कंपनी के हेड ऑफिस द्वारा मूल्यांकित की गयी थी।

ऑपरेशंस मैनेजर्स 'उन बिन्दुओं पर 'जीत' हासिल की जिससे वे सबसे ज्यादा सम्बन्धित थेः संगठन में कभी भी रिपोर्ट को प्रसारित नहीं किया गया था और मैंने कभी भी कंपनी में अपने निष्कर्षों पर चर्चा नहीं की। लेकिन संघर्ष, जिसने विश्लेषणों के लिए और अधिक सामग्री हेतु योगदान दिया है, मैंने पहले ही अपनी शोध रिपोर्ट के लिए लिखा था जो एक वैज्ञानिक लेख का मामला बन गया, जिसे 'सामाजिक मनोविज्ञानीकरण' की सामाजिक घटना पर 'रिव्यू फ्रांसिसी डे सोशोलॉजी' में 2002 में प्रकाशित किया गया था जो हर्मस में विभिन्न कर्ताओं द्वारा अभ्यास किया जाने वाला और यह कैसे कंपनी के मध्य स्तर के कर्मचारियों के विरोधाभास का निर्माण और वैधता प्रदान करता है (बसकाटो, 2002)।

हालांकि, जैसा कि इमर्सन और पॉलेनर (1988) ने एक मनोरोग संगठन में अपने शोध के उपरान्त इस तरह के एक एक्सचेंज के अपने अनुभव के आधार पर चर्चा की, कि तकनीक हमेशा उतनी कुशल नहीं हो सकती है जितनी कि इस उदाहरण में बतायी गयी है, जब लोगों की अवलोकित प्रतिक्रियाएं अस्पष्ट होती हैं और शोधकर्ताओं द्वारा स्पष्ट व्याख्यायें नहीं हो पाती हैं। हमेशा की तरह जब एक रिफ्लेक्सिव तकनीक को अपनाया जाता है, तो शोधकर्ता को अंतिम परिणाम की गुणवत्ता सुनिश्चित करने के लिए केवल एक ही तकनीक पर निर्भर रहने के बजाय परिणामों को हासिल करने के लिए और समय के साथ उनकी पुष्टि करने के लिये कई तरीकों का उपयोग करना चाहिए।

2. सामाजिक स्थितियों का विश्लेषण करना जिसके तहत एक शोध अध्ययन को उत्पादित किया जाता है (Analysing the social conditions under which a research study is produced)

दूसरा सिद्धांत जो रिफ्लेक्सिव वैज्ञानिक दृष्टिकोणों में महत्वपूर्ण एवं चिन्ताजनक है तथा सामाजिक स्थितियों का ध्यान रखने के लिये जिसके तहत 'डेटा' और डेटा विश्लेषण को उत्पादित किया जाता है जबकि इतिहासकार सामाजिक संदर्भों में अभिलेखागारों को प्रस्तुत करते हैं, जो समय पर और अपने–अपने समय में उत्पादित होते हैं, रिफ्लेक्सिव समाजशास्त्रियों के लिए प्रजातिलेखन सम्बन्धी अध्ययन और इसकी व्याख्या शोधकर्ता(ओं) और अवलोकित कर्ताओं के बीच के सम्बन्धों पर स्थापित की जाती है।

कर्ताओं के सम्बन्धों का अवलोकन करना वैज्ञानिक व्याख्या का मौलिक सिद्धान्त (बेसिस एण्ड बेडरॉक) है (Observing the actors' relationships is the basis and bedrock of scientific interpretation)

रिफ्लेक्सिव समाजशास्त्रीय अभ्यास में, अनुभवजन्य सामग्री के निर्माण के लिए सामाजिक स्थितियां विश्लेषण का मूलभूत घटक हैं, जब आप अपने डेटा को तैयार करने के तरीके और एक निष्कर्ष–आधारित विश्लेषण का निर्माण करने के लिये जांच करते हैं। मानवशास्त्रियों और प्रजातिलेखन सम्बन्धी समाजशास्त्रियों ने इस प्रक्रिया में कई बिंदुओं को चिन्हित किया है जहां यह अलगाव का अभ्यास करने में सहायक हैः शोध उद्देश्य तैयार करना और अवलोकित जनसंख्या का निर्माण करना, शोधकर्ताओं द्वारा कर्ताओं के सम्बन्ध को अवलोकित करने के तरीके को निर्धारित करने के लिए निर्मित किया जाता हैं और एकत्र किए गए डेटा का विश्लेषण करने के लिए उपकरण का चयन करते हैं। प्रक्रिया समय के साथ प्रकट होती है और, जैसा कि समझाया गया है, यह पूर्वनिर्धारित नियमों का पालन नहीं कर सकता है।

इसलिए पर्यवेक्षकों द्वारा क्षेत्र से खुद को अलग कर लिया जाता है ताकि उनके प्रविष्टि और कार्रवाई को बेहतर ढंग से नियंत्रित किया जा सके और यह सुनिश्चित करने के लिए कि उनका अर्थ उन टिप्पणियों और प्रवचनों के लिए होता है, जो वे अपने विश्लेषण से इकट्ठा करते हैं, अनुभवजन्य पदार्थों के लिये जितना संभव हो सकेः

> यह अंततः उन सभी स्थानों का विश्लेषण करता है, जो उत्तरदाताओं ने उसे समानांतर या लगातार प्रस्तुत किये हैं, ताकि मानवशास्त्री दोनों को समझने में सक्षम हो जाएं जो उन्होने उससे क्या कहा और वह क्या देखती है, क्योंकि इस तरह से उसे पता चल जाएगा कि इसे किसने कहा है, जो इसे दिखाया गया है (वेबर, 1989: 24)।

शोधकर्ता क्षेत्र में राज खोलने, निमन्त्रणपत्रों को प्रकाश में लाने, पूर्व मनगढन्त वार्तालापों को खारिज करने के लिए, अनकहे या निषेध तक पहुंच हासिल करने के लिये, और जो उन्होंने अवलोकित किया है उसकी तर्कसंगत रूप से व्याख्या करने के लिये सामाजिक स्थितियों की कोशिश करता है – उन सामाजिक स्थितियों को क्षेत्र की संभावनाओं और शोधकर्ता की विशिष्ट विशेषताओं दोनों के द्वारा परिभाषित किया जाता है। उदाहरण के लिए, यदि शोधकर्ता को एक संगठन का अवलोकन करना है, तो वे क्षेत्र में विभिन्न सामाजिक स्थितियों को विकसित

करने का प्रयास कर सकते हैं – एक विशेषज्ञ के रूप में, एक मित्र के रूप में, एक कार्यकर्ता के रूप में – इस पर निर्भर करता है कि वे कब और कैसे, किसका अवलोकन कर रहे हैं। लेकिन सामाजिक स्थितियों को अवलोकित कर्ताओं द्वारा प्राप्त अनुभव से उनकी सामाजिक विशेषताओं के द्वारा भी परिभाषित किया जाता हैं – उम्र, व्यावसायिक स्थिति, शारीरिक उपस्थिति, सेक्स या अवलोकित कर्ताओं के साथ पूर्व सम्बन्ध।

जबकि कर्ताओं के साथ विकसित होने वाले सामाजिक सम्बन्ध लगातार एक अराजक, प्रायोगिक तरीके से निर्मित और पुर्ननिर्मित किये जा रहे है, शोधकर्ता भी यह गहराई से विश्लेषण कर रहा है ताकि अनुभवी स्थितियों की व्याख्या करने के सबसे अच्छे तरीके का पता लगाया जा सके। वर्किंग–क्लास परिवेश में फील्ड स्टडी का आयोजन करना, ग्रैंडे बुर्जुआ (Grande Bourgeoisie) के सदस्यों या कुलीनों के साथ या अगले खंड में चर्चित जैज़ दुनिया का अध्ययन करने, के समान नहीं है –

> इसलिये, इन आयामों (आयु, वर्ग, लिंग) की महत्ता अनुसंधान सम्बन्धों, तालमेल, और विश्वास को स्थापित करने में और प्राप्त की गई जानकारी और पारस्परिक विचार विमर्श जो कि गहन साक्षात्कार से घटित होते है, दोनों का मूल्यांकन करने में अधिक महत्वपूर्ण हैं, (मिलर एण्ड ग्लासनर, 2004 [1997]: 128)।

महिला जैज़ गायिकाओं का एक क्षेत्र अध्ययन (A field study of women jazz singers)

फ्रांस में महिला जैज़ गायिकाओं के मेरे अपने अध्ययन के दौरान (बसकाटो, 2003, 2007), जो मुझे लगता है कि अवलोकित की जाने वाली स्थितियों में से एक, वह शौकिया जैज़ गायिका थी। मुख्य रूप से पुरुष की दुनिया में एक महिला होने की स्थिति और व्यक्तिगत रूप से जैज़ दुनिया में शामिल होने वाली एक गायिका की स्थिति पहली नजर में मजबूत और वास्तव में दुर्गम पूर्वाग्रह से शुरू हो सकती है – और सकारात्मक वैज्ञानिक तर्क के अनुसार, यह हो सकती है। वास्तव में वह स्थिति महान ज्ञानमीमांसीय मूल्य वाली होना साबित हुई, हालांकि इसके लिए गहन रिफ्लेक्सिव विश्लेषण की आवश्यकता थी। मेरी स्थिति ने विभिन्न अवलोकन अवसरों की एक श्रृंखला की पेशकश की, जो तब फ्रेंच जैज़ दुनिया में महिला गायिकाओं की सीमांत स्थिति के मेरे विश्लेषण को शक्ति प्रदान करती थी। यहां मैं दो सटीक उदाहरणों के बारे में चर्चा करूंगा कि रिफ्लेक्सिव अभ्यास ने शोधकर्ता–अवलोकित कर्ताओं के सम्बन्धों के मेरे लिंग–विशिष्ट विश्लेषण के लिये क्या योगदान दिया हैः बर्धित अवलोकन अवसरों, और एक काल्पनिक 'यौन' तक सीधी पहुंच।

एक शौकिया जैज़ गायक के रूप में मेरी स्थिति ने अक्सर पुरुष जैज़ संगीतकारों की इच्छाओं को पूरा करने के लिए एक मित्र के आधार पर – और कुछ मामलों में प्रेम सम्बन्धों की उम्मीद में भी मुझे आमंत्रित करने और उनके साथ गायकी के लिए आमंत्रित किया गया। पुरुषों की इस दुनिया में महिलाओं की कमी की वजह से संगीतकारों का कहना है कि उनकी उपस्थिति 'सुखद' होती है, और 'मजाक', विषयों और बातचीत के स्वर, संगीत सन्ध्याओं की 'प्रकृति' बदल जाती है। यह भी लगता है कि महिला जैज़ गायक कलाकारों की मोहक शक्ति पुरुष जैज़ वाद्यज्ञों द्वारा आमंत्रित होने में एक महत्वपूर्ण भूमिका निभाती है। मेरे गायक गर्लफ्रेंड्स के लिए पुरुष संगीतकारों के आकर्षण को अवलोकित करने का एक मौका मुझे पहले से ही मिला था, जिनमें से कुछ ने प्रशिक्षण सत्रों, मित्रों के साथ सन्ध्याओं और मुखर जैम सत्रों (अनौपचारिक संगीत कार्यक्रमों) के माध्यम से पहुंचने वाले उन लोगों से मुकाबला करने में मुझे शामिल होने के लिए आमंत्रित किया था, और बेशक मैंनें देखा कि कई संगीतकारों ने खुलेआम मेरे साथ छेड़खानी की थी। इस दुनिया में एक महिला के रूप में मेरी स्थिति ने इस तरह से मेरे अवलोकन के अवसरों में वृद्धि की और अध्ययन को समृद्ध किया।

समानांतर में, मंच पर मेरे व्यवहार के तरीके के कारण धीरे–धीरे मुझे पता चल गया था, मेरी मोहक शक्ति अज्ञात दर्शकों के साथ बहुत बढ़ गयी है, जो कभी कभी एक जैम सत्र या एक सहगान के बाद और मेरे पुरुष यंत्रवादक सहयोगियों के साथ, मेरे साथ अपने भाग्य को आज़माने की कोशिश की, कई बार उस गायक को दृढ़तापूर्वक आकर्षित किया। जैम, संगीत सन्ध्या या कक्षाओं के दौरान, इन लोगों ने मुझसे जिस तरह से व्यवहार

किया था उसका आधार मौलिक रूप से अलग था, चाहें मैंने मंच पर गाया था या नहीं। ऐसा कई बार हुआ कि एक यंत्र वादक जिसने मेरे मंच पर जाने से पहले वास्तव में मुझे नजरअंदाज कर दिया गया था मेरे साथ बात करने के लिए आया, यहां तक कि बाद में मेरे साथ इश्कबाजी भी की, स्पष्ट रूप से एक प्रचलित मिथक था जिसमें महिला गायिका काफी मोहक शक्तियों के साथ जुड़ी हुयी थी।

इस अनुभव ने न केवल मैदान (फील्ड) में मेरे लिए खुले दरवाजे खोल दिए थे, जिसे मैं पुरुष जैज संगीतकारों तक पहुंच की सुविधा के लिये अवलोकित कर रही थी, बल्कि इससे भी महत्वपूर्ण बात, कि मैंने एक बार इसका विश्लेषण किया था और मैंने इसे विभिन्न संगीत संदर्भों में पुनः प्रस्तुत करने के लिए देखा है, जिसने महिला गायिकाओं की पेशेवर मान्यता पर उस अनुभव के नकारात्मक प्रभाव को समझने में भी मुझे सक्षम बनाया। महिला गायिकाओं से जुड़ी उल्लेखनीय मोहक (आकर्षक) शक्तियां उनकी पेशेवर क्षमताओं के प्रतिवाद (विरोध) के साथ सहसम्बद्ध होती हैं। सीधे व्यावहारिक सम्बन्धों के विकास को रोकना और महिला गायिकाओं को उनके पुरुष संगीतकार सहयोगियों द्वारा 'निष्पक्ष रूप से' सुनाये जाने से रोकने के लिए 'वांछनीय' काम के रूप में माना जा रहा है। महिला जैज गायिकाओं को उनकी पेशेवर क्षमताओं के लिए मान्यता प्राप्त करने में कठिनाई हो रही हैं, और यह उनकी मोहकता की मजबूत शक्ति है, जो इस स्थिति के लिए, कुछ अंश तक जिम्मेदार है, हालांकि पूरी तरह से नहीं (बसकाटो, 2003, 2007 देखें)। हालांकि उस मोहक शक्ति को जैज़ पत्रिकाओं को पढ़कर और उन में इस्तेमाल किए जाने वाले 'मोहक' गायिकाओं की तस्वीरों का विश्लेषण करके इसकी खोज की जा सकती है, इसका प्रभाव यह होता है – अर्थात् यह महिला जैज गायिकाओं की पेशेवर विशेषताओं की पुरुष जैज़ पेशेवरों के द्वारा साथ–साथ बर्खास्तगी हो जाती है – मेरे अपने अनुभव के माध्यम से केवल समझा जा सकता है और संगीत परिस्थितियों में उस सहसम्बन्ध का अवलोकन को दोहराया जा सकता है – अर्थात, एक बार मैंने अपने अनुभव और व्यवस्थित रूप से अवलोकनों का, सख्ती से और अलगाव के साथ विश्लेषण किया था।

3. विशेष अध्ययन के लिए विशेष तकनीकों के उपयोग पर विचार करना (Reflecting on the use of particular techniques for particular studies)

रिफ्लेक्सिव अभ्यास का तीसरा सिद्धांत प्रत्यक्ष रूप से अनुसंधान गतिविधि से सम्बन्धित होता है। यह महत्वपूर्ण है कि शोधकर्ता किसी एक या दूसरी तकनीक के लिए श्रेष्ठता का दावा न करें बल्कि यह विचार करना चाहिए कि कितने प्रभावी ढंग से दी गयी तकनीक का इस्तेमाल किया जा रहा है और कि क्या वह दिये गये विषय का अध्ययन करने के लिये और अभिनव, अनुसंधान प्रश्नों के मूल सेट को विकसित करने के लिए प्रासंगिक है या नहीं।

यद्यपि, हालांकि कुछ रिफ्लेक्सिव प्रजाति लेखकों (एथनोग्राफर्स) द्वारा उनकी पद्धतियों के लिए – अवलोकन – या उनकी तकनीकों के लिये पूर्ण श्रेष्ठता के दावे यहां वहां किये जाते हैं – उदाहरण के लिए बाहरी अवलोकन के विरोध में प्रतिभागी अवलोकन – दूसरा, किसी विशेष विषय का अध्ययन करने या प्रासंगिक अनुसंधान प्रश्नों की पहचान करने में, अधिकांश शोधकर्ता किसी एक विधि के बजायं दूसरी विधि के अनुमानी लाभों को निर्धारित करने के काम करते हैं। यह बहस भी इसी पद्धति के विभिन्न उपयोगों के बारे में चर्चा में आयी है, जैसा कि बाहरी पर्यवेक्षकों के विरोध में प्रतिभागी पर्यवेक्षकों के रूप में उनकी स्थिति पर प्रजातिलेखन के समाजशास्त्रियों हावर्ड बेकर और रॉबर्ट फाल्कनर (2008) के बीच के आदान–प्रदान के रूप में है।

अमेरिकी जैज संगीतकारों के प्रदर्शनों की फिहरिस्त के अध्ययन में, बेकर और फाल्कनर ने प्रतिभागी अवलोकन की संभावित श्रेष्ठता पर बहस को सुंदरता से विखण्डित किया है – कोई व्यक्ति अवलोकित समूह के सदस्य के रूप में कार्य कर रहा है – बाहरी या गैर–प्रतिभागी अवलोकन से – इसकी मुख्य गतिविधियों में बिना भाग लिये कोई व्यक्ति समूह का अवलोकन कर रहा है। अंदरूनी स्थिति यह है कि ये जैज संगीतकार समाजशास्त्री केवल समझने में सक्षम थे क्योंकि वे जैज अभ्यास करते हैं (फॉल्कनर तुरही (ट्रम्पेट) बजाते हैं, बेकर पियानो बजाते हैं)

और नॉर्थ अमेरिका जैज दुनिया 'फील्ड' के साथ उनके परिचय नए ज्ञान, मुद्दों और सवालों की पहचान करने में बहुत मददगार साबित हुए हैं। संगीत भाषा, मौजूदा शैलियों और जैज़ के लिए विशिष्ट सामूहिक सम्मेलनों के साथ उनकी अंतरंग जान पहचान ने उन्हें यह देखने में सहायता करती है कि अवलोकनों और साक्षात्कारों और तत्काल उदाहरणों के बारे में संगीतकारों के साथ आसानी से बोलने के दौरान के मायने क्या रखता है। लेकिन अंदरूनी प्रतिभागी पर्यवेक्षक की स्थिति ने कड़ाई से बोलने और/या विश्लेषण को समय पर सीमित कर दिया क्योंकि यह पूर्वाग्रह, प्रतिबद्धता, पूर्वकल्पित विचारों को उत्पन्न करता है। फॉल्कनर और बेकर ने जैज़ प्रदर्शनों के बारे में विचारों को तय किया है, विचार जो अपने स्वयं के संगीत सम्बन्धी स्वादों और आदतों से उत्पन्न होते हैं, और इसका अर्थ है कि जो उन आदतों के साथ अनुनादित नहीं थे, वे नजर नहीं आये हैं। सवाल इतना बड़ा नहीं था कि कोई अंदरूनी है भी या नहीं या क्या कोई प्रतिभागी पर्यवेक्षक है या नहीं। इसके बजाय, यह जानना था कि फील्ड के लिए सही स्थिति किस प्रकार से चयन करना है जिसका कोई अध्ययन करना चाहता है, उठाये जाने वाले प्रश्नों के अनुकूल स्थिति और अनुसंधान के दौरान भागीदारी और अलगाव के बीच सही संतुलन हासिल करना है। उनके मामले में, अध्ययन के तहत विषय – जैज प्रदर्शनों और अलगाव प्रथाओं में वे विशेष रूप से प्रभावी प्रतिभागी अवलोकन के लिए बनाई जाने वाली विनिमय और तुलना के माध्यम से कार्यरत् हैं।

बहस (वाद–विवाद) का उद्देश्य यह साबित करना है कि निरर्थक शब्दों में कोई एक या एक अन्य पद्धति किसी शोध के विषय का चयन किये या प्रश्नों को उठाए बिना, के संबंध में 'बेहतर' है, इस प्रकार यह विवाद सम्बन्धी (पोलैमिकल) बंजर और बेकार दिखाई देता है। इसी तारतम्य के साथ, जर्नल का एक विशेष अंक एथनोलॉजी फ्रैंकाइज (Ethnologie française), जिसे मैंने संपादित किया, 'एल' आर्ट डू ट्रावेल' [आर्ट एट वर्क], (बुसकैटो, 2008b), स्थितियों की सम्पूर्ण रेंज, रणनीतियां और कला दुनिया में शोधकर्ता–अवलोकित कर्ताओं के सम्बन्धों को स्वीकार करने की कृपा थी। एकमात्र चुनिन्दा मानदंड यह था कि क्षेत्र में अपनी स्थिति और उपलब्ध अवलोकन अवसरों के अनुसार अलग–अलग सैद्धांतिक दृष्टिकोणों से विभिन्न अनुभवजन्य वस्तुओं की जांच शोधकर्ताओं द्वारा की जाती हैं जबकि कुछ शोधकर्ताओं ने कलात्मक प्रथाओं को अपनाया जो उनकी अंदरूनी भावनाओं को प्राप्त करने के लिए वे उनका अध्ययन कर रहे थे, दूसरों ने दृश्य रिकॉर्डिंग तकनीकों – फोटोग्राफी, वीडियो को अपनाया – समय के साथ कला वस्तुओं का उत्पादन या कर्ताओं के बीच वार्ता की बेहतर समझदारी के लिये विश्लेषण करना। जबकि कुछ ने परस्पर विरोधी या अत्यधिक प्राकृतिक सामाजिक सम्बन्धों की पहचान करने के लिए अपनी बाहरी स्थिति का इस्तेमाल किया, दूसरों ने फील्ड कार्यस्थल में कई वर्षों तक जटिल सामाजिक सम्बन्धों तक सीधे पहुंचने के लिए खुद को नियुक्त किया। ये अलग–अलग उदाहरण विभिन्न प्रकार के उपयोगो का वर्णन करते हैं जो उन शोधकर्ताओं के प्रश्नों के विशेष समूहों के विकास के सम्बन्ध में प्रजातिलेखन सम्बन्धी पद्धति और उनसे सम्बन्धित मूल्य से बने हो सकते हैं (संगठनात्मक प्रजातिलेखनों में पूरक और उपयोगी उदाहरणों के लिए, इस अंक में एबरले और मीडर देखें)।

अध्याय सारांश और भविष्य की सम्भावनाएं

प्रजातिलेखन को रिफ्लेक्सीविटी की आवश्यकता होती है, लेकिन रिफ्लेक्विविटी गुणात्मक सामाजिक विज्ञानों जैसे इतिहास और मानवशास्त्र या समाजशास्त्र में प्रजातिलेखन सम्बन्धी पद्धतियों के उपयोग के लिए अनन्य (exclusive) नहीं है। यह कुछ तथाकथित सटीक विज्ञानों में भी पाया जाता है – उदाहरण के लिए, कण भौतिकी (नॉर–सीटिना, 1996)।

यदि हम इस प्रश्न को अधिक बारीकी से देखते हैं, तो हम देखते हैं कि सकारात्मकवादी मॉडल – मॉडलिंग (Modelling), प्रयोगशाला प्रयोगों (Laboratory experiments), लिखित प्रश्नावलियों (Written questionnaires) के हाइपोथिटिको–निगमन विधियों – भी सामाजिक पूर्वाग्रहों में चलती हैं जो सकारात्मकवादी आदर्श को बाधित करती हैं। शोधकर्ता के अनुभव के भाग के रूप में विषयपरकता प्रजातिलेखन सम्बन्धी पद्धति के लिए विशिष्ट नहीं

है (आगे तर्कों के लिए, इस अंक में गोबो और मार्सीनीक देखें)। विभिन्न पद्धति सम्बन्धी अध्ययनों से कई सामाजिक 'पूर्वाग्रहों' को प्रकाश में लाया जाता है जो लगातार प्रश्नावली, प्रयोगशाला प्रयोगों, मॉडलिंग और साक्षात्कार का उपयोग करते है (देखें पेनेफ, 1988)। कलाकृतियां (आर्टीफैक्ट्स) (सिल्वरमैन, 2007) मात्रात्मक और गुणात्मक दोनों तरह के शोध के विभिन्न चरणों में उत्पादित होती हैं। यह देखते हुए कि इस तरह के पूर्वाग्रहों ने अनुसंधान की अपेक्षित वस्तुनिष्ठता को कमजोर किया है, इन अध्ययनों में सुधार किया जा सकता है, यदि सभी अनुसंधानकर्ता रिफ्लेक्सिव अभ्यास में लगे हुए हों, जैसा कि इस अध्याय में परिभाषित किया गया है।

हालांकि अब तक समाजशास्त्रियों में प्रश्न है, कठिनाइयों के प्रति जागरूक होने के लिये, उन्होंने समझाया है कि वे इसे नियंत्रित कैसे करते हैं या सीमित पूर्वाग्रह, या यहां तक कि 'इसे वर्दास्त' करने, और वैज्ञानिक रूप से प्रासंगिक, रिफ्लेक्सिव अभ्यास कर पाने, यहां तक कि बेहतर प्रभाव दे सकने के लिये, जिस तरह से समाजशास्त्र में मात्रात्मक और गुणात्मक पद्धतियों के बीच एक तर्कसंगत मुठभेड़ करने के लिए संभव हो गया हैं, जैसा कि इतिहास और मानवशास्त्र से सम्बन्धित विषयों में हुआ है। यह निश्चित रूप से कठोर मात्रात्मक शोधकर्ताओं पर बहुत ज्यादा असर नहीं करेगा, क्योंकि उनके अभ्यास पहले से ही अत्यधिक रिफ्लेक्सिव है, लेकिन यह शोधकर्ताओं के बीच लाभदायक, सीधे, बुद्धिमतापूर्ण तरीके से बहस के लिये खोल सकते हैं जिनके वैज्ञानिक अभ्यास भिन्न होते हैं।

संदर्भ

Barley, S. R. (1996) 'Technicians in the workplace: ethnographic evidence for bringing work into organization studies', *Administrative Science Quarterly*, 41: 404–41.

Becker, H. S. and Faulkner, R. R. (2008) 'Studying something you are part of: the view from the bandstand', *Ethnologie française*, 38 (1): 15–21.

Burawoy, M. B. (2003) 'Revisits: an outline of a theory of reflexive ethnography', *American Sociological Review*, 68 (5): 645–78.

Buscatto, M. (2002) 'Des managers à la marge: la stigmatisation d'une hiérarchie intermédiaire', *Revue française de sociologie*, 43 (1): 73–98.

Buscatto, M. (2003) 'Chanteuse de jazz n'est point métier d'homme: l'accord imparfait entre voix et instrument en France', *Revue française de sociologie*, 44 (1): 33–60.

Buscatto, M. (2007) 'Women in artistic professions: an emblematic paradigm for gender studies', *Social Cohesion and Development Journal*, 2 (1): 69–77.

Buscatto, M. (2008a) 'Who allowed you to observe? A reflexive overt organizational ethnography', *Qualitative Sociology Review*, 4 (3): 29–48.

Buscatto, M. (ed.) (2008b) *L'art au travail* [Art as Work], special issue of *Ethnologie française*, 38 (1).

Clifford, J. and Marcus, G. E. (eds) (1986) *Writing Culture: The Poetics and Politics of Ethnography*. Berkeley: University of California Press.

Clough, P. T. (1992) *The End(s) of Ethnography: From Realism to Social Criticism*. New York: Sage.

Denzin, N. K. (1999) 'Interpretive ethnography for the next century', *Journal of Contemporary Ethnography*, 28 (5): 510–19.

Elias, N. (1956) 'Problems of involvement and detachment', *The British Journal of Sociology*, 7 (3): 226–52.

Emerson, R. M. and Pollner, M. (1988) 'On the use of members' responses to researchers' accounts', *Human Organization*, 47 (3) : 189–98.

Geertz, C. (1973) *The Interpretation of Cultures*. New York: Basic Books.

Glaser B. G. and Strauss A. L. (1967) *The Discovery of Grounded Theory: Strategies for Qualitative Research*. Chicago, IL: Aldine.

Grindstaff, L. (2002) *The Money Shot: Trash, Class, and the Making of TV Talk Shows*. Chicago: University of Chicago Press.

Hammersley, M. (1999) 'Not bricolage but boatbuilding: exploring two metaphors for thinking about ethnography', *Journal of Contemporary Ethnography*, 28 (5): 574–85.

Hassoun, J.-P. (2000) 'Le Surnom et ses usages sur les marchés à la criée du Matif: contrôle social, fluidité relationnelle et représentations collectives', *Genèses*, 41: 5–40.

Hertz, R. (ed.) (1997) *Reflexivity and Voice*. Thousand Oaks, CA: Sage.

Hodson, R. (2002) 'Worker participation and teams: new evidence from analysing organizational ethnographies', *Economic and Industrial Democracy*, 23 (4): 491–528.

Honer, A. (2004) 'Life-world analysis in ethnography', in U. Flick, E. Von Kardoff and I. Steinke (eds), *A Companion to Qualitative Research*. London: Sage: pp. 113–17.

Hughes, E. C. (1971) *The Sociological Eye: Selected Papers on Work, Self and the Study of Society*, Vol. 2. Chicago, IL: Aldine.

Knorr-Cetina, K. (1996) 'Le "Souci de soi" ou les "tâtonnements": ethnographie de l'empirie dans deux disciplines scientifiques', *Sociologie du travail*, 38 (3): 311–30.

McCorkell, J. A. and Myers, K. (2003) 'What difference does difference make? Position and privilege in the field', *Qualitative Sociology*, 26 (2): 199–231.

Miller, J. and Glassner, B. (2004 [1997]) 'The 'inside' and the 'outside': finding realities in interviews', in D. Silverman (ed.), *Qualitative Research: Theory, Method and Practice*. London: Sage, pp. 125–39.

Peneff, J. (1988) 'The observers observed: French survey researchers at work', *Social Problems*, 35: 520–35.

Peneff, J. (1995) 'Mesure et contrôle des observations dans le travail de terrain: l'exemple des professions de service', *Sociétés contemporaines*, 21: 119–38.

Prus, R. (1987) 'Generic social processes: maximizing conceptual development in ethnographic research', *Journal of Contemporary Ethnography*, 16 (3): 250–93.

Rosen, M. (1991) 'Coming to terms with the field: understanding and doing organizational ethnography', *Journal of Management Studies*, 28 (1): 1–24.

Silverman, D. (2007) 'Art and artefact in qualitative research' (unpublished paper), Improving the Quality of Qualitative Research Conference, The European Science Foundation, Kristiansand, Norway, June 25–27.

Taylor, S. (ed.) (2002) *Ethnographic Research: A Reader*. London: Sage.

Wacquant, L. (2005) 'Carnal connections: on embodiment, apprenticeship, and membership', *Qualitative Sociology*, 28 (4): 445–74.

Weber, F. (1989) *Le Travail à-côté: étude d'ethnographie ouvrière*. Paris: INRA, EHESS.

Whyte, W. F. (1955 [1943]) *Street Corner Society*. Chicago: Chicago University Press.

भाग IV
पाठ

दस्तावेजों और ग्रंथों का क्षेत्र कई सामाजिक शोधकर्ताओं के लिए अजीब ढंग से उपेक्षित क्षेत्र है यहां तक कि जब वे दस्तावेजों को देखते हैं, तो शोधकर्ता अक्सर उन्हें अपने विषय में एक विषय के बजाय अन्य डेटा के विश्लेषण में एक संसाधन के रूप में व्यवहार करना पसंद करते हैं। भाग चार के दोनों अध्यायों में समाजशास्त्र और गुणात्मक अनुसंधान के दस्तावेजी आंकड़ों की अधिकांशतः प्रतिद्वन्द्विता रहती है जिसमें सामाजिक कार्य से दस्तावेजों को अलग कर रहे हैं और सिर्फ पृष्ठभूमि हेतु सामग्री बन रहे हैं। कैटरीना जैकबसन अवलोकन करने के तरीके को दर्शाती हैं कि लोग दस्तावेजों के साथ जो करते हैं, वे उतने ही महत्वपूर्ण हैं जितने कि दस्तावेज सामग्री का विश्लेषण करना। वह कई आकर्षक प्रकरण अध्ययनों का उपयोग यह प्रदर्शित करने के लिए करती हैं, कि हम किस तरह के तरीकों का अध्ययन कर सकते हैं जिनमें विशेष रूप से सामाजिक और आर्थिक संदर्भों में दस्तावेजों का उत्पादन किया जाता है और उपयोग किया जाता है। लिंडसे प्रायर, जैकबसन की बहस को विकसित करते हैं कि जब लोग दस्तावेजों के साथ काम करते हैं तब क्या होता है? प्रायर हमें दिखाते हैं कि हम उन तरीकों पर ध्यान केंद्रित कर सकते हैं जिसमें एक पाठ हमें दुनिया को देखने के लिए निर्देशित करता है। मानसिक बीमारी और एयरलाइन पायलटों की पूर्वव्यापी जांच सूचियों की प्रसार दर के सांख्यिकीय सारांश के रूप में विविधता के उदाहरणों का उपयोग करते हुए, उन्होंने एक विचार उत्तेजक टूलबॉक्स का खुलासा किया, जिसका उपयोग हम पाठ सामग्री के साथ काम करते समय कर सकते हैं।

आठ

फील्डवर्क के माध्यम से दस्तावेजों का विश्लेषण करना

(Analysing Documents through Fieldwork)

कैटरीना जैकबसन

इस अध्याय के बारे में

प्रजातिलेखन सम्बन्धी पद्धतियां इसके दस्तावेजों के माध्यम से एक सेटिंग के बारे में हमारे ज्ञान को उन्नत कर सकती हैं साथ ही साथ शोधकर्ता को इसकी सेटिंग में किसी दस्तावेज को समझने में मदद मिल सकती है। यह अध्याय इस विचार को दर्शाता है कि दस्तावेजों के अध्ययन केवल पाठ के घनिष्ठ विश्लेषणों को सन्दर्भित करता है। दस्तावेजों की तस्वीरें लेना, दस्तावेजों के बारे में पूछना और दस्तावेजों के साथ लोग जो करते हैं उनका अवलोकन करना, ऐसे दृष्टिकोण हैं जो सामाजिक रूप से महत्वपूर्ण सवालों के जवाब दे सकते हैं, जिन्हें केवल एक पाठ की सामग्री का विश्लेषण करने के लिए सम्बोधित नहीं किया जा सकता है। इसके अलावा, दस्तावेजों पर पारस्परिक विचार–विमर्श के ऑडियो और वीडियो अभिलेखों (रिकॉर्डिंग्स) से दस्तावेजों को तैयार किये जाने और साथ ही साथ दस्तावेजों के आकार और पारस्परिक विचार–विमर्श के प्रतिमानों के तरीकों का विश्लेषण करते हैं। दस्तावेजी आंकड़ों के ऐसे पहलुओं की मान्यता डेस्कवर्क करने के बजाय फील्डवर्क करने की आवश्यकता होती है।

कीवर्ड्स – फील्डवर्क (fieldwork), प्रचलित दस्तावेजों (documents-in-use), रिकॉर्ड्स (records), फाइलें (files), दस्तावेज प्रथाओं (document practices), प्रजातिलेखन (ethnography), निर्माणवाद (constructionism)।

जब हम अपने मास्टर डिग्री की थीसिस में दस्तावेजी आंकड़ों को शामिल करने की संभावना पर चर्चा कर रहे थे, तब एक छात्र कहता है, मुझे नहीं पता कि 'संभाषण विश्लेषण' कैसे करते हैं। एक अन्य छात्रा उसी संभावना को स्वीकार नहीं करती है क्योंकि वह सोचती है कि दस्तावेज विश्लेषण लोगों के साथ बात करने की तुलना में उबाऊ है। दस्तावेजों के अध्ययन के लिए वे दोनों बहुत ही संकीर्ण दृष्टिकोणों की कल्पना करती हैं। यह अध्याय दस्तावेजों के हमारे विश्लेषण करने के तरीकों के दायरे को विस्तृत करने की कोशिश करता है।

यह विचार है कि दस्तावेजी डेटा का विश्लेषण करना केवल घनिष्ठ पाठ विश्लेषणों के संगत, इस धारणा को दे सकता है कि शोधकर्ता मुख्य रूप से डेस्कवर्क में लगे हुये हैं या व्यावहारिक अनुसंधान में शामिल नहीं हैं। पर्याप्त प्रजातिलेखन सम्बन्धी अनुसंधान ने इसके विपरीत प्रदर्शन किया है, और प्रमुख विद्वान हमें लगातार अनुसंधान क्षमता की याद दिलाते हैं जो दस्तावेजी आंकड़ों में होती है (जैसे– प्रायर, 2003; हैम्मर्सले और एटकिंसन, 2007; सिल्वरमैन, 2011)। फिर भी, कई समकालीन प्रजातिलेखकों द्वारा अवलोकनों और साक्षात्कारों पर भरोसा करने की प्राथमिकता दी जाती है, शायद उन्हें यकीन है कि इन पद्धतियों से सामाजिक वास्तविकताओं में सीधे प्रवेश मिल सकता है जिनका उन्हें अध्ययन करना है (ड्रयू, 2006)। जब डेटासेट में दस्तावेजों को शामिल किया जाता है, तो वे प्रायः मौखिक विवरणों की दोतरफा पड़ताल (क्रॉसचेक) करने के लिए 'पृष्ठभूमि सामग्री' के रूप में काम करते हैं (सिल्वरमैन, 2011)।

एटकिंसन और कोफी (2011) ने मूलभूत मौखिक समुदायों में मूलतः किए गए प्रजातिलेखन सम्बन्धी फील्डवर्क के इतिहास के दस्तावेजों में कमजोर दिलचस्पी होने का पता लगायाः कई गुणात्मक शोधकर्ता जटिल, साक्षर सामाजिक संसारों के प्रजातिलेखन सम्बन्धी विवरणों का उत्पादन जारी रखते हैं जैसे कि वे पूरी तरह से बिना

दस्तावेजों या ग्रंथों के होते थे (एटकिंसन और कोफी, 2011: 78)। हालांकि, दस्तावेजों का विश्लेषण करने के लिए अनुभवजन्य अवसर अंतहीन प्रतीत होते हैं: समाचार पत्रों, विज्ञापनों, नीति दस्तावेजों, सरकारी प्रतिवेदनों, ब्लॉग्स, अनुसूचियां, पत्रों, पोस्टरों, पुस्तिकाएं, ब्रोशरों, अभियान सामग्रियां इत्यादि।

रोजाना जीवन कई स्थितियों की पेशकश करता है जिनमें विशेष रूप से विभिन्न संस्थानों में पारस्परिक मुठभेड़ों के संबंध में, विभिन्न रूपों और दस्तावेजों को शामिल किया जाता है। स्कूल शुरू करने में, नौकरी पाने में, अपनी आय का ब्यौरा देने में, शादी करने में, एक बैंक खाता शुरू करने में, बच्चों के होने में, बीमा लेने में, क्लब में शामिल होने में और तलाक लेने में, जब कोई मर जाता है तो फॉर्म–भरने वाली प्रक्रियाओं का उल्लेख न करने में कागजी कार्यवाही होती है। जब लोग चिकित्सीय सहायता या न्यायिक सलाह लेते हैं, बेरोजगारी के कार्यालय या पार अंतर्राष्ट्रीय सीमाओं पर पंजीकृत होते हैं, तो उन्हें अक्सर विभिन्न प्रारूपों को पूरा करने के लिए कहा जाता है। रोजमर्रा की जिंदगी नियमित रूप से पूर्व–निर्मित और सांस्कृतिक रूप से एम्बेडेड कहानियों और प्रतिवेदनों, बक्सों और प्रारूपों, संख्याओं और नियमों के अंतर्गत वर्गीकृत की जाती है।

कई अनुभवजन्य अवसरों के बावजूद, स्थितियों की पहचान करने में रुचि रखने वाले शोधकर्ताओं को 'जहां कार्रवाई है' कागज के एक ढेर में कार्रवाई को पहचानने में कठिनाई हो सकती है (गॉफमैन, 1967: 149ff)। समाजशास्त्र और गुणात्मक शोध में दस्तावेजी आंकड़ों का बहुमत दृष्टिकोण यह होता है कि दस्तावेजों को सामाजिक कार्रवाई से अलग रखा जाता हैं (प्रायर, 2003) – एक दृष्टिकोण जो प्रायः एक पद्धतिगत संपत्ति के रूप में दस्तावेजों की अव्यवस्था पर बल देता है (वेब्ब एट आल., 2000)। एक साक्षात्कार के विपरीत, दस्तावेज अधिक स्थिर और स्थापित दिखाई देते हैं, जबकि सामान्य रूप से साक्षात्कार की सामग्री अधिक स्पष्ट रूप से समझना मुश्किल (फजी), गतिशील और जीवित होती है। लिंडसे प्रायर द्वारा सामाजिक कार्यवाही (सोशल ऐक्शन) से दस्तावेजों की छवि, निरूत्साह, निष्क्रिय और असंबद्धित होने के रूप में 'यूजिंग डाक्यूमेन्ट्स इन सोशल रिसर्च' में (2003, इस खण्ड में उनके अध्याय को भी देखें) प्रतिद्वन्द्वित (चुनौती दी) की गई है। दस्तावेज केवल पाठ के कंटेनर के बजाए अपने दम पर काफी जीवंत एजेंट हो सकते हैं, वे लोगों को बता सकते हैं कि क्या करना है, वे संघर्ष को हल कर सकते हैं और वे क्रोध, राहत, ईर्ष्या, अभिमान और थकान जैसी भावनाओं को पैदा कर सकते हैं। कागज के मूल टुकड़े से परे पारस्परिक विचार–विमर्शों की श्रृंखला में प्रायः दस्तावेजों को खींचा जाता है। इसके अतिरिक्त, लोग दस्तावेजों के साथ काम करते हैं वे उनका विभिन्न प्रयोजनों के लिए उपयोग करते हैं, इरादतन और गैर–इरादतन दोनों तरह से, वे दस्तावेजों का आदान–प्रदान करते हैं, दस्तावेजों को छुपते हैं इत्यादि। दस्तावेजी आंकड़ों के इन पहलुओं को पहचानने के लिए, डेस्कवर्क के बजाय फील्डवर्क की आवश्यकता होती है।

दस्तावेजों का अध्ययन, विभिन्न कोणों से छानबीन किया हुआ एक बढ़ता क्षेत्र है, लेकिन यह समकालीन समाज में रिकॉर्ड रखने और प्रलेखन की 'साक्षरता' की विशाल मात्रा पर विचार करने वाले चरित्र में पागल है (हेमर्सले और एटकिन्सन, 2007: 129)। दस्तावेजी वास्तविकताओं के इस विशाल महासागर से (स्मिथ, 1974) – न केवल संगठनों और सामाजिक स्थितियों में बल्कि व्यक्तियों, परिवारों और अन्य सामाजिक समूहों से भी जुड़ा हुआ है (कोफी, 2014: 369) – कवरेज की अनुपस्थिति के साथ–साथ दस्तावेजों के अध्ययन की एक सुसंगत धारणा समझा सकते हैं। प्रायर पाठों और अभिलेखों के विश्लेषण में चार अलग–अलग मार्गों की पहचान बताता है –

1. सामग्री का अध्ययन
2. दस्तावेजों और अभिलेखों का सामाजिक निर्माण
3. 'फील्ड में' दस्तावेजों
4. कार्रवाई में दस्तावेजों और नेटवर्कों में दस्तावेजों (प्रायर 2011, इस किताब में उसका अध्याय भी देखें)

यह अध्याय विश्लेषण के तीसरे और चौथे मार्गों में शोध पर केंद्रित है, जिसमें दस्तावेजों के उपयोग और कार्य पर जोर दिया गया है। इसके अलावा, यह अध्याय दस्तावेजों के प्रजातिलेखन सम्बन्धी विश्लेषण के लिए प्रायर (2003) और एटकिंसन एवं कोफी (2011, कोफी, 2014) के तरीकों से सम्बन्धित योगदानों पर आधारित है, हालांकि

मेरा ध्यान अधिक व्यावहारिक और अधिक विशिष्ट है, इस मायने में व्यावहारिक है कि मैं प्रजातिलेखन सम्बन्धी तरीकों पर जोर देता हूं, जिसके माध्यम से शोधकर्ता दस्तावेजों का उपयोग करते हैं, साथ ही साथ इन तरीकों को किस प्रकार का ज्ञान कैद (कैप्चर) या उत्पादित करते हैं। मेरा ध्यान इस मायने में विशिष्ट है कि मेरे मन में विशेष प्रकार के दस्तावेज हैं। सामान्य तौर पर, मैं, अपने स्वयं के फील्डवर्क और दूसरों के फील्डवर्क के उदाहरणों के साथ विशेष रूप से मानव सेवा संगठनों में पाए जाने वाले संगठनात्मक रूप से जुड़े (एम्बेडेड) दस्तावेजों का उल्लेख करता हूं, इसके बावजूद, मैं सोचता हूं कि यहां वर्णित तर्क अन्य अनुभवजन्य क्षेत्रों पर लागू होता है और दस्तावेजी आंकड़ों के बारे में अनुसंधान करने के तरीके के लिए अतिरिक्त विचार प्राप्त कर सकता है।

दस्तावेजों का स्थित अध्ययन (The Situated Study of Documents)

एक सकारात्मकवादी या निषपक्षवादी परंपरा से, महत्वपूर्ण पद्धतिगत प्रश्न यह है कि डेटा पर भरोसा किया जा सकता है या नहीं। क्या दस्तावेजों की प्रामाणिकता और विश्वसनीयता हैं? क्या वे वास्तविकता का प्रतिनिधित्व करते हैं जैसे कि वह वास्तव में है? दस्तावेजों पर एक निर्माणवादी परिप्रेक्ष्य इन सवालों को और अधिक जरूरी बनाता है क्योंकि वे इस बिंदु के बगल में हैं– यह पूछने की बजाय कि क्या कोई दस्तावेज एक 'सच्चा' विवरण प्रदान कर सकता है या क्या इसे एक शोध सेटिंग के बारे में 'वैध' सबूत के रूप में इस्तेमाल किया जा सकता है, यह दस्तावेजों के फार्म और कार्य के बारे में सवाल पूछने के लिए अधिक उपयोगी है (कोफी, 2014: 377)। इस दृष्टिकोण के अनुसार, अन्य प्रकार के डेटा के लिए दस्तावेजों को विकल्प नहीं मान सकते हैं, और वे जिनका प्रतिनिधित्व करते हैं, उन्हें तथ्यात्मक प्रमाण के रूप में नहीं लेना चाहिए। चूंकि लोग किसी तटस्थ तरीके से दस्तावेजों से जुड़े नहीं होते हैं, संदर्भ से छिन (स्ट्रिप्ड) जाते हैं, स्थानीय संदर्भ को स्वीकार करते समय दस्तावेजों का अध्ययन यथावत् किया जाना चाहिए, जो लोगों के दस्तावेजों को लिखने और पढ़ने के तरीकों को आकार प्रदान करता है।

वाक्यांश 'प्रचलित दस्तावेजों' ('डाक्यूमेन्ट्स–इन–यूज़') एक दृष्टिकोण को अधिकृत करता है जिसमें तात्कालिक सेटिंग, इसके लोगों और उभरती हुई स्थिति दिलचस्प होती है (रैपले, 2007)। 'दस्तावेजी प्रथायें' एक अन्य वाक्यांश है जो इस बारे में दिलचस्पी दर्शाती है कि लोग दस्तावेजों के साथ क्या करते हैं और दस्तावेज लोगों के साथ क्या करता है। एक अलग शाब्दिक आदेश का हिस्सा होने के बजाय, दस्तावेजों को सामाजिक व्यवस्था का एक अभिन्न अंग माना जाता है। बर्ग (2004: 26) के शब्दों में, 'सामाजिकता', एक शुद्ध श्रेणी के रूप में, एक कल्पना है: प्रथाओं में हमेशा कलाकृतियों, आर्किटेक्चर, पेपर, मशीनें को शामिल किया जाता है। पूर्व के साथ, मैं प्रलेखन (दस्तावेजीकरण) के एक प्रजाति लेखन के रूप में इस दृष्टिकोण के बारे में सोचना पसन्द करता हूं जिसमें दस्तावेज के उपयोग और कार्य उतने ही महत्वपूर्ण है जितने कि इसकी विषय सामग्री:

> स्पष्ट रूप से, दस्तावेजों में सामग्री – शब्द, चित्र, योजनाएं, विचार, पैटर्न और बहुत कुछ शामिल होता है – लेकिन जिस क्रम से इस प्रकार की सामग्रियों को वास्तव में कहा जाता है और उसमें हेरफेर किया जाता है, और जिस तरीके से वह कार्य करता है, वह सामग्री के विश्लेषण के द्वारा निर्धारित नहीं किया जा सकता (हालांकि यह विवश किया हुआ हो सकता है)... पाठ का अर्थ केवल इसके उपयोग के संदर्भ में है और इसकी प्रकृति को इसके अपने उपयोग द्वारा परिभाषित किया गया है। (प्रायर, 2011: 8)।

तदनुसार, प्रजाति लेखकों को सिर्फ किसी दस्तावेज की सामग्री में दिलचस्पी नहीं लेनी चाहिए, बल्कि यह भी कि अध्ययन के तहत सामाजिक सेटिंग का एक अनिवार्य हिस्से से विवरणों को कैसे और क्यों लिखा गया है। हैमर्सले और एटकिंसन (2007: 132–3) ने पाठों के बारे में कई प्रजाति लेखन सम्बन्धी प्रश्नों के सुझाव दिये। यहां, मैं इन सवालों को दो श्रेणियों में विभाजित करता हूं, इस पर निर्भर करता है कि क्या वे प्रति पाठ (टेक्स्ट) की ओर उन्मुख हैं या इसके मुकाबले वे संदर्भ (कन्टेक्स्ट) की ओर अधिक उन्मुख हैं या नहीं:

पाठ (टेक्स्ट)	सन्दर्भ (कन्टेक्स्ट)
अभिलिखित क्या है?	पाठों को लिखा कैसे गया है?
छोड़ा गया क्या है?	वे पढते कैसे हैं?
सच या वास्तविक रूप में क्या विचार है?	उन्हें लिखता कौन है?
पाठक (कों) के बारे में लेखक को सच (वास्तविक रूप) में क्या लगता है?	उन्हें पढ़ता कौन है? किन प्रयोजनों के लिए?
टेक्स्ट का अर्थ निर्माण करने के लिये पाठकों को क्या जानने की आवश्यकता होती है?	किन अवसरों पर? किन परिणामों के साथ?

हालांकि उपर्युक्त सभी प्रश्नों के उत्तरों को प्रजाति लेखन सम्बन्धी ज्ञान की स्थापना से लाभ मिलता है, जिसमें दस्तावेजी आंकड़ों को एकत्रित किया गया है। विशेष रूप से दाएं तरफ का स्तंभ उन प्रश्नों को शामिल करता है जिनको पूरक डेटा के लिए टेक्स्ट से परे प्रस्तुत किया जाता है। इस तरह के डेटा का निर्माण कैसे किया जा सकता है, इस अध्याय का विषय है, जो प्रचलित दस्तावेजों के अध्ययन के लिए पांच अवधारणात्मक पद्धतियों के आसपास संरचित है:

- वस्तुओं (ऑब्जेक्ट्स) के रूप में दस्तावेजों को अधिकृत करना
  - दस्तावेजों के बारे में पूछना
    - दस्तावेजों के उत्पादन का अवलोकन करना
      - दस्तावेजों पर पारस्परिक विचार–विमर्श का अवलोकन करना
        - दस्तावेज को आच्छादित करना

मैंने इन पद्धतियों या तकनीकों को उनके सिरों पर विभिन्न विश्लेषणात्मक दावों के साथ एक निरन्तरता के साथ (बाएं से दाएं) चित्रित किया है। बाईं ओर, दस्तावेज सुराग के रूप में काम करते हैं जो शोधकर्ताओं को एक सेटिंग पर प्रकाश डालने में सक्षम बनाता है (कोफी, 2014), दांयी ओर के सिरे पर, दस्तावेजों का अध्ययन उनकी घटक शक्ति के लिए किया जाता है (प्रायर, 2011)। अगर सरल शब्दों में कहा जाये तो, स्थापनाओं के माध्यम से दस्तावेजों या दस्तावेजों के माध्यम से स्थापनाओं का अध्ययन करने की बात है। अवधारणा की यह पारी हमेशा स्पष्ट और सरलता से समझने योग्य नहीं होती है, बल्कि, ये दृष्टिकोण एक दूसरे को अतिव्याप्त (ओवरलैप) और सूचित करते हैं।

वस्तुओं के रूप में दस्तावेजों को अधिकृत करना (Capturing documents as objects)

कम्प्यूटरीकृत नियमितताओं के विकसित होने के कारण भौतिक दस्तावेज का महत्व तेजी से प्रकट हुआ है। कागज को अनावश्यक प्रकट करने वाले प्रयासों से हमेशा वांछित प्रभाव नहीं पड़ा है। उदाहरण के लिए, सेलेन एंड हार्पर (2003) ने टिप्पणी की है कि कम्प्यूटरीकृत तकनीक आ जाने के बावजूद कार्यालयीन परिवेश में कागज की खपत में कमी आने की बजाय वृद्धि हुई है। यह अवलोकन प्राथमिक देखभाल केन्द्रों में दस्तावेज व्यवहारों के एक स्वीडिश अध्ययन के अनुरूप है (थैलैंडर और जैकबसन, 2016)। मेडिकल रिकॉर्ड के डिजिटलीकरण के बावजूद और तथ्य यह है कि इन केन्द्रों में लगभग सभी कमरे कम्प्यूटर से लैस थे, रेफरल और (इलेक्ट्रॉनिक) मेडिकल रिकॉर्ड के प्रिंट–आउट से लेकर सभी प्रकार की सूचियों और इसके पोस्ट–नोट्स तक, कागजात नियमित रूप से हर रोज के काम में मौजूद थे। एक मुखबिर ने 'एक सामान्य अवलोकन के लिए' हार्डकॉपीस का इस्तेमाल किया, उसने अपने डेस्क पर कागज की शीट्स रखीं, यह समझाते हुए कि यह प्रक्रिया उसे उसके कम्प्यूटर से बेहतर कामकाजी सर्वेक्षण करने की अनुमति देती है।

चित्र 10.1 स्वीडिश प्राथमिक देखभाल केंद्र में एक चिकित्सक की मेजः एक विहंगावलोकन का सृजन करना

मानव सेवा संगठनों में दस्तावेजों की उपस्थिति अभी भी मर्मभेदी बिना प्रमाण के सिद्ध है, यही वजह है कि उन्हें नोटिस करना मुश्किल हो सकता है। दस्तावेजों की तस्वीरें लेना स्पष्ट रूप से दिखाई देने योग्य बनाने का एक तरीका है, न केवल साक्ष्य प्रस्तुत करने या पाठक को चित्रित करने के लिये, बल्कि शोधकर्ता में विश्लेषणात्मक कल्पना को ट्रिगर करने के लिए भी। एक तस्वीर दस्तावेज को एक वस्तु में स्पष्ट रूप से बदल देती है और इसके भौतिक आकार और इसकी स्थानिक स्थिति के बारे में सवाल उठाती है। दस्तावेजों की एक तस्वीर स्वाभाविक रूप से अधिकृत (कब्जा) कर सकती है कि उन्हें किस तरह से व्यवस्थित किया जाता है और उस स्थापना का विश्लेषण करने में अंतर्दृष्टि प्रदान करते हैं जिसमें वे घटित होते हैं।

दस्तावेजों के पेपर उनकी 'एक–नजर–दृश्यता' और उनकी 'अत्याधुनिकता' के लिए आकर्षक लगते हैं, जैसा कि हर्ट्सवुड एट आल., (2011) इसे रखा है। इसी समय, उनकी मात्र भौतिक उपस्थिति की मांग की जा सकती है और तनावपूर्ण भावनाओं को हल किया जा सकता है। एक अन्य साइट पर, एक सोशल सर्विस यूनिट में, मैं तब उपस्थित था जब सामाजिक कार्यकर्ताओं ने अचूक संदेश संवाद करने के लिए उनकी कुर्सियों या कीबोर्ड पर दस्तावेजों को रखने की अपनी श्रेष्ठ आदत की चर्चा की थी, 'जितनी जल्दी सम्भव हो इसका ध्यान रखना' रणनीतिक स्थानों पर दस्तावेजों को रखने की यह युक्ति, या नोटिस लटकाने से, दस्तावेज की सामग्री से बिल्कुल और अधिक संकेत हो सकते हैं: ऐसा करें या ऐसा न करें! दस्तावेज एक निश्चित कार्रवाई के (गैर) प्रदर्शन पर जोर देते हैं। बुलेटिन बोर्ड के लिए कागज की एक शीट तैयार करना यह बताता है कि यह संदेश किसी के लिए महत्वपूर्ण है, और यह निर्देशों, समाचारों या संदेशों में भाग लेने के लिए गुजरने वालों (पास से निकलने वालों को) को प्रोत्साहित करता है।

अन्य देशों की तरह, स्वीडन में, स्वास्थ्य देखभाल तेजी से आर्थिक प्रबन्धन से प्रभावित होता है जो लागत–प्रभावी(कुशल) उपचार और देखभाल पर जोर देता है (जैसे – पोलिट्ट और बौकेर्ट, 2011)। कई प्राथमिक देखभाल केन्द्रों पर हमारे फील्डवर्क के दौरान, सभी कर्मचारियों ने इस विस्तारित आर्थिक तर्कसंगतता पर टिप्पणी की (थिलैण्डर और जैकबसन, 2016), हालांकि प्रबन्धकों की टिप्पणियां डॉक्टरों और नर्सों की तुलना में कम नकारात्मक थीं। एक केंद्र में, प्रबन्धन ने पिछले महीनों की तुलना में 'हमने कितनी अच्छी तरह से किया' को देखने के लिए एक बुलेटिन बोर्ड पर मासिक परिणामों को भूखंडों और बार ग्राफ के रूप में प्रदर्शित किया। बुलेटिन बोर्ड सीधे स्टाफ डाइनिंग रूम के बाहर रखा गया था, और उनके दैनिक दौरे के दौरान हर रोज के यूनिट के परिणामों को स्वयं अद्यतित करने का आग्रह सभी से किया गया था।

चित्र 10.2 'हमने कितनी अच्छी तरह से किया': एक स्वीडिश प्राथमिक देखभाल केंद्र में कर्मचारी भोजन कक्ष के बाहर एक बुलेटिन बोर्ड पर भूखण्डों और बार ग्राफ द्वारा प्रदर्शन

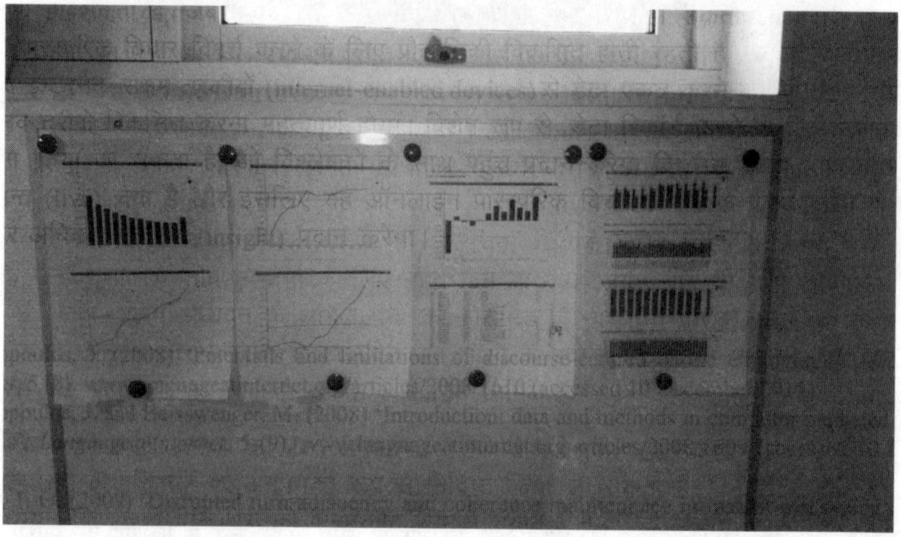

संक्षेप में, किसी विशिष्ट स्थापना में भौतिक वस्तुओं के रूप में उनकी दृश्यता के सम्बन्ध में दस्तावेजों का अध्ययन किया जा सकता है। किसी दस्तावेज की नियुक्ति यह बताती है कि हम इसकी सामग्री कैसे पढ़ सकते हैं। कौन से दस्तावेजों को प्रदर्शन या अन्य तरीकों से महत्त्व का संकेत करने के लिए रखा जाता है, साथ ही साथ यह अधिसूचना कैसे जारी की जाती है और प्राप्त की जाती है, यह दस्तावेज के पढ़ने और स्थापना की व्याख्या दोनों के लिए सुराग के रूप में सेवा कर सकता है जिसमें दस्तावेज होता है।

दस्तावेजों के बारे में पूछना (Asking about documents)

प्रचलित दस्तावेजों का अध्ययन करना चुनौतीपूर्ण हो सकता है क्योंकि किसी क्षण साइट पर मौजूद होने वाली कठिनाइयों के कारण जो कि अन्य तरीकों से दस्तावेजों के उत्पादन, पठन या इस्तेमाल करने से हो सकती हैं। इन मामलों में साक्षात्कार एक विकल्प है, किसी विशेष दस्तावेज के बारे में प्रश्नों द्वारा व्यावहारिक तर्क के बारे में बात उत्पन्न कर सकते हैं जो दस्तावेज का उपयोग करते समय उत्तरदाता (प्रतिवादी) को मार्गदर्शन प्रदान करता है। हमारे स्वीडिश अध्ययन में, हम सामाजिक सेवाओं के भीतर पारदर्शिता पर जोर बढ़ाने में दिलचस्पी रखते थे (कार्ल्स्टेड और जैकबसन, 2015), उदाहरण के लिए, स्वीडन में सभी नगर पालिकाओं में तथाकथित 'खुली तुलना' घोषणापत्र में प्रतिवर्ष होती है। अधिकृत अधिकारियों ने एक सर्वेक्षण के माध्यम से इन तुलनाओं के लिये आंकड़ों को एकत्रित करता है जो कि एक प्रबंधक या नियंत्रक एक बार प्रति वर्ष पूरा करता है, यह सर्वेक्षण विभिन्न सामाजिक सेवा क्षेत्रों जैसे बाल कल्याण, नशे की लत, बेघर और सामाजिक सुरक्षा भत्तों के लिए निर्मित किया गया है। प्रश्नों के उदाहरण हैं कि क्या स्थानीय जिला मानकीकृत मूल्यांकन उपकरणों को प्रदान करता है, एक सामाजिक कार्यकर्ता से नागरिक संपर्क किस तरीके में और कब कर सकते हैं, और कर्मचारियों के लिए क्या कोई करियर योजना है या नहीं। इन सभी सवालों का उद्देश्य सामाजिक सेवाओं के भीतर गुणवत्ता को मापना है। जवाब ज्यादातर 'हां' और 'नहीं' के लिए प्रतिबंधित होते हैं, और सर्वेक्षण का निर्माण इस प्रकार किया जाता है कि जैसे योजनाओं, प्रक्रियाओं और प्रलेखन प्रणालियों के लिए ही फीडबैक की मांग की जाती है जो कि प्राधिकरण

द्वारा आवश्यक होती हैं। तदनुसार, 'हां' का मतलब है कि स्थानीय जिले में 'अनुरोधित' वस्तु है, जिसके बदले में गुणवत्ता का संकेत दिया जाता है।

हमारे साक्षात्कारों के लिए, हमारे पास प्रस्थान के एक बिंदु के रूप में पिछले साल की प्रश्नावली थी, और हमने उत्तरदाताओं से दस्तावेज के माध्यम से मद वार जाने के लिए कहा। उत्तरदाताओं ने दस्तावेज से जोर से पढ़ा, जिसके बाद हमने चर्चा की कि उन्होंने प्रत्येक सवाल का जवाब कैसे दिया (या जवाब कैसे देगा)। अधिकांश उत्तरदाताओं ने अपने विकल्पों के विस्तृत विवरणों को प्रदान किया, 'हां' बॉक्स को टिक करने के साथ ही उनके संदेहों पर जब वे कुछ मामलों में ऐसा करने के लिए सही थे उनके तर्क पर दिलचस्प सामग्री उत्पादित होती है। निम्नलिखित निष्कर्षों में, उत्तरदाता विवरणों के लिये उसने दावा क्यों किया कि उनके पास करियर की योजना थी, हालांकि अभी तक यह प्रभावी नहीं थी:

उत्तरदाता – (सर्वेक्षण के सवाल को जोर से पढ़ता है), 1 सितंबर, 2013 को, क्या आपने कर्मचारियों के व्यावसायिक विकास के लिए एक पूर्ण करियर योजना का निर्माण किया? हां, हमने किया, हमने नहीं किया। लेकिन यह नहीं चल रहा था/––/(यह चल रहा था), बहुत ही महत्वाकांक्षी था! यह अभी भी व्यवहार में नहीं है, वास्तव में, लेकिन यह वहाँ है!

साक्षात्कारकर्ता – यह है ..., लेकिन इसका इस्तेमाल नहीं हुआ है?

उत्तरदाता – हाँ, ये है! खैर, इस बारे में यह है, आप जानते हैं कि मैंने हाँ कहा है, मैं जवाब किस प्रकार दूंगा? और मेरे बॉस ने निश्चित रूप से हाँ कहा होगा! इसीलिए लेकिन ...

साक्षात्कारकर्ता – लेकिन वे प्रश्नावली में देख क्या रहे हैं? क्या वे जानना चाहते हैं कि यह एक योजना है, या वे जानना चाहते हैं कि इसका इस्तेमाल क्या होता है?

उत्तरदाता – बिल्कुल, और यही सवाल है। मेरा मतलब है .../––/हमारे पास एक योजना है। और मेरा मतलब है, उन्हें (अधिकारियों को), यह जानना चाहिए, जाहिर है, कि मैंने अपने लिए अच्छी तरह से प्रतिक्रिया व्यक्त की।

प्रश्नावली का विश्लेषण इसकी सामग्री के लिए किया गया था और इसके बारे में बात उत्पादित करने के लिए एक उपकरण के रूप में इस्तेमाल किया गया था – गुणवत्ता मापन के प्रश्नों से पूछे जाने वाली बात की तुलना में यह सामान्य से अधिक विशिष्ट थी (कार्लस्टेड और जैकबसन, 2015)। दावा करने के लिए क्या यह नैतिक है कि कर्मचारी केवल X पद्धति में कुशल होते हैं जबकि केवल 2 प्रतिशत लोग इसमें प्रशिक्षण लेते हैं? क्या यह मानना उचित नहीं है कि अन्य जिलों की तुलना में अच्छी तरह से प्रदर्शन करने के लिए सभी जिलों ने उनके परिणामों को थोड़ा सा आकर्षक (sugarcoat) बना दिया है? साक्षात्कारों ने विभिन्न तर्कसंगतताएं बेदखल प्रस्तुत कीं कि फॉर्म पूरा करने वाला सर्वेक्षण प्रश्नों को संभालने का दावा कैसे करता है।

अधिकांश पाठ 'प्राप्तकर्ता–अभिकल्पित' (Recipient-Designed) हैं, वे पाठकों के साथ दिमाग में निर्मित होते हैं और इसलिए 'पाठक कौन होगा' के बारे में अंतर्निहित मान्यताओं को प्रतिबिंबित करेंगे (कोफी, 2014: 375)। साक्षात्कारों से स्पष्ट धारणाओं को उत्पन्न कर सकते हैं, आप किसके लिए लिखते हैं?, एक पुरस्कृत विषय है, जब फाइलें और अभिलेख रखने वाले पेशेवरों का साक्षात्कार और अभिलेखों के माध्यम से अपने कार्यों का मूल्यांकन करने के जोखिम के बारे में लगातार जागरूक होते हैं (बर्ग, 2004)। लेखक के विचार कि पाठक कौन है, पाठों के विश्लेषण के लिए ऊर्जा ला सकते हैं। संभावित पाठकों में कई हैं, उदाहरण के लिए – रोगी/ग्राहक/छात्र, ऑडिटिंग अधिकारियों, एक सहयोगी, एक प्रबंधक, अन्य पेशेवर या एक खोजी रिपोर्टर। लिखने के लिए किसी के उद्देश्यों के बारे में बात करते हुए सामाजिक और सांस्कृतिक मानदंडों को व्यक्त किया जाता है, साथ ही साथ उनके सहयोगियों के इरादों को भी बताया जाता है, इन उद्देश्यों को अक्सर 'पाठक कौन है' से जुड़े हुये माना जाना चाहिये। इसके अलावा, स्थापित मानदण्ड 'मेरे लेखन के तरीके' के उत्तरदाताओं के विवरणों में और स्पष्ट नियमों के उल्लंघन के विवरणों में से दिखाई देते हैं (स्कॉट और लाइमन, 1968)।

दस्तावेजों के उत्पादन का अवलोकन करना (Observing the production of documents)

दस्तावेजों के उत्पादन से पहले दस्तावेज की सामग्री के साथ–साथ, स्वतः उत्पादन की व्याख्या करने के तरीके के लिए प्रथाओं का ज्ञान शिक्षाप्रद होता है (गारफिंकेल, 1967: 186ff)। मेडिकल क्षेत्र का एक उदाहरण इस विचार से गुमराह करने वाली प्रकृति को दर्शाता है कि डॉक्टर्स मेडिकल रिकॉर्ड के एकमात्र लेखक हैं। बेक नेल्सन (2014) का अवलोकन जेरियाट्रिक वार्ड में कर्मचारी बैठकों से यह दर्शाता है कि कर्मचारी सदस्यों द्वारा सह–उत्पादन की प्रक्रिया के माध्यम से अभिलेखों को लेखकत्व प्रदान किया जाता है। यद्यपि अभिलेख के लिए डॉक्टरों द्वारा निष्कर्षों और उपचार के फैसलों को बोलकर लिखाया जाता है, दृष्टिकोणों को साझा करने और सवालों के जवाब देने के लिए उन्हें प्रोत्साहित करके वे नर्सों और फिजियोथेरेपिस्ट की सहायता सुनिश्चित करते हैं। फिर भी, यह सह–लेखक 'डॉक्टर–शासित' हैः डॉक्टरों के विचार विमर्श सम्बन्धी एवं नेतृत्व की विवेचना को सभी प्रतिभागियों द्वारा बनाए रखा गया है और स्वीकार किया गया है (बेक नेल्सन, 2014)।

सामाजिक कार्यकर्ताओं द्वारा पाठों का उत्पादन किस प्रकार किया जाता है, इस विषय पर जारी हमारे स्वीडिश अध्ययन के अवलोकन में सह–लेखकत्व होने के कई उदाहरण विभिन्न रूपों में मिलते हैं। सामाजिक कार्यकर्ताओं द्वारा लिखित पाठ को मैनेजर ने चेक किया था, जिसने एक कागज की प्रतिलिपि पर वर्तनी और शब्द के विकल्पों को चिह्नित किया और सामाजिक कार्यकर्ता के लिए दस्तावेजों के इलेक्ट्रॉनिक रूप में संशोधन करने के लिये वाक्यों को संशोधित किया या जोड़ा। मामलों के बीच पाठ को कॉपी करने और चिपकाने की आदत में सह–लेखकत्व भी स्पष्ट था (या एक ही लेखक के द्वारा पाठ को पुनरावृत्ति (रीसाइक्लिंग) करना), अस्थायी हिरासत पर एक विशेष रूप से अच्छी तरह से तैयार किए गए फैसले या ग्राहक(क्लाइंट) की जरूरतों का एक मार्मिक वर्णन टीम के सदस्यों द्वारा पुनः उपयोग या उधार लिया जा सकता है (थॉमस और हॉलैंड, 2010 को भी देखें)। मानव सेवा संगठनों के भीतर इस्तेमाल किए गए कुछ सॉफ्टवेयर प्रोग्राम उपयुक्त वाक्यांशों और अन्य तैयार टिप्पणियों का योगदान करते हैं, या संगठनात्मक रूप से प्रासंगिक उद्देश्यों के अनुरूप एक कार्यशील दल एक 'वाक्यांश बैंक' के निर्माण के कार्य पर सहयोग कर सकता है।

जबकि क्लाइंट और रोगी के अभिलेखों के विश्लेषण से व्यक्ति का विवरण, निर्णय की लफ्फाजी, सामाजिक या चिकित्सीय समस्याओं का निर्माण और बहुत कुछ स्पष्ट किया जा सकता है, किसी संगठन में पारस्परिक विचार विमर्श सम्बन्धी उपलब्धियों को केवल अवलोकन के माध्यम से ही कैद किया जा सकता है। निर्णयों को कैसे लिया गया है? अभिलेखों को कब और कैसे लिखा गया है? लोगों और समस्याओं को यथावत् कैसे लिखा गया है? रॉबर्ट एमर्सन (1994) के हिंसा के निर्माण के विश्लेषण, एक शिक्षाप्रद उदाहरण, स्वयंसेवकों द्वारा एक कानूनी सहायता कार्यालय में आयोजित ऑडियो–रिकॉर्ड कानूनी साक्षात्कारों पर आधारित था जिसने घरेलू हिंसा के कारण आदेशों को रोकने के लिए आवेदन करने में महिलाओं की सहायता की। इमरसन ने एक विशेष मामले के लिए सभी लिखित सामग्री के साथ विश्लेषण करने के लिये एक अभिलिखित कानूनी साक्षात्कार को संयुक्त किया, जिसमें न्याय प्रणाली के लिए साक्षात्कारकर्ता ने आवेदक की कहानी को गंभीर हिंसा के एक बयान में प्रासंगिक विवरण के साथ कैसे ढाला। एमर्सन को सामग्रियों ने यह दिखाने की अनुमति दी कि आवेदन का अंतिम संस्करण कैसे, जिसे पहले व्यक्ति में लिखा गया था, एक आदेश को रोकने के लिये (हिंसा और पीड़ितपन पर बल देते हुए) मामले को मजबूत बनाने के लिये स्वयंसेवक के प्रयासों और आवेदक की एक कम स्पष्ट कहानी जिसमें उसने खुद को पीड़ित के रूप में चित्रित करने का विरोध किया, के बीच संघर्ष का एक उत्पाद था। अगर केवल अंतिम आवेदन की जांच की गई हो तो यह प्रक्रिया विश्लेषक से बच गई होगी।

फील्ड नोट्स के साथ एक लिखित अभिलेख की तुलना करने की संभावना का उल्लेख करना भी महत्वपूर्ण है, क्योंकि ये विशिष्ट डेटा एक दूसरे को सूचित कर सकते हैं। किशोर अपराधियों के लिए एक स्वीडिश केंद्र में, उभयभावी (परस्पर विरोधी) और संशयशील (संकोची) संदर्भ में घटनाओं और युवाओं की चर्चा कर्मचारी अक्सर करते हैं, इसके विपरीत, एक ही युवाओं या घटनाओं के प्रकरण के अभिलेखों को मुखर, वर्दी और सामूहिक के

रूप से संस्था के उपचारों को चित्रित करने, अस्पष्टता से 'परिमार्जित' थे, (वास्टरफोरस और एकेरस्ट्राम, 2015)। लेखकों द्वारा पहचाने जाने वाले इस मामले के इतिहास की बयानबाजी फील्ड नोट्स के खिलाफ आसानी से मजबूत राहत में आसानी से देखे जा सकते हैं।

किसी भी जगह जहां लेखन एक महत्वपूर्ण गतिविधि है, लेखन के बारे में अधिक या कम स्पष्ट (आधिकारिक और स्थानीय) नियम और मानदंड विकसित किये जाते हैं। यह जांच करना कि इस तरह की लेखन संस्कृति का सम्मान लोग कैसे करते हैं, वे किस तरह से सवाल करते हैं, टेक्स्ट का उत्पादन करते समय नियमों की पुष्टि या ट्विष्ट करना उनकी दस्तावेज प्रथाओं में पहुंच बनाने के लिए एक रणनीति है। कार्डियोलॉजी क्लिनिक में फील्डवर्क के दौरान (जैकबसन, 2014), मैंने देखा कि युवा डॉक्टरों को पढ़ाने के लिये राउंड लेना एक अवसर के रूप में किया गया कार्य था जो कि चिकित्सा स्थितियों और उपचार पर उन्हें निर्देश देने के लिए उपयोग किए जाने वाले मेडिकल रिकॉर्ड को लिखने के तरीके हैं (सी.एफ. बर्ग, 2004)। कर्मचारी सदस्यों द्वारा व्यक्तिगत नोट रखना भी सूक्ष्म मानदंडों और अंतर्निहित अर्थों से प्रतिबन्धित था। नोट–लेने के तरीकें इस बात पर निर्भर करते थे कि नोट लेने वाला एक डॉक्टर, नर्स या सहायक नर्स था। सुबह हस्तान्तरण के दौरान, प्रत्येक नए रोगी के लिए नर्सों ने एक खाली आधे पेज की शीट से शुरुआत की, ऊपर से बाएं कोने में मरीज का नाम, पेपर के दाईं ओर रोगी का पूर्व विवरण और वर्तमान चिकित्सा स्थिति बाईं ओर रखा। हालांकि ये नोट्स निजी थे, उन सभी को मानकीकृत तरीके से व्यवस्थित किया गया था। असल में, कई संक्षिप्तीकरण और चिकित्सीय पदों को शर्तों और उपचार के लिए नोट्स में शामिल किया गया था, उन्होंने परिवार ('उनकी पत्नी अभी मृत्यु हो गई') या भावनात्मक स्थिति के बारे में प्रतिवेदित मुद्दों को मौखिक रूप से नहीं रखा था ('वह पूरी रात बहुत परेशान थी')। कुछ नर्स दूसरों की तुलना में अधिक छिद्रान्वेषी थीं, किसी भी जानकारी के लिए अलग–अलग रंग की स्याही या हाइलाइटर का इस्तेमाल करती थी। पूरे दिन, नर्स की वर्दी की जेब में नोट्स रखे जाते थे और मरीज के बारे में बातें याद रखने या नई जानकारी जोड़ने के लिए सक्रिय रूप से उन्हें इस्तेमाल किया जाता था।

मैं क्या कह सकता था, न तो डॉक्टरों और न ही सहायक नर्सों ने व्यक्तिगत नोट रखे थे, या शायद ऐसा करने के लिए अनिच्छुक थे जबकि नर्सों और मरीजों के चारों ओर 'फर्श पर'। एक डॉक्टर जिसका मैंने अनुसरण किया जिसने अपने नोट्स (जो उसकी जेब में छिपे हुये थे) पर एक नजर डालने के लिए स्वयं से माफ करने को कहा था, जबकि हम लिफ्ट ले रहे थे, उसने उन्हें 'दूसरे का कार्य (crib)' कहा, जैसे कि वह उन्हें देखकर धोखा दे रहा था। इन अवलोकनों का सुझाव है कि नोट्स के लेखन और पठन (या नहीं) का अभ्यास तात्कालिक व्यावहारिकताओं से परे कर्मचारियों द्वारा मामलों के लिए इस्तेमाल किया जा सकता है, उदाहरण के लिए, नर्सें अपने नोट्स की काफी बड़ी बात करके (इसके विपरीत सहायक नर्सों), नोट्स की आवश्यकता को कम करके डॉक्टर (नर्सों के विपरीत), पेशेवर पदानुक्रम में किसी की स्थिति का प्रदर्शन करते हैं। इस प्रकार, कैसे, कब, कहां और किसके द्वारा दस्तावेजों के उत्पादन का अवलोकन किया जाता है, जो एक सेटिंग के बारे में महत्वपूर्ण बातों के संकेत दे सकता है जिसे दस्तावेज स्वयं के द्वारा अधिकृत नहीं कर सकते हैं।

दस्तावेजों पर पारस्परिक विचार विमर्श का अवलोकन (Observing interactions over documents)

दस्तावेजों पर बातचीत के ऑडियो और वीडियो रिकॉर्डिंग्स दस्तावेजों के उपयोग किये जाने के तरीकों की विस्तृत व्याख्याएं स्थापित करने के लिए सफल साबित हुई हैं। उदाहरण के लिए, एक लिखित दस्तावेज का उपयोग सूक्ष्म बातचीत को बनाए रखने के लिए किया जा सकता है, इसी प्रकार जब पेशेवर क्लाइंट रिकॉर्ड 'एक संवेदनशील मुद्दे से निपटने के लिए एक सहारे के रूप में' का प्रयोग करते हैं (प्रायर, 2003: 59)। इसी तरह, पॉल ड्रयू (2006: 23) ने निष्कर्ष निकाला कि वक्ताओं द्वारा अक्सर दस्तावेजों को सन्दर्भित किया जाता है जब वे बुरी खबरों के वितरण के लिए प्रॉक्सी खड़ा करने हेतु वस्तुनिष्ठ अभिलेख के रूप में दस्तावेज का उपयोग करते हुए संभावित समस्याग्रस्त जानकारी (उदाहरण के लिये – खराब परीक्षण स्कोर, अवांछित निदान) का प्रबंधन करते हैं।

कुछ दस्तावेज प्रतिभागियों से पूरा ध्यान मांगते हैं। प्रश्नावली ऐसे दस्तावेज का एक उदाहरण है, जिसे प्रतिवादी द्वारा उपयोग किए जाने के बजाय अपने 'फॉर्म–पूरा करने वाला' के उपयोग करने के लिए कहा जा सकता है। एक साक्षात्कार जो एक साक्षात्कारकर्ता द्वारा किया जाता है और तय किए गए उत्तरों से 'पाठ–शासित' बातचीत का जन्म होता है, एक विस्तृत और सटीक तरीके से, दस्तावेज निर्देश या लगभग वार्तालाप को निर्धारित करता है फिर भी, मेनार्ड और शैफर (2006) ने दिखाया कि साक्षात्कारकर्ता और प्रतिवादी के बीच होने वाली बातचीत, सर्वेक्षण के साक्षात्कारों से उभर रही जानकारी को प्रभावित करती है। यह बिना कहे ही हो जाता है कि विपरीत भी सच है: मानकीकृत सर्वेक्षण साक्षात्कार इस बात को प्रभावित करता है कि साक्षात्कारकर्ता और प्रतिवादी के बीच बातचीत कैसे सामने आती है सिक्के का यह पक्ष विशेष रूप से अनुसंधान या मतदान के अलावा अन्य संदर्भों में दिलचस्पी रखता है, अर्थात् एक पेशेवर संदर्भ जिसमें क्लाइंट और सामाजिक कार्यकर्ताओं के बीच परंपरागत रूप से पेशेवर विचारधारा द्वारा मूल्य–आधारित 'बैठकों' या 'गठबंधनों' का मूल्य होता है (उदाहरण– ट्रेविथिक, 2005)।

आज सामाजिक कार्य में, कई 'मानकीकृत मूल्यांकन उपकरणों' ने सबूत आधारित कार्यक्रमों के भाग के रूप में प्रमुखता प्राप्त की है (जैसे ब्रॉडहार्स्ट एट आल., 2010; मार्टिनेल बारफॉयड और जैकबसन, 2012)। ऐसा ही एक साधन है लत गम्भीरता सूचकांक (एडिक्शन सीवियरिटी इन्डेक्स), जिसे स्वीडिश स्टेट अथॉरिटी द्वारा निर्धारित किया गया है और वर्तमान में सामाजिक सेवाओं के विभाजन के भीतर व्यापक उपयोग में है जो कि लत उपचार को सम्बोधित करते हैं। निश्चित प्रतिक्रिया विकल्पों के साथ प्रश्नावली के आधार पर ग्राहक उपचार की जरूरतों का सर्वेक्षण किया जाता है और व्यक्तिगत साक्षात्कार के आधार पर मूल्यांकन किया जाता है। एडिक्शन सीवियरिटी इन्डेक्स की क्लाइंट मीटिंग के दौरान जो कहा गया है उस पर साक्षात्कार का गहरा असर है, यह देखते हुए कि यह 180 प्रश्नों से बना है जिसे सामाजिक कार्यकर्ता और ग्राहक को पूरा करने के लिए लगभग 90 मिनट लगते हैं। निम्नलिखित उद्धरण कार्ल के साथ एडिक्शन सीवियरिटी इन्डेक्स के साक्षात्कार से है, एक नशे में ड्राइविंग के लिए सुनवाई का इंतजार करने वाला एक अच्छा–विनोदप्रिय बूढ़ा आदमी, उसने स्वेच्छा से एक लत उपचार कार्यक्रम में दाखिला लिया। साक्षात्कार की शुरुआत में, वह बातूनी था और उनके उत्तरों पर सविस्तार से बताया। बहुत जल्दी से, उसने सर्वेक्षण के तर्क को समझ लिया और उसके अनुसार उसके भाषण को समायोजित किया। इस उद्धरण में, 180 सवालों के करीब समाप्त होते होते, कार्ल थक गया और साक्षात्कार के दौरान एक छोटी कहानी कहने की उसकी पिछली आदत जा चुकी है:

सामाजिक कार्यकर्ता – ठीक है। देखते हैं ... (प्रश्नावली से पढ़ता है:), क्या आपने पिछले 30 दिनों में गम्भीर अवसाद का अनुभव किया है?

कार्ल – नहीं

सामाजिक कार्यकर्ता – जीवन में पहले?

कार्ल – नहीं

सामाजिक कार्यकर्ता – क्या आपने पिछले 30 दिनों में गंभीर चिंता या गंभीर तनाव की स्थिति का अनुभव किया है?

कार्ल – नहीं

सामाजिक कार्यकर्ता – जीवन में पहले?

कार्ल – नहीं

सामाजिक कार्यकर्ता – क्या आपको समझने, याद रखने या ध्यान केंद्रित करने में कठिनाइयों का अनुभव हुआ है?

कार्ल – नहीं, नहीं, नहीं! (नाराज होते हुए)

सामाजिक कार्यकर्ता – पहले नहीं, तो ? क्या आप मतिभ्रम का अनुभव करते हैं?

कार्ल – नहीं

सामाजिक कार्यकर्ता –	कभी नहीं?
कार्ल –	नहीं
सामाजिक कार्यकर्ता –	क्या आपने हिंसक व्यवहार को नियंत्रित करने में कठिनाइयों का अनुभव किया है?
कार्ल –	नहीं
सामाजिक कार्यकर्ता –	नहीं। क्या आपने पिछले 30 दिनों में आत्महत्या के गंभीर विचार किए हैं?
कार्ल –	नहीं
सामाजिक कार्यकर्ता –	जीवन में पहले?
कार्ल –	नहीं
सामाजिक कार्यकर्ता –	नहीं। और कोई आत्महत्या का प्रयास भी नहीं?
कार्ल –	नहीं

सर्वेक्षण का विश्लेषण करके, हम इस बारे में एक बड़ी बात सीखते हैं कि सामाजिक समस्याओं का निर्माण कैसे किया जाता है। दस्तावेज एक आधिकारिक रूप से स्वीकृत दृष्टिकोण को भी प्रकट करता है जो ग्राहक की 'व्यक्तिपरक' कथा से अधिक 'सूचना' और 'तथ्यों' के पक्ष में होता है (मार्टिनेल बारफॉयड, 2014)। इसके अलावा, साक्षात्कार अनुसूची अब तक एक अभिनेता का आकार लेती है, क्योंकि यह बातचीत का अनुक्रमण करने और ताल को चलाता है (प्रायर, व्यक्तिगत संचार)। लोग दस्तावेजों पर बातचीत कैसे करते हैं, इस पर डेटा खुलासा करता है कि इसके पाठकों के उपयोगों या दस्तावेज का किस डिग्री से उपयोग किया जाता है। उपरोक्त उदाहरण में, सामाजिक कार्यकर्ता ने सख्ती से सर्वेक्षण का पालन किया। ऐसा नहीं यह कहना है कि पेशेवरों द्वारा मानकीकृत साक्षात्कार हर समय दस्तावेज द्वारा पूरी तरह से निर्धारित होता है, हालांकि यह ठीक है कि प्राधिकरण क्या चाहते हैं, सामाजिक कार्यकर्ता निर्धारित विधियों की स्थिति और उनके पिछले काम करने वाले अनुभवों के अनुकूल कार्य करते हैं (व्हाइट एट आल., 2009)। पाठ–शासित हैं या नहीं, दस्तावेजों पर बातचीत के आकार को न केवल भाषणकारों द्वारा दिया जाता है, बल्कि दस्तावेज स्वयं के द्वारा भी प्रदान करते हैं।

ऐसे व्यवसायों में, जिसमें लोगों की जीवनियां, समस्याएं और जरूरतें फाइल, रिकॉर्ड या अन्य टेम्पलेट्स में लिखी जाती हैं, लिखने प्रक्रिया की प्रक्रिया से पहले होने वाली बातचीत से पाठों का उत्पादन प्रभावित होता है, जैसा कि पहले चर्चा की गई थी जैसा कि ऊपर दिखाया गया है, प्रतिलोम कथन (रिवर्स स्टेटमेंट) भी सच होता हैः लोगों से बात करते समय दस्तावेजों का उपयोग महत्वपूर्ण रूप से प्रभावित होता है कि बातचीत कैसे सामने आती है। पेशेवरों द्वारा जब इस पर भरोसा किया जाता है तो किस प्रकार की बात उत्पादित होती है, उदाहरण के लिए, मानकीकृत मूल्यांकन उपकरण या अन्य प्रौद्योगिकियां? दस्तावेज़ों द्वारा किस तरीके से बातचीत का आयोजन किया जाता हैं? अवलोकनों, या अभी तक के बेहतर, मानव सेवा मुठभेड़ों की रिकॉर्डिंग्स ऐसे सवालों के जवाब देने के लिए संभव बनाती है।

दस्तावेज का आभासीकरण (Shadowing the document)

मोबाइल प्रजातिलेखन सम्बन्धी पद्धतियां ऐसी तकनीकें होती हैं जिसमें मुखबिर शोधकर्ता द्वारा छायांकित होता है (कजर्नियाव्स्का, 2007), जो मुखबिर की निगरानी और साक्षात्कार दोनों करता है (कुसनबाक, 2003)। जैसे संगठनों में लोगों को छायांकित किया जा सकता है, वैसे ही एक दस्तावेज के उत्पादन की छानबीन, उसके उपयोग और उसके परिसंचरण करने के लिये शोधकर्ता संगठन के माध्यम से दस्तावेज़ों का छायांकन कर सकते हैं।

लोक पद्धति विज्ञानियों या नृजातीय पद्धति शास्त्रियों (Ethnomethodologists) ने नौकरशाही संगठनों में दस्तावेजों का अनुसरण करके भाषण से पाठ और पाठ से भाषणों के परिवर्तनों के परिष्कृत विश्लेषण किए हैं (जैसे कॉम्टर, 2012)। उदाहरण के लिए, कामियो और व्हालैन (2015) ने एक पुलिस और अग्नि शमन संचार केंद्र में काम के आयोजन में एक दस्तावेज की मुख्य भूमिका की जांच की। विश्लेषण की उनकी सभी जटिलताओं, भाषण

और पाठ को अधिकृत करने के लिये खोज की जाती जो एक कंप्यूटर–सहायता प्राप्त प्रेषण प्रणाली के माध्यम से अक्सर एक समय–संवेदनशील प्रक्रिया में चलाया जाता हैः

1. कोई सहायता के लिए कॉल करता है
2. एक कॉल–टेकर कम्प्यूटर स्क्रीन पर एक घटना का अभिलेख लिखता है जबकि उसी समय कॉलर से स्पष्टीकरण के लिए कहता है, और
3. एक रेडियो डिस्पैचर घटना के अभिलेख को इलेक्ट्रॉनिक रूप से प्राप्त करता है और सड़क पर पुलिस अधिकारियों के लिये एक रेडियो प्रसारण करने में पाठ को भाषण में बदल देता है।

कैमियो और व्हालैन (2015) ने सभी तीन चरणों की रिकॉर्डिंग निकाली, साथ ही 'संभावित सेंधमारी' के एक मामले में इलेक्ट्रॉनिक दस्तावेज का प्रिंटआउट लिया। उन्होंने दिखाया कि कॉलर का भाषण (स्पीच) कैसे कोड और श्रेणियों में संघनित हो गया था, इस प्रक्रिया के दौरान, क्वालीफायर्स जैसे 'संभवतः या 'जैसा दिखता है' हटा दिये गये थे। उन्होंने यह भी दिखाया कि कैसे इस दुर्लभ पाठ को प्रस्तुत और विस्तारित किया जाना चाहिए जब पुलिस अधिकारियों के गश्त करने के लिए प्रेषक (डिस्पैचर) इसे संचारित करता है। डिस्पैचर 'उस पाठ (टेक्सट) को सम्मेलनों में करता है जो बात को नियंत्रित करता है' (कैमियो एण्ड व्हालैन, 2015: 224)। एक दस्तावेज के विस्तृत उत्पादन और उपयोग का अनुसरण एक सटीक प्रदर्शन में सक्षम बनाता है कि एक वास्तविक संस्करण को तैयार करने की प्रक्रिया में लोगों और घटनाओं को लगातार निर्माण और पुनर्निर्माण कैसे किया जाता है, स्मिथ (1974: 260) के शब्दों में, ऐसी प्रक्रियाओं का उद्देश्य अक्सर 'वास्तव में क्या हुआ' स्थापित करना होता है।

उपरोक्त उदाहरण में एक दस्तावेज के तंग आभासीकरण (tight shadowing) का वर्णन किया गया है। उनके प्रसार और उत्पादक सुविधाओं को मैप करने के लिए अधिक से अधिक दूरी पर दस्तावेज़ों का छायांकन करना एक अन्य रणनीति होगी। किसी दस्तावेज द्वारा कौन सी गतिविधियां उत्पन्न होती हैं? इसके परिसंचरण और महत्व के बारे में क्या है? किसी अन्य दस्तावेज और प्रथाओं को एक विशेष दस्तावेज से कैसे जोड़ा जाता है? किस तरह के लोग, व्यवसाय, ग्राहक, रोगी आदि शामिल हैं? इस तरह के प्रश्नों से शोधकर्ता मूल दस्तावेज और इसकी तात्कालिक स्थिति से दूर होते हैं (जैसे– रैपले, 2007)। आइए हम ऊपर वर्णित एडिक्शन सीवियरिटी इन्डेक्स (एएसआई) के साक्षात्कार पर वापस लौटें – ड्रग एडिक्ट्स के मानकीकृत मूल्यांकन। सर्वेक्षण का वास्तविक पेपर प्रतिलिपि बुनियादी ढांचे के व्यापक नेटवर्क के भीतर मौजूद है (जैसे–टिमरमैन्स एण्ड एपस्टाईन, 2010): एएसआई मैनुअल, नीतियां, इन–सर्विस ट्रेनिंग, विशेषज्ञ, एक 'एएसआई नेट बैंक' जिसमें पंजीकृत करना, कम्प्यूटर परामर्शदाता, मूल्यांकन और अनुसंधान व्यक्तिगत साक्षात्कार परिणामों में हैं। इस अर्थ में दस्तावेज का अनुसरण करने का मतलब यह है कि शोधकर्ता नेटवर्क को मैप कर सकता है जो संगठनात्मक सीमाओं से परे होकर विस्तार कर सकता है, इस बात पर ध्यान दिया जाता है कि कैसे एक विशेष दस्तावेज विभिन्न संदर्भों में एक साथ एकीकृत किया जाता है।

अध्याय सारांश और भविष्य की संभावनाएं

ऊपरोक्त वर्णित प्रचलित दस्तावेजों के अध्ययन के लिये विभिन्न प्रविष्टियां विभिन्न विश्लेषणात्मक दावों से जुड़ी हैं जाहिर है, तरीकों का विकल्प यह बताता है कि कौन सा दावे किए जा सकते हैं, और यह सूचित करता है कि क्या इसका उद्देश्य किसी दस्तावेज के माध्यम से किसी सेटिंग की जांच करना है या इसकी सेटिंग के माध्यम से किसी दस्तावेज की जांच करना है। इस विश्लेषणात्मक सातत्य के एक छोर पर, दस्तावेज सामाजिक समूहों, संगठनों, समय और जीवन की व्याख्या के लिए उपकरण हैं। दस्तावेजों की तस्वीरें लेना, दस्तावेजों के बारे में पूछना और लोग दस्तावेजों के साथ क्या करते हैं, यह अवलोकन करना शोधकर्ता की एक सेटिंग पर प्रकाश डालने में सहायता करता है (कोफी, 2014), दस्तावेजों और उनके बारे में बात प्रचलित मानदंड, तर्कशास्त्र,

व्याख्यान और बयानबाजी का खुलासा करती हैं। सातत्य के दूसरे छोर पर, जहां विश्लेषणात्मक दावे तेज हैं, शोधकर्ता दस्तावेजों की घटक विशेषताओं को स्थापित करना चाहते हैं, पारस्परिक विचार विमर्श को दस्तावेजों से कैसे आकार और पैटर्न प्रदान किया जाता है (प्रायर, 2011)। ऐसे दावें अधिक सटीक डेटा मांगते हैं, अधिमानतः अभिलिखित पारस्परिक विचार विमर्श में लोग दस्तावेजों के उपयोग में शामिल रहते हैं।

प्रजाति लेखन सम्बन्धी पद्धतियों की एक विस्तृत श्रृंखला का उपयोग हमारे दस्तावेजों के माध्यम से एक सेटिंग के हमारे ज्ञान को अग्रिम करने के लिए या किसी दस्तावेज को इसकी सेटिंग के माध्यम से समझने के लिए किया जा सकता है। विद्यार्थियों की आपत्तियों पर लौटते हुए जिनके साथ मैंने इस अध्याय को प्रस्तुत किया, यह रेंज दर्शाती है कि दस्तावेजों के विश्लेषण निश्चित रूप से घनिष्ठ टेक्स्ट विश्लेषणों या बोरिंग डेस्कवर्क तक प्रतिबंधित नहीं हैं।

भविष्य की संभावनाओं के लिए, दस्तावेजों (डिजिटल या हार्ड कॉपी) के साथ लोगों की बातचीत अनुसंधान का एक आशाजनक क्षेत्र है। जैसा कि तकनीकी प्रगति दस्तावेजी वास्तविकताओं पर बढ़ती हुई सामाजिक विश्वसनीयता उत्पन्न करने के लिए प्रतीत होती है, अन्वेषण और विश्लेषण के लिये संभावनायें बढ़ जाती है।

संदर्भ

Atkinson, P. and Coffey, A. (2011) 'Analysing documentary realities', in D. Silverman (ed.), *Qualitative Research* (3rd edn). London: Sage, pp. 77–92.

Beck Nielsen, S. (2014) 'Medical record keeping as interactional accomplishment', *Pragmatics and Society*, 5 (2): 221–42.

Berg, M. (2004) 'Practices of reading and writing: the constitutive role of the patient record in medical work', in E. Annandale, M. A. Elston and L. Prior (eds), *Medical Work, Medical Knowledge and Health Care.* Malden, MA: Blackwell Publishing, pp. 25–49.

Broadhurst, K., Hall, C., Wastell, D., White, S. and Pithouse, A. (2010) 'Risk, instrumentalism and the humane project in social work: identifying the informal logics of risk management in children's statutory services', *British Journal of Social Work*, 40: 1046–64.

Carlstedt, E. and Jacobsson, K. (2015) 'Indications of quality or quality as a matter of fact? "Open comparisons" in the social work sector' (unpublished paper). Workshop on the Modernisation of the State, Lund University, 24 September.

Coffey, A. (2014) 'Analysing documents', in U. Flick (ed.), *The Sage Handbook of Qualitative Data Analysis.* London: Sage, pp. 367–79.

Czarniawska, B. (2007) *Shadowing and Other Techniques for Doing Fieldwork in Modern Societies*. Malmö: Liber.

Drew, P. (2006) 'When documents "speak": documents, language and interaction', in P. Drew, G. Raymond and D. Weinberg (eds), *Talk and Interaction in Social Research Methods.* London: Sage, pp. 63–80.

Emerson, R. M. (1994) 'Constructing serious violence: processing a domestic violence restraining order', in J. A. Holstein and G. Miller (eds), *Perspectives on Social Problems*, 6. Stamford, CT: JAI Press, pp. 3–28.

Garfinkel, H. (1967) *Studies in Ethnomethodology.* Englewood Cliffs, NJ: Prentice-Hall.

Goffman, E. (1967) *Interaction Ritual: Essays on Face-to-face Behavior.* New York: Pantheon Books.

Hammersley, M. and Atkinson, P. (2007) *Ethnography: Principles in Practice* (3rd edn). London: Tavistock.

Hartswood, M., Rouncefield, M., Slack, R. and Carlin, A. (2011) 'Documents', in M. Rouncefield and P. Tolmie (eds), *Ethnomethodology at Work.* Farnham: Ashgate Publishing, pp. 151–72.

Jacobsson, K. (2014) 'Categories by heart: shortcut reasoning in a cardiology clinic', *Professions & Professionalism*, 4 (3): 1–15. https://journals.hioa.no/index.php/pp/article/view/763/868 (accessed 10 December 2015).

Kameo, N. and Whalen, J. (2015) 'Organizing documents: standard forms, person production and organizational action', *Qualitative Sociology*, 38: 205–29.

Komter, M. (2012) 'The career of a suspect's statement: talk, text, context', *Discourse Studies*, 14 (6): 731–52.

Kusenbach, M. (2003) 'Street phenomenology: the go-along as ethnographic research tool', *Ethnography*, 4 (3): 455–85.

Martinell Barfoed, E. (2014) 'Standardiserad interaktion – en utmaning i socialt arbete', *Socialvetenskaplig tidskrift*, 21 (1): 4–22.

Martinell Barfoed, E. and Jacobsson, K. (2012) 'Moving from "gut-feeling" to "pure facts": launching the ASI interview as part of in-service training for social workers', *Nordic Social Work Research*, 2 (1): 5–20.

Maynard, D. W. and Shaeffer, N. C. (2006) 'Standardization-in-interaction: the survey interview', in P. Drew, G. Raymond and D. Weinberg (eds), *Talk and Interaction in Social Research Methods*. London: Sage, pp. 9–27.

Pollitt, C. and Bouckaert, G. (2011) *Public Management Reform: A Comparative Analysis – New Public Management, Governance, and the Neo-Weberian State* (3rd edn). New York: Oxford University Press.

Prior, L. (2003) *Using Documents in Social Research*. London: Sage.

Prior, L. (2011) *Using Documents and Records in Social Research*, four volumes. London: Sage.

Rapley, T. (2007) *Doing Conversation, Discourse and Document Analysis*. London: Sage.

Scott, M. B. and Lyman, S. M. (1968) 'Accounts', *American Sociological Review*, 33: 46–62.

Sellen, A. J. and Harper, R. H. R. (2003) *The Myth of the Paperless Office*. London: The MIT Press.

Silverman, D. (2011) *Interpreting Qualitative Data* (4th edn). London: Sage.

Smith, D. (1974) 'The social construction of documentary reality', *Sociological Inquiry*, 44 (4): 257–68.

Thelander, J. and Jacobsson, K. (2016) *Den motvilliga administratören. Om datorjobb och pappersgöra på vårdcentralen*. Research reports in social work, School of Social Work, Lund University.

Thomas, J. and Holland, S. (2010) 'Representing children's identities in core assessments', *British Journal of Social Work*, 40 (8): 2617–33.

Timmermans, S. and Epstein, S. (2010) 'A world of standards but not a standard world: toward a sociology of standards and standardization', *Annual Review of Sociology*, 36: 69–89.

Trevithick, P. (2005) *Social Work Skills: A Practice Handbook* (2nd edn). Maidenhead: Open University Press.

Webb, E., Campbell, D., Schwartz, R. and Sechrest, L. (2000) *Unobtrusive Measures* (revised edn). Thousand Oaks, CA: Sage.

White, S., Hall, C. and Peckover, S. (2009) 'The descriptive tyranny of the Common Assessment Framework: technologies of categorization and professional practice in child welfare', *British Journal of Social Work*, 39 (7): 1197–217.

Wästerfors, D. and Åkerström, M. (2015) 'Case history discourse: a rhetoric of troublesome youngsters and faceless treatment', *European Journal of Social Work*, on-line first: http://dx.doi.org/10.1080/13691457.2015.1030366.

ग्यारह

सामाजिक अनुसंधान में दस्तावेजों का उपयोग करना

(Using Documents in Social Research)

लिंडसे प्रायर

इस अध्याय के बारे में

यह अध्याय उन अलग–अलग तरीकों पर ध्यान केंद्रित करता है जिनमें फील्ड दस्तावेजों में दर्ज किये जाते हैं। चार अलग–अलग सामाजिक वैज्ञानिक तरीके जिसमें दस्तावेजों के बारे में डेटा एकत्रित किया जा सकता है और उनका विश्लेषण किया जा सकता है, उनकी पहचान की जाती है। प्रचलन और कार्रवाई में 'संसाधन' के रूप में, 'विषय' के रूप में, सम्बन्धित मोड में दस्तावेजों का अध्ययन करना शामिल है यह तर्क दिया गया है कि इन विधियों में से पहले और विधियों के अन्तिम से सापेक्ष उपेक्षा पर पहले से कहीं अधिक जोर दिया गया है। नतीजतन, दस्तावेज सामग्री का अध्ययन अनुसंधान विधियों के टेक्सट्स (पाठों) में चर्चा पर हावी होना चाहता है। फलस्वरूप लेखक आंकड़ों की श्रेणी को विस्तृत करने का प्रयास करता है जो कि दस्तावेज़ी अनुसंधान के रूख के तहत एकत्रित किए जा सकते हैं और विभिन्न तरीकों को इंगित करता है जो दस्तावेजीकरण के अध्ययन के लिए उपयोगी तरीके से तैनात किया जा सकते हैं।

कीवर्ड्स - एजेंसी (agency), सामग्री विश्लेषण (content analysis), दस्तावेजों (documents), प्रवचन (discourse), व्याख्या का विज्ञान (हर्मेन्युटिक्स) (hermeneutics), नेटवर्क्स (networks), ज्ञान का समाजशास्त्र (sociology of knowledge)।

दस्तावेजीकरण अध्ययन के लिए चार दृष्टिकोण (Four Approaches to the Study of Documentation)

बीसवीं सदी के दूसरे छमाही के दौरान उत्पादित सामाजिक वैज्ञानिक शोध विधियों पर सबसे प्रभावशाली पाठों में से एक में, ग्लासेर और स्ट्रॉउस (1967: 163) ने तर्क दिया कि, समाजशास्त्रीय जांच के मामलों में, एक मानवविज्ञानी (एन्थ्रोपोलॉजिस्ट) के मुखबिर या समाजशास्त्री के साक्षात्कारदाता' के लिये दस्तावेजों को समान माना जाना चाहिये। इसके बाद में लेखकों ने पूरे अध्याय को समर्पित किया कि निष्क्रिय पाठ पर ग्राउण्डेड थ्योरी के सिद्धांत को किस प्रकार तैनात किया जा सकता है एवं किस प्रकार तैनात किया जाना चाहिये। केवल डेटा के पात्रों (कन्टेनर्स) के रूप में दस्तावेजों पर ध्यान केन्द्रित किया गया था, बेशक, बीसवीं सदी के पहले भाग से ही सामाजिक विज्ञान में अच्छी तरह से स्थापित किया गया था (मैज़, 1953)। और डेटा के मुख्य स्रोत के रूप में, आजकल यह अनुशंसा की जाती है कि प्रासंगिक परिकल्पनाओं के समर्थन या खंडन के उचित साक्ष्यों के लिए दस्तावेज सामग्री की जांच, गिनती और 'संकेतन' किया जाना चाहिये (वेबर, 1990, न्यूएंडोर्फ, 2002, क्रिप्पेंडोर्फ, 2004)। दरअसल, सामग्री के निष्क्रिय वाहक के रूप में दस्तावेजों की समझ सामान्यतः अच्छी तरह से शोध पद्धतियों पर पाठ्यपुस्तकों की चर्चाओं में बहुत अधिक परिलक्षित होती हैं और अक्सर इस विचार से जुड़ी होती है कि दस्तावेजों के अध्ययन को 'विनीत' विधियों के उपयोग से संबद्ध होना चाहिये (देखें, उदाहरण के लिए, ब्रीमैन, 2012, बॉबी, 2013)। इसलिये संभवतः इस स्तर पर कई वैकल्पिक तरीकों की रूपरेखा मेरे लिये तैयार होगी जो दस्तावेजों के अध्ययन के लिए अपनायी जा सकती है। तालिका 11.1 का संदर्भ देकर मैं प्रारम्भ करूँगा।

तालिका 11.1 दस्तावेजों के अध्ययन के लिए दृष्टिकोण
(Approaches to the study of documents)

अनुसंधान दृष्टिकोण का फोकस	*संसाधन के रूप में दस्तावेज*	*विषय के रूप में दस्तावेज*
सामग्री	(प्रकोष्ठ 1) दृष्टिकोण जो लगभग पूरी तरह से ध्यान केंद्रित करता है, कि दस्तावेज 'में' क्या है?	(प्रकोष्ठ 2) पुरातत्व सम्बन्धी दृष्टिकोण जो यह फोकस करता है कि दस्तावेज सामग्री अस्तित्व में कैसे आती है
उपयोग और कार्य	(प्रकोष्ठ 3) दृष्टिकोण इस पर ध्यान केंद्रित करता है कि उद्देश्यपूर्ण समाप्ति के लिए मानव कलाकारों द्वारा संसाधन के रूप में दस्तावेजों का उपयोग कैसे किया जाता है	(प्रकोष्ठ 4) दृष्टिकोण जो सामाजिक बातचीत और सामाजिक संगठन की योजनाओं के लिये दस्तावेजों में कार्य एवं उस पर प्रभाव पर कैसे फोकस करता है

स्रोतः प्रायर (2008a)

तालिका 11.1 का उद्देश्य विभिन्न तरीकों की समझ की पेशकश करना है जिसमें दस्तावेजों को सामाजिक शोधकर्ताओं से सम्बन्धित किया गया है। इस प्रकार, दृष्टिकोण जो प्रकोष्ठ (सेल) 1 में प्रयुक्त किये गये हैं, आमतौर पर समाजशास्त्र और सामाजिक विज्ञान के इतिहास में प्रभावी रहे हैं। इसमें दस्तावेजों (विशेषकर पाठ के रूप में) को साफ (scoured) और कोडित किया जाता है जिसके लिये उन्हें विवरणों, प्रतिवेदनों, छवियों, प्रतिनिधित्वों और कारणों के तरीकों में निहित किया गया है। संक्षेप में, उन्हें सबूत के लिए खोजकर निकाला गया है। डेटा विश्लेषण रणनीतियां लगभग पूरी तरह से 'पाठ' में क्या है पर ध्यान केंद्रित करती हैं। सामग्रियों पर इस प्रभाव को प्रमुख मतभेदों के साथ प्रकोष्ठ 2 के प्रकार के दृष्टिकोणों में रखा जाता है जो उस विश्लेषण से संबंधित है कि दस्तावेज सामग्री कैसे अस्तितव में आती है। आमतौर पर यहां पर ध्यान वैचारिक वास्तुकला और सामाजिक–तकनीकी प्रक्रियाओं पर होता है जिसके माध्यम से लिखित रिपोर्ट, विवरण, सांख्यिकीय डेटा इत्यादि उत्पन्न होते हैं।

विभिन्न प्रकार के संभाषण विश्लेषण (Discourse Analysis) का उपयोग वैचारिक मुद्दों को सुलझाने के लिए किया गया है, जबकि सामाजिक–तकनीकी और नियम–आधारित प्रक्रियाओं पर ध्यान केंद्रित करने के माध्यम से नैदानिक, पुलिस, सामाजिक कार्य एवं अभिलेखों के अन्य प्रारूपों और प्रतिवेदनों को तैयार किया जाता है जिनका लोक पद्धति विज्ञानियों (Ethnomethodologists) और सामाजिक निर्माणकर्ताओं के कार्यों में अच्छी तरह से प्रतिनिधित्व किया गया है। इसके विपरीत, और प्रकोष्ठ 3 में, शोध का फोकस उस तरीकों पर किया गया है जिसमें दस्तावेजों को कई एवं अलग प्रकार के 'पाठक' द्वारा संसाधन के रूप में उपयोग किया जाता है। यहां, दस्तावेज सामग्री के साथ एक विचार या एक दस्तावेज किस प्रकार से अस्तित्व में आया है, सीमांत है, और विश्लेषण विशिष्ट दस्तावेजों के बीच के सम्बन्धों और उनके उपयोग या भर्ती के लिए मानवीय अभिनेताओं द्वारा जानबूझकर उद्देश्यपूर्ण समाप्त होने के लिये ध्यान केंद्रित करता है। इस प्रकार, उदाहरण के लिए चिकित्सा समाजशास्त्र के क्षेत्र में, ऐसे विभिन्न अध्ययन होते हैं जिनमें चिकित्सा पेशेवरों के बुलावे, एक्स–रे, चार्ट, नोट्स, फाइलें, छवियां और नियमित नैदानिक सेटिंग्स पर कैसे ध्यान दिया जाता है (जैसे प्रायर, 2011, टवस 3)। प्रकोष्ठ 4 में फिट होने वाले दृष्टिकोण में माध्यमिक के रूप में सामग्री की स्थिति भी है। हालांकि, यहां पर जोर दिया गया है कि दस्तावेज कैसे सामाजिक गतिविधि की योजनाओं में 'चीजों' के रूप में कार्य करते हैं और इस तरह की चीजें ड्राइव करने के बजाय, मानवीय अभिनेताओं द्वारा कैसे संचालित होती हैं – अर्थात दस्तावेजीकरण के सक्रिय जीवन (*vita activa*) पर स्पॉटलाइट है (देखें, प्रायर, 2011, खंड 4)।

निम्नलिखित अनुभागों में, मैंने चार फ्रेमों में से प्रत्येक में कार्य के कुछ उदाहरणों को रेखांकित करूंगा और उन तरीकों के कुछ मुद्दों को उजागर किया जायेगा जो उन्होंने उठाये हैं। हमें यह भी ध्यान देना चाहिए कि इस अध्याय के दौरान मैंने दस्तावेजों को संदर्भित किया है जैसे कि वे पाठ के बराबर थे – हालांकि यह स्पष्ट रूप से ऐसा है नहीं। दरअसल, वास्तुशिल्प और इंजीनियरिंग ड्राइंग, पेंटिंग्स, नाट्य प्रदर्शन, एक्स–रे चित्र, फिल्म, वर्ल्ड

वाइड वेब पेज, फेसबुक पेज, बस टिकट, शॉपिंग सूचियां, टेपेस्ट्री और डीएनए के अनुक्रम सभी को 'दस्तावेज' के रूप में माना जा सकता है – विशिष्ट परिस्थितियों में ऐसी सामग्रियों से बने उपयोग के आधार पर (प्रायर, 2003)। हालांकि, अनुमानी उद्देश्यों के लिए, मुझे डेटा के गैर–शाब्दिक रूपों को अनदेखा करना होगा और यदि 'पाठ' और 'प्रलेखन' जैसे शब्द समानार्थी होते तो इसे आगे बढ़ना होगा।

प्रमुख बिंदु

- दस्तावेजों को पारम्परिक रूप से निष्क्रिय और जानकारी के निष्क्रिय स्रोतों और सबूतों के रूप में माना जाता है।
- इस कारण से अनुसंधान प्रक्रिया में उनकी भूमिका अक्सर विवादास्पद विधियों की तैनाती से जुड़ी हुई होती है।
- इस अध्याय में यह तर्क दिया गया है कि इस तरह के दृष्टिकोण को अनावश्यक रूप से सीमित किया गया है और सामाजिक जीवन के उत्पादन में दस्तावेजों को सक्रिय एजेंटों के रूप में पहचाना जाना चाहिए।
- नतीजतन, किसी भी दस्तावेज में क्या है?, यह देखते हुए कि हमें यह विचार करना चाहिए कि दस्तावेज सामग्री कैसे एकत्रित की गई है (निर्मित), सामाजिक पारस्परिक विचार विमर्श के एपिसोड में इसका उपयोग कैसे किया जाता है और यह अपने अधिकार में 'अभिनेता' के रूप में कैसे कार्य करती है।

दस्तावेजों का संसाधन के रूप में (Documents as Resource)

सामाजिक विज्ञान के इतिहास में लिखित दस्तावेजों का संग्रह और अध्ययन कई बार किया गया है, यह अनुसंधान प्रक्रिया में एक प्रमुख भूमिका निभाते हैं। दरअसल, प्लैट (1996) और प्लमर (2001) के अनुसार, डायरी, लिखित जीवन इतिहास और पत्र जैसे दस्तावेजों ने बीसवीं शताब्दी के पहले छमाही के दौरान अधिकांश फील्डवर्करों के लिये डेटा के प्राथमिक स्रोत का गठन किया। वास्तव में, वे मीडिया हैं जो आज तक गुणात्मक और मात्रात्मक दोनों के लिये डेटा के महत्वपूर्ण स्रोतों के रूप में कार्य करते हैं, जीवन के अंत की डायरियों, गतिविधि डायरियों और व्यय डायरियों की शैली इसके समकालीन उदाहरण हैं। ये सभी तथ्य यह है कि अधिकांश सामाजिक वैज्ञानिक डेटा दस्तावेजीकरण (फील्डनोट्स, साक्षात्कार अनुसूचियां, प्रश्नावलियां, ट्रान्सक्रिप्ट्स) के माध्यम से एकत्र किए जाते हैं और दस्तावेजीकरण की तैनाती के माध्यम से उत्पन्न किये जाते हैं।

रोजमर्रा की जिंदगी में दस्तावेजीकरण सर्वव्यापी है, और स्वाभाविक रूप से उत्पन्न होने वाले आंकड़ों के संदर्भ में (शोधकर्ता द्वारा उत्पन्न किए गए डेटा के बजाय) यह ध्यान रखने के लिए बहुत कम प्रयास की आवश्यकता होती है कि सामाजिक दुनिया पाठ और प्रलेखन के साथ भरी हुई है। हमें उस दावे की सच्चाई स्थापित करने के लिए उस शहर की सड़क के नीचे अपने अनन्त संकेतों, विज्ञापनों और निर्देशों के साथ ही चलना चाहिए (कभी–कभी टेक्स्टिंग और ऑन–लाइन खोजों का उल्लेख नहीं करने के लिए)। हालांकि, इस अध्याय के प्रयोजनों के लिए, कुछ खण्डित और सड़क के अपने सामने प्रलेखन के बजाय संभवतः नौकरशाही संगठनों जैसे कि स्कूलों, निगमों, स्वास्थ्य देखभाल एजेंसियों और सरकारी कार्यालयों द्वारा नियमित रूप से निर्मित प्रचुर पाठ सम्बन्धी डेटा के संदर्भ में सोचना अधिक लाभदायक होता है, पूर्व में, इसके लिये मेमो, मासिक, त्रैमासिक और वार्षिक रिपोर्ट, प्रक्रिया पुस्तिकाओं, स्प्रैडशीट्स, साथ ही पॉलिसी और मिशन स्टेटमेंट जैसी चीजें बहुतायत में पायी जा सकती हैं – और इसमें जो कुछ भी अंतर्निहित है समझदारी के लिए निरपवाद रूप में उसका विश्लेषण मौलिक है कि संगठनों में काम कैसे करते हैं।

इस खंड में, मैं कुछ बुनियादी पद्धतिगत मुद्दों पर ध्यान केंद्रित करूँगा जो डेटा विश्लेषण के बजाय सामाजिक अनुसंधान में पाठ के उपयोग पर हाइलाइट किए गए हैं। फिर भी, हमें यह ध्यान देने की आवश्यकता है कि दस्तावेजों के विश्लेषण के लिए जो रणनीतियां अपनायी जा सकती है, वे कई हैं। इस प्रकार, जब हम अपने विश्लेषणात्मक दृष्टिकोण पर विचार करते हैं, तो हम सामग्री विश्लेषण के रूपों का चयन कर सकते हैं, या

विषयगत विश्लेषण करने के लिए या यहां तक कि पूर्वनिर्धारित आधारभूत सिद्धांत तक भी जा सकते हैं। इसके अलावा, कथा या बयानबाजी शैलियों के साथ–साथ फ्रेम पर ध्यान केंद्रित करने के लिए निस्संदेह व्यापक रूप से यह सहायता करेगा कि दस्तावेज अपने सामाजिक, सांस्कृतिक और संगठनात्मक संदर्भों में कार्य कैसे करता है। अन्ततः, हालांकि, गुणात्मक विश्लेषण के सभी प्रारूपों को एक प्रारूप या किसी अन्य में सामग्री की परीक्षा के आधार पर होना चाहिए, और प्रलेखन के दायरे में इसका अर्थ है कि – डेटा के लिए बाहरी अवधारणाओं और कोड एवं विषयों के बजाय पाठ में निहित शब्दों और अवधारणाओं में ग्राउन्डिग विश्लेषण की उपलब्धता होना चाहिए। चलिए, हम एक उदाहरण पर विचार करते हैं।

मैं जो उदाहरण पेश कर रहा हूं वह विश्व स्वास्थ्य संगठन (डब्ल्यूएचओ, 2013) के यूरोपीय प्रभाग से एक हालिया रिपोर्ट है। विश्व स्वास्थ्य संगठन ने स्वास्थ्य नीति के लगभग सभी पहलुओं के लिए वैश्विक टेम्पलेट्स विकसित किए हैं – ऐसी समस्याओं से निपटने के लिए स्वास्थ्य समस्याओं की पहचान करने से लेकर और रणनीतियां प्रकाशित करने तक। डब्ल्यूएचओ टेम्पलेट्स बाद में दुनिया के विभिन्न क्षेत्रों की जरूरतों के अनुरूप, साथ–साथ व्यक्तिगत देशों के प्रत्येक क्षेत्र के लिये भी रूपांतरित हो जाते हैं। इस उदाहरण में हम एक क्षेत्रीय प्रतिवेदन के साथ काम कर रहे हैं – जिसका शीर्षक है, *'हेल्थ 2020: ए यूरोपीयन पॉलिसी फ्रेमवर्क एण्ड स्ट्रेटजी फॉर दि ट्वेन्टी फर्स्ट सेन्चुरी,* प्रश्न यह है कि इसकी अपनी सामग्री के संदर्भ में हमारा दृष्टिकोण किस तरह का होना चाहिए?

अनिवार्य एवं आश्चर्यजनक रूप से हमें 'पठन' के साथ शुरू करना होगा और अधिकांश स्नातक (और कई स्नातकोत्तर) गुणात्मक शोध पाठों के एक हिस्से का दावा यह है कि हमारी मौलिक रणनीति डेटा के माध्यम से व्यक्त किए गए हमारे व्यक्तिपरक अर्थों, या व्यक्तिपरक अनुभव, विचारों और समझ के बारे में हमारे पठन को निर्देशित करने के लिये होना चाहिए (जैसे स्मिथ एट आल., 2009)। फील्डवर्क स्थापनाओं में इस तरह के अभिकथनों में एक दिखावटीपन प्रतीत होता है क्योंकि हम जीवित मानव कलाकारों के साथ आमने–सामने, काम करते हैं और व्यस्त रहते हैं। हम हमारी सोच और अभिनय वाले विषयों को देख सकते हैं और पहचान सकते हैं। हालांकि, प्रलेखन के साथ, ऐसे मामले शायद ही कभी होते हैं। इस प्रकार, हमारे उदाहरण के संदर्भ में हमें यह भी स्पष्ट नहीं हैं कि प्रतिवेदन के 'लेखकों' में कौन हैं। व्यक्तियों की तस्वीरों के साथ–साथ निश्चित रूप से दस्तावेजों में नाम हैं (डब्लूएचओ के अधिकारियों), लेकिन हमें यह विश्वास करने में सावधान रहना चाहिए कि ऐसे प्रतिवेदन के लिये किसी को एकल लेखक या निर्माता के रूप में माना जा रहा है। पहचाने जाने वाले लेखकों की तुलना में किसी लेखक की भूमिका के सन्दर्भ में सोचना हमारे लिए बेहतर है और यह माना जाता है कि प्रतिवेदन को अभिनेताओं और एजेंटों की एक असतत टीम (या टीमों) द्वारा लिखा और एकत्रित किया गया है (उदाहरण के लिए, देखें, हार्पर, 1998)। इस धारणा को देखते हुए, आत्मिक एजेंटों के व्यक्तिपरक अर्थों की खोज करना व्यावहारिक संभावना नहीं है – यहां तक कि हम यह भी मानते हैं कि 'अर्थ' वास्तव में, व्यक्तिपरक है। इसके बजाय हमारे पास बहुत ही कम विकल्प हैं लेकिन दस्तावेजीकरण की भाषा पर ध्यान केंद्रित करने के लिए – यह सब हमारे लिए तत्काल उपलब्ध है। और दस्तावेजीकरण में 'अर्थ' समझदारी के कार्य के लिए एक और मोड़ (ट्विस्ट) है – अर्थात् हम अपने विश्लेषण से जो अर्थ व्युत्पन्न करते हैं, वह पाठ में पहले से विद्यमान न केवल शब्दों होगें बल्कि एक उत्पाद होगा (यदि आप चाहें तो 'लेखकों' के शब्दों और वाक्यों), बल्कि 'पाठक' या पाठकों को भी। संक्षेप में, उसके या उसकी सामग्रियों के साथ शोधकर्ता की सक्रिय भागीदारी से अर्थ उत्पन्न होता है। यह मौलिक अवलोकन था जिसने हंस–जॉर्ज गाडामेर को तर्क दिया कि पाठ के अध्ययन में, व्यक्तिपरकता का फोकस 'विकृत दर्पण' से कम कुछ भी नहीं है (1975: 245), और विश्लेषक का कार्य पाठ को समझने के लिए इतना अधिक नहीं है, बल्कि इसकी व्याख्या करने के लिए है। जो हेर्मेनेयुटिक्स के उपदेशों को गले लगाते हैं, उनका तर्क होता है कि इस तरह का दावा मानव के पारस्परिक विचार विमर्श के साथ–साथ पाठ के अध्ययन के लिए अनिवार्य रूप से विस्तारित करता है (उदाहरण के लिए, देखें, रिकोइर, 1991)।

सामाजिक अनुसंधान के संदर्भ में, निश्चित रूप से, व्याख्या एक ऐसा कार्य है जो मूल्यांकन और निर्धारण की मांग करता है। अन्यथा हम 'कुछ भी चलता है' की स्थिति में छोड़ देते हैं और हमें जो भी चाहें डेटा में पढ़ने के लिए स्वतंत्र होना चाहिए (यह उन लोगों के लिए एक स्थायी खतरा है जो पाठ के 'गुप्त' अर्थों का पता लगाने की तलाश करते हैं)। इसलिए एक महत्वपूर्ण समस्या उन तरीकों से चिंतित होती है जिनमें हम एक व्याख्या को यथासंभव या अन्यथा मान्य या सत्यापित कर सकते हैं। गुणात्मक डेटा की व्याख्या को मान्य करने के लिए निश्चित रूप से विभिन्न रणनीतियां हैं, लेकिन दस्तावेजीकरण के दायरे में यह सबसे ऊपर हैं, जो पाठ को किसी भी व्याख्या के आधार के रूप में खड़ा करना है – यही कारण है कि सामग्री विश्लेषण के दस्तावेज़ी अनुसंधान में खोजी विधि के रूप में विशेष रूप से उपयोगी होते हैं (प्रायर, 2014)। इस प्रकार, हमारे चयनित दस्तावेज का प्रभाव है, उदाहरण के लिए, 'रोग' के बजाय 'स्वास्थ्य' या स्वास्थ्य के 'सामाजिक निर्धारकों' की तुलना में 'असमानता' पर जोर देते हुए, प्रारंभ में किया जा सकता है और शब्दों के साधारण आवृत्ति की गणना द्वारा आसानी से सत्यापित किया जाता है। (अपने लिए इस दावे की जांच करने के लिए स्वतंत्र महसूस करें।)

गुणात्मक अनुसंधान के संदर्भ में इस तरह की आवृत्ति की गिनती और संदर्भ में शब्दों और अवधारणाओं के सह–सहयोग को देखता है (जो अंतर्विभ्रम (intratextuality) का अध्ययन कहलाया जा सकता है), पाठ के लिए कई संभावित प्रवेश बिंदुओं में से सिर्फ एक प्रस्तुत करता है। यह समझने के लिए कि दस्तावेजों के शब्दों को पाठ से परे विश्व से कैसे जुड़ना है – प्रवचन और नीति निर्माताओं और पेशेवरों के कार्यों के लिए जिन्होंने दस्तावेजों का निर्माण किया, साथ ही दर्शकों के लिए जिनके इरादे दस्तावेजों में थे – डेटा के कई अन्य स्रोतों पर कॉल करने के लिए हमें इसकी आवश्यकता होगी (जैसे साक्षात्कार के आंकड़ों, भाषणों और प्रस्तुतियों)। उस प्रोग्राम को निष्पादित करने के लिए जांचने की जरूरत होगी कि किसी एक पाठ की सामग्री को अन्य पाठों के साथ कैसे जोड़ा जाता है – अर्थात, पाठ की संवादात्मक संपत्तियों के पहलुओं को तलाशने के लिए या अंतर–पाठ्यचर्या के रूप में जाना जाता है (एलेन, 2011)। और जैसा कि हम शब्दों और वाक्यों से वार्तालापों की तरफ चलते हैं, वैसे ही, विश्लेषण की बहुत व्यापक रणनीति के साथ संलग्न हो जाते हैं। पर ध्यान केंद्रित करने के लिए, कहते हैं, कि कैसे दस्तावेजीकरण में पाठ एक साथ बुन जाता है ताकि एक कथा या नीति कथाओं की श्रृंखला तैयार हो सके (रो, 1994) या पाठ कैसे एक विशिष्ट बयानबाजी शैली व्यक्त करते हैं (बिलिग, 1996), या घटनाओं और प्रक्रियाओं का एक विशिष्ट 'खाता' व्यक्त करते हैं। इस तरह से हम यह देख सकते हैं कि दस्तावेजों के आर्थिक, सामाजिक, राजनीतिक और सांस्कृतिक समस्याओं के समाधान के फ्रेम कैसे किये जाते हैं और इस तरह की समस्याओं के समाधान के एक निश्चित सेट पर हमारा ध्यान केंद्रित करता है, जबकि एक साथ दूसरे को छोड़ना या डाउनग्रेड करना। संक्षेप में, यहां तक कि जब हम सामग्री पर केवल ध्यान केंद्रित करने का चुनाव करते हैं, तो यह स्पष्ट है कि दस्तावेजों को स्वतंत्र और निष्क्रिय 'चीजों' के बजाय कार्रवाई के बहुत व्यापक नेटवर्क में घटकों के रूप में अध्ययन किया जाना चाहिए, जिन्हें 'निस्संदेह' संपर्क किया जा सकता है (देखें, प्रायर, 2011, वॉल्यूम 1)।

प्रमुख बिंदु

- संसाधनों के रूप में दस्तावेजों के निकट आने का मतलब है कि उनकी सामग्री पर ध्यान केंद्रित करना।
- सामग्री विश्लेषण, विषय विश्लेषण या आधारभूत सिद्धांत का उपयोग करके सामग्री पर ध्यान केंद्रित किया जा सकता है।
- जो भी विश्लेषण हम चुनते हैं, दस्तावेज की हमारी व्याख्या पाठ के भीतर भाषा पर पहले और सबसे महत्वपूर्ण आधार पर आधारित होनी चाहिए (पूर्वकल्पित कोड, विषयों, अवधारणाओं या विचारों के बजाय)।
- हमें यह भी जागरूक होना चाहिए कि सामग्री का विश्लेषण केवल इस बात का एक अग्रदूत साबित होता है कि कैसे दस्तावेज बड़े पैमाने पर दुनिया में पाठ और कार्रवाई के लिए लिंक करता है – ये है कि यह कैसे कार्यवाही के नेटवर्क में एक घटक के रूप में मौजूद है।

विषय के रूप में दस्तावेज (Documents as Topic)

एक दूसरा तरीका जिसमें दस्तावेजों को संपर्क किया जा सकता है क्योंकि शोध सामग्री में विषय की अवधारणा शामिल है। इस फ्रेम में, दस्तावेजीकरण की सामग्री को 'सबूत' के रूप में स्वीकार करने के बजाय, जैसा कि डेटा को नीचे खींचना और तथ्य के रूप में इस्तेमाल किया जाता है, हम इस बारे में प्रश्न पूछते हैं कि सामग्री उस प्रपत्र को कैसे मानती है जिसे उसने किया था मिशेल फॉकाल्ट (1972) के विचारों के बाद हम इस उन्मुखीकरण को एक विशेषता के रूप में चिह्नित कर सकते हैं जो हमें 'दस्तावेजीकरण के पुरातत्व' में जोड़ता है। दृष्टिकोण के गुण सबसे अच्छी तरह से सांख्यिकीय रिपोर्ट के विश्लेषण के संदर्भ द्वारा प्रदर्शित किए जाते हैं – अपराध, शिक्षा, अभाव, बीमारी, मृत्यु दर इत्यादि – हालांकि, वास्तव में, किसी भी दस्तावेज का पुरातात्विक फ्रेम में विश्लेषण किया जा सकता है, एक उदाहरण लेते हैं।

मैं शोध परिणामों को एक तालिका में देख रहा हूं (तालिका 11.2)। यह हमें ग्रेट ब्रिटेन में सामुदायिक प्रसार दरों के बारे में बताता है कि कभी–कभी 'मनोदशात्मक विकार' तथा 'मनोवैज्ञानिक विकार' और नशीली दवाओं की निर्भरता के अनुमान के साथ–साथ कुछ प्रकार के 'न्यूरोटिक विकार' कहलाते हैं। तालिका मानसिक बीमारी के बारे में 'तथ्यों' का प्रतिनिधित्व करती है। इसके साथ साथ सम्बन्धित अन्य लोगों के साथ, शोधकर्ताओं के लिए एक संसाधन के रूप में इसका इस्तेमाल करने का इरादा है। इस प्रकार, हम, उदाहरण के लिए, हमारे बयान के साक्ष्य के रूप में तालिका 11.2 को बता सकते हैं कि वर्तमान शताब्दी के शुरुआती वर्षों में, ग्रेट ब्रिटेन में, किसी एक सप्ताह में लगभग 16 प्रतिशत लोगों ने तन्त्रिका सम्बन्धी विकार के लक्षण दिखाए लेकिन यह और अन्य तथ्यों पर कैसे पहुंचे थे? रिपोर्ट को एक साथ कैसे रखा गया? और इस तरह के सवालों के जवाब हमें मौलिक सामाजिक प्रक्रियाओं के बारे में बताएंगे?

अध्ययन के तरीके जिसमें इस तरह के आंकड़े तालिका 11.2 में पाये गये हैं, जिसमें एक लंबी सामाजिक वंशावली है। इस विशेष इतिहास में कुछ शुरुआती मार्कर किटस और सिकोउल (1963), डगलस (1967) और गारफिंकेल (1967) के कामों को उपलब्ध कराया गया है, जो अपराध और आत्महत्या के आंकड़ों पर ध्यान केंद्रित

तालिका 11.2 ग्रेट ब्रिटेन में 2000 में लिंग के आधार पर निजी घरों में मनोवैज्ञानिक विकार का प्रकोप (पिछले हफ्ते में प्रति हजार जनसंख्या की दर से)

विकार की प्रकृति (Nature of Disorder)	*महिलाओं में (Females)*	*पुरूषों में (Males)*
मिश्रित चिन्ता और निराशाजनक विकार (एमएडीडी)	108	68
सामान्यीकृत चिन्ता विकार (जीएडी)	46	43
अवसादग्रस्त एपिसोड	28	23
सभी फोबियास	22	13
जुनूनी–बाध्यकारी विकार (ओसीडी)	13	9
आकस्मिक भय विकार	7	7
कोई तंत्रिका सम्बन्धी विकार	194	135
मनोवैज्ञानिक विकार*	5	6
ड्रग निर्भरता*	21	54

* = पिछले 12 महीनों में प्रति हजार आबादी की दर से।

स्रोतः सिंगलटन एट आल., (2001) से प्राप्त आंकड़ों के आधार पर।

करने की प्रवृत्ति रखते थे। डोरोथी स्मिथ (1974) ने इस संदर्भ में दस्तावेजी वास्तविकता के सामाजिक उत्पादन को संदर्भित किया – यह तर्क दिया गया कि दुनिया के हमारे ज्ञान की रिपोर्ट के माध्यम से फिल्टर किया जाता है और विश्लेषण किया जाता है कि सांख्यिकीय और अन्य एजेंसियां उत्पादन करती हैं। सभी मामलों में, हालांकि, ऐसी वास्तविकताओं का उत्पादन कम से कम दो तंत्रों के अस्तित्व पर निर्भर करता है। इनमें से सबसे पहले एक अवधारणात्मक या सैद्धांतिक योजना की उपलब्धता को लेकर चिंतित हैं, और दूसरे नियमों और तकनीकी निर्देशों के एक सेट को लेकर चिंतित हैं, जिनके माध्यम से घटनाओं और घटनाओं को श्रेणियों में आवंटित किया जा सकता है। अब, वैचारिक योजना में जिसकी मानसिक बीमारी नियमित रूप से समझी जाती है वह अमेरिकी मनोचिकित्सीय संघ (उदाहरण के लिए, जैसे डीएसएम–वी, अमेरिकन साइकियाट्रिक एसोसिएशन, 2013) के नैदानिक और सांख्यिकीय मैनुअल में निहित है। उत्तरार्द्ध में विभिन्न मानसिक विकारों से सम्बन्धित श्रेणियों (निदान) की एक श्रृंखला होती है, जिसे लोगों के अनुभव करने के लिए कहा जा सकता है, और इसमें विशिष्ट विकारों को पहचानने के लिए नैदानिक मानदंड भी शामिल हैं। इनमें से कुछ विकार तालिका 11.2 में सूचीबद्ध हैं। डीएसएम अपने आप में कुछ रुचि का एक दस्तावेज है और पश्चिमी संस्कृति (बोकर एंड स्टार, 1999) में हमें 'चीजों को ठीक करने' में तरीकों में से एक तरीका दर्शाता है। जैसे कि यह हमेशा सार्थक है कि डीएसएम रोग वर्गीकरण विज्ञान (नोसोलॉजी) से मनोवैज्ञानिक विकार कैसे दिखते हैं और गायब हो जाते हैं। इस प्रकार, मल्टीपल व्यक्तित्व विकार, उदाहरण के लिए, एक श्रेणी है जो एक बार डीएसएम में मौजूद थी और जो अब मौजूद नहीं है, जबकि पोस्ट ट्रैफिक सम्बन्धी विकार एक बार अनुपस्थित था और अब मौजूद है नवीनतम संस्करण (डीएसएम–वी) में सामान्य दुःख (या शोक) का वर्गीकरण पहली बार, एक मनोरोग विकार के रूप में किया जाता है – इत्यादि। अभी के लिए, हालांकि, हम ध्यान दें कि डीएसएम के बजाय, तालिका 11.2 में आंकड़े प्राप्त कैसे किए गए।

तालिका में मौजूद आंकड़े 15,000 से अधिक निजी घरों में किए गए सर्वेक्षण के उत्तरों से प्राप्त किए जाते हैं, जिनमें से कुछ सदस्यों को प्रश्नावली के एक विशिष्ट सेट का जवाब देने के लिए कहा गया था (देखें सिंगलटन एट आल., 2001), 8,000 से अधिक लोगों ने ऐसा किया। इस्तेमाल किए गए प्रश्नावली या उपकरणों में से एक क्लिनिकल साक्षात्कार अनुसूची (संशोधित) या सीआईएस–आर कहा गया था। सीआईएस–आर विभिन्न प्रकार के 'वाद्ययंत्र' में से एक है जो नैदानिक और अन्य घटनाओं का उत्पादन करती है

(दूसरों के लिए सिंगलटन एट आल., 2001 को देखें)। कई मामलों में सीआईएस–आर जैसे दस्तावेजों में मशीन टूल की तरह हैं – 'तथ्यों' के निर्माण के लिए उपकरण दरअसल, 'अपंगता' जैसी घटनाएं, मनोवैज्ञानिक बीमारियों के प्रकार, 'जीवन की गुणवत्ता' और कल्याण जैसी परिस्थितियों नियमित रूप से यहां के प्रकार के उपकरणों द्वारा निर्मित होती हैं। सीआईएस–आर के मामले में उपकरण प्रश्नों और उत्तरों की एक प्रणाली के माध्यम से चल रहा है। उदाहरण के लिए, एक प्रश्न पूछता है, 'पिछले महीने के दौरान क्या आपको लगता है कि आप ऊर्जा में कमी महसूस कर रहे हैं?' एक और सवाल पूछता है, 'क्या आपको पिछले महीने कोई दर्द था या दर्द हुआ है?' उत्तरदाताओं की आवश्यकता है 'हां' या 'नहीं' का जवाब देना। आम तौर पर इन प्रतिक्रियाओं को एक मशीन पठनीय रूप में कोडित किया जाता है। तो 'हां' को कोडित किया जा सकता है, जिसे कहते हैं, 1 और शून्य के रूप में 'नहीं'। उसके बाद वाले और शून्य को जोड़ दिया जाता है ताकि नमूना में प्रत्येक प्रतिवादी के लिए कम से कम दो चीजों को निर्धारित करना संभव हो। सम्बन्धित व्यक्ति के लिए कुल स्कोर और प्रश्नावली के किस अनुभाग का एक सटीक संकेत स्कोर से आया था। क्या किसी व्यक्ति ने सीआईएस–आर पर कुल 12 या अधिक अंक अर्जित किये हैं, फिर उन्हें आमतौर पर मनोवैज्ञानिक विकार का 'मामला' माना जाता है। उस मायने में 12 को 'व्यंग्य' के लिए कट–ऑफ बिंदु के रूप में कार्य करने के लिए कहा गया है। चाहे किसी व्यक्ति को 'अवसाद', 'बाध्यकारी विकार' या 'चिंता' की श्रेणी में आबंटित किया जाए, वह साधन के भीतर स्कोर (हां और नहीं) के वितरण पर निर्भर है। ध्यान दें कि किसी भी बिंदु पर सवाल पूछा जाता है कि क्या वे बाध्यकारी विकार या बाध्यकारी अवसाद या जो कुछ भी भुगतना पड़ता है, और न ही वे मनोचिकित्सक द्वारा (इस उद्देश्य के लिए) मूल्यांकन कर रहे हैं – निदान मशीनी चलित एल्गोरिदम की तैनाती के माध्यम से प्राप्त किया जाता है।

(व्यक्ति जो कि ऊपर सर्वेक्षण में व्यक्तित्व विकार के संभावित मामलों के रूप में पहचाने गए थे, हालांकि, एक नैदानिक साक्षात्कार आवंटित किए गए थे)।

तो क्या यह सब मनोचिकित्सा विकार की हमारी अवधारणा के बारे में बताता है? और क्या होगा अगर किसी ने 12 या 12 की बजाय 10 या 18 के लिए निर्धारित समय पर कट–ऑफ बिंदु सेट करने का फैसला किया? इस तरह के सवाल कई तरह से संबंधित हैं यह संभव है, उदाहरण के लिए, एक अलग कट ऑफ बिंदु का चयन करने के लिए। इस मुद्दे को आगे बढ़ने के लिए कहते हैं, 10 समुदाय में मानसिक बीमारी का फैलाव बढ़ेगा। बिंदु को 18 तक ले जाने से इसे कम हो जाएगा। तो एक ऐसी भावना है जिसमें हम चाहते हैं कि समुदाय में उतना या जितना छोटा न्युरोटिक विकार हो सके। कट ऑफ बिंदु के रूप में 12 की स्वीकृति केवल एक (उपयोगी) सम्मेलन है उसी तरह, यदि हम नियमों को फिर से संरेखित करते हैं, जिसके माध्यम से विभिन्न बीमारियों को एक से दूसरे पर अग्रसर किया जाता है तो हमारी विभिन्न तस्वीरों के प्रसार की पूरी तस्वीर बदल जाएगी। इसलिए समुदाय में मनोवैज्ञानिक विकार के बारे में 'तथ्यों' का एक अर्थ में निंदनीय हैं, और आर्थिक गतिविधि, अपराध, मोटापे, शारीरिक गतिविधि, मृत्यु दर, कल्याण और अन्य प्रक्रियाओं और व्यवहारों के बारे में 'तथ्यों' के बारे में भी यही बात सच है (कुछ उदाहरणों के लिए प्रायर, 2011, खंड 2 देखें)।

स्वाभाविक रूप से, अधिकांश सामाजिक शोधकर्ता केवल 'संसाधन' या सबूत के रूप में चर्चा किए जाने वाले प्रकार के डेटा का उपयोग करना पसंद करते हैं और प्रायः उन संदर्भों के 'वैधता' जैसे कि हमने उल्लेख किया है की क्वेरी ''वैधता'' के रूप में गलत तरीके से व्याख्या करते हैं। हालांकि, उपरोक्त चर्चा से पता चलता है कि यह हमेशा एक 'विषय' के रूप में इस तरह के आंकड़ों की जांच कर रहा है (इस भेद पर जिम्मरमैन और पॉलेनर, 1971 को देखें) यह कहना है कि दस्तावेजों का उत्पादन कैसे किया जाए, यह हमेशा के लिए फायदेमंद है, वास्तव में, कौन उन्हें बनाता है, और सामाजिक प्रकृति की एक विशेष छवि बनाने के लिए उत्पादन प्रक्रिया को सामाजिक रूप से संगठित किया गया था।

प्रमुख बिंदु

- विषय के रूप में दस्तावेजों का दृष्टिकोण रखने का मतलब अनिवार्य रूप से दस्तावेजों को एकत्रित किए जाने के तरीके पर ध्यान केंद्रित करना है और दस्तावेज सामाजिक वास्तविकता की एक विशिष्ट छवि कैसे तैयार करता है।
- इस तरह के कार्य में वैचारिक संरचना की जांच करना शामिल है, जिस पर दस्तावेज तकनीकी नियमों और मान्यताओं के विचारों के साथ मिलकर तथ्यों और साक्ष्यों के उत्पादन में उपयोग किए जाते हैं।
- परम्परागत रूप से यह अपराधों और आत्महत्या की दर, दवाओं, मानसिक बीमारी और आर्थिक गतिविधियों जैसे विषयों पर प्रतिवेदन को विषय के रूप में माना जाता है, लेकिन किसी भी प्रकार के दस्तावेजों को विघटित करना संभव है – समाचार रिपोर्ट, अदालत की कार्यवाही, पुलिस साक्षात्कार और शैक्षिक रिकॉर्ड, कुछ संभावनाओं को केवल नाम देने के लिए।

प्रचलित दस्तावेजों का अध्ययन (Studying Documents in Use)

यह काफी स्पष्ट है कि दस्तावेजों में कुछ चीजें हैं – पाठ, छवि, निर्देश, रिपोर्ट इत्यादि – उनके प्राथमिक गुणों में से एक यह है कि वे रोजमर्रा के मामलों में उपयोग किए जा सकते हैं और इसका उपयोग किया जाता है। आमतौर पर उन चीजों को करने के लिए और चीजों को कहने के लिए भी उपयोग किया जाता है, और दस्तावेजों के अध्ययन के लिए दृष्टिकोण की एक महत्वपूर्ण रेखा, ठोस और विशिष्ट परिस्थितियों में उनके उपयोग के तरीके पर विचार करना है – दस्तावेजीकरण के एक प्रजाति लेखन को विकसित करना, जैसे कि वे थे (देखें, स्मिथ एण्ड टर्नर, 2014, और इस खंड में जैकबसन)।

इस तरह के क्षेत्र में एक प्रारम्भिक कदम गारफिंकेल (1967) के अपने निपुण निबंध में था कि एक सेट के उद्देश्यों के लिए डिजाइन किए गए नैदानिक रिकॉर्ड दूसरे के लिए उपयोग क्यों किए गए थे। उन्होंने अपने निबन्ध का शीर्षक 'बुरे' नैदानिक रिकॉर्ड के लिए 'अच्छे' संगठनात्मक कारणों का नाम दिया। बाद में जांच के पर्याप्त क्षेत्र के रूप में उभरे सभी प्रकार के नैदानिक और चिकित्सा रिकॉर्डों में शोध किया गया। उदाहरण के लिए, मनोचिकित्सा में ऐसे तरीके के बारे में व्यापक चर्चा हुई है जिसमें मरीज की पहचान और मरीज के करियर (बैरेट, 1996) के निर्माण के लिए नैदानिक नोट्स का उपयोग किया गया था। अन्य शोधकर्ताओं (उदाहरण के लिए बर्ग, 1996) ने ध्यान दिया है कि मेडिकल रिकॉर्ड नियमित तौर पर रोगी निकायों और संगठनों का प्रतिनिधित्व करने और उन दोनों का गठन करने के लिए नियमित रूप से उपयोग किया जाता है, जबकि वे सांसारिक हैं, जबकि एक सांसारिक स्तर पर यह नोट किया गया है कि कैसे चार्ट्स और बिछाने के रिकॉर्ड अस्पताल के रोगियों के दैनिक अनुभवों की निगरानी और व्यवस्थित करने के लिए उपयोग किया जाता है। दरअसल, जेरूबावेल (1979) ने पहले संकेत दिया था कि ऐसे चार्ट्स और रिकॉर्ड का इस्तेमाल कर्मचारियों के रूटीन के साथ–साथ रोगियों के लिए भी किया जाता है।

अस्पताल से परे, अन्य शोधकर्ताओं (जैसे हेंडरसन, 1991) ने इंगित किया है कि इंजीनियरिंग ड्राइंग के रूप में ऐसी चीजें नियमित रूप से उत्पादन टीमों के निर्माण के साथ–साथ कारखाने के फर्श पर कर्मचारी की भूमिकाओं का सीमांकन करने के लिए कैसे काम करती हैं। (हेंडरसन ऐसी परिस्थितियों में 'भर्ती उपकरणों' के रूप में दस्तावेजों की बात करते हैं।) इसी तरह, प्रेडा (2002) ने संकेत दिया है कि वित्तीय संस्थाओं में प्रसारित होने वाली आर्थिक रिपोर्ट्स और विश्लेषण (सामाजिक और आर्थिक) नेटवर्किंग तंत्र के रूप में नियमित रूप से कार्य कैसे करता है। कल्याण, न्यायिक, पुलिस और शैक्षिक संगठनों के साथ–साथ चिकित्सा और आर्थिक सेटिंग्स (उदाहरण के लिए, उदाहरण 2011, खंड 3) में सामाजिक सम्बन्धों को बनाने, बनाए रखने और मध्यस्थ बनाने के दस्तावेजों, चार्ट, चित्र और रिकॉर्ड की यह क्षमता भी देखी गई है। यह भी तेजी से स्पष्ट है कि रोजमर्रा की जिंदगी के कई क्षेत्रों में, इलेक्ट्रॉनिक दस्तावेजों – जैसे कि फेसबुक इत्यादि पर – सामाजिक सम्बन्धों को बनाने, बनाए रखने और पुनः परिभाषित करने के लिए भी कार्य करता है। सबसे ऊपर, शायद, उन्हें पहचान–निर्माण तंत्र के रूप में कार्य करने के लिए देखा जा सकता है और इस तरह के अस्तित्व में उनके तरीकों को रेखांकित किया जाता है जिसमें दस्तावेज हमें वस्तु के रूप में जितना अधिक वस्तु प्रदान करते हैं उतना जितना भी हमें (मनुष्य के रूप में) निष्पादित करने के लिए सेवा प्रदान कर सकते हैं।

प्रमुख बिंदु

- दस्तावेजों पर ध्यान केंद्रित करने में उन तरीकों का अन्वेषण शामिल होता है जिसमें विशिष्ट व्यक्तियों में दस्तावेजों (रिकॉर्ड, रूप, रिपोर्ट, चित्र) पर कॉल और हेरफेर करते हैं। मूल रूप से इसमें दस्तावेजीकरण की एक प्रजातिलेखन के साथ व्यस्तता शामिल है।
- शोधकर्ताओं के लिए विशेष दिलचस्पी का एक तरीका है जिसमें दस्तावेजों का कार्य नेटवर्क और पहचान करने के लिए सुविधा प्रदान करते हैं।
- मानव दस्तावेजों को 'चीजों' के रूप में उपयोग कैसे करते हैं, इसका अध्ययन करते हुए हम यह भी देख सकते हैं कि ये चीजें मनुष्य को कैसे परिभाषित करती हैं

कार्यकारी दस्तावेजों का अध्ययन (Studying Documents in Action)

विचार है कि दस्तावेजों के रूप में अभिनेताओं के कार्य शायद कई लोगों के लिए स्वीकार करना मुश्किल है हम सबके बाद, मानव एजेंसी को कार्रवाई के अच्छे रूप में सम्मानित करने के लिए और गुणात्मक कार्य में, कार्रवाई में मानव चेतना की भूमिका और कार्य पर एक अतिरिक्त जोर दिया गया है। दरअसल, 'सामाजिक क्रिया' चेतना के मामले में परिभाषित नहीं की गई है (गिडेंस, 1984: 14)। फिर भी तर्कसंगत है कि दस्तावेजों सहित 'चीजें',

अभिनेता हो सकता है, के लिए अच्छा अनुभवजन्य और सैद्धांतिक आधार हैं। कार्य करने के लिए एक फर्क पड़ता है, और दस्तावेज अक्सर सामाजिक व्यवस्था में बड़ा अंतर करते हैं (और इसलिए भी दस्तावेजीकरण की अनुपस्थिति)। वास्तव में, कम से कम तीन अलग–अलग सैद्धांतिक दृष्टिकोणों को पहचानना संभव है जो हमें कार्रवाई में दस्तावेजों को देखने और अभिनेताओं के रूप में प्रोत्साहित कर सकते हैं।

पहला दृष्टिकोण 'भाषण–कार्य' सिद्धांत से विचारों पर रेखांकित होता है ताकि ये जांच सकें कि पाठ (अनौपचारिक) और संगठनात्मक सेटिंग्स दोनों में 'प्रदर्शन' कैसे कर सकता है। भाषण अधिनियम की अवधारणा की उत्पत्ति जे. एल. ऑस्टिन (1911–1960) के काम से पता लगा सकती है। ऑस्टिन भाषा के शुरुआती दार्शनिकों में से एक था, यह ध्यान देने के लिए कि हम अक्सर शब्दों के साथ–साथ बातें करते हैं (साथ ही उन्हें बोलते हैं)। उदाहरण के लिए, 'मैं वादा करता हूं' कह रहा हूं, मैं कुछ (होनहार) कर रहा हूं और साथ ही कुछ बता रहा हूं। बाद में सीरले जैसे दार्शनिकों ने ऑस्टिन की विस्तृत जानकारी को एक विस्तृत श्रृंखला को कवर करने के लिए कहा था जिसमें भाषण को 'कुछ करना' (ग्रीन, 2014 देखें), और एक सामाजिक वैज्ञानिक संदर्भ कोरोएन (2004) में कहा गया था जैसे कि भाषण– अधिनियम और सुझाव दिया है कि कई तरीके हैं जिसमें 'पाठ एक अंतर बना' (2004: 374), और इसलिए कार्य करने के लिए कहा जा सकता है इस प्रकार वह वर्णन करता है कि पाठ कैसे सूचित, संकेत, प्रमाणित, प्रकट और घोषणा कर सकता है, साथ ही यह कैसे प्रतिबंध लगा सकता है, अधिकृत, सूचित और बुलाने, घोषित करने, माफी, वसीयत और समर्थन का उल्लेख करने के लिए नहीं। मानवविज्ञान सम्बन्धी कार्य, न केवल यह पहचानना है कि पाठ–साथ ही भौतिक वस्तुएं – मनुष्य के द्वारा बनाई गई हैं, लेकिन ये कैसे ऐसे ग्रंथ अपने रचनाकारों पर वापस कार्य करते हैं (देखें प्रायर, 2003)।

दृष्टिकोण की एक दूसरी पंक्ति, चार्ल्स बजरमैन (1997) जैसे लेखकों के कामों का अब तक संकेत देती है, बाद में वोगोत्स्की और गतिविधि सिद्धांत के विचारों को आकर्षित करने के तरीके को उजागर करने के लिए दस्तावेजों में मानवों के साथ–साथ बातचीत करते हैं ताकि आकार और पैटर्न वास्तव में मनुष्य क्या करते हैं मार्क्सवादी फ्रेम में विगोत्स्की (1978), उन तरीकों में दिलचस्पी रखते थे जिनमें उपकरण अपने उपयोगकर्ताओं को कैसे प्रभावित कर सकते थे (इसके बजाय कि लोगों ने अपने उपकरण का इस्तेमाल कैसे किया), और उस विषय के साथ बाजेरमैन (1997) ने 'असम्बद्धित संरचित गतिविधियों' के बारे में लिखा है, जिसमें से एक उदाहरण एयरलाइन पायलट की चेकलिस्ट से सम्बन्धित है। संरचनाओं को बंद करने की प्रक्रियाएं, उपकरणों की धारणा और निरीक्षण और विमान नियंत्रणों के हेरफेर (एक्स, वाई, जेड के स्तरों की जांच करें, एफ और जी के लिए रीडिंग का निरीक्षण करें, पी और क्यू की जांच करें, सी और डी के बारे में ग्राउंड स्टाफ से संपर्क करें आदि) बाजेरमैन इस तरह की एक चेकलिस्ट अवलोकन करता है। प्रक्रिया में पैंतरेबाजी या ढीली व्याख्या के लिए कमरा बहुत छोटा है – चेकलिस्ट से अनुक्रम और गतिविधि का संचालन होता है। जब हम आवेदन प्रपत्र, ऑन लाइन प्रश्नावली और इसी तरह के अन्य कार्य पूरा करते हैं, तो इस प्रकार के प्रभाव दिखाई दे सकते हैं, जिसमें मानव प्रतिवादी को दिए गए अनुक्रम में उत्तर देने की आवश्यकता होती है और जब तक कि पिछले चरणों का सटीक तरीके से जवाब नहीं दिया जाता है तब तक चरण 2 या 3 में स्थानान्तरण करने की अनुमति नहीं दी जाती है। प्रपत्र आंख, हाथ और विचार को ड्राइव करता है। डोरोथी विन्सोर (1999) ने भी गतिविधि सिद्धान्त को लागू करने के लिए यह दर्शाया है कि दस्तावेज (प्रचलित उपकरणों के रूप में) कैसे कार्य करते हैं ताकि संगठनात्मक प्रणालियों को एकजुट किया जा सके। उनके उदाहरण इंजीनियरिंग सेटिंग्स में औपचारिक काम के आदेशों के इस्तेमाल पर केंद्रित हैं, लेकिन पाठ और प्रलेखन को प्रभावी बनाने के लिए औपचारिक होना जरूरी नहीं है – भित्तिचित्र, विशेष रूप से राजनीतिक रूप से संवेदनशील संदर्भों में, कार्य की जटिल प्रणाली में उल्लेखनीय अभिनेताओं के रूप में कार्य कर सकते हैं (पेटीट, 1996)।

तीसरा और अन्तिम, हमारे दावों का समर्थन करने के लिए अभिनेता–नेटवर्क सिद्धान्त या एएनटी पर आकर्षित करना संभव है कि दस्तावेज अभिनेताओं के रूप में कार्य कर सकते हैं। कर्ताओं या 'कर्तृकों (Actants)' के रूप में चीजों और वस्तुओं को अवधारणा करने का विचार अभिनेता–नेटवर्क सिद्धांतकारों की पहचान है और एएनटी के भीतर एक प्रमुख तर्क यह है कि पारम्परिक भेद – वास्तव में, असमानता – भौतिक वस्तुओं और मनुष्यों के बीच में सिर्फ समस्यागत नहीं होना चाहिए, बल्कि उलटा होना चाहिए। उसी तरह, यह तर्क दिया जाता है कि विषय और

वस्तु के बीच का पारम्परिक भेद होना चाहिये, अतः, उदाहरण के लिए, गैर–मानवीय 'चीजों' को केवल (निष्क्रिय) संसाधनों के रूप में नहीं माना जाना चाहिये, जो कि मानवीय कलाकारों द्वारा सक्रिय होने पर ही विचार योग्य होता हैं, लेकिन उन्हें आर्थिक, तकनीकी, वैज्ञानिक और अन्य सभी प्रकार के रूपों को संगठनात्मक जीवन उनके स्वयं के अधिकार में महत्वपूर्ण भूमिका निभाते हुए देखा जा सकता है। यानी, 'चीजों' को उकसाने और निर्देशित करने के साथ साथ प्रत्यक्ष भी देखा जा सकता है। मानव कलाकारों और गैर–मानवीय कर्तृकों को कार्रवाई के नेटवर्क में कैसे फंसाया जाता है। इसके सर्वश्रेष्ठ ज्ञात अध्ययनों में से एक है जिसे मिशेल कैलोन (1986) के उत्तरी फ्रांस में एक प्रकार की स्कालोप मछली पकड़ने के अपने विश्लेषण में – एक विश्लेषण जिसमें स्कैलप्प्स, साथ ही साथ मछुआरों को एक भूमिका निभाने के लिए देखा जाता है (अफसोस की बात है कि दस्तावेजों में कैलोन के अध्ययन का केवल एक संक्षिप्त उल्लेख मिलता हैं)।

अध्याय सारांश

- दस्तावेजों के मानव एजेन्टों के लिये और चीजों के साथ व्यवहार के तरीके पर अभिनेताओं के रूप में दस्तावेजों की संकल्पना करने के लिए ध्यान देना शामिल होता है।
- ऐसे कई सैद्धांतिक आधार हैं जिन पर हम दस्तावेजों को अभिनेताओं के रूप में मान सकते हैं, और इस खंड में तीन विशिष्ट विचारों का उल्लेख किया गया है – अर्थात् भाषण–कृति सिद्धांत (Speech-Act Theory), व्यागोत्स्कियन गतिविधि सिद्धांत (Vygotskyan Activity Theory) और अभिनेता–नेटवर्क सिद्धांत (एएनटी)।
- हालांकि, इन तीनों में से, केवल एएनटी है जो कार्रवाई के नेटवर्क में दस्तावेजों की भूमिका पर जोर देता है।

भविष्य की संभावनाएं

इस बिन्दु पर इन मुद्दों का पता लगाने के लिए थोड़ी सी जगह है, लेकिन यह संकेत देने के लिए उपयुक्त है कि प्रभाव के नेटवर्क पर और 'कर्तृकों' के एक दूसरे से सम्पर्क जो एएनटी की विशेषता है, वह अच्छी तरह से अपनाने योग्य है। दरअसल, इस तरह के नेटवर्क को देखने के लिए सामाजिक अनुसंधान में एक उपयोगी भूमिका अदा करना है (प्रायर, 2008बी देखें), और यह ऐसी दृश्यात्मकता के संदर्भ में है कि महत्वपूर्ण प्रगति अभी भी होनी है। 'बड़े आंकड़ों' पर बढ़ते हुए ध्यान को देखते हुए भी ऐसा लगता है कि शोधकर्ताओं को (इलेक्ट्रॉनिक) पाठ के पर्याप्त संग्रह के 'दूरस्थ पठन' में, व्यक्तिगत ग्रंथों के करीब या विस्तृत पढ़ने के तरीकों से आगे बढ़ने के लिए प्रोत्साहित किया जाएगा।

संदर्भ

Allen, G. (2011) *Intertextuality* (2nd edn). Abingdon: Routledge.

American Psychiatric Association (2013) *Diagnostic and Statistical Manual of Mental Disorders (DSM-V)*. Washington, DC: American Psychiatric Association.

Babbie, E. (2013) *The Practice of Social Research* (13th edn). Belmont, CA: Wadsworth.

Barrett, R. (1996) *The Psychiatric Team and the Social Definition of Schizophrenia: An Anthropological Study of Person and Illness*. Cambridge: Cambridge University Press.

Bazerman, C. (1997) 'Discursively structured activities', *Mind, Culture, and Activity*, 4 (4): 296–308.

Berg, M. (1996) 'Practices of reading and writing: the constitutive role of the patient record in medical work', *Sociology of Health and Illness*, 18 (4): 499–524.

Billig, M. (1996) *Arguing and Thinking*. Cambridge: Cambridge University Press.

Bowker, G. C. and Star, S. L. (1999) *Sorting Things Out: Classification and Its Consequences*. Cambridge, MA: MIT Press.

Bryman, A. (2012) *Social Research Methods* (4th edn). Oxford: Oxford University Press.

Callon, C. (1986) 'Some elements of a sociology of translation: domestication of the scallops and the fishermen of St Brieuc Bay', in J. Law (ed.), *Power, Action and Belief: A New Sociology of Knowledge?* London, Routledge, pp. 196–223.

Cooren, F. (2004) 'Textual agency: how texts do things in organizational settings', *Organization*, 11 (3): 373–93.

Douglas, J. D. (1967) *The Social Meanings of Suicide*. Princeton: Princeton University Press.

Foucault, M. (1972) *The Archaeology of Knowledge*, tr. A. Sheridan. New York: Pantheon.

Gadamer, H.-G. (1975) *Truth and Method*. London: Sheed & Ward.

Garfinkel, H. (1967) *Studies in Ethnomethodology*. Englewood Cliffs, NJ: Prentice Hall.

Giddens, A. (1984) *The Constitution of Society*. Cambridge: Polity.

Glaser, B. G. and Strauss, A. L. (1967) *The Discovery of Grounded Theory*. Chicago, IL: Aldine.

Green, M. (2014) 'Speech acts', *The Stanford Encyclopedia of Philosophy* (Winter edn), ed. Edward N. Zalta. http://plato.stanford.edu/archives/win2014/entries/speech-acts/ (accessed 4 December 2015).

Harper, R. (1998) *Inside the IMF: An Ethnography of Documents, Technology, and Organizational Action*. London: Academic Press.

Henderson, K. (1991) 'Flexible sketches and inflexible data bases', *Science, Technology and Human Values*, 16 (4): 448–73.

Kitsuse, J. I. and Cicourel, A. (1963) 'A note on the use of official statistics', *Social Problems*, 11 (2): 131–9.

Krippendorf, K. (2004) *Content Analysis: An Introduction to its Methodology* (2nd edn). London: Sage.

Madge, J. (1953) *The Tools of Social Science*. London: Longmans.

Neuendorf, K. A. (2002) *The Content Analysis Guidebook*. Thousand Oaks, CA: Sage.

Peteet, J. (1996) 'The writing on the walls: the graffiti of the Intifada', *Cultural Anthropology*, 11 (2):139–59.

Platt, J. (1996) *A History of Sociological Research Methods in America, 1920–1960*. Cambridge: Cambridge University Press.

Plummer, K. (2001) *Documents of Life 2: An Invitation to Critical Humanism*. London: Sage.

Preda, A. (2002) 'Financial knowledge, documents, and the structures of financial activities', *Journal of Contemporary Ethnography*, 31 (2): 207–39.

Prior L. (2003) *Using Documents in Social Research*. London: Sage.

Prior, L. (2008a) 'Repositioning documents in social research', *Sociology*. Special Issue on Research Methods, 42: 821–36.

Prior, L. (2008b) 'Documents and action', in P. Alasuutari, L. Bickman and J. Brannen (eds), *Sage Handbook of Social Research Methods*. London: Sage, pp. 479–92.

Prior, L. (2011) *Using Documents and Records in Social Research*, four volumes. London: Sage.

Prior, L. (2014) 'Content analysis', in P. Leavy (ed.), *The Oxford Handbook of Qualitative Research*. New York: Oxford University Press, pp. 359–79.

Ricoeur, P. (1991) *From Text to Action: Essays in Hermeneutics II*, trans. K. Blamey and J. B. Thompson. London: Athlone Press.

Roe, E. (1994) *Narrative Policy Analysis, Theory and Practice*. Durham, NC: Duke University Press.

Singleton, N., Bumpstead, R., O'Brien, M., Lee, A., Meltzer, H. and Hinds, K. (2001) *Psychiatric Morbidity among Adults Living in Private Households*. London: TSO.

Smith, D. E. (1974) 'The social construction of documentary reality', *Sociological Inquiry*, 44 (4): 257–68.

Smith, D. and Turner, S. M. (eds) (2014) *Incorporating Texts into Institutional Ethnographies*. Toronto: University of Toronto Press.

Smith, J. A., Flowers, P. and Larkin, M. (2009) *Interpretative Phenomenological Analysis*. London: Sage.

Vygotsky, L. S. (1978) *Mind in Society: The Development of Higher Psychological Processes*. Cambridge, MA: Harvard University Press.

Weber, R. P. (1990) *Basic Content Analysis*. Newbury Park, CA: Sage.

WHO (World Health Organization) (2013) *Health 2020: A European Policy Framework and Strategy for the 21st Century*. Copenhagen: WHO.

Winsor, D. (1999) 'Genre and activity systems: the role of documentation in maintaining and changing engineering activity systems', *Written Communication*, 16 (2): 200–24.

Zerubavel, E. (1979) *Patterns of Time in Hospital Life: A Sociological Perspective*. Chicago and London: University of Chicago Press.

Zimmerman, D. H. and Pollner, M. (1971) 'The everyday world as a phenomenon', in J. D. Douglas (ed.), *Understanding Everyday Life*. London: Routledge & Kegan Paul, pp. 80–103.

भाग V
बातचीत

पारस्परिक विचार विमर्श में बातचीत का विश्लेषण करने के लिये दो सम्बन्धित तरीकों को इन दो अध्यायों में दिखाया गया है। जोनाथन पॉटर ने 'छद्म (विघटनकारी) मनोविज्ञान' पर चर्चा की है, जिसे निर्माणवादी परम्परा में स्वाभाविक रूप से होने वाली बातचीत का विश्लेषण करने के एक तरीके के रूप में भी डिस्कोर्स एनालिसिस (डीए) के नाम से जाना जाता है। डीए हमें इस बात को संबोधित करने की अनुमति देता है कि वास्तविकता के संस्करण कैसे तैयार किए जाते हैं जो वस्तुनिष्ठ और स्पीकर से अलग होते हैं। राजकुमारी डायना और सलमान रुश्दी के साथ टेलीविजन साक्षात्कारों से निकाले गये उदाहरणों का उपयोग करते हुए, दोस्तों के एपिसोड से उद्धरण और सम्बन्ध परामर्श सत्र से बातचीत को वह दर्शाता है कि हम उन तरीकों का विश्लेषण कैसे कर सकते हैं, जिसमें स्पीकर्स (वक्ताओं) उनकी अपनी कार्रवाइयों में 'हिस्सेदारी' को अस्वीकार करते हैं।

पॉटर के लिए, डीए अनुक्रमिक संगठन के संदर्भ में बयानबाजी संगठन पर केन्द्रित है। वार्तालाप विश्लेषण (सीए) अनुक्रमिक संगठन के साथ प्रत्यक्ष रूप से जुड़ा हुआ है। जॉन हेरिटेज का अध्याय एक सुलभ परिचय प्रस्तुत करता है कि रोजाना के पारस्परिक विचार विमर्श के विश्लेषण में बातचीत के विश्लेषणात्मक तरीकों का उपयोग कैसे किया जा सकता है। हेरिटेज मददगार ढंग से वार्तालाप विश्लेषण करने के बुनियादी व्यावहारिक विवरण निर्धारित करते हैं। बातचीत के निष्कर्षों का उपयोग करके, वह हमें यह बताता है कि वह कैसे तय करता है कि संवादात्मक अभ्यास विशिष्ट है या नहीं, उसे क्रम में कैसे पता लगाया जाए और फिर उसकी भूमिका या कार्य निर्धारित कैसे किया जाए। उन्होंने समीक्षकों के लिये एक शक्तिशाली उत्तर के साथ निष्कर्ष निकाला जो इस बात का पालन करते हैं कि सीए बातचीत के सामाजिक संदर्भ के साथ निपट नहीं सकता है।

बारह

छद्म (भ्रामक) मनोविज्ञान और स्वाभाविक रूप से होने वाली बातचीत का अध्ययन

(Discursive Psychology and the Study of Naturally Occurring Talk)

जोनाथन पॉटर

इस अध्याय के बारे में

यह अध्याय भ्रामक मनोविज्ञान के बारे में है जो संभाषण विश्लेषण की एक शैली का परिचय देता है यह और सामाजिक प्रथाओं के रूप में बातचीत और पाठों के अध्ययन पर केंद्रित है। छद्म (अव्यावहारिक) मनोविज्ञान की बुनियादी सैद्धान्तिक और पद्धतिगत सुविधाओं को वर्णित किया गया है साथ ही साथ सवालों के प्रकारों को कार्य के इस शैली में विकसित किया गया है। चार विशेषताओं की समीक्षा की गयी है जो वार्तालाप विश्लेषण से छद्म मनोविज्ञान को अलग करती है। विश्लेषण के तर्क के एक उदाहरण के अनुसरण से यह रूपरेखा दी गई है जो समझने की कोशिश पर केन्द्रित है कि ब्रिटिश टेलीविजन पर एक उच्च प्रोफाइल साक्षात्कार के दौरान स्वर्गीय राजकुमारी डायना ने दो बार 'मुझे पता नहीं' का इस्तेमाल आखिर क्यों किया। हिस्सेदारी और दिलचस्पी के तरीकों का प्रतिभागियों से सम्बन्धित होना इसमें शामिल है और जिस तरह से हिस्सेदारी को प्रबंधित किया जा सकता है, या इसके विपरीत विशेष रूप से नाकामी निर्माण का उपयोग करके टीका (इनोकुलेटेड) लगाया जा सकता है। इसे आगे अखबार के प्रतिवेदनों एवं सम्बन्ध परामर्श सत्रों से लिये गये उद्धरणों के विश्लेषणों द्वारा सचित्र दर्शाया गया है।

कीवर्ड्स - भ्रामक मनोविज्ञान (discursive psychology), संभाषण विश्लेषण (discourse analysis), पारस्परिक विचार विमर्श (interaction), हिस्सेदारी (stake), शुभेच्छायें (benefactives), तथ्य निर्माण (fact construction), ज्ञानमीमांसा शास्त्र (epistemics)।

स्वाभाविक रूप से होने वाली बातचीत का अध्ययन करने के लिए इस अध्याय में चर्चा के तरीके पर ध्यान दिया जाएगा। लेबल के रूप में संभाषण विश्लेषण भ्रम का एक स्रोत हो सकता है क्योंकि विभिन्न रूपों के संभाषण विश्लेषणात्मक कार्य भाषाविज्ञान, संज्ञानात्मक मनोविज्ञान, सामाजिक मनोविज्ञान, समाज भाषाविज्ञान और उत्तर संरचनावाद (पोस्टस्ट्रक्चरलिज्म) के विभिन्न अनुशासनात्मक वातावरण में विकसित हुए हैं (अवलोकन के लिए फिलिप्स और जोर्गेनसेन, 2002, वूफिट, 2005) देखें। यह अध्याय संभाषण अनुसंधान के किनारे पर केंद्रित होगा जिसे अक्सर भ्रामक मनोविज्ञान (कभी–कभी निम्नलिखित डीपी) के रूप में जाना जाता है। यह सिर्फ एक विधि नहीं है, यह सामाजिक जीवन के लिए एक व्यापक दृष्टिकोण है जो मेटा–सैद्धांतिक मान्यताओं, सैद्धांतिक विचारों, विश्लेषणात्मक झुकाव और कार्य के निकाय को जोड़ती है। यह एक परिप्रेक्ष्य है जो वार्तालाप विश्लेषणात्मक कार्य पर भारी रूप से आकर्षित करता है (इस खण्ड में हेरिटेज, देखें)।

भ्रामक मनोविज्ञान (Discursive Psychology)

भ्रामक मनोविज्ञान एक निर्माणवादी दृष्टिकोण है यही डीपी है, जो दुनिया के संस्करण, समाज, घटनाओं और आन्तरिक मनोवैज्ञानिक दुनियाओं के तरीकों पर जोर देती है। यह भ्रामक मनोचिकित्सकों को प्रतिभागियों के निर्माण के बारे में अगुआई करता है और वे कैसे निपुण और निडर होते हैं (पॉटर और हेपबर्न, 2008)। व्यावहारिक

ज्ञानमीमांसाशास्त्रों पर यह फोकस ज्ञान और अनुक्रम पर अत्याधुनिक बातचीत के विश्लेषणात्मक ध्यान के साथ पूर्व सूचित और ओवरलैप करता है (कनेक्शंस के अवलोकन के लिए देखें पॉटर, 1996)। दरअसल, यह परिप्रेक्ष्य यर्थाथवाद (वास्तविकता) को मानता है, चाहे प्रतिभागियों या शोधकर्ताओं द्वारा विकसित किया गया हो, एक शब्दाडम्बरपूर्ण उत्पादन के रूप में जो स्वयं विघटित और अध्ययन जा सकता है (एडवर्ड्स एट आल., 1995)।

सामाजिक प्रथाओं में बातचीत और पाठों के रूप में भ्रामक मनोविज्ञान संभाषण का अध्ययन करने के लिए एक विश्लेषणात्मक प्रतिबद्धता है। वह यह है कि अमूर्त सत्व के रूप में भाषा पर केन्द्रित नही है जैसेकि शब्दकोश (लैक्सिकॉन) और व्याकरण सम्बन्धी नियमों के सेट (भाषा विज्ञान में), मतभेदों की प्रणाली (संरचनात्मकतावाद में), बयान बदलने के नियमों का एक सेट (फौकोलियन वंशावली में), के रूप में। इसके बजाय, यह पारस्परिक विचार विमर्श के लिए माध्यम है, लोग जो करते हैं उसका विश्लेषण करना तब संभाषण विश्लेषण तब बन जाता है। एक विषय जिस पर विशेष रूप से यहां जोर दिया गया है वह बातचीत और पाठों का बयानबाजी या तर्कसंगत संगठन है, दावों और संस्करणों का निर्माण विकल्पों को कमजोर करने के लिए किया गया है (बिलिग, 1996)।

भ्रामक मनोविज्ञान (डीपी) न तो विशिष्ट रूप से मनोवैज्ञानिक और न ही समाजशास्त्रीय है। एक तरफ, डीपी ने भ्रामक पदों में फिर से विन्यसित करने के द्वारा उनके परम्परागत मनोवैज्ञानिक विचारों को निगल लिया है। उदाहरण के लिए, एक संज्ञानात्मक लिपि के रूप में क्लासिक मनोवैज्ञानिक धारणा को अपने स्वयं के या दूसरे के व्यवहार के विवरणों के 'स्क्रिप्ट फॉर्मूलेटिंग' द्वारा लोग जो करते हैं, इस पर विचार करके फिर से काम किया जा सकता है (एडवार्ड्स, 1994)। भ्रामक मनोविज्ञान अध्ययन के एक क्षेत्र को उजागर करता है जो कि मनोविज्ञान की मुख्यधारा से अछूता रहा है (एडवार्ड्स, 1997, एडवार्ड्स और पॉटर, 1992, पॉटर एंड एडवार्ड्स, 2013)।

दूसरी तरफ, माइक्रो–मैक्रो भेद भी समस्याग्रस्त बना दिये गये हैं। यह तीन प्रकार के काम से धुंधला हो गये हैं सबसे पहला, अब वार्तालाप विश्लेषणात्मक अध्ययनों की एक श्रृंखला है, जो इस तरीके से सम्बन्धित है कि उसमें स्थापना के संस्थागत विशिष्ट गुणों को जैसे कि एक न्यूज इंटरव्यू, डॉक्टर–रोगी परामर्श या एक पुरस्कार समारोह सरल तरीके से संरचनात्मक रूप से निर्धारित होने के बजाय बातचीत में गठित किये जाते हैं (हेरिटेज़ एण्ड क्लेमैन, 2011, इस खण्ड में हेरिटेज़ देखें)। उदाहरण के लिए, विद्यालय की कक्षाओं में निश्चित रूप से शिक्षा सम्बन्धी (Pedagogic) बातचीत होती है, और फिर कक्षाओं में जो और बहुत कुछ होता है, वह शिक्षा विषयक (Pedagogic) नहीं होता है (चारों ओर खेलना, बातचीत करना), जबकि बहुत अधिक मानने योग्य शिक्षा सम्बन्धी बातचीत ('परीक्षण' प्रश्न, खोज को प्रोत्साहित करना) मेज पर परिवार के साथ नाश्ता करते हुये या टीवी के सामने बैठे साथी (पार्टनर) से हो जाती है। दूसरा, जिस तरह से लोग अपनी बातचीत में सामाजिक संगठन के विवरणों या कहानियों का निर्माण करते हैं, उस पर कार्य है। उदाहरण के लिए, वेथेरेल्ल और पॉटर (1992) ने सामाजिक समूहों के विशेष निर्माणों, संघर्षों और प्रभाव की प्रक्रियाओं, इतिहासों इत्यादि के तरीके अध्ययन किए, अल्पसंख्यक समूहों को उनकी स्वयं की वंचित सामाजिक स्थिति के लिए उन्हें दोष देने के लिए व्यावहारिक संसाधनों के रूप में तैयार किये गये थे। यही है कि सामाजिक संरचना पारस्परिक विचार विमर्श का हिस्सा बन जाती है क्योंकि इस पर काम किया जाता है, आह्वाहन किया जाता है और फिर से इसी पर काम किया जाता है (विगिन और हेपबर्न, 2007)। तीसरा, भ्रामक मनोविज्ञान (डीपी) में हाल ही में किया गया कार्य है जो मनोवैज्ञानिक विचारों के तरीके को उजागर करने के प्रयासों को इसके और संस्थाओं के लिए निर्मित किया गया है, और वे संगठनों के कुछ विशेष गुणों का निर्माण किस तरह से कर सकते हैं (एडवार्ड्स, 2008; बटलर एट आल., 2010)।

समकालीन भ्रामक मनोविज्ञान (डीपी) में प्राकृतिक सामग्री के विश्लेषण पर अपरिहार्य विश्लेषणात्मक ध्यान केंद्रित किया जाता है: हर रोज या संस्थागत स्थापनाओं (सेटिंग्स) में बातचीत करने वाले लोगों की ऑडियो या वीडियो रिकॉर्डिंग। यद्यपि बहुत पहले ओपेन–इन्डेड साक्षात्कारों में भ्रामक कार्य उपयोग किये जाते थे, लेकिन प्राकृतिक सामग्रियों के साथ काम करने के गुण और साक्षात्कारों की कमियां और अधिक स्पष्ट होती गयीं (देखें, पॉटर एण्ड हेपबर्न, 2005; सिल्वरमैन, 2007)। भ्रामक मनोविज्ञान काफी गुणात्मक है, हालांकि सैद्धांतिक तर्क मात्रात्मकता के खिलाफ असल में नहीं है, लेकिन अक्सर बातचीत और पाठों के साथ होने वाली अस्पष्ट

गतिविधियों की गिनती और कोडिंग के तरीके के खिलाफ होते हैं (देखें, इस खण्ड में हेरिटेज, इस वॉल्यूम में पेराकिला, शेगलोफ, 1993)।

भ्रामक मनोविज्ञान और पद्धति (Discursive Psychology and Method)

सामाजिक अनुसंधान की पद्धति में परम्परागत कहानियों में आपके पास एक प्रश्न होता है और फिर आप उस प्रश्न का उत्तर देने के लिए एक विधि की खोज करते हैं। उदाहरण के लिए, आपको 'कारकों' में रुचि हो सकती है जो यौन मुठभेड़ों में कंडोम के उपयोग करने की ओर ले जाती है, और विचार करती है कि शब्दचित्रों (विग्नेट्स), कुछ मुक्त साक्षात्कारों (ओपेन एण्डेड इन्टरव्यूज़) या सम्भाषण विश्लेषण के साथ उन्हें जांचने के लिए प्रयोग का उपयोग करना है या नहीं। इस तरह से भ्रामक मनोविज्ञान को अपनाना भ्रम के लिए एक नुस्खा है। भ्रामक मनोविज्ञान के लिये कुछ प्रश्नों में केवल अनुकूलता नहीं होती है, उदाहरण के लिए, पारम्परिक सामाजिक मनोविज्ञान और समाजशास्त्र में बहुत सी सोच के चलते कारकों और परिणामों के बारे में धारणाओं के प्रकारों को उनके अपनी बयानबाजी और आदर्श तर्क के साथ जाल (mesh) नहीं बनाया जाता है। असंतत प्रभावों के साथ असंतत चरों की दुनिया की कल्पना करने के बजाय, भ्रामक मनोविज्ञान में निर्माणों और संस्करणों को अपनाया जा सकता है, जवाब दिया जा सकता है या कम किया जा सकता है। इस प्रकार एक वर्गीकरण को माना जाता है कि इसे एक विशेषीकरण द्वारा कम किया जा सकता है, किसी नतीजे की कोई गारंटी नहीं होती है (बिलिग, 1991)। प्रतिमान किसी के लिये उन्मुख होते हैं: अर्थात, वे कार्रवाई के लिए टेम्पलेट नहीं होते हैं बल्कि विचलन की व्याख्या करने का एक तरीका प्रदान करते हैं। रिटर्न ग्रीटिंग की अनुपस्थिति, नियमितता को विचलित नहीं करती है, बल्कि यह निष्कर्ष का आधार होती है: प्राप्तकर्ता असभ्य, उदास, शायद बहरा होता है (हेरिटेज, 1988)। सामान्य बात यह है कि भ्रामक मनोविज्ञान के अध्ययनों की घटनाओं को अत्यधिक आदेश दिये जाते हैं लेकिन निर्धारित नहीं किये जाते हैं – पैटर्निंग क्रमबद्ध विकल्पों का एक उत्पाद है, क्योंकि पारस्परिक विचार विमर्श (इन्टरैक्शन) सेटिंग्स में प्रकट होता है।

अतः भ्रामक मनोविज्ञान के भीतर किस तरह के प्रश्न संगत होते हैं? सामाजिक प्रथाओं के रूप में बातचीत और पाठों पर सामान्य रूप से ध्यान केन्द्रित किया गया है, स्वयं प्रथाओं और संसाधनों पर दोहरा ध्यान केन्द्रित किया गया है जो उन प्रथाओं में तैयार किए जाते हैं। उदाहरण के लिए – लिंग असमानताएं लें। अध्ययनों में दोनों तरीकों पर विचार किया गया है जिसमें ऐसी असमानताओं का निर्माण किया गया है, जिससे बातचीत में तथ्यात्मकता बनी रहे और न्यायपूर्ण हों, और उन्होंने उन संसाधनों पर भी विचार किया है ('व्याख्यात्मक प्रदर्शनों की सूची (interpretative repertoires)', पहचान, श्रेणी प्रणालियों, रूपकों (metaphors)) जो उन असमानताओं को बनाए रखने के लिए काम करने वाले सुसंगत और प्रेरक औचित्य निर्माण के लिए उपयोग किए जाते हैं (व्हीथेरेल्ल एट आल., 1987; क्लार्क एट आल., 2004; स्टोको, 2011)।

विषय के रूप में स्वाभाविक रूप से होने वाली बातचीत (Naturally Occurring Talk as Topic)

मैं विशेष रूप से भ्रामक मनोविज्ञान पर ध्यान केंद्रित करने जा रहा हूं, जैसा कि स्वाभाविक रूप से होने वाली बातचीत पर लागू होता है। स्वाभाविक रूप से होने वाली बातचीत बोली जाने वाली भाषा है जो शोधकर्ताओं की कार्रवाईयों से पूर्णतयः स्वतंत्र निर्मित होती है, चाहें वह टेलीफोन पर हर रोज होने वाली बातचीत, कंपनी की बोर्ड की बैठक के रिकॉर्ड, या सर्जरी में डॉक्टर और रोगी के बीच होने वाली बातचीत हो। विशिष्ट अर्थ में यह स्वाभाविक है कि यह एक साक्षात्कार अनुसूची, एक प्रश्नावली, एक प्रयोगात्मक प्रोटोकॉल या कुछ ऐसे सामाजिक अनुसंधान प्रौद्योगिकी का उपयोग करके शोधकर्ता द्वारा नहीं पायी गई है। उपयुक्त परीक्षण के लिये कि क्या बात स्वाभाविक रूप से हो रही है या नहीं, कि क्या बात उसी तरह से हुई होगी यदि शोधकर्ता उसी दिन सुबह बीमार

हो गया था। चिकित्सा सत्रों या परिवार के भोजन की रिकॉर्डिंग पर ध्यान दिए बिना, प्रयोगों, फोकस समूहों और साक्षात्कारों को रद्द करना पड़ा था।

यह ध्यान रखना महत्वपूर्ण है कि पहले के भ्रामक मनोवैज्ञानिक कार्यों के बारे में विशिष्ट क्या है जिसमें मुक्त साक्षात्कारों (ओपन एण्डेड इन्टरव्यूज़) का इस्तेमाल किया गया है। जब मनोवैज्ञानिक और भाषायी रूप से रोचक प्रतिक्रियाओं को प्राप्त करने के लिए साक्षात्कारों को एक मशीनरी के रूप में माना जाता है, तो शोधकर्ता के उन तत्वों के बजाय प्रतिभागी द्वारा दिये गये योगदान से अनुसंधान साक्षात्कारों के उन तत्वों पर अनिवार्य रूप से केंद्रित होती है। हालांकि, दो या अधिक दलों के बीच पारस्परिक विचार विमर्श के लिए साक्षात्कारों को रणभूमि के रूप में अवधारणा बनाना संभव है। अर्थात्, हम उन्हें एक प्राकृतिक रूप से बातचीत सम्बन्धी पारस्परिक विचार विमर्श के रूप में व्यवहार में ला सकते हैं, उसी तरीके से उनका विश्लेषण कर सकते हैं, हम दोस्तों के बीच एक टेलिफोन वार्तालाप या कोर्टरूम में जिरह कर सकते हैं।

भ्रामक मनोविज्ञान एथनोमैथडोलॉजी और वार्तालाप विश्लेषण से कैसे सम्बन्धित है?
How is discursive psychology related to ethnomethodology and conversation analysis?

समकालीन भ्रामक मनोविज्ञान वार्तालाप विश्लेषण के विश्लेषणात्मक तरीकों पर भारी रूप से आकर्षित होता है (इस खण्ड में हेरिटेज़ देखें)। अपसरण के कई क्षेत्र हैं:

1. निर्माण–(Construction): भ्रामक मनोविज्ञान इस अर्थ में निर्माणवादी है कि विवरणों एवं संस्करणों पर विशेष ध्यान दिया जाता है जो कार्रवाईयों को क्रियान्वित करने के लिए इकट्ठा किये जाते हैं। विवरणों का निर्माण और उपयोग अध्ययन का विषय है (पॉटर, 1996)। भ्रामक मनोविज्ञान में कई विषयों में तथ्य निर्माण पर कार्य होते हैं जो आगे वार्तालाप विश्लेषण में विशेष रूप से विकसित किए जा रहे हैं (विशेषकर ज्ञानमीमांसा शास्त्र (Epistemics) और शुभेच्छाओं (Benefactives) के उभरते क्षेत्रों में)।
2. बयानबाजी–(Rhetoric): जबकि वार्तालाप का विश्लेषणात्मक कार्य अनुक्रमिक संगठन पर केंद्रित होता है, उस पर भ्रामक मनोविज्ञान केंद्रित होता है, लेकिन बयानबाजी सम्बन्धी संगठन पर भी ध्यान केंद्रित किया जाता है – विकल्पों का मुकाबला करने के लिए जिस तरह के संस्करणों को एक साथ रखा जाता है अनुक्रमिक संगठन की समझ अक्सर बयानबाजी सम्बन्धी संगठन को समझने के लिए एक शर्त होती है।
3. अनुभूति (Cognition): मनोविज्ञान में प्रभावशाली संज्ञानात्मक दृष्टिकोण से भ्रामक मनोविज्ञान एक विकल्प है। यह अंतर्निहित संज्ञानात्मक राज्यों के संदर्भ द्वारा कार्रवाई को स्पष्ट करने के उद्देश्य को अस्वीकार करता है। एथनोमैथडोलॉजी और वार्तालाप विश्लेषण (सीए) में अनुभूति की स्थिति का मुश्किल मुद्दा कुछ असहमति का एक स्रोत है (टे मोल्डेर एण्ड पॉटर, 2005 में पेपर्स देखें)। एडवर्ड्स (1995 ए) ने सैकस की एक विरोधी–संज्ञानात्मकवादी पठन की पेशकश की है, पॉटर (2006) ने ड्रयू के वार्तालाप के कुछ विश्लेषणात्मक कार्य में संज्ञानात्मक धारणाओं का विश्लेषण प्रदान किया है (उदा., ड्रयू, 2005)। टे मोल्डर (2016) इस क्षेत्र में हाल के मुद्दों का सारांश देता है।

अब तक मैंने वार्तालाप के विश्लेषणात्मक अनुसंधान के लिए पृष्ठभूमि वाले कई मुद्दों को संबोधित किया है। ट्रांसक्रिप्शन, साक्षात्कार के आचरण, कोडिंग, वैधता के प्रारूपों, वार्तालाप अनुसंधान के लेखन के साथ जुड़ी अन्य श्रृंखला हैं जिसकी चर्चा करने के लिए कोई जगह नहीं है (देखें, पॉटर 2012)। इसके अधिक विस्तृत कवरेज के लिए देखें, एंटाकी एट आल., (2003), हेपबर्न एण्ड पॉटर (2003), पॉटर एण्ड वेथेरेल्ल (1987), मैक्किन्ले एण्ड मैक्किविटी (2008), वेथेरेल्ल एट आल., (2001 ए, 2001 बी), और विह्गिन एण्ड पॉटर (2008)। बातचीत पर वार्तालाप विश्लेषणात्मक अनुसंधान में शामिल विश्लेषणात्मक मानसिकता को स्पष्ट करने के उद्देश्य से इस अध्याय के बाकी हिस्सों के लिए मैं एक विशेष उदाहरण पर ध्यान केंद्रित करूँगा।

भ्रामक मनोविज्ञान और स्वाभाविक रूप से होने वाली बातचीत (Discursive Psychology and Naturally Occurring Talk)

वार्तालाप का विश्लेषण करने के विभिन्न तरीकों की एक विस्तृत श्रृंखला है। वार्तालाप और प्रथाओं में तैयार किये गये संसाधनों के प्रकारों पर ध्यान केन्द्रित करने वाले अध्ययनों के बीच अंतर स्पष्ट करने के लिए यह उपयोगी हैं जिनमें उन संसाधनों का उपयोग किया गया है। इसका प्रभाव बाद के अध्ययन के प्रकार पर होगा। मैं क्या करूँगा कि मामले से जुड़े कुछ मुद्दों को उजागर करूंगा जो इसके साथ कार्यों का विश्लेषण करता है, और ऐसा करने के सर्वोत्तम तरीकों में से एक कुछ विशेष सामग्री के साथ काम करना है। यह उस विधि के लेखन के बारे में सामान्य लक्ष्य से बचने का प्रयास करेगा जो स्वयं विश्लेषण के संचालन में सहायता के बजाय अन्य शिक्षाविदों को औचित्य प्रदान करता है।

राजकुमारी डायना और 'मुझे पता नहीं' (Princess diana and 'I dunno')

मैंने एक बातचीत के अंश के साथ शुरू करना पसन्द किया है जो दिलचस्प है और यूट्यूब पर पूरी तरह से आसानी से उपलब्ध है। यह एक विस्तारित बीबीसी टेलीविजन साक्षात्कार से लिया गया है, साक्षात्कारकर्ता मार्टिन बशीर है और साक्षात्कार देने वाली दिवंगत राजकुमारी डायना है (प्रतिलेखन चिह्नों को समझने के लिए के लिए परिशिष्ट देखें)।

उद्धरण – 1

Bashir: The -Quee:n described nineteen ninety tw↓o: (0.2)
as her (0.2) <annus (0.4) horribilis>. (0.5)
Princess: [((adjusts posture))]
Bashir: [.Dhh and it was in that] year: that (0.2) Andrew
Morton's book about you was published.
Princess: Mhm. ((nods and blinks))
Bashir: Dhhh did ↑you ever: (0.6) meet ↓Andrew Morton,
[or personally (.) help him with the] book?
Princess: [((raises eyebrows, shakes head))]
Princess: I never- (0.3) I [never met him.]
Princess: [((shakes head))]
(0.4)
Princess: No.
[(1.5)]
Princess: [((shakes head and purses lips))] (0.8)
Bashir: Did you ever (0.2) personally (0.2) assist
him with the writing of his book.
(0.8)
Princess: A lot of people.hhh ((clears throat))
saw the distress (0.4) that my life (.) was (.) in. (0.8)
Princess: And they felt- (0.8) felt it was a supportive thing to h:elp. (1.0)
Princess: In the way that they did. [(2.4)]
Princess: [((purses lips))]
Bashir: Did you: (0.6) allow your frien:ds, >your
close friends< to speak to Andrew °Morton°?

Princess: Yes I did. (1.0)
Princess: ((nodding)) Ye[s I d]id.
Bashir: [°Why°.] (0.7)
Princess: Hh I was: [(0.5) at the end of my tether.]
Princess: [((shaking head))]
(0.4)
Princess: I was: [(0.9) desperate.]
Princess: [((shaking head))]
(1.5)
Princess: >I ↑think I was so fed up with being< (0.2).h
see:n (0.3) as someone who was a ba:sket case. (0.8)
Princess: Cos I am a very strong person,.h (0.2)
and I know (0.3).h that causes complications. (0.8)
Princess: In the system (.) that I (0.4) live in.
[(4.0)]
Princess: [((smiles then purses lips))]
Bashir: How would a book (0.7) change that?
Princess: [↑I dunno..hh]
Princess: [((raises eyebrows, looks away))]
Maybe people have a better understanding, (0.6)
maybe there's a lot of women out there,.h
who suffer. (0.9)
Princess: On the same level but in a different environment? (0.2)
Princess: Who are unable to:.h (0.2) stand up for themselves? (0.2)
Princess: Becau:se (0.3).h their self-esteem is (0.2)
c-cut [into two, (0.2) I dun↑no]
Princess: [((shakes head))]

(पैनोरमा से, बीबीसी1, 20 नवंबर 1995)

यहां पर ध्यान देने वाली पहली बात यह है कि इस तरह के पारस्परिक विचार विमर्श का एक छोटा अनुक्रम अत्यधिक बहुमूल्य होता है और विभिन्न अध्ययनों की एक विस्तृत श्रृंखला के लिए प्रारम्भिक बिंदु भी हो सकता है। उदाहरण के लिए, वार्तालाप के विश्लेषकों ने साक्षात्कारकर्ता और साक्षात्कारदाता के पारस्परिक विचार विमर्श सम्बन्धी विभिन्न भूमिकाओं के तरीकों पर विचार करके इसका निर्माण किया है, और इस तरह से तटस्थता और टालमटोल जैसे मुद्दों का प्रबंधन किया है (क्लेमैन एण्ड हेरिटेज, 2002)। मैं विशेष रूप से भ्रामक मनोविज्ञान की अधिक विशिष्टता वाले एक विषय को लेने जा रहा हूं। मैं मुख्य रूप से बस उन दो लाइनों पर ध्यान केंद्रित करने जा रहा हूं जो कि तीर से प्रदर्शित हैं – दो 'मुझे पता नहीं है', ये क्यों? तीन कारण हैं, जिनमें से सभी भ्रामक मनोवैज्ञानिक अनुसंधान करने के विभिन्न पहलुओं को स्पष्ट करते हैं।

सर्वप्रथम, बातचीत के ये खण्ड (fragments) पारस्परिक विचार विमर्श में विवरणों की भूमिका और तथ्य निर्माण के साथ व्यापक और स्थापित विश्लेषणात्मक विचारों से सम्बन्धित हैं। हालांकि तब बात यह है कि मैं इस तरह की सामग्री के लिये पूर्व निर्धारित परिकल्पना के साथ नहीं आया हूं कि जब किसी प्रयोग का अभिकल्पन किया जाये तो एक सामाजिक मनोविज्ञानी अवश्य होना चाहिये, मेरे तरीके से यह पहले की हितों, ज्ञान और प्रसंगों (Concerns) की एक विस्तृत श्रृंखला से सम्बन्धित है। हालांकि, तथ्य निर्माण के विषय के बारे में विशेष रूप से कुछ खास नहीं है, एक ही तरह की सामग्री पर भरोसा करने के लिए विभिन्न स्थापित हितों की एक श्रृंखला लाई जा सकती है।

दूसरा, इन खण्डों (fragments) को आसानी से पारस्परिक विचार विमर्श के तुच्छ विवरण के रूप में माना जाता है। अगर हम पारस्परिक विचार विमर्श को एक सटीक रूप लेना चाहते थे, तो शायद उन पर हमारा ध्यान नहीं जा पायेगा। वीडियो पर लगभग वे अस्थायी आवाज देते हैं। हालांकि, बातचीत की विशेषताओं में से एक जिसे हार्वे सैकस (1992) और पारस्परिक विचार विमर्श के अन्य विश्लेषकों द्वारा दृढ़ता से जोर दिया गया है कि जो विवरण मामूली लग सकते है वह पारस्परिक विचार विमर्श करने वालों (interactants) के लिये बेहद महत्वपूर्ण हो सकते हैं। सामाजिक वैज्ञानिकों द्वारा अक्सर बीचचीत को वक्ताओं के बीच सूचना प्राप्त करने के लिए संवाहक के रूप में व्यवहार में लाते हैं: यह एक संदेश होता है और यह एक व्यक्ति से दूसरे के पास जाता है। जब हम इस तस्वीर का प्रयोग करते हैं तो यह कल्पना करना आसान होता है कि जानकारी के कुछ बुनियादी पैकेज में महत्वपूर्ण क्या है, और फिर सिग्नल में बहुत ज्यादा महत्वहीन शोर जुड़ जाते हैं: झिझक, विराम, ओवरलैप, विशिष्ट शब्दों की पसंद इत्यादि। भ्रामक मनोवैज्ञानिकों के लिए यह दृश्य मौलिक रूप से गुमराह करता है। बातचीत करने की इन विशेषताओं को व्यवहार में लाने के बजाय शुद्ध संदेश पर केवल एक धूमिल बढ़त के रूप में लाया जाता है। इन विशेषताओं को ठीक से निर्धारित किया जाता है कि कौन सी कार्रवाई की जा रही है और साथ ही साथ एक समृद्ध संसाधन उपलब्ध कराया जाता है, जो दोनों प्रतिभागियों और विश्लेषकों को यह समझने के लिए उपयोग किया जाता है कि यह गतिविधि है क्या।

यही कारण है कि बातचीत को ध्यानपूर्वक लिखा जाता है क्योंकि यह परम्परागत 'नाटक की रूपरेखा' में प्रस्तुत किए जाने के बजाए प्रदत्त किये गये रूप में लिखा जाता है जो कई प्रकार के गुणात्मक कार्य में आम है। यह ध्यान रखें कि कभी–कभी यह शिकायत होती है कि ऐसे प्रतिलेखन अनावश्यक, बेकार या यहां तक कि – पापों का पाप – सकारात्मकवादी! होते हैं। हालांकि, यह याद रखना महत्वपूर्ण है कि अक्सर लिप्यंतरण (transcript) के लिए चलाए जाने वाली प्लेस्क्रिप्ट (playscript) खुद को अत्यधिक परम्परागत रूप से पेश करती है और पारस्परिक विचार विमर्श के बारे में मुख्य रूप से अकथनीय मान्यताओं का सेट बनाती है।

'मुझे पता नहीं' पर ध्यान केंद्रित करने का तीसरा कारण यह है कि यह बातचीत के लिए एक संज्ञानात्मक मनोवैज्ञानिक दृष्टिकोण के साथ भ्रामक मनोविज्ञान के विपरीत एक सुव्यवस्थित तरीका प्रदान करता है। 'मुझे पता नहीं है' से एक संज्ञानात्मक मनोवैज्ञानिक क्या कर सकता है? सभी प्रकार की संभावनाएं होती हैं, लेकिन एक दृष्टिकोण यह भी है कि ऐसे कथनों (utterances) को 'अनिश्चितता टोकन (uncertainty tokens)' के रूप में व्यवहार में लाया जा सकता है, अर्थात्, शब्द या अभिव्यक्ति जिसे लोगों द्वारा अनिश्चितता की स्थितयों का प्रतिवेदन करने के लिए उपयोग किया जाता हैं। यह किसी व्यक्ति की संज्ञानात्मक प्रक्रियाओं और प्रतिनिधित्वों के लिए भाषा उपयोग से सम्बन्धित सामान्य संज्ञानात्मक मनोवैज्ञानिक दृष्टिकोण के अनुरूप होगा (एडवार्ड्स, 1997)। 'मुझे पता नहीं है' पर विचार करते है कि बातचीत के लिए एक संज्ञानात्मक और भ्रामक दृष्टिकोण की तुलना करने की और इसके विपरीत होने की अनुमति देने के गुण हैं।

वार्तालाप अनुसंधान की उल्लेखनीय विशेषताओं में से एक यह है कि इस तरह की सामग्री के एक सेट के अर्थ को समझने की शुरुआत करने का सबसे अच्छा तरीका अन्यं सामग्रियों या अन्य प्रकार के निष्कर्षों पर विचार करना हो सकता है। अपने सबसे बुनियादी आधार पर, उच्च गुणवत्ता के विश्लेषण के निर्माण के लिए हर रोज और संस्थागत बातचीत की कुछ खास सुविधाओं के लिए एक अच्छा अनुभव आवश्यक है। इस मामले में, मैं सुझाव देता हूं कि राजकुमारी डायना के 'मुझे पता नहीं है' कथन के तरीकों में से एक यह है कि भ्रामक मनोविज्ञान में हिस्सेदारी और दिलचस्पी के मुद्दों के तरीके पर विचार करने के लिये अवधारणात्मक बनाया गया है।

प्रतिभागी के विचार के रूप में हिस्सेदारी (Stake as a participant's concern)

लोक पद्धति विज्ञान (नृजातीय पद्धति) सम्बन्धी और वार्तालाप सम्बन्धी विश्लेषणात्मक परम्परा में कार्य पारस्परिक विचार विमर्श में जवाबदेही की केन्द्रीयता पर प्रकाश डालता है। मनोवैज्ञानिक मुद्दों से निपटने वाले

भ्रामक मनोवैज्ञानिकों ने इस महत्व को बल दिया है कि प्रतिभागियों ने हिस्सेदारी और दिलचस्पी के मुद्दों पर जगह दी है (एडवार्ड्स और पॉटर, 1992)। लोग अपनी इच्छाओं, उद्देश्यों, संस्थागत निष्ठाओं इत्यादि के साथ सत्वों (entities) के रूप में एक दूसरे के साथ व्यवहार करते हैं। उनकी कार्रवाईयों में हिस्सेदारी रखने के नाते और उन कार्रवाईयों को दूसरों की बजाय कुछ दलों के लाभ के लिए देखा जाता है। संदर्भित हिस्सेदारी किसी कार्रवाई के महत्व को छूट देने या अपनी प्रकृति पर पुनः कार्य करने का एक प्रमुख तरीका है। उदाहरण के लिए, दोष देने को केवल द्वेष के एक उत्पाद के रूप में छूट दी जा सकती है, एक प्रस्ताव को प्रभावित करने की कोशिश के रूप में छूट दी जा सकती है। इस काम में बुनियाद को कवर किया गया है जो हाल ही में हितकारी (Benefactives) होने के विचारों का उपयोग करने वाले वार्तालाप विश्लेषकों द्वारा संबोधित किया गया है (क्लेमैन एण्ड हेरिटेज, 2014)।

यहां एक स्पष्ट उदाहरण है जहां स्पीकर एक दावे (प्रतिवेदित) को कम करवाने के लिए दिलचस्पी दिखाता है यह उद्धरण एक मौजूदा कार्यक्रम के मामलों से है जिसमें डेविड फ्रॉस्ट द्वारा लेखक सलमान रुश्दी का साक्षात्कार किया जा रहा है। फ्रॉस्ट फतवा के बारे में पूछ रहा है – रुश्दी पर धार्मिक मौत की सजा।

उद्धरण – 2

फ्रॉस्टः और अब वे इसे कैसे रद्द कर सकते हैं? क्या वे इसे रद्द कर सकते हैं – वे कहते हैं कि वे नहीं कर सकते।

→ रूश्दीः हाँ, लेकिन आप जानते हैं, वे कर सकते हैं, वे नहीं करेंगे, जैसा कि किसी ने एक बार कहा था। बात यह है, धर्मशास्त्र के रहस्य के प्रकार को बिना जाने, कोई तकनीकी समस्या नहीं है। समस्या तकनीकी नहीं है समस्या यह है कि वे चाहते नहीं हैं।

(पब्लिक ब्राडकास्टिंग सर्विस, 26 नवंबर 1993 – उनके लिप्यान्तरण)

रुश्दी की इस दावे पर प्रतिक्रिया है कि फतवा को रद्द नहीं किया जा सकता है, जैसा कि जाहिर है कि दावे से छूट के लिये प्रेरित किया गया है। परिचित वाक्यांश 'वे करेंगे, वे नहीं करेंगे' ईरानियों के दावे को मानते हैं, जैसा कि उम्मीद की जा रही हैः माना कि यह एक ऐसी बात है जिसमें कि उस पृष्ठभूमि वाले लोगों, उनकी दिलचस्पियां, मनोभावों के सेट होगे, और यह साझा ज्ञान के रूप में उस पूर्वकथनीयता (predictability) का सूत्रपात करता है। यह उद्धरण दावों की छूट के लिए हिस्सेदारी और दिलचस्पी को लागू करने की संभावना को दर्शाता है।

संभाषण और वार्तालाप दोनों के विश्लेषकों ने जोर दिया है कि जहां कुछ कठिनाई या मुद्दा व्यापक है, इसके साथ निपटने के लिए कुछ अच्छी तरह से विकसित प्रक्रियाएं होने की संभावना होती है। उदाहरण के लिए, स्थापित होने वाली प्रक्रियाओं को देखते हुए जो कि प्रबंधन को चालू रखने के लिए मौजूद होती है, हम उम्मीद करते हैं कि वार्तालाप को समाप्त करने के लिए कुछ प्रक्रियाएं मौजूद होनी चाहिये, और यह वही होता है जो पाया गया है (शेग्लॉफ एण्ड सैकस, 1973)। या, विश्लेषणात्मक संभाषण के लिये एक और उदाहरण लेते हैं, यह देखते हुए कि वैज्ञानिकों ने अपने स्वयं के दावों को न्यायसंगत बनाने के लिए और विरोधियों के उन दावों को कम करने के लिए उपयोग किए जाने वाले शब्दों के प्रदर्शनों की सूची से असंगत गुणों को अलग रखा है, हम उम्मीद करेंगे कि कुछ तरकीबें (डिवाइसेस) उन स्थितियों से निपटने के लिए विकसित की जायेंगी जहां उन प्रदर्शनियों की सूची एक साथ आती हैं, और यह वही होती हैं जो पायी गयी है (गिल्बर्ट एण्ड मुल्के, 1984)।

वार्तालाप की ऐसी विशेषताओं को एक चिकित्सा सादृश्य द्वारा समझा जा सकता है। इसके खिलाफ टीकाकरण से लोग तपेदिक जैसे बीमारी के होने से बच सकते हैं। शायद उसी तरह वार्तालाप करने वालों (संवादवादी) और लेखकों को आसानी से सीमित कर सकते हैं, जिसके साथ उनकी बातचीत और पाठों की हिस्सेदारी से टीकाकरण करके कम किया जा सकता है (पॉटर, 1996)। जैसे कि आप बीमारी को रोकने के लिए एक प्रहार करते है, शायद आप अपनी बात को कमजोर होने से रोकने के लिए वार्तालाप के एक टुकड़े को इंजेक्ट कर सकते हैं।

'मुझे पता नहीं' एक हिस्सेदारी के टीकाकरण के रूप में **('I dunno' as a stake inoculation)**

फिर, अब तक, मैंने कुछ पृष्ठभूमि वाले विचारों पर जोर दिया है जिससे हमें यह समझने में सहायता मिल सकती है कि उद्धरण 1 में राजकुमारी डायना के 'मुझे पता नहीं है' से क्या कर सकते हैं। विश्लेषण जारी रखने का एक उपयोगी तरीका इसी तरह के कुछ और उदाहरण एकत्रित करना है। अधिक औपचारिक रूप से, हम इस बारे में अध्ययन के लिए एक कॉर्पस बनाने या यहां तक कि डेटा के एक सेट की कोडिंग तैयार करने के रूप में सोच सकते हैं। हम इसे जो भी कह सकते हैं, कि इसका लक्ष्य, पैटर्न देखने और विशिष्ट निर्माण के विभिन्न गुणों को उजागर करने में विश्लेषक की मदद करना है। हालांकि प्रारम्भिक प्रक्रियाओं में से कुछ अप्रत्यक्ष रूप से समान हैं, जिसका लक्ष्य, श्रेणियों के भीतर विशेष प्रकार की बातचीत की घटनाओं की गिनती प्रदान करने वाली सामग्री विश्लेषणात्मक नहीं है।

निम्नलिखित दिये गये उद्धरण 3 से सम्बन्ध परामर्श सेवा सत्रों (relationship counselling sessions) से ली गई सामग्रियों के सेट के माध्यम से 'मैं नहीं जानती हूं' के लिये तलाश करना है। यह उद्धरण एक लंबी कहानी की शुरुआत से आता है जिसमें स्पीकर जिमी (Jimmy) अपनी पत्नी कोनी (Connie) के साथ पब में एक मुश्किल शाम का वर्णन कर रहा है। कोनी और जिमी के साथ–साथ एक परामर्शदाता (counsellor) उपस्थित है। सत्र में विषयों में से एक जिमी द्वारा कॉनी की अन्य लोगों के साथ छेड़खानी करने के बारे में शिकायतों की एक श्रृंखला है। उसी समय कोनी ने कई सुझाव दिए हैं कि वह निदान शास्त्र की दृष्टि से (Pathologically) ईर्ष्यालु है और यौन सुझाव के रूप में हानिरहित सुशीलता को देखने के लिए प्रवण (prone) हैं (एडवार्ड्स, 1995बी)।

उद्धरण – 3

Jimmy: This ↑one particular night, (0.2)
anyway (0.2) there was uh: (1.2) I didn't-
Connie had made arrangements to ↑meet people.
(1.8)
And I didn't want to. (0.6)
It wasn't any other thing.
(1.6)
A:nd (0.8) we sat in the pub and
we (.) started to discuss=
=>we had a little bit of a row.< (2.0)
In the pub. (0.6)
And arguing about the time. (0.8)
U:m (.) whe:n these people came in. (.)
>It was:< (.) John and Caroline. (1.0)
And then they had- (.)
this other fella Dave.
oWith them as well.o
[6 lines omitted]
they all came in the pub anyway. (1.0)
Well (.) Connie sat beside (0.6) Caroline.
And I sat (further back).
So you was (.) you was split between us.
They sat in- on the other side.
(1.0)

[16 lines omitted]
And uh:: (1.0)
1→ Connie had a short skirt on
2→ I don't know. (1.0)
And I knew this- (0.6)
uh ah- maybe I had met him. (1.0) Ye:h. (.)
I musta met Da:ve before. (0.8)
But I'd heard he was a bit of a la:d ( ).
He didn't care: (1.0) who he (0.2) chatted up or (.)
who was in Ireland (.) y'know
those were (unavailable) to chat up with.
(1.0)
So Connie stood up (0.8)
pulled her skirt right up her side (0.6)
and she was looking straight at Da:ve (.)
>°like that°< (0.6)

(DE:C2:S1:10–11)

हम कॉनी के स्कर्ट की लंबाई के लिये जिमी के विवरण पर विचार करना शुरू करें (तीर 1)। जिमी के लिए यह वर्णन कुछ महत्वपूर्ण व्यवसाय से सम्बन्धित है, कि क्यों वे परामर्श के लिए यहां मौजूद हैं, और जिनकी समस्याओं को फिक्सिंग की आवश्यकता है। छोटी स्कर्ट कोनी के चरित्र के बारे में कुछ मिसाल प्रस्तुत करती है यह कोनी के लिये 'चोंचले करने वाली (flirty)' के रूप में एक ब्लॉक निर्माण करना है, यह केवल जिमी की राय के बजाय एक विशेष उद्देश्य बनाना है। वह केवल ऐसी रिपोर्टिंग कर रहे हैं कि वह मनोवैज्ञानिक निर्णय में संलग्न होने के बजाय पहनावे को पसंद करती है। हालांकि, विवरण विशेष रूप से नाजुक है, जिसका अर्थ है कि इसमें जिमी के हिस्सेदारी की जांच होनी चाहिए। जिमी के लिए समस्या यह है कि वर्णन को घुमाया जा सकता है और इसका सबूत के तौर पर इस्तेमाल किया जा सकता है कि वह ठीक तरह से निदान शास्त्र की दृष्टि से (Pathologically) ईर्ष्यालु व्यक्ति है जो अपने साथी के स्कर्ट की लंबाई के हर विवरण को याद करके मन में घर कर लेता है। अर्थात्, उसका विवरण जितनी ज्यादा समस्याएं उसके लिए उत्पन्न कर सकता है उतनी ही कोनी के लिए। वह इस विनम्रता का प्रबंधन किस तरह से कर सकता है?

यह स्कर्ट की लंबाई के विवरण के तुरन्त बाद जिसे जिमी कहते हैं 'मैं नहीं जानता' (तीर 2)। वह सिर्फ ये कह रहे हैं कि वह यहाँ क्यों है? आइए हम इस संभावना पर विचार करें कि यह संभावित काउंटर को रोकने का प्रयास करता है कि जिमी कोनी के कपड़ों को ईर्ष्यापूर्वक निगरानी करता था, कि वह शाम से पहले ही इसके बारे में पहले से ही चिंतित था। यह व्याख्या अनुक्रम के विवरण के अनुरूप है। जिमी कोनी की स्कर्ट की लंबाई का विवरण प्रदान करता है जो उससे छेड़खानी की जाने वाले व्यवहार की उनकी तस्वीर का हिस्सा होता है, जो बदले में अपनी मजबूत प्रतिक्रिया को और अधिक जवाबदेह बनाता है। साथ ही, अनिश्चितता की अभिव्यक्ति इस विचार के खिलाफ काम करती है कि वह यह कह रहा है, यह देख रहा है, क्योंकि वह निदान शास्त्र की दृष्टि से ईर्ष्यालु व्यक्ति है।

'मुझे नहीं पता' को व्यवहार में क्यों नहीं लाना चाहिए जैसा कि जिमी साफ साफ कथा के इस विशेषता बारे में उसकी अनिश्चितता को प्रतिवेदित कर रहा है? इस तरह के कथनों के संज्ञानात्मक मनोवैज्ञानिक विवरण के अनुसार 'अनिश्चितता के चिह्नों' के रूप में होगें। 'मुझे नहीं पता' के लिये क्या हम इन अलग–अलग व्याख्याओं के बीच फैसला कर सकते हैं? इस बारे में हम कई तरह से चल सकते हैं। एक दृष्टिकोण जो वार्तालाप विश्लेषकों को विशेष रूप से उपयोगी साबित हुआ है, विभिन्न संस्करणों के बीच परिवर्तनशीलता को देखने के लिए किया गया

है। परिवर्तनशीलता से उम्मीद की जाती है, जहां लोग अलग–अलग कार्रवाईयों को करने के लिए अलग–अलग तरीके से अपनी बात का निर्माण करते हैं – परिवर्तनशीलता में और संस्करणों के बीच समझने के लिए एक महत्वपूर्ण सुराग मिल सकता है कि कार्रवाई को किस तरह से किया जाये। इस मामले में, उदाहरण के लिए, कोनी के स्कर्ट की लंबाई के लिये, हम दूसरे संदर्भों में सामग्रियों की तलाश कर सकते हैं। हमें बहुत कठोरता से नहीं देखना है! जिमी की लंबी कथा के बाद सबसे पहली बात जो कोनी कहती है, वह निम्नलिखित है

उद्धरण – 4

Connie: My skirt pro bably went up to about there. ((gestures))
Jimmy: ((gives a sharp intake of breath))
Connie: Maybe a bit shorter. It was done for no- I never looked at that particular bloke when I did it it was my friend commented
Oh you're showing o:ff a lot o' leg tonight.

(DE:C2:S1:11)

यहाँ पर उज़ागर करने के लिए दो चीजें विशेष रूप से महत्वपूर्ण हैं सबसे पहले, ध्यान दें कि जिमी की लम्बी कथा के विभिन्न नाटकीय घटनाओं के बावजूद, जिसका यह एक टुकड़ा है (आत्महत्या के प्रयास सहित)। कोनी को प्रतियोगिता के लिये चुनने वाली पहली बात उसकी स्कर्ट की लंबाई का वर्णन है। ऐसा करने में वह नैतिक श्रेणियों के विवरण के सम्बन्ध के बारे में एक कुशल जागरूकता प्रदर्शित कर रही है। यह एक ऐसा प्रदर्शन है जिसे हम इस विवरण के काम करने की हमारी अपनी समझ में सहायता के लिए उपयोग कर सकते हैं।

दूसरा, ध्यान दें कि जिमी को कॉनी की स्कर्ट की सटीक लम्बाई के बारे में कोई संदेह नहीं लगता है। जिमी की तेज, अत्यधिक जोर से सुनाई देने वाली, साँसों में कोनी की स्कर्ट की लंबाई के लिये उसके हावभावों की माप के साथ असहमति का प्रदर्शन होता है, कोनी द्वारा उस अवसर पर संशोधन के लिये अनिच्छा जाहिर होती है। फिर, मुद्दा यह होता है कि जिमी की धूमिल मेमोरी (cloudy memory) का कोई सबूत नहीं है – यहां पर 'मुझे नहीं पता' कुछ नहीं है, स्कर्ट की लंबाई में सटीकता अब दिन का क्रम लगता है। यह परिवर्तनशीलता इस 'मुझे नहीं पता' के एक हिस्से के टीकाकरण के रूप में अस्थायी भ्रामक मनोविज्ञान सम्बन्धी व्याख्या का समर्थन करती है और यह अतिरिक्त विशेषताओं वाले संज्ञानात्मक विवरण के साथ फिट नहीं होते है जिसमें वक्ता केवल निश्चितता की कमी को प्रतिवेदित करते हैं।

आइए, हम अब राजकुमारी डायना के साथ मार्टिन बशीर के साक्षात्कार पर वापस आते हैं। 'मुझे नही पता' बातचीत के इस अवतरण के बारे में, अब हम कुछ व्यवस्थित सुझाव देने के लिए बेहतर स्थिति में हैं। हम हिस्सेदारी और दिलचस्पी के प्रबन्धन में उनकी भूमिका का अर्थ, और विशेष रूप से हिस्सेदारी टीकाकरणों (stake inoculations) के रूप में उनके ऑपरेशन समझना शुरू कर सकते हैं।

पहली बात हमें विश्वास होना चाहिए कि इस सामग्री में हिस्सेदारी के मुद्दों के लिये एक अभिविन्यास है। इसकी तलाश करना मुश्किल नहीं है। बशीर ने एण्ड्रयू मॉर्टन की पुस्तक और रानी के लिए एक कठिन वर्ष (उसका प्रसिद्ध दुर्भाग्य का वर्ष) के बीच सम्बन्ध तैयार करके अनुक्रम को खोल दिया। बशीर तब राजकुमारी के साथ इस किताब के लिये उसकी भागीदारी के बारे में पूछताछ कर रहे थे। वह देखने वाले दर्शकों के लिए चिढ़ाने का प्रयास करता है कि इस पुस्तक (नकारात्मक रूप से निर्मित) के लिए वह कितनी जिम्मेदार है।

राजकुमारी डायना ने इन सवालों के जवाब इनकारों, बहिस्कारों, विवरणों और पुस्तक की भूमिका के असंतुलित संस्करणों की श्रृंखला में दिये (उस क्रम में पहले तीन सवालों के जवाब में)। हालांकि, उसने यह स्वीकार किया कि पुस्तक के साथ उसकी कुछ भागीदारी है, लेकिन केवल उसके अपने दोस्तों के जरिए, अब उसे एक मुश्किल सवाल का सामना करना पड़ता है कि पुस्तक कैसे सकारात्मक योगदान देती है (एक किताब उसे कैसे बदलेगी?)।

सुझाव देने हेतु इसकी क्षमता के कारण यह सवाल इतना मुश्किल है कि राजकुमारी डायना ने एक किताब के लिए बदला लेने हेतु जिसमें प्रिंस चार्ल्स शामिल थे, एक तिरस्कृत और प्रतिरक्षात्मक पूर्व पत्नी के रूप में काम किया है, (इस उद्धरण के तुरन्त बाद उल्लेख किया गया)। हिस्सेदारी के इस मुद्दे को देखते हुए, हम दो 'मुझे पता नहीं है' के स्थानन के अर्थ निकाल सकते हैं। जवाब में अनिश्चितता प्रदर्शित की गयी है कि एक पुस्तक यह सब कुछ कैसे बदल सकती है? ठीक तरह से खतरे का प्रबंधन करती है कि उसे गणना और दुर्भावनापूर्ण रूप में देखा जाएगा, कि एक महिला जिसने उसका बदला लेने के लिये सावधानीपूर्वक योजना बनाई है। इस कार्रवाई में निहित संभावित हानिकारक पहचान और पुस्तक के साथ मदद करने की उसकी कार्रवाई के बीच सम्बन्ध को तोड़ने में 'मुझे पता नहीं है' मदद करता है। मौखिक और गैर मौखिक के समन्वय को यहां देखें। उनका पहला 'मुझे पता नहीं है' के साथ उसके सोचने के बारे में एक प्रदर्शन कहा जा सकता है – वह दूर दिखती है जैसे कि इससे पहले ऐसा कभी नहीं पूछा गया हो या इससे पहले इसके बारे में सोच रखा था। यह मनोवैज्ञानिकीय मामलों की एक सुंदर प्रदर्शनी है, जो मुखर और गैर–मुखर दोनों कार्रवाईयों से मिलती है।

'उद्धरण' 1 में 'मुझे पता नहीं' की भूमिका के परिभाषीय विवरण का कोई मतलब नही है। और जाहिर है, यह उद्धरण के कई अन्य जीवित और प्रासंगिक विशेषताओं को सम्बोधित नहीं करता है। हालांकि, मैंने जो कुछ करने की कोशिश की है वह कुछ प्रक्रियाएं दिखाती है जो वार्तालाप के एक अंश की व्याख्या करने में मदद कर सकती हैं, और मानसिकता जो इस तरह के विश्लेषण के साथ होती है मुझे इन विशेषताओं में से कुछ को सूचीबद्ध करने दें।

वार्तालाप के विश्लेषण में विषय (Themes in the Analysis of Discourse)

वार्तालाप का विश्लेषण करते समय उठने वाले कुछ मुद्दों पर सिंहावलोकन करने का प्रयास इस अध्याय में किया गया है। विशिष्ट मानसिकता विकसित करने के रूप में विश्लेषणात्मक कौशल विकसित करना सर्वोत्तम चरित्र चित्रण है। भ्रामक मनोविज्ञान प्राक्कल्पनात्मक एवं निगमनात्मक (hypothetico & deductive) से अधिक आगमनात्मक (inductive) है, आमतौर पर काम एक पूर्वनिर्मित परिकल्पना के बजाय एक स्थापना या विशेष रूप से भ्रामक घटना के साथ शुरू होता है। पाठों और बातचीत (texts and talk) पर ध्यान केन्द्रित किया जाता है क्योंकि सामाजिक प्रथाओं में उनके अपने अधिकार होते हैं। भ्रामक मनोविज्ञान की प्रक्रिया का एक हिस्सा सामग्रियों के एक सेट की कोडिंग को शामिल कर सकता है, स्वयं को विश्लेषित करने वाली एक प्रक्रिया के बजाय प्रबन्धकीय आकार का एक काय (corpus) निर्मित करने के लिये इसका एक विश्लेषणात्मक प्रारम्भिक उपयोग किया जाता है। ऐसे संकेतकों और उद्धरणों के बारे में कुछ भी अलौकिक नहीं है, जिन्हें अनुसंधान के एक कार्यक्रम के दौरान अक्सर स्वतंत्र रूप से बाहर और भीतर शामिल किया जाता है।

भ्रामक मनोविज्ञान वार्तालाप (conversation) की विश्लेषणात्मक धारणा का अनुसरण करती है जो बातचीत और पाठ में विस्तार के किसी भी क्रम में पारस्परिक विचार विमर्श के लिए संभवतः परिणामस्वरूप होता है, और इस कारण से उच्च–गुणवत्ता वाले टेप का उपयोग ऑडियो या वीडियो रिकॉर्डिंग के साथ किया जाता है। इसके अलावा, भ्रामक मनोविज्ञान अनुसंधान आम तौर पर विश्लेषकों की पूर्व मान्यताओं पर व्यापार करने से बचा जाता है, जो कि प्रजाति लेखन सम्बन्धी विवरण कहे जा सकते हैं (जैसे – प्रतिभागियों की स्थिति, संदर्भ की प्रकृति, प्रतिभागियों का लक्ष्यों), उन पर काम करने वाली चीजों के रूप में देखने को प्राथमिकता देते हैं, बाह्य निर्धारक होने के बजाय पारस्परिक विचार विमर्श में शामिल होने और प्रासंगिक बनाने के लिये होते हैं।

भ्रामक मनोविज्ञान बातचीत और पाठों (talk and texts) को अंतर्निहित अनुभूतियों के लिए एक मार्ग के रूप में उपयोग नहीं करता है, वास्तव में, भ्रामक मनोविज्ञान सामाजिक प्रथाओं के अंगों के रूप में कथित तौर पर संज्ञानात्मक घटनाओं को व्यवहार में लाने के बजाय निश्चित रूप से संज्ञानात्मक कमी को स्पष्ट करने का मार्ग प्रदान करता है, इस पर ध्यान केन्द्रित किया गया है, उदाहरण के लिए, जिस तरह से प्रतिभागियों ने हिस्सेदारी

और दिलचस्पी के विवरणों को समझने और मूल्य कम करने के लिए आह्वान किया है, और वास्तविक कार्यों के रूप में बनाए गए विवरणों के माध्यम से कार्रवाईयों का आयोजन करने के द्वारा इस तरह से मूल्य कम करने का विरोध कैसे किया जा सकता है। अनिवार्य रूप से स्पष्ट व्याकरण के माध्यम से चिह्नित किए बिना विवरणों के निर्माण में ध्यान इस तरीके से केंद्रित किया जाता है कि जिसे लाभ होगा वह फैलाव के साथ जुड़ा रहता है (उदाहरण– क्लेमैन एण्ड हेरिटेज, 2014)।

'मुझे नहीं पता' ('I dunno') और 'मैं नहीं जानती' ('I don't know') की चर्चा के माध्यम से इस अध्याय में मैंने इन विषयों को चित्रित किया है। मैंने केवल उदाहरणों की एक छोटी संख्या पर विचार किया है। हालांकि, मुझे उम्मीद है कि अंतर्दृष्टियां और अधिक सामान्य हैं। मैं अमेरिका के दोस्तों की स्थिति कामेडी (sitcom) के उद्धरण के साथ समाप्त करता हूं। यहां तक कि कम से कम मेरे, साफ प्रतिलेखन के लिये मुझे लगता है कि हम जिस तरह से अनुक्रम में हास्य को देख सकते हैं, यह अनुक्रम ऊपर चर्चित 'मुझे नहीं पता' की विशेषताओं पर निर्भर करता है, और विशेष रूप से प्रत्येक 'मुझे नहीं पता है' के सूक्ष्म मनोवैज्ञानिक अंतर्दृष्टि के एक टुकड़े के वितरण का प्रबन्धन प्राप्तकर्ताओं के लिए परेशानी उत्पन्न करता है। यह अनुक्रम रॉस के साथ एक मनोवैज्ञानिक, रॉज से बात करने से आरम्भ होता है, जो उसकी पूर्व– पत्नी के बारे में है।

उद्धरण – 5

Ross: You see that's where you're wrong! Why would I marry her if I thought on any level that she was a lesbian?
Rodge: I don't know. ((shrugs)) Maybe you wanted your marriage to fail. ((laughs)) ←
Ross: Why, why, why would I, why, why, why?
Rodge: I don't know. Maybe ... Maybe low self esteem, maybe to compensate for overshadowing a sibling. Maybe you w- ←
Monica: W- w- wait. Go back to that sibling thing.
Rodge: I don't know. ((shrugs)) It's conceivable that you wanted to sabotage your marriage so the sibling would feel less like a failure in the eyes of the parents. ←
Ross: Tchow! That's, that's ridiculous. I don't feel guilty for her failures.

(दि वन विथ द बूबीज़, 27 जून 1996 – रॉस मोनिका का भाई, रोज एक मनोवैज्ञानिक, रॉस का प्रेमी (ब्वाय फ्रेन्ड) और मोनिका का दोस्त है। ध्यान दें कि प्रत्येक 'I don't know' पर अत्यधिक जोर दिया गया है)

अध्याय का सारांश

इस अध्याय में भ्रामक मनोविज्ञान का विहंगावलोकन किया गया है। यह वार्तालाप विश्लेषण से बुनियादी सैद्धान्तिक और पद्धति सम्बन्धी विषयों और प्रतिष्ठित भ्रामक मनोविज्ञान का वर्णन प्रदान करता है। विभिन्न प्रकार की सामग्रियों में 'मुझे पता नहीं' की भूमिका के अन्वेषण के माध्यम से भ्रामक मनोविज्ञान के विश्लेषणात्मक दृष्टिकोण को पेश किया गया था। इसकी उन विशेष नाजुक कार्रवाईयों में अपनी हिस्सेदारी का प्रबंधन करने वाले प्रतिभागियों के रूप में व्याख्या की गई थी, जो वे प्रदर्शन कर रहे हैं।

भविष्य की संभावनाएं

पिछले एक दशक में भ्रामक मनोवैज्ञानिकीय कार्य ने विभिन्न संस्थागत स्थापनाओं से ली गयी बातों के बड़े संग्रह वाले कार्य के कार्यक्रमों के निर्माण पर तेजी से ध्यान केन्द्रित किया है (हेल्पलाइन, पड़ोसी की मध्यस्थता)। यह कार्यक्रमों के कार्य में संचित होने वाले पूर्ण पैमाने पर अध्ययनों के निर्माण के लिए सैद्धांतिक रूप से लक्षित प्रदर्शनों के बिंदुओं को आगे बढ़ाने में स्थानांतरित हो गया है।

एक ही समय पर वार्तालाप विश्लेषण के साथ बढ़ती घनिष्ठ वचनवद्धता इस तरह से होती है कि दो दृष्टिकोणों का कभी भी अतिव्यापन या संविलयन कर दिया जाता है। भ्रामक मनोवैज्ञानिकीय कार्य के विकास पर अत्यधिक विश्लेषणात्मक कठोरता और वार्तालाप विश्लेषण की प्रणाली का महत्वपूर्ण प्रभाव रहा है। ऐसा होने की संभावना है कि यह घनिष्ठ वचनवद्धता विश्लेषणात्मक परिणाम और साथ ही दिलचस्प बहस जारी रखेगी।

पिछले कुछ वर्षों में भ्रामक मनोवैज्ञानिकों ने पारिवारिक स्थापनाओं में आमने–सामने बातचीत के वीडियो रिकॉर्डिंग पर ध्यान केंद्रित करना शुरू कर दिया है, जिसमें कार्रवाई के समन्वय पर विशेष ध्यान दिया गया है और परम्परागत रूप से विकास सम्बन्धी मुद्दें प्रतिभागियों के लिये किस तरह से जीवित (live) हों (छोटे बच्चे क्या कर सकते हैं)?। लागू प्रश्नों पर ध्यान देने के साथ इस प्रकार के कार्य जारी रहेगें, उदाहरण के लिए – स्वास्थ्य और सामाजिक सेवाओं के वितरण से सम्बन्धित मुद्दे

संदर्भ

Antaki, C., Billig, M., Edwards, D. and Potter, J. (2003) 'Discourse analysis means doing analysis: a critique of six analytic shortcomings', *Discourse Analysis Online*, 1.

Billig, M. (1991) *Ideologies and Beliefs.* London: Sage.

Billig, M. (1996) *Arguing and Thinking: A Rhetorical Approach to Social Psychology* (2nd edn). Cambridge: Cambridge University Press.

Butler, C. W, Potter, J., Danby, S., Emmison, M. and Hepburn, A. (2010) 'Advice-implicative interrogatives: building "client centred" support in a children's helpline', *Social Psychology Quarterly*, 73: 216–41.

Clarke, V., Kitzinger, C. and Potter, J. (2004) '"Kids are just cruel anyway": lesbian and gay parents' talk about homophobic bullying', *British Journal of Social Psychology*, 43: 531–50.

Clayman, S. E. and Heritage, J. C (2002) *The News Interview: Journalists and Public Figures on the Air*. Cambridge: Cambridge University Press.

Clayman, S. E. and Heritage, J. C. (2014) 'Benefactors and beneficiaries: benefactive status and stance in the management of offers and requests', in P. Drew and E. Couper-Kuhlen (eds), *Requesting in Social Interaction*. Amsterdam: John Benjamins, pp. 55–86.

Drew, P. (2005) 'Is confusion a state of mind?', in H. te Molder and J. Potter (eds), *Conversation and Cognition*. Cambridge: Cambridge University Press, pp. 161–83.

Edwards, D. (1994) 'Script formulations: a study of event descriptions in conversation', *Journal of Language and Social Psychology*, 13 (3): 211–47.

Edwards, D. (1995a) 'Sacks and psychology', *Theory and Psychology*, 5: 579–96.

Edwards, D. (1995b) 'Two to tango: script formulations, dispositions, and rhetorical symmetry in relationship troubles talk', *Research on Language and Social Interaction*, 28: 319–50.

Edwards, D. (1997) *Discourse and Cognition.* London and Beverly Hills, CA: Sage.

Edwards, D. (2008) 'Intentionality and *mens rea* in police interrogations: the production of actions as crimes', *Intercultural Pragmatics*, 5: 177–99.

Edwards, D., Ashmore, M. and Potter, J. (1995) 'Death and furniture: the rhetoric, politics and theology of bottom line arguments against relativism', *History of the Human Sciences*, 8: 25–49.

Edwards, D. and Potter, J. (1992) *Discursive Psychology.* London: Sage.

Gilbert, G. N. and Mulkay, M. (1984) *Opening Pandora's Box: A Sociological Analysis of Scientists' Discourse.* Cambridge: Cambridge University Press.

Hepburn, A. and Potter, J. (2003) 'Discourse analytic practice', in C. Seale, D. Silverman, J. Gubrium and G. Gobo (eds), *Qualitative Research Practice*. London: Sage, pp. 180–96.

Heritage, J. C. (1988) 'Explanations as accounts: a conversation analytic perspective', in C. Antaki (ed.), *Analysing Everyday Explanation: A Casebook of Methods*. London: Sage, pp. 127–44.

Heritage, J. C. and Clayman, S. (2011) *Talk in Action: Interactions, Identities and Institutions*. London: John Wiley.

McKinlay, A. and McVittie, C. (2008) *Social Psychology and Discourse*. London: Wiley Blackwell.

Phillips, L. J. and Jørgensen, M. W. (2002) *Discourse Analysis as Theory and Method*. London: Sage.

Potter, J. (1996) *Representing Reality: Discourse, Rhetoric and Social Construction*. London: Sage.

Potter, J. (2006) 'Cognition and conversation', *Discourse Studies*, 8: 131–40.

Potter, J. (2012) 'Discourse analysis and discursive psychology', in H. Cooper (editor-in-chief), *APA Handbook of Research Methods in Psychology: Vol. 2. Quantitative, Qualitative, Neuropsychological, and Biological*. Washington, DC: American Psychological Association Press, pp. 119–38.

Potter, J. and Edwards, D. (2013) 'Conversation analysis and psychology', in J. Sidnell and T. Stivers (eds), *The Handbook of Conversation Analysis*. Oxford: Wiley-Blackwell, pp. 701–25.

Potter, J. and Hepburn, A. (2003) 'I'm a bit concerned: early actions and psychological constructions in a child protection helpline', *Research on Language and Social Interaction*, 36: 197–240.

Potter, J. and Hepburn, A. (2005) 'Qualitative interviews in psychology: problems and possibilities', *Qualitative Research in Psychology*, 2: 281–307.

Potter, J. and Hepburn, A. (2008) 'Discursive constructionism', in J. A. Holstein and J. F. Gubrium (eds), *Handbook of Constructionist Research*. New York: Guildford, pp. 275–93.

Potter, J. and Wetherell, M. (1987) *Discourse and Social Psychology: Beyond Attitudes and Behaviour*. London: Sage.

Sacks, H. (1992) *Lectures on Conversation*, Vols I and II, ed. G. Jefferson. Oxford: Basil Blackwell.

Schegloff, E. A. (1993) 'Reflections on quantification in the study of conversation', *Research on Language and Social Interaction*, 26: 99–128.

Schegloff, E. A. and Sacks, H. (1973) 'Opening up closings', *Semiotica*, 7: 289–327.

Silverman, D. (2007) *A Very Short, Fairly Interesting and Reasonably Cheap Book about Qualitative Research*. London: Sage.

Stokoe, E. (2011) '"Girl – woman – sorry!": on the repair and non-repair of consecutive gender categories', in S. A. Speer and E. Stokoe (eds), *Conversation and Gender*. Cambridge: Cambridge University Press, pp. 85–111.

Te Molder, H. (2016) 'What happened to post-cognitive psychology?', in C. Tileagă and E. Stokoe (eds), *Discursive Psychology: Classic and Contemporary Issues*. London: Routledge, pp. 87–100.

Te Molder, H. and Potter, J. (eds) (2005) *Conversation and Cognition.* Cambridge: Cambridge University Press.

Weatherall, A. (2011) 'I don't know as a pre-positioned hedge', *Research on Language and Social Interaction*, 44 (4): 317–37.

Wetherell, M. and Potter, J. (1992) *Mapping the Language of Racism: Discourse and the Legitimation of Exploitation*. London: Harvester, New York: Columbia University Press.

Wetherell, M., Stiven, H. and Potter, J. (1987) 'Unequal egalitarianism: a preliminary study of discourses concerning gender and employment opportunities', *British Journal of Social Psychology*, 26: 59–71.

Wetherell, M., Taylor, S. and Yates, S. (eds) (2001a) *Discourse Theory and Practice: A Reader*. London: Sage.

Wetherell, M., Taylor, S. and Yates, S. (eds) (2001b) *Discourse as Data: A Guide for Analysis*. London: Sage.

Wiggins, S. and Hepburn, A. (2007) 'Discursive research: applications and implications', in A. Hepburn and S. Wiggins (eds), *Discursive Research in Practice: New Approaches to Psychology and Interaction*. London: Sage, pp. 281–91.

Wiggins, S. and Potter, J. (2008) 'Discursive psychology', in C. Willig and W. Hollway (eds), *The Sage Handbook of Qualitative Research in Psychology*. London; Sage, pp. 72–89.

Wooffitt, R. (2005) *Conversation Analysis and Discourse Analysis: A Comparative and Critical Introduction*. London: Sage.

तेरह

वार्तालाप विश्लेषणः व्यवहार और पद्धतियां

(Conversation Analysis: Practices and Methods)

जॉन हेरिटेज

इस अध्याय के बारे में

यह अध्याय सामान्य बातचीत में तैनात विशिष्ट पारस्परिक विचार विमर्श सम्बन्धी प्रथाओं के अर्थ को पहचानने, परिभाषित करने और समझने की प्रक्रिया पर केन्द्रित है। सन्दर्भ–मुक्त सीमा तक स्थापित करने के लिये इस प्रक्रिया में संदर्भों की एक विशाल विविधता से प्रथा के उद्धरण को शामिल किया जाता है। एक बार यह निर्धारित हो जाने पर, अभ्यास (कई दूसरों के साथ मिलकर) अनिश्चय की स्थिति में पारस्परिक विचार विमर्श के कई अन्य दृश्यों में संदर्भ, इरादे और अर्थ की सहज व्याख्याओं की सीमा को सीमित करने का आधार बन सकता है। एक काम किया हुआ उदाहरण – ओह– एक प्रश्न के लिये उत्तर देने की शुरूआत का सामना करना – वार्तालाप के विश्लेषणात्मक अभ्यास के एक विशिष्ट उदाहरण के रूप में प्रस्तुत किया गया है।

कीवर्ड्स – सन्दर्भ (context), अनुक्रम (sequence), अभ्यास (practice), रिफ्लेक्सीविटी (reflexivity), तुलना (comparison), प्रजातिलेखन (ethnography)।

इस अध्याय में, मेरा उद्देश्य सामान्य वार्तालाप पर विशेष ध्यान देने वाली वार्तालाप विश्लेषणात्मक (सीए) विधियों का विहंगावलोकन करना है। इन विधियों को समझने के लिए, यह याद रखने सहायक होता है कि वे मानवीय कार्रवाईयों और पारस्परिक विचार विमर्श की मूलभूत विशेषताओं से निपटने के लिए अभिकल्पित किए गए हैं। 1960 के दशक तक, इन विशेषताओं में से एक पर व्यापक सहमति थीः

1. मानव कार्रवाईयां सार्थक हैं और अर्थ–निर्माण में शामिल हैंः मानव कार्रवाईयां सार्थक हैं (चाहे बोली जायें या अन्यथा)। भौतिक ब्रह्मांड की प्रक्रियाओं के विपरीत, वे लक्ष्य निर्देशित होती हैं और भौतिक एवं सामाजिक परिस्थितियों के बारे में तर्क के आधार पर होती हैं जिन्हें व्यक्तियों द्वारा स्वयं में पाया जाता है (शूट्ज, 1962, ब्ल्यूमर, 1969)। इस तर्क में ज्ञान, सामाजिक–सांस्कृतिक मानदण्ड एवं विश्वास और दूसरों के लक्ष्यों एवं इरादों की समझ शामिल हैं। क्योंकि पारस्परिक विचार विमर्श में लक्ष्यों, इरादों और 'अभिनय की स्थिति' तेजी से बदल सकती है, इस ज्ञान और तर्क को पारस्परिक विचार विमर्श की अपनी प्रक्रिया के दौरान लगातार अद्यतन किया जाता है (गारफींकल, 1967)। सामाजिक पारस्परिक विचार विमर्श में अर्थ–निर्माण भी शामिल रहता है। कार्रवाईयों के, समान या पुनरावृत्त होने जैसी कोई बात नहीं होती है, अर्थ में कभी भी समानता नहीं होती है (गारफींकल, 1967, ब्ल्यूमर, 1969)। उनमें से प्रत्येक एकवचन है, यह केवल इसलिए होता है क्योंकि यह एक नई और एकल स्थिति में होता है। प्रत्येक कार्रवाई इसलिए, निर्माण एवं व्यक्त करने के अर्थ में कुछ हद तक रचनात्मक है।
2. अपने सामग्री और संदर्भ के संयोजन के माध्यम से कार्रवाईयां अर्थ को प्राप्त करती हैंः अर्थ–निर्माण भाषा की रचनात्मक शक्ति के गुणों के आधार पर ही अक्सर रचनात्मक होता है। हालांकि, सामग्री की

इस रचनात्मकता को सन्दर्भ की रचनात्मक शक्ति को जोड़ा जाना चाहिए। कार्रवाईयों के अधिकांश सूत्रबद्ध अर्थ वास्तव में सन्दर्भ द्वारा विभेदित होते हैं (जैसे कि 'ओके', 'एमएम एचएम' इत्यादि)। कार्रवाई की प्रासंगिक विविधता (और विनिर्देश) मानव के सामाजिक–सांस्कृतिक जीवन की गहरी विशेषतायें हैं, पारस्परिक विचार–विमर्श के अर्थ–निर्माण में और रचनात्मकता का दूसरा प्रमुख स्रोत है, जो भाषा की रचनात्मक शक्ति के साथ मिलकर काम करती है। कार्रवाई का विश्लेषण बनावटीपन और अप्रासंगिकता को शामिल किये बिना इस प्रासंगिक विविधता से नहीं बच सकता, कम से कम नहीं क्योंकि मनुष्य कार्रवाई के निर्माण में संदर्भ का फायदा उठाते हैं। 'संदर्भ' जटिल और स्तरित है यह तत्काल पूर्ववर्ती कार्रवाई को, (किसी ने अभी कुछ कहा या किया, आपको जवाब देना होगा) मध्यस्थों के द्वारा (कि कोई पुराना दोस्त है) दूर करने के लिये (वह आपके बजाय आपके किसी अन्य महत्वपूर्ण के करीब है) गले लगाती है।

3. सामाजिक रूप से अर्थपूर्ण होने के लिए, कार्रवाईयों के अर्थ को साझा किया जाना चाहिएः मानवीय कार्रवाईयां केवल उस हद तक सामाजिक रूप से सार्थक होती है, जब अभिनेता द्वारा उनके अर्थ, प्राप्तकर्ता(ओं) की कार्रवाई और (कभी–कभी) अन्य पर्यवेक्षकों से साझा किया जाता है। इसकी अनुपस्थित और कार्रवाईयां दूसरों के लिए अपर्याप्त होगी और वे अपने वांछित उद्देश्यों को प्राप्त करने में असफल रहेंगे। सन्दर्भित कार्रवाईयों (actions-in-context) के विश्लेषण की पद्धतियों के सामान्य उपयोग द्वारा कार्रवाईयों के साझा करने का अर्थ निर्मित किया जाता है (गारफींकल, 1967)। इसका मतलब यह है कि व्यक्तियों की जांच के लिए प्रक्रियायें अवश्य होना चाहिए कि क्या पिछली कार्रवाईयों के अर्थ के बारे में उनकी समझ सही है या नहीं, और उनकी प्रतिक्रियायें (responses) 'लक्ष्य पर' हैं या नहीं। जैसे व्यक्तियों द्वारा कार्यवाही के खुले अनुक्रम में पारस्परिक विचार–विमर्श का निर्माण किया जाता है, पारस्परिक विचार–विमर्श की वर्तमान स्थिति ('स्टेट ऑफ प्ले') और पारस्परिक विचार–विमर्श में 'वे कहां हैं' के लिये स्कोर भी रखना होगा। 'संदर्भ' की तरह, साझा किया गया (या 'अंतः व्यक्तिनिष्ठ') अर्थ भी ढाल पर स्तरित होता है अधिकांश जनता से (मैंने आपसे एक सवाल पूछा और आपने उत्तर में 'नहीं' कहा), कम जनता के लिए, लेकिन कुछ पर्यवेक्षकों के लिये उपलब्ध है (आपका जवाब यह तथ्य प्रकट करता है कि आप एक विशेषज्ञ नहीं हैं), और अधिक निजी होता है (आपका जवाब 'नहीं' एक अस्थिरित चिंता को तर्कसंगत बनाता है, या किसी निजी वादे को दर्शाता है जिसे आपने किसी और के लिए किया है)।

4. अर्थ अद्वितीय और एकवचन हैं – अर्थ निर्माण के लिए कार्रवाईयां विशेष रूप से कार्य करती है जो कि विशिष्ट हैंः पहले तीन सिद्धांतों में अंतर्निहित यह विचार है कि कार्रवाईयां और उनके अर्थ अत्यधिक विशिष्ट होते हैं। पहली नजर में मानवीय कार्रवाई की असाधारण विलक्षणता एक समान अर्थ के किसी भी निरंतर उपलब्धि के लिए असंभव प्रतीत होती है। फिर भी यह काम करता है – किसी तरह! संदर्भ अभिव्यक्तियों के अर्थ को विस्तृत करता है। पारस्परिक विचार–विमर्श में एक समान सिद्धांत लागू होता हैः 'क्या यह गंभीर है?' क्या कैंसर निदान और मोचवाले टखने के संदर्भ में अलग तरह से समझा जाता है। संदर्भ अर्थ निर्दिष्ट करता है।

मानवशास्त्र (एन्थ्रोपोलॉजी) और समाजशास्त्र के क्षेत्र में कार्रवाई की इन चार विशेषताओं की विस्तृत चर्चा हुई है, जहां उन्हें अक्सर समाज के प्राकृतिक विज्ञान के लिए संभावित बाधाओं के रूप में देखा जाता है। इसके बावजूद ये विशेषताएं हैं कि पारस्परिक विचार–विमर्श की अवधारणा शब्दों के साथ अवश्य ही आना चाहिए। सामाजिक सहभागियों ने किसी तरह अपनी रोजमर्रा की जिंदगी में उनके पारस्परिक विचार–विमर्शों का प्रबंधन करते हुए सामना किया, और मानव आचरण की इन विशेषताओं का वास्तव में इसका शोषण किया, वार्तालाप विश्लेषण एक अनुशासन है जिसे इन क्षमताओं, मॉडल और शब्दों के साथ आने के लिए विकसित किया गया था।

वार्तालाप विश्लेषण के बुनियादी सिद्धान्त (Basic Principles of CA)

अनुक्रम (Sequence)

अनुक्रम की अवधारणा का दोहन करते हुये वार्तालाप विश्लेषण के आधारभूत सिद्धान्त से मानव कार्रवाई के इन चार मौलिक तथ्यों को सुलझाया (निपटाया) जाता है (सेगलॉफ, 2007)। मूल विचार यह है कि सबसे प्रारंभिक संदर्भ जिसमें उस बात की बारी आती है, उसमें तत्काल पूर्ववर्ती बात पर बारी आती है। यह मानवीय आचरण में एक डिफॉल्ट धारणा है कि वर्तमान कार्रवाई होना चाहिए, और सामान्य रूप से तत्काल पूर्व के लिए उत्तरदायी होगी। दरअसल लोगों को यह दिखाने के लिए विशेष प्रक्रियाओं (उदाहरण के लिए 'ओह बाय द वे ... ...') में संलग्न होना होगा कि अगली कार्रवाई पूर्व के लिए उत्तरदायी नहीं है।

वार्तालाप की अंतर्निहित बारी–बारी से प्रासंगिकता पारस्परिक विचार–विमर्श में समझ के निर्माण के लिए एक महत्वपूर्ण संसाधन है। चूंकि प्रत्येक कार्रवाई को, पिछली कार्रवाई के प्रति उत्तरदायी समझा जाएगा, समझ जो यह प्रदर्शित करती है कि निरीक्षण के लिए खुला है। उदाहरण के लिए, निम्नलिखित मामले में, लाइन 1 में ऐन की बारी को उस प्रतिक्रिया द्वारा आमंत्रण के रूप में माना जाता है जो इसे स्वीकार करता है:

(1)

Ann: Why don't you come and see me some[times.
Bar: [I would like to

इसके विपरीत, बारबरा ने माफी और बहाने के साथ जवाब दिया था:

(2)

Ann: Why don't you come and see me sometimes.
Bar: I'm sorry. I've been terribly tied up lately.

हालांकि, यह स्पष्ट हो जायेगा कि बारबरा ने ऐन के प्रारंभिक उच्चारण को एक निमंत्रण के बजाय शिकायत के रूप में समझा था (हेरिटेज, 1984ए)।

दो अलग–अलग प्रतिक्रियाओं के अभिकल्पन से ये दो बातें (समझ) निर्मित की गई हैं वे पर्यवेक्षकों के लिए स्पष्ट हैं, लेकिन यह महत्वपूर्ण मुद्दा है कि वे प्रतिभागियों के लिए भी स्पष्ट हैं। नतीजतन, हालांकि अनुक्रम चलता रहता है, ऐन को बारबरा की प्रतिक्रिया से पता चल जाएगा कि बारबरा ने उसे किस तरह से समझ लिया था और बारबरा ने उसे सही ढंग से समझा था, या नहीं।

यह मानते हुये हम इस विश्लेषण को एक कदम और आगे ले जा सकते हैं कि इस बिन्दु पर ऐन को इस बार पता है कि बारबरा ने उसे किस तरह से समझा है, लेकिन बारबरा यह नहीं जानती कि क्या वह इसे सही ढंग से समझी है या नहीं। अनुक्रम की निरंतरता बारबरा को यह निर्णय करने की अनुमति देती है (शेगलॉफ, 1992):

(3)

Ann: Why don't you come and see me some[times.
Bar: [I would like to
Ann: I would like you to.

बारबरा की स्वीकृति के लिए ऐन की 'स्वीकार' की प्रतिक्रिया ने बारबरा की मान्यता को पुष्टि प्रदान की, कि वह सही ढंग से ऐन को समझती है लेकिन यह अन्यथा हो सकता था:

(4)

Ann: Why don't you come and <u>see</u> me some[times.
Bar: [I would like to
Ann: Yes but why <u>don't</u> you

इस दूसरे परिदृश्य में, बारबरा यह देखेगी कि ऐन से पहली बार की बात करने के बारे में निमंत्रण के रूप में उसकी समझ गलत थी। ऐन की प्रतिक्रिया (जवाब), जो उसकी शिकायत को नवीकृत करती है और वास्तव में बढ़ाती है, सूचित करती है कि उसकी मूल वार्ता वास्तव में केवल यही थी।

इन उदाहरणों में निहित अनुक्रमिक तर्क एक साझा अर्थ–निर्माण उद्यम के रूप में मानव संपर्क के निर्माण के लिए केंद्रीय है, चाहे इसके सामाजिक संदर्भ कुछ भी हों। क्योंकि यह आचरण के पाठ्यक्रमों की नींव है, जो पारस्परिक रूप से सुगम है, यह तर्क दोनों सामाजिक संपर्क और उसके विश्लेषण के आचरण के महत्व को कम कर देता है (प्रतिलेखन सम्मेलनों के लिए परिशिष्ट देखें)।

अभ्यास (Practices)

वार्तालाप विश्लेषण (सीए) उन अभ्यासों की जांच कर पारस्परिक विचार–विमर्श का अन्वेषण करता है जो प्रतिभागियों ने इसे बनाने के लिए उपयोग किया। एक 'अभ्यास' एक अनुक्रम में आने वाली बारी के अभिकल्पन (डिजाइन) की कोई विशेषता होती है जो कि (ए) एक विशिष्ट चरित्र है, (बी) आने वाली बारी या एक अनुक्रम के भीतर विशिष्ट स्थान है, और (सी) प्रकृति के लिए इसके परिणामों में विशिष्ट है या उस कार्रवाई का अर्थ है जो बारी आने पर लागू होता है। संवादात्मक प्रथाओं के तीन उदाहरण यहां दिए गए हैं:

- प्रारंभिक उद्बोधन की बारी में आने वाले शब्दों की डिजाइन करने में जवाब देने के लिए एक विशिष्ट अगले स्पीकर का चयन करें (लर्नर, 2003):

(5)

A: Gene, do you want another piece of cake?

- प्रश्न डिजाइन के तत्वों से जो एक 'हाँ' या 'नहीं' के उत्तर का समर्थन करने की अपेक्षा व्यक्त की जाती है: शब्द 'कोई' इस मामले में 'नहीं' की ओर झुके होने की उम्मीद सूचित करता है (हेरिटेज एट आल., 2007):

(6)

Prof: Do you have any questions?

- ओह–प्रश्नों के पूर्व के जवाबों में मुख्य रूप से यह संदेश दिया गया था कि प्रश्न अनुचित या बेजा हैं (हेरिटेज, 1998):

(7)

Ann: How are you feeling Joyce.=
Joy: Oh fi:ne.

संगठन (Organizations)

ऐसे व्यवहार जो कि वार्तालाप विश्लेषण पारस्परिक विचार–विमर्श के समूहों को संगठित संग्रहों में प्राप्त करता है जो संवादात्मक और सामाजिक संगठन के मौलिक आदेशों पर केंद्रित है। प्रथायें समूहों में बात करने की बारी के साथ जुड़ी हुई होती हैं:

- मरम्मत की प्रक्रियायें जो बात करने, सुनने और समझने में व्यवस्थित समस्याओं को सम्बोधित करती हैं।
- दुनिया में व्यक्तियों और वस्तुओं के संदर्भ के प्रबंधन से प्रथाएं जुड़ी होती हैं (शेगलॉफ, 2006)।

प्रथाओं के अन्य संगठनों द्वारा पारस्परिक विचार-विमर्श के सामाजिक आयामों को अधिक व्यापक रूप से संबोधित किया जाता है (Other organizations of practices address more broadly social dimensions of interaction):

- व्यक्तियों के बीच सामाजिक एकता और सम्बद्धता के सम्बन्धों का प्रबन्धन, उनके रखरखाव का पक्ष रखता है और उनके विनाश के खिलाफ लड़ाई लड़ता है।
- व्यक्तियों के बीच ज्ञान के लिए ज्ञानमीमांसीय (epistemic) अधिकारों का प्रबन्धन, व्यक्तिगत पहचान का एक महत्वपूर्ण आयाम है (हेरिटेज, 2008)।

प्रमुख बिंदु

वार्तालाप विश्लेषण अनुसंधान तीन मुख्य स्तरों पर काम करता है:

1. कार्रवाईयों के अनुक्रमों के स्तर पर।
2. पारस्परिक विचार–विमर्श सम्बन्धी (इंटरैक्शनल) प्रथायें जो कार्रवाईयों के निर्माण में शामिल होती हैं।
3. प्रथाओं के बड़े संगठन पारस्परिक विचार–विमर्श के प्रबंधन, और अधिक आमतौर पर सामाजिक सम्बन्धों पर ध्यान केंद्रित करते हैं।

प्रथाओं (अभ्यासों) का अध्ययन करने के लिए पद्धतियां (Methods for Studying Pratices)

पारस्परिक विचार–विमर्श सम्बन्धी प्रथाओं को अलग करने और अध्ययन करने के लिए वार्तालाप विश्लेषण पद्धतियां विश्लेषणात्मक प्रेरण विधि के साथ, और विशेष रूप से सतत् तुलनात्मक पद्धति और विचित्र (deviant) मामलों की खोज के लिए सामान्यतः एक अच्छा सौदा है (ग्लासेर और स्ट्रॉस, 1967)। निश्चित रूप से विधि, वार्तालाप विश्लेषण के पारस्परिक विचार–विमर्श सम्बन्धी विषय वस्तु के लिए निम्नलिखित रूप से निर्दिष्ट की गई है।

स्टेज 1: यह तय करना है कि अभ्यास 'विशिष्ट' है (Deciding that a practice is 'distinctive')

पहले कुछ अभ्यास, या उम्मीदवार अभ्यास, 'दिलचस्प' या अनुसरण करने योग्य के रूप में उभर आयेगें। सादगी के लिए, हम इसे एक अच्छी तरह से शोधित अभ्यास के साथ मिसाल देंगे: 'अन्य पहली कार्रवाईयों' और प्रश्नों के उत्तरों की प्रीफेसिंग – ओह (हेरिटेज़, 1984बी, 1998, 2002)। शुरुआत में यह अभ्यास बहुत 'अस्पष्ट (vague)' या 'अशुद्ध (imprecise)' रूप में उभर कर आने की संभावना होगी (शेगलॉफ, 1997)। उदाहरण के लिए, पहली नजर में, नीचे दिये गये (8) और (9) एक जैसे ही दिखते हैं। (8) में स्टीव और लेस्ली भूतपूर्व प्रकाशित प्रभावशाली व्यक्ति रॉबर्ट मैक्सवेल के बारे में बात कर रहे हैं। स्टीव का उल्लेख है कि मैक्सवेल के माता–पिता नाजियों के हाथों पीड़ित हैं, जहां लेस्ली का अनुमान है कि मैक्सवेल यहूदी है। स्टीव ने लाइन 8 पर इसकी पुष्टि की, जिसमें 'ओह' के साथ अपनी बारी शुरुआत की, जिसे वह बात की एकल इकाई के रूप में उसके प्रतिक्रिया के अगले घटक में 'चलाता' है (निर्माण सम्बन्धी इकाई की एकल बारी, सैकस एट आल., 1974)।

(8) [Field:2:3:9]
1 Ste: Well he didn't either 'ee had a bad start I mean 'ee had 'iz
2 1-> (0.3) .t.k.hh father shot by the Nazis 'nd is uh .hh mother

3 died in: Auschvitz yih kno:w [so
4 Les: [Oh really:?=
5 Ste: =So eez [had the: ( ])-
6 Les: 2-> [Oh 'z a Je:w] is he Je:w?
7 (.)
8 Ste: 3-> Oh yeah.
9 (.)
10 Ste: He's had k- 'eez a Czechoslovakian Jew so ...

(9) में एक व्यवस्था बनाने वाले अनुक्रम के भाग के रूप में, लाइन 5 पर इवी के प्रश्न का एक के द्वारा मुकाबला किया जाता है जेन से (लाइन 6–7)। इवी 'ओह' के साथ प्रतिक्रिया और बाद में सवाल का जवाब देती है। उसका 'ओह' असाधारण रूप से अलग है और इसकी प्रतिक्रिया की अपनी इकाई लगता है, अस्थायी रूप से बाद के उत्तर से अलग हो जाते हैं (लाइन 8–10)। इस बिंदु पर जांच में, जबकि यह स्पष्ट है कि उसमें दो प्रतिक्रियायें विशिष्ट है कि पहला 'ओह' प्रतिक्रिया के अगले घटक में 'होता है', जबकि दूसरा नहीं होता है, यह स्पष्ट नहीं होता है कि विशिष्टता उनके द्वारा की जा रही कार्रवाईयों के अर्थ के पदों में अंतर बनाती है।

(9) [Rah:C:1:(16):3]
1 Ivy: An' then (.) she'll pick you up on the way: down then as
2 ah said.
3 (0.3)
4 Jan: Well it's a [bit eh in a[h it
5 Ivy: 1-> [Is [Is that too early.
6 Jan: 2-> eh- No: no it's not too early it's jist uh how long is she
7 gon'to be in Middles[ber. Thi[s's the th[ing.
8 Ivy: 3-> [.hhh [Oh:. [She's got tuh be
9 ho:me by .hh i-jis turned half past eleven quartuh tih
10 twelve.

तो अब हमारे पास एक उम्मीदवार का अभ्यास हैः 'ओह' शब्द के साथ एक शुरुआत कीजिए। हमें इसके अर्थ के बारे में वास्तव में बहुत कुछ अभी भी पता नहीं है, और हम वास्तव में नहीं जानते हैं कि 'शुरुआत' का मतलब अनुसरण की जाने वाली उसी बात की एक ही इकाई का हिस्सा है या नहीं, या एक ही वक्ता से अधिक बात करने का अनुसरण करके 'फ्री–स्टैण्डिग' मामलें उसी अभ्यास का हिस्सा हैं या नहीं।

स्टेज 2: क्रमिक रूप से व्यवहार का पता करना (Locating the practice sequentially)

स्टेज 1 के अंत में, हमने अपनी घटना की पहचान की – एक बार की शुरुआत में 'ओह' का उत्पादन होता है हमने उस टर्न से व्यवहार का पता लगाया है, लेकिन विशेष अनुक्रमों में नहीं। जैसा कि अब हम अन्य उदाहरणों की तलाश करते हैं, ये स्पष्ट हो जाना शुरू हो जायेंगे। निम्नलिखित आरम्भ की तरह मामलों को ढेर करते हैं।

(10) [Heritage:01:18:2]

1 Jan: .t Okay now that's roas:' chick'n isn'it. Th[at]=
2 Ivy: [It-]=
3 Jan: =[roasting chick'n<]
4 Ivy: 1-> =[i t h a s bee:n] cooked.
5 (.)
6 Ivy: 1-> It's been co[oked.

7 Jan: 2-> [Iz ↑BEEN cooked.=
8 Ivy: 3-> =Oh yes.
9 Jan: Oh well thaz good......

(11) [NB:II:2:R:7]

1 Nan: .....hhh one a'the other girls hadda leave
2 1-> fer something en there I sit with all these (h)you(h)ng
3 1-> fellas I fel'like a den [mother.
4 Emm: [°Uh huh°
5 Nan: .hhh[hh
6 Emm: 2-> [Are you th:e ol:dest one the cla:ss?
7 Nan: 3-> °Oh: w- by fa:r.°
8 Emm: ↑Are yih rill[y?↑
9 Nan: 3-> [°Oh: ya:h.°
10 Emm: Didju learn a lo:t'n cla:ss?

ये मामलें (8) के साथ दृढ़ता से संगत हैं। प्रत्येक मामले में, पहला स्पीकर (1–>) एक अवलोकन करता है जो दूसरे (2–>) के द्वारा एक बहुत स्पष्ट निष्कर्ष का उद्देश्य है, और फिर पहला स्पीकर इसे पुनः पुष्टि करता है (3–>), शायद यह संदेश देने के लिये कि दूसरा वक्ता कुछ 'स्पष्ट' पर सवाल कर रहा था जिसे पूछने की आवश्यकता नहीं थी।

इन मामलों को देखने का एक और उत्पाद यह है कि (9) दूसरों से अलग दिखना शुरू कर देता है। इस मामले में एक प्रश्नकर्ता ने (एरो 1) में पूछताछ की गयी स्थिति के बारे में गलत धारणाएं बनायीं। सुधार के बाद (एरो 2), नई समझ को स्वीकार करने के लिए (हेरिटेज़, 1984बी) – और उसकी पहले की गलतफहमी के आधार पर – नई खुलासा की गयी परिस्थितियों को सम्बोधित करने से पहले स्पीकर केवल (स्टैंड–अलोन) 'ओह' (तीर 3) का उपयोग करता है। (12) जैसे मामलों से यह अन्तर मजबूत होता है, जो एक पारस्परिक परिचितता से सम्बन्धित है जो काम की तलाश में है:

(12) [Rah:II:1]
1 Ver: And she's got the application forms.=
2 Jen: 1-> =Ooh:: so when is her interview did she sa[:y?
3 Ver: [She
4 2-> didn't (.) Well she's gotta send their fo:rm
5 back. Sh[e doesn't know when the [interview is yet.
6 Jen: 3-> [O h : : . [Oh it's just the
7 form,

एक बार फिर से एक प्रारंभिक प्रश्न (1–>) दोषपूर्ण मान्यताओं (2–>) पर आधारित होने के लिये निकलता है, और इसके वक्ता द्वारा स्थिति (3– >) की एक संशोधित समझ प्रदर्शित करने से पहले फ्री स्टैडिंग 'ओह' उस तथ्य को पंजीकृत करता है। तो हम यह कहने के लिये तैयार हैं, कि (9) और (12) विशिष्ट हैं (8), (10) और (11) से।

स्टेज 3: अभ्यास का अर्थ या विशिष्ट भूमिका का निर्धारण (Determining the distinctive role or meaning of the practice)

इन सामग्रियों से यह पर्याप्त स्पष्ट हो जाता है कि प्रश्नों के बारे में ओह–प्रीफेस्ड प्रतिक्रियाएं प्रायः संदर्भों में उभर कर सामने आती हैं जहां एक वक्ता कुछ ऐसे प्रश्न पूछता है जिसे पहले से ही कहा गया है या दृढ़ता से निहित

है, और इस सवाल का उत्तर स्पष्ट या आत्म–स्पष्ट है लेकिन क्या यह सबूत है कि प्रतिभागियों द्वारा इस भूमिका या अभ्यास के लिए अर्थ उन्मुख होते हैं?

स्पष्टतम सबूत तब उभरकर आते हैं जब प्रश्नकर्ता को ओह–प्रीफेस्ड प्रतिक्रिया मिलती है इसके बाद वह सवाल की प्रासंगिकता का बचाव करता है। यह वही है जो (13) और (14) में होता है:

(13) [TG:10]
1 Bee: Dihyuh have any-cl- You have a class with Billy this te:rm?
2 Ava: Yeh he's in my abnormal class.
3 Bee: mnYeh [how-]
4 Ava: [Abnor]mal psy[ch.
5 Bee: 1-> [Still not gettin married,
6 Ava: 2=> .hhh Oh no. Definitely not.[married.]
7 Bee: 3-> [No he's] dicided [defin[itely?]
8 Ava: 4=> [.hhh [O h] no.
9 Bee: 5-> ˙hh Bec'z [las'] time you told me he said no: but he wasn't su:re,
10 Ava: [No.]
11 Ava: n:No definitely not. He, he'n Gail were like on the outs,
12 yihknow,

यहां लाइन 5 पर बी अपने प्रश्न का बचाव करती है, जो पहले के वक्तव्यों के संदर्भ द्वारा बिली के वैवाहिक इरादे 'यकीन नहीं' होने के बारे में वह एवा के लिये आरोपित करती है (3–> और 5–>)। और (14) में एनी अपने शुरुआती सवाल का बचाव करती है, इस सन्दर्भ के द्वारा कि किसी और ने उसे जॉइस के स्वास्थ्य के बारे में बताया था। जैसा कि यह पता चला है, जॉइस अस्वस्थ हो गया था, लेकिन हाल ही में नहीं (लाइन 5) में।

(14) [Frankel QC:I:2SO:1]
1 Ann: How are you feeling Joyce.=
2 Joy: Oh fi:ne.
3 Ann: 'Cause- I think Doreen mentioned that you weren't so well?
4 A few [weeks ago:?]
5 Joy: [Yeah,] Couple of weeks ago.
6 Ann: Yeah. And you're alright no:[w?
7 Joy: [Yeah.

अन्य मामलों में, प्रश्नकर्ता यह रजिस्टर कर सकते हैं कि वे पहले से ही जवाब जानते थे, जैसे (15):

(15) [Frankel:TC:I:1:17]
1 Sus: =Yeh you guys er g'nna drive up aren'tchu,
2 Mar: Oh yea:h.
3 Sus: -> That's what I figu[red.
4 Mar: [Yeh,=

या फिर उन्होंने अस्थायी रूप से ऐसी परिस्थितियों को भुलाया जो प्रश्न को अनुचित बनाती हैं, जैसे कि (16) की पंक्तियां 4 और 6:

(16) [Frankel TC:1:1:15-16]
1 Sus: .hhh So if you guys want a place tuh sta:y.
2 (0.3)
3 Mar: .t.hhh Oh (w-) thank you but you we ha- yihknow Victor.

4 Sus: -> ↑OH that's ↑RIGHT.=
5 Mar: =That's why we were going [(we)
6 Sus: -> [I FER↑GO:T. Completely.

प्रमुख बिंदु

हमारा अभ्यास – ओह– एक प्रश्न की प्रतिक्रिया हेतु प्रीफेसिंग – अब बहुत मजबूत है:

1. इसमें एक निश्चित 'आकार' है: 'ओह' टर्न–इनिशियल और बातचीत की एक बड़ी इकाई का हिस्सा होना चाहिए, इसका अलग से फ्री स्टैडिंग तत्व नहीं होना चाहिए।
2. एक प्रश्न की प्रतिक्रिया में: यह एक विशिष्ट अनुक्रमिक स्थिति में स्थित होता है।
3. इसमें एक निश्चित अर्थ होता है जो कि इसके उत्पादन के लिए कई प्रतिक्रियाओं में परिलक्षित होता है।

नीचे तालिका 13.1 में हमारे विश्लेषण की स्थिति को प्रस्तुत किया गया है:

तालिका 13.1 दो प्रकार के टर्न–इनिशियल 'ओह' (Two types of turn-initial 'oh')

टर्न–इनिशियल 'ओह' का प्रकार	*स्थिति*	*अभ्यास की भूमिका या अर्थ*
प्रीफेंसिंग: ओह'	एक प्रश्न की प्रतिक्रिया के रूप में	यह दिखा रहा है कि एक प्रश्न का उत्तर स्वयं स्पष्ट था और उस सवाल की शायद पूछे जाने की जरुरत थी
फ्री स्टैडिंग 'ओह' और अधिक बातचीत	एक प्रश्न के उत्तर की प्रतिक्रिया के रूप में	जानकारी के रूप में प्रश्न के उत्तर को पंजीकृत करना

एक सन्दर्भ–मुक्त अभ्यास (A Context-Free Practice)

बुनियादी वार्तालाप विश्लेषण (सीए) के प्रमुख उद्देश्यों में से एक यह है कि पारस्परिक विचार–विमर्श के आधारभूत सिद्धान्तों की पहचान करना, जिसके अर्थ और महत्व मौलिक और कठोर होते हैं। इसके लिये, यह सुनिश्चित करने हेतु एक महत्वपूर्ण परीक्षण है कि प्रथाएं सामाजिक संदर्भों की एक विस्तृत श्रृंखला में स्थिर तरीके से काम करती हैं।

इस बात को ध्यान में रखते हुए, ब्रिटिश ब्रॉडकास्टर रसेल हार्टी द्वारा आयोजित सर हेरोल्ड एक्टन के साथ एक प्रसारित साक्षात्कार से निम्नलिखित उदाहरण पर विचार करें। विषय चीन में एक्टन का जीवन है और बीजिंग विश्वविद्यालय में टी. एस. इलियट की कविता के शिक्षक के रूप में उनका काम है। इस बिंदु पर, हार्टी उनसे पूछने के लिए जोखिम उठाता है यदि वह चीनी बोलता है:

(18) [Chat Show: Russell Harty–Sir Harold Acton]
1 Act: ....hhhh and some of thuh- (0.3) some of my students
2 translated Eliot into Chine::se. I think thuh very
3 first.
4 (0.2)
5 Har: Did you learn to speak (.) Chine[:se.
6 Act: -> [.hh Oh yes.
7 (0.7)
8 Act: .hhhh You cah::n't live in thuh country without speaking

9 thuh lang[uage it's impossible .hhhhh=
10 Har: -> [Not no: cour:se

(लाइन 6) में एक्टन की प्रतिक्रिया ओह – प्रीफेस्ड है, और स्पष्ट रूप से इसे आत्म–सुव्यक्त रूप में मानते हैं कि वह 'चीनी बोलता है' और (लाइन 8–9) में किसी मेजबान देश की भाषा का बोलना किस तरह से जरूरी है, इस बारे में वह एक अवलोकन को विस्तार से बताता है। (लाइन 10) में, अपने भाग के लिए, हार्टी इस अवलोकन के स्व–स्पष्ट सत्य को स्वीकार करते हुए अपनी नाराज या दबी आवाज (*sotto voce*) में कहता है 'नाट नोः कोर्स'। यहां पर यह अभ्यास बहुत अलग–अलग सामाजिक स्थापनाओं में इसी तरह के बहुत प्रभाव में तैनात किया गये हैं – ऐसे मामलों की तुलना में – एक सेलिब्रिटी साक्षात्कार, जो हमने अभी तक देखा है। समाचार साक्षात्कारों में इस प्रकार के बहुत सारे उदाहरण होते हैं।

इसी प्रकार निम्नलिखित मामले में, एक चिकित्सक (डॉक्टर) इस व्यवहार (प्रथा) से अपने आप को विशेष रूप से पीड़ित होने की स्थिति में पाता है – इस मामले में, मरीज काफी बुजुर्ग हैंः

(19) [Routine physical]
1 DOC: Hi Missis Mar[:ti:n,
2 PAT: [Hi (there)
3 DOC: How are you toda:[:y,
4 PAT: 1-> [Oh pretty goo:d,
5 (.)
6 DOC: How are you fee:ling.
7 DOC: 2-> The l[ast time I saw you you had broken that ↑ri:b.↑=
8 PAT: [Oh oka:y,
9 PAT: =Mm hm:,
10 DOC: Are you doing a little bit better:,

(14) की तरह, (लाइन 3) में डॉक्टर सवाल करता है कि 'आप कैसी हैं', (लाइन 6) में अपने 'अनुवर्ती (follow-up)' के साथ–साथ रोगी से स्वास्थ्य 'अपडेट' मांगते हैं कि 'आप कैसा महसूस कर रही हैं' (रॉबिन्सन, 2006)।

हालांकि, दोनों, ओह–प्रीफेस्ड प्रतिक्रियाएं प्राप्त होती हैं। लाइन 7 के अनुसार, डॉक्टर ने अपने प्रश्न की प्रासंगिकता का बचाव करते हुए अपनी जांच के लिए मरीज की पहले टूटी रिब को आधार प्रदान किया। यहां भी, चिकित्सा परामर्श के संदर्भ में, हमारा अभ्यास मजबूत है।

एक सन्दर्भ-संवेदनशील अभ्यास और शोषण (A Context-Sensitive Practice and Exploitations)

ओह–प्रीफेसिंग जैसी मजबूत पारस्परिक विचार–विमर्श सम्बन्धी प्रथायें 'रिफलेक्सीविटी' की संपत्ति होती हैः वे गैर–नियमित परिस्थितियों में नियमित विनिमयों (एक्सचेंजों) में प्रसारित किये गये (Anchored) अर्थ को व्यक्त कर सकते हैं। लॉस एंजिल्स में ओ. जे. सिम्पसन के *सबसे मशहूर परीक्षणों में* से एक उदाहरण है, जैसा कि एक पत्रकार ने वर्णित किया हैः

(20) [मार्गोलिक, 1995]

'उसने [मार्सिया क्लार्क] भी श्री कैलिन से पूछा कि क्या जिस जगह श्री सिम्पसन उस शाम से पहले खाने के लिए उसे ले गया था, मैकडॉनल्ड की नहीं बल्कि एक बर्गर किंग थी। यह प्रकाशित प्रतिवेदनों का एक स्पष्ट संदर्भ था, जो पहले पूरी तरह से प्रमाण रहित (अनसुलझा) है, कि श्री सिम्पसन और श्री कैलिन 12 जून की शाम को हैमबर्गर और फ्रेंच फ्राइज खरीदने के लिये बाहर नहीं गये थे बल्कि दवाईयां (ड्रग्स) खरीदने के लिये बाहर गये थे। 'ओह नो', श्री केलिन ने उत्तर दिया, लगभग आश्चर्य में कहा कि इस तरह का एक सवाल पूछा जाएगा'।

और, पुलिस अधिकारियों में से किसी एक से यह उत्तर रोडनी किंग की कुख्यात पिटाई के लिए जांच (trial) पर पारदर्शी रूप से शोषणकारी है जिससे (रोडनी किंग से) टेप किये गये वीडियो के सबूत के बारे में पूछा गया है जिसका इस्तेमाल अभियोजन (Prosecution) पक्ष के मामले में किया गया था:

(21) [Goodwin, 17994: 618]
1 Pro: You can't look at that video and say that every
2 one of those blows is reasonable can you.
3 (1.0)
4 Powell: -> Oh I can if I put my perceptions in.

गुडविन (1994) के अनुसार, बचाव का मामला पूरी तरह से इस पुर्नव्याख्या पर जोर देने के लिये यह निर्धारित किया जाता है और जाहिर तौर पर अभियोग लगाये जा रहे वीडियो रिकॉर्ड की पुर्नव्याख्या पर टिका होता है जो अभियोजक के प्रश्न के लिये पॉवेल के ओह–प्रीफेस्ड उत्तर में व्यक्त किया गया है जो यह इंगित करता है कि अभिलेख दोष सिद्ध करने के लिये एक स्व–प्रमाणित आधार है।

प्रमुख बिंदु

- हमने एक अभ्यास से शुरुआत की – ओह–प्रीफेसिंग– जिसे हम एक फ्री स्टैन्डिंग 'ओह' के साथ एक तरफ शुरू करने से भेद करना आरम्भ कर दिया।
- हमने विशिष्ट प्रतिष्ठानों जिसमें इस प्रथा का इस्तेमाल किया गया था: इन्हें 'निरर्थक' प्रश्नों के आसपास संकलित किया गया था, जो कि फिर से लागू किया गये या फिर से कुछ पूछताछ किये गये थे जो पहले ही कहे जा चुके हैं या दृढ़ता से निहित है।
- हमने अनुक्रम के अन्य पहलुओं पर गौर किया जिसमें पूछे गये सवालों के स्व–प्रमाणित स्वभाव के लिये पक्षों के अभिविन्यास को दिखाया गया।
- हमने दिखाया कि ओह–प्रीफेसिंग का यह अर्थ उन संदर्भों में दोहन किया जा सकता है जहां पर सवाल उठाए जा रहे हैं वे सभी आत्म–स्पष्ट या निरर्थक नहीं हैं। इन उत्तरार्द्ध संदर्भों में, यह 'क्यों आप पूछ रहे हैं' एक ओह प्रीफेस्ड प्रतिक्रिया का मतलब हेरफेर करके उपयोग किया जाता है।

अक्सर यह सुझाव दिया जाता है कि वार्तालाप विश्लेषण (सीए) में 'संदर्भ' के लिये संवेदनशीलता की कमी होती है और फिर भी, अगर इस अध्याय की शुरुआत में वार्तालाप विश्लेषण की प्रेरणा के बारे में मेरी टिप्पणियों का कोई अर्थ है, तो यह सुझाव काफी विरोधाभासी है। वास्तव में, बुनियादी वार्तालाप विश्लेषण बात के सन्दर्भों पर अत्यधिक ध्यान केंद्रित करता है, *लेकिन इस फोकस को अभ्यास (प्रथा) के संदर्भ–मुक्त अर्थ की सीमाओं के साथ–साथ इसके संदर्भ–संवेदनशील उपयोगों की खोज के हित में तैनात किया गया है*। इस अध्याय में हम इन सीमाओं और इन प्रयोगों को देख रहे हैं।

प्रजातिलेखन सम्बन्धी सन्दर्भ और वार्तालाप विश्लेषण (सीए) के उपयोग

Ethnographic Context and the Uses of CA

प्रतिभागियों के बीच उनके जीवन–सम्बन्धी और भावनात्मक अवधि के साथ स्थायी सामाजिक सम्बन्धों में और सामाजिक सम्बन्धों के जाल में, जिसमें प्रतिभागियों को अलग–अलग और एक साथ दोनों में घिरना होता है, इन प्रतिभागियों के बीच हुये ऐसे वार्तालापों के अनुक्रम में, प्रत्येक परिभाषित अनुक्रमिक सन्दर्भ लम्बे वार्तालाप में अपना सन्दर्भ रखता है। क्या वार्तालाप विश्लेषण (सीए) पारस्परिक विचार–विमर्शों के ठोस विवरणों में इन सम्बन्धों और संरचनात्मक कनेक्शनों के 'निशान' को प्रदर्शित करने में मदद कर सकता है? इस अनुभाग में, मैं

उदाहरण देकर स्पष्ट करूंगा कि इस तरह के संदर्भ में वार्तालाप विश्लेषण (सीए) के 'प्रजातिलेखन सम्बन्धी' मूल्य होने के लिये – ओह–प्रीफेसेसिंग – के अभ्यास का उपयोग करते हुए जिसके साथ हम काम कर रहे हैं, हमें क्या करना चाहिये।

निम्न घटना (datum) पर विचार करें जिसमें एक मरीज़ (रोगी) से उसके 'जीवन शैली' के प्रश्नों की श्रृंखला पूछी जाती है। यहां मरीज़, एक मध्यम आयु वर्ग की महिला, 28 वर्ष की आयु की बेटी के साथ रेस्तरां की मालिक–प्रबन्धक है, जो उच्च रक्तचाप और इलाज (medication) पर है, उससे शराब के उपयोग के बारे में पूछा जाता है (लाइन 11)। प्रश्न एक क्रिया से वंचित है और ध्रुवीय प्रश्न के बीच अस्पष्ट है 'क्या आप शराब (अल्कोहॉल) का उपयोग करती हैं?' और अधिक अनुशंसित (presupposing) 'आप कितनी शराब का उपयोग करती हैं?' यह डिजाइन चिकित्सक (क्लिनिसियन) को 'हां/नहीं' प्रश्न पर रोक लगाने की अनुमति देती है मरीज को प्रतिक्रिया देने के लिए निर्णय लेने की अनुमति देती है। एक सेकण्ड चुप्पी के बाद (एक व्यस्त अवस्था में पारस्परिक विचार–विमर्श के समय की एक महत्वपूर्ण अवधि) जिस दौरान मरीज ने 'सोच' चेहरे की अभिव्यक्ति ग्रहण की, मरीज एक ध्वनि को अभिव्यक्त करती है जो कि तल्लीनता ('hm::') को सूचित करती है, और फिर एक अनुमान '('मर्यादित')' पेश करती है। उसकी बारी समापन के साथ, 'मैं कहूँगी' जो एक व्यक्तिगत निर्णय के रूप में अपनी प्रतिक्रिया पूर्वव्यापी रूप से प्रस्तुत करता है, हालांकि 'माना गया है'। यद्यपि 'विचारित राय' के रूप में प्रस्तुत किया गया है, मरीज का अनुमान किसी भी उद्देश्य दिशानिर्देश के लिए नहीं है और, लाइन 15 से शुरू होने वाला, चिकित्सक अब और अधिक सटीक समझ प्राप्त करने का प्रयास करता है:

(22) [MidWest 3.4:6]
DOC: Are you married?
(.)
PAT: No.
(.)
DOC: You're divorced (°cur[rently,°??)
PAT: [Mm hm,
(2.2)
DOC: tch D'you smoke?, h
PAT: Hm mm.
(5.0)
DOC: -> Alcohol use?
(1.0)
PAT: Hm:: moderate I'd say.
(0.2)
DOC: Can you define that, hhhehh ((laughing outbreath))

PAT: Uh huh hah .hh I don't get off my- (0.2) outa
thuh restaurant very much but [(awh:)
DOC: -> [Daily do you use
alcohol or:=h
PAT: Pardon?
DOC: -> Daily? or[:
PAT: => [Oh: huh uh. .hh No: uhm (3.0) probably::
I usually go out like once uh week.
(1.0)
DOC: °Kay.°

(लाइन 15) में सीमित को 'परिभाषित' करने हेतु चिकित्सक रोगी को आमंत्रित करके यह प्रयास शुरू करता है। जब वह अपनी बारी समाप्त करता है, वह चार्ट से देखता है और मुस्कुराते हुए, सीधे रोगी पर एकटक देखता है, और संक्षेप में हंसता है। आमतौर पर पारस्परिक विचार–विमर्श में हंसी बिल्कुल विभिन्न प्रकार के 'दुष्कर्मों (misdeeds)' से जुड़ी हुई होती है (जेफरसन, 1985, हकाना, 2001)। क्योंकि इस मामले में हंसी एक शब्द या वाक्यांश पर लक्षित नहीं है (जेफरसन, 1985), बल्कि चिकित्सक की पूरी बारी का अनुसरण करती है, यह डिफॉल्ट रूप से, सम्पूर्ण बारी को संबोधित करने के रूप में समझा जाएगा। इस मामले में, यह रोगी के पिछले अनुमान के किसी भी निहित आलोचना को कम करने के लिए डिजायन किया गया है।

उसके जवाब में, रोगी प्रतिक्रिया में हंसना शुरू कर देती है (जेफरसन, 1979) लेकिन 'परिभाषा' की पेशकश नहीं करती है इसके बजाय वह एक कदम वापस लेती हैं और टिप्पणी करती हैं: मैं अपने से नहीं निकालती हूं .... बाहर थुह रेस्तरां बहुत अधिक लेकिन', लेकिन इस लाइन में उसके आगामी विकास को क्लिनिसियन द्वारा हस्तक्षेप किया जाता है (लाइन 18)। हालांकि यह टिप्पणी एक संशोधित अनुमान के लिये अपने तरीके में हो सकती है, फिर भी इसका तात्कालिक महत्व उसके शराब के उपयोग के संदर्भ को व्यक्त करना है, या 'वह' कैसे पीती है। विशेष रूप से, यह इंगित करता है कि उसका शराब पीना 'सामाजिक' है: वह अपने घर (अपार्टमेन्ट) में अकेले नहीं पीती है, न ही वह नौकरी पर पीती है। इस तरह, मरीज ने अपने 'जीवनसंसार' में सामना करने वाली कुछ परिस्थितियों का परिचय दिया, यह संदेश देते हुए कि उसका शराब पीना 'स्वस्थ' है या कम से कम संदेह या समस्याग्रस्त नहीं है।

लाइन 18 में, चिकित्सक (clinician) मरीज के अल्कोहल के उपयोग के लिए एक मापन योग्य मीट्रिक का पालन करके पूछता है, 'दैनिक आप शराब का उपयोग करती हैं या: = एच'। यह सवाल रोगी को यह स्वीकार करने के लिए किया जाता है कि वह रोजाना शराब का इस्तेमाल करती है, जिससे उसे शराब के इस्तेमाल के लिए 'सबसे खराब स्थिति (worst case scenario)' (हेरिटेज, 2010) को स्वीकार करने की दिशा में कदम उठाने की अनुमति मिलती है। शब्द 'दैनिक' की आवाजाही वाक्य के अंत में अपनी प्राकृतिक व्याकरण सम्बन्धी स्थिति से लेकर शुरुआत तक, अपनी नम्रता को बढ़ाने का प्रभाव होता है, आवृत्ति का अनुमान प्रस्तुत करता है जैसे वह उस प्रकार के उत्तर की तलाश करता है जिसे वह तलाश कर रहा होता है। आखिरकार, वाक्य के अंत में 'या' आवृत्ति के कुछ अन्य उपाय आमंत्रित करता है, और इस तरह चिकित्सक द्वारा 'दैनिक' पर जोर को कम कर दिया जाता है क्योंकि रोगी के साथ निपटने के लिए केवल संभव (या सबसे अधिक संभावना) प्रतिक्रिया होती है।

इस बिंदु पर, हालांकि चिकित्सक और रोगी दो फीट से ज्यादा दूरी पर नहीं हैं, (लाइन 20) में मरीज की प्रतिक्रिया के जवाब में इसकी पुनरावृत्ति करने के लिए कहा जाता है। ड्रेव (1997) ने देखा कि इन प्रकारों के अनुरोधों की पुनरावृत्ति को दो संदर्भों में तैयार किया गया है: (ए) जब सुनवाई की समस्या होती है या वैकल्पिक रूप से, (बी) जब बातचीत करने की प्रतिक्रिया में प्रासंगिकता को समझने में समस्या होती है।

प्रतिभागियों के उद्देश्य परिस्थितियों के कारण सुनवाई की समस्या प्रश्न ही नहीं उठता है, और बाद में उन दोनों के आचरण से इनकार कर दिया गया है। ऐसा भी नहीं है 'प्रासंगिकता' समस्या है। 9 और 10 लाइनों पर रोगी की टिप्पणी के बाद (वह रेस्तरां से 'बहुत ज्यादा' बाहर नहीं निकलती थी) सुझाव देने के लिए उसके अपने तरीके की सबसे अधिक संभावना थी कि उसे पीने के कई अवसर नहीं थे। इस निहितार्थ परिवर्तनकाल से एक जांच के लिए कि क्या वह 'दैनिक' आधार पर पीती है, वास्तव में कुछ हद तक विवाद है, और प्रक्रिया को करना मुश्किल है।

इससे पहले यह सुझाव दिया गया था कि पार्टियों ने पुनरावृत्ति के लिए मरीज के अनुरोध के आधार के रूप में 'सुनवाई की समस्या' को खारिज कर दिया। चिकित्सक इसे खारिज कर देता हैं कि जब अपने पिछले प्रश्न को पूरी तरह से दोहराए जाने के बजाय, वह केवल कम शब्दों के रूप में दोहराती है (लाइन 21) जिसमें दो सबसे प्रमुख शब्दों 'दैनिक' और 'या' को छोड़ दिया जाता है: केवल पूर्ण पुनरावृत्ति एक विश्वास के साथ संगत होगा

जो उसके मरीज ने उससे नहीं सुनी थी। किसी को सूचित करने के विपरीत बहुत ही कम शब्दों में दोहराया गया, वह मानता है कि उसने उसे सुना है। उसके अपने भाग के लिए, जब वह इस संक्षिप्त पुनरावृत्ति का पूरी तरह से जवाब देने में समर्थ हो जाती है, रोगी इस विश्लेषण की पुष्टि करती है, शुरुआत से पहले ही समाप्त हो जाती है। यहां पर पारस्परिक विचार–विमर्श की वास्तविक परिस्थितियों और दलों के वास्तविक आचरण में रोगी की 'क्षमा' के लिये केवल एक व्याख्या के साथ संगत हैः कि इससे प्रश्न की प्रासंगिकता के साथ एक कठिनाई व्यक्त होती है।

जब भी मरीज जवाब देना शुरू करती है, तब यह समस्या एक अलग तरीके से व्यक्त की जाती है। इस प्रतिक्रिया में 'हूह उंह' शामिल है, यह इंगित करने के लिए डिजाइन किए गए 'नो' के एक आकस्मिक और न्यूनीकरण वाला संस्करण है, जो 'दैनिक' चिह्न से बहुत दूर है। यह भी ओह–प्रीफेस्ड है जो यह बताता है कि प्रश्न अप्रासंगिक या अपर्याप्त था। यहां हम देखते हैं कि रोगी ने चिकित्सक के सवाल की मौलिक अनुपयुक्तता पर जोर देने के लिए और अपने शब्दों के खिलाफ 'नकारात्मक या प्रतिकूल प्रतिक्रिया (*push back*)' लागू करने के लिए हमारे लक्ष्य अभ्यास का फायदा उठाया है।

चिकित्सक के 'दैनिक' आवृत्ति के प्रस्ताव को अस्वीकार करने के बाद, वह शराब की खपत के अनुमान के रूप में उसका मरीज अंततः अपने खुद के अनुमान 'सप्ताह में एक बार' के साथ आती हैः हालांकि, वह इस बात को अनुमान के तौर पर संकलित करती है कि वह कितनी बार 'बाहर निकलती है'। इस फ्रेमिंग के दो परिणाम होते हैंः (ए) इससे उसके वास्तविक मद्यपान के एक अन्तर्निहित तरीके से अनुमान लगता है, जिससे सम्बन्धित निष्कर्षों को निकालने के लिये क्लिनिसियन पर छोड़ दिया जाता है, और (बी) यह सामाजिक, और नैतिक रूप से स्वीकार्य, निहितार्थ से बाहर, उसके पीने की प्रकृति पर उसके आग्रह को नये सिरे से परिभाषित करता है। उदाहरण के लिए, काम पर अकेले मद्यपान, या काम के बाद रात में।

22–3 लाइनों के साथ, चिकित्सक और मरीज एक समझौते पर आ चुके हैंः चिकित्सक को रोगी के पीने का आवृत्ति का अनुमान है, जबकि मरीज अपना ध्यान केंद्रित करने में सक्षम हो गयी है कि को वह 'कैसे' मद्यपान करती है। लाइन 24 में, चिकित्सक रोगी का चार्ट बदल जाता है और लिखना शुरू करता है, बाद में मरीज की प्रतिक्रिया दबी आवाज (sotto voce) 'ठीक है' को स्वीकार करता है, और अनुक्रम को समाप्त करता है।

इस अनुक्रम के कार्य–विवरण दवाओं का अध्ययन करने वाले अधिकांश गुणात्मक समाजशास्त्रियों से अपेक्षाकृत परिचित होंगे। चिकित्सकों को नैदानिक फैसले के आधार के रूप में सूचना, और अधिमानतः मात्रात्मक, ऐंकर्ड होने की आवश्यकता होती है, मरीज अक्सर अधिक प्रासंगिक विवरण देने के लिए इच्छुक होते हैं। इन विभिन्न झुकावों को अपनी तकनीकी प्राथमिकताओं के साथ 'दवा की आवाज (voice of medicine)' के संदर्भ में इलियट मिशलर (1984) के द्वारा अवधारणा और इसके अनुभवजन्य ग्राउंडिंग के साथ 'जीवनसंसार की आवाज (voice of the lifeworld)' की अवधारणा थी। मिशेलर ने इन दो झुकावों को एक दूसरे के साथ संघर्ष के रूप में चित्रित किया है, और यह विरोधाभास इस दशा में स्पष्ट है। फिर भी यह एक संघर्ष है जो प्रभावी रूप से चिकित्सक और रोगी के पदों के द्वारा अनिवार्य है। विशेष रूप से, ऐसे रोगियों के लिए एक विशेष जोखिम हो सकता है जो अपने मद्यपान करने का मात्रात्मक अनुमान भी आसानी से या बहुत 'तकनीकी' तरीके से देते हैं (जैसे 'बीस इकाइयों को एक हफ्ते')। इस तरह से प्रतिक्रिया देने वाले मरीजों से यह दर्शाया जा सकता है कि शराब की खपत के साथ एक बहुत व्यस्तता का वर्णन करने के लिए इसे इलाज के रूप में माना जा सकता है, जो अपने आप में संदेह है और आगे की जांच को आकर्षित कर सकता है। रोजमर्रा की जिंदगी में शराब के बारे में व्यक्ति इस तरह बात नहीं करते हैं और डॉक्टर के कार्यालय में भी, सामान्य चिंताओं के बारे में बात करने के सामान्य तरीकों से भी एक कट्टरपंथी प्रस्थान अवांछनीय हो सकता है (सैकस, 1984)।

यहां पर, यद्यपि यह इस अनुक्रम में तैनात कई लोगों की एक प्रथा है, ओह प्रीफेस्ड प्रतिक्रियाओं की प्रकृति के बारे में हमारे निष्कर्ष हमें इस अनुक्रम में ठोस व्याख्यात्मक ऐंकरेज का एक तत्व प्रदान करते हैं। वे ऐसा करते हैं क्योंकि, जैसा कि हम पहले से ही जानते हैं, ये निष्कर्ष बहुत मजबूत हैं।

अध्याय का सारांश

इस अध्याय में, हमने एक अभ्यास के साथ काम किया है जो मजबूत है, और जिसे प्रत्यक्ष रूप से सत्यापित किया गया है, न कि सर्वेक्षण या मनोवैज्ञानिक परीक्षण के द्वारा, बल्कि विभिन्न प्रकार की स्थापनाओं में व्यक्तियों के आचरण के प्रत्यक्ष अवलोकन द्वारा। यह इस अभ्यास के बारे में हमारी टिप्पणियों को असाधारण वैधता देता है, और इसे प्रजातिलेखन सम्बन्धी व्याख्याओं के डेटा में एक व्याख्यात्मक संसाधन के रूप में और एक मात्रात्मक उपाय या सूचकांक के रूप में उपयोग करने की अनुमति देता है, यदि आवश्यक हो (उदाहरण – क्लेमैन एट आल., 2007; हेरिटेज एट आल., 2007)।

यह अभ्यास व्यक्तियों के बीच मीमांसीय (सांसारिक) सम्बन्धों के प्रबन्धन से सम्बन्धित प्रथाओं के एक बड़े संगठन में एक छोटा सा दल है। कौन क्या जानता है, इसे जानने का अधिकार किसको है, और इसका वर्णन किसने किया गया है, कौन किससे बेहतर जानता है, किसी निश्चितता के साथ, ताजगी और अधिकार के साथ इन सम्बन्धों से जुड़े हैं। बड़ी संख्या में प्रथाएं इस व्यवसाय के प्रति समर्पित हैं और यह आश्चर्य की बात नहीं है कि वे हैं, क्योंकि व्यक्तित्व और पहचान उन तरीकों में गहराई से अन्तर्निहित होती है, जिसमें हम अपने संरक्षित ज्ञान की सीमाओं में गश्त करते हैं, और दूसरों के द्वारा अतिसंवेदनशील घुसपैठ के खिलाफ हमारे प्रभुसत्तावादी (सार्वभौम) ज्ञानमीमांसीय प्रदेशों की, या आक्रमणकारियों द्वारा कुचले जाने से रक्षा करते हैं, जो हमारे होने के अस्तित्व के लिए बहुत कम देखभाल करते हैं। अंत में, यह इन सभी प्रथाओं का संचयी भार है जो पारस्परिक विचार–विमर्शकर्ताओं को सघन रूप से संगठित और अर्थपूर्ण सामाजिक दुनिया में रहने की इजाजत देता है, और जो सामाजिक पारस्परिक विचार–विमर्श, और सामाजिक पारस्परिक विचार–विमर्श में तात्कालिक संस्थाएं, उनकी मजबूती और सूक्ष्मता की दुनिया प्रदान करता है। इन सभी कारणों के लिए इनके और अधिक अभ्यासों को वार्तालाप विश्लेषण के लिए महत्वपूर्ण माना जाता है। वार्तालाप विश्लेषण के पारस्परिक विचार–विमर्श सम्बन्धी प्रथाओं के पूरे जीनोम को मैप करने के थोक प्रयासों को उनके असाधारण महत्व से अनिवार्य माना जाता है।

भविष्य की संभावनाएं

पिछले दस सालों में वार्तालाप विश्लेषण (सीए) के थोक विस्तार में शिक्षा, चिकित्सा, कानूनी प्रक्रिया, मानव–मशीन पारस्परिक विचार–विमर्श और सॉफ्टवेयर इंजीनियरिंग सहित विभिन्न प्रकार के क्षेत्रों में शोध पद्धति के रूप में देखा गया है। वर्तमान में दुनिया के लगभग आधे देशों में वार्तालाप विश्लेषण प्रचलित है। एप्लाइड और क्रॉस–भाषाई कार्य शीघ्रता से आगे बढ़ रहे हैं। वार्तालाप विश्लेषण (सीए) के मूल सिद्धांतों पर और अधिक ध्यान केंद्रित करने के लिए समय आ गया है – विशेष रूप से, बुनियादी पारस्परिक विचार–विमर्श सम्बन्धी प्रथाओं का विश्लेषण – जिस पर प्रायोगिक शोध अंततः निर्भर करती है।

संदर्भ

Blumer, H. (1969) 'The methodological position of symbolic interactionism', in H. Blumer (ed.), *Symbolic Interactionism: Perspective and Method*. Englewood Cliffs, NJ: Prentice Hall, pp. 1–60.

Clayman, S. E., Heritage, J., Elliott M. N. and McDonald, L. (2007) 'When does the watchdog bark? Conditions of aggressive questioning in presidential news conferences', *American Sociological Review*, 72: 23–41.

Drew, P. (1997) '"Open" class repair initiators in response to sequential sources of trouble in conversation', *Journal of Pragmatics*, 28: 69–101.

Garfinkel, H. (1967) *Studies in Ethnomethodology*. Englewood Cliffs, NJ: Prentice-Hall.

Glaser, B. G. and A. L. Strauss (1967) *The Discovery of Grounded Theory: Strategies for Qualitative Research*. Chicago, IL: Aldine.

Goodwin, C. (1994) 'Professional vision', *American Anthropologist*, 96 (3): 606–33.

Haakana, M. (2001) 'Laughter as a patient's resource: dealing with delicate aspects of medical interaction', *Text*, 21 (1): 187–219.

Heritage, J. (1984a) *Garfinkel and Ethnomethodology*. Cambridge: Polity Press.

Heritage, J. (1984b) 'A change-of-state token and aspects of its sequential placement', in J. Maxwell Atkinson and J. Heritage (eds), *Structures of Social Action*. Cambridge: Cambridge University Press, pp. 299–345.

Heritage, J. (1998) 'Oh-prefaced responses to inquiry', *Language in Society*, 27 (3): 291–334.

Heritage, J. (2002) '*Oh*-prefaced responses to assessments: a method of modifying agreement/disagreement', in C. Ford, B. Fox and S. Thompson (eds), *The Language of Turn and Sequence*. Oxford: Oxford University Press, pp. 196–224.

Heritage, J. (2008) 'Conversation analysis as social theory', in Bryan Turner (ed.), *The New Blackwell Companion to Social Theory*. Oxford: Blackwell.

Heritage, J. (2010) 'Questioning in medicine', in A. F. Freed and S. Ehrlich (eds), *'Why Do You Ask?' The Function of Questions in Institutional Discourse*. New York: Oxford University Press, pp. 42–68.

Heritage, J., Robinson, J. D., Elliott, M., Beckett, M. and Wilkes, M. (2007) 'Reducing patients' unmet concerns: the difference one word can make', *Journal of General Internal Medicine*, 22: 1429–33.

Jefferson, G. (1979) 'A technique for inviting laughter and its subsequent acceptance/declination', in G. Psathas (ed.), *Everyday Language: Studies in Ethnomethodology*. New York: Irvington Publishers, pp. 79–96.

Jefferson, G. (1985) 'An exercise in the transcription and analysis of laughter', in T. A. Dijk (ed.), *Handbook of Discourse Analysis*, Volume 3. New York: Academic Press, pp. 25–34.

Lerner, G. (2003) 'Selecting next speaker: the context sensitive operation of a context-free organization', *Language in Society*, 32: 177–201.

Margolick, D. (1995) 'Simpson friend testifies of events before killings', *The New York Times*, 23 March 23, p. A8.

Mishler, E. (1984) *The Discourse of Medicine: Dialectics of Medical Interviews*. Norwood, NJ: Ablex.

Robinson, J. D. (2006) 'Soliciting patients' presenting concerns', in J. Heritage and D. Maynard (eds), *Communication in Medical Care: Interactions between Primary Care Physicians and Patients*. Cambridge: Cambridge University Press, pp. 22–47.

Sacks, H. (1984) 'On doing "being ordinary"', in J. Maxwell Atkinson and J. Heritage (eds), *Structures of Social Action*. Cambridge: Cambridge University Press, pp. 413–429.

Sacks, H., Schegloff, E. A. and Jefferson, G. (1974) 'A simplest systematics for the organization of turn-taking for conversation', *Language*, 50: 696–735.

Schegloff, E. A. (1992) 'Repair after next turn: the last structurally provided defence of intersubjectivity in conversation', *American Journal of Sociology*, 95 (5): 1295–345.

Schegloff, E. A. (1997) 'Practices and actions: boundary cases of other-initiated repair', *Discourse Processes*, 23 (3): 499–545.

Schegloff, E. A. (2006) 'Interaction: the infrastructure for social institutions, the natural ecological niche for language and the arena in which culture is enacted', in N. J. Enfield and S. C. Levinson (eds), *The Roots of Human Sociality: Culture, Cognition and Interaction*. New York: Berg, pp. 70–96.

Schegloff, E. A. (2007) *Sequence Organization in Interaction: A Primer in Conversation Analysis*, Volume 1. Cambridge: Cambridge University Press.

Schütz, A. (1962) 'Commonsense and scientific interpretations of human action', in M. Natanson (ed.), *Alfred Schütz Collected Papers, Volume 1: The Problem of Social Reality*. The Hague: Martinus Nijhoff, pp. 3–47.

भाग VI
विस्तारशील प्रोद्योगिकियां

इन्टरनेट अब शायद सबसे प्रमुख स्थान है जहां शब्द और चित्र प्रसारित होते हैं। मार्खम और स्टाव्रोवा बताते हैं कि इन्टरनेट ने न केवल दूरी को कम किया है, बल्कि इसने उस तरीके को भी बाधित किया है जिसमें समय बातचीत के लिए प्रासंगिक है। मार्खम और स्टाव्रोवा ने अनुसंधान अभ्यासों के महत्व को दर्शाया है जिसमें इन्टरनेट प्रथाओं और सामाजिक मीडिया नेटवर्क के अध्ययनों से अपने अधिकार में घटना के रूप में (जैसे ऑनलाइन डेटिंग या चैट रूम की यांत्रिकी) इन्टरनेट के सामान्य उपयोग डेटा (जैसे ऑनलाइन साक्षात्कार) को इकट्ठा करने के लिए एक उपकरण के रूप में प्रयोग करता है। इस बाद के विकल्प का अनुसरण करते हुये, हम इस पुस्तक के अन्य अध्यायों के अनुसार सीखते हैं, कि प्रतिभागियों ने सक्रिय रूप से अर्थ का निर्माण कैसे किया।

नलिता जेम्स और ह्यू बुशर अगले अध्याय में ऑनलाइन साक्षात्कारों की यांत्रिकी (प्रक्रिया) के सहायक विवरणों को प्रदान करते हैं। वे इस तरह के साक्षात्कारों के बीच के मतभेदों को खारिज करते हैं जो पाठ या दृश्य, अतुल्यकालिक या तुल्यकालिक, एक–से–एक (वन–टू–वन) या समूह में हो सकते हैं। ऑनलाइन साक्षात्कार करने की सुविधा के लिए अनुसंधान सम्बन्धों को बनाने के तरीके पर उनकी बातचीत और ऑनलाइन साक्षात्कार करते समय उठने वाले विचारों को शोधकर्ताओं द्वारा नैतिक विचारों को सम्बोधित कर सकने के तरीके के बारे में उनकी चर्चा है, जो नौसिखिया लोगों के लिए विशेष रूप से उपयोगी है।

बेशक, डेटा एकत्रित करने की यांत्रिकी और नैतिकता को समझना केवल आधी लड़ाई है कुछ अर्थों में, यह जानना जरूरी है कि आपके डेटा का विश्लेषण कैसे किया जाए। जोआन मेरिडिथ का यह अध्याय ऑनलाइन डेटा के विश्लेषण के लिए वार्तालाप विश्लेषण (सीए) और छद्म (विच्छेदपूर्ण) मनोविज्ञान (डीपी) के विशिष्ट विश्लेषणात्मक फ्रेमों के उपयोग करने के बारे में बहुत से मुद्दों को बताता है। एक डेटा उद्धरण के जीवन्त उद्बोधन के साथ वह अपने अध्याय का आरम्भ करती है और बाद में इन फ्रेमों की शक्ति को उज़ागर करने के लिए ऑनलाइन फोरम और त्वरित मैसेजिंग डेटा के कई उदाहरणों का उपयोग करती है ताकि प्रतिभागियों द्वारा विशेष ऑनलाइन तकनीकों के अवसरों और सीमाओं के संदर्भ में अर्थ के निर्माण किस तरह से किये जायें।

ऑनलाइन डेटा का विश्लेषण करने के लिए उपलब्ध विश्लेषणात्मक फ्रेम एकमात्र सीए और डीपी नहीं हैं। जोहान डब्ल्यू. उंगर, रूथ वोदक और माजिद खोसरावीनिक द्वारा अन्तिम अध्याय यहां महत्वपूर्ण संभाषण अध्ययनों (सीडीएस) के दृष्टिकोण की रूपरेखा बताते हैं और सुझाव देते हैं कि इसे सोशल मीडिया डेटा पर कैसे लागू किया जा सकता है। वे मददगार तरीके से समझाते हैं कि सामाजिक घटनाओं के लिए एक महत्वपूर्ण परिप्रेक्ष्य को अपनाने वाले शोधकर्ताओं के लिए डिजिटल और मध्यवर्ती संदर्भों में डेटा को अलग–अलग और दिलचस्प बनाया जाता है। छात्रों द्वारा भी उनके विवरण को उपयोगी माना जाता है कि सोशल मीडिया डेटा के लिये आठ पद्धतीय चरणों को एक दृष्टिकोण से सीडीएस (संभाषण–ऐतिहासिक दृष्टिकोण) तक किस तरह से लागू किया जा सकता है।

चौदह

इन्टरनेट / डिजिटल अनुसंधान

(Internet/Digital Research)

एनेट मार्खम और सिमोना स्टाव्रोवा

इस अध्याय के बारे में

यह अध्याय डिजिटल मीडिया, इन्टरनेट संस्कृति और नेटवर्क सामाजिकता की प्रमुख विशेषताओं की समीक्षा करता है। अनुसंधान के लिए सामाजिक और सांस्कृतिक संरचनाओं के लिए एक स्थान या इक्कीसवीं सदी में बने रहने के लिये एक उपकरण (साधन) के रूप में अवधारणा है या नही, गुणात्मक शोधकर्ताओं के लिए इन्टरनेट कई अवसर एवं चुनौतियां प्रदान करता है। इन्टरनेट अनुसन्धान के नैतिक विचारों पर भी चर्चा की गयी है।

कीवर्ड्स - डिजिटल संस्कृति (Digital Culture), नेटवर्क सामाजिकता (Networked Sociality), उपस्थिति की भावना (Sense of Presence), बहुआयामी (Multi-Modality), सूचित सहमति (Informed Consent), संदर्भ संवेदनशीलता (Context Sensitivity), कथित निजता (Perceived Privacy)।

शब्द 'इन्टरनेट' मूल रूप से कम्प्यूटर के एक नेटवर्क से वर्णित किया गया है जो सूचना के विकेन्द्रीकृत संचरण को संभव बनाता है। अब, 'इंटरनेट' असंख्य तकनीकों, क्षमताओं, उपयोगों और सामाजिक अन्तरालों (Spaces) के लिए एक प्रभावी शब्द (umbrella term) बन गया है। क्योंकि इन्टरनेट ने सामाजिक पारस्परिक विचार–विमर्श के प्रकारों को व्यापक रूप से इतना भिन्न होने के लिये संभव बना दिया है कि गुणात्मक शोधकर्ताओं को व्यक्तिगत अध्ययनों के भीतर अवधारणा को और अधिक बारीकी से परिभाषित करने के लिए आवश्यक लगता है। यह इस तथ्य से जटिल है कि सभी शैक्षणिक विषयों में इंटरनेट अध्ययन की कटौती की जाती है। कोई केन्द्रीयकृत पद्धतिय या सैद्धान्तिक दिशानिर्देश नहीं होते हैं और शोध निष्कर्ष व्यापक रूप से वितरित किए जाते हैं और विकेंद्रीकृत होते हैं।

बीस साल पहले, डेस्कटॉप कम्प्यूटर पर बैठकर अधिकांशतः इन्टरनेट का उपयोग किया जाता था। यहां से, हम ईमेल या तत्काल मैसेजिंग प्रोग्राम का उपयोग करके आगे और पीछे संदेश भेज सकते हैं, वेब पर समाचार देख सकते हैं या शापिंग कर सकते हैं, और विभिन्न इमर्सिव टेक्स्ट–आधारित वातावरण में दूसरों के साथ समूहों में पारस्परिक विचार–विमर्श कर सकते हैं। इस समय, हम में से अधिकांश जिन्होंने डिजिटल संदर्भों के गुणात्मक शोध किये हैं, गुणात्मक अनुसंधान के लिए एक टूल या फील्ड साइट, एक सामाजिक घटना के रूप में इंटरनेट को अवधारणात्मक बनाते हैं। आज, इन्टरनेट तकनीक सर्वव्यापी और मोबाइल में उपलब्ध है, हम इन्टरनेट को हमारे साथ जेब में या हमारे कलाई पर रखते हैं। हम एक ही बार में कई डिवाइस का उपयोग करते हैं। हम अपने कपड़ों में इन्टरनेट की क्षमता को स्टिच कर सकते हैं। बड़े पैमाने पर, हमारे उपकरणों, वाहनों और इमारतों में एम्बेडेड सेंसर विश्व के डिजिटल और एनालॉग तत्वों को एक साथ जोड़ते हैं जिन्हें हम 'थिंग्स ऑफ इन्टरनेट' (आईओटी) के नाम से जानते हैं। इन परिणामों से सामाजिक जीवन में कई महत्वपूर्ण बदलाव आये हैं कि कोई व्यक्ति ऑनलाइन है, या नहीं, या सीधे इंटरनेट से जुड़ा है।

पिछले एक दशक में एक बदलाव यह है कि हम जो ऑनलाइन देखते हैं उसके निजीकरण का उदय और विभिन्न ऑनलाइन प्लेटफॉर्म के माध्यम से इसकी प्रक्रियात्मकता के साथ कैसे आगे बढ़ते हैं। जैसे कि हम वेब सर्फिंग करते हैं, हम दोस्तों से चैट करते हैं और जीपीएस कनेक्टेड डिवाइसों के साथ चलते हैं, हम

डिजिटल सिग्नल का उत्पादन करते हैं। एकत्रित और अन्य डेटा के साथ मिलकर, हमारे डेटा को स्वचालित या स्वयं–सीखने वाले सॉफ्टवेयर प्रोग्राम द्वारा संसाधित किया जाता है।

दूसरा बदलाव यह है कि जिन लोगों ने डिजिटल सूचनाओं का उपयोग एक बार भी किया है, वे अब अपनी सामग्री को आसानी से तैयार कर सकते हैं और वितरित कर सकते हैं, अधिकांशतः उस क्षमता के माध्यम से जिसे हम वेब 2.0 प्रौद्योगिकियां (Web 2.0 technologies) कहते हैं। केवल एक यूजर या मीडिया के प्रोड्यूसर होने के बजाय, लोग दोनों में एक ही समय में, साथ–साथ, व्यस्त होंगे जिसे ब्रन्स (2008) ने 'उत्पादन–उपयोग (produsage)' का नाम दिया है। सोशल मीडिया प्लेटफार्म यूजर जनरेटेड कन्टैंट को साझा करने की सुविधा प्रदान करता है। यू ट्यूब, फेसबुक, इंस्टाग्राम, ट्विटर और विभिन्न ब्लॉगिंग प्लेटफार्मों के माध्यम से लोग कई प्लेटफार्मों में और कई ऑडियन्स के लिए स्वयं को दृश्यमान और अदृश्यमान दोनों तरीकों से सामने प्रस्तुत करते हैं।

एक तीसरा बदलाव यह है कि इन्टरनेट तकनीक दिखाई कम दे रही है और एक ही समय में सामाजिक जीवन के मध्यस्थ के रूप में अधिक महत्वपूर्ण होती जा रही हैं, जैसे–जैसे इन्टरनेट 'एम्बेडेड, सन्निहित और हर रोज' तेजी से बढ़ता जा रहा है (हाइन, 2015), पहचान, रिश्तों, संस्कृतियों और सामाजिक संरचनाओं के निर्माण करने के तरीकों के लिये ढांचे (frameworks) की निस्वार्थ उपलब्धता को यह इन्टरनेट चुनौती देता है। जैसे–जैसे इन्टरनेट अधिक से अधिक सर्वव्यापी होता जा रहा है, वस्तुतः यह हमारे नागरिक, सामाजिक और व्यावसायिक जीवन के हर हिस्से को संतृप्त कर रहा है। चाहे हम खुद प्रौद्योगिकियों का इस्तेमाल करते हैं या नहीं, इक्कीसवीं शताब्दी में इन्टरनेट व्यक्तिगत पहचान, राजनीति, सामाजिक जीवन और वाणिज्य के लिए एक गहराई से जुड़ी हुई (एम्बेडेड) नींव बन गया है। इस प्रकार, इंटरनेट चुनौतियां देता है कि गुणात्मक पूछताछ को हम समझते कैसे हैं और संचालन कैसे करते हैं (मार्खम और बेयम, 2009)।

शोधकर्ता का दृष्टान्त (The Researcher's Perspective)

गुणात्मक अनुसंधान परियोजना में इन्टरनेट द्वारा अदा करने की भूमिका पर निर्भर करता है या शोधकर्ता द्वारा इसे कैसे अवधारित किया जाता है, विभिन्न सैद्धांतिक, तार्किकता सम्बन्धी और नैतिक विचारों को भूमिका में आना होगा। यह इस पुस्तक के अन्य अध्यायों में स्पष्ट हो जाएगा।

इन्टरनेट को अक्सर जानकारी एकत्रित करने के लिए एक उपकरण के रूप में विचार किया जाता है, क्योंकि शोधकर्ता आसानी से समूहों तक पहुंच प्राप्त कर सकते हैं, टेक्स्ट डाउनलोड कर सकते हैं, वार्तालापों को कैप्चर कर सकते हैं, व्यक्तिगत और समूह व्यवहारों का अवलोकन कर सकते हैं, या प्रतिभागियों के साथ दूरस्थ या आसानी से पारस्परिक विचार–विमर्श कर सकते हैं। एक शोधकर्ता इन्टरनेट के माध्यम से उपलब्ध विभिन्न क्षमताओं और इंटरफेस का उपयोग भी कर सकता है जो सूचना एकत्रित करने, भंडारण करने, छंटनी और विश्लेषण करने की पारम्परिक गुणात्मक विधियों को प्रतिस्थापित या संबर्धित कर सकता है। इन्टरनेट डेटा विश्लेषण सॉफ्टवेयर के उपयोग से भी जुड़ा हुआ है, भले ही इस तरह के विश्लेषणात्मक उपकरणों के कामकाज को सक्षम करने के लिए इन्टरनेट की सख्ती से आवश्यकता नहीं है।

इन्टरनेट को एक *जगह* के रूप में भी अनुभव किया जा सकता है, इस प्रकार शोधकर्ता इसे संस्कृति के क्षेत्रीय (*fieldsite of culture*) रूप में विचार कर सकता है। इन्टरनेट सम्बन्धों और समुदायों के गठन की सुविधा प्रदान करता है यदि ये सांस्कृतिक संरचनाएं उनकी रचना या कार्य के लिए इंटरनेट पर निर्भर करती हैं, तो उन्हें 'इंटरनेट–मध्यस्थता' या 'डिजिटली रूप से संतृप्त' माना जाता है। ऐसी सांस्कृतिक संरचनाओं या नेटवर्क सामाजिकता के शोधकर्ताओं द्वारा अपनी पद्धतियों को विषयों की एक विस्तृत श्रेणी से लिया जा सकता है। प्रजातिलेखन एक मजबूत ढांचा बना हुआ है, क्योंकि यह कई ऑनलाइन समुदायों और समूहों की विशेषताओं के लिए 'जगह' हेतु अनुकूलित किया जा सकता है। इस श्रेणी में एक अन्य उपयुक्त दृष्टिकोण कई तरीकों का मिश्रण करना है, कभी–कभी प्रयोगात्मक रूप से, क्योंकि संदर्भ काफी जटिल हो सकते हैं – बहुत से प्लेटफार्मों को पार करना, ऑनलाइन और ऑफलाइन साधनों को दोनों में सम्मिलित करना, और स्पष्ट एवं एम्बेडेड प्रौद्योगिकियों सहित।

क्योंकि इन्टरनेट सामाजिक जीवन के कई पहलुओं में गुथा हुआ है, चाहे कोई ऑनलाइन हो या नहीं, विद्वानों ने इन्टरनेट अध्ययन करने के महत्व को रहन–सहन के रूप में मान्यता दी है। यह दृष्टिकोण इस विचार को गंभीरता से लेता है कि हमारे सामाजिक जीवन अनिवार्य रूप से और अच्छी तरह से मध्यस्थ हैं (होर्स्ट एण्ड मिलर, 2012), और इस प्रकार, समकालीन संस्कृति का अध्ययन स्वाभाविक रूप से इंटरनेट को शामिल करता है इसी तरह से, विद्वान इन्टरनेट पर नेटवर्क, प्रौद्योगिकियों या क्षमताओं पर ध्यान केंद्रित कर सकते हैं। क्योंकि इन्टरनेट उपयोग से उत्पन्न होने वाली उन सामाजिक घटनाओं की बजाय, इस ग्लोब–स्पानिंग (globe-spanning) नेटवर्क की कनेक्टिविटी की विभिन्न सुविधाओं और प्रभाव पर अधिक ध्यान देने के कारण इस शोध परिदृश्य को पहले से अलग माना जाता है।

शोधकर्ता की अपनी धारणाएं इन्टरनेट के बारे में जो हैं कि यह प्रभावित करेगा कि जिस तरह से वह विश्लेषण की वस्तु को सीमित करता या करती है, प्रजातिलेखन सम्बन्धी फील्ड, निकायों, व्यक्तियों, एजेंसी को परिभाषित करता है और इस प्रकार जिसे विशेष स्थिति में 'संचार' या 'पारस्परिक विचार–विमर्श' या 'उपस्थिति' के रूप में गिना जाता है, और अध्ययन के लिए प्रासंगिक आंकड़ों को शामिल करने या शामिल न करने के बारे में निर्णय लेने कि लिये किया जाता है। एक उदाहरण के रूप में, तीन काल्पनिक मामलों का अध्ययन करते हैं, पहले मामले में शोधकर्ता, अध्ययन करता है कि स्तन कैंसर वाले लोगों ने अपने अनुभवों को कैसे बांटा है, शोधकर्ता इन्टरनेट को एक उपकरण के रूप में विचार करता है, प्रतिभागियों से संपर्क करने के लिये विभिन्न इन्टरनेट मीडिया का उपयोग करता है, साक्षात्कारों के लिये अनुसूची बनाता है, मुक्त (open-ended) प्रश्न सूचीयों को वितरित करता है, अनुसंधान डायरियों का संग्रहण करता है, डेटा को व्यवस्थित और छांटने का कार्य करता है, इत्यादि। दूसरे मामले में शोधकर्ता, अध्ययन करता है कि फेसबुक के स्तन कैंसर समूह के सदस्य होने के बारे में महिलाओं को कैसा महसूस होता है, इन्टरनेट को फील्ड्साइट के रूप में विचार कर सकते हैं, प्रतिभागियों के बीच पारस्परिक विचार–विमर्श प्रथाओं और समूह मानदंडों का अवलोकन कर सकते हैं। तीसरे मामले में शोधकर्ता, अध्ययन करता है कि स्तन कैंसर के चारों ओर अर्थ के फ्रेमों पर बातचीत और पुनरूत्पादन कैसे किया जाता है, वे ब्लॉगिंग की नेटवर्क सुविधाओं पर ध्यान केंद्रित कर सकते हैं, वेबसाइटों के बीच हाइपरलिंक्स का अध्ययन कर सकते हैं, कई साइटों पर दोहराए गए तत्वों द्वारा बनाए गए कनेक्शनों के नेटवर्क का मानचित्रण कर सकते हैं। पहले मामले में, इन्टरनेट की सूचना प्रसंस्करण और संचारण सुविधाएं प्रमुख हैं, लेकिन केवल इन उपकरणों के रूप में प्रभावी रूप से कार्य करते हैं यह विचार करना जरूरी है कि ये उपकरण कैसा संचालन कर रहे हैं, लेकिन अर्थ–निर्माण के लिये इन्टरनेट–मध्यस्थता वाले पहलुओं या इन्टरनेट स्वयं, अध्ययन के विषय नहीं होते हैं। दूसरे मामले में, समूह की इंटरनेट–मध्यस्थता वाली विशेषतायें प्रमुख हो जाती है, अगर कोई एक ऑनलाइन समुदाय की विशिष्टता (Uniqueness) का अध्ययन करने का प्रयास कर रहा है। तीसरे मामले में, कनेक्शन के नेटवर्क घटना का गठन करते हैं, उपयोगकर्ताओं के बीच लिंक्स (links) विश्लेषण के लिए प्राथमिक फोकस का गठन कर सकते हैं।

ऊपर बताए गए दृष्टिकोणों में से सभी समावेशी नहीं हैं। आवश्यक रूप से वे परस्पर अनन्य भी नहीं हैं। एक ऑनलाइन समुदाय का अध्ययन करने वाले शोधकर्ताओं द्वारा सूचना एकत्रित करने के लिए एक उपकरण के रूप में फील्साइट और विश्लेषण की एक वस्तु के रूप में भी एक साथ इन्टरनेट की कल्पना कर सकते हैं। एक शोधकर्ता स्थानीय या वैश्विक संकटों के दौरान नेटवर्क के माध्यम से पाठ संदेश प्रवाह के तरीके के मानचित्रण करते हुये डेटा को एकत्रित करने या ट्रांसमिशन की गति को मापने के लिए इन्टरनेट का उपयोग कर सकता है। इसी समय, वे इस मैपिंग के सामाजिक प्रभाव का पता लगा सकते हैं या अपने संदेश के सामाजिक जीवन की जांच कर सकते हैं क्योंकि वे व्यक्ति से परे यात्रा करते हैं (एक अच्छे उदाहरण के लिए कि शोधकर्ताओं द्वारा गुणात्मक और मात्रात्मक पद्धतियों को कैसे मिश्रित किया जाता है, विभिन्न स्तरों पर सामाजिक प्रथाओं पर चर्चा करते हैं, और बड़े और छोटे दोनों पैमाने पर सामाजिकता के नेटवर्कों के बारे में सोचते हैं, ब्रंस और बर्गेस, 2012 देखें)।

इन उदाहरणों को प्रदर्शित करने के लिये अधिक सरल बनाया गया है कि इन्टरनेट के लिए कोई पारिभाषिक और वैचारिक रूपरेखा (definitional and conceptual framework) किसी के सत्तामूलक और ज्ञानमीमांसीय

परिसरों (ontological and epistemological premises), अनुसंधान लक्ष्यों और अनुसंधान प्रश्न के विशिष्ट स्वरूप पर निर्भर करेगी। किसी के प्रश्नों के बीच सम्बन्धों (कनेक्शन्स) का सख्ती से विश्लेषण करना, जांच के विषय और संग्रह, विश्लेषण और व्याख्या की संभावित पद्धतियां अच्छी गुणात्मक जांच का सभी एक अनिवार्य हिस्सा होती है। गुणात्मक शोध प्रेरक है, जिसका अर्थ है कि यह एक परियोजना के दौरान स्वाभाविक रूप से बदल जाती है। इसलिए, अनुसंधान की उद्देश्य के रूप में पहचान की जा चुकी है और अध्ययन खुलासा करता है, इन्टरनेट की कुछ विशेषताओं दूसरों की तुलना में अधिक सार्थक बन जाएगी। विशेष रूप से इन्टरनेट के अध्ययनों में, इन्टरनेट के विभिन्न विशेषताओं पर प्रतिबिंबित इस पुनरावृत्ति प्रक्रिया का एक महत्वपूर्ण हिस्सा है।

प्रमुख बिंदु

- अगर आप प्रतिभागियों के साथ संचार करने के लिए एक उपकरण के रूप में इंटरनेट का उपयोग कर रहे हैं, तो कुछ उपयोगकर्ताओं के लिए कुछ मीडिया दूसरे प्रकृति होगी, जबकि अन्य के लिए पूरी तरह से बाहरी (विदेशी)।
- यदि आप ऑनलाइन स्थानों, किसी विशेष स्थान होने की गुणवत्ता (प्लैसनेस) और उपस्थिति में सांस्कृतिक संरचनाओं का अध्ययन कर रहे हैं, तो अनुसंधान डिजाइन की महत्वपूर्ण विशेषताओं के होने की संभावना रहती है।
- यदि आप डिजिटल युग में सामाजिकता या जीवन का अध्ययन कर रहे हैं, जहां इन्टरनेट रहन–सहन का एक तरीका है, तो इन्टरनेट के अधिक गुथे, अपेक्षाकृत कम दृश्य वाले पहलुओं तक पहुंचने और समझने के लिए पद्धतियों के मिश्रण का उपयोग करने की आवश्यकता आपको पड़ सकती है।

नीचे, हम इन्टरनेट या नेटवर्क की सामाजिकता की कुछ बुनियादी विशेषताओं की समीक्षा करते हैं जो किसी के प्रोजेक्ट के लिए महत्वपूर्ण हो सकती है। यह सूची सम्पूर्ण नहीं है लेकिन इन्टरनेट अनुसंधान की चुनौतियों के बारे में सोचने के लिए एक प्रारंभिक बिंदु प्रदान करती है। ये लक्षण हैं जो गुणात्मक शोधकर्ताओं के लिए समस्याएं पैदा करते हैं, शोध विधियों के बारे में चुनौतीपूर्ण प्रश्नों को उठाते हैं, या शोधकर्ताओं के लिए नए अवसर पैदा करते हैं। एक विशेष मामले के अध्ययन के साथ इन विशेषताओं को ध्यान में रखते हुए शोधकर्ताओं की निर्णय लेने में सहायता कर सकते हैं क्योंकि वे मध्यस्थता, नई प्रौद्योगिकियों या अद्वितीय शोध वातावरण के संभावित अपरिचित रूपों की जांच करते हैं। विशिष्ट तकनीकों को शामिल करने की परवाह किए बिना, लगभग किसी भी इंटरनेट मध्यस्थता वाले अनुसंधान संदर्भ पर इन विशेषताओं को लागू कर सकते हैं। उपयोगकर्ताओं (और शोधकर्ताओं) द्वारा इन विशेषताओं को भी भिन्न–भिन्न डिग्री के लिए महसूस किया गया है, जो विशिष्ट स्थितियों और/या सम्बन्ध पर निर्भर होती हैं।

नेटवर्क सामाजिकता की प्रमुख विशेषताएं (Salient Characteristics of Networked Sociality)

संचार और संयोजन (कनेक्ट) करना (Communicating and connecting)

संचार के लिए एक माध्यम के रूप में, इन्टरनेट पारस्परिक विचार–विमर्श के कई साधनों और तरीकों को प्रदान करता है, स्वयं की पहचान, रिश्तों के निर्माण और समुदायों के विकास के लिए कई विकल्प और प्लेटफार्म प्रदान करता है। हम अनेक संचार गतिविधियों के साथ मदद के लिए इन्टरनेट का उपयोग करते हैं। हम में से अधिकांश शायद इंटरनेट की मदद से हमें संचारित करने और सूचना प्राप्त करने की सराहना करते हैं, विभिन्न ऐप के माध्यम से –दूसरों के साथ पारस्परिक विचार विमर्श करने के लिए दृश्य, शाब्दिक और ऑडियो रूपों की एक श्रृंखला पेशकश (ऑफर) करता है, हमें बुकमार्क के लिये, विशेष दर्शकों के लिए सूचना की गठबंधन या रीमिक्स (combine or remix) इकाईयां, विभिन्न प्रारूपों में जैसे कि इन्टरनेट मीमीस, पिन्टरेस्ट बोर्ड्स, वीडियो मैशप्स, रिएक्शन जिफ्स, टम्ब्लर ब्लॉग्स इत्यादि की अनुमति देता है।

अधिकांश भाग के लिए, उपयोगकर्ताओं द्वारा इन नेटवर्क्स की सहायता से ग्रंथों, अचल एवं चल चित्रों, और ध्वनियों या समुदायों द्वारा इन नेटवर्क्स की सहायता से संभव किए गए की तुलना में कनेक्शन्स के नेटवर्कों या प्रदर्शन के लिए वास्तविक प्लेटफॉर्म पर कम ध्यान दिया जाता है। लोग ऐसे तरीके से इंटरनेट का उपयोग करते हैं जो समानांतर होते हैं लेकिन संचार के लिये पूर्व मीडिया से भेजते हैं या विस्तारित करते हैं, जैसेकि पत्र लेखन, टेलीफोन, पोस्ट–इट्स–नोट्स, बुलेटिन बोर्ड इत्यादि। लोग एक साथ कई अलग–अलग प्लेटफार्मों का भी उपयोग करते हैं, जिसमें कई वैश्विक नेटवर्क शामिल होते हैं। किसी के लिये मीडिया का उपयोग अतुल्यकालिक या तुल्यकालिक (asynchronous or synchronous), एक से एक, एक–से–कई, या कई–कई, अनाम (anonymous) या नहीं हो सकता है। स्वयं की प्रस्तुति को लिखित, ध्वनि, चल और अचल छवियां, लाइव या पूर्व–रिकॉर्ड किए गए वीडियो, अवतार, विभिन्न प्रदर्शित कलाकृतियों इत्यादि में प्रदर्शित किया जा सकता है।

शोधकर्ता साक्षात्कारों को आयोजित करने के लिए एक उपकरण के रूप में चैट का उपयोग चाहें कर रहा है या नहीं, किसी व्यस्त (इमर्सिव) गेम में चैट के सांस्कृतिक मानदंडों की खोज चाहें कर रहा है या नहीं, या किसी राजनीतिक घटना के बारे में बातचीत करने वाले लोगों की सामाजिकता का विश्लेषण चाहें कर रहा है या नहीं, यह जानना जरूरी है कि संचार, सामग्री (जो कहा जा रहा है) और सम्बन्ध (जिसका तात्पर्य जो कहा गया है से है) दोनों स्तरों पर कार्य करता है। इन्टरनेट माध्यम के एक विशेष प्रारूप का उपयोग व्यवहार के स्तर पर समरूप हो सकता है, जबकि वास्तव में, जितने प्रायोजन और उद्देश्य (motives and purposes) होते हैं उतने वार्तालाप होते हैं। उदाहरण के लिए– इन्टाग्राम या फेसबुक पर पोस्ट करने का उचित रूप से साधारण अभ्यास विभिन्न रूपों में अवधारणात्मक हो सकता है: जैसे कि वार्तालाप जारी रखने वाले, उपस्थिति का चिह्नक, स्थिति का संकेत, एक प्रमाणित रूप से खुद का प्रतिनिधित्व करने संभावना, प्रतिरोध की चाल, एक नकाब पहनने का अवसर, एकीकृत कार्रवाई के लिए एक स्थान डिवाइस या एक संकेत। इस प्रकार, सामग्री और प्रारूप (फार्म) पर ध्यान देना महत्वपूर्ण है, इसलिए सन्दर्भ और सम्बन्ध पर भी ध्यान दिया जा रहा है (वाट्जलॉविक एट आल., 1967)।

यदि अनुसंधान के लिए एक उपकरण के रूप में उपयोग किया जाता है, तो इन्टरनेट और इसकी क्षमताओं को परियोजना के लक्ष्यों, विषयों या प्रतिभागियों से मिलान किया जाना चाहिए। कई रचनात्मक संभावनाएं हैं। उदाहरण के लिए, स्काइप साक्षात्कार के माध्यम से जीवन के इतिहासों को एकत्र करना संतोषजनक हो सकता है, लेकिन प्रतिभागियों को मल्टीमीडिया प्लेटफॉर्म्स पर चल रहे जीवन के इतिहास के विवरणों को बनाने की इजाजत देता है, जो वे खुद को डिजाइन कर सकते हैं, वे बड़े पैमाने पर बनावट वाले (textured) परिणाम प्राप्त कर सकते हैं। फोटो या वीडियो ब्लॉगिंग का उपयोग विश्लेषण के लिए एक अन्य परिणाम अभी भी उत्पन्न करेगा। एक साक्षात्कार के अध्ययन के लिए, वास्तविक–समय पाठ–आधारित इन्टरफेसेस अनाम भागीदारी और सहज वार्तालाप प्रदान कर सकते हैं, लेकिन यह कुछ प्रतिभागियों या अनुसंधान प्रश्नों के लिए अपर्याप्त हो सकता है। वीडियो–कॉन्फ्रेंसिंग के माध्यम से साक्षात्कार कुछ प्रतिभागियों द्वारा पसंद किया जा सकता है, परन्तु चैट इन्टरफेस का उपयोग करते हुये अन्य और अधिक जानकारी प्रदान कर सकते हैं या अधिक आरामदायक हो सकते हैं। ई–मेल साक्षात्कार उन प्रतिभागियों के लिए बेहतर तरीके से अनुकूल हो सकते हैं, जिनके पास व्यस्त समय–सारिणी है या उनकी प्रतिक्रियाओं पर विचार करने के लिए वांछित समय है, लेकिन उपयोगकर्ताओं के लिए अनुपयुक्त भी हो सकते हैं जो पारस्परिक विचार–विमर्श के संक्षिप्त उद्धरण के (snippet) प्रारूपों से परिचित हैं।

उपस्थिति और प्लेसनेस (Presence and placeness)

इन्टरनेट भौगोलिक रूप से फैला हुआ है, जिसका तात्पर्य यह है कि महान दूरी के बावजूद लोग एकजुट हो सकते हैं या एकसाथ होने का अनुभव कर सकते हैं। इन्टरनेट हमारी समझ (senses) को बढ़ाता है, जिससे हमें हमारी स्थानीय संवेदी सीमाओं से परे अच्छी तरह से देखने, सुनने और पहुंचने की अनुमति मिलती है। टेलीग्राफ, रेडियो, टेलिविजन और फोन ने ऐसा ही किया है, जैसा कि 1960 के दशक में मैक्लुहान (McLuhan) ने व्यक्त किया था, लेकिन सूचना

की डिजिटल और नेटवर्कयुक्त गुणवत्ता, साथ ही साथ इससे पारस्परिक विचार–विमर्श करने के लिये बहु रूपरेखायें भी अनुभव में काफी मतभेद पैदा करती हैं। कोई अनुभवी रूप से अपने भौतिक स्थान से दूर की गई स्थितियों से जुड़ सकता है, या बहुल रूप में संलग्न हो सकता है, कई अलग–अलग स्थितियों में एक साथ रह सकता है।

वास्तव में वहां उपलब्ध होने के बिना ही उपस्थिति की भावना होने के कारण इन्टरनेट एक कसौटी (हालमार्क) है उपस्थिति एक और अधिक जटिल अवधारणा बन जाती है क्योंकि इसे निकटता (proximity) से अधिक भागीदारी द्वारा निर्धारित किया जाता है। मेयरोविट्ज (1985) ने इसे भौतिक उपस्थिति से सामाजिक पृथक्करण के रूप में चर्चा की। वास्कुल ने यह तर्क देते हुए इसे जटिल बनाया है कि 'स्थानों को किसी एक इलाके से किसी भी और सभी उपयोगकर्ताओं के विविध भौगोलिक 'अंतरिक्ष' में संप्रेषित हो जाते हैं (2005: 55)। इस तरह, उपस्थिति की हमारी भावना और उपस्थिति की सामाजिकता को हमारी भौतिक उपस्थिति की आवश्यकता नहीं होती है। मेरे लिए, यह खेल के वातावरणों में सबसे अधिक स्पष्ट है। उदाहरण के लिए, एक खिलाड़ी जानबूझकर अपने अवतार में एक यादृच्छिक 'चिकोटी (twitch)' निर्दिष्ट कर सकता है, ताकि उनके इन–गेम चरित्र बेजान दिखायी देते हो सकते हैं। क्योंकि यह हिलने के बजाय सुन रहा है या आराम कर रहा है, उनके चरित्र अब भी श्वास लेने वाला दिखाई देगा – जिसे माना कि विद्यमान है। यह सुविधा एक सामाजिक उपस्थिति बनाए रखने के लिए भी काम कर सकती है, जब खिलाड़ी ध्यान नहीं दे रहा है, जैसे कि जब वे खेल से दूर होते हैं, रात का खाना बनाते हैं जर्गेन (2002) द्वारा इसे 'अनुपस्थित उपस्थिति' कहा जायेगा।

इन्टरनेट विविध सांस्कृतिक प्रारूपों के विकास की सुविधा प्रदान करता है। शोधकर्ता ऐसे समुदायों का अध्ययन कर सकते हैं जो पूरी तरह से इमर्सिव वातावरणों में ऑनलाइन मौजूद हैं। इन 'आभासी दुनियाओं' की परिभाषित सीमायें और स्थिर सांस्कृतिक पैटर्न हो सकते हैं (बोयलस्टोर्फ एट आल., 2012)। वैकल्पिक रूप से, शोधकर्ता यह अध्ययन कर सकते हैं कि स्थान होने की अद्वितीयता (placeness) या उपस्थिति में कितना अधिक एक अस्थायी संयोजन है। जापान के भूकंप (2011) या अधिग्रहण आंदोलनों (2011) जैसी परिस्थितियों के दौरान हमने कई पलों को देखा है जब नागरिक संकट के क्षणों को देखते हुए संगठित (coalesce) होते हैं। इन्हें मजबूत सांस्कृतिक संरचनाओं के रूप में अनुभव किया गया था। वे विकेन्द्रीकृत, पारस्परिक विचार–विमर्श के ऑनलाइन और ऑफलाइन तरीके जुड़े, और जगह की मानक अवधारणा को चुनौती देते थे। यहां तक कि अगर कोई व्यक्ति साक्षात्कार करने या संभाषण एकत्रित करने के लिए इन्टरनेट का केवल एक उपकरण के रूप में उपयोग कर रहा है, तो यह ध्यान रखना महत्वपूर्ण है कि जैसे –जैसे लोग अपने रोजमर्रा की जिंदगी में इन्टरनेट का उपयोग करते हैं, तो उनके पास पर्यावरण के प्रति अलग–अलग प्रतिक्रियाएं होंगी। हालांकि निश्चित रूप से हर कोई उपस्थिति की भावना महसूस नहीं करेगा, फिर भी कई तरह के इन्टरफेस डिजाइन, तकनीकी लाभ और भौगोलिक फैलाव अनुभव को प्रभावित कर सकते हैं। एक अच्छा शोध डिजाइन इस विचार को ध्यान में रखेगा, भले ही इन पहलुओं के चर (वेरिएबल्स) नहीं हो सकते हों जिन्हें शोधकर्ता नियन्त्रित कर सके।

नम्य (लचीला) समय (Malleable time)

दूरी मिटाने (ढहाने) के साथ ही या इसे अप्रासंगिक बनाने के साथ–साथ, इन्टरनेट प्रौद्योगिकियां समय को बाधित कर सकती हैं और रोजमर्रा के पारस्परिक विचार–विमर्शों में एक अपरिवर्तनीय या सार्वभौमिक प्रवाह से एक नरम चर में बदल सकती हैं। एक बार एक नवीनता के बाद, अब हम अपने पारस्परिक विचार–विमर्श सम्बन्धी विकल्पों पर विचार करने और समायोजित करने के लिए वार्तालाप के बीच में समय को रोकने और शुरू करने की क्षमता प्रदान करते हैं। हम में से अधिकांश यह ध्यान नहीं देते हैं कि हम अपने उद्देश्यों के अनुरूप करने के लिए समय से छेड़छाड़ कर रहे हैं। यह समकालीन सामाजिक सम्बन्धों में एक प्रासंगिक विशेषता है, इसलिए समय/सामयिक प्रकृति (temporality) विश्लेषण की एक वस्तु के रूप में प्रासंगिक हो सकती है।

हमारे द्वारा उपयोग किए जा रहे इंटरफेस, हमारे नेटवर्क कनेक्शन की गुणवत्ता और अन्य कारकों द्वारा समय को उन तरीकों में भी स्थानांतरित किया जाता है जिन पर हम नियंत्रण नहीं कर सकते हैं और ध्यान नहीं दे सकते

हैं। यह एक सामाजिक स्थिति की एक महत्वपूर्ण विशेषता हो सकती है, यदि शोधकर्ता एक इन्टरनेट–आधारित सामाजिक सन्दर्भ का अध्ययन कर रहा है, जैसे कि फेसबुक समूह, खेल या सामाजिक आभासी दुनिया, या इन्टरनेट–मध्यस्थता के सामाजिक सम्बन्धों के विकास और अधिनियमन।

वैकल्पिक रूप से या एक साथ, इन्टरनेट के माध्यम से पारस्परिक विचार–विमर्श कई तरीकों में किया जाता है। चाहे सॉफ्टवेयर और हार्डवेयर द्वारा प्रायोजित किया जाए, किसी व्यक्ति का व्यक्तिगत उपयोग किया जाए, या समय के साथ दो के समूह (dyadic) या समूह मानदंडों के उद्‌भव हो, उपयोगकर्ताओं के अर्थ–निर्माण प्रथाओं पर ये एकाधिक तरीके (multiple modes) संचालित होते हैं। जब अनुसंधान संदर्भ में पारस्परिक विचार–विमर्शों को अधिकृत किया जाता है या अभिकल्पित किया जाता है तब यह विशेष रूप से समय–सम्बन्धित कार्य (फंक्शन), बहु–साधन (multi-modality), सार्थक होते हैं।

प्रौद्योगिकी के साथ अपने दिन–प्रतिदिन के पारस्परिक विचार–विमर्शों में, उपयोगकर्ताओं द्वारा आम तौर पर एक बार में एक से अधिक इन्टरनेट–आधारित साधनों को काम में लाया जाता है। एक उपयोगकर्ता अपने सोशल नेटवर्क पर स्टेटस अपडेट भेज सकता है, दोस्तों के साथ इन्टरैक्टिव गेम्स खेल सकता है, संगीत डाउनलोड कर सकता है, अपने ब्लॉग को अपडेट कर सकता है और स्ट्रीमिंग वीडियो देख सकता है। जब स्क्रीन पर त्वरित संदेश पॉप–अप होते हैं, तो एक नये या निरन्तर वार्तालाप हेतु उत्तर को टंकित करने के लिए उन्हें अनुबोधित (prompted) किया जाता है। केवल तकनीकी उपलब्धियों से और अधिक, इन गतिविधियों को मीडिया–संतृप्त वातावरण में नेटवर्क की पहचान निर्मित करने और बनाए रखने के लिये विकसित साधन के रूप में, अनुकूलक के रूप में, देखा जा सकता है। इन्हें घटनाओं के रूप में अध्ययन किया जा सकता है या तरीकों के संबर्द्धन के लिये उपकरण के रूप में इस्तेमाल किया जा सकता है जिससे शोधकर्ताओं के प्रतिभागियों के साथ संलग्नता और संवाद स्थापित हो।

इन्टरनेट–मध्यस्थता संदर्भों में ये और समय की कई अन्य नम्य विशेषतायें साक्षात्कारों को आयोजित करने में शोधकर्ताओं की सहायता कर सकती हैं। जेम्स और बुशर द्वारा चर्चा किये गये तरीकों के अलावा (इस खण्ड में), शोधकर्ताओं द्वारा एक बार में कई रूपरेखाओं (multiple modalities) का उपयोग किया जा सकता है। उदाहरण के लिए, एक शोधकर्ता एक माध्यम द्वारा या एक समूह के फोरम के साथ साक्षात्कार कर सकता है और एक साथ निजी तौर पर पारस्परिक विचार विमर्श करने के लिये व्यक्तियों के साथ अलग–अलग 'बैक चैनलों' का इस्तेमाल कर सकता है, जबकि समूह गतिविधि अधिक हो रही हैं। इन गैर–विघटनकारी 'फुसफुसाना (whispers)' से मूल्यवान डेटा जोड़ सकते हैं जो शायद नहीं अन्यथा अधिकृत कर लिया जाता।

प्रौद्योगिकियां और प्लेटफॉर्म्स उपयोगकर्ताओं के लिए कुछ समय/स्थान की सम्भावनाएं प्रदान करते हैं। इसी समय, उपयोगकर्ताओं द्वारा भी सक्रिय रूप से प्रौद्योगिकियों को अनुकूलित या हैक करके उनका उपयोग करने के लिये डिजाइनरों द्वारा अनजान तरीके में किया जाता है। इस पर विचार करना महत्वपूर्ण हो सकता है क्योंकि कोई शोध को डिजाइन कर सकता है, लेकिन अप्रत्याशित तरीके से भी उभरने की संभावना है क्योंकि कोई व्यक्ति उसके अपने विशिष्ट संदर्भों में लोगों के साथ पारस्परिक विचार–विमर्श करता है। साथ ही, आपको यह पता होना चाहिए कि प्रतिभागी या स्थिति को बाहरी व्यक्ति द्वारा देखने के लिए इनमें से कई तरीके अदृश्य रूप से कार्य कर रहे हैं।

सामाजिक निर्माण के संदर्भ (Contexts of social construction)

जैसा कि हम यह अध्याय लिखते हैं, हमारे कम्प्यूटर और स्मार्ट फोन पर विभिन्न कार्यक्रम न केवल हमारी अपनी दुनियाओं के फिल्टर्ड संस्करण प्रस्तुत करते हैं, बल्कि पूरी दुनिया की हमारी समझ भी देते हैं। हम समाचार फिल्टर करते हैं, हम दोस्तों द्वारा भेजे गए लिंक का अनुसरण करते हैं, और हम दुनिया के ज्ञान के निर्माण के लिए सूचना के पथ का यादृच्छिक या गैर–यादृच्छिक अनुसरण करते हैं। जैसे–जैसे हम विभिन्न ऐप का उपयोग करते हैं, विभिन्न सूचना प्रवाहों के माध्यम से हम शायद खुद को आगे बढ़ते हुये पाते हैं। हम बस देख और सुन सकते हैं, या हम विभिन्न सामाजिक नेटवर्कों में योगदान कर सकते हैं।

इस परिवेश में, हममें से कोई एक स्वयं के कई संस्करणों का प्रदर्शन कर सकता है। प्रत्येक पोस्ट या अपडेट थोड़ा अलग संस्करण से 'मेरे' द्वारा लिखित या साझाकृत किया गया है और थोड़ा अलग ऑडियंस के लिए लक्षित किया गया है। मैं नये व्यंजनों को पोस्ट करने वाला एक कुक हो सकता हूं। मेरे पास एक ऐसा खाता हो सकता है जहां मैं सेल्फी संस्कृति का मजाक बनाने के लिए व्यंग्यपूर्ण चित्र पोस्ट कर सकता हूं। मैं स्नैपचैट का उपयोग केवल अपने तीन सबसे करीबी दोस्तों के साथ कर सकता हूं ताकि उन्हें अपने प्रामाणिक आत्म होने का अनपेक्षित संस्करण मिल सके।

कई लोगों के लिए, इक्कीसवीं शताब्दी में यह रोजमर्रा की जिंदगी है। बेशक, इन्टरनेट के ठीक पहले, संतृप्त, ऐसी प्रौद्योगिकियां (multiphrenic) जो सामाजिक सम्पर्क बढ़ाने के लिये एक साथ कई और विवादित दिशायें तैयार करने के लिये अच्छी तरह से उभर कर आयी (जर्जेन, 1991)। लेकिन जिस हद तक हमारी पहचान मीडिया, दूसरों के साथ किये गये नेटवर्क के साथ संतृप्त होती है और सूचना एवं संचार प्रौद्योगिकियों का आपस मे मिलना एक हालिया घटना है, जो अध्ययन और प्रतिबिंब के योग्य है। यह सिर्फ एक सामाजिक समस्या नहीं है, बल्कि एक पद्धतिगत मुद्दा है, जैसा कि 'समाजशास्त्रीय विषय शक्तिशाली, स्थानांतरण है, और गुणात्मक अनुसंधान डिजाइन के संदर्भ में, भ्रमित है। हमारे शोध मॉडल मल्टीफ्रेनिक (multiphrenic) विषय के साथ बहुत अच्छी तरह से फिट नहीं होते' (बेयम और मार्खम, 2009: एक्स)।

इन्टरनेट प्रस्तुतीकरण और पारस्परिक विचार विमर्श के असंतुलित प्रारूपों को शामिल किया जाता है जिसे तुरन्त अवलोकित और संग्रहीत किया जा सकता है। यह क्षमता शोधकर्ता की योग्यता को बातचीत की संरचना, अर्थ और पहचान के लिये सशर्त बातचीत, सम्बन्धों और समुदायों के विकास, और सामाजिक संरचनाओं का निर्माण करने के लिए साक्ष्य और विश्लेषण करने की सुविधा प्रदान करती है, क्योंकि ये असंतुलित (असम्बद्ध) रूप से होते हैं। इन्टरनेट के माध्यम से सामाजिक पारस्परिक विचार–विमर्श के द्वारा प्रकट होने वाली भाषाविज्ञान सम्बन्धी और सामाजिक संरचनायें ट्रैक करने और विश्लेषण करने के लिए शोधकर्ताओं के लिये अवसर प्रदान करती हैं कि भाषा किस तरह से सामाजिक वास्तविकता का निर्माण करती है और उसे बनाए रखती है।

इन्टरनेट अनूठा है क्योंकि यह कार्रवाईयों, प्रवृत्तियों और पारस्परिक विचार–विमर्शों की दृश्य छाप छोड़ता है। इन्टरनेट प्रौद्योगिकियां शोधकर्ता को इस सशर्त बातचीत की प्रक्रिया के दृश्य कलाकृतियों को स्रोतों और इच्छित या वास्तविक श्रोताओं दोनों से सम्बन्ध विच्छेदित करने के रूप में देखने की अनुमति देता है। इससे शोधकर्ताओं को समय के साथ सशर्त बातचीत किस तरह से की जा सकती है, या सामाजिक वास्तविकताओं को प्रदर्शित करने के तरीके का अध्ययन करने का एक साधन मिल सकता है।

प्रमुख बिन्दु

- मूल्यांकन करें कि अनुसंधान प्रतिभागियों ने खुद इन्टरनेट को किस तरह से परिभाषित किया और उनके संचार व्यवहार को किस तरह से फ्रेम किया।
- संभावित अर्थों की श्रृंखलाओं से एक मजबूत जागरूकता निर्माण के द्वारा विशिष्ट स्थिति की जरूरतों को पूरा करें।
- सार्वभौमिक प्रक्रियाओं और उपकरणों को अपनाने के बजाय, विशिष्ट परिस्थितियों से प्रकट होने वाली जरूरतों, या माध्यम और पद्धति को प्रतिभागी की वरीयताओं और सुविधा क्षेत्रों के लिये अनुकूल बनाने की कोशिश करें।

नैतिक प्रतिपूर्ति (Ethical Considerations)

अन्तर्राष्ट्रीय नैतिक दस्तावेजों में उल्लिखित बुनियादी सिद्धान्तों के अनुरूप, दि एसोसिएशन ऑफ इन्टरनेट रिसर्चर्स (एओआईआर) को इन्टरनेट अनुसंधान के लिये एक नैतिक दृष्टिकोण हेतु मौलिक होने के लिये निम्नलिखित सिद्धांतों मिलते हैं:

- समुदाय/लेखक/प्रतिभागी की भेद्यता जितनी अधिक होगी, समुदाय/लेखक/प्रतिभागी की रक्षा करने के लिये शोधकर्ता की जिम्मेदारी उतनी अधिक होगी।
- चूंकि 'हानि' को प्रासंगिक रूप से परिभाषित किया गया है, नैतिक सिद्धांतों को वैश्विक रूप से प्रयुक्त किए जाने के बजाय आगमन या निगमन रीति से समझे जाने की संभावना अधिक है अर्थात् एक आकार–फिट–सभी घोषणाओं (one-size-fits-all pronouncements) के बजाय, विशिष्ट संदर्भ के लिए ध्यान देने योग्य व्यावहारिक निर्णय के आवेदन के माध्यम से नैतिक निर्णय लेने का सबसे अच्छा तरीका है।
- नैतिक निर्णयों को लेने के दौरान, शोधकर्ताओं को अनुसंधान के सामाजिक लाभों और अनुसंधान करने के लिये शोधकर्ताओं के अधिकारों के साथ विषयों के अधिकारों (लेखकों के रूप में, अनुसंधान प्रतिभागियों के रूप में, लोगों के रूप में) को संतुलित करना चाहिए। विभिन्न संदर्भों में विषयों के अधिकार अनुसंधान के लाभों से अधिक भारी हो सकते हैं।
- प्रकाशन और प्रसार के नियोजन से, अनुसंधान प्रक्रिया के सभी चरणों के दौरान नैतिक मुद्दों को उठाया जा सकता है और संबोधित करने की आवश्यकता हो सकती है।
- नैतिक निर्णय लेने हेतु एक विचारपरक प्रक्रिया है, और कानूनी मिसाल, प्रकाशित छात्रवृत्ति (किसी एक विषय में, बल्कि अन्य विषयों में भी), और जहां लागू हो, नैतिकता दिशानिर्देशों, अनुसंधान समीक्षा बोर्डों, प्रतिभागिता करने वाले लोगों के या अध्ययन किये गये सन्दर्भित सन्दर्भों/साइटों की जानकारी के साथ, साथी शोधकर्ताओं सहित शोधकर्ताओं को इस प्रक्रिया में यथा संभव अधिक से अधिक लोगों और संसाधनों के साथ परामर्श करना चाहिये।

सामाजिक शोधकर्ताओं के लिए इन्टरनेट सन्दर्भों में लगातार नैतिक दुविधाएं मौजूद होती हैं। यहां, हम संक्षेप में तीन का उल्लेख करते हैं: गोपनीयता की धारणाएं, निजी तौर पर पहचाने जाने योग्य सूचना (जानकारी) और सूचित सहमति।

निजता (गोपनीयता) की धारणाएं (Perceptions of privacy)

निजता के मुद्दे के आसपास व्यावहारिक और पद्धतिगत चुनौतियों से जूझ रहे शोधकर्ताओं द्वारा वैचारिक इलाके में अपने आप को निरन्तर बदलाव करते हुये पाया जाता हैं। शब्द 'निजता' की लगभग हमेशा एक द्विचर (binary) के रूप में चर्चा की जाती है अर्थात् निजता सार्वजनिकता के साथ विरोधाभासी है। यह द्विचर यह निर्धारित करने में उपयोगी साबित हो सकता है कि सामग्री एक सार्वजनिक (प्रकाशित) टेक्स्ट या निजी व्यक्ति है या यह निर्धारित करने के लिए कि निजता को संरक्षित होने की आवश्यकता है या नहीं और है तो किस तरह से। परन्तु यह मॉडल डिजिटल/इंटरनेट युग में टूट जाता है।

आम तौर पर, लोग सार्वजनिक रूप से पहुंच–योग्य सूचना स्थान का उपयोग करते हैं लेकिन निजता की अपेक्षाओं को मजबूत बनाए रखते हैं। यथार्थ, निजता की बजाय कथित अनुभव (experience of perceived), नैतिक सामाजिक इन्टरनेट अनुसंधान और निजता के बारे में हमारी वर्तमान सोच से अधिक मार्गदर्शन प्रदान करता है। स्वेनिंगसन (2004) का तर्क है कि न केवल निजता एक निरंतर (continuum) है, यह सामग्री या सन्दर्भ की संवेदनशीलता के सम्बन्ध में भी एक अवधारणा समझी जाती है।

हालिया छात्रवृत्ति से पता चलता है कि इस तरह के अपर्याप्त तरीके से वर्णित निरन्तरता से लोग जानकारी और निजता के बारे में कैसा महसूस करते हैं उदाहरण के लिए, बॉयड और मारविक (2011) द्वारा साक्षात्कार किये गये युवाओं ने नाराजगी व्यक्त की कि सार्वजनिक स्थानों में निजी जानकारी पोस्ट करने के खतरे को स्पष्ट करने के लिए स्कूल की विस्तृत प्रस्तुति में शिक्षकों और प्रशासकों द्वारा उनकी फेसबुक की जानकारी का उपयोग किया गया था। उन्हें पता था कि जानकारी अपेक्षाकृत सार्वजनिक थी। इसे इस्तेमाल करने का यह वह

तरीका था जिससे उन्हें लगा कि उल्लंघन किया गया है (2011: 6)। जानकारी या सूचना से कहीं अधिक, सन्दर्भ, महत्वपूर्ण विचार था।

निजता को पीढ़ी या सांस्कृतिक रूप से भी परिभाषित किया गया है। कुछ उपयोगकर्ताओं के लिए, निजता एक विघटनकारी हालात या अवस्था है, जिसकी रक्षा करना असम्भव प्रतीत होता है। दूसरों के लिए, निजता – किसी भी पारंपरिक अर्थ में – कभी भी अधिकार या विचार (right or concern) नहीं माना गया है। इन्टरनेट या डिजिटल संदर्भों में, जैसा कि निसेनबॉम (Nissenbaum) बताते हैं, 'लोगों द्वारा जिसके बारे में सबसे अधिक ध्यान रखा जाता है, वह केवल सूचना के प्रवाह को सीमित नहीं कर रहा है बल्कि यह सुनिश्चित करता है कि यह उचित रूप से बहता रहे' (2010: 2)। अतः यह विचार करने के लिए कि हम प्रतिभागियों की रक्षा कैसे कर सकते हैं, शोधकर्ताओं को अलग–अलग प्रश्नों पर विचार करना पड़ सकता है, जैसे कि: 'इस संदर्भ में किसी व्यक्ति का सम्बन्ध उसकी अपनी जानकारी के लिये क्या हैं?' या और अधिक विशेष रूप से, यहां तक कि: 'कोई व्यक्ति उसकी अपनी जानकारी के लिये उसके अपने सम्बन्ध के बारे में कैसा महसूस करता या करती है?' (मार्खम, 2012)। यह सवाल को बड़े समूहों के लिए या अधिक विस्तृत रूप से डेटा प्रवाह की चर्चा के लिए विस्तारित किया जा सकता है।

सूचित सहमति (Informed consent)

'सूचित सहमति' प्राप्त करने की प्रक्रिया कई स्थानीय और राष्ट्रीय संस्थानों द्वारा उपयोग किए जाने वाला एक विनियामक शब्द है, ताकि यह सुनिश्चित हो सके कि लोग अनुसंधान के सम्भावित जोखिमों को समझते और स्वीकार करते हैं और स्वेच्छा से भाग लेते हैं (इस खण्ड में रॉयन देखें)। यह सूत्रीकरण (नियमन) कुछ परिसर पर आधारित है: सबसे पहले, यह मानता है कि शोधकर्ता जनसांख्यिकीय जानकारी को सत्यापित करने के लिए संभावित भागीदार को सचमुच देख सकता है, जिससे तब यह निर्धारित करने में सहायता मिलती है कि प्रतिभागी भेद्यता (vulnerability) की एक ज्ञात श्रेणी में शामिल हैं या नहीं। दूसरा, यह मानता है कि प्रक्रियाएं, उद्देश्य एवं संभावित जोखिम और लाभ को सीमांकित किया जा सकता है और पर्याप्त रूप से समझाया जा सकता है।

इन्टरनेट या डिजिटल रूप से सम्बन्धित अनुसंधान संदर्भों में, सूचित सहमति का उद्देश्य अच्छी तरह से लक्षित हो सकता है परन्तु समस्याग्रस्त हो सकता है। सबसे बुनियादी स्तर पर, हम यह पूछ सकते हैं: एक शोधकर्ता यह सुनिश्चित कैसे कर सकता है कि उन प्रतिभागियों से उन्हें वास्तविक सहमति मिली है जो कि शारीरिक रूप से सह–स्थित (co-located) नहीं हैं? इस तरह की चुनौतियां तब अधिक जटिलता उत्पन्न करती हैं जब हम किसी अनामिता (anonymity) को जोड़ते हैं: हम अनाम चैट रूम या ऑनलाइन मंच के प्रतिभागियों से सहमति कैसे प्राप्त कर सकते हैं? हम कैसे सुनिश्चित कर सकते हैं कि हमारे प्रतिभागी एक भेद्य श्रेणी में नहीं आते हैं? हम 'सूचित सहमति' प्राप्त कैसे कर सकते हैं? जबकि हम किसी व्यक्ति के साथ पारस्परिक विचार–विमर्श करने की बजाय किसी व्यक्ति की जानकारी का उपयोग कर रहे हैं। बड़े पैमाने पर डिजिटल डाटाबेस में हमें किस तरह की सुरक्षा की जानकारी देनी चाहिए? लक्ष्यों और यहां तक कि सूचित सहमति की अवधारणा को इन सवालों ने पुनर्विचार करने के लिये मजबूर किया है। प्रकरण अध्ययनों से पता चलता है कि किस तरीके से सूचित सहमति का प्राप्त करना वास्तव में कभी–कभी नुकसान कारण हो सकता है, किस तरह से सूचित सहमति कभी–कभी असंभव होती है और किस तरह सूचित सहमति अनुत्पादक (counterproductive) हो सकती है। इन मामलों के प्रकाश में, एसोसियेशन ऑफ इन्टरनेट रिसर्च (AoIR) की नैतिकता समिति ने सुझाव दिया है कि शोधकर्ताओं को इस बारे में फैसला करना चाहिए कि नितान्त फैशन में सूचित सहमति प्राप्त करने के लिए विनियामक मानदंडों को मानकर चलने के बजाय सूचित सहमति के लिए तर्काधार या परिसर (rationale or premises) में लौटाने के द्वारा सूचित सहमति प्राप्त किस तरह से और क्या करना चाहिये। यह रुख व्यक्तियों के लिए लाभप्रदता, न्याय और सम्मान हेतु सर्वोत्तम कार्य करने के तरीके के निर्धारण के लिए सबसे अधिक सक्रिय भूमिका निभाने में सक्षम होगा।

व्यक्तिगत रूप से पहचाने जाने योग्य जानकारी (का संरक्षण) ((Protection of) Personally identifiable information)

इन्टरनेट अनुसंधान के पहले दशक में निजता और नैतिकता की अधिक चर्चा ऑनलाइन संदर्भों में व्यक्तियों और समूहों की निजता और अनामिता के संरक्षित करने पर केन्द्रित थी। अब, बड़े आंकड़ों के इस युग में, हमें डेटा संरक्षण से जुड़ी भयभीत करने वाली चुनौतियों का सामना करना पड़ता है। जैसा कि यूएस नेशनल रिसर्च काउंसिल ने बताया है, कि 'ऐसी बहुत सी जानकारी है जो स्वतंत्र रूप से और खुले तौर पर व्यक्तियों के बारे में उपलब्ध है अर्थात् सूचनात्मक जोखिम समाज में सर्वव्यापी है' (2014: 83)। जैसा कि बड़े पैमाने पर और स्वचालित तरीके से डेटा एकत्र करना आसान होता है, डेटा और व्यक्तिगत रूप से पहचाने जाने योग्य जानकारी बढ़ते हुये क्रम में एक अधिक जटिल श्रेणी बनती जा रही है। हर रोज जानबूझकर गतिविधियों को संग्रहित करना, जैसे सर्फिंग पैटर्न या जनसांख्यिकीय जानकारी, आम बात है। लेकिन गैर–जानबूझकर गतिविधियों को एकत्र करना भी संभव है, जैसे बैकस्पेसिंग और हटाने के द्वारा। कार्यक्रम सूचनाओं को निष्क्रिय या आकस्मिक रूप से संग्रहित कर सकते हैं, जैसे कि रेस्तरां की सिफारिश साइट न केवल टैग करती है बल्कि किसी के जियोलोकेशन को भी स्टोर करती है या जब स्वयं–ट्रैकिंग अभ्यास तरकीब लॉग करती है, सांख्यिकीय रूप से प्रबंधित करती है और तब समय के साथ एक के भौतिक डेटा (नींद चक्र, वजन घटाने या बढ़ाने, हृदय गति दर, चलने का समय, रक्तचाप, दवा की अनुसूचियां इत्यादि) का संग्रह करती है।

स्नोडेन ने 2013 में रहस्योद्घाटन किया है कि एनएसए गुप्त रूप से व्यक्तिगत रूप से पहचाने जाने योग्य जानकारी एकत्र कर रहा था जो डेटा की निजता के लिये ढहते मिथक की सार्वजनिक जागरूकता में वृद्धि कर रहा था। शोध समुदायों के लिए भी, यह मुद्दा बढ़ती नैतिक चिंता का विषय है। हालांकि व्यक्तिगत पहचान योग्य जानकारी को संभालनें और प्रभावी रूप से संरक्षित करने के तरीके पर कोई सहमति नहीं है, लेकिन समस्या को एक सार्वभौमिक प्राथमिकता के रूप में पहचाना जाता है।

यह ध्यान रखना महत्वपूर्ण है कि नई प्रौद्योगिकियों और क्षमताओं के विकास के रूप में नैतिक मुद्दों की और अधिक जटिलता लगातार बढ़ती जा रही है। यद्यपि उपर्युक्त शब्द सख्त् विषयों को इंगित करते हैं, अन्य उभर सकते हैं। इस प्रकार, यह महत्वपूर्ण है कि नैतिक निर्णय लेने के लिए (decision-making), नियामक निकायों के मौजूदा प्रतिमानों एवं प्राचलों (norms and parameters) के निष्क्रिय स्वीकार्यता या अनुपालन के बजाय, सक्रिय और केस–आधारित रहता है। यह एक महत्वपूर्ण बदलाव है कि नियामकों, नीति निर्माताओं और अनुसंधान समुदायों के द्वारा इस बारे में किस तरह की बात कर रहे हैं कि वास्तविक शोध स्थितियों में नैतिक दिशानिर्देशों के सर्वोत्तम तरीके से कैसे लागू होते हैं।

रिफ्लेक्सिविटी और कॉन्टेक्ट–सेंसिटिवटी (Reflexivity and Context-Sensitivity)

अनुसंधान के लिए इन्टरनेट से सम्बन्धित संदर्भों की जटिलता को देखते हुए, हम इस बात पर जोर देते हुए निष्कर्ष निकालते हैं कि शोधकर्ता और अध्ययन के संदर्भ में 'इन्टरनेट' का मतलब क्या है, एक अच्छा इन्टरनेट शोध मूल्यांकन करने का विषय किस तरह से है। इस संदर्भ–संवेदनशीलता को चौकस, आत्म–अभिव्यक्त और अनुकूलक होने से पूरा किया जाता है (इस खण्ड में भी बसकाटो देखें)। चूंकि विधियां मौलिक रूप से भिन्न हो सकती हैं, इसलिए हम यह निर्दिष्ट नहीं करते कि किसी को कौन–कौन से उपकरण या तकनीकों का उपयोग करना चाहिए। इसके बजाय, हम इन सामान्य संकल्पनात्मक (वैचारिक) दिशानिर्देशों की पेशकश करते हैं:

- विभिन्न इंटरनेट मीडिया का उपयोग करने वाले अनुसंधान वातावरण को सावधानीपूर्वक मूल्यांकन से गुजरना होगा, क्योंकि एक शोध परियोजना के पूरे किए जाने के दौरान किसी के द्वारा लिया गया प्रत्येक निर्णय उस पर अन्तर डालता है। विभिन्न मध्यस्थ वातावरणों का परीक्षण करना और सम्बन्धित विशेषताओं पर प्रतिबिंबित करने से एक विचार हो सकता है जो कि विशेष प्रतिभागी या अनुसंधान प्रश्नों के लिए

सर्वाधिक उपयुक्त हो सकता है। शोध पर्यावरण का मूल्यांकन केवल उपकरण और प्रौद्योगिकियों को देखने की बात नहीं है, बल्कि किसी की अपनी मान्यताओं और अभ्यस्त प्रथाओं को समझने के लिए, एक शोधकर्ता के रूप में स्वयं से सशक्त पूछताछ करना भी है।

- परावर्तन और अनुकूलन (Reflection and Adaptation) आवश्यक हैं क्योंकि कोई व्यक्ति इन्टरनेट संचार प्रौद्योगिकियों को गुणात्मक अनुसंधान डिजाइन में एकीकृत करता है। इन्टरनेट का अनुकूलन परावर्तकता (रिफ्लेक्सीविटी) का एक स्तर है, जैसा कि हम संचार के लिए नए मीडिया का उपयोग करते हैं, पारस्परिक विचार–विमर्श सम्बन्धी चुनौतियां और अवसर हमें इन पद्धतियों का उपयोग करने के तरीके के बारे में सिखा सकते हैं। किसी व्यक्ति को समायोजित करना दूसरा स्तर है, जैसे कि आमने–सामने के संदर्भों में, एक कुशल शोधकर्ता इस बात पर करीब से ध्यान देगा कि प्रतिभागियों ने डिजिटल प्रौद्योगिकियों का उपयोग और संकल्पना किस तरह से की है।
- संदर्भ के अनुकूल होने के लिए विधिवत् रूप से चुस्त होने की इच्छाशक्ति और योग्यता की आवश्यकता होती है, खासकर हमारे किये हुये नेटवर्क के अस्तित्व और सामाजिक प्रारूप किसी भी तरह से कम जटिल नहीं हो रहे हैं। यदि शोधकर्ता इन्टरनेट की विशिष्ट विशेषताओं और क्षमताओं को समायोजित नहीं कर सकते हैं, तो वे इन घटनाओं को समझने के अवसर खो सकते हैं क्योंकि वे संदर्भ में काम करते हैं।
- नवीन सन्दर्भों या उभरती हुई प्रौद्योगिकियों के अध्ययन में, शोधकर्ताओं को नवाचार, अनुकूलन और संदर्भों की जरूरतों को पूरा करने के लिए रचनात्मक तरीके से किसी की पद्धतियों को अनुकूल करने की इच्छाशक्ति की आवश्यकता को स्वीकार करने की आवश्यकता होगी। फिर भी, अच्छे गुणात्मक शोध सिद्धांत एक समान रहते हैं, और गुणात्मक पूछताछ की मूल प्रथाओं और सिद्धांतों में किसी को कम से कम एक पैर मजबूती से स्थापित करना चाहिए।

अध्याय सारांश और भविष्य की संभावनाएं

यह अध्याय सामाजिक जीवन, अनुसंधान संदर्भ और अनुसंधान डिजाइन को प्रभावित करने वाली इन्टरनेट की मुख्य विशेषताओं पर केन्द्रित है। यह इन्टरनेट अनुसंधान का संचालन करने में आने वाली नैतिक चुनौतियों को भी सम्बोधित करता है। पूरी तरह से, यह जोर दिया गया है कि इन्टरनेट की परिभाषा और किसी के परिप्रेक्ष्य के आधार पर, शोध डिजाइन भिन्न हो सकती है। कुछ शोधकर्ता डेटा का संग्रह, भंडारण और विश्लेषण करने के लिए इन्टरनेट का उपयोग उपकरण के रूप में कर सकते हैं। अन्य शोधकर्ता इन्टरनेट का एक स्थान या संदर्भ के रूप में अध्ययन कर सकते हैं जहां अर्थपूर्ण सामाजिक कार्रवाईयां और सांस्कृतिक गठन होते है। फिर भी अन्य शोधकर्ता यह अध्ययन कर सकते हैं कि इन्टरनेट इक्कीसवीं शताब्दी में रहन–सहन का तरीका बन रहा है। निश्चित रूप से, प्लेटफॉर्म, उपकरण और अन्य इन्टरनेट–मध्यस्थता वाली प्रौद्योगिकियां रोजमर्रा की जिंदगी में प्रचलित हैं। अब यह दूर की संभावना नहीं है कि गुणात्मक शोधकर्ताओं द्वारा अध्ययन करने के लिए हमेशा स्थापनायें (सेटिंग्स) करीब, स्थानीय, व्यक्तिगत, आमने–सामने होंगी, परन्तु ये डिजिटल के साथ और अधिक से आपस में गुथे होंगे। जैसा कि एक दूसरे के साथ गुथना अदृश्य हो जाता है, 'इन्टरनेट' या 'डिजिटल' के रूप में हम जो भी एक बार सन्दर्भित करते हैं, 'सामाजिक जीवन' की तरह उतना ही अधिक दिखाई देगा। यह गुणात्मक शोधकर्ताओं को चुनौती और उत्साहित करना जारी रखेगा।

संदर्भ

Baym, N. and Markham, A. (2009) 'Introduction: making smart choices on shifting ground', in A. Markham and N. Baym (eds), *Internet Inquiry: Dialogue among Scholars*. Thousand Oaks, CA: Sage, pp. vii–xix.

Boellstorff, T., Nardi, B., Pearce, C. and Taylor, T. L. (2012) *Ethnography and Virtual Worlds: A Handbook of Method*. Princeton: Princeton University Press.

Boyd, D. and Marwick, A. (2011) 'Social privacy in networked publics: teens' attitudes, practices, and strategies', paper presented at the Oxford Internet Institute Decade in Internet Time Symposium, Oxford, UK, September 22.

Bruns, A. (2008) *Blogs, Wikipedia, Second Life, and Beyond: From Production to Produsage*. New York: Peter Lang.

Bruns, A. and Burgess, J. (2012) 'Analysing Twitter activity in crisis contexts', paper presented at the European Communication Conference (ECREA), Istanbul, 26 October.

Gergen, K. (1991) *The Saturated Self*. New York: Basic Books.

Gergen, K. (2002) 'The challenge of absent presence', in J. E. Katz and M. Aakhus (eds), *Perpetual Contact*. Cambridge: Cambridge University Press, pp. 227–41.

Hine, C. (2015) *Ethnography for the Internet: Embedded, Embodied and Everyday*. London and New York: Bloomsbury.

Horst, H. and Miller, D. (2012) *Digital Anthropology*. London and New York: Berg.

Markham, A. N. (2012) 'Fabrication as ethical practice', *Information, Communication and Society*, 15 (3): 334–53.

Markham, A. and Baym, N. (eds) (2009) *Internet Inquiry: Dialogue among Scholars*. Thousand Oaks, CA: Sage.

Meyrowitz, J. (1985) *No Sense of Place: The Impact of Electronic Media on Social Behavior*. New York and Oxford: Oxford University Press.

Nissenbaum, H. (2010) *Privacy in Context: Technology, Policy, and the Integrity of Social Life*. Stanford, CA: Stanford Law Books.

Sveningsson, M. (2004) 'Ethics in internet ethnography', in E. A. Buchanan (ed.), *Virtual Research Ethics: Issues and Controversies*. Hershey, PA: Idea Group, pp. 45–61.

US National Research Council (2014) *Proposed Revisions to the Common Rule for the Protection of Human Subjects in the Behavioral and Social Sciences: Report by the Committee*. Washington, DC: The National Academies Press.

Waskul, D. (2005) 'Ekstasis and the internet: liminality and computer-mediated communication', *New Media and Society*, 7 (1): 47–63.

Watzlawick, P., Beavin, J. and Jackson, D. (1967) *Pragmatics of Human Communication: A Study of Interactional Patterns, Pathologies, and Paradoxes*. New York: W. W. Norton and Company.

पन्द्रह

ऑनलाइन साक्षात्कार

(Online interviewing)

नलिता जेम्स और ह्यू बुशर

इस अध्याय के बारे में

इस अध्याय में उन सम्भावनाओं और चुनौतियों की चर्चा की गई है जो शोधकर्ताओं के समक्ष ऑनलाइन साक्षात्कारों में आती हैं। यह विभिन्न प्रकार के ऑनलाइन साक्षात्कारों की जांच करता है, जिसमें पाठ और दृश्य, अतुल्यकालिक और तुल्यकालिक, एक–से–एक और समूह शामिल हैं। यह अध्याय ऑनलाइन साक्षात्कार करने की सुविधा के लिए अनुसंधान सम्बन्धों के निर्माण के महत्व की जांच भी करता है और बताता है कि शोधकर्ताओं द्वारा विशिष्ट नैतिक विचारों को किस तरह से सम्बोधित किया जा सकता है।

कीवर्ड्स - (अ)तुल्यकालिक ((a)synchronous), नैतिकता (ethics), साक्षात्कार (interviews), ऑनलाइन (online), पाठ (text), दृश्य (visual)

इस अध्याय में सामाजिक विज्ञान अनुसंधान में ऑनलाइन साक्षात्कार करने की संभावित, बहुमुखी प्रतिभा और चुनौतियों पर चर्चा की गई है। यह प्रतिबिम्बित करेगा कि इन प्रकारों के साक्षात्कारों को डिजाइन कैसे किया गया है और डेटा संग्रह के तरीकों के रूप में किस प्रकार उपयोग किया गया है, और वे ज्ञानमीमांसीय, पद्धतीय और नैतिक रूप से कहां स्थित होते हैं।

पिछले कुछ दशकों में, इन्टरनेट के तकनीकी परिवर्तन और विकास ने गुणात्मक जांच में ऑनलाइन साक्षात्कार करने के अवसर विकसित किए हैं और आमने–सामने (फेस–टू–फेस) होने वाले साक्षात्कारों से सम्बन्धित समस्याओं को कम किया है (हूले एट आल., 2012)। इन्टरनेट ने संदर्भ की प्रकृति को बदल दिया है जिसमें अनुसंधान किया जा सकता है और एक अलग स्थान और आयाम की पेशकश द्वारा ज्ञान का निर्माण किस तरह से किया जाता है जिसमें पारम्परिक शोध डिजाइन और पद्धतियों का उपयोग और अनुकूलित किया जा सकता है। सामाजिक विज्ञान अनुसंधान में ऑनलाइन शोध विधियों के उपयोग ने शोधकर्ताओं को भौगोलिक रूप से बिखरे हुए व्यक्तियों और समूहों के साथ संवाद करने में, वार्तालाप के न केवल वास्तविक समय और गैर–वास्तविक समय के साथ बल्कि तकनीकी साधन (device) के दूसरे छोर पर उस व्यक्ति को वास्तव में देखने की योग्यता के साथ सक्षम बनाया है।

एक विशिष्ट शोध प्रश्न के सम्बन्ध में नए सबूत प्रदान करने के लिए इन्हें विश्लेषण करने के इरादे से इन्टरनेट के माध्यम से मूल आंकड़ों को एकत्रित करने के लिए ऑनलाइन साक्षात्कार का उपयोग किया जा सकता है। यह द्वितीयक इन्टरनेट अनुसंधान के विपरीत है, जिसमें मौजूदा दस्तावेजों या ऑनलाइन उपलब्ध कराए गए सूचना स्रोतों का उपयोग किया जाता है (हैवसन, 2010)। ऑनलाइन साक्षात्कारों को अतुल्यकालिक (गैर–वास्तविक समय में) और तुल्यकालिक (वास्तविक समय में) आयोजित किया जा सकता है जिसमें ऑडियो, पाठ्य और साथ ही साथ वीडियो/दृश्य विनिमयों (visual exchanges) को भी शामिल कर सकते हैं। अतुल्यकालिक ऑनलाइन साक्षात्कार करने के लिए ई–मेल, बुलेटिन बोर्ड और चर्चा/फोकस समूह/फोरम सर्वाधिक उपयोग किए जाने

वाले तरीके हैं (ऑर्गैड, 2005; जेम्स एण्ड बुशर, 2009; हूले एट आल., 2012)। (वेब) ब्लॉग और विकीस द्वारा भी गुणात्मक शोधकर्ताओं के प्रतिभागियों को साक्षात्कार करने के लिये नए तरीकों की पेशकश की जाती है (चेनाइल, 2011)। तुल्यकालिक दृष्टिकोणों ने सवालों को पूंछने और जवाब देने के लिये एवं बातचीत करते हुये साक्षात्कार प्रतिभागियों को देखने के लिए पाठ–आधारित चैट रूम्स, इन्स्टैन्ट मैसेंजर प्रोटोकॉल, और वीडियो–कॉन्फ्रेंसिंग और वॉयस–ओवर इन्टरनेट प्रोटोकॉल (VOIP) पर ध्यान केंद्रित किया है (स्टीवार्ट एण्ड विलियम्स, 2005, स्टीजर एण्ड गोरिट्ज, 2006)। शोधकर्ताओं द्वारा ऑनलाइन संचार सेवाओं का उपयोग किया जा सकता है जैसे कि वास्तविक समय में ऑनलाइन 'आमने–सामने' साक्षात्कारों को आयोजित करने के लिए – स्काइप (Skype) का भी उपयोग किया जा सकता है (सलिवन, 2012)।

डेटा संग्रहण हेतु ऑनलाइन साक्षात्कारों का उपयोग करना (Using Online Interviews for Data Collection)

तुल्यकालिक साक्षात्कार में पारस्परिक विचार–विमर्श और अनुभवों की साझेदारी को शोधकर्ता(ओं) और प्रतिभागी(यों) द्वारा ऑनलाइन उपस्थिति के लिए तैयार (framed) किया जाता है। ऑनलाइन साक्षात्कारों की वास्तविक–समय प्रकृति, चाहें एक–पर–एक या फोकस समूह साक्षात्कारों, आमने–सामने वाले साक्षात्कारों के रूप में हो, प्रतिभागियों और शोधकर्ता के बीच सहज पारस्परिक विचार–विमर्शों को प्रोत्साहित कर सकती है, चाहे वे पाठ–आधारित एक–पर एक या समूह साक्षात्कारों या मल्टी–चैनल दृश्य साक्षात्कारों में शामिल हों।

ऑनलाइन संचार प्लेटफार्मों जैसे – इन्स्टैंट मैसेंजर (IM), द्वारा ऑनलाइन तुल्यकालिक साक्षात्कारों को करने की प्रक्रिया को सुविधा प्रदान की जाती है। यह एक इलेक्ट्रॉनिक ऑनलाइन संचार प्रणाली है जो टेलीफोन– तुल्यकालिक वार्तालापों की सुविधाओं को जोड़ती है और ईमेल, वास्तविक–समय चैट का नेतृत्व तेजी से कर सकता है (हिंक्लिफे एण्ड गेविन, 2009)। इन्स्टैंट मैसेंजर ईमेल की तुलना में संचार करने का एक तेज, अधिक संवादात्मक तरीका है, और उन लोगों के लिए सस्ता (ज्यादातर मामलों में डाउनलोड करने के लिए स्वतन्त्र हैं), सुविधाजनक और आकर्षक है, जो आमने–सामने होने वाले साक्षात्कारों के दौरान अपना मत व्यक्त करने में कठिनाई पाते हैं या उन्हें नापसंद करते हैं। ऐसे में, वे प्रतिभागी की आशंका को दूर कर सकते हैं, आमने–सामने वाले सन्दर्भों में जिन प्रतिभागियों को शर्म आती है या मितभाषी होते हैं उन्हें स्वतन्त्र रूप से 'बोलने' के लिये और अधिक आत्मविश्वास और एक शोध अध्ययन में योगदान देने के लिए इजाजत दे सकते हैं (ऑर्गड, 2005)। पारस्परिक विचार–विमर्श सम्बन्धी दृश्य उत्तेजनाओं के रचनात्मक उपयोग का मतलब यह भी है कि वे तात्कालिक और गतिशील समूह के पारस्परिक विचार–विमर्शों को सुविधा प्रदान करने और ज्ञान के नए प्रारूपों को बनाने के लिए बहुमूल्य प्लेटफॉर्म बन सकते हैं (मूरे एट आल., 2015)। इन पारस्परिक विचार–विमर्शों से प्रतिभागियों में एक–दूसरे की जागरूकता बढ़ा सकते हैं और प्रतिभागियों के बीच मनोवैज्ञानिक दूरी को कम कर सकते हैं और साथ ही साथ संयुक्त भागीदारी की भावना को बढ़ा सकते हैं (बावकर एण्ड टफिन, 2004)। वैकल्पिक रूप से शोधकर्ताओं द्वारा अपने ऑनलाइन मंच को स्थापित किया जा सकता है या वाह्य प्रदाताओं का उपयोग किया जा सकता है – जैसे नेटवर्कड वर्चुअल रीयल्टी, या ग्राफिकल एमयूडी (Graphical MUDs), तुल्यकालिक पाठ संचार और पर्यावरण के एक ग्राफिकल प्रतिनिधित्व दोनों की पेशकश के लिये (स्टीवार्ट एण्ड विलियम्स, 2005)।

ऑनलाइन साक्षात्कारों का एक ऐसा मुद्दा है जो दोनों शोधकर्ताओं और प्रतिभागियों के लिए चुनौतीपूर्ण हो सकता है, यह ऑनलाइन चर्चाओं की तेजी से बढ़ती प्रकृति से, दोनों शोधकर्ताओं और प्रतिभागियों को पीछे कर सकता है। प्रतिक्रिया और भेजने (responding and sending) के बीच का अंतर धुंधला हो सकता है या उत्तर संक्षिप्त हो सकता है और बहुत ही कम शब्दों से बना हो सकता है। बावकर और टफिन (2004) ने साक्षात्कारों को प्रारम्भ करने से पहले प्रतिभागियों के साथ ऑफलाइन मिलकर इस समस्या पर काबू पा लिया था। अपने शोध

में, अनुभवों के परस्पर आदान–प्रदान के प्रकटीकरण द्वारा प्रतिभागियों को सम्बन्धित करने के लिए तुल्यकालिक ऑनलाइन साक्षात्कारों ने कम अवसर निर्मित किये हैः

नैटिलीन (Natilene):	मेरे कहने से यदि आप अन्यथा न ले – (इन सब सवालों को आपसे पूछने की जिज्ञासा मुझे बहुत है, लेकिन मुझे बिल्कुल पता नहीं है कि कौन सी दिलचस्प कहानियां हैं जो आप मुझे बताने वाले हैं, और वह मेरे शोध के लिए किस तरह से उपयोगी होंगी) – उन्होंने किस तरह से सहायता प्रदान की?
डैनियल (Daniel):	ठीक है, उन्होंने जानकारी के साथ मेरी मदद की
डैनियलः	मैं अभी भी उनकी ईमेल सूची पर हूँ
डैनियलः	वे अच्छी जानकारी प्रदान करते हैं
डैनियलः	यह जानने में मुझे मदद मिली कि मैं अकेला नहीं था।

(बावकर एण्ड टफिन, 2004: 235)

बैंडविड्थ में वृद्धि और सस्ती, आसानी से उपयोग में आने वाली प्रौद्योगिकियों की उपलब्धता ने तुल्यकालिक ऑनलाइन ऑडियो और वीडियो साक्षात्कारों को करने के लिए इसे और अधिक सक्षम (व्यवहार्य) बना दिया है उदाहरण के लिए, टेलीफोन या वीडियो कॉन्फ्रेंसिंग अनुसंधान के लिए स्काइप का उपयोग करना भौगोलिक लचीलेपन की अनुमति देता है और शोधकर्ताओं द्वारा कम्प्यूटर से कम्प्यूटर एवं कम्प्यूटर से टेलीफोन वार्तालापों को रिकॉर्ड करना संभव है। किसी समय में उसकी अपनी अनुसूची में युक्त, उसके अपने प्रतिभागियों से साक्षात्कार के लिये स्काईप काल्स द्वारा केटर (2011) को अनुमति दी जाती है। कुछ साक्षात्कार खंडों में टूट गए थे, जबकि कुछ दो घंटे तक चले। 90 मिनट प्रति प्रतिभागी को अनुसंधान प्रोटोकॉल कहा जाता है। प्रतिभागियों के साथ कॉल्स के प्रकार का निर्धारण करने वाले कुछ कॉल स्काइप–टू–स्काइप थे और अन्य स्काइप–टू–फोन थे।

इन्सटैन्ट मैसेजिंग और चैट रूम (फॉक्स एट आल., 2007) जैसे उपकरणों के साथ तुल्यकालिक ऑनलाइन फोकस समूह स्थापित किए जा सकते हैं और वे कम जोखिम वाले साक्षात्कार के वातावरण की पेशकश कर सकते हैं, क्योंकि वे अन्य प्रतिभागियों के बारे में कोई भी सुराग नहीं देते हैं, हालांकि शोधकर्ताओं द्वारा शोध परियोजना में भाग लेने वाले प्रतिभागियों को जागरूक बनाना होगा। शोधकर्ताओं को भी एक स्वीकार्य और मैत्रीपूर्ण वातावरण स्थापित करने में सक्रिय होना चाहिए (मान और स्टीवार्ट, 2000)। कुछ भाग में, समूह की गतिशीलता को प्रबन्धित करने के लिए शोधकर्ताओं को एक मध्यस्थ भूमिका अदा करनी पड़ती है (बुशर और जेम्स, 2012)। एक ऑनलाइन टेक्स्ट–आधारित फोकस समूह में मॉडरेट करने और भाग लेने के लिए भी तेजी से टाइपिंग कौशल और वास्तविक–समय चर्चा की शैली के साथ कुछ अनुभव की आवश्यकता हो सकती है। तुल्यकालिक ऑनलाइन चैट तेजी से एवं उग्र हो सकता है जिससे चर्चा किये जा रहे विषयों के साथ पारस्परिक विचार–विमर्श एवं वचनबद्धता, तात्कालिकता के उच्च स्तर तक पहुंच जाता है (ओ'कोनोर एण्ड माडगे, 2003)। प्रतिभागियों के पारस्परिक विचार–विमर्शों की जटिलता के परिणाम भी एक अराजक प्रतिलेख में हो सकते हैं, जो वास्तविक–समय के 'सूत्रण (threading)' की विशेषता बताते हैं, जो नौसिखिया शोधकर्ता को व्याख्या करने के लिए निराश कर सकती है (फॉक्स एट आल., 2007)। समूह के आकार और बढ़ते हुए संशोधित अनुभव से इस कठिनाई को कम कर सकते हैं। यह उन भाग लेने वाले लोगों के व्यक्तिगत व्यक्तित्व पर, तकनीक के साथ उनकी प्रवीणता और प्रत्यक्ष फोकस समूह चर्चाओं की मांग करने वाले मध्यस्थों (moderators) द्वारा किए गए हस्तक्षेपों की उचितता पर निर्भर करता है (मूरे एट आल., 2015)।

तकनीकी आवश्यकताओं के संदर्भ में गैर–वास्तविक समय में आयोजित किए जाने वाले अतुल्यकालिक साक्षात्कारों को तुल्यकालिक साक्षात्कारों की तुलना में बहुत आसानी से स्थापित किया जाता है। उदाहरण के लिए, ई–मेल का उपयोग करके विस्तृत गुणात्मक डेटा या व्यक्तियों के अनुभवों और जीवन इतिहासों के पूर्व

सम्बन्धी विवरणों (reflexive accounts) को बनाने के लिए साक्षात्कार करने की एक अतुल्यकालिक ऑनलाइन विधि की पेशकश की जा सकती है, लेकिन साक्षात्कारों के किस तरह से आयोजित किया जाना चाहिये, इसके लिए स्पष्ट प्रोटोकॉल की आवश्यकता होती है (जेम्स एण्ड बुशर, 2006)। इसी तरह, टेप रिकॉर्ड्स एवं प्रतिलेखन (tape recorders and transcription) के संसाधन तीव्रता के बिना किसी पाठात्मक डायरी प्रारूप और तत्काल पाठ के निर्माण में प्राकृतिक डेटा एकत्रित करने के लिए ब्लॉग का उपयोग किया जा सकता है (हुकवे, 2008)। हालांकि, शोधकर्ताओं को शोध करने के लिए इन ब्लॉगों तक पहुंच बनाने के लिए लेखकों की अनुमति होने की आवश्यकता होती है, या प्रतिभागियों को किसी विशेष शोध परियोजना के लिए उन्हें स्थापित करने में सहायता करने की आवश्यकता होती है। इन दृष्टिकोणों को देशान्तरीय (longitudinal) अनुसंधान के लिए इस्तेमाल किया जा सकता है, जो प्रतिभागियों के रोजमर्रा के अनुभवों को समझने के लिए महत्वपूर्ण प्रभाव होता है और वे समय के साथ इन्हें कैसे समझते हैं (जेम्स, 2007)। स्वाभाविक रूप से होने वाले ऑनलाइन मंचों के आभासी प्रजातिलेखन सम्बन्धी अध्ययनों के निर्माण के लिए उनका उपयोग अतुल्यकालिक फोकस समूहों के लिए भी किया जा सकता है (बुशर और जेम्स, 2012)।

अतुल्यकालिक रूप से संग्रहीत शाब्दिक (मूलपाठ–विषयक) डेटा लिखित प्रारूप में होता है, इसलिए प्रतिलेखन करने की कोई आवश्यकता नहीं होती है। यह प्रतिलिपियों की सटीकता बढ़ाता है और त्रुटि के लिए संभावितता को हटा देता है। यह शोधकर्ताओं के लिए व्याख्या करने में भी अभिवृद्धि कर सकता है। प्रतिभागियों द्वारा यह सुनिश्चित करते हुये गैर–मौखिक संकेतों की कमी के लिए क्षतिपूर्ति की जा सकती है कि उनके विवरण अर्थ और भावना के स्तर को दर्शाते हों, जिन्हें वे संसूचित करना चाहते हैं, जिससे डेटा के मूल सन्दर्भ में पारदर्शिता और संवेदनशीलता का एक बृहत्तर स्तर हो। लिखित भाषा में भावनाओं की स्पष्ट अभिव्यक्ति, बोलने वाले संचार में दी जाने वाली अंतर्निहित भावनात्मक बारीकियों की तुलना में अधिक आसानी से व्याख्याओं और विश्लेषणों में शामिल हो सकती हैं (विलियम्स एट आल., 2012)।

हालांकि इन प्रकारों के साक्षात्कार में शोधकर्ताओं द्वारा प्रतिभागियों के लिए साक्षात्कार प्रश्नों को भेजकर सरल बनाया जा सकता है और फिर इसमें सिर्फ एक उत्तर के लिए इंतजार करना होता है, वे कई दिन या सप्ताह भी ले सकते हैं, क्योंकि अनुसंधानकर्ता द्वारा निर्धारित समय–सीमा में प्रतिभागियों को सवालों के जवाब देने की जरूरत नहीं होती है (जेम्स एण्ड बुशर, 2009)। इसके अलावा, प्रतिभागियों से तुल्यकालिक साक्षात्कारों की तुलना में गैर–प्रतिक्रिया का बृहत्तर जोखिम होता है क्योंकि प्रतिभागियों को उनके समय पर अन्य मांगों से विचलित किया जा सकता है और जवाब देने के लिए दबाव महसूस नहीं करते हैं। केवल अपवाद स्वरूप परिस्थितियों को छोड़कर, प्रतिभागियों की रोजमर्रा की जिन्दगियों में से एक शोधकर्ता अनजान हो सकता है, एक शोध परियोजना में भागीदारी को रोक सकता है, ऑनलाइन साक्षात्कार के प्रवाह में दखल कर सकता है। सबसे खराब परिस्थितियों में यह एक प्रतिभागी के लम्बे समय तक के लिये हो सकता है यदि परियोजना से अस्थायी मुक्ति या इसे पूरी तरह से निकाल दिया जाये। प्रतिभागियों के साथ तालमेल बनाए रखने के लिए शोधकर्ताओं को कड़ी मेहनत करनी पड़ सकती है जो एक शोध परियोजना के साथ अन्तर डालने के रूप में (Spasmodically) संलग्न होते हैं। प्रतिभागियों के ईमेल ट्रैफिक में मुख्य प्रश्नों की जांच या संकेत (Probes or prompts) खो सकते हैं। प्रतिभागियों के लिये अनुरोधों के साथ आगे की सूचना के लिए ई–मेल को हटाने या उन्हें अनदेखा करना अपेक्षाकृत आसान होता है, यदि वे बहुत व्यस्त हैं या शोध परियोजना में दिलचस्पी खो देते हैं, खासकर यदि वे 'खोलने (open up)' की इच्छा नहीं रखते हैं (जेम्स, 2007)। हालांकि, क्योंकि अतुल्यकालिक साक्षात्कार सप्ताहों के लिये अन्तिम हो सकते हैं, वे प्रतिभागियों और शोधकर्ताओं के बीच दोहराए गए पारस्परिक विचार–विमर्श के माध्यम से गहन डेटा के संग्रहण और साक्षात्कार के मुद्दों पर घनिष्ठ चिन्तन (परावर्तन) करने में सहायता करते हैं। दूसरी ओर, यदि प्रतिभागियों ने अनुसंधान परियोजना के बाहर विषयों को विषयान्तर किया है तो पारस्परिक विचार–विमर्श की सहजता खो सकती है, जिससे संभाषण के प्रवाह को बनाए रखना मुश्किल हो जाता है (सैंडर्स, 2005)।

प्रमुख बिंदु

ऑनलाइन साक्षात्कारों के फायदेः

- लागतों की बचत (savings of costs)
- स्थान, भूगोल और यात्रा (location, geography and travel)
- लचीलापन (flexibility)
- स्थान (venue)
- ऑनलाइन साक्षात्कार में वचनबद्धता (engagement in the online interview)
- गति (speed)।

ऑनलाइन साक्षात्कार के नुकसानः

- ऑनलाइन वार्तालाप में समय लगता है (time lags in the online conversation)
- विचलित प्रतिभागियों (distracted participants)
- प्रतिभागियों के हित और प्रेरणा (participants' interest and motivations)
- भाषा प्रयोग (language use)
- तकनीकी क्षमता और विफलता प्रौद्योगिकी (technical competence and failing technology)
- पहुंच (access)
- पहचान सत्यापन (identity verification)
- मौखिक संकेतों की अनुपस्थिति (absence of verbal cues)

प्रतिभागियों तक पहुंच और अनुसंधान सम्बन्धों की स्थापना करना
Accessing Participants and Establishing Research Relationships

ऑनलाइन साक्षात्कारों का आयोजन करते समय, शोधकर्ताओं को यह तय करना चाहिए कि वे जनसंख्या के लिये पहुंच (access) किस तरह से कर रहे हैं और सभी प्रतिभागियों से सूचित सहमति प्राप्त कर ली है। विशिष्ट आबादी वाले वीडियो कॉन्फ्रेंसिंग का उपयोग करते समय, पहुंच और उपलब्धता में काफी सुधार हो सकता है क्योंकि कोई व्यक्ति केवल अपने घर के कम्प्यूटर के माध्यम से ही नहीं बल्कि उनके अपने फोन, आइपॉड, लैपटॉप, पढ़ने के उपकरण या इंटरनेट कैफे के माध्यम से जुड़े हो सकते है। ज्यादातर लोगों के लिए, यह कोई समस्या नहीं है, लेकिन पुराने लोगों या विकलांग लोगों के लिए, उदाहरण के लिए – ऑनलाइन साक्षात्कार में भाग लेने में सक्षम नहीं हो सकते हों या उनकी पहुंच न हो (सुल्लिवान, 2012)। छोटे लोग (Younger) तुल्यकालिक ऑनलाइन चैट से परिचित होते हैं। फॉक्स एट आल., (2007) ने युवा प्रतिभागियों को ऑनलाइन भर्ती करने का फैसला किया था क्योंकि उनमें इन्टरनेट का इस्तेमाल करने के लिए कुछ अनुभव और पहुंच दोनों की संभावना अधिक थी।

ऑनलाइन साक्षात्कार करने के लिए अक्सर उद्देश्यपूर्ण या सुविधा नमूनाकरण (Purposive or Convenience Sampling) लागू किये जाते हैं। जेम्स एण्ड बुशर (2006) ने अनुसंधान विधियों को चुना था, जिसमें स्वीकार किया था कि उनके प्रतिभागियों ने ईमेल तक पहुंच प्राप्त करने के लिये तैयार थे और वे उनके व्यावसायिक जीवन में इसका इस्तेमाल करने से परिचित थे। ऑनलाइन फोकस समूहों में आमने–सामने वाले अध्ययनों की तुलना में ज्यादा नमूना आकार का उपयोग करने की क्षमता होती है (स्टूआर्ट और विलियम्स, 2005), जो शोधकर्ताओं को एक अध्ययन में व्यापक दृष्टिकोणों तक पहुंच प्राप्त करने की अनुमति देता है। इसके बावजूद, ऑनलाइन तरीकों का इस्तेमाल करने वाले कई शोधकर्ताओं ने नमूने के आकारों को दोहराए जाने के लिए चुना है, जो आमने–सामने फोकस समूहों के लिए अनुशंसा करते हैं, शायद गुणात्मक अनुसंधान के उद्देश्य के लिए सही बने रहने और

लोगों के छोटे नमूने से अनुभव की गहरी समझ प्राप्त करने के लिए (मूरे एट आल., 2015)। वीडियो–कॉन्फ्रेंसिंग साक्षात्कारों के लिए, संभावित प्रतिभागियों का पूल बढ़ सकता है, उदाहरण के लिए – निदर्शन (प्रतिचयन) के सामान्य तरीके के अलावा, शोधकर्ता ऐसे व्यक्तियों को ढूंढता है जिन्होंने फेसबुक पर या किसी विशेष वेबसाइट से सम्बन्धित एक पृष्ठ पसंद किया था।

जो भी तरीका (तुल्यकालिक या अतुल्यकालिक साक्षात्कार) या प्रकार (एक–से–एक या समूह साक्षात्कार, वीडियो/दृश्य या ऑडियो) शोधकर्ताओं द्वारा उनके अपने ऑनलाइन शोध के लिए चुना जाता हैं, उन्हें यह विचार करना होगा कि शोध किए जा रहे लोगों पर ऑनलाइन पारस्परिक विचार–विमर्श का प्रभाव और वे अपने प्रतिभागियों के साथ किस तरह का शोध सम्बन्ध स्थापित करने जा रहे हैं। आमने–सामने वाले साक्षात्कारों में, स्वयं की प्रस्तुति केवल इस पर निर्भर नहीं होती है जिस पर प्रतिभागियों द्वारा दर्शाने के लिए चुना जाता है। उदाहरण के लिए – आवाज के हाव–भाव या टोन के माध्यम से, लेकिन सामाजिक पारस्परिक विचार–विमर्श की जगह में दूसरों के द्वारा भी जिस पर उसे माना जाता है (मैथ्यूज, 2006)। ऑनलाइन टेक्स्ट–आधारित साक्षात्कारों में, लिखित शब्द तालमेल और विश्वास के निर्माण का एकमात्र साधन बन जाता है। जब आमने–सामने होने वाला सम्पर्क अनुपस्थित है, तो शोधकर्ताओं द्वारा 'अन्य ऑनलाइन लोगों के साथ विश्वास के सम्बन्ध पर पहुंचने की कोशिश में अनामिता और असम्बद्धता की भंगिमा (हावभाव) की संभावित बाधाओं को अनदेखा नहीं किया जा सकता है' (ओरगड, 2005: 55)। जहां ऑनलाइन साक्षात्कारों में दृश्य और सामाजिक हावभावों और संकेतों की दृश्यता न हों, साधारण हावभावों जैसे कि (सिर हिलाना, सहमति, आंखों के संपर्क), इन्हें शब्दों (text) में अनुदित करना होगा और शोधकर्ताओं ने शायद और अधिक तेजी से महत्तर मुखर स्पष्टता के साथ, 'उनकी वास्तविक स्थिति और ऑनलाइन साक्षात्कार की सीमाओं ... को स्थापित करने की तुलना में वे आमने–सामने की स्थिति में हो सकते हैं' (सैंडर्स, 2005: 78)। कुछ ऑनलाइन शोधकर्ताओं ने स्वयं के बारे में व्यक्तिगत जानकारी प्रदान की है जैसे– पारिवारिक जीवन और प्रतिभागियों के साथ एक निश्चित स्तर की घनिष्ठता बनाने के लिए काम (किवीट्स, 2005), विशेषकर जहां अनुसंधान साक्षात्कारों में संवेदनशील विषयों को शामिल किया गया हो। दूसरों ने अपने प्रतिभागियों के साथ उनके लिखित ग्रन्थों और उनके शाब्दिक आदान–प्रदानों के प्रति अपनी वचनबद्धता प्रदर्शित करने के लिए अपने प्रतिभागियों के सन्देशों को शीघ्र उत्तर प्रदान करने के द्वारा यह सुविधा देने का प्रयास किया है (ओरगैड, 2005)।

जब तक कि शोधकर्ता वेब–कैमरे या वीडियो–कॉन्फ्रेंसिंग का उपयोग नहीं कर रहे हैं, इन्टरनेट के 'स्मोक्ड मिरर (smoked mirror)' द्वारा प्रतिभागी और शोधकर्ता एक–दूसरे से छिपे हुये होते हैं, यदि वे चाहें तो उन्हें दृश्य अनामिता और छद्मनामिता के लिए अवसर मिल सकते हैं। यह शोधकर्ता–प्रतिभागी प्रभाव को कम कर सकता है क्योंकि अन्य की भौतिक विशेषतायें अनुपस्थित हैं, अगर उनके वर्तनी–विषयक सम्बन्धी (orthographical) नहीं हैं, और अधिक संवेदनशील विषयों या अलोकप्रिय विचारों की स्थिति पर चर्चा करना आसान बनाते हैं। दूसरी ओर, ऑनलाइन विनिमयों के दौरान उत्पन्न लिखित ग्रंथों ने लोगों के लिए अपने विचारों और दृष्टिकोणों और पहचान के साथ खेलने के लिए आसान बना दिया है (जेम्स, 2007), जिससे व्यक्तियों के निर्माण की संभावना को अनुमति मिल सकती है जो एक प्रतिभागी के 'स्वयं के पारस्परिक विचार विमर्श सम्बन्धी रोजमर्रा में 'गैर स्क्रीन लाइफ' के लिये थोड़ा सा सम्बन्ध रहता है (डेनजिन, 1999: 114)।

साक्षात्कार की किसी भी स्थिति में – ऐसी कोई बात नहीं कि औपचारिक, प्रतिबन्धित या मानकीकृत रूप से कैसे हों– प्रतिभागियों के बीच पारस्परिक विचार विमर्शों पर निर्भर करता है जो लगातार व्याख्यात्मक अभ्यास में व्यस्त रहते हैं (इस खण्ड में हॉस्टीन और गबरियम)। प्रतिभागियों के बीच पारस्परिक विचार विमर्श की मेजबानी करने के लिए इन्टरनेट का संचारशील सामाजिक स्थान के रूप में उपयोग करते समय (ओरगड, 2009), शोधकर्ताओं को उन आंकड़ों पर गंभीर रूप से विचार करने की आवश्यकता होगी जिन्हें वे प्राप्त करते हैं और व्याख्या करते हैं और उनकी प्रामाणिकता देते हैं। साक्षात्कारों में जो ऑनलाइन या आमने–सामने और ऑनलाइन

मीडिया के मिश्रण के उपयोग से होते हैं, ऑफलाइन डेटा की तुलना में कम प्रामाणिक या कम सच नहीं होते हैं। हालांकि, कुछ शोधकर्ताओं का मानना है कि प्रतिभागियों के ऑफलाइन मिलने से ऑनलाइन पाठों (Texts) को प्रमाणित करने में मदद मिलती है, क्योंकि उनका मानना है कि लोगों के ऑनलाइन पारस्परिक विचार विमर्शों से उनके ऑफलाइन रिश्ते गहराई से जुड़े हुए होते हैं (बावकर और टफिन, 2004)। अन्य शोधकर्ताओं का तर्क है कि ऑनलाइन संभाषणों और स्वयं के अंतर–शाब्दिक निर्माण स्वयं में वैध हैं और ऑफलाइन सत्यापित करने की आवश्यकता नहीं है (ली, 2006)। प्रामाणिकता के मानकों को अपने प्रतिभागियों के साथ खुले और ईमानदार संवाद की सुविधा प्रदान करने वाले शोधकर्ताओं द्वारा परिस्थिति के अनुरूप सशर्त बातचीत और निरन्तरता (हाइन, 2000) के रूप में देखा जाना चाहिए (बुशर और जेम्स, 2012)। गैट्सन और झवीरिंक (2004) ने पाया कि उनके प्रतिभागियों द्वारा चित्रित की गई पहचान ने वास्तविक और आभासी दुनिया दोनों को आकार देने के लिए संभाषण और अनुभव के महत्व पर जोर दिया। लोगों की कार्रवाईयां केवल भौतिक स्थानों पर नहीं होती हैं, बल्कि वर्ण–संकर (हाइब्रिड) ऑनलाइन/फेस–टू–फेस दुनियाओं में बहुल स्थानों को रखने वाली जगहों पर भी होते हैं (बुशर एण्ड जेम्स, 2015)।

अपने प्रतिभागियों पर ऑफलाइन डेटा की खोज न करने वाले शोधकर्ताओं के फैसले सन्दर्भ संवेदनशील होंगे और उनके प्रतिभागियों की ऑनलाइन संचारों, आमने–सामने वाली वचनबद्धता और दोनों के पारस्परिक विचार विमर्शों की धारणाओं की समझ से प्रेरित होंगे। हालांकि, एक शोध परियोजना में एक साथ ऑनलाइन और ऑफलाइन चर्चाओं का उपयोग करके एक शोधकर्ता की व्याख्याओं के लिये प्रतिभागियों के ऑनलाइन पाठों से गहराई शामिल हो सकती है क्योंकि उनके रिश्ते ऑनलाइन और ऑफलाइन दोनों सीमाओं से परे हैं (बुशर और जेम्स, 2015)। ऑफलाइन डेटा एकत्रित करना सन्दर्भ को जोड़ सकता है, जानकारी को बढ़ा सकता है और अंतर्दृष्टि प्राप्त कर सकता है जो अनुसंधान के लिए परिणामस्वरूप हैं, लेकिन यदि केवल ऑनलाइन डेटा एकत्र किया गया था, तो अन्यथा अदृश्य रहना होगा (हाइन, 2000)। अनुसंधान विधियों के विकल्पों के लिये जिनसे शोधकर्ताओं को मार्गदर्शन प्रदान किया जाता है, विशिष्ट रूप से वे हैं, अनुसंधान संदर्भ, उनके शोध लक्ष्यों की मांग और उन आंकड़ों की स्थिति के बारे में विश्लेषणात्मक स्थिति जिसमें वे काम करते हैं, (ओरगड, 2009)।

प्रमुख बिंदु

- ऑफलाइन/ऑनलाइन साक्षात्कारों का संयोजन शोध परियोजना के उद्देश्यों और प्रतिभागियों के जीवन की विशेषताओं और परिस्थितियों पर निर्भर करता है।
- ऑनलाइन प्रतिभागियों के साथ रिश्तों का निर्माण प्रामाणिक संवाद उत्पन्न कर सकता है।
- प्रतिभागियों द्वारा ऑनलाइन साक्षात्कार की प्रक्रिया और दिशा को आकार दिया जा सकता है ताकि प्रामाणिकता और विश्वसनीयता का समर्थन किया जा सके।
- ऑनलाइन और ऑफलाइन साक्षात्कारों से विभिन्न प्रकार के संभाषणों को प्रस्तुत किया जा सकता है और सावधानीपूर्वक विश्लेषण किये जाने की आवश्यकता होती है।

नैतिक विषय

शोधकर्ताओं द्वारा चुने गए ऑनलाइन साक्षात्कार के प्रकार के बावजूद, प्रक्रिया के नैतिक ढांचे को स्थापित करने के लिए प्रत्येक शोध परियोजना को शोधकर्ताओं और प्रतिभागियों के बीच अपने स्वयं के सहमत मानदंडों को सशर्त बातचीत करना होती है। प्रतिभागियों को प्रेरित करने के लिए यह सशर्त बातचीत प्रधान (central) है कि वे जानबूझकर या अनजाने में पर्याप्त रूप से हानि से संरक्षित हैं और यदि वे किसी शोध परियोजना में शामिल होते हैं तो वे स्वयं सच्चाई से पेश करने के लिए स्वतंत्र हैं। जब शोध ऑनलाइन किया जाता है, तो शोधकर्ताओं को एक तरफ अनुसंधान और इसके सम्भावित लाभों और दूसरी तरफ मानवीय विषयों के अधिकारों के लिये और

स्वायत्तता, निजता, सूचित सहमति आदि की अपेक्षाओं के बीच संघर्ष का सामना करना पड़ता है (यस एण्ड द एसोसियेशन ऑफ इन्टरनेट रिसर्चर्स (AoIR), 2012)। हालांकि इस तरह के मुद्दे आमने–सामने वाले किए गए शोध में असामान्य नहीं हैं, फिर भी ऑनलाइन साक्षात्कार करने की इच्छा रखने वाले शोधकर्ताओं को यह भी मानना चाहिए कि इन्टरनेट ने विभिन्न संदर्भों में मानव (अन्तः–) कारवाईयों (पारस्परिक विचार विमर्शों) की जांच करने के तरीकों की विस्तृत श्रृंखलाओं को खोल दिया है, जो अनिवार्य रूप से व्यक्तिगत निजता और गोपनीयता के लिए अतिरिक्त नैतिक चुनौतियां, सूचित सहमति प्राप्त करने में किसी शोधकर्ता के लिए बृहत्तर चुनौतियां, और विश्वसनीयता एवं डेटा प्रामाणिकता के निर्धारण करने में और सुनिश्चित करने में और अधिक कठिनाई प्रस्तुत करती है, जैसा कि ऊपर लिखा गया है (Ess and the AoIR, 2012)।

सूचित सहमति और सुरक्षा (Informed consent and safety)

जब ऑनलाइन वातावरणों में साक्षात्कारों को आयोजित किया जाता है, आमने–सामने वाले साक्षात्कारों में सूचित सहमति के आधार भी लागू होते हैं। शोधकर्ताओं को उसी समय से जब से वे इसमें शामिल होते हैं और ऑनलाइन साक्षात्कारों के शुरू होने से पहले, एक शोध परियोजना में भाग लेने के लिए प्रतिभागियों की सूचित सहमति हासिल करने की आवश्यकता होती है (जेम्स एण्ड बुशर, 2007)। यह हासिल करने के लिए, शोधकर्ताओं को संभावित प्रतिभागियों के लिये प्रोजेक्ट के उद्देश्यों को और उन्हें खुद को पहचानने की आवश्यकता होगी। उन्हें उन माध्यमों की व्याख्या भी करनी होगी जिनका वे साक्षात्कार करने के लिए उपयोग करने जा रहे हैं, चाहे वे एक निजी वेबसाइट, सार्वजनिक बुलेटिन बोर्ड या ईमेल द्वारा आयोजित किए गये हों, और किस तरह से वे उनके साथ प्रतिभागियों के संचार (सम्प्रेषणों) की निजता और अनामिता की रक्षा करना चाहते हैं और साथ ही साथ परियोजना में डेटा की गोपनीयता बनाए रखते हैं। यह जरूरी है क्योंकि जानकारी, नामों के साथ जुड़ने, ईमेल पते, फोटोग्राफिक के साथ में या वीडियो सामग्री या आंशिक रूप से प्रच्छन्न छद्म नामों की पहचान का अनजाने में खुलासा हो सकता है, या तो जब डेटा एकत्र किया जा रहा हो या और अधिक सामान्य रूप से जब वे किसी सार्वजनिक इन्टरनेट से जुड़े नेटवर्क किये गये कम्प्यूटर पर संग्रहीत हों। प्रतिभागियों पर जोर देते हुए गोपनीयता को अधिकतम करने के लिए कुछ उपायों को अपनाना आवश्यक होगा। साक्षात्कार डेटा को प्रकाशित करते या संग्रहीत करते समय, इन उपायों के उदाहरणों में छद्म नामों के उपयोग और उपयोगकर्ता के नामो को छुपाना, डोमेन नाम और किसी अन्य व्यक्तिगत पहचानकर्ताओं को शामिल किया जाता है (मेहो, 2006)।

सूचित सहमति का एक महत्वपूर्ण तत्व जो प्रतिभागियों द्वारा शोधकर्ताओं को दे दिया जाता है, एक परियोजना में शामिल होने के समय उनकी भागीदारी का स्वरूप स्वैच्छिक होता है जो किसी भी समय उन्हें वापस लेने की अनुमति देता है, जबकि इन्टरनेट की तकनीक यह सुविधा देती है, इससे अनिश्चितता भी हो सकती है। ऑनलाइन साक्षात्कार या फोकस समूह के दौरान प्रतिभागियों द्वारा किसी भी स्पष्ट संकेत की कमी या 'चुप्पी' का एक संकेत यह हो सकता है कि वे केवल एक परियोजना से अस्थायी रूप से, वापस आ रहे हैं (किवीट्स, 2005)। ऑनलाइन साक्षात्कार करने में प्रतिभागियों के शोध से छोड़ने (dropping-out) का कारण जांच करने के लिए पारदर्शी या उत्तरदायी (amenable) नहीं हो सकता है (हॉजसन, 2004)। यह सूचित सहमति के अनन्तिम प्रकृति पर पुनः जोर देता है जो प्रतिभागियों द्वारा एक शोधकर्ता को दिया जाता है। यह केवल एक परियोजना की शुरुआत में शामिल नहीं है, बल्कि ऑनलाइन साक्षात्कार के दौरान इसे कायम रखा जाना चाहिए। इसमें प्रतिभागियों को सशक्त बनाना शामिल रहता है जिससे वे जब चाहें तब सहमति वापस लेने के लिये सहजता महसूस करें (हैवसन, 2010)। मूर एट आल., (2015) में आमने–सामने वाले सन्दर्भों के समान ऑनलाइन फोकस समूहों के लिए सहमति प्राप्त करने की प्रक्रिया पायी गयी। हालांकि, ऑनलाइन स्थापनाओं में सार्वजनिक और निजी संवादों के बीच धुंधले भेदभाव ने प्रतिभागियों की निजता और गोपनीयता की रक्षा के लिए उन पर अधिक जिम्मेदारी रखी और साथ ही यह सुनिश्चित करने के लिए कि ऑनलाइन उपलब्ध कराई गई जानकारी का भंडारण और उपयोग दोनों के लिए सुरक्षित थे, और प्रतिभागियों के लिये यह स्पष्ट किया गया।

निजता, गोपनीयता और अनामिता सुनिश्चित करना (Ensuring privacy, confidentiality and anonymity)

यस और एओआईआर (Ess and AoIR, 2012) का तर्क है कि शोधकर्ताओं द्वारा व्यक्तिगत जानकारी का खुलासा करने के लिये प्रतिभागियों को मनाने की संभावना अधिक है यदि वे एक सुरक्षित ऑनलाइन वातावरण स्थापित करते हैं जो प्रतिभागियों के साथ सभी पारस्परिक विचार–विमर्शों के दौरान, अनुसंधान प्रक्रिया के सभी चरणों में डेटा की अनामिता, गोपनीयता और निजता के लिए प्रतिभागियों के जोखिम को कम करता है, जब प्रतिभागियों और शोधकर्ताओं के बीच डेटा संचारित होता है, जब इन्हें संग्रहीत किया जाता है और जब वे प्रकाशित होते हैं। इनमें ईमेल जैसे एक खुले वातावरण के बजाय साक्षात्कार के डेटा को एकत्रित करने, संगृहीत करने (curate) और प्रसार करने के लिए एक परियोजना–समर्पित वेबसाइट या चैट रूम शामिल हो सकते हैं। ऑनलाइन फोकस समूह साक्षात्कारों का संचालन करते समय, प्रतिभागियों की सुरक्षा और गोपनीयता सुनिश्चित करने के लिए जहाँ इसे पोषित (host) किया जाएगा, सावधानीपूर्वक विचार करना आवश्यक है। उदाहरण के लिए, निजता बनाए रखना या सूचित सहमति प्राप्त करना अधिक कठिन हो सकता है यदि अध्ययन स्थल मौजूदा ऑनलाइन संसाधन पर केवल एक अलग क्षेत्र है (विलियम्स एट आल., 2012)।

ऑनलाइन साक्षात्कार में प्रतिभागियों की निजता की सुरक्षा करना एक विशेष मुद्दा रहता है जब व्यक्तिगत या संवेदनशील डेटा एकत्रित करना चाहते हैं। उन व्यक्तियों के लिए जिनके सामाजिक विश्वास दिखायी देने वाले–सम्बन्धी (appearance-related) विचारों से समझौता किया जा सकता है, ऑनलाइन वातावरण निजता के आवरण की पेशकश कर सकता है, और एक ऑनलाइन साक्षात्कार में यह अनामिता एक सुखद भागीदारी के अनुभव में योगदान दे सकता है (फॉक्स एट आल., 2007)। हालांकि, शोधकर्ताओं के साथ प्रतिभागियों को उस हद तक खुले और ईमानदार होने के लिए तैयार किया जा सकता है, जिस हद तक शोधकर्ताओं द्वारा संचार के लिए एक सुरक्षित वातावरण का निर्माण कर सकने के लिये बहुत अधिक निर्भर होने की संभावना होती है और एक जो कि प्रतिभागियों को अनामिता से बचाता है उदाहरण के लिए, अनुसंधान प्रतिभागियों के लिए एक सुरक्षित, निजी और सही सलामत वातावरण बनाने के लिये, शोधकर्ताओं द्वारा उनके अपने कस्टम–निर्मित साइट पर उनके फोकस समूह की मेजबानी (host) करने के लिए मौजूदा वर्चुअल लर्निंग एन्वायरमेंट्स (VLEs) का उपयोग कर सकते हैं, (पीकॉक एट आल., 2009)। इससे प्रतिभागियों को यह आत्मविश्वास महसूस करने की अनुमति देता है कि उनकी निजता सुरक्षित है और उनके लिये नुकसान का खतरा उनके स्वीकार्य स्तर तक कम हो गया है।

शोधकर्ताओं की उनके प्रतिभागियों के साथ व्यक्तिगत सम्बन्धों पर क्षमता विकसित करना तब और अधिक निर्भर करता है, जब उन्हें विश्वास बनाने की अनुमति देते हैं। जेम्स और बुशर (2006) उनके प्रतिभागियों को आतमविश्वास का अनुभव कराना चाहते थे कि उनकी निजता पर्याप्त रूप से 'उनकी नज़रों में' सुरक्षित थी अगर वे स्वयं प्रकट होते हैं, और उनके या उनके समुदायों के लिये नुकसान का जोखिम उनके लिये एक स्वीकार्य स्तर तक कम किया गया था। हालांकि, जैसा कि परियोजनाओं को एक समर्पित परियोजना वाली वेबसाइट के बजाय ईमेल के माध्यम से आयोजित किया गया था, उन्हें प्रतिभागियों को जागरूक करना पड़ा था कि शोध के वार्तालापों को एक निजी स्थापना में स्थान नहीं मिले रहे थे, जिससे उन्हें भाग लेने या न लेने के बारे में सूचित विकल्प बनाने की इजाजत मिलती थी। ऑनलाइन प्रौद्योगिकी की खुलेपन से प्रतिभागियों के अभिलेखों की गोपनीयता बनाये रखने का भी खतरा बना रहता है।

इन्टरनेट से या ईमेल द्वारा जानकारियों को एकत्रित किया जाता है और उन्हें संस्थागत कम्प्यूटरों एवं सर्वरों पर संग्रहीत किया जाता है, भले ही उन्हें सावधानीपूर्वक संसाधित किया गया हो, प्रतिभागियों के वार्तालापों को तत्काल दृश्य बनाया जा सकता है। ऑनलाइन साक्षात्कारों के लिए ऑनलाइन फोटोग्राफिक डेटा एक अनुलग्नक के रूप में जुड़ना इस समस्या को बड़ा (यौजिक) बना देता है (बुशर और जेम्स, 2012)। अगर प्रतिभागियों के ईमेल पते, विशेष रूप से उनके डोमेन नामों, उनके सभी असली नामों या शामिल हिस्सा सार्वजनिक साइटों में

इसे संदेश प्राप्त करने में संभव बना देता है (ईसेनबैच और टिल, 2001)। इसके अलावा, ईमेल पते में अक्सर नाम, संगठन और भौगोलिक स्थिति जैसे पहचानकर्ता होते हैं। प्रतिभागियों और शोधकर्ताओं द्वारा जो भी सर्वर उपयोग किये जाते हैं, उन पर ऐसे डेटा को रखा जाएगा, और संभावित रूप से उन सर्वरों को सेवाएं प्रदान करने वाले व्यक्ति के लिए पहुंच योग्य होते हैं। तथापि, हालांकि ईमेल और अन्य ऑनलाइन पोस्टिंग के कुछ तत्व एक संदेश की उत्पत्ति को दर्शाते हैं, वास्तविक मूल और इस प्रकार संदेश की लेखकता अपेक्षाकृत आसानी से छुपायी जा सकती है (ली, 2006)। गोपनीता का उल्लंघन करने का जोखिम विशेष रूप से महत्वपूर्ण है, जब ऑनलाइन शोधकर्ता संवेदनशील विषयों से सम्बन्धित होते हैं, जब तक कि जानकारी को कोडित रूप में या अनाम रूप से या अलग सिलोस (silos) में संग्रहीत नहीं किया जाता है। यदि शोधकर्ता अपने प्रतिभागियों के निजी ईमेल पते को जानते हैं और इन प्रतिभागियों ने किसी परियोजना में भाग लेने के लिए अपनी लिखित सहमति दे दी है, जिसमें उनके वास्तविक नामों को शामिल करना होगा चाहे वे जो भी ऑनलाइन उपनामों का उपयोग करते हों। किसी के लिए अपेक्षाकृत यह पता लगाना आसान होता है कि प्रतिभागियों को भौतिक रूप से कौन, जहां वे रहते हैं और उनके डेटा को उनके साथ लिंक करते हैं (फॉक्स एट आल., 2007)।

प्रमुख बिंदु

- गोपनीयता के जोखिम को कम करने के लिए अनुसंधान डेटा संस्थागत सर्वर पर संग्रहीत नहीं करते हैं, लेकिन परियोजना–समर्पित लैपटॉपों और कम्प्यूटर ड्राइव्स पर करते हैं।
- एक अलग कम्प्यूटर ड्राइव पर ऑनलाइन सहमति डेटा रखें और शोध परियोजना पर प्रत्यक्ष रूप से काम करने वाले उन लोगों के लिये प्रवेश सीमित करें।
- शोधकर्ताओं से सम्पर्क करने के लिए प्रतिभागियों को अनुसंधान परियोजना/परियोजना वेबसाइट से एक समर्पित और अलग ईमेल पता दें।
- एक समर्पित प्रोजेक्ट वेबसाइट का निर्माण करें जो इस पर पहुँच सेगमेंट प्रतिबन्धित करता है, जिस पर प्रतिभागियों और शोधकर्ता दृश्य या सार्वजनिक होने के बिना विचारों का आदान–प्रदान कर सकते हैं या विनिमय कर सकते हैं।

ऑनलाइन साक्षात्कारों में, आमने–सामने वाले साक्षात्कारों के विपरीत, प्रतिभागियों को किसी भी व्यक्तिगत जानकारी का खुलासा नहीं करना पड़ता है और अदृश्य और अनाम रह सकते हैं। ऑनलाइन संदर्भ की अनामिता का यह भी अर्थ है कि उनके द्वारा जो कुछ लिखा गया है उसके बारे में अपेक्षाकृत प्रतिभागी सहज हो सकते हैं क्योंकि वे दृश्य से छिपे हुये रहते हैं। क्योंकि साक्षात्कारों के अभिलेखों के सटीक होने की संभावना और अधिक हो जाती है और प्रतिभागियों द्वारा किसी साक्षात्कार के दौरान सटीकता के लिए आसानी से जांच की जा सकती है, इसलिए बोलने और अभिलिखित किये जाने के बारे में प्रतिभागियों की आशंका को कम किया जा सकता है। यह संवेदनशील विषयों या अन्य परिस्थितियों में अनुसंधान के लिए उपयोगी है जहां प्रतिभागियों द्वारा यह नहीं चाहा जाता है कि उनकी पहचान की जा सके। ऑनलाइन साक्षात्कारों में, विशेष रूप से चैट रूम में आयोजित किए जाने वाले, एक अज्ञात आधार पर आयोजित किए जा सकते हैं, जब तक प्रतिभागियों को यह जानकारी नहीं दी जाती है कि शोधकर्ता अनुसंधान में संलग्न हैं। यह ऑनलाइन शोधकर्ताओं को चैट के वास्तविक–समय में व्यस्त अपने प्रतिभागियों के प्राकृतिक वार्तालापों और भाषाई व्यवहार को परेशान किए बिना संदेश पढ़ने और उनका पालन करने की अनुमति देता है। 'चैट' में शामिल प्रतिभागियों द्वारा दूसरों की चल रही कार्रवाईयों (गतिविधियों) को भी अवलोकित कर सकते हैं, खासकर अगर उन्हें पूरी तरह से उनके मूल्यों को साझा करने और भाग लेने का विश्वास नहीं है (जेम्स और बुशर, 2009)।

हालांकि इन्टरनेट अनुसंधान प्रतिभागियों के लिये स्वतंत्रता और अनामिता की भावना प्रदान करने की पेशकश करता है, लेकिन हमेशा ऐसा मामला नहीं हो सकता है क्योंकि गुणात्मक शोधकर्ताओं द्वारा अक्सर यह पता

लगाया जा सकता हैं कि उनके शोध के प्रतिभागियों में कौन हैं फिर भी, शोधकर्ताओं के लिए यह महत्वपूर्ण है कि वे प्रतिभागियों के नाम और स्थानों को बदल लें, यदि आवश्यक हो, निजता के लिये अनुमति, कम से कम नहीं क्योंकि इन्टरनेट पर साक्षात्कार करने के लिए वार्तालापों के, स्थानों और पहचान को चिन्हित (tracked) किया जा सकता है (बुशर और जेम्स, 2012)। स्काइप को भी बातचीत रिकॉर्ड करने का अधिकार है, हालांकि यह हमेशा स्पष्ट नहीं होता है जबकि प्रतिभागियों द्वारा साइन–अप (signed up) किया जाता रहा है। इस प्रकार के मुद्दों को सुलझाने के लिए, एक शोधकर्ता इस घटना की संभावना का वर्णन कर सकता है, और प्रतिभागियों हेतु उपयोग करने के लिए डमी ईमेल पते वाले डमी स्काइप खातों को भी बना सकता है, जो तब दूसरों के ट्रैक करने के लिये और अधिक समय लगने वाला और मुश्किल बना देगा (सुलिवान, 2012)।

सार्वजनिक और निजी स्थानों का गठन करना (Constituting public and private spaces)

ऑनलाइन शोध में एक अन्य नैतिक विचार का सामना करना पड़ रहा है यह जानना है कि निजी और सार्वजनिक वार्तालापों के गठन क्या हैं। यद्यपि एक ऑनलाइन फोकस समूह साक्षात्कार सार्वजनिक रूप से होने वाले वार्तालापों के लिए सुलभ हो सकते हैं, जो गोपनीय और व्यक्तिगत जानकारी का प्रतिनिधित्व कर सकते हैं, जिसे कि व्यक्ति सार्वजनिक डोमेन में साझा नहीं करना चाहते हैं (एलजेसम, 2002)। कुछ शोधकर्ताओं द्वारा सार्वजनिक रूप से निजी और निजी रूप से सार्वजनिक दोनों के रूप में ऑनलाइन पाठों को देखा जा सकता है (वासकुल और डगलस, 1996)। इसका कारण यह है कि इंटरनेट पर, 'गोपनीयता को स्पष्ट रूप से छिपाव (concealment) से नहीं जोड़ा जाना चाहिए' (जोइन्सन, 2005: 26)। इसके अलावा, एक अनुसंधान परियोजना का हिस्सा बनने के लिए प्रतिभागियों को मंच पर चर्चा के लिये आमंत्रित करना उनके द्वारा निजी स्थान पर एक आक्रमण के रूप में माना जा सकता है, क्योंकि उनकी चर्चाओं पर फोकस करने के लिए अनुसंधान को अप्रासंगिक माना जाता है। इस तरह की चर्चा मंचों पर नैतिकता प्राप्त करने के लिए मंच के मध्यस्थ (moderator) से नजदीकियां बनाते हुये शोधकर्ता को शामिल करना होगा और अनुसंधान के शुरू होने से पहले अनुमोदन प्राप्त करने के लिये फोरम के सदस्यों के साथ अनुरोध पर चर्चा करने के बाद उसे (her/him) जवाब देने के लिए प्रतीक्षा करनी होगी (फॉक्स एट आल., 2007)।

एक शोधकर्ता के पास एक ऑनलाइन फोकस समूह में वैध रूप से मौजूद होने से प्रतिभागियों को यह जानने में समस्या हो सकती है कि किसी सार्वजनिक डोमेन में प्रसारित होने वाले ऐसे डेटा के बारे में विचारों के कारण उन्हें किस हद तक व्यक्तिगत जानकारी का पता होना चाहिए। प्रतिभागियों को व्यक्तिगत जानकारी का खुलासा करने के लिए मनवाने हेतु शोधकर्ताओं द्वारा और अधिक संभावनाएं व्यक्त की जाती हैं यदि वे एक सुरक्षित ऑनलाइन वातावरण स्थापित करते हैं, जैसे एक समर्पित परियोजना वेबसाइट (Ess and the AoIR, 2012)। अतुल्यकालिक फोकस ग्रुप साक्षात्कारों में नियमित रूप से सूचियों या बुलेटिन बोर्डों का उपयोग करते हुए, पारस्परिक विचार विमर्श निजी कम होगा और इससे प्रतिभागियों को ईमेल साक्षात्कारों की तुलना में स्पष्ट रूप से कम खर्चीला हो सकता है। वार्तालापों के ईमेल रिकॉर्ड भी प्रतिभागियों को दिखाई दे सकते हैं, जैसा कि पहले चर्चा की गई थी प्रतिभागियों को गंभीरता से लेना होगा कि ऑनलाइन समुदाय के अन्य सदस्यों के साथ उनके वार्तालापों के दौरान, चाहे अनुसंधान के लिए निर्माण किया जाए या नहीं, अजनबी इस पर 'छिपाव' रख सकते हैं और संभवतः उनकी सहमति के बिना जानकारी एकत्र कर सकते हैं (जेम्स और बुशर, 2009)। चर्चा मंचों पर 'छिपाव (Lurking)' अनैतिक है और किसी दूसरे प्रतिभागियों से पूर्व अनुमति लिये बिना ऐसा करना वार्तालापों पर जासूसी करने के समान है (कोलेमैन, 2006)। किसी ऑनलाइन समूह में प्रवेश करते समय शोधकर्ताओं को उनकी उपस्थिति और उद्देश्य घोषित करना चाहिए।

शोधकर्ताओं को भी ध्यान से परिभाषित करना होगा कि किसी शोध परियोजना में निजी स्थान से उनका क्या अर्थ है, क्योंकि यह उनकी अनुसंधान अखंडता से समझौता कर सकती है यदि वे खुले इन्टरनेट का उपयोग

करते हैं या प्रतिभागियों के साथ ईमेल संचार करते हैं उदाहरण के लिए, ब्लॉग्स सार्वजनिक डोमेन में मजबूती से स्थित हैं, न केवल सार्वजनिक रूप से सुलभ होने के अर्थ में बल्कि उपयोगकर्ताओं द्वारा इसे परिभाषित कैसे किया गया है (वास्कुल और डगलस, 1996)। ब्लॉगर्स द्वारा 'निजी' के रूप में ब्लॉग्स की व्याख्या किए जाने के बावजूद ब्लॉगिंग एक अंतर्निहित दर्शकों के लिए लेखन की एक सार्वजनिक कार्रवाई है (हुकवे, 2008)। जैसा कि पहले चर्चा की जा चुकी है कि उन्हें अतुल्यकालिक ऑनलाइन साक्षात्कारों के लिए इस्तेमाल किया जा सकता है जब शोधकर्ता ऑनलाइन साक्षात्कारों के लिए अपने संस्थागत ईमेल पते का उपयोग करते हैं, तो प्रतिभागियों के लिए उन्हें और उनके भौगोलिक स्थानों की पहचान करना अपेक्षाकृत आसान हो सकता है। शोधकर्ताओं को उन प्रतिभागियों के साथ व्यक्तिगत जानकारी साझा करने की सीमा पर विचार करना चाहिए और प्रतिभागियों के साथ सम्मानजनक, विश्वास और सहयोगी ऑनलाइन सम्बन्ध विकसित करने के प्रयास में उन्हें ऐसा करने के लिए कहें (जेम्स और बुशर, 2009)। इस तरह के मुद्दे संभावित रूप से अनुसंधान परियोजनाओं के नैतिक आधार को कम करते हैं (ओरगाड, 2005)।

अध्याय का सारांश

इन्टरनेट के विकास ने नए संदर्भों/साइटों में मानव के पारस्परिक विचार विमर्शों की जांच करने के लिए रोमांचक तरीके तैयार किए हैं और शोधकर्ताओं के लिये व्यक्तियों और समूहों के साक्षात्कार के वैकल्पिक तरीके प्रदान करने की पेशकश करता है जो ऑनसाइट और आमने–सामने संभव नहीं हो सकते हैं। कुछ ऑनलाइन साक्षात्कारों के लिखित, अनाम और अतुल्यकालिक प्रकृति से अधिक आत्म–प्रकटीकरण, रिफलेक्सिविटी में वृद्धि, और समय के साथ प्रतिभागियों के अनुभवों के विवरण एकत्र करने का अवसर प्रदान हो सकते हैं। ऑनलाइन साक्षात्कार करने में दृश्य/वीडियो संचार ने आमने–सामने वाले विनिमयों के अनुकरण और तुल्यकालिक ऑनलाइन वार्तालापों को बढ़ाने के लिए शोधकर्ताओं और प्रतिभागियों के लिए अवसर बढ़ा दिये हैं। प्रश्नों के एक सेट को उठाते हुए ये संभावनाएं साक्षात्कार से मीडिया के लिये समृद्धि में वृद्धि करती हैं। इस प्रकार, शोधकर्ताओं को अभी भी यह सुनिश्चित करने की दुविधाओं का सामना करना पड़ रहा है कि उनके शोध परियोजनाओं को पेशेवर अखंडता और उनके प्रतिभागियों के लिए एक नैतिक सम्मान के साथ किया जाता है।

ऑनलाइन साक्षात्कार करने के उपयोग हेतु चयन में, शोधकर्ताओं को सिर्फ गुणात्मक अनुसंधान की ज्ञानमीमांसीय सतर्कता से जुड़े आभासी दुनिया के लिए आमने–सामने वाली अनुसंधान विधियों को अनुकूलन करने के बजाय, उनके ऑनलाइन शोध अभ्यास को स्थापित करने की आवश्यकता होती है। इसमें संभावित नैतिक जोखिमों से निपटने के लिए ऑनलाइन शोध के लिए एक सुसंगत नैतिक ढांचे का विकास करना शामिल होता है।

प्रमुख बिंदु

- ऑनलाइन साक्षात्कार के विकास करने में सामाजिक पारस्परिक विचार–विमर्श और संचार की प्रकृति पर विचार करें जो ऑनलाइन स्थापनाओं में मौजूद है और व्यक्तियों ने किस प्रकार से भाग लिया है।
- संचार का एक तरीका चुनें (अतुल्यकालिक/तुल्यकालिक) जो अनुसंधान अध्ययन के उद्देश्यों को प्राप्त करने और उद्देश्यों के कारणों के अनुरूप हों।
- विचार करें कि आप ऑनलाइन साक्षात्कार करने में कैसे सहभागिता करेंगे और संगठित करेंगे और नैतिक निहितार्थों को कि अनुसंधानकर्ता अपनी ऑनलाइन पहचान और उपस्थिति की घोषणा कैसे करेंगे।
- ऑनलाइन साक्षात्कार की समीक्षा करें क्योंकि यह सुनिश्चित करने के लिए आगे बढ़ाता है कि अनुसंधान सम्बन्ध को बनाए रखा गया है और जिससे ऑनलाइन वातावरण में प्रतिभागियों को भय रहित और संरक्षित (safe and protected) रहने की अनुभति होती है।

सामाजिक अनुसंधान में ऑनलाइन साक्षात्कारों का उपयोग एक आसान विकल्प के रूप में नहीं देखा जाना चाहिए, हालांकि इस तरह के साधन कई प्रकार के तरीकों को प्रदान करते हैं जो आमने–सामने होने वाले पारस्परिक विचार विमर्शों के पूरक होते हैं। शोधकर्ताओं को उनकी शोध परियोजनाओं से होने वाले लाभों को स्पष्ट करते हुये उनके अनुसंधान का संचालन करने के लिए इन्टरनेट के उपयोग को सही ठहराने की आवश्यकता होती है। सभी प्रकार के ऑनलाइन शोध साक्षात्कारों की प्रभावशीलता उस पर निर्भर करती है कि कौन अनुसंधित कर रहा है, क्या अनुसंधित किया जा रहा है और क्यों?

भविष्य की संभावनाएं

हालांकि पारम्परिक आमने–सामने होने वाले साक्षात्कार प्रमुख बने रहते हैं, अभिनव प्रौद्योगिकियों ने संचार के नए तरीकों की सुविधा प्रदान की है। इसके अलावा, इन प्रौद्योगिकियों में निरन्तर प्रगति से ऑनलाइन गुणात्मक साक्षात्कारों को करने के लिए पहले से कहीं अधिक संभावनाएं प्रदान करने की संभावना है, और यह भी ऑनलाइन साक्षात्कार के तरीकों के विकास और डेटा संग्रहण के दृष्टिकोण पर प्रभाव डाल सकता है। जैसा कि मार्खम (2008: 255) ने सुझाव दिया है कि अनुसंधान के लिए इन्टरनेट के उपयोग से पता चलता है, 'एक शोधकर्ता की पहुंच संभावित रूप से वैश्विक है, डेटा संग्रह किफायती है, और प्रतिलेखन काटने और चिपकाने की अपेक्षा अधिक मुश्किल नहीं है'। साक्षात्कार के आंकड़ों को शोधकर्ताओं द्वारा तेजी से और सस्ते तरीके से एकत्रित किया जा सकता है, और अनुसंधान के प्रतिभागियों को अब एक वैकल्पिक साक्षात्कार की पेशकश की जा सकती है यदि वे अनुसंधान की गुणवत्ता कम किए बिना शारीरिक रूप से (साइट पर) उपस्थित नहीं हो सकते हैं। जैसे, एक ही शोध विषय को संबोधित करने वाले विभिन्न प्रतिभागियों के लिए एकाधिक और एक साथ तरीकों का उपयोग रोमांचक संभावनाएं प्रदान करता है। हालांकि, गुणात्मक अनुसंधान के विभिन्न सैद्धांतिक दृष्टिकोणों और अनुसंधान के डेटा संग्रह और डेटा विश्लेषण के चरणों के बीच अंतर के रिश्तों को, आनलाइन साक्षात्कारों और आमने–सामने होने वाले साक्षात्कारों को करने के लिए उपयोग किए जाने पर इन तकनीकों के बीच सम्बन्धों पर भी ध्यान देने की आवश्यकता होती है। चूंकि उभरती हुई प्रौद्योगिकियां गुणात्मक शोध में ऑनलाइन साक्षात्कार करने के लिए नए स्थान और स्थानों की पेशकश करती हैं, बेहतर ढंग से समझने की और अधिक शोध की जरूरत है कि ऐसी तकनीकों से पारम्परिक आमने–सामने होने वाले साक्षात्कारों के बुनियादी मान्यताओं को कैसे चुनौती दी जा सकती है और मानव के सामाजिक अन्तर सम्बन्धों को बदल सकती है। इसके बदले यह शोधकर्ताओं को उनकी पद्धति सम्बन्धी समझ को बेहतर बनाने और गुणात्मक अनुसंधान में ऑनलाइन साक्षात्कार के उपयोग में मदद करेगा।

संदर्भ

Bowker, N. and Tuffin, K. (2004) 'Using the online medium for discursive research about people with disabilities', *Social Science Computer Review*, 22: 228–41.

Busher, H. and James, N. (2012) 'Ethics of research in education', in A. Briggs, M. Coleman and M. Morrison (eds), *Research Methods in Educational Leadership and Management*. London: Sage, pp. 90–105.

Busher, H. and James, N. (2015) 'In pursuit of ethical research: studying hybrid communities using online and face-to-face communications', *Special Issue, Educational Research and Evaluation: An International Journal on Theory and Practice*, 21: 168–81.

Cater, J. K. (2011) 'SKYPE: a cost-effective method for qualitative research', *Rehabilitation Counsellors and Educators Journal*, 4: 3–4.

Chenail, R. J. (2011) 'Qualitative researchers in the blogosphere: using blogs as diaries and data', *The Qualitative Report*, 16: 249–54. www.nova.edu.sss/QR/QR16-1/blog.pdf (accessed 3 May 2015).

Coleman, S. (2006) 'Email, terrorism, and the right to privacy', *Ethics and Information Technology*, 8: 17–27.

Denzin, N. K. (1999) 'Cybertalk and the method of instances', in S. Jones (ed.), *Doing Internet Research: Critical Issues and Methods for Examining the Net*. London: Sage, pp. 107–25.

Elgesem, D. (2002) 'What is special about the ethical issues in online research?', *Ethics and Information Technology*, 4: 195–203.

Ess, C. and the Association of Internet Researchers (AoIR) (2012) 'Ethical decision-making and internet research: recommendations from the AoIR Ethics Working Committee (Version 2.0)'. http://aoir.org/reports/ethics2.pdf (accessed 20 May 2015).

Eysenbach, G. and Till, J. E. (2001) 'Ethical issues in qualitative research on internet communities', *British Medical Journal*, 323: 1103–5.

Fox, F. E., Morris, M. and Rumsey, N. (2007) 'Doing synchronous online focus groups with young people: methodological reflections', *Qualitative Health Research*, 17: 539–47.

Gatson, S. N. and Zweerink, A. (2004) 'ethnography online: "natives" practising and inscribing community', *Qualitative Research*, 4: 179–200.

Hewson, C. (2010) 'Internet-mediated research and its potential role in facilitating mixed methods research', in S. N. Hesse-Biber and P. Leavy (eds), *Handbook of Emergent Methods*. New York: Guilford, pp. 543–70.

Hinchcliffe, V. and Gavin, H. (2009) 'Social and virtual networks: evaluating synchronous online interviewing using instant messenger', *The Qualitative Report*, 14: 318–40.

Hine, C. (2000) *Virtual Ethnography*. London: Sage.

Hodgson, S. (2004) 'Cutting through the silence, a sociological construction of self-injury', *Sociological Inquiry*, 74: 162–79.

Hookway, N. (2008) '"Entering the blogosphere": some strategies for using blogs in social research', *Qualitative Research*, 8: 91–13.

Hooley, T., Wellens, J. and Marriott, J. (2012) *What Is Online Research? Using the Internet for Social Science Research.* New York: Bloomsbury Academic.

James, N. (2007) 'The use of email interviewing as a qualitative method of inquiry in educational research', *British Educational Research Journal*, 33: 963–76.

James, N. and Busher, H. (2006) 'Credibility, authenticity and voice: dilemmas in web-based interviewing', *Qualitative Research Journal*, 6: 403–20.

James, N. and Busher, H. (2007) 'Ethical issues in online educational research: protecting privacy, establishing authenticity in email interviewing', *International Journal of Research & Method in Education*, 30: 101–13.

James, N. and Busher, H. (2009) *Online Interviewing*. London: Sage.

Joinson, A. N. (2005) 'Internet behaviour and the design of virtual methods', in C. Hine (ed.), *Virtual Methods: Issues in Social Research on the Internet*. Oxford: Berg, pp. 21–34.

Kivits, J. (2005) 'Online interviewing and the research relationship', in C. Hine (ed.), *Virtual Methods: Issues in Social Research on the Internet*. Oxford: Berg, pp. 35–50.

Lee, H. (2006) 'Privacy, publicity and accountability of self-presentation in an online discussion group', *Sociological Inquiry*, 76: 1–22.

Mann, C. and Stewart, F. (2000) *Internet Communication and Qualitative Research: A Handbook for Research Online.* London: Sage.

Markham, A. (2008) 'The internet in qualitative research', in L. Given (ed.), *The Sage Encyclopedia of Qualitative Research Methods*. New York: Sage, pp. 454–8.

Matthews, S. (2006) 'On-line professionals', *Ethics and Information Technology*, 8: 61–71.

Meho, L. (2006) 'E-mail interviewing in qualitative research: a methodological discussion', *Journal of the American Society for Information Science and Technology*, 57: 1284–95.

Moore, T., McKee, K. and Mclouglin, P. (2015) 'Online focus groups and qualitative research in the social sciences: their merits and limitations in a study of housing and youth', *People, Place and Policy*, 9 (1): 17–28.

O'Connor, H. and Madge, C. (2003) 'Focus groups in cyberspace: using the internet for qualitative research', *Qualitative Market Research: An International Journal*, 6: 133–43.

Orgad, S. (2005) 'From online to offline and back: moving from online to offline relationships with research participants: online interviewing and the research relationship', in C. Hine (ed.), *Virtual Methods: Issues in Social Research on the Internet*. Oxford: Berg, pp. 51–66.

Orgad, S. (2009) 'How can researchers make sense of the issues involved in collecting and interpreting online and offline data?', in A. Markham and N. Baym (eds), *Internet Inquiry: Conversations about Method*. Thousand Oaks, CA: Sage, pp. 33–53.

Peacock, S., Robertson, A., Williams, S. and Clausen, M. (2009) 'The role of learning technologists in supporting E-research', *ALT-J*, 17: 115–29.

Sanders, T. (2005) 'Researching the online sex work community', in C. Hine (ed.), *Virtual Methods: Issues in Social Research on the Internet*. Oxford: Berg, pp. 67–80.

Stieger, S. and Göritz, A. S. (2006) 'Using instant messaging for internet-based interviews', *Cyberpsychology & Behavior*, 9: 552–9.

Stewart, K. and Williams, M. (2005) 'Researching online populations: the use of online focus groups for social research', *Qualitative Research*, 5: 395–416.

Sullivan, J. R. (2012) 'Skype: an appropriate method of data collection for qualitative interviews?', *The Hilltop Review*, 6 (1): Article 10. http://scholarworks.wmich.edu/hilltopress/vol6/iss1/10 (accessed 3 May 2015).

Waskul, D. and Douglass, M. (1997) 'Cyberself: the emergence of self in on-line chat', *Information Society*, 13: 375–98.

Williams, S., Giatsi, M., Robertson, A. and Peacock, S. (2012) 'Methodological reflections on the use of asynchronous online focus groups in health research', *International Journal of Qualitative Methods*, 11: 368–83.

शोध 16

ऑनलाइन डेटा का विश्लेषण करने के लिए वार्तालाप विश्लेषण और असंबद्ध मनोविज्ञान का उपयोग करना

(Using Conversation Analysis and Discursive Psychology to Analyse Online Data)

जोआन मेरिडिथ

इस अध्याय के बारे में

इस अध्याय से यह पता चलता है कि ऑनलाइन डेटा के विश्लेषण के लिए वार्तालाप विश्लेषण और असंबद्ध मनोविज्ञान का उपयोग कैसे किया जाता है। यह ऑनलाइन डेटा का विश्लेषण करने की चुनौतियों की जांच करता है और ऑनलाइन मंच और त्वरित संदेश डेटा से उदाहरणों का उपयोग करता है, यह दर्शाता है कि विशेष तरीके से तकनीकी लाभ के संदर्भ में इन विधियों से प्रतिभागियों के पारस्परिक विचार–विमर्श सम्बन्धी प्रथाओं को कैसे रोशन कर सकते हैं।

कीवर्ड्स – वार्तालाप विश्लेषण (Conversation Analysis), असंबद्ध मनोविज्ञान (Discursive Psychology), त्वरित संदेश (Instant Messaging), ऑनलाइन मंच (Online Forums), तकनीकी लाभ (Technological Affordances)।

फ्रैंचाइजदिस 24 मार्च 2010, 4:11 अपराह्न

पी: *मुझे हमेशा थोड़ा संदेहास्पद लगता है जब पोस्टर्स जिन्हें वास्तव में मैनें पहले कभी नहीं देखा, यह कहने के लिए जल्द होगा कि हमारी सरकार कितनी बढ़िया है और बहुत कम समय में पूर्ण सिफारिशें प्राप्त होती हैं।*
एक सनकी यह सोच सकता है कि किसी की व्यक्ति की राय के बजाय शायद यह एक संगठित प्रयास था।

एफटी: *बिल्कुल*
विडंबना यह है कि वे टोरि मुख्यालय से होने के कारण अन्य पोस्टरों पर भी आरोप लगाते हैं।
इसे जानने के लिए कम्यूनिस्ट पाटी के एक सदस्य के एक उपकरण का (apparatchik) *भुगतान किया गया मिलता है, एह, ह्यूजसी?*

यह पोस्ट ब्रिटेन (UK) की राजनीति के बारे में एक ऑनलाइन मंच की चर्चा से एक प्रकार के गुणात्मक ऑनलाइन डेटा का एक बहुत सरल उदाहरण है। हम एक पोस्टर (एफटी) देखते हैं जो किसी दूसरे (पी) के लिये उत्तरदायी रहता है, जिसमें निष्पक्षता से अन्य पोस्टर्स के बारे में कुछ संदेह व्यक्त होता है। गुणात्मक शोधकर्ताओं के लिए यह सवाल है कि इस प्रकार के डेटा का विश्लेषण कैसे करें। एक विकल्प उन लोगों से सम्पर्क कर रहा है जिन्होंने इन संदेशों को पोस्ट किया और ऑनलाइन संचार के उपयोग और इन पोस्टों के पीछे उनके उद्देश्य या प्रेरणाओं पर चर्चा करने के लिए उनसे साक्षात्कार किया (एन्ड्राउटसोपोलोस, 2008)। इस तरह के शोध बेहद रोचक और मूल्यवान होंगे, लेकिन पारस्परिक विचार विमर्श अपने विश्लेषण के लिए अनुमति नहीं देता है। पारस्परिक विचार विमर्श का विश्लेषण करना महत्वपूर्ण है क्योंकि फोरम में अन्य पोस्टरों की केवल स्क्रीन पर मौजूद शब्दों तक पहुंच होती है और अन्य उपयोगकर्ताओं से आमने–सामने साक्षात्कार करने की क्षमता नहीं

होती है। इसलिए, अगर हम पारस्परिक विचार विमर्श में दिलचस्पी रखते हैं, तो हमें स्क्रीन पर आने वाले शब्दों का विश्लेषण करने के लिये एक तरीका खोजने की आवश्यकता होगी। जाहिर है, सामान्य गुणात्मक पद्धतियां, जैसे कि विषयगत विश्लेषण (टीए) और ग्राउण्डेड थ्योरी (जीटी), प्रतिमानों और विषयों (Patterns and Themes) को खोजने के उद्देश्य से डेटा विश्लेषण करने के लिए इस्तेमाल किया जा सकता है (उदाहरण के लिए, देखें, मलिक और कॉलसन, 2008, लॉलोर और किराकोव्स्की, 2014)। ऑनलाइन फोरम की पोस्टों के इस तरह के अध्ययन हमें प्रतिमानों की कुछ समझ देगा जो कि अलग–अलग पोस्टों में और सामान्य प्रकार की चर्चाओं में होते है, जो ऑनलाइन होते हैं। हालांकि, टीए और जीटी जैसी पद्धतियों में डेटा को विषयों या श्रेणियों में संघनित करना पड़ता है, और ऐसा करने से, एक विशेष संदर्भ में डेटा का उत्पादन कैसे किया जाता है, इसकी भावना खो देते हैं (पॉटर एंड हेपबर्न, 2005)। दूसरे शब्दों में, हम यह याद (miss) कर सकते हैं कि फोरम में किसी भी पोस्ट को कैसे बनाया गया है, वह एक पारस्परिक विचार विमर्श का हिस्सा है। उपरोक्त पोस्ट पर विचार करें: एफटी की प्रतिक्रिया पी की पोस्ट के लिये प्रतीत होती है, लेकिन इसे एक अलग पोस्टर (ह्यूजेसी) पर भी निर्देशित किया जाता है और इसलिए यह एक पारस्परिक विचार विमर्श का हिस्सा है। हालांकि, अगर किसी पोस्ट को कोई प्रतिक्रिया नहीं मिली है, तो क्या हम इसे अभी भी एक पारस्परिक विचार विमर्श मान सकते हैं? ऐसे अन्य प्रश्न हैं जो इस ऑनलाइन फोरम पोस्ट के बारे में भी खड़े किये जा सकते हैं:

- अगर टोरी मुख्यालय द्वारा भुगतान किया जा रहा है, तो एफटी प्रत्यक्ष रूप से पोस्टर से सीधे ही क्यों नहीं पूछता है, बल्कि इसके बजाय वे इसकी बचाव व्यवस्था के रूप में वे कर रहे हैं?
- क्या ऑनलाइन माध्यम और इसकी विभिन्न तकनीकी विशेषताएं पारस्परिक विचार विमर्श के आचरण पर प्रभाव डालती हैं?

ये सभी प्रश्न हैं जिन्हें वार्तालाप विश्लेषण (सीए, इस खण्ड में हेरिटेज़ देखें) और असंबद्ध मनोविज्ञान (डीपी, इस खण्ड में पॉटर देखें), का उपयोग करके सम्बोधित किया जा सकता है, और पूरे अध्याय में विस्तार से चर्चा की जाएगी। बातचीत या पाठ में प्रतिमानों पर केन्द्रित करने की बजाय, सीए और डीपी पर ध्यान केंद्रित करने के बजाय कि बातचीत या पाठ में अलंकारिक रूप से और क्रमिक रूप से एक विशेष संदर्भ में कैसे स्थित होते हैं। पारस्परिक विचार विमर्श सम्बन्धी विधियों को इनके लिए विकसित किया गया है, और बोले जाने वाले पारस्परिक विचार विमर्श के साथ, सबसे अधिक उपयोग किया जाता है। हालांकि, ऑनलाइन संचार का अध्ययन करने के लिए इन तरीकों का उपयोग बढ़ रहा है (मेरिडिथ और पॉटर, 2013, गील्स एट आल., 2015)।

इस अध्याय में यह प्रदर्शित होगा कि सीए या डीपी का उपयोग करते हुये ऑनलाइन फोरम और त्वरित संदेश का विश्लेषण कैसे किया जा सकता है, साथ ही यह भी दिखाता है कि इन तरीकों से पारस्परिक विचार विमर्श पर तकनीकी लाभ के प्रभाव को कैसे उजागर किया जा सकता है। हालांकि इस अध्याय में केवल दो प्रकार के डेटा का उपयोग किया जाता है, यह आशा की जाती है कि प्रस्तुत किए गए विश्लेषण ऑनलाइन डेटा के अन्य रूपों के विश्लेषण के लिए शिक्षाप्रद साबित होंगे। विश्लेषण के लिए आगे बढ़ने से पहले, पारस्परिक विचार विमर्श के रूप में ऑनलाइन डेटा के शोधन के बारे में अधिक सैद्धांतिक और वैचारिक मुद्दों पर चर्चा करना आवश्यक है।

पारस्परिक विचार विमर्श के रूप में ऑनलाइन डेटा (Online Data as an Interaction)

सम्बोधित करने वाला पहला मुद्दा यह है कि हम पारस्परिक विचार विमर्श के सम्बन्ध के रूप में समस्त ऑनलाइन संचार को कैसे समझ सकते हैं। आखिरकार, एक ऑनलाइन मंच में हर एक पोस्ट की कोई प्रतिक्रिया नहीं मिलेगी, हर ट्वीट का उत्तर प्राप्त नहीं होता है, और सभी फेसबुक स्थितियों को टिप्पणियां नहीं मिलती हैं। हालांकि, हम सुझाव दे सकते हैं कि ऑनलाइन डेटा 'डिजाइन किए गए' पारस्परिक विचार विमर्श से सम्बन्धित हैं, जिसका अर्थ है कि अगर कोई पारस्परिक विचार विमर्श स्पष्ट नहीं है, तो भी ऑनलाइन डेटा का विश्लेषण किया जा सकता है कि वे विशिष्ट प्राप्तकर्ताओं के लिए कैसे डिजाइन किए गए हैं (उदाहरण के लिए, स्टोकोय, 2011 देखें)। यह

विचार 'प्राप्तकर्ता डिजाइन' की अवधारणा पर आधारित है, जो सीए और डीपी दोनों के लिए मौलिक है। इसे इस प्रकार वर्णित किया गया है:

> बहुलता के सापेक्ष जिसमें वार्तालाप में किसी पार्टी द्वारा बातचीत को उन तरीकों से अभिकल्पित या निर्मित किया जाता है जो विशेष रूप से अन्य लोगों के लिये उन्मुखीकरण और संवेदनशीलता प्रदर्शित करते हैं, जो सह–प्रतिभागी हैं। (सैकस एट आल., 1974: 727)

बोलचाल की बातों की तुलना में, सह–प्रतिभागियों की ऑनलाइन डेटा में चर्चा करना अधिक जटिल होता है, क्योंकि ऑनलाइन बातचीत करने में प्रतिभागियों की संख्या अनेक हो सकती है। इस उदाहरण पर विचार करें: हिलेरी क्लिंटन से बराक ओबामा को एक ट्वीट भेजा गया है, लेकिन ओबामा ने कभी ट्वीट का उत्तर नहीं दिया। प्रारंभिक ट्वीट ओबामा के लिए डिजाइन किया गया है, जो *प्रत्यक्ष* प्राप्तकर्ता है हालांकि, यदि कोई व्यक्ति क्लिंटन और ओबामा दोनों का अनुगमन करता है, तो ट्वीट उनकी समयरेखा में दिखाई देगा और इसलिए वे *अप्रत्यक्ष* प्राप्तकर्ता होंगे। इसके अलावा, ऐसे लोग भी हो सकते हैं जो न्यूज रिपोर्ट या किसी अन्य वेबसाइट पर ट्वीट के माध्यम से आते हैं। इन पाठकों को इस पारस्परिक विचार विमर्श में प्रतिभागियों को 'अनुमोदित' नहीं किया जाता है, बल्कि इसके बजाय वे 'वक्ता को बिना जाने सुनने वाले (overhearing)' प्राप्तकर्ता हैं (गॉफमैन, 1981)। फिर, उस एक ट्वीट के लिए कई संभावित प्राप्तकर्ता हैं – प्रत्यक्ष, अप्रत्यक्ष और अतिरंजित (overhearing) प्राप्तकर्ता। इसी प्रकार, इस अध्याय की शुरुआत की पोस्ट पर पी के लिए डिजाइन किए जाने वाले के रूप में देखा जा सकता है जो प्रत्यक्ष प्राप्तकर्ता है। हालांकि, यह ह्यूजेस के लिए भी डिजाइन किया गया है जिसे सीधे प्राप्तकर्ता के रूप में देखा जा सकता है, क्योंकि पोस्ट में उनका नाम है। हालांकि यह पोस्ट भी अन्य सभी लोगों के लिए डिजाइन किया गया है जो इसे पढ़ने वाले हो सकते हैं, जो ओवरहियरिंग प्राप्तकर्ताओं से हैं।

इसलिए प्राप्तकर्ता डिजाइन की परिभाषा वर्तमान फोकस के लिए पुनः अलग तरीके से व्यक्त की जा सकती है:

> प्राप्तकर्ता डिजाइन कई तरह के मामलों में है जिसमें ऑनलाइन संचार उन तरीकों से निर्मित या अभिकल्पित किये जाते हैं जो किसी विशिष्ट या अन्य के लिये अधिक सामान्य, अभिविन्यास और संवेदनशीलता प्रदर्शित करते हैं जो इस इलेक्ट्रॉनिक संचार में प्राप्त या सहभागिता कर रहे हैं (मेरिडिथ और पॉटर, 2013: 372)।

वह दृष्टिकोण जिसमें सीए और डीपी में ऑनलाइन डेटा लिये जाते हैं, तब कुछ कार्रवाई करने के लिए अलंकारिक और क्रमिक रूप से संगठित किये जाने के रूप में डेटा पर ध्यान केन्द्रित करना होता है। कम्प्यूटर–मध्यस्थता वाले संभाषण विश्लेषण (discourse analysis) जैसी पद्धतियों के विपरीत, इसका उद्देश्य लोगों के निर्णय निर्माण की प्रक्रियाओं को, पोस्टिंग में लिंग–पूर्वाग्रह (gender-bias) या किसी अन्य अंतर्निहित मुद्दों की कोशिश करना और समझना नहीं है, बल्कि इसके बजाय सामाजिक अभ्यास से अपने स्वयं के अधिकार में ऑनलाइन डेटा का विश्लेषण करना है (लामेरिच्स और टे मोल्डर, 2003)। दूसरे शब्दों में, सीए और डीपी, लोगों के जीवन को समझने के लिए इन्टरनेट डेटा संसाधन के रूप में (*internet-data-as-resource*) शोधन करने से दूर होते जाते हैं और इसके बदले इन्टरनेट डेटा विषय के रूप में (*internet-data-as-topic*) शोधन करने की दिशा में आगे बढ़ते जाते हैं (जिम्मरमैन और पोलनेर, 1970; रैपले, 2001), अर्थात्, इसे अपने अधिकार में अध्ययन के विषय के रूप में देख रहा है।

प्रमुख बिंदु

- सीए और डीपी, समस्त ऑनलाइन संचार से अभिकल्पित रूप से पारस्परिक विचार विमर्श सम्बन्धी या 'प्राप्तकर्ता–डिजाइन्ड' के रूप में व्यवहार करते हैं
- ऑनलाइन संचार के लिए संभावित प्राप्तकर्ताओं की संख्या अनेक हैं: प्रत्यक्ष, अप्रत्यक्ष और अतिरंजित।
- सीए/डीपी इन्टरनेट के आंकड़ों को 'स्क्रीन के पीछे' के लोगों पर लाने के एक तरीका के रूप में व्यवहार में लाने से दूर हो जाते है, लेकिन इसके बदले अपने स्वयं के अधिकार में एक विषय के रूप में ऑनलाइन पारस्परिक विचार विमर्श की जांच करते हैं।

वार्तालाप विश्लेषण, असंबद्ध मनोविज्ञान और ऑनलाइन पारस्परिक विचार विमर्श का विश्लेषण (Conversation Analysis, Discursive Psychology and Analysing Online Interaction)

सीए और डीपी को ऑनलाइन पारस्परिक विचार विमर्श करने के लिए लागू किया गया है, हालांकि डीपी को अधिक महत्वपूर्ण रूप से इस्तेमाल किया जाता है क्योंकि यह 'लिखित पाठ के अध्ययनों के लिए अधिक आसानी से विस्तारित की जाती है' (पॉटर एण्ड एडवार्ड्स, 2013ः 702)। डीपी अधिक व्यापक रूप से बातचीत और पाठ के बयानबाजी संगठन में रुचि रखती हैं, हालांकि यह सीए के साथ भी जुड़ा हुई होती है, इस बारे की दिलचस्पी में विलय करना कि तथ्यों का निर्माण कैसे किया जाता है और पारस्परिक विचार विमर्श में दिलचस्पी के साथ, कार्रवाईयां कैसे जवाबदेह बनायी जाती हैं (पॉटर, 2012)। डीपी को अक्सर अतुल्यकालिक मंच डेटा (asynchronous forum data) पर लागू किया जाता है (उदाहरण के लिए, हॉर्ने और विग्गिन्स, 2009, लेस्टर और पॉलुस, 2011) और स्थानीय पारस्परिक विचार विमर्श सम्बन्धी संदर्भ पर ध्यान केंद्रित करने के बजाय अक्सर चर्चा के विषय पर जोर देता है। दरअसल, यह अपने बयानबाजी संगठन के संदर्भ में हर रोज के पारस्परिक विचार विमर्श पर ऑनलाइन पारस्परिक विचार विमर्श मॉडल के लिए प्रेरित करता है (लामेरिच्स एण्ड टे मोल्डर, 2003, फ्लिंकफेल्ड्ट, 2011)।

सीए का आमतौर पर ऑनलाइन पारस्परिक विचार विमर्श के अनुक्रमिक संगठन का विश्लेषण करने के लिए उपयोग किया गया है। इस शोध में विभिन्न प्रथाओं पर ध्यान केंद्रित किया गया है, जिसमें प्रतिभागियों द्वारा सम्बद्धता कैसे बनाए रखी जाती है (बर्गलुण्ड, 2009), टर्न–टेकिंग (वार्तालाप में एक संगठन) का प्रबन्धन (गार्सिया और जैकब्स, 1999) और पारस्परिक विचार विमर्श में संभावित परेशानी से निपटना (मेरिडिथ और स्टोकोय, 2014) शामिल हैं। हालांकि, हम एक विधि की उपयुक्तता के बारे में सवाल पूछ सकते हैं, जो इसके नाम से, बोले जाने वाले वार्तालाप पर ध्यान केन्द्रित करने के लिए प्रकट होते हैं। रीड और एशमोर (2000) ने ध्यान दिया था कि जब सीए के मूलपाठ सम्बन्धी पारस्परिक विचार विमर्श के अध्ययनों को पहली बार प्रकाशित किया गया, तो अध्ययन के लिये एक अनुचित प्रकार के पारस्परिक विचार विमर्श होने के लिए – कुछ लोगों ने – उनकी आलोचना की थी। लिखित पारस्परिक विचार विमर्श से लेकर बोले जाने वाले पारस्परिक विचार विमर्श तक के लिए विकसित विश्लेषण की एक विधि को लागू करने की उपयुक्तता के बारे में सवाल उठाए गए हैं (एन्ड्रॉउटसोपौलोस एण्ड बीइसवेन्गर, 2008)। दृश्य आचरण और दृश्य वस्तुओं के लिए सीए को विस्तारित करने के बारे में समान तर्क दिए गए हैं (ग्रिफेनहेगन और वॉटसन, 2009)। हालांकि, वार्तालाप के विश्लेषकों में बहुत शुरुआती दौर से रुचि रही है, तथा हाथ से इशारों (hand gestures), मुद्रा (posture), टकटकी (gaze) इत्यादि जैसे सन्निहित आचरण का विश्लेषण किया गया है (उदाहरण – हीथ एण्ड लफ, 2013)। उदाहरण के लिए, रॉबिन्सन (1998) ने जांच की कि चिकित्सकों द्वारा मेडिकल परामर्श में टकटकी और शरीर की स्थिति का इस्तेमाल किस तरह से किया जाता है और यह पाया गया कि इस तरह के सन्निहित आचरण से डॉक्टरों की सगाई या विशेष सामाजिक कार्रवाईयों के साथ मुक्ति पाने के संकेत मिलते हैं। हीथ (2013) ने नीलामियों का विस्तार से अध्ययन किया है, और वस्तुओं की खरीद और बिक्री में भी मामूली गैर–मौखिक कार्रवाइयों के महत्व का प्रदर्शन किया है। ये अध्ययन, और उनके जैसे कई अन्य, यह दर्शाते हैं कि सन्निहित और बहुआयामी आचरण बोले जाने वाले पारस्परिक विचार विमर्श के रूप में एक ही विश्लेषण के अधीन हो सकते हैं। सीए का ध्यान तब 'वार्तालाप' पर और अपने आप में, केन्द्रित नहीं होता है, बल्कि 'सामाजिक कार्रवाई और गतिविधि के व्यावहारिक उपलब्धि' पर होता है (हीथ एण्ड लॅफ, 2013ः 286)।

एक अन्य मुद्दे पर विचार करना है कि डेटा का विश्लेषण करते समय सन्दर्भ के विवरण को किस तरह से लिया जाये। सीए का तर्क है कि किसी भी विशेष कार्रवाई का अर्थ सन्दर्भ से विभेदित होता है, लेकिन पारस्परिक विचार विमर्श सम्बन्धी प्रथाएं संदर्भ–मुक्त भी हैं साथ ही संदर्भ–विशिष्ट हैं (इस खण्ड में हेरिटेज़)। हालांकि इसे ऑनलाइन पारस्परिक विचार विमर्श के समान रूप से सच होने के लिये देखा जा सकता है, लेकिन तकनीकी संदर्भ पर भी चर्चा करना महत्वपूर्ण है। हालांकि, यह अनुमान लगाया नहीं जाना चाहिए कि किसी भी तरह की तकनीकी सुविधायें या क्षमतायें अनिवार्य रूप से पारस्परिक विचार विमर्श पर प्रभाव डालती हैं (हचबाय, 2001)।

इसके बजाय, प्रतिभागियों के आचरण की जांच की जानी चाहिए कि क्या, और कैसे, किसी भी विशिष्ट संदर्भ या उपभोग के लिए उनकी प्रथाएं उन्मुख होती हैं। दूसरे शब्दों में, हमें किसी उद्देश्य की दिलचस्पी के रूप में पारस्परिक विचार विमर्श के साथ शुरुआत करना चाहिए, और फिर देखें कि प्रतिभागियों के आचरण विशेष मध्यस्थता वाले संदर्भ के लिये किस तरह से उन्मुख हो सकता है, जिसमें उनका पारस्परिक विचार विमर्श होता है।

डेटा संग्रह पर एक संक्षिप्त नोट (A brief note on data collection)

सीए और डीपी दोनों का उद्देश्य लोगों के जीवन में होने वाले पारस्परिक विचार विमर्शों को एकत्रित करना है, और उन्हें प्रतिभागियों द्वारा समझा जाता है (मोंडाडा, 2013)। इसलिए, लोगों को पूछने के बजाय कि वे एक साक्षात्कार या प्रयोग के जरिये कैसे अपना जीवन जीते हैं, शोधकर्ता वास्तविक घटनाओं को अभिलिखित करते हैं (पॉटर एण्ड एडवार्ड्स, 2001)। ऑनलाइन स्रोतों से डेटा एकत्र करने के लिए समान सिद्धान्त लागू होते हैं। गुणात्मक आंकड़ों को एकत्रित करने के लिए प्रयोगशाला या प्रयोगात्मक स्थापनाओं के उपयोग सीधे तौर पर इन्टरनेट से लिये जाने वाले स्वाभाविक रूप से होने वाले डेटा के उपयोग करने के लिए कम बेहतर होते हैं। सीए/डीपी के परिप्रेक्ष्य में काम करने वाले लोग, प्रयोगशाला या अन्य औपचारिक स्थापनाओं में ऐसी सामग्री स्थापित करने के बजाय पीसी या अन्य उपकरणों के साधारण उपयोग से प्रतिभागियों से सामग्री एकत्र करने के लिए, जहां तक संभव हो, चाहते हैं। साथ ही, लोगों के उनके परिचित कार्यक्रमों के उपयोग पर ध्यान केंद्रित करना चाहिए। यदि डेटा संग्रह के उद्देश्यों के लिए नए कार्यक्रमों की विशेषताओं को व्यक्त किया जाना है, तो इसके महत्वपूर्ण होने की संभवना रहती है और उत्पन्न सामग्री पर प्रभाव आसानी से स्पष्ट नहीं किया जा सकता है। बेशक, दिलचस्पी वाली साइट से सीधे एकत्र किए गए डेटा के साथ काम करना पर्याप्त होता है। हालांकि, एक अच्छे पारस्परिक विचार–विमर्श का विश्लेषण करने में सक्षम होने के लिए, यह महत्वपूर्ण है कि यथासंभव अधिक जानकारी एकत्रित की जा सके। इस आवश्यकता का मतलब कम से कम किसी भी ऑनलाइन पोस्टिंग के समय और संदर्भ को एकत्रित करना है, उदाहरण के लिए, ऑनलाइन फोरम के स्क्रीन शॉट्स या ट्विटर वार्तालाप में भेजे गए प्रत्येक ट्वीट के समय।

इस अध्याय में दो ऑनलाइन स्रोतों से एकत्र किये गये डेटा पर चर्चा की गई है: फेसबुक 'चैट' और एक अखबार की टिप्पणी वाली साइट से। फेसबुक 'चैट' एक त्वरित संदेश सेवा है, जिसे डेटा संग्रह के समय, अर्ध–तुल्यकालिक पारस्परिक विचार–विमर्श के लिए अनुमति दी गई थी, अर्थात्, पारस्परिक विचार–विमर्श करने के लिए एक ही समय में पोस्टर को लॉग ऑन करना पड़ता था, लेकिन संदेश निर्माण और संप्रेषण के अलगाव के कारण पारस्परिक विचार–विमर्श तुल्यकालिक नहीं था। फेसबुक चैट्स की समयबद्ध प्रतिलिपियों को अनुसंधान प्रतिभागियों द्वारा एकत्रित किया गया था इससे पहले उनके सह–प्रतिभागियों से सहमति प्राप्त की गयी थी।

टिप्पणी तन्तु (थ्रेड्स), जिसमें से इस अध्याय का पहला उदाहरण भी आता है, जिसे ब्रिटेन में दि गार्जियन्स 'कमेन्ट इज़ फ्री (The Guardian's 'Comment is Free') साइट से वार्षिक बजट के दिन पर एकत्र किया गया था। यह साइट एक चर्चा (discussion) बोर्ड के रूप में कार्य करती है जहां उपयोगकर्ताओं को अखबार के मत प्रकट करने वाले अनुभाग में प्रकाशित लेखों पर टिप्पणी करने के लिए प्रोत्साहित किया जाता है। यह अतुल्यकालिक पारस्परिक विचार–विमर्श के लिए अनुमति देता है, अर्थात, पारस्परिक विचार–विमर्श करने के लिए पोस्टर्स को एक ही समय में लॉग ऑन करने की आवश्यकता नहीं है। एक तन्तु के पहले 50 पोस्ट्स और दूसरे सम्बन्धित तन्तु से दूसरे 50 पोस्ट्स को एकत्र किया गया था जैसा कि पोस्टर के नाम के साथ और प्रत्येक पद के समय के साथ पोस्ट किया गया (वर्तनी की त्रुटियों सहित)।

निम्नलिखित अनुभागों में, मैं अंतर्दृष्टियों का प्रदर्शन करने के लिए डेटा के दोनों सेट से उदाहरणों का उपयोग करूंगा कि सीए और डीपी ऐसे डेटा प्रदान कर सकते हैं। यद्यपि मैं डीपी को फोरम डेटा के विश्लेषण और त्वरित संदेश सेवा के लिए सीए का उपयोग करता हूं, लेकिन यह किसी भी तरह से सुझाव नहीं देना चाहिए कि प्रत्येक पद्धति का उपयोग केवल उस प्रकार के डेटा के लिए किया जाना चाहिए।

प्रमुख बिंदु

- सीए और डीपी दोनों को ऑनलाइन पारस्परिक विचार–विमर्श का विश्लेषण करने के लिए इस्तेमाल किया जा सकता है। हालांकि, लिखित पाठ के अध्ययन के लिए डीपी अधिक उपयुक्त हो सकता है क्योंकि यह बातचीत के बयानबाजी संगठन पर अधिक गहराई से केंद्रित होता है, जबकि सीए में अनुक्रमिक संगठन पर केंद्रित होने की प्रवृत्ति होती है।
- हम पारस्परिक विचार–विमर्श को समझने के लिए जांच कर सकते हैं, मध्यस्थता के संदर्भ में प्रतिभागियों की पारस्परिक विचार–विमर्श सम्बन्धी प्रथायें कैसे उन्मुख होती हैं।
- जहां तक संभव हो, जो स्वाभाविक रूप से हो रहा है, वह डेटा एकत्र किया जाना चाहिए। खासकर डेटा के समय, जितना संभव हो उतना संदर्भ एकत्रित किया जाना चाहिए।

मंच डेटा विश्लेषण (Analysing Forum Data)

यह खंड दि गार्जियन्स 'कमेन्ट इज़ फ्री' वेबसाइट से अतुल्यकालिक फोरम डेटा के विश्लेषण पर केन्द्रित है। यह विश्लेषण उन अंतर्दृष्टियों का प्रदर्शन करेगा जो डीपी विश्लेषण प्रदान कर सकते हैं, और यह भी कि इस तरह के विश्लेषण कुछ तकनीकी खर्चों (affordances) को कैसे रोशन कर सकते हैं।

इस खंड के पहले उदाहरण में, हम मूल पोस्ट देखेंगे जिसे इस अध्याय की शुरुआत में उद्धृत किया गया था, इस पोस्ट में, पीजोन 1 (Peason 1) सरकार के बारे में अन्य पोस्टर की सकारात्मक टिप्पणियों के लिये परोक्ष रूप से प्रतिक्रिया दे रहा है।

उद्धरण – 1

Peason1, 24 Mar 2010, 4:06PM

P: I always get a little suspicious when posters
who I have never seen before get in
really quick to say how wonderful
our government is and get a hat full
of recommendations in no time flat.
A cynic might think it was an
organised effort rather than
the opinions of one individual.

पीजोन 1 एक तर्क निर्मित करता है जिसका अर्थ है कि किसी एक व्यक्ति की बजाय एक अन्य पोस्टर एक संगठित प्रयास (पंक्ति 7) के हिस्से के रूप में पोस्ट किया जा सकता है और इस तरह से कि उन्हें एक विशेष दृष्टिकोण पोस्ट करने में हिस्सेदारी या रुचि के रूप में देखा जा सकता है। पीजोन 1 उनके आरोपों को ऐसे तरीके से तैयार करता है कि एडवार्ड्स (2005) पोस्ट के 'विषय–पक्ष' के रूप में वर्णन करता है, जो यह दर्शाता है कि वक्ता उनके बारे में किए जा सकने वाले संभावित अनुमानों का प्रबन्धन कैसे करते हैं (एडवार्ड्स, 2005)। हम यह पूछ सकते हैं कि क्या समान रूप से बेनाम, व्यक्तिगत विचार, ऑनलाइन फोरम पर बेनाम तरीके से पोस्ट करने वाले व्यक्ति दूसरे के मतों के बारे में आवश्यक रूप से सम्बन्धित होंगे, लेकिन जैसा के सैकस टिप्पणी करते हैं कि 'किसी के लिए स्वयं की धारणा जो मामले को कम नहीं कर सकता है' लोग नियन्त्रित करेगें (1992, सिल्वरमैन में उद्धृत, 1998: 16)। इसलिए, पीजोन 1 अपनी पोस्ट के विषय–पक्ष को प्रबन्धित यह सुनिश्चित करने के लिए करता है कि काउंटर–दावों या आरोपों के लिए किसी भी संभावित को कम किया जा सकता है।

सबसे पहले, पीजोन 1 किसी विशेष व्यक्ति की ओर स्पष्ट आरोप नहीं लगाता है, बल्कि पोस्टर के सामान्य श्रेणी के रूप में, 'मैंने पहले कभी नहीं देखा' पोस्टर के बारे में बात करता है। इस शिकायत के सूत्रीकरण का

मतलब है कि उद्देश्य के उपायों (जैसे जब साइट पर पोस्टर के लिये साइन्ड अप किया गया हो) का उपयोग यह जानने के लिए नहीं किया जा सकता है, कि कौन सी पोस्ट पर निर्देशित है इसके बजाय, किसी भी तर्क–विवाद की पेशकश करने के लिए, पोस्टर को स्वयं पोस्टरों के व्यक्तिपरक श्रेणी में निहित करना होगा जो पीजोन 1 ने पहले कभी नहीं देखा था।

दूसरे, पोस्ट में इक्सट्रीम केस फॉर्मूलेशन्स (ECFs) (एडवर्ड्स, 2000) शामिल होते हैं, जैसे कि 'कभी नहीं' (लाइन 2), 'पूर्ण (ए हैट फुल)' (लाइन 5) और 'बहुत कम समय (नो टाइम फ्लैट)' (लाइन 4)। इक्सट्रीम केस फॉर्मूलेशन्स एक बिंदु पर जोर देने या उसे उजागर करने के लिए कार्य करता है, जबकि उस समय में 'वक्ता के निवेश' को भी संकेत देता है (एडवार्ड्स, 2000: 364)। उन्हें व्यंग्योक्ति, चिढ़ाने या मजाक करने के तरीके के रूप में भी इस्तेमाल किया जा सकता है। इसलिए, पीजोन 1 इक्सट्रीम केस फॉर्मूलेशन्स का उपयोग उनके अपने बिंदुओं में उनके निवेश को दिखाने के लिए करता है, लेकिन आरोपों को चिढ़ाने या ताने मारने के तौर पर सूत्रीकरण से उन्हें शांत करने की अनुमति मिल जाती है, और इनकार करते हैं कि इसे गंभीरता से लिया जाना चाहिए।

पोस्ट के उत्तरार्ध में (लाइन 6 से) वे क्या सोचते हैं इसके बारे में बात करने से पीजोन 1 आगे बढ़ता है, जो व्यक्ति की एक विशेष श्रेणी के बारे में बात करने के लिये क्या सोचते हैं। यह चाल एक व्यक्तिपरक मूल्यांकन से एक श्रेणीगत वर्णन में बदलाव करती है और इसे अधिक उद्देश्य के रूप में सुना जा सकता है। पीजोन 1 प्रत्यक्ष रूप से नहीं कहता है कि अन्य पोस्टर सरकार की तरफ से पोस्ट कर रहे हैं, बल्कि यह कहते हैं कि जो कोई खुद को 'सनकी' के रूप में वर्गीकृत करता है, वह यह सोच सकता है। हालांकि, पीजोन 1 स्वयं को 'संदिग्ध (suspicious)' के रूप में भी वर्णित करता है, जो कि एक विशेषता या विधेय के रूप में सुना जा सकता है, जो खुद को 'निंदक (cynic)' की श्रेणी में रखता है। इसलिए वे खुद को उस श्रेणी के भीतर निहित करते हैं। इस प्रकार, पीजोन 1 आरोप सुनाने के उद्देश्य से काम करता है, लेकिन उस श्रेणी का उपयोग करके जिसमें कि वे पूर्ण रूप से विद्यमान हैं, प्राप्तकर्ताओं को यह अनुमान लगाने में सक्षम बनाता है कि पीजोन 1 ही आरोप लगा रहा है।

डीपी विश्लेषण का उपयोग करते हुए, तब, हम इस बात की एक तस्वीर तैयार करना शुरू कर सकते हैं कि ऐसी पोस्टों की विशेष कार्रवाईयों को करने के लिए आलंकारितापूर्वक (rhetorically) किस तरह से बनाया गया है। पीजोन 1 ने एक आरोप लगाया है, जबकि उसी समय में किसी भी संभावित अनुमानों या काउंटर–दावों को इस तरह से बनाकर प्रबंधन करना कि यह केवल एक अंतर्निहित आरोप है। यह भी उल्लेखनीय है कि इस प्रकार के आरोप पोस्टर पर भरोसेमंद होते हैं और किसी छद्म नाम का उपयोग करने में सक्षम होते हैं और इसलिये नाम रहित होते हैं। विश्लेषण से पता चलता है कि यह तकनीकी सुविधा एक ऐसी क्षमता है जो प्रतिभागियों को उनकी पोस्टों के निर्माण के दौरान आकर्षित कर सकती हैं।

निम्नलिखित उदाहरण आगे दर्शाता है कि पोस्टें कैसे प्राप्तकर्ता–डिजाइन्ड की गई हैं और विशेषतापूर्ण पारस्परिक विचार–विमर्श सम्बन्धी कार्य करने के लिए प्रतिभागियों द्वारा अनामिता को एक संसाधन कैसे तैयार किया गया है।

उद्धरण - 2

Hughesey, 24 Mar 2010, 4:03PM

H: Shinsie
So you are saying Ashcroft has
pulled the wool over the Tories
eyes again it will probably take another
10 years for them to figures this out.
Or maybe you have been sent from
Tory Central Office to put us all of the scent. <
I wonder which it is.

इस उदाहरण में, ह्यूजेसी (Hughesey) शिन्सी (Shinsie) द्वारा एक पोस्ट का जवाब दे रहे हैं ह्यूजेसी का सवाल है कि क्या वास्तव में शिन्सी द्वारा 'टोरी सेन्ट्रल ऑफिस' (लाइन 7) की ओर से पोस्ट किया जा सकता है। पिछले उदाहरण के साथ कई समानताएँ हैं उदाहरण के लिए, एक सम्पूर्ण आरोप लगाने से बचने के माध्यम से ह्यूजेसी भी अपने पोस्ट के विषय–पक्ष को प्रबन्धित करने के लिए काम करता है (जैसे कि 'आप टोरी सेंट्रल ऑफिस से हैं'), बल्कि इसे एक प्रश्न के रूप में प्रस्तुत करके नरम बनाता है और पंक्ति 6 (लाइन 6) में 'शायद (maybe)' शब्द का उपयोग करता है। यह निर्माण इस संभावना का प्रबन्धन करता है कि ह्यूजेसी को आरोप के लिए जिम्मेदार ठहराया जा सकता है, वे इनकार कर सकते हैं कि इसका अर्थ (भी) संजीदगी से था।

पिछली उदाहरण के साथ भी उल्लेखनीय मतभेद हैं, कम से कम यह नहीं है कि यह पोस्ट विशिष्ट प्राप्तकर्ता में निर्देशित है। इसलिए यह पोस्ट, स्पष्ट रूप से शिन्सी के लिए डिजाइन किया गया है, जैसा कि लाइन 1 में शिन्से के नाम का इस्तेमाल किये जाने के रूप में इसका सबूत है। हालांकि, अन्य पोस्टर्स में – अप्रत्यक्ष और वक्ता को बिना जाने सुनने वाले (overhearing) प्रतिभागीं – भी इस पोस्ट को पढ़ने में सक्षम होते हैं, और इसलिए सामग्री भी उनके लिए तैयार की जाएगी। यह विश्लेषण केवल मेरी व्याख्या नहीं है, बल्कि वास्तव में ह्यूजेसी द्वारा अन्य प्राप्तकर्ताओं के लिये लाइन 7 में 'हम सभी' का उल्लेख करके निरूपित किया गया है। इन आंकड़ों का विश्लेषण करने के लिए डीपी का उपयोग हमें अनुभवजन्य प्रदर्शन करने की अनुमति देता है कि कैसे प्रतिभागी कई ऑडियंस के लिए अपनी पोस्ट का निर्माण करते हैं।

यह पोस्ट फिर से यह दर्शाती है कि अनामिता का उपयोग शब्दाडम्बरपूर्ण युक्ति के रूप में कैसे किया जा सकता है ह्यूजेसी के माध्यम से यह संकेत मिलता है कि शिन्सी एक निष्पक्ष टीकाकार नहीं हो सकता है। हालांकि, इससे यह भी दर्शाया जाता है कि प्रतिभागियों द्वारा पारस्परिक विचार विमर्श की बहु–पक्षीय प्रकृति का प्रबन्धन कैसे किया जाता है। विशेष रूप से, शुरुआत में पता पद का उपयोग सुनिश्चित करता है कि यह स्पष्ट है कि कौन ह्यूजेसी का जवाब दे रहा है, जो बहु–पक्षीय मंच में पारस्परिक विचार विमर्श करने की कठिनाइयों का प्रबन्धन करता है।

उद्धरण 2 के बारे में टिप्पणी का एक अंतिम बिंदु पोस्ट का संगठन है। पोस्ट के पहले भाग में ह्यूजेसी द्वारा शिन्सी के लिये जवाब को शामिल करता है, जिसमें दूसरे भाग में शिन्सी को पोस्टर के रूप में काम करने के लिए कमजोर किया गया और अंतिम भाग में – संभावित रूप से बयानबाजी (potentially rhetorical) – प्रश्न। सैकस एट आल., (1974) ने टिप्पणी की, कि बोले जाने वाले पारस्परिक विचार विमर्श में अक्सर एक समान तीन–भागों की संरचना होती है, जहां मोड़ के पहले भाग के पहले मोड़ को पते संबोधित करते हैं, दूसरा हिस्सा 'जो कि मोड़ पर कब्जा कर रहा है (1974: 722) के साथ शामिल है, और अंतिम भाग श्रृंखला में अगली बारी को संबोधित करता है। फिर, कुछ संभावित समानताएं होती हैं जिन्हें ऑनलाइन और ऑफलाइन पारस्परिक विचार विमर्श में मोड़ डिजाइन के बीच पहचाना जा सकता है।

प्रमुख बिंदु

- प्रत्यक्ष और अप्रत्यक्ष प्राप्तकर्ताओं के लिए पोस्टें प्राप्तकर्ता–डिजाइन्ड होती हैं।
- ईसीएफ का उपयोग करने के माध्यम से पोस्टर्स अपने पोस्ट के विषय–पक्ष को, उनके आरोपों को कम करने और श्रेणियों का उपयोग करने के लिए प्रबन्धित करने का प्रयास करते हैं।
- अनामिता एक संसाधन है जो प्रतिभागियों द्वारा तैयार किया जाता है, और पारस्परिक विचार विमर्श के लिए प्रासंगिक है।
- पोस्ट अनुक्रमिक रूप से व्यवस्थित किए जाते हैं और प्रथाओं का इस्तेमाल होता है जो एक बहु–पक्षीय वातावरण में पारस्परिक विचार विमर्श की जरुरत को बनाए रखता है।

त्वरित मैसेजिंग चैट का विश्लेषण (Analysing Instant Messaging Chats)

यह खण्ड फेसबुक चैट के कॉर्पस से लिये गए डेटा का उपयोग करता है और यह दिखाएगा कि सीए का उपयोग करके इन चैट्स का विश्लेषण कैसे किया जा सकता है और माध्यम के लिये इस तरह के विश्लेषण से प्रतिभागियों की अभिमुखताओं को रोशन कैसे कर सकते हैं। शुरू करने के लिए, इस उद्धरण पर विचार करें, जहां प्रतिभागियों (जो और इस्ला) द्वारा चर्चा की जा रही है कि उन्होंने क्या किया है और उस दिन ऐसा करने की योजना बना रहे हैं।

उद्धरण - 3 (JM/IS20/B: 96–125)

1	Joe:	I have showered and cooked
2		(4.0)
3	Joe:	that is all
4		(21.0)
5	Joe:	some one tried to add
6		photos of me from friday ☺
7		(1.0)
8	Isla:	yeah I need to cook
9		(11.0)
10	Isla:	and I think we might watch a film
11		too
12		(1.0)
13	Joe:	yea you need cock? ……..what?
14		(1.0)
15	Isla:	who>>
16		(11.0)
17	Joe:	lol
18		(2.0)
19	Isla:	its says cook joe
20		(1.0)
21	Isla:	lol
22		(0.0)
23	Joe:	a girl

इस उद्धरण में, यह ध्यान देने योग्य है कि अनुक्रम विकसित नहीं होता है क्योंकि पहली जोड़ी के हिस्से और दूसरे जोड़ी के हिस्सें एक दूसरे से मिलकर, हम बोले जाने वाले पारस्परिक विचार विमर्श में उम्मीद कर सकते हैं। इसके बजाय, आसन्नता में बदलना बाधित है, जो बोली जाने वाली बातचीत में बहुत महत्वपूर्ण है, (शेग्लॉफ, 2007)। उदाहरण के लिए, पंक्ति 5–6 में, एक नए विषय को शुरू करने से पहले, पंक्ति 1–3 में जो उस दिन के बारे में बात कर रहा है, जो उसने उस दिन की थी, जो एक आसन्न जोड़ी के पहले जोड़ी हिस्सा है। इसके बाद, इस्ला की एक दूसरे पोस्ट में एक ऐसा संदेश दिया गया है, जिसमें पंक्ति 1–3 में जो के संदेशों का जवाब दिया गया है, आसन्न जोड़ी के दूसरे जोड़े का हिस्सा इसलिए पहली जोड़ी के भाग से विस्थापन होता है। बाधित किये गये मोड़ की आसन्नता कई तरह के ऑनलाइन पारस्परिक विचार विमर्श में पायी गयी है (हेरिंग, 2007) और यह सुझाव दिया गया है कि यह विघटन इसलिये होता है क्योंकि एक संदेश का निर्माण 'निजी तौर पर' होता है और सार्वजनिक स्थान के लिये संदेश भेजने से अलग होता है। दूसरे शब्दों में, विसंगति के बदले में

आसन्नता उत्पन्न होती है क्योंकि प्रतिभागियों द्वारा उनकी बारीयों (turns) को समन्वयित नहीं किया जा सकता है जैसा कि बोले जाने वाले पारस्परिक विचार विमर्श में होता है, उदाहरण के लिए, उद्धरण 3 में हम अनुमान लगा सकते हैं कि इस्ला (Isla) और जो (Joe) पंक्ति 4 और 8 के बीच एक ही समय में लिख रहे थे क्योंकि इस्ला की पोस्टिंग में उसका संदेश जो का संदेश भेजने के एक सेकेण्ड बाद ही पोस्ट किया था (लाइन 8)। बारी (turn) का व्यवधान उत्पन्न होता है, क्योंकि दोनों पक्ष एक ही समय में उनके संदेशों का निर्माण कर रहे थे, लेकिन न ही किसी भी पार्टी को पता होगा कि दूसरा उसका संदेश कब भेजेगा। हालांकि, हमें यह सोचने के बारे में सावधान रहना चाहिए कि संदेश निर्माण का विभाजन और संप्रेषण अनिवार्य रूप से यह निर्धारित करता है कि मोड़ आसन्न बाधित हो जाएगा। प्रतिभागियों को पता हो सकता है कि उनके सह–प्रतिभागी स्क्रीन के कोने में एक छोटे 'लिखित' आइकन के कारण लिख रहे हैं। इसलिए, प्रतिभागियों द्वारा लिखित रूप से अधिव्यापन (overlaps) से बचने का प्रयास करना पड़ सकता है और इसलिए बाधित मोड़ आसन्नता से बचें। फिर भी प्रतिभागी यह नहीं करते हैं और वास्तव में कभी–कभी अधिक व्यवधान का कारण बनते हैं। उदाहरण के लिए, उद्धरण 3 की पंक्ति 10–11 में इस्ला (Isla) की बारी पर विचार करें। पंक्ति 5–6 में जो की बारी से चैट विंडो में भेजे गए हैं, लेकिन इस्ला (Isla) उसकी अगली बारी में उसका जवाब नहीं देतीं, बल्कि इसके बजाय एक फिल्म देखने की योजना बनाने के बारे में उसकी पिछले संस्करण की निरन्तरता को बनाये रखती है। नतीजतन, पंक्ति 5–6 में जो की बारी के जवाब में उसकी प्रतिक्रिया पंक्ति 15 तक नहीं होती है, और इस प्रकार इसकी पहली जोड़ी के हिस्से से विस्थापित हो जाती है।

यह उल्लेखनीय है कि, ऑनलाइन मंचों के साथ, प्रतिभागियों में थोड़ा कठिनाई के साथ अनुकूलता (coherence) बनाए रखना प्रतीत होता है। उदाहरण के लिए, हम यह समझ सकते हैं कि लाइन 8 में इस्ला (Isla) की बारी लाइन 1 में जो की बारी के लिए उत्तरदायी है, सर्वप्रथम, क्योंकि बारी की शुरुआत में 'हाँ (yeah)' शब्द का उपयोग करने से यह पता चलता है कि यह पिछली बारी का यह उत्तर है दूसरे शब्दों में, उसके 'कुक' शब्द की पुनरावृत्ति, जो द्वारा उपयोग किये गये शब्द 'कुकिंग' के लिए एक लिंक प्रदान करता है इसलिए हम संभावित रूप से सुझाव दे सकते हैं कि प्रतिभागियों के लिए 'बाधित' मोड़ आसन्नता वास्तव में 'विघटनकारी' नहीं है (ग्रीफेनहैगन और वॉटसन, 2005), लेकिन कार्यों की अनुक्रमिकता ऑनलाइन अलग–अलग रूप में होती हैं।

निम्नलिखित उद्धरण दर्शाते हैं कि ऑनलाइन और बोले जाने वाले पारस्परिक विचार विमर्श में कुछ विशेषताओं के क्रमिक प्लेसमेंट में कुछ, शायद आश्चर्यजनक, समानताएं हैं। यहां, जो और इस्ला इस बात पर चर्चा कर रहे हैं कि अगली सुबह प्रशिक्षण के लिए मुलाकात की जाए या नहीं।

उद्धरण - 4 (JM/IS18/B: 89–93)

1	Isla:	erm like 9am?
2		(7.0)
3	Isla:	too early for you joe ☺
4		(9.0)
5	Joe:	☹ 10 is a maybe

इस उद्धरण में, इस्ला (Isla) और जो दोनों स्माइली का इस्तेमाल करते हैं, लाइन 3 के अंत में – इस्ला एक स्माइली का उपयोग करती है – इसमें एक चेहरे साथ जीभ बाहर निकलती है और जो पंक्ति 5 में अपनी बारी की शुरुआत में एक 'उदास चेहरे' वाला स्माइली उपयोग करता है। बोले जाने वाले पारस्परिक विचार विमर्श (spoken interaction) में, ऐसी विशेषताएं हैं जो '[...] में संगठित होने के साथ समन्वय बनाने और कभी–कभी जारी कार्रवाईयों को बनाए रखने के लिए उत्कृष्ट विवरण है (पॉटर एण्ड हेपबर्न, 2010: 1543)। हमे यहां कुछ ऐसा ही मिलता है। अंत में इस्ला उसकी बारी आने पर यह इंगित करने के लिये स्माइली रखती है कि लाइन 3 में, माना कि जोर देकर कहने या मूल्यांकन के बजाय उसकी बारी की कार्रवाई 'चिढ़ाने वाली (teasing)' है।

इसके विपरीत, जो एक 'दुखी चेहरे' वाली स्माइली के साथ अपनी बारी की शुरुआत करता है, जो कि इस्ला की बारी के साथ–साथ संभावित रूप से उसके खुद के रूख की ओर प्रदर्शित करता है। इसलिए, हम देख सकते हैं कि रुख मार्करों और चेहरे की अभिव्यक्ति के रूप में बोले जाने वाले पारस्परिक विचार विमर्श में, स्माइली उनके अनुक्रमिक प्लेसमेंट के अनुसार अलग–अलग कार्रवाइयां करती हैं (हेरिंग, 2007; मार्कमेन और ओशिमा, 2007)। हम यह भी देख सकते हैं कि ऑनलाइन पारस्परिक विचार विमर्श में आमने–सामने होने वाले संपर्क की कमी में, स्माइली का उपयोग उन्मुख और वास्तव में प्रबंधन करने के लिये कैसे करना है।

प्रमुख बिंदु

- ऑनलाइन पारस्परिक विचार विमर्श में युग्मित कार्रवाईयां अनिवार्य रूप से जरूरी आसन्न नहीं हैं, लेकिन यह सुसंगतता को समझने या बनाए रखने में समस्याओं का कारण नहीं है।
- बारी की आसन्नता का 'विघटन', असमर्थता के लिये एक अन्तर्निहित अभिविन्यास पारस्परिक रूप से बारियों का समन्वय दर्शाता है।
- प्रतिभागियों का रुख को दर्शाने के लिए स्माइली का इस्तेमाल होता है, बोले जाने वाले पारस्परिक विचार विमर्श के साथ और – क्रमिक रूप से कुछ निश्चित कार्रवाईयों को करने के लिए – किया जाता है।

अध्याय का सारांश

इस अध्याय का उद्देश्य यह उजागर करना था कि सीए और डीपी जैसे पारस्परिक विचार विमर्श सम्बन्धी तरीकों का उपयोग करके गुणात्मक ऑनलाइन डेटा का विश्लेषण कैसे किया जा सकता है। मैंने यह दर्शाया है कि ऑनलाइन डेटा का पारस्परिक विचार विमर्श के रूप में विश्लेषण किया कैसे जा सकता है जिसे एक प्राप्तकर्ता के लिए बनाया गया है, क्रमिक रूप से संगठित किया गया है और कार्रवाईयों के लिये निर्मित किया गया है। चाहें डेटा अतुल्यकालिक (जैसे फोरम से, या ट्विटर से) या अर्ध–तुल्यकालिक (चैट रूम या इंस्टेंट मैसेजिंग सेवाओं से) हो, स्क्रीन के पीछे के लोगों को समझने के लिए संसाधन के बजाय एक सामाजिक व्यवहार के रूप में माना जाना चाहिए। मैंने नमूना विश्लेषण के जरिए प्रदर्शन किया है, कैसे सीए और डीपी दोनों के द्वारा एक दृष्टिकोण से प्रतिभागियों की उन्मुखताओं को स्पष्ट करने में उपयोगी हो सकता है और उस तरीके का खुलासा करती है जिसमें विशिष्ट प्रौद्योगिकी और सॉफ्टवेयर की विविध लाभ पारस्परिक विचार विमर्श के लिए प्रासंगिक हैं। ऑनलाइन पारस्परिक विचार विमर्श के लिए सीए और डीपी के दृष्टिकोणों को व्यापक परियोजनाओं में एकीकृत किया जा सकता है, जहां फोकस बहुत व्यापक मुद्दों पर हो सकता है। उदाहरण के लिए, ऑनलाइन शिक्षा, ऑनलाइन सहायता और ऑनलाइन रिश्तों पर ध्यान देने वाले अनुसंधान सम्बन्धी प्रश्न, साथ ही साथ ऑनलाइन पारस्परिक विचार विमर्शों, मानदंडों और प्रथाओं के बारे में सवाल, संभवतः सीए या डीपी के जरिए कुछ विश्लेषण का उपयोग कर सकते हैं।

भविष्य की संभावनाएं

ऑनलाइन डेटा के विश्लेषण में सीए और डीपी के उपयोग को विकसित करने के लिए ऑनलाइन पारस्परिक विचार विमर्श में रुचि रखने वाले व्यक्तियों के लिए महान अवसर हैं। साइटों की एक बढ़ती हुई श्रेणी हैं जहां लोग ऑनलाइन पारस्परिक विचार विमर्श कर सकते हैं, और यह तकनीकी रूप से विभिन्न रूपों के चैट, मंचों, ब्लॉगों आदि पर तुलनात्मक काम करने की क्षमता प्रदान करता है। यह तुलनात्मक काम बोले जाने वाले पारस्परिक विचार विमर्श (यानी समाचार साक्षात्कार, पुलिस साक्षात्कार, शोध साक्षात्कार इत्यादि) में विभिन्न संस्थागत सेटिंग्स की तुलना करने के लिए कुछ हद तक समान होगा। कुछ संभावित चुनौतियां भी हैं, जो शोधकर्ताओं को इन्टरनेट

के विकास के साथ बनाये रखने के लिये प्रयास करते रहने से कम नहीं है। बोले जाने वाले और ऑनलाइन पारस्परिक विचार विमर्श दोनों के लिए समान शब्दावली का उपयोग करने के बारे में और अधिक वैचारिक चुनौतियां भी हो सकती हैं, जब समान शब्दों में विभिन्न प्रथाओं का वर्णन हो सकता है। इसके अलावा, चूंकि ऑनलाइन पारस्परिक विचार विमर्श करने के लिए प्रौद्योगिकी विकसित होती रहती है, केवल लैपटॉप से ही नहीं बल्कि अन्य इन्टरनेट–सक्षम तरकीबों (internet-enabled devices) से डेटा एकत्र करने के लिए डेटा संग्रह के नए और अभिनव तरीके विकसित करना महत्वपूर्ण होगा। विशेष रूप से, डेटा रिकॉर्ड करने के लिए स्क्रीन रिकॉर्डिंग का उपयोग किया जा सकता है, जो विश्लेषकों के साथ पहुंच प्रदान करेगा कि उस समय तक प्रतिभागियों के लिए 'जीवन्त (live)' क्या है और इसलिए यह ऑनलाइन पारस्परिक विचार विमर्श के प्रकट करने के तरीके के बारे में और अधिक अन्तर्दृष्टि (insight) प्रदान करेगा।

संदर्भ

Androutsopoulos, J. (2008) 'Potentials and limitations of discourse-centred online ethnography', *Language@ Internet*, 5 (8). www.languageatinternet.org/articles/2008/1610 (accessed 10 December 2015).

Androutsopoulos, J. and Beisswenger, M. (2008) 'Introduction: data and methods in computer-mediated discourse analysis', *Language@Internet*, 5 (9). www.languageatinternet.org/articles/2008/1609 (accessed 10 December 2015).

Berglund, T. Ö. (2009) 'Disrupted turn adjacency and coherence maintenance in instant messaging conversations', *Language@Internet*, 6 (2). www.languageatinternet.org/articles/2009/2106 (accessed 10 December 2015).

Edwards, D. (2000) 'Extreme case formulations: softeners, investment, and doing nonliteral', *Research on Language and Social Interaction*, 33 (4): 347–73.

Edwards, D. (2005) 'Moaning, whinging and laughing: the subjective side of complaints', *Discourse Studies*, 7 (1): 5–29.

Flinkfeldt, M. (2011) '"Filling one's days": managing sick leave legitimacy in an online forum', *Sociology of Health & Illness*, 33 (5): 761–76.

Garcia, A. C. and Jacobs, J. B. (1999) 'The eyes of the beholder: understanding the turn-taking system in quasi-synchronous computer-mediated communication', *Research on Language and Social Interaction*, 32 (4): 337–67.

Giles, D., Stommel, W., Paulus, T., Lester, J. and Reed, D. (2015) 'Microanalysis of online data: the methodological development of 'digital CA', *Discourse, Context & Media*, 7: 45–51.

Goffman, E. (1981) *Forms of Talk*. Oxford: Basil Blackwell.

Greiffenhagen, C. and Watson, R. (2005) '"Teoria" e "método" na CMC: identidade, género e tomada-deturno: uma abordagem etnometodológica e analítico conversacional' ['Theory' and 'method' in CMC: identity, gender, and turn-taking: an ethnomethodological and conversation analytic approach], in A. Braga (ed.), *CMC, Identidades e Género: Teoria e Método*. Covilhã: Universidade da Beira Interior, pp. 89–114.

Greiffenhagen, C. and Watson, R. (2009) 'Visual repairables: analysing the work of repair in human-computer interaction', *Visual Communication*, 8 (1): 65–90.

Heath, C. (2013) *The Dynamics of Auction: Social Interaction and the Sale of Fine Art and Antiques*. Cambridge: Cambridge University Press.

Heath, C. and Luff, P. (2013) 'Embodied action and organizational activity', in J. Sidnell and T. Stivers (eds), *The Handbook of Conversation Analysis*. Oxford: Wiley Blackwell, pp. 281–307.

Herring, S. C. (2004) 'Computer-mediated discourse analysis: an approach to researching online behavior', in S. A. Barab, R. Kling and J. H. Gray (eds), *Designing for Virtual Communities in the Service of Learning*. New York: Cambridge University Press, pp. 338–76.

Herring, S. C. (2007) 'A faceted classification scheme for computer-mediated discourse', *Language@Internet*, 4 (1). www.languageatinternet.org/articles/2007/761 (accessed 10 December 2015).

Horne, J. and Wiggins, S. (2009) 'Doing being "on the edge": managing the dilemma of being authentically suicidal in an online forum', *Sociology of Health and Illness*, 31 (2): 170–84.

Hutchby, I. (2001) 'Technologies, texts and affordances', *Sociology*, 35: 441–56.

Lamerichs, J. and te Molder, H. F. M. (2003) 'Computer-mediated communication: from a cognitive to a discursive model', *New Media & Society*, 5 (4): 451–73.

Lawlor, A. and Kirakowski, J. (2014) 'When the lie is the truth: grounded theory analysis of an online support group for factitious disorder', *Psychiatry Research*, 218 (1): 209–18.

Lester, J. N. and Paulus, T. M. (2011) 'Accountability and public displays of knowing in an undergraduate computer-mediated communication context', *Discourse Studies*, 13 (6): 671–86.

Malik, S. H. and Coulson, N. (2008) 'The male experience of infertility: a thematic analysis of an online infertility support group bulletin board', *Journal of Reproductive and Infant Psychology*, 26 (1): 18–30.

Markman, K. M. and Oshima, S. (2007) 'Pragmatic play? Some possible functions of English emoticons and Japanese Kaomoji in computer-mediated discourse', paper presented at the *Association of Internet Researchers Annual Conference 8.0: Let's Play!* Vancouver, BC, Canada, 18 October. www.academia.edu/2666102/Pragmatic_play_Some_possible_functions_of_English_emoticons_and_Japanese_kaomoji_in_computer-mediated_discourse (accessed 10 December 2015).

Meredith, J. and Potter, J. (2013) 'Conversation analysis and electronic interactions: methodological, analytic and technical considerations', in H. Lim and F. Sudweeks (eds), *Innovative Methods and Technologies for Electronic Discourse Analysis*. Hershey, USA: IGI Global, pp. 370–93.

Meredith, J. and Stokoe, E. (2014) 'Repair: comparing Facebook "chat" with spoken interaction', *Discourse & Communication*, 8 (2): 181–207.

Mondada, L. (2013) 'The conversation analytic approach to data collection', in T. Stivers and J. Sidnell (eds), *The Handbook of Conversation Analysis*. Oxford: Wiley-Blackwell, pp. 32–56.

Potter, J. (2012) 'Discourse analysis and discursive psychology', in H. Cooper (ed.), *APA Handbook of Research Methods in Psychology: Vol. 2. Quantitative, Qualitative, Neuropsychological and Biological*. Washington: American Psychological Association, pp. 111–30.

Potter, J. and Edwards, D. (2001) 'Discursive social psychology', in P. W. Robinson and H. Giles (eds), *The New Handbook of Language and Social Psychology* (2nd edn). Oxford: Wiley, pp. 103–18.

Potter, J. and Edwards, D. (2013) 'Conversation analysis and psychology', in T. Stivers and J. Sidnell (eds), *The Handbook of Conversation Analysis*. Oxford: Wiley, pp. 701–25.

Potter, J. and Hepburn, A. (2005) 'Qualitative interviews in psychology: problems and possibilities', *Qualitative Research in Psychology*, 2 (4): 281–307.

Potter, J. and Hepburn, A. (2010) 'Putting aspiration into words: "laugh particles", managing descriptive trouble and modulating action', *Journal of Pragmatics*, 42: 1543–55.

Rapley, T. J. (2001) 'The art(fulness) of open-ended interviewing: some considerations on analysing interviews', *Qualitative Research*, 1 (3): 303–23.

Reed, D. and Ashmore, M. (2000) 'The naturally-occurring chat machine', *M/C: A Journal of Media and Culture*, 3 (4). http://journal.media-culture.org.au/0008/machine.php (accessed 10 December 2015)

Robinson, J. D. (1998) 'Getting down to business: talk, gaze, and body orientation during openings of doctor-patient consultations', *Human Communication Research*, 25 (1): 97–123.

Sacks, H., Schegloff, E. A. and Jefferson, G. (1974) 'A simplest systematics for the organization of turn-taking in conversation', *Language*, 50 (4): 696–735.

Schegloff, E. A. (2007) *Sequence Organization in Interaction: A Primer in Conversation Analysis*. Cambridge: Cambridge University Press.

Silverman, D. (1998) *Harvey Sacks: Social Science and Conversation Analysis*. Oxford: Oxford University Press.

Stokoe, E. (2011) '"Girl – woman – sorry!": on the repair and non-repair of consecutive gender categories', in S. A. Speer and E. Stokoe (eds), *Conversation and Gender*. Cambridge: Cambridge University Press, pp. 84–111.

Zimmerman, D. H. and Pollner, M. (1970) 'The everyday world as a phenomenon', in H. B. Pepinsky (ed.), *People and Information*. Oxford: Pergamon Press, pp. 33–66.

सत्रह

महत्वपूर्ण संभाषण अध्ययन और सामाजिक मीडिया डेटा

(Critical Discourse Studies and Social Media Data)

जोहान डब्ल्यू. उंगर, रुथ वोदक और माजिद खोसरावीनिक

इस अध्याय के बारे में

यह अध्याय महत्वपूर्ण संभाषण अध्ययनों (सीडीएस) के प्रमुख सैद्धान्तिक और पद्धतिगत पहलुओं की रूपरेखा प्रदान करता है और यह सुझाव देता है कि सोशल मीडिया डेटा पर उन्हें लागू कैसे किया जा सकता है। सीडीएस की मुख्य विशेषताओं के बारे में संक्षिप्त विहंगावलोकन के बाद, इस बात की चर्चा होती है कि क्या सामाजिक घटनाओं के लिए एक महत्वपूर्ण परिप्रेक्ष्य को अपनाने वाले शोधकर्ताओं के लिए डिजिटल रूप से मध्यवर्ती संदर्भों में डेटा अलग–अलग और दिलचस्प बनाया जाता है। सीडीएस के लिये एक अभिगम से आठ पद्धतिगत कदमों में से, संभाषण–ऐतिहासिक अभिगम को विशिष्ट सन्दर्भ के साथ प्रस्तुत किया जाता हैं कि सामाजिक मीडिया डेटा पर उन्हें लागू कैसे किया जा सकता है। अध्याय के अन्तिम भाग में, वेब 2.0 पर 'विरोध आंदोलनों के जीवन' (अरब स्प्रिंग, कब्जा करना) के कुछ पहलुओं का विश्लेषण करने के लिये एक प्रकरण अध्ययन (Case Study) का चित्रण के माध्यम से उपयोग किया जाता है।

कीवर्ड्स - सामाजिक मीडिया (Social media), महत्वपूर्ण संभाषण अध्ययन (Critical discourse studies), डिजिटल संभाषण (Digital discourse), संदर्भ (Context), फेसबुक (Facebook), शैली (Genre), प्रवचन–ऐतिहासिक दृष्टिकोण (Discourse-historical approach), ट्विटर (Twitter), फ्लिकर (Flickr), टम्बलर (Tumblr), अरब स्प्रिंग (Arab Spring), कब्जा (Occupy), बहुभाषावाद (Multilingualism), वर्चस्व (Hegemony), अंतःस्रायता (Intertextuality), पुनर्निर्देशन (Recontextualization), अंतःस्राब्दी (Interdiscursivity)।

महत्वपूर्ण संभाषण अध्ययनों (CDS) का परिचय (Introducing Critical Discourse Studies (CDS))

1980 के दशक के बाद से, महत्वपूर्ण संभाषण विश्लेषण (CDA), या जैसा कि इसे हाल ही में महत्वपूर्ण संभाषण अध्ययन (CDS) कहा जाने लगा है, सामाजिक विज्ञानों में एक अच्छी तरह से स्थापित क्षेत्र बन गया है। सीडीएस को विभिन्न प्रकार के अभिगमों को किसी नियम के अन्तर्गत करने, अलग–अलग सैद्धांतिक मॉडलों के साथ प्रत्येक के, अनुसंधान विधियों और एजेंडा के साथ, एक समस्या–उन्मुख अंतःविषय अनुसंधान कार्यक्रम के रूप में परिभाषित किया जा सकता है। समाज में सत्ता के लाक्षणिक आयामों, अन्याय और राजनीतिक–आर्थिक, सामाजिक या सांस्कृतिक परिवर्तन में एक साझा रुचि होती है, जो सभी दृष्टिकोणों को एकजुट करती है। 'लाक्षणिकता (Semiotic)' यहां संकेतों की व्यवस्थाओं जैसे कि शब्दों, आवाजों और छवियों को संदर्भित करता है, जिनका उपयोग समाज में प्रेरित किये गये व्यक्तियों और समूहों द्वारा सार्थक तरीके से किया जाता है। उदाहरण के लिए, बैनर ले जाने वाले प्रदर्शनकारियों (Protesters) को कई लाक्षणिक कार्रवाईयों में लगे हुए पाया जाता हैः

उनके पास बैनर में लेखन या चित्र हो सकते हैं, वे अपनी आवाज का उपयोग करके नारे लगा सकते हैं, और उनकी अत्यधिक उपस्थिति, सामूहिक रूप से, एक सार्वजनिक स्थान में, लक्ष्य (Meaning) को ले जाने के रूप में देखा जा सकता है (लाक्षणिक विज्ञान के लिए अलग–अलग तरीकों की एक और चर्चा के लिए देखें, क्रेस और वैन लीवेंन 2006: 7ff)।

सीडीएस के विद्वान एक विशिष्ट भाषाई इकाई का अध्ययन नहीं करते हैं, बल्कि इसके बजाय सामाजिक घटनाओं का अध्ययन करते हैं जो अनिवार्य रूप से जटिल होते हैं और इस प्रकार एक दृष्टिकोण की आवश्यकता होती है जो विभिन्न विषयों से निकलकर आती है और विभिन्न तरीकों का उपयोग करता है। जांच के अधीन वस्तुओं को केवल नकारात्मक या असाधारण रूप से 'गंभीर (Serious)' सामाजिक या राजनीतिक अनुभवों या घटनाओं से सम्बन्धित नहीं होना चाहिए। सीडीएस के उद्देश्यों और लक्ष्यों की अक्सर यह गलतफहमी होती है, जहां 'आलोचनात्मक (Critical)' शब्द का मतलब 'नकारात्मक' नहीं है क्योंकि आम उपयोग में यह होता है (देखें चिलटन एट आल., 2010)। कोई भी सामाजिक घटना खुद को गंभीर जांच के लिए प्रस्तुत करती है, तो इसे चुनौती दी जानी चाहिये और प्रमाण के बिना सही नहीं माना जाना चाहिये।

सभी सीडीएस दृष्टिकोण समस्या–उन्मुख होते हैं, और इसलिए आवश्यक रूप से अंतःविषयी और उदार होते हैं। लाक्षणिक डेटा (लिखित, बोले जाने वाले, दृश्य या अन्य सार्थक रूपों और प्रथाओं में) के व्यवस्थित और पारदर्शी जांच के माध्यम से गैर–रहस्यमय विचारधाराओं और सत्ता में एक सामान्य दिलचस्पी से सीडीएस को विशिष्टता प्रदान की जाती है। सीडीएस शोधकर्ता अपने स्वयं की स्थितियों और दिलचस्पी को स्पष्ट करते हुए प्रयास करते हैं जबकि अपने सम्बन्धित विद्वतापूर्ण पद्धतियों को अपनाते हुये और अपनी स्वयं की शोध प्रक्रिया के बारे में आत्म–चिन्तनशील बनाये रखते हैं।

सीडीएस के विद्वानों द्वारा संभाषण को – वक्तव्य और लेखन में भाषा का उपयोग – 'सामाजिक प्रथा' के एक प्रारूप के रूप में देखा जाता है। सामाजिक व्यवहार के रूप में संभाषण का वर्णन करते हुए एक विशिष्ट असंबद्ध (Discursive) घटना और स्थिति(यों), संस्था(ओं) और सामाजिक संरचना(ओं) के बीच दो–तरफा सम्बन्ध निकलता है, जो इसे ढांचा प्रदान करते हैं: असंबद्ध घटना उनके द्वारा आकारित होती है, लेकिन यह उन्हें आकार भी प्रदान करती है। चूंकि संभाषण सामाजिक रूप से इतना परिणामी है, इसलिए यह सत्ता के महत्वपूर्ण मुद्दों को जन्म देता है। असंबद्ध प्रथाओं में प्रमुख वैचारिक प्रभाव हो सकते हैं – यानी वे (उदाहरण के लिये) सामाजिक वर्ग, लिंग और जातीय/सांस्कृतिक बहुमत और अल्पसंख्यकों के बीच असमान शक्ति सम्बन्धों का उत्पादन और पुनरुत्पादन करने में मदद कर सकते हैं जिस तरीके से वे चीजों और लोगों की स्थिति का प्रतिनिधित्व करते हैं (फेयरक्लॉफ और वोदक, 1997)। एक विस्तृत शोध कार्यक्रम के रूप में, संभाषण के अधिकांश महत्वपूर्ण अध्ययनों में भाषा सम्बन्धी डेटा की स्थिति के विषय से सम्बन्धित निकाय के विश्लेषण पर आधारित होते है और एक महत्वपूर्ण दृष्टि के साथ सामाजिक–राजनीतिक संदर्भ के सम्बन्ध में समझाया गया है। इस व्यापक ढांचे के भीतर, वितरण की प्रक्रियाओं को संबोधित करने के लिए शैली–विशिष्ट (संस्थागत, मीडिया) पृष्ठभूमि के शब्दों (texts) का विश्लेषण किया जाता है। इसमें कुछ पृष्ठभूमि प्रदान करना शामिल है:

- डेटा की प्रकृति।
- शब्द या पाठ (text) कैसे प्राप्त होता है (जैसे पसंद या शेयर की संख्या, टिप्पणियों की प्रकृति क्या है)।
- संचार की शैली द्वारा प्रदान की जाने वाली संभावनाएं।
- उपयोग की जाने वाली भाषा की लाक्षणिक सुविधायें (उदाहरण के लिए देखें, संभाषण–ऐतिहासिक अभिगम के चार–स्तरीय संदर्भ मॉडल पर वोदक, 2011, 2014 और संदर्भ स्तरों के पारस्परिक विचार विमर्श पर खोसरावीनिक्, 2010)।

तीन महत्वपूर्ण अवधारणाएं: आलोचना, विचारधारा और शक्ति (Three important concepts: Critique, ideology and power)

सीडीएस में कार्य 'महत्वपूर्ण या गंभीर (Critical)', 'आलोचना (Criticism)' और 'समीक्षा (Critique)' शब्दों के विभिन्न अर्थों को शामिल करता है:

- संभाषण के महत्वपूर्ण विश्लेषण का मतलब यह हो सकता है कि शोधकर्ताओं द्वारा 'स्पष्ट से अस्पष्ट बनानां' – संभाषण, सत्ता और विचारधारा के बीच अस्पष्ट सम्बन्ध को स्पष्ट करना, सतही अर्थों को चुनौती देना और प्रमाण के बिना कुछ भी सही न मानना हैं।
- सीडीए में 'महत्वपूर्ण होने (Critical)' में आत्म–चिन्तनशील (self-reflective) और स्व–आलोचनात्मक (self-critical) होना शामिल रहता है इस अर्थ में, सीडीए का मतलब केवल दूसरों की आलोचना करना नहीं है। इसका अर्थ है स्वयं के 'महत्वपूर्ण होने' का मूल्यांकन करना।
- महत्वपूर्ण होने का (Critical) विश्लेषण करना ही एक ऐसा अभ्यास है जो सामाजिक परिवर्तन में योगदान कर सकता है – शाब्दिक अर्थों के विश्लेषण और व्याख्या में सामाजिक–राजनीतिक और संरचनात्मक संदर्भ ला सकता है।
- अपने आप को 'महत्वपूर्ण (Critical)' नाम देना स्पष्ट नैतिक मानकों के संकेत देता है: अपने कामकाज के महत्वपूर्ण रुख के लिए माफी मांगने की आवश्यकता महसूस किये बिना, शोधकर्ता की स्थिति, हितों और मूल्यों को स्पष्ट करने और उनके मानदंड को यथासंभव पारदर्शी बनाने का इरादा होता है (रीसीगल और वोदक, 2001: 32ff, वैन लीवेंन, 2006: 293, वोदक, 2013, एंगरमुल्लर एट आल., 2014, वोदक और मेयर, 2015)।

यद्यपि *मान्यताओं या मूल्यों के एक सुसंगत और अपेक्षाकृत स्थिर सेट के रूप में* विचारधारा की मुख्य परिभाषा समय के साथ राजनीतिक विज्ञान में एक समान रही हैं, इस अवधारणा से जुड़े लक्ष्यार्थों में कई परिवर्तन हुए हैं। स्पष्ट रूप से विचारधारा को आस्था प्रणाली (belief system) के रूप में कब्जा करना आसान नहीं है और एक ही समय में नकारात्मक लक्ष्यार्थों से अवधारणा को मुक्त करना आसान नहीं है (नाइट, 2006: 625)। यह रोजमर्रा की जिंदगी में विचारधाराओं का कार्य है जो सीडीएस के शोधकर्ताओं की साजिश होती है। इसके अलावा, हमें विचारधारा (या अन्य अक्सर इस्तेमाल किए जाने वाले शब्दों जैसे कि रुख/आस्था/राय/जीवनदर्शन (Weltanschauung)/स्थिति) और संभाषण के बीच अन्तर करना पड़ता है (पूरविस एण्ड हन्ट, 1994: 474ff)।

'विचारधारा (Ideology)' आमतौर पर (अधिक या कम) मार्क्सवादी परम्परा के साथ निकटता से जुड़ी हुई है, जबकि 'संभाषण' ने आधुनिक सामाजिक सिद्धान्त में भाषाई मोड़ में बहुत अधिक महत्ता प्राप्त की है 'किसी भाषा और सामाजिक लाक्षणिकताओं (semiotics) के अन्य प्रारूपों के तरीके को समझने के लिए एक शब्द प्रदान करके न केवल सामाजिक अनुभव व्यक्त करते हैं बल्कि सामाजिक लक्ष्यों (अधीनताएं और उनसे जुड़ी पहचाने), और उनके सम्बन्धों का गठन करने में उस क्षेत्र में महत्वपूर्ण भूमिका निभाते हैं, जिसमें वे मौजूद हैं (पूरविस एण्ड हन्ट, 1994: 474)।

सत्ता (Power) तीसरी संकल्पना है जो सीडीएस के लिए केन्द्रीय है: सीडीएस शोधकर्ताओं द्वारा संभाषण से सामाजिक वर्चस्व के उत्पादन या पुनरूत्पादन करने के तरीके में दिलचस्पी रहती है, अर्थात् एक समूह का दूसरे समूह के लोगों के ऊपर सत्ता का दुरुपयोग है, और वर्चस्व वाले समूह इस तरह के दुरुपयोग का असम्बद्ध रूप से कैसे विरोध कर सकते हैं। सवाल यह उठता है कि सीडीएस के शोधकर्ताओं ने सत्ता को किस तरह से परिभाषित किया है और किस तरह के नैतिक मानकों ने उन्हें सत्ता के उपयोग और दुरुपयोग के बीच अन्तर करने की अनुमति प्रदान की है – यह एक प्रश्न है जिसे अभी तक अनुत्तरित रहना पड़ रहा है (बिलिग, 2008)। होल्जशीटर (Holzscheiter, 2005) ने बताया है कि बहुत अधिक सीडीएस अनुसंधान राजनीति के क्षेत्र में संभाषण पर और संभाषण में सत्ता का प्रयोग करने के तरीकों का भेद करने से सम्बन्धित है:

- यहां संभाषण में सत्ता का तात्पर्य, अर्थ की अलग–अलग व्याख्याओं पर अभिनेताओं का संघर्ष है।
- संभाषण पर सत्ता को समावेश और बहिष्करण की प्रक्रिया के रूप में परिभाषित किया गया है (वोदक, 2007)।
- संभाषण की सत्ता, 'भाषा खेल के सम्मेलनों से, अर्थ के ऐतिहासिक रूप से विकसित समष्टि–संरचनाओं के प्रभाव, जिसमें अभिनेता खुद को पाते हैं' से सम्बन्धित है (होल्जशीटर, 2005: 61)।

शब्दों (texts) में, असम्बद्ध मतभेदों पर सशर्त बातचीत हो रही है, उन्हें सत्ता में मतभेद के आधार पर नियन्त्रित किया जाता है जो भाग में एन्कोडेड होते हैं, और संभाषण और शैली के द्वारा निर्धारित होते हैं। इसलिए शब्दों में अक्सर संघर्ष की साइट्स होती हैं, जिसमें वे प्रभुत्व के लिए दावेदारी हेतु विभिन्न सम्भाषणों और विचारधाराओं के निशान दिखाते हैं।

सीडीएस और सामाजिक मीडिया (CDS and Social Media)

इस पर विचार करते समय कि सामाजिक मीडिया पर रूपरेखा (framework) को कैसे लागू किया जा सकता है हम डेटा प्रकारों और नए लाभों में अंतर को स्वीकार करने के लिए सावधान रहते हैं, जो अधिक विस्तृत विश्लेषण में शामिल होने से पहले पाठों के समग्र गुणों के लिए कारण होते हैं। हालांकि, कम्प्यूटर–मध्यस्थता वाले संचार (सीएमसी) में शुरुआती अध्ययनों द्वारा वकालत के रूप में, 'ऑनलाइन विश्व' को एक अजीब तरह के असम्बद्ध क्षेत्र के रूप में अलग करता है जो सामाजिक दृष्टि से सीडीएस अनुसंधान की महत्वपूर्ण आकांक्षाओं के साथ सैद्धांतिक रूप से नहीं बैठता है। इस प्रकार, यदि सीडीएस विद्वानों द्वारा एक विश्लेषणात्मक दृष्टिकोण का समर्थन नहीं किया जायेगा, जो डेटा को अपने तत्काल या व्यापक संदर्भों से सख्ती से अलग करते हैं, उन्हें 'ऑफलाइन' और 'ऑनलाइन' को एक दूसरे से अलग–अलग और स्वतंत्र रूप से व्यवहार नहीं करना चाहिए, यह एक विश्व दृश्य है जिसे जुर्गेन्सन (2012) ने 'डिजिटल द्वैतवाद' का नाम दिया है।

किसी भी पाठ को मौजूदा रूप में कई संदर्भों में देखा जा सकता है (सीडीएस में संदर्भ के लिए दो अलग–अलग दृष्टिकोणों के उदाहरण के लिए देखें – वैन डीज्क, 2005 या रीसिगल और वोदक, 2009)। विशेष रूप से सामाजिक मीडिया डेटा के लिए, यह मीडिया प्रथाओं और प्रौद्योगिकियों के लाभ पर ध्यान देने योग्य है, जो सामाजिक मीडिया डेटा को उत्पादित और साझा करने की अनुमति देता है, जैसे समाचार पत्र के पाठों, पत्रकारिता और संपादकीय प्रथाओं के लिए ध्यान केन्द्रित करना विधिसम्मत (legitimate) हो सकता है।

यद्यपि उपयोगकर्ताओं की बदलने की भूमिकाओं की अन्तरक्रियाशीलता और संभावना, टेक्स्ट उपभोक्ताओं से टेक्स्ट उत्पादकों तक, सहभागी वेब की एक समग्र विशेषता है, यह गतिशीलता वेब की विभिन्न उप–शैलियों में हमेशा मौजूद नहीं होती है। सहभागी वेब में संचार प्रथायें अक्सर अपेक्षाकृत स्थैतिक संगठनात्मक रूप से नियंत्रित शब्दों का एक बंडल शामिल करती हैं, उदाहरण – विज्ञापनों और 'के बारे में' पृष्ठों, साथ ही साथ सामाजिक मीडिया डेटा के रूप में आम तौर पर जो भी देखा जाता है, अर्थात् पारस्परिक विचार विमर्शात्मक और गतिशील रूप से विकसित उपयोगकर्ता–जनरेटेड पाठों जैसे फेसबुक पोस्टों के तहत या समाचार पत्र की साइटों पर टिप्पणी थ्रेड्स। सामाजिक मीडिया डेटा को शामिल करते हुये एक सीडीएस अध्ययन के लिए, इन संस्थागत पाठों को अपने नए पारस्परिक विचार विमर्शात्मक (संवादात्मक) प्रसंग के भीतर देखा और विश्लेषित किया जाना चाहिए, जबकि यह ध्यान में रखते हुए कि संचार का सामाजिक स्वभाव भागीदारी वेब में शाब्दिक अभ्यास की मुख्य गुणवत्ता है।

उपरोक्त तालिका (तालिका 17.1) सामान्य रूप से सामाजिक मीडिया डेटा के भाषाई और लाक्षणिक विश्लेषण में विचार किये जा सकने वाले कुछ कारकों को दिखाती है, और इनमें से कुछ को हमारे मामले के अध्ययन में लिया जाता है ताकि यह स्पष्ट हो सके कि उन्हें सीडीएस दृष्टिकोण में एकीकृत कैसे किया जा सकता है।

तालिका 17.1 माध्यम और स्थिति कारक (from Herring, 2007, quoted in Page et. al., 2014)

माध्यम कारक (Medium factors)	*समक्रमिकता (Synchronicity)*	*अतुल्यकालिक – तुल्यकालिक (Asychronous–Synchronous)*
	संदेश प्रेषण (Message transmission)	एक से एक, एक–से–अनेक, अनेक–से–अनेक
	प्रतिलेख की दृढ़ता (Persistence of the transcript)	अल्पकालिक – संग्रहित
	संदेश का आकार (Size of the message)	व्यक्त की गई पाठ की मात्रा
	संचार के चैनल (Channels of communication)	शब्दों, चित्रों, ध्वनियों, वीडियो
	निजता की सेटिंग्स (Privacy settings)	सार्वजनिक, अर्द्ध–सार्वजनिक, अर्द्ध–निजी, निजी संदर्भों
	नामरहित (Anonymous)	जिस स्थान पर प्रतिभागी की पहचान एक साइट के भीतर प्रदर्शित की जाती है
	संदेश प्रारूप (Message format)	इंटरैक्शन प्रदर्शित करने के लिए आर्किटेक्चर
स्थिति कारक	भागीदारी संरचना (Participation structure)	शामिल प्रतिभागियों की संख्या
	प्रतिभागी विशेषताओं (Participant characteristics)	बतायी या मानी जाने वाली जनसांख्यिकीय और वैचारिक विशेषतायें
	उद्देश्य (Purpose)	इंटरैक्शन के लक्ष्य (या तो व्यक्तिगत या समूह स्तर पर)
	विषय (Topic)	विषय वस्तु
	सुर (Tone)	औपचारिक या अनौपचारिक
	मानदंड (Norms)	समूह द्वारा स्थापित स्वीकृत प्रथाएं
	कोड (Code)	भाषा की विविधता और स्क्रिप्ट की पसंद

सामाजिक मीडिया डेटा के एक गंभीर असम्बद्ध विश्लेषण का संचालन कैसे करें?
(How to Conduct a Critical Discursive Analysis of Social Media Data)

सामाजिक मीडिया में विश्लेषणात्मक सामग्रियों को काम में लाने (harnessing) और परिभाषित करने के बारे में कुछ उलझाने वाले और तार्किकीय सम्बन्धी मुद्दे हैं, उदाहरण के लिए:

- कुछ सामाजिक मीडिया प्लेटफार्मों पर उपलब्ध विशाल मात्रा में से डेटा एकत्र और चयन कैसे करें।
- पाठ उत्पादन और खपत प्रक्रियाओं की अंतर्निहित गैर–रैखिकता से किस तरह निपटा जाए।
- सामाजिक मीडिया के आमने–सामने में संदर्भ को परिभाषित कैसे करें।
- प्लेटफार्मों के प्रारूप एवं कार्यों में सतत परिवर्तनों और डेटा की क्षणभंगुर प्रकृति से किस तरह निपटा जाए।
- संचार के शैली–विशिष्ट संदर्भों और मीडिया के लिए व्यवस्थित अवलोकनों के विवरणों को कैसे शामिल किया जाए।
- नैतिक रूपरेखा पर निर्णय कैसे करें कि उनके डेटा सार्वजनिक कैसे होना चाहिए? जिससे व्यक्तियों के अधिकारों और उनकी समझ का सम्मान हो।

सहभागिता वेब पर संचार के गैर–रेखीय रूप (इस खण्ड में देखें – मार्खम और स्टावरोवा) और अधिक अवलोकनात्मक अनुसंधान के दृष्टिकोणों की उपयोगिता को इंगित करते हैं, दूसरे शब्दों में, संचार सम्बन्धी घटनाओं और प्रथाओं में भाग लेने के बजाय संचार डेटा का इस्तेमाल करते हैं, जैसे अलगाव में पाठों का अध्ययन

किया जाना है। सहभागी–पर्यवेक्षक पद्धतियां (कम से कम एक अध्ययन के शुरुआती चरणों में) उपयोगकर्ताओं द्वारा संवाद करने के तरीके, प्लेटफार्मों की अनुमति के लाभ लेने, उनके आपसी जुड़ाव, विभिन्न शैलियों की विशेषताओं और व्यापक मीडिया संदर्भों का अध्ययन करने का एक अच्छा तरीका है। इसलिए, डेटा और विश्लेषण के लिए एक केस–स्टडी दृष्टिकोण सीडीएस दृष्टिकोण के अनुरूप लगता है। हम तीन व्यापक अभिविन्यासों (Orientations) का सुझाव देते हैं:

1. संभाषण विश्लेषकों के रूप में हम उपयोगकर्ताओं के सामाजिक सन्दर्भ और उनके संचार पर विचार करते हैं।
2. महत्वपूर्ण संभाषण विश्लेषकों के रूप में हम शैली, विषय सामग्री और संचार के मात्र वर्णन से संतुष्ट नहीं हैं।
3. सामाजिक मीडिया के विद्वानों के रूप में हम सहभागी वेब को मीडिया उपकरण के हिस्से के रूप में देखते हैं जिसका उपयोग समाज में व्यक्तियों द्वारा किया जाता है, इसलिए हम डिजिटल रूप से मध्यस्थता वाले पाठों को 'आभासी' दुनिया के हिस्से के रूप में नहीं मानते हैं जो भौतिक दुनिया और 'वास्तविकता' से अलग हैं, यह मानने के बावजूद कि डिजिटल मध्यस्थता वाले सन्दर्भों में विशिष्ट विशेषताएं हैं जो हमारे विश्लेषण को प्रभावित कर सकती हैं।

इस अध्याय के प्रयोजनों के लिए हम सीडीएस (रीसीगल और वोदक, 2015) के संभाषण–ऐतिहासिक दृष्टिकोण के भीतर पहचाने गए आठ पद्धतिगत चरणों को रेखांकित करेंगे, और सामाजिक मीडिया अनुसंधान के संदर्भ में इन्हें किस तरह से लागू किया जा सकता है:

1. पूर्ववर्ती सैद्धांतिक ज्ञान की सक्रियता और परामर्श (यानी पिछले अनुसंधान की चर्चा और पठन, अनुस्मरण): सीडीएस के पारम्परिक अनुप्रयोगों (उदाहरण के लिए – राजनीति, पारम्परिक मीडिया, संस्थानों से सम्बन्धित) से व्याख्यात्मक सिद्धांतों में से कई निरन्तर प्रासंगिक बने रह सकते हैं, क्योंकि सामाजिक मीडिया डेटा अब भी समाज का एक हिस्सा है और इसका उपयोग अक्सर राजनीतिक, मीडिया या अन्य संस्थानों से सम्बन्धित होता है। हालांकि, सामाजिक मीडिया (फुक्स, 2014), और संबंधित क्षेत्रों में जैसे कि सहभागी मीडिया (ब्रन्स, 2008), नागरिक पत्रकारिता (ब्रन्स, 2005), और डिजिटल रूप से मध्यस्थता वाली सक्रियता (पोट्स एट आल., 2014) पर कार्य का बर्द्धनशील महत्वपूर्ण निकाय होता है जिसे अनुसंधान की प्रकृति के आधार पर परामर्श किया जाना चाहिए।
2. डेटा और संदर्भ सूचना का व्यवस्थित संग्रह (शोध प्रश्न क्या है, विभिन्न संभाषणों और विघटनकारी घटना और सामाजिक क्षेत्रों पर निर्भर करता है, साथ ही साथ अभिनेताओं, लाक्षणिक मीडिया, शैलियों और पाठों पर केन्द्रित किये जा रहे हैं): यह प्रारम्भिक प्रजाति लेखन सम्बन्धी/प्रतिभागी के अवलोकनों का हिस्सा बन सकता है या एक विशिष्ट सामाजिक मीडिया प्लेटफॉर्म या डिजिटल रूप से मध्यस्थता वाले समुदाय के इतिहास और परम्पराओं के बारे में अधिक व्यापक तौर पर पठन शामिल कर सकते हैं। जहां जानकारी दुर्लभ है, साक्षात्कारों या एक मंच के उपयोगकर्ताओं के साथ फोकस समूहों या एक समुदाय के सदस्यों द्वारा संदर्भ प्रदान कर सकते हैं, बल्कि यह डेटा का हिस्सा भी हो सकते हैं।
3. विशिष्ट विश्लेषणों के लिए आंकड़ों का चयन और तैयार करना (प्रासंगिक मानदंड के अनुसार डेटा का चयन और कम करना (Downsizing), टेप रिकॉर्डिंग्स का प्रतिलेखन आदि): कई सामाजिक मीडिया प्लेटफॉर्मों से सम्बन्धित जानकारी के विशाल संस्करणों को हासिल करना अपेक्षाकृत आसान होता है, क्योंकि वे अक्सर खोजे जाने योग्य होते हैं, और विभिन्न समूहों या पाठों को विषयगत रूप से लिंक करने के लिए वे निकायों में अन्तर्निहित होते हैं (जैसे कि (हैश) टैग, वैयक्तिकृत सुझावों या खोज परिणामों के एल्गोरिथम के क्रम जो 'आपके लिए सबसे अधिक प्रासंगिक' होते हैं)। बेशक, प्रजाति लेखन सम्बन्धी/अवलोकनात्मक या प्रतिभागी–उन्मुख कार्य ऐसे मुश्किल निर्णयों को लेने में मदद कर सकते हैं।

4. शोध प्रश्न और मान्यताओं के निर्माण की विशिष्टता (एक साहित्य की समीक्षा के आधार पर और आंकड़ों की पहली छटाई (Skimming)): जैसा कि ऊपर सुझाव दिया गया है, डिजिटल रूप से मध्यस्था वाले संभाषण पर पिछले कार्यों से परामर्श करने से शोधकर्ताओं को विश्लेषण की सबसे प्रमुख श्रेणियों की पहचान करने में सहायता मिल सकती है, उम्मीद है कि सामाजिक मीडिया डेटा और गैर–सामाजिक मीडिया डेटा के बीच के मतभेदों को इंगित करने के बजाय असफल कार्यक्रमों से बचें।
5. गुणात्मक पायलट विश्लेषण (पहली मान्यताओं और श्रेणियों के परीक्षण के साथ–साथ मान्यताओं के आगे विनिर्देशों की अनुमति देता है): प्रारंभिक विश्लेषण के साथ उपयोग किए जा रहे सामाजिक मीडिया डेटा के रचनाकारों/ठेठ ऑडियंस का सामना करने के लिए एक अतिरिक्त प्रतिभागी चरण में निर्माण करना और जहां उपयुक्त हो, समायोजन करना, यहां बहुत मूल्यवान हो सकता है। हालांकि, गुणात्मक विश्लेषण में प्रत्यक्ष रूप से सम्बन्धित घटनाओं या संदर्भों को शामिल किया जा सकता है, जिसके परिणामस्वरूप पिछले सैद्धांतिक अंतर्दृष्टि (चरण 1) या प्रासंगिक जानकारी (चरण 2) के साथ जुड़ सकते हैं।
6. विस्तृत प्रकरण अध्ययनों (आंकड़ों की सम्पूर्ण श्रृंखला, मुख्य रूप से गुणात्मक, लेकिन हिस्से में मात्रात्मक भी): ऊपरोक्त चरण 3 के अनुसार, डेटा की उपलब्धता आमतौर पर समस्या नहीं होती है। हालांकि, इन आंकड़ों को नैतिक रूप से एकत्रित करना (इस खण्ड में देखें दोनों, मार्कम और स्टाव्रोवा और रायन) और एक मात्रात्मक डेटा में मात्रा को कम करने से एक चुनौती हो सकती है।
7. आलोचना का निर्माण करना (प्रासंगिक संदर्भ ज्ञान को ध्यान में रखते हुए और आलोचना के तीन आयामों की चर्चा करते हुये, परिणामों की व्याख्या करना): जबकि हर सीडीएस परियोजना के लिये जरूरी नहीं है कि कई सामाजिक मीडिया प्लेटफार्मों के तहत प्रौद्योगिकियों और व्यावसायिक प्राथमिकताओं के लिए महत्वपूर्ण हो, फिर भी ऐसा कुछ होना चाहिए जो शोधकर्ताओं को उनकी अपनी आलोचना तैयार करते समय अवगत रहती हैं।
8. विस्तृत विश्लेषणात्मक परिणामों के अनुप्रयोग (यदि संभव हो, तो परिणामों पर लागू हो सकते हैं या अनुप्रयोगों के लिए प्रस्तावित किया जा सकता है): यह दिलचस्पी रखने वाले किसी भी व्यक्ति के लिये सार्वजनिक रूप से उपलब्ध अनुसन्धान के परिणामों को बनाने में लगभग आसान है, और यह आमतौर पर शिक्षाविदों में अधिक सामान्य हो रहा है। जब जांच का उद्देश्य सामाजिक मीडिया भी होता है, तो सामाजिक मीडिया के माध्यम से शोध परिणामों को साझा करना उचित लगता है, उदाहरण के लिए – सुलभ ब्लॉग पोस्टों का या आसानी से पचने योग्य इन्फोग्राफिक्स का उपयोग करना।

यह इस अध्याय के दायरे से परे है कि भाषाई और लाक्षणिक घटनाओं की एक विस्तृत सूची प्रदान करने के लिए एक सीडीएस शोधकर्ता जो सामाजिक मीडिया में दिलचस्पी रखता है, उसका विश्लेषण कर सकता है, लेकिन कई उत्कृष्ट विश्लेषणात्मक श्रेणियां सीडीएस के विभिन्न दृष्टिकोणों में इस्तेमाल की जाती हैं (देखें वोडक और मेयर, 2015)। जैसे साधन, प्रस्तुति, वाक्यविन्यास, नामांकन या रूपकों, अक्सर अभी भी प्रासंगिक हो सकते हैं, और हेरिंग (2007) द्वारा सूचीबद्ध कारकों के साथ जोड़ा जा सकता है। यह ध्यान रखना महत्वपूर्ण है कि किस श्रेणी का विश्लेषण करना बेहद संदर्भ और शैली–आधारित है। हेरिंग (2013) सहभागिता वेब में विभिन्न प्रकार की शैलियों के बीच भेद करता है: परिचित (उदाहरण के लिए – ईमेल या पाठ–आधारित चैट), पुनःविन्यसित करना (उदाहरण के लिए – वेबसाइटों की समीक्षा करें, जो अब विशेषज्ञ–जनित सामग्री के बजाय मुख्य रूप से उपयोगकर्ता–जनित होते हैं) और आकस्मिक (उदाहरण के लिए – ट्विटर जैसे माइक्रोब्लॉग)। विश्लेषणात्मक श्रेणियों की स्थापना करते समय इन शैली मतभेदों को ध्यान में रखना महत्वपूर्ण है, एक घटना के रूप में जिसमें सामाजिक मीडिया के संदर्भों में एक शैली में बहुत अधिक प्रमुख है, कम हो सकता है, या ठीक इसके विपरीत (उदाहरण के लिए – राजनीतिज्ञ द्वारा औपचारिक भाषण में चुटकुले और विडंबना का उपयोग किया गया हो)।

डिजिटल रूप में मध्यस्थता वाले विरोध में प्रौद्योगिकियों और बहुभाषावाद की भूमिकाः प्रकरण अध्ययन (Case Study: The Role of Technologies and Multilingualism in Digitally Mediated Protest)

इस मामले के अध्ययन से हमें पता चलता है कि प्रदर्शनकारियों के द्वारा, के लिये और बीच में किस तरीके से डिजिटल रूप से मध्यस्थता वाली प्रौद्योगिकियों के कारण या सुविधा संचार को जटिल या हतोत्साहित करते हैं। विशिष्ट विरोध आंदोलनों से जुड़े भौतिक स्थानों पर पत्रकारों के चिह्नों और प्लैकार्ड, प्रदर्शनकारियों द्वारा लिए गए चित्रों के संग्रह डेटा हैं। विशिष्ट खोज शब्दों के उपयोग से इन 'पाठों' को गूगल छवि खोज (Google image search) से प्राप्त कर सकते हैं। हम सामाजिक आंदोलनों, वैश्वीकरण और विरोध प्रदर्शनों से सम्बन्धित सिद्धांतों और शाब्दिक सुविधाओं के बीच चलने में एक अगवा (*abductive*) दृष्टिकोण का पालन करते हैं।

मिडिल ईस्ट और उत्तरी अफ्रीका क्षेत्र में विरोध और विद्रोह के बाद से, तथाकथित 'अरब स्प्रिंग', 'कब्जा (Occupy)' आंदोलन की विभिन्न अभिव्यक्तियां और लंदन में मितव्ययिता उपायों के खिलाफ, और अन्य कई समृद्ध शहरों, राजनीति में विद्वानों, मीडिया अध्ययनों और अन्य सामाजिक रूप से व्यस्त विषयों में इन भूमिकाओं के खोलेने के प्रयास किये जा रहे हैं जिसे सामाजिक मीडिया ने इन सन्दर्भों में निभाये हैं।

अरब स्प्रिंग और कब्जा जैसे अन्य विरोध आंदोलनों के मीडिया कवरेज में बड़े पैमाने पर बड़े शहरों में सार्वजनिक स्थानों पर होने वाली घटनाओं की तस्वीरें और वीडियो शामिल हैं, जिनमें से कई प्रदर्शनकारियों द्वारा उनके अपने कैमरे या स्मार्टफोन का उपयोग करते हुए प्रदान किये गये हैं। लेकिन उन लोगों के लिये भी, उनके हाथों में ताहरिर चौराहे (Tahrir Square) पर या लंदन स्टॉक एक्सचेंज की पैढ़ी पर कोई उपकरण नहीं हैं, उनकी भौतिक वास्तविकताओं को सोशल मीडिया द्वारा किसी तरह से मध्यस्थता की जाएगी। इस प्रकार, तुफेकी और विल्सन (2012: 3) ने कहा है कि 'सोशल मीडिया सामूहिक कार्रवाई के महत्वपूर्ण सिद्धांतों को बदलती है [...], और ऐसा करने में, सत्तावादी शासनों के सबसे अधिक टिकाऊ के लिए नई कमजोरियां भी बनाते हैं'। उनके समग्र निष्कर्षों का मतलब है कि सोशल मीडिया में तेजी आई है, लेकिन उन कमजोरियों के लिए पूरी तरह से जिम्मेदार नहीं थे (जैसा कि पश्चिमी मीडिया की कुछ मुख्यधारा के रूप में हम पर उस समय विश्वास करते थे)। छवियों की सामग्री, रूप, वितरण और उपभोग में 'सामूहिक कार्रवाई के प्रमुख सिद्धांतों' में परिवर्तन देखा जा सकता है। उदाहरण के लिए, नीचे दी गई छवि (चित्र 17.1) में ताहरिर चौराहे पर मिस्र के राष्ट्रपति होस्नी मुबारक के खिलाफ प्रदर्शन करते हुए संकेत दिए गए हैं, विशेष रूप से ताहरिर चौराहे पर अरब स्प्रिंग की प्रमुख घटनाओं में से एक और मिस्र में बड़े पैमाने पर विरोध प्रदर्शन के बाद, जिसे 2011 में हटा दिया गया था।

इन चिह्नों को हजारों लोगों द्वारा उनके भौतिक स्थान पर देखा गया होगा, बल्कि उन्हें केवल हजारों लोगों के द्वारा ही नहीं बल्कि और अधिक लाखों के द्वारा भी देखा जा सकता है, यदि सोशल मीडिया के माध्यम से और अधिक परम्परागत समाचार मीडिया से जुड़े वेबसाइटों पर वेब पर छवियों को प्रसारित किया गया हो। जबकि छवि का विश्लेषण (विभिन्न पाठों, उपयोग में लायी गई भाषायें और भाषाई किस्में, लाक्षणिक अवयवों के व्यवस्थापन, उदाहरण के लिए क्रेस और वान लीवेंन (2006) पर चित्रण और दृश्य लाक्षणिकता की उनकी व्याकरण) सीडीएस के लिए एक महत्वपूर्ण विषय है इस मामले के अध्ययन में हम बड़ी तस्वीर पर ध्यान केंद्रित कर रहे हैं: इस तरह के व्यापक मीडिया पारिस्थितिकी और वैश्विक सामाजिक–राजनीतिक परिवर्तनों के लिए छवियों का सम्बन्ध। 'ताहरीर चौराहे के चिह्नों' के लिए गूगल छवि खोज के परिणामों से पहले वाले पेज पर यह छवि दिखाई देती है (नीचे देखें), यह सुझाव देते हुए कि गूगल के एल्गोरिदम दर इससे बेहद हो सकती है। ऐसा इसलिये हो सकता है क्योंकि यह व्यापक रूप से लिंक है, क्योंकि इसे बार–बार क्लिक किया जाता है, या अन्य कई कारणों से कि गूगल एल्गोरिदम द्वारा ध्यान देने योग्य छवि को इंगित करने का निर्णय लिया जाता है। छवि के साथ उपलब्ध मेटाडेटा के लिये कुछ सुराग भी देता है। लेखन के समय, यह अपने स्रोत पृष्ठ पर लगभग 2,500 बार देखा गया है, अल जजीरा का अंग्रेजी फ्लिकर पेज, जो कि बड़ी संख्या में नहीं

चित्र 17.1 तहरीर चौराहे में मुबारक–विरोधी चिह्न (Anti-Mubarak signs in Tahrir Square)

स्रोतः *Al Jazeera English* under a CC:BY:SA licence

है, लेकिन फ्लिकर पर होने के अतिरिक्त, यह विकिमीडिया फाउंडेशन पेज पर भी दिखाई देता है, जिसमें से इस अध्याय के लिए यह पुनर्प्राप्त किया गया था।

वर्तमान में इसे लिंक करने के लिये कोई विकीपीडिया पेज नहीं है, जबकि एक गूगल छवि मिलान खोज से पता चलता है कि तस्वीर का यह संस्करण ऑनलाइन समाचार साइटों पर कई बार उपयोग किया गया है। फ्लिकर पृष्ठ भी छवि के बारे में काफी मात्रा में जानकारी देता है, उदाहरण के लिए यह एक विशेष प्रकार के कैमरे (एक प्रविष्टि स्तर एकल–लेंस रिफ्लेक्स कैमरा) से लिया गया था जिसका उपयोग एक मोबाइल डिवाइस या पेशेवर स्तर के कैमरे के बजाय गहन शौक वाले फोटोग्राफर या शायद एक फ्रीलान्स पत्रकार द्वारा किया जा सकता है। हालांकि, तथ्य यह है कि अल जजीरा के आधिकारिक फ्लिकर पृष्ठ पर छवि मिलती है, यह सुझाव देती है कि मीडिया कार्पोरेशन से जुड़े एक पत्रकार द्वारा या तो उसने छवि को किसी से लिया है जो पहले से संबद्ध नहीं था। यह सब मीडिया/संस्थागत संदर्भ के विश्लेषण के लिए बहुमूल्य जानकारी है, और यह हमें इस डिजिटल रूप से मध्यस्थता वाली छवि के उत्पादन और खपत के बारे में कुछ सुराग देता है, हालांकि यह निश्चित रूप से सभी जानकारी प्रदान नहीं करता है जो कि आगे प्रजातिलेखन सम्बन्धी कार्य का खुलासा किया जा सकता है या छवि निर्माता(ओं) के साथ संपर्क किया जा सकता है।

भौतिक स्थानों (Spaces) में प्रजातिलेखन सम्बन्धी कार्य करने में निश्चित रूप से मूल्य है जहां विरोध से सम्बन्धित घटनाएं हो रही हैं। 'ऑन–द–ग्राउंड' पर प्रजातिलेखन सम्बन्धी कार्य के माध्यम से हम वैश्विक आंदोलनों के स्थानीय (या ग्लोकल का तात्पर्य 'स्थानीय या वैश्विक दोनों के लिये उपयोग किया जाने वाला शब्द'?) अभ्यावेदन (या गलत प्रस्तुतीकरण) तक पहुंच सकते हैं, लेकिन पूरी तरह से समझने के लिए कि वैश्विक मीडिया स्थानीय आवाजों का (गलत)–प्रतिनिधित्व करते हैं, निश्चित रूप से हमारे विश्लेषण में इन मीडिया से लिये गये पाठों को शामिल करने की हमें आवश्यकता होती है।

इसके अलावा, इन आंदोलनों में से कई वैश्विक समस्याओं के बारे में नहीं हैं, बल्कि स्थानीय (या कम से कम राष्ट्रीय) लोगों के बारे में या वैश्विक समस्याओं के लिये स्थानीय अभिव्यक्तियों के बारे में हैं। 2011 के बाद से विभिन्न प्रदर्शनों में से कई सबसे शक्तिशाली कार्रवाइयों और चित्र स्थानीय उद्देश्यों को प्राप्त करने के लिए उन्मुख किया गया है – हालांकि उन्हें तब फोटोग्राफ किया गया, वीडियो बनाया गया, ब्लॉग में वर्णित किया गया, ट्वीटर पर डाल दिया गया और फिर विश्व स्तर पर पुनः उत्पादित और पुनः सन्दर्भित (*Recontextualized*) किया गया। विभिन्न आन्दोलनों के बीच लिंक और समानता को उजागर करने के लिए अन्तर–शाब्दिक संदर्भों (*Intertextual references*) का उपयोग कर रहे हैं, कई कार्यकर्ता जिसे करने में सफल रहे हैं – जहां ये मौजूद हैं – और उनकी वर्तमान दुर्दशा से सम्बन्धित दृश्य और मौखिक तर्कों को प्रस्तुत करने के लिए पिछली सफलताओं (जैसे ट्यूनीशिया) का उपयोग कर रहे हैं। इस प्रकार, हम तर्क देते हैं कि इन आंदोलनों में से कई सर्वोत्तम अर्ध–वैश्विक हैं।

हम पूछ सकते हैं कि क्यों अपने अर्ध–वैश्विक अभिविन्यासों के साथ इन स्थानीय विरोधों का घटित होना विशेष स्थानों पर और विशेष समय पर होता है। हम राजनीतिक अवसर की संरचनाओं के विचारों को निकालते हैं जो किट्सेल्ट (Kitschelt: 1958: 58) पाता है, वे हैं 'संसाधनों के विशिष्ट विन्यासों का शामिल होना, सामाजिक गतिशीलता के लिए संस्थागत व्यवस्थाओं और ऐतिहासिक उदाहरणों, जो कुछ मामलों में विरोध आंदोलनों के विकास की सुविधा प्रदान करते हैं और दूसरों में उन्हें विवश करते हैं'। यह धारणा संस्थानों के महत्वपूर्ण, संदर्भ–संवेदी विश्लेषण के साथ अत्यधिक संगत और साथ–साथ संचार के सामाजिक–राजनीतिक संदर्भों के लिए जवाबदेह दिखायी देते प्रतीत होते हैं (ऊपर देखें)। वर्तमान मामले में, ऐसी परिस्थितियां जो अरब स्प्रिंग तक पहुंच गयीं थी, जो सामाजिक मीडिया के आगमन से पहले की थीं: दमनकारी राजनीतिक या सैन्य शासनों, मुफ्त संचार पर प्रतिबंधों, गरीबी और हिंसा, भारी–भरकम पुलिस बल और अन्य कई कारकों का योगदान दिया गया था। हालांकि, जैसा ट्यूफेकी (Tufekci) और विल्सन (2012) का तर्क है कि सोशल मीडिया के आगमन से विभिन्न प्रकार के संचार को सुविधाजनक बनाने में और तेजी लाने में मदद मिली है और हम तर्क देते हैं कि सोशल नेटवर्किंग साइट्स को राजनीतिक अवसर की संरचनाओं का एक घटक माना जाना चाहिए।

इस उदाहरण में हम विशेष रूप से 'विरोध की तकनीकों' की विशिष्टता में रुचि रखते हैं। तर्क यह है कि किसी भी संदर्भ में प्रदर्शनकारियों ने उन प्रौद्योगिकियों का उपयोग किया जो उनके लिए उपलब्ध हैं, और वे इनकी उपयोगिता की अधिकतम सीमा तक इनका इस्तेमाल कर सकेंगे। एक तकनीक जिससे हम विशेष रूप से प्रभावित हुये थे, बैनर, पोस्टर या प्लाकार्ड का उपयोग था – जो प्रायः हस्तलिखित या हाथ से पेंट किए गए थे – और सोशल मीडिया के माध्यम से साझा किए गए चित्रों में इन संकेतों की आगामी उपस्थिति प्रतीत होती है। इस तरह के संकेतों का उपयोग करना निश्चित रूप से नया नहीं है, और मुख्यधारा के प्रेस चित्रों में उनकी उपस्थिति इसी प्रकार की लंबी वंशावली रखते हैं। अपेक्षाकृत जो नया है, हालांकि यह गति है, जिस पर इन संकेतों की छवियां दर्शकों तक फैलती हैं, जो भौतिक रूप से सह–मौजूद नहीं होती हैं और विभिन्न सोशल मीडिया प्लेटफार्मों पर साझा और पुनः सन्दर्भित की जाती हैं। इस प्रकार हमें इस संदर्भ में डिजिटल रूप से मध्यस्थता वाले पाठों का अध्ययन करने के लिए अकाट्य कारण प्रदान किये जाते हैं: सामाजिक और पारम्परिक मीडिया के माध्यम से भौतिक विरोध वाले स्थान से विशिष्ट छवियों के रणनीतिक (और शायद कभी कभी आकस्मिक) वितरण सामाजिक आंदोलनों के भीतर और सामाजिक आंदोलनों के बीच एक महत्वपूर्ण कड़ी बन गये हैं। हालांकि, एक ही समय में प्रदर्शनकारियों द्वारा उनके संदेशों को बाहर फैलाने, अधिक समर्थन प्राप्त करने, बाहरी सहायता प्राप्त करने इत्यादि की कोशिशें की जाती हैं, वे सामाजिक मीडिया निगमों के लिए अवैतनिक कार्य कर रहे हैं और विज्ञापन राजस्व पैदा कर रहे हैं।

विभिन्न संदर्भों में संकेतों के बीच मजबूत अन्तर–शाब्दिक और अन्तर–असम्बद्ध (Intertextual and Interdiscursive) लिंक्स भी आगे की परीक्षा के लिए आवश्यक हैं। उदाहरण के लिए, फरवरी 2011 में लिया गया

फोटोग्राफ, ताहरिर चौराहे में, हाथ में संकेतो वाली एक तस्वीर, 'मिस्र विस्कोन्सिन कामगारों का समर्थन करता है (Egypt Supports Wisconsin Workers)' के नारे लगाने को दर्शाती है:

> एक विश्व, एक दर्द, इस प्रकार अमेरिकी राज्य के विस्कॉन्सिन में मजदूरों के लिए समर्थन व्यक्त किया गया है, जो उनके रोज़गार के अधिकारों और पेंशन पर हमला करने वाले प्रस्तावित कानूनों के खिलाफ में उस समय विरोध प्रदर्शन कर रहे थे (देखें – http://crooksandliars.com/scarce/sign-tahrir-square)। यह अंतर–शाब्दिकता की पूर्ण सीमा स्पष्ट हो जाती है जब डिजिटल मध्यस्थता वाले पाठों (Texts) को विरोध के भौतिक वातावरण में लाया जाता है, उदाहरण – फेसबुक पर एक पोस्टर 'पसंद (Like)' आइकन दर्शाता है या ट्विटर पर हैशटैग दिखाता है, जिसे तब फोटोग्राफ लिये जाने के माध्यम से फिर से संशोधित (Remediated) किया जाता है, सोशल मीडिया के माध्यम से पोस्ट किया जाता है और साझा किया जाता है। इसके अलावा, चुनौतीपूर्ण प्रमुख विचारधाराओं के विभिन्न तरीकें, उदाहरण – विरूद्ध–पूंजीवाद (Anti-capitalism) पर चित्रण करना या राजनीतिक स्वतंत्रता की मांग, साथ ही घटनाओं के बीच सम्बन्ध, उदाहरण – मिस्र के विद्रोह में ट्यूनीशियाई क्रांति के संदर्भ, अलग–अलग, लेकिन संबंधित, अधिक या कम मध्यस्थता वाले संदर्भों के बीच अंतर–शाब्दिक सेतु हैं।

हम पूछ सकते हैं कि क्या यह डिजिटल और सोशल मीडिया का उदय है जिसने पहली जगह में संभवतः अलग–अलग विरोध आंदोलनों के बीच मजबूत अंतर–शाब्दिक (Intertextual) लिंक बनाए हैं। यह सुझाव देना नहीं है कि प्रौद्योगिकियां शाब्दिक रूप से विरोध प्रदर्शन का कारण है, लेकिन यह स्पष्ट है कि वे राजनीतिक अवसर की संरचनाओं का हिस्सा बनती हैं। हालांकि, विरोध प्रदर्शनों के चारों ओर नए ढांचे, जैसे फ्लैट पदानुक्रम, साझा फैसले लेना और नेताओं की अनुपस्थिति, जिससे कब्जा (Occupy) जैसे आंदोलनों को चिन्हित किया गया है, यह संचार संरचनाओं में परिवर्तनों से संभव हो सका है, दूसरे शब्दों में, प्रभावित व्यक्तियों और समूहों के बीच सम्बन्धों को वे मौलिक रूप से बदल सकते हैं, जैसा कि ग्राहम (2006) द्वारा भविष्यवाणी की गई थी। यह मई में स्पैनिश के विरोध प्रदर्शनों में ट्वीटर के उपयोग के गोंजालेज–बैलोन एट आल., (2011: 5–6) के विश्लेषण द्वारा समर्थित किया गया है। उन्होंने पाया कि ट्विटर के माध्यम से संचार शामिल हैं:

वैश्विक सेतुओं (अच्छी तरह से जुड़े हुये उपयोगकर्ताओं द्वारा नियन्त्रित) और स्थानीय नेटवर्कों के बीच समझौताकारी समन्वयनः पहले वाले जानकारी संप्रेषित करने में सक्षम हैं, बाद वाले व्यवहार को संप्रेषित करने में सक्षम हैं। यह एक ऐसा कारण है कि इतने सारे हालिया विरोध प्रदर्शनों और लामबंदी होने वाली गतिविधियों में ट्विटर ने एक प्रमुख भूमिका क्यों निभाई है: यह स्थानीय, व्यक्तिगत सम्बंधों के साथ प्रसारकों की वैश्विक पहुंच को जोड़ती है।

हमारी मुख्य खोज, हालांकि, यह है कि दुनिया भर में विरोध आंदोलनों के बीच सम्बन्ध भाषाई समुदायों के बीच विपरीत नहीं हैं, जिसके द्वारा वैश्विक भाषाएं (विशेषकर अंग्रेजी) अक्सर हावी होती हैं। इसके अलावा, वैश्विक आर्थिक प्रणाली में पायी जाने वाली सर्वोच्च सत्ता संरचनायें (Hegemonic Power Structures) विरोध प्रदर्शनों के बीच प्रौद्योगिकियों और पाठों के प्रवाह के रूप में आंशिक रूप से पुनः उत्पादित की जाती हैं, जैसे अकादमिक प्रकाशन करने के मामले में, जहां अंग्रेजी भाषा में 'पश्चिमी' प्रकाशनों को कई विषयों में अधिक प्रतिष्ठित और वांछनीय माना जाता है (उदाहरण के लिए देखें, मेरिलैनेन एट आल., 2008)। हम इन दावों को दो कारणों से बनाते हैं: सबसे पहले, कुछ शोध बिन्दुओं के लिये ताहरिर चौराहे (जैसे अबोयलेज, 2014) में कई बहुभाषीय और अन्तर–शाब्दिक संकेतों को पाया गया है, हमे बहुत कम सबूत मिल पाये है कि ऑक्यूपाई वॉल स्ट्रीट के चारों ओर या लंदन में इसी तरह से विरोध प्रदर्शन बहुभाषी थे। वे दृढ़ता से अन्तर–शाब्दिक थे – लेकिन इन संदर्भों से जो उल्लेखनीय रूप से अनुपस्थित थे वे अन्य वैश्विक प्रतिरोध आन्दोलनों के साथ बहुत संलग्न थे। 'ताहिर स्क्वायर संकेतो' बनाम 'आक्यूपाइ वॉल स्ट्रीट संकेतों' के लिए सबसे लोकप्रिय छवि खोज परिणामों में से व्यवस्थित सामग्री और संरचनात्मक विश्लेषण द्वारा यह आसानी से समर्थित है, जिनमें से कुछ चित्र 17.2 में नीचे दर्शाए गए हैं, और छवि ब्लॉग्स जैसे टैंब्लर (Tumblr) पर 'हम 99 प्रतिशत' हैं। फिर, विश्लेषण के ब्यौरे इस मामले के

चित्र 17.2 'Tahrir Square signs' के लिए 8 अक्टूबर 2014 को गूगल इमेज सर्च के परिणाम, इस अध्याय में उन छवियों तक सीमित जिन्हें संशोधन के साथ पुनः प्रयोग के लिए चिह्नित किया गया है (Google Image search results for 'Tahrir Square signs' on 8 October 2014, limited in this chapter to images labelled for reuse with modification)

अध्ययन के दायरे से आगे निकलते हैं, लेकिन इसमें प्रत्येक छवि को वर्गीकृत करना शामिल है, जिनके अनुसार भाषा(ओं) और भाषा विविधता(ओं) का उपयोग चिह्नों में किया जाता था, और डेटा से उत्पन्न होने वाली विशिष्ट श्रेणियां जो स्वयं संकेतों पर संदेशों के लिये सम्बन्धित होती हैं (जैसे – शासन–महत्वपूर्ण (Regime-critical), विडंबना (Ironic), अन्तर–शाब्दिक सन्दर्भों (Intertextual references), इत्यादि)।

उपयोग में लायी गयी भाषाओं में असमानता और संदर्भों के बीच तक और प्रत्येक विरोध के स्थान से निश्चित रूप से विरोध प्रदर्शनों के चित्रों और विवरणों का उल्लेख किया जा सकता है, जिसे हमने डेटा संग्रह की अवधि के दौरान पाया है और समाचार संगठनों, ब्लॉगर्स और ट्वीटर्स द्वारा वे पहले से ही मध्यस्थता की जा रही थी, जिनके लिये/जो वैश्विक स्तर पर पहुंच योग्य डेटा पर ध्यान केंद्रित किया जाता है, अर्थात् अंग्रेजी में। लेकिन यह मुख्य रूप से विश्व स्तर पर पहुंच योग्य छवियां और रिपोर्ट्स हैं जो विरोध आंदोलनों के बीच लिंक बनाने की क्षमता रखता है। प्रतीक छवियों को उभरने और बार–बार साझा करने और लिंक करने से वे खोज परिणामों में और अधिक महत्वपूर्ण हो जाते हैं, जिससे उनके पुनः उपयोग होने की संभावना और अधिक हो जाती है।

यह सबसे लोकप्रिय छवियां हैं – जिन्हें लिंक किया गया है, पुनरुत्पादित किया गया है, पुनः सन्दर्भित किया गया है– जो विरोध आंदोलनों पर वैश्विक संभाषण का गठन करते हैं। इस प्रकार, हम तर्क करते हैं कि ये स्वयं के अनुसंधान के लिए एक उपयुक्त साइट हैं और यदि मीडिया उत्पादन, खपत और 'प्रत्यावर्तन' के वैश्विक प्रवाह पर विचार करते समय, डेटा स्रोतों के रूप में 'प्रामाणिकता' के स्तरों को उच्च स्तर पर नहीं रखते हैं तो वही रहते हैं, (देखें, रिट्जेर एण्ड जर्गेन्सन, 2010)। कब्जा वाले विरोध प्रदर्शनों में प्रदर्शनकारियों द्वारा अरब स्प्रिंग के लिए निश्चित रूप से संदर्भ दिए गए हैं और यहां तक कि यूके दंगाइयों के साथ साक्षात्कार भी आयोजित किये गये हैं। वास्तव में, कब्जे के गठन के लिये तहरीर केन्द्रीय थाः शुरुआती बिंदु के रूप में वाल स्ट्रीट पर कब्जा

करने के लिये अगर हम एडबस्टर्स की कॉल लेते हैं: तो 'क्या आप तहरीर मोमेन्ट के लिये तैयार हैं? 17 सितंबर को, मैनहट्टन के निचले हिस्से में बाढ़, तंबू लगाने, रसोई, शांतिपूर्ण किलेबंदी करने और वॉल स्ट्रीट पर कब्जा करने के लिये (एडबस्टर्स, 2011)।

हमने पाया कि कब्जेदारों (Occupiers) द्वारा निर्मित किये गये संकेतों और पाठों में, इन संदर्भों को मुख्य रूप से तीन तरीकों से प्रेरित किया (Instrumentalized) गया था:

- विरोध करने के अधिकार के बारे में तर्क में
- सरकारों के पाखंड को उजागर करने के प्रयासों में जो बाहर विरोध प्रदर्शनों का समर्थन करते हैं जब कि घर पर उन्हें दबाया (दमन) जाता है।
- आंदोलन की वैश्विक प्रकृति के बारे में एक प्रतीकात्मक दावे के रूप में, यहां तक कि इन प्रदर्शनकारियों के साथ उन लोगों के कोई प्रत्यक्ष सम्बन्ध या लिंक्स नहीं है और अन्य वैश्विक प्रतिरोध आंदोलनों में उनको संकेत दिये गये थे।

विश्वव्यापी प्रवाह के बारे में हमारे दावों का एक अतिरिक्त कारण यह है कि सामाजिक मीडिया प्लेटफार्मों और डिजिटल उपकरणों को भौतिक विरोध प्रदर्शनों को बढ़ाने के लिए उपयोग किए जाने वाला अधिकांश बुनियादी ढांचा संयुक्त राज्य अमेरिका या अन्य 'पश्चिमी' देशों में आधारित है, और इस बुनियादी ढांचे का अधिकांश हिस्सा उन शेयरधारकों के स्वामित्व वाली कम्पनियों द्वारा चलाया जाता है, जो अपने निवेश पर वापसी की उम्मीद कर रहे हैं। यह 'पश्चिमी' मीडिया, में प्रस्तुत की गयी विरोध प्रदर्शनों की कहानियां विशेष रूप से ट्विटर क्रांति' या 'फेसबुक क्रांति' के लेबल के साथ फीड की जाती हैं। जबकि मुख्यधारा वाली अंग्रेजी–भाषा की मीडिया ने अक्सर ''पश्चिमी'' प्रौद्योगिकी की वजह से मुक्ति (Liberation), लोकतंत्रीकरण (Democratization) और सामाजिक परिवर्तन की एक आकर्षक कथा प्रस्तुत की है, वास्तविकता काफी अधिक जटिल है।

भाषाई प्रथाओं के सम्बन्ध में, भाषाई रूपों के इस्तेमाल किये जाने के बजाय, चैनलों में विशेष रूप से उल्लेखनीय परिवर्तन और संचार के तरीकों का पता लगाया जा सकता है। ये, हालांकि, सामाजिक संघर्षों तक ही सीमित नहीं हैं, लेकिन सार्वजनिक क्षेत्र में कई तरह के डिजिटल संचार के लिए आम हैं। प्रदर्शनकारियों के विचारों को सार्वजनिक करने और जवाबदेही के लिए लोकप्रिय हस्ती बनाये रखने में सामाजिक और डिजिटल मीडिया ने निसंदेह रूप से इन विरोध प्रदर्शनो के आयोजन में भूमिका निभाई है, (जैसा कि तुफेकी और विल्सन द्वारा सुझाया गया है, 2012)। प्रदर्शनकारियों के लिए उनका विशेष महत्व स्थानीय मुद्दों पर ध्यान देने और पारम्परिक मीडिया आउटलेटों को रोकने में है जो राज्य के नियंत्रण या वाणिज्यिक हितों द्वारा प्रतिबन्धित हैं। फिर भी, वे स्वयं राज्य या वाणिज्यिक नियंत्रण के लिए भी अतिसंवेदनशील होते हैं, और इस प्रकार हमें उनकी भूमिका के बारे में बहुत आशावादी नहीं होना चाहिए। बहुभाषावाद के सम्बन्ध में, यह तस्वीर बेहद जटिल है: वैश्विक संचार के मुद्दों में अंग्रेजी ने एक महान स्थान पर कब्जा कर लिया गया है, जिनके बारे में विरोध प्रदर्शन किए जा रहे हैं तथा अंतर्राष्ट्रीय व्यापार और राजनीति में और ज्यादा है। बहुभाषावाद कई बार प्रतीकात्मक प्रतीत होता है – और स्थानीय विरोध प्रदर्शनों के लक्ष्यों के एक भाग के रूप में भारी रूप से संवेदनशील किया जाता है या कमोडीकृत भी किया जाता है।

अध्याय का सारांश

इस अध्याय में हमने सामाजिक मीडिया डेटा में महत्वपूर्ण संभाषण अध्ययनों को लागू करते समय कुछ प्रासंगिक विचारों को प्रस्तुत किया है। हमने सीडीएस के पारम्परिक अनुप्रयोगों से कुछ प्रमुख सैद्धांतिक और विश्लेषणात्मक श्रेणियों को रेखांकित किया है और कुछ अतिरिक्त लोगों से चर्चा की है जो डिजिटल मध्यस्थता वाले संदर्भों में उपयोगी हैं। संभाषण–ऐतिहासिक दृष्टिकोण (Discourse-Historical Approach) की कार्यप्रणाली से आठ पद्धतिय कदम बताए गए हैं कि उन्हें सामाजिक मीडिया पर लागू कैसे किए जा सकता है, और अंत में हम एक विशिष्ट मामले के अध्ययन में इन अवधारणाओं और विधियों में से कुछ के अनुप्रयोग प्रदर्शित करते हैं।

भविष्य की संभावनाएं

सीडीएस नए सैद्धान्तिक और कार्यप्रणाली सम्बन्धी घटनाओं को ध्यान में रखकर लगातार विकसित हो रहा है, और अनुसंधान की नई साइट्स और सन्दर्भों के लिए अपनाया जा रहा है। एक मायने में, सामाजिक मीडिया सिर्फ एक और ऐसी साइटों/संदर्भों का सेट है। हालांकि, दुनिया भर में संचार प्रथाओं में व्यापक परिवर्तन, विशेष रूप से अधिक समृद्ध देशों में, जो डिजिटल संचार प्रौद्योगिकियों के विकास के साथ हैं, इसको देखते हुए हमें लगता है कि सीडीएस इन प्रौद्योगिकियों के लाभ से परे जाने के लिए आवश्यक है। हमें यह भी विचार करना चाहिए कि संभाषण को व्यवस्थित करना, आकार प्रदान करना और प्रसारित करने का आयोजन कैसे किया जाता है, उदाहरण – न केवल स्वचालित एल्गोरिदम, 'न्यूज फीड्स' के हेरफेर और विभिन्न प्लेटफार्मों के बीच में अंतर्संयोजनात्मकता के माध्यम से, बल्कि विशिष्ट पद्धतियां भी जिनका इस्तेमाल डेटा का अध्ययन करने के लिए किया जा सकता है जैसे कि संचार के नए प्रारूपों के लिए विवरणों के रूप में, पाठों में टिप्पणी (In-Text Annotation), टैगिंग (Tagging), 'पसंद (Likes)' और 'साझाकरण (Sharing)'। यह सामाजिक मीडिया पर सैद्धांतिक कार्य के बढ़ते निकाय पर भी लागू होता है, उदाहरण के लिए – मीडिया शक्ति के नए प्रारूपों को समझाते हैं जो सीडीएस में एकीकृत होने वाली नई अवधारणायें और चौखटें (Frameworks) प्रदान करती हैं।

संदर्भ

Aboelezz, M. (2014) 'The geosemiotics of Tahrir Square: a study of the relationship between discourse and space', *Journal of Language and Politics*, 13 (4): 599–622.

Adbusters (2011) '#OCCUPYWALLSTREET'. www.adbusters.org/blogs/adbusters-blog/occupywallstreet.html (accessed 14 December 2015).

Angermuller, J., Maingueneau, D. and Wodak, R. (eds) (2014) *The Discourse Studies Reader: Main Currents in Theory and Analysis*. Amsterdam: John Benjamins Publishing Company.

Billig, M. (2008) 'The language of critical discourse analysis: the case of nominalization', *Discourse & Society*, 19 (6): 783–800.

Bruns, A. (2005) *Gatewatching: Collaborative Online News Production*. New York: Peter Lang.

Bruns, A. (2008) *Blogs, Wikipedia, Second Life, and Beyond: From Production to Produsage*. New York: Peter Lang.

Chilton, P., Tian, H. and Wodak, R. (2010) 'Reflections on discourse and critique in China and the West', *Journal of Language and Politics*, 9 (4): 489–507.

Fairclough, N. and Wodak, R. (1997) 'Critical discourse analysis', in T. A. van Dijk (ed.), *Discourse as Social Interaction*. London: Sage, pp. 258–84.

Fuchs, C. (2014) *Social Media: A Critical Introduction*. London: Sage.

González-Bailón, S., Borge-Holthoefer, J., Rivero, A. and Moreno, Y. (2011) 'The dynamics of protest recruitment through an online network', *Scientific Reports*, 1: 1–7.

Graham, P. (2006) *Hypercapitalism: New Media, Language, and Social Perceptions of Value*. New York: Peter Lang.

Herring, S. C. (2007) 'A faceted classification scheme for computer-mediated discourse', *Language@Internet*, 4.

Herring, S. C. (2013) 'Discourse in web 2.0: familiar, reconfigured, and emergent', in D. Tannen and A. M. Trester (eds), *Discourse 2.0: Language and New Media*. Georgetown: Georgetown University Press, pp. 1–25.

Holzscheiter, A. (2005) 'Discourse as capability: non-state actors' capital in global governance', *Millennium: Journal of International Studies*, 33 (3): 723–46.

Jurgenson, N. (2012) 'When atoms meet bits: social media, the mobile web and augmented revolution', *Future Internet*, 4 (1): 83–91. doi:10.3390/fi4010083.

KhosraviNik, M. (2010) 'Actor descriptions, action attributions, and argumentation: towards a systematization of CDA analytical categories in the representation of social groups', *Critical Discourse Studies*, 7 (1): 55–72.

Kitschelt, H. P. (1986) 'Political opportunity structures and political protest: anti-nuclear movements in four democracies', *British Journal of Political Science*, 16 (1): 57–85. doi:10.1017/S000712340000380X.

Knight, K. (2006) 'Transformations of the concept of ideology in the twentieth century', *American Political Science Review*, 100 (4): 619.

Kress, G. and van Leeuwen, T. (2006) *Reading Images: The Grammar of Visual Design*. London: Routledge.

Meriläinen, S., Tienari, J., Thomas, R. and Davis, A. (2008) 'Hegemonic academic practices: experiences of publishing from the periphery', *Organization*, 15: 584–97.

Page, R., Barton, D., Unger, J. W. and Zappavigna, M. (2014) *Researching Language and Social Media*. London: Routledge.

Potts, A., Simm, W., Whittle, J. and Unger, J.W. (2014) 'Exploring "success" in digitally augmented activism: a triangulated approach to analyzing UK activist twitter use', *Discourse, Context and Media*, 6: 65–76. doi:10.1016/j.dcm.2014.08.008

Purvis, T. and Hunt, A. (1993) 'Discourse, ideology, discourse, ideology, discourse, ideology...', *British Journal of Sociology*, 4 (33): 473–99.

Reisigl, M. and Wodak, R. (2001) *Discourse and Discrimination: Rhetorics of Racism and Antisemitism*. London: Routledge.

Reisigl, M. and Wodak, R. (2009) 'The discourse-historical approach (DHA)', in R. Wodak and M. Meyer (eds), *Methods of Critical Discourse Analysis* (2nd edn). London: Sage, pp. 87–121.

Reisigl, M. and Wodak, R. (2015) 'The discourse-historical approach (DHA)', in R. Wodak and M. Meyer (eds), *Methods of Critical Discourse Analysis* (3rd edn). London: Sage, pp. 23–61.

Ritzer, G. and Jurgenson, N. (2010) 'Production, consumption, prosumption: the nature of capitalism in the age of the digital prosumer', *Journal of Consumer Culture*, 10: 13–36.

Tufekci, Z. and Wilson, C. (2012) 'Social media and the decision to participate in political protest: observations from Tahrir Square', *Journal of Communication*, 62 (2): 363–79. doi:10.1111/j.1460-2466.2012.01629.x.

van Dijk, T. A. (2005) 'Contextual knowledge management in discourse production', in R. Wodak and P. Chilton (eds), *A New Agenda in (Critical) Discourse Analysis*. Amsterdam: John Benjamins, pp. 71–100.

van Leeuwen, T. (2006) 'Critical discourse analysis', in K. Brown (ed.), *Encyclopedia of Language and Linguistics*, Vol. 3 (2nd edn). Oxford: Elsevier, pp. 290–4.

Wodak, R. (2007) 'Discourses in European Union organizations: aspects of access, participation, and exclusion', *Text & Talk: An Interdisciplinary Journal of Language, Discourse Communication Studies*, 27 (5–6): 655–80.

Wodak, R. (2011) 'Complex texts: analysing, understanding, explaining and interpreting meanings', *Discourse Studies*, 13 (5): 623–33.

Wodak, R. (2013) 'Editor's introduction: critical discourse analysis', in R. Wodak (ed.), *Critical Discourse Analysis*, Vol. 1. London: Sage, pp. xx–xliii.

Wodak, R. (2014) 'Discourse and politics', in J. Flowerdew (ed.), *Discourse in Context*. London: Bloomsbury, pp. 321–46.

Wodak, R. and Meyer, M. (eds) (2015) *Methods for Critical Discourse Analysis* (3rd edn). London: Sage.

भाग VII
दृश्य डेटा

दस्तावेजों और इलेक्ट्रॉनिक डेटा की तरह, यह तर्क दिया जा सकता है कि गुणात्मक अनुसंधान में दृश्य डेटा का उपयोग जितना होना चाहिये, उतना हो नहीं पा रहा है। माइकल एमिसन दृश्य डेटा विश्लेषण के विकास की समीक्षा करते हैं, जिसमें दृश्य डेटा के पीढ़ी और विश्लेषण में प्रतिभागियों को शामिल करने की दिशा में बदलाव को दर्शाते हैं। यह उनके तर्क पर आगे बढ़ता है कि दृश्य शोधकर्ताओं ने अपर्याप्त सिद्धान्तों के साथ काम किया है। उदाहरण के लिए, ज्यादातर चित्रों के रूप में ऐसी कलाकृतियों के साथ दृश्य डेटा की पहचान की जाती है और एक हद तक कम करने के लिये, कार्टून और विज्ञापनों के रूप में पहचान की जाती है। हालांकि इस तरह के काम दिलचस्प हो सकते हैं, यह एक अर्थ में, द्विविमीय (Two-dimensional) होता है। अगर हम मानते हैं कि दृश्य भी स्थानिक (spatial) होता है, तो त्रिविमीय (Three-dimensional) वस्तुओं का एक पूर्ण नया समूह उभरकर आता है। यह देखकर कि दुनिया में लोग उनके आसपास की वस्तुओं का उपयोग किस तरह से करते हैं, इस आधार पर, हम संस्कृति के भौतिक मूर्तरूप (Material Embodiment) का अध्ययन कर सकते हैं।

एमिसन की तरह, क्रिश्चियन हीथ अनुसंधान से समाजशास्त्र और आत्मीय विषयों में 'दृश्य' में व्यापक श्रृंखला में दिलचस्पी के भेद को व्यक्त करता है, जो हर रोज, प्राकृतिक सेटिंग्स में आचरण और पारस्परिक विचार विमर्श का विश्लेषण करने के लिए वीडियो रिकॉर्डिंग्स का उपयोग करता है। हीथ यह दर्शाता है कि दृश्य आचरण का अध्ययन करने के लिए सीए का उपयोग कैसे किया जा सकता है और सामाजिक पारस्परिक विचार विमर्श के दौरान मानव वातावरणों के भौतिक गुणों को प्रासंगिक कैसे बनाया जा सकता है। वह तर्क देता है कि वीडियो–आधारित शोध का सबसे महत्वपूर्ण योगदान संगठन और कार्य की हमारी समझ के लिए किया जा रहा है जिसे 'कार्यस्थल अध्ययन' कहा जाता है। हीथ एक नीलामी से आकर्षक ऑडियो–विजुअल डेटा का उपयोग इसके अनूठे पारस्परिक विचार विमर्श सम्बन्धी क्रम का विश्लेषण करने के लिए करता है। हीथ वीडियो का उपयोग करते समय क्षेत्र सम्बन्धों के बारे में छात्रों के लिए बेहद व्यावहारिक जानकारी भी प्रदान करता है और इस तरह के डेटा की प्रतिलिपि (Transcribe) और अभिलेख (Record) के लिये कैसे सर्वोत्तम किये जायें। वह मानव–कम्प्यूटर पारस्परिक विचार विमर्श को शामिल करते हुये, कार्यस्थल के अध्ययन के लिए इन अन्तर्दृष्टियों की प्रासंगिकता को दर्शाते हुये समापन करता है।

अठारह

दृश्य पूछताछः मुद्दे और विकास

(Visual Inquiry: Issues and Developments)

माइकल एमिसन

इस अध्याय के बारे में

इस अध्याय में दो मुख्य कार्य किये गये हैं पहले स्थान में इसका उद्देश्य विभिन्न रूपरेखाओं (modalities) के भौतिक सत्यापन (stock-taking) अभ्यास को संचालित करने का है जिसके माध्यम से वर्तमान में दृश्य अनुसंधान आयोजित किया जा रहा है। मैं विशेष रूप से हाल के घटनाक्रमों पर ध्यान केन्द्रित करता हूं, जिनमें पुराने सामाजिक दस्तावेज़ी परम्परा से बदलाव देखा गया है, जिसमें शोधकर्ता के कैमरे के लिए अनुसंधान विषयों को निष्क्रिय वस्तुयें माना गया था, उन दृष्टिकोणों के लिये जिसमें अन्वेषण के तहत उन लोगों की सक्रिय भागीदारी शामिल थी। मैं विस्तार से देखता हूं कि प्रतिभागी–केन्द्रित अध्ययन किस प्रकार से आयोजित किये जाते हैं और कुछ कारण बताये जाते हैं कि वे इतने प्रभावशाली क्यों हो गए हैं। वस्तुतः दृश्य जांच के सभी मौजूदा तरीकों की एक आम विशेषता यह है कि वे फोटोग्राफिक और छवियों के अन्य प्रारूपों के उपयोग और विश्लेषण, पीढ़ी (Generation) पर किसी भी तरह से ध्यान केन्द्रित करते हैं। इस अध्याय का दूसरा लक्ष्य यह सुझाव देना है कि यह अनावश्यक प्रतिबन्धात्मक है और दृश्य जांच को द्विविमीय फोटोग्राफिक छवि के अलावा डेटा के अन्य स्रोतों पर विचार करने की आवश्यकता है। एक वैकल्पिक दृष्टिकोण, जो सामाजिक जीवन के दृश्यमान पहलुओं पर ध्यान केन्द्रित करता है, और जिन सन्दर्भों को देखा या सामना किया जाता है, वे रेखांकित (sketched) किए जाते हैं। यह अध्याय सैद्धान्तिक रूप से जानकारी देने वाले कई दृश्य सूचनाओं या डेटा को प्रस्तावित करता है और उन उदाहरणों को प्रस्तुत करता है कि अलग–अलग क्षेत्रों में इन अवधारणाओं में से प्रत्येक के दृश्य अनुसंधान संचालित कैसे किए जा सकते हैं।

कीवर्ड्स – छवि (image), फोटोग्राफी (Photography), फोटो–प्रेरण (Photo-elicitation), अवलोकन (Observation), अन्तरिक्ष (Space), स्थान (Place)।

'दृश्य शोध करने' में रुचि रखना – एक विशिष्ट पद्धतिपरक दृष्टिकोण के रूप में, या तो जांच के वास्तविक डोमेन के रूप में समझा जाता है या वास्तव में इन दोनों के कुछ संयोजन – सामाजिक विज्ञान और मानविकी में समता को कम करने का कोई संकेत नहीं दिखता है। नृविज्ञान (Anthropology) और समाजशास्त्र के अपने पारम्परिक घरों में दृश्य न केवल विचारों का केंद्र बन गये है, बल्कि कुछ ऐसे विषय हैं जिनमें से कई विषयों में विद्वानों ने दिलचस्पी दिखायी है, जिसमें उन्होंने पहले इस विषय में बहुत कम या कोई दिलचस्पी नहीं दिखायी थी। दृश्य समाजशास्त्रियों द्वारा कोई नियमित रूप से आवाज उठाता है, शिकायत करता है कि उनके क्षेत्र को हाशिए पर रख दिया गया है और मुख्यधारा वाले सामाजिक वैज्ञानिकों ने इसे अनदेखा कर दिया है, स्पष्ट रूप से अब इसे उचित नहीं ठहराया जा सकता है। सैद्धान्तिक और पद्धतिगत चर्चाओं, पुस्तिकाओं और सम्पादित संग्रहों की अधिकता, जो पिछले दशक के दौरान शामिल किये गये, मूल अनुसंधान लेखों का उल्लेख नहीं करते हैं, या वे गुणात्मक अनुसन्धान अभ्यास के व्यापक डोमेन के भीतर इस क्षेत्र की वैधता की पुष्टि करते हैं।

समझौते के रूप में क्या दृश्य जांच अहस्तान्तरणीय होती है, या इसे कैसे आयोजित किया जाना चाहिए, हालांकि, यह कम आगामी है। सीधे शब्दों में कहें, दृश्य अनुसंधान करने का कोई एकमात्र तरीका नहीं है और नवागंतुकों को रणनीतिक विकल्प बनाने के लिये यह जरूरी होना चाहिए कि वे अपने शोध प्रश्नों और डिजाइनों को किस तरह से आकार प्रदान करें। शायद सबसे बुनियादी निर्णय यह है कि क्या उन्हें उन आंकड़ों को उत्पन्न

कर लेना चाहिए जिनका वे विश्लेषण करना चाहते हैं या वैकल्पिक रूप से पहले से उपलब्ध कई इमेजों पर उनका ध्यान केंद्रित कर सकते हैं। लेकिन अब इन मूलभूत दृष्टिकोणों से यह क्षेत्र काफी आगे बढ़ा है, इसलिए शुरुआत में, विभिन्न रूपरेखाओं की समीक्षा के साथ ही शुरू करना उपयोगी है जिसके माध्यम से हो रही, और भाग में बने रहने के लिये, दृश्य जांच को आयोजित किया गया है। यद्यपि यह एक विस्तृत रूप से सामान्य प्राणियों या पदार्थों का अध्ययन (Typology) नहीं है, मैं तर्क देता हूं कि दृश्य सामाजिक अनुसंधान की विशाल मात्रा चार प्रमुख तरीकों या दृष्टिकोणों में से किसी एक में आती है। इनमें से कुछ एक पहचानने योग्य क्षेत्र के रूप में दृश्य जांच की स्थापना से लगभग मौजूद होती हैं, दूसरों के और अधिक प्राप्ति स्थान होते हैं, इन तरीकों के रूप में यह संक्षेप में निम्न प्रकार हैः

1. शोधकर्ता द्वारा उत्पादित दृश्य सामग्रियों के उपयोग (The use of researcher produced visual materials) – ***फोटोग्राफर के रूप में शोधकर्ता*** – फोटोग्राफिक छवियों की पीढ़ी, और कुछ हद तक फिल्म, दृश्य अनुसंधान आयोजित करने का पारम्परिक तरीका है। सामाजिक नृविज्ञान (Social Anthropology) और समाजशास्त्र के क्षेत्र में फोटोग्राफी मुख्य रूप से प्रजातिलेखकों के साथ जुड़ी हुई है, और उन्हें सामाजिक और सांस्कृतिक सेटिंग्स और प्रक्रियाओं के दस्तावेजीकरण के एक अतिरिक्त साधन के रूप में अलग तरीके से समझा गया है। ऐतिहासिक रूप से, अभी भी फोटोग्राफी ने दृश्य जांच के विकास में एक प्रमुख भूमिका निभाई है (बेकर, 1974, वाग्नेर, 1979) और कुछ अध्ययन हैं (जैसे बैट्सॉन और मीड, 1942), जिन्हें शिल्प के प्रतिमानों के रूप में व्यापक रूप से सम्मानित किया जाता हैं। हालांकि, इसमें अक्सर इन आरोपों का सामना करना पड़ता है कि यह सामाजिक विज्ञान अनुसंधान के मानकों के लिए जरूरी कठोरता को पूरा करने में विफल रहता है, और पत्रकारिता या सामाजिक वृत्तचित्र परम्पराओं से जुड़े चित्रों के उदाहरण के उपयोग से इसे आसानी से अलग नहीं किया जा सकता है। आज प्रजातिलेखन सम्बन्धी यह प्रारूप फोटोग्राफिक कार्य है जो अभी भी बहुत कम लोकप्रिय है, और इसकी संभावना अपेक्षाकृत स्थिर दिखती है। ऐसा प्रतीत होता है कि अन्य तरीकों, विशेष रूप से प्रतिभागी–केंद्रित दृष्टिकोणों में किए गए काम से मोटे तौर पर प्रतिस्थापित किया गया है।
2. **मौजूदा सामग्रियों का विश्लेषण (The analysis of existing materials)** – ***डिकोडिंग या कोडिंग और गिनती (Decoding or Coding and Counting)*** - वैकल्पिक रूप से दृश्य अनुसंधान आसानी से उपलब्ध हैं जो कई मौजूदा छवियों पर किया जा सकता है। दृश्य बिम्बविधान (imagery) की सर्वव्यापकता को हमारे उत्तर–आधुनिक समाजों की विशेषताओं को परिभाषित करने के रूप में देखा गया है, और इन्टरनेट–आधारित दृश्य डिजिटल संस्कृति के उदय ने विशाल मात्रा में उपलब्ध छवियों की एक नाटकीय वृद्धि देखी जा सकती है, और साथ ही साथ इन सामग्रियों तक उनकी आसान पहुंच की सुविधा भी प्रदान करती है। मौजूदा या 'पाया हुआ' दृश्य डेटा की जांच के लिए विभिन्न तरीकों की पेशकश की जाती है क्योंकि इसे कभी–कभी उल्लेख किया जाता है। प्रिंट मीडिया सामग्री पर परम्परागत रूप से शोध एक बहुत बड़ा सौदा किया गया है, जैसे विज्ञापन छवियां, मुख्य रूप से सांस्कृतिक अध्ययन के विद्वानों द्वारा, जो कि उनके छिपे हुए वैचारिक और सांस्कृतिक संदेशों को डिकोड करने में रुचि रखते हैं। इसप्रकार के अधिकांश कार्य एकल प्रकरणों के अध्ययन या छोटे नमूनों पर किए गए हैं जिनका व्यापक सामान्यीकरण करना अक्सर मुश्किल हो सकता है। हालांकि, व्यापक अभिलेख जो सामान्य रूप से उपलब्ध होते हैं उदाहरण के लिए, अखबारों और पत्रिकाओं के अभिलेखागारों के रूप में, इसका मतलब है कि सामग्री विश्लेषण के पारम्परिक तरीकों के माध्यम से ऐसी सामग्री अधिक कठोर जांच के अधीन हो सकती है। यद्यपि ध्यान हाल ही में इन्टरनेट आधारित दृश्य बिम्बविधान और सोशल मीडिया वेबसाइटों पर पोस्ट की गई छवियों की बड़ी संख्या की जांच में स्थानान्तरित किया गया है, लेकिन मौलिक रूप से ऐसे तरीकों में परिवर्तन नहीं किया गया है जिसमें शोधकर्ता इस सामग्री का विश्लेषण करने की तलाश करते हैं।

3. वीडियो टेक्नोलहजी के उपयोग **(The use of video technology)** - ***सामाजिक पारस्परिक विचार विमर्श को विस्तार से देखना*** - दृश्य जांच के लिए दृष्टिकोण, जो वीडियो रिकॉर्डिंग के उपयोग पर भरोसा करते हैं, एक तीसरा विशिष्ट मोड प्रदान करते हैं जिसमें दृश्य अनुसंधान वर्तमान में किया जा रहा है। एक निजी या घरेलू मीडिया प्रौद्योगिकी के रूप में वीडियो के बढ़ते उपयोग के बावजूद, वीडियो का व्यवस्थित उपयोग से शोध उद्देश्यों के लिए विशेष चुनौतियों का सामना करना पड़ता है जैसा कि ऊपर वर्णित है, विषयों के शुरुआती विकास में प्रजातिलेखन सम्बन्धी फिल्म बनाने में एक भूमिका निभाई गयी जैसे कि सामाजिक नृविज्ञान लेकिन विभिन्न कारणों से यह पक्षपात से बाहर हो जाता है। बीसवीं सदी में मानव आन्दोलन और कार्य गतिविधियों के पहलुओं का अध्ययन करने के लिए अन्य सामाजिक विज्ञान विषयों में फिल्म के पृथक उदाहरणों का इस्तेमाल होना पाया जा सकता है, लेकिन यह सस्ती डिजिटल रिकॉर्डिंग उपकरणों की उपलब्धता के साथ हाल ही में यह केवल तुलनात्मक रूप से है, जिसे सामाजिक शोधकर्ताओं के लिये संभावित वीडियो की मान्यता प्रदान की गई है। हालांकि, वीडियो टेक्नोलॉजी का उपयोग आधारभूत विश्लेषणात्मक प्रभाग द्वारा चिह्नित किया गया है। एक शाखा (उदाहरण के लिए, पिंक, 2007) ने चलती छवि के पहले वैज्ञानिक–यथार्थवादी विनियोग से खुद को अलग करने की मांग की है और इसके बजाय वीडियो रिकॉर्डिंग के साथ आत्मक्षेपी (reflexive) या प्रायोगिक प्रजातिलेखन सम्बन्धी अनुसंधान के संचालन के लिए एक उपकरण के रूप में इसका प्रयोग करने की सलाह दी जाती है, जिसे आम तौर पर अनुसंधानकर्ता और अनुसंधित (researched) के बीच सहयोगी उपक्रम के रूप में देखा जाता है। इसके विपरीत, शोधकर्ताओं के एक दूसरे समूह में, जो कि लोक पद्धति विज्ञान सम्बन्धी (ethnomethodological) परम्पराओं के साथ काम करते हैं, वे सामाजिक जीवन के सन्निहित विवरणों पर कब्जा करने की अपनी क्षमता में झूठ बोलकर वीडियो की क्षमता देखते हैं – 'मायावी घटना (elusive phenomena)' (हीथ एट आल., 2010: 5, इस खण्ड में हीथ भी देखें) जो हर रोज के पारस्परिक विचार विमर्श सम्बन्धी आचरण शामिल होते हैं। इस परम्परा में वीडियो के उपयोग करने की भूमिका की तुलना जैविक विज्ञान में माइक्रोस्कोप की भूमिका से की गयी है।
4. प्रतिभागी केन्द्रित दृष्टिकोण **(Participant-centred approaches)** - *दृश्य सामग्री के विश्लेषण में प्रतिवादी की भर्ती* – इस साधन में कार्य को परिभाषित करने की विशेषता यह है कि पहले की दस्तावेज़ी परम्परा के रूप में शोधकर्ता के कैमरे के लिए निष्क्रिय वस्तुओं के रूप में शेष रहने की बजाय, इस अनुसन्धान प्रक्रियां में कुछ बिन्दु पर सक्रिय रूप से भाग लेने वाले शोध विषयों को शामिल किया जाता है। इस भागीदारी की सीमा चर (variable) है, जिसमें एक साक्षात्कार में दृश्य सामग्री पर टिप्पणी करने के लिए आमंत्रित किये जाने से लेकर, छवि उत्पादकों के रूप में अधिक व्यापक संलग्नता के माध्यम से, उप–सांस्कृतिक संसारों को चित्रित करने तक जो शोधकर्ता के लिए काफी हद तक अनुपलब्ध हैं। इन अलग–अलग तरीकों को विभिन्न प्रकार के लेबल दिए गए हैं जैसे 'फोटो–अभिव्यक्ति (Photo - elicitation)', 'ऑटो फोटोग्राफी', 'फोटो–वाइस' या 'दृश्य कहानी कहना (Visual story telling)'। शोध के प्रतिभागियों को उनके स्वयं की दृश्य सामग्री पर पहली बार अग्रणी मानवविज्ञान सम्बन्धी अनुसंधान निर्माण और टिप्पणी करने में किया गया था, लेकिन हाल के वर्षों में सहभागिता के दृश्य दृष्टिकोण समाजशास्त्र के क्षेत्रों में जैसे लिंग सम्बन्धों और प्रजातिकता, स्वास्थ्य और बीमारी, किशोरों और युवाओं के अध्ययनों में लोकप्रिय हो गए हैं। आमतौर पर उन्हें हाशिए या अधीनस्थ समूहों की जांच करने वाले विद्वानों के बीच गुणात्मक शोध की एक बन्धन मुक्त (emancipatory) शैली प्राप्त करने के संभावित साधन के रूप में पहचाना गया है (पैकर्ड, 2008)।

अन्तरिक्ष (Space) इन रूपरेखाओं में से प्रत्येक की विस्तृत चर्चा की अनुमति नहीं देता है। दृश्य समाजशास्त्र की अग्रणी सामाजिक वृत्तचित्र परम्परा आज सीमित प्रासंगिकता के रूप में प्रतीत होती है क्योंकि यह भागीदार–केंद्रित दृष्टिकोणों द्वारा काफी हद तक ग्रसित कर दिया गया है। फोटोग्राफी और समाजशास्त्र के बीच सम्बन्धों की बेकर

की शास्त्रीय चर्चायें अब भी लाभप्रद होकर आज भी पढ़ी जा सकती हैं लेकिन वे विषय के इतिहासकार के लिए सर्वाधिक प्रासंगिकता बरकरार रखती हैं (जैसे बेकर, 1974, 2002)। विद्यमान छवियों के विश्लेषण को साहित्य में व्यापक रूप से कवरेज प्राप्त हुआ है और दो मुख्य पद्धतिगत दृष्टिकोणों (सांकेतिकता और सामग्री विश्लेषण) की उपयोगी चर्चायें और चित्रण हैं, जो कहीं और उपलब्ध होकर इस सामग्री की जांच के लिए अपनाया गया है (जैसे – अली, 2004, लुटज और कोलिन्स (Lutz and Collins), 1993)।

बड़ी मात्रा में दृश्य सामग्री जो अब फोटो शेयरिंग और अन्य सोशल मीडिया वेबसाइटों पर उपलब्ध है, उन सामग्रियों ने कई विषयों के विद्वानों से अनाश्चर्यता से आकर्षित नहीं किया है। उदाहरण के लिए, जो लोग उसे अपनाने वाले हैं जिसे रोज़ ने परिवार के फोटो के एल्बमों का अध्ययन करने में 'मानवविज्ञान सम्बन्धी दृष्टिकोण' कहा है (रोज़, 2007: अध्याय 10), जो अब उपलब्ध सार्वजनिक वेब–आधारित सामग्री है, जिसके साथ पुराने निजी एनालॉग संकलन की तुलना की जाती है (जैसे पॉवेल्स, 2008)। पारस्परिक विचार विमर्श सम्बन्धी आचरण पर कब्जा करने के लिए वीडियो टेक्नोलॉजी का इस्तेमाल बेहद विशिष्ट क्षेत्र है और चूंकि इस वॉल्यूम (हीथ) में, एक अलग अध्याय के रूप में इस विषय को दिया गया है, मैं इस पर और कोई टिप्पणी प्रदान नहीं करूंगा।

इसके बजाय, मैं उन घटनाओं पर विचार करने का प्रस्ताव करता हूं, जिनमें पिछले दशक या उसके आस–पास में दृश्य अनुसंधान एजेंडे पर अप्रत्याशित प्रमुखता ग्रहण की गयी है। इस नए एजेंडे के केन्द्र (heart) में अनुसंधान विषयों की सक्रिय भागीदारी है। हालांकि छवियों को (शोधकर्ता द्वारा या प्रतिभागी द्वारा) अभी भी कम से कम लिया जा सकता है जो दृश्य सामग्री से बनी है और अनुसंधान विषयों को जिन पर और अधिक प्रेरित करने के बजाय इन छवियों के बारे में मान लिया जाता है। यह गहन महत्व का एक परिवर्तन है और जो मुझे संदेह है कि यह सामाजिक दस्तावेजी अग्रदूतों के साथ असहज रूप से बैठेगा। अनुसंधान प्रक्रिया में केन्द्रीय स्थान का आनन्द लेते हुए उनके फोटोग्राफिक कार्य – और उनके विश्लेषणात्मक बोझ को ले जाने के बजाय – नए कार्यक्रम अनुसंधान विषयों और छवियों की उनकी व्याख्याओं को जांच के केंद्र में रखता है। दरअसल रोज़ (2014: 28) ने दावा किया है कि अब तक 'लगभग सभी वीआरएम (दृश्य अनुसंधान पद्धतियां), में शोधकर्ता और शोधित (researched) के बीच बात शामिल है'। यह अतिश्योक्ति नहीं है। बातचीत पर ध्यान केंद्रित करना अब इतना प्रचलित हो गया है कि यह आकलन करना अक्सर मुश्किल हो सकता है कि क्या किसी विशेष प्रकाशन पर दृश्य जांच में योगदान के रूप में टीका (construed) किया जा सकता है। जबकि एक बार दृश्य सामाजिक लेख वास्तव में हमेशा फोटो की छवियों को शामिल करके पहचाना जा सकता है, अब ये अक्सर वैकल्पिक रूप में देखा जाता है जो स्पष्ट रूप से उन सभी टिप्पणियों के अधीन रहते हैं जिन्हें उन्होंने उत्पादित किया है। यह छवियों के बारे में बातचीत है या छवियों द्वारा स्थूल वर्णन किये गए मुद्दों के बारे में बातचीत है जिसे देखना अब जरूरी है। ज्ञान के रूप में इस घटनात्मक (epistemological) बदलाव को दृश्य जांच के जरिए तैयार किया जा सकता है जो कि एक चौंकाने वाली गति से आया है। हाल ही में 2002 के रूप में हार्पर ने भाग लेने वाले दृष्टिकोणों का एक उपयोगी अवलोकन प्रदान किया था, जिसमें बड़े पैमाने पर फोटो – अभिव्यक्ति करने वाली पद्धतियों को कवर किया गया था। दृश्य अनुसंधान अभ्यास की इस शैली के विकास का एक उपाय इस तथ्य में देखा जा सकता है कि वह तब तक प्रकाशित सभी अध्ययनों पर अलग–अलग टिप्पणी करने में सक्षम था। ऐसी एक उपलब्धि आजकल अकल्पनीय होगी।

तो इन सहभागी दृश्य अध्ययनों की घातीय वृद्धि के पीछे क्या है? कम से कम उत्तर का हिस्सा फैशनेबल धाराओं में निहित होता है – रिफ्लेक्सिविटी, उत्तर उपनिवेशवाद, सशक्तीकरण – व्यापक सामाजिक विज्ञान एजेंडे को सूचित करना, इन स्थापित अनुसंधान प्रोटोकॉल के लिए और ज्ञान के एकमात्र भंडार के रूप में शोधकर्ता के अधिकार की कमी को ये मुद्रा (pose) चुनौतियां देती हैं। लेकिन मैं सुझाव दे सकता हूं कि सहभागिता वाले दृश्य एजेंडे की दिशा में बदलाव की भूमिका में और अधिक सांसारिक मामले हैं। सीधे शब्दों में कहा जाये तो अपने शोध विषयों से सार निकालने वाली बातचीत से आश्वस्त किया जा सकता है, और आम तौर पर एक दृश्य शोधकर्ता के लिए उत्पादक विश्लेषणात्मक पहला कदम, जो अनिश्चित हो सकता है कि कैसे एक विशुद्ध रूप से दृश्य अध्ययन

के साथ आगे बढ़ना है। साक्षात्कार पद्धति की कोशिश की गई और परीक्षणित तकनीकों पर उनकी पूछताछ को मचान करके, सहभागिता वाले दृश्य शोधकर्ताओं को उन साधनों के साथ प्रदान किया जाता है जिसके द्वारा वे सामग्री (बातचीत) उत्पन्न कर सकते हैं, जो डेटा के रूप में पहचाने जाने योग्य है और संभवतः बिंदु पर, आसानी से विश्लेषण करने योग्य हैं। लेकिन 'दृश्य' के रूप में ऐसे अध्ययनों की अखंडता के लिए क्या यह एक कीमत पर आ गया है? इससे पहले कि हम इस मामले पर विचार करें, इसके लिए हमें सहभागिता के दृश्य जांच करने के व्यावहारिक विवरणों पर गौर करना होगा, इससे हमें अपनी लोकप्रियता के बारे में कुछ सुराग भी मिलतें हैं।

सहभागिता अभिगमः मूल विषय और तकनीकें (Participatory Approaches: Core Themes and Techniques)

पिछले दशक के दौरान गुणात्मक दृश्य शोधकर्ताओं ने बढ़ती संख्याओं में भागीदारी वाली पद्धतियों को अपनाया है। बेघर लोगों पर फोटो–अभिव्यक्ति, फोटोवाइस, ऑटो–फोटोग्राफी इत्यादि पर आयोजित (जॉन्सन एट आल., 2008), सामाजिक रूप से बहिष्कृत काले युवा (राइट एट आल., 2010), किशोरावस्था में पुरानी बीमारी स्व–प्रबंधन (ड्रयू एट आल., 2010), महिलाओं के उनके प्रसव के बाद के समय के शरीर के आकार के अनुभव (नैश, 2014), पुराने वयस्कों में दर्द प्रबंधन (बेकर और वांग, 2006), प्रोस्टेट कैंसर होने के बाद बचे हुये लोग (ओलिफे एण्ड बेटोरफ, 2007), संगठनों में व्यक्तिगत स्थान (विन्स एण्ड वॉरेन, 2012) और परिपक्व उम्र वाले शरीर निर्माणकर्ताओं में पहचान निर्माण (फीनिक्स, 2010) पर अध्ययनों की रूपरेखा दी गयी है। इन अध्ययनों को उनके जैसे कई और दूसरे लोगों द्वारा पसन्द किया गया है, बहुत समानता वाले प्रारूप का पालन किया गया है। रोज़ (2007: 241–2) से पता चलता है कि इस शोध की अधिकता के लिये एक बुनियादी टेम्प्लेट है जिसमें छह चरणों या सामग्री (ingredients) शामिल किया गया है, हालांकि इनमें से सभी को हर सहभागिता वाले दृश्य अध्ययन में शामिल नहीं किया गया है, क्योंकि प्रतिपादन (exposition) में आसानी के लिये मैं ऊपर दिए गए कुछ अध्ययनों से चित्रों के साथ चरणों (steps) की रूपरेखा का पालन करता हूं।

चरण 1 अनुसंधान प्रतिभागियों के साथ आयोजित एक प्रारम्भिक साक्षात्कार है। साक्षात्कार का उद्देश्य अनुसंधान के उद्देश्य की व्याख्या करना और क्यों उत्तरदाताओं को भर्ती करना या चुना जाना है। आमतौर पर इस स्तर पर कोई नहीं है, या केवल न्यूनतम है, फोटोग्राफी की भूमिका की चर्चा अनुसंधान में अदा की जायेगी, इसके बजाए व्यापक प्रश्नों पर ध्यान केंद्रित किया जाता है, जिसमें संभावित तस्वीरें जवाब देने में एक भाग की भूमिका में रहेंगी।

चरण 2 में कैमरे के साथ अनुसंधान प्रतिभागियों को प्रदान कराने के साथ ही इसके उपयोग में कुछ निर्देश शामिल किये जाते है, यदि यह आवश्यक है। यद्यपि डिजिटल कैमरे अब अपेक्षाकृत सस्ते हैं, अधिकांश शोधकर्ता एकल–उपयोग वाले या डिस्पोजेबल कैमरे के कुछ प्रारूपों का उपयोग करना पसंद करते हैं। यह धारणा है कि छवियों के नियंत्रण शोधकर्ता की डिग्री को कम करने के लिए प्रतीत होता है, जिसे डिजिटल तकनीक की अनुमति होगी और दृश्य सामग्री की 'सहजता' या अनकक्षित पात्रता को अधिकतम करने के लिए जो उत्पन्न होती है। उदाहरण के लिए, ब्रिटेन में सामाजिक रूप से बहिष्कृत काले युवाओं के अपने ऑटो–फोटोग्राफिक अध्ययन में, राइट एट आल., (2010) ने अपने अनुसंधान प्रतिभागियों को डिस्पोजेबल कैमरे दिए और केवल उन्हें 'परिवार, दोस्तों और किसी और के चित्र लेने के लिए कहा, जो समर्थन के स्रोत तथा जिन लोगों के साथ वे आनंद ले रहे थे'। अन्य मामलों में जहां शोध प्रश्न अधिक विशिष्ट है, इस शोधकर्ता इस स्तर पर अधिक नियंत्रण का उपयोग कर सकते हैं। अपने अध्ययन में, युवा लोगों ने पुरानी स्वास्थ्य स्थितियों के साथ सामना कैसे किया, ड्रयू एट आल., (2010) ने अपने प्रतिभागियों से कहा कि वे दिखाने के लिये तस्वीरों की एक श्रृंखला तैयार करें (अ) क्या यह एक निरन्तर स्वास्थ्य स्थिति के साथ जीना पसंद था और (ब) चीजों की तरह उनके स्वास्थ्य की देखभाल करने के लिए वे क्या कर सकते हैं।

चरण 3 विकसित होने वाली तस्वीरों के लिए और, कुछ मामलों में, अनुसंधान विषयों के लिए दूसरी बार शोधकर्ता के साथ मिलने से पूर्व उनके बारे में संक्षिप्त टिप्पणियां लिखने के लिए है। कई शोधकर्ताओं ने टिप्पणी की है कि यह एक बहुत अधिक समय लेने वाली प्रक्रिया हो सकती है, खासकर अगर शोध में हाशिए वाले (marginalized) समूहों को शामिल किया जाता है। यूके जॉन्सन एट आल., (2008) दो साइटों में बेघर लोगों के अपने अध्ययन में टिप्पणी करते हैं कि उनके कुछ प्रतिभागियों को खाने और/या फीड करने की 'आदत' के लिए कहीं सुरक्षित रखने की आवश्यकता अनिवार्य रूप से अनुसंधान अभ्यास को पूरा करने की उनकी इच्छा से अधिक है। कई प्रतिभागी उनके कैमरे वापस करने में विफल रहे, कुछ लोगों ने बताया कि वे खो गए थे या चोरी हो गए थे (और वे कहते हैं कि ऐसा लगता है कि अनुमान करने के लिए यह अवास्तविक नहीं है कि कुछ बेचे गए हैं)। हालांकि, यह मानते हुए कि कैमरे को सफलतापूर्वक वापस कर दिये गये हैं और फिल्म विकसित कर ली गई है, भागीदारी दृश्य अभिकल्पन में एक महत्वपूर्ण चरण को प्रतिवादी अनामिता (anonymity) और/या छवियों के स्वामित्व के मुद्दे के मुकाबले सामना करने की आवश्यकता है। ड्रयू एट आल., (2010) ने यह सुनिश्चित करने के लिए विशेष ध्यान दिया कि उनके शोध प्रतिभागियों में इस बारे में निर्णय लेने की क्षमता थी कि क्या उन्होंने जो फोटो ली थी, उन्हें प्रोजेक्ट डेटा में शामिल किए जा सकता है। एक लिखित सूचना पत्र में जोर दिया गया था कि किशोर सबसे पहले विकसित छवियों को देखेंगे और साक्षात्कार की शुरुआत में उनके पास किसी ऐसी छवियों को हटाने के अवसर होगें जिन्हें वे नहीं चाहते थे कि शोधकर्ता देखें। इसके विपरीत जॉनसन एट आल., (2008) ने एक अलग तरह से छवि शामिल किए जाने के मुद्दे पर दृष्टिकोण दिया। उनके अनुसंधान प्रतिभागियों को डिस्पोजेबल कैमरे प्रदान किये गये थे और कहा गया था कि यह उनके साथ एक हफ्ते के लिए ले जायें और उन जगहों की तस्वीरें लें, जिनका वे रोजमर्रा की जिंदगी में उपयोग करते हैं और/या उनके लिये किसी भी तरह से महत्वपूर्ण थे। हालांकि, कैमरे की वापसी के बाद दो सेट फोटोग्राफ विकसित किए गए थे – एक सेट अनुसंधान प्रतिभागियों के रखने के लिए और एक सेट अनुसंधान टीम के रिकॉर्ड के लिए था।

चरण 4 में शोधकर्ता द्वारा प्रतिभागियों के साथ दूसरा साक्षात्कार करना शामिल किया जाता है, जिसके दौरान जो तस्वीरें ली गई हैं उन पर विस्तार से चर्चा करते हैं। सभी शोधकर्ता इस कदम के महत्व पर टिप्पणी करते हैं और दृश्य सामग्री की उपस्थिति साक्षात्कार की प्रक्रिया को सुविधाजनक बनाने के लिये और मौखिक सामग्री को हासिल करने के लिए कैसे कार्य करती है जो अन्यथा सामने नहीं आ सकती है। प्रोस्टेट कैंसर वाले बचे हुए लोगों के उनके अध्ययन में ओलिफे और बॉटरफ (2007) ने टिप्पणी की कि पुरुषों के सामान्य अनिच्छा को स्वीकार करने के लिये, अकेले बीमारी के बारे में ही बात करें और कई तरीकों पर चर्चा करें जिनमें तस्वीरों ने इस पर काबू पाने में मदद की थी। उनके कई उत्तरदाता तस्वीरों में दिखाए गए वस्तुओं या संपत्ति पर निर्भर थे और इसने साक्षात्कार की संपूर्ण औपचारिकता के भीतर 'पुरुषों की बात' साझा करने की भावना पैदा करने में मदद की। दूसरी बार जब साक्षात्कार का विषय अधिक संवेदनशील मामलों में बदल गया, जैसे कि उनकी वसूली या मृत्युदर (mortality) की भावनाओं के विशिष्ट विवरण, पुरुषों को 'तस्वीरों में राहत और पनाह मिलना' और, दूसरे के बारे में तीसरे व्यक्ति से बोलकर वे अस्पताल में भर्ती होने के दौरान सामना किया था, कैंसर के समग्र अनुभव से खुद को दूर करने में सक्षम थे।

चरण 5, किसी विशेष सैद्धान्तिक अवधारणा या किसी मुद्दे की खोज के उद्देश्य से, या प्रक्रिया, या कुछ स्थापित सामाजिक वैज्ञानिक तकनीक के अनुसार तस्वीरों और साक्षात्कार सामग्रियों दोनों का वास्तविक विश्लेषण है। यहां काफी परिवर्तनशीलता पाये जाने की संभावना रहती है और प्रारम्भिक अनुसन्धान प्रश्न(ओं) द्वारा आगे बढ़ने के तरीके के बारे में निर्णय बड़े पैमाने पर निर्धारित किये जाते हैं। चुना गयी तकनीकें या तो मात्रात्मक या गुणात्मक या शायद कुछ सम्मिश्रण (combination) हो सकती हैं। हाल ही में एक ऑटो फोटोग्राफिक अध्ययन, जिसमें एक व्यवस्थित मात्रात्मक अनुसंधान अभिकल्पन लागू किया गया था, बड़े पैमाने पर बच्चों की फोटोग्राफिक प्रथाओं के लिये एक तुलनात्मक अन्वेषण था (शार्पलेस एट आल., 2003)। इस अध्ययन में पांच यूरोपीय देशों से भर्ती किए गए तीन अलग–अलग उम्र के स्तर वाले (7, 11 और 15 के) कुल 180 बच्चे एकल उपयोग वाले कैमरे

के साथ प्रदान किए गए थे। परिणाम देने वाली तस्वीरों को दो अक्षों के संदर्भ में समझा जा सकता है – एक जो घरों के बाहर (outdoors) विरोध के रूप में घरों के अन्दर (indoors) ली गई तस्वीरों के बीच भेद करता है, और दूसरा आयाम जो लोगों और उनकी वस्तुओं या दृश्यों की तस्वीरों के बीच विभेदित किया जाता है – और जहां इन अक्षों पर तस्वीरों को स्थापित किया गया था बच्चों की उम्र और लिंग द्वारा महत्वपूर्ण रूप से आकार दिया गया था। उदाहरण के लिए, पहले वाली लड़कियों की तस्वीरें उनके दोस्तों को दिखाने की संभावना थीं। शार्पलेस एट आल., ने तर्क प्रस्तुत किया था कि उनके अनुसंधान ने इस दृश्य को चुनौती दी थी कि कैमरे से बच्चे अपरिपक्व या अशिक्षित उपयोगकर्ता थे। बच्चों की तस्वीरों को केवल 'दुनिया के दृष्टिकोण' के रूप में नहीं देखा जाना चाहिए बल्कि उनके माता–पिता और दोस्तों दोनों के सम्बन्ध में उनकी पहचान की भावना को स्पष्ट करने के लिए एक महत्वपूर्ण साधन के रूप में देखा जाना चाहिए।

मात्रात्मक सहभागी दृश्य अध्ययनों में, हालांकि, अपवाद हैं और विश्लेषण में उपयोग किए जाने वाले गुणात्मक या व्याख्यात्मक तरीकों को खोजने के लिए अधिक आम है। परिपक्व उम्र वाले शरीर निर्माणकर्ताओं (body builders) के उसके ऑटो फोटोग्राफिक अध्ययन में, फोयनिक्स (2010) उसके उत्तरदाताओं द्वारा ली गई तस्वीरों और इन पर उनकी टिप्पणियों की समीक्षा करने के बाद 'शरीर–स्व (body-self)' की अवधारणा पर आती है। तीन अलग–अलग 'शरीर–स्व (body-self)' पहचानें सामने आईः एक 'स्वस्थ शरीर–स्व (body-self)', 'प्रदर्शन करने वाला शरीर–स्व (performing body-self)' और 'सम्बन्धपरक शरीर–स्व (relational body-self)'। विभिन्न पहचानें जिसे उसके परिपक्व आयु वाले शरीर निर्माणकर्ताओं ने प्रदर्शित किया था, उन्हें 'टकसाली धारणाओं (stereotypical assumptions)' को चुनौती देने के लिए दिखाई दिये कि ऐसे लोगों को उनके वजन प्रशिक्षण से ग्रस्त किया गया था और आमतौर पर सामाजिक–विरोधी जीवन का नेतृत्व किया जाता था। हाशिए पर काले युवा के उनके अध्ययन में राइट एट आल., ने उनके क्षेत्र में साक्षात्कार के दौरान उनके उत्तरदाताओं द्वारा की गयी टिप्पणियों और उनके चित्रों के विश्लेषण में 'फ्रंट स्टेज' और 'बैक स्टेज' के बीच गॉफमैन के प्रसिद्ध भेद में बदल दिया गया (गॉफमैन, 1959)। सामने वाले स्टेज के क्षेत्रों में 'सार्वजनिक स्थान, स्कूल, पार्क, सड़कों, शहर केंद्र' इत्यादि शामिल थे। इसके विपरीत, पीछे वाले स्टेज के क्षेत्रों, वे स्थान जैसे परिवार के घरों, बेडरूम, रहने वाले कमरे और दोस्तों के साथ रिश्तों के रूप में हैं। राइट एट आल., सुझाव देते हैं कि सामने वाले क्षेत्रों में ली गई तस्वीरों की सीमित संख्या एक तरीका हो सकती है जिसमें युवा लोगों ने अपने बहिष्कार के लिए विवरण का प्रयास किया था। इसके विपरीत उनके पीछे वाले क्षेत्रों की अधिक से अधिक तस्वीरें आमतौर पर उन दोस्तों के साथ सम्बन्ध दर्शाती हैं जो उनके कथित अपवर्जन को प्रबन्धित करने में समर्थन का एक स्रोत थीं।

चरण 6, अंतिम चरण, जिस तरह से पूर्ण किये गये शोध को व्यापक दर्शकों के सामने पेश किया गया है और इसमें 'बातचीत', फोटों के बारे में साक्षात्कार की चर्चा, और छवियों का फोकस के बीच संतुलन के बारे में फैसले को शामिल किया गया हैं। जैसा कि मैंने देखा है कि यह पहले वाले हैं जिसे महत्वपूर्ण वैचारिक बिंदुओं के दृष्टांतों के रूप में उपयोग किए जाने वाले दृश्य सामग्री के साथ प्राथमिकता दी गई है। कुछ मामलों में दृश्य सामग्री को भी शामिल नहीं किया जा सकता है। छवियों की अनुपस्थिति लागत की कमी का परिणाम हो सकती है, सामाजिक विज्ञान पत्रिकाओं (और पुस्तकों) के प्रकाशक अक्सर उच्च गुणवत्ता वाले चित्रों को शामिल करने के लिए अनिच्छुक होते हैं और रंगीन चित्र आमतौर पर सवाल से बाहर होते हैं। एक और पहलू यह है कि क्योंकि छवियां पेशेवर रूप से नहीं ली गई हैं अतः वे प्रकाशन के लिए एक उपयुक्त मानक नहीं हो सकती हैं। अंत में, यह स्पष्ट है कि इस शोध में सशक्तिकरण को एक प्रमुख आयाम के रूप में देखा जाता है, यदि शोध विषयों में एक व्यापक समुदाय उनकी छवियों को देखने के लिए अनिच्छुक हैं, तो लेखकों को यह चुनौती देने की संभावना नहीं होती है।

इसमें कोई संदेह नहीं है कि आने वाले दशकों में दृश्य जांच की इस भागीदारी शैली से और अधिक अनुयायियों को आकर्षित करने की संभावना है। कई कारणों से मैंने रेखांकित किया है कि कई विषयों से गुणात्मक शोधकर्ताओं द्वारा इसकी अपील करना, गहन साक्षात्कार या फोकस समूह जैसे स्थापित गुणात्मक पद्धतियों के

साथ इसके प्राकृतिक जुड़ाव – यह सुझाव देने के लिए अतिशयोक्ति नहीं है कि अंततः इसे एकमात्र तरीके के रूप में देखा जा सकता है, उन शोधकर्ताओं को जो एक शोध पद्धति के रूप में फोटोग्राफी के कार्य को करने की इच्छा रखते हैं, उन्हें आगे अवश्य बढ़ना चाहिये। इस हद तक कि व्यापक सामाजिक वैज्ञानिक समुदाय का ध्यान आकर्षित करने के लिए दृश्य पद्धतियगत विचारों को लेकर सहभागितात्मक दृश्य अनुसंधान के प्रसार में सफलता प्राप्त हुई है, इसलिए इसका स्वागत किया जा सकता है। लेकिन क्या यह भी एक कीमत पर आया है? पहले समीक्षा किये गये प्रतिभागी–केन्द्रित अध्ययनों के माध्यम से नज़र रखते हुए यह स्पष्ट देखा जा सकता है कि वे अनुशासनिक–विशिष्ट अनुसंधान सवालों के विशाल सरणी के उत्तरों को ढूंढने में व्यस्त हैं, लेकिन उत्तर मुख्य रूप से प्रतिवादी की बातचीत में मिलते हैं। हालांकि, जिस सीमा तक वे एक विशिष्ट साधन के रूप में 'दृश्य' की हमारी सैद्धान्तिक और पद्धतिगत समझ में संचयी प्रगति में योगदान करना चाहते हैं, वह बिल्कुल स्पष्ट नहीं है। यह कम से कम कहने के लिए व्यंग्यात्मक लगता है कि दृश्य समाजशास्त्र के अग्रणी होने के बाद से कुछ दशकों से ही हमें फोटोग्राफी और छवि बनाने की व्याख्यात्मक क्षमता को कैनवस कर डेटा बनाने के नए तरीकों पर विचार करने के लिए आग्रह किया गया है, कि दृश्य पद्धतियां उस बिंदु से प्रकट होती हैं िकवे स्थापित अनुसंधान तकनीकों से लगभग अप्रभेद्य होने के खतरे में हैं।

फोटोग्राफिक छवि से परे दृश्य अनुसंधान (Visual Research Beyond the Photographic Image)

चाहे वे अपनी छवियां तैयार कर रहे हों, मौजूदा दृश्य सामग्री का विश्लेषण कर रहे हों या अपने स्वयं–निर्मित तस्वीरों के बारे में प्रतिवादी की बातों को जानना हो, दृश्य शोधकर्ताओं की इस धारणा में एकजुटता होती है कि छवि उनके क्षेत्र के लिये केन्द्रीय है। अध्याय के शेष भाग में, मैं यह विचार करना चाहता हूं कि तस्वीर से परे जाने वाले दृश्य अनुसंधान के लिए एक एजेंडा क्या हो सकता है। मुख्य संदेश जो मैं व्यक्त करना चाहता हूं, वह छवियों के अध्ययन से अधिक सम्मिलित करने के रूप में दृश्य जांच के बारे में सोचने की आवश्यकता है। सहयोगियों के साथ कहीं और मैंने इस मुद्दे पर विस्तृत (book length) खोजों की पेशकश की है (एम्मिसन एण्ड स्मिथ, 2000, एम्मिसन एट आल., 2012) और इसलिए निम्नलिखित टिप्पणियों को आवश्यक रूप से योजनाबद्ध होना चाहिए। चूंकि हमने पहली बार एक दशक पहले इन विचारों को प्रस्तुत किया था, इसलिए संकेत मिलता है कि व्यापक दृश्य अनुसंधान समुदाय द्वारा हमारे संदेशों पर ध्यान दिया जाना शुरू हो गया है। उदाहरण के लिए, दृश्य सामाजिक अनुसंधान के लिए एक 'एकीकृत ढांचे' के लिये अपने प्रस्ताव में, ल्यूक पॉवेल्स का तर्क है कि क्षेत्र की स्थापना इस विचार पर की जाती है कि समाज में मान्य वैज्ञानिक अंतर्दृष्टि को देखकर, उसके दृश्य अभिव्यक्तियों को विश्लेषण और सिद्धान्तीकरण करके हासिल किया जा सकता है: लोगों के व्यवहार और संस्कृति का भौतिक उत्पाद' (पावेल्स, 2010: 546)। इस कथन के बारे में दिलचस्प बात यह है कि इसमें कैमरे या तस्वीर पर दिखाई देने वाली दृश्य जांच का कोई सन्दर्भ नहीं है। इस तरह सूत्रीकरण (Formulations) 30 साल या इससे पहले यह समझ से बाहर (inconceivable) हो गया होता, खामोशी की एक लंबी अवधि के बाद जब दृश्य समाजशास्त्र एक विशेषता के रूप में पुनः उभरा था। इसके अलावा दृश्य पद्धतियों के पूरे सिंहावलोकन में गिलियन रोजी (2007) ने वाक्यांश 'दृश्य वस्तु' का 'छवि' शब्द के साथ एकान्तर रूप से प्रयोग किया है। यद्यपि रोज़ी ने 'दृश्य वस्तु' की सटीक व्याख्या नहीं दी है, वह बात जिसे वह स्पष्ट करना चाहती है: दृश्य शोधकर्ताओं को डेटा सम्मिलित करने की जरूरत होती है जो सामान्य फोटो या दो आयामी छवि से परे होते हैं जिसके साथ वे परम्परागत रूप से तल्लीन रहते हैं। रोज़ी ने स्वीकार किया कि उसकी किताब 'दृश्य चीजों के संकीर्ण चयन (narrow selection of things visual)' से सम्बन्धित होगी और यह सुझाव देगी कि वे पद्धतियां जिसकी वह रूपरेखा प्रस्तुत करती हैं वह 'इमारतों, निर्मित परिदृश्य और मूर्तिकला' (2007: xv) पर भी समान रूप से अच्छी तरह लागू हो सकती है। पाउवेल्स, जिस आलेख में मैंने पहले से ही उल्लेख किया है, उसी क्षेत्र में जोखिम

का काम हालांकि अधिक स्पष्ट रूप से। उन्होंने कहा कि भौतिक संस्कृति की घटना, जो दृश्य जांच के प्रमुख अनुभवजन्य संदर्भों में से एक का गठन करती है, कलाकृतियों और वस्तुओं (बोर्डरूम, घर की सेटिंग, कला वस्तुयें) और बड़ी दृश्य संरचनाओं को (जैसे शहरी क्षेत्रों, कब्रिस्तान) शामिल करती हैं जो किसी दिए गए समाज की भौतिक और अनावश्यक लक्षणों (उतना ही, जितना वे मूल्य और मानदंडों को शामिल करते हैं) दोनों के बारे में उपयोगी जानकारी प्रदान कर सकती है' (पॉवेल्स, 2010: 553)।

पॉउवेल्स और रोजी दोनों के इन बयानों में एक दृश्य अनुसंधान अभ्यास के लिए संकेत मिलता है जो फोटोग्राफिक छवि से कहीं ज्यादा विस्तारित है। हालांकि, इनमें से किसी ने भी व्यवस्थित रूप से ध्यान नहीं दिया है कि इसकी आवश्यकता क्या है। हमारे पहले, अधिक विस्तृत, इन मुद्दों पर विचार करके हम कई प्रमुख प्रस्तावों के माध्यम से इस एजेंडा को आगे बढ़ाते हैं। सबसे पहले, और कम विवादास्पद छवियों के बारे में न केवल प्रतिनिधित्व के दायरे के रूप में बल्कि जानकारी के रूप में भी शामिल करके सोचना है जिन्हें सामाजिक और सांस्कृतिक प्रक्रियाओं की जांच के लिए लाया जा सकता है। इसका यह विषय है – कि यह दृश्य डेटा का क्षेत्र है, न केवल एक डोमेन जो सांस्कृतिक या व्याख्यात्मक तरीके से पूछताछ के लिए उत्तरदायी है – जो इस वैकल्पिक कार्यक्रम के केंद्र में है। भाग में, डेटा के रूप में दृश्य के बारे में सोच तस्वीर पर निर्भरता से परे जाने की आवश्यकता हो सकती है और उस प्रकार की दृश्य सामग्री के अन्य रूपों में निहित संभावनाओं पर विचार करने के लिये जिन्हें हम 'दो–आयामी' के रूप में संदर्भित करते हैं। उदाहरण के लिए, अखबारों के कार्टून उन व्यापक राजनीतिक और आर्थिक प्रणालियों में अनपेक्षित अंतर्दृष्टि प्रदान करते हैं जिसमें वे स्थित होते हैं (एमिसन एट आल., 2012: 81–91)। दिशात्मक संकेत, नक्शे और अनुदेशात्मक आरेख के रूप में दो–आयामी दृश्य डेटा के अन्य रूपों का इस्तेमाल औपचारिक तर्क के महत्व के बारे में लोक पद्धति विज्ञानियों (Ethnomethodologists) के दावे को समझने के लिए किया जा सकता है। यहां पर शैक्षणिक विश्लेषक द्वारा सांस्कृतिक अर्थों की खोज पर ज्यादा ध्यान नहीं दिया जाता है, बल्कि उन तरीकों से जिससे सामान्य अभिनेताओं द्वारा इस तरह की दृश्य सूचनाओं का उपयोग किया जाता है या उन्हें समझा जाता है और इसे अपने रोजमर्रा की व्यावहारिक दिनचर्या में शामिल किया जाता है (इस खंड में प्रायर भी देखें)।

हालांकि, इस तरह की केवल द्विआयामी छवियों के साथ 'दृश्य' की समतुल्यता भी उत्सुकता से अल्पदर्शी और अनावश्यक रूप से प्रतिबन्धात्मक है। सामाजिक जीवन विविध और प्रति–सहज ज्ञान युक्त तरीकों में दृश्यमान है। नतीजतन तस्वीर, विज्ञापन या कार्टून की तुलना में दृश्य डेटा के कई अन्य रूप हैं। तदनुसार हम प्रस्ताव करते हैं कि दृश्य अनुसंधान को त्रि–विमीय डेटा के अस्तित्व को भी पहचानना चाहिए। हम यहां भौतिक संस्कृति के तत्वों को ध्यान में रखते हैं जो सामाजिक जीवन में जानबूझकर या दुर्घटनात्मक संकेतक के रूप में काम करते हैं। घर में रोजमर्रा की जिंदगी के सामानों से ये रेंज, जो सार्वजनिक स्थानों में उन लोगों के लिए व्यक्तिगत अर्थ रखती है, जैसे प्रतिमाएं, जो आधिकारिक सार्वजनिक व्याख्यानों का प्रतिनिधित्व करती हैं। हमारा तर्क यह है कि ऐसी वस्तुएं दृश्य सूचनाओं की एक समृद्ध शिरा (vein) प्रदान करती हैं जो स्वयं और समाज के बारे में सुराग के लिए पढ़ी जा सकती हैं। हालांकि पारम्परिक लाक्षणिक (semiotic) शब्दों में उनका विश्लेषण किया जा सकता है, लेकिन ये मानव कार्रवाईयों में भी शामिल हैं। ऑब्जेक्ट–केंद्रित दृश्य जांच पहले वाले के साथ स्पष्ट पद्धतिय समानता रखती है – और इन दिनों कुछ हद तक उपेक्षित और गैर–फैशनपरस्त हैं – सामाजिक शोध की शाखा, दीन (unobtrusive) या गैर–प्रतिक्रियात्मक उपायों के उपयोग (जैसे वेब एट आल., 1999)। कई प्रकार के वस्तुओं की पूरी तरह से दृश्यता का तात्पर्य यह है कि सामाजिक जीवन को गुप्त रूप से तलाशना सम्भव है। चूंकि कई प्रकार के ऑब्जेक्ट–आधारित शोधों के लिए उत्तरदाताओं की आवश्यकता नहीं होती है, इसलिए हम प्रामाणिक जवाबदेही की सामान्य समस्या को दरकिनार कर सकते हैं – शोधकर्ता को सामाजिक रूप से स्वीकार्य उत्तर प्रदान करते हैं। यह विशेष रूप से अपराध और देवता या शहरी विकार जैसे क्षेत्रों पर शोध करने में उपयोगी हो सकता है।

इस विश्लेषणात्मक मार्ग को और भी आगे बढ़ाने के लिये (Pushing) हम यह भी तर्क देते हैं कि भौतिक अन्तरिक्षों और स्थानों जिसमें मनुष्य अपने सामाजिक जीवन का संचालन करते हैं – उपनगरीय घरों और उद्यानों, शैक्षिक संस्थानों, शॉपिंग मॉल, बोर्डरूम्स, साथ ही बड़े भौगोलिक अन्तरिक्षों – पार्कों, शहरी केंद्रों इत्यादि जैसे – दृश्य जांच के लिए भी योग्य हैं। इस तरह की सेटिंग्स 'जीवित दृश्य डेटा' का निर्माण करती है, जहां कार्रवाईयां और संकेत प्रणालियों दोनों को उनके सांस्कृतिक महत्व को खोलने के लिए जाना जा सकता है। जगहों पर या संभवतः खुद को स्थापित करके दोनों को देखकर एक दोहरे फोकस की संभावना होती है और उन तरीकों को जिसमें भौतिक स्थानीयता के जवाब में कार्रवाई की जाती है – उदाहरण के लिए 'सफल' सार्वजनिक स्थान आमतौर पर वे होते हैं जो पारस्परिक विचार विमर्श को प्रोत्साहित करते या सक्षम बनाते हैं (व्हाइटे, 1980)। अंत में, बेशक, पारस्परिक विचार विमर्श में इन अन्तरिक्षों और स्थानों में आमतौर पर इंसानों द्वारा आबादी होती है और इसके बदले में हमें डेटा की एक और विश्लेषणात्मक श्रेणी प्रदान करते हैं। लोग 'जीवित दृश्य आंकड़े' होते हैं और समकालीन शहरी परिवेशों में पारस्परिक विचार विमर्श प्रदर्शन, ड्रेस, आंखों के संपर्क के बारे में मानदंडों द्वारा काफी विनियमित होते हैं। कपड़े, इशारा और शरीर की भाषा वे लक्षण हैं जिन्हें हम पहचान स्थापित करने और सार्वजनिक स्थितियों के लिए बातचीत करने के लिए उपयोग करते हैं। इन पर शोध करने के लिए किसी के लिये जरूरी नहीं है कि वीडियो रिकॉर्डिंग की आवश्यक रूप से शक्ति सुदृढ़ हो। सरल अवलोकन को, बशर्ते सैद्धांतिक रूप से सूचित किया जाता है, मानव आचरण के क्रम के बारे में विभिन्न प्रश्नों के उत्तर देने के लिए एक रास्ता प्रदान कर सकता है।

इन सभी क्षेत्रों में दृश्य शोधकर्ता के लिए सामग्री की समृद्ध आपूर्तियां हैं। इस विचार को त्याग देने में कि दृश्य अनुसंधान केवल फोटोग्राफ या विज्ञापनों का अध्ययन है, तब फिर अन्वेषण के लिए डेटा की एक बहुत व्यापक श्रृंखला उपलब्ध हो जाती है। इस सहूलियत वाले बिंदु से दृश्य जांच अब सिर्फ छवि का अध्ययन करना नहीं है, बल्कि देखे गये (seen) और देखने योग्य (observable) का अध्ययन करना है। सामाजिक जीवन के देखे गये (seen) आयामों को रिकॉर्ड करने में कभी–कभी फोटो उपयोगी हो सकते हैं। आमतौर पर वे आवश्यक नहीं हैं। दृश्य पूछताछ के एजेंडे को व्यापक बनाने में 'फोटोग्राफ' से परे विचार करने की हमारी आवश्यकता पर हमारा एक आग्रह था जो स्थापित दृश्य अनुसंधान समुदाय के भीतर काफी आतंक का कारण था (जैसे वैगनर, 2002; प्रॉसेर, 2008), लेकिन यह एक ऐसी आवश्यकता है जो दृश्य अनुसंधान सामाजिक और सांस्कृतिक जांच में व्यापक विषयों के साथ वास्तव में जोड़ने के लिये होती है।

अध्याय सारांश और भविष्य की संभावनाएं

दृश्य डेटा और दृश्य पद्धतियों का उपयोग यहां पर बने रहने के लिए है, लेकिन भविष्य की घटनाओं (developments) का अनुमान लगाना आसान नहीं होता है और असमान होने की संभावना रहती है। वीडियो टेक्नोलॉजी का इस्तेमाल करने के लिये एक प्रमुख विकास क्षेत्र है जिसमें लगभग निश्चित रूप से नए डिजिटल प्रौद्योगिकियों को क्षमता प्रदान की जा रही है और अकादमी के बाहर बड़े पैमाने पर उनको अपनाया जा रहा है। लेकिन वीडियो के प्रजातिलेखन सम्बन्धी प्रयोगात्मक प्रयोग और लोक पद्धति विज्ञानियों एवं वार्तालाप विश्लेषकों द्वारा पारस्परिक विचार विमर्श के बहु–मोडल विश्लेषण के बीच की एक खाई है जिसके बने रहने की संभावना है। डिजिटल इमेजरी की बढ़ती हुई दुनिया पर शोध करने की संभावनाएं बहुत बड़ी हैं लेकिन विडंबना यह है कि मात्रात्मक शोधकर्ताओं के बीच कुछ एनिमेटेड चर्चाएं पायी जाती हैं जहां इसे 'बड़ा डेटा (big data)' की अवधारणा के तहत शामिल किया गया है और सामाजिक एवं लेन–देन सम्बन्धी ऑनलाइन डेटा की यह प्रचुरता स्थापित अनुभवजन्य समाजशास्त्र की व्यवहार्यता के ढोंग के लिए चुनौतियां बन गयी हैं (बारोज और सैवेज, 2014)। जैसा कि पहले संकेत दिया गया है कि गुणात्मक दृश्य जांच में वृद्धि सहभागिता के तरीकों के उपयोग में होने की संभावना है लेकिन खतरे के साथ इस तरह के दृष्टिकोण मुख्यधारा की साक्षात्कार तकनीकों के समान हो जाएंगे और शोध के लिए दृश्य मोड के विशिष्ट चरित्र को तदनुसार खो दिया जाएगा।

पुनर्जीवित दृश्य पूछताछ के लिए एक एजेंडा की ओर बढ़ते हुए, जो क्षेत्र के अग्रदूतों की भावना (यदि अक्षर नहीं है) का सम्मान करता है, मैंने तर्क दिया है कि दृश्य अनुसंधान के रूप में जितना भी प्रस्तुत किया जाता है वह उतना ही अधिक बड़े पैमाने पर असंबद्ध रूप से फोटोग्राफिक छवि के उपयोग पर निर्भर करता है। अलग–अलग प्रकार की जानकारी के बीच भेद करने में असफलता, जिसमें तस्वीर अनिवार्य रूप से शामिल होती है और साधन के रूप में तस्वीरों का उपयोग जिसके द्वारा इस जानकारी को प्रसारित किया जा सकता है, दृश्य जांच की स्थिति और इसकी भिन्न सैद्धान्तिक संभावनाओं की सराहना करने में विफलता के कारण भ्रम की स्थिति पैदा हो गयी है। अगर हम दृश्य अनुसंधान की सामान्य बुद्धि वाली समीकरण से पूरी तरह से छवि आधारित गतिविधि के रूप में दूर हो जाते हैं और अन्तर्निहित दावे जो मैंने यहां विकसित किये हैं, तो यह बीसवीं सदी के सामाजिक विज्ञान के कई पहलुओं के सम्बन्ध में यह सम्भव है और इन विषयों में कई प्रमुख आकड़ें (उदाहरण के लिए – सिम्मेल, शिकागो स्कूल, फोकॉल्ट), दृश्य अनुसंधान के विकास में योगदान के रूप में शामिल हैं। केवल रिकॉर्डिंग प्रौद्योगिकी के माध्यम से आयोजित की जा सकने वाली कुछ ऐसी चीजों के बजाय देखे गये एवं अवलोकन के योग्य वाले पहलुओं के अध्ययन के रूप में दृश्य अनुसंधान के बारे में और अधिक सोच, पूछताछ के क्षेत्र के रूप में 'दृश्य' एवं शास्त्रीय और समकालीन सिद्धान्तकारों की तरह बहुत से कार्य के बीच बनाये जाने वाले महत्वपूर्ण वैचारिक संयोजनों को सुविधा प्रदान कर सकते हैं, जिन्हें इस क्षेत्र में योगदान देने के लिए अन्यथा नहीं माना जा सकता है। इसके अलावा यह उन विद्यार्थियों के लिये दृश्य पूछताछ को अच्छी तरह से सामने ला सकता है जिनके मूल अनुसंधान हितों को वे दृश्य पद्धतियों की संभावना को अनदेखा करने के लिए नेतृत्व कर सकते हैं।

संदर्भ

Ali, S. (2004) 'Using visual materials', in C. Seale (ed.) *Researching Culture and Society* (2nd edn). London: Sage, pp. 265–78.

Baker, T. and Wang, C (2006) 'Photovoice: use of a participatory action research method to explore the chronic pain experience in older adults', *Qualitative Health Research*, 16 (10): 1405–13.

Bateson, G. and Mead. M (1942) *Balinese Character: A Photographic Analysis*. New York: New York Academy of Sciences.

Becker, H. S. (1974) 'Photography and sociology', *Studies in the Anthropology of Visual Communication*, 1: 3–26.

Becker, H. S. (2002) 'Visual evidence: *A Seventh Man*, the specified generalization and the work of the reader', *Visual Studies*, 17 (1): 3–11.

Burrows, R and Savage, M. (2014) 'After the crisis? Big data and the methodological challenges of empirical sociology', *Big Data & Society*, April–June: 1–6.

Drew, S., Duncan, R. and Sawyer S. (2010) 'Visual storytelling: a beneficial but challenging method for health research with young people', *Qualitative Health Research*, 20 (12): 1677–88.

Emmison, M. and Smith, P. (2000) *Researching the Visual: Images, Objects, Contexts and Interactions in Social and Cultural Inquiry*. London: Sage.

Emmison, M., Smith, P. and Mayall, M (2012) *Researching the Visual* (2nd edn). London: Sage.

Goffman, E. (1959) *The Presentation of Self in Everyday Life*. New York: Doubleday Anchor.

Harper, D. (2002) 'Talking about pictures: a case for photo elicitation', *Visual Studies*, 17 (1): 13–26.

Heath, C., Hindmarsh, J. and Luff, P. (2010) *Video in Qualitative Research*. London: Sage.

Johnsen, S., May, J. and Cloke, P. (2008) 'Imag(in)ing "homeless places": using auto-photography to (re)examine the geographies of homelessness', *Area*, 40 (2): 194–207.

Lutz, C. and Collins, J (1993) *Reading National Geographic*. Chicago, IL: University of Chicago Press.

Nash, M. (2014) 'Shapes of motherhood: exploring postnatal body image through photography', *Journal of Gender Studies*, 24 (1): 18–37.

Oliffe, J. and Bottorff, J. (2007) 'Further than the eye can see? Photo elicitation and research with men', *Qualitative Health Research*, 17 (6): 850–8.

Packard, J. (2008) '"I'm gonna show you what it's really like out here": the power and limitation of participatory visual methods', *Visual Studies*, 23 (1): 63–77.

Pauwels, L. (2008) 'A private visual practice going public? Social functions and sociological research opportunities of web-based family photography', *Visual Studies*, 23 (1): 34–49.

Pauwels, L. (2010) 'Visual sociology reframed: an analytical synthesis and discussion of visual methods in social and cultural research', *Sociological Methods & Research*, 38 (4): 545–81.

Phoenix, C. (2010) 'Auto-photography in aging studies: exploring issues of identity construction in mature body-builders', *Journal of Aging Studies*, 24: 167–80.

Pink, S. (2007) *Doing Visual Ethnography: Images, Media and Representation in Research* (2nd edn). London: Sage.

Prosser, J. (2008) 'The darker side of visual research', ESRC National Centre for Research Methods, Working Paper 9.

Rose, G. (2007) *Visual Methodologies: An Introduction to the Interpretation of Visual Materials* (2nd edn). London: Sage.

Rose, G. (2014) 'On the relation between "visual research methods" and contemporary visual culture', *The Sociological Review*, 62: 24–46.

Sharples, M., Davison, L., Thomas, G. and Rudman, P. (2003) 'Children as photographers: an analysis of children's photographic behaviour and intentions at three age levels', *Visual Communication*, 2 (3): 303–30.

Vince, R. and Warren, S. (2012) 'Participatory visual methods', in G. Symon and C. Cassell (eds), *Qualitative Organizational Research: Core Methods and Current Challenges*. London Sage, pp. 275–95.

Wagner, J. (ed.) (1979) *Images of Information: Still Photography in the Social Sciences*, Beverley Hills, CA: Sage.

Wagner, J. (2002) 'Contrasting images, complementary trajectories: sociology, visual sociology and visual research', *Visual Studies*, 17 (2): 160–71.

Webb, E. J., Campbell, D. T., Schwartz, R. D. and Sechrest, L. (1999) *Unobtrusive Measures: Non-reactive Research in the Social Sciences* (rev. edn). London: Sage.

Whyte, W. (1980) *The Social Life of Small Urban Spaces*. New York: Project for Public Spaces.

Wright, C. Y., Darko, N., Standen, P. J. and Patel, T. G. (2010) 'Visual research methods: using cameras to empower socially excluded black youth', *Sociology*, 44 (3): 541–58.

उन्नीस

सन्निहित कार्रवाईः वीडियो और सामाजिक संवाद का विश्लेषण

(Embodied Action: Video and the Analysis of Social Interaction)

क्रिश्चियन हीथ

इस अध्याय के बारे में

वीडियो सामाजिक विज्ञान अनुसंधान के लिए अभूतपूर्व अवसरों को प्रदान करता है। यह शिक्षाविदों, पेशेवरों और जनता के लिये सामाजिक कार्रवाईयों और गतिविधियों के विश्लेषण करने, टिप्पणियों और निष्कर्षों को प्रस्तुत करने में, डेटा एकत्रित करने के नए और विशिष्ट तरीके प्रदान करता है। इस अध्याय में हम लोक पद्धति विज्ञान और वार्तालाप विश्लेषण पर चर्चा करते हैं कि संगठनात्मक स्थापनाओं में सामाजिक पारस्परिक विचार विमर्श की जांच करने के लिए वीडियो रिकॉर्डिंग का उपयोग कैसे किया जा सकता है और वे तरीके जिसमें हम दृश्यता वाले आचरण के तरीके के साथ–साथ बातचीत–सन्निहित कार्रवाई – कार्यस्थल गतिविधियों की उपलब्धि में विशेषताओं पर विचार करना शुरू कर सकते हैं।

कीवर्ड्स – वीडियो (Video), सामाजिक पारस्परिक विचार विमर्श (Social Interaction), कार्य और संगठन (Work and Organization)

परिचय

हाल के वर्षों में हमने ऐसे अध्ययनों के बढ़ते हुये संग्रह के उदगमन को देखा है जो सामाजिक कार्रवाई और पारस्परिक विचार विमर्श का विश्लेषण करने के लिए वीडियो का उपयोग करते हैं। इन अध्ययनों ने कार्यस्थल, घर और संग्रहालयों और दीर्घाओं जैसी और अधिक सार्वजनिक स्थापनाओं सहित दैनिक परिवेश के एक व्यापक रेंज के भीतर गतिविधियों के सामाजिक संगठन से सम्बन्धित अन्तर्दृष्टि और निष्कर्षों की पर्याप्त श्रृंखला का निर्माण किया है। अलग–अलग तरीकों से, इन अध्ययनों ने पिछले तीन दशकों या उसके आसपास में उठने वाले भाषा के उपयोग और बातचीत से सम्बन्धित अनुसंधान की समृद्ध और विविध श्रेणियों को निर्मित एवं विकसित किया है और उन तरीकों का शक्तिशाली तरीके से प्रदर्शन किया है और हालांकि दृश्य, सामग्री, साथ ही बोली जाने वाली बातचीत जिसमें सामाजिक कार्रवाईयों और गतिविधियों को पूरा किया गया है। सन्निहित कार्रवाही और बहु–मोडल संचार में यह बढ़ती दिलचस्पी, शिक्षा (learning), स्वास्थ्य देखभाल (health care), पेशेवर अभ्यास (professional practice), तकनीक (technology), बाजार (markets) और भावनाओं (emotions) सहित सामाजिक विज्ञान से लंबे समय से जुड़े रहने वाले क्षेत्र और मुद्दे को पुनः सम्बोधित करने के लिये और समाजशास्त्र, संगठन अध्ययन, अनुप्रयुक्त भाषाविज्ञान (applied linguistics), शिक्षा, मनोविज्ञान एवं प्रबंधन सहित, प्रकृतिवादी अनुसंधान में विषयों की एक पूर्ण श्रृंखला में वीडियो का उपयोग करने के लिए बढ़ती प्रतिबद्धता में परिलक्षित होता है। (उदाहरण के लिए देखें, लफ एट आल., 2000; नोबलाउच एट आल., 2006; गोल्डमैन एट आल., 2007; जेविट, 2009; स्ट्रीक एट आल., 2011)।

यह अध्याय उन तरीकों की चर्चा करता है जिसमें हम रोजमर्रा की गतिविधियों का पता लगाने के लिए वीडियो का उपयोग कर सकते हैं क्योंकि वे स्वाभाविक रूप से घटित होने वाली स्थापनाओं में, साधारणतः उत्पन्न होती हैं। हम इस पर ध्यान केन्द्रित करते हैं कि विशेष रूप से सामाजिक पारस्परिक विचार विमर्श के विश्लेषण में और उन तरीकों जिसमें सामाजिक पारस्परिक विचार विमर्श न केवल रोजाना की गतिविधियों की उपलब्धि को मजबूती प्रदान करता है बल्कि एक पद्धतिगत संसाधन भी प्रदान करते हैं जिसके साथ प्रतिभागियों के परिप्रेक्ष्य को प्राथमिकता दी जाती है। लोक पद्धति विज्ञान और वार्तालाप विश्लेषण पर आरेखण, अध्याय यह बताता है कि हम कैसे सामाजिक कार्रवाई और गतिविधि के स्थापित उत्पादन की खोज कर सकते हैं और संसाधनों और दक्षताओं की जांच कर सकते हैं, जिन पर प्रतिभागियों ने अपने स्वयं की कार्रवाईयों को पूरा करने और दूसरों की कार्रवाईयों को समझने में भरोसा किया। अध्याय यह सुझाव देता है कि हम सन्निहित कार्रवाही के विश्लेषण के लिए एक विशिष्ट दृष्टिकोण विकसित कर सकते हैं और सामाजिक विज्ञानों में विश्लेषणात्मक और ठोस मुद्दों के बारे में हमारी समझ का योगदान कर सकते हैं। वीडियो, इस सम्बन्ध में स्वाभाविक रूप से होने वाली गतिविधियों के दृश्य–श्रव्य अभिलेखों का एक महत्वपूर्ण संसाधन प्रदान करते हैं।

यह महत्वपूर्ण है, जैसा कि नोबलाउच एट आल., (2006) ने सुझाव दिये हैं कि अनुसंधान से समाजशास्त्र और संज्ञानात्मक विषयों दोनों में 'दृश्य' में व्यापक रुचि का विभेद करने के लिये, दिन–प्रतिदिन की स्थापनाओं में 'स्वाभाविक रूप से घटित होने वाले' आचरण और पारस्परिक विचार विमर्श का विश्लेषण करने के लिए वीडियो रिकॉर्डिंग का उपयोग करते हैं (उदाहरण के लिए देखें, पिंक, 2007; रोज, 2007; बैंक्स, 2008; किसमान, 2009; मार्गोलिस और पॉवेल्स, 2011; एमिस्सन एट आल., 2012)। यह वह उत्तरार्ध है जिसके साथ हम सम्बन्धित हैं और यह लोक पद्धति विज्ञान एवं वार्तालाप विश्लेषण है जो मुख्य रूप से विश्लेषणात्मक और वैचारिक संसाधन प्रदान किए हैं, जो कि कई विषयों से शोधकर्ताओं को वीडियो का उपयोग करने के लिए हर रोज के व्यावहारिक गतिविधियों के सामाजिक और पारस्परिक विचार विमर्श सम्बन्धी संगठन को संबोधित करने के लिए सक्षम बनाया है।

वीडियो-आधारित अनुसंधान के उभरते क्षेत्र (Emerging Fields of Video-based Research)

सामाजिक पारस्परिक विचार विमर्श के वीडियो–आधारित अध्ययनों के पुष्पन ने औपचारिक और अनौपचारिक वातावरणों दोनों सहित हर रोज की स्थापनाओं और स्थितियों की व्यापक विविधता वाले शोध के प्रभावशाली संग्रह को जन्म दिया है। अतः, उदाहरण के लिए, हम ड्राइविंग, बच्चों के खेल, डिनर पार्टियां, खाना पकाना, टीवी देखना, संग्रहालयों की सैर, कम्प्यूटर गेम्स, मोबाइल फोन का उपयोग, शॉपिंग, वर्चुअल वातावरणों और विभिन्न संस्थागत स्थापनाओं में पारस्परिक विचार विमर्श के अध्ययनों को पाते हैं (हिंडमार्श एट आल., 2000; वोम लेहन एट आल., 2001; डान्ट, 2004; ब्यूशेर, 2005; गुडविन, 2006; लॉरीयर एण्ड फिलो, 2006; पेराकिला और रुउसुवौरी, 2006; एश, 2007; गोल्डमैन एट आल., 2007; हीथ एण्ड वोम लेहन, 2008; मोन्डाडा, 2011; 2012; हैडिंगटन एट आल., 2013; लीकोपे, 2015)। शायद वीडियो–आधारित अनुसंधान का सबसे महत्वपूर्ण योगदान काम और संगठन की हमारी समझ के लिये दिया जा रहा है और यद्यपि सामाजिक पारस्परिक विचार विमर्श एवं वे तरीके जिसमें काम पूरा किया गया है। दरअसल, पिछले कुछ दशकों या आसपास में 'कार्यस्थल अध्ययनों' के रूप में पहचाने जाने वाले उद्भव को हमने देखा है। अनुसंधान के इस महत्वपूर्ण संग्रह में उन तरीकों को सम्बोधित किया गया है जिनमें विशिष्ट कार्यों और गतिविधियों को सन्निहित गतिविधि, गतिविधियों के माध्यम से पूरा किया गया है, जिसमें बातचीत के कार्यकलापों (interplay of talk), दृश्यमान आचरण (visible conduct) और विभिन्न वस्तुएं और कलाकृतियों (artefacts), उपकरण और प्रौद्योगिकियों के उपयोग को शामिल किया गया है। अनुसंधान के इस संग्रह में उदाहरण के लिए नियंत्रण कक्ष (Control rooms), ऑपरेटिंग थिएटर (Operating theatres), स्ट्रीट मार्केट (Street markets), मेडिकल परामर्श (Medical consultations), कॉल सेंटर (Call centres), न्यूज रूम (News rooms), फाइनेंशियल ट्रेडिंग रूम (Financial trading rooms), वास्तुकला प्रथाओं (Architectural practices), निर्माण स्थलों (Construction sites) और कार्यालयों (Offices) के अध्ययन शामिल हैं (उदाहरण के लिए देखें, क्लार्क एण्ड पिंच, 1995; एन्गेस्ट्रोम एण्ड मिडलटन, 1996; हीथ एण्ड लफ, 2000; लफ एट आल., 2000; सचमैन, 2007; ललेवेलिन एण्ड हिंडमार्श, 2010; स्ट्रीक एट आल., 2011; एसजिमैनस्की एण्ड व्हालैन, 2011)।

संगठनों के वीडियो–आधारित अध्ययनों में से एक महत्वपूर्ण योगदान उन तरीकों की हमारी समझ के लिये है, जिसमें उपकरणों और प्रौद्योगिकियों को, अत्यधिक जटिल डिजिटल प्रणालियों से लेकर सरल कलाकृतियों तक के लिये प्रतीत होता है जैसेकि, पेन और पेपर, कार्यस्थल गतिविधियों की सहयोगात्मक उपलब्धि में सुविधा प्रदान करते हैं। प्रौद्योगिकी और निकाय उपयोग के बारे में और अधिक परम्परागत अनुसंधान के विपरीत इन अध्ययनों को उल्लेखनीय रूप से सामाजिक विज्ञानों के भीतर समाजशास्त्र और क्षेत्रों दोनों में पाया जाना चिन्हित होता है जैसे – ह्यूमैन–कम्प्यूटर इंटरेक्शन (HCI)। उदाहरण के लिए, अनुसंधान ने उन तरीकों की जांच की है जिनमें ट्रैफिक प्रबंधन और निगरानी के लिए उन्नत सिस्टम शामिल हैं, उदाहरण के लिए – तेजी से शहरी परिवहन, ऑपरेटरों की भागीदारी करने की क्षमता, समन्वय, समवर्ती गतिविधियों और चुनिंदा योगदान की 'परिधीय जानकारी (Peripherally aware)' आसन्न वातावरण में और परे दोनों (उदाहरण के लिए, गुडविन एण्ड गुडविन, 1996; सचमैन, 1996; हीथ एण्ड लफ, 2000; लफ एण्ड हीथ, 2002) और सम्बन्धित मुद्दों की चर्चा के लिए देखें, हिंडमार्श एण्ड पिल्निक, 2002; मोन्डाडा, 2003; कोस्चमान एट आल., 2007)। उदाहरण के लिए, यह भी जांच की गई है कि सेवा मुठभेड़ों, आपातकालीन प्रेषण केन्द्रों में दस्तावेजों एवं सूचना को पुनः प्राप्त करने के लिए निकाय का उपयोग कैसे किया जाता है और चिकित्सा परामर्शों को क्लाइंट और पेशेवर के बीच पारस्परिक विचार विमर्श के साथ व्यवस्थित रूप से निकाला जाता है और वे तरीके जिसमें सिस्टम आकार देता है और प्रतिभागियों के आपातिक (Emergent) और आकस्मिक (Contingent) योगदानों द्वारा आकार दिया जाता है (लफ एण्ड हीथ, 1993; व्हालैन, 1995; व्हालैन एण्ड विन्ख्यूयजन, 2000)। कार्रवाई में प्रौद्योगिकी के इन वीडियो–आधारित अध्ययनों ने कार्यस्थल गतिविधियों की उपलब्धियों के तरीके को भी संबोधित किया है, यहां तक कि अत्यधिक जटिल संगठनात्मक वातावरणों में भी, सांसारिक कलाकृतियों और भौतिक संसाधनों के उपयोग पर निर्भर करता है, जैसे – रेखाचित्रों (Sketches), प्लान, रिकॉर्ड, फ्लाइट स्ट्रिप्स, पेपर टाइमर, पोस्ट–नोट्स, मार्कर, पेन और पेंसिल, और ये वस्तुयें एवं कलाकृतियां पारस्परिक विचार विमर्श में और के माध्यम से उनके अर्थ और महत्व को किस तरह से हासिल करते हैं (हीथ, 1986; लफ एण्ड हीथ, 2000; ब्यूशेर, 2005; लफ एट आल., 2009)। दूसरे शब्दों में, इन वीडियो–आधारित अध्ययनों ने शक्तिशाली तरीके से दिखाया है कि उपकरण और प्रौद्योगिकियां सामाजिक रूप से संगठित व्यवहार और तर्क के एक निकाय पर भरोसा किस तरह से करती हैं, व्यवहार जो भीतर से निकलकर आते हैं और सामाजिक पारस्परिक विचार विमर्श के प्रारूपों के माध्यम से जारी रहते हैं जो विशेष रूप से संगठनात्मक स्थापनाओं के साथ उत्पन्न होते हैं। जैसा कि बारले और कुन्डा (2001) सुझाव देते हैं कि अनुसंधान के इस बढ़ते संग्रह ने कार्य करने और कार्य की व्यावहारिक उपलब्धियों पर संगठन के अध्ययनों को पुनः फोकस करना शुरू कर दिया है और यह दर्शाया है कि सामाजिक पारस्परिक विचार विमर्श के सही विवरणों का विश्लेषण समकालीन कार्य की एक विशिष्ट समझ प्रदान किस तरह से करता है जो संगठन और व्यवसायों के अध्ययन के प्रजाति लेखन सम्बन्धी परम्परा को बनाता और बढ़ाता है।

अनुसंधान की एक बढ़ती हुई और विविध श्रृंखला है जो स्वाभाविक रूप से घटित होने वाली गतिविधियों का विश्लेषण करने के लिए वीडियो का उपयोग करता है, अनुसंधान जो विशिष्ट विश्लेषणात्मक परम्पराओं को आकर्षित करता है और सैद्धांतिक प्रतिबद्धताओं को अलग करता है। इस सम्बन्ध में, लोकपद्धति विज्ञान और वार्तालाप विश्लेषण विशेष रूप से फलदायी साबित हुए हैं, न केवल एक पद्धतिगत रूपरेखा के आधार पर जो सांसारिक गतिविधियों के पारस्परिक विचार विमर्श और अनुक्रमिक सम्बन्धी चरित्र की ओर विश्लेषणात्मक ध्यान केन्द्रित करते हैं, बल्कि इसके निष्कर्षों और अंतर्दृष्टियों के ठोस संग्रह के प्रकाश में भी जो विशेष रूप से पारस्परिक विचार विमर्श में बातचीत में और बातचीत के संगठन से सम्बन्धित कुछ वर्षों में उभरकर आये

हैं (उदाहरण के लिए देखें, सैकस (Sacks) एट आल., 1974, ड्रयू एण्ड हेरिटेज, 1992, सैकस, 1992, हेरिटेज एण्ड मेनार्ड, 2006, पेराकिला और सोरजोनेन, 2012, स्टिवर्स एण्ड सिडनेल, 2013)। स्वाभाविक रूप से घटित होने वाली वार्तालाप के अध्ययनों और, पिछले कुछ दशकों से या उसके आसपास, काम या संस्थागत पारस्परिक विचार विमर्श पर बातचीत ने विश्लेषणात्मक संसाधनों और ठोस निष्कर्षों दोनों प्रदान किए गए हैं जिनसे सन्निहित कार्रवाई और गतिविधि को सम्बोधित किया जाना है। इस सम्बन्ध में, तीन प्रमुख विश्लेषणात्मक वचनबद्धताएं हैं जो वीडियो–आधारित शोध का एक महत्वपूर्ण हिस्सा हैं, प्रतिबद्धतायें जो गुणात्मक अनुसंधानों की श्रृंखलाओं के साथ प्रतिध्वनित करती हैं, लेकिन लोकपद्धति विज्ञान और वार्तालाप विश्लेषण के लिए विशेष महत्व रखती हैं (देखें गारफींकल, 1967, हेरिटेज, 1984, सैकस, 1992)। वे हैं:

1. सामाजिक कार्रवाई स्थापित हैः *उभरते हुये संदर्भ और अर्थ या कार्रवाई की बोधगम्यता, या गतिविधि बाध्य के लिये के सम्बन्ध में कार्रवाई उत्पादित की जाती है, और से अविभाज्य है, कार्रवाई की परिस्थितियां और रूपरेखा जिसमें इसे उत्पादित किया जाता है।*
2. सामाजिक कार्रवाई एक उभरती हुई व्यावहारिक उपलब्धि हैः *प्रतिभागियों का, दूसरों के साथ सहयोग और मेल, कार्रवाई के उत्पादन में और दूसरों की कार्रवाईयों को समझने में संलग्न रहते हैं।*
3. सामाजिक कार्रवाई एक पद्धति पर निर्भर करती हैः *अभ्यास(ओं), तर्क और अनुभवजनित ज्ञान के बारे में एवं जिसके माध्यम से लोग अपने स्वयं की कार्रवाईयों को उत्पन्न करते हैं और दूसरे की कार्रवाईयों की भावना रखते हैं।*

इसलिए विश्लेषण की कार्यवाही प्रकरण दर प्रकरण के आधार पर होती है, जिसमें हम आंकड़ों के उद्धरणों (extracts) या टुकड़े (fragments) की छानबीन करते हैं, मूल वीडियो रिकॉर्डिंग प्रतिलिपियों के साथ होती है, उन तरीकों की जांच करने के लिए जिनमें सह प्रतिभागियों – दूसरों के योगदानों के सम्बन्ध में प्रतिभागियों द्वारा विशिष्ट कार्रवाईयों को उन्मुख और उत्पादित किया जाता है। सामाजिक पारस्परिक विचार विमर्श पूछताछ का एक विषय और विश्लेषण के लिए एक संसाधन दोनों होता है, संसाधन प्रदान करने के माध्यम से हम यह जांच कर सकते हैं कि विशेष कार्रवाईयों और गतिविधियों के उत्पादन में एक दूसरे के आचरण के बारे में प्रतिभागियों ने स्वयं कैसे अभिमुख (orient) किया है। ललित कला और प्राचीन वस्तुओं की नीलामी की वीडियो रिकॉर्डिंग के एक महत्वपूर्ण संग्रह से तैयार संक्षिप्त उद्धरण पर विचार करना उपयुक्त है, रिकॉर्डिंग्स को यूके और विदेशों दोनों में एकत्रित किया गया है (देखें हीथ, 2013)।

कार्यस्थल गतिविधियों में अनुक्रम और भागीदारी (Sequence and Participation in Workplace Activities)

ललित कला और प्राचीन वस्तुओं की नीलामी में एक दिन में 500 ढेर (lots) तक बिक्रय करने के लिए दोहराए गए एपिसोड के गहन प्रसंगों को शामिल किया गया है। प्रत्येक एपिसोड में शायद ही कभी 30 सेकंड से अधिक समय रहता है, लेकिन उन संक्षिप्त क्षणों के भीतर सामान की कीमत शुरूआती अंकों से पांच गुना से अधिक बढ़ सकती है। एक नीलामी में किसी समय पर सौ से ज्यादा लोग तक हो सकते हैं, इसमें बिक्री के लिए आने वाली किसी भी वस्तु के लिये उनमें से कई संभावित बोली लगाने वाले हो सकते हैं। ऐसे भी कई लोग हो सकते हैं जिन्होंने नीलामी हाउस के साथ टेलीफोन लाइनों को बुक किया है ताकि वे इन्टरनेट पर बोली लगाने के लिये पंजीकृत बिक्री सहायकों और अन्य लोगों के द्वारा किसी विशेष ढेर पर बोली लगाने के लिए स्वयं सक्षम हो सकें। नीलामीकर्ता (auctioneer) एक ऐसे संगठन को तैनात करता है जो बोली लगाने वालों के योगदान को प्रोत्साहित और निर्देशित करता है। बोली लगाने वाले, जो न केवल एक–दूसरे के साथ प्रतिस्पर्धा में रहते हैं, बल्कि प्रश्न में माल के मूल्य का एक बहुत अलग विचार दे सकते हैं। बोली लगाने वालों को सहयोग करने में, नीलामीकर्ता

(auctioneer) अपनी सबसे बुनियादी संगठनात्मक व्यवस्था को लागू करता है जिससे कई प्रतिभागियों के संभावित योगदानों को शामिल किया जाता है। यदि मूल्य उचित है तो उनमें से कई बोली लगा सकते हैं, वे बदलावों के एक सुव्यवस्थित माध्यम से आयोजित किए जाते हैं, इस मामले में सचमुच, जहां वे बदलते हैं, भ्रष्ट (corrupt) करने के लिये सैकस एट आल., (1974), 'मूल्यवान' होते हैं।

निम्नलिखित खंड (fragment) पर विचार करें, लंदन में एक बिक्री कक्ष में प्राचीनकाल की वस्तुओं की हालिया नीलामी से एक संक्षिप्त उद्धरण है। सुविधा के लिए, हमने प्रतिलिपि को सरल और संक्षिप्त किया है और [बी बोली लगाई है] बी द्वारा बोली लगाने के लिए बी से प्रतिनिधित्व किया गया है, बोली लगाने वालों को विशेष संख्या के अनुसार क्रम में रखा गया है [बी 1 प्रथम बोली], वे जो बोली लगाने में पहले क्रम में दर्ज होते हैं।

खण्ड 1

A: Lot One Hundred and Six. There it is. Lot One Hundred and Six
.
A: Eight hundred
[B.1 bids]
A: Eight fifty
[B.2 bids]
A: Nine hundred
[B.1 bids]
A: Nine fifty
[B.2 bids]
A: A thousand there:
(0.4) [B.1 bids]
A: Eleven here
(.) [B.2 bids]
A: Twelve hundred
[B.1 bids]
A: Thirteen hundred
[B.2 bids]
A: Fourteen hundred
[B.1 bids]
A: Fifteen hundred
.
A: Two two:: the standing bidder (0.2) last chance [glances at B.3] (0.2) two thousand two hundred pounds:::
(0.6)
{knock}

अकेले प्रतिलेख से हम यह देख सकते हैं कि पारस्परिक विचार विमर्श अन्य गतिविधियों और घटनाओं के संगठन से स्पष्ट रूप से भिन्न है जिसके साथ हम परिचित हो सकते हैं। वक्ता केवल एक है, नीलामीकर्ता (ए), और बड़े पैमाने पर बातचीतों में संख्याएं होती हैं, अर्थात् मूल्य बढ़ते जाते हैं। ये वृद्धियां स्थिर रहती है 50 पाउण्ड से ऊपर जब तक कि 1,000 पाउण्ड तक नहीं होते और फिर 1,00 पाउंड के लिये बदल जाती है। एक बार शुरू होने पर, वृद्धिशील संरचना वाली परियोजनाओं की श्रृंखलाओं के उन मूल्यों को प्रस्तुत करती है जिन पर वे मूल्यों के बावजूद बोली लगाते हैं, जिनके बारे में वे मन में सोच सकते हैं। इसके अलावा,

यह देखा जा सकता है कि दो मुख्य पात्रों (Protagonists), बी1 और बी2 के बीच बोली लगाने की प्रक्रिया वैकल्पिक होती है। थोड़ी देर बाद, 1800 पाउंड को, प्रतिलेख में शामिल नहीं किया गया है, बी1 इससे अलग हो जाता है और नीलामीकर्ता को फिर एक नया बोली लगाने वाला मिल जाता है, और बी 2 और बी 3 के बीच बोली लगाने के विकल्प होते हैं। सिद्धान्त का यह क्रम 'रन' के रूप में जाना जाता है और नीलामियों के कई प्रारूपों के भीतर प्रयोग किया जाता है, बोली लगाने का प्रयास करने वाले लोगों की संख्या के बावजूद, नीलामीकर्ता दो बोली लगाने वालों को स्थापित करता है और किसी एक समय में दो से अधिक बोली लगाने वालों को स्थापित नहीं किया जाता है।

यह प्रतिलेख से स्पष्ट है कि दृश्य या शारीरिक आचरण घटना के संगठन में एक महत्वपूर्ण भूमिका निभाता है। सबसे पहले, बोली लगाते समय 'बारी–बारी से' बातचीत करने के बजाय इशारों के माध्यम से पूरा किया जाता है (उदाहरण के लिए – सिर हिलाना या संकेत करना)। संभावित खरीदारों की भागीदारी किसी एक कीमत पर बोली लगाने के लिए सहमत होने या मना करने के लिये काफी हद तक सीमित होती है। दूसरे, यह देखते हुए कि बिक्री के कमरे में सौ या ज्यादा लोग हो सकते हैं, और बोली लगाने के लिए कई लोग उत्सुक होते हैं, यह स्पष्ट है कि नीलामीकर्ता के दृश्यमान आचरण व्यक्तियों को यह जानने में महत्वपूर्ण भूमिका निभा सकते हैं कि बोली लगाने के लिये उनकी बारी कब है। तीसरा, बोली लगाने वालों और वर्तमान में मौजूद सभी लोगों को यह जानना आवश्यक है कि किसी की बोली लगाना तब सफल माना जाता है, जब कोई किसी भी समय, उच्चतम कीमत वाली बोली लगाता है। दूसरे शब्दों में, घटना के दौरान भागीदारी का संगठन, बोली लगाने के लिये अवसरों का वितरण और कीमतों में तेजी से वृद्धि, नीलामीकर्ता और संभावित खरीदारों के दृश्य आचरण पर निर्भर करता है। इसे आगे बढ़ाने के लिए रन के एक अनुभाग पर विचार करना उपयुक्त है। उदाहरण के लिए – वृद्धि की घोषणा 'बारह सौ' ले लीजिये।

चित्र 19.1 के चित्रों से, कोई यह देख सकता है कि नीलामीकर्ता उसके दाहिने हाथों किये जाने वाले इशारों और उसके बाएं से किये जाने वाले इशारों के बीच विकल्प प्रदान करता है। उनके दृश्य संरेखण में पालियों

चित्र 19.1 बोली लगवाते हुये

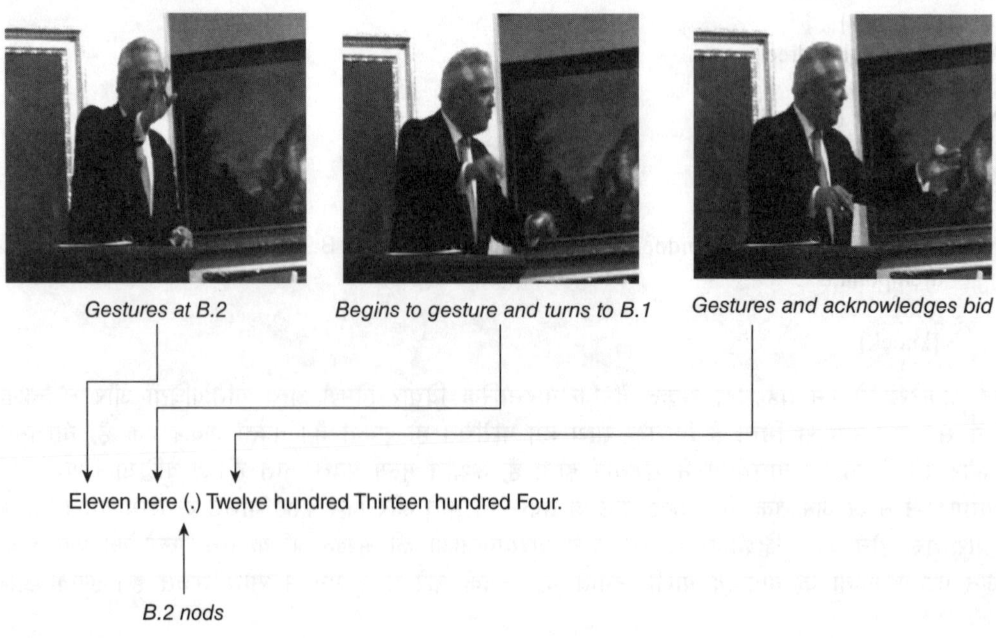

(shifts) से इशारों को साथ दिया जाता हैं जिसमें वह उसके दायीं ओर बोली लगाने वाला (बी1) से उसके बायीं ओर बोली लगाने वाला (बी2) तक बदलता है। जैसा कि वह 'ग्यारह यहां' (बी1 द्वारा बोली लगायी गयी) की घोषणा करने के लिए शुरू होता है, तब वह बी2 की ओर मुड़ता है। उसे टकटकी बांधकर देखते हुये शब्द 'यहाँ' पर आता है वह अपने दाहिने हाथ को हटा लेता (withdraws) है और बी2 की ओर इशारा करने के लिये बाएं हाथ को उठाकर शुरुआत करता है। वह कुछ समय बी2 की ओर देखता है और इशारा करता है, वह सिर हिलाती है, अनुमानित अगली वृद्धि के लिये सहमति देती है। दृश्यमान संरेखण और इशारा, घोषणा के साथ मिलकर, खरीदार को यह पता करने में सक्षम बनाता है कि उसकी बारी कब है और वह कीमत जो बोली लगाने के लिये उससे उम्मीद की जाती है। यह अधिकांश कम से कम कार्रवाईयों के माध्यम से पूरा करने में बोली लगाने को सक्षम बनाता है – सिर हिलाकर मंजूरी देना।

खण्ड कई विश्लेषणात्मक विचारों के लिए इंगित करता है जो पूर्व में उल्लिखित पद्धतिय प्रतिबद्धताओं को खोलने में हमें सक्षम बनाता है।

सबसे पहले, हम यह देखना शुरू करते हैं कि सामाजिक कार्रवाईयों और गतिविधियों के प्रदर्शन, बातचीत जैसे आचरण किस तरह से दृश्यमान हैं। उपलब्ध मामले में, संभावित खरीदारों द्वारा पारस्परिक विचार विमर्श के विकासशील पाठ्यक्रम के भीतर, बातचीत के माध्यम से नहीं बल्कि दृश्य या शारीरिक आचरण के माध्यम से 'बारी बारी से (turns)' बोलियां लगाने (bids), को उत्पादित किया जाता है। नीलामीकर्ता के दायीं ओर बोली लगाने वाला अपनी सूची बढ़ाता है, बांयी ओर बोली लगाने वाला उसका सिर हिलाकर इशारा करती है। इसके अलावा, बोली लगाने की प्रक्रिया को न केवल मौजूदा वृद्धि की घोषणा के जरिए पूरा किया जाता है, उदाहरण के लिए 'एक हजार वहांः', बल्कि नीलामीकर्ता के साथ शारीरिक आचरण के आधार पर भी, निविदाकर्ता की तरफ से प्रत्यक्ष बोली लगाने और एक इशारा जो बोली लगाने का अवसर प्रदान करता है। दृश्यमान आचरण इसलिए, बातचीत के साथ और बिना किसी बातचीत के दोनों, एक विशेष प्रतिभागी से प्रतिक्रिया पैदा करने के लिए और विशिष्ट कार्रवाईयों का उत्पादन करने के लिये उपयोग किया जाता है।

दूसरे, पारस्परिक विचार विमर्श के विकासशील पाठ्यक्रम के भीतर प्रतिभागियों के आचरण का स्थान या स्थिति इसकी भावना के लिए महत्वपूर्ण है और एक विशेष कार्रवाई करने की उसकी क्षमता है। उदाहरण के लिए, प्रतिभागी की तरफ इशारा करते हुये और जुड़ी हुयी वृद्धि की घोषणा के साथ नीलामीकर्ता बदलाव के साथ उसके तात्कालिक मुकाबलों के आधार पर सिर हिलाने द्वारा 1,200 पाउण्ड की बोली लगाने की मंजूरी मिलती है। सिर का हिलाना मंजूरी का निर्माण करता है और इसे अनुमानित अगली वृद्धि पर बोली लगाने एवं बोली लगाने वाले के लिये नीलामीकर्ता के निमंत्रण के प्रति उत्तरदायी के रूप में देखा जाता है। इसी प्रकार, उस वृद्धि और इशारों की घोषणा के साथ जो इसके साथ है, उस नीलामीकर्ता की पूर्ववर्ती कार्रवाई और पात्र के आचरण के विपरीत जिस तरीके से वे खड़े होते हैं उन तरीकों के आधार पर सुगम होते हैं। प्रतिभागियों की कार्रवाईयां, चाहे दृश्यमान, बोली जाने वाली या दोनों का संयोजन हों, उन तरीकों के आधार पर पूरा किया जाता है जिसमें उन्हें (तत्काल) पूर्ववर्ती कार्रवाइयों के लिए उन्मुख किया जाता है और आगामी कार्रवाई के अवसर पैदा किये जाते हैं, जब कि अगली बारी में अक्सर नहीं।

तीसरा, प्रतिभागियों की कार्रवाईयां कार्रवाईयों के अनुक्रमों में और उसके द्वारा पूरा किया जाता है और इन अनुक्रमों से सूचित किया जाता है कि लोग कैसे उनके आचरण को पेश करते हैं और दूसरों की कार्रवाईयों को समझते हैं। उदाहरण के लिए, एक सामाजिक और पारस्परिक विचार विमर्श सम्बन्धी व्यवस्था पर यह रन निर्भर करता है जो बोली लगाने वाले के लिये निमन्त्रण हेतु उत्तर देने के लिए कृतज्ञता के तहत विशेष रूप से प्रतिभागियों को वैकल्पिक रूप से स्थापित करता है। निमंत्रण एक अंक (figure) की घोषणा के माध्यम से, एक वृद्धि जो एक विशेष व्यक्ति की ओर इशारा करते हुए और नीलामीकर्ता के पुनः स्थापन के साथ देने के माध्यम से तैयार किया जाता है। निमंत्रण, प्रासंगिक, फंसाने, एक संभावित खरीदार से कार्रवाई, बोली लगाने को स्वीकार या अस्वीकार करने के लिए, इस मामले में स्वीकृति, आगामी वृद्धि वाली बोली लगाने हेतु पात्र को आमंत्रित करने

के लिए नीलामीकर्ता को तत्काल सक्षम बनाने के लिये प्रस्तुत करता है। इसलिए प्रतिभागियों की कार्रवाईयां, और वास्तव में नीलामी में मूल्य की व्यवस्थित वृद्धि, कार्रवाई के एकान्तर अनुक्रमों के माध्यम से पूर्ण होती है, जिसके माध्यम से विशेष प्रतिभागियों को बोली लगाने या निकल जाने (withdraw) का अवसर प्रदान किया जाता है। इस अनुक्रमिक संगठन के माध्यम से स्थापित कार्रवाई की उल्लेखनीय अर्थव्यवस्था ने नीलामीकताओं को वस्तुओं के मूल्य को तेजी से स्थापित करने और उनके विनिमय सुरक्षित करने के लिए सक्षम बनाया है – वस्तुयें जो कि कुछ पाउंड या कई लाखों में लायक हो सकती है (हीथ, देखें)।

गतिविधि के इन तेजी से उभरते हुए अनुक्रमों के साथ हम एक सामाजिक संगठन के प्रमाण पाते हैं जो प्रत्येक और हर कार्रवाई के उभरते उत्पादन को सूचित करता है, हालांकि न्यूनतम या अप्रासंगिक दिखाई देते प्रतीत होता है। उदाहरण के लिए, उस इशारे पर विचार करें, जो वृद्धि की घोषणा के साथ होता है, एक इशारा जो कम से कम दो कार्रवाइयों (चित्र 19.2) को पूरा करने के लिए उसके उत्पादन के दौरान करीब निरीक्षण पर व्यवस्थित रूप से दिखाई देता है। जैसे कि इशारे एवं शारीरिक पुनर्निर्माण के संकेत करने के साथ, वृद्धि के जवाब में बी2 बोली लगाता है, नीलामीकर्ता तुरन्त उससे दूर हो जाता है और बी1 की ओर जाती है, एक ही समय पर कीमत की घोषणा की जाती है जो उसने बोली लगाने के समय बोली थी। जब वह निमंत्रण के जवाब में मंजूरी देने के लिये सिर हिलाती है, तो वह अपना इशारा बदल देता है, हाथ ऊपर और नीचे फ्लिप करता है। हाथ की झलक बोली लगाने की स्वीकृति को दर्शाती है और, जैसा कि इसे ऊपर उठाया और नीचे किया गया है, प्रतिभागी एक तरफ मुड़ता है और उसके सिर को हिलाना बन्द कर देता है। जैसे ही हाथ ऊपर और नीचे फ्लिप करता है, नीलामीकर्ता पात्र की ओर बढ़ना शुरू कर देता है और वर्तमान वृद्धि की घोषणा करता है, अर्थात् 'बारह सौ' बारी–बारी से, हम उन तरीकों पर विचार कर सकते हैं जिनमें दृश्य व्यवहार, जैसे बातचीत को, उपलब्ध सन्दर्भ के सम्बन्ध में विशेष कार्रवाईयों को पूरा करने के लिए, इसके उत्पादन के दौरान, व्यवस्थित रूप से आकार दिया गया है, डिजाइन किया गया है, एक 'संदर्भ' जो कि सह–प्रतिभागी (यों) के समवर्ती आचरण के प्रकाश में उभर रहा है।

इस प्रकार, हम यह देखना शुरू कर सकते हैं कि लोग भागीदारी के प्रारूपों के चलते किस तरह से फैशन करते हैं जो पारस्परिक विचार विमर्श के दौरान उत्पन्न होते हैं और इस प्रकार उस पारस्परिक विचार विमर्श को इसकी विशेष संस्थागत चरित्र या गुणवत्ता दी जाती है। इस संबंध में, गॉफमैन (1981) की सहभागिता ढांचे के बारे में चर्चा को याद करना उचित है:

> 'सहभागिता ढांचा (Participation framework)': जब एक शब्द कहा जाता है तो घटना के अव्यावहारिक रेंज में होने वाले सभी लोगों के पास भागीदारी के कुछ प्रकार की स्थिति इससे सम्बन्धित होगी। इन विभिन्न स्थितियों के संहिताकरण (codification) और प्रत्येक के साथ उचित आचरण के मानक विनिर्देशों से पारस्परिक विचार विमर्श के विश्लेषण के लिए एक महत्वपूर्ण पृष्ठभूमि प्रदान की जाती हैं – चाहे (मुझे लगता है) हमारे अपने समाज या किसी अन्य में (गॉफमैन, 1981: 3)।

चित्र 19.2 बोली लगाना और इशारों के रूपान्तरण

उपलब्ध मामले में, हम यह देखना शुरू कर सकते हैं कि नीलामी एक पारस्परिक विचार विमर्श सम्बन्धी क्रम पर कैसे निर्भर करती है, जो चुनिन्दा रूप से भाग लेने के अवसरों और भागीदारी के प्रारूपों दोनों में आयोजित किया जाता है, जिसमें लोग गतिविधि के विकासशील पाठ्यक्रम के भीतर संलग्न होते हैं। भागीदारी के ये प्रारूप आपातिक, पूर्ण, यहां तक कि एक कार्रवाई के उभरते उत्पादन के साथ, सह–भागीदार(ओं) के उभरते हुए आचरण के प्रति संवेदनशील होते हैं। इस प्रकार, एक विशेष संस्थागत व्यवस्था, जो हर साल अरबों डॉलर के सामानों के लेनदेन को सक्षम बनाती है, एक पैमाने के बीज में से (fine-grained) पारस्परिक विचार विमर्श सम्बन्धी संगठन में और के माध्यम से स्थापित एवं संधारित किया जाता है जो कि सामाजिक रूप से संगठित अभ्यास और प्रक्रिया की स्थित तैनाती पर निर्भर है।

वीडियो रिकॉर्डिंग के एकल खण्ड का विश्लेषण उन संसाधनों को प्रदान कर सकता है जिसके साथ हम सामाजिक और पारस्परिक विचार विमर्श सम्बन्धी संगठन की जांच करना शुरू कर सकते हैं जिन पर ये अत्यधिक जटिल घटनायें भरोसा करती है। फिर हम विशेष कार्रवाईयों या कार्रवाई के अनुक्रमों के संग्रह को एकत्रित करने और उनके चरित्र और संगठन की तुलना (Compare) और विरोध (Contrast) करने के लिये आगे बढ़ सकते हैं।

सामाजिक कार्रवाईयों और गतिविधियों के पारस्परिक विचार विमर्श सम्बन्धी संगठन का विश्लेषण उन संसाधनों को प्रदान करता है जिनसे उन तरीकों को सम्बोधित किया जाता है जिनमें प्रतिभागियों द्वारा खुद को अभिमुख (Orient) करने के लिये और एक–दूसरे की कार्रवाईयों की समझ प्रदर्शित की जाती है। उदाहरण के लिए, नीलामीकर्ता की बढ़त की घोषणा और इसके साथ दृश्य संरेखण और इशारों पर विचार करते हुये, हम जांच कर सकते हैं कि प्राप्तकर्ता इस कार्रवाई के बारे में प्रतिक्रिया कैसे करता है, इस मामले में 'अगली बारी में' यह विचार करने के लिए कि प्रतिभागी उसके स्वयं का नीलामकर्ता के आचरण की ओर व्यवहार किस तरह से करता है। इसके अलावा, नीलामकर्ता खुद इस पर विचार करते हुये कि कैसे, बदले में (in turn), बोली लगाने वाले की कार्रवाईयों की प्रतिक्रिया दी जाती है, हाथ उछालते हुये, अगली वृद्धि की घोषणा करते हुए और बोली लगाने के लिए पात्र को आमंत्रित करते हुए, हम यह समझ सकते हैं कि महिला के सिर हिलाने से वह कैसे व्यवहार कर रहा है। दूसरे शब्दों में, प्रतिभागियों की कार्रवाईयों के पारस्परिक विचार विमर्श सम्बन्धी संगठन, उनके आकस्मिक और अनुक्रमिक विशेषता, उन पहलुओं का बहुत तरीके से विश्लेषण करने के लिए एक साधन (vehicle) प्रदान करता है जिसमें प्रतिभागियों द्वारा स्वयं उनकी आगामी कार्रवाई और गतिविधि में एक दूसरे के आचरण की समझ प्रदर्शित की जाती है। हालांकि विश्लेषण इस अनुक्रमिक संगठन के कई उदाहरणों पर विचार करने के लिये आगे बढ़ सकते हैं, एक एकल मामले का विस्तृत परीक्षण संसाधनों को प्रदान करता है जिसके माध्यम से हम विशेष गतिविधियों की विशेषताओं को समझना शुरू कर सकते हैं और प्रतिभागियों के उन्मुखीकरण को एक दूसरे के आचरण के लिये प्राथमिकता दे सकते हैं। (देखें सैकस एट आल., 1974; गुडविन, 1981; सैकस, 1992; शेगलॉफ, 2007; हीथ एट आल., 2010)।

डेटा संकलन और प्रतिलेखन (Data Collection and Transcription)

शोधकर्ता जिन विश्लेषणात्मक दृष्टिकोण को अपनाता है वे डेटा संग्रह के लिए महत्वपूर्ण निहितार्थ होते हैं। मार्गरिट मीड और ग्रेगरी बेट्सन के बीच गहन चर्चा में मानव आचरण और पारस्परिक विचार विमर्श के दिये गये उदाहरणों में दृश्य और श्रव्य पहलुओं को सर्वोत्तम तरीके से अभिलिखित करने से सम्बन्धित लंबे समय से बहस चल रही है, जहां वे नियत (Fixed) एवं घूमने वाले (Roving) कैमरों के फायदे और नुकसान के बारे में चर्चा करते हैं (ब्रैंड, 1976 देखें)। पारस्परिक विचार विमर्श पर जोर देने के साथ, और उन तरीकों की तलाश करने जिसमें लोग एक दूसरे के आचरण में प्रतिक्रिया करते और भाग लेते हैं, डेटा संग्रहण और पहचान करने वाली सामग्रियों के लिए कुछ स्पष्ट निहितार्थ हैं जो विश्लेषणात्मक उद्देश्यों की पूर्ति करेंगे। सबसे पहले, किसी गतिविधि की उपलब्धि में विश्लेषण को सक्षम बनाने के तरीके को संबोधित करने के लिए सभी सक्रिय प्रतिभागियों के आचरण और योगदान को अभिलिखित करने के लिए यह महत्वपूर्ण है जिसमें विशेष कार्रवाईयां और गतिविधियां सामाजिक

पारस्परिक विचार विमर्श में एवं के माध्यम से उत्पन्न होती हैं। दूसरा यह है कि घूमने वाले की बजाय, जहां संभव हो नियत कैमरों को दो प्रमुख कारणों के लिए अपनाया जाता हैः कार्रवाई का पालन करने की कोशिश में कैमरे से सवाल उठाने के शुरू होने से पहले एक थोड़ी सी देरी हो जाती है, जिससे इसकी शुरुआत गायब हो जाती है, और कार्रवाई के बाद, लोग अत्यधिक संवेदनशील रहते हैं, और कुछ मामलों में उन्मुख, रिकॉर्डिंग के लिए, – शोधकर्ता कार्रवाई के दृश्य में एक सक्रिय भागीदार बन जाता है। तीसरा, एक नियत कैमरे की स्थिति का उपयोग करते हुए, भले ही कई कैमरों का इस्तेमाल करने की आवश्यकता हो, ध्वनि और दृष्टि की गुणवत्ता को अधिकतम करने के लिए शोधकर्ता को सक्षम बनाता है और उस दृश्य के लिये ध्यान केन्द्रित करता है जो विश्लेषण के लिए सर्वश्रेष्ठ है। इस तरह, डेटा एकत्रित किया जा सकता है जो सामग्री के विश्लेषण पर निर्भर होने के लिए विश्लेषणात्मक हितों की श्रृंखला को सक्षम बनाता है। नीलामियों के मामले में हमने पाया कि कई मामलों में यह घटना अभिलिखित करने के लिए एक साथ तीन कैमरों का उपयोग करने के लिए आवश्यक थी। इस प्रकार, हम सम्भावित खरीदारों, अन्य प्रतिभागियों के अभिलेखों तक पहुंचने में सक्षम थे जैसे बिक्री सहयोगी और क्लर्क, साथ–साथ नीलामीकर्ता (हीथ, 2013 देखें)।

इन पद्धतिगत प्रतिबद्धताओं में डेटा को एक विशेष प्रारूप में साधन के रूप में प्रतिनिधित्व करने के बजाय विश्लेषणात्मक प्रक्रिया के भाग के रूप में प्रतिलेखन और प्रतिलेखन के महत्व को भी इंगित किया जाता है। तरीकों की जांच के लिये कार्रवाई की जगह या स्थिति को स्पष्ट करना विशेष महत्व का है जिसमें एक कार्रवाई दूसरों के पूर्ववर्ती और समवर्ती योगदानों के प्रति संवेदनशील होती है। एक एपिसोड या घटना, एक खण्ड का विश्लेषण करते हुए, हम गैल जेफरसन द्वारा विकसित की गई आकृतिविज्ञान (Orthography) का उपयोग करके बातचीत को लिप्यंतरण करते हुए शुरू करते हैं, एक प्रणाली जो अब संभाषण (Discourse) और भाषा के उपयोग के विश्लेषण के लिए वार्तालाप विश्लेषण और संज्ञानात्मक दृष्टिकोणों में व्यापक रूप से उपयोग की जाती है। इसके बाद हम या तो एक सॉफ्टवेयर प्रोग्राम का उपयोग करते हैं या बातचीत की प्रतिलिपि ग्राफ पेपर या उसके समतुल्य स्थानान्तरित करते हैं और, क्षैतिज रूप से बातचीत करते हुए, कम से कम प्रतिभागियों के दृश्यमान आचरण की शुरुआत और पूरा होने पर व्यवस्थित रूप से मानचित्रण करते हैं (हीथ एट आल., 2010 देखें)। इस तरह से खण्डों का मानचित्रण करने से किसी को कुछ परिशुद्धता के साथ विशेष कार्रवाईयों की स्थिति और उन कार्रवाईयों के घटकों की पहचान करने में सक्षम बनाता है और पारस्परिक विचार विमर्श में विभिन्न प्रतिभागियों की कार्रवाईयों के बीच के सम्बन्धों की सम्भावित जांच करने में सक्षम बनाता है। यह मूल अभिलेख की छानबीन करने और प्रतिभागियों की कार्रवाईयों और पारस्परिक विचार विमर्श में जटिल विवरणों के लिए एक साधन भी प्रदान करता है। प्रस्तुतियों या प्रकाशनों के भीतर शायद ही उपयोग किए जाने वाले एवं विश्लेषणात्मक उद्देश्यों के लिए पारस्परिक विचार विमर्श के ये नक्शे (maps) हैं, हालांकि मूल प्रतिलिपि के सरलीकृत संस्करण प्रदान करने के लिए यह असामान्य नहीं है।

फील्डवर्क और वीडियो विश्लेषण (Fieldwork and Video Analysis)

वीडियो रिकॉर्डिंग विश्लेषण के लिए और, प्रतिबद्धता के साथ एक दूसरे की कार्रवाइयों के लिए प्रतिभागियों द्वारा खुद को उन्मुख करने के तरीके के प्रदर्शन करने के लिए प्रमुख साधन (vehicle) है, उन संसाधनों को प्रदान करता है जिसके माध्यम से हम विशेष टिप्पणियों के साक्ष्य विकसित करते हैं और हमारे निष्कर्षों और स्पष्टीकरणों का आश्वासन देते हैं। हालांकि, फील्डवर्क, रिकॉर्ड किए गए डेटा सहित आंकड़ों को एकत्रित करने, और इन सामग्रियों को विश्लेषण करने के लिए, दोनों में अनमोल साबित हो सकता है। वीडियो–आधारित विश्लेषण करने में फील्डवर्क का महत्व, शायद कार्यस्थल और अधिक जटिल संगठनात्मक वातावरणों के अध्ययनों के विशेष महत्व से है। यह प्रतिभागियों के विश्वास को स्थापित करने में एवं बढ़ाने से सम्बन्धित महत्वपूर्ण जानकारी प्रदान कर सकता है।

अतः उदाहरण के लिए, नीलामियों के हमारे अध्ययन में, व्यापक स्तर पर फील्डवर्क के आयोजन किए गये, जिसने एकत्रित किए गए अभिलिखित आंकड़ों में से निकल कर आने वाली कुछ निश्चित समस्याओं का समाधान

करने के लिए न केवल हमें सक्षम बनाया, बल्कि कुछ तकनीकों और संसाधनों के साथ परिचित भी हो गये हैं जिन पर नीलामीकर्ता बिक्री का आयोजन करने में भरोसा करते हैं। मामले जैसे कि विशेष कीमतों पर नीलामीकर्ताओं द्वारा बोली लगाना क्यों शुरू किया जाता है, वे बढ़त की संरचना कैसे करते हैं, बिक्रय पत्रकों पर प्रलेखित जानकारी, वे तरीके जिससे वे बिक्री की योजना बनाते हैं और कुछ विशेषताओं का भेदभाव करते हुये अभिलेखों के विश्लेषण करने में अमूल्यवान साबित होते हैं। या, उदाहरण के लिए, लन्दन अंडरग्राउण्ड पर एक ऑपरेशन कक्ष में एक स्टेशन पर्यवेक्षक को चित्र 19.3 के इस चित्र पर विचार करें, एक स्थापना जिसमें हमने कुछ वर्षों के लिए शोध करने का आयोजन किया है (उदाहरण के लिए, हीथ एट आल., 2002; लफ एट आल., 2008)।

एक डोमेन में प्रतिभागियों की गतिविधियों को समझने की शुरूआत करना उतना ही जटिल है जितना कि आपरेशंस कक्ष, उन संसाधनों से परिचित होना जरूरी है, जिस पर कर्मियों का भरोसा है।

उदाहरण के लिए, यात्रियों और कर्मचारियों को सूचित करने के लिए एक साधारण रूप से सरल सार्वजनिक घोषणा है, कि स्टेशन पर भारी भीड़ है जिसे अस्थायी रूप से बन्द किया जा रहा है, इसमें उत्तरोतर सीसीटीवी मानीटरों की छानबीन में पर्यवेक्षक, ट्रेनों के समय की समीक्षा करना, सार्वजनिक पता प्रणाली में क्षेत्र कोडों का कुंजीयन करना, चयनित स्टेशन कर्मचारियों का रेडियोकरण और, घटना का अनुसरण, पत्रकों पर 'विफलता और देरी' की जानकारी दर्ज करना शामिल होगें। पर्यवेक्षकों की कार्रवाई और पारस्परिक विचार विमर्श जिसके माध्यम से ये उभरकर आते हैं, वह इन संसाधनों के उपयोग पर 'कभी–कभी' निर्भर करता है और उन संसाधनों को समझने के साथ ही विश्लेषण केवल आगे बढ़ सकता है और विशेष गतिविधियों की उभरती उपलब्धि के भीतर उनका उपयोग कैसे किया जाता है।

फील्डवर्क आयोजित करने की आवश्यकता के बावजूद, रिकॉर्डिंग, वीडियो रिकॉर्ड, प्रमुख विश्लेषणात्मक संसाधन बने हुये हैं, और वे साधन जिसके माध्यम से हम प्रतिभागियों द्वारा स्वयं की कार्रवाईयों के सम्बन्ध में हमारी टिप्पणियों और निष्कर्षों को दस्तक दे सकते हैं। इस तरह से, वीडियो रिकॉर्डिंग केवल एक अतिरिक्त तरीके के रूप में नहीं समझी जाती है, जिसमें हम गुणात्मक डेटा एकत्रित कर सकते हैं या घटनाओं को वर्णन कर सकते हैं जो प्रजातिलेखन सम्बन्धी दिलचस्पी रखने वाली हो सकती हैं, बल्कि महत्वपूर्ण पद्धतिय संसाधन प्रदान करते

चित्र 19.3 लंदन अंडरग्राउंड के विक्टोरिया स्टेशन पर स्टेशन ऑपरेशंस रूम

हैं जो हमें गुणात्मक अनुसंधान की केंद्रीय प्रतिबद्धताओं में से किसी एक के साथ आने के लिये सक्षम बनाता है, जो उन विश्लेषणों के लिये विकासशील है, संवेदनशील हैं और सामाजिक कार्रवाईयों और गतिविधियों की अनुकूल उपलब्धि में विशेष प्रथाओं और प्रक्रियाओं पर प्रतिभागियों द्वारा स्वयं पर निर्भर होने के तरीके को प्रदर्शित करते हैं।

अध्याय का सारांश

वीडियो सामाजिक विज्ञान अनुसंधान के लिए एक अभूतपूर्व संसाधन प्रदान करता है और विभिन्न पद्धतिगत रुचियों और प्रतिबद्धताओं के अनुप्रयोग को सक्षम बनाता है (उदाहरण के लिए, देखें, नोबलॉच एट आल., 2006)। इस अध्याय में, हमने वीडियो के एक विशेष उपयोग पर चर्चा की है, एक ऐसा अनुप्रयोग जो वीडियो को 'खोजी तकनीक (investigative technology)' के रूप में पेश करता है, ऐसी तकनीक है जो हमें सामान्य रोजमर्रा की स्थापनाओं में से निकलकर आने वाली गतिविधियों को अभिलिखित करने में सक्षम बनाती है और उनकी विस्तृत छानबीन के लिए विषय पेश करती है। समाजशास्त्र के अंतर्गत विश्लेषणात्मक विकास पर आरेखण, अर्थात् लोक पद्धति विज्ञान और वार्तालाप विश्लेषण, इन अभिलेखों के माध्यम से हमें उन संसाधनों को प्रदान किया जा सकता है जिनसे गुणात्मक अनुसंधान के प्रमुख सिद्धांतों को व्यावहारिक कार्रवाई की स्थापित विशेषता के लिये प्रतिबद्धता के साथ संबोधित किया जा सकता है, प्रतिभागियों द्वारा स्वयं के उन्मुखीकरण और प्रथायें जिसके माध्यम से वे सामाजिक कार्रवाईयों और गतिविधियों को पूरा करते हैं। इस सम्बन्ध में, विषय और संसाधन के विश्लेषण दोनों के बनाने में, सामाजिक पारस्परिक विचार विमर्श महत्वपूर्ण है, और हमें सामाजिक कार्रवाई के अनुकूल उत्पादन की जांच करने एवं लोगों द्वारा एक दूसरे के आचरण को समझने वाले तरीकों की जांच करने में सक्षम बनाते हैं। यह आश्चर्य की बात नहीं है कि हाल के वर्षों में हमने गुणात्मक अनुसंधान के बढ़ते कोष का उदभव देखा है जो सन्निहित कार्रवाई की जांच करने के लिए वीडियो का उपयोग करता है, अनुसंधान जो कि रोजमर्रा की गतिविधियों के सामाजिक और पारस्परिक विचार विमर्श सम्बन्धी संगठन में अत्यधिक विशिष्ट अंतर्दृष्टि प्रदान करता है:

- वीडियो रोजमर्रा की स्थापनाओं में सामाजिक कार्रवाई और पारस्परिक विचार विमर्श के विश्लेषण के लिए अभूतपूर्व संसाधन प्रदान करता है और डेटा का एक कोष बनाने में विश्लेषणात्मक और मूल हितों की एक श्रृंखला के अधीन हो सकता है।
- लोक पद्धति विज्ञान और वार्तालाप विश्लेषण पर आरेखण को वीडियो सन्निहित कार्रवाई एवं पारस्परिक विचार विमर्श के अन्वेषण और वे तरीके जिससे बातचीत की परस्पर क्रिया, दृश्यमान आचरण के माध्यम से गतिविधियों को पूरा किया जाता है और विभिन्न उपकरणों और तकनीकों के उपयोग, वस्तुओं और कलाकृतियों से सक्षम बना सकते हैं।
- वीडियो पद्धति सम्बन्धी संसाधनों के साथ युग्मित जो कि रोजमर्रा की गतिविधियों के सामाजिक और पारस्परिक विचार विमर्श सम्बन्धी उपलब्धियों पर विश्लेषणात्मक ध्यान केंद्रित करता है, सामाजिक विज्ञान में समकालीन रुचि वाले विषयों जैसे – स्वास्थ्य देखभाल सम्बन्धी वितरण, आर्थिक कार्रवाई और बाजारों के संचालन, और सांस्कृतिक और रचनात्मक उद्योगों में संलग्नता, में अत्यन्त विशिष्ट अंतर्दृष्टि प्रदान कर सकते हैं।

भविष्य की संभावनाएं

डिजिटल रिकॉर्डिंग की गुणवत्ता में विकास, पारस्परिक संचार में चित्रों और वीडियो के व्यापक उपयोग के साथ युग्मित होकर सामाजिक विज्ञान अनुसंधान के लिए अभूतपूर्व संसाधन प्रदान करते हैं और सामाजिक पारस्परिक विचार विमर्श के विस्तृत विश्लेषण के लिये अवसरों को प्रदान करते हैं। वे महत्वपूर्ण पद्धतिगत चुनौतियों का भी उल्लेख करते हैं,

न केवल उस तरीके में जिस तरीके से हम आंकड़ें एकत्रित करते हैं और मल्टी–मोडल गतिविधियों को प्रतिलेखित करते हैं, बल्कि इसके लिए कि हम परिभाषित कैसे करते हैं और कार्रवाई एवं कार्रवाई के अनुक्रमों की पहचान करते हैं और विशेष प्रथाओं और संरचनाओं के लिये प्रतिभागी किस प्रकार उन्मुख होकर प्रमाण बनाते हैं।

संदर्भ

Asch, D. (2007) 'Using video data to capture discontinuous science meaning making in nonschool settings', in R. Goldman, R. Pea, B. Barron and S. J. Derry (eds), *Video Research in the Learning Sciences*. London: Routledge, pp. 207–26.

Banks, M. (2008) *Using Visual Data in Qualitative Research*. London: Sage.

Barley, S. R. and G. Kunda (2001) 'Bringing work back in', *Organization Science*, 12(1): 76–95.

Brand, S. B. (1976) '"For God's sake, Margaret": conversation with Gregory Bateson and Margaret Mead', *CoEvolutionary Quarterly*, 10: 32–44.

Büscher, M. (2005) 'Social life under the microscope', *Sociological Research Online*, 10 (1). http://socresonline.org.uk/10/1/buscher.html (accessed 10 December 2015).

Clark, C. and Pinch, T. (1995). *The Hard Sell: The Language and Lessons of Street Wise Marketing*. New York: HarperCollins.

Dant, T. (2004) 'Recording the 'Habitus', in C. Pole (ed.), *Seeing Is Believing? Approaches to Visual Methodology*, Studies in Qualitative Methodology, Vol. 7. Amsterdam: Elsevier, pp. 43–63.

Drew, P. and Heritage, J. C. (eds) (1992) *Talk at Work: Interaction in Institutional Settings.* Cambridge: Cambridge University Press.

Emmison, M., Smith, P. and Mayall, M (2012) *Researching the Visual* (2nd edn). London: Sage.

Engeström, Y. and Middleton, D. (eds) (1996) *Cognition and Communication at Work.* Cambridge: Cambridge University Press.

Garfinkel, H. (1967) *Studies in Ethnomethodology*. Englewood Cliffs, NJ: Prentice Hall.

Goffman, E. (1981) *Forms of Talk.* Oxford: Blackwell.

Goldman, R., Pea, R., Barron, B. and Derry, S. J. (eds) (2007) *Video Research in the Learning Sciences.* London: Routledge.

Goodwin, C. (1981) *Conversational Organization: Interaction between Speakers and Hearers*. London: Academic.

Goodwin, C. and Goodwin, M. H. (1996) 'Seeing as a situated activity: formulating planes', in Y. Engeström and D. Middleton (eds), *Cognition and Communication at Work.* Cambridge: Cambridge University Press, pp. 61–95.

Goodwin, M. H. (2006) *The Hidden Life of Girls: Games of Stance, Status and Exclusion*. Oxford: Blackwell.

Haddington, P., Mondada, L. and Nevile, M. (eds) (2013) *Interaction and Mobility: Language and the Body in Motion*. Berlin: De Gruyter.

Heath, C. C. (1986) *Body Movement and Speech in Medical Interaction*. Cambridge: Cambridge University Press.

Heath, C. C. (2013) *The Dynamics of Auction: Social Interaction and the Sale of Fine Art and Antiques.* Cambridge: Cambridge University Press

Heath, C. C., Hindmarsh, J. and Luff, P. (2010) *Video in Qualitative Research: Analysing Social Interaction in Everyday Life*. London: Sage.

Heath, C. C. and Luff, P. (2000) *Technology in Action.* Cambridge: Cambridge University Press.

Heath, C., Luff, P. and Sanchez Svensson, M. (2002) 'Overseeing organisations: configuring the environment of action', *British Journal of Sociology*, 53 (2): 181–203.

Heath, C. C. and vom Lehn, D. (2008) 'Construing interactivity: enhancing engagement with new technologies in science centres and museums', *Social Studies of Science*, 38: 63–96.

Heritage, J. C. (1984). *Garfinkel and Ethnomethodology*. Cambridge: Polity.

Heritage, J. C. and Maynard, D. (eds) (2006). *Practising Medicine: Talk and Action in Primary Care Encounters.* Cambridge: Cambridge University Press.

Hindmarsh, J., Fraser, M., Heath, C. and Benford, S. (2000) 'Object-focused interaction in collaborative virtual environments', *ACM Transactions on Computer-Human Interaction (ToCHI)*, 7 (4): 477–509.

Hindmarsh, J. and Pilnick, A. (2002) 'The tacit order of teamwork: collaboration and embodied conduct in anaesthesia', *Sociological Quarterly*, 43 (2): 139–64.

Jewitt, C. (ed.) (2009) *Routledge Handbook of Multimodal Analysis*. London: Routledge.

Kissmann, U. T. (ed.) (2009) *Video Interaction Analysis: Methods and Methodology.* Frankfurt-am-Main: Peter Lang.

Knoblauch, H., Schnettler, B., Raab, J. and Söffner, H.-G. (eds) (2006) *Video-Analysis: Methodology and Methods Qualitative Audiovisual Data Analysis in Sociology*. Frankfurt-am-Main: Lang-Verlag.

Koschmann, T., LeBaron, C., Goodwin, C., Zemel, A. and Dunnington, G. (2007) 'Formulating the triangle of doom', *Gesture*, 7 (1): 97–118.

Laurier, E. and Philo, C. (2006) 'Natural problems of naturalistic video data', in H. Knoblauch, J. Raab, H.-G. Soefnner and B. Schnettler (eds), *Video Analysis: Methodology and Methods*. Frankfurt-am-Main: Peter Lang, pp. 181–90.

Licoppe, C. (2015) 'Video communication and "camera actions": the production of wide video shots in courtrooms with remote defendants', *Journal of Pragmatics*, 76: 117–34.

Llewellyn, N. and Hindmarsh, J. (eds) (2010) *Organization, Interaction and Practice: Studies in Ethnomethodology and Conversation Analysis*. Cambridge: Cambridge University Press.

Luff, P. K. and C. C. Heath (1993) 'Some practicalities of menu use: improvisation in screen based activity', *Journal of Intelligent Systems*, Special Issue on the Social Context of Intelligent Systems, 3 (2–4): 251–96.

Luff, P. K. and Heath, C. C. (2000) 'The collaborative production of computer commands in command and control', *Journal of Human Computer Studies*, 52: 669–99

Luff, P. and Heath, C. C. (2002) 'Broadcast talk: technologically mediated action in a complex setting', *Research on Language and Social Interaction*, 35 (3): 232–64

Luff, P., Heath, C. and Pitsch, K. (2009) 'Indefinite precision: the use of artefacts-in-interaction in design work', in C. Jewitt (ed.), *Routledge Handbook of Multimodal Analysis*. London: Routledge, pp. 213–24.

Luff, P., Heath, C. and Sanchez Svensson, M. (2008) 'Discriminating conduct: deploying systems to support awareness in organisations', *International Journal of Human Computer Studies*, 24 (4): 410–36.

Luff, P., Hindmarsh, J. and Heath, C. (eds) (2000) *Workplace Studies: Recovering Work Practice and Informing System Design*. Cambridge: Cambridge University Press.

Margolis, E. and Pauwels, L. (eds) (2011) *The Sage Handbook of Visual Research Methods.* London: Sage.

Mondada, L. (2003) 'Working with video: how surgeons produce video records of their actions', *Visual Studies*, 18: 58–73.

Mondada, L. (2011) 'The interactional production of multiple spatialities within a participatory democracy meeting', *Social Semiotics*, 21 (2): 283–308.

Mondada, L. (2012) 'Talking and driving: multiactivity in the car', *Semiotica*, 191: 223–56.

Peräkylä, A. and Ruusuvuori, J. (2006) 'Facial expression in an assessment', in H. Knoblauch, J. Raab, H.-G. Soefnner and B. Schnettler (eds), *Video Analysis: Methodology and Methods*. Frankfurt: Peter Lang, pp. 127–42.

Peräkylä, A. and Sorjonen, M.-L. (eds) (2012) *Emotion and Social Interaction*. Oxford: Oxford University Press.

Pink, S. (2007) *Doing Visual Ethnography: Images, Media and Representation in Research* (2nd edn). London: Sage.

Rose, G. (2007) *Visual Methodologies: An Introduction to the Interpretation of Visual Materials* (2nd edn). London: Sage.

Sacks, H. (1992) *Lectures in Conversation* (Vols I and II). Oxford: Blackwell.

Sacks, H., Schegloff, E. A. and Jefferson, G. (1974) 'A simplest systematics for the organisation of turn-taking for conversation', *Language*, 50 (4): 696–735.

Schegloff, E. A. (2007) *Sequence Organisation in Interaction: A Primer in Conversation Analysis, Volume 1.* Cambridge: Cambridge University Press

Stivers, T. and J. Sidnell (eds) (2013) *Handbook of Conversation Analysis*. Oxford: Wiley-Blackwell.

Streeck, J., Goodwin, C. and LeBaron, C. (eds) (2011) *Embodied Interaction in the Material World*. Cambridge: Cambridge University Press

Suchman, L. (1996) 'Constituting shared workspaces', in Y. Engeström and D. Middleton (eds), *Cognition and Communication at Work*. Cambridge: Cambridge University Press, pp. 35–60.

Suchman, L. A. (2007) *Human-Machine Reconfigurations: Plans and Situated Actions* (2nd edn). Cambridge: Cambridge University Press.

Szymanski, M. H. and J. Whalen (2011) *Making Work Visible: Ethnographically Grounded Case Studies of Work Practice*. Cambridge: Cambridge University Press.

vom Lehn, D., Heath, C. C. and Hindmarsh, J. (2001) 'Exhibiting interaction: conduct and collaboration in museums and galleries interaction', *Symbolic Interaction*, 24 (2): 189–217.

Whalen, J. (1995) 'Expert systems vs. systems for experts: computer-aided dispatch as a support system in real-world environments', in P. Thomas (ed.), *The Social and Interactional Dimensions of Human-Computer Interfaces*. Cambridge: Cambridge University Press, pp. 161–83.

Whalen, J. and Vinkhuyzen, E. (2000) 'Expert systems in (inter)action: diagnosing document machine problems over the telephone', in P. Luff, J. Hindmarsh and C. Heath (eds), *Workplace Studies: Recovering Work Practice and Informing System Design*. Cambridge: Cambridge University Press, pp. 92–140.

भाग VIII

गुणात्मक डेटा विश्लेषण

गुणात्मक अनुसंधान करने के लिये यह खंड अधिक बुनियादी व्यावहारिक विवरणों के मुद्दों से सम्बन्धित है। टिम रैपेली स्पष्ट और अनौपचारिक रूप से गुणात्मक डेटा विश्लेषण के व्यावहारिक पक्षों को बताते हैं जिसे वह प्रैग्मैटिक्स (Pragmatics) कहते हैं। गुणात्मक डेटा विश्लेषण किस तरह से अच्छा करें, इसके बारे में रैपले अमूल्य सलाह प्रदान करता है, विस्तृत रीडिंग, समीक्षा और अपनी श्रेणियों को परिष्कृत करने के महत्व पर बल देते हुये एवं अपने अनंतिम विश्लेषण का उपयोग करने के लिए सूचित करता है कि जब आप फील्ड से लौटें तब डेटा एकत्रीकरण, ट्रांसक्रिप्शन और विश्लेषण कैसे करें। जैसा कि रैपेली का तर्क है, कि अच्छा गुणात्मक शोध 'लिविंग इन दि डिटेल' के बारे में है।

कैथी चर्मज और एंटनी ब्रयांट ने बुनियादी सिद्धान्त (GT) के तत्वों को स्पष्ट किया है और उनके दृष्टिकोण में, दर्शाया है कि बुनियादी सिद्धान्त (जीटी) अभिगम की आलोचनाओं के बारे में जो सही और गलत है। फिर वे यह प्रदर्शित करते हैं कि बुनियादी सिद्धान्त में पहले से ही कम उपयोग होने वाली रणनीतियां शामिल हैं, जो इसके डेटा विश्लेषण की विश्वसनीयता एवं इसकी पद्धति सम्बन्धी शक्ति दोनों में वृद्धि करती हैं। रैपले की तरह, वे सैद्धान्तिक नमूनाकरण को आयोजित करने के लिए, लाइन–बाय–लाइन प्रारम्भिक कोडिंग और मेमो लेखन से डेटा विश्लेषण के महत्वपूर्ण पहलुओं को समझाते हैं। अपने स्वयं के डेटा विश्लेषण से सहायतापूर्ण उदाहरणों का उपयोग करते हुए, वे यह प्रदर्शित करते हैं कि 'रचनावादी (constructivist)' जीटी पद्धति क्या व्यवहार में दिख सकती है, यह दिखाती है कि हम विश्लेषणात्मक और सैद्धान्तिक विश्वसनीयता कैसे प्राप्त कर सकते हैं।

कथा पूछताछ (Narrative Inquiry) के उनके अपने अध्याय में, कैथरीन कोहलर रिस्समैन ने डेटा विश्लेषण के उपयोगितावाद (Pragmatics) के लिए छात्रों के अनुकूल (Student-friendly) दृष्टिकोण को जारी रखा है। उसका उद्देश्य जीटी एवं साक्षात्कार डेटा के विश्लेषण के अन्य पद्धतियों से इस तरह के काम को अलग करना है। रिस्समैन के लिए, एनआई में इसका विरोध करना शामिल रहता है जिसे वह कहानियों की 'मोहक शक्ति (Seductive Power)' कहती है। इसके बजाय, यह पूछा जाता है कि कहानी उस तरह से क्यों कही गयी थी? कथाकारों की उनकी अपनी कहानियों में खुद की स्थिति कैसी है? कथाकार से जो अभिप्रेत हो सकता है, उससे परे, क्या अन्य रीडिंग संभव है? उनका तर्क है कि अनुसंधान साक्षात्कार, साक्षात्कार डेटा पर हॉस्टीन और गब्रीयम के पहले अध्याय के साथ अच्छी तरह से एक सहयोगात्मक वार्तालाप सम्बन्ध है।

जैसा कि हर छात्र सिखाया जाता है, सुरुचिपूर्ण डेटा विश्लेषण पहले के अध्ययनों की समीक्षा के आधार पर एक अच्छी तरह से परिभाषित शोध विषय की अनुशंसा करता है। मैरी डिक्सन–वुड्स कहती हैं कि हम अपनी साहित्यिक समीक्षाओं को और अधिक मजबूत कैसे बना सकते हैं। जैसा कि वह तर्क देती है, एक महत्वपूर्ण सवाल यह है कि पारम्परिक व्यवस्थित समीक्षा पद्धति, जो औसत पर किसी विशेष हस्तक्षेप की प्रभावशीलता का आकलन करने पर ध्यान केन्द्रित करती है, उस सीमा से सम्बन्धित होती है जो अनुसंधान–साक्ष्य के निकायों के अवलोकन के अधिक व्याख्यात्मक रूपों का उत्पादन करने के उद्देश्य से आकांक्षाओं के अनुरूप हो सकते हैं।

शोधछात्र के दृष्टिकोण से, ऐसी समस्या बनी हुई है कि हम साहित्य समीक्षाओं पर इतना अधिक समय व्यतीत करते हैं जबकि इसकी तुलना में डेटा को एकत्रित करने और विश्लेषण करने के लिए हमारे पास समय बहुत कम रहता है। जैसा कि मैंने डूईंग क्वालिटेटिव रिसर्च में सुझाव दिया है कि इस समस्या का एक त्वरित समाधान द्वितीयक डेटा के साथ काम करना है। लिब्बी बिशप इस तरह के डेटा का उपयोग करने की नैतिकता पर सहायतापूर्वक चर्चा करती है और विभिन्न तरीकों से विभेदित करती है कि इसका इस्तेमाल अनुसंधान डिजाइन और पद्धतिगत विकास में किया जा सकता है। वह 'पाठशाला छोड़ने वाले' के निबन्धों, माइग्रेशन और पेरेंटिंग

और मौखिक इतिहास साक्षात्कारों के मामले के अध्ययनों के साथ अपने तर्क का समर्थन करती है, जो इस डिग्री को दर्शाते हैं कि सामान्य पद्धति सम्बन्धी बहस अनुसंधान अभ्यास के इस प्रारूप के लिये प्रासंगिक हैं।

बिशप और डिक्सन–वुड्स की तरह, आंस्सी पेराकिला गुणात्मक अनुसंधान की विश्वसनीयता के साथ सम्बन्धित है। वह विशेष रूप से रुचि रखता हैं कि गुणात्मक अनुसंधान कैसे अपने डेटा की विश्वसनीयता और मान्य विवरणों की पेशकश कर सकता है। हेरिटेज के अध्याय के बाद, पेराकिला ने वार्तालाप विश्लेषण अनुसंधान के साथ अपना तर्क उदाहरण देकर स्पष्ट किया। यह मानते हुये कि वार्तालाप विश्लेषण विशेषज्ञ के लिये एक क्षेत्र है, इस नए संशोधित अध्याय में पेराकिला ने अब एक सम्पूर्णता के रूप में गुणात्मक अनुसंधान के लिए अपने तर्क को विस्तारित किया है। वैधता वाले प्रश्नों की तुलनात्मक पद्धति और 'विचलित प्रकरण विश्लेषण (Deviant Case Analysis)' के साथ–साथ विशेष रूप से वार्तालाप विश्लेषण की पद्धतियों जैसे कि अगली बारी के माध्यम से मान्यकरण के पदों में चर्चा की जाती है। वह प्रकरण अध्ययनों से सामान्यीकरण का एक तरीका भी दर्शाता है और गुणात्मक अनुसंधान में मात्रात्मक तकनीकों के इस्तेमाल और सीमाओं पर चर्चा करता है।

अन्त में, अच्छे गुणात्मक डेटा विश्लेषण में यह व्यक्त किया जाता है कि कितने अच्छे तरीके से हम लिख सकते हैं। आमिर मार्वास्ती का तर्क है कि नौसिखिया शोधकर्ताओं को लेखन के बुनियादी कौशल या शिल्प (craft) सीखने की जरूरत होती है। गुणात्मक शोध में, 'मानक वैज्ञानिक पत्र (The standard scientific paper)' के प्रारूप के रूप में, ऐसी कोई चीज नहीं है। मार्वास्ति से पता चलता है कि विभिन्न शैलियों हमारे लिए उपलब्ध हैं और उपलब्ध शैलीगत विकल्पों एवं उनके फायदे और सीमाओं का वर्णन करता है। वह रणनीतिक विकल्पों पर भी टिप्पणी करता है, कि लेखकों को विचार करना होगा क्योंकि वे अपने काम को प्रकाशित करने की कोशिश करते हैं और इसे विभिन्न ऑडियंस के लिए सुलभ बनाते हैं। उन्होंने सुझाव दिया कि एक 'परिपूर्ण कागज (perfect paper)' वह है जो शिल्प कौशल, शैली और इच्छित दर्शकों के बीच एक संतुलन पर हमला करता है। अपने इस अध्याय के नए संस्करण में, मार्वास्ति की रूपरेखा ऑनलाइन प्रकाशन की संभावनाओं में सहायक है।

२०

गुणात्मक डेटा विश्लेषण की कुछ व्यावहारिकतायें

(Some Pragmatics of Qualitative Data Analysis)

टिम रैपले

इस अध्याय के बारे में

यह अध्याय आपको कुछ दिनचर्यायों, कार्यविधियों, चरणों और युक्तियों तक पहुंच प्रदान करता है जो गुणात्मक विश्लेषणात्मक तर्क और अभ्यास में सर्वनिष्ठ हैं। शुरुआत में, मैं उनकी समानताओं और मतभेदों का पता लगाने के लिए गुणात्मक डेटा विश्लेषण के चार नियमित रूप से उद्धृत दृष्टिकोणों पर ध्यान केंद्रित करता हूं। फिर मैं कुछ व्यावहारिक मुद्दों का वर्णन करता हूं जिनकी आपको कुछ गुणों या मनोदशा के साथ विचार करने की आवश्यकता पड़ सकती है जिसे आप विकसित करने (cultivate) की तलाश में हो सकते हैं।

कीवर्ड्स - कोडिंग (Coding), मेमोस (Memos), डेटा कटौती (Data Reduction), नमूनाकरण (Sampling), विचलित प्रकरण विश्लेषण (Deviant Case Analysis)

'विश्लेषण' पर कुछ शुरुआती विचार (Some Initial Thoughts on 'Analysis')

गुणात्मक विश्लेषण के लिए कोई भी जो नया है, एक आशंका का सामना करना होगाः इन सभी आंकड़ों के साथ मुझे क्या करना चाहिए? आप विभिन्न पत्रिकाओं के लेखों को देखते हैं, और अक्सर वही प्रमुख–वाक्यांशों को बार–बार देखते हैं। लोग आपको बताते हैं कि उन्होंने बुनियादी सिद्धान्त (Grounded Theory), या घटना–क्रिया सम्बन्धी विश्लेषण (Phenomenological Analysis) का आयोजन किया है, और फिर उसके बाद जो किया है, उसके बारे में ब्योरे के विभिन्न स्तरों को प्रदान करता हैं। कुछ पूर्णतः सम्पन्न विवरण होते हैंः अन्य कुछ वाक्यांशों और एकल संदर्भों का उपयोग करते हैं। उपरोक्त सभी, जो भी आपने पढ़ा हैं, आपको पता चलेगा कि आपको अपनी पद्धतियों वाले अनुभाग में सही तरह की लेबल की आवश्यकता होती है।

अच्छे (या पर्याप्त) गुणात्मक डेटा विश्लेषण के अभ्यासों को कभी भी साफ लेबल का उपयोग करके पर्याप्त रूप से अभिव्यक्त नहीं किया जा सकता हैं। इन्हें विशिष्ट चरणों या प्रक्रियाओं की सूची के द्वारा भी समझा नहीं जा सकता है, जो किए गए हैं। खासकर, आपको विश्लेषण के व्यावहारिक (Hands-on) ज्ञान को विकसित करना आवश्यक होगा। 'गुणात्मक विश्लेषणात्मक दृष्टिकोण' को विकसित करने में आपको सक्षम होना चाहिए।

विश्लेषणात्मक दृष्टिकोणों के कुछ उदाहरण (Some Examples of Analytic Approaches)

नौसिखियों को अक्सर दूसरी आशंका का सामना करना पड़ता हैः जिनमें से कई दृष्टिकोणों के बारे में मैंने पढ़ा है, क्या मुझे उनका इस्तेमाल करना चाहिए? आपके लिए उपलब्ध सभी सम्भावित दृष्टिकोणों के एक सम्पूर्ण विवरण की पेशकश करने के बजाय, मैं गुणात्मक डेटा विश्लेषण के कम–से–कम चार नियमित रूप से उद्धृत दृष्टिकोणों की संक्षेप में तुलना करने और ध्यान केन्द्रित करने जा रहा हूं। तालिका 20.1 में, आप प्रत्येक स्तम्भ की रूपरेखा, बहुत ही बुनियादी शब्दों में, प्रत्येक विश्लेषणात्मक विधि से सम्बन्धित कुछ महत्वपूर्ण कार्रवाइयां देखेंगे।

'ढांचा विश्लेषण' के साथ–साथ, दो बहुत लोकप्रिय एवं अपेक्षाकृत विषय मुक्त दृष्टिकोणों वाले, 'विषयगत विश्लेषण' और 'बुनियादी सिद्धान्त' को मैंने चुना है, जो कि अक्सर नीति अनुसंधान, और/या एक अपेक्षाकृत नवागन्तुक, और 'अर्थपूर्ण व्याख्यात्मक विश्लेषण' (इन्टरप्रिटेटिव फिनोमेनोलॉजिकल एनालिसिस – आईपीए) में लागू करने की कोशिश की जाती है, जो कि कुछ गुणात्मक मनोविज्ञान में तेजी से उद्धृत किये गये हैं। कुछ भाग में, ये चार चुने गये थे, क्योंकि वे पहले से ही प्रमुख रणनीति के बारे में स्पष्ट 'दिशानिर्देश' रखते हैं, जिन्हें शोधकर्ताओं के द्वारा उपयोग में लाया जा सकता है।

मुझे यहां एक चेतावनी देने की आवश्यकता है। तालिका एक अनुमानी उपकरण है। तालिका में उल्लिखित चरणों का पालन आसानी से न करें। यदि आप उनमें से किसी का नजरिया पसंद करते हैं, तो जायें और उनके बारे में पढ़ें।

जैसा कि आप देखेंगे, उनके सबसे बुनियादी शब्दों में वे सभी परिवार की कुछ समानताएं साझा करते हैं, जिसमें वे विशेष से सार तक आगे बढ़कर तलाश करते हैं इसका मतलब यह है कि वे सभी एक विशेष मुद्दे के बारे में डेटा के एक नमूने के घनिष्ठ (close) निरीक्षण के साथ शुरुआत करते हैं। इस घनिष्ठ निरीक्षण का उपयोग घटना की एक तेजी से परिष्कृत वैचारिक विवरण को खोजने, तलाशने और उत्पन्न करने के लिए किया जाता है। इसलिए घटना के बारे में जहां से उभरकर आ रहे हैं, जिस पर आधारित है, या डेटा में जिस बुनियाद से है, परिणाम देने वाले वैचारिक विवरण होते हैं। केन्द्रबिन्दु एक से दूसरे में परिवर्तित हो जाता है:

- प्रतिभागियों ने क्या कहा है, उनके करने से आपने क्या अवलोकित किया है या आपने पाठ में क्या पढ़ा हैं (विवरण और सारांश के स्तर), **से**
- 'अंतर्निहित' या 'व्यापक' या 'आसवित' सार, अर्थ, मानदंड, आदेश, पैटर्न, नियम, संरचना, आदि की खोज करना और समझाना (अवधारणाओं और विषयों के स्तर) में **बदल जाता** है।

क्या, अगर कुछ भी हो, तो क्या हम गुणात्मक डेटा विश्लेषण के लिए इन सभी अलग–अलग अभिगमों से सीख सकते हैं? केन्द्रीय पद्धतियां जो यह (और डेटा विश्लेषण पद्धतियों के अन्य प्रारूपों जैसे– विश्लेषणात्मक प्रेरण, प्रजातिलेखन, संभाषण विश्लेषण जैसी चीजों में डेटा विश्लेषण चरणों के साथ) सुनिश्चित करने के लिये दिखायी देते प्रतीत होती हैं, जो निम्नलिखित प्रकार से दिखती हैं:

तालिका 20.1 विभिन्न विश्लेषणात्मक अभिगमों से महत्वपूर्ण प्रक्रियाओं की तुलना
(Comparison of Key Processes from Different Analytic Approaches)

फ्रेमवर्क विश्लेषण (देखें रिची एट आल., 2003)	*थीमैटिक विश्लेषण (देखें ग्रबिक, 1999, ब्रौन एण्ड क्लार्क, 2006)*	*इन्टरप्रिटेटिव फिनोमेनोलॉजिकल एनालिसिस (देखें स्मिथ और ओसबॉर्न, 2008)*	*रचनात्मकतावादी बुनियादी सिद्धान्त (चर्मज़, 2014 देखें)*
1 डेटासेट के साथ अपने आप को परिचित कराएं (शुरुआती विषयों या अवधारणाओं को नोट करें)।	1 डेटासेट के साथ अपने आप को परिचित कराएं (प्रारंभिक टिप्पणियां और विचार नोट करें)।	1 एकल प्रतिलेख पढ़ें (प्रारंभिक टिप्पणियों और विचारों को नोट करें)।	1 प्रारंभिक कोडिंग करना और मेमो लेखन (लाइन–बाय–लाइन कोडिंग, पुराने के साथ नए कोड की तुलना करें, मूल्यांकन करें, बदलें, एडजस्ट करें, नोट लिखें)।
2 विषयगत रूपरेखा तैयार करें (डेटा और साक्षात्कार विषय गाइड से उपविषय, विषय)।	2 प्रारंभिक कोड तैयार करें (सम्पूर्ण डेटासेट को व्यवस्थित कोड करें)।	2 प्रारंभिक विषयों को तैयार करें (टिप्पणियों को विषयों में रूपान्तरित करें)।	2 केन्द्रित कोडिंग और ज्ञापन–लेखन (चयन करें और उसके बाद प्रमुख मुद्दे कोड करें, तुलना करें, विचारों को परिशोधित करने के लिए नोट्स लिखें)।

फ्रेमवर्क विश्लेषण (देखें रिची एट आल., 2003)	थीमैटिक विश्लेषण (देखें ग्रबिक, 1999, ब्रौन एण्ड क्लार्क, 2006)	इन्टरप्रिटेटिव फिनोमेनोलॉजिकल एनालिसिस (देखें स्मिथ और ओसबॉर्न, 2008)	रचनात्मकतावादी बुनियादी सिद्धान्त (चर्मज़, 2014 देखें)
3 अनुक्रमणीकरण करें (विषयगत रूपरेखा लागू करें, संख्या या पद से डेटा को लेबल करें)।	3 विषयों के लिए खोज करें (संभावित विषयों में समान कोड को संगत करें, संभावित विषय के लिए समस्त डेटा एकत्रित करें)।	3 विषयों की प्रारंभिक सूची बनाएं।	3 सैद्धांतिक नमूनाकरण के माध्यम से नए डेटा को एकत्रित करें (श्रेणियों और उनके गुणों को और विकसित करने के लिए रणनीतिक नमूना)।
4 विषय या अवधारणा के आधार पर डेटा को क्रमित करें और संक्षेप में प्रस्तुत करें (विषयगत चार्ट बनाएं)	4 विषयों की समीक्षा करें (डेटासेट के सम्बन्ध में विषय काम करते हैं या नहीं, उन उदाहरणों की जांच करें जो कि उपयुक्त नहीं है, विषयगत मानचित्र/आरेख तैयार करें)	4 क्लस्टर थीम (जुड़े हुये क्षेत्रों में विषय की सूची को क्रमबद्ध करें)	4 कोड, ज्ञापन को जारी रखें और सैद्धान्तिक नमूनाकरण का उपयोग करें (जब तक कोई नया मुद्दा उभरकर न आये तब तक श्रेणियों को विकसित और परिष्कृत करें)
5 वर्णनात्मक विवरणों को विकसित करें (श्रेणियों को विकसित और फिर परिशोधित करें)।	5 विषयों को परिशोधित करें (प्रत्येक विषय और उनके बीच सम्बन्ध की बारीकियों को परिष्कृत करें, प्रस्ताव उत्पन्न करें, जटिलता, संघों को देखें)।	5 उच्च कोटि के विषयों और उप विषयों के साथ एक सूची/तालिका बनाएं।	5 ज्ञापनों का चयन करें एवं एकीकृत करें (श्रेणियों के बीच लिंक को परिष्कृत करें, अवधारणाओं को विकसित करें, एक सिद्धान्त का प्रारंभिक मसौदा लिखें)।
6 व्याख्यात्मक विवरणों को विकसित करें (पैटर्न, संघों, क्लस्टरिंग और स्पष्टीकरण के लिए देखें)		6 नए प्रतिलेख पर जाएँ (उपरोक्त प्रक्रिया दोहराएं और विषयों की सूची/तालिका को परिशोधित करें)	
		7 उच्च कोटि के विषयों और उप विषयों के साथ अन्तिम सूची/तालिका का निर्माण करें।	

कुछ बुनियादी बातें (Some fundamentals)

- आपके डेटा के एक नमूने के विस्तृत पठन में, कुछ प्रकार की घनिष्ठता में संलग्न होने से, हमेशा शुरुआत करें।
    - और घनिष्ठता, विस्तृत, पठन का अर्थ है प्रमुख, आवश्यक, हड़ताली, अजीब, दिलचस्प वस्तुयें माना कि लोगों या ग्रंथों, या करते हैं, साथ ही पुनरावृत्ति के रूप में।
    - नोट्स बनाना (Notes), यादगार संक्षिप्त लेखन (Jottings), निशानदेही करना (Markings) इत्यादि आपको या तो पृष्ठों पर या कहीं और पर करना चाहिये।
- अपने डेटा के संग्रह को हमेशा पढ़ें और व्यवस्थित रूप से कोड करें।
    - प्रमुख, आवश्यक, हड़ताली, अजीब, दिलचस्प बातें कोड करें।
    - समान वस्तुओं के लिये समान कोड के साथ कोड करें।
    - आपके डेटा संग्रह के विस्तृत पठन, साथ ही साथ अनुभवजन्य और सैद्धांतिक कार्यों के पूर्व पठन, में आपकी घनिष्ठता से निकलकर आने वाले विचारों से इन संकेतकों को तैयार किया जा सकता है।

   - कोड के प्रत्येक नए अनुप्रयोग के साथ, अपने पूर्व कोडिंग अभ्यासों की समीक्षा करें और देखें कि जिसे आप कोड करना चाहते हैं, इससे पहले जो कोड किया गया है क्या वह उपयुक्त है, यदि हां, तो उस कोड का उपयोग करें, यदि नहीं, तो एक नया बनाएं। और यदि यह कुछ हद तक उपयुक्त है, तो इसे शामिल करने के लिए आपकी समझ से उस कोड को संशोधित करके चाह सकते हैं।
- हमेशा इस बात पर गौर करें कि आपने जो कुछ किया है वह आपने क्यों किया है।
   - एक दस्तावेज लें, आपके संकेतकों (codes) को सूचीबद्ध करें, कुछ महत्वपूर्ण उदाहरणों को दें, जो आपके लिए उपयोगी हो सकते हैं, एक या दो वाक्यों को लिखें जो यह बताते हैं कि आप क्या करने की कोशिश कर रहे हैं, विशिष्ट संकेतकों के तहत चीजें किस तरह से एक साथ चलनी चाहिए।
- अपने संकेतकों और कोडिंग प्रथाओं की समीक्षा करें और परिशोधित करें।
   - प्रत्येक कोड के लिए, आपको दिए गए समस्त डेटा को एक साथ एकत्रित करें और कोड करें। अपने आप से पूछें कि क्या इस कोड के तहत एकत्रित किए गए डेटा और विचार सुसंगत हैं, और अपने आप से पूछें कि उस कोड के तहत एकत्रित किए गए समस्त डेटा के प्रमुख गुण और आयाम क्या हैं?
   - अपने प्रारम्भिक संकेतों को संयोजित करने की कोशिश करें, उन दोनों के बीच सम्बन्धों को तलाशने की कोशिश करें, पुनरावृत्तियों, अपवादों को को तलाशने की कोशिश करें और प्रमुखता से उनको कम करने की कोशिश करें, इसका मतलब अक्सर अधिक शब्दशः (verbatim), वर्णनात्मक (descriptive) संकेतकों से अधिक वैचारिक (conceptual), सार (abstract) और विश्लेषणात्मक (analytic) संकेतकों में परिवर्तन करना होगा।
   - अपने संकेतकों और संकेतकों की प्रथाओं का मूल्यांकन, समायोजन, फेरबदल और संशोधित करना बनाये रखें।
   - आपने पहले जो किया है उस पर वापस जायें और इसे अपने नए योजना (schema) या विचारों के साथ पुनः कोड करें।
- आप जो महसूस करते हैं उस पर हमेशा ध्यान केंद्रित करें, वे मुख्य संकेतक होते हैं एवं उन दोनों के बीच सम्बन्ध होते हैं।
   - आप जो सोचते हैं, इसके बारे में कुछ निर्णय करें, वे केन्द्रीय संकेतक होते हैं और उन पर ध्यान केन्द्रित करें।
   - लिंक्स, पैटर्न्स, संघों, व्यवस्थाओं, रिश्तों, अनुक्रमों इत्यादि को देखने की कोशिश करें।

उपरोक्त मूल सिद्धान्तों को विश्लेषणात्मक प्रक्रिया के बारे में सामान्य विवरण के रूप में पढ़ा जाना चाहिए। वे पूरी तरह से परम्पराओं में, विभिन्न स्तर (degrees) के लिए जुड़े हुये लग रहे हैं। दिलचस्प बात है, वे सभी काफी सुलभ हैं। कुछ अन्य तरीकों, हालांकि मैं व्यक्तिगत रूप से महसूस करता हूं कि वे केन्द्रीय हैं, किसी न किसी तरह से केवल कुछ चर्चाओं में दिखते हैं।

कुछ विकल्प

- हमेशा अपने विचारों की सोच के नोट्स बनाएं कि आपने जो कुछ किया है, वह आपने क्यों किया है।
   - आपकी शोध परियोजना से सम्बन्धित पठन, या आप कोडिंग करने में संलग्न होने के दौरान, या पहले जो विचार उभरकर आते हैं, तो उन विचारों पर नोट्स बनाएं।
   - कुछ आरेख, तालिकायें, नक्शे, प्रतिमानों का निर्माण करें जो आपको अवधारणा बनाने, साक्ष्य प्रस्तुत करने, उत्पन्न करने और संकेतकों के बीच संयोजन और सम्बन्ध को दिखाने के लिए सक्षम बनाते हैं।
- हमेशा पहले से ध्यान में रखे हुए ज्ञान के साथ क्षेत्र से वापस आएं और आप जिस डेटा को एकत्रित करना चाहते हैं उसे इस ज्ञान से संशोधित, मार्गदर्शित या आकार प्रदान करें।

तालिका 20.1 में परिवार के कुछ स्पष्ट समानता होने के बावजूद, यहां तक कि एक संक्षिप्त पठन से पता चलता है कि इसमें कुछ कहने वाले मतभेद हैं आपको ध्यान देना चाहिए कि प्रत्येक दृष्टिकोण की अपनी विश्लेषणात्मक भाषा है अतः उदाहरण के लिए, बुनियादी सिद्धान्त संकेतकों (codes) से श्रेणियों और उनके गुणधर्म तक आगे बढ़ने की बात करता है, जबकि 'आईपीए' विषयों (themes) से 'उच्चकोटि के विषयों (superordinate themes)' तक आगे बढ़ने की बात करता है।

प्रत्येक अभिगम के पास अनुप्रयोग के अपने विशिष्ट नियम और प्रतिमान भी होते हैं। उदाहरण के लिए, आईपीए और फ्रेमवर्क दोनों मानते हैं कि डेटासेट कुछ प्रकार की अभिलिखित साक्षात्कारों से बना होता है, प्रत्येक मामले की विशेषताओं के लिए आईपीए की प्रतिबद्धता को देखते हुए, यह सुझाव दिया जाता है कि विश्लेषक को गुणात्मक साक्षात्कारों पर बहुत कम संख्या में ध्यान देना चाहिए। ढांचे के साथ, वे सुझाव देते हैं कि आप 'विषयगत चार्ट' की एक श्रृंखला के साथ काम करें। अतः उदाहरण के लिए, आप शुरुआत में एक तालिका की स्थापना करें, जहां आप प्रत्येक साक्षात्कार से सभी विषयों एवं उप– विषयों और उद्धरणों की सूची तैयार करें। फिर आप बारीकी से उस डेटा को कोड करने की शुरुआत करें, और फिर आप उन संकेतकों को और अधिक सार वाले संकेतकों में परिशोधित करें। रचनावादी बुनियादी सिद्धान्त के मामले में, एक विशेष प्रक्रिया, स्थिति या (अंतर) कार्रवाईयों के विकासशील मूल सिद्धान्त पर केन्द्रित होता है। आप ज्ञापनों (memos) में अपने विचारों को निरन्तर ध्यान दें और विकसित करें, डेटा के इस पल से और अधिक सार वाले तर्क तक के लिये आप अपनी सोच को बदलने में प्रोत्साहित करें। डेटा संग्रहण, कोडिंग और ज्ञापन लेखन के दौर की पुनरावृत्ति प्रक्रिया, वैचारिक विकास को प्रोत्साहित करती है। अन्य दृष्टिकोणों के विपरीत, विषयगत विश्लेषण में इसके प्रक्षेपवक्र का दावा करने, परिभाषित करने और आकार देने वाले शिक्षाविदों का कोई ठोस समूह नहीं है। इसलिए, विषयगत विश्लेषण करने के विशिष्ट विश्लेषणात्मक शिष्टाचार में लेखकों के बीच मोटे तौर पर भिन्नता दिखाई देती है।

प्रमुख बिंदु

- गुणात्मक विश्लेषण के कई दृष्टिकोण हैं, लेकिन वे सामान्य ध्यान केन्द्रित करते हैं।
- वे शुरुआत में एकत्र किए गए डेटा के गहन पठन और विवरण पर ध्यान केन्द्रित करते हैं।
- समय के साथ, वे डेटा के अन्तर्गत आने वाले प्रतिमानों, संयोजन करने और अन्वेषण करने, और पता लगाने के लिये तलाश करते हैं।

गुणात्मक विश्लेषणात्मक अभिरूचि के पहलुओं पर कुछ टिप्पणियां (Some Observations on Aspects of a Qualitative Analytic Attitude)

अब मैं गुणात्मक विश्लेषणात्मक अभ्यास और तर्क के कुछ पहलुओं के कुछ विवरणों पर ध्यान केंद्रित करना चाहता हूं। मैं कुछ व्यावहारिक चीजों तक आपको पहुंचाने का प्रयास करने में दिलचस्पी ले रहा हूं जिन पर कुछ गुणवत्ताओं या मनोदशा के साथ या आपके विचार करने की आवश्यकता हो सकती है, जिसे आप विकसित करने की तलाश कर सकते हैं।

अनिश्चितता, अंतःप्रज्ञा और आभास होने पर (On uncertainty, intuition and hunches)

विश्लेषण करते समय आपको नवीन और अप्रत्याशित पथ का नेतृत्व करने के लिए तैयार होना चाहिए, मुक्त और मुग्ध होना चाहिये। आपके पठन से, क्षेत्र के अपने ज्ञान से, डेटा के साथ आपकी संलग्नता से, सहकर्मियों के साथ वार्तालापों से और परियोजना के जीवन–चक्र में किसी भी चरण से – किसी भी चतुर्थांश से संभावित विचार उभरकर आ सकते हैं। आप जो भी करते हैं, उसे लिखना याद रखें! आपको सुनने के लिये भी आवश्यकता

होती है और अपने अंर्तज्ञान और आभासी विचारों को महत्व देने की जरूरत होती है। कुछ बिन्दुओं पर आप एक आभासी विचारों का अनुसरण करते हैं, तो आप डेटा पर वापस जाते हैं, और खुशी की भावना के साथ फिर से अपने डेटा को देखते हैं (आपके प्रतिलेखों, ग्रंथों, फील्ड नोट्स, कोडिंग, ज्ञापनों, जर्नल्स के लेखों इत्यादि), जैसा कि आपको लगता है कि आप इस पर कुछ कर सकते हैं।

इसका अन्त कभी–कभी निराशा में होता है, क्योंकि आपके विचार सत्य प्रतीत नहीं होते हैं, या तो साक्षात्कारदाता (interviewee) ने कुछ ऐसा कुछ नहीं कहा जो मौलिक रूप से अलग है, या आपके विचारों की अनुकृति साहित्य में पहले से ही अच्छी तरह से विकसित किये हुए हैं। कभी–कभी यह विचार केवल परियोजना में बहुत बाद उपयोग में आ जाता है, या एक चिंगारी के रूप में काम करता है जो विचारों की एक नई गति को उकसाता है। केन्द्रीय रूप में, अपने डेटा के साथ संलग्नता, यहां तक कि चंचलता, रचनात्मक भावना का प्रयास करें और विकसित करें। यदि आप एक संभावित पैटर्न ढूंढते हैं, तो यह देखने के लिए अपने डेटा की खोज करें कि क्या यह सुसंगत है या नहीं। विचार सभी प्रकार के तरीकों से उभरकर आते हैं, लेकिन आपके अपने डेटा के विस्तार में डूब जाने के लिए वास्तव में उत्पन्न करने में और पूरी तरह से उनका पता लगाने में सक्षम होना चाहिये।

कोडिंग पर (On coding)

आपके डेटा संग्रह में कुछ प्रकार के कोड को जोड़ने के बारे में कुछ बहुत दिलचस्प है। कोड बनाने की प्रक्रिया को सीखने में, आप गुडविन (1994) से एक वाक्यांश लेकर शुरुआत कर सकते हैं, एक 'व्यावसायिक दृष्टि' जो आपके डेटा पर निर्देशित है। जिससे मेरा तात्पर्य है कि डेटा के खण्डों या अनुभागों, पंक्तियों को उज़ागर करने के लिए जिसके बारे में, आप कुछ विश्लेषणात्मक विकल्पों को बनाते हैं। किसी विशेष कोड से सम्बन्धित कुछ चीजों पर प्रकाश डालने में, एक विशिष्ट तरीके से इस घटना को देखने और समझने के लिये, आप एक स्थानीय कोडिंग करने की योजना बनाने के लिए आगमनात्मक रूप से शुरुआत करते हैं। इसमें काफी कौशल और कुछ हद तक आत्मविश्वास के शामिल करने की आवश्यकता होती है।

डाटा–कोडिंग प्रक्रिया की शुरुआत में, पाठ के एक बड़े खिंचाव से सामना होने पर उज़ागर करना और कोडिंग करना काफी डरावना हो सकता है, और अपना पहला 'आधिकारिक' कोड जोड़ना काफी अजीब हो सकता है। यदि आप अभी अनिश्चित है, तो चाल यह है कि एक विशेष दिन को चिह्नित करने के बजाय, 'जिस दिन मैं कोडिंग की शुरुआत करता हूं' और इस प्रक्रिया को स्थगित किया जा सकता है, जब तक कि आप कुछ और डेटा एकत्र नहीं कर लेते हैं या कुछ और नहीं पढ़ लेते हैं, बस पाठ को पढ़ें और उस पर कुछ टिप्पणियां बनाएं। जिस किसी के बारे में आपकी दिलचस्पी हो, बस इसे रेखांकित करें या किसी न किसी तरह से चिह्नित करें या उस पर कुछ टिप्पणी जोड़ें। ये प्रारम्भिक गतिविधियां महत्वपूर्ण हैं, जिन्हें लेडेर (1998) 'प्री–कोडिंग' के नाम से बुलाता है, अपने आप को प्रतिबिंबित करने और विचार करने के लिए समय दें।

आपके प्रारम्भिक व्यवस्थित अनुबन्धों पर (On your initial systematic engagements)

कुछ बिन्दु पर, आपको एक और व्यवस्थित, हालांकि प्रारम्भिक, कोडिंग करने की शैली में अनुबन्ध करने की शुरुआत करने की आवश्यकता होती है। वास्तव में ऐसा आप तीन कारणों से कर रहे हैं:

1. शब्द से शब्द, रेखा से रेखा, अनुभाग से अनुभाग, विस्तार से, और आपके डेटा के बारे में विशिष्ट प्रश्न पूछने के लिए, यह आपको अनुबन्धित (संलग्नित) करने के लिए मजबूर करता है। विस्तार में और पढ़ने के लिए अभ्यास आवश्यक है।
2. आप आसानी से उन सभी चीजों को याद नहीं कर पाएंगे जिन्हें आपने देखा है, आपको लगता है कि महत्वपूर्ण हैं, इसलिए कोडिंग आपको समस्याओं की याद दिलाने में सहायता करता है।

3. फिर आप विशिष्ट कोड के तहत एकत्रित किए गए समस्त डेटा को आसानी से एकत्र कर सकते हैं और अपने सम्बन्धित टिप्पणियों के साथ–साथ, जिस मुद्दे को आप तलाश रहे हैं उसकी समीक्षा करने में, कनेक्शन्स को स्थापित करने में सहायता करने लिये, समानतायें और किसी भी अति महत्वपूर्ण क्रमों में इसका उपयोग कर सकते हैं।

जब व्यवस्थित रूप से कोड करने की शुरुआत करते हैं, तो मैं कम्प्यूटर के बजाय कागज और कलम के साथ काम करने का सुझाव दूंगा। आप कम्प्यूटर्स में एक पाठ को चिन्हित करने के लिए विकल्पों को बहुत अधिक सीमित कर सकते हैं, जबकि पेपर और कलम के साथ आप सभी पाठ पर जल्दी जल्दी घसीटते हुये लिख सकते हैं। आप अक्सर पाएंगे कि शुरुआत में चिन्हित किये गये पाठ बहुत ही गंदा हो जायेंगे, दोनों में, व्यावहारिक अर्थों में – उन चीजों को रेखांकित किया जाएगा, मिटा दिया जाएगा, उस पर टिप्पणी की जायेगी – और एक वैचारिक अर्थों में – जिसमें आपके पास बहुत बड़ी संख्या में, कभी–कभी प्रतिस्पर्धा वाले, कोड हो सकते है। याद रखें कि, विशेष रूप से शुरुआत में, आप जो उजागर करने के लिये चुनते हैं और इस पर जो कोड लागू करना चाहते हैं वह अब तक आपकी समझ के उत्पाद हैं। चिंता न करें अगर अगले दिन आपको लगता है कि आप वापस आना होगा और फिर से करना होगा या यदि आपको लगता है कि यह बिल्कुल सही नहीं है। शुरुआत में आप जो भी प्रयास कर रहे हैं वह घटना की संभावित आयामों को स्थापित करने के लिये है, इसलिए केवल प्रत्येक वर्ण, रेखा और खंड के बारे में प्रयास करें और समझें। कोडिंग करने के अभ्यास हमेशा अस्थायी होते हैं और उस परियोजना के जीवनकाल में आप लगातार सुधार, परिष्कृत कर सकते हैं और कभी–कभी आपकी समझ के अनुसार बदलाव करके पाठों के पूरे खंड को फिर से कोड कर करते हैं।

विस्तार में रहने पर (On living in the detail)

ग्रंथों के कोडिंग करने के पहले कुछ राउंड के साथ, चाहे आप व्यापक रूप से और वैचारिक रूप से सोचना पसन्द करते हैं या विस्तार में रहना पसन्द करते हैं, मैं हमेशा आपसे दबावपूर्वक अनुशंसा करना चाहूंगा कि आप लाइन–बाय–लाइन कोडिंग करने की शुरुआत करें और अगर आप वास्तव में सामना नहीं कर सकते हैं तो कम–से–कम पैराग्राफ–बाय–पैराग्राफ कोडिंग करने की शुरुआत करें। यह प्रारम्भिक तंग फोकस वास्तव में डेटा के साथ काम करने पर आपका ध्यान केन्द्रित करने में मदद कर सकता है, और बहुत से निगमनात्मक पूर्व धारणाएं आयात करने से बचने में सहायता करता है। ऐसा नहीं है कि आप मैदान से अपने पूर्व पठन, ज्ञान या अनुभवों को आकर्षित नहीं कर सकते हैं। इसके बारे में सोचने और अपने साक्षात्कार अनुसूची के डिजाइन करने, साक्षात्कार या टिप्पणियों की स्थापना करने, या दस्तावेजों या अभिलेखों एकत्र करने में, आपने पहले से ही कुछ विश्लेषणात्मक विचारों को बनाया और निरूपित किया होगा। हालांकि, इन विचारों से आपके अर्थ–निर्माण पूरी तरह से आच्छादित नहीं करना चाहिए। यह वे उपकरण हैं जो आप अपने डेटा के साथ अनुबन्ध को सक्षम और बढ़ाने के लिए आकर्षित कर सकते हैं। उपरोक्त सभी, डेटा का अनुसरण करें।

कोडिंग की व्यावहारिकताएं उतना ही सरल हैं: जितना कि एक शब्द, रेखा, वाक्य या पैराग्राफ को उज़ागर करना और फिर इसे लेबल प्रदान करना। ये कोड पूर्णतयः विवरणात्मक से लेकर अमूर्त और वैचारिक तक हो सकते हैं। लेकिन आप एक कोड के रूप में भी क्या उपयोग करते हैं? एकल 'प्रमुख शब्दों' से लेकर, आपके पास संभावनाओं की सम्पूर्ण श्रृंखला है, जिसमें कुछ शब्दों, वाक्यांशों या वाक्यों के लिए कुछ अच्छा सारांश प्रदान करते हैं और ये उन विशिष्ट शब्दों का उपयोग करने से उभरकर आ सकते हैं जो लोग उपयोग करते हैं, साथ ही साथ, कुछ हद तक, उन वाक्यांशों संशोधित करते हैं। इसे अक्सर 'इन विवो कोडिंग (*in vivo coding*)' के रूप में जाना जाता है (देखें चर्मज़, 2014)। शब्दों या वाक्यांशों का उपयोग करके आप अपने विचारों के प्रदर्शनों की सूची भी निकाल सकते हैं, जो प्रमुख मुद्दा या विचार को बाहर निकालते हैं।

सावधानी के कुछ शब्द (Some words of caution)

'प्रतिभागी की आवाज' को बनाए रखने के लिए साहित्य में दोहराई जाने वाली चेतावनियों के बावजूद, ऐसा नहीं लगता है कि इस्तेमाल किए गए उन्ही वाक्यांशों के लिये हर दृष्टि से आपको टिके रहने की आवश्यकता होती है, वो भी इसे संशोधित करने के लिए, आप किसी न किसी तरह से उस व्यक्ति के 'जीवित अनुभव' के लिए अनुचित हो रहे हैं। यह अच्छे विश्लेषण के लिये उस बिंदु को खो सकता है और भ्रम पैदा कर सकता है। सबसे पहले, आपको याद रखना चाहिए कि प्रमुख विवरणों की अक्षरशः एक सूची बनाना विश्लेषण का अंतिम चरण नहीं है, यह तो शुरूआत है। दूसरा, आपके प्रकाशनों और टिप्पणियों में, आप शायद शब्दशः उद्धरण चिह्नों का उपयोग करना समाप्त कर देंगे, और इस तरह इन 'आवाजों' को दूसरों तक पहुंच प्रदान करेंगे।

सम्बन्धित रूप से, 'शक्ति' या 'पहचान कार्य' जैसे बड़े सैद्धान्तिक संकेतकों का उपयोग करना, पाठ का अपेक्षाकृत बड़ी मात्रा में एक साथ समूह बनाना, शुरुआत करने का कदाचित एक अच्छा तरीका है। ऐसे भव्य विचार मौजूद हो सकते हैं या आपके डेटा को आकार दे सकते हैं। हालांकि, यह अभी तक बहुत जल्दी से इस विश्लेषण को आसानी से बंद किया जा सकता है, इस अर्थ में कि आपने पहले ही तय कर लिया है कि इस तरह के मुद्दों पर विशेष ध्यान केंद्रित किया गया है। ऐसी व्यापक अवधारणाएं विश्लेषणात्मक कार्य की चौकस प्रक्रिया का अन्तिम बिन्दु हो सकता है। इस प्रकार थ्योरी–ड्रिवेन मैक्रो–कोड्स के साथ केवल काम करने से और शुरूआत करने के माध्यम से, आप अक्सर घटना की विशेषताओं को समझने में विफल रहते हैं। मुद्दा यह है कि यह पता लगाने की कोशिश करना है कि विशिष्ट प्रक्रियायें, प्रथायें और संरचनायें कैसे, कब और क्यों घटित होती हैं।

अन्त में, लोगों की बातचीत और कार्रवाईयों के संदर्भ के बारे में अवगत रहें, उदाहरण के लिए, किसी विशेष विषय के बारे में एक साक्षात्कारदाता से की गयी बातचीत से और साक्षात्कारकर्ता के पहले प्रश्न का उत्तर देने से, उभरकर आती है और इसलिए इसके द्वारा इसका आकार होता है। इसलिए सिर्फ एक विशिष्ट वाक्यांश या कार्रवाई को कोड करने के बजाय, और उसके बाद में आपके विश्लेषण में उस पर ध्यान केन्द्रित किया जाता है, जिसमें आप रुचि रखते हैं, उस मुद्दे के संदर्भ को बनाए रखने की कोशिश की जाती है। सबसे उपरोक्त सभी में, उन तरीकों के प्रति संवेदनशील रहना चाहिये, जिस तरह से चीजों को अक्सर अनुक्रमों में व्यवस्थित किया जाता है। यह वास्तव में लोगों के क्रम वे जो करते हैं उस पर ध्यान देने में मदद कर सकता है (सिल्वरमैन, 2011: अध्याय 3)।

चीजों को कोड और उजागर करने के तरीके को जानना (On knowing how to see things to highlight and code)

आप विस्तार के लिए पढ़ना कैसे सीखते हैं? सीधे शब्दों में कह सकते हैं, कि अधिकतर शिल्प की तरह, यह अभ्यास और समय लेता है। किसी ऐसे व्यक्ति के साथ काम करने के साथ–साथ और जिसने कुछ अनुभव प्राप्त कर लिया है, दोनों एक ही डेटा पर काम कर रहे हैं और फिर अपने विश्लेषणात्मक तर्क और प्रथाओं पर चर्चा करते हैं, उपलब्ध कुछ पाठों पर यह देखने लायक है जो आपको कोडिंग करने के विशेष तरीकों का अवलोकन प्रदान करता है। उदाहरण के लिए, बर्नार्ड और रायन (2010) पहचान करने के लिए शुरूआत करने हेतु 12 सरल तकनीकों की पेशकश करते हैं जिसे वे कहते हैं कि विषय (themes), ऑप्लर (1945) का अनुसरण करें। इसमें 'पुनरावृत्तियों', 'समानताओं और भेदों' और 'स्वदेशी प्रारूप वर्गीकरणों (indigenous typologies) और श्रेणियों' जैसे पहलुओं पर ध्यान केंद्रित करना शामिल रहता है। सालदाणा (2013) कोडिंग करने के प्रारंभिक–चरण के लिये 20 से अधिक दृष्टिकोणों का वर्णन करती है, इसमें विभिन्न शैलियों में समूहीकृत किया जाता है। उदाहरण के लिए, 'मौलिक पद्धतियों (elemental methods)' की शैली में 'विवो (vivo)' कोडिंग शामिल है, जबकि 'साहित्यिक और भाषा पद्धतियों (literary and language methods)' की शैली में वर्णनात्मक कोडिंग (कथनात्मक वर्णन पर ध्यान केंद्रित किया जाता है) शामिल है। अन्त में, गिब्स (2007) में 12 पहलुओं का वर्णन किया गया है, आप 'विशिष्ट कृत्यों एवं व्यवहार' से लेकर, 'सम्बन्ध एवं पारस्परिक विचार विमर्श' और 'अर्थों' तक ध्यान केंद्रित कर सकते हैं।

इन सभी विहंगावलाकनों से जो साझा की जाती है वह एक बहुत ही व्यावहारिक केन्द्र बिन्दु होता है, जो आपके साथ काम करने के लिए कई तकनीकों की पेशकश करता है। उपरोक्त सभी, इन और अन्य ग्रंथों को पढें, चीजें जो आपको काफी व्यावहारिक और काम–के माध्यम से प्रस्तुत करती हैं।

अन्त में, ध्यान रखें कि कोडिंग करने के प्रारंभिक चरणों में बहुत समय लगता है। यह संशयशील (अनिश्चित) होना एक दिनचर्या है, आपको यह तलाशने के लिये विचार करते रहना चाहिये कि इस बारे में किस तरह का विशिष्ट कोड लागू करना है। अपने आप से पूछते रहें: इसका कोई मतलब भी है क्या?, क्या यह वास्तव में एक्स, वाई या जेड या कुछ और के बारे में है? याद रखें, कि किसी दूसरे की योजना को लागू करने की बजाय अपनी स्वयं की कोडिंग योजना बनाने का प्रयास कर रहे हैं। इसके साथ कुछ जिम्मेदारी आती है, सबसे महत्वपूर्ण बात यह है कि आपकी योजना का उस डेटा से कुछ कनेक्शन हैं! हालांकि आपके कोड करने का अभ्यास विशेष प्रकृति का होता है, और अन्य आपके डेटा पर आने में सक्षम होना चाहिए, और आपके समर्थन के साथ होना चाहिये, आपके तर्कों का पालन करने में सक्षम होना चाहिये।

प्रमुख बिंदु

- मुक्त रहें, अपने मनोभावों अर्थात् आभासी विचारों (hunches) को सुने और अपने शुरुआती विचारों को लिखें।
- प्रारंभिक कोडिंग अस्थायी है, आपकी परियोजना के जीवनकाल में, आप अपने कोड को संशोधित और परिष्कृत करें।
- विस्तार पर ध्यान दें, समानताएं और मतभेदों की तलाश करें।

विदारण, संयोजन, सरलीकरण और संकुचन पर (On splitting, combining, simplifying and reducing)

विस्तार में रहने के साथ–साथ, आपको व्यापक चित्र पर अपनी नज़र रखने की भी जरूरत होती है। आपको अपने डेटा के विभिन्न हिस्सों के बीच सम्बन्धों की भावना प्राप्त करने की शुरूआत करने के लिए हमेशा एक कदम पीछे हटने और बड़ा सोचने में सक्षम होना चाहिए। माइल्स एण्ड हबरमैन (1994) के मुताबिक, आपको हमेशा 'डेटा संकुचन (data reduction)' की प्रक्रिया में संलग्न होना चाहिए, वे इसका वर्णन करते हैं:

> क्षेत्र की लिखित टिप्पणियों या प्रतिलेखन [या ग्रंथों], में दिखाई देने वाले डेटा में चुनने की प्रक्रिया, ध्यान केन्द्रित करना, सरलीकृत करना, सारकरण, और बदलने की प्रक्रिया की जाती है। ... जैसे ही डेटा संग्रह की कार्यवाही जारी होती है, डेटा संकुचन के आगे के प्रकरण (episodes) घटित होते हैं (सारांशों का लेखन, कोडिंग, विषयों द्वारा प्राप्त करने के लिए, गुल्मों (clusters) के निर्माण करने, विभाजन करने, ज्ञापन लेखन)। ... डेटा संकुचन विश्लेषण का एक प्रारूप है जो डेटा को इस तरीके से गहन करना (sharpens), भेद करना (sorts), केन्द्रित (focuses), अलग करना (discards), और आयोजन (organises) करता है जिससे कि 'अंतिम' निष्कर्ष तैयार किए जा सकते हैं और सत्यापित कर सकते हैं। (1994: 10)

प्रधानतः, डेटा संकुचन एक सतत गतिविधि है। कुछ कोडिंग करने और उज़ाकर करने का सरल कार्य, या एक ही या विभिन्न पाठों के दो अलग–अलग अनुभागों को समान कोड देना, डेटा संकुचन करने के एक तरीके का सार है।

परियोजना के दौरान आप अक्सर अलग–अलग कोड्स में उस डेटा के विदारण (data splitting) के दौर से गुजरते हैं, विशिष्ट संकेतकों के तहत एकत्र किए गए उन खण्डों की समीक्षा करते हैं (और उनके बारे में टिप्पणियां करते हैं), यह देखने की कोशिश करते हैं कि प्रत्येक कोड के अन्तर्निहित विचारों को संयोजित, सम्बन्धित या विचलित कैसे किया जाता है? इन नए उभरते मुद्दों के विस्तार और आयामों को तलाशने के लिए, आप निश्चित कोड को एक साथ समूह के लिए, पुनः परिभाषित करने के लिये और फिर से नाम रखने के लिए, और सामान्य से अधिक विस्तृत जानकारी तक ले जाकर कम्प्यूटर या वेबसाइट पर कुछ देखने के लिये काम करते हैं। जैसा

कि आप इस प्रक्रिया से आगे बढ़ते हैं, आप विशिष्ट मुद्दों पर ध्यान देना शुरू करते हैं और कुछ विचारों को त्याग भी देते हैं, जो अब आपके तर्क के लिये महत्वपूर्ण नहीं होते हैं।

परियोजना के दौरान कोडिंग और उज़ागर करने की प्रक्रिया तेज हो जाती है और आप कम संशयशील हो जाते हैं अपने डेटा के साथ प्रत्येक नये अनुबन्ध के साथ, आपके कोडिंग की योजना को कम गतिविधि (tailoring) और परिशोधन (refining) की आवश्यकता होती है। आप आम तौर पर एक बिंदु तक पहुंचेंगे जब आपको यह पता चल जाएगा कि अब तक के प्रमुख मुद्दे क्या हैं। अपने विचारों को आगे परिष्कृत करने के लिए, क्षेत्र में वापस लौटना होगा या बेहतर होगा, अब आपको डेटा के एक नए टुकड़े को पलटने की आवश्यकता कम से कम होगी। एक आदर्श दुनिया में, जैसा कि यह प्रक्रिया चल रही है, आप अपने उभरते हुए निष्कर्षों पर चर्चा करने के लिए नियमित रूप से दूसरों के साथ मिलेंगे (वे सहकर्मी या पर्यवेक्षक होंगे)। लोग हमेशा हर चीज़ से सहमत नहीं हो सकते हैं, लेकिन ऐसी चर्चाओं से निश्चित रूप से आपकी सोच को निर्देशित और गहनता प्रदान कर सकते हैं।

आप किसी चीज़ के लिए लक्ष्य कर रहे हैं जो आपके डेटासेट का प्रतिनिधि है, फिर भी अपेक्षाकृत अमूर्त है। पूरी तरह से प्रतिनिधि होने के लिए आपको हर किसी को अपना सभी डेटा देना होगा, इसके बजाए आप उन्हें 'श्रेणियों या विषयों' की पेशकश करते हैं जो प्रमुख मुद्दों का प्रदर्शन करती हैं। डे (2007), यद्यपि बुनियादी सिद्धान्त के बारे में बोल रहा है, गुणात्मक कार्य के लिए विश्लेषणात्मक दृष्टिकोण के कुछ पहलुओं को और अधिक प्रमुखता से परिभाषित करता है:

> जाहिर तौर पर, असमान घटनाओं के अंतर्निहित तर्क, हमारे वर्गीकरण के माध्यम से काम पर कारण सम्बन्धी निष्कर्षों को पहचानना, जांच, संशोधन, स्थापनाओं में तुलना के माध्यम से व्याख्याओं को बढ़ाना, और मूल्यांकन करने के लिए प्रतिनिधित्व सम्बन्धी तकनीक का उपयोग करना और श्रेणियों के बीच सम्बन्धों का पता लगाना [की तलाश करना] (2007: 188)।

ध्यानपूर्वक और रचनात्मक रूप से, आपको अवधारणा, सार और एक घटना के प्रमुख पहलुओं को दूसरों के लिए उपलब्ध कराने की आवश्यकता होती है।

पुनरावृत्ति और नीरसता पर (On repetition and boredom)

उत्साह और हताशा के क्षणों के साथ, इन बिंदुओं पर, विश्लेषण करना काफी उबाऊ हो सकता है। नीरसता से आपकी दोस्ती हो सकती है, दो संभावित तरीके हैं जिससे आप खुद 'अनमना' हो सकते हैं।

सबसे पहले, जब आप समान मुद्दों को बार–बार देख रहे हैं, तब उभरकर आ रहे हैं और कुछ निश्चित कोड प्रभावी रूप में उभरकर आते हुये दिखायी दे रहे हैं। पुनरावृत्ति की खोज एक अच्छी बात हो सकती है। गुणात्मक शोध प्रतिमानों और संरचनाओं (patterns and structures) को खोजने और वर्णन करने के बारे में एक हिस्सा है। जब आप बार–बार एक ही चीज देखते हैं, तो आप उस पर कुछ आच्छादित हो सकते हैं। विश्लेषण के प्रारंभिक दौर में, पुनरावृत्ति देखना उपयोगी हो सकता है। हालांकि, इन शुरुआती चरणों में, इसका मतलब यह भी हो सकता है कि आपके कोड बहुत बड़े हैं, और आप अपने डेटा के बारे में विस्तार से पर्याप्त स्तर पर सोच नहीं पा रहे हैं। बाद के चरणों में, जब आप अपने विचारों को सत्यापित करने की कोशिश कर रहे हैं, तो 'उबाऊपन होना' काफी उपयोगी हो सकता है क्योंकि इससे यह संकेत मिल सकता है कि आपने संभावित रूप से अच्छी सफलता प्राप्त की है।

दूसरा, यह उभरकर आ सकता है, क्योंकि विश्लेषण करने के लिए डेटा की बढ़ती संख्या के साथ आप सामना करते हैं। यह आपको अपने डेटा पर बहुत आकस्मिक नजर डालने के लिए प्रेरित कर सकता है। आप अपने डेटा के कुछ हिस्सों पर छिपाने की (glossing over) आदत में आ सकते हैं या इसे एक भव्य कोड दे सकते हैं। चाल को संभावित अप्रत्याशित घटनाओं के बारे में पता होना चाहिए। यह अक्सर उभरकर आता है जब आप बहुत सारे डेटा एकत्रित करते हैं और इसके साथ संलग्न होने का आपके पास समय नहीं होता है आपको बड़ी मात्रा में

कोडिंग और सम्बन्धित लेखन को प्रबन्धित करने का सामना करना पड़ता है। सच कहूं तो, यह एक बुरा अभ्यास है। गुणात्मक शोध एक चलने वाला अभ्यास है, इसकी ताकत कुछ इकट्ठा करने की प्रक्रिया में, कुछ प्रमुख मुद्दों को सामने लाने में, हो सकती है, फिर पता चलता है, कि आपके अगले दौर में डेटा संग्रहण (या पढ़ने) के लिये, यह समस्या एक अलग संदर्भ में एक अलग व्यक्ति के साथ कितनी प्रासंगिक है।

वापसी पर **(On returning)**

मेरे लिए, फील्डवर्क और ऑफिसवर्क के चक्रों में या दौरे लगाने में शामिल होना आवश्यक अभ्यास है। हमारा गुणात्मक अनुसंधान में संलग्न रहने के कारण एक घटना में उसकी सभी बनावटों और बारीकियों पर ध्यान केन्द्रित करने और तलाशने के लिए खोज करना है। वास्तव में इसे हासिल करने का सबसे आसान तरीका कार्यालय के कार्य और फील्डवर्क के चरणों के बीच व्यवस्था करना है, ताकि वे पारस्परिक रूप से एक दूसरे को सूचित कर सकें। इसका मतलब है कि आपको नमूना लेने के बारे में बहुत कुछ सोचने की आवश्यकता होती है। हमारे दावों का बने रहना और पतन होना, मामलों के बहुत छोटे से (हालांकि, बहुत ही समृद्ध) संग्रह से विचारों को बाहर निकालने पर निर्भर होता है। हमें उन मामलों को चुनने के लिए कुछ सावधानी के साथ कड़ी मेहनत करनी चाहिए। केवल सुविधा के नमूने पर निर्भर होना– वे सभी लोग जिन तक आपकी पहुंच है और जो 'हाँ' कहते हैं – उनके लिये यह अच्छा अभ्यास नहीं है। साथ ही, केवल अपने नमूने के पूर्वव्यापी वैचारिकता पर निर्भर होना, विविधता की खोज के बाद तदनुसार करते हैं और फिर इसे 'अधिकतम भिन्नता नमूना' के रूप में वर्णित करते हैं, यह उतना उपयोगी नहीं है।

नमूनाकरण के अपने शुरुआती दौर के बाद, आपको वास्तव में नमूनाकरण के आगे के दौर में उसका ही पालन करना होगा जो आपके उभरते हुये विश्लेषणात्मक निष्कर्षो से प्रेरित हैं। पैटन (2002) ने आपके विकल्पों को मार्गदर्शन करने के लिए नमूनाकरण की 14 विभिन्न शैलियों की एक उपयोगी सूची दी है। इसके बारे में आपके उभरते हुए डेटा और विचारों में अतिरिक्त मामलों, पाठों या स्थापनाओं का चयन करने के लिए मानदंड, और उन विचारों को विकसित करने के लिए विशेष रूप से आपको अधिक डेटा प्राप्त करने के लिये सुझाव हैं। आप अपने विचारों या अधिक चर मामलों का पता लगाने के लिए इसी तरह के मामलों की खोज में जाना चाहते हैं, जो आपके विचारों को चुनौती दे सकते हैं।

कुछ बिंदु पर, आपको डेटा संग्रहण कार्य बन्द करने के लिये निर्णय करना होगा। वास्तव में इस बारे में कोई निश्चित नियम नहीं हैं कि यह कब होना चाहिए। आदर्श रूप से यह तब होगा जब आपके पास सभी प्रश्नों का पता लगाने के लिए समय होगा, जो कि कार्यालय और फील्डवर्क में उठाये जाते हैं, जो आपने एक समृद्ध और सुसंगत विवरण तैयार किया है, और आगे के दौर में कोई भी पर्याप्त नए दिशा–निर्देश नहीं बनाये जाएंगे। अकादमिक समय की प्रकृति और एक ही घटना में अपना समय समर्पित करने की इच्छा को देखते हुए, आप सभी संभावित उत्तरदायित्वों का पालन करने के लिए, आपके अपने सभी प्रश्नों के उत्तर पाने में कभी सक्षम नहीं बन पाएंगे। मुख्य बात जो है वह यह है कि प्रमुख विचारों और दावों को अच्छी तरह से सोचा गया हो और उनकी जांच की गई हो।

प्रमुख बिंदु

- अपने कोडिंग की शुरुआत वक्त से पहले करें।
- देखें कि विशिष्ट कोड गठबंधित, संबंधित या विभेदित कैसे होते हैं।
- दूसरों से बात करें, उन्हें अपना डेटा और कोड दिखाएं, अपने उभरते विचारों पर चर्चा करें।
- अतिरिक्त मामलों, ग्रंथों या सेटिंग्स का चयन करने के लिए आगे के मानदंडों का सुझाव देने के लिए अपने डेटा और विचारों का उपयोग करें।

लेखन पर (On writing)

मैं इस पर जोर देकर नहीं कह सकता कि यह महत्वपूर्ण कितना है। यह ध्यान केन्द्रित करता है कि लेखन जो सक्षम बनाता है, आपको जो ज्ञात है (और ज्ञात नहीं है) उसे स्थापित करने में आपकी मदद करने में और वैचारिक छलांग लगाने में आपकी सहायता करने में अविश्वसनीय रूप से सहायक है। परियोजना के दौरान, अपने विचारों को कागज पर या स्क्रीन पर परिवर्तित करना, उन्हें प्रारूप और दृढ़ता के साथ अंकित करना है। लेखन का कार्य एक समृद्ध और विश्लेषणात्मक प्रक्रिया है, जैसा कि आप पाते हैं कि आप न केवल अपने विचारों को समझाने और उसे सही ठहराने का प्रयास करते हैं, बल्कि उनको भी विकसित करते हैं। लेखन के कुछ संक्षिप्त या विस्तारित अवधि के माध्यम से डेटा के साथ सोच आपके विचारों को बदल देगी।

अपने विचारों को 'मूर्त (concrete)' बनाना, जो आप को प्रतिबिम्बित करने, पता लगाने के लिए, अन्य ग्रंथों से निकालने में सक्षम बनाता है। लेखन से, मेरा मतलब उन क्षणों से है कि जब आपके पास कोई विचार होता है और इस पर टिप्पणी करने में पांच मिनट का समय लगता है, तो हो सकता है कि लेखन के उन क्षणों के लिए लिखने में घंटों खर्च हो सकते हैं। आपको किसी चीज के बारे में लिखने की आदत होना चाहिए जो उपयोगी हो सकती है। आपके द्वारा पढ़ा, देखा, चर्चा या सुनाई गई चीज से एक विचार उत्पन्न हो सकता है यह न केवल लेखन के लिये है, बल्कि आरेखों, सूचियों, तालिकाओं के साथ भी काम करता है, कुछ भी जो आपके विचारों को अवधारणा देने का तरीका प्रदान करता है।

गुणात्मक शोध की दो परम्पराएं पहले से ही लेखन के मूल्य को समझती हैं। ज्ञापनों के प्रारूप में लेखन बुनियादी सिद्धान्त की सभी शैलियों के लिए आवश्यक नींवों में से एक है। प्रजाति लेखकों के लिए, लेखन और फील्ड नोट्स से काम करने की प्रथा महत्वपूर्ण है। भले ही आप बुनियादी सिद्धान्त, या प्रजाति लेखन के लिये कार्य कर रहे हों, कुछ पेशेवरों की चर्चा पढें और देखें (देखें इमर्सन एट आल., 1995, मॉन्टगोमेरी एण्ड बेली, 2007)। इन विवरणों को निश्चित मार्गदर्शिकाओं के रूप में पढ़ने के बजाय, निर्माण करने के तरीके के बारे में, प्रबन्धन करने और लेखन का उपयोग करने के बारे में, उन्हें रचनात्मक रूप से आरेखित करें, आपको कभी भी यह महसूस नहीं करना चाहिए कि लेखन विश्लेषण के लिए अंतिम चरण है, यह वास्तव में विश्लेषणात्मक प्रक्षेपवक्र के सभी चरणों में एक अनिवार्य प्रथा है (इस खण्ड में मार्वास्ति को देखें)।

अपवादों पर (On exceptions)

अपने विश्लेषण की शुरुआत में, यह कहने के लिये कोई चुप्पी साधना नहीं है कि अपवाद हर जगह होगा। विश्लेषण 'समानता और अंतर' पर ध्यान केन्द्रित करने के बारे में है। जैसे ही आप प्रतिलिपि, फील्ड नोट या पाठ को देखना शुरू करते हैं, आप न केवल उस घटना पर ध्यान केन्द्रित करेंगे, बल्कि उस पर भी जो आपको इस घटना के बारे में बताता है, और उस पर भी जो आप पहले से ही जानते हैं, इसके साथ तुलना कैसे की जाती हैं। अपवाद आम तौर पर तब मिल सकता है जब आप खुद पूछते हैं: यह जाता कहां है?

विश्लेषण के शुरुआती चरणों में, 'अपवाद' का पता लगाने के लिए जब आप अपने विचारों को या कोडिंग प्रथाओं को बदलता हैं, यह नियमित और रोजाना के मामले हैं। प्रत्येक नई पंक्ति या पाठ का पृष्ठ आपके अपने विचारों पर सवाल उठा सकता है, जैसे ही कोई नया विचार उभरकर आता है जिसका मतलब है कि पुराने विचार के बारे में आपको एक नया कोड तैयार करना होगा या अपनी सोच को संशोधित करना होगा। आप अक्सर ऐसा कुछ पाते हैं जो संभावित रूप से कई कोड्स में आपके अनुरूप हो सकते हैं और आपको इसे परिष्कृत करने की आवश्यकता हो सकती है या स्वीकार कर सकते हैं कि यह एकाधिक कोड के लिए काम करता है

समय के साथ, लेखन और कोडिंग, डेटा संग्रहण के दौर से परे, ये अपवाद कम दिखाई देते हैं। इस बिंदु पर, जब आप कुछ ऐसा ध्यान करते हैं कि पहले जो कुछ भी हो गया है यह उसके अनुरूप नहीं है, यह वास्तव में आप अलग दिखने की शुरुआत कर सकते हैं, और दुर्लभ मामले में यह आपके तर्क के लिए महत्वपूर्ण हो

सकता है। बाद के चरणों में, अपवादों के तीन प्रारूप होते हैं। ये हैं जो नकारात्मक या विचलित मामलों के रूप में जाने जाते हैं (इस खंड में पेराकिला देखें), जहां घटना की वर्तमान समझ आपके उस समस्या या मामला के अनुरूप नहीं होती हैः

1. वे लोग, जो अलग–अलग होने के बावजूद, वास्तव में आपकी खोज का समर्थन करते हैं, जैसा कि 'नियम के अपवादों' के रूप में, लोग खुद उन्हें समझते हैं और उन्हें करने के लिये उन्मुख करते हैं और ऐसा करने से आपको 'नियम' दिखाते हैं।
2. वे लोग, जो उनके मतभेदों के माध्यम से, जिसका मतलब है कि आपको अपने विचारों का पुनः मूल्यांकन या बदलने की आवश्यकता है।
3. जो लोग बहुत विशिष्ट, स्वभावपूर्ण और आकस्मिक कारणों से भिन्न होते हैं जो या तो आपके निष्कर्षों का समर्थन नहीं करते हैं या उसका मतलब है कि आपको अपने विचारों का पुनः मूल्यांकन करने की आवश्यकता है।

आप उनकी तलाश कर सकते हैं – जो कुछ लोग करते हैं, जिसमें वे जानबूझकर संभावित रूप से विशिष्ट प्रकरणों का नमूना लेते हैं, ताकि उनके विचारों की जांच कर सकें और परिष्कृत कर सकें।

अन्तिम टिप्पणियां (Some Closing Comments)

याद करने के लिए एक महत्वपूर्ण बात यह है कि जब आप शुरुआत में पढ़ते हैं और गुणात्मक डेटा विश्लेषण के एक प्रारूप को लागू करने की शुरुआत करते हैं जो आपके लिए नया है, तो आप अपने आप को एक बहुत ही प्रक्रियात्मक तरीके से जोड़ सकते हैं। सबसे पहले, आपको अवश्य कुछ पढ़ना चाहिये कि विवरण कैसे करें, और विश्लेषण करने के बारे में कदम–दर–कदम तरीके भी लिख सकते हैं। यह आरम्भिक 'नुस्खा' सर्वथा सार है और इसमें उन प्रमुख चरणों और प्रथाओं को शामिल करना चाहिए जिनमें से आपको गुजरना होता है। जब आप इस 'नुस्खा' को लागू करने की शुरुआत करते हैं, आम तौर पर आपको पता चल जाएगा कि 'विवरण कैसे करें', निर्देशपुस्तिका के सम्बन्ध में, यह जांचने के लिए कि आप जो कर रहे हैं, उसका अर्थ निकलता है, इनके लिये आपको वापस जाना ही होगा। यह केवल डेटा के साथ 'कड़ी मेहनत करने (getting your hands dirty)' की प्रक्रिया के माध्यम से होता है कि इस बारे में जिन कुछ विचारों को आपने पढ़ा है वे समझ में आने लगते हैं। यह ठीक है। विवरण का कोई स्तर आपके विशिष्ट डेटा–सेट का विश्लेषण करने के लिए पर्याप्त रूप से तैयार नहीं कर सकता है। समय के साथ, अपने चुने हुए दृष्टिकोण के विश्लेषणात्मक सिद्धान्तों की भावना का पालन करने के लिए, आप सुधार करने के लिये शुरुआत कर सकते हैं।

अध्याय का सारांश

- गुणात्मक विश्लेषण के लिए कई दृष्टिकोण हैं, लेकिन वे अंतर्निहित सार, पैटर्न, प्रक्रियाओं और संरचनाओं की खोजते और समझाते हुए विवरण और सारांश के स्तर से स्थानांतरण करने पर एक सार्वजनिक साझेदारी पर ध्यान केन्द्रित करते हैं।
- आपके अपने डेटा को व्यवस्थित रूप से कोडित करना चाहिए, अपनी कोडिंग प्रथाओं की निरन्तर समीक्षा करना चाहिये और परिष्कृत करना चाहिए। प्रारम्भ में, अपने डेटा के नमूने पर ध्यान केंद्रित करें और विस्तार से देखें। जैसे कि आप डेटा का और अधिक विश्लेषण करते हैं, यह देखने की कोशिश करें कि प्रत्येक कोड के अंतर्निहित विचारों को किस तरह से गठबन्धित, सम्बन्धित या विभेदित किया गया है। विशिष्ट मुद्दों पर ध्यान दें और उन विचारों को त्याग दें जो अब केंद्रीय नहीं हैं। महत्वपूर्ण मुद्दों के विस्तार और आयाम का पता लगाने के लिए कवायद करें।

- लघु और विस्तारित नोट्स लिखना – अपने अनुमान के बारे में, विचारों, कोडिंग करने के अभ्यासों, व्यक्तिगत प्रतिबिंबों, परियोजना से सम्बन्धित रीडिंग – परियोजना के जीवन पर आपकी विश्लेषणात्मक सोच को विकसित करने में सहायता कर सकते हैं।
- आंकड़ों के संग्रहण की परिधि में संलग्न और उसके बाद विश्लेषण आपको उभरते हुए विचारों के तलाशने, परिष्कृत करने और जांचने में सक्षम बना सकता है।

भविष्य की संभावनाएं

विभिन्न विश्लेषणात्मक दृष्टिकोण उभरकर आयेंगे और वर्तमान में इसका उपयोग कुछ हद तक होगा। हालांकि, इस अध्याय में उल्लिखित प्रमुख विश्लेषणात्मक दिनचर्यायें (Core Analytic Routines), कार्यविधियां (Procedures), चरणों (Phases) और रणनीतियां (Tactics) केंद्रीय बनी रहेंगी।

संदर्भ

Bernard, H. R. and Ryan, G. W. (2010) *Analyzing Qualitative Data: Systematic Approaches*. Thousand Oaks, CA: Sage.

Braun, V. and Clarke, V. (2006) 'Using thematic analysis in psychology', *Qualitative Research in Psychology*, 3 (2):, 77–101.

Charmaz, K. (2014) *Constructing Grounded Theory* (2nd edn). Thousand Oaks, CA: Sage.

Dey, I. (2007) 'Grounding categories', in A. Bryant and K. Charmaz (eds), *The Sage Handbook of Grounded Theory*. London: Sage, pp. 167–90.

Emerson, R., Fretz, R. and Shaw, L. (1995) *Writing Ethnographic Fieldnotes*. Chicago, IL: University of Chicago Press.

Gibbs, G. R. (2007) *Analysing Qualitative Data*. London: Sage.

Glaser, B. (1978) *Theoretical Sensitivity: Advances in Grounded Theory*. Mill Valley, CA: Sociology Press.

Goodwin, C. (1994) 'Professional vision', *American Anthropologist*, 96: 606–33.

Grbich, C. (1999) *Qualitative Research in Health: An Introduction*. London: Sage.

Layder, D. (1998) *Sociological Practice: Linking Theory and Social Research*. London: Sage.

Miles, M. B. and Huberman, A. M. (1994) *Qualitative Data Analysis* (2nd edn). Thousand Oaks, CA: Sage.

Montgomery, P. and Bailey, P. (2007) 'Field notes and theoretical memos in grounded theory', *Western Journal of Nursing Research*, 29 (1): 65–79.

Opler, M. E. (1945) 'Themes as dynamic forces in culture', *American Journal of Sociology*, 51 (3): 198–206.

Patton, M. Q. (2002) *Qualitative Research & Evaluation Methods* (3rd edn). Thousand Oaks, CA: Sage.

Ritchie, J., Spencer, L. and O'Connor, W. (2003) 'Carrying out qualitative analysis', in J. Ritchie and J. Lewis (eds), *Qualitative Research Practice: A Guide for Social Science Students and Researchers*. London: Sage. pp. 219–62.

Saladaña, J. (2013) *The Coding Manual for Qualitative Researchers* (2nd edn). Thousand Oaks, CA: Sage.

Silverman, D. (2011) *A Very Short, Fairly Interesting and Reasonably Cheap Book about Qualitative Research* (2nd edn). London: Sage.

Smith, J. A. and Osborn, M. (2008) 'Interpretative phenomenological analysis', in J. A. Smith (ed.), *Qualitative Psychology: A Practical Guide to Methods* (2nd edn). London: Sage, pp. 53–81.

इक्कीस

बुनियादी सिद्धान्त के विश्लेषणों का निर्माण

(Constructing Grounded Theory Analyses)

कैथी चर्मज़ और एंटनी ब्रायंट

इस अध्याय के बारे में

यह अध्याय एक पारस्परिक विचार विमर्श सम्बन्धी, पुनरावृत्त और तुलनात्मक गुणात्मक पद्धति के रूप में बुनियादी सिद्धान्त पर प्रकाश डालता है। बुनियादी सिद्धान्त लचीली, व्यवस्थित पद्धतिगत रणनीतियों की पेशकश करता है जो अनुसंधान प्रक्रिया को स्पष्ट एवं समझने में सरल बनाता है। यहां पर चर्चा की गई इन रणनीतियों को लेने वाले शोधकर्ता अपने अध्ययनों की पद्धतिगत कठोरता, सैद्धांतिक पहुंच और विश्वसनीयता को बढ़ा सकते हैं – और उनके काम में तेजी ला सकते हैं।

कीवर्ड्स - बुनियादी सिद्धान्त (Grounded Theory), रचनावादी बुनियादी सिद्धान्त (Constructivist Grounded Theory), कोडिंग (Coding), ज्ञापन–लेखन (Memo-writing), सैद्धांतिक नमूना (Theoretical Sampling)।

बुनियादी सिद्धान्त, गुणात्मक अनुसंधान आयोजित करने के लिए लचीली रणनीतियों से युक्त एक व्यवस्थित पद्धति है। इसके प्रणेताओं, बार्नेय जी. ग्लासेर एण्ड एन्सेल्म एल. स्ट्रॉउस (1967), जिनके उद्देश्य आगमनात्मक गुणात्मक डेटा का उपयोग करके एक पुनरावृत्त प्रक्रिया में तुलनात्मक पद्धतियों का उपयोग करके ताजा समाजशास्त्रीय सिद्धान्तों के निर्माण करना हैं। उन्होंने तर्क दिया कि शोधकर्ताओं द्वारा उनके विशिष्ट डेटा को एकत्रित करने और उनका विश्लेषण करने के बीच आगे और पीछे जाने से उनके उभरते सिद्धान्तों के सार स्तर और व्याख्यात्मक शक्ति को बढ़ाया जा सकता है। बुनियादी सिद्धान्त की प्रमुख रणनीतियों को अपनाने से निम्नलिखित उद्देश्यों को पूरा करने में आपको मदद मिलती है:

- विवरण से परे अपने विश्लेषण को स्थानांतरित करने के लिए।
- डेटा में प्रतिमानों (Patterns) को परिभाषित करने के लिए।
- पहले के सिद्धान्तों पर भरोसा करने के बजाय, नई अवधारणाओं को विकसित करने के लिए।
- डेटा में प्रक्रियाओं का सिद्धान्तीकरण करने के लिए।
- अपनी शोध परियोजनाओं को पूरा करने के लिए।

ग्लासेर और स्ट्रॉउस ने पहली बार तर्क दिया कि गुणात्मक शोधकर्ताओं द्वारा एक समय में सिद्धान्तों का निर्माण किया जा सकता था जब संयुक्त राज्य अमेरिका में गुणात्मक पूछताछ बरकरार थी। उन्होंने प्रेरक गुणात्मक अध्ययनों को वैधता देने के लिए सम्मोहक तर्क भी प्रस्तुत किये जिससे कई विद्वानों को प्रेरणा मिली, जो न तो बुनियादी सिद्धान्त के तर्क को समझते थे और न ही यह समझते थे कि इसका उपयोग कैसे किया जाता है। दशकों से, बुनियादी सिद्धान्त एक सामान्य पद्धति बन गया है जो विषयों और व्यवसायों से परे फैल रहा है, लेकिन जिनकी रणनीतियों सामान्यीकृत और प्रसारित हो गई हैं। कई शोधकर्ता जो बुनियादी सिद्धान्त का उपयोग करने

का दावा करते हैं, वे मूर्त सिद्धान्तों के बजाय वर्णनात्मक और विषयगत विश्लेषण का निर्माण करते हैं। बहरहाल, कुछ बुनियादी सिद्धान्तकारों ने सैद्धान्तिक श्रेणियों को जोड़ने और निर्माण करने की सेवा में डेटा का उपयोग करने के वादे को पूरा करते हैं (जैसे लोइस, 2010; स्नो एण्ड मोस, 2014)।

ग्लासेर एण्ड स्ट्रॉउस (1967: ग्लासेर, 1978) के योगदानों की पहुंच बुनियादी सिद्धान्त से परे है। उन्होंने न केवल इस पद्धति को विकसित किया बल्कि गुणात्मक पूछताछ में पद्धतिगत प्रथाओं के लिये भी योगदान दिया है। कई गुणात्मक शोधकर्ताओं द्वारा अब ग्लासेर और स्ट्रॉउस के समकालिक डेटा संग्रह और विश्लेषण को आयोजित करने की नवीनता को अपनाया गया है। कोडिंग, या डेटा के उद्धरणों की लेबलिंग, गुणात्मक विश्लेषण में मानक अभ्यास बन गया है, जैसा कि ज्ञापन–लेखन, कोडिंग और एक रिपोर्ट का मसौदा तैयार करने के बीच एक मध्यवर्ती प्रारूप, जिसमें शोधकर्ताओं द्वारा उनके कोड की तलाश की जाती है।

इस अध्याय में हमारे उद्देश्य दो तरफ हैं: (1) यह स्पष्ट करना कि बुनियादी सिद्धान्त की पद्धति क्या है और (2) इस बात पर ध्यान देने के लिए कि इसकी प्रमुख मूलभूत रणनीतियां शोधकर्ताओं द्वारा उनके डेटा और उभरकर आने वाले विश्लेषणों के साथ किस तरह से संलग्न हैं। इस पद्धति में कम उपयोग वाली (underused) रणनीतियां शामिल हैं जो इसकी पद्धतिय कठोरता, सैद्धान्तिक वादे और बाद के विश्लेषण की शक्ति को बढ़ाते हैं। हम सिद्धान्त निर्माण को बढ़ाने के लिए डेटा संग्रह को आकार देने के लिए विचारों की पेशकश करते हैं लेकिन बुनियादी सिद्धान्त की विश्लेषणात्मक रणनीतियों पर जोर देते हैं। विशेष रूप से, हम कार्रवाईयों के लिए कोडिंग करने, लाइन–बाय–लाइन शुरूआती कोडिंग करने, ज्ञापन लेखन, और सैद्धान्तिक नमूनाकरण का आयोजन करने, एक विशिष्ट बुनियादी सिद्धान्त की रणनीति बनाने पर जोर देते हैं। सैद्धान्तिक नमूनाकरण का मतलब है नमूनाकरण के लिये एक अस्थायी सैद्धान्तिक श्रेणी के गुण (यानी विशेषताओं) को भरना है। जब इन गुणों की डेटा के साथ संतृप्तता हो जाती है और कोई नया गुण नहीं निकलता है, तो शोधकर्ता डेटा संग्रहण कार्य समाप्त कर देता है और विश्लेषण को एकीकृत करता है।

बुनियादी सिद्धान्त अभिगम और रचनावादी संशोधन (The Grounded Theory Approach and the Constructivist Revision)

बुनियादी सिद्धान्त के कई प्रारूप मौजूद हैं लेकिन सभी पद्धतिगत रणनीतियों के एक समुच्चय को साझा करते हैं। हम बुनियादी सिद्धान्त के विचारकों ने आगमनात्मक डेटा, समकालिक डेटा संग्रह और विश्लेषण में संलग्नता, तुलनात्मक पद्धतियों को अपनाने, सामान्य विषयों और उपविषयों पर कार्रवाईयों के विश्लेषण करने के पक्ष में, डेटा कोडिंग में संलग्नता, ज्ञापनों में हमारे कोड्स और विचारों का परीक्षण करना और इन विचारों की जांच करने से शुरुआत करते हैं, हम डेटा के साथ डेटा, डेटा के साथ कोड्स, कोड्स के साथ कोड्स, कोड्स के साथ अस्थायी सैद्धान्तिक श्रेणियों, और श्रेणियों के साथ श्रेणियों की तुलना करते हैं। हम कार्रवाईयों के लिए डेटा कोड करते हैं और अध्ययन करते हैं कि ये कार्रवाईयां अनुसंधान स्थापनाओं में या उनके शोध प्रतिभागियों के जीवन में घटित होने वाली मौलिक प्रक्रियाओं में योगदान कैसे प्रदान कर सकती हैं। कोड के साथ कोड और कोड के साथ डेटा की तुलना करने के माध्यम से, बुनियादी सिद्धान्तकारों ने तय किया कि अस्थायी सैद्धान्तिक श्रेणियों के रूप में कौन–से कोड्स का प्रयोग करें और परीक्षण करें।

बुनियादी सिद्धान्त, रचनावादी बुनियादी सिद्धान्त के एक समकालीन संस्करण पद्धति के सिद्धान्तों को संशोधित करते हैं रचनावादी दृष्टिकोण उपरोक्त बुनियादी सिद्धान्त की रणनीतियों को अपनाता है, लेकिन पिछले 50 वर्षों में गुणात्मक जांच में पद्धति सम्बन्धी घटनाओं में भी यह भाग लेता है। नतीजतन, अनुसंधान प्रक्रिया और उत्पाद की दिशा में एक रचनावादी रुख बुनियादी सिद्धान्त के पूर्व संस्करणों से अलग है। पूर्ववर्ती संस्करणों के विपरीत, रचनावादी दृष्टिकोण का मानना है कि विशिष्ट ऐतिहासिक क्षणों, सामाजिक संरचनाओं और स्थितिजन्य और पारस्परिक विचार विमर्श सम्बन्धी स्थितियों में अनुसंधान घटित होता है, और इस प्रकार अपने समर्थकों को यह जानने के लिए निर्देशित करता है कि ये परिस्थितियां उनके अध्ययनों को कैसे प्रभावित करती हैं। इस दृष्टिकोण

चित्र 21.1 बुनियादी सिद्धान्त के एक दृश्य का प्रतिनिधित्व

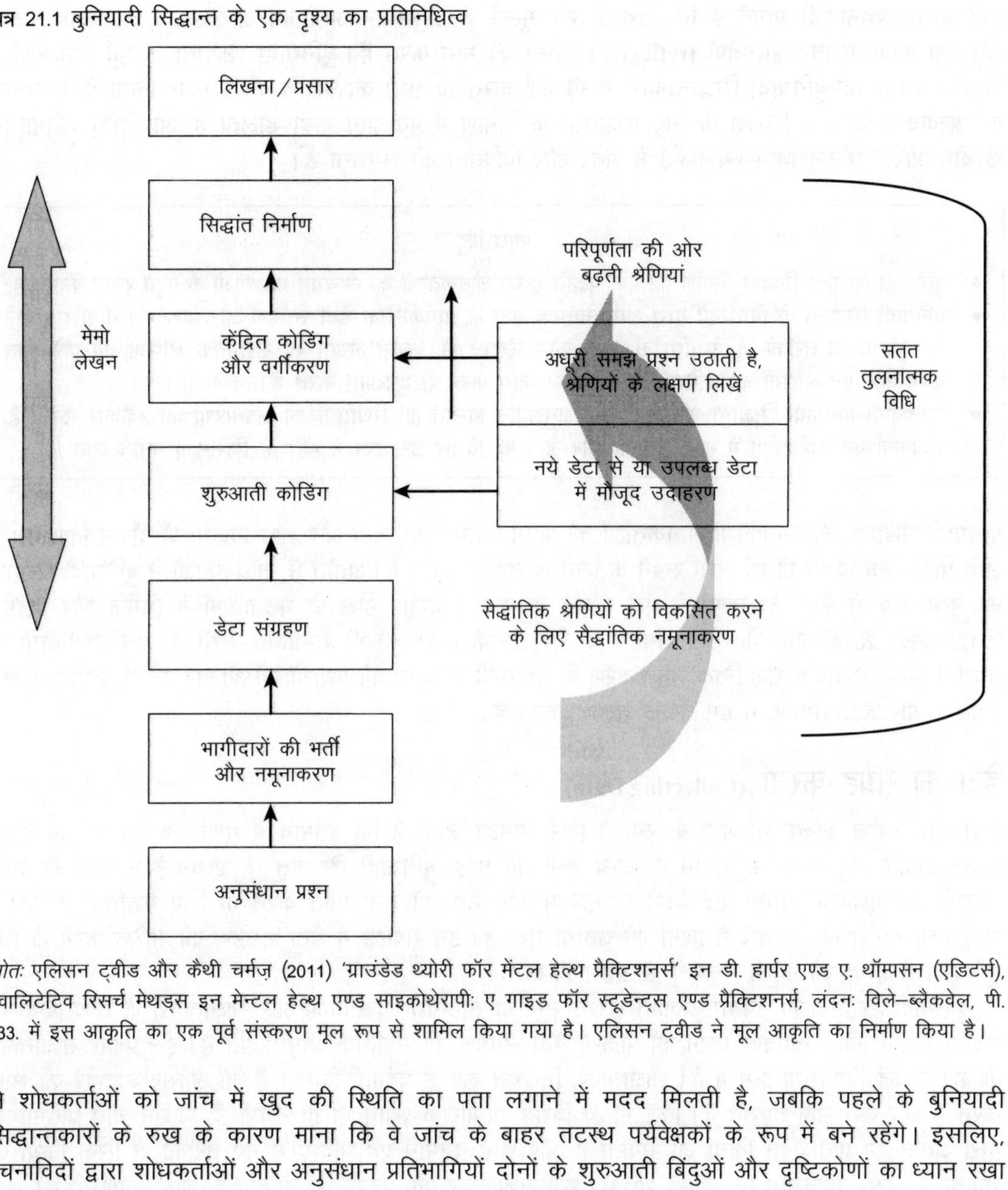

स्रोतः एलिसन ट्वीड और कैथी चर्मज़ (2011) 'ग्राउंडेड थ्योरी फॉर मेंटल हेल्थ प्रैक्टिशनर्स' इन डी. हार्पर एण्ड ए. थॉम्पसन (एडिटर्स), क्वालिटेटिव रिसर्च मेथड्स इन मेन्टल हेल्थ एण्ड साइकोथेरापीः ए गाइड फॉर स्टूडेन्ट्स एण्ड प्रैक्टिशनर्स, लंदनः विले–ब्लैकवेल, पी. 133. में इस आकृति का एक पूर्व संस्करण मूल रूप से शामिल किया गया है। एलिसन ट्वीड ने मूल आकृति का निर्माण किया है।

से शोधकर्ताओं को जांच में खुद की स्थिति का पता लगाने में मदद मिलती है, जबकि पहले के बुनियादी सिद्धान्तकारों के रुख के कारण माना कि वे जांच के बाहर तटस्थ पर्यवेक्षकों के रूप में बने रहेंगे। इसलिए, रचनाविदों द्वारा शोधकर्ताओं और अनुसंधान प्रतिभागियों दोनों के शुरुआती बिंदुओं और दृष्टिकोणों का ध्यान रखा जाता है, और जांच के दौरान ये बदलाव कैसे और कब हो सकते हैं, इसके लिये सतर्क बने रहते हैं। रचनाविदों का उद्देश्य भी अध्ययन की गयी घटना के जितना करीब संभव हो, उसे पाने के लिए होता है। एक नजदीकी नजरिया प्राप्त करना सीखने के लिये प्रोत्साहित करता है कि प्रतिभागियों के अर्थ और कार्रवाइयां बड़े संभाषणों और सामाजिक संरचनाओं से जुड़े हैं, जिनमें से वे अनजान हो सकते हैं। पहले के बुनियादी सिद्धान्त के जानकारों ने शायद ही कभी ऐसे लिंक बनाए हों।

रचनावादी बुनियादी सिद्धान्तकारों द्वारा डेटा का विचार उस रूप में होता है जिसमें वे बनाये जाते हैं, जो कि दुनिया में न केवल बाहर खोज किये जाने और एकत्रित होने की प्रतीक्षा में होते हैं (ब्रायंट और चर्मज़, 2007)।

इसी प्रकार, रचनावादी मानते हैं कि विचारों और मूल्यों से अनुसंधान आयोजन और लेखन का प्रवाह होते है और इस प्रकार निरंतर आत्मक्षेपी (reflexive) परीक्षा की मांग करते हैं। बुनियादी सिद्धान्त के पूर्व संस्करणों के विपरीत, रचनावादी बुनियादी सिद्धान्तकारों ने भी कई वास्तविकताओं की धारणा को स्वीकार किया है, मान्यताओं को अस्वीकार किया है जिससे कि नए सिद्धान्तों के निर्माण में पूर्व ज्ञान बाधा डालता है, और शोध प्रतिभागियों के बीच और/या अनुसंधान स्थल(ओं) में अंतर और विविधता को समझना है।

प्रमुख बिंदु

- बुनियादी सिद्धान्त सिद्धांत निर्माण की एक पद्धति है जो शोधकर्ताओं को अध्ययन प्रक्रियाओं के लिये सक्षम बनाता है।
- बुनियादी सिद्धान्त के विचारकों द्वारा आगमनात्मक डेटा से, समकालिक डेटा संग्रहण और विश्लेषण में संलग्न होने से, तुलनात्मक तरीकों के उपयोग से, डेटा कोड लिखने से, ज्ञापन लेखन से, सैद्धांतिक श्रेणियों को परिभाषित करने और इन श्रेणियों को अधिक डेटा के साथ जांच करने से शुरुआत करते हैं।
- रचनावादी बुनियादी सिद्धान्त शोधकर्ता और अनुसंधान हालात की स्थितियों की अवधारणा को स्वीकार करता है, शोधकर्ता की कार्रवाईयों में भाग लेता है और डेटा का विचार उस रूप में होता है जिसमें वे बनाये जाते हैं।

बुनियादी सिद्धान्त की रणनीतियां शोधकर्ताओं को अपने प्रतिभागियों, डेटा और शोध प्रक्रिया के दौरान विश्लेषण के साथ पारस्परिक विचार विमर्श जारी रखने के लिये उत्साहित करती हैं। अतीत में, शोधकर्ताओं ने बुनियादी सिद्धान्त को मुख्य रूप से डेटा विश्लेषण की एक पद्धति के रूप में देखा। हाल के घटनाक्रमों में (चर्मज़ और बेलग्रेव, 2012; चर्मज़, 2014), हालांकि, डेटा संग्रहण के लिए इसके प्रभाव को भी सम्बोधित करते हैं। इन रणनीतियों का उपयोग करने के बारे में सैद्धान्तिक नमूनाकरण के बुनियादी सिद्धान्त की प्रथाओं को आकार देने में, ज्ञापन–लेखन, कोडिंग, और डेटा संग्रहण में हम तरीके तलाश करते हैं।

डेटा का संग्रह करना (Collecting Data)

ठोस और पर्याप्त आंकड़े या डेटा के रूप में जिसे समझा जाता है कि वर्तमान में गुणात्मक पूछताछ के दौरान विवादास्पद है। गुणात्मक अनुसंधान के अन्य रूपों की तरह, बुनियादी सिद्धान्त के अध्ययनों में डेटा की राशि, गहराई और गुणवत्ता (अर्थात सटीकता) के बारे में और साथ ही उन्हें प्राप्त करने के लिए पद्धतियों के बारे में लागू किए गए तरीकों के बारे में प्रश्नों को उठाया गया है। इन सवालों ने डेटा संग्रहण को सूचित करने के लिए बुनियादी सिद्धान्त को काफी मज़बूती से ग्रहण किया है।

बुनियादी सिद्धान्त का उपयोग प्रजाति लेखन सम्बन्धी सामग्रियों, दस्तावेजों और साक्षात्कारों के साथ किया जा सकता है, हालांकि साक्षात्कार करने की प्रक्रिया डेटा संग्रहण की सर्वाधिक आम पद्धति है। इस प्रकार साक्षात्कारों के बारे में कई टिप्पणियां क्रम में हैं। साक्षात्कार, निश्चित रूप से पूर्ववर्ती विवरण हैं जो अक्सर व्यवहार को स्पष्ट करते हैं और उसे सही ठहराते हैं। फिर भी, वे विशेष सामाजिक स्थान भी हो सकते हैं, जिसमें शोध प्रतिभागियों द्वारा अतीत को प्रतिबिंबित किया जा सकता है और उन्हें वर्तमान एवं भविष्य में नए तरीकों से लिंक किया जा सकता है (जैसे– कोनलोन एट आल., 2015)। एक साक्षात्कार एक प्रदर्शन हो सकता है, चाहे कहानियों को खत्म कर दिया गया हो या रणनीतिक रूप से परिकलित एवं अधिनियमित कर दिया गया हो, लेकिन वह समृद्ध डेटा प्रदान करने और विश्लेषणात्मक अंतर्दृष्टि के उभरने से साक्षात्कारों को अयोग्य घोषित नहीं करता है (इस खंड में देखे, मिलर और ग्लासनर, गबरियम और हॉस्टीन, और रिस्समैनं)। एक साक्षात्कारकर्ता के प्रश्नों से अनुसंधान प्रतिभागियों के प्रदर्शन को ढांचा प्रदान कर सकते हैं और डेटा के सह–निर्माण को स्पष्ट करते हुए दिखाई देता है। हालांकि, शोध सहभागियों द्वारा निगरानी की जा सकती है कि वे क्या कहते हैं और इसे कैसे मानते हैं। बहुत अधिक पारस्परिक विचार विमर्श एवं व्याख्या शब्दों के बिना आगे बढ़ सकते हैं।

निम्न साक्षात्कार के उद्धरण से, एक 46 वर्षीय महिला, कारेन यह दिखाती है कि एक साक्षात्कार के दौरान क्या हो सकता है (तालिका 21.1 देखें)। कारेन ने उसकी दिल दहला देने वाली (devastating) गर्दन की चोट को कई स्वास्थ्य समस्याओं के लिये अग्रणी रूप में देखा जिनमें क्रोनिक थकान सिंड्रोम और संभावित मांसपेशियों एवं हड्डियों के दर्द (fibromyalgia) शामिल थे। ध्यान दें कि किस तरह से एक सरल प्रश्न, 'क्या उस समय आप विवाहित थी, जब आपकी पहली दुर्घटना '93 में घटित हुई थी?', तालिका 21.1 में एक विस्तृत प्रतिक्रिया उत्पादित की गयी है। जो घटित हुआ है, बिना–रूके विवरण की मात्रा पर्याप्त गैर–मौखिक पारस्परिक विचार विमर्श की सही विचार को व्यक्त करने में असफल बनाती है, और इस प्रकार साक्षात्कार का सह–निर्माण किया गया है। इस गैर–मौखिक पारस्परिक विचार विमर्श की सामग्री भी साक्षात्कार को नियन्त्रित करने के लिए शोधकर्ता और प्रतिभागी की सापेक्ष शक्ति के बारे में आम धारणाओं को चुनौती देती है। प्रतिभागियों में कहने के लिये कहानियां हो सकती हैं और कहानियां धीरे–धीरे चलने या पूरी तरह से दूर करने के लिए कही जा सकती हैं। इस प्रकार, वे साक्षात्कार की सामग्री पर नियंत्रण रख सकती हैं – और उन क्षेत्रों से बचने की स्थिति जो प्रश्नों की जांच कर सकते हैं।

एक बुनियादी सिद्धान्त के दृष्टिकोण से, कई साक्षात्कार प्रश्नों को पूछने के बजाय अनुसंधान प्रतिभागियों को उनकी कहानियों को बताने के लिए प्रोत्साहित किया जाता है और साक्षात्कार की सामग्री को पूर्वकल्पित करने से या इसी दिशा में, उस बात के लिए, उनके साक्षात्कारकर्ताओं को हतोत्साहित करता है। इस तरह की रणनीति शुरूआत के साक्षात्कारों के दौरान विशेष रूप से उपयोगी होती है, लेकिन यह डेटा संग्रहण और विश्लेषण के बीच शोधकर्ता के इधर उधर जाने से बदल सकती है।

एक अवलोकन के बीच में, या पाठ पढ़ते समय एक साक्षात्कार के दौरान, बात करने वाले क्षणों के दौरान सिद्धान्त निर्माण हो सकता है। विश्लेषणात्मक मुद्दों से जुड़े होने के कारण डेटा संग्रहण में गहनता आती है। रचनावादी बुनियादी सिद्धान्त में उभरने वाली घटनाओं और उनके गुणों को परिभाषित करने के लिये जोर दिया जाता है। अलग घटनाओं को लेकर, बुनियादी सिद्धान्त के विचारकों ने डेटा संग्रह में 'क्या' और 'कैसे' प्रश्नों का निर्माण कर स्पष्ट किया, जैसा कि अन्य गुणात्मक शोधकर्ता करते हैं (गबरियम और हॉस्टीन, 2008)। बुनियादी सिद्धान्त के विचारकों द्वारा हालांकि, एक सैद्धान्तिक विश्लेषण को आकार देने की शुरूआत करने के लिए इन सवालों का उपयोग कर सकते हैं। ये प्रश्नों से वे सामग्री प्राप्त करते हैं जो विश्लेषणात्मकता का दायरा बन जाता है और प्रक्रियाओं की स्पष्टीकरण की दिशा में आगे बढ़ते हैं। नीचे दिये गये प्रश्न में आत्मसमर्पण के गुणों के साथ–साथ इस साक्षात्कारदाता के अर्थों में भी मिलता है। जब हम साक्षात्कार करने के दौरान विश्लेषणात्मक रूप से सोचते हैं, तो डेटा संग्रहण और विश्लेषण के बीच लाइनें धुंधली होती हैं। शोधकर्ता की कार्रवाईयों और व्याख्याओं दोनों पर भरोसा करते हैं।

अर्थों का ब्यौरा देने के लिए एक साक्षात्कारदाता को तैयार करने के अलावा, 'क्या' या 'कैसे' प्रश्न के सीधे पदानियमन और लहजें में निम्नलिखित प्रश्न के टकराव के रूप में साक्षात्कारदाता की संभावित व्याख्या को शान्त करने के लिये किया जा सकता है।

सारा: ... लेकिन, आप जानती हैं कि सौभाग्य से, मुझे कुछ बिंदु पर समर्पण करने का अनुभव था,

साक्षात्कारकर्ता: समर्पण? आप का क्या मतलब है,

सारा: इसका मतलब है कि मेरे पास नहीं है, मैं इसे नियंत्रित नहीं कर सकती और यह देखने के लिए कि मुझे क्या सबक मिला है। बस, आप जानती हैं, मुझे यह बतायें कि मुझे क्या कहना चाहिये। वह इच्छा और वह स्वीकृति, आप जानती हैं।

इस उद्धरण में, सारा ने 'समर्पण (surrendering)' शब्द का उपयोग किया है। ध्यान दें कि कैथी (साक्षात्कारकर्ता) ने तुरन्त पूछा है कि इसका क्या मतलब है, सारा की प्रतिक्रिया ने 'बीमारी के लिए समर्पण' के गुणों के बारे में विचारों को उजागर किया, एक कोड जिसे कैथी ने बाद में हानि को अनुकूल बनाने के उसके विश्लेषण को एक वर्ग के लिए उठाया।

तालिका 21.1 आरम्भिक बुनियादी सिद्धान्त कोडिंग – (Initial Grounded Theory Coding)

Examples of Codes	*Initial Narrative Data to be Coded*
	K: Were you married at the time then when your first accident occurred in '93?
Describing life	Yes, I was living in Springview and I was married to my third husband
Evaluating living situation	and we lived on a ranchette with a pasture, with farm animals, and a
Telling the time length	garden, and country life, pool, gym, it was very nice, and I was out there for
Living with ex-husband's double life Disappearing husband Escalating disappearances	six and a half years. My ex-husband had kind of a double life going on as it turns out; he would disappear for two or three days at a time which
Accounting for husband's disappearances	became increasingly worse. He had colitis … part of it was his colitis
Defining hidden addiction Alluding to limits for self	but part of it, [as] it turned out was a hidden cocaine addiction so I couldn't continue to – in my chronic pain
Explaining distress Being unable to function Disintegrating self Questioning survival of self/of way of life Feeling hurt/betrayed	condition and his behavior, just kept me so stressed out where I couldn't function emotionally and physically to a point. That's why I say my survival was at stake … it hurt me. And there was no support there for
Wanting husband's support for *her* pain	my pain issue. … I always had to be the one who had to be strong because
Carrying doubled responsibilities Expressing resentments (in tone of voice) Keeping life (family and business) together Detailing ex-husband's lapses	he'd be gone on these disappearing things and then somebody had to hold down the fort and keep everything going when this would happen. And then sometimes it would take him a
Timing then husband's recovery/explaining his complicating illness	week to recover because whatever he was doing would cause his colitis
Feeling forced to be family emotional anchor	to flare up, so I was always forced to be in the position of the emotional
Being exhausted	anchor in the family and it was so exhausting to me and again I had to
Feeling forced to escalate pain meds Seeing pain meds as allowing a normal life Explaining extent of injury	keep escalating that pain medication then to continue on and normally, then, at the time the disk was fully herniated so I was being treated for
Externalizing questions about pain	chronic pain but there was still some questions to the validity of my pain
Revealing ambiguous cause of pain – physical and/or psychological	factor whether it was emotionally induced or physically and some
Questioning the possibility of addiction Raising the spectre of self over-medicating Disclosing a plausible identity Over-lapping emotional and psychological pain	question as to whether it was a lot psychological, that I was perhaps, you know, had a painful addiction and was just self-medicating.
	Most of this data excerpt appeared in Charmaz (2008: 165)

किये गये अध्ययनों के अनुभव के बारे में 'क्या' और 'कैसे' प्रश्नों के साथ शुरुआत करके, आप साक्षात्कारों के दौरान कही गयी कहानियों के लिए एक विश्लेषणात्मक तीक्ष्णता ला सकते हैं, यहां तक कि अनुसंधान की शुरुआत में भी। इन प्रश्नों से बुनियादी सिद्धान्त की प्रक्रिया पर जोर देते हैं। इसके बाद, शोधकर्ताओं द्वारा उन घटनाओं को लिंक कर सकते हैं जो अन्यथा असमान महसूस कर सकते हैं। व्यक्ति की परिस्थितियों, विचारों और प्राथमिकताओं के बारे में पूछताछ सामाजिक स्थानों, दृष्टिकोणों और स्थितियों के बारे में डेटा को उज़ागर करती है। 'कब' और 'किस हद तक' सवालों का जोड़ना, डेटा संग्रह को निर्दिष्ट करने के लिए उन स्थितियों में ले जाता है जिसके तहत किये गये अध्ययन की घटना या प्रक्रिया घटित होती है या परिवर्तन होती है। इसी प्रकार, कार्रवाईयों के अनुक्रम के बारे में सवालों को पूछना और प्रक्रियाओं एवं प्रभावों के साथ–साथ विशिष्ट अर्थों एवं कार्रवाईयों को उजागर करता है। जिन भी प्रश्नों को पूछा जाता है, शोधकर्ताओं द्वारा बातचीत में दिए गए अनुक्रमों के अध्ययन के माध्यम से और अधिक अंतर्दृष्टि प्राप्त होती है, जैसा कि प्रतिभागियों द्वारा उनकी कहानियों में बताया जाता है (सिल्वरमैन, 2007)।

बुनियादी सिद्धान्त कोडिंग (Grounded Theory Coding)

बुनियादी सिद्धान्त में क्रमबद्ध तरीके से कम से कम दो प्रकार की कोडिंग होती हैं: शुरुआती कोडिंग, जिसमें हम डेटा के खण्डों में जो कुछ भी घटित होते हुये देखते हैं, उसे परिभाषित करने के लिए खुलेपन से प्रयास करते हैं, और कोडिंग पर ध्यान केंद्रित करते हैं जो नए डेटा के खिलाफ जांच करने के लिए सर्वाधिक बार और/या महत्वपूर्ण शुरूआती कोड का उपयोग करता है। डेटा के प्रकार के मामले यहाँ है। शोधकर्ताओं द्वारा प्रजाति लेखन सम्बन्धी आंकड़ों के साथ पैराग्राफों या घटनाओं की कोडिंग करना पसंद करते हैं लेकिन शुरुआती गहन साक्षात्कारों और कथाओं (narratives) के साथ लाइन–बाय–लाइन कोडिंग का उपयोग करते हैं। लाइन–बाय–लाइन कोडिंग शोधकर्ता को डेटा की प्रत्येक पंक्ति का अध्ययन करने के लिए संकेत देने वाला एक अनुमानित उपकरण है और उन पर एक संकल्पनात्मक संचालन हासिल करना शुरू करता है। जितनी जल्दी हो सके शुरुआती कोडिंग को पूरा करना सहजता और नए विचारों को बढ़ावा देता है।

बुनियादी सिद्धान्त में कोडिंग को वर्णनात्मक और विषयगत कोडिंग से अलग मानते हैं, जो डेटा को छटनी करता है और संश्लेषित करता है लेकिन शायद ही कभी उन्हें अलग लेता है, जैसा कि बुनियादी सिद्धान्त के विचारकों द्वारा किया जाता है। हम पूछतें हैं कि कोड किस तरीके से गठित किया जाता है। ऊपर दिए गए उदाहरण में, बीमारी के लिये आत्मसमर्पण करना क्या शामिल करता है? इसके गुण क्या हैं? फिर भी, हम कार्रवाईयों के लिए कोडिंग से, कार्रवाईयों एवं घटनाओं के समझदार अर्थों से और तुलनात्मक पद्धतियों का आह्वान करने से, कोडिंग को एक कदम आगे रखते हैं। हम डेटा के टुकड़ों की तुलना उसी डेटा से करते हैं जैसे कि एक साक्षात्कार में, विभिन्न साक्षात्कारों में डेटा के टुकड़ों के बीच और उनके सम्बन्धित गुणों को छेड़ने के लिए कोड्स से तुलना करते हैं। 'बीमारी के लिये आत्मसमर्पण' को 'छोड़ देने' से अलग कैसे माना जाता है?

क्रियावाचक संज्ञाओं (Gerunds) का इस्तेमाल करते हुये, बुनियादी सिद्धान्त के कोडिंग का एक महत्वपूर्ण भाग, हमें विशिष्टता प्रदान करने में मदद करता है। एक क्रियावाचक संज्ञायें क्रिया की संज्ञा का प्रारूप हैं जैसे कि 'परिभाषित (Defining)', 'अनुभव (Experiencing)' या 'प्रश्न (Questioning)'। क्रियावाचक संज्ञाओं के साथ लाइन–टू–लाइन कोडिंग का आयोजन, डेटा के टुकड़ों (fragments) को अधिकृत करने, स्पष्ट करना और संयोजन करने में मदद करता है – और इस प्रकार हमें उन प्रक्रियाओं को देखने में सहायता मिलती है जो अन्यथा अदृश्य रहती हैं। डेटा में जो घटित हो रहा है, उसे परिभाषित करने में, कोड में अस्पष्ट या स्पष्ट सैद्धान्तिक दिशा की पहचान करने में, और डेटा में एक उभरती हुई विश्लेषणात्मक कहानी की समझदार लाइनों में, क्रियावाचक संज्ञायें शोधकर्ता की सहायता करती है। क्रियावाचक संज्ञाओं का इस्तेमाल करना अंग्रेजी–वक्ताओं के लिए सबसे पहले मुश्किल हो सकता है जो विषय के शीर्षकों (topics) और शीर्षकों की विशिष्टता (themes) के बारे में संरचनात्मक सन्दर्भों में सोचते हैं, प्रक्रियात्मक पदों में नहीं, लेकिन अभ्यास गति को बढ़ाता है।

तालिका 21.1 में देखें कि इसमें अमूर्तता के विभिन्न स्तरों के कोड्स को दर्शाया गया है। एक 'विघटनकारी स्व (disintegrating self)' का विचार, मूर्त या यथार्थपूर्ण (Concrete) साक्षात्कार बयान से अधिक अमूर्त (Abstract) है। क्या यह विधिसम्मत है? हां, क्योंकि शोधकर्ता अन्य डेटा के खिलाफ कोड की जांच करता है और इन परीक्षणों में शामिल की गयी तुलनाओं की व्याख्या करते हुये ज्ञापन लिखता है। अगर कोड एक अस्थायी अवधारणात्मक श्रेणी के रूप में नहीं प्रदर्शित होता है, तो शोधकर्ता इसे छोड़ देता है और उस कोड्स का अनुसरण करता है जिसे वह करता है। शुरूआती कोडिंग समय और संहिता के बारे में विश्लेषणात्मक प्रश्न पूछने की अनुमति देती है जो मौजूद सामग्री से उभरते हैं, न कि पूर्वकल्पित कोडिंग ढांचे से। इस मामले में, हम अन्य साक्षात्कार के बयानों के विरुद्ध डेटा और कोड की तुलना कर सकते हैं और ऐसे प्रश्न पूछ सकते हैं जैसे:

- इस आत्म (self) के गुण क्या हैं?
- कैसे, कब और किस हद तक इन गुणों को पहचाने जाने योग्य माना जा सकता है?
- किसको?
- किस परिणाम के साथ?
- क्या होता है जब उन्हें निश्चित कुछ प्रमुख अभिनेताओं के लिए वास्तविक और पहचाने जाने योग्य के रूप में लिया जाता है, लेकिन दूसरों के लिए नहीं?
- किस तरह से, सभी पर, यह कोड अन्य कोड्स से सम्बन्धित है?
- इस कोड का पता लगाने के लिए मुझे किस प्रकार के अतिरिक्त डेटा की आवश्यकता होगी?

बुनियादी सिद्धान्त को विकसित करने के लिए तालिका 21.1 में दिये गये कोड क्या सर्वाधिक उपयोगी हैं? यह जरुरी नहीं है। एक दूसरा शोधकर्ता अलग–अलग दृष्टिकोणों, सामाजिक स्थानों और स्थितियों के साथ अधिक सम्मोहक कोड के साथ आ सकता है। अगर हम एक अस्थायी श्रेणी के रूप में विघटित स्व का अनुभव करते हैं, तो हम यह पूछ सकते हैं कि कैसे यह अन्य कोड से सम्बन्धित है जैसे कि 'स्वयं के अस्तित्व का सवाल' और 'परिवार की भावनात्मक सहायता करने के लिए मजबूर महसूस होना' बाद वाला पहले वाले के लिये योगदान दे सकता है और दोनों एक विघटित स्व का अनुभव करने में योगदान दे सकते हैं। क्या इन कोड्स का उपयोग करने का एकमात्र तरीका है? हर्गिज नहीं। अन्य विश्लेषणात्मक निर्देशों में अतीत का पुनर्निमाण, पहचान का सवाल, आत्म से और के लिये जवाबदेही, या प्रकटीकरण के निर्माण की प्रक्रिया और गुणों और दिखाये जाने वाले (viewed) के लिये दर्शक (viewer) के रिश्ते के आधार पर असंख्य अतिरिक्त संभावनाओं को शामिल किया जा सकता है। इसी तरह, विभिन्न शोधकर्ताओं द्वारा उनके सैद्धान्तिक संवेदनशीलता और मूल हितों को देखते हुए, उसी डेटा की कोडिंग की असमान पंक्तियां विकसित कर सकते हैं।

रचनावादी बुनियादी सिद्धान्त के जानकारों ने कोडिंग को पारस्परिक विचार विमर्श सम्बन्धी और उभरते हुये के रूप में देखते हैं। इसलिए, कोडिंग में नये गुण, जो निकलकर आते हैं लेकिन डेटा संग्रह और विश्लेषण के दौरान शोधकर्ता के हितों, दृष्टिकोणों और सम्बन्धियों और बदलती स्थितियों से निर्धारित नहीं होते हैं। अंतर–सांकेतिक शब्दों को बदलने वाले की (inter-coder) विश्वसनीयता के लिए तलाश का अर्थ नहीं है लेकिन तुलनात्मक विश्लेषण के माध्यम से कोड की मजबूती और उपयोगिता का परीक्षण करता है।

आरम्भिक कोडिंग एक अप्रत्याशित (emergent) सिद्धान्त की हड्डियों को उत्पन्न करता है। केन्द्रित कोडिंग विश्लेषण के भार को वहन करने के लिए संभावित हड्डियों की पहचान करती है। बुनियादी सिद्धान्तकारों द्वारा केन्द्रित कोडिंग को व्यवहार में लाया जाता है जब वे कोड्स का निर्माण करते हैं जो अस्थायी श्रेणियां बनने का संकेत देती हैं। जब शोधकर्ता केन्द्रित कोडिंग का संचालन करते हैं, तो वे सबसे अधिक आवृत्ति वाले और/या महत्वपूर्ण कोड लेते हैं और यह देखते हैं कि वे डेटा के बड़े बैचों के लिए कितनी अच्छी तरह जवाबदेह होते हैं। इस प्रकार, केन्द्रित कोडिंग प्रारम्भिक कोड्स की सरणी (array) को विनियोजित करता है, विश्लेषण की दिशा को आकार देता है और इसकी सामग्री का अनुमान लगाता है।

ज्ञापन–लेखन (Memo-Writing)

ज्ञापन–लेखन में आपके साथ विश्लेषणात्मक वार्तालाप को अभिलेखबद्ध करना शामिल है। कोड्स और श्रेणियों के बारे में अपने विचारों को उज़ागर करने के लिए विश्लेषणात्मक बयानों को ज्ञापनों की संज्ञा दी जाती है। बुनियादी सिद्धान्तकारों ने अनुसंधान की शुरुआत से ज्ञापनों का लेखन कार्य करते हैं। आपके विश्लेषणात्मक कार्य का अधिकांश भाग, और अधिक अमूर्त एवं सटीक ज्ञापनों के प्रगतिशील रूप में लेखन के रूप में होता है। इस प्रकार, कोडिंग और प्रतिवेदन लेखन के बीच सेतु निर्माण के लिए महत्वपूर्ण बुनियादी सिद्धान्त की रणनीति, ज्ञापनों का लेखन बन जाती है।

आपके कोड्स आपको अपने डेटा देखने का एक तरीका प्रदान करते हैं। ज्ञापनों के अभिलेख में जो आप देख रहे हैं – और आप जो कुछ भी नहीं देख रहे हैं, उसके बारे में प्रश्नों को उठाने में आपकी सहायता करते हैं। ज्ञापनों में आपके विचारों और प्रश्नों को व्यवस्थित रूप से अभिलेखबद्ध करना आपको कमजोर, विकेन्द्रीकृत डेटा एकत्र करने और अंतर्दृष्टि की चमक को खोने से बचाने में मदद करता है। ज्ञापनों का लेखन आपकी जागरूकता को बढ़ाता है कि आपके डेटा में क्या हो रहा है और महत्वपूर्ण प्रश्नों और क्षेत्रों पर अनुसरण करने के लिये नाकामी के अवसरों को कम करता है।

शुरुआती ज्ञापनों में, आप उन विचारों पर चर्चा करते हैं जो भावना पर आधारित होते है एवं उनके कोई सबूत नहीं होते हैं, और कार्रवाईयों और अर्थों का पता लगाने से अलग अपने डेटा और कोड्स लेते हैं। ज्ञापनों का लेखन एक आकस्मिक प्रक्रिया है जो आपके पूर्व ज्ञापनों और – आपके प्रतिभागियों के साथ–साथ कोड्स और श्रेणियों पर, डेटा के साथ आपकी पारस्परिक विचार विमर्शों पर बनी होता है। आप अपने अनुसंधान के लिए एक विश्लेषणात्मक लेंस रखें और आपके ज्ञापनों में संभावित विश्लेषणात्मक नेतृत्व के लिए सतर्क रहेंगे। ज्ञापनों द्वारा उस स्थान को प्रदान किया जाता है जहां आप आशाजनक केन्द्रित कोड को अस्थायी श्रेणियों के रूप में खोजते हैं और उस डेटा को संरक्षित करते हैं जो आपकी श्रेणियों और तुलनाओं को बताते हैं। अपनी तुलनाओं को अभिलेखबद्ध करने से आपको तीव्र विशिष्ट श्रेणियां बनाने में मदद मिलती है, जिसे आप बाद में साहित्य और एक–दूसरे के साथ अधिक मर्मज्ञ तुलनाओं के निर्माण के माध्यम से, बाद वाले ज्ञापनों में एक दूसरे के साथ तुलना कर सकते हैं।

तालिका 21.2 में, कैथी 'बिगड़ते आत्म का अनुभव' क्या होता है इसे परिभाषित करने से शुरुआत करती है, इसका क्या अर्थ है, जब लोग इसे परिभाषित करते हैं और यह कैसे उन्हें प्रभावित करता है। उसने ज्ञापन में कारेन के बयान को जन्म दिया और दूसरों के साथ उसकी स्थिति की तुलना करना शुरू कर दिया।

सैद्धान्तिक नमूनाकरण (Theoretical Sampling)

सैद्धान्तिक नमूनाकरण की रणनीति बुनियादी सिद्धान्त की एक प्रमुख ताकत है लेकिन इसकी क्षमता काफी हद तक अप्रयुक्त है। अपने अस्थायी श्रेणियों के गुणों को भरने के अलावा, शोधकर्ताओं ने भी एक सैद्धान्तिक श्रेणी की सीमाओं को स्थापित करने के लिए या एक अध्ययन की प्रक्रिया या घटना में अंतर को परिभाषित करने के लिए सैद्धान्तिक नमूने का उपयोग किया है। सैद्धान्तिक नमूना एक दिलचस्प या उलझन वाली खोज को समझाने के लिए अपवर्तित (abductive) तर्क का उपयोग करने पर निर्भर करता है। शोधकर्ता सभी प्रशंसनीय सैद्धांतिक व्याख्याओं को समझता है और उन्हें नए डेटा के खिलाफ परीक्षण करता है (रीचर्ट्ज़, 2007)। नीचे दिए गए उद्धरण में, कैथी ने पहले से ही 'सेचुएटिंग द सेल्फ इन टाइम' श्रेणी को विकसित किया था और इसे अतीत, वर्तमान और भविष्य में बांट दिया था। यहां, प्रतिभागी के साथ उसकी लंबी परिचितता और श्रेणी के बचाव ने प्रभावित किया कि कैसे उसने अपनी श्रेणी से सम्बन्धित प्रश्न खड़े किए। कैसे और कब अर्थ के लिए बुनियादी सिद्धान्त के जानकारों की जांच एक प्रतिवादी और पुनरावृत्ति अनुसंधान प्रक्रिया के साथ रिश्ते के रूप में बदल सकती है।

तालिका 21.2 एक प्रारंभिक ज्ञापन से उद्धरणः एक बिगड़ते आत्म का सामना करना
(Excerpt from an early memo: experiencing a deteriorating self)

बिगड़ते हुये आत्म का अनुभव होना (Experiencing a deteriorating self) यह दर्शाता है कि व्यक्ति स्वयं के पहलुओं को खोने की पहचान करता है – और अपने वर्तमान अस्तित्व में नुकसान को देखता या देखती है। इस प्रकार की हानि तुलनात्मक है क्योंकि व्यक्ति अपने अतीत आत्म के खिलाफ वर्तमान आत्म को अस्पष्ट या स्पष्ट रूप से पहचानता और उपाय करता या करती है। लेकिन अतीत आत्म का क्या मतलब है? मान लीजिये कि लोग अपने वर्तमान अनुभव के सुविधाजनक बिन्दु से अपने अतीत आत्म को परिभाषित करते हैं, और इस वर्तमान में आत्म की छवि बनाते हैं, वे अतीत के आत्म को उन्नयित कर सकते हैं, रोमांटिक बना सकते हैं या चुन सकते हैं। कारेन ने अपने अतीत आत्म को ढहते हुये देखा था जो उसकी जिम्मेदारियों और दर्द के साथ–साथ एक साथ बढ़ती गई।

कारेन ने कहा, मै इसे लगातार नहीं कर सकता था, 'मेरे पुराने दर्द की स्थिति और उसके व्यवहार में, बस मैं इतना तनावग्रस्त रहा, कि मैं एक बिंदु पर भावनात्मक और शारीरिक रूप से कार्य नहीं कर सकता था। यही कारण है कि मैं कहता हूं कि मेरा अस्तित्व दांव पर था ... इसने मुझे चोट पहुँचाई और मेरे दर्द के मुद्दे पर कोई समर्थन नहीं था। 'उसकी टिप्पणी उसके काम करने की उसकी क्षमता में उसकी स्वयं की छवि को न केवल समर्थन (anchors) करती है, बल्कि उसकी इस बारे में जागरूकता भी दिखाती है कि वह उस स्थिति में किस तरह संलग्न थीं, जिसमें उसने खुद को पाया था? स्वयं और स्थिति जटिल रूप से बंधी होती है और यह स्थिति गुंथे हुये रिश्तों और कार्रवाईयों पर निर्भर करती है।

अन्य मामलों में जैसे टॉम का, परिवार और दोस्तों ने उसे स्वयं के बिगड़ती हालत होने के रूप में देखा और उनके शारीरिक और मानसिक बदलावों को चिह्नित किया, हालांकि उसने उनकी जानकारी बारे में कुछ नहीं जताया। वह इन परिवर्तनों की अनदेखी कर रहा था या कमतर आंक रहा था। लोग बदलावों से धीरे–धीरे नहीं जुड़ सकते, जब तक कि कोई बड़ा विघ्न घटित नहीं होता जब कि अन्य लोग उनके अनुभव के अनुसार देख पाते हैं।

मैंने एक पहले के वार्तालाप पर, समय में अपने को स्थापित करने के बारे में अनुसरण किया था। मैंने उससे पूछा कि उसने समय में खुद कहां स्थापित किया (located) है। ध्यान दें कि मैं उसके बयानों का अनुसरण कैसे करती हूं और उन महत्वपूर्ण बिंदुओं पर वापस लौटती हूं जो उसने उठाये थे।

पेट्रीसियाः वर्तमान में मैं हूँ

कैथीः आप वर्तमान में हैं

पेट्रीसियाः ओह, हाँ।

कैथीः और यह एक बदलाव है, है ना?

पेट्रीसियाः इससे पहले मैं कहां थी?

कैथीः भविष्य में

पेट्रीसियाः भविष्य, हाँ, हाँ, (सोच समझकर), मैं यहीं हूं – आज।

कैथीः और यह सब [डेढ़ घंटे पहले हमने क्या बात की थी], आपको आज पर ले आये हैं?

पेट्रीसियाः पूरी प्रक्रिया? हाँ।

कैथीः और आने वाला कल कैसा दिखता हैं?

पेट्रीसियाः आने वाला कल से उम्मीद है

कैथीः आज यहां ठीक [होने वाला है], आज आपके साथ कितने कल देख रही हैं?

पेट्रीसियाः मैं कुछ देख रही हूँ। मैं आने वाले कल में काफी कुछ देख सकती हूँ, मुझे लगता है। लेकिन जो कुछ मैं देख रही हूं वो हिस्सा ... मुझे ऐसा लगता है क्योंकि मैं – मेरी जिंदगी पर और अधिक नियंत्रण है – मेरी आज की जिन्दगी जो कल बेहतर होगी क्योंकि यह आज की जिन्दगी के जीने के तरीके का प्रत्यक्ष परिणाम है। लेकिन मैं यह भी जानती हूं कि वहां बहुत कुछ अज्ञात है। लेकिन मुझे लगता है कि बहुत सारे लोगों के लिए, सभी के लिए बहुत सारे अज्ञात हैं। और यह कि इस मामले में मैं बाकियों से आगे हूं क्योंकि मैं इसके साथ निपटने में सक्षम हो जाऊंगी।

कैथी: हम्म (Hmm), यह दिलचस्प है और आज आपका है, जब आप स्वयं आज में हैं, तो आपके लिये इसका मतलब क्या है?

पेट्रीसिया: जब मैं खुद आज में हूं, शायद मैं आज के बारे में कह रही हूं, आज – वास्तव में आज है। (चर्मज़, 2009: 54)

सैद्धान्तिक नमूनाकरण आपके प्रतिभागियों की परिस्थितियों के ज्ञान और आपकी श्रेणियों की गहराई और सटीकता को बढ़ाता है। चूंकि सैद्धान्तिक नमूनाकरण को आयोजित करने के लिए अक्सर चालाकी की आवश्यकता होती है, अनकही वार्ताएं (tacit negotiations) सुनिश्चित कर सकती हैं कि शोधकर्ताओं द्वारा क्या पूछा जा सकता है और वे इसे कब पूछ सकते हैं। यह आपके अस्थायी सैद्धान्तिक श्रेणियों से सम्बन्धित प्रश्नों को पूछने के लिए वार्तालाप को पुनः निर्देशित करने से पहले प्रतिभागियों द्वारा कही जाने वाली कहानियों को सुनने में मदद करता है।

बुनियादी सिद्धान्त की विश्लेषणात्मक ताकत प्रभावी ढंग से इसकी पुनरावृत्ति प्रक्रिया का उपयोग करने में निहित है। हम बिना सबूत वाले भावनात्मक विचारों पर चर्चा की जांच कर सकते हैं, पहले के डेटा में लीड का अनुसरण कर सकते हैं, अस्थायी श्रेणियों के रूप में कोड्स का चयन बता सकते हैं, डेटा के विरुद्ध इन श्रेणियों का परीक्षण कर सकते हैं, और उन दोनों के बीच सम्बन्ध प्रदर्शित कर सकते हैं। हमारी कार्रवाईयां इन श्रेणियों को उनकी व्याख्यात्मक शक्ति और क्षेत्र में विस्तार करके अधिक अमूर्त और उपयोगी बनाती हैं। अपेक्षाकृत कुछ बुनियादी सिद्धान्तकारों ने व्यवस्थित तरीके से या पूर्णतयः सैद्धान्तिक नमूनाकरण के प्रयोग किये हैं। फिर भी यह रणनीति एक विशिष्ट और सैद्धान्तिक रूप से परिष्कृत अध्ययन कर सकती है, और इस प्रकार अपने योगदान के मूल्य में वृद्धि कर सकती है।

विरोध आन्दोलनों के अपने अध्ययन में, डेविड स्नो और डाना मोस (2014) ने सैद्धान्तिक नमूने का इस्तेमाल किया क्योंकि उन्होंने सामुदायिक कार्रवाईयों में सहजता के सिद्धान्त विकसित किए, और समय एवं कार्रवाई के बीच अपने सम्बन्धों को निर्दिष्ट किया। उन्होंने सामाजिक आन्दोलनों में अपने पूर्व शोध पर ध्यान आकर्षित किया और प्रमुख विरोध कार्यक्रमों के प्रजाति लेखन सम्बन्धी, ऐतिहासिक और खोजी अध्ययनों के शाब्दिक विश्लेषण किये जिसमें पहले पहल वाले विवरणों को विस्तार के साथ शामिल किया गया था। उन्होंने उन परिस्थितियों का स्पष्टीकरण किया जो स्वैच्छिक कार्रवाईयों को प्रेरित करती थीं और फिर कोडित करते थे और इन स्थितियों की तुलना बाद के मामलों के साथ करते थे। स्नो और मोस का तर्क है कि सहज कार्रवाई में अनुभूति – सोच शामिल है – लेकिन यह उस समय में संकुचित हो जाती है जब पहले के विचार–विमर्श के साथ तुलना की जाती है, और निर्बाध अस्पष्ट क्षणों में निकलकर आती है। स्वैच्छिक व्यक्तिगत कार्रवाइयां तब सामूहिक कार्रवाइयों को प्रेरित करती हैं। स्नो और मोस न केवल यह दिखाते हैं कि सामूहिक कार्रवाई में अक्सर सहजता एक महत्वपूर्ण तत्व कैसे है, बल्कि यह सम्बन्धित घटना के कारण होने वाली (triggering) शर्तों को भी निर्दिष्ट करती है जिसके तहत सहजता उत्पन्न होती है।

बुनियादी सिद्धान्त के प्रतिवेदन लेखन (Writing the Grounded Theory Report)

अपने अध्ययनों का पहला मसौदा तैयार करने से पहले, बुनियादी सिद्धान्तकारों द्वारा ज्ञापनों को क्रमबद्ध और एकीकृत किया जाता है। इस समय तक, वे उत्तरोत्तर और अधिक अमूर्त ज्ञापनों को लिख चुके होते हैं उन्होंने अपने विश्लेषणों को विशिष्ट आकस्मिक विश्लेषणात्मक प्रश्नों के उत्तर देने के लिये आंकड़ों को इकट्ठा करके और फिर आगे के आंकड़ों के विरुद्ध जांच करके अपनी श्रेणियों विकसित करने के लिए सटीक बनाया है। तो आप आगे की कार्यवाही कैसे करते हैं? आपके द्वारा निर्देशित किये गये विश्लेषण के अनुसार आप ज्ञापनों को एकीकृत करते हैं। आपका विश्लेषण अनिवार्य रूप से पूरा हो सकता है, लेकिन आपको एक पूर्ण पेपर किये जाने से पहले काम की आवश्यकता होती है।

जब कोई शोधकर्ता एक प्रक्रिया का सिद्धान्तीकरण करता है, तो ज्ञापनों को आसानी से साथ मिलकर उपयुक्त किया जा सकता है, जैसा कि कैथी चर्मज़ (2011: 179) ने चित्र 21.2 में दिखाया है।

चित्र 21.2 में, ध्यान दें कि स्वयं के मूल्यों को खोने और वापस प्राप्त करने के लिये, इसमें दो प्रमुख प्रक्रियाओं को दर्शाया गया है। यह आंकड़ा बताता है कि कैसे विश्लेषण में श्रेणियां एक साथ उपयुक्त होती हैं। स्वयं के मूल्यों को खोने के साथ एक बाधित स्व के अनुभव को कुछ गुणों से हिस्सेदारी करता है, लेकिन इसके विपरीत निरंतर अनिश्चितता के तहत घटित नहीं होते हैं। खोने और खोने के बाद पुनः प्राप्त करने की दोनों स्व के मूल्य की उप प्रक्रिया सीधे कोड से उत्पन्न होती है। वक्रीय रेखा स्व को हानि से लेकर हानि से पुनः स्व के मूल्यों को प्राप्त करने तक के लिए यात्रा का प्रतिनिधित्व करती है और संभावना रहती है कि नुकसान फिर से घटित हो सकता है।

आपके विश्लेषण का एक ठोस बयान प्रदान करने के लिये आपके प्रतिवेदन का पहला मसौदा अपने शुरुआती प्रयास का प्रतिनिधित्व करता है (देखें, इस वॉल्यूम में मार्वस्ति को भी)। आपको अपनी सैद्धान्तिक श्रेणियों को पेश करने और परिभाषित करने की आवश्यकता होती है, दिखाएं कि उन्हें किससे गठित किया गया है, इन श्रेणियों के बारे में आपके दावों के साक्ष्य उपलब्ध कराएं, वे कैसे जुड़े हुए हैं, और बताएं कि वे अग्रणी कहां हैं। हम आपकी दर्शकों के लिये सोच से पहले, खुद के लिए पहला मसौदा लिखने की सलाह देते हैं – जिसमें आपकी थीसिस कमेटी भी शामिल है। आप जो भी कहना चाहते हैं कहिए। आप बाद में इस प्रारूप को संशोधित कर सकते हैं। अपनी श्रेणियों और उनके प्रभावों के बारे में अधिक जानने के लिए, प्रारम्भिक मसौदा खोज का समय है। विश्लेषण लेखन प्रक्रिया में कार्यवाही को आगे बढ़ाता है।

आपके विश्लेषण के प्रतिपादन का मसौदा तैयार कर लेने के बाद, निष्कर्ष में अपने निहितार्थ निकालें। अन्त में, परिचय लिखिए और इस प्रपत्र के लिए अपना उद्देश्य बताएं और तर्क जो आपके उद्देश्य से निकलकर आते हैं। नए विद्वानों में अक्सर अपने पूर्ण विश्लेषण के लिए एक ही तर्क का उपयोग करने की सामान्य गलती की जाती है, जो उन्होंने अपने अनुसंधान प्रस्तावों में की हैं। एक बुनियादी सिद्धान्त अध्ययन का आयोजन करने में

चित्र 21.2 स्वयं का जानबूझकर पुनर्निर्माण करना: मूल्यवान स्वभाव को खोने और पुनः प्राप्त करना
(Effecting intentional reconstruction of self: losing and regaining a valued self)

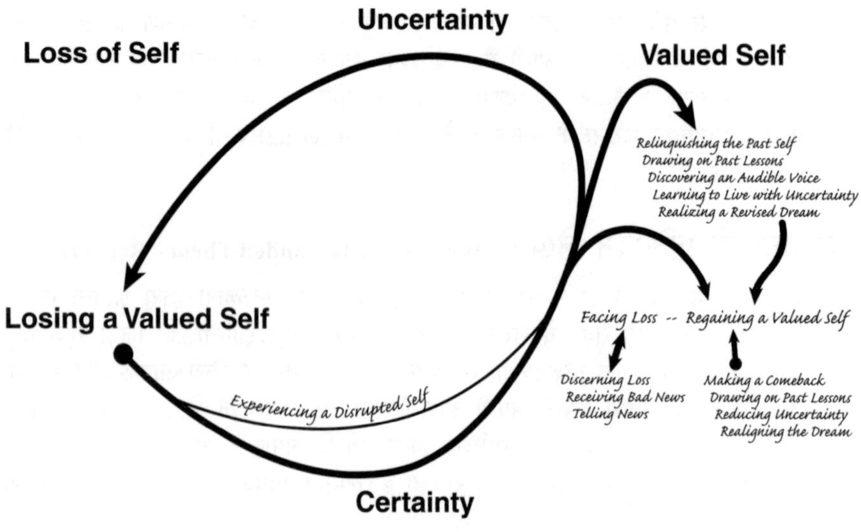

स्रोतः रेट्ज एट आल., 2011, @कैथी चर्मज़. गिलफोर्ड प्रेस की अनुमति के साथ पुनर्प्रकाशित

चालें और परिवर्तन के रूप में एक शोधकर्ता उसके अध्ययन में शामिल हो जाता या जाती है। प्रत्येक विश्लेषण एक विशिष्ट उद्देश्य और सम्बन्धित तर्क प्रदान करने का कार्य करता है।

इसी तरह, प्रत्येक विश्लेषण के लिए एक नई साहित्य की समीक्षा की आवश्यकता होती है जो आपके द्वारा उत्पन्न नए विचारों को उपयुक्तता प्रदान करती है। बुनियादी सिद्धान्त नए विचारों और मूल श्रेणियों को पैदा करता है, जो बाद में आपके साहित्य की समीक्षा करने का स्रोत बन जाता है। शुरुआती बुनियादी सिद्धांतकारों द्वारा अनुसंधान शुरू करने से पहले एक साहित्य की समीक्षा करने का आग्रह किया जाता है ताकि शोध के लिए पूर्वकल्पित निष्कर्ष उत्पन्न किए जा सकें और उन्हें विचार प्रदान करने के लिये प्रचलित सिद्धान्तों को आयात कर सकें। हम सहमत नहीं हैं। सीयान ड्यून्ने (2011) और रॉबर्ट थार्नबर्ग (2012) की तरह, हम तर्क देते हैं कि शोधकर्ता किसी भी तरह से बहस किए बिना, साहित्य के एक महत्वपूर्ण दृष्टिकोण और पहले के सिद्धान्तों को ले सकते हैं।

प्रमुख बिंदु

- बुनियादी सिद्धान्त, शोधकर्ताओं को जब वे डेटा एकत्रित करने का कार्य पूरा कर लेते हैं उसके तुरन्त बाद उन्हें आकस्मिक विश्लेषणात्मकता पर आगे बढ़ाने के लिए तैयार करता है।
- क्रियावाचक संज्ञाओं के साथ कोडिंग करना डेटा का भंजन करने एवं जांचने और कार्रवाईयों एवं प्रक्रियाओं को परिभाषित करने के लिए एक अनुमानपूर्ण उपकरण है।
- ज्ञापन–लेखन बुनियादी सिद्धान्तकारों को उनके कोड्स और श्रेणियों का पता लगाने के लिये, उन दोनों के बीच तुलना करने के लिये और उनके आंकड़ों में अंतराल की स्थिति को सीखने के लिए प्रोत्साहित करता है।
- सैद्धान्तिक नमूना एक अमूर्त श्रेणी के गुणों को भरने के लिए एक विशिष्ट बुनियादी सिद्धान्त की रणनीति है।
- प्रतिवेदन का लेखन खोज करने के लिए लेखन को शामिल करती है, जो दर्शकों के लिये अध्ययन को प्रतिवेदित करने के लिए लेखन और आगे विश्लेषणात्मक अंतर्दृष्टि बनाने के लिए प्रेरित करती है, और इस प्रकार शैली, उद्देश्य, तर्क, शैली और संगठन शामिल किया जाता है।

अध्याय सारांश और भविष्य की संभावनाएं

बुनियादी सिद्धान्त उन लचीले पद्धतिगत रणनीतियों की पेशकश करता है जो मजबूत विश्लेषणात्मक अवधारणाओं को उत्पन्न कर सकते हैं और उनको समर्थन देने के लिए सबूत दे सकते हैं। बुनियादी सिद्धान्त की तीन कम उपयोग की जाने वाली रणनीतियां हैं (1) क्रियावाचक संज्ञाओं के साथ प्रारंभिक कोडिंग करना, (2) पूछताछ में तुलना करने के लिये और (3) सैद्धान्तिक नमूनाकरण। हमने विधि को अधिक सुलभ और लागू करने के लिए इन रणनीतियों को समझाया है। बुनियादी सिद्धान्तकारों ने क्रियावाचक संज्ञाओं के साथ कोड को डेटा से संकेतित हद तक पहुंचाया है। ऐसा करने से हमें संयोजन करने और कार्रवाईयों और प्रक्रिया को समझने की अनुमति मिलती है, यहां तक कि साक्षात्कारों में फिर से गणना किये जाने पर भी।

आम तौर पर, कई बुनियादी सिद्धान्तकार प्रतिमानों पर घनिष्टता से टिके रहते हैं जिसे हम अपने डेटा में परिभाषित करते हैं और श्रेणियों के रूप में व्यवहार करते हैं। फिर भी, अतीत में, अपेक्षाकृत कुछ बुनियादी सिद्धान्तकारों ने यह समझा कि क्रियावाचक संज्ञाओं के साथ कोडिंग उन्हें स्थैतिक विषयों से लेकर गतिशील प्रक्रियाओं तक उनके विश्लेषण को ले जा सकने में और अदृश्य प्रतिमानों को देखने में किस तरह से मदद कर सकती है। कोड की विशिष्टता के कारण तुलनात्मक तरीकों का उपयोग करने के लिए क्रियावाचक संज्ञाओं के साथ भी कोडिंग सहायता करती है। व्यवस्थित तुलना करना हमें हमारे कोड्स को अस्थायी श्रेणियों में शामिल करने के लिए प्रेरित करता है। इसके बाद, हम अपने गुणों को देख सकते हैं और श्रेणियों के बीच भेद कर सकते हैं। सैद्धांतिक नमूनाकरण इन श्रेणियों को मजबूत करता है और उनका विश्लेषणात्मक वजन बढ़ाता है और विस्तारित सिद्धांतवादी योगदान के महत्व को विस्तारित करता है। इन सभी रणनीतियों को अपनाने से केवल

बुनियादी सिद्धान्त के अध्ययनों की विश्वसनीयता में वृद्धि ही नहीं होगी, बल्कि आयातित मानदंडों द्वारा पूछताछ के किसी अन्य प्रारूप से निर्णय लेने की उनकी संभावना भी कम हो जाएगी।

बुनियादी सिद्धान्त के रचनात्मकतावादी संशोधन से पूर्व में घटित समस्याग्रस्त ज्ञानमीमांसीय मान्यताओं और ज्ञान के दावों को हल किया गया। अतीत के बुनियादी सिद्धान्त के समर्थकों ने डेटा संग्रह को गैर समस्याग्रस्त और रिफ्लेक्सीविटी के रूप में, अनावश्यक रूप से व्यवहार किया था। हालांकि, नए रचनाविदों ने डेटा संग्रह में शामिल होने के लिये दोहरा जोर देते हैं और रिफ्लेक्विविटी में संलग्न होने पर बुनियादी सिद्धान्त प्रथा एवं उत्पादों को आगे बढ़ाते हैं।

बुनियादी सिद्धान्त, सामाजिक विज्ञानों के पारम्परिक क्षेत्रों जैसे – स्वास्थ्य, शिक्षा और प्रबंधन से लेकर नये क्षेत्रों में आर्किटेक्चर, गणित और विज्ञान शिक्षा, इंजीनियरिंग, पर्यावरण विज्ञान और अनुप्रायोगिक भाषाविज्ञान तक के क्षेत्रों में फैला हुआ है। यह पद्धति कई शोध उद्देश्यों भी में फैली हुई है: शैक्षणिक ज्ञान, नीति–निर्माण, पेशेवर अभ्यास और सामाजिक न्याय की तलाश।

इस प्रकार, ज्ञान के विभिन्न प्रारूपों को आकार देने वाले बुनियादी सिद्धान्त की संभावनाएं उच्च हैं। पद्धति की बढ़ती व्याख्या को देखते हुए, शोधकर्ताओं के पास जटिल बुनियादी सिद्धान्त के अध्ययनों को पूरा करने के लिए तेज उपकरण होना चाहिये। इसलिए, सैद्धान्तिक रूप से परिष्कृत अध्ययनों की संख्या में वृद्धि की संभावनाएं भी उच्च हैं। बुनियादी सिद्धान्त के अध्ययनों की बढ़ती संख्या, बड़े पैमाने पर व्यक्तिगत अर्थों एवं कार्रवाईयों को सामाजिक संरचनाओं के साथ जोड़ती हैं। अतीत में, सिद्धान्तीकरण की महान बात करने के बावजूद, विषयपरक विश्लेषणों या विश्लेषणात्मक विवरण को शामिल करने के बजाय अधिकांश अध्ययनों में जिसमें बुनियादी सिद्धान्त होने का दावा किया गया। इसी तरह, अधिकांश गुणात्मक शोधकर्ताओं की तरह सामान्यतः, अतीत के बुनियादी सिद्धान्तकारों ने बड़े पैमाने पर सामाजिक संरचनाओं में उनके विश्लेषणों एवं अपने अनुसंधान में इसके उत्पादन की स्थितियों में शायद ही कभी स्थान दिया। लेकिन अब हमारे पास ऐसी पद्धतियां और उदाहरण हैं जो इन सम्बन्धों को बढ़ावा देते हैं।

सतह पर, बुनियादी सिद्धान्त की रणनीतियां मूर्त, यांत्रिकीय विश्लेषणों को उत्पन्न करने के लिए प्रकट हो सकती हैं, जिसमें शोधकर्ताओं द्वारा केवल उनके उभरते हुए विश्लेषणों एवं डेटा में दी गयी बढ़त का अनुसरण किया जाता है। यह सच है कि कुछ शोधकर्ताओं द्वारा इस तरीके से बुनियादी सिद्धान्त का उपयोग किया जाता है। हालांकि, यह पद्धति सामाजिक जीवन की कल्पनाशील व्याख्याओं की रचना करने के लिए नए विचारों एवं संभावनाओं को पैदा कर रही है। और बुनियादी सिद्धान्त का यही सौंदर्य है।

संदर्भ

Bryant, A. and Charmaz, K. (2007) 'Grounded theory in historical perspective: an epistemological account', in A. Bryant and K. Charmaz (eds), *The Sage Handbook of Grounded Theory.* London: Sage, pp. 31–57.

Charmaz, K. (2009) 'Recollecting good and bad days', in A. Puddephatt, W. Shaffir, and S. Kleinknecht (eds), *Ethnographies Revisited: Constructing Theory in the Field.* London and New York: Routledge, pp. 48–62.

Charmaz, K. (2011) 'A constructivist grounded theory analysis of losing and regaining a valued self', in F. J. Wertz, K. Charmaz, L. J. McMullen, R. Josselson, R. Anderson and E. McSpadden, *Five Ways of Doing Qualitative Analysis: Phenomenological Psychology, Grounded Theory, Discourse Analysis, Narrative Research, and Intuitive Inquiry*. New York: Guilford, pp. 165–204.

Charmaz, K. (2014) *Constructing Grounded Theory.* London: Sage.

Charmaz, K. and Belgrave, L. L. (2012) 'Qualitative interviewing and grounded theory analysis', in J. F. Gubrium, J. A. Holstein, A. Marvasti and K. M. Marvasti (eds), *Handbook of Interview Research* (2nd edn). Thousand Oaks, CA: Sage, pp. 347–65.

Conlon, C., Carney, G., Timonen, V. and Scharf, T. (2015). 'Emergent reconstruction' in grounded theory: learning from team based interview research', *Qualitative Research*, 15 (1): 39–56.

Dunne, C. (2011) 'The place of the literature review in grounded theory research', *International Journal of Social Research Methodology*, 14 (2): 111–124.

Glaser, B. (1978). *Theoretical Sensitivity.* Mill Valley, CA: Sociology Press.

Glaser, B. G. and Strauss, A. L. (1967) *The Discovery of Grounded Theory: Strategies for Qualitative Research.* Chicago, IL: Aldine.

Gubrium, J. and Holstein, J. (2008) 'From the individual interview to the interview society', in J. Holstein and J. Gubrium (eds), *Handbook of Constructionist Research*. New York: Guilford, pp. 3–32.

Lois, J. (2010) 'The temporal emotion work of motherhood: homeschoolers' strategies for managing time shortage', *Gender & Society*, 24 (4): 421–46.

Reichertz, J. (2007) 'Abduction: the logic of discovery in grounded theory', in A. Bryant and K. Charmaz (eds), *The Sage Handbook of Grounded Theory*. London: Sage, pp. 214–28.

Silverman, D. (2007) *A Very Short, Fairly Interesting and Reasonably Cheap Book about Qualitative Research.* London: Sage.

Snow, D. and Moss, D. (2014) 'Protest on the fly: toward a theory of spontaneity in the dynamics of protest and social movements', *American Sociological Review*, 79 (6): 1122–43.

Thornberg, R. (2012) 'Informed grounded theory', *Scandinavian Journal of Educational Research*, 55 (1): 1–17.

Wertz, F. J., Charmaz, K., McMullen, L. M., Josselson, R., Anderson, R. and McSpadden, E. (2011) *Five Ways of Doing Qualitative Analysis: Phenomenological Psychology, Grounded Theory, Discourse Analysis, Narrative Research, and Intuitive Inquiry*. New York, Guilford Press.

बाईस

कथनात्मक पूछताछ के बारे में अलग क्या है? मामले, श्रेणियाँ और सन्दर्भ

(What's Different about Narrative Inquiry? Cases, Categories and Contexts)

कैथरीन कोहलर रिस्समैन

इस अध्याय के बारे में

कथनात्मक पूछतांछ अन्य गुणात्मक अभिगमों से कई मायनों में अलग है। यह विशेष मामलों और उनके संदर्भों के उत्पादन पर बारीकी से केन्द्रित है। कुछ प्रमुख कथनात्मक अवधारणाओं को पेश करने के बाद, मैं उन्हें एक शोध उदाहरण के साथ कार्रवाई में दिखाता हूं। साक्षात्कारों में पहचान के प्रदर्शन का विश्लेषण करने के लिए कथनात्मक पूछतांछ अच्छी तरह से अनुकूल है।

कीवर्ड्स - कथनात्मक विश्लेषण (Narrative Analysis), कथनात्मक पूछताछ (Narrative Inquiry), कहानी कहने (Storytelling), श्रेणी–केंद्रित शोध (Category-Centred Research), कथनात्मक प्रारूप (Narrative Form)।

मेरे अनुसंधान सेमिनारों में अक्सर छात्रों द्वारा पूछे जाने वाले सवालों में से एक यह है कि कथनात्मक पूछताछ और अन्य गुणात्मक दृष्टिकोणों के बीच का अन्तर क्या है। कई विश्लेषणात्मक पद्धतियों का इस्तेमाल करने और कई अध्ययनों (रिस्समैन, 1990, 2002ए, 2002बी, 2005), में कथनात्मक के साथ उन्हें सफलतापूर्वक जोड़ने में मैं हमेशा सवाल पसंद करता हूं। यह अध्याय मुझे फिर से सवाल उठाने की अनुमति देता है, जो कथनात्मक विश्लेषण के कई आयामों को अभिव्यक्त करते हैं जो इसे बुनियादी सिद्धान्त के डेटा विश्लेषणात्मक चरण और साक्षात्कार से काम करने वाले अन्य विशिष्ट रूप से उन्मुख गुणात्मक पद्धतियों से अलग करता है।

कथनात्मक पूछताछ के तरीके में बहुत विविधता है जिसका मैं यहां सर्वेक्षण नहीं कर सकता (लेकिन रिस्समैन, 2007, डी. फिना और जॉर्जकोपौलोउ, 2015, लिवहोल्ट्स और टाम्बौकोउ, 2015 देखें)। कार्यप्रणाली के लिए मेरा दृष्टिकोण शुरू में समाजभाषाविज्ञानीय परम्परा से आया था जिसने 1980 के दशक में और तब से ही सहयोगियों के एक नेटवर्क से सामाजिक विज्ञानों में विद्वानों को प्रभावित किया था। लेकिन कथनात्मक पूछताछ का क्षेत्र अत्यधिक महत्वपूर्ण होकर कुछ अचानक तरह से निकलकर आया है जो अब बहुत व्यापक है। अन्य गुणात्मक दृष्टिकोणों के रूप में, ज्ञानमीमांसीय पदों में भिन्नता होती है, रचनावादियों और तार्किक सकारात्मकवादियों दोनों के द्वारा व्यापक रूप से लोकप्रिय शब्द एक 'कहानी' के रूप में डेटा का विचार किया जाता है।

एक कथनात्मक शब्दावली के लिए कई सामग्रियों की व्याख्या करने में मानविकी और सामाजिक विज्ञानों के बीच की सीमाओं के नरम करने से कई लोगों को आकर्षित किया गया है (हमेशा गम्भीर रूप से नहीं, जैसा कि नीचे चर्चा की गई है)। हालांकि, व्यवस्थित रूप से उनका विश्लेषण करने के बजाय जीवनी सम्बन्धी विवरणों का जश्न मनाने के लिए एक बढ़ती हुई दुर्भाग्यपूर्ण प्रवृत्ति है (एटकिन्सन और डेलामोन्ट, 2005)।

इस अध्याय में मेरा ध्यान साक्षात्कारों में उत्पन्न कथाओं तक सीमित रहेगा। अनुसंधान साक्षात्कारों को केवल उस संदर्भ में नहीं, जिसमें कथायें (narratives) प्रतीत होती हैं, बच्चों की कहानियों (सैकस, 1972) पर हार्वे सैकस के महत्त्वपूर्ण कामों से प्रभावित अध्ययन हैं जो हर रोज की स्थापनाओं में (पोलान्यी, 1989), चिकित्सा परामर्शों में

(क्लार्क और मिशेलर, 1992) और अन्य संदर्भों में कहानी कहते हुये दिखाई देता है। कई प्रमुख अवधारणाओं के लिए एक संक्षिप्त परिचय नीचे है, जिसमें कथनात्मक पूछताछ का मार्गदर्शन किया जाना चाहिए, मैं निम्नलिखित एक शोध उदाहरण प्रस्तुत कर रहा हूं जो अभ्यास में अवधारणाओं को दर्शाता है।

श्रेणी बनाम मामला-केन्द्रित अनुसंधान (Category Vs. Case-Centred Research)

समकालीन गुणात्मक शोध का विशाल बहुमत प्रकरण–केन्द्रित (case-centred) की बजाय श्रेणी–केन्द्रित (category-centred) हैं। पहले वाले में – बुनियादी सिद्धान्त एक परिचित उदाहरण है – दिलचस्पी की घटना के बारे में सामान्य बयानों के पक्ष में विस्तार और विशिष्टता बच के निकल जाती है। साक्षात्कार के आंकड़ों को उन क्षेत्रों में खंडित किया जाता है, जिन्हें विषयगत रूप से कोड किया जाता है – अवधारणात्मक श्रेणियों में – जिन्हें इसके बाद तब समूहित किया जाता है और अन्य साक्षात्कारों से समान खंडों के लिये तुलना की जाती है। सैद्धान्तिक अवधारणाओं को आगमनात्मक रूप से उत्पन्न करने का लक्ष्य होता है, अर्थात्, मानवीय प्रक्रियाओं के बारे में सामान्यीकरण जो कि व्यक्तिगत प्रतिभागियों में निहित हैं (इस खण्ड में चर्मज़ और ब्रायंट देखें)।

इसके विपरीत, प्रकरण–केन्द्रित शोध में – मौखिक इतिहास में, आत्म/जीवनी सम्बन्धी अध्ययनों और कथनात्मक पूछताछ में अभ्यास किया जाता है – अन्वेषक विशेष उदाहरणों और कार्रवाई की अनुक्रमों को संरक्षित करता है और पूछताछ करता है, प्रतिभागियों द्वारा भाषा पर बातचीत तय करने और वार्तालापों में कथनात्मक शैलियों के तरीके, और एक 'प्रकरण' के अन्य विशिष्ट पहलु जो कि एक व्यक्ति, परिवार, समुदाय, समूह, संगठन या सामाजिक जीवन की अन्य इकाई हो सकती है। जैसा कि मिशलर ने (1996: 80) लिखा है, प्रकरण–आधारित पद्धतियां अनुसंधान प्रतिभागियों को 'समय के माध्यम से एकता और मजबूती, इतिहासों और इरादों दोनों के साथ विषयों के रूप में उनका सम्मान करना' प्रदान करती हैं। मानव एजेंसी, चेतना – सामाजिक रूप से निर्मित, सुनिश्चित करने के लिए – और विशिष्टता संरक्षित रहते हैं। पूरे समूह के बारे में सामान्य कथनों को उत्पन्न करने के लिए मामलों को इकट्ठा करने पर यह मुश्किल हो जाता है।

प्रकरण–केन्द्रित पद्धतियां फिर भी 'श्रेणियां' उत्पन्न कर सकती हैं, अर्थात् सैद्धान्तिक अवधारणाओं और सामान्य प्रक्रियाओं के बारे में टिप्पणियां। चिकित्सा का इतिहास विशेष उदाहरणों के अध्ययनों से भरा होता है – ऐसे मामलों में जहां रोगविज्ञानों का उल्लेख किया गया था और बारीकी से अध्ययन किया गया था, जिससे नये रोग वाली श्रेणियां प्रमुख हो सकती हैं। इसी तरह, सामाजिक अनुसंधान में, सामाजिक संगठन के सामान्य पहलुओं के बारे में जानकारी विशिष्ट उदाहरण में विशेष कार्रवाई के करीब अध्ययन से उभरकर आयी हैं। गारफिंकेल (1967) का एग्नेस वाला प्रकरण अध्ययन, एक हिज़ड़ा (transgender) इंसान, जो सफलतापूर्वक महिला के रूप में समय व्यतीत कर रही थी, सिद्धान्त प्रतिपादित किया जिसे चुनौती दी गई, और आखिर में लिंग के द्विआधारी अवधारणा को बदल दिया गया। कथनात्मक विश्लेषकों ने सामाजिक परिवर्तन की प्रक्रिया के बारे में बहस तैयार करने के मामलों की तुलना भी की है (महिलाओं के स्वास्थ्य आन्दोलन से लिये गये उदाहरणों के लिए, देखें – बेल, 1988, 1999)।

कथनात्मक विश्लेषण (NA) ने एक 'पद्धतिगत प्रदर्शनों की सूची' (क्यूइन्न, 2005: 6) बरामद की जाती है जो जांचकर्ता एक विशेष परियोजना की मांगों को पूरा करने के लिए आकर्षित और विस्तारित कर सकते हैं। पद्धतिगत विविधता की इस भावना में, मैंने कथाओं की व्याख्या के लिए चार सामान्य दृष्टिकोणों के उदाहरणात्मक प्रतिमानों को और टाइपोलॉजी को विकसित किया हैः विषयगत, संरचनात्मक, संवादात्मक/क्रियात्मक और दृश्य विश्लेषण पद्धतियां (www.qualitative-research.net/index.php/fqs/article/view/1418)। अलग–अलग तरीकों से, इन विश्लेषणात्मक दृष्टिकोणों से सामग्री के साथ पूर्व व्यस्तता का विरोध करते हैं, अर्थात् एक शोध प्रतिभागी द्वारा जिसे महत्वपूर्ण बताया गया है उसका मुख्य ध्यान सूचित किया जाता है।

जाहिर है कि भाषा का एक दर्शन (Philosophy) है, कई गुणात्मक शोधकर्ताओं द्वारा साझा की जाने वाली सामग्री पर मुख्यतः ध्यान केन्द्रित किया जाता हैः भाषा को अर्थ के एक पारदर्शी पात्र के रूप में देखते हुए।

इस तरह के शोध में वक्ता के शब्दों में और उन वस्तुओं के बीच एक सीधा सम्बन्ध होता है, जिसके लिये भाषा सन्दर्भित किया जाता है। रोजमर्रा की जिंदगी में, हम इस तरह के दृष्टिकोण से काम करते हैं, लेकिन डेटा का विश्लेषण करने में, कथनात्मक विश्लेषण में से कई तर्क देते हैं कि यह अर्थ को समस्याबद्ध करने के लिए उपयोगी है और संकेत एवं संकेतकर्ता के बीच प्रतीत होता है कि सम्बन्ध आसान है। हम पूछ सकते हैं, उदाहरण के लिए:

- किस सन्दर्भ में यह विवरण उत्पन्न हुआ था?
- कहानी को उस तरीके से क्यों बताया गया था?
- वक्ता के लिए कहानी क्या पूरा करती है?
- पूर्ववर्ती उपयोगों से प्रतिभागी के उपयोग करने में उसके अपने समर्थन को जारी रखने के लिये विशिष्ट शब्दों से क्या किया जाता है?
- बयानकर्ता (Narrator) जो इरादा कर सकता है उससे परे क्या अन्य रीडिंग संभव है?

कथनात्मक प्रलोभन (चेम्बर्स, 1984) एक कौशलपूर्ण कथाकार द्वारा निर्मित किया गया भ्रम है कि 'एक कहानी "ज्यों का त्यों है", और किसी प्रकार की व्याख्या करने की जरूरत नहीं है' (ब्रुनेर, 1999: 9)। श्रोता को अर्थ समझने के लिये एक और केवल एक ही तरीका कृत्रिम पूर्वाग्रह है। भ्रम (seduction) का विरोध करके, कथनात्मक शोधकर्ता रोजमर्रा की जिन्दगी के 'स्वतः व्याख्यात्मक नियमित कार्यक्रमों' को चुनौती दे सकता है और 'अनियन्त्रित व्याख्यात्मक गतिविधि' शुरू कर सकता है (ब्रुनेर, 1991: 9)। किसी विवरण को तैयार किस तरह से किया गया था, इसकी संरचना और प्रभावों, पात्रों की स्थिति और कथनात्मक निर्माण के अन्य पहलुओं के बजाय, सर्वज्ञ (omniscient) कथाकार पर सवाल करने के लिए पाठकों को आमंत्रित किया जा सकता है (इस वॉल्यूम में हॉस्टीन और गबरियम देखें)। भाषा का उपयोग विचार करने में आ सकता है – आमतौर पर बुनियादी सिद्धान्त के अध्ययनों से देखने का नज़रिया (an angle of vision) गायब हैं।

एक कथनात्मक शब्दावली (A Narrative Vocabulary)

विशेष रूप से वर्तमान में सार्वजनिक संभाषणों में 'कथनात्मक विचार की संलिप्तता' को देखते हुए, एक कथनात्मक परियोजना पर विचार करने वाले व्यक्तियों के लिए वर्णनात्मक शब्दावली महत्वपूर्ण है (ब्रुक्स, 2001)। पत्रकारों और राजनेताओं ने साहित्यिक शब्द को अपनाया है, अतीत में वैचारिक स्थिति या तर्क कहलाए जाने के लिए जिसका उल्लेख किया गया होगा। किसी तरह के साक्षात्कार खंडों, यहां तक कि सभी शोध प्रतिवेदनों को सन्दर्भित करने के लिए, कई गुणात्मक शोधकर्ताओं द्वारा एक कथनात्मक शब्दावली को अपनाया जा रहा है। कई मामलों में, हम कठोर, तीक्ष्ण विश्लेषण के बिना 'संकीर्णता' रखते हैं। यदि सामाजिक विज्ञान अन्वेषणकर्ताओं द्वारा विश्लेषणात्मक रूप से कथनात्मक अवधारणाओं का उपयोग करने की योजना बनायी जा रही है, तो शब्दावली को गंभीरता से लिया जाना चाहिए।

सामाजिकभाषाविदों ने आम तौर पर कथनात्मक और कहानी के बीच एक गहन भेद किया है:

- कथनात्मक (Narrative) संभाषण वाले प्रकारों की व्यापक श्रेणी को संदर्भित करता है जिनके कुछ गुणों में सर्वनिष्ठता होती है (नीचे चिन्हित किये गए हैं)।
- एक कहानी (story) कथनात्मक का एक मूलादर्शीय (prototypic) प्रारूप है जो 'अनुक्रमिक और अस्थायी क्रम' के साथ घटनाओं का असंतत समुच्चय का ब्यौरा बताती है (डे फिना, 2003: 13)।

अरस्तू (Aristotle) के अनुसार, डे फिना मौखिक संभाषणों के लिए 'कहानी' शब्द को सुरक्षित रखता है, जिसमें घटनाओं के सामान्य दौर में कुछ प्रकार के अलगाव (rupture) या परेशानियां (disturbance) शामिल होती हैं ... एक कार्रवाई जो प्रतिक्रिया और/या समायोजन को उत्तेजित करती है (2003: 13)।

हाल ही के एक लेख में, मैंने घाव–सम्बन्धी बीमारी के एक लिखित विवरण की रचना करने के लिए अस्थायी एवं अलगाव वाले विचारों पर ध्यान दिया (रिस्समैन, 2015 ए)। सभी विद्वानों, विशेष रूप से **'कहानी'** के उपप्रकार के साथ काम करने वाले, लाबोव (1972, 1982) के प्रामाणिक काम और लाबोव एवं वाल्ट्जकाय (1967) के पूर्व कामों के लिये ऋणी हैं, भले ही वे हमेशा **'कथनात्मक'** और **'कहानी'**, के बीच भेद न करें और क्षेत्र उनके कथनात्मक सिद्धान्त से परे ले जाया गया है। जैसा कि कथनात्मक अध्ययनों को दशकों में विकसित किये गये हैं, हमारी भाषा और वैचारिक तंत्र अधिक सटीक हो गए हैं।

उस कथनात्मक को स्वीकार कर लेना संभाषण के प्रकारों के एक व्यापक वर्ग को सन्दर्भित करता है (जिनमें से **'कहानी'** केवल एक ही है), परिभाषात्मक विशेषताएं क्या हैं जो कि साक्षात्कार के संभाषणों के अन्य प्रकारों से कथनात्मक को अलग करती हैं, जैसे कि संक्षिप्त प्रश्न और उत्तर विनिमय, मान्यताओं के प्रतिपादन–विषयक बयानों, इतिहास, अनुसूची बनाना और अन्य भाषण कार्रवाई करता है? बेल ने हिन्चमैन एवं हिन्चमैन (1997) पर कथा को परिभाषित करने के लिए इस प्रकार निर्मित किया हैः

> घटनाओं के एक अनुक्रम का क्रम जो किसी विशेष दर्शक के लिए अर्थपूर्ण तरीके से जुड़ा हुआ है ताकि इसमें लोगों के अनुभव ... या दुनिया का अर्थ समझ सके। यह परिभाषा मानती है कि एक कार्रवाई अगले के लिए परिणामी होती है, जो एक कथनात्मक अनुक्रम को एक 'साजिश (plot)' के साथ आयोजित किया जाता है, और उस 'साजिश' को अस्थायी और स्थानिक रूप से व्यवस्थित किया जाता है ... कालक्रम से अभिलेखन या एक सूची से अधिक, एक कथनात्मक 'कुछ ...' तक जोड़ती है (बेल, 2009: 8)।

यह निर्धारित करना कि **'कुछ'**, बेशक श्रोता के लिए एक केन्द्रीय कार्य है और बाद में विश्लेषक के लिये क्योंकि वे अर्थ की व्याख्या करते हैं, या **'बिंदु (point)'** जिसे वक्ता करने की इच्छा रखता है। एक विशेष क्षण के बारे में एक लम्बी कहानी एक वार्तालाप में इतनी अधिक जगह लेने के लिए कहने योग्य होगी।

द्विआधारी शब्दों में सोचने के बजाय – एक खण्ड (segment) या तो कथनात्मक है या नहीं – और कुछ विशिष्टताओं को संरक्षित कर रहा है, पालेय और ईवा **'कहानी'** की उच्चतम सीमा के साथ मिलकर, कथनात्मकता की स्थितियों (degrees) के लिए बहस करते हैंः 'घटनाओं [साजिश] की व्यवस्था, और लोगों [विशेषताओं (characters)], की प्रतिक्रिया [दर्शकों की एक प्रतिक्रिया]', को प्राप्त करने के लिए अभिकल्पित किया गया (2005: 89)। वार्तालाप सम्बन्धी स्थापनाओं में कहानी कहने से आम तौर पर असतत क्षणों का संक्षेप में वर्णन किया जाता है, जबकि कथनात्मक कहने के अन्य प्रारूप, बातों के सामान्य बारे में प्रश्न/श्रोता से जवाब प्राप्त करने के लिए बेहतर अनुकूल होते हैं। इन संभाषणों के प्रारूपों में – हमेशा घटना–केन्द्रित नहीं होते – अभ्यस्त, परिकल्पनात्मक, साहचर्य/उपकथात्मक कथनात्मक और अन्य प्रारूपों को शामिल करता है (रिस्समैन, 1993)। एक प्रतिभागी का आकस्मिक रूप से दावा करना – 'यह वही है जो मेरे लिए एक्स जैसा था' – एक विशेष घटना के बारे में कहानी के अलावा अन्य प्रारूप से संभवतः अधिक प्रेरक बनाया जा सकता है।

कार्य अनुसरण करने का प्रारूप (Form Follows Function)

कथनात्मक प्रलोभन की तरफ खींचने का विरोध करने के लिए, अन्वेषक पूछताछ कर सकता है कि कथनात्मक क्या पूरा करता है और ठीक तरीके से कहने का प्रारूप वह अन्त कैसे प्राप्त करता है। परिचित आधुनिकतावादी वास्तु–सम्बन्धी कहावत पर आरेखण, के प्रारूप का कार्य निम्नलिखित होता है।

हम अपने अनुभव का बयान कई तरह से बता सकते हैं। पूछताछ करने के लिए विश्लेषक की यह भूमिका होती है जो एक वक्ता द्वारा किए गए विशेष विकल्पों के साथ पूरा किया जा रहा है। कथनात्मक की मान्य करने योग्य शैलियां हैं – दूसरों के बीच स्वांग, त्रासदी, यात्रा गाथा, रूपान्तरण की कहानी हैं, जो कि किसी भी वक्ता के लिए सांस्कृतिक संसाधनों के रूप में काम करती हैं। मानवीय स्थितियों का निर्माण के लिए वे परिचित प्रतिमानों

को प्रदान करते हैं [और], वे एक विशेष तरीके से भाषा का उपयोग करके अपने प्रभावों को प्राप्त करते हैं' (ब्रुनेर, 1991: 14)। विश्लेषक पूछ सकता है:

- एक खुले वार्तालाप में उस समय उस तरीके से एक कथनात्मक खण्ड विकसित क्यों हुआ था?
- एक विशेष कथनात्मक प्रारूप को अपनाने से वक्ता को क्या पूरा करना पड़ता है?
- क्या किसी विशेष पल की कहानी शायद एक पसंदीदा स्थिति वाले श्रोता को मनाने के लिए काम करती है, या वक्ता को एक लाभकारी नैतिक प्रकाश में लाती है (मैंने जो किया उसके बावजूद मैं एक अच्छा इंसान हूं)?

व्यक्तिगत कथनात्मकों में कई प्रदर्शनकारी विशेषताएं शामिल होती हैं जो 'स्थानीय उपलब्धि की पहचान' को सक्षम करती हैं (क्यूसिन्स, 1998)। कहानी का बयान करने वाले शब्दों और वाक्यांशों को तीव्र या घनीभूत कर सकते हैं, वे कथनात्मक विवरण, प्रतिवेदित भाषण, दर्शकों के लिए अपील, इशारों और यहां तक कि ध्वनि प्रभावों से खण्ड को बढ़ा सकते हैं (वोल्फसन, 1982, बौमेन, 1986)। विश्लेषकों द्वारा प्रदर्शन के अतिरिक्त प्रश्नों को पूछा जा सकता है:

- किस तरह की कहानी में एक कथाकार स्वयं को रखती है?
- वह दर्शकों के लिये स्वयं को किस तरह से पेश करती है, और इसके विपरीत?
- एक दूसरे के लिये सम्बन्ध में, और स्वयं के लिये सम्बन्ध में वह पात्रों की स्थिति को किस तरह से रखती है?
- वह स्वयं के लिये अपने आप को किस तरह से पेश करती है, अर्थात् पहचान का दावा करती है? (बामबर्ग, 2005)।

कहानियों में सामाजिक स्थिति का निर्धारण करने में – कथाकारों (Narrators) द्वारा दर्शकों, पात्रों और उन्हें स्वयं को किस तरह की स्थिति में रखा जाता है – प्रविष्टि का एक उपयोगी बिन्दु है क्योंकि 'द्रव स्थिति का निर्धारण, निश्चित भूमिकायें नहीं होती हैं, लोगों को उन स्थितियों से निपटने के लिए उपयोग किया जाता है जो वे स्वयं को पाते हैं' (हार्रे और वान लैन्गेनहोवे, 1999: 17)।

कथाकारों द्वारा उनके स्वयं की स्थिति का निर्धारण किया जा सकता है, उदाहरण के लिए, अन्य पात्रों को कार्रवाई करने की शक्ति प्रदान करने के लिए, उनकी कहानियों में किसी अन्य व्यक्ति के रूप में या किसी परिस्थिति के पीड़ितों के रूप में। वैकल्पिक रूप से, कथाकारों द्वारा सक्रिय प्राणी के रूप में उनके स्वयं की स्थिति का निर्धारण किया जा सकता है जिन्हें माना जाता है कि घटनाओं और कार्रवाईयों पर नियन्त्रण करती हैं: वे उद्देश्यपूर्ण तरीके से कार्रवाई का आरम्भ करते हैं और कारण बनते हैं। वे स्थितियों के बीच में बदलाव कर सकते हैं, कुछ दृश्यों में वे स्वयं को प्रतिनिधित्व (agentic) वाली भूमिकाएं प्रदान कर सकते हैं, और दूसरों में निष्क्रिय भूमिकाएं प्रदान कर सकते हैं। उदाहरण के लिए, क्रियायें जो अनिवार्य, या व्याकरण सम्बन्धी प्रारूपों के बजाय स्वैच्छिक रूप में ढांचागत कार्रवाईयां, जो कि उनके आलोचनीयता (vulnerability) को तीव्र करती हैं, उनके स्वयं के लिये इन प्रवाही अर्थ सम्बन्धी (semantic) अन्तरालों को बनाने के लिए, कथाकरों द्वारा विशेष रूप से व्याकरणिक संसाधनों पर भरोसा किया जाता है, यह निर्माण करने के लिये कि वे किस तरह से परिचित (known) होना चाहते हैं – (कैप्पस और ओच्स, 1995)।

एक दर्शक के लिए – एक कथनात्मक के निष्पादन में, इन स्थितियों का निर्धारण (positionings) एक तत्काल अपरिवर्तनीय संदर्भ में लागू किया जाता है। यह बात अलग है, कथाएं (narratives) पिछले अनुभव के केवल अभिलेख नहीं होती हैं, वे उद्देश्यपूर्ण होती हैं: श्रोता/प्रश्नकर्ता के लिए उनकी रचना की जाती है और संभवतः अन्य अदृश्य दर्शकों के लिए कुछ पूरा करने के लिये – एक प्रभाव पड़ता है। एक शब्द में, कथाएं काम करती हैं, वे प्रेरित होती हैं, यदि हमेशा सजग नहीं रहते हैं (फ्रीमैन, 2002: 9)। कथा प्रलोभन के बारे में चेतावनी को प्रतिबिंबित करते हुए, एटकिंसन और डेलामोंट (2006) हमें इस धारणा से बचने के लिए चेतावनी देते हैं कि हम अपने

साक्षात्कारों के माध्यम से किसी के निजी अनुभव पर 'कब्जा' कर लिया है। जैसा कि सामाजिक निर्माणवादियों का तर्क है, कि प्रतिभागियों के 'जीवित–अनुभव' तक कोई अनधिकृत पहुंच नहीं है – गुणात्मक अनुसंधान साहित्य में यह विवरण देने के लिये अक्सर दावा किया जाता है कि गहन साक्षात्कार करने से क्या निकलकर आता है (इस खण्ड में हॉस्टीन और गबरियम देखें)। अधिकांश कथनात्मक विश्लेषकों को सरलीकृत दावों को छोड़ देना होगा।

पारस्परिक विचार विमर्श सम्बन्धी सन्दर्भ (Interactional Context)

श्रोताओं/प्रश्नकर्ताओं के साथ गतिशील वार्तालापों में मौखिक कथनात्मकों को विकसित किया जाता है। फिर भी कई गुणात्मक शोधकर्ताओं द्वारा अपने विश्लेषण में दर्शकों और स्थापनाओं की बाधाओं को नजरअंदाज किया जाता है। साक्षात्कार अनुसंधान में दुर्भाग्यपूर्ण तरीके से इस दृष्टि से अभ्यास का अनुसरण किया जाता है कि एक प्रतिभागी की 'कहानी' दिलचस्पी का केन्द्र बिन्दु होता है, जो उसके उत्पादन की शर्तों से स्वतंत्र होता है। यदि जांचकर्ताओं का मानना है कि वे एक जीवन की कहानी के लिए अनधिकृत पहुंच प्राप्त कर सकते हैं, तो वे उस पारस्परिक विचार विमर्श सम्बन्धी सन्दर्भों में भाग नहीं लेंगे जो उस के विशेष संस्करण को आकार देते हैं।

अनुभवहीन (naive) स्थिति के विपरीत, साक्षात्कार के वार्तालाप को प्रकट करने और उसमें एक कहानी की स्थिति का निर्धारण करने में, हम में से कई कथनात्मक अध्ययनों के अनुसन्धान सम्बन्धों में भाग लेते हैं। रिफलेक्सीविटी का मूल्यांकन करते हुये (रिस्समैन, 2015 बी), हम स्थापनाओं, ऐतिहासिक सन्दर्भ, हमारी पसंदीदा सैद्धांतिक स्थितियां और हमारे द्वारा उत्पन्न किये गये डेटा को आकार देने वाले अन्य आयामों के प्रभाव से पूछताछ करते हैं। जिस सीमा तक के लिए एक अन्वेषक इन आयामों का प्रतिनिधित्व करता है, वह एक परियोजना के उद्देश्य से अलग होगा, लेकिन उन्हें पूरी तरह से अनदेखा करने से अनुसंधान के किसी भाग के संदर्भ से वंचित हो जायेगा।

साक्षात्कारों में साक्षात्कारकर्ताओं को सक्रिय प्रतिभागियों में माना जाता है, एक विषय के बारे में 'अधिक कहने' के लिये या उम्मीद में प्रमुख बिंदुओं पर रोक करके, 'और अधिक' कहने के लिये आसानी से प्रतिभागियों को उकसाया जा सकता है। हमारे ग्रहणशील रुख कथनात्मक साक्षात्कार करने के द्वारा प्रकटीकरण को प्रोत्साहित करता है, हम दिलचस्पी के एक पूर्वनिर्धारित केन्द्र बिन्दु से 'विषयान्तरण (digressions)' को हतोत्साहित करने के बजाय कहानियों को आमंत्रित करते हैं (मिशलेर, 1986)। स्थानीय सन्दर्भ का एक अनिवार्य तत्व– सभी प्रतिभागियों की कार्रवाइयों को ध्यान में रखते हुए वार्तालाप की गतिशीलता को देखा जाता है। कथनात्मक के उत्पादन के अन्य पहलुओं और प्रश्नकर्ता/श्रोता की कार्रवाई को छोड़कर भाषा के एकतर्कीय (monologic) दर्शन और तर्कसंगत होने को दर्शाता है, और यह मूल सोच को प्रोत्साहित कर सकता है: एक कथाकार के भाषण में व्यक्त किए गए एक 'अनुभव' के गुणों को संदर्भ से स्वतंत्र विद्यमान होते हैं, अर्थात्, कब, कैसे और किसके लिये इसका वर्णन किया गया है।

यदि हम स्वीकार करते हैं कि अनुसंधान साक्षात्कार एक सहयोगी वार्तालाप है, तो वक्ताओं के बीच आदान–प्रदान को शामिल करते हुये एक अनवरत घटना जिसमें व्यापक सामाजिक संभाषणों और स्थापनाओं की बाधाओं के भीतर काम करते हैं (नीचे दिए गए उदाहरण में एक विषय को दिखाया गया है), पूछताछ से श्रोता/प्रश्नकर्ता को बाहर करके उचित निर्णय लेना मुश्किल होता है। संभवतः यह चूक (omission) अनुसंधान सम्बन्ध में अनपेक्षित शक्ति सम्बन्धों को दर्शाती है (देखें डेवॉल्ट, 1999; गबरियम और हॉस्टीन, 2002) – गुणात्मक शोध में यह सभी बहुत सामान्य है।

कई कथनात्मक शोधकर्ताओं द्वारा अपने अभ्यास को अभिलेखबद्ध करने में दृश्य प्रौद्योगिकियों को शामिल किया जा रहा है, इस प्रकार एक उक्ति या कथन के संदर्भ की समझ को बढ़ा रहे हैं। विशेष रूप से संस्थागत स्थापनाओं (विद्यालयों, स्वास्थ्य देखभाल स्थापनाओं, इत्यादि) में होने वाले प्रजातिलेखन सम्बन्धी अध्ययनों में, वीडियो रिकॉर्डिंग का उपयोग बढ़ रहा है। जिसे सामान्यतः 'भावभंगिमा (body language)' कहा जाता है – बोलने

वालों के सम्बन्धपरक स्थिति निर्धारण में अन्तराल, टकटकी लगाना और इशारे करना – विश्लेषण में आ सकते हैं, जो बोले जाने वाले संभाषण की व्याख्या की व्यापक रूप से सहायता कर सकता है। (हाल के उदाहरणों के लिए, ऑरल्व और हैडेन, 2006 देखें, रिस्समैन, 2007: 141–82, लुट्ट्रेल, 2010, इस वॉल्यूम में हीथ)।

प्रमुख बिंदु

संक्षेप में, मेरा तर्क शुरूआती अन्वेषक के लिए कई प्रमुख अवधारणाओं को इंगित करता है जो प्रकरण अध्ययन में कथनात्मक पद्धतियों को शामिल करना चाहते हैं:

- एक कथनात्मक शब्दावली के लिये आपके उपयोग में सटीक रहें।
- विशेष कथनात्मक खंडों का विश्लेषण करने में, प्रारूप और अर्थ के बीच सम्बन्ध की पूछताछ करना – जिस तरह से डेटा के एक खण्ड का आयोजन किया जाता है और क्यों?
- वार्तालाप की विस्तृत धारा में एक उक्ति की स्थिति और स्थापना, प्रश्नकर्ता/श्रोता सहित आपके विश्लेषण में स्थानीय सन्दर्भ की उपेक्षा न करें।
- अन्तर्निहित सामाजिक संभाषण की पहचान करें, जो बिना प्रमाण के सही माने जा सकते हैं और वार्तालाप में प्रतिभागियों के भाषण में घुसपैठ कर सकते हैं।

एक साथ मिलकर, इन आयामों द्वारा (दूसरों के बीच) गुणात्मक पूछताछ के अन्य प्रारूपों से कथनात्मक विश्लेषण को अलग करते हैं। अनुसरण करने के लिए अनुसंधान उदाहरण कार्रवाई में अवधारणाओं को दिखाता है

सामाजिक विश्व में व्यक्तिगत कथनात्मक (The Social World in a Personal Narrative)

दक्षिण भारत के केरल में, निःसन्तान महिलाओं पर आयोजित मेरे शोध से उदाहरण लिया गया है। कहीं और (रिस्समैन, 2000, 2005) मैंने फील्डवर्क को विस्तार से बताया है, जिसमें एक प्रजातिलेखन सम्बन्धी घटक शामिल किया गया है। साक्षात्कार के आंकड़ों का मेरा विश्लेषण प्रारंभिक रूप से श्रेणी–केन्द्रित था, 30 से अधिक वार्तालापों को विषयगत रूप से देख रहा था। कई विस्तृत प्रकरण अध्ययनों को जोड़ा गया था। जब मैंने प्रतिवेदनों में युवा महिलाओं से अधिक उम्र की महिलाओं में कलंक और भेदभाव के प्रतिमानों से विचलन देखा। हालांकि मेरे नमूने में यह संख्या बहुत कम थी, अधिक उम्र की महिलाओं ने जिन्दगियों (lives) का निर्माण किया था जिसने भारत में विवाहित महिलाओं के लिए अनिवार्य मातृत्व के मास्टर कथनात्मक को ठुकरा दिया था (मामले के अध्ययन की तुलना के लिए, रिस्समैन, 2002 ए देखें)। कलंक को झुठलाते हुए, वे सफल जीवन का नेतृत्व करने लगीं।

प्रतिभागियों में से एक महिला थी जिसे मैं 'गीता' कहती हूं: 55 वर्षीय, विवाहित और निसन्तान, हिंदू, और एक निचली जाति से थी। अपने दक्षिण भारतीय राज्य में प्रगतिशील सामाजिक नीतियों और सम्बन्धित अवसरों के कारण, गीता शिक्षित है, सामाजिक प्रतिष्ठा में आगे है और एक छोटे से नगर पालिका में एक वकील के रूप में काम करती है। मैंने और उसने अंग्रेजी में उसके घर में करीब एक घंटे तक विभिन्न विषयों के बारे में बात की थी, उसके बाद प्रतिलेख में विशेष साक्षात्कार खंड को प्रस्तुत करने हेतु स्थान दिया गया (नीचे प्रतिलेख 1 देखें) जिनमें से अधिकांश बातें उसने पेश की – उसका स्कूली शिक्षा करियर, उसके विवाह की व्यवस्था किस तरह से की गई थी, और 'केरल के मुक्ति संग्राम' में उसके राजनीतिक कार्य। हम साक्षात्कार में प्रवेश करते हैं क्योंकि मैंने प्रजनन के विषय को पुनः पेश किया – हमारी बैठक के उद्देश्य को व्यक्त किया। मेरी प्रतिलेखन की परिपाटियों को जी (Gee: 1991) के अनुसार अपनाया गया है: एकल विषय के बारे में पंक्तियों (lines) को छन्दों (stanzas) में समूहित किया गया है, जिसके बाद फिर मैंने दृश्यों में समूह बनाये हैं। मेरे शुरुआती प्रश्न को छोड़कर, मैंने अपने संक्षिप्त उक्तियों (utterances) का प्रतिनिधित्व नहीं किया है (उन्हें प्रतिलिपि में '=' से चिह्नित किया गया हैं) लेकिन विश्लेषण में मेरी भागीदारी अन्य तरीकों से की गयी है।

प्रतिलेख (Transcript) 1

कैथीः अब मैं फिर से कुछ विशिष्ट प्रश्न पूछने जा रही हूं।
क्या तुम कभी गर्भवती हुई हो?

गीताः गर्भवती मतलब – आपको पता है कि 3 वर्ष हो गये (शादी के बाद), दृश्य – 1
तो मैंने (डॉक्टर का नाम), से संपर्क किया
तो उसने कहा कि यह व्यवहार्य नहीं है – (गर्भावस्था)।
=
तो उसने मुझसे यह ऑपरेशन करवाने के लिये कहा, यह डी एण्ड सी
और वह उसे [पति को, भी जांचना चाहती थी
फिर दूसरी बार 1974 में – 75 में, दृश्य – 2
अगली बार – चार महीने
फिर वह चाहती थी कि (मैं) आराम करूँ
मुझे आराम करने की सलाह दी
क्योंकि मैंने पहले ही आपको बताया था दृश्य – 3
यह उस अवधि के दौरान (नाम), समाजवादी नेता ने
श्रीमती इंदिरा गांधी के खिलाफ विशाल जुलूस का नेतृत्व किया,
दिल्ली में भारत की प्रधानमंत्री
और मैं एक राजनीतिक नेता थी (नाम स्थान और पार्टी),
मुझे इसमें शामिल होना पड़ा
तो मैं ट्रेन से दिल्ली चली गयी
लेकिन विमान द्वारा लौट आयी
वापसी के बाद मैं (नाम) नर्सिंग होम में थी
16 दिनों से खून बह रहा था
और इसलिए वह (पति) बहुत गुस्सा था दृश्य – 4
उन्होंने कहा 'किसी भी सामाजिक कार्य के लिए मत जाओ
सक्रिय मत हो 'यह और वह
लेकिन इसके बाद में मैं कभी (गर्भवती) नहीं हुई –
=
फिर मेरे ससुराल वाले, वे (शहर), में हैं दृश्य – 5
उन्हें लगा कि वास्तव में मुझमें कुछ दोष था
तो वे मुझे स्त्री रोग विशेषज्ञ के पास ले गए,
एक (नाम), एक विशेषज्ञ
उसने मुझे जांचने में तीन घंटे लगाए
और उसने कहा 'आप पूरी तरह से (सामान्य) हैं – कोई दोष नहीं है'
भले ही मैं 40 या 41 साल की थी फिर भी।
'तो मुझे अपने पति की जांच करवानी होगी'
तब मैंने उससे (चिकित्सक), कहा, 'तुम उसकी बहन से पूछो'
वह – उसकी बहन मेरे साथ थी (शहर), में।
इसलिए मैंने उससे कहा कि उसे लाने के लिए उससे कहें।
वह नहीं आएगा।
तो हम घर चले गए
तो फिर मैंने कहा (डॉ. का नाम), 'आपको देखना चाहती है'

तब उसने (पति) कहा 'नहीं, नहीं, मैं एक महिला चिकित्सक के पास नहीं जाऊंगा'
तब उसने (ननद), कहा कि वह उसकी जांच नहीं करेगी
उन्हें जांच करना पड़ी – क्या कहते हैं उसे? – प्रयोगशाला में शुक्राणु।
लेकिन उसने इसकी अनुमति नहीं दी।

स्रोतः रिस्समैन (2002एः 700)

यद्यपि गीता ने मेरे प्रश्न ('क्या आप कभी गर्भवती थी?') का सीधे उत्तर ('हां') दे सकती थी, लेकिन इसके बजाय उसने एक जटिल कथनात्मक को विकसित करना चुना। वह गर्भधारण के पतन का वर्णन इस तरह से करती है, एक राजनीतिक प्रदर्शन के लिये जाना, घर वापस आने पर उसके पति का क्रोध, जहां पर कार्रवाईयों के लिये दृश्य बदलता है, ससुराल वालों और उसके पति का बांझपन के लिए जांच की जाने से इनकार करने वाला व्यवहार। यह विवरण किसी भी अन्य विवरण की तरह नहीं थाः हालांकि अस्थायी रूप से संगठित था, गीता की साजिश कई सालों और सामाजिक स्थापनाओं में फैली हुई है – उसने घटनाओं के असतत अनुक्रम के बारे में कहानी नहीं बतायी है। अन्य महिलाओं के विवरणों के विपरीत, गर्भपात और बांझपन के कथनात्मकों के लिए सामान्य अन्य भावनायें या उदासी, निराशा का कोई संदर्भ नहीं है।

खण्ड की व्याख्या करने के प्रयास में, मुझे कुछ सीमाएं निर्धारित करने के लिए संघर्ष करना पड़ा, कथनात्मक से मेरा प्रतिनिधित्व समाप्त करने के लिये शुरुआती निर्णय के साथ जो दृश्य 4 के अन्त में एक समापन टिप्पणी (coda) की तरह लगता है। किः 'लेकिन इसके बाद में मैं कभी नहीं हुई (गर्भवती)'। उक्ति गर्भावस्था के बारे में अनुक्रम समाप्त करती है – मेरे प्रारम्भिक प्रश्न का विषय। अंततः, जैसा कि मैंने पहचान निर्माण पर ध्यान केन्द्रित करना शुरू किया, मैंने अगले दृश्य को शामिल करने का निर्णय लिया। एक सामान्य नियम के रूप में, अंतरंग विश्लेषण के लिए एक खण्ड का विकल्प – एक बोले जाने वाले कथनात्मक और चुनिंदा सीमाओं का शाब्दिक प्रतिनिधित्व – शोधकर्ता के उद्‌विकासी अनुसंधान प्रश्नों से कठोरता से प्रभावित होता है। इन तरीकों में, एक प्रतिलिपि में अन्वेषक विभिन्न तरह से 'घुसपैठ' करता है (देखें रिस्समैन, 2007ः अध्याय 2)।

भारतीय संदर्भ में बांझपन महिलाओं के लिए कलंक से भरा हुआ है, खासकर युवा महिलाओं के साथ, यह मेरे साक्षात्कार में एक प्रमुख विषय था। कलंक और उसके प्रबंधन के बारे में गंभीरता से सोचने के लिए मैंने समाजशास्त्रीय सिद्धान्त को लिया। गॉफमैन (1963, 1969) के मुताबिक, सामाजिक अभिनेताओं द्वारा कठिन परिस्थितियों में 'चेहरे' को संरक्षित रखने के लिए एक वांछनीय स्वयं मंच पर प्रदर्शन किया जा सकता है, इसप्रकार संभावित 'खराब' पहचानों का प्रबंधन करते हैं। इन पहचान प्रदर्शनों को स्थापित और पूरा किया जाता हैः प्रतिभागियों द्वारा वार्तालाप में तय बातचीत की जाती है कि वे किस तरह से ज्ञात होना चाहते हैं। एक जरूरी आत्म का 'खुलासा' के बजाय, वे खुद (selves) या व्यक्तित्व की बहुलता से चयनित, पसंदीदा आत्म का प्रदर्शन करते हैं, कि हम सभी बीच में स्विच होते है जैसे कि हम अपने जीवन की शुरूआत करते हैं। एक 'अनुभव के अर्थों पर क्रियात्मक संघर्ष' के रूप में पहचान के निकट आने वाली विश्लेषणात्मक संभावनाओं को खोलती हैं (लैंगेलियर, 2001ः 3), जो पहचान के स्थिर सिद्धान्तों के साथ याद किये जाते हैं जो एक विशिष्ट एकीकृत 'स्व' को मानते हैं।

गीता के साथ मेरी वार्तालाप की वापसी पर, वह बांझपन के बारे में साक्षात्कार देने पर सहमत हो गई थी, लेकिन मातृत्व की अनुपस्थिति उसके लिए एक प्रमुख विषय नहीं था (इसे पेश करने वाला मैं हमेशा एक ही था), न ही उसने नकारात्मक आत्म–मूल्यांकन व्यक्त किया, जैसा कि युवा महिलाओं ने किया था। गीता ने मातृत्व के अलावा अन्य सिद्धान्तों के आसपास एक जीवन निर्माण किया था – एक वकील और राजनीतिक कार्यकर्ता के रूप में। वार्तालाप की बारीकी से जांच होने से पता चलता है कि उसने दक्षिण भारत में एक निःसन्तान महिला के रूप में, कलंक और अधीनस्थता की समस्या को सुलझाने के लिए अपनी पसंदीदा पहचान का निर्माण कैसे करती है।

गीता कहानी के विघटनकारी निर्माण में विभिन्न पात्रों और दर्शकों (मेरी) की स्थितियों का निर्धारण ध्यान से करती है – एक जटिल प्रदर्शन जिसे मैंने पांच 'दृश्यों' में दर्शाया है। प्रत्येक कार्रवाई का एक स्नैपशॉट प्रदान

करता है, जो अलग–अलग समय और स्थापनाओं में स्थित होता है। अन्य महिलाओं द्वारा कही गयी असतत कहानियों के विपरीत, इस कथनात्मक की एक जटिल संरचना होती है आइए देखें कि प्रदर्शन के अन्दर दृश्यों को कैसे व्यवस्थित किया जाता है।

एक अनुरोध के साथ पहले दो दृश्यों को प्रेरित किया गया था (क्या आप कभी गर्भवती हुयी थी?) – एक घंटे की वार्तालाप के बाद गीता को प्रजनन की दुनिया में फिर से स्थापित करने के लिए यह मेरा प्रयास था। इसे हमारी बैठक का विषय माना जाना चाहिये और मैं इस पर वापस आना चाहता था। वह इन छोटे दृश्यों में गर्भवती महिला की भूमिका में अनिच्छा से कदम उठाती है, जो कई सालों के बाद जल्दी–जल्दी तारीखवार दो बार गर्भवती हुयी – जिसके परिणामस्वरूप मुझे स्पष्ट करना होगा (प्रतिलेख पर '=' के रूप में चिह्नित लाइनों में)। वह कथनात्मक विवरण या विस्तृत अर्थ प्रदान नहीं करती है – दर्शकों को बहुत कुछ (a great deal) अनुमान लगाना चाहिए। पहले दो दृश्यों में केवल एक चरित्र शामिल है – एक डॉक्टर – अपवाद के साथ गीता स्वयं। उसने डॉक्टर से 'संपर्क' किया, जो उसने उससे 'डी' और 'सी' कराने के लिए कहा। जल्दी से एक तरफ जाते हुए कहती है कि डॉक्टर पति की जांच करना चाहते थी, लेकिन हम अनुमान लगाते हैं कि ऐसा नहीं हुआ था। (इस अभिव्यक्ति के साथ, कथनात्मक के बिंदु और अंतिम दृश्य की आशंका से गीता अपने पति की जिम्मेदारी को आदिरूप प्रदान करती है।) दृश्य 2 में वह फिर से डॉक्टर को एक सक्रिय एजेंट के रूप में बीच में डालती हैः बिस्तर पर आराम करने के लिये, वह 'चाहती थी' और 'सलाह दी गयी थी'। पात्रों की स्थिति निर्धारण और क्रियाओं के विकल्प से, गीता दृश्यों का निर्माण करती है जिसमें वह एक अपेक्षाकृत छोटी भूमिका निभाती है। दर्शकों ने कथनात्मक विवरण की कमी से अनुमान लगाया है कि इस बिंदु तक की साजिश में होने वाली घटनाएं उसके लिए विशेष रूप से सार्थक नहीं हैं।

कथाकार की स्थिति और घटनाओं की प्रमुखता तीसरा दृश्य में मौलिक रूप से बदल जाती हैं। गीता विषयों को बदल देती है, गर्भवती होने से लेकर 'जो भी मैंने पहले से आपको बता दिया है' – अपने राजनीतिक जीवन की प्रधानता तक। वह एक ऐसे दृश्य का निर्माण करती है जहां वह केन्द्रीय चरित्र और कार्रवाई का एजेंट हैः वह उसके केरल समुदाय में एक 'राजनीतिक नेता' थी, जो श्रीमती इन्दिरा गांधी के खिलाफ दिल्ली में एक प्रदर्शन में भाग लिया था, जो फिर से चुनाव कराने की मांग कर रही थी। उनकी नीति का एक प्रसिद्ध घटक जबरन नसबंदी था। विडम्बना यह है कि, यह सार्वजनिक संभाषण गीता के प्रजनन शक्ति के व्यक्तिगत अनुभव को प्रतिच्छेदित करते हैं।

ध्यान दीजिये कि दृश्य 3 में समय की राजनीतिक अनिवार्यताओं में स्थित, कथाकार की जानबूझकर की जाने वाली कार्रवाईयां को किस तरह से क्रियायें आकार प्रदान करती हैं। पिछले दृश्यों के 'निष्क्रिय' व्याकरण, अतिरिक्त के विपरीत में स्पष्ट काफी कथनात्मक विस्तार है, जहां वह चिकित्सक की कार्रवाईयों का उद्देश्य थी। गीता 'मदर इंडिया' और उसके समाजवादी आंदोलन की सार्वजनिक कहानी में अपनी निजी प्रजनन क्षमता की कहानी को रेखांकित करती है – दर्शकों को यह आश्चर्य नहीं करना चाहिये कि कौन सा महत्वपूर्ण है। दूसरी बार उसके गर्भवती होने के दौरान उसने उसके डॉक्टर की सलाह 'विस्तर पर आराम करने के लिये' की उपेक्षा की, उसने एक बड़े पैमाने पर प्रदर्शन में भाग लेने के लिए दिल्ली की यात्रा की थी, जिसमें शायद 1975 में तीन दिवसीय ट्रेन यात्रा शामिल थी। 'रक्तस्राव' के कारण 16–दिनों तक नर्सिंग होम में ठहरने और विमान से उसकी वापसी के बावजूद, हम निष्कर्ष निकालते हैं कि गीता ने गर्भावस्था खो दी थी (एक तथ्य जिसकी पुष्टि मैं कुछ पंक्तियों के बाद करता हूं)। वह विपक्षी दुनिया के आसपास एक कथनात्मक (कहानी) का निर्माण करती है– एक तरफ, पारिवारिक जीवन, और दूसरी तरफ भारत का समाजवादी आन्दोलन। व्यक्तिगत और राजनीतिक दखल कार्रवाई के अलग–अलग क्षेत्रों में है।

गीता पारिवारिक दुनिया के लिए अगले दो दृश्यों में कार्रवाई में बदलाव करती है। दृश्य 4 में, वह फिर से एक पात्र के रूप में अपने पति का परिचय देती है, और प्रतिवेदित करती है कि वह उसके 'सामाजिक कार्य' पर

'बहुत नाराज' था, जिसका अर्थ उसकी राजनीतिक सक्रियता से है। वह एक तरफा वार्तालाप के साथ संवाद करती हैः वह खुद को बोलने वाली भूमिका नहीं दे रही है, वह अपने पति के नाराज भाषण के उद्देश्य के रूप में खुद को स्थान देती है। हमें नहीं पता कि उसने उससे क्या कहा, अगर कुछ कहा भी हो। इस दृश्य में उसकी निष्क्रिय स्थिति पिछले वाली उसकी गतिविधि के विपरीत है। क्या वह यहां दक्षिणी भारतीय परिवारों में सामान्य प्रथा प्रदर्शित कर रही है – पतियों के अधिकार से अलग पत्नियों से उम्मीद की जाती है? (रिस्समैन, 2000)। यदि हां, तो उसकी भाषा की विकल्प पेचीदा है – उन्होंने कहा 'यह और वह'। क्या वह उनके क्रोध और निर्देशों को कमजोर कर सकती थी? उसने एक वास्तविक उक्ति के साथ दृश्य 4 का समापन किया है ('लेकिन इसके बाद में मैं कभी नहीं हुयी – (गर्भवती)'।

पांचवें और अन्तिम लम्बे दृश्य में, गीता ने नये पात्रों (उसके सास–ससुर, एक बांझपन विशेषज्ञ, एक ननद) और एक जटिल साजिश का परिचय दिया हैः कथनात्मक के अपने बिन्दु से आगे बढ़ने के पहलेः बांझपन के लिये गीता जिम्मेदारी नहीं है। अंतिम दृश्य में सबसे अधिक विस्तार है, महत्व का सुझाव देना, और पहचान का प्रदर्शन यहां सर्वाधिक स्पष्ट है। गीता उसके खुद के लिए एक निष्क्रिय, कलंकित स्थिति बनाने से शुरुआत करती हैः ससुराल वालों ने एक प्रमुख दक्षिण भारतीय शहर में एक स्त्री रोग विशेषज्ञ के पास उपचार के लिए उसे ले गये, जहां उनके माता–पिता रहते हैं, क्योंकि 'उन्होंने सोचा कि मुझमें कुछ दोष है'। गर्भावस्था से जुड़े पहले के दृश्यों के अनुसार, दूसरों ने सुझाव दिये या कार्रवाई शुरू की। उसने अगले छन्द में ('दोष') पुनरावृत्ति के साथ अर्थ और विषयगत महत्व को घनीभूत होकर बताया – स्त्री रोग विशेषज्ञ ने एक लम्बी जांच के बाद निर्धारित किया कि गीता में 'कोई दोष नहीं' है। वह 'बिल्कुल' सामान्य है। गीता सूचित करती है, बांझपन के लिए दोष, कहीं और रहता है। प्रतिवेदित भाषण के भाषाई उपकरण का उपयोग करते हुए, वह अपने पति के परीक्षण के विषय पर कई वार्तालापों की तामील करती है। प्रयास करने में हर किसी को शामिल किया गया – स्त्री रोग विशेषज्ञ, ननद – लेकिन उन्होंने मना कर दियाः 'नहीं, नहीं, मैं एक महिला चिकित्सक के पास नहीं जाऊंगा'। न ही वह एक प्रयोगशाला में अपने शुक्राणुओं का परीक्षण करने के लिए तैयार है। (गीता की हमारे साक्षात्कार में कई अन्य बार उनके परीक्षण कराने से मनाही के लिये वापसी।) कथाकार ने एक निष्कर्ष तैयार किया है – एक कानूनी संक्षिप्त सबूत की समीक्षा करने के लिये – जहां बांझपन के लिए उसकी कोई जिम्मेदारी नहीं है।

वार्तालाप को गंभीर रूप से देखते हुए, हम सोच सकते हैं। भ्रम का विरोध करके विश्लेषक कथाकार के आरोपण (attributions) पर पूछताछ कर सकता है। गीता ने अपने दूसरी बार गर्भवती होने के दौरान उसके चिकित्सक की सलाह 'बिस्तर पर आराम करने' की उपेक्षा की, बजाय दिल्ली की यात्रा करने का विकल्प चुना। उसने राजनीतिक प्रतिबद्धताओं को प्राथमिकता दी, उसने घर में लिंगीय स्थिति का निर्धारण करते हुये, समाजवादी आन्दोलन में अपने काम की अहमियत रखी। एक विशेषज्ञ द्वारा जांच करवाने के लिए जब वह आखिरी बार गई थी तब वह भी '40 या 41' वर्ष की थी। उम्र एक कारक हो सकता है गीता ने दो बार गर्भधारण किया, लेकिन वह गर्भवती नहीं रह सकी थी – एक संभावित 'दोष' का सुझाव देती है।

हालांकि प्रदर्शन, संकेत देते हैं कि गीता किस तरह से ज्ञात होना चाहती हैः 'बिना किसी दोष के', 'पूरी तरह से' एक सामान्य महिला के रूप में। यह कथनात्मक का संदेश है, जिसे उसके प्रारूप से प्राप्त किया गया है। वह प्रदर्शन के भीतर दृश्यों, स्थिति निर्धारण के बारे में विकल्पों और नियोजित व्याकरण सम्बन्धी संसाधनों के प्रभावों और एक पसंदीदा पहचान को आगे रखने का आयोजन किस तरह से करती है – प्रतिबद्ध राजनीतिक कार्यकर्ता, मातृत्व के लिये निराश न होना। साक्षात्कार के बाद में, गीता ने मेरी व्याख्या का यहां समर्थन किया है। एक स्पष्ट बयान में, जैविक प्रजनन क्षमता की दुनिया में उसकी स्थिति निर्धारण करने के लिये मेरे प्रयास के विरूद्ध उसने एक बार फिर से विरोध कियाः 'क्योंकि मेरे पास [बच्चे] नहीं हैं, मुझे कोई निराशा नहीं है, क्योंकि मेरा एक बड़ा परिवार है'। उसने कई भाइयों, उनके बच्चों और विशेष रूप से भतीजियों की एक सूची बनाना जारी रखती है, भतीजियां जो 'हर शाम यहां आती ... उसके लिये भोजन लाती हैं'। इन शब्दों के साथ, मैं

अभिभावकीय स्थिति के अनुभवहीन द्विआधारी विचारों के साथ दोषपूर्ण विषय बन गया हूं – या तो आपके बच्चे हैं या नहीं हैं। यद्यपि मैंने हमारे वार्तालाप के समय में 'इसे प्राप्त' नहीं किया था, मुझे लगता है कि उसने इसे प्राप्त कर लिया था और उसकी स्थिति निर्धारण का मुकाबला मुझसे करने के लिए उसने कड़ी मेहनत की थी। उसने एक लिंग पहचान को निष्पादित किया, जिसने मेरी मान्यताओं (धारणाओं) के साथ–साथ मास्टर सांस्कृतिक कथनात्मक को भी झुठला दिया था– जैविक मातृत्व भारत में विवाहित महिलाओं के लिए पहचान का केन्द्रीय अक्ष है। समय और विश्लेषणात्मक प्रतिबिंब के साथ, मैं गीता के विवरण को ऐतिहासिक बनाने में और आधुनिक भारत में महिलाओं के 'उचित' स्थान के बारे में एक विकसित सांस्कृतिक व्याख्यान में उसे स्थापित करने में, सक्षम था, एक 'विकासशील' राष्ट्र जो महिलाओं के श्रम के लिए नए स्थान (घर और क्षेत्र के अलावा) विकसित कर रहा है (रिस्समैन, 2000, 2002, 2002 बी)।

निष्कर्ष

मामले के अध्ययन में विश्लेषणात्मक रणनीति अन्य कथनात्मक परियोजनाओं के लिए सामान्यीकृत करने योग्य होती हैं, विशेष रूप से पहचान कार्य से सम्बन्धित होती हैं। अनुसंधान साक्षात्कार से एक जटिल विस्तारित कथा डेटा सेगमेंट होता है जो समय और स्थान के विशाल विस्तार में स्थानान्तरित हो गये। विश्लेषण में इस बात पर गहन ध्यान दिया जाता है कि कथा बनाई कैसे गई थी, किस प्रभाव के साथ और इसे निर्देशित किसके लिये किया गया था। प्रारूप कार्यों से जुड़ा था – विशेष पारस्परिक विचार विमर्श सम्बन्धी और सांस्कृतिक संदर्भों में कथाकार क्या कर रहा था।

अनुसंधान प्रतिभागियों द्वारा कई तरह से अपने जीवन में अपना सकते हैं, वे 'अनुभवों और घटनाओं को चुनते हैं और इकट्ठा करते हैं ताकि वे कहानी के उद्देश्य के बिन्दु पर सामूहिक रूप से योगदान करें ... केवल इन स्थापनाओं में' इस तरह से, ऐसा क्यों बताया जा रहा है, (मिशलर 1999: 8)। यदि हम कथाओं के प्रकट करने वाली सामग्री में भ्रम का विरोध करते हैं, तो प्रारूप और कार्य विचारों में आ सकते है।

अध्याय का सारांश

क्योंकि कथा मानवीय समझ का एक प्राथमिक तरीका है (रिकोइर, 1981, फ्रीमैन, 2015), जिसके लिये मानव विज्ञानों में विद्वानों को कथनात्मकता के लिये आकर्षित किया गया है। अनुसंधान अक्सर पहचान निर्माण की प्रक्रिया से निर्देशित किया जाता है – कहानियों के कहने के जरिए कथाकारों द्वारा उनकी स्थितियों की पहचान कैसे बनायी जाती हैं। एक शब्द में, पहचान को स्वस्थानी रूप मे बनाया गया है। पहचान कार्य को दृश्यमान बनाने के लिए, हम दृश्यों, वर्णों की स्थिति, स्वयं और दर्शकों का विश्लेषण कर सकते हैं, और हम व्याकरणिक संसाधनों के वक्ताओं को, उनकी कथन निर्माण के चयन करने के लिये 'खोल' सकते हैं। हम विश्लेषण कर सकते हैं कि कैसे कथाकारों द्वारा उनके दर्शकों की स्थिति का बयान कैसे किया जाता है (और, इसके विपरीत, दर्शकों द्वारा कथाकारों की स्थिति का बयान कैसे दिया जाता है)। इस तरह के क्रियात्मक कारवाईयों के माध्यम से पसंदीदा पहचान का गठन किया जाता है।

भविष्य की संभावनाएं

कथनात्मक पूछताछ साक्षात्कारों के अनुशासित अध्ययन के लिए, स्वाभाविक रूप से होने वाले वार्तालापों, राजनीतिक संभाषण, साथ ही साथ पत्रोचित (epistolary) और दृश्य सामग्रियों के लिये अवसर प्रदान करता है। भाषा अनुवाद समस्याओं पर ध्यान केंद्रित करने के साथ गैर–पश्चिमी सन्दर्भों में सांस्कृतिक रूप से संवेदनशील अनुप्रयोगों की पद्धतियों की आवश्यकता है।

संदर्भ

Atkinson, P. and P. Delamont (2006) 'Rescuing narrative from qualitative research', *Narrative Inquiry*, 16: 164–72.

Bamberg, M. (2005) '"I know it may sound strange to say this, but we couldn't really care less about her anyway": form and function of 'slut-bashing' in male identity constructions of 15-year-olds', *Human Development*, 47: 331–53.

Bauman, R. (1986) *Story, Performance, and Event: Contextual Studies of Oral Narrative*. Cambridge: Cambridge University Press.

Bell, S. E. (1988) 'Becoming a political woman: the reconstruction and interpretation of experience through stories', in A. D. Todd and S. Fisher (eds), *Gender and Discourse: The Power of Talk*. Norwood, NJ: Ablex, pp. 97–123.

Bell, S. E. (1999) 'Narratives and lives: women's health politics and the diagnosis of cancer for DES daughters', *Narrative Inquiry*, 9: 1–43.

Bell, S. E. (2009) *DES Daughters: Embodied Knowledge and the Transformation of Women's Health Politics*. Philadelphia: Temple University Press.

Brooks, P. (2001) 'Stories abounding', *The Chronicle of Higher Education*, 47 (24): B11.

Bruner, J. (1991) 'The narrative construction of reality', *Critical Inquiry*, 18: 1–21.

Capps, L. and Ochs, E. (1995) *Constructing Panic: The Discourse of Agoraphobia*. Cambridge, MA: Harvard University Press.

Chambers, R. (1984) *Story and Situation: Narrative Seduction and the Power of Fiction*. Minneapolis: University of Minnesota Press.

Clark, J. A. and Mishler, E. G. (1992) 'Attending to patients' stories: reframing the clinical task', *Sociology of Health and Illness*, 14: 344–70.

Cussins, C. M. (1998) 'Ontological choreography: agency for women patients in an infertility clinic', in M. Berg and S. Mol (eds), *Differences in Medicine: Unraveling Practices, Techniques and Bodies*. Durham, NC: Duke University Press, pp. 166–201.

De Fina, A. (2003) *Identity in Narrative: A Study of Immigrant Discourse*. Amsterdam and Philadelphia: John Benjamins.

De Fina, A. and A. Georgakopoulou (eds) (2015) *The Handbook of Narrative Analysis*. Malden, MA: Wiley.

DeVault, M. L. (1999) *Liberating Method: Feminism and Social Research*. Philadelphia, PA: Temple University Press.

Freeman, M. (2002) 'The presence of what is missing: memory: poetry and the ride home', in R. J. Pellegrini and T. R. Sarbin (eds), *Critical Incident Narratives in the Development of Men's Lives*. New York: Haworth Clinical Practice Press, pp. 165–176.

Freeman, M. (2015) 'Narrative as a mode of understanding: method, theory, praxis', in A. De Fina and A. Georgakopoulou (eds), *Handbook of Narrative Analysis*. Malden, MA: Wiley.

Garfinkel, H. (1967) *Studies in Ethnomethodology*. Englewood Cliffs, NJ: Prentice Hall.

Gee, J. P. (1991) 'A linguistic approach to narrative', *Journal of Narrative and Life History/Narrative Inquiry*, 1: 15–39.

Goffman, E. (1963) *Stigma: Notes on the Management of Spoiled Identity*. Englewood Cliffs, NJ: Prentice Hall.

Goffman, E. (1969) *The Presentation of Self in Everyday Life*. New York: Penguin.

Gubrium, J. F. and Holstein, J. A. (2002) 'From the interview to the interview society', in J. F. Gubrium and J. A. Holstein (eds), *Handbook of Interview Research: Context and Method*. Thousand Oaks, CA: Sage, pp. 3–32.

Harré, R. and L. van Langenhove (eds) (1999) *Positioning Theory*. Malden, MA: Blackwell.

Hinchman, L. P. and S. K. Hinchman (eds) (1997) *Memory, Identity, Community: The Idea of Narrative in the Human Sciences*. Albany: State University of New York Press.

Labov, W. (1972) *Language in the Inner City: Studies in the Black English Vernacular*. Philadelphia, PA: University of Pennsylvania Press.

Labov, W. (1982) 'Speech actions and reactions in personal narrative', in D. Tannen (ed.), *Analyzing Discourse: Text and Talk*. Washington, DC: Georgetown University Press, pp. 219–47.

Labov, W. and J. Waletzky (1967) 'Narrative analysis: oral versions of personal experience'. in J. Helm (ed.), *Essays on the Verbal and Visual Arts*. Seattle: American Ethnological Society/University of Washington Press, pp. 12–44.

Langellier, K. (2001) '"You're marked": breast cancer, tattoo and the narrative performance of identity', in J. Brockmeier and D. Carbaugh (eds), *Narrative Identity: Studies in Autobiography, Self, and Culture*. Amsterdam and Philadelphia: John Benjamins, pp. 145–84.

Livholts, M. and Tamboukou, M. (2015) *Discourse and Narrative Methods.* London: Sage.

Luttrell, W. (2010) '"A camera is a big responsibility": a lens for analyzing children's visual voices', *Visual Studies*, 25 (3): 224–37.

Mishler, E. G. (1986) *Research Interviewing: Context and Narrative.* Cambridge, MA: Harvard University Press.

Mishler, E. G. (1996) 'Missing persons: recovering developmental stories/histories', in R. Jessor, A. Colby and R. A. Shweder (eds), *Ethnography and Human Development: Context and Meaning in Social Inquiry*. Chicago, IL: University of Chicago Press, pp. 74–99.

Mishler, E. G. (1999) *Storylines: Craftartists' Narratives of Identity.* Cambridge, MA: Harvard University Press.

Örluv, L. and Hydén, L. C. (2006) 'Confabulation: sense-making, self-marking and world-making in dementia', *Discourse Studies*, 8: 647–73.

Paley, J. and Eva, G. (2005) 'Narrative vigilance: the analysis of stories in health care', *Nursing Philosophy*, 6: 83–97.

Polanyi, L. (1989) *Telling the American Story: A Structural and Cultural Analysis of Conversational Storytelling.* Cambridge, MA: MIT Press.

Quinn, N. (2005) *Finding Culture in Talk: A Collection of Methods.* New York: Palgrave Macmillan.

Ricoeur, P. (1981) 'Narrative time' in W. J. T. Mitchell (ed.), *On Narrative*. Chicago, IL: University of Chicago Press, pp. 165–86.

Riessman, C. K. (1990) *Divorce Talk: Women and Men Make Sense of Personal Relationships.* New Brunswick, NJ: Rutgers University Press.

Riessman, C. K. (1993) *Narrative Analysis.* Newbury Park, CA: Sage.

Riessman, C. K. (2000) 'Stigma and everyday resistance practices: childless women in South India', *Gender & Society*, 14: 111–35.

Riessman, C. K. (2002a) 'Analysis of personal narratives', in J. A. Gubrium and J. F. Holstein (eds), *Handbook of Interview Research*. Newbury Park, CA: Sage, pp. 695–710.

Riessman, C. K. (2002b) 'Positioning gender identity in narratives of infertility: South Indian women's lives in context', in M. C. Inhorn and F. van Balen (eds), *Infertility Around the Globe: New Thinking on Childlessness, Gender, and Reproductive Technologies*. Berkeley, CA: University of California Press, pp. 152–70.

Riessman, C. K. (2005) 'Exporting ethics: a narrative about narrative research in South India', *Health: An Interdisciplinary Journal for the Social Study of Health, Illness and Medicine*, 9: 473–90.

Riessman, C. K. (2007) *Narrative Methods for the Human Sciences.* Thousand Oaks, CA: Sage.

Riessman, C. K. (2015a) 'Ruptures and sutures: time, audience and identity in an illness narrative', *Sociology of Health & Illness*, 37 (7): 1055–71.

Riessman, C. K. (2015b) 'Entering the hall of mirrors: reflexivity and narrative research', in A. De Fina and A. Georgakopoulou (eds), *Handbook of Narrative Analysis*. Malden, MA: Wiley, pp. 219–38.

Sacks, H. (1972) 'On the analyzability of stories by children', in J. Gumperz and D. Hymes (eds), *Directions in Sociolinguistics*. New York: Holt, Rinehart and Winston, pp. 325–45.

Wolfson, N. (1982) *The Conversational Historical Present in American English Narrative.* Dordrecht: Foris.

तेईस

व्यवस्थित समीक्षा और गुणात्मक अध्ययन

(Systematic Reviews and Qualitative Studies)

मैरी डिक्सन-वुड्स

इस अध्याय के बारे में

यह अध्याय गुणात्मक अनुसंधान के अध्ययनों सहित सबूत के निकायों के अवलोकनों को संचालित करने की पद्धतियों पर केन्द्रित है। व्यवस्थित समीक्षा पद्धति – जो एक वैज्ञानिक प्रक्रिया के रूप में समीक्षा के उत्पादन को मानती है – पारम्परिक साहित्य समीक्षाओं की स्पष्ट अशुद्धियों (fallibilities) का सामना करने के लिए आंशिक रूप से उभरकर आयी है। यह आमतौर पर, जो समीक्षा प्रश्न को निर्दिष्ट प्रारूप प्रदान करने में और संहिताबद्ध (codify) करने में, अध्ययनों के लिए पात्रता मानदंडों को शामिल करने के लिए, इस्तेमाल होने वाली खोज रणनीतियां, गुणवत्ता मूल्यांकन किए जाने के लिए, और शामिल अध्ययनों के संश्लेषण में उपयोग की जाने वाली पद्धतियों में एक समीक्षा के संचालन के लिए पूर्व–निर्दिष्ट प्रोटोकॉल का उपयोग करती है। यह दृष्टिकोण कई चुनौतियों का सामना करता है जब लक्ष्य गुणात्मक शोध अध्ययनों को शामिल करना होता है। व्यवस्थित समीक्षाओं में गुणात्मक अनुसंधान को शामिल करने के लिए पद्धतीय (Methodological) दृष्टिकोण उनसे एक स्पेक्ट्रम के साथ बदल जाते हैं, जो एक पारम्परिक रूप से व्यवस्थित समीक्षा टेम्पलेट के निकट रहते हैं, जो एक दृष्टिकोण के रूप में व्यवस्थित समीक्षा की पुनः परिभाषा तलाश करते हैं।

कीवर्ड्स – व्यवस्थित समीक्षा (Systematic Review), अनुसंधान संश्लेषण (Research Synthesis), साहित्य समीक्षा (Literature Review), गुणात्मक अनुसंधान (Qualitative Research)।

परिचय

साहित्य की समीक्षा का दायित्व लेना (Undertaking) किसी भी अकादमिक के लिये शायद सबसे मौलिक और नियमित कार्यों में से एक है। उदाहरण के लिए – ज्ञान, सिद्धान्त या साक्ष्य के अन्तराल की पहचान करने के लिए या क्षेत्र या उप–क्षेत्र का अवलोकन प्रदान करने के लिए, ऐसी समीक्षाओं का उपयोग किया जाता है। सवाल इस बात का है कि साहित्य की समीक्षाओं का आयोजन किस तरह से सर्वोत्तम होना चाहिए, यह दिलचस्पी बढ़ाने और बहस करने के लिए एक केन्द्र बिन्दु बन गया है। इन बहसों की रूपरेखाओं के अनुरेखण में, भोंडी नकल करने (caricatures) के संदर्भ में समीक्षा करने के लिए विभिन्न तरीकों को चिह्नित करने हेतु शुरुआत करने के लिए यह उपयोगी है। विशेष रूप से दो अभिगम इस क्षेत्र को शुरू करने में सहायक हैं, और मैं इन्हें इन शब्दों से सम्बन्धित करूंगाः

- 'लेखकत्व' अभिगम (the 'authorship' approach)
- 'संविदात्मक' अभिगम (the 'contractual' approach)

लेखकत्व' अभिगम वह है जिसने लम्बे समय से सामाजिक विज्ञानों पर बहुत अधिक प्रभुत्व बना हुआ है। यहां, एक साहित्य की समीक्षा विशेष प्रकार की विशेषज्ञता और विद्वानों की संवेदनशीलता के उत्पाद के रूप में देखी जाती

है, जिसे विद्वानों के समुदाय के सक्षम सदस्यों के लिए संचालन के उचित तरीकों को धीरे–धीरे समावेशित करके प्राप्त किया जाता है। साहित्य की समीक्षा के कौशल को न केवल ज्ञान के निकाय पर, बल्कि लेखक की व्याख्या की यर्थाथता से पाठकों को यकीन दिलाने के लिए आवश्यक शब्दाडंबरपूर्ण रणनीतियों पर भी प्रभुत्व प्राप्त करने के उद्देश्य से लंबे और मुश्किल प्रयास के भाग के रूप में सीखा जाता है। इन रणनीति में शामिल हो सकते हैं:

- यह दर्शाता है कि लेखक को यह जानकारी होती है कि आम तौर पर किसी क्षेत्र में 'प्रमुख कागजात' होने के लिये क्या आयोजित किया जाता है और उनमें से एक संतोषजनक आलोचना स्थापित कर सकते हैं
- यह प्रदर्शित करता है कि किये जा रहे तर्क सुसंगत और प्रशंसनीय हैं
- शब्दावली के प्रेरक तरीके को संगठित करना और सामग्री को किसी भी तरीके से व्यवस्थित करना पाठक को यकीन दिलाने के लिये संभावना होती है।

हॉवर्ड बेकर (2007) द्वारा स्मरणीय रूप से वर्णित, साहित्य समीक्षा के इस प्रारूप में कौशल अधिग्रहण की प्रक्रिया एकीकरण और समाजीकरण में से एक है, जो सामाजिक विज्ञान को लिखने की क्षमता विकसित करने की एक बड़ी परियोजना का हिस्सा है। टिप्पणी 'बदबू! बदबू! 'बदबू!' अपनी पांडुलिपियों में से एक पर टिप्पणी के माध्यम से केवल यातनाओं में से एक थी, बेकर इस क्षमता को प्राप्त करने के लिये अपने रास्ते पर ही टिके रहे।

इसके विपरीत साहित्य की समीक्षा करने के लिए संविदात्मक दृष्टिकोण है। इस दृष्टिकोण को परिभाषित करने की विशेषता समीक्षा की प्रक्रिया का प्रक्रियाकरण है। यहां, साहित्य की समीक्षा को स्पष्ट और मांग करने वाले नियमों के एक समुच्चय द्वारा नियन्त्रित वैज्ञानिक प्रक्रिया के रूप में देखा जाता है जो पारदर्शिता एवं जवाबदेही की तकनीक एवं निष्पादन, पूर्वाग्रह से प्रतिरक्षा, व्यापकता को प्रदर्शित करने के लिए उन्मुख होती है। यह वह विचार है जो व्यवस्थित समीक्षा की पद्धति में अपनी ठोस अभिव्यक्ति पाता है, जिसे पारम्परिक रूप से विशिष्ट विशेषताओं के लिये समझा जाता है (तालिका 23.1)।

व्यवस्थित समीक्षा में, पद्धति, जवाबदेही के शासन के माध्यम से लेखक को हटाने (expunging) का एक तरीका है, विभिन्न तकनीकों का उद्देश्य उन लेखों से लेखक को दूर करने के साधन के रूप में संचालित करना है, अनुशासित करने के माध्यम से जिस पर वे कार्य करते हैं और वे क्या करते हैं और वे इसे कैसे प्रतिवेदित करते हैं इसके विवरण के लिये बुलाते हैं। संविदात्मक दृष्टिकोण में, इसे सीखने में कि साहित्य समीक्षा कैसे करें, औपचारिक नियमों को सीखना और उनके विवकेशील अनुप्रयोग को प्रदर्शित करना शामिल होता है, इसलिए व्यवस्थित समीक्षा केवल है कि लेखक–आधारित समीक्षा के रूप में अनुनय के साधन के रूप में बयानबाजी

तालिका 23.1 एक व्यवस्थित समीक्षा की विशेषतायें (Characteristics of a Systematic Review)

एक व्यवस्थित समीक्षा:
• स्पष्ट अध्ययन प्रोटोकॉल का उपयोग करता है।
• एक औपचारिक, पूर्व–निर्दिष्ट, अत्यधिक केन्द्रित प्रश्न को संबोधित करता है।
• पहले से समीक्षा में शामिल किए जाने वाले अध्ययनों के लिए पात्रता मानदंडों को परिभाषित करता है।
• अप्रकाशित काम या विदेशी भाषाओं में प्रकाशित अध्ययनों का पता लगाने के लिये किसी भी प्रयास सहित अध्ययनों के लिए खोज करने के लिये उपयोग की गयी पद्धतियों के बारे में स्पष्ट है।
• एक प्राथमिकता वाले मानदंड के खिलाफ समीक्षा में शामिल करने के लिए प्रकाशनों को परख (screens) करता है।
• वैज्ञानिक गुणवत्ता का आकलन करने के लिए औपचारिक रूप से मूल्यांकित करता है और अन्यथा पूर्वाग्रह के जोखिम को सीमित करता है।
• अध्ययनों के निष्कर्षों को संयोजित करने के लिए स्पष्ट पद्धतियों का उपयोग करता है।

उपकरणों का इस्तेमाल करने में उतना ही व्यस्त है, लेकिन बयानबाजी की प्रकृति अलग है। एक व्यवस्थित समीक्षा अच्छी तरह से की गई है या नहीं, इस बारे में एक निर्णय लेना इस पर निर्भर करेगा कि यह अपने आचरण को नियन्त्रित करने वाली प्रक्रिया सम्बन्धी आवश्यकताओं के अनुरूप कितने हद तक आकलन किया गया है? अतः इसे एक अनुबंध–आधारित गतिविधि के रूप में समझा जा सकता है, जिसमें विशिष्ट मानकों के विरुद्ध प्रदर्शन का मूल्यांकन किया जाता है। यह लेखक के जन्मजात, मौन कौशल के उत्पाद के रूप में, साहित्य की समीक्षा की दृष्टि से यह स्पष्ट रूप से विशिष्ट है, सांस्कृतिक क्षमता के एक प्रारूप को प्रस्तुतीकरण का सौंदर्यशास्त्र (aesthetics) और तर्क की गुणवत्ता में भाग लेने के द्वारा आंका जायेगा। इस अध्याय में, हम जांच करते हैं कि गुणात्मक अध्ययनों की समीक्षाओं के लिये व्यवस्थित समीक्षा की ओर झुकने का मतलब क्या है।

प्रणालीगत समीक्षा पद्धति का उत्थान (The Rise of Systematic Review Methodology)

साक्ष्य की समीक्षाओं का संचालन करने के लिए एक विशिष्ट पद्धति के रूप में 'व्यवस्थित समीक्षा' का उदय एक दिलचस्प और शिक्षाप्रद इतिहास है। अनुभवजन्य अध्ययनों के परिणामों के निष्पक्ष नतीजे पेश करने की आवश्यकता को 1753 के रूप में मान्यता मिली थी, जब स्कॉर्वी पर जेम्स लिण्ड के ग्रंथ ने सबूतों के पूर्ण और निष्पक्ष दृष्टिकोण की आवश्यकता पर ध्यान दिया। शोध के निकायों के सारांश और संश्लेषण के लिए पद्धतियों ने कई प्रारूपों को लिया है।

विभिन्न मात्रात्मक अध्ययनों के परिणामों को समेकित और तुलना करने के लिए सांख्यिकीय पद्धतियों का विकास एक महत्वपूर्ण किनारा (strand) है। सांख्यिकीविद् कार्ल पियर्सन (1904) को एक समग्र अनुमान के उत्पादन के लिए स्वतन्त्र अध्ययनों के निष्कर्षों को गठजोड़ करने वाला पहला व्यक्ति माना जाता है, जब उन्होंने उन सैनिकों में संक्रमण और मृत्यु दर की तुलना करने की मांग की थी, जिन्होंने टाइफाइड ज्वर के खिलाफ टीकाकरण के लिए स्वयंसेवा की थी एवं नहीं की थी। खासकर मनोविज्ञान और शिक्षा अध्ययनों के क्षेत्रों में, बीसवीं शताब्दी के दौरान मात्रात्मक आंकड़ों के सांख्यिकीय संग्रह के लिए तकनीकों को विकसित करना जारी रहा। शिक्षाविद् जीन ग्लास द्वारा उन्हें 'मेटा–विश्लेषण' शब्द का नाम (christened) दिया गया था, जिन्होंने एक विकल्प की तलाश की जिसके लिये उन्होंने 'आकस्मिक, शोध अध्ययनों की कथनात्मक बहस' (1976: 3) के रूप में देखा था। यद्यपि कभी–कभी (गलत) तरीके से, शब्द 'मेटा–विश्लेषण' का प्रयोग अब अध्ययन के निष्कर्षों के मात्रात्मक संयोजन का वर्णन करने के लिए एक परिमाणीकृत तरीके से किया जाता है। मेटा–विश्लेषण उन तकनीकों में से एक है जिसे व्यवस्थित समीक्षा में उपयोग किया जा सकता है: मेटा–विश्लेषण और व्यवस्थित समीक्षा समानार्थक नहीं हैं, और मेटा–विश्लेषण के बिना, व्यवस्थित समीक्षा करना संभव (वास्तव में, बहुत सामान्य) है।

मेटा–विश्लेषण के विकास का अधिक व्यापक महत्व 1980 और 1990 के दौरान बढ़ते हुए दृश्यों को जोड़ना था जिससे कि मात्रात्मक अध्ययनों की असंरचित और खराब अनुशासित समीक्षा त्रुटिपूर्ण होने की संभावना थी, क्योंकि एक बड़ा निकाय के साथ सबूत का सामने आ जाने से, अनुमानों (heuristics) की एक श्रृंखला, पक्षपातों (biases), पूर्वाग्रहों (prejudices) और मैली प्रथायें समीक्षकों के लिए अतिसंवेदनशील होती हैं। उदाहरण के लिए – समीक्षक हो सकते हैं:

- अध्ययन के एक छोटे से उप–सेट पर ध्यान केन्द्रित करें, लेकिन यह वर्णन नहीं करें कि उन्होंने उन्हें किस तरह से चुना है।
- अपने स्वयं के परिप्रेक्ष्य और विशेषज्ञ राय से प्रभावित हो सकते हैं।
- जिन अध्ययनों की उन्होंने समीक्षा की है, उन अध्ययनों की गुणवत्ता का समाधान करने में असमर्थ हो सकते हैं।
- अनुचित तरीकों में अध्ययनों के निष्कर्षों का गठबंधन कर सकते हैं।

- पक्षपातपूर्ण प्रकाशन के लिए पर्याप्त रूप से जवाबदेह नहीं होते हैं (समस्या यह है कि नकारात्मक निष्कर्षों की तुलना में सकारात्मक निष्कर्षों के अध्ययनों के प्रकाशित होने की संभावना अधिक होती है)।
- अपने पसंदीदा सिद्धांतों के समर्थन में सबूत क्रमबद्ध करें।

लेखक–आधारित दृष्टिकोण की अशुद्धताओं के लिए सही उपचार समीक्षा की प्रक्रियाओं के नियमितकरण में देर तक सोते हुये देखा गया था। दवा में इस तर्क ने विशेष शक्ति प्राप्त की, जहां दोनों विफलता व्यवस्थित समीक्षाओं का आयोजन करना और प्रकाशित समीक्षाओं में वैज्ञानिक कठोरता की कमी रोगी सुरक्षा के लिए अस्वीकार्य खतरे के रूप में देखी जाने लगी थी। उदाहरण के लिए – हजारों (tens of thousands) बच्चों के लिए यह माना गया था कि समय से पहले श्रम के लिए स्टेरॉयड के नैदानिक परीक्षणों की एक व्यवस्थित समीक्षा और मेटा–विश्लेषण करने में विफल रहने के कारण से अनावश्यक रूप से पीड़ित थे या मृत्यु हो गयी थी (इवांस एट आल., 2006)। इसी तरह के कई उदाहरणों की खोज, व्यवस्थित समीक्षा की पद्धतियों के तेजी से बढ़ते हुये विकास के साथ–साथ, साक्ष्य आधारित अभ्यास और नीति आंदोलन के रूप में माना जाने वाला जो इसे भड़काने में मदद करता है, जो अब चिकित्सा में अपनी शुरूआती उत्पत्ति से लेकर कई विविध क्षेत्रों तक फैल गया है।

इस अत्यधिक प्रभावशाली आंदोलन ने कई संस्थागत प्रारूप ले लिये हैं, जिसमें व्यवस्थित समीक्षाओं को संचालित करने और समीक्षाओं के उत्पादन को समन्वयित करने के तरीके के बारे में मार्गदर्शन प्रकाशित करने वाले संगठनों की स्थापना शामिल है। स्वास्थ्य देखभाल में, कोकरेन सहयोग और यूके एनएचएस सेंटर फॉर रिव्यू एण्ड डिस्सेमिनेशन (NHS CRD) इनमें से सर्वाधिक जानकारी वाले माने जाते हैं। विशेष रूप से शिक्षा, अपराध और सामाजिक कल्याण के क्षेत्र में, एक अंतरराष्ट्रीय नेटवर्क के आधार के रूप में सामाजिक हस्तक्षेप के प्रभावों पर व्यवस्थित समीक्षाओं का निर्माण करने के लिए हाल के कैंपबेल सहयोग ने कोक्रेन मॉडल का उपयोग किया है। बेन गोल्डएकरे (देखें– www.badscience.net) और अन्य लोगों के कार्यों सहित, ब्लॉग और कॉलम के माध्यम से साक्ष्य आधारित दृष्टिकोण लोकप्रिय हो गया है। जेम्स लिन्ड लाइब्रेरी (www.jameslindlibrary.org), और स्वतन्त्र रूप से उपलब्ध किताब 'टेस्टिंग ट्रीटमेंट्स' (www.testingtreatments.org) में भी व्यवस्थित समीक्षा एवं साक्ष्य–आधारित नीति और व्यापक दर्शकों के लिए सिद्धान्तों को व्यवहार में लाने की मांग की गयी है।

व्यवस्थित समीक्षाओं के बारे में वादविवाद (Controversy About Systematic Reviews)

सबूत आधारित आन्दोलन के व्यापक चर्च के भीतर अधिकतर काम प्रश्नों की प्रभावशीलता को सम्बोधित करने या 'काम क्या करता है?' पर केन्द्रित होता है और शायद, आश्चर्यजनक रूप से नीति निर्माताओं और निर्णय निर्माताओं के लिये यह विचारणीय अपील थी। व्यवस्थित समीक्षाओं का उत्पादन अब बड़े पैमाने पर एक गतिविधि है, आवास सुधार के स्वास्थ्य एवं सामाजिक प्रभावों, आपराधिक संदिग्धों में कबूल करने की दर पर साक्षात्कार और पूछताछ की पद्धतियों के प्रभावों और नीति एवं अभ्यास के महत्वपूर्ण क्षेत्रों की एक विस्तृत श्रृंखला के समर्थन में लिये गये दायित्व, और विविध जैसे कि धमकाने के विरोध में हस्तक्षेपों वाले क्षेत्रों में फैसले लेने का समर्थन करने के लिए तेजी से भरोसा किया गया।

जैसे कि व्यवस्थित समीक्षा अपने अधिकार में एक वैज्ञानिक अनुसंधान पद्धति के रूप में स्थापित हो गई है, गम्भीरता से विचार करने के साथ यह एक राजनीतिक और सामाजिक शक्ति बन गई है, एक विशेष प्रकार के वैज्ञानिक प्राधिकरण होने के नाते कई प्रभावशाली क्वार्टर्स में, व्यवस्थित समीक्षाओं को उस हद तक देखा जा सकता है। इसने कभी–कभी संघर्ष–विवादित बहस का नेतृत्व किया है, सामाजिक विज्ञानों में वैज्ञानिक पद्धति के रूप में क्या गिना जाना चाहिए, जो कुछ हद तक इसके बारे में लंबे समय तक तनावों को कायम रखने का प्रतिनिधित्व करते हैं।

बहस के एक तरफ उपलब्ध साक्ष्य के निकायों को संश्लेषित करने के लिए व्यवस्थित समीक्षा पद्धति का उपयोग करने में विशाल लाभ देखे जाते हैं, समीक्षा में किन अध्ययनों को शामिल किया गया है एवं किन अध्ययनों को

शामिल नहीं किया गया है इस बारे में फैसले के आधार पर, बाहरी छानबीन करके खुलासा किया जाता है, कई अध्ययनों से डेटा को संक्षेप में करने की प्रक्रियाओं को स्पष्ट बनाने और व्यवस्थित करने के लिए, और, जहां उपयुक्त हो, प्रभाव के अनुमानों की सांख्यिकीय शक्ति में वृद्धि की जाती है। दूसरी तरफ महत्वपूर्ण तर्क दिया जाता है कि व्यवस्थित समीक्षा केवल एकमात्र सबूत है जो साक्ष्य के रूप में गिना जाता है, खासकर जब व्यवस्थित समीक्षायें स्वास्थ्य सेवा में चिकित्सीय हस्तक्षेपों के मूल्यांकन से परे विस्तारित होती है। व्यवस्थित समीक्षा पद्धति पर कथित तौर पर सकारात्मक, अवव्याख्यावादी झुकावों (reductionist leanings), कुछ सीमित कुछ समीक्षाओं के निष्कर्षों की प्रकृति, जाहिर तौर पर सीमित या बेतुका भी और इसकी कठोरता के लिए हमला किया गया है (हैम्मर्सले, 2005, मैकल्युरे, 2005)।

व्यवस्थित समीक्षा पद्धति के प्रारम्भिक प्रारूपों की आलोचना का एक विशेष (हालांकि अनन्य नहीं) केन्द्रबिन्दु यह था कि उन्हें गुणात्मक शोध निष्कर्षों के लिए बहुत कम या कोई जगह नहीं दी गयी थी। मूल 'साक्ष्य के पदानुक्रम' ने अलग–अलग अध्ययन के अभिकल्पनों को पिरामिड के नीचे (या करीब) रखने या गुणात्मक शोध को पूरी तरह से छोड़कर और गुणवत्ता से उत्पादित उन साक्ष्य के पदों में रैंक किया गया था। इस तरह के एक दृष्टिकोण से कई महत्वपूर्ण समस्याएं हो सकती हैं, जिनमें शामिल हैं:

- जोखिम यह है कि समीक्षा का प्रश्न अनुपयुक्त तरीके से परिभाषित हो सकता है।
- दिलचस्पी के परिणामों को अनुपयुक्त रूप से निर्दिष्ट किया जा सकता है।
- अध्ययन किए जाने वाले चरों को अनुपयुक्त रूप से चयनित किया जा सकता है।
- संभावित प्रासंगिक डेटा को बाहर रखा जा सकता है।
- अनुपयुक्त निष्कर्षों तक पहुंचा जा सकता है। (डिक्सन–वुड्स एट आल., 2001)।

समीक्षाओं में गुणात्मक अनुसंधान को शामिल करने के पक्ष में तर्क निम्नानुसार संक्षेप में वर्णित किये जा सकते हैं: दुनिया के बारे में हमें सब कुछ जानने की जरूरत नहीं है कि उसे मापा या गिना जा सकता है, और डेटा के अन्य प्रारूपों को अक्सर किसी क्षेत्र की समझ या विचार को व्यापक बनाने के लिए आवश्यकता होती है।

हाल के वर्षों में व्यवस्थित समीक्षाओं में गुणात्मक अनुसंधान की प्रासंगिकता और उपयोगिता की स्पष्ट स्वीकृति देखी गई है, और कई घटनाक्रम जिनका उद्देश्य गुणात्मक शोध अध्ययन को संश्लेषित करना या अपने स्वयं के या मात्रात्मक शोध निष्कर्षों के साथ सारांशित करना है। हालिया की मार्गदर्शिकाओं ने प्रभावशीलता की व्यवस्थित समीक्षाओं के साथ–साथ या में गुणात्मक अनुसंधान के अध्ययनों समावेशित करने के बारे में चर्चा करने पर काफी ध्यान दिया है (एनएचएस सेंटर फॉर रिव्यूज एण्ड डिस्सेमिनेशन, 2009, हिग्गिन्स एण्ड ग्रीन, 2011)।

अनुसंधान साक्ष्य की समीक्षाओं का संचालन करने की पद्धतियां (Methods for Conducting Reviews of Research Evidence)

गुणात्मक (या गुणात्मक एवं मात्रात्मक) अध्ययनों की समीक्षाओं का संचालन करने के लिए अब कई पद्धतियां उपलब्ध हैं (तालिका 23.2), हालांकि वे विकास और मूल्यांकन के विभिन्न चरणों में हैं (डिक्सन–वुड्स एट आल., 2005, थॉमस एण्ड हार्डेन, 2008)। कुछ उपलब्ध दृष्टिकोण विशेष रूप से इन पद्धतियों के संशोधनों, संश्लेषण के मुद्दों को सुलझाने के लिए अभिकल्पित की गयी 'नई' पद्धतियों का प्रतिनिधित्व करते हैं, अन्य प्राथमिक अनुसंधान पद्धतियां हैं जिन्हें समीक्षा और संश्लेषण के उद्देश्य से अनुकूलित किया गया है। कुछ केवल गुणात्मक अनुसंधान अध्ययनों के संश्लेषण की तरफ निर्देशित होते हैं, दूसरें गुणात्मक और मात्रात्मक दोनों के निष्कर्षों का संश्लेषण करने के लिए पद्धतियों की पेशकश करते हैं। और अन्य पद्धतियों का विकासित होना जारी रहता है और – सर्वश्रेष्ठ पद्धतियों से फ्रेमवर्क संश्लेषण (कैरोल एट आल., 2013) सहित – नई विधियां उभरने लगती हैं। पद्धतीय विकास के पैमाने और गति का मतलब, हालांकि यह है कि कई अभिगमों के नामों में विभिन्नता होती है लेकिन

तालिका 23.2 गुणात्मक अध्ययनों के संश्लेषण के संचालन में उपयोग की जा सकने वाली पद्धतियों के उदाहरण

बेयेसियन मेटा–विश्लेषण (Bayesian meta-analysis)
सामग्री विश्लेषण (Content analysis)
प्रकरण सर्वेक्षण विधियां (Case survey methods)
प्रकरण – प्रकरण विश्लेषण (Case-case analysis)
गुणात्मक तुलनात्मक विश्लेषण (Qualitative comparative analysis)
कथनात्मक सारांश (Narrative summary)
विषयगत विश्लेषण (Thematic analysis)
बुनियादी सिद्धांत (Grounded theory)
मेटा–प्रजातिलेखन (Meta-ethnography)
यथार्थवादी संश्लेषण (Realist synthesis)
महत्वपूर्ण व्याख्यात्मक संश्लेषण (Critical interpretive synthesis)
मेटा–कथनात्मक मैपिंग (Meta-narrative mapping)
'सर्वश्रेष्ठ–उपयुक्त' रूपरेखा संश्लेषण ('Best-fit' framework synthesis)

वास्तव में बहुत समानता होती है, कभी–कभी बहुत अलग चीजों का वर्णन करने के लिए वही शब्दों को उपयोग किया जाता है ('मेटा–संश्लेषण' इनमें से एक है), कुछ प्रकाशनों द्वारा विशेष पद्धतियों का इस्तेमाल करने का दावा किया जाता है, लेकिन अधिक विस्तृत निरीक्षण करने पर ऐसा होना नहीं पाया गया है, या ऐसा किया भी गया है तो बहुत कम (poorly) (फ्रांस एट आल., 2014), और, कुल मिलाकर, शब्दावली और परिभाषित सुविधाओं के बारे में भ्रम की बात प्रचुर मात्रा में होती है।

पद्धतियां में खुद की विविधताएं होती हैं। स्पेक्ट्रम के एक छोर पर, कुछ दृष्टिकोण मोटे तौर पर फ्रेम के साथ बने रहते हैं जिनकी पेशकश 'पारम्परिक' व्यवस्थित समीक्षा के शब्दों में की जा सकती है (ऊपर वर्णित संविदात्मक दृष्टिकोण), और इस तरह से पूर्व–निर्दिष्ट प्रोटोकॉल, पूर्वसिद्ध प्रश्न परिभाषा, औपचारिक रूप से अन्वेषण करने वाली रणनीतियां, मानकीकृत गुणवत्ता मूल्यांकन और संश्लेषण की औपचारिक पद्धतियों के द्वारा चिन्हित होती हैं। स्पेक्ट्रम के दूसरे छोर पर अधिक व्याख्यात्मक पद्धतियां हैं जो परम्परागत व्यवस्थित समीक्षा के विचार, परिसर और पद्धतियों के लिए एक और अधिक मौलिक चुनौती बनाते हैं (हालांकि कुछ लोग 'व्यवस्थित समीक्षा' के लेबल को वैधता के साधन के रूप में दावा बनाये रखना जारी रखते हैं)। आमतौर पर गुणात्मक अनुसंधान से जुड़ी अनुसंधान प्रथाओं, और ज्ञानमीमांसीय मान्यताओं के प्रकारों एवं पारम्परिक व्यवस्थित समीक्षा पद्धतियों द्वारा प्रस्तावित फ्रेम के बीच उपयुक्त होने की कमी पर असंतोष व्यक्त किया जाता है, इन बाद के अभिगमों के कुछ अर्थों में पुनः परिभाषित करने का प्रयास किया जाता है जिसका तात्पर्य व्यवस्थित समीक्षा से होता है, और इसलिए कार्यप्रणाली की कुछ या सभी आवश्यकताओं को संशोधित या अन्यथा अस्वीकार कर सकते हैं। और कुछ अभिगमों में पारम्परिक व्यवस्थित समीक्षा कार्यप्रणाली और अधिक व्याख्यात्मक रणनीतियों के संकर (hybrids) शामिल होते हैं।

एक पद्धति का चयन करने में, समीक्षा के विशिष्ट उद्देश्य को स्पष्ट करना गंभीर रूप से महत्वपूर्ण है, क्योंकि यह लगभग सभी निर्णयों का निर्धारण करता है जो कि निम्न हैं। जिस तरह प्राथमिक शोध में शोध के उद्देश्य के आधार पर अलग–अलग पद्धतियों और विभिन्न सैद्धान्तिक दृष्टिकोणों की आवश्यकता होती है, वैसे ही इसकी समीक्षायें भी की जाएगी। यह संभवतः एक स्पष्ट बिंदु हो सकता है, लेकिन यह ऐसे एक हो जाता है कि कई विवादों में खो गया हो।

एक समीक्षा के उद्देश्य के बारे में सोचने का एक उपयोगी तरीका यह विचार करना है कि आपका लक्ष्य मुख्य रूप से समेकित या व्याख्यात्मक (aggregative or interpretive) है। समेकित संश्लेषण डेटा का सारांशीकरण करने पर ध्यान केन्द्रित करता है, और वे अक्सर – हालांकि हमेशा से दूर – विभिन्न हस्तक्षेपों या कार्यक्रमों की प्रभावशीलता का आकलन करने के लिए व्यवस्थित किये जा सकते हैं। जवाब देने में 'क्या यह काम करता है?' प्रश्नों में – उदाहरण के लिए, क्या एक संरक्षण कार्यक्रम युवा अपराधियों में अपराध करने की दरों को कम करने में मदद करता है? – एक समेकित संश्लेषण अत्यधिक उपयुक्त विकल्प हो सकता है। एक पारम्परिक व्यवस्थित समीक्षा दृष्टिकोण यह सुनिश्चित करने के लिए सर्वोत्तम अनुकूल हो सकता है कि सभी प्रासंगिक सबूतों को पहचान लिया गया है और शामिल कर लिया गया है, और इसके अतिरिक्त उपलब्ध आंकड़ों की गुणवत्ता पर ध्यान दिया गया है। साक्ष्य के गुणात्मक और मात्रात्मक दोनों प्रारूपों से इस तरह की समीक्षा और कुछ तकनीकों में योगदान किया जा सकता है, – जैसे कि बेयसियन मेटा–विश्लेषण – इसका प्रभावों के मात्रात्मक अनुमान को प्रभावित करने हेतु गुणात्मक साक्ष्य की अनुमति के लिये इस्तेमाल किया जा सकता है।

व्याख्यात्मक संश्लेषण, उन अवधारणाओं के विकास और सिद्धांतों के विनिर्देशों से सम्बन्धित हैं जो उन अवधारणाओं को एकीकृत करते हैं (उदाहरण के लिए, हम सबसे अच्छी व्याख्या कैसे कर सकते हैं कि संरक्षण अपराध करने वाले व्यवहारों को प्रभावित क्यों कर सकते है?)। व्याख्यात्मक संश्लेषण में प्राथमिक गुणात्मक अनुसंधान के समान प्रक्रियाएं शामिल होती हैं, जिसमें उन अवधारणाओं को उत्पन्न करने का विचार किया जा सकता है जिनके व्याख्यात्मक मान अधिकतम हो। उदाहरण के लिए, वे उस तंत्र को चिह्नित करने की कोशिश कर सकते हैं, जिसके माध्यम से एक हस्तक्षेप काम करता है, या ऐसी किसी अंतर्दृष्टि का उत्पादन कर सकता है जो किसी विशेष क्षेत्र की समझ को बढ़ाती है। यह दृष्टिकोण – जिसमें फिर से मात्रात्मक और गुणात्मक साक्ष्य शामिल हो सकते हैं – प्राथमिक अध्ययनों को और अधिक सैद्धान्तिक संरचना में पहचाने जाने वाली अवधारणाओं को शामिल करने के माध्यम से संश्लेषण को प्राप्त कर लेते हैं। इस संरचना में उन विचारों को शामिल किया जा सकता है जो मूल अध्ययनों में नहीं पाये जाते हैं, लेकिन यह उस डेटा को सम्पूर्ण रूप से चिह्नित करने में मदद करता है। इस तरह का काम सर्वोत्तम रूप से एक ग्रन्थकार सम्बन्धी (authorial), व्याख्यात्मक दृष्टिकोण के करीब कुछ उपयोग करके किया जा सकता है, बल्कि संभवतः कुछ स्पष्ट नियमों द्वारा अनुशासित किया जा सकता है।

एक समेकित और व्याख्यात्मक संश्लेषण के बीच का भेद करना बहुत ही अनुमानपूर्ण होता है, अन्तर एक ओजपूर्ण कथन है। उदाहरण के लिए, समेकित संश्लेषणों द्वारा सैद्धान्तिक या व्याख्यात्मक कार्यों को पूरा किया जा सकता है, उदाहरण के लिए, शायद, कारणीय सम्बन्धों (causality) के सिद्धान्तों के प्रारूप में, और वे सामान्यीकरण करने की योग्यता के बारे में दावों को भी शामिल कर सकते हैं। इसी प्रकार, एक व्याख्यात्मक संश्लेषण को किसी भी अनुभवजन्य सहायता से मुक्त होकर चलने के रूप में नहीं देखा जाना चाहिए: प्राथमिक अध्ययनों के व्याख्यात्मक संश्लेषण को उन अध्ययनों में प्रतिवेदित आंकड़ों में आधारित होना चाहिए। इसके अलावा, कई समीक्षायें समेकित और व्याख्यात्मक गतिविधियों के संकर करने का प्रयास कर सकती हैं। व्यवस्थित समीक्षा पद्धति द्वारा प्रस्तावित पद्धतिगत टेम्प्लेट के भीतर विभिन्न अभिगमों के साथ काम करते समय निम्नलिखित चर्चा में कुछ मुद्दों पर विचार किया जायेगा।

समीक्षा प्रश्न को परिभाषित करना (Defining the review question)

समीक्षात्मक प्रश्न को परिभाषित करना पारम्परिक व्यवस्थित समीक्षा के प्रमुख कार्यों में से एक है। एक विशिष्ट प्रश्न के चारों ओर केन्द्रित मानदंडों के एक स्पष्ट सेट को निर्दिष्ट करने के लिये सामान्य प्रक्रिया है। ये आम तौर पर अध्ययन के अभिकल्पनों (designs) को परिभाषित करेंगे (जैसे – यादृच्छिकीकृत नियन्त्रित परीक्षण, केस नियन्त्रण अध्ययनों इत्यादि) साथ ही साथ दिलचस्पी वाली आबादी और दिलचस्पी वाले परिणामों सहित, प्रश्न से सम्बन्धित लक्षणों को भी परिभाषित करेंगे। वे बहुत सटीक रूप से निर्दिष्ट हो सकते हैं – उदाहरण के लिए,

'युवा' अपराधियों को 18 वर्ष से कम आयु के लोगों के रूप में परिभाषित किया जा सकता है। यदि लक्ष्य एक समेकित समीक्षा है, तो उस प्रश्न को किसी तरीके में परिभाषित करने के लिये यह महत्वपूर्ण हो सकता है जो एक पारम्परिक व्यवस्थित समीक्षा की अपेक्षाओं के अनुरूप हो। हालांकि, यह, सरलता से बहुत दूर है, और समीक्षा के मापदंडों का निर्धारण करने से पहले कभी–कभी कुछ प्रकार की कसरत करने की आवश्यकता होती है। फिर भी, वर्गीकरण के बारे में निश्चित फैसलों और विकल्पों के बारे में चुनौतियां उत्पन्न करना जारी रख सकते हैं।

यदि प्रश्न को साहित्य के व्याख्यात्मक विवरण की आवश्यकता होती है, तो सवाल के विनिर्देशन के लिए और अधिक गतिशील दृष्टिकोण का उपयोग किया जा सकता है। यह प्रश्न और इसके प्राचलों को मौलिक रूप से अस्थिर और आलोचना के लिए मुक्त रूप में व्यवहार करेगा। उदाहरण के लिए, यह 'एक अपराधी' के विचार पर सवाल उठा सकता है और यह देखा जा सकता है कि कुछ व्यक्तियों को अपराधियों के रूप में वर्गीकृत करने के लिए परिभाषाएं कैसे लागू की जाती हैं, लेकिन दूसरों को नहीं (जैसे कि तथाकथित 'सफेदपोश' अपराधियों को)। इस तरह की समीक्षा खोज परिणामों और पुनर्प्राप्त वस्तुओं से प्राप्त परिणामों के जवाब में प्रश्न को संशोधित करने की कोशिश कर सकती है, और अनुशासनात्मक सीमाओं या अध्ययन के क्षेत्रों से आगे जाकर खोज कर सकती है। इस प्रकार, पहले से बहुत सटीक रूप से कुछ परिभाषित करने के बजाय, एक व्याख्यात्मक समीक्षा प्रश्न की सटीक शर्तों को निर्धारण तब तक नहीं किया जा सकता है जब तक कि एक समीक्षा अन्त के करीब न हो।

गुणात्मक शोध की तलाश करना (Finding qualitative research)

अपने उच्च नवाचारयुक्त (protocolized) मॉडल के साथ रखने के लिए पारम्परिक समीक्षात्मक पद्धति, समीक्षा के मापदण्डों के लिए प्रासंगिक सामग्री की आबादी की पहचान करने के लिए कठोर और व्यवस्थित खोज के महत्व पर मजबूती से जोर देती है। फिर समीक्षा प्रश्न में निर्दिष्ट मानदण्डों से सम्बन्धित सभी अध्ययनों की पहचान करने के लिए एक प्रयास किया जाता है। यह सुनिश्चित करें कि प्रासंगिक अध्ययनों के पूरे सेट की पहचान की गयी है आमतौर पर पूर्वाग्रह से बचने के लिए महत्वपूर्ण रूप में देखा जाता है, खासकर यदि कोई मेटा–विश्लेषण का आयोजन किया जाना है, तो प्रासंगिक अध्ययन छोड़ने से किसी भी प्रभाव के अनुमान को पूर्वाग्रह से किया जा सकता है। इस दृष्टिकोण से यह स्पष्ट रूप से पता चलता है कि खोज किस तरह से संचालित की गयी थी यह सुनिश्चित करने के उद्देश्य के साथ खोज पद्धतियों का निरीक्षण किया जा सकता है और संभवतः पुनरुत्पादित किया जा सकता है। खोज में रणनीतियों की एक श्रृंखला शामिल हो सकती है, लेकिन आमतौर पर इलेक्ट्रॉनिक ग्रंथ सूची डेटाबेस पर बहुत अधिक निर्भर होती है। खोज रणनीतियों का विकास और मूल्यांकन एक व्यवस्थित समीक्षा पद्धति का स्वयं उप–क्षेत्र है। आमतौर पर, खोज करने की प्रक्रिया में नियन्त्रित प्रमुखशब्दों की अनुक्रमणीकरण प्रणालियों का उपयोग किया जाता है (जिन्हें थिसॉरस शब्द या विषय शीर्षकों के रूप में जाना जाता है) जो बड़े ग्रंथसूची डेटाबेस पर अभिलेखों को सूचीबद्ध करने के लिए उपयोग किया जाता है। अन्य रणनीतियों में संदर्भित चेनिंग और क्षेत्र के विशेषज्ञों से संपर्क करना शामिल होता है (जहां पहले से ही पहचाने किये गए पत्रों के संदर्भों की सूची की जांच की जाती है)। व्यवस्थित समीक्षाओं का प्रतिवेदन करने में, उपयोग की जाने वाली खोज रणनीतियों का पूरा विवरण देने के लिए, खोजशब्दों की सूचियों सहित यह सामान्य होती है।

जब उद्देश्य ऐसे अभिगमों को गुणात्मक अनुसंधान के लिए लागू करना होता है, तो कई चुनौतियां उत्पन्न होती हैं। इनमें से कुछ अनिवार्य रूप से प्रकृति में तकनीकी हैं। हाल के वर्षों में पर्याप्त सुधार के बावजूद, औपचारिक रूप से खोज की रणनीतियों का उपयोग करते हुए गुणात्मक अध्ययनों की पहचान करने के प्रयास अक्सर निराशाजनक रहते हैं, थिसॉरस शब्द जो गुणात्मक पद्धति का वर्णन करते हैं, वे अभी भी सीमित हैं और डेटाबेसों के अनुसार अलग–अलग होते हैं, और गुणात्मक शोधकर्ताओं द्वारा हमेशा इस तरह के सार तत्वों और खोजशब्दों को प्रदान नहीं किया जाता है जो उनके द्वारा उपयोग किए गए अध्ययन अभिकल्पनों की तैयार पहचान की सुविधा प्रदान करते हैं।

जब समीक्षा प्रश्न के साथ और अधिक व्याख्यात्मक समीक्षा तैयार करने में दिलचस्पी होती है और इसके मापदंडों को शुरुआत में केवल अस्थायी रूप से परिभाषित किया गया हो, तो एक औपचारिक और आसानी से लेखापरीक्षित खोज रणनीति का उपयोग करने की कोशिश में व्यावहारिक समस्याएं उत्पन्न हो सकती हैं। निरंतर समीक्षा और परिशोधन के लिए एक प्रश्न का विषय बनाकर इसे प्रदर्शित करना और अधिक कठिन हो सकता है, जैसा कि पारम्परिक रूप से व्यवस्थित समीक्षा पद्धति, पारदर्शिता, व्यापकता और खोज रणनीतियों के पुनरुत्पादन के लिए आवश्यक है। इन समस्याओं को केवल तकनीकी होने से परे जाना है। छात्रवृत्ति के और अधिक ग्रन्थकार सम्बन्धी प्रारूपों के लिए उपयोग करने वाले लोग कठोर परिभाषित प्राचलों के भीतर काम करने के लिए बाधा और निराशा पा सकते हैं, खासकर यदि उनकी सन्निहित विशेषज्ञता का मतलब यह है कि वे प्रासंगिक साहित्य से अवगत हैं लेकिन पारम्परिक व्यवस्थित समीक्षा के फ्रेम के भीतर वैध होने के लिये उस साहित्य को समावेशित कर दर्शाने के लिए कोई रास्ता नहीं मिल सकता है, उदाहरण के लिए, एक समीक्षक अस्पताल के आपातकालीन विभागों के माध्यम से अस्पतालों के लिए 'अनुचित' प्रवेश को कम करने के तरीके पर देख रहा है, संदिग्धों के पुलिस प्रसंस्करण के पूरी तरह से अलग क्षेत्र में साहित्य की प्रासंगिकता को पहचान सकता है, श्रेणीकरण और वर्गीकरण के कार्यों की प्रकृति की वैचारिक समानता के कारण, जो दोनों स्थापनाओं में काम करती है। इसी समय, इस तरह के एक समीक्षक एक तरीका खोजने में संघर्ष कर सकता है यह दिखाने के लिये कि ऐसा काम पारम्परिक व्यवस्थित समीक्षा पद्धति के अंतर्गत शामिल करने के लिए औपचारिक रूप से मानदंडों को पूरा कर सकता है।

समावेशन हेतु सामग्री का चयन (Selection of material for inclusion)

पारम्परिक व्यवस्थित समीक्षा के महत्वपूर्ण सिद्धान्तों में से एक यह है कि संश्लेषण में योगदान करने वाले सभी संभावित आंकड़ों की पहचान की जानी चाहिए, क्योंकि प्रासंगिक आंकड़ों का बहिष्कार करना अनुमानों को प्रभावित कर सकता है। उदाहरण के लिए, एक मेटा–विश्लेषण, किसी विशेष हस्तक्षेप के लिये सामान्यतः प्रभावशीलता की मात्रात्मक माप करने के साथ सम्बन्धित है, और इसलिए समस्त प्रासंगिक डेटा शामिल करने के लिये चाहेंगे जो उस औसत के अनुमान करने में सहायता कर सकते हैं। प्रासंगिक आंकड़ों के अनुचित बहिष्कार के कारण गलत अनुमान किए जा सकते हैं। कुछ अध्ययनों को शामिल करने और छोड़ने के प्रभाव की जांच के रूप में, मात्रात्मक संश्लेषण संवेदनशील विश्लेषण जैसी पद्धतियों का उपयोग करते हैं।

व्याख्यात्मक संश्लेषण के लिए, यह तर्क दिया जा सकता है कि प्राथमिक गुणात्मक शोध के लिए नमूनाकरण को नियन्त्रित करने वाला वही तर्क लागू हो सकता है। यहां, सैद्धान्तिक संतृप्ति की धारणा के मूल्य हो सकते हैं। प्राथमिक शोध में, सैद्धान्तिक नमूने को अवधारणाओं के सैद्धान्तिक विकास को विकसित करने की दिशा में विचार करने के लिये आयोजित किया जाता है। एक शोधकर्ता नमूनाकरण का कार्य तब तक जारी रखता है जब तक कि सैद्धान्तिक संतृप्ति तक पहुंच नहीं जाता – जहां, प्रत्येक नए साक्षात्कार या अवलोकन के बाद, या तो उसका विस्तार करने या उसका विरोध करने के लिए, किसी श्रेणी के सम्बन्ध में कोई नया प्रासंगिक डेटा उभरकर आने वाला नहीं लगता है (स्ट्रॉउस और कॉर्बिन, 1990)। ऐसी प्रक्रिया के तहत, एक समीक्षक उन पत्रों (कागजात) की पहचान कर सकते हैं, कि किसी विशिष्ट क्षेत्र में सहज ज्ञान सम्बन्धी 'महसूस (feel)' के आधार पर सबसे महत्वपूर्ण है, और उभरते संश्लेषण का परीक्षण या परिष्कृत करने के लिए उस क्षेत्र के बाहर वह जानबूझकर नमूना भी हो सकता है।

एक समीक्षा में शामिल किए जाने वाले कागजात की संख्या को सीमित करने के एक साधन के रूप में सैद्धान्तिक नमूनाकरण का उपयोग करने में कई समस्याएं उत्पन्न होती हैं, हालांकि सबसे पहले, पारम्परिक व्यवस्थित समीक्षा पद्धति के फ्रेम के भीतर, यह तर्क दिया जा सकता है कि एक बार व्यवस्थित समीक्षायें पुनरूत्पादनीय और स्पष्ट किये जाने में विफल हो जाती हैं, और उन्हें (जाहिरा तौर पर) शामिल किये गये अध्ययनों के संश्लेषण को निर्धारित करने के लिए विशेष जाति के रूप से (idiosyncratically) चुने गये साहित्य शामिल

करने और व्याख्या के गैर–पारदर्शी प्रारूपों का उपयोग करने की अनुमति दी जाती है। वे अब व्यवस्थित नहीं रहती हैं। वास्तव में, यह कहा जा सकता है, इस प्रकार की समीक्षा में नया कुछ भी नहीं है: वे केवल उस प्रकार की साहित्य समीक्षायें कर रहे हैं जो हमेशा से की जाती रही हैं। दूसरा, व्यापकता के लिए एक विकल्प के रूप में नमूना लेने में, यह स्वीकार किया जाना चाहिए कि शोधपत्रों का नमूना लेना मौलिक रूप से लोगों का नमूना लेने की तरह नहीं होता है। लोगों के विपरीत, अनुसंधान पत्रों के एक दूसरे से अलग होने में निहित स्वार्थ होते हैं। कुछ कागजातों के गायब होने से संभावित महत्वपूर्ण अंतर्दृष्टि के गायब होने का खतरा इसलिये हो सकता है।

गुणात्मक अनुसंधान का आकलन करना (Appraising qualitative research)

पूर्वाग्रह की संभावना को कम करने के लिए व्यवस्थित समीक्षा करने वाले उन लोगों द्वारा साक्ष्य की गुणवत्ता का व्यवस्थित मूल्यांकन किया जाता है। मात्रात्मक व्यवस्थित समीक्षाओं के लिए, व्यापक समावेशन मानदंड का चिन्तन करने के लिए यह सामान्य है– उदाहरण के लिए यादृच्छिकीकृत नियन्त्रित परीक्षणों के लिए पर्याप्त यादृच्छिकीकरण – और उन अध्ययनों को बाहर करने के लिए जो इन्हें पूरा करने में विफल रहते हैं। समीक्षा में शामिल होने वाले कागजात के और अधिक विस्तृत आकलन विशिष्ट दोषों की पहचान करने के लिए आरम्भ किये जा सकते हैं। यदि एक मेटा–विश्लेषण व्यवस्थित समीक्षा के भाग के रूप में लिया जाता है, तो संवेदनशील विश्लेषण जैसी तकनीकों का उपयोग संश्लेषण के निष्कर्षों पर इस तरह के दोषों के प्रभावों का पता लगाने के लिए किया जा सकता है या संश्लेषण को अन्य तरीकों से समायोजित किया जा सकता है। उदाहरण के लिए, एक यादृच्छिकीकृत नियन्त्रित परीक्षण (RCT) केवल बहुत कम संख्या में प्रतिभागियों के साथ एक बड़ा परीक्षण (trial) से कम 'भार (weighting)' दिया जा सकता है।

कैसे या क्या गुणात्मक अनुसंधान प्रतिवेदन की गुणवत्ता का निर्णय करना परम्परागत व्यवस्थित समीक्षा एवं और अधिक व्याख्यात्मक समीक्षाओं दोनों के संदर्भ में बहुत कुछ विवादास्पद दिया गया है। कोई आम सहमति अभी तक उभरकर नही आयी है, कुछ ने प्रस्ताव दिये हैं कि 'कमजोर' अध्ययनों को बाहर करना दायित्व है, लेकिन अन्य असहमत हैं।

जो स्पष्ट है वह यह है कि गुणवत्ता के आधार पर समीक्षा से गुणात्मक अध्ययन को बाहर करने का निर्णय निष्पादित करने के लिए सरल नहीं है। गुणात्मक अध्ययन अभिकल्पनों और दृष्टिकोणों की विविधता के कारण, वर्तमान में यह असंभव है कि सार्वभौमिक रूप से पूर्वसिद्ध दोषों को निर्दिष्ट करने के लिये सहमत हो, यादृच्छिकीकृत नियन्त्रित परीक्षणों (RCTs) के लिए अपर्याप्त यादृच्छिकीकरण के समतुल्य हो, जो यह इंगित करेगा कि एक गुणात्मक अध्ययन घातक रूप से दोषपूर्ण है। गुणात्मक कागजात की गुणवत्ता का मूल्यांकन इसलिए पारम्परिक रूप से और अधिक विस्तृत मूल्यांकन पर भरोसा करता है, अक्सर चेकलिस्ट–प्रकार का दृष्टिकोण उपयोग करते हैं। इस तरह की चेकलिस्टों का उपयोग गर्म बहस का विषय रहा है। इसके बावजूद, गुणात्मक शोध के लिए चेकलिस्ट, गुणवत्ता मानदंड और मानकों का एक हड़ताली प्रसार जारी रहता है, जो अक्सर कई मुद्दों पर गैर–सुलभ स्थितियों को अपनाना होता है। कुछ लोग विभिन्न अध्ययन अभिकल्पनों या सैद्धान्तिक दृष्टिकोणों के बीच विभेद करते हैं, जिससे एक एकीकृत क्षेत्र के रूप में गुणात्मक शोध का संचालन किया जाता है, कई लोग अपने डेवलपर्स के प्रयासों का प्रतिनिधित्व करते हैं कि 'अच्छा' गुणात्मक अनुसंधान किस तरह से होना चाहिए।

मूल्यांकित चेकलिस्टों को स्वयं शायद ही कभी व्यवस्थित रूप से मूल्यांकन किया गया है, लेकिन एक अध्ययन ने अनियन्त्रित फैसले के लिए दो चेकलिस्ट–प्रकार के तरीकों की तुलना की है कि समीक्षकों और मूल्यांकन की पद्धतियों के बीच का समझौता मामूली था (डिक्सन–वुड्स एट आल., 2007)। समीक्षकों ने कागजात की गुणवत्ता पर न केवल असहमति जताई, बल्कि यह भी बताया कि पत्रों से गुणात्मक शोध का प्रतिवेदन हो रहा था या नहीं, और क्या कागजात समीक्षा के विषय के लिये प्रासंगिक थे या नहीं। समीक्षकों के बीच सबसे बड़ा समझौता तब प्रकट होता है जब वे विशेषज्ञता–आधारित निर्णयों का उपयोग करते हैं।

बहुत कमजोर होने के लिए मूल्यांकन किए जाने वाले गुणात्मक अध्ययनों को छोड़कर खराब गुणवत्ता के शोध से निपटने के लिए एक रणनीति हो सकती है, लेकिन यह कम स्पष्ट है कि चर गुणवत्ता के अध्ययन के लिए वजन बताए जाने के बारे में करना क्या है। संक्षिप्त रूप से 'कमजोर' गुणात्मक निष्कर्षों को किसी भी संश्लेषण में हटा दिया जाना चाहिए या बाहर रखा जाना चाहिये, अभी तक यह स्पष्ट नहीं है। संवेदनशील विश्लेषण के कुछ प्रारूप का प्रयास करने की व्यवहार्यता और मूल्य – जहां विशेष गुणात्मक निष्कर्षों को शामिल करने या छोड़ने के प्रभावों का मूल्यांकन किया जाता है – उनका आकलन किया जाना बाकी है।

एक संश्लेषण का आयोजन करना (Conducting a Synthesis)

साक्ष्य के निकायों का संक्षेपीकरण करने और/या संश्लेषण करने के लिये पद्धतियों के बारे में विकल्प समीक्षा के उद्देश्य से दृढ़ता से प्रभावित होंगे। तालिका 23.2 में सूचीबद्ध पद्धतियों में उनके प्रक्रियात्मक विनिर्देशों की डिग्री भिन्न होती है और व्याख्यात्मक और समेकित कार्य के प्रकारों में उनकी आवश्यकता होती है। कुछ को डेटा के एक प्रारूप से दूसरे में रूपान्तरण की आवश्यकता होती है। उदाहरण के लिए, बायेशियन (Bayesian) मेटा–विश्लेषण मात्रात्मक अनुमानों को सुधारने के लिए गुणात्मक अनुसंधान का उपयोग करता है। अन्य पद्धतियां, जैसे कि मेटा–एथनोग्राफी, समीक्षा प्रक्रिया के कुछ पहलुओं को प्रक्रियाबद्ध करती हैं, लेकिन फिर भी समीक्षक द्वारा कुछ स्तर की व्याख्या पर भरोसा किया जाता है। कुछ, जैसे यथार्थवादी संश्लेषण, समीक्षकों की ओर से एक उच्च स्तरीय रचनात्मकता और महत्वपूर्ण व्याख्या की आवश्यकता होती है। महत्वपूर्ण व्याख्यात्मक संश्लेषण कई (हालांकि सभी नहीं) तरीके से समीक्षा करने के लिए पारम्परिक ग्रन्थकार सम्बन्धी दृष्टिकोण का संहिताकरण (codification) और औपचारिकताकरण (formalization) है।

डेटा निष्कर्षण (extraction) उल्लेख के लायक एक समस्या है। पारम्परिक व्यवस्थित समीक्षा में, मात्रात्मक डेटा पूर्व–निर्दिष्ट प्रारूपों पर निकाले जाते हैं जिसमें श्रेणियां होती हैं जिनके अंतर्गत डेटा दर्ज किया जाता है (जैसे – पुरुष, महिला, ट्यूमर का प्रकार, उपचार ए, उपचार बी)। गुणात्मक शोध प्रतिवेदनों के साथ इस प्रकार के मानकीकृत डेटा के निष्कर्षण का उपयोग करना काफी कठिन होता है। वास्तव में अक्सर यह स्पष्ट नहीं होता है कि डेटा क्या हैं – क्या वे फील्ड की टिप्पणियों से निष्कर्षण है या केवल उद्धरण हैं, या क्या वे व्याख्याएं हैं? क्या पत्रों की चर्चा अनुभागों में सामग्री को शामिल किया जाना चाहिए, या सिर्फ निष्कर्षों में? मानकीकृत शीर्षकों को कैसे तैयार किया जाना चाहिए जिसके तहत इस तरह के डेटा को सौंपा जा सकता है और किस प्रारूप में इसे निकाला जाना चाहिए? अभी तक इन मुद्दों पर कोई सहमति नहीं दिखाई गई है।

हाल के विश्लेषण में यह सुझाव दिया गया है (ली एट आल., 2015) कि गुणात्मक अनुसंधान के संश्लेषण का आयोजन वास्तव में कई प्रकार के छिपे हुए श्रम को शामिल कर सकता है जो इस तरह के संश्लेषण के प्रतिवेदनों में छिप जाते हैं। ली एट आल., ने विशेष रूप से स्पष्ट किया है कि गहन, दोहराव और अत्यधिक सक्रिय पठन एक महत्वपूर्ण गतिविधि है। उन्होंने यह तर्क भी दिया था कि संकल्पनात्मक नवाचार की उम्मीद जो संश्लेषण के काम से उत्पन्न हो सकता है प्राथमिक अनुसंधान में इस्तेमाल की जाने वाली श्रेणियों की 'कमजोर (thin)', खराब अवधारणात्मक प्रकृति से विवश हो सकती है, और जब एक विशेष क्षेत्र में अवधारणाओं के 'विचार–की–शैली' की नीति से विश्लेषणात्मक रचनायें प्रभावी होती हैं। बाद में समस्या से निपटने का एक तरीका उन आलोचनाओं का संचालन करने के लिए जिम्मेदारी के साथ संश्लेषित करने के लिये उन पर आरोप लगा सकता है कि जो साहित्य को अपने अधिकार में छानबीन के वारंटिंग के रूप में मानते हैं (डिक्सन–वुड्स एट आल., 2006)। उदाहरण के लिए, इस तरह की आलोचना विशेष रूप से ध्यान देने योग्य हो सकती है, उदाहरण के लिए, शोध की समस्या और अध्ययनों में प्रयुक्त पद्धति के बीच मेल की उपयुक्तता के लिए, घटनाओं और श्रेणियों के बारे में अनुभवजनित मान्यतायें (और अनपेक्षित) जो अध्ययनों से आगे बढ़ती हैं, (उदाहरण के लिए, क्या एक गुणात्मक दृष्टिकोण का उपयोग तब किया गया था जब एक प्रयोग बेहतर–अनुकूलित हो गया था?, तो क्या साक्षात्कार तब किया गया

था? जब प्रकृतिवादी डेटा, जैसे कि प्रजातिलेखन, अधिक उपयुक्त हो गया था?), और निष्कर्षों की प्रकृति और प्रामाणिकता क्या थी जो शोधकर्ताओं ने इन अध्ययनों में बनायी थी (सिल्वरमैन, 2007)।

निष्कर्ष

व्यवस्थित समीक्षा वैज्ञानिक और राजनीतिक दोनों रूप से महत्वपूर्ण है, परम्परागत व्यवस्थित समीक्षा पद्धति का उपयोग करते हुए विशेष प्रकार के अधिकार का आनंद लेने वाले साक्ष्य के अवलोकनों को आयोजित किया जाता है, लेकिन आलोचना और चुनौती से बच नहीं पाते हैं। कई बहसों को 'लेखकीय' और 'संविदात्मक' समीक्षा के मॉडल के बीच निहित तनाव दोनों के रूप में समझा जा सकता है, लेकिन अधिकतर आमतौर पर अलग–अलग मानदंडों के बीच ज्ञानमीमांसीय प्रतियोगिता का लंबा इतिहास दर्शाता है। बहस के अलग–अलग पक्षों को अक्सर दूसरे को बनाने के लिए वैध आलोचनाएं होती हैं। जबकि संविदावादियों (contractarians) ने लेखकों के साहित्य संग्रहण करने और चयन करने में उनकी प्रवृत्ति के लिये अराजक, लापरवाह या पक्षपातपूर्ण होने की ओर इशारा करते हैं, जाहिर तौर पर व्यवस्थित समीक्षा पद्धति के यन्त्रीय और घातक प्रभावों की 'लेखकों' द्वारा निंदा की जा सकती है।

अब यह स्वीकार किया जाता है कि गुणात्मक अनुसंधान की अनुसंधान साक्ष्य की समीक्षाओं में एक महत्वपूर्ण भूमिका होती है, और समीक्षा के लिए पद्धतीय अभिगमों की बहुलता की उभरने की अब शुरूआत हो रही है। इस बारे में प्रश्न पूछे जा सकते हैं कि क्या रणनीतियों के बीच स्पष्ट मतभेद शब्दावली में सतही मतभेदों को दर्शाते हैं या नहीं, और वह डिग्री जिसके लिये पद्धतियों को निर्दिष्ट किया गया है। कम से कम कुछ मतभेद प्रतिबिंबित कर सकते हैं कि विचलन के अधिक मौलिक बिंदुओं के बजाय दृष्टिकोण कैसे अलग–अलग विकसित किये गए हैं। संश्लेषण के विभिन्न पद्धतियों को लागू करने के परिणामों की तुलना करते हुए कार्य अब दिखना शुरू हो रहा है, और पद्धतियों के बीच गैर–तुच्छ मतभेदों से तुच्छ भेद करने में तेजी से उपयोगी होगा। गुणात्मक अनुसंधान संश्लेषण के प्रतिवेदन को बढ़ाने में बयानों सहित, मानकों और मार्गदर्शिकाओं का भी दिखाई देना प्रतीत होने लगा है (टॉग एट आल., 2012)।

एक महत्वपूर्ण प्रश्न, जो कि 'क्या काम करता है' टेम्पलेट में अपने मूल के साथ, और सामान्यतः किसी विशेष हस्तक्षेप की प्रभावशीलता के आकलन पर अपना ध्यान केन्द्रित करने के साथ–साथ पारम्परिक व्यवस्थित समीक्षा पद्धति की सीमा को लेकर चिंतित है, जो अधिक व्याख्यात्मक शोध साक्ष्य के निकायों के अवलोकन के रूप में उन लोगों की आकांक्षाओं के अनुरूप हो सकते हैं। कई नवाचार, गुणात्मक अनुसंधान को शामिल करने का प्रयास करते हुए, ज्ञानमीमांसीय और पद्धतीय मान्यताओं को प्रभावित करते हैं, जो व्यवस्थित समीक्षा के अधीन होते हैं, और वैज्ञानिक गतिविधि के इस रूप की सटीक प्रेषण और विशेषताओं को परिभाषित करने के बारे में सवाल उठाते हैं। इसलिए निरन्तर चिन्तन करने (reflection) की आवश्यकता होती है कि क्या 'व्यवस्थित समीक्षा' में बहुत अच्छी तरह से परिभाषित विशेषताओं के साथ एक विशिष्ट पद्धति का वर्णन किया गया है, या क्या यह एक व्यापक ढांचा बन रहा है जो साक्ष्य संश्लेषण के कई रूपों को शुरू करने की अनुमति देता है। अब दिखाई देने वाली तकनीक की विविधता के साथ, 'नए' या विकसित तकनीकों का इस्तेमाल करने वाले लोगों को अत्यधिक आत्मक्षेपी और आलोचनात्मक होना चाहिए, और पद्धतियों का उपयोग करके अपने अनुभवों के महत्वपूर्ण विवरणों को तैयार करना होगा। ऐसा करने से, वे दूसरों को अपने सीखने और बेहतर तरीके से विकसित होने और अधिक परिष्कृत होने के लिए लाभ प्राप्त करने की अनुमति देंगे।

भविष्य की संभावनाएं

पिछले दो दशकों में व्यवस्थित समीक्षा के क्षेत्र में तेजी से विकास हुआ है, और इसके पद्धतीय एवं दार्शनिक दोनों आधार बदलने के लिए तैयार होते हैं क्योंकि कठोर और दम घोंटने वाले दृष्टिकोण की सीमाएं और अधिक स्पष्ट हो जाती हैं। विशेष रूप से ध्यान देने योग्य यह है कि हस्तक्षेपों के सैद्धान्तिक आधार को दर्शाने और प्रासंगिक

प्रभावों के महत्व को पहचानने की दिशा में एक आंदोलन है। जैसे ही क्षेत्र विकसित होता है, अनुशासन एवं ढांचे को बनाए रखने के लिए व्यवस्थित समीक्षा की आवश्यकता रहेगी, लेकिन विशिष्ट प्रारूपों के लेने में, वे विविधता प्राप्त कर सकते हैं। हम हस्तक्षेप और संदर्भों की आवश्यकता पर बढ़ते हुए जोर से प्राथमिक प्रतिवेदनों में पूरी तरह से वर्णित होने और समीक्षाओं में जिम्मेदार होने के लिए संभावना देखते हैं, साथ ही साथ हस्तक्षेप और संदर्भ के बीच भेद पर सवाल उठाया जा सकता है। जैसा कि व्यवस्थित समीक्षा की शुरुआत तकनीकी कार्यों के एक सेट से अधिक के रूप में समझे जाने से होती है, सामाजिक वैज्ञानिकों और दार्शनिकों की जरूरतों और प्रथाओं में संलग्न होने की आवश्यकता ज्वलन्त रूप से (vividly) स्पष्ट हो जाएगी।

अध्याय का सारांश

- आलोचनाओं की प्रतिक्रिया (response) में परम्परागत व्यवस्थित समीक्षा पद्धति उभरकर आयी है जो अनौपचारिक समीक्षायें अपूर्ण या भ्रामक हो सकती हैं।
- पारम्परिक रूप से व्यवस्थित समीक्षा को समीक्षा प्रश्न, खोज करने की पद्धतियों, गुणवत्ता मूल्यांकन की पद्धतियों और संश्लेषण की पद्धतियों की प्राथमिकताओं (*priori* specification) की आवश्यकता होती है।
- कार्यप्रणालीगत नवाचारों के उद्देश्य व्यवस्थित समीक्षाओं में गुणात्मक अनुसंधान सहित पारम्परिक व्यवस्थित समीक्षा टेम्पलेट के काफी करीब रहने वाले उन लोगों से भिन्न होते हैं जो उन लोगों के लिए दृष्टिकोण को और अधिक मौलिक चुनौती प्रदान करते हैं।

आभार

यह अध्याय ईएसआरसी रिसर्च मेथड्स प्रोग्राम ग्रान्ट H333250043 द्वारा वित्त पोषित कार्य पर आधारित है। मैं अपने सह–जांचकर्ता ब्रिजेट यंग, एन्ड्रयू बूथ, डेविड जोन्स, एलेक्स सटन, टीना मिलेर और जोनाथन स्मिथ को धन्यवाद देती हूं।

संदर्भ

Becker, H. S. (2007) *Writing for Social Scientists: How to Start and Finish your Thesis, Book, or Article* (2nd edn). Chicago, IL: University of Chicago Press.

Carroll, C., Booth, A., Leaviss, J. and Rick, J. (2013) '"Best fit" framework synthesis: refining the method', *BMC Medical Research Methodology*, 13: 37.

Dixon-Woods, M., Agarwal, S., Jones, D., Young, B. and Sutton, A. (2005) 'Synthesising qualitative and quantitative evidence: a review of possible methods', *Journal of Health Services Research and Policy*, 10 (1): 45–53.

Dixon-Woods, M., Cavers, D., Agarwal, S., Annandale, E., Arthur, A., Harvey, J., Hsu, R., Katbamna, S., Olsen, R., Smith, L., Riley, R. and Sutton, A. J. (2006) 'Conducting a critical interpretive synthesis of the literature on access to healthcare by vulnerable groups', *BMC Medical Research Methodology*, 6: 35.

Dixon-Woods, M., Fitzpatrick, R. and Roberts, K. (2001) 'Including qualitative research in systematic reviews: opportunities and problems', *Journal of Evaluation in Clinical Practice*, 7 (2): 125–33.

Dixon-Woods, M., Sutton, A. J., Shaw, R. L., Miller, T., Smith, J., Young, B., Bonas, S., Booth, A. and Jones, D. (2007) 'Appraising qualitative research for inclusion in systematic reviews: a quantitative and qualitative comparison of three methods', *Journal of Health Services Research and Policy*, 12 (1): 42–7.

Evans, I., Thornton, H. and Chalmers, I. (2006) *Testing Treatments: Better Research for Better Healthcare*. London: British Library.

France, E. F., Ring, N., Thomas, R., Noyes, J., Maxwell, M. and Jepson, R. (2014) 'A methodological systematic review of what's wrong with meta-ethnography reporting', *BMC Medical Research Methodology*, 14: 119.

Glass, G. V. (1976) 'Primary, secondary, and meta-analysis of research', *Educational Researcher*, 5 (10): 3–8.

Hammersley, M. (2005) 'Is the evidence-based practice movement doing more good than harm? Reflections on Iain Chalmers' case for research-based policy making and practice', *Evidence & Policy*, 1: 85–100.

Higgins, J. and Green, S. (2011) 'Cochrane handbook for systematic reviews of interventions version 5.1. 0 [updated March 2011]', The Cochrane Collaboration, http://handbook.cochrane.org/ (accessed 10 December 2015).

Lee, R. P., Hart, R. I., Watson, R. M. and Rapley, T. (2015) 'Qualitative synthesis in practice: some pragmatics of meta-ethnography', *Qualitative Research*, 15 (3): 334–50.

MacLure, M. (2005) '"Clarity bordering on stupidity": where's the quality in systematic review?', *Journal of Education Policy*, 20 (4): 393–416.

NHS Centre for Reviews and Dissemination (2009) *Systematic Reviews: CRD's Guidance for Undertaking Reviews in Health Care*. York: Centre for Reviews and Dissemination.

Pearson, K. (1904) 'Report on certain enteric fever inoculation statistics', *British Medical Journal*, 2: 1243–6.

Silverman, D. (2007) *A Very Short, Fairly Interesting and Reasonably Cheap Book about Qualitative Research*. London: Sage.

Strauss, A. L. and Corbin, J. M. (1990) *Basics of Qualitative Research: Grounded Theory Procedures and Techniques*. Newbury Park, CA: Sage.

Thomas, J. and Harden, A. (2008) 'Methods for the thematic synthesis of qualitative research in systematic reviews', *BMC Medical Research Methodology*, 8: 45.

Tong, A., Flemming, K., McInnes, E., Oliver, S. and Craig, J. (2012) 'Enhancing transparency in reporting the synthesis of qualitative research: ENTREQ', *BMC Medical Research Methodology*, 12: 181.

चौबीस

गुणात्मक डेटा का माध्यमिक विश्लेषण

(Secondary Analysis of Qualitative Data)

लिब्बी बिशप

इस अध्याय के बारे में

माध्यमिक विश्लेषण का तात्पर्य नए प्रयोजनों (Purposes) के लिए पहले की अनुसंधान परियोजनाओं से बनाए गए डेटा का पुनः उपयोग करने से है। आमतौर पर इसका अर्थ यह है कि कम से कम कुछ लोग जो डेटा का पुनः विश्लेषण कर रहे होते हैं, वे उस डेटा के एकत्रीकरण करने में शामिल नहीं थे। हालांकि, मात्रात्मक आंकड़ों के माध्यमिक विश्लेषण अच्छी तरह से स्थापित है जैसे कि सर्वेक्षण, कम से कम गुणात्मक डेटा के लिए यह अभी तक आम है। इस अध्याय में, मैं माध्यमिक गुणात्मक विश्लेषण (QSA) के विभिन्न प्रारूपों की व्याख्या करूंगी, जो इसकी शुरुआत करने के लिए युक्तियां प्रदान करते हैं और माध्यमिक गुणात्मक विश्लेषण के बारे में महत्वपूर्ण बहस एवं इसकी भविष्य की संभावनाओं के साथ–साथ, दूसरे लोगों ने इसे कैसे किया है, इनकी उनके उदाहरणों चर्चा की जायेगी।

कीवर्ड्स - माध्यमिक विश्लेषण (Secondary Analysis), क्यूएसए (QSA), पुनः उपयोग (Reuse), डेटा अभिलेखागार (Data Archives), डेटा विश्लेषण (Data Analysis), गुणात्मक डेटा (Qualitative Data)।

परिचय

गुणात्मक आंकड़ों का माध्यमिक विश्लेषण (जिसे माध्यमिक गुणात्मक विश्लेषण या क्यूएसए (QSA) भी कहा जाता है) व्यापक रूप से व्यवहार में लाये जाने और स्वीकार किये जाने के लिये एक पद्धति के रूप में तेजी से बढ़ रहा है (बिशप और कुउला–लुम्मी, आगामी)। यह विकास खुलेपन को बढ़ावा देने और साझा करने वाले अधिक सामान्य रुझानों से समझाया गया है, जैसे कि खुला डेटा आन्दोलन, शोध को वित्तीय सहायता देने वाला और शोध पारदर्शिता को बढ़ावा देने वाली पत्रिका की नीतियां और अनुसंधानकर्ताओं का सामाजिक नेटवर्क के माध्यम से सभी तरह के संसाधनों को साझा करने के लाभों को देखना। डेटा का पुनः उपयोग करना कैदियों जैसी दुर्लभ पहुंच वाली आबादियों के लिए एक अच्छा तरीका हो सकता है (फील्डिंग एण्ड फील्डिंग, 2000)। इससे कमजोर (vulnerable) आबादी, जैसे कि दुर्लभ चिकित्सीय स्थितियों वाले लोगों को बोझ लादने से बचाया जा सकता है (HERG, 2015)।

आंशिक रूप से क्योंकि यह एक नया क्षेत्र है, शब्दावली अभी भी बदल रही है। इस गतिविधि के लिए सबसे अधिक आम वाक्यांश 'माध्यमिक विश्लेषण' है। यह सही है, लेकिन अक्षम है। यहां कुछ विचार है कि 'द्वितीयक' शब्द को 'द्वितीय श्रेणी' या कम अच्छे के रूप में व्याख्या की जा सकती है। इसी तरह के शब्द 'फिर से उपयोग (re-use)', 'पुनः प्रयोग (reuse)' और 'दोबारा कार्य करना (reworking)' भी काफी आम हैं। इन शब्दों को अधिक सटीक रूप से परिभाषित करने के कई प्रयास किए गए हैं (हैमरस्ली, 2010, इरविन और विन्टरटन, 2011)। क्यूएसए है क्या और यह काम करता है या नहीं, इसका ठीक–ठीक पता लगाने का सबसे अच्छा तरीका यह देखकर किया जाता है कि शोधकर्ताओं ने डेटा का पुनः उपयोग कैसे किया है, और उनकी पद्धतियों एवं परिणामों का आकलन करके किया जाता है। शुरुआत करने के लिए चलिए एक उदाहरण देखते हैं।

उदाहरण 1: शाला त्यागियों (स्कूल छोड़ने वालों) के निबन्ध - (School Leavers' Essays)

2009 में, डॉन ल्योन और ग्राहम क्रो ने 1970 के दशक में यूके डाटा सर्विस में आयोजित एवं शेप्पी (Sheppey) के टापू (Isle) के बारे में, रे पाहल (Ray Pahl) और उनके सहयोगियों द्वारा संग्रहीत आंकड़ों के साथ काम करना शुरू किया। शेप्पी दक्षिणपूर्व इंग्लैंड में एक द्वीप है। पाहल और उनकी टीम ने शेप्पी समुदायों के बारे में सभी प्रकार के डेटा एकत्रित किए थे – काम, शिक्षा, आवास इत्यादि। उन्होंने उस डेटा का केवल एक उप समुच्चय देखाः 1978 में शाला त्यागियों द्वारा लिखे गए निबन्धों का एक संग्रह, और पाहल के प्रारंभिक विश्लेषण से इन आंकड़ों की संग्रहीत टिप्पणियां (ल्योन और क्रो, 2012)।

पाहल के संग्रह में 141 निबन्ध शामिल हैं जो 1978 में लगभग 16 वर्ष उम्र के शाला त्यागियों (52 लड़कियों और 89 लड़के) द्वारा लिखे गए थे। एक अभ्यास के रूप में, उन्हें अपने जीवन की समाप्ति और वापस देखने की ओर स्वयं की कल्पना करने लिए कहा गया था। उन्हें तब उनके बारे में एक निबंध लिखना पड़ता था कि उनका जीवन कैसे बदल गया था। ये छात्र एक आसान भविष्य का सामना नहीं कर रहे थे। उस समय बेरोजगारी की दर बहुत अधिक थी, और युवा लोगों के लिए और भी बदतर, और शेप्पे में अभी तक बदतर थे। ल्योन और क्रो ने 2010 में 110 युवा लोगों के साथ वैसा ही समान अभ्यास आयोजित किया और निबन्धों के दो समूहों की तुलना करने में सक्षम थे।

निष्कर्षों में शायद कुछ, इतने आश्चर्यजनक नहीं थे। 2010 में, शिक्षुता (apprenticeship) के लिए सन्दर्भ बहुत ही कम हैं, और बहुत कम युवा लोगों ने विवाह का उल्लेख किया। बहरहाल, कुछ बदलावों का स्तर चौंकाने वाला हैः 1978 में, किसी भी लड़की ने विश्वविद्यालय जाने के बारे में नहीं लिखा था, 2010 तक, 39 प्रतिशत ने ऐसा किया। कम उम्मीद से, संख्यायें जो 2010 तक अपने स्वयं के घरों के मालिक होने की उम्मीद में स्पष्ट रूप से गिरावट आई। निबन्ध विस्तृत और कल्पनाशील हैं – वास्तव में सम्मोहक डेटा।

पाहल ने इन निबन्धों पर केवल एक लघु पत्रिका लेख लिखा था, वे डेटा के एक खनन स्रोत बनकर नहीं रहे। यहां तक कि जब एक प्रसिद्ध शोधकर्ता ने व्यापक रूप से लिखा है कि अभी भी बहुत अधिक समृद्ध डेटा छूटा हुआ हो सकता है जिसका पता लगाया जा सकता है।

डेटा के पुनः उपयोग के भिन्न तरीके (Varied Ways of Reusing Data)

गुणात्मक डेटा के यहां कुछ ऐसे तरीके हैं जिनका आमतौर पर पुनः उपयोग किया जाता है। यूके डाटा सर्विस की एक ग्रंथसूची में बहुत अधिक उदाहरण हैं (यूकेडीएस, 2015)।

- **वर्णन (*Description*)**: मूल परियोजना के समय व्यक्तियों, समूहों या समाजों के गुणों और व्यवहारों को बेहतर ढंग से समझने के लिए पिछले शोध के आंकड़ों का इस्तेमाल किया जा सकता है। न केवल प्रकाशित उद्धरण बल्कि सभी तरह के डेटा पर नज़र रखने के लाभ के साथ, डेटा का उपयोग करने का यह तरीका व्यापक तौर पर साहित्य की समीक्षा करने के समान है। इसका उद्देश्य पृष्ठभूमि ज्ञान का निर्माण करना है, और शोध परिणामों को पढ़ने की तुलना में डेटा तक पहुंच की गहन समझ की अनुमति प्रदान करना है (बोरनाट, 2005, गिलिज एण्ड एडवार्ड्स, 2005)।
- **अनुसंधान अभिकल्पन और पद्धतीय उन्नति (*Research Design and Methodological Advancement*)**: इसमें नमूनाकरण पद्धतियों, डेटा संग्रहण और फील्डवर्क रणनीतियों और विषय मार्गदर्शिकाओं का अध्ययन करके एक नया अध्ययन या एक पद्धति या शोध उपकरण विकसित करना शामिल है। हालांकि शोधकर्ताओं द्वारा अक्सर पद्धतियों पर एक अनुभाग प्रकाशित किया जाता है, शोधकर्ताओं की अपनी फील्डवर्क डायरियों या अनुसंधान के इतिहास में विश्लेषणात्मक टिप्पणियां अधिक अन्तर्दृष्टि प्रदान कर सकती हैं। एक साक्षात्कार के दौरान वास्तव में प्रश्नों को किस तरह से पूछा गया था, इसके साथ मूल साक्षात्कार अनुसूची की तुलना करते हुए इस पर प्रकाश डाला जा सकता है कि साक्षात्कारकर्ताओं द्वारा एक अर्ध–संरचित साक्षात्कार के दौरान अपने प्रश्नों को आसानी से समायोजित कैसे किया जा सकता है (मौथनेर एट आल., 1998, सैवेज, 2010)।

- **पुनः विश्लेषण (*Re-analysis*)**: पुनः विश्लेषण डेटा के नए प्रश्नों को पूछता है और मूल शोधकर्ता से अलग व्याख्याएं बनाता है। यह डेटा तक पहुंच उन तरीकों से बनाता है जो मूल रूप से सम्बोधित नहीं किए गए थे, जैसे कि अध्ययन के विभिन्न विषयों के अन्वेषण करने के लिए डेटा का उपयोग करना। यह सामग्री को और अधिक गहन, एवं कच्चे डेटा को अधिक प्रासंगीकृत (contextualized), और अधिक संभव होने योग्य बनाता है। इसमें शोधकर्ता के पिछले विश्लेषण को कमजोर करने के प्रयासों को शामिल नहीं किया गया है (थॉमसन एट आल., 2012, नाइट (Knight) एट आल., 2015)।
- **पुनः प्रयोजन (Re-purposing)**: इस दृष्टिकोण में, डेटा का पुनः उपयोग किया जाता है, लेकिन मूल शोध के लक्ष्यों से एक उद्देश्य या अनुसंधान प्रश्न के लिए बहुत अलग है। उदाहरण के लिए, सीले और चारटेरिस–ब्लैक (2008) ने बीमारी के कथनात्मकों का तुलनात्मक खोजशब्द विश्लेषण का उपयोग किया है जो लैंगिक प्रभावों का अध्ययन करने के लिए एक शैक्षणिक वेबसाइट के लिए एकत्र किया गया था। वाकर (2013) ने बच्चों के अपराधों (transgressions) और हँसी के अन्वेषण के लिए अभिभावकों–बच्चों के पारस्परिक विचार विमर्श के वीडियो का इस्तेमाल किया।
- **सीखना और शिक्षण (Learning and Teaching)**: पुराने 'उत्कृष्ट (classic)' अध्ययनों और अधिक समकालीन अनुसंधान, सामाजिक विज्ञान विषयों की एक श्रृंखला में दोनों शोध पद्धतियों और मूल क्षेत्रों में सीखने और शिक्षण के लिए समृद्ध प्रकरण सामग्री प्रदान कर सकते हैं, (बिशप, 2012, हेयनेस और जोन्स, 2012, हॉकेर, आगामी)।

क्यूएसए की शुरुआत कैसे करें (How to get started with QSA)

जैसा किसी भी नए कौशल को सीखने के साथ होता है, क्यूएसए और यह अन्य लोगों जिन्होंने इसे किया है उनके बारे में यह पढ़ना उपयोगी है, लेकिन अन्ततः, आपको अपने लिए यह प्रयास करना होगा। नीचे मैंने शुरुआत करने के लिए कुछ बहुत ही व्यावहारिक बुनियादी चरणों को आसुत (distilled) किया है। मैं अन्य शोधकर्ताओं और टीमों के साथ कार्य पर अत्यधिक आरेखण कर रहा हूं जिनके साथ मैंने वर्षों से काम किया है, उनमें से दो नीचे वर्णित हैं। उसने कहा, किसी भी प्रकार का शोध, नुस्खा पालन करने की तरह नहीं है, इसलिए सटीक कदम निर्धारित करने के लिए यह भ्रामक होगा। यह एक अनुशंसित पथ है, आपको स्वयं अपने को (या बनाना होगा!) खोजने की आवश्यकता होगी।

टाइम्सकैप (Timescapes)

टाइम्सकैप अध्ययन ने गुणात्मक अनुदैर्ध्य (longitudinal) पद्धतियों का इस्तेमाल किया है ताकि यह पता लगाया जा सके कि कैसे व्यक्तिगत और पारिवारिक रिश्ते समय–समय पर विकसित होते हैं और बदल जाते हैं। टाइम्सकैप्स परियोजना में प्राथमिक डेटा और क्यूएसए दोनों का संग्रह शामिल किया गया है। नीचे दिए गए कुछ बिंदु साराह इरविन और मैनडी विन्टरटन (2012 ए) द्वारा विकसित की गई मार्गदर्शिका से हैं।

अभिभावकी की पहचान और व्यवहार (The Parenting Identities and Practices)

अभिभाविकी की पहचान और व्यवहार (पीआईपी) प्रोजेक्ट, नेशनल सेंटर फॉर रीसर्च मेथड्स नरेटिव्स ऑफ इवरीडे लाइव्स एण्ड लिंक्ड एप्रोचेस (NOVELLA) के कार्यक्रम का हिस्सा है। यह परियोजना दो अध्ययनों पर अग्रसर हो रही है जो वर्णनात्मक विधियों का उपयोग प्रवास (migration), अभिभाविकी (parenting) और अन्य विषयों का पता लगाने के लिए करती हैं। एन फिनिक्स (Ann Phoenix) के नेतृत्व में, रूपान्तरण अनुभव, अपने 'गैर–प्रामाणिक' बचपने पर वापस देख रहे वयस्कों का एक मनोसामाजिक अध्ययन है, जिसमें उनके ज्यादातर अभिभावक प्रवासियों में थे। जूलिया ब्रान्नेन की अगुवाई में पीढ़ियों पर पितृत्व करने, तीन परिवार की पीढ़ियों में पितृत्व का एक सामाजिक अध्ययन है (एलिकॉट एट आल., 2013 से अनुकूलित)।

डेटा की तलाश करना (Finding data)

गुणात्मक डेटा के पुनः उपयोग को सक्षम करने वाले प्रमुख कारक से सेवाओं और बुनियादी ढ़ांचे में सुधार हुआ है, जैसे यूके डाटा सर्विस, जो सैकड़ों डेटा संग्रहणों तक पहुंच प्रदान करती है। हाल ही में, 1,000 से अधिक गुणात्मक और मिश्रित पद्धतियों के डेटासेट प्रति वर्ष सेवा से डाउनलोड किए जा रहे थे। दुनिया के कई हिस्सों में अभिलेखागार और संस्थागत कोष (repositories) में गुणात्मक आंकड़ों की भी वृद्धि हुई है (कोरटी, 2011, नीले और बिशप, 2011, बिशप और कुउला–लुम्मी, आगामी)। जैसा कि बाद के उदाहरण प्रदर्शित करेंगे, डेटा का पता लगाने के लिए अभी भी चुनौतीपूर्ण है, लेकिन ब्रिटेन के अनुसंधान डेटा खोज सेवा के पायलट चरण सहित सुधारों में तेजी आ रही है (जिस्क, 2015)।

बड़ी तस्वीर - परियोजना और डेटा उत्पादन के संदर्भ (The big picture – the project and the contexts of data production)

मूल प्रोजेक्ट के बारे में सवाल पूछना प्रारम्भिक बिंदु है:

- परियोजना क्यों की गई थी?
- इसके उद्देश्य क्या थे?
- शोध प्रश्न क्या थे?
- विशिष्ट पद्धतियां क्यों चुनी गयी थी?

इन सवालों को सम्बोधित करने से पता चलता है कि विशिष्ट पद्धतियों का उपयोग क्यों किया गया था या आपके लिए स्पष्ट दिखने वाले विषय का अध्ययन क्यों नहीं किया गया था।

डेटा उत्पादन के संदर्भों के बारे में और अधिक जानकारी रखना भी उपयोगी हो सकता है। यहां तक कि जब 'उन्हीं' विषय के बारे में पूछा जाए, जैसे कि पितृत्व से पिताओं के विवरणों को आकार अलग तरह से दिया जा सकता है, यदि कोई परियोजना पारिवारिक जीवन के प्रबन्धित करने पर जोर देती है, तो एक और, पुरूष पहचान के भाग के रूप में पितृत्व पर ध्यान केन्द्रित किया जाता है।

> हमने टाइम्सकैप्स की दो परियोजनाओं से डेटा पर काम किया है: कार्य, पारिवारिक जीवनों, और पिताओं के रूप में पुरुषों का। दोनों परियोजनाओं में से, पुरुषों के अपने अनुभवों और पहचान के पहलुओं के बारे में पिताओं के रूप में साक्षात्कार दिया गया था। हालांकि, विभिन्न परियोजना सन्दर्भों में हमने पितृत्व के अलग–अलग प्रकार के विवरणों के उदाहरणों को देखा है, भले ही पूछताछ करने की विशेष पंक्तियां काफी समान थीं। (इरविन और विंटरटन, 2012ए: 3)।

कुछ विवरणों ने पारिवारिक जीवन को प्रबन्धित करने की व्यावहारिकताओं पर ध्यान केन्द्रित किया। अन्य सामाजिक मनोवैज्ञानिक गतिशीलता और सामाजिक पहचान से सम्बन्धित मुद्दों से अधिक सम्बन्धित थे।

सूचना के सबसे अच्छे स्रोत अक्सर प्रकाशित लेखों और वित्तपोषण करने वाले अनुप्रयोगों से मिलते हैं। यदि डेटा किसी रिपॉजिटरी से होते हैं, तो समस्त सम्बन्धित परियोजना सामग्री परियोजना प्रलेखन में एकत्रित हो सकती थीं, यह वह प्रकरण है जिसे यूके डाटा सर्विस पर अधिकांश डेटा संग्रहणों के लिए आयोजित किया जाता है।

नमूने की समझ का निर्माण करना (Building an understanding of the sample)

जैसे कि डेटा की बहुत अधिक उपलब्धता होने पर भी समस्या बहुत कम नहीं होती है, लेकिन इसे चयन कैसे करें। बिना पढ़े, सुने या उसकी जांच किये, यह जानना मुश्किल होता है कि पाठ, ऑडियो या छवियाँ उपयोगी हो सकती हैं। यदि आपको तय करने के लिये किसी चीज को पूरा पढ़ना पड़ता है, तो इसका अर्थ है इस बारे में रणनीतिक होना चाहिए कि देखना क्या चाहिए।

इरविन और विन्टरटन एक फिल्टर्ड खोज का उपयोग करके इस चरण के बारे में बताते हैं। चूंकि समस्त परियोजनाओं से प्रतिभागियों का प्रत्येक टाइम्सकैप्स पर कुछ बुनियादी सामाजिक–जनसांख्यिकीय डेटा दर्ज किए गए थे, इसलिए वे एक निश्चित आयु वर्ग में पुरुषों (और महिलाओं को बाहर करके) का चयन कर सकते हैं, जिसमें अतिरिक्त जनसांख्यिकीय विशेषताओं को शामिल किया जाता है। वे कारकों के लिए चयनात्मक रूप से नमूना करने में सक्षम थे, जैसे कि श्रमिकों के पारम्परिक विभाजन को स्वीकार करने वाले पुरुषों और वे लोग जो रोजाना, उनके बच्चों की देखभाल के लिए अभ्यास के साथ ज्यादा व्यस्त थे। दृष्टिकोण के बावजूद, वे निष्कर्ष निकालते हैं कि:

> स्पष्टता और पारदर्शिता प्रदान करने के लिये यह महत्वपूर्ण है कि विशेष प्रकरणों को तर्क के प्रमाण के लिए क्यों चुना जाता है, और यह दिखाने के लिए कि वे अन्य प्रकरणों के सापेक्ष कैसे स्थित होते हैं, और वे कैसे सामान्य हैं। (इरविन और विंटरटन 2012एः 4)।

वास्तव में डेटा को जानना (Really getting to know the data)

पीआईपी शोधकर्ताओं के पास पृष्ठभूमि की एक विस्तृत श्रृंखला थी, कुछ मूल डेटा एकत्रित करने में शामिल थे, लेकिन अन्य शामिल नहीं थे। केवल प्राथमिक टीम को ऑडियो तक पहुंच की अनुमति थी, लेकिन पूरी टीम प्रतिलिपियों (transcripts) को पढ़ सकती थी। उन्होंने समूह में साक्षात्कारों को जोर से पढ़ने की एक रणनीति का इस्तेमाल किया था। इस तरह के पठन के जोखिमों से मूल रूप से पारस्परिक विचार विमर्शों को अनुचित तरीके से चित्रित किया जाता है, उदाहरण – विराम (pauses) या मोड़ने का संदेश न देना, परन्तु क्षतिपूर्तियों का पूरा करना थीं। जोर–जोर से पढ़ना विश्लेषण की प्रक्रिया को धीमा करती है। शोधकर्ताओं ने यह साझा करने के लिए रोका था, पाठ में आगे जो घटित होने की वे उम्मीद करते हैं, फिर पढ़ते हैं, और उस पर प्रदर्शित करते हैं कि वास्तव में क्या घटित हुआ (और नहीं) था और उनकी अपेक्षाओं को पूरा किया गया था या नहीं। इस प्रक्रिया से पता चलता है कि – आमतौर पर बिना अभिप्राय के – शोधकर्ताओं ने जो सोचा था वह जारी था (थॉमसन एट आल., 2012, इलियट एट आल., 2013, फीनिक्स एट आल., आगामी)। इसके अलावा, पीआईपी टीम ने साक्षात्कार के गलत अर्थ को रोकने में मदद करने के लिए मूल साक्षात्कारकर्ता के साथ अपने विश्लेषण साझा किया है।

डेटा के पुनः उपयोग करने के तीन प्रकरण (Three Cases of Reusing Data)

इस खंड में, मैंने डेटा के पुनः उपयोग करने के तीन प्रकरणों को पता लगाया है। प्रत्येक प्रकरण क्यूएसए के प्रमुख मुद्दों से सम्बन्धित होता हैः सन्दर्भ, नमूनाकरण और नैतिकता (मैं बाद में इनके बारे में और अधिक बताऊंगा।) उन उदाहरणों के माध्यम से इन मुद्दों को समझना आसान है जहां पर वास्तविक अनुसंधान में अमूर्त (abstract) अवधारणाओं को बुनियाद में रखा गया है। इन मामलों में युवा लोगों की घरेलू अंतरिक्ष भावना के लिये, जराविज्ञान (Gerontology) के इतिहास से, एकल मातृत्व तक के लिए, लोगों की जांच करने वाले बड़े पैमाने पर विविध विषयों को प्रदर्शित करते हैं। नमूनाकरण पद्धतियों को भी विविधतापूर्ण और अच्छी तरह से वर्णित किया जाता है, जो विशेष रूप से उन क्यूएसए सीखने वालों के लिए सहायक होती हैं।

जराचिकित्सा के इतिहास का अध्ययन करने के लिए मौखिक इतिहास साक्षात्कार
Oral history interviews to study the history of geriatrics

जराचिकित्सा (Geriatrics) की चिकित्सा विशेषताओं के किसी इतिहास का यह पहला प्रकरण है। चिकित्सा सम्बन्धी परिवार में अक्सर 'गरीब चचेरे भाई' के रूप में यह माना जाता है कि जराचिकित्सा का इतिहास इस बात पर प्रकाश डालता है कि कैसे एक नयी विशेषज्ञता उभरकर आती है और प्रमुख क्षेत्र में पनाह की स्थापना की जाती है। डेटा का पुनः उपयोग करने के लिए यह उदाहरण भी कई मुद्दों को दिखाता हैः

- मौजूदा डेटा से नये शोध प्रश्न को कैसे उत्पन्न किया जा सकता है?
- 'इन डेटासेट्स के बीच संभाषण' को सक्षम करने के लिए अनुसंधान को कैसे अभिकल्पित किया जाता है (बोर्नैट एट आल., 2012: 10.1)।
- नैतिक जिम्मेदारियों की पहचान करने वाले माध्यमिक विश्लेषकों ने प्राथमिक शोधकर्ताओं की तरफ अग्रसर किया है जिनके डेटा का वे उपयोग कर रहे हैं।

पुराने डेटा से एक नया विचार प्राप्त करना (Getting a new idea from old data)

1991 में, मार्गोट जेफरीस (Margot Jefferys) ने कई भूमिकाओं में 72 लोगों के साथ मौखिक इतिहास साक्षात्कारों का आयोजन करके जराचिकित्सा सम्बन्धी उत्पत्तियों का अन्वेषण किया, उनमें से 54 जराचिकित्सक (Geriatricians) थे। जोआना बोर्नट (Joanna Bornat) एक किताब का संपादन कर रही थी, जिसके लिए जेफरीज एक अध्याय में योगदान दे रही थीं, और साक्षात्कार के सारांशों की जांच करते हुये, भारतीय या दक्षिण एशियाई डॉक्टरों के कई संदर्भों से प्रभावित थीं। विशेष रूप से, जेफरीज के मुखबिरों में से केवल एक दक्षिण एशियाई था, और बोर्नाट उनके अनुभवों के बारे में और अधिक जानना चाहती थी।

वह उसके सहयोगियों, पार्वती रघुराम लिरोई हेनरी और बोर्नाट के साथ दक्षिण एशियाई जराचिकित्सकों के साथ साक्षात्कार के द्वारा मूल कार्य का विस्तार और पूरक करना चाहती थी। इस पुनः उपयोग परियोजना का एक केन्द्रीय उद्देश्य दक्षिण एशियाई डॉक्टरों के अनुभव को आगे लाने के लिए था, जो जेफरीज के उद्देश्य का हिस्सा नहीं था:

> उनकी दिलचस्पी उत्तर–औपनिवेशिक सम्बन्धों में नहीं थीं, और न ही दक्षिण एशियाई डॉक्टरों के करियर में स्पष्ट रूप से उनकी रुचि थी। एक व्याख्या की शुरुआत करते हुए, उसके आंकड़ों से वापस होकर हम उसके निष्कर्षों को पुनःनिर्धारित कर रहे थे, जिसमें दक्षिण एशियाई डॉक्टरों ने एक नए तरीके से कहानी में विशेषताओं को हाशिये पर से उन्हें केंद्र में लाने के लिए लिया गया था (बोर्नैट एट आल., 2012)।

इस उदाहरण से पता चलता है कि समय के साथ, उपनिवेशवाद और जाति के बारे में बहस में हुये बदलावों ने डेटा में पहले से अनदेखी सुविधाओं को सामने प्रकट किया, जैसे कि एक घाटी के माध्यम से बहने वाला नदी का पानी तलछट की नई परतों को उजागर करता है। इससे पहले भूवैज्ञानिकों की आलोचना करने के लिये पहले की असंख्य परतों को नहीं देख पाने का कोई मतलब नहीं रहेगा, अधिक जटिल, स्तरित कहानी को बताने में सक्षम होने के लिए समय और पानी का मार्ग आवश्यक है।

मौजूदा नमूने से मिलान करने के लिए एक नये नमूने का निर्माण कैसे करें (How to create a new sample to match an existing one)

दक्षिण एशियाई डॉक्टरों के विचार पाने के लिए, बोर्नाट एट आल., को एक नया नमूना परिभाषित करने के लिए आवश्यकता हुई। एक संभावना पेशे में अभी–अभी प्रवेश करने वाले युवा डॉक्टरों के साक्षात्कार से हो सकती थी। यह उचित होगा यदि समय के साथ पेशे में परिवर्तन पर प्राथमिक ध्यान केन्द्रित किया जाये। इसके बजाय, आसानी से तुलना करने के लिये टीम दो तरह के नमूनों को बनाना चाहती थी, इसलिए एक ही समय की अवधि के दौरान डॉक्टरों के दोनों समूहों को उनके जीवन और जराचिकित्सा पर प्रतिबिम्बित करने में सक्षम होना था। एक ही अवधि में अभ्यास करने वाले दक्षिण एशियाई डॉक्टरों की उन्हें आवश्यकता थी, क्योंकि जैफरीज द्वारा ब्रिटिश के गोरे डॉक्टरों के साक्षात्कार किये जा चुके थे। उन्होंने दक्षिण एशिया में अर्हता प्राप्त 40 सेवानिवृत्त और 20 सक्रिय डॉक्टरों का एक नमूना प्राप्त किया, जो इंग्लैंड या वेल्स में काम कर चुके थे या काम कर रहे थे। यह सुनिश्चित करने के लिए कि दक्षिण एशियाई डॉक्टरों में से कुछ मूल नमूने के समकालीन थे, सन् 1976 से पहले ब्रिटेन में प्रतिभागियों की जरूरतों के कार्य को करने की शुरुआत कर दी गयी थी। लिंग भी चिन्ता का

एक विषय था, क्योंकि सभी नए नमूने में पांच पुरुष थे, लेकिन यह उस समय के व्यवसाय में लिंग मिश्रण के साथ मोटेतौर पर मेल खाती थी।

एक नैतिक मुद्दा (An ethical issue)

जेफरीज के अनुसार, प्राथमिक शोधकर्ता की प्रतिष्ठा के सम्भावित नुकसान के कारण एक नैतिक प्रश्न उठाया गया था। बोर्नाट एट आल., ने पाया कि कुछ साक्षात्कारों में वस्तुगत यह था कि समकालीन मानकों द्वारा, साक्षात्कारदाताओं (interviewees) द्वारा आयोजित मान्यतायें (beliefs) उपनिवेशवादी या नस्लवादी होने के रूप में देखा जा सकता है। इसके अलावा, दक्षिण एशियाई डॉक्टरों की भर्ती के मुद्दे को उठाने के दौरान यह सूक्ष्म संकेत मिल रहे थे कि जेफरीज स्वयं उस भाषा का इस्तेमाल कर रही थी, जिसे भेदभावपूर्ण भाषा में 'मिली भगत (colluding)' के रूप में देखा जा सकता था। नैतिक प्रश्न यह था कि गड़बड़ करने वाले (discomfiting) साक्ष्य के सामने मूल शोधकर्ता की प्रतिष्ठा का सम्मान कैसे करें (बिशप, 2013)।

मैंने कहीं और इन कदमों (steps) का वर्णन किया है जिसमें टीम ने हालिया युग के मानकों के अनुसार जेफरीज का आंकलन नहीं किया।

> बोर्नाट और उनके सहयोगियों ने ... उसके हालिया काम के साथ–साथ साक्षात्कारों के समय बनाये गये उसके लेखनों और औपचारिक वक्तव्यों और उसकी अन्य अभिलिखित सामग्रियों के बारे में जो भी वे जानकारी रखते थे उन सन्दर्भ के साथ में जेफरीज के शब्दों को स्थापित किया। उन्होंने जैफरीज के बारे में अन्य स्रोतों से भी, परियोजना के बारे में जो उसने की थी और एक व्यक्ति के रूप में, जानकारी मांगी, उदाहरण के लिए, उसके बेटे का साक्षात्कार करके। (बिशप, 2013: 42)।

उन्होंने साफ तौर पर बोलने का चयन क्यों किया था? मेरा मानना है कि ऐसा इसलिए था क्योंकि नुकसान का खतरा कम था, इसे कम करने के लिए कई कदम उठाए गए थे, और खुलेपन का मूल्य बेहद उच्च था। यह शैक्षिक छात्रवृत्ति का एक केन्द्रीय जड़ सूत्र (tenet) और अनुसंधान समुदाय के लिए एक प्रमुख मूल्य है।

महान संवेदनशीलता के साथ, बोर्नाट एट आल., (2012: 10) इनके बीच समानताएं दर्शाते हैं कि भविष्य के शोधकर्ताओं द्वारा उन्हें कैसे देखा जा सकता है इस संभावना के साथ उन्होंने जेफरीस से संपर्क कैसे किया:

> कि उसे (जेफरीज को), भी उसके शोध में भावी पीढ़ी की भूमिका से अवगत कराया जा सकता है, कि ऐसा कुछ है जिसे हम नहीं जानते हैं और हमें पता है कि हम भी समय आने पर इसी तरह की जांच के सामने निरावरण हो (आ) सकते हैं। हम आशा करते हैं कि नैतिक मुद्दों को उठाने में, हम बहस या महत्वपूर्ण प्रश्न पूछने को सीमित करने की मांग नहीं करते हुये पुनः उपयोग करने में अच्छे अभ्यास के तरीके की दिशा में इशारा कर रहे हैं।

बोर्नाट ने इन आंकड़ों को दूसरों के उपयोग के लिए उपलब्ध करा करके भविष्य की छानबीन के लिए उसके अपने अनुसंधान खोल दिये हैं (बोर्नाट, 2013)।

एकल मातृत्व के अध्ययन के लिए जीवन कथाएं (Life stories to study single motherhood)

एप्रिल गालवेय (April Gallwey) ने एकल मातृत्व के अनुभव के अन्वेषण के लिए मिलेनियम मेमोरी बैंक (एमएमबी) से उसकी जीवन कहानियों के उपयोग से सम्बन्धित है। यह प्रकरण डेटा के पुनः उपयोग के सम्बन्ध में दो महत्वपूर्ण विशेषताएं दर्शाता है:

- वह अपने शोध प्रश्नों की जरूरतों को पूरा करने के लिए साक्षात्कारों के सम्बन्धित नमूना को एकत्रित करने की दर्दनाक प्रक्रिया को दस्तावेज करती है।
- उसने एमएमबी के निर्माण के सन्दर्भ के बारे में जानकारी तलाश की और उसके विश्लेषण में उस समझ को शामिल किया।

गालवेय का अनुसंधान उसकी पीएचडी थीसिस के लिए आयोजित किया गया था, जो स्पष्ट रूप से यह प्रदर्शित करता है कि पहले से मौजूद डेटा नए ज्ञान का स्रोत हो सकता है। नीचे दिए सारांश में उसके लेख के अनुभागों की संक्षिप्त व्याख्या की गयी है (गालवेय, 2013)।

कार्यशालाओं में भाग लेने से अनुसंधान सम्बन्धी विचार प्राप्त करना ***(Getting research ideas from attending workshops)***

बीसवीं सदी के उत्तरार्ध में, इंग्लैंड में, गालवेय एकल मातृत्व में दिलचस्पी रखती थीं। ब्रिटिश लाइब्रेरी में एक मौखिक इतिहास कार्यशाला के दौरान हुआ यह था कि वहां उसे एक विशेष रूप से ज्वलंत कहानी सुनायी गयी थी – जो कि ऐन्न होड की थी – जिसमें इस सामग्री की क्षमता के बारे में उसे आश्वस्त किया गया था। साक्षात्कार मेमोरियल मेमोरी बैंक का हिस्सा था, और गालवेय ने इसी तरह के डेटा की तलाश करने की शुरुआत की थी।

एक नमूना बनाना – एक समय में एक कदम ***(Building a sample – one step at a time)***

ब्रिटिश लाइब्रेरी के इलेक्ट्रॉनिक कैटलॉग द्वारा उसकी खोज और अधिक आसान हो गयी थी, तथ्य यह है कि अधिकांश एमएमबी साक्षात्कारों की विषय–सामग्री की संक्षेपिकायें होती हैं। अपने पिछले शोध से, वह 'युद्ध विधवा (war widow)', 'तलाकशुदा (divorced)', 'अविवाहित माता (unmarried mother)', 'किशोर गर्भावस्था (teenage pregnancy)', 'एकल मां (single mother)' और 'एक माता–पिता परिवार (one-parent family)' जैसे प्रासंगिक प्रमुख शब्दों को उपयोग करने के लिये जानती थीं। फिर भी, 6,099 अभिलेखों के साथ, उसने बहुत कुछ खोज लिया था, अब आगे निस्पंदन करने (filtering) की आवश्यकता थी, जैसे कि तलाकशुदा लेकिन निःसन्तान महिलाओं का हटाया जाना। प्रत्येक अभिलेख में महिलाओं की विशेषताएं शामिल होती हैं: जन्म तिथि, स्कूल छोड़ने की आयु, व्यवसाय, वैवाहिक स्थिति, भौगोलिक स्थिति और बच्चों की संख्या। तब वह उप–नमूना तलाकशुदा से निःसन्तान महिलाओं को बाहर करने में सक्षम थी।

सन् 1910 और 1971 के बीच पैदा होने वाली महिलाओं के पांच पीढ़ी सम्बन्धी समूहों (cohorts) का गठन करने के लिए उसने 50 साक्षात्कारों के एक नमूने का निर्माण किया, जो एकल मां बन गयी थीं। इन साक्षात्कारों में एकल मातृत्व के सभी मार्गों को, युद्धकालीन विधवा से लेकर अलग हो जाने वाली महिलाओं तक, तलाक और विवाह से परे गर्भधारण करने तक को शामिल किया गया था। एमएमबी समस्त यूके का प्रतिनिधित्व करता है और उसका उप–नमूना उस विविधता को बनाए रखता है।

यह आश्चर्य की बात नहीं है कि वह अपेक्षाकृत सख्त मानदंड अपनाती थी और डेटा खोजने के लिए यह एक चुनौती थी। कई अभिलेखागारों के साक्षात्कारों पर चित्रण करके, कुछ प्रारंभिक असफलताओं के बावजूद, वह एक पर्याप्त नमूना बनाने में सक्षम हो गया थी। यह ध्यान रखना महत्वपूर्ण है कि गुणात्मक डेटा का स्वामित्व (holdings), जबकि बढ़ने वाले (अधिक नीचे) होते हैं फिर भी व्यापक नहीं होते हैं। शोधकर्ताओं को यथार्थवादी होना चाहिए और यह नहीं मानना चाहिए कि डेटा मौजूद होगा। दूसरी ओर, जैसा कि यह प्रकरण दर्शाता है कि दृढ़ता का प्रतिफल मिल सकता है।

गालवेय यह दर्शाती है कि एक कठोर और आत्मिक (reflexive) तरीके से खोज कैसे करना है। उसने खोज शब्दों की एक विस्तृत श्रृंखला तैयार की और उन्हें सफलतापूर्वक उपयोग किया। हालांकि, वह इस तथ्य के प्रति भी वह संवेदनशील थी कि कुछ शब्द अधिक अमूर्त थे, और इस प्रकार साक्षात्कार के प्रतिलेखनों में साफ नज़र आने की संभावना कम होती है। वह कुछ शर्तों की समयबद्धता के प्रति भी ध्यान रखती थी, और 'एकल' बनाम 'अविवाहित' महिला के वर्गीकरणों में परिवर्तनों, को व्यापक संदर्भ में समझना था कि कल्याणकारी राज्य के लिये महिलाओं के सम्बन्धों को कैसे पुनः आकार प्रदान किया जा रहा था।

प्रासंगिक जानकारी के बिना और के साथ कार्य करना (Working with, and without, contextual information)

एमएमबी में, परियोजना के बारे में बहुत कम प्रासंगिक जानकारी पाने के लिए, गालवेय आश्चर्यचकित और उलझी हुयी थीं, विशेष रूप से 6,000 से अधिक साक्षात्कारों के इसके पैमाने दिए गये। प्रमुख विशेषताएं प्रदान करने वाले वक्ताओं की कोई भी प्रोफाइल नहीं थी, जैसे आयु, लिंग और रोजगार। इसके अलावा, एक या दो शोध लेखों के अलावा, एमएमबी में कैसे ऐसा हुआ, इसके बारे में बहुत कम जानकारी थी। साक्षात्कारों को 16 विषयों में वर्गीकृत किया गया था जो एक अकादमिक पैनल द्वारा मुख्य रूप से साक्षात्कारकर्ताओं के लिए एक उपकरण के रूप में तैयार किया गया था। गालवेय ने वर्ग, लिंग और जातीयता के अभाव को विषयों के रूप में उल्लेख किया है, जिसे वह सामाजिक विश्लेषण के लिए प्रमुख अवधारणाओं के रूप में मानती है। परियोजना के साथ जुड़े विद्वानों के साथ साक्षात्कारों में, चूक के लिए कई कारण सामने उभरकर आए। यह परियोजना केवल एक शोध संसाधन के रूप में ही नहीं थी, बल्कि इसे बीबीसी द्वारा रेडियो वृत्तचित्रों (documentaries) के लिए भी तैयार किया गया था और इस प्रकार बीसवीं सदी के उत्तरार्ध में मीडिया में शिक्षा के ऊपर मनोरंजन की प्राथमिकता के आधार पर आकार दिया गया था। दरअसल, अन्य विषयों पर ध्यान केंद्रित करने के कारण का एक हिस्सा एमएमबी के उस हिस्से पर आधारित था कि कुछ विषयों जैसे 'युद्ध और कार्य' दर्शकों के लिए कम दिलचस्प थे।

यह उदाहरण संदर्भ और पुनः उपयोग के लिए इसके महत्व की भूमिका पर बहुत अच्छी तरह से प्रकाश डालता है। वर्गीकरणों के कुछ प्रकारों में वह जो उम्मीद कर रही थी, और जो उसने पाया, इसके बीच एक विसंगति के रूप में उसने जो देखा, गालवेय उसे महसूस कर रही थी। वह दृढ़ थी, और भाग्यशाली थी क्योंकि इस परियोजना को जारी रखने के लिए यह संभव था क्योंकि परियोजना अभिकल्पन से जुड़े लोग जीवित थे और साक्षात्कार के इच्छुक थे।

पद्धतीय प्रतिबिम्ब के लिए गुणात्मक अनुदैर्ध्य डेटा का पुनः उपयोग करना
Reusing qualitative longitudinal data for methodological reflection

जैसा कि उपरोक्त मामले दर्शाते हैं कि मौजूदा आंकड़ों से नई अन्तर्दृष्टियां सम्भव है। उसने कहा कि पद्धतीय चुनौतियों को सम्बोधित करने के लिए मौजूदा डेटा समान रूप से मान्य है। उसकी अपनी पद्धतियों को प्रतिबिम्बित करने के लिये टाइम्सकैप्स परियोजना से भाई–बहनों और दोस्तों के डेटा से सारा विल्सन के एक नमूने का पुनः उपयोग करने के लिए एक उदाहरण है (विल्सन, 2014)।

इस बारे में सोचने के लिए क्यूएसए का उपयोग करना कि आप आपका अपना कार्य कैसे करते हैं (Using QSA to think about how you do your own work)

उसके कार्य का उद्देश्य मूल शोधकर्ताओं की अवधारणाओं और पद्धतियों का पता लगाने के लिये था जो केवल प्रकाशित स्रोतों के साथ अधिक पूर्णता की तुलना में संभावित रही होगी। यह विषय काफी विशिष्ट थाः घरेलू अन्तरिक्षों के वैचारिकीकरण और युवा लोगों द्वारा उन्हें कैसे समझा जाता है। इसके अलावा, विल्सन का कार्य आज के युवा लोगों पर केन्द्रित था जिनके अभिभावकों ने पदार्थों का दुरुपयोग किया, वह इसी तरह के विषयों पर अन्य लोगों द्वारा किये गये शोध का अन्वेषण करना चाहती थी जिन्होंने और अधिक 'साधारण' नमूना पर निकाले थे।

आंकड़ों को ढूँढना कठिन है – नये आंकड़े, पुराने आंकड़े, कोई भी आंकड़े
Finding data is hard – new data, old data, any data

उसके अपने प्रश्न की काफी विशिष्ट प्रकृति को देखते हुए, उपयुक्त डेटा ढूंढना 'मुश्किल' था। उसने कुछ वैसी ही समस्याओं का वर्णन किया जैसी कि गालवेय ने की थीः न कोई केन्द्रीकृत डेटा पोर्टल और न ही अधूरे दस्तावेज।

वह टाइम्सकैप्स कार्यक्रम और इसकी किसी एक परियोजना से परिचित हो गयी थी, – सिबलिंग्स एण्ड फ्रैन्ड्स – युवा लोगों से उनके घर के जीवन के बारे में डेटा इकट्ठा किया था (सिबलिंग्स एण्ड फ्रैन्ड्स, 2015)।

इस स्रोत का उपयोग करते हुए, विल्सन को यह निर्धारित करने के लिए पर्याप्त मात्रा में आंकड़ों को पढ़ना पड़ा चाहे प्रत्येक प्रकरण (व्यक्ति) ने उसकी आवश्यकताओं को पूरा किया हो या नहीं किया हो। उसका अनुभव उन लोगों की पुष्टि करता है, मैंने आंकड़ों का पता लगाने में जिनकी मदद की है: डेटा खोजने और उनका आकलन करने के लिए समय की आवश्यकता काफी महत्वपूर्ण हो सकती है। इसका यही कारण है जो मुझे लगता है कि सुझाव देने के लिए यह गुमराह किया गया है कि क्यूएसए मूल आंकड़ों को एकत्रित करने की तुलना में हमेशा तेज हो जाएगा। यह डेटा की जटिलता और दस्तावेजीकरण की गुणवत्ता पर निर्भर करेगा। द्वारपालों (gatekeepers) की भर्ती और बातचीत करने के बजाय, खोज और मूल्यांकन करने के लिये समय व्यतीत किया जा सकता है, लेकिन क्या प्राथमिक या माध्यमिक, गुणात्मक आंकडों के शोध में समय लगता है यहां इसका कोई छोटा रास्ता (shortcuts) नहीं होता है।

एक और समस्या जिसकी पहचान विल्सन ने की थी जो उपलब्ध समस्त परियोजना डेटा की एक व्यापक तस्वीर प्राप्त करना थी। सिबलिंग्स परियोजना में उन युवा लोगों का अनुसरण किया जा रहा था जिन्होंने एक पूर्व परियोजना में भाग लिया था। फिर डेटा संग्रहण की दो और तरंगे हुई, जिसमें कई तरह के डेटा शामिल थे। कुछ रूप सामान्य थे, जैसे साक्षात्कार, प्रश्नावली और निबंध, लेकिन वहां अधिक जटिल और दृश्य प्रारूप (उदाहरण के लिये, सम्बन्धपरक मानचित्र, समयसीमा, फोटो और वीडियो) भी थे। सहोदर शोधकर्ताओं के उत्कृष्ट सहयोग के साथ भी, बहुत अधिक डेटा को अवशोषित करने और व्यक्तिगत विशेषताओं पर निस्पंदन करना भी एक चुनौती थी।

कुछ मामलों में, ऐसी जानकारी व्यापक रूप से सारणीबद्ध होती है (यूके डेटा सर्विस में अधिकांश अध्ययनों के साथ डेटा सूचियां शामिल होती हैं), हालांकि, यह डेटा आंशिक हो सकता है, या इसे बिल्कुल भी एकत्र नहीं किया जा सकता है। कुछ निजी या संवेदनशील जानकारी उपलब्ध नही हो पाने के कारण वैध कारण हो सकते हैं, अर्थात् प्रतिभागी की गोपनीयता की रक्षा करना। हालांकि, ज्यादातर मामलों में कम से कम न्यूनतम जानकारी साझा की जा सकती है, और यहां तक कि सार्वजनिक भी की जा सकती है। जहां यह नहीं हो सकता है, वहां दो संस्करणों, एक सीमित लेकिन सार्वजनिक, और एक विस्तृत एवं प्रतिबन्धित, का उत्पादन किया जा सकता है।

दूसरों के काम को देखकर अपने खुद के कार्य को एक नई रोशनी में लाना
Seeing others' work puts your own in a new light

सहोदरों के साक्षात्कारों के पठन से पता चलता है कि विल्सन ने अपने पहले कार्य में चूक के रूप में क्या देखा था (विल्सन, 2014: 4.11)। उदाहरण के लिए, गृहकार्य और अतिरिक्त पाठयक्रम गतिविधियों को सिबलिंग्स साक्षात्कारों में प्रमुखता से शामिल किया गया था। विल्सन को एहसास हुआ कि उन्होंने इन विषयों पर ध्यान केन्द्रित नहीं किया था, और अनुमान लगाया कि वित्तीय सहायता प्रदान करने वालों की 'अनपेक्षित मान्यतायें' एक संभावना हो सकती है कि उसके नमूने में युवा लोगों के 'मुश्किल' जीवन में ऐसी गतिविधियां कम महत्वपूर्ण या कम मूल्यवान थीं।

इसी तरह, विल्सन ने सिबलिंग्स आंकड़ों से सीखा कि एक 'सम्बन्ध की भावना' प्राथमिक घरों तक सीमित नहीं थी, बल्कि इसमें अन्य परिवार के सदस्यों और दोस्तों के घरों को भी शामिल किया गया था। विल्सन उसके अपने नमूने के साथ इसी तरह के निष्कर्ष पर पहुंच गयी थी, लेकिन तुलनात्मक आंकड़ों से पता चलता है कि इस तरह की समावेशी भावना कम फायदेमंद वाले घर की स्थितियों में बच्चों तक ही सीमित नहीं थी, बल्कि वास्तव में 'सामान्य' परिवारों में भी आम थी।

इस प्रकार, विभिन्न नमूनों के साथ लेकिन बारीकी से सम्बन्धित विषयों पर मूल अनुसंधान पढ़ना जो विल्सन को अपने कार्य में बिना अभिप्राय वाली (unconscious) मान्यताओं के बारे में जागरूक होने की अनुमति प्रदान करता था। वह अपने समाजशास्त्रीय अनुसंधान में और अधिक गहराई से प्रतिक्रियात्मक बन गई थी।

दोहराव या आवृत्तिः प्रसंग एवं नैतिकता (Reprise: Context and Ethics)

जैसा कि उपरोक्त उदाहरणों में दिखाया गया है कि क्यूएसए करते समय सन्दर्भ और नैतिकता के मुद्‌दे पुनरावृत्ति होते हैं। इन बहसों को विस्तार से कहीं और प्रलेखित किया गया है, इसलिए अन्य स्रोतों के संदर्भ के साथ केवल संक्षिप्त में प्रकाश डाला जायेगा।

सन्दर्भ - 'साथ होने' का महत्व (Context – the importance of 'being there')

क्यूएसए के कुछ आलोचकों का दावा है कि जब डेटा को पूर्ण सन्दर्भ के बिना पुनः उपयोग किया जाता है – मूल डेटा संग्रह में विसर्जन किया जाता है – तो डेटा की आवश्यक विशेषतायें खो जाती हैं, जिससे किसी दूसरे शोधकर्ता को मूल डेटा की पुनः व्याख्या करने के लिए इसे असंभव बना देती हैं। जब डेटा एकत्र किया गया था उस समय पर वह दृश्य में नहीं था या नही थी, और जिसे कभी–कभी 'शीर्ष टिप्पणियां (head notes)' कहा जाता है, उनकी कमी होती है – जब डेटा उत्पन्न किया जा रहा था तो मौन (tacit) अनुभव मौजूद था। इस दृष्टिकोण में, प्राथमिक शोधकर्ता के पास "साथ होने" के गुण के आधार पर डेटा के लिए एक विशेषाधिकार प्राप्त स्थिति रहती है, अर्थात् मूल संदर्भ के अद्वितीय (अनूठे) ज्ञान के आधार पर (मौथनेर एट आल., 1998)।

कई विद्वान इस तर्क को चुनौती देते हैं। सबसे पहले, जैसे कि हर किसी की तरह, प्राथमिक शोधकर्ताओं से भी गलतियां हो सकती हैं, यहां तक कि अपने स्वयं के डेटा के बारे में भी! 'हमें निश्चित तौर पर यह नहीं मानना चाहिए कि सन्दर्भ के पदों में प्राथमिक शोधकर्ता जो "जानता है" और "समझता है", वह हमेशा सही होता है' (हैमर्सले, 2010: 3.6)। एक और तर्क यह स्वीकार करता है कि मौन या सूचित ज्ञान समृद्ध है, और इससे कोई फर्क नहीं पड़ता है कि टिप्पणियां और अभिलेख कितने अच्छे हैं, द्वितीयक शोधकर्ता कभी इसे पुनः उत्पन्न नहीं करेंगे। लेकिन आंकड़ों से प्राप्त अन्तर्दृष्टियां पूरी तरह से डेटा की निकटता पर भरोसा नहीं करती हैं। शोधकर्ताओं की विश्लेषणात्मक क्षमताएं, जो उन आंकड़ों को बनाती हैं, उतनी ही महत्वपूर्ण हैं।

> हैमर्सले (2010) के साथ हम तर्क देते हैं कि समाजशास्त्रीय डेटा अलग–अलग सैद्धान्तिक समझों का समर्थन करेगा, और डेटा उत्पादन पर शोधकर्ताओं की मौजूदगी ऐसी समझ की पर्याप्तता का अन्तिम मध्यस्थ नहीं है। (इरविन एण्ड विंटरटन, 2012बः 2.5)।

और भी अधिक व्यावहारिक उत्तर हैं। सबसे पहले, यदि प्राथमिक शोधकर्ताओं द्वारा अपने काम का अच्छी तरह से वर्णन किया जाता है और दस्तावेजीकरण किया जाता है, तो यह बाद के शोधकर्ताओं के लिए पर्याप्त सन्दर्भ प्रदान करने के लिए लम्बा रास्ता तय कर सकता है। इसके अलावा, संदर्भ हमेशा पूछे जाने वाले वास्तविक शोध प्रश्न और डेटा के प्रकार पर निर्भर होते हैं। कई मामलों में, मूल काम का पूरा संदर्भ नई पूछताछ के लिए कम प्रासंगिक होता है यदि बाद के शोध में पूरी तरह से अलग प्रश्न या पद्धतियां किसी भी स्थिति में रखी जाती हैं (बिशप, 2006, बिशप और कुउला–लुम्मी, आगामी)।

नैतिक मुद्‌दे - कई जिम्मेदारियों को संतुलित करना (Ethical issues–balancing multiple responsibilities)

मुख्य रूप से डेटा के दुरुपयोग से प्रतिभागियों को होने वाले नुकसान के जोखिमों के लिये क्यूएसए के आलोचकों ने नैतिक चुनौतियों का सामना किया। निजी पारस्परिक विचार विमर्शों के माध्यम से बहुत अधिक गुणात्मक डेटा एकत्र किया जाता है, जिसमें अक्सर पारस्परिक विश्वास के सम्बन्ध शामिल होते हैं। भले ही प्राथमिक शोधकर्ताओं द्वारा अन्य शोधकर्ताओं को डेटा का उपयोग करने के लिए प्रतिभागियों को अपनी सहमति देने के लिए कहा जाता है, तो क्या यह पर्याप्त है? भविष्य के लिए सहमति दे सकते हैं, अज्ञात अनुसंधान परियोजनाओं को 'सूचित सहमति' माना जाता है, जैसा कि कई नैतिक दिशानिर्देशों द्वारा आवश्यक होता है? (पैरी और मौथनेर, 2005; बिशप, 2009; ब्रूम, 2009)।

एक प्रतिक्रिया 'सूचित' होने का क्या मतलब है इसकी आवश्यकताओं पर पुनर्विचार करती है (इस खण्ड में रॉयन (Ryen) देखें)। ऐसे दृष्टिकोण में, शोधकर्ताओं द्वारा प्रतिभागियों को इस बारे में जानकारी दी जाती है कि वे डेटा का उपयोग किन तरीकों से कर सकते हैं, जो उनकी गोपनीयता को सुरक्षित रखने के लिए सुरक्षा उपाय हो सकते हैं और सामान्य पुनः प्रयोक्ता हो सकते हैं (Neale and Bishop, 2012)। इस तरह की रणनीतियों को जेनेरिक या टिकाऊ सहमति कहा जाता है जो आनुवांशिक डेटा और बायोबैंक के लिए सामान्य हैं (Millet and O'Leary, 2015)। डेटा अभिलेखागारों (archives) और कोषों (repositories) से शोधकर्ताओं को संसाधन और सलाह इस बारे में प्रदान की जाती है कि पुनः उपयोग के लिये प्रतिभागियों से बात कैसे करें। लेकिन सीमाओं को स्वीकार किया जाना चाहिएः भावी शोध सम्बन्धी प्रश्नों या परिणामों को विस्तार से निर्दिष्ट करना संभव नहीं होता है, और भावी शोधकर्ता डेटा की व्याख्या अलग तरह से कर सकते हैं, जैसा कि हमने जराचिकित्सा के मामले में देखा था।

क्यूएसए उसे चिन्हित करते हुये यह वकालत भी करता है कि वास्तव में, डेटा का पुनः उपयोग व्यापक नैतिक जिम्मेदारियों को पूरा करने का हिस्सा हो सकता है। इन जिम्मेदारियों में यह शामिल होता है कि प्रतिभागियों को सुनिश्चित करते हुये डेटा का यथासंभव व्यापक रूप से प्रयोग किया जाता है, और अनुसंधान के बारे में पारदर्शी होने के लिए कर्तव्यों का उपयोग किया जाता है (नील और बिशप 2012)।

अध्याय का सारांश

प्रत्येक प्रश्न के लिए कोई विधि उपयुक्त नहीं होती है, और क्यूएसए अपवाद नहीं है। उदाहरण के लिए, मूल परियोजना से बारीकी से सम्बन्धित प्रश्न के लिए अवलोकनात्मक अध्ययन से फील्ड नोट्स जैसे प्रजातिलेखन सम्बन्धी डेटा का उपयोग करना समस्यात्मक हो सकता है या अगर अनुसरण किया जाता है, तो कम से कम कुछ प्राथमिक शोधकर्ताओं के सहयोग से ऐसा करना सबसे अच्छा होगा (मोरोव एट आल., 2014)।

उसने कहा, मेरा मानना है कि क्यूएसए की शक्तियों में से एक यह है कि यह अक्सर अन्यथा संभव से अधिक समृद्ध और अधिक रचनात्मक तुलनात्मक कार्य को सक्षम बनाता है। गुणात्मक अनुसंधान के नमूने बड़े होने की आवश्यकता नहीं है, लेकिन सैद्धांतिक रूप से प्रासंगिक नमूने की पहचान करना, पता लगाना और उनकी भर्ती करने के लिए एक चुनौती हो सकती है। क्यूएसए के साथ, एक तुलनात्मक आयाम जोड़ना संभव हो सकता है – पूरे समय या भूगोल – और जैसा कि इरविन एवं विंटरटन (2012ए) कहते हैं, उन्हें एक दूसरे के साथ 'वार्तालाप में' लाएं।

भविष्य की संभावनाएं

डेटा के पुनः उपयोग के लिए सहमति एक चुनौतीपूर्ण क्षेत्र है, जो कई प्रकार के डेटा को प्रभावित करती है। उदाहरण के लिए, अधिकांश ट्वीट्स सार्वजनिक होते हैं, फिर भी ट्वीट्स और अन्य सोशल मीडिया के लिए सहमति और अनाम दोनों के बारे में एक सतत बहस चल रही है (कॉसमॉस, 2015)। सहमति के सामान्य रूप प्रशासनिक, सोशल मीडिया और अन्य आंकड़ों के लिए अव्यवहार्य हैं – बहुत सी शोध प्रतिषेधात्मक रूप से महंगी या असंभव हो जायेगी, सभी मामलों के लिए सहमति की आवश्यकता होनी चाहिये। हालांकि, निजता के लिये प्रतिभागियों के अधिकारों का सम्मान किया जाना चाहिए। डेटा पुनः उपयोग के लिए आवश्यक सहमति की सीमा की यूरोप में डेटा संरक्षण विनियमन के संशोधन के भाग के रूप में समीक्षा की जा रही है (यूरोपीयन काउन्सिल, 2015)। कोई आसान जवाब नहीं हैं।

चुनौतियों के सामने, क्यूएसए के लिए कई सकारात्मक संकेत हैं। गुणात्मक डेटा और माध्यमिक विश्लेषण से सम्बन्धित प्रकाशन 1995 से लगभग हर साल बढ़ते जा रहे हैं (बिशप और कुउला–लुम्मी, आगामी) और आर्थिक और सामाजिक अनुसंधान परिषद (Economic and Social Research Council) उन प्रस्तावों को निधि देना जारी रखता है जो गुणात्मक डेटा सहित डेटा का पुनः उपयोग करते हैं। मुझे पुनः उपयोग के उच्च गुणवत्ता वाले उदाहरण खोजने के लिए कड़ी मेहनत करना पड़ती थी, अब इतने सारे हैं कि मैं सभी नए प्रकाशनों के साथ नहीं रख सकता। इस समस्या का होना अच्छा है।

आभार

इस अध्याय को लिखने से मुझे कई मित्रों और सहयोगियों के काम पढ़ने की अनुमति मिली जिन्होंने क्यूएसए किया है। उस समुदाय के बिना मेरा यह कार्य संभव नहीं हो सकता था। मैं मॉरीन हॉकर (यूनिवर्सिटी कैंपस सफ्फोल्कस और यूके डाटा सर्विस) और कई अन्य लोगों को धन्यवाद देना चाहूंगी, जिनके शोध को पहले के ड्राफ्ट पर उनकी टिप्पणियों के लिए मैंने यहां दर्शाने के लिये दिया है।

संदर्भ

Bishop, L. (2006) 'A proposal for archiving context for secondary analysis', *Methodological Innovations Online*, 1 (2): 10–20. www.methodologicalinnovations.org.uk/wp-content/uploads/2013/07/2.-Bishop-pp10-20.pdf (accessed 23 September 2015).

Bishop, L. (2009) 'Ethical sharing and reuse of qualitative data', *Australian Journal of Social Issues*, 44 (3): 255–72.

Bishop, L. (2012) 'Using archived qualitative data for teaching: practical and ethical considerations', *International Journal of Social Research Methodology (*Special Issue: Perspectives on Working with Archived Textual and Visual Material in Social Research), 15 (4): 341–50. doi: 10.1080/13645579.2012.688335.

Bishop, L. (2013) 'The value of moral theory for addressing ethical questions when reusing qualitative data', *Methodological Innovations Online* (Special Issue: Ethical Issues in Using Archived Data), 8 (2): 36–51. www.methodologicalinnovations.org.uk/wp-content/uploads/2013/12/3.-Bishop.pdf (accessed 23 September 2015).

Bishop, L. and Kuula-Lummi, A. (forthcoming) 'Developments in reusing digital qualitative data in the UK and beyond', *Digital Representations: Opportunities for Re-using and Mining Digital Qualitative Data and Enhanced Publishing*, special issue of *Sage Online*.

Bornat, J. (2005) 'Recycling the evidence: different approaches to the reanalysis of gerontological data', *Forum: Qualitative Social Research*, 6 (1): Art 42.

Bornat, J. (2013) *Overseas-Trained South Asian Doctors and the Development of Geriatric Medicine, 1955–2000*. [data collection] UK Data Service. SN: 7264, http://dx.doi.org/10.5255/UKDA-SN-7264-1.

Bornat, J., Raghuram, P. and Henry, L. (2012) 'Revisiting the archives: a case study from the history of geriatric medicine', *Sociological Research Online*, 17 (2). www.socresonline.org.uk/17/2/11.html (accessed 23 September 2015).

Broom, A., Cheshire, L. and Emmison, M. (2009) 'Qualitative researchers understandings of their practice and the implications for data archiving and sharing', *Sociology*, 43 (6): 1163–80, doi:10.1177/0038038509345704.

Corti, L. (2011) 'The European landscape of qualitative social research archives: methodological and practical issues', *Forum Qualitative Sozialforschung/Forum: Qualitative Social Research* [S.l.], 12 (3). www.qualitative-research.net/index.php/fqs/article/view/1746 (accessed 23 September 2015).

COSMOS (Collaborative Online Social Media Observatory) (2015) *Ethics Resource Guide*. www.cs.cf.ac.uk/cosmos/ethics-resource-guide/ (accessed 23 September 2015).

Elliott, H., Brannen, J., Phoenix, A., Barlow, A., Morris, P., Smart, C., Smithson, J. and Bauer, E. (2013) 'Analysing qualitative data in groups', NCRM NOVELLA Working Paper, Institute of Education, August. http://eprints.ncrm.ac.uk/3172/1/jointanalysispaper200813.pdf (accessed 23 September 2015).

European Council (2015) 'Data protection: council agrees on a general approach'. www.consilium.europa.eu/en/press/press-releases/2015/06/15-jha-data-protection/ (accessed 23 September 2015).

Fielding, N. G. and Fielding, J. L. (2000) 'Resistance and adaptation to criminal identity: using secondary analysis to evaluate classic studies of crime and deviance', *Sociology*, 34 (4): 671–89.

Gallwey, A. (2013) 'The rewards of using archived oral histories in research: the case of the Millennium Memory Bank', *Oral History*, 41 (1): 37–50.

Gillies, V. and Edwards, R. (2005) 'Secondary analysis in exploring family and social change: addressing the issue of context', *Forum: Qualitative Social Research* 6 (1): Art. 44.

Haaker, M. (forthcoming) 'Developing research-led teaching: two case studies of practical data reuse in the classroom', *Sage Open*.

Hammersley, M. (2010) 'Can we re-use qualitative data via secondary analysis?', *Sociological Research Online*, 15 (1). www.socresonline.org.uk/15/1/5.html (accessed 23 September 2015).

Haynes, J. and Jones, D. (2012) 'A tale of two analyses: the use of archived qualitative data', *Sociological Research Online*, 17 (2). www.socresonline.org.uk/17/2/1.html (accessed 23 September 2015).

HERG (2015) Health Experiences Research Group. The HERG Data Archive. www.phc.ox.ac.uk/research/health-experiences/news-and-courses/news (accessed 23 September 2015).

Irwin, S. and Winterton, M. (2011) 'Debates in qualitative secondary analysis: critical reflections', Timescapes Working Paper No. 4, ISSN: 1758 3349.

Irwin, S. and Winterton, M. (2012a) *Qualitative Secondary Analysis: A Guide to Practice*. Timescapes Methods Guides Series, Guide No. 19. www.timescapes.leeds.ac.uk/assets/files/methods-guides/timescapes-irwin-secondary-analysis.pdf (accessed 23 September 2015).

Irwin, S. and Winterton, M. (2012b) 'Qualitative secondary analysis and social explanation', *Sociological Research Online*, 17 (2). www.socresonline.org.uk/17/2/4.html (accessed 23 September 2015).

Jisc (2015) 'UK research data discovery: making research data discoverable'. www.jisc.ac.uk/rd/projects/uk-research-data-discovery (accessed 23 September 2015).

Knight, A. Brannen, J. and O'Connell, R. (2015) 'Re-using family history sources on food and family life in World War One', *Oral History*, 43 (1): 63–72.

Lyon, D. and Crow, G. (2012) 'The challenges and opportunities of re-studying community on Sheppey: young people's imagined futures', *Sociological Review*, 60 (3): 498–517.

Mauthner, N., Parry, O. and Backett-Milburn, K. (1998) 'The data are out there, or are they? Implications for archiving and revisiting qualitative data', *Sociology*, 32 (4): 733–45.

Millett, S. and O'Leary, P. (2015) 'Revisiting consent for health information databanks', *Research Ethics*. doi:10.1177/1747016115587964.

Morrow, V., Boddy, J. and Lamb, R. (2014) 'The ethics of secondary data analysis: learning from the experience of sharing qualitative data from young people and their families in an international study of childhood poverty', NCRM NOVELLA Working Paper. London: Institute of Education. www.younglives.org.uk/publications/WP/ethics-secondary-data-analysis-novella/novella_morrow-et-al_wp (accessed 23 September 2015).

Neale, B. and Bishop, L. (2011) 'Qualitative and qualitative longitudinal resources in Europe', *IASSIST Quarterly (IQ)*, 34 (3–4) and 35 (1–2): 6–11.

Neale, B. and Bishop, L. (2012) 'The Timescapes archive: a stakeholder approach to archiving qualitative longitudinal data', *Qualitative Research*, 12 (1): 53–65

Parry, O. and Mauthner, N. (2005) 'Back to basics: who re-uses qualitative data and why?', *Sociology*, 39 (2): 337–42.

Phoenix, A., Brannen, J., Elliott, H., Smithson, J., Barlow, A., Morris, P., Smart, C. and Bauer, E. (forthcoming) 'Group analysis in practice: narrative approaches to qualitative data', Forum for Qualitative Research.

Savage, M. (2010) *Identities and Change in Britain since 1940: The Politics of Method*. Oxford: Oxford University Press.

Seale, C. and Charteris-Black, J. (2008) 'The interaction of age and gender in illness narratives', *Ageing and Society*, 28 (7): 1025–45. http://dx.doi.org/10.1017/S0144686X0800737X.

Siblings and Friends (2015) 'Siblings and Friends: the changing nature of children's lateral relationships'. www.timescapes.leeds.ac.uk/research/siblings-friends/ (accessed 23 September 2015).

Thomson, R., Moe, A., Thorne, B. and Nielsen, H. (2012) 'Situated affect in travelling data: tracing meaning-making in qualitative research', *Qualitative Inquiry* 18 (4): 310–22.

Walker, G. (2013) 'Young children's use of laughter after transgressions', *Research on Language and Social Interaction*, 46 (4): 363–82. doi:10.1080/08351813.2013.810415.

Wilson, S. (2014) 'Using secondary analysis to maintain a critically reflexive approach to qualitative research', *Sociological Research Online*, 19 (3). www.socresonline.org.uk/19/3/21.html (accessed 23 September 2015).

UKDS (UK Data Service) (2015) *Reusing Qualitative Data – Reuse Articles*. http://ukdataservice.ac.uk/use-data/secondary-analysis/reusing-qualitative-data/reuse-articles (accessed 23 September 2015).

पच्चीस

गुणात्मक अनुसंधान की वैधता

(Validity in Qualitative Research)

आंस्सी पेराकिला

इस अध्याय के बारे में

अनुसंधान की वैधता अवलोकनों की व्याख्या से सम्बन्धित है: चाहे निष्कर्ष मिले या नहीं, शोधकर्ता के निर्माण उनके डेटा द्वारा समर्थित होते हैं, और पहले के शोध के सम्बन्ध में अनुभूत होते हैं। यह अध्याय वार्तालाप विश्लेषण, प्रजातिलेखन और साक्षात्कारों में वैधीकरण (validation) की प्रक्रियाओं का वर्णन करता है। वैधता के बारे में चर्चा करने में, वार्तालाप विश्लेषण से लिए गए उदाहरणों को इसकी शुरूआत करने के रूप में कार्य कर सकते हैं, उनसे पैदा होने वाले परिप्रेक्ष्य को तब गुणात्मक अनुसंधान के अन्य तरीकों पर लागू किया जाता है। वैधीकरण के मुद्दों में शोधकर्ता की व्याख्याओं की वैधता के उदाहरण के रूप में अगले वक्ता की पूर्ववर्ती कार्रवाई की व्याख्या का विश्लेषण, विपथगामी प्रकरण विश्लेषण, पारस्परिक विचार विमर्श के एक संस्थागत सन्दर्भ की प्रासंगिकता से सम्बन्धित दावों के सन्दर्भ के साथ निर्दिष्ट करना, संस्थागत स्थापनाओं के साथ और उनके बीच तुलना करना, सामाजिक पारस्परिक विचार विमर्श की संभावनाओं के रूप में प्रकरण अध्ययनों के परिणामों का सामान्यीकरण करना, साथ–साथ परिमाणित तकनीकों का उपयोग करना शामिल होता है। अधिक सामान्य स्तर पर, सभी गुणात्मक अनुसंधानों में विचारों की वैधता समान होती हैं, जिसमें विश्लेषणात्मक दावों की विश्वसनीयता के सूक्ष्म परीक्षण और विचारों को शामिल किया जाता है।

कीवर्ड्स – वैधता (Validity), विपथगामी प्रकरणों (Deviant Cases), तुलना (Comparisons), सामान्यीकरण (Generalization), परिमाणन (Quantification)।

सामाजिक विज्ञान का उद्देश्य एक सामाजिक दुनिया के विवरणों को उत्पादित करना है – न केवल किसी भी तरह का विवरणों को, बल्कि उन विवरणों को जो कुछ नियन्त्रित तरीके से सामाजिक दुनिया के अनुरूप होते हैं, जो वर्णित किया जा रहे हैं। हालांकि सभी विवरण एक विशेष परिप्रेक्ष्य के लिए बाध्य हैं और इसलिए इसे पुनः उत्पन्न करने की बजाय वास्तविकता का प्रतिनिधित्व करते हैं (हैम्मरस्ले, 1992), उन तरीकों से सामाजिक पारस्परिक विचार विमर्शों का वर्णन करना संभव है, जिन्हें अनुभवजन्य परीक्षण के अधीन किया जा सकता है। विश्वसनीयता (*Reliability*) और वैधता तकनीकी शब्द हैं जो अनुसंधान की वस्तुनिष्ठता (Objectivity) और प्रत्येयता या प्रामाणिकता (Credibility) को दर्शाते हैं।

अनुसंधान व्यवहार में, वस्तुनिष्ठता बढ़ाना एक बहुत ही मूर्त (यथार्थपूर्ण) गतिविधि है। इसमें शामिल होते हैं:

- अनुसंधान डेटा की सटीकता और समावेशीपन को आश्वस्त करना, (विश्वसनीयता)।
- विश्लेषणात्मक दावों के प्रामाणिकता का परीक्षण करना जो उन अभिलेखों के बारे में बनाये जा रहे हैं, (वैधता)।

वैधता सुनिश्चित करने के लिये शोधकर्ता के प्रयासों को आंकड़ों के प्रकार के अनुसार विभिन्न आकृतियां ली जाती हैं जिन पर शोध आधारित होती है। साक्षात्कार अनुसंधान में, वैधता का एक महत्वपूर्ण प्रश्न यह है कि क्या साक्षात्कारदाताओं द्वारा व्यक्त किए गए विचारों को साक्षात्कार की स्थिति से बाहर उनके अनुभवों और मतों को प्रतिबिंबित करते हैं, या क्या वे साक्षात्कार स्थिति के ही परिणाम हैं (देखें सिल्वरमैन, 2010: 225–9)। दूसरी तरफ, अवलोकन सम्बन्धी अनुसंधान में, शोधकर्ता के क्षेत्र की टिप्पणियां और उनके आधार पर विवरणों के पुनर्निर्माण प्रकृति एक प्रमुख मुद्दा है, यानी कि किसी स्तर तक के विवरणों को शोधकर्ताओं (और प्रतिभागियों के नहीं) के

सांस्कृतिक और संज्ञानात्मक दृष्टिकोण का प्रतिनिधित्व करने के लिए बाध्य हैं (हैम्मरस्ले और एटकिन्सन, 2007: 203–5; गोबो, 2008)।

यह अध्याय साक्षात्कार–आधारित अनुसंधान में एवं प्रजातिलेखन में, और ऑडियो या वीडियो अभिलेखों एवं प्रतिलेखों पर आधारित शोध में वैधता के मुद्दों से सम्बन्धित होगा। मैंने एक प्रजातिलेखक के रूप में अपने शोध करियर शुरुआत की (पेराकिला, 1989)। हालांकि, मैंने पिछले दो दशकों के लिये वार्तालाप विश्लेषण पर काम किया – एक दृष्टिकोण जो पारस्परिक विचार विमर्श में बातचीत का विश्लेषण करने के लिए अभिलेखों का उपयोग करता है (पेराकिला, 1995 और इस खण्ड में हेरिटेज़)। वैधता के विभिन्न आयामों पर चर्चा करने में, मैं इसीलिये सीए को शुरूआत करने (प्रारम्भिक धारणा) के रूप में उपयोग करूँगा, और फिर साक्षात्कार अनुसंधान और प्रजातिलेखन को शामिल करने के लिए चर्चा का विस्तार करूँगा। मैं यह दिखाऊंगा कि अन्य गुणात्मक पद्धतियों में वैधता से सम्बन्धित विशिष्ट प्रश्न किसी एक स्तर तक अलग होते हैं, भले ही वैधता सुनिश्चित करने के लिए बुनियादी विचार तथा कई तकनीकें एक समान होती हैं।

वैधता (मान्यता) क्या है? (What is Validity?)

अनुसंधान की वैधता अवलोकनों की व्याख्या से सम्बन्धित है: चाहे 'शोधकर्ता जो कहता है उसे सही नाम से मापा जाता है' (किर्क एण्ड मिलर, 1986: 69, यह भी देखें, ग्यूबा एण्ड लिंकन, 2005: 205–9; सिल्वरमैन, 2010: 275–86)। विशेष रूप से मात्रात्मक अनुसंधान के संदर्भ में, वैधता के बारे में चर्चायें, 'अपरिपक्व (raw)' अवलोकनों और वे मुद्दे जो इन अवलोकनों के पक्ष में होते हैं या प्रतिनिधित्व करते हैं, उनके बीच अलगाव के बारे में एक अंतर्निहित पृष्ठभूमि वाली धारणा है। उदाहरण के लिए, प्रश्नावलियों के जवाबों (Responses) के लिये अंतर्निहित सामाजिक घटनाओं की अधिक या कम वैध प्रस्तुतियां हो सकती हैं, जैसे कि उत्तरदाताओं के रूख़ (Attitudes) या मूल्य (ब्राइमैन, 2004: 72–4 देखें)। वार्तालाप विश्लेषण में, वैधता के प्रश्नों को एक अलग तरीके से स्पष्ट रूप से व्यक्त किया जाता है। वार्तालाप विश्लेषणात्मक अनुसंधान का प्रमुख उद्देश्य, अन्य सामाजिक घटनाओं के प्रतिनिधित्व के रूप में नहीं, बल्कि एक घटना के इसके अपने अधिकार के रूप में, पारस्परिक विचार विमर्श में बातचीत का अन्वेषण करना है। पारस्परिक विचार विमर्श के प्रकृतिवादी विवरण के प्रति प्रतिबद्धता सीए में वैधीकरण के मुद्दों के लिये एक विशिष्ट आकृति प्रदान करती है। इसमें शामिल है:

- विश्लेषणात्मक दावों की पारदर्शिता (the transparency of analytic claims)
- 'अगली बार' के माध्यम से वैधीकरण (validation through 'next turn')
- विपथगामी प्रकरण विश्लेषण (deviant case analysis)
- पारस्परिक विचार विमर्श की संस्थागत विशेषता वाले प्रश्न (questions about the institutional character of interaction)
- वार्तालाप के विश्लेषणात्मक निष्कर्षों की सामान्यीकरणीयता (the generalizability of conversation analytic findings)
- सांख्यिकीय तकनीकों का उपयोग (the use of statistical techniques).

प्रमुख बिंदु

- शोधकर्ताओं के अवलोकनों की व्याख्यायें मान्य (Valid) होती है, जब वे एक प्रत्ययनीय या प्रमाणीय और प्रदर्शनीय तरीके से डेटा पर आधारित होते हैं।
- यद्यपि 'वैधता (Validity)' शब्द का उपयोग सभी गुणात्मक शोधकर्ताओं द्वारा नहीं किया जाता है, भले ही व्याख्याओं की प्रामाणिकता (Credibility) के लिए विचार गुणात्मक अनुसंधान के सभी पहलुओं में समान है।
- वैधता का आश्वासन देने के लिए कई मूर्त तकनीकें गुणात्मक अनुसंधान के विभिन्न पहलुओं द्वारा साझा की जाती हैं।

विश्लेषणात्मक दावों की पारदर्शकता (The Transparence of Analytic Claims)

एक सकारात्मक तरीके से, (अच्छे) वार्तालाप के विश्लेषणात्मक अनुसंधान प्रदर्शन के परिणामों को, जिसे किर्क और मिलर (1986: 22) ने स्पष्ट वैधता (*apparent validity*) कहा है: यदि एक बार आपने उन्हें पढ़ लिया, तो आप यह आश्वस्त हो जायेंगे कि वे पारदर्शी रूप से सत्य हैं। एक वार्तालाप सम्बन्धी 'मछली पकड़ने (fishing)' नामक गतिविधि को एक उदाहरण के रूप में उपयोग कर सकते हैं। अनीता पॉमरेन्ट्ज (Anita Pomerantz) ने 1980 में प्रकाशित एक उत्कृष्ट शोधपत्र में यह दिखाया कि कैसे एक वार्तालाप में प्रतिभागियों द्वारा अप्रत्यक्ष रूप से 'मछली (fish)' की जानकारी एक दूसरे से कहकर बता सकते हैं जिसे वे स्वयं जानते हैं। प्रासंगिक तथ्यों के लिए उनके निर्माता की 'सीमित पहुंच' को प्रदर्शित करने वाली घटनाओं के विवरणों को समान मुद्‌दों वाले उनके अपने अधिकृत संस्करण का खुलासा करने के लिए दूसरे पक्ष को आमन्त्रित करने के लिये एक उपकरण के रूप में काम में लिया जा सकता है (बेशक, यह मानते हुए, कि अन्य पक्ष प्रासंगिक तथ्यों के लिये विशेषाधिकार प्राप्त पहुंच रखने वाली स्थिति में है)। इस तरह की गतिशीलता प्रकरणों में काम पर निम्नलिखित तरह से होती है (प्रतिलेखन की परिपाटियों के लिये परिशिष्ट देखें):

उद्धरण – 1

1 B: Hello::.
2 A: HI:::.
3 B: Oh:hi:: 'ow are you Agne::s,
4 A: Fi:ne. Yer line's been busy.
5 B: Yeuh my fu (hh)- .hh my father's wife called me
6 ..hh So when she calls me::, .hh I can always talk
7 fer a long time. Cuz she c'n afford it'n I can't.
8 hhhh heh .ehhhhhh

(पॉमरेन्ट्ज, 1980: 195)

उपरोक्त उद्धरण 1 में, अगली बारी में बी की अंदरूनी सूत्र के प्रतिवेदन को सफलतापूर्वक प्रकाश में लाने के लिए, मोटे अक्षर (bolded) ए द्वारा दिए गए प्रासंगिक तथ्यों तक सीमित पहुंच के आधार पर विवरण उस रूप में कार्य करता है, जिसे पॉमरेन्ट्ज 'एक मछली पकड़ने का उपकरण (a fishing device)' कहती है। लाइन के व्यस्त होने के बारे में उसके अवलोकनों को बताते हुए, ए इसे बी के लिये प्रासंगिक बनाता है, यह खुलासा करने के लिये कि वह किसके साथ वह बात कर रही थी।

'फिशिंग' जैसी किसी गतिविधि का विवरण, जैसे ही कुछ संदिग्ध या अस्पष्ट (anyone stops to think about it) लगता है 'किसी चीज की याद दिलाने (ring a bell)' की ओर इंगित करता है। 'फिशिंग' ऐसा कुछ है जिसमें प्रत्येक व्यक्ति अलग–अलग भूमिकाओं में भाग लेता है। लेकिन पॉमरेन्ट्ज के लेख तक, इस गतिविधि को औपचारिक रूप से वर्णित नहीं किया गया था। पॉमरेन्ट्ज के विश्लेषण के परिणाम बहुत सरल हैं। उनका तर्क पारदर्शी रूप से सच है, या, किर्क एण्ड मिलर (1986) के शब्दों में, इसकी एक वास्तविक 'स्पष्ट वैधता' होती है।

तार्किक रूप से, कुछ स्पष्ट वैधता की तरह सभी प्रामाणीय गुणात्मक अनुसंधान के परिणामों से जुड़े हुये हैं। सिल्वरमैन (2015) रिस्समैन के निजी संचार का उद्धरण देते हैं: 'प्रत्येक पाठक को अनुसंधान और सोच के एक टुकड़े का सामना करना पड़ता है' लेकिन निश्चित रूप से ... 'यहां तक कि जब किसी लेखक द्वारा तर्क दिया गया था, तो वह प्रतिवाद था'। रिस्समैन और सिल्वरमैन के साथ, हमें यह पूछने की जरूरत है कि यह 'निश्चित रूप से' आता कहां से है।

'अगली बार' के माध्यम से वैधीकरण (Validation Through the 'Next Turn')

भले ही अलगाव में विचार किये जाने वाले किसी भी अभिव्यक्ति का अर्थ बेहद खुला हो, फिर भी पारस्परिक विचार विमर्श में बातचीत में उत्पन्न होने वाले किसी भी उक्ति को उस पारस्परिक विचार विमर्श के प्रतिभागियों द्वारा स्थानीय रूप से व्याख्या की जाएगी। पहली जगह में, उक्ति या कथन (utterance) के बाद अगली कार्रवाईयों में उनकी व्याख्या प्रदर्शित की जाती है। इसलिए, वार्तालाप विश्लेषकों द्वारा सुझायी गयी किसी भी व्याख्या को सैकस एट आल., (1974: 728–9): द्वारा उल्लिखित 'सबूत प्रक्रिया' के अधीन किया जा सकता है: अगली बार से पता चल जाएगा कि क्या पारस्परिक विचार विमर्श करने वाले खुद उक्ति का व्यवहार उन तरीकों से करते हैं, जो विश्लेषक की व्याख्या के अनुसार होते हैं।

इसलिए ऊपर बताए गए उद्धरण 1 में, पंक्तियों 5–8 के बीच में बी द्वारा उत्पादित उक्ति पॉमरेन्ट्ज द्वारा सुझायी गयी व्याख्या के लिए एक सबूत की प्रक्रिया प्रदान करती है जो कि ए की बारी में पंक्ति 4 से सम्बन्धित है। (पॉमरेन्ट्ज जो सुझाव दे रही थी वह यह था कि 'मेरे पक्ष में बोलना' (जो लाइन 4 में ए ने किया) एक 'मछली पकड़ने के उपकरण' के रूप में काम कर सकता है, जो परोक्ष रूप से वार्ताकार (interlocutor) से घटनाओं के एक आधिकारिक संस्करण हासिल कर लेते हैं।) और जैसा कि हम देखते हैं, 5–8 के बीच की पंक्तियों में, पॉमरेन्ट्ज की व्याख्या परीक्षण से गुजरती है: जो घटित हुआ था बी उसका पहला विवरण देती है।

रोजमर्रा के बहुत से वार्तालाप विश्लेषणात्मक कार्य में, चीजें उतनी ही अच्छी एवं सरल नहीं होतीं जितनी कि उद्धरण 1 में: पहले वाली बारी में की जाने वाली कार्रवाई के सम्बन्ध में अगली बारी अस्पष्ट (ambiguous) हो सकती है हालांकि, अगली बारी द्वारा प्रदान की जाने वाली 'सबूत प्रक्रिया' वैधता के मौलिक मानदण्ड या कसौटी पर बनी हुई है जिसे सभी वार्तालाप के विश्लेषणात्मक कार्य में यथासंभव उपयोग किया जाना चाहिए।

एक संकीर्ण और तकनीकी अर्थ में, अगली बारी के माध्यम से वैधीकरण एक ऐसी प्रक्रिया है जिसका उपयोग केवल सीए में किया जाता है, क्योंकि केवल सीए में, आंकड़ो को बातचीत करते समय बारी के पदों में सख्ती से व्यवस्थित किया जाता है। हालांकि, व्यापक अर्थ में, गुणात्मक अनुसंधान और विशेष रूप से साक्षात्कारों के अन्य तरीकों पर समान अंतर्दृष्टि लागू होती है। उन तरीकों के लिये बारीकी से ध्यान देते हुये जिनमें पारस्परिक विचार विमर्श करने वाले एक दूसरे की उक्तियों या कथनों को व्यवहार में लेते हैं, साक्षात्कार के आंकड़ों के विश्लेषण का एक आवश्यक पहलू होना चाहिए। जैसा कि रैपले (2004) और सिल्वरमैन (2015) बताते हैं कि साक्षात्कारकर्ताओं (interviewers) और साक्षात्कारदाताओं (interviewees) को अनिवार्य रूप से सहयोगात्मक अर्थ–निर्माण में लगे हुए पाया जाता है। प्रश्नों में, यहां तक कि 'अमुक या फलां (such and such)' के बारे में बताने के लिए बहुत ही खुले आमन्त्रण भी साक्षात्कारदाताओं को अनिवार्य रूप से मार्गदर्शन करते हैं, जैसा कि साक्षात्कारकर्ताओं की प्रतिक्रियाओं में उत्तरों के लिये किया जाता है (उदाहरण के तौर पर एक उत्तर को पर्याप्त के रूप में व्यवहार में लाना, या न्यूनतम फीडबैक द्वारा अधिक बातचीत को आमन्त्रित करना या विशिष्टीकरण के लिए अनुरोध करना)। विवरणों के इस अनुक्रमिक संदर्भ को मान्यता देते हुये, साक्षात्कार अनुसंधान में व्याख्याओं की वैधता को सुरक्षित करने में विवरणों और श्रेणियों का अत्यन्त महत्व है।

विपथगामी प्रकरण विश्लेषण (Deviant Case Analysis)

बातचीत की उत्तरोत्तर बारीयों (turns) के बीच सम्बन्धों की जांच करके, वार्तालाप विश्लेषकों का उद्देश्य पारस्परिक विचार विमर्श के नियमित प्रतिमानों की स्थापना करना है (हेरिटेज, 1995)। कार्रवाईयों के बीच प्रतिमानों को सम्बन्धों से सम्बन्धित किया जाता है (जैसे कि ऊपर बताए गए 'फिशिंग' के प्रकरण में 'एक आधिकारिक प्रतिवेदन देना' और 'मेरे पक्ष में कहना' के बीच के सम्बन्धों से)। एक प्रतिमान स्थापित करने के बाद, विश्लेषक का अगला कार्य विपथगामी प्रकरणों की जांच करना और उसके लिये खोज करना है: ऐसे प्रकरणों में जहां 'चीजें

अलग–अलग होती हैं' – अधिकांशतः आमतौर पर, ऐसे प्रकरणों में जहां सुझाए गए प्रतिमान का एक तत्व अन्य अपेक्षित तत्वों से जुड़ा नहीं होता है।

प्रजातिलेखन सम्बन्धी अध्ययनों में अक्सर उपयोग की जाने वाली 'विश्लेषणात्मक आगमन' की तकनीक, सीए में विपथगामी प्रकरण विश्लेषण की तरह दिखती है (देखें सिल्वरमैन, 2015)। विश्लेषक के लिए, वे मामलें जो आगमन या निगमन रीति से निर्मित प्रतिमान में उपयुक्त नहीं होते, वे विपथगामी हैं। इन सामन्जस्यरहित या प्रतिकूल मामलों को अलग करने के बजाय, विश्लेषक को उन पर विशेष ध्यान केन्द्रित करने के लिए प्रोत्साहित किया जाता है।

'फिशिंग' पर अपने शोध पत्र में, पॉमरेन्ट्ज (1980: 186–7) एक विपथगामी प्रकरण प्रस्तुत करती है जिसमें अपने निर्माता की 'सीमित पहुंच' को प्रदर्शित करने वाली घटनाओं के विवरण उसके अधिकृत संस्करण का खुलासा करने के लिये दूसरे पक्ष का नेतृत्व नहीं करता है:

उद्धरण – 2

A: ...dju j'see me pull us?=
B: =.hhh No:. I wz trying you all day. en the line
wz busy fer like hours
A: ohh:::::, oh:::::, .hhhhhh We::ll, hh I'm g'nna
c'm over in a little while help yer brother ou:t
B: Goo:d
A: Goo.hhh Cuz I know he needs some he::lp,
((mournfully))
B: .hh Ye:ah. Yeh he'd mention' that tihday.=
A: =M-hm,=
B: .hhh Uh:m, .tlk.hhh Who wih yih ta:lking to.

(पॉमरेन्ट्ज, 1980: 186–7)

उपरोक्त उद्धरण 2 में, बी, ए की लाइन व्यस्त होने के बारे में उसके अनुभव को व्यक्त करती है (लाइन 2–3 में)। पॉमरेन्ट्ज द्वारा पहचाने गए पारस्परिक विचार विमर्श सम्बन्धी प्रतिमान के संदर्भ में, किसी दूसरे और अधिक जानकारी रखने वाले पक्ष के द्वारा घटना के विवरण के बाद के प्रकटीकरण की इस तरह की कहानी को प्रासंगिक बनाना चाहिए। ऊपर दिये गये उद्धरण में, हालांकि, ऐसा नहीं होता है। इसके बजाय, ए उसके बाद की बारी में विषय को बदल देती है (4–5 वाली पंक्तियां)। इसलिए, 'फिशिंग' के विश्लेषण के ढांचे के भीतर, हम एक विपथगामी प्रकरणों के रूप में उद्धरण 2 पर विचार कर सकते हैं।

क्लेमैन और मेनार्ड (1994) ने तीन अलग–अलग तरीकों को रेखांकित किया है जिन्हें उद्धरण 2 की तरह, विपथगामी प्रकरणों को व्यवहार में लाया जा सकता है:

1. कभी–कभी विपथगामी प्रकरणों को 'नियमित' प्रकरणों का उत्पादन करने वाले एक ही (समान) विचारों और मानक उन्मुखताओं के लिए पारस्परिक विचार विमर्श करने वाले लोगों के उन्मुखीकरण (orientation) को प्रदर्शित करने के लिए दिखाया जा सकता है। उन प्रकरणों में, प्रतिभागियों के आचरण में कुछ ऐसा खुलासा होता है कि वे भी उस प्रकरण को घटनाओं के अपेक्षित पाठ्यक्रम से प्रस्थान (departure) के रूप में शामिल करते हुये व्यवहार में लाते हैं। यदि विपथगामी प्रकरणों इस प्रकार के गुण दिखते हैं, तो वे विश्लेषक के शुरुआती दावों के लिए अतिरिक्त समर्थन प्रदान करते हैं कि डेटा विश्लेषण के पहले चरण में पायी गयी नियमिततायें 'प्रतिभागियों द्वारा कार्रवाई के प्रामाणिक संगठनों के रूप में उत्पादित और उन्मुख होते है' (हेरिटेज, 1988: 131)। ऊपर दिया गया उद्धरण 2 इस प्रकार के विपथगामी प्रकरणों

का एक उदाहरण है। घटनाओं के एक अधिकृत प्रतिवेदन द्वारा बी की प्रारम्भिक 'फिशिंग' वाली बारी का जवाब देने में ए के विफल हो जाने के बाद, बी सीधे पूछती है कि ए किससे बात कर रही थी (पंक्ति 10)। उसके प्रश्न के माध्यम से, वह खुली तौर पर उन सूचनाओं का अनुरोध करती है, जो मछली पकड़ने के उपकरण (लाइन 2–3) है, पॉमरेन्ट्ज के विश्लेषण के अनुसार, अनुरोध परोक्ष रूप से किया गया है। खुली जानकारी को तलाशने के लिए यह बदलाव 'फिशिंग' के असफल प्रयास के बाद अप्रत्यक्ष रूप से बी के प्रारंभिक उन्मुखीकरण को 'मछली पकड़ने' के लिए एक उपकरण के रूप में पुष्टि करता है जिसका उपयोग सूचना के अप्रत्यक्ष अनुरोध में किया जा सकता है।

2. हालांकि, ऐसे विपथगामी प्रकरण होते हैं जिन्हें विश्लेषकों के 'प्रतिभागियों के उन्मुखताओं के निर्माण के भीतर एकीकृत नहीं किया जा सकता है जो सामान्य रूप से प्रकरणों का नियमित उत्पादन करते हैं। इन मामलों से निपटने में, विश्लेषक को प्रतिभागियों के उन्मुखीकरण के उसके निर्माण को बदलने की आवश्यकता हो सकती है। 500 टेलीफोन कॉल के उद्‌घाटन के उसके कॉर्पस (corpus) में एकल विपथगामी प्रकरण का शेगलॉफ (1968) का विश्लेषण, एक उत्कृष्ट उदाहरण है। इस एकल प्रकरण में, इसके विपरीत अन्य 499 फोन करने वालों (caller) ने पहले बात की। उस एकल प्रकरण के विश्लेषण ने शेगलॉफ को उसकी शुरुआती परिकल्पना छोड़ने का (जिसके अनुसार उत्तरदाता को पहले बोलने के लिए मजबूर किया गया एक नियम है) और 'बुलावा (टेलीफोन बजने वाला)––उत्तर' के आसन्नता वाली जोड़ी के सन्दर्भ में टेलीफोन कॉल की पहली कार्यवाही को पुनः विचार करने के लिये प्रेरित किया। विपथगामी प्रकरणों में, उत्तरदाता ने प्रासंगिक दूसरे जोड़ी के हिस्से का उत्पादन नहीं किया था, और, तदनुसार, फोन करने वालों ने पहले बोलकर बुलावे (summons) को फिर से पेश किया था।
3. कुछ विपथगामी प्रकरणों को प्रतिभागियों की उन्मुखताओं से सम्बन्धित या तो मौजूदा या एक पुनः संकल्पनात्मक परिकल्पना में एकीकृत नहीं किया जा सकता है (क्लेमैन और मेनार्ड, 1994)। इन प्रकरणों में, एकल प्रकरण की व्यक्तिगत आकस्मिकताओं से एक स्पष्टीकरण मांगा जा सकता है। उन लोगों के अलावा सामान्य अभिमुखताओं या सामरिक (strategic) विचारों को आमतौर पर एकल प्रकरणों में प्रतिभागियों द्वारा प्रतिमान के उत्पादन को सूचित करने के लिये किया जा सकता है, और ये अन्य उन्मुखताओं या विचारों के विपथगामी होने की व्याख्या कर सकते हैं।

प्रजातिलेखन एवं साक्षात्कार–आधारित–शोध, गुणात्मक अनुसंधान अन्य प्रकारों में वैधीकरण का विपथगामी प्रकरण विश्लेषण एक केन्द्रीय हिस्सा है, जैसा कि सीए में है। विपथगामी प्रकरण विश्लेषण के विचार की उत्पत्ति बुनियादी सिद्धान्त (Grounded Theory) में होती है (ग्लेजर एण्ड स्ट्रॉस, 1967) और प्रजातिलेखन में उपयोग की जाने वाली एक प्रक्रिया – यह विश्लेषणात्मक प्रेरण (induction) का एक केन्द्रीय हिस्सा होती है (गोबो, 2009)। इसलिए, गुणात्मक अध्ययन के किसी भी पहलू में, विपथगामी प्रकरणों को एक बाधा के रूप में नहीं, बल्कि एक खजाना के रूप में शोधकर्ता को विचार करना चाहिए। उन प्रकरणों का सावधानीपूर्वक विश्लेषण, विश्लेषणात्मक तर्कों के विकास के लिए प्रोत्साहन, ताकत और कठोरता प्रदान करता है।

संस्थागत सन्दर्भ से सम्बन्धित दावों की वैधता (Validity of Claims Concerning the Institutional Context)

गुणात्मक और मात्रात्मक अनुसंधान दोनों में, वैधता का एक केन्द्रीय आयाम सैद्धान्तिक अवधारणाओं और उन अवलोकनों के बीच सम्बन्धों को शामिल करता हैं जो उन अवधारणाओं का प्रतिनिधित्व करने के लिये माने जाते हैं। 'वैधता का निर्माण' एक शब्द है जिसका उपयोग अक्सर इस संदर्भ में किया जाता है (किर्क एण्ड मिलर, 1986: 22, ब्रायन, 2004: 73)। प्राथमिक रूप से यह जोर दिया जाता है कि सीए प्रकृतिवादी विवरण पर आधारित होता है, निर्माण की वैधता कई सामान्य विचारों की प्रासंगिकता को कम (de-intensifies) कर देती है। हालांकि,

संस्थागत पारस्परिक विचार विमर्श पर वार्तालाप विश्लेषणात्मक अनुसंधान के विस्तार ने वार्तालाप विश्लेषणात्मक अध्ययनों में अवलोकनों और अवधारणाओं के बीच सम्बन्ध पर विचार करने की आवश्यकता को मजबूत किया है (देखें, इस खण्ड में हेरिटेज, अरमीनेन, 2005, हेरिटेज एण्ड क्लेमैन)।

संस्थागत पारस्परिक विचार विमर्श पर वार्तालाप विश्लेषणात्मक अनुसंधान में, वैधता का एक केन्द्रीय प्रश्न यह हैः शोधकर्ता के पास यह दावा करने के लिए आधार क्या हैं? कि जिस बातचीत पर वह ध्यान केन्द्रित कर रहा है या कर रही है, वह किसी तरीके में संस्थागत ढांचे से 'जुड़ी' हुई है? तथ्य यह है कि पारस्परिक विचार विमर्श का एक टुकड़ा, किसी अस्पताल में या कार्यालय में घटित होता है, उदाहरण के लिए, दर–असल, उस विशेष पारस्परिक विचार विमर्श के संस्थागत गुण को निर्धारित नहीं करता है (ड्रयू एण्ड हेरिटेज़, 1992: 18–21)। संस्थागत भूमिकाएं, कार्य और व्यवस्थाएं किसी विशेष पारस्परिक विचार विमर्शों में उपस्थित हो सकती हैं या नहीं भी हो सकती हैं, वे विशेष पारस्परिक विचार विमर्शों में विशेष क्षणों पर उपस्थित हो सकते हैं या नहीं भी हो सकते हैं। यदि वे हैं, तो वार्तालाप विश्लेषणात्मक कार्यक्रम उनकी उपस्थिति को प्रतिभागियों और विश्लेषक के लिये समान रूप से देखा जा सकता है।

शेगलॉफ (1987, 1991) बताते हैं कि किसी भी पारस्परिक विचार विमर्श के लिए संभवतः उपलब्ध संदर्भ के अनिश्चित रूप से कई पहलू होते हैंः हम लिंग, आयु, सामाजिक वर्ग, शिक्षा, व्यवसाय, आय, जाति इत्यादि के आधार पर एक दूसरे को वर्गीकृत कर सकते हैं, और तदनुसार हम हमारी पारस्परिक विचार विमर्श की स्थापना को समझ सकते हैं। पारस्परिक विचार विमर्श के क्षणिक खुलासा करने में, शेल्फॉफ का तर्क है कि 'दलों, अकेले और एक साथ में, उनके आचरण में चयन और प्रदर्शित करते हैं, जो अनिश्चित रूप से संदर्भ के कई पहलुओं को वे प्रासंगिक बनाते हैं, या निकटतम क्षण के लिए आह्वान करते हैं (1987: 219)।

आकड़ों के लिये संस्थागत सन्दर्भ के 'आशय व्यक्त करने (importing)' का खतरा होता है। पेशेवर विश्लेषक द्वारा आंकड़ों के ब्यौरों के बिना कल्पना (assume) करके प्रलोभन किया जा सकता है, जो यह या बातचीत की यह सुविधा पारस्परिक विचार विमर्श को प्रभावित करने वाले विशेष संदर्भ का संकेत देती है (जैसे 'चिकित्सा प्राधिकरण' या 'पेशेवर वर्चस्व')। सन्दर्भ के लिए इस तरह की शर्त हो सकती है, शेग्लॉफ (1991: 24–5) का तर्क है कि विश्लेषण में परिणाम असामयिक रूप से समाप्त हो रहे हैं, इसीलिये पारस्परिक विचार विमर्श के भीतर निहित संगठन पूरी तरह से समझ में नहीं आ रहा है।

साक्षात्कार अध्ययनों में पारस्परिक विचार विमर्श के संस्थागत संदर्भ के बारे में सवाल समान रूप से महत्वपूर्ण है, लेकिन सीए की अपेक्षा यह कुछ भिन्न प्रारूप लेता है। सबसे पहले, शोधकर्ताओं के लिये यह स्वीकार करना महत्वपूर्ण है कि साक्षात्कार स्वयं एक संस्थागत संदर्भ है। साक्षात्कारकर्ता और साक्षात्कारदाता की संस्थागत पहचानों को साक्षात्कार के दलों (parties) द्वारा प्रासंगिक बनाया जाता है। कुछ भी जो प्रतिभागियों द्वारा अन्य संस्थाओं के बारे में कहा जाता है (वो जिनके बारे में वे बातचीत कर रहे हैं, जैसे कि दवा, शिक्षा, व्यवसाय या परिवार), वे कहते हैं, साक्षात्कार संस्था के तत्वावधान में, जैसा कि यह था। शेगलॉफ (1991) और सिल्वरमैन (2013) से उत्पन्न होने वाले परिप्रेक्ष्य को अपनाते हुए, हम यह कह सकते हैं कि एक संस्था के रूप में साक्षात्कार उत्पादित डेटा के लिए प्रक्रियात्मक रूप से परिणामी है। इसलिए, आंकड़ों की व्याख्या को साक्षात्कार संस्था के प्रति संवेदनशील होने की आवश्यकता है।

साक्षात्कार अध्ययनों में संस्थागत सन्दर्भ से सम्बन्धित एक अन्य महत्वपूर्ण मुद्‌दा कई पहचानों को शामिल करता है जिसे साक्षात्कार की बातचीत में बुलाया जा सकता है (हॉस्टीन एण्ड गबरियम, 1995; सिल्वरमैन, 2013)। मानाकि, एक नर्स के रूप में, या एक मरीज के रूप में बात करना हर समय समान नहीं होता हैः नर्सों और मरीजों की पहचान (और किसी भी संस्थागत भूमिकाओं और पहचानों) समान रूप से अलग–अलग पहलुओं की भी हो सकती है। उदाहरण के लिए, मरने के लिये देखभाल करने पर मेरे अपने स्वयं के अध्ययन में, अस्पतालों के कर्मचारियों और मरीजों दोनों की बातचीत, संज्ञान और भावना की मनोवैज्ञानिकीय वास्तविकताओं एवं हर रोज की वास्तविकताओं के लिए, चिकित्सा वास्तविकताओं के लिये उन्मुख पहचानों के बीच दोलायमान होती हैं (पेराकिला, 1989)।

इस तरह की विभिन्न संस्थागत पहचानों को मान्य करने के लिए साक्षात्कार के आंकड़ों के विश्लेषण करने की चुनौती है, और यह दिखाने के लिए कि साक्षात्कार की स्थिति के प्रबन्धन के साथ–साथ सामाजिक स्थितियों के प्रबन्धन में भी इसका उपयोग कैसे किया जाता है जिसे साक्षात्कार की बातचीत में सन्दर्भित किया जाता है।

शोध उपलब्धियों की सामान्यीकरणीयता (Generalizability of Research Findings)

किसी शोध में वैधता का एक महत्वपूर्ण आयाम निष्कर्षों की सामान्यीकरणीयता से सम्बन्धित है (ब्रायमैन, 2004: 76–7, 284–5)। अपने कार्य–केन्द्रित विशेषता के कारण, कई वार्तालाप विश्लेषणात्मक अध्ययन अपेक्षाकृत छोटे डेटाबेसों पर आधारित होते हैं। कितने व्यापक रूप से परिणामों को अपेक्षाकृत छोटे नमूनों से व्युत्पन्न किया जा सकता है, सामान्यीकृत किया जा सकता है?

सामान्य वार्तालाप के अध्ययनों में (विशिष्ट संस्थागत स्थापनाओं के बाहर हर रोज के पारस्परिक विचार विमर्शों), आधारभूत धारणा यह है कि भाषाई एवं सांस्कृतिक सीमाओं से परे भी कुछ हद तक और सामान्य वार्तालापों के पूरे डोमेन के लिये परिणामों को सामान्यीकरण करने योग्य होना चाहिए या परिणाम सामान्यीकृत हों। इसे विस्तृत करने के लिए क्रॉस–भाषाई (Cross-linguistic) और क्रॉस–सांस्कृतिक (Cross-cultural) तुलनायें की जा रही हैं (स्टीवर्स एट आल., 2009, इनफील्ड एट आल., 2012)।

संस्थागत पारस्परिक विचार विमर्श के वार्तालाप विश्लेषणात्मक अध्ययन में, समस्या विभिन्न शब्दों में उत्पन्न होती है। क्या एक विशेष अध्ययन के निष्कर्षों को किसी अन्य के अलावा स्थापनाओं में सही माना जाता है जिसका इस विशेष प्रकरण में अध्ययन किया गया था। इस प्रश्न का उत्तर अलग–अलग तरीकों से व्यक्त किया जा सकता है, जो उस संस्था पर निर्भर करता है जिसका अध्ययन किया गया है।

अब तक, संस्थागत स्थापना के कुछ प्रकारों को, संचयी सीए अध्ययनों के एक समूह द्वारा आवृत किया गया है। चिकित्सीय परामर्श की प्राथमिक देखभाल प्रकरण का एक अच्छा उदाहरण है। परामर्श के विभिन्न चरणों पर सीए अध्ययनों के तार हैं: उद्घाटन, मौखिक और शारीरिक परीक्षा, निदान, उपचार की सिफारिश और इसी तरह से (हेरिटेज़ एण्ड मेनार्ड, 2006, देखें)। पूर्व के परिणामों को निर्दिष्ट करते हुये, चिकित्सा परामर्श पर कोई भी नया अध्ययन पहले के अध्ययनों के प्रकाश में अपने निष्कर्षों को प्रतिबिम्बित कर सकता है।

संस्थाओं से परे तुलना सामान्यीकरण के लिए एक और तरीका (avenue) है। जिसकी तुलना की जा रही है वह एक कार्रवाई या एक अभ्यास हो सकता है जिसे विभिन्न संस्थागत स्थापनाओं में पाया जा सकता है, और जो इन अलग–अलग स्थापनाओं में कुछ अलग आकार ले सकता है। रूउसुवुओरी (Ruusuvuori) और वौटिलैनेन (Voutilainen) ने (2010, वौटिलैनेन एट आल., 2010, भी देखें) मनोचिकित्सा (Psychotherapy) एवं होम्योपैथी (Homeopathy), सामान्य व्यवहार में रोगियों की भावनात्मक अभिव्यक्तियों के लिए पेशेवरों की प्रतिक्रियाओं से तुलना करते हुए दिखाते हैं कि प्रत्येक स्थापना में विभिन्न व्यावसायिक कार्यों को सुविधाजनक बनाने के लिए अलग–अलग प्रतिक्रियाएं कैसे तैयार की जाती हैं। इस प्रकार, उदाहरण के लिए, सामान्य व्यवहार में, भावनात्मक अनुभवों पर चर्चा बंद करने के लिए पेशेवरों की सहानुभूति करने वाली उक्तियों (कथनों) को अभिकल्पित किया जाता है (और चिकित्सीय व्यवसाय पर आगे बढ़ने पर), जबकि मनोचिकित्सा में, वे उस अनुभव की और आगे की बातचीत और सामयिकीकरण की परियोजना बनाते हैं।

वीस्टे (Weiste) और पेराकिला (2013) ने सूत्रीकरणों – उक्तियों का अन्वेषण किया, पूर्ववर्ती बातचीत की चर्चा का निष्कर्ष या भावार्थ का सुझाव देते हुए (हेरिटेज और वाटसन, 1979) –एक अध्ययन में जिसमें मनोचिकित्सा (Psychotherapy), संज्ञानात्मक (Cognitive) और मनोविश्लेषणात्मक (Psychoanalytic) के दो स्कूलों की तुलना की गयी। उन्होंने दिखाया कि सूत्रीकरणों के कुछ प्रकारों को मनोचिकित्सा के दोनों तरीकों (strands) में उपयोग किया गया था (जिसे मनोचिकित्सा में सामान्य कारक कहा जाता है), जबकि दूसरों को अनन्य रूप से किसी में या अन्य प्रकार की चिकित्सा में विशेष रूप से उपयोग किया गया था। मनोविश्लेषण में, चिकित्सकों ने सूत्रीकरणों का

उपयोग पुनः स्थापित करने में किया था जहां ग्राहक के अनुभवों को अन्य उचित समय और स्थानों पर स्थानान्तरित कर दिये गये थे (के माध्यम से, उदाहरण के तौर पर बताया गया था कि जो दुःख वयस्क ग्राहक अब तक महसूस कर रहा है, वास्तव में वही दुःख उन्होंने एक बच्चे के रूप में महसूस किया था) जबकि संज्ञानात्मक चिकित्सकों ने सूत्रीकरणों का उपयोग अतिशयोक्तिपूर्ण तरीके से किया था, जहां चिकित्सक ने ग्राहक के समस्याग्रस्त अनुभव वाले वर्णन को इस तरह से वर्णन को एक वैकल्पिक तरीके से व्यक्त किया था कि वह अनुभव बेतुका और कुछ पूछताछ करने के लिए हो गया था।

यह संभावना रहती है कि जैसे संस्थागत पारस्परिक विचार विमर्श के विश्लेषण और डेटाबेस धीरे–धीरे संचित किये जाते हैं, रूउसुवुओरी (Ruusuvuori) एवं वौटिलैनेन के (Voutilainen) और वीस्टे (Weiste) एवं पेराकिला (Peräkylä) के अध्ययनों की तरह और अधिक सामान्य हो जाएंगे। तुलनात्मक दृष्टिकोण आमतौर पर कई स्थापनाओं में समानताओं और मतभेदों का प्रदर्शन करके सीधे सामान्यीकरणीयता का सवाल उठाता है। हालांकि, कुछ समय के लिए, संस्थागत पारस्परिक विचार विमर्श पर कई अध्ययनों में से अधिकतर प्रकरण अध्ययनों की तरह होते हैं।

संस्थागत पारस्परिक विचार विमर्श पर पर कई प्रकरण अध्ययन किसी एक या केवल कुछ साइटों से एकत्रित किये गये आंकड़ों पर आधारित होते हैं। आमतौर पर ऐसे अध्ययनों में शामिल विषयों की संख्या अपेक्षाकृत छोटी होती है। संभवतः अतिव्यापन करने के दो तरीके होते हैं जिनसे प्रकरण अध्ययनों में सामान्यीकरण के मुद्दों को घेरने की कोशिश की जा सकती है। कोई विशिष्ट (*Particular*) से व्यापक (*Generic*) निष्कर्ष निकालने को शामिल करता हैः एकल प्रकरण के अध्ययन के माध्यम से, शोधकर्ता उन परिणामों के साथ आ सकता है जो कि सर्वाधिक व्यापक स्तर में मानवीय पारस्परिक विचार विमर्श के संगठन के सम्बन्ध में परिकल्पनाओं (hypotheses) या दावों (claims) का गठन करते हैं। चार्ल्स गुडविन द्वारा किए गए कुछ अध्ययनों में से ये अच्छे उदाहरण हैं। इन अध्ययनों में, जिसमें पारस्परिक विचार विमर्श के विशेष अवसरों पर ध्यान केन्द्रित किया गया है, जैसे किसी विद्यालय का एक बच्चा उसके अपने पिता के साथ कक्षेतर कार्य (homework) कर रहा है (2007), छात्रों और विद्वानों का एक स्कूल फील्ड में पुरातात्विक खुदाई करने वाला उपक्रम (2003ए, 2014) या लगभग किसी भी शब्द के बिना एक वाक्यरोध सम्बन्धी व्यक्ति द्वारा संप्रेषण करना (1995, 2014), गुडविन संयुक्त ध्यान, क्रिया संकुल और अंततः मानव के सामाजिक और संज्ञानात्मक दुनिया को देखने में 'निकाय एवं कार्रवाई, पर्यावरण, भाषा के तारामंडल' को दर्शाता है (विशेषरूप से देखें, गुडविन, 2007: 61)। दूसरे शब्दों में, गुडविन मुख्य रूप से हमें यह बताने की कोशिश नहीं कर रहा है कि कक्षेतर कार्य, पुरातात्विक खुदाई या यहां तक कि वाक्यरोध सम्बन्धी व्यक्ति द्वारा संप्रेषण करने में अजीब बात (peculiar) क्या है। इसके बजाय, इन स्थापनाओं में वह ऐसे क्रियाकलापों का उपयोग उन तरीकों के नमूनों के रूप में करता हैं, जिनमें मनुष्य (आमतौर पर) अपनी साझा दुनिया के बारे में जानकारी लेते हैं और इसके बारे में जानने के लिए भाषा, शरीर और भौतिक वातावरण के संसाधनों को नियोजित करते हैं। इन तरीको में, हम यह कह सकते हैं कि गुडविन विशिष्ट से व्यापक (generic) निष्कर्ष निकालते हैं।

प्रकरण अध्ययनों में सामान्यीकरण की समस्या से निपटने का दूसरा तरीका संभावना की धारणा को शामिल करना है। सामान्यीकरणीयता की समझ 'वितरण सम्बन्धी' पारम्परिक संदर्भ में, संस्थागत पारस्परिक विचार विमर्श पर प्रकरण अध्ययनों की पेशकश बहुत ज्यादा नहीं कर सकते हैं। एक या केवल कुछ साइटों का अध्ययन करना पेशेवरों और उनके ग्राहकों की अन्य स्थापनाओं के व्यवहार में समानता से सम्बन्धित निष्कर्षों की गारन्टी नहीं देता है, जो उन तरीकों से भिन्न हो सकते हैं जिन्हें अध्ययन किये बिना निर्दिष्ट नहीं किया जा सकता है। हालांकि, संभावना की अवधारणा, इसके लिए एक नया दृष्टिकोण देती है। सामाजिक प्रथाएं जो संभव हैं, अर्थात् भाषा के उपयोग की संभावनाएं, विशेष रूप से संस्थागत स्थापनाओं में पारस्परिक विचार विमर्श पर पर सभी वार्तालाप विश्लेषणात्मक प्रकरण अध्ययनों के केन्द्रीय उद्देश्य (objects) हैं। विभिन्न प्रथाओं की संभावना को सामान्यीकृत माना जा सकता है भले ही प्रथाओं को अलग–अलग स्थापनाओं में समान तरीके से जरूरी नहीं माना जाता है। अध्ययन से पता चलता है कि प्रतिभागियों ने भाषाई और पारस्परिक विचार विमर्श सम्बन्धी संसाधनों के कुशल उपयोग द्वारा विशिष्ट प्रथाओं को संभव कैसे बनाया है (देखें, पेराकिला, 1995)।

जैसा कि प्रजातिलेखन और साक्षात्कार अनुसंधान के लिए, सामान्यीकरणीयता के सवाल उतने ही दबाने वाले हैं जितने कि वार्तालाप के विश्लेषणात्मक प्रकरण अध्ययनों में होते हैं। प्रजातिलेखक और साक्षात्कार के शोधकर्ता 'सैद्धान्तिक नमूनाकरण' का भी सहारा ले सकते हैं (ग्लेजर एण्ड स्ट्रॉस, 1967): जैसे ही डेटा की कोडिंग आगे बढ़ती है और परिकल्पना उभरकर आती है, शोधकर्ता स्थापनाओं में नए अवलोकनों या साक्षात्कारों को बनाने के लिए क्षेत्र से वापस लौट सकते हैं जो उभरती हुई परिकल्पनाओं (Hypotheses) के परीक्षण के लिए अनुमति दे सकते हैं।

प्रमुख बिंदु

- किसी विशेष संस्थागत स्थापनाओं से सम्बन्धित अनुसंधान परिणामों के संग्रह को सामान्यीकरण किये जाने योग्य (generalizable) परिणाम मिल सकते हैं।
- विभिन्न स्थापनाओं में पारस्परिक व्यवहार की व्यवस्थित तुलना सामान्यीकरण करने की क्षमता (generalizability) बढ़ा सकती है।
- विस्तृत प्रकरण अध्ययनों के माध्यम से पारस्परिक विचार विमर्श के सामान्य (generic) गुणों की खोज करना भी सम्भव हो सकता है और एक सामान्यीकरण किये जाने योग्य तरीके में दिखाने के लिए, उच्चता से सन्दर्भ–बाध्य प्रथायें कितना संभव बनाती हैं।

परिमाणन (Quantification)

बड़े पैमाने पर डेटाबेस और परिमाणन का उपयोग वार्तालाप के विश्लेषणात्मक शोध निष्कर्षों के सामान्यीकरण की क्षमता (और वैधता के अन्य पहलुओं को भी) को सुनिश्चित करने के लिए एक अन्य प्रकार की रणनीति को शामिल करता है। जैसा कि स्टीवर्स (2015) ने उसकी हाल की समीक्षा में तर्क दिया था कि वार्तालाप विश्लेषण स्वाभाविक रूप से विश्लेषणात्मक प्रक्रियाएं शामिल करता है– जैसे कि उक्तियों (utterances) की संरचना और स्थिति के आधार पर पारस्परिक विचार विमर्श सम्बन्धी घटनाओं का वर्गीकरण – जो कि मात्रात्मक अनुप्रयोगों के लिए कई अन्य गुणात्मक दृष्टिकोणों की तुलना में संभवतः अधिक सक्षम बनाता है (इस पुस्तक में हेरिटेज भी देखें)।

परिमाणन का तात्पर्य यह है कि मूलतः पारस्परिक विचार विमर्श सम्बन्धी व्यवहारों की कोडिंग और गिनती है। सीए आधारित मात्रात्मक अनुसंधान में, शुरुआत में और अधिक 'पारम्परिक' सीए के माध्यम से अपनाये गये, उक्तियों के अनुक्रमिक स्थान और संरचना के गुणात्मक विश्लेषण पर कोड आधारित होते हैं, (स्टीवर्स, 2015)। इस प्रकार, उदाहरण के लिए, नियमित बाल चिकित्सा (paediatric) सम्बन्धी परामर्श में नस्लीय पूर्वाग्रह पर स्टीवर्स और माजिद (2007) के अध्ययन में पाने वाले (addressee) के चयन के मौखिक और गैर–मौखिक तरीके से सीए विश्लेषण पर कोडिंग आधारित थी। कोड किये गये व्यवहारों के सांख्यिकीय विश्लेषण से पता चलता है कि कम शिक्षा वाले माता–पिता के काले बच्चों और लैटिनो (उत्तरी अमेरिका में) व्यक्तियों के बच्चों को शिक्षा के बावजूद उसी उम्र के उनके सफेद सहकर्मियों की तुलना में सवालों के जवाब देने के लिए चयन की संभावना कम थी। इस प्रकार, पारस्परिक विचार विमर्श के संचालन के लिए डॉक्टर के तरीके में एक अंतर्निहित जाति पूर्वाग्रह था।

कुछ पारस्परिक विचार विमर्श सम्बन्धी व्यवहारों को अन्य की तुलना में कोडिंग के लिए अधिक सक्षम माना जाता है। ऐसी प्रथाएं हैं जो ऐसी जटिलता को शामिल करती हैं कि सरल (और पारस्परिक रूप से अपवर्जी) श्रेणियों के तहत उन्हें किसी नियम के अन्तर्गत करना मुश्किल होता है। बहुत अधिक प्रासंगिक अंतर्दृष्टि लुप्त हो सकती है, और संतोषजनक सांख्यिकीय मापें अर्थात् अन्तर–मापक विश्वसनीयता (Inter-Rater Reliability) प्राप्त करना वास्तव में असंभव हो सकती है। अन्य समस्या निदर्शन से सम्बन्धित है (सिल्वरमैन, 2015)। सामान्यीकरण के लिए आधार प्रदान करने हेतु मात्रात्मक विश्लेषण के क्रम में, अध्ययन किए जाने वाले प्रकरणों के चयन में पर्याप्त सांख्यिकीय प्रक्रियाओं का पालन करना चाहिए ताकि उनकी प्रतिनिधित्वशीलता को सुनिश्चित किया जा सके।

सीए के अध्ययन में, यादृच्छिक निदर्शन की तरह कुछ भी शायद ही कभी संभव है। यदि निदर्शन और आबादी के बीच का सम्बन्ध अस्पष्ट है, तथा सांख्यिकीय परीक्षणों का, यदि वे उपयोग करते हैं, तो परिणाम उत्पन्न कर सकते हैं जिसे केवल अनुमान के रूप में समझना चाहिए।

सीए के लिये अनुसंधान प्रश्नों के नए प्रकारों को संबोधित करने के लिए मात्रात्मक अनुप्रयोगों को संभव बनाते हैं। पारस्परिक विचार विमर्श के लिए बहिर्जात (exogenous) चरों और पारस्परिक विचार विमर्श सम्बन्धी प्रथाओं के बीच संघों, जैसे कि प्रतिभागियों से सम्बन्धित जनसांख्यिकीय चरों (स्टीवर्स एण्ड माजिद, 2007), या पारस्परिक विचार विमर्शों के रोग विषयक या अन्य परिणामों को (हेरिटेज एट आल., 2007), या इन पारस्परिक विचार विमर्श सम्बन्धी प्रथाओं में ऐतिहासिक परिवर्तन करना पड़ सकता है (जैसे हेरिटेज एण्ड क्लेमैन, 2013)।

परिमाणन प्रजातिलेखन में और साक्षात्कार अनुसंधान में भी एक सम्भावित अवसर (avenue) है। प्रजातिलेखन में, कोडिंग और गिनती का उपयोग परिकल्पना का परीक्षण करने के लिए या, अवलोकित घटना की सीमा को दिखाने के लिए किया जा सकता है (गोबो, 2008)। गुणात्मक साक्षात्कार के अध्ययनों में आसान गणना का भी इस्तेमाल किया जा सकता है। उदाहरण के लिए, डट्टन एट आल., (2001, सिल्वरमैन, 2015 में चर्चा की गयी है) ने 'इश्यू सेलिंग एपिसोड (issue selling episodes)' (इश्यू सेलिंग एक प्रक्रिया है जिसके द्वारा संगठन के भीतर व्यक्ति विचारों को साथ लाते हैं दूसरों पर ध्यान देते है और कार्रवाई करते हैं) के सफल और असफल होने पर प्रबंधक के विवरणों की तुलना की, यानी ऐसे पारस्परिक विचार विमर्श जहां उन्होंने संगठनात्मक निर्णयों को प्रभावित करने की कोशिश की। कार्यवाही या प्रयासों के आवृत्तियों की तुलना करके, सफल बनाम असफल एपिसोड पर साक्षात्कारदाता के विवरणों में उल्लेख किए गए थे। इश्यू सेलिंग के बारे में प्रबंधकों के प्रासंगिक ज्ञान के सम्बन्ध में लेखकों द्वारा उनकी व्याख्याओं को वैधता प्रदान की जा सकती है।

अध्याय का सारांश

सभी वार्तालाप विश्लेषणात्मक अनुसंधान में शोधकर्ता के विश्लेषणात्मक दावों के वैधीकरण की मुख्य प्रक्रिया में अगले वक्ता की पूर्ववर्ती कार्रवाई की व्याख्या (अगली बार की प्रमाण प्रक्रिया) और विपथगामी प्रकरणों के विश्लेषण का विश्लेषण करना शामिल है। वैधीकरण में मात्रात्मक तकनीकों के उपयोग के साथ–साथ, प्रकरण अध्ययनों के परिणामों की सामान्यीकरण क्षमता के मुद्दे और, संस्थागत स्थापनाओं के बीच और से तुलनायें, पारस्परिक विचार विमर्श के मनोवैज्ञानिक सन्दर्भ या संस्थागत प्रासंगिकता से सम्बन्धित दावों के आंकड़ों में समन्वय करना और प्रस्तुत करना (anchoring) भी शामिल है। वार्तालाप विश्लेषण के लिए इन प्रक्रियाओं में से कोई भी अद्वितीय नहीं हैः प्रजातिलेखन सम्बन्धी अध्ययनों और साक्षात्कार–आधारित अध्ययनों में भी उनका, या उनके प्रारूपों (variants), का उपयोग किया जाता है। विपथगामी प्रकरण विश्लेषण की उत्पत्ति प्रजातिलेखन सम्बन्धी अनुसंधान में से होती है, और सीए में नियोजित प्रक्रियाएं वहां कार्यरत उन लोगों के बिल्कुल समान होती हैं। अनुसंधान परिणामों के सामान्यीकरण से सम्बन्धित मुद्दे निश्चित रूप से सभी प्रकार के गुणात्मक अनुसंधानों में पैदा होते हैं। गुणात्मक कार्य के साथ मात्रात्मक तकनीकों का उपयोग गुणात्मक अनुसंधान के विभिन्न स्तरों में उपलब्ध एक विकल्प है। अधिक सामान्य स्तर पर, सीए में वैधता के विचारों को वास्तव में किसी भी अन्य प्रकार के गुणात्मक शोध में उन लोगों के समान होते हैंः सभी गम्भीर गुणात्मक अनुसंधान में सटीक परीक्षण और विश्लेषणात्मक दावों की विश्वसनीयता का विचार शामिल होता है।

भविष्य की संभावनाएं

मान्यता की तकनीकों के बारे में, संस्थाओं के बीच और उनके साथ तुलनाओं के साथ ही साथ मात्रात्मक तकनीकों के उपयोग की आवृत्ति और अधिक हो जाएगी। प्रकरण अध्ययन अभिकल्पन जटिल कार्यकारी वातावरणों के वीडियो–आधारित विश्लेषण में विशेष रूप से प्रबल होगा (इस वॉल्यूम में 'हीथ' देखें)।

संदर्भ

Arminen, I. (2005) *Institutional Interaction: Studies of Talk at Work*. Aldershot: Ashgate.

Bryman, A. (2004) *Social Research Methods* (2nd edn). Oxford: Oxford University Press.

Clayman, S. E. and Maynard, D. W. (1994) 'Ethnomethodology and conversation analysis', in P. ten Have and G. Psathas (eds), *Situated Order: Studies in the Social Organization of Talk and Embodied Activities*. Washington, DC: University Press of America, pp. 1–30.

Drew, P. and Heritage, J. (1992) 'Introduction: analyzing talk at work', in P. Drew and J. Heritage (eds), *Talk at Work: Interaction in Institutional Settings*. Cambridge: Cambridge University Press. pp. 3–65.

Dutton, J. E., Ashford, S. J., O'Neill, R. M. and Lawrence, K. A. (2001) 'Moves that matter: issue selling and organizational change', *Academy of Management Journal*, 2001 (4): 716–36.

Enfield, N., Dingemanse, M., Baranova, J., Blythe, J., Brown, P., Dirksmeyer, T., Drew, P., Floyd, S., Gipper, S., Gísladóttir, R., Hoymann, G., Kendrick, K. H., Levinson, S. C., Magyari, L., Manrique, E., Rossi, G., San Roque, L. and Torreira, F. (2012) 'Huh? What? – a first survey in 21 languages', in M. Hayasthi, G. Raymond and J. Sidnell (eds), *Conversational Repair and Human Understanding*. Cambridge: Cambridge University Press, pp. 343–80.

Glaser, B. G. and Strauss, A. L. (1967) *The Discovery of Grounded Theory: Strategies for Qualitative Research*. Chicago, IL: Aldine.

Gobo, G. (2008). *Doing Ethnography*. London: Sage.

Goodwin, C. (1995) 'Co-constructing meaning in conversations with an aphasic man', *Research on Language and Social Interaction*, 28 (3): 233–60.

Goodwin, C. (2003a) 'The body in action', in J. Coupland and R. Gwyn (eds), *Discourse, the Body, and Identity*. Houndsmill and New York: Palgrave/Macmillan, pp. 19–42.

Goodwin, C. (2003b) 'Pointing as situated practice', in S. Kita (ed.), *Pointing: Where Language, Culture and Cognition Meet*. Mahwah, NJ: Lawrence Erlbaum, pp. 217–42.

Goodwin, C. (2007) 'Participation, stance and affect in the organization of activities', *Discourse & Society*, 18 (1): 53–73.

Goodwin, C. (2014) 'The intelligibility of gesture within a framework of co-operative action', in M. Seyfeddinipur and M. Gullberg (eds), *From Gesture in Conversation to Visible Action as Utterance: Essays in Honor of Adam Kendon*. Amsterdam: Benjamins, pp. 199–216.

Guba, E. G. and Lincoln, Y. S. (2005) 'Paradigmatic controversies, contradictions, and emerging confluences', in N. K. Denzin and Y. S. Lincoln (eds), *The Sage Handbook of Qualitative Research* (3rd edn). Thousand Oaks, CA: Sage, pp. 191–216.

Hammersley, M. (1992) *What's Wrong with Ethnography: Methodological Explorations*. London: Routledge.

Hammersley, M. and Atkinson, P. (2007) *Ethnography: Principles in Practice* (3rd edn). London: Routledge.

Heritage, J. (1988) 'Explanations as accounts: a conversation analytic perspective', in C. Antaki (ed.), *Analysing Everyday Explanation: A Case Book of Methods*. London: Sage, pp. 127–44.

Heritage, J. (1995) 'Conversation analysis: methodological aspects', in U. M. Quatshoff (ed.), *Aspects of Oral Communication*. Berlin: Walter de Gruyter. pp. 391–418.

Heritage, J. and Clayman, S. (2010) *Talk in Action Interactions, Identities, and Institutions*. Chichester: Wiley-Blackwell.

Heritage, J. and Clayman, S. (2013) 'The changing tenor of questioning over time: tracking a question form across US presidential news conferences, 1953–2000', *Journalism Practice*, 7 (4): 481–501.

Heritage, J. and Maynard, D. (eds) (2006) *Communication in Medical Care: Interaction Between Primarycare Physicians and Patients*. Cambridge: Cambridge University Press.

Heritage, J., Robinson, J., Elliott, M., Beckett, M. and Wilkes, M. (2007) 'Reducing patients' unmet concerns in primary care: the difference one word can make', *Journal of General Internal Medicine*, 22 (10): 1429–33.

Heritage, J. and Watson, R. (1979) 'Formulation as conversational objects', in G. Psathas (ed.), *Everyday Language: Studies in Ethnomethodology*. New York: Irvington, pp. 123–62.

Holstein, J. A. and Gubrium, J. F. (1995) *The Active Interview*. Newbury Park, CA: Sage.

Kirk, J. and Miller, M. L. (1986) *Reliability and Validity in Qualitative Research*. London: Sage.
Peräkylä, A. (1989) 'Appealing to the experience of the patient in the care of the dying', *Sociology of Health and Illness*, 11 (2): 117–34.
Peräkylä, A. (1995) *AIDS Counselling: Institutional Interaction and Clinical Practice*. Cambridge: Cambridge University Press.
Pomerantz, A. (1980) 'Telling my side: "limited access" as a "fishing device"', *Sociological Inquiry*, 50: 186–98.
Rapley, T. (2004) 'Interviews', in C. Seale, D. Silverman, J. Gubrium and G. Gobo (eds), *Qualitative Research Practice*. London: Sage, pp. 15–33.
Ruusuvuori J. and Voutilainen L. (2010) 'Comparing interaction in different types of health care encounter', in M. Haakana, M. Laakso and J. Lindström (eds), *Talk in Interaction: Comparative Dimensions*. Helsinki: Finnish Literature Society, pp. 206–30.
Sacks, H., Schegloff, E. A. and Jefferson, G. (1974) 'A simplest systematics for the organization of turn-taking for conversation', *Language*, 50: 696–735.
Schegloff, E. A. (1968) 'Sequencing in conversational openings', *American Anthropologist*, 70: 1075–95.
Schegloff, E. A. (1987) 'Between macro and micro: contexts and other connections', in J. Alexander, B. Giesen, R. Munch and N. Smelser (eds), *The Micro–Macro Link*. Berkeley and Los Angeles: University of California Press, pp. 207–34.
Schegloff, E. A. (1991) 'Reflections on talk and social structure', in D. Boden and D. H. Zimmerman (eds), *Talk and Social Structure: Studies in Ethnomethodology and Conversation Analysis*. Cambridge: Polity, pp. 44–70.
Silverman, D. (2010) *Doing Qualitative Research* (3rd edn). London: Sage.
Silverman, D. (2013) *A Very Short, Fairly Interesting, Reasonably Cheap Book about Qualitative Research* (2nd edn). London: Sage.
Silverman, D. (2015) *Interpreting Qualitative Data: Methods for Analysing Talk, Text and Interaction* (5th edn). London: Sage.
Stivers, T. (2015) 'Coding social interaction: a heretical approach in conversation analysis?', *Research on Language and Social Interaction*, 48 (1): 1–19.
Stivers, T., Enfield, N. J., Brown, P., Englert, C., Hayashi, M., Heinemann, T., Hoymann, G., Rossano, F., de Ruiter, J. P., Yoon, K.-E. and Levinson, S. C. (2009) 'Universals and cultural variation in turn-taking in conversation', *Proceedings of the National Academy of Sciences of the United States of America*, 106 (26): 10587–92.
Stivers, T. and Majid, A. (2007) 'Questioning children: interactional evidence of implicit bias in medical interviews', *Social Psychology Quarterly*, 70 (4): 424–41.
Voutilainen, L., Peräkylä, A. and Ruusuvuori, J. (2010) 'Recognition and interpretation: responding to emotional experience in psychotherapy', *Research on Language and Social Interaction*, 44 (1): 85–107.
Weiste, E. and Peräkylä, A. (2013) 'A comparative conversation analytic study of formulations in psychoanalysis and cognitive psychotherapy', *Research on Language and Social Interaction*, 46 (4): 299–321.

पच्चीस

गुणात्मक अनुसंधान लेखनः अभ्यास, शैली, और श्रोता

(Writing Qualitative Research: Practice, Genre, and Audience)

आमिर मार्वास्ति

इस अध्याय के बारे में

एक प्रक्रिया और गुणात्मक अनुसंधान के परिणाम दोनों के रूप में लेखन पर ध्यान केन्द्रित करते हुए, यह अध्याय नौसिखिया शोधकर्ताओं को उनके काम का आकलन करने के लिए एक ढांचा प्रदान करता है। विशेष रूप से, गुणात्मक अनुसंधान का लेखन एक त्रि–पक्ष उद्यम (three-facet enterprise) के रूप में प्रस्तुत किया जाता है जिसमें अभ्यास, शैली और दर्शकों को शामिल किया जाता है। अभ्यास जारी या चल रहे, तरल आयामों के साथ–साथ बुनियादी कौशल या लेखन के शिल्प को संदर्भित करता है। शैली की चर्चा सामाजिक वैज्ञानिकों के लिए विशेष रूप से गुणात्मक शोधकर्ताओं के लिए उपलब्ध विभिन्न शैलीगत (stylistic) विकल्पों के साथ व्यवहार में लायी जाती है। अन्त में, दर्शकों के चयन रणनीतिक विकल्पों को सम्बोधित करते हैं लेखकों को विचार करना पड़ता है क्योंकि वे उनके काम को प्रकाशित करने और विभिन्न दर्शकों के लिए इसे सुलभ बनाने की कोशिश करते हैं। ऑनलाइन प्रकाशन करने के मामले में लेखन के तीन घटक तत्वों को लागू किया जाता है। यह तर्क दिया जाता है कि 'पूर्ण शोध पत्र' वह है जो प्रतिनिधित्व के विशेष माध्यम के बावजूद इन तीन आयामों के बीच एक सन्तुलन पर बल देता है।

कीवर्ड्स– लेखन (Writing), शैली (Genre), श्रोता (Audience), शोधकर्ता की भूमिकाएं (Researcher Roles), सहकर्मी समीक्षा (Peer Review), ऑनलाइन प्रकाशन करना (Online Publishing)

परिचय

गुणात्मक अनुसंधान के क्षेत्र विश्लेषणात्मक विकल्पों, प्रतिनिधित्ववादी शैलियों और प्रकाशन की दुकानों (outlets) के साथ समृद्ध है। आंकड़ों कितने हो, आंकड़ों का विश्लेषण कैसे करें, आखिर पटकथा लिखना कैसे है या इन सबको कैसे लिख सकते हैं और अन्तिम पाण्डुलिपि में शामिल क्या करना है, इसके बारे में सवाल, उत्तरोत्तर अधिक कठिन होते जाते हैं क्योंकि कोई भी गुणात्मक मानदण्डों (paradigms) की विविधता के बारे में सीखता है। इनमें से कई मुद्दों को इस पुस्तक में कहीं और सम्बोधित किया गया है और इस पर ध्यान केन्द्रित किये जाने से अध्याय से परे हैं। यहां मैं गुणात्मक अनुसंधान के लेखन पर ध्यान केन्द्रित करता हूं।

मुझे लगता है कि गुणात्मक अनुसंधान के विविध परिदृश्य में सामान्य दिलचस्पी वाले बिन्दुओं का पता लगाना संभव है। जबकि साक्षात्कार की कई शैलियों हैं उदाहरण के लिए – (संरचित, मुक्त, प्रजातिलेखन सम्बन्धी इत्यादि), हम सभी इससे सहमत होंगे कि एक साक्षात्कार के लिए कम से कम प्रश्नों और उत्तरदाताओं की आवश्यकता होती है। इसी तरह, जबकि प्रतिनिधित्व सम्बन्धी (representational) विकल्प अनन्त प्रतीत हो सकते हैं, लेखन के अपने अभ्यास और तर्क पूरी तरह सीमाओं के बिना नहीं होते हैं। इस अध्याय में, मैंने पाठक की प्रतिक्रिया की अन्तर्दृष्टियों से (Iser, 1978), शैली (फ्रीडमैन एण्ड मेडवे, 1994), और लिखित प्रक्रिया (पार्क, 2005) तीन अन्तःसम्बन्धित विषयों पर आधारित गुणात्मक अनुसंधान में 'अच्छे लेखन' के सोच (vision) की

पेशकश करने के लिए सिद्धान्तों को लिया हैः (1) लेखन के शिल्प एवं चल रहे अभ्यास, (2) लेखन शैलियां, और (3) लेखन के बाहरी मूल्यांकन। ऑनलाइन प्रकाशन के मामले में इन तीनों अवधारणाओं को लागू करते हुये मैंने इस अध्याय को समाप्त किया है।

दर्शकों की अपेक्षाओं और उद्देश्यपूर्ण लेखन पर अपना जोर देने के साथ, मुझे यह ध्यान देने से शुरुआत करना चाहिए कि इस अध्याय के लिए लक्षित दर्शक नौसिखिया गुणात्मक शोधकर्ताओं और स्नातक छात्रों में से हैं। इसलिए, इस विशिष्ट समूह के हितों की सेवा के लिए मेरे विशिष्ट उदाहरणों और उद्धरणों को चुना गया था। मुझे यह भी ध्यान रखना चाहिए कि पारम्परिक पद्धतीय शिविरों के लिये अपनी प्रासंगिकता में यहां प्रस्तुत सामग्री भिन्न होती है, हालांकि मैंने एक सख्त गुणात्मक–मात्रात्मक भेद को मूर्त रूप देने से बचा लिया है। विशेष रूप से, गुणात्मक शोधकर्ताओं की विशिष्ट जरूरतों को पूरा करने में शैली की चर्चा सबसे दूर हो जाती है जबकि अन्य अनुभाग सामान्यतः नौसिखया लेखकों के लिए उपयोगी हो सकते हैं।

लेखन का अभ्यास और शिल्प (The Craft and Practice of Writing)

आमतौर पर लेखन को स्वयं–अभिव्यक्ति का एक अद्वितीय, रचनात्मक प्रारूप के रूप में विचार माना जाता है, और यह मिथक समस्या का एक बड़ा हिस्सा हो सकता है। यहां तक कि अपने सर्वाधिक आत्म–जागरूकता से रचनात्मक अभिव्यक्तियों में भी लेखन एक शिल्प है जिसमें अनन्त अभ्यास और तकनीकों की महारत शामिल है। रचनात्मकता और तकनीकी व्यावहारिक ज्ञान लेखन के आयामों के परस्पर अनन्य नहीं होते हैं, महान विचार चाहे कितना ही गहरा हो, परन्तु लेखन के बुनियादी कौशल के बिना व्यक्त नहीं किया जा सकता है। सौभाग्य से, लेखन के तकनीकी सम्मेलनों में दिलचस्पी रखने वाले सामाजिक वैज्ञानिकों के लिए, अनुदेशात्मक पुस्तकों की कोई कमी नहीं है। विशेष रूप से, गुणात्मक शोधकर्ताओं के लिए, इस तरह के ग्रन्थों का एक बढ़ता हुआ बाजार है जिसमें थीसिस (theses) और शोध प्रबन्ध (dissertations) लेखन पर कम से कम एक अध्याय शामिल रहता है, गुणात्मक शोध लेखन की मूलभूत बातों के लिए कुछ पूरी तरह से समर्पित होते हैं (देखें, उदाहरण के लिए, वॉल्कोट, 2009)।

हालांकि, एक ही समय में वास्तविक के साथ जारी अभ्यास से तकनीकी व्यावहारिक ज्ञान विकसित होता है। विशेष रूप से, शिष्ट रूप से जुड़ी टिप्पणियों को संगठित करने और व्यक्त करने की तरल प्रक्रिया के रूप में लेखन को भविष्य की सम्भावनाओं के रूप में कल्पना करने और सिखाये जाने में किया सकता है। इस सन्दर्भ में, शोधकर्ता/लेखक (अन्य लोगों के साथ पारस्परिक विचार विमर्श में और समय एवं स्थान में जुड़े) को लगातार प्रारंभिक विचारों का पुनः मूल्यांकन करना पड़ता है। मेरे अपने शोध से एक उदाहरण का उपयोग करके इस बिंदु को स्पष्ट करता हूं। बेघर आश्रय के मेरे प्रजातिलेखन की शुरुआत में, मैं इस विचार के आसपास अपने शोध प्रबन्ध को व्यवस्थित करना चाहता था कि बेघर 'हमारे समय के उत्तर आधुनिक नायक' हैं। यह विचार बेघर लोगों के साथ साक्षात्कारों से प्रेरित था, जिन्होंने 'यह नागरिक होने के लिये बेकार है' या 'मुझे उन गरीब अवैध सन्तानों के लिए खेद है जो उनके काम से गुलाम हैं'। मैं चाहता हूँ जहाँ सोने के लिये, मैं चाहता हूँ जहां जाने के लिए, उसके लिये मैं स्वतंत्र हूं। उत्पादक श्रम के आधुनिक, पूंजीवादी आधार के स्पष्ट अस्वीकृति के रूप में, 'मैंने ऐसे बयान की व्याख्या की। साथी छात्रों के साथ कॉफी की दुकानों में चैट करते हुए, मैंने उनके कार्य–विरोधी बयानों को उद्धृत करके बेघर होने के कारणों का समर्थन किया, अपने क्षेत्र की टिप्पणियों को राजनीतिक नारे में अनुवादित किया। हालांकि, जब यह शोध प्रबन्ध लेखन के लिए आया था, तो 'ऐसा लगता है कि कुछ बेघर लोग काम के पारम्परिक विचारों को अस्वीकार करते हैं', जैसी कुछ व्यापक घोषणाओं से अलग, मेरे पास विषय पर लिखने के लिये और कुछ नहीं था।

सौभाग्य से, जैसा कि मेरे लेखन और विश्लेषण की प्रगति हुई, मेरे साथियों और शोध प्रबन्ध निदेशक की सहायता से, मैंने एक और विचार पर ध्यान केन्द्रित किया जो अनुभवजन्य सबूत और मेरे समाजशास्त्रीय प्रशिक्षण के साथ समकालीन बनाने में और अधिक दिखायी पड़ रहा था। विशेष रूप से, मेरा डेटा यह दिखा रहा था कि

'बेघर' की धारणा समस्याग्रस्त थी। सड़कों पर और आश्रयों में पुरुषों एवं महिलाओं ने अपनी परिस्थितियों को कई अलग–अलग दृष्टिकोणों से देखा। कुछ लोगों ने अपनी स्थिति को व्यक्तिगत स्वतंत्रता के रूप में सोचा जबकि अन्य ने कहा कि वे 'दुखी (miserable)' थे। मेरे फील्डवर्क के बारे में लेखन एवं विश्लेषण करने का यह तरीका मेरे शोध की नींव बन गया और जिस तरह से यह लेखन आगे जारी रहा, यह घिसकर और अधिक चमकदार होता गया।

यह उदाहरण 'लेखन प्रक्रिया सिद्धान्त' का चित्रण, या वह विचार है कि लेखन एक सक्रिय गतिविधि है जो लेखक, उसके दर्शक(ओं) और एक बड़े सांस्कृतिक एवं संस्थागत सन्दर्भ को सन्निहित करता है। इस दृष्टिकोण के अनुसारः

> लेखन में हमेशा आंतरिक एवं बाहरी दोनों, द्विदिशात्मक आन्दोलन होते हैं, और इसमें व्यक्तिगत एवं सामाजिक दोनों तत्व शामिल होते हैं। लेखन के कार्य में एक आन्तरिक आन्दोलन होता है, जिसके परिणामस्वरूप बाहरी आंदोलन के साथ–साथ अपेक्षाकृत स्वयं के निर्माण में भी कुछ कम नहीं होता है, क्योंकि पाठ के रूप में लेखन एक सांस्कृतिक कलाकृति के रूप में मौजूद है जो दूसरों को पढ़ने के लिए है। (पार्क, 2005: 142)।

इस अध्याय में, विशिष्ट स्थापनाओं में एवं दूसरों के साथ मिलकर, समय के साथ किसी के लेखन के अभ्यासों को इस प्रतिमान का अनुसरण करते हुये मैं जोर देता हूं (जैसे, सलाहकारों, सहकर्मियों और समीक्षकों)। विशेष रूप से, गुणात्मक शोध ग्रन्थ, रातोंरात और 'स्वतंत्र रूप से' नहीं लिखे जाते हैं, लेकिन वे एक सन्दर्भ में और दूसरों के साथ मिलकर, किसी भी अन्य सामाजिक प्रथा की तरह ही उभरते हैं। इस तरह से चल रहे अभ्यास के रूप में लेखन के बारे में सोचकर तरल और विभिन्न सन्दर्भों के साथ तकनीकी व्यावहारिक जानकारी (जैसे वर्तनी और व्याकरण) पर जोर दिया जाता है, जिन्हें अगले दो खंडों में दिखाया गया है, और आगे लेखक के विकल्पों को विस्तारित किया गया है एवं सीमित किया गया है।

प्रमुख बिंदु

- किसी विशेष गतिविधि पर व्यावहारिक सलाह प्रदान करने वाली किसी चीज का वर्णन करने के लिये प्रयुक्त माध्यमों के (how-to books) माध्यम से शोध पत्र लिखने की मूल बातों से परिचित हो जाएं।
- अपने लेखन के बारे में लचीला और स्व–आलोचनात्मक दोनों बनें।
- अपनी प्रेरणाओं को निर्देशित और नियन्त्रित करके अपने लेखन पर ध्यान केन्द्रित करना सीखें।
- याद रखें कि लेखन एक कौशल है जिसे समय के साथ अभ्यास करने से बेहतर किया जा सकता है।

संगठन और शैली (Organization and Genre)

सामाजिक विज्ञान अनुसंधान लिखने के कई तरीके हैं जैसा हॉवर्ड बेकर कहते हैं:

> लेखकों के विद्वतापूर्ण ... तर्क स्पष्ट रूप से व्यक्त करते हैं कि पाठकों द्वारा तर्क का अनुसरण किया जा सकता है और वे निष्कर्षों को स्वीकार कर सकते हैं। वे इस काम को जितना आवश्यक हो उतना कठिन बनाते हैं जब उन्हें लगता है कि ऐसा करने का एकमात्र सही तरीका है ... वे अपने काम को आसान बनाते हैं, दूसरी ओर, जब वे यह मानते हैं कि कुछ कहने के कई प्रभावी तरीके हैं और उनका काम केवल यही है कि किसी एक को चुनना एवं इसे निष्पादित करना है ताकि पाठकों को पता चले कि वे कर क्या रहे हैं। (1986: 43)

इस खंड में, मैं दो तरीके से, बेकर द्वारा उल्लिखित लेखन विकल्पों की सीमा पर विचार करता हूं। मैं इस बात पर चर्चा करके शुरूआत करता हूं कि पद्धति, सिद्धान्त और निष्कर्षों पर अलग अलग जोर देने के सन्दर्भ में एक शोध पाण्डुलिपि को आयोजित कैसे किया जा सकता है। मैं फिर गुणात्मक अनुसंधान लेखन के परिदृश्य के मानचित्रण के एक अन्य तरीके के रूप में शैली में विविधताओं की तरफ जाता हूं।

संगठन (Organization)

एक शोध पत्र लेखन का सर्वाधिक व्यापक रूप से उपयोग किया जाने वाला तरीका, चाहे गुणात्मक शोध या मात्रात्मक हो, पाठ को चार तत्वों में प्रस्तुत करता हैः परिचय, पद्धतियां, विश्लेषण और निष्कर्ष। नीचे दिए गए रूपरेखाओं के अनुसार, सवालों के विभिन्न समूहों का जवाब देने के रूप में प्रत्येक अनुभाग के बारे में सोचें।

> परिचय (*Introduction*): आपके शोध पत्र का विषय क्या है? क्या इस विषय पर पहले अध्ययन किये गए हैं?
>
> पद्धतियां (*Methods*): अध्ययन के नमूने का आकार क्या था? नमूना कैसे और कहाँ से एकत्रित किया गया था? आंकड़ों का विश्लेषण कैसे किया जा सकता है? या 'पाठकों को अध्ययन पर विश्वास क्यों करना चाहिए?' (जेम्स हॉस्टीन, व्यक्तिगत पत्राचार, 20 जुलाई 2015)।
>
> विश्लेषण (*Analysis*): इस अध्ययन के लिये अनुभवजन्य प्रमाण क्या हैं? आंकड़ों के द्वारा कौन सी सामाजिक प्रक्रियाओं का खुलासा किया जा सकता है? किसी विशेष सामाजिक विषय या प्रक्रिया के बारे में शोधकर्ता के दावों को यह समर्थन कैसे कर सकता है?
>
> निष्कर्ष (*Conclusion*): सामान्य लोगों या नीति निर्माताओं के लिए यह अध्ययन दिलचस्प कैसे हो सकता है? इसमें सुधार या विस्तार किस तरीके से किया जा सकता है (यानी 'आगे शोध करने' के लिए लौकिक मांग)?

शोधपत्रों के लेखन की अधिकांश अन्य शैलियों इस मानक विषय की विविधतायें हैं। चारों घटकों (यानी परिचय, पद्धतियां, विश्लेषण और निष्कर्ष) में से प्रत्येक पर जोर देने की मात्रा क्या परिवर्तन है।

लेखन के वैकल्पिक तरीकें और शैली (Genre and the alternative ways of writing)

सामाजिक विज्ञानों में, विशेषकर प्रजातिलेखन सम्बन्धी शोधकर्ताओं के बीच में, लेखन एवं तथ्यों का प्रतिनिधित्व करने की बयानबाजी वाले आयामों की बढ़ती जागरूकता है (उदाहरण के लिए, अलासुउतारी, 1995, गबरियम एण्ड हॉस्टीन, 1997)। संभवतः इस सन्दर्भ में व्यापक रूप से उद्धृत किया गया कार्य जेम्स क्लिफर्ड और जॉर्ज मार्कस' का रायटिंग कल्चरः द पोएटिक्स एण्ड पॉलिटिक्स ऑफ एथनोग्राफी (1986) है, जो इसके परिचय में कहता है: 'प्रजातिलेखन का निर्माण कलात्मकीय है, जो लेखन के सांसारिक कार्य से जुड़ा हुआ है' (1986: 6)। जॉन वान मानेन (John Van Maanen's) के फील्ड की कथाएं गुणात्मक लेखन की शैलीगत सुविधाओं का एक और महत्वपूर्ण विश्लेषण है। माध्यमिक विश्लेषण के माध्यम से, वान मैनेन (1988) विभिन्न प्रजातिलेखन सम्बन्धी ग्रन्थों की विभिन्न शैलियों की पहचान करता है (उदाहरण के लिए यथार्थवादी, पाप–स्वीकार पीठिका और प्रभाववादी)। उनका तर्क है कि कई दृष्टिकोणों से देखी गई एक एकल सामाजिक वास्तविकता का वर्णन करने के बजाय, लेखन में परिवर्तनों से उनके स्वयं की वास्तविकताओं का निर्माण करते हैं। इसी प्रकार, रायटिंग स्ट्रेटजीजः रीचिंग डायवर्स ऑडियंसेस (*Writing Strategies: Reaching Diverse Audiences*) में, लॉरेल रिचर्डसन 'फ्रेम, स्वर, कथात्मक रुख, रूपकों और श्रोताओं' (1990: 49) के महत्व पर जोर देते हैं और गुणात्मक शोधकर्ताओं को याद दिलाते हैं किः

> वे एक ही तरह की सामग्री को अलग–अलग तरीकों से लिख सकते हैं। सामग्री लचीली है ... हम सामग्री को आकार कैसे देते हैं, यह इस बात पर निर्भर करता है कि हम अपने शोध में कितने दूर हैं, और जिसे हम किन कारणों से, इसे पढ़ना चाहते हैं। एक ही तरह की सामग्री को एक यथार्थवादी लेख, एक उत्तर आधुनिकतावादी (post-modernist), या दोनों के कुछ मिश्रण में आकार दिया जा सकता है (1990: 49)।

जबकि कुछ ने गुजरने वाली तरंग (fad) के रूप में शाब्दिक बदलाव को खारिज कर दिया है, अन्य ने इसे सामाजिक विज्ञान के नए तर्क के रूप में स्वीकार कर लिया है और वैकल्पिक लेखन रणनीतियों, जो पहले के रूप में रेखांकित किए गए शोधपत्र के पारम्परिक संगठन से परे हैं (उदाहरण के लिए देखें, एलिस एण्ड बोकनर,

1996, रिचर्डसन 1997, रिचर्डसन एण्ड सेंट पियरे, 2005)। इस खण्ड के शेष भाग में, निम्नलिखित तीन शैलियों पर ध्यान केन्द्रित करके इन वैकल्पिक लेखन प्रथाओं का एक संक्षिप्त सर्वेक्षण मैंने प्रस्तुत किया हैः (1) चित्रों के साथ लेखन (Writing with pictures), (2) कहानी लेखन (writing the story), और (3) लेखक लेखन (writing the author)। मैं इन शैलियों के महत्वपूर्ण मूल्यांकन के साथ इस अनुभाग को समाप्त करता हूं।

चित्रों के साथ लेखन (Writing with pictures)

जबकि सामाजिक विज्ञान में दृश्य की जगह हमेशा होती है, इसके उपयोग और विश्लेषण में विभिन्न विषयों के इतिहास में बहुतायत उतार–चढ़ाव हुए हैं (इस खण्ड में एमिशन को देखें)। उदाहरण के लिए, सौ साल से भी ज्यादा समय पहले, अमेरिकन जर्नल ऑफ सोशियोलॉजी (*American Journal of Sociology*) एवं दि फ्लैगशिप जर्नल ऑफ दि डिसिप्लीन में कई ऐसे लेख प्रकाशित किए जिसमें डेटा के रूप में फोटो का इस्तेमाल किया गया है (देखें Stasz, 1979)। एलिजाबेथ चैपलिन (1994: 201) के अनुसार, इस प्रकार का पहली पाण्डुलिपि एफ. ब्लैकमर की द स्मोकी पिलग्रीम्स (*The Smoky Pilgrims*) 1897 में प्रकाशित की गयी थी। इस अध्ययन में ग्रामीण कैनसास में चित्रों का प्रयोग करते हुये गरीबी का चित्रण किया गया था। फिर भी, दृश्य में कमी संख्यात्मक विश्लेषण के साथ लिखित शब्द के रूप में पहले के दिलचस्पी वाले विश्लेषण का प्रमुख तरीका बन गयी। एक तरीके से, सांख्यिकीय आंकड़े, चार्ट्स एवं तालिकायें पेशेवर समाजशास्त्रीय प्रकाशनों के दृश्य केंद्र बन गए।

सामाजिक विज्ञानों में लेखन के व्यापक संदर्भ में, कोई भी दृश्य को दो तरीकों से सोच सकता हैः (1) चित्रों के बारे में लिखना और (2) चित्रों के साथ लेखन। तस्वीरों के बारे में लेखन में, अक्सर सांस्कृतिक आलोचना के प्रयोजन के लिए मौजूदा छवियों के विश्लेषण को शामिल किया जाता है। उदाहरण के लिए, लिंग विज्ञापनों (*Gender Advertisements*) के अपने ऐतिहासिक समाजशास्त्रीय अध्ययन (1979) में, इरविंग गॉफमैन ने विश्लेषण किया कि पत्रिका के विज्ञापनों में लिंग की भूमिकाएं और उम्मीदें कैसे प्रतिबिंबित होती हैं। 500 से अधिक फोटो का उपयोग करते हुए, उन्होंने पश्चिमी समाजों में लिंग सम्बन्धों के बिना प्रमाण के सही मानने की प्रकृति के लिए आलोचना की। विशेष रूप से, गॉफमैन ने दिखाया कि 1970 के उत्तरार्ध में पत्रिका के विज्ञापनों ने सक्रिय भूमिकाओं में पुरुषों को सक्रिय रूप में (खेलकूद में खेलना या मरीजों की मदद करना जैसा चीजें करना) और महिलाओं को मात्र दर्शकों के रूप में दर्शाया गया है कि वे पुरुषों की गतिविधियों को निष्क्रिय रूप से देख रही हैं।

इसके विपरीत, चित्रों के साथ लेखन में लिखित शब्द को यहां तक कि आगे बढ़ाने या पूरक, चित्रित करने के उद्देश्य से पहले बार वाली दृश्य सामग्री का बनाना शामिल किया जाता है। सामाजिक विज्ञानों में, मानवविज्ञान (Anthropology) चित्रकारी के उद्देश्यों के लिए सचित्र और फिल्म सामग्री के उपयोग का नेतृत्व करता है। उदाहरण के लिए, ग्रेगरी बेट्सन एण्ड मार्गरेट मीड के बालिनीज कैरेक्टर (Gregory Bateson and Margaret Mead's *Balinese Character*): एक फोटोग्राफिक विश्लेषण (1942) में शब्द और दृश्य को एक पूरक तरीके से जोड़ा जाता है ताकि कोई एक दूसरे के अर्थ को बढ़ा सके।

डगलस हार्पर (2005) के अनुसार, सामाजिक अनुसंधान में उभरती हुई कम्प्यूटर प्रौद्योगिकियों ने दृश्य सामग्री के उपयोग करने में सहायता प्रदान की है। विशेष रूप से, मल्टीमीडिया पाठों के अब एक ही तरह के सन्दर्भ की लिखित सामग्री एवं चित्रों को आसानी से जोड़ सकते हैं। इसके अतिरिक्त, मल्टीमीडिया पाठों को दुनिया भर के लगभग किसी भी स्थान से उपयोगकर्ताओं के लिए पहुंच योग्य इन्टरनेट वेबसाइटों पर डाला जा सकता है। इन्टरनेट पर पोस्ट किए गए मल्टीमीडिया पाठ की एक महत्वपूर्ण विशेषता यह है कि सामग्री को किसी बाध्य पुस्तक की तरह रैखिक रूप से पढ़ने या देखने के लिये उपयोग नहीं किया जा सकता है (उदाहरण के लिए 'हाइपरटेक्स्ट')। तथाकथित 'हाट लिंक' या 'हाइपरलिंक्स' पाठकों को एक अवतरण से दूसरे तक जाने की अनुमति देते हैं। उदाहरण के लिए, हाइपरटेक्स्ट प्रजातिलेखन को पढ़ने के दौरान, पाठक फील्ड से चित्रों पर क्लिक कर सकते हैं, प्रतिवादी के चित्र को देख सकते हैं, और उस प्रतिवादी के साक्षात्कार के अंश को देखने के लिए उसके नाम पर क्लिक कर सकते हैं।

कहानी लेखन (Writing the story)

कुछ गुणात्मक शोधकर्ताओं का दृष्टिकोण लेखन के लिये एक कहानी कहने के रूप में होता है। लेखन की इस प्रकार की शैली में, शोधकर्ताओं द्वारा 'दृश्यों' को जिसमें आंकड़े एकत्रित किये गये थे एवं विशेषताओं का वर्णन किया जाता है। इसके अतिरिक्त, लेखक के विचारों और भूमिकाओं को जिसे अध्ययन में वह ग्रहण करता है या करती है कहानी का हिस्सा बन सकते हैं। उदाहरण के लिए, कैरोलिन एलिस एण्ड आर्थर बोकनेर (1992) के गर्भपात के साथ व्यक्तिगत अनुभव को निम्नलिखित परिचित कथा शीर्षकों का उपयोग करने के बारे में बताया गया है:

कहानी - **(The story)**

दृश्य 1: गर्भावस्था परीक्षण एवं गर्भावस्था का परीक्षण (The Pregnancy Test and the Test of Pregnancy)

दृश्य 2: फैसला करना (Making the Decision)

दृश्य 3: निर्णय से निपटना (Dealing with the Decision)

दृश्य 4: गर्भपात से पूर्व की प्रक्रिया (The Preabortion Procedure)

दृश्य 5: गर्भपात (The Abortion)

उपसंहार (Epilogue)

(एलिस एण्ड बोकनेर से अनुकूलित, 1992: 79–101)

एक कथनात्मक शैली में लेखन का निर्णय करना आंकड़ों एवं आंकड़ों के संग्रहण करने की पद्धति पर निर्भर करता है। उदाहरण के लिए, प्रजातिलेखन सम्बन्धी पद्धतियां कहानियों के लेखन के लिए बेहतर ढंग से अनुकूल होती हैं क्योंकि शोध प्रक्रियायें कहानी कहने के मुख्य आधार के लिए खुद का योगदान देते हैं (जैसे विशेषतायें एवं स्थापनायें)। माना जाता है कि, कोई भी व्यक्ति किसी साइट में प्रवेश करने और अपने अनुभवों को कहानी के रूप में प्रतिवेदित करने हेतु किसी भी प्रजातिलेखन को लिखा जा सकता है। उदाहरण के लिए, विलियम व्हाइटे का उत्कृष्ट प्रजातिलेखन 'स्ट्रीट कॉर्नर सोसाइटी' (1949) को अंदरूनी शहर में इतालवी प्रवासियों के साथ रहने वाले एक सफेद व्यक्ति की कहानी को कम किया जा सकता है।

लेखक लेखन (Writing the author)

फील्ड की टिप्पणियों के भीतर लेखक का लेखन, या स्वप्रजातिलेखन (Autoethnography), गुणात्मक अनुसंधान का प्रतिनिधित्व करने वाली एक अन्य शैली है। इस प्रकार के लेखन का एक सम्पूर्ण सर्वेक्षण, डेबोराह रीड–डानाहाय (Deborah Reed-Danahay's) की ऑटो/एथनोग्राफी (1997) के प्रारम्भिक अध्याय में पाया जा सकता है, जो स्वप्रजातिलेखन सम्बन्धी (Autoethnographic) लेखन को अनिवार्य रूप से सामाजिक अनुभव के आत्म–परावर्तक (self-reflexive) विवरण के रूप में प्रस्तुत कर सकता है। तदनुसार, स्वप्रजातिलेखन सम्बन्धी पाठों में स्पष्ट रूप से लेखकों को शामिल करने और एक व्यापक सामाजिक संदर्भ में उनके अपने (his or her) अनुभवों को संलग्न करने का लक्ष्य है, या जैसा कि रीड–डानाहाय इसे कहते हैं: स्वप्रजातिलेखन एक 'स्व–कथनात्मक है जो स्वयं को एक सामाजिक संदर्भ के भीतर रखती है' (1997: 9)।

हालांकि, यह प्राप्त कैसे किया जाता है और किस उद्देश्य से यह काफी बहस और विवाद का विषय है। रीड–डानाहाय के अध्याय में स्वप्रजातिलेखकों के लिए प्रतिनिधित्ववादी रणनीतियों की निरन्तरता दिखाई देती है। एक तरफ, न्यूनतम आत्म–सन्दर्भित पाठ है जो आसानी से लेखक की अपनी व्यक्तिपरक आवाज को क्षेत्र से कई आवाजों और टिप्पणियों के लिए जोड़ता है। दूसरी ओर, 'शुद्ध (pure)', 'देशी (native)' अनुभव जो शैक्षिक स्रोतों से बहुत कम या कोई हस्तक्षेप नहीं किया गया है।

स्वप्रजातिलेखन के क्षेत्र में, कैरोल रोनाई (Carol Ronai) उत्कृष्ट सौंदर्यवादी संवेदनशीलता के साथ इस शैली के सर्वश्रेष्ठ विश्लेषणात्मक नवाचारों का गठबंधन करने की उनकी योग्यता के कारण अनुकरणीय हैं। उसकी कहानी, 'मेरी मां मानसिक रूप से मंद है (My mother is mentally retarded)' (रोनाई, 1996), जिसे वह 'बहु–स्तरित विवरण' कहती है, इसका एक उत्कृष्ट उदाहरण है। स्वप्रजातिलेखन के इस विशेष रूप में, लेखक का अनुभवात्मक विवरण अकादमिक और लोकप्रिय संभाषणों के साथ जुड़ जाता है। तारांकितों (asterisks) के एक समूह का उपयोग करके विवरणों को स्तरित और जानबूझकर असम्बद्ध किया जाता है।

लेखन के सौंदर्यशास्त्र एवं शैली पर सावधानी के शब्द ***(Words of caution on genre and the aesthetics of writing)***

'वैकल्पिक' स्थिति गंभीर मूल्यांकन से इन ग्रंथों को मुक्त नहीं करती है। उदाहरण के लिए, कुछ आलोचकों का कहना है कि कुछ प्रतिनिधित्ववादी प्रयोगों के परिणामस्वरूप केवल बुरे लेखन होते हैं। उदाहरण के लिए, एलिस की एथनोग्राफिक आईः ए मैथडोलॉजिकल नोवेल अबाउट आटोएथनोग्राफी (*The Ethnographic I: A Methodological Novel about Autoethnography*), उसकी अपनी समीक्षा में, पामेला मोरो लिखती हैं:

> शायद, असली सवाल यह है कि इस दिल से किये गये प्रयास को सफल करने के लिए एलिस एक अच्छी लेखिका है या नहीं। अच्छी कथा का लेखन कठिन है, सम्मोहक संवाद लिखना बेहद कठिन है। मुझे पूरी तरह से यकीन नहीं है कि क्या एलिस ने वह एक 'उपन्यास' लिखा है, ... ऐसा लगता है कि जैसे उसने एक उपन्यास का खोल (shell) ले लिया है और इसमें पाठ्यपुस्तक की सामग्री डाल दी है। (2006: 266)

दूसरा प्रश्न यह है कि वैकल्पिक लेखन प्रारूप उनके मुक्ति लक्ष्यों को प्राप्त करने में प्रभावशाली हैं या नहीं। उदाहरण के लिए, पॉल एटकिंसन और सारा डेलामोंट असावधानी से प्रयोगात्मकता वाले कुछ लेखन की चेतावनी देते हैं (1) सब कुछ जानने वाले लेखक के रूप में सामाजिक वैज्ञानिक को पुनः केन्द्रित करना और (2) सामाजिक अनुभव के एक पारस्परिक विचार विमर्श सम्बन्धी दृश्य के बजाय व्यक्ति होने को बढ़ावा देता है:

> हम सामाजिक जीवन के पुनर्निर्माण में सौन्दर्य मानदण्डों की थोक स्वीकृति के खिलाफ चेतावनी देते हैं। कई संदर्भों में, सामाजिक कार्रवाई के विभिन्न प्रारूपों का एक सौंदर्य साधन में ध्वस्त होने का खतरा होता है – जो स्पष्ट रूप से सामाजिक वैज्ञानिक की ग्रन्थकार सम्बन्धी आवाज का मूल्योद्धार (Revalorizing) करना है – और सामाजिक रूप से साझाकृत और सांस्कृतिक रूप से आकार प्रदान की गयी घटना को एक निर्विवाद या अविभेदित (Undifferentiated) लेकिन गूढ़ साहित्यिक शैली की विषय–वस्तु में बदलना है। (2005: 823)

इसी प्रकार, नॉर्म डेन्जिन ने जोर देकर कहा कि लेखन के सौंदर्यशास्त्र में दिलचस्पी को अपनी राजनीतिक सामग्री और निहितार्थ को बाहर नहीं किया जाना चाहिएः 'नीति शास्त्र, सौंदर्यशास्त्र, राजनीतिक अमल एवं ज्ञान मीमांसा शामिल हो गए हैं' (2000: 258)।

दूसरी ओर, कुछ आश्चर्य है, कि वास्तव में जिनके प्रतिनिधित्व किये जा रहे हैं। उदाहरण के लिए, जे. गबरियम ने 'आत्म–संदर्भित लेखन (self-referential writing)' के खिलाफ चेतावनी दी है, जो 'ग्रहण (eclipses)' या शोध के विषय वस्तु की दृष्टि को खो देता है। अपने शब्दों में:

> मुझे पता है कि विषयवस्तु शोधकर्ता का अनुभव हो सकती है, लेकिन इससे मेरा सम्बन्ध इस बात पर जोर देने से है कि इसे अन्तिम लेखन उत्पाद में ले जाया जा सकता है। यदि विशेष रूप से आप स्वयं और दूसरों के साथ अपने सम्बन्ध को किसी परियोजना में लिखित रूप में अपने स्थान की सुविधा के लिए पेश करने का लक्ष्य रखते हैं, तो इसके बारे में लिखें कि परिस्थितियों में व्यक्तिगत और पारस्परिक अनुभव के व्यापक मुद्दों से सम्बन्धित कैसे हैं (2009)।

डेविड सिल्वरमैन (2007: 119) इस आलोचना के लिये सुझाव देते हुए कहते हैं कि वैकल्पिक लेखन और सम्बन्धित शैलियां ट्रेंडी ट्रॉप (trendy tropes) हैं जिसमें सार की कमी होती हैं:

- समकालीन गुणात्मक अनुसंधान में दो तत्वों द्वारा घुसपैठ करा दी गयी हैः रोमांटिकतावाद का अनुभवयुक्त खेल और .... उत्तर–आधुनिकतावाद की कृत्रिम चीजें (pastiche)।
- इन दोनों तत्वों को समकालीन संस्कृति की कुछ विशिष्ट सुविधाओं की अविश्वसनीय स्वीकृति से व्युत्पन्न किया गया है। [सिल्वरमैन का सुझाव है कि इस पथ का अनुसरण करना खतरनाक है और हमें बीसवीं सदी के विज्ञान के विकृत संस्करणों की याद दिलाता है जब सोवियत विज्ञान और नाजी विज्ञान विकसित किया गया।]
- इन तत्वावधानों के तहत, गुणात्मक शोध 'बकवास (bullshit)' की कल्पना की जा सकती है, न कि उसके अपमानजनक और स्थानीय भाषा में, परन्तु अधिकतर कला (kitsch), अति–अनर्गल वार्ता और अति–सिद्धान्तयुक्त के रूप में।

प्रमुख बिंदु

- अनुसंधान पाण्डुलिपियों में आमतौर पर निम्नलिखित शामिल होते हैंः परिचय, पद्धतियां, परिणाम और निष्कर्ष।
- विभिन्न लेखन शैलियां आपको अपने अनुसंधान परियोजना की विशेष सुविधाओं, जैसे कि लेखक, दृश्य आयाम या कहानी के प्रति पाठकों को उन्मुख करने की अनुमति देती हैं।
- लेखन के प्रति एक सौंदर्यवादी अभिविन्यास, विश्लेषण एवं प्रतिनिधित्व की राजनीति को अनदेखा करने का लाइसेंस नहीं है।

दर्शकः समीक्षकों एवं प्रकाशन आउटलेट्स (Audiences: Publication Outlets and Reviewers)

शोध ग्रन्थ (texts) शोधकर्ताओं की अपनी खपत के लिए नहीं बल्कि बाह्य दर्शकों के लिए होते हैं। इस बिंदु को स्पष्ट करने के लिए, आइए लेखन के एक रूप से शुरू करें जो मुख्य रूप से स्वयं उपयोग के लिए है (अर्थात् व्यक्तिगत डायरी)। ऐसे दस्तावेजों में क्या होता है कि पारम्परिक रूप से आत्म निर्देशित और इतना निजी माना जाता है, ताकि पश्चिमी संस्कृतियों में उनके अनाधिकृत पढ़ने को प्रतिबन्धित माना जा सके। एक डायरी में शब्दों को किसी भी क्रम में प्रकट किया जा सकता है और कई अर्थ मिल सकते हैं, और कोई बाहरी प्राधिकरण इसे प्रमाणित करने या स्पष्टीकरण की मांग करने की उम्मीद नहीं करता है।

बेशक, 'निजी डायरी' एक आदर्श प्रकार के रूप में तेजी से बदल रही है (ट्विटर और टेक्स्ट–मैसेजिंग जैसे वेब–आधारित मंचों ने अब इसे निजी बनने से लेकर सार्वजनिक होने तक संभव बना दिया है, और प्रसिद्ध लोगों की डायरी हमेशा जनता और प्रकाशकों की रुचि रही है)। इसके बावजूद, अगर हम दर्शकों की निरन्तरता पर लिखने के बारे में सोचते हैं, तो निजी डायरी चरम पर से गिर जाएगी जहां दर्शकों को अनिवार्य रूप से स्वयं को कम कर दिया जाता है। दूसरी ओर, हम ऐसे अनुसंधान प्रतिवेदनों को प्राप्त करेंगे जो स्पष्ट रूप से बाहरी दर्शकों की जरूरतों के अनुरूप होती हैं, जो कि प्रकाशन के लिए एक पाण्डुलिपि का मूल्यांकन करने वाले समीक्षकों एवं संपादकों के लिए एक शोध प्रबंध की देखरेख वाली छोटी समितियों से भिन्न हो सकती हैं। अगले खंड, जर्नल प्रकाशनों पर जोर देने के साथ–साथ गुणात्मक अनुसंधान के लिए दर्शकों की दुनिया को चलाने के लिए कुछ व्यावहारिक ज्ञान, साथ ही विश्लेषण सम्बन्धी, मार्गदर्शन प्रदान करता है।

रणनीतिक विकल्प (Strategic choices)

सामाजिक विज्ञान अनुसंधान को प्रकाशित करने के लिए दो सामान्य विकल्पों में पुस्तकें एवं जर्नल के लेख होते हैं। जैसे कि आप दो विकल्पों पर विचार करते हैं, तो यह ध्यान रखना महत्वपूर्ण है कि सामान्य रूप में किसी के पेशेवर करियर के लिए पुस्तक एवं जर्नल के प्रकाशनों को कार्यकाल की प्रक्रिया में अलग–अलग वजन दिया जाता है।

उदाहरण के लिए, 'पुस्तकें बनाम लेखों में': एलन वुल्फ (1990) के समाजशास्त्र के प्रकाशन के दो तरीकों' से पता चलता है कि पुस्तक और लेख के उत्पादन के बीच संतुलन में कम से कम संयुक्त राज्य अमेरिका में अकादमिक संस्थानों में काफी उतार–चढ़ाव होता है। वुल्फ के अनुसार, विद्वानों के प्रकाशनों में बहुलता उपयोगी और आवश्यक है, पुस्तकों और लेखों के विश्लेषण के तहत विषयों के विभिन्न उपचार की अनुमति देते हैं और वे समाजशास्त्रियों को विभिन्न दर्शकों तक पहुंचने की अनुमति देते हैं। हालांकि, यह संभावना नहीं है कि एक गुणात्मक शोधकर्ता जर्नल प्रकाशनों के बिना प्रमुख शैक्षणिक संस्थानों में कार्यकाल आवश्यकताओं को पारित करेगा। इस बात को ध्यान में रखते हुए, इस खण्ड का शेष भाग पत्रिका प्रकाशन की बुनियादी आवश्यकताओं पर विचार करता है।

सम्पादकों और समीक्षकों की टिप्पणियों का जवाब देना (Responding to editors' and reviewers' comments)

समीक्षाकर्ताओं से पर्याप्त संशोधन के लिए अनुरोध के साथ अधिकांश जर्नल के आलेखों को या तो अस्वीकार कर दिया जाता है या लौटा दिया जाता है, जिनकी टिप्पणियों को संपादक के एक पत्र के साथ लेखक को वापस कर दी जाती है। यदि संपादक के पत्र में वाक्यांश 'संशोधन करें और पुनः प्रस्तुत करें' होता है, खासकर बेहतर होने के लिये वाक्यांश 'आपको दृढ़ता से प्रोत्साहित करता है' हो, तो यह बहुत अच्छी खबर है। आलेख को संशोधित करने में, लेखकों को समीक्षाकर्ताओं की टिप्पणियों पर विशेष ध्यान देने के लिए सलाह दी जाती है जो संपादक द्वारा प्रतिबिम्बित किये गये थे। दूसरे शब्दों में, कोई भी समीक्षाकर्ताओं की कुछ टिप्पणियों को अनदेखा कर सकता है, लेकिन संपादक के सुझावों को अलग रखने के लिए यह एक बड़ी गलती होगी।

कई आलेखों को जमा करने के बाद, समीक्षकों के बीच एक प्रतिमान (pattern) देखना संभव है। दूसरों की तुलना में निस्संदेह कुछ अधिक उपयोगी होते हैं। यह ध्यान रखना महत्वपूर्ण है कि समीक्षक अक्सर एक आलेख को पढ़ने और टिप्पणी करने के लिये घंटों समय बिताते हुये, संपादकों को मुफ्त में अपनी सेवाएं प्रदान करते हैं। दरअसल, विभिन्न प्रेरणाओं और हितों वाले लोगों के रूप में यह लेखकों के लिये उनके समीक्षकों के बारे में सोचने के लिए सशक्त हो सकता है। इस समाप्ति के लिए, नौसिखियों के लिये प्रकाशन प्रक्रिया एवं लेखन को आगे प्रासंगिक बनाने में मदद करने के लिए समीक्षाकर्ताओं की एक ढीली वर्गीकरण योजना हैः

- संपादक प्रभावकार (*Editor Impressers*): उनकी टिप्पणियां लेखकों की तुलना में पत्रिका संपादक पर अधिक निर्देशित होती हैं। इन समीक्षकों ने अपनी स्वयं की पाण्डुलिपि पत्रिका में योगदान करने के लिए आमंत्रित किए जाने की आशा के साथ विस्तृत (कभी–कभी अप्रासंगिक) समीक्षा लिखते हैं।
- अहंकार की धौंस देने वाले (*Ego Bruisers*): इन समीक्षकों को अपने क्षेत्र में प्रतिस्पर्धा पर हमला करने से खुशी मिलती है। उन्होंने अपनी अपमान और व्यंग भरी (backhanded) टिप्पणियों को एक कला के रूप में उन्नयित कर लिया है (लाइनों के बीच में अपने स्वयं के सिद्धहस्तकाम पर कोई भी लगभग उनके खिसियाने को सुन सकता है)।
- अहंकार को चोट पहुंचाने वाले (*Ego Bruised*): इन समीक्षकों का सम्बन्ध मुख्य रूप से उनके अपने काम की आलोचना से होता है या किसी के द्वारा उन्हें उद्धृत करने के लिये उपेक्षा करने से सम्बन्धित होता है। उनकी टिप्पणियों में कभी–कभी उनके अपने लेखों के लिये सीधे संदर्भ शामिल होते हैं।
- घटिया समीक्षक (*Shoddy Reviewers*): ये लोग (आमतौर पर अपने क्षेत्र में अच्छी तरह से स्थापित विद्वानों को) उन शोध पत्रों को वास्तव में पढ़ते ही नही हैं जिन पर उन्हें टिप्पणी करने के लिए कहा जाता है उनकी समीक्षाओं में टिप्पणियां बहुत ही संक्षिप्त और उथली (Perfunctory) होती है जैसे कि संपादक को यह सुझाव देना कि 'इस तरह के प्रस्तुतीकरण से मुझे फिर से परेशान न करें'।
- सहायक समीक्षक (*Helpful Reviewers*): ये आदर्श समीक्षक होते हैं वे वास्तव में शोध पत्रों को ध्यान से पढ़ते हैं और उन्हें सुधारने के लिए विशिष्ट सुझाव प्रदान करते हैं।

जेम्स हॉस्टीन दो अतिरिक्त प्रकार के समीक्षकों को प्रस्तुत करता है: 1) 'उदार समीक्षक (*Generous Reviewer*) – हर किसी को अपनी बात कहने देने के लिए तैयार रहते है, एवं पाठकों को निर्णय लेने देते हैं और' 2) 'द्वारपाल या विषय के अभिभावक (*The Gatekeeper or The Guardian of the Discipline*) – जो सामान्य सिद्धान्त में प्रवेश करने के लिए कुछ नहीं चाहते जब तक कि यह बहुत अच्छा नहीं होता है' (व्यक्तिगत पत्राचार, 20 जुलाई 2015)।

दर्शक एवं अनुसन्धान भूमिकाएं (Research roles and audiences)

समीक्षकों की आगे की सोच उनकी अपनी विभिन्न भूमिकाओं और उम्मीदों के साथ दर्शकों के रूप में गुणात्मक शोधकर्ता को एक अभिनेता की स्थिति में रखते हैं, और शुरुआत में समीक्षक एवं संपादकों के दर्शकों के साथ और अंततः पूरे के पूरे जर्नल के पाठकत्व के रूप में, लेखन स्वयं एक प्रकार का पारस्परिक विचार विमर्श बन जाता है। तब अगला तर्कसंगत सवाल यह है कि इस पारस्परिक विचार विमर्श के दौरान शोधकर्ताओं को क्या भूमिका निभाना चाहिये? उदाहरण के लिए, क्या शोधकर्ताओं को अनुनय (persuasion) की एक पद्धति के रूप में निजी या राजनीतिक मूल्यों को उनके अपने लेखन में प्रवेश करने की अनुमति दी जानी चाहिए? जैसे कि शैली के मामले में, और शायद इसके विस्तार के रूप में, यहां भी गुणात्मक शोधकर्ताओं के पास कई विकल्प होते हैं।

डेविड सिल्वरमैन (2006: 351–9) से पता चलता है कि इस सन्दर्भ में शोधकर्ताओं द्वारा तीन भूमिकाओं में से एक को माना जा सकता है। सबसे पहले, 'विद्वान' की गौरवपूर्ण स्थिति होती है इस हैसियत से, विज्ञान की खातिर शोधकर्ता विज्ञान में रुचि रखता है। दूसरा, शोध की भूमिका एक 'राज्य परामर्शदाता' की होती है। यहां, लक्ष्य इच्छुक नीति निर्माताओं के साथ मिलकर काम करता है। इस भूमिका में, समाजशास्त्रियों को सामाजिक इंजीनियर के रूप में देखा जा सकता है जो संयुक्त प्रयास से 'बेहतर' समाज को बनाने के लिए राज्य नौकरशाहों की सहायता करते हैं। अंत में, 'पक्षपातपूर्ण' भूमिका होती है, जहां समाजशास्त्री एक विशिष्ट समूह के साथ उनकी तरफ रहते हैं। सिल्वरमैन के शब्दों में, 'पक्षपात एक राजनीतिक संघर्ष के लिए सैद्धान्तिक और तथ्यात्मक संसाधन प्रदान करना चाहता है, जिसका लक्ष्य उन मान्यताओं को बदलने में होता है, जिसके माध्यम से राजनीतिक और प्रशासनिक दोनों खेलों को खेला जाता है' (2006: 265)। हॉवर्ड बेकर के अक्सर उद्धृत वक्तव्य में पक्षपातपूर्ण भूमिका सबसे अच्छी पकड़ होती है, जिसमें उन्होंने समाजशास्त्रियों से पूछा कि 'हम किसकी तरफ या पक्ष में हैं?' (1967: 239)। तालिका 26.1 सिल्वरमैन की तीन अनुसंधान भूमिकाओं का सारांश प्रस्तुत करती है।

तालिका 26.1 सिल्वरमैन की तीन शोध भूमिकाएं (Silverman's three research roles)

भूमिका (Role)	*राजनीति (Politics)*	*प्रतिबद्धता (Commitment)*
विद्वान (Scholar)	उदार (Liberal)	ज्ञान की खातिर ज्ञान, विद्वान की अन्तरात्मा द्वारा संरक्षित (Knowledge for knowledge's sake, protected by scholar's conscience)
राज्य सलाहकार (State counsellor)	नौकरशाही (Bureaucratic)	नीति निर्माताओं के लिए सामाजिक अभियान्त्रिकी या ज्ञान (Social engineering or enlightenment for policy-makers)
पक्षपातपूर्ण (Partisan)	बांया पक्ष दांया पक्ष (Leftwing Rightwing)	
	एक राजनीतिक सिद्धान्त और राजनीतिक अभ्यास दोनों का समर्थन करने के लिए ज्ञान (Knowledge to support both a political theory and political practice)	

स्रोतः सिल्वरमैन (2006: 353) से अनुकूलित।

अपनी विशिष्ट अनुसंधान भूमिकाओं को प्रदर्शित करने के साथ–साथ लेखकों को भी अपने दर्शकों की मांगों के प्रति उत्तरदायी होना चाहिए। जैसा कि एन्सेलम स्ट्रॉउस (Anselm Strauss) और जूलियट कार्बिन (Juliet Corbin) इसे कहते हैं, शोधकर्ताओं से पूछना चाहिए, 'प्रत्येक दर्शक तक पहुंचने के लिए मैं किस शैली का उपयोग कर सकता हूं [यानी शिक्षाविदों, पेशेवरों और साधारण व्यक्तियों?] और ध्यान रखें कि 'प्रस्तुति की शैली और आकार लक्षित दर्शक(ओं) के प्रति संवेदनशील होना चाहिए और प्रतिबिम्बित होना चाहिए' (1998: 256)। दरअसल, ऐसी जागरूकता का यह अभाव है जो नौसिखिया तकनीकी लेखकों की पहचान बताता है। दर्शकों के साथ पारस्परिक विचार विमर्श करने की उसकी समीक्षा में (ब्लैकेस्ली, 2001), जैनेट जेपर्निक ने दर्शकों से सम्बन्धित समस्याओं की यह उपयोगी सूची प्रदान की है जो नौसिखया लेखकों को कष्ट देती है:

- दर्शकों की उम्मीदों की अपर्याप्त समझ।
- दावों के प्रकार की भविष्यवाणी करने में असमर्थता स्वीकार करने के लिए दर्शक तैयार हो जायेगा, और
- काम के अधीनस्थ पहलुओं के लिए अनिच्छा (या असमर्थता) जिससे लेखक व्यक्तिगत रूप से दर्शकों के हितों और सूचनात्मक आवश्यकताओं के लिए सबसे दिलचस्प या सर्वाधिक मुश्किल में पाता है। (2003: 245)।

सामान्य रूप से लेखन के मुख्य विषयों पर विचार करने के बाद, अब हम अपने विचारों को सामाजिक विज्ञानों में ऑनलाइन प्रकाशन करने में नवीनतम नवाचारों में से एक पर ध्यान दें।

ऑनलाइन प्रकाशन (Online Publishing)

अकादमिक अनुसंधान लेखन और प्रकाशन के लिए वेब एक रोमांचक स्थल बन गया है। वास्तव में, वेब लेखन और प्रकाशन के बीच की दूरी को मिटा देता है अतः कम्प्यूटर कीबोर्ड पर जो भी टाइप किया जाता है वह तुरन्त ऑनलाइन पोस्ट हो जाता है और इस प्रकार यह वैश्विक दर्शकों के लिए उपलब्ध हो जाता है। वेब पर उपभोग और प्रसार के प्रयोजन के लिए ब्लॉगों, ओपन एक्सेस जर्नल्स से लेकर, पारम्परिक पुस्तकों और डिजिटलीकृत किये गये लेखों तक ऑनलाइन प्रकाशित सामग्री हो सकती है। आश्चर्यजनक रूप से, जैसा कि 2010 में गूगल बुक्स (एक ऑनलाइन सेवा) ने 10 मिलियन पुस्तकों को डिजिटल रूप से स्कैन किया था (जैक्सन, 2010)। ऑनलाइन या ई–प्रकाशन दोनों को, व्यापक रूप से विद्वानों के अनुसंधान को प्रसारित करने का एक वैध तरीका माना जाता है जो परिचित और नई चुनौतियां प्रस्तुत करता है। मैं इस अध्याय के तीन मुख्य विषयों के संदर्भ में इन मुद्दों में से कुछ पर निम्नलिखित चर्चा कर रहा हूं: अभ्यास, शैली और दर्शक।

अभ्यास (Practice)

ई–प्रकाशन की एक अनोखी विशेषता यह है कि लेखन प्रक्रिया में यह पाठकों/प्रयोक्ताओं को भाग लेने के लिए अनुमति देता है। इस अर्थ में, ऑनलाइन लेखन प्रथाएं उस अंश के लिये सांप्रदायिक हो सकती हैं जिस के लिये वे पाठकों और लेखकों के बीच चल रही वार्तालाप को प्रोत्साहित करती हैं। ऑनलाइन विश्वकोश विकिपीडिया को अक्सर इस प्रकार के सहकारी लेखकत्व के एक उदाहरण के रूप में संदर्भित किया जाता है। जैसा कि ई. जोहन्ना हार्टेलियस (E. Johanna Hartelius) कहती हैं:

> संवाद विशेषज्ञता का विचार विकिपीडियन्स [विकिपीडिया के योगदानकर्ताओं], की इस मान्यता को दर्शाता है कि ज्ञान उत्पादन एक सतत विकास करने वाली सामाजिक सशर्त बातचीत है। समुदाय के संभाषण से उक्तियों के बीच कई पारस्परिक विचार विमर्शों से विकिपीडिया पर सच्चाई बढ़ती जाती है ... विकिपीडिया के लिए, ज्ञान एक व्यक्ति की संपत्ति की बजाय सहयोगात्मक आविष्कार की प्रक्रिया है। (2010: 514)

सम्बन्धित रूप से, ऑनलाइन लेखन और प्रकाशन करना पाठ (text) को सम्पादित और संशोधित करने के लिए अधिक लचीलापन प्रदान करता है। थॉमस थरस्टन (Thomas Thurston) के शब्दों में, ऑनलाइन लेखन के साथ, 'उबाऊपन कभी नहीं लगता है (The paint never dries)', माध्यम किसी को अन्तहीन रूप से मरम्मत करने के लिए आमन्त्रित करता है' (1999: 251)।

शैली (Genre)

प्रतिनिधित्व प्रथाओं के संदर्भ में, ऑनलाइन प्रकाशन संभावनाओं की व्यापक श्रृंखला प्रदान करता है। तस्वीरों, वीडियो और ऑडियो–क्लिप को ऑनलाइन प्रकाशन के संदर्भ में शामिल किया जा सकता है (देखें वान्निनी, 2012)। उदाहरण के लिए, एक शोधकर्ता प्रतिलेखों और विश्लेषण के साथ एक ऑनलाइन साक्षात्कार के वीडियो टेप चित्रों को पोस्ट कर सकता है, जिससे पाठकों को साक्षात्कार का अवलोकन करने और पढ़ने दोनों के लिये अनुमति मिल सकती है। हालांकि, सावधानी का एक शब्द क्रम में है। मल्टीमीडिया विषय सामग्री का उपयोग 'तुच्छ अतिरिक्त विशेषताओं (frivolous bells and whistles)' के रूप में नहीं किया जा सकता है ... कुछ निरर्थक भविष्य सम्बन्धी प्रकाशन करने वाली शैली के लिये' (कूपर, 2013: 332)।

दर्शक (Audience)

सैद्धान्तिक रूप से, दुनिया में इन्टरनेट के उपयोग के साथ एक ऑनलाइन प्रकाशन करने के लिए दर्शकों में कोई भी हो सकता है। वास्तव में, ऑनलाइन प्रकाशनों (विशेष रूप से विद्वानों के) तक पहुंच कई कारकों से बाधित होती है। उदाहरण के लिए, कुछ डेटाबेस स्वामित्व वाले होते हैं और केवल पंजीकृत उपयोगकर्ताओं के लिए उपलब्ध होते हैं। उसी समय पर, यह संभावना होती है कि 'आप जिन वेबसाइटों की खोज (browsing) कर रहे हैं, वे एक परिष्कृत विषय सामग्री के वर्गीकरण विज्ञान के, आपके उपयोगकर्ता की प्रोफाइल के, पिछले खोज किये जाने वाले व्यवहार और एक जैसी खोज करने वाले उपयोगकर्ताओं के व्यवहार के आधार पर आपके लिए शोध लेखों को स्वतः सुझाव देते हैं (कूपर, 2013: 329)। अन्य हस्तक्षेप करने वाले कारकों में सरकारी सेंसरशिप और गरीब समुदायों एवं देशों में इन्टरनेट के उपयोग की कमी शामिल होती है। इसलिए ऑनलाइन पोस्ट की गयी सामग्री के लिये उपयोगकर्ताओं की ऑनलाइन पहुंच पहली नज़र की तुलना में कम आसन्न और प्रत्यक्ष प्रतीत होता है।

'मुक्त पहुंच' प्रकाशन करने के जरिए से इन्टरनेट के वादे की सार्वभौमिक पहुंच को पूरा करने का एक तरीका है, जो आदर्श रूप से दुनिया के किसी भी स्थान से किसी भी पाठक को मुफ्त पहुंच प्रदान कर सकेगा। यूनाइटेड किंगडम में, उदाहरण के लिए, यह आशा की जाती है कि एक सरकारी पहल के तहत, 'ब्रिटिश करदाता द्वारा दिए गए कार्य का वर्णन करने वाले शोधपत्रों को विश्वविद्यालयों, कम्पनियों और व्यक्तियों के लिए किसी भी उद्देश्य के लिए उपयोग किए जाने हेतु निःशुल्क ऑनलाइन करना होगा, चाहें वे दुनिया में जहां कहीं भी हों' (नमूना, 2012)। हालांकि, वर्ल्ड वाइड वेब (World Wide Web) के पैमाने पर वैज्ञानिक ज्ञान सुलभ बनाने से कई जटिलतायें और प्रश्न उत्पन्न होते हैं। विद्वानों के प्रकाशनों के संदर्भ में, सबसे महत्वपूर्ण मुद्दा यह है कि 'ज्ञान के ऑनलाइन स्रोतों का आंकलन (judged) किया जाता है, और सवाल यह है कि कौन इस लायक है जिसे प्राधिकरण कहा जाना चाहिए' (Leitch, 2014: 1)। उदाहरण के लिए, माना कि प्लोस वन (PLoS One) वेबसाइट के मामले में, प्राकृतिक विज्ञानों में अनुसंधान पाण्डुलिपियों के एक प्रमुख मुक्त पहुंच (open access) प्रकाशक, जो 'पहले प्रकाशित करें, बाद में आंकलन करें' के सिद्धान्त पर काम करता है (Giles, 2007: 9)। विशेष रूप से, एक प्रारंभिक समीक्षा के बाद, जो एकल संपादक के लिए सीमित हो सकता है, एक पाण्डुलिपि प्रकाशित की जाती है यदि यह 'पद्धतीय रूप से सही' है इसके बादः

> उदाहरण के लिए, प्लोस वन वेबसाइट के आगंतुक, एक शोधपत्र के विशिष्ट भागों पर टिप्पणियां संलग्न कर सकते हैं और एक पूरे शोधपत्र का मूल्यांकन कर सकते हैं। उन प्रणालियों से डेटा, साथ ही साथ डाउनलोड और उद्धरण

वाले आंकड़े, इसके बाद फिर प्लोस वन के संपादकों को उन शोधपत्रों की पहचान और प्रचार करने की अनुमति देगा, जो शोधकर्ताओं के बारे में बातचीत कर रहे हैं। ब्रिटेन के कैम्ब्रिज स्थित कैलिफोर्निया के प्लोस वन के एक प्रबन्ध सम्पादक क्रिस सरीज (Chris Surridge) का कहना है, 'हम एक पत्रिका बनाने की कोशिश कर रहे हैं, जहां शोधपत्र अंतिम बिंदु नहीं हैं, वे चर्चा की एक शुरुआत कर रहे हैं'। (गिलेस, 2007: 9)

हालांकि अभिनव दृष्टिकोण इसकी योग्यता के बिना नहीं होता है (उदाहरण के लिए, एक प्रकाशित शोधपत्र की गुणवत्ता के बारे में तेज समीक्षा प्रक्रिया और चल रही चर्चा), तथ्य यह है कि ऐसा लगता है कि पारम्परिक सहकर्मी समीक्षा की कठोरता को रोकने के लिये कुछ शिक्षाविदों में भौहें तन जाती हैं। दरअसल, कुछ लोगों के लिए, शैक्षिक प्रकाशन जो विशेष रूप से ऑनलाइन उपलब्ध हैं, जिन्हें कम प्रतिष्ठित और कम विश्वसनीय माना जाता है, खासकर यदि कोई पत्रिका जिसकी स्वीकार्यता की दर उच्च है और इसके लेखकों से काफी शुल्क की आवश्यकता होती है। इसलिए, किसी शोधपत्र को जारी करने से पहले एक ऑनलाइन जर्नल की समीक्षा प्रक्रिया की सावधानीपूर्वक जांच करना विवेकपूर्ण होता है। कम से कम, यह समझना जरूरी है कि एक जर्नल की समीक्षा प्रक्रिया इस बात को दर्शाती है कि शोधपत्र किस प्रकार दिखना चाहिए। यह किसी प्रकार के काम को प्रोत्साहित करता है और दूसरों को निराश करता है (डेविस, 2014: 199)।

ऐसा कहा जाता है, यह हो सकता है कि लेखन, प्रकाशन और पढ़ने पर 'डिजिटल क्रांति' का असर कुछ अनुमानों की तुलना में कम नाटकीय होता है। उदाहरण के लिए, लियाम कूपर हमें गुणवत्तायुक्त विद्वतापूर्ण प्रकाशनों के निर्धारण के लिए मानदंड और प्रारूप में स्थिरता की याद दिलाता है:

> लेख एवं किताबें, उद्धरण और सहकर्मी समीक्षा शैक्षणिक जीवन में अभी भी बहुत प्रचलित है, और निकट भविष्य के लिए यह मामला बने रहने की संभावना है ... एक लेख की सफलता हमेशा इस पर निर्भर रहती है कि यह अच्छी तरह से व्यक्त, मूल और कठोर है या नहीं। एक अकादमी के लिए भविष्य की कल्पना करना मुश्किल है, जहां ऐसा नहीं है। (2013: 333–4)

इसी प्रकार, ऑनलाइन प्रकाशनों की 'हाइपरटेक्स्ट' क्षमता से बहुत कुछ किया गया है, जिसका मतलब यह है कि रैखिक फैशन में पाठ का अनुसरण करने के बजाय, पाठक एक शब्द या छवि पर क्लिक करके पाठ के एक भाग से दूसरे स्थान पर जा सकते हैं। फिर भी, जैसा थॉमस थर्स्टन कहते हैं:

> हम में से कई लोगों के छोड़कर जाने की परवाह की तुलना में हममें से बहुत से लोगों ने हाइपरटेक्स्ट के साथ अधिक अभ्यास किया है। एक ओर अनुक्रमणिका में, और दूसरा फुटनोट में, टिप्पणी को अभिलिखित करने या वाक्यांश को चिन्हित करने के लिये एक पैन या पेंसिल पास में रखना, पुस्तक का हमारा उपयोग झुठलाया जा सकता है जो भी औपचारिक रैखिकता का दावा करता है। (1992: 252)

प्रमुख बिंदु

- ऑनलाइन प्रकाशन करना एक बढ़ती हुई प्रवृत्ति बनती जा रही है।
- ऑनलाइन प्रकाशन पाठकों से प्रतिक्रिया के साथ और सहयोग को प्रोत्साहित कर सकता है।
- ऑनलाइन प्रकाशन के लिए विशेष रूप से मल्टीमीडिया विषय सामग्री अनुकूल होती है।
- ऑनलाइन प्रकाशनों में वैश्विक दर्शकों तक पहुंचने की क्षमता है।
- ऑनलाइन प्रकाशन लेखकत्व और सहकर्मी–समीक्षा के पारम्परिक विचारों को चुनौती देते हैं।

अध्याय सारांश और भविष्य की संभावनाएं

यह तर्क दिया जा सकता है कि आदर्श तरीके का गुणात्मक लेखन एक ऐसा पाठ है जो एक अच्छे–सन्तुलित प्रतिवेदन में निम्नलिखित तीन तत्वों को शामिल करता है:

- **लेखन के शिल्प एवं अभ्यासः** अनुसंधान विचारों को सुसंगत रूप से संदेश देते हैं।
- **संगठन और शैलीः** किसी के चुने हुए लेखन सम्मेलनों और शैली के अनुसार पाण्डुलिपि को संरचित करना और निष्कर्ष पेश करना।
- **शोधकर्ता की भूमिका एवं दर्शकों की अपेक्षायेंः** उद्देश्यपूर्ण प्रकाशन आउटलेट और उसके उपभोक्ताओं की मांगों के बारे में जागरूक और जवाबदेह होना।

विशिष्ट दर्शकों को मनाने के उद्देश्य से अलंकारिक अभ्यास के रूप में इन मानदण्डों में उपस्थित होने के साथ–साथ लेखन के समझने की मात्रा भी शामिल होती है। इस सन्दर्भ में, सामाजिक रूप से लेखन एक एम्बेडेड एवं सतत अभ्यास है (वान मानेन, 2006: 14)। विचारों को अभिव्यक्त करने के सिर्फ एक साधन से अधिक, लेखन बन जाता है जिसे पर्टी अलासुउतारी (Pertti Alasuutari) एक 'साहित्यिक प्रक्रिया' कहती है जोः

> यह एक साइकिल की सवारी जैसा नहीं है कि एक बार जब आपने इसे सीख लिया है, तो आप इसके उस्ताद बन जायेंगे, बल्कि यह एक बाइक की सवारी जैसे लगातार सन्तुलन बनाये रखने पर आधारित होती है। पाठ का पूरी तरह से विचलन या फिर घुमावदार होने से बार बार मरम्मत की जानी चाहिए ताकि वे गलत दिशा में कहानी रेखा का नेतृत्व न करें, और पहले मसौदे की असम्बद्धता को अंतिम उत्पाद में नहीं देखा जा सकता है। (1995: 178)।

इसी समय, यह विचार करने योग्य है कि 'परिपूर्ण शोधपत्र' कुछ मायनों में एक उपन्यास (fiction) है। हावर्ड बेकर के शब्दों मेंः 'किसी भी माध्यम या शैली में कोई भी प्रतिवेदन नहीं करें, किसी भी तरह से सख्त नियम का अनुसरण करें, सभी समस्याओं का समाधान करे, सभी प्रश्नों का उत्तर दें, या सभी संभावित परेशानियों से बचें' (2007: 131)। इस प्रकार, लेखन का जारी रखना अच्छा सामाजिक विज्ञान लिखने के लिए सबसे अच्छी सलाह है और अपने दर्शकों की आवश्यकताओं के अनुरूप समझौता करने और अपने पाठ को अनुकूलित करने के लिए हमेशा तैयार रहें।

जाहिर है, लेखन के सन्दर्भ में कई सैद्धांतिक मुद्दे हैं जो आगे ध्यान देने की मांग करते हैं और विज्ञान के दर्शन को बहुत इंगित करते हैं। उदाहरण के लिए, हम पूछ सकते हैंः शोधकर्ताओं ने नयी शैलियों के साथ प्रयोग करके दर्शकों की अपेक्षाओं को बदलने की कोशिश किस हद तक की है, और एक मायने में, अपने क्षेत्र को फिर से बदलकर नया बनाना चाहिए? अनुशासनात्मक परिवर्तन के साधन के रूप में यह सवाल लेखन के बड़े मुद्दे से संबंधित है। एक उत्तर यह होगा कि विज्ञान की प्रगति ज्ञान का एक क्रमिक संग्रह है। या जैसा कि कार्ल पॉपर (1963) इसे रखेगा, विज्ञान 'अनुमानों और विनियमनों (conjectures and refutations)' की एक प्रक्रिया का अनुसरण करता है जिसमें नए ज्ञान का परीक्षण होता है और पुराने ज्ञान को प्रतिस्थापित कर देता है। इस सन्दर्भ में, लेखन को तथ्यों को सूचित करने के लिए एक माध्यम के रूप में देखा जाता है, इसके विपरीत, अगर हम थॉमस कुह्न (Thomas Kuhn's) की 'प्रतिमान बदलाव (paradigm shifts)' (1996) की धारणा को अपनाते हैं, सामाजिक विज्ञान लेखन और अधिक राजनीतिक बन जाता है। कुह्न एक मानवीय गतिविधि के रूप में वैज्ञानिक ज्ञान के दृष्टिकोण से पोपरियन दर्शनशास्त्र से कूच करता है जो कि विशेष सामाजिक–ऐतिहासिक शक्तियों द्वारा प्रतिबन्धित है। इसलिए, वैकल्पिक लेखन मुख्यधारा के अलंकारों को इस हद तक चुनौती देता है, इसे परिवर्तन, या वैज्ञानिक प्रगति के लिए ईंधन के रूप में प्रोत्साहित किया जाना चाहिए। लेखन प्रथाओं और अपेक्षाओं का परिदृश्य का विस्तार किया जाना चाहिए या नियन्त्रित किया जाना चाहिए चाहे गुणात्मक अनुसंधान के क्षेत्र में विवाद के विषय बनें या न बनें।

संदर्भ

Alasuutari, P. (1995) *Researching Culture: Qualitative Method and Cultural Studies*. London: Sage.

Atkinson, P. and Delamont, S. (2005) 'Analytic perspectives', in N. Denzin and Y. S. Lincoln (eds), *The Handbook of Qualitative Research* (3rd edn). Thousand Oaks, CA: Sage, pp. 821–40.

Bateson, G. and Mead, M. (1942) *The Balinese Character: A Photographic Analysis*. New York: New York Academy of Sciences.

Becker, H. (1967) 'Whose side are we on?', *Social Problems*, 14: 239–47.

Becker, H. (1986) *Writing for Social Scientists: How to Start and Finish Your Thesis, Book, or Article*. Chicago: University of Chicago Press.

Becker, H. (2007) *Telling about Society*. Chicago, IL: University of Chicago Press.

Blakeslee, A. M. (2001) *Interacting with Audiences: Social Influences on the Production of Scientific Writing*. Mahwah, NJ: Lawrence Erlbaum.

Chaplin, E. (1994) *Sociology and Visual Representation*. London: Routledge.

Clifford, J. and Marcus, G. (eds) (1986) *Writing Culture: The Poetics and Politics of Ethnography*. Berkeley, CA: University of California Press.

Cooper, L. (2013) 'Trends in online academic publishing', *Metaphilosophy*, 44 (3): 327–34. doi:10.1111/meta.12025.

Davis, G. F. (2014) 'Editorial essay: why do we still have journals?', *Administrative Science Quarterly*, 59 (2): 193–201. doi:10.1177/0001839214534186.

Denzin, N. (2000) 'Aesthetics and the practices of qualitative inquiry', *Qualitative Inquiry* 6: 256–65.

Ellis, C. and Bochner, A. (1992) 'Telling and performing personal stories: the constraints of choice in abortion', in C. Ellis and A. Bochner (eds), *Investigating Subjectivity*. Newbury Park, CA: Sage, pp. 79–101.

Ellis, C. and Bochner, A. P. (1996) *Composing Ethnography: Alternative Forms of Qualitative Writing*. Walnut Creek, California: AltaMira Press.

Freedman, A, and Medway, P. (eds) (1994) *Genre and the New Rhetoric*. London: Taylor & Francis.

Giles, J. (2007) 'Open-access journal will publish first, judge later', *Nature*, 445: 9.

Goffman, E. (1979) *Gender Advertisements*. Cambridge, MA: Harvard University Press.

Gubrium, J. (2009) 'Curbing self-referential writing', Durham University. www.dur.ac.uk/writingacrossboundaries/writingonwriting/jaygubrium/ (accessed 10 December 2015).

Gubrium, J. and Holstein, J. (1997) *The New Language of Qualitative Method*. New York: Oxford University Press.

Harper, D. (2005) 'What's new visually?', in N. Denzin and Y. S. Lincoln (eds), *The Handbook of Qualitative Research* (3rd edn). Thousand Oaks, CA: Sage, pp. 176–98.

Hartelius, E. J. (2010) 'Wikipedia and the emergence of dialogic expertise', *Southern Communication Journal*, 75 (5): 505–26. doi:10.1080/10417940903377169.

Iser, W. (1978). *The Implied Reader: Patterns of Communication in Prose Fiction from Bunyan to Beckett*. Baltimore, MD: Johns Hopkins University Press

Jackson, J. (2010) 'Google: 129 million different books have been published', *PC World*, 6 August. www.pcworld.com/article/202803/google_129_million_different_books_have_been_published.html (accessed 10 December 2015).

Kuhn, T. (1996) *The Structure of Scientific Revolutions*. Chicago, IL: University of Chicago Press.

Leitch, T. M. (2014). *Wikipedia U: Knowledge, Authority, and Liberal Education in the Digital Age*. Baltimore, MD: Johns Hopkins University Press.

Moro, P. (2006) 'It takes a darn good writer: a review of ethnographic I', *Symbolic Interaction*, 29 (2): 265–9.

Park, J. (2005). *Writing at the Edge: Narrative and Writing Process Theory*. New York: Peter Lang.

Popper, K. (1963) *Conjectures and Refutations: The Growth of Scientific Knowledge*. London: Routledge.

Ronai, C. (1996) 'My mother is mentally retarded', in C. Ellis and A. Bochner (eds), *Composing Ethnography: Alternative Forms of Qualitative Writing*. Walnut Creek, CA: Altamira Press, pp. 109–31.

Reed-Danahay, D. (1997) *Auto/Ethnography: Rewriting the Self and the Social*. Oxford: Berg.

Richardson, L. (1990) *Writing Strategies: Reaching Diverse Audiences*. Newbury Park, CA: Sage.

Richardson, L. (1997) *Fields of Play: Constructing an Academic Life*. New Brunswick, NJ: Rutgers University Press.

Richardson, L. and St. Pierre, E. A. (2005) 'Writing: a method of inquiry', in N. Denzin and Y. S. Lincoln (eds), *The Handbook of Qualitative Research* (3rd edn). Thousand Oaks, CA: Sage, pp. 959–78.

Sample, I. (2012) 'Free access to British scientific research within two years', *The Guardian*, 15 July. www.theguardian.com/science/2012/jul/15/free-access-british-scientific-research (accessed 10 December 2015).

Silverman, D. (2006) *Interpreting Qualitative Data* (3rd edn). London: Sage.

Silverman, D. (2007) *A Very Short, Fairly Interesting and Reasonably Cheap Book about Qualitative Research*. London: Sage.

Stasz, C. (1979) 'The early history of visual sociology', in J. Wagner (ed.) *Images of Information: Still Photography in the Social Sciences*. Beverly Hills, CA: Sage, pp. 119–36.

Strauss, A. and Corbin, J. (1998) *Basics of Qualitative Research: Techniques and Procedures for Developing Grounded Theory* (2nd edn). Thousand Oaks, CA: Sage.

Thurston, T. (1999) 'New questions for new media: scholarly writing and online publishing', *American Quarterly*, 51 (2): 250–3. doi:10.1353/aq.1999.0031.

Van Maanen, J. (1988) *Tales of the Field*. Chicago, IL: University of Chicago Press.

Van Maanen, J. (2006) 'Ethnography then and now', *Qualitative Research in Organizations and Management*, 1 (1): 13–21.

Vannini, P. (ed.) (2012) *Popularizing Research: Engaging New Media, Genre, and Audiences*. New York: Peter Lang.

Whyte, W. F. (1949) *Street Corner Society*. Chicago, IL: University of Chicago Press.

Wolcott, H. F. (2009) *Writing Up Qualitative Research* (3rd edn). Thousand Oaks, CA: Sage.

Wolf, A. (1990) 'Books vs. articles: two ways of publishing sociology', *Sociological Forum*, 5 (3): 477–89.

Zepernick, J. S. (2003) 'Review of the book *Interacting with Audiences: Social Influences on the Production of Scientific Writing* by A. Blakeslee, 2001', *Journal of Business and Technical Communication*, 17 (2): 243–7.

परिशिष्ट

प्रतिलेखन परिपाटियां (Transcription Conventions)

[	सी 2: काफी [जबकि Mo% [yea	C2: quite a [while Mo: [yea	बाएं कोष्ठकों से उस बिंदु को इंगित किया जाता है जिस पर मौजूदा वक्ता का बातचीत किसी एक अन्य वक्ता की बातचीत से अतिव्याप्त (overlapped) होती है।
=	डब्ल्यू: मुझे पता है कि = सी: = हाँ क्या आप इसकी पुष्टि करेंगे?	W: that I'm aware of = C: =Yes. Would you confirm that?	समान संकेत, एक पंक्ति के अंत में और एक शुरुआत में, दोनों रेखाओं के बीच कोई अन्तर नहीं दर्शाता है।
(–4)	हाँ (.2) yeah	Yes (.2) yeah	कोष्ठकों में संख्यायें एक दूसरे के दसवें अंश में चुप्पी में बीत चुके समय को इंगित करती हैं।
(.)	उपचार (.) पाने के लिए	to get (.) treatment	कोष्ठकों में एक बिन्दु एक छोटे से अंतर को इंगित करता है जो संभवतः एक सेकेण्ड के दसवें अंश से अधिक नहीं होता है।
–––––	क्या हो रहा है?	What's *up?*	अंडरस्कोरिंग अन्तराल और/या आयाम के माध्यम से कुछ प्रकार के तनाव को इंगित करता है।
::	ठी:क है?	O:*kay?*	द्विबिन्दु तुरंत पूर्व ध्वनि के मोहलत के संकेत देता है। द्विबिन्दुओं के पंक्ति की लंबाई मोहलत की लंबाई का संकेत देती है।
शब्द	मेरे बारे में चिन्ता करने के लिए पर्याप्त है।	I've got ENOUGH TO WORRY ABOUT	रेखाओं की शुरुआत के अलावा बड़े अक्षर, आसपास की बातचीत के सापेक्ष विशेष रूप से जोर से होने वाली ध्वनियां बताते हैं।
.hhhh	मुझे लगता है कि (.2).hhh	I feel that (.2) .hhh	बिन्दु के साथ एच के उपसर्ग की एक पंक्ति एक सशर्त संकेत अन्तः श्वास का देती है, बिना बिन्दु वाला, बाह्य श्वास, एच के पंक्ति की लंबाई अन्तः – या बाह्य श्वास की लंबाई को इंगित करती है।
()	भविष्य के जोखिम और ( ) और जीवन ( )	future risks and ( ) and life ( )	रिक्त कोष्ठक प्रतिलेखक (transcriber's) की सुनने में असमर्थता का संकेत देते हैं जो कहा गया था।
(शब्द)	क्या आप देखेंगे (वहां) कुछ भी सकारात्मक	Would you see (there) anything positive	कोष्ठक वाले शब्द की संभव सुनवाई हैं।
(())	उसकी पुष्टि करें ((जारी है))	confirm that ((continues))	दोहरे कोष्ठक में प्रतिलेख (transcriptions) के बजाय लेखक विवरण शामिल हैं।
.,?	आप क्या सोचते हो?	What do you think?	स्पीकर के सस्वर पाठ को इंगित करें (= असफल सस्वर पाठ = सस्वर पाठ का सपाट या धीमें से बढ़ना)
>	>आप क्या सोचते हो?	> What do you think?	बाद में चर्चा किये गये आंकड़ों को दर्शाता है।